다다 혁명 운동과 볼테르의 역사철학

다다 혁명 운동과 볼테르의 역사철학

Movement Dada & Voltaire's *The Philosophy of History*

정상균 지음

혜안

머리말

세계에서 가장 예민한 촉각(觸覺)의 소유자인 후고 발(Hugo Ball, 1886~1927)이, 1916년 2월부터 스위스 취리히에서 '카바레 볼테르(볼테르 술집)를 운영하였다.'는 기록을 보고서도 필자는 그 '볼테르의 존재'에 대해 솔직히 '무감각'이었다.

그러나 시간을 내어 한번 '볼테르의 구체적인 면모'를 확인을 해 보니, 볼테르는 이미 18세기에 '미신(迷信)' '신비주의(神秘主義)'에서 완전히 벗어나, '과학적 세계관' '의학적 인생관' '자연법(自然法)적 사회관'을 하나로 통합하여 세계에서 가장 확실한 '근대·현대 세계 문명을 이끈 인류 문화의 선구자'였음을 확인하게 되었다.

한국의 근대사(近代史)는 차마 읽을 수가 없는 역사다. 왜 그런가? 볼테르 정신으로부터 완전히 차단(遮斷)이 되어, '근대(近代, modernization)가 아닌 근대(近代)'로 시간을 허송(虛送)을 하였기 때문이다. 우리는 교과서에서, 1775년 '미국의 독립선언'과 1789년 '프랑스 혁명'은 배워 들었으나 그 중핵인 '볼테르에 관한 정보(情報)'는 하나도 들어보지 못한 것이, 덮어둘 수 없는 오늘날 '과학 한국 교육의 현주소'이다.

한 마디로 현재 한국의 교육은, 아직 볼테르와 F. 니체의 '과학적 비판정신'이 결여되어, 그 일부가 '중세(中世)의 신비주의 암흑 상태'에 그대로 정체(停滯)가 되어 있는 상황이다.

'과학 한국'에서 당장 해결해야 할 시급한 문제가 바로 그것이다.

늦게나마 이 추수자(秋水子)의 '볼테르에 관한 정보(情報)'의 보완(補完)이, 그 '과학 한국'에로의 발걸음을 더욱 빠르게 할 것이라는 기대감에 먼저 위로를 느끼는 바이다.

2015년 7월 15일 지은이

목 차

제9장 〈무식한 철학자〉 326

제10장 〈역사철학〉 423

제1장
─────
총론

　프랑수아 마리 아루에 볼테르(François-Marie Arouet Voltaire, 1694~1778)는 타고난 자신의 박문강기(博聞强記) 천재적 자질(資質)과 생명을 존중하는 온후한 성품을 바탕으로, 세계의 모든 정보를 신속하고 정밀하게 흡수 분석 종합하여, 인류 최초로 '자연과학' '사회학' '인문학'을 하나로 통합하여 가장 쉽게 인간 교육의 바른 방향을 제시하여 '세계의 문명의 근대화 현대화'를 선도(先導)했던 대 혁명가(革命家)였다.

　볼테르의 3대 사상은 (1) I. 뉴턴(I. Newton)식 천체 물리학적 세계관, (2) J. 로크(J. Locke) 식 경험적 의학적 인생관, (3) 공자(孔子)의 자연법(自然法, Natural Law)적 사회 국가관이다.

　이것은 볼테르가 자신의 영기(英氣)를 바탕으로 확보한 세계 최고급의 정보로, 그 이전 어느 누구도 주장하지 못했던 그 사상적 고지(高地)에 무려 150년('1916 년 다다 혁명 운동'까지)을 앞서 나가 있었다.

　'볼테르의 3대 사상'은, 그의 '8대 저서'를 통해 상세히 반복 명시되었으니, (1) 〈영국 편지〉('철학적 서간', 1734, 40세), (2) 〈캉디드〉(1759, 65세), (3) 〈관용론〉('칼라스 사건', 1763, 69세), (4) 〈철학사전〉(1764, 70세), (5) 〈역사철학〉(1765, 71세), (6) 〈무식한 철학자〉(1766, 72세), (7) 〈철학적 비평〉('마침내 설명된 성경', 1776, 82세), (8) 〈에페메로스 대화록〉(1777, 83세)이 그것이다.

　이들은 어느 누구의 영향도 받지 않은 볼테르의 독창적인 저술로 이후 서구 사상가(특히 독일 철학자)들은 그 볼테르의 영향권에서 벗어나 있는 사람은 아무도 없다.

피에르 보마르셰(P. Beaumarchais, 1732~1799)는 1775년(볼테르 81세) 크라메르(Cramer)사가 기간(旣刊)한 〈볼테르 전집〉에다, 볼테르의 그 이후 중요 저작을 추가하여, 1790년에 독일 서부(西部) 켈(Kehl)시(市)에서 〈볼테르 전집〉70권을 완간하였다.[1]

이 보마르셰의 노고(勞苦)가 빠졌으면, 이후 독일 철학은 도저히 성립할 수가 없었다. 그 단적인 증거가 당초 볼테르의 주요 사상 영향을 그대로 드러내면서도 볼테르의 '자유 의지(Free Will)'를 모두 명시를 하지 못하고, '전체주의', '국가주의', '체계(도식)주의' 약점을 고스란히 변용 재생산했던 것이 그 독일 후배 철학자들의 개악(改惡)에 공통적인 약점이었다.

그 상황을 더욱 구체적으로 짚어보면, 볼테르의 '이성(理性) 중심론'은 I. 칸트(Kant, 1724~1804)가 가져다가 복고(復古)적 '관념(이상)주의', '체계주의'로 고착을 시켰고, 볼테르의 '지성의 목표(The Goal of Intellect)'를 곡해(曲解)하여, G. W. F. 헤겔(Hegel, 1770~1831)은 '현세부정(現世不定)'의 도식주의(圖式主義) '변증법(辨證法)'으로 '유일신(Jehovah)'을 '자신 개념(Self-concept)'으로 변용시켜 다시 '전체주의' '절대주의'를 강요하였다. 그리고 볼테르의 '경제 중심주의'를 K. 마르크스(Marx, 1818~1883)는 그의 〈자본론〉에서 '노동자 중심' '도식주의' '전체주의' '독재'로 악용(惡用)을 하였다.

이들(독일 철학자들)의 공통점은, 앞서 G. 라이프니츠(G. W. Leibniz, 1646~1716) '여호와중심주의 전체주의 철학(神正論−Theodicy)'으로 되돌아간 '도루묵 철학'이었다. ['효과와 효능'이 무시한 '관념적 체계-도식주의' 반복]

그러했음에도 볼테르의 '생명(육체) 존중'과 '자유 의지(Free Will, Will of Choice)' 문제는 A. 쇼펜하우어(1788~1860)가 그의 '의지 표상(意志 表象)론'으로 일부 신중히 비판 수용되었고, 볼테르의 '본능(本能)' '무의식(無意識)' 긍정 문제는 C. 다윈(1809~1882), E. 헤켈(1834~1919), F. 니체(1844~1900)의 과학적 '실존주의(實存主義)'와, S. 프로이트의 '정신분석'으로 이어져 1916년 취리히 '다다 혁명 운동'으로 계승 현실화 되었고, 마침내 오늘날 '지구촌(地球村)'의 '생명 존중'과 '전쟁 반대'의 공론(公論)으로 정착을 보게 되었다.

볼테르의 '8대 저서'에 대한 신중한 검토는, 소위 현대 '자연과학' '사회과학' '인문과학'의 출발점의 확인으로서의 의미일 뿐만 아니라, '현대 세계 경영'

---

1) '연보 ※ ⑭-6. 혁명 실현기(革命 實現期, 1778~1791) 1790년' 참조.

필수 교과서로서, '서양철학 요해(了解)'의 지름길이다.

볼테르는 타고난 그의 예민한 감수성과 체계적 사유 능력을 통해, 문자 그대로 '동서고금(東西古今)'의 전 인류의 기존한 업적(業績)을 통람(通覽)하였고, 거기에서 다시 인류의 '새 역사 창조의 바른 길'을 제시하였으니 그 사고의 탁월함은 그대로 '근대 현대 사상' 그 자체를 이루었다.

그 '볼테르 사상의 요점'을 간략히 요약하면 다음과 같다.

① I. 뉴턴의 '천체 물리학적 세계관'의 활용을 통해, '온 세상' 즉 '지구촌(地球村)' 시각(視覺)에 선착(先着)하였다. (〈영국 편지〉)

② J. 로크의 '의학적 경험주의'를 '인간 실존 운영'에 최고 방법으로 체득 수용하였다. (〈영국 편지〉)

③ 인간의 '자유 의지(Free Will)' '선택 의지(Will of Choice)'가, 그 '육체와 국가 사회의 운영 주체'임을 명시하였다. (〈캉디드〉)

④ '경제(經濟) 문제'가 국가 사회와 인간 경영에 핵심 사항임을 제일 먼저 공인(公認)하였다. (〈영국 편지〉)

⑤ '물질에 대한 경쟁심(競爭心)'이 인류의 통성(通性)임을 최초로 인정하였다. (〈역사철학〉)

⑥ 종교 '신(Jehovah) 중심 문화'는 '비리(非理)와 허구(虛構) 문화'임을 폭로하고, '인간 생명'이 바로 '선악(善惡)의 표준'임을 반복 강조하였다. (〈철학적 비평〉)

⑦ 인간(기독교) 사회에 '형제 분쟁'과 '살상(殺傷)' 극복의 대안(代案)으로 공자(孔子) '자연법(自然法, Natural Law)'을 이상화(理想化)하였다. (〈관용론〉〈에페메로스 대화록〉)

⑧ 세계 각 종족(種族)의 '상호 교류(交流)'를 긍정하고 종족적 '우월주의'와

'사상의 편견'을 불식(拂拭)하려 하였다. (〈역사철학〉)

⑨ 세계 모든 종족(種族)의 특성(풍속)과 각 종족의 '자결권(自決權)'을 먼저 인정하고, 인류 공영(共榮)의 대도(大道)를 확실히 하였다. (〈역사철학〉)

⑩ 국가적 소속감을 초월하여 '전쟁의 폐해(弊害)와 죄악'을 개관적으로 세상에 공개하여, 이후 '다다 혁명 운동(Movement Dada)'에 가장 중요한 강령(綱領)이 되게 하였다. (〈철학사전〉)

⑪ '관념 철학'과 무용(無用)한 '도식주의(Dogmatism)'를 거부하고, 생명에 기여하는 '실용주의' '합리주의' '현실주의'를 그 학문(과학)의 표준으로 삼았다. (〈무식한 철학자〉)

⑫ '인간 이성(理性)'을 인류 통성(通性)으로 긍정하여, 편견과 아집을 초극하고 '세계 평화'로 나가는 대도(大道)를 명백하게 하게 하였다. (〈무식한 철학자〉)

⑬ '이성(理性)' '본능' '자유' '힘'이라는 '실존철학(Existentialism)'의 근본 쟁점에 선취(先取)하여, 그 '실존철학'이 현대 철학의 본류(本流)가 되게 하였다. (〈에페메로스 대화록〉)

⑭ '사회 개선(改善)'의 '목적 문학(目的 文學)'을 당연시 하였다. (〈캉디드〉)

⑮ 동양 중국(中國) 문학에도 깊은 관심을 보여 '세계 문화의 통합'에 그의 선구적 안목을 과시하였다. (〈쟈디그〉)

⑯ 볼테르는 '지구촌(the Global Villages)' 중심의 '세계화 운동'에 선구적 안목을 발동하여 국가 종족주의를 초월하여 인류 공통의 생명 긍정과 '인류 신뢰'를 바탕으로 인류 최고(最高) 가치 실현의 바른 길로 나아가게 하였다. (〈캉디드〉)

제2장

'자연과학'─최우선의 전제

볼테르는 자신의 타고난 영민(英敏)한 자질과 억제할 수 없는 자유(自由)
평화(平和) 정의(正義)에의 갈망에서, 자신의 젊은 나이 32세(1726~1729)에 '영국
유학'을 결행하게 되었고, 그 결과 보고서(報告書)가 바로 명저 〈영국 편지〉(1734)
였다.

그리하여 볼테르의 〈영국 편지〉는 이후 미국의 '독립선언(1775)'과 '프랑스
혁명(1789)'에 그대로 그 '정신'이 정치적으로 실현된 저작으로, 볼테르의 인류
를 위한 그의 선견지명(先見之明)이 어떻게 발휘되었는지를 보여준 '세계사적인
저술'이다.

즉 사상적으로는 기존 '프랑스(유럽)의 (神 중심의)관념철학'의 허구(虛構)를
가차(假借)없이 공격하였고, 영국 I. 뉴턴(I. Newton)의 '천체 물리학적 세계관',
J. 로크(J. Locke)의 '과학적 합리주의 인생관'을 명시하여 볼테르 이후 '계몽주의
(Enlightenment)' 운동 전개에 그 핵심이 이 〈영국 편지〉에 그대로 요약되어
있다.

그러므로 〈영국 편지〉에서 볼테르는, 서양 2천년 동안 묵수(墨守)되었던
'신(神) 중심주의' '관념 중심주의' '전체주의'를 완전히 부정(否定)하고, 자신의
'인간 생명 중심' '과학 중심' '개인주의' 사상을 새롭게 펼쳐보였다.

②-1. 뉴턴의 만유인력

《〈영국 편지〉는 볼테르가 그의 나이 40세(1734)에 파리에서 간행한 '철학적 서간(哲學的 書簡, Philosophical Letters on the English, Lettres philosophiques sur les Anglais)'이라고도 불리는 책으로, 초기 볼테르의 '자연과학 사상'이 집대성된 저술로 이후 볼테르가 반복 명시한 '자연(自然) 이성(理性) 경험(經驗)철학'의 전모(全貌)는 여기에 거의 다 공개되어 있다.》

뉴턴은 자신에게 말하기를 "이들 물체가 우리가 있는 지구(地球, hemisphere)에서 아무리 멀리 있다고 해도 그 낙하(落下)는 갈릴레이(G. Galilei, 1564~1642)에 의해 발견된 그 과정을 따를 것은 확실하다. 또한 물체 경과 공간은, 시간의 자승에 비례할 것이다. ⋯ 따라서 달의 독자적 운동 중심인 지구에 달이 그 무게를 걸고 있다는 것이 입증된 이상에는 지구와 달은 각자의 연주운동(年周運動, 公轉週期, annual movement)의 중심인 태양에 그 무게를 걸고 있는 것이 입증된다.

그 밖의 행성(行星, planets)도 이 일반 원칙에 따르고 있는 것은 틀림없다. 그리고 이 원칙이 존재하고 있다면 이런 행성은 J. 케플러(J. Kepler, 1571~1630)에 의해 발견된 법칙에 따르고 있음은 틀림없다. 이들 모든 법칙이나 이들 모든 관계는 실지로 여러 행성에 의해 정확하게 지켜지고 있다. 따라서 인력의 힘은 우리들의 지구와 마찬가지로 모든 행성으로 하여금 태양 쪽에 인력(引力)을 걸도록 하고 있는 것이다. ⋯ 이 중력의 힘(force of gravity)은 여러 물체가 내포하고 있는 물질 중량에 비례해서 상호 작용을 한다."

이것은 뉴턴 씨가 실험에 의해 증명한 것이다. 이 새 발견은 전 행성의 중심인 태양이 이 행성들을 끌어당기는 힘이 각 행성의 질량과 태양까지의 거리를 조합한 것에 정 비례하고 있다는 것을 밝히는 데 도움이 되었다. 여기에서 출발하여 서서히 나아가서 인간 정신이 도저히 미칠 수 없는 것처럼 보이는 지식에까지 올라간 뉴턴은, 태양에 내포되고 있는 물질의 양, 각 행성에 안에 포함된 양까지도 계산으로 알아냈다. 이렇게 해서 역학(力學)의 단순한 여러 법칙에 의하여 각 천체(天體)는 필연적으로 그것의 현재 위치하고 있는 그 장소에 있지 않으면 안 된다는 것을 밝혔다. 뉴턴의 인력의 원리만으로 천체 운행에서 볼 수 있는 외관상의 차이는 전부 설명된다. ⋯

그 탁월한 학설에 의해 행성(行星) 각자의 운행과 차이를 설명하고 나서 뉴턴은 혜성(彗星, comets)도 같은 법칙의 제약에 포함시켰다. 그 불(혜성)은 매우 오랫동안 원인 불명이었고, 세계의 공포의 원인이었고, 철학의 암초이기도 하였으며, 아리스토텔레스에 의해 달보다 아래에 자리가 정해졌고, 데카르트에 의해 토성보다 위쪽으로 쫓겨났다가 마침내 뉴턴에 의해 그 진짜 위치에 놓인 것이다.

〈영국 편지-'제15신 인력(引力) 체계에 대하여'〉[1]

코페르니쿠스(N. Copernicus, 1473~1543), 갈릴레이(G. Galilei, 1564~1642), 케플러(J. Kepler, 1571~1630), 뉴턴(I. Newton, 1642~1727)

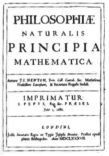

페르니쿠스 <천체 회전에 관하여>(1532), 갈릴레이 <천문대화>(1632), 케플러 <신 천문학>(1609), 뉴턴 <자연철학의 수학적 원리>(1687)

갈릴레이 '낙하(落下)의 법칙'

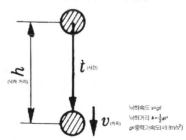

1) 볼테르(정순철 역), <철학서한>, 한국출판사, 1982, pp. 131, 132~133 ; Voltaire (Translated by L. Tancock), *Letters on England*, Penguin Books, 1980, pp. 75, 76~78 'Letter 15, On The System of Gravitation'.

'볼테르가 설명한 낙하(落下) 운동'

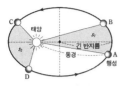

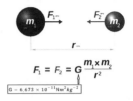

$$F_1 = F_2 = G\frac{m_1 \times m_2}{r^2}$$

$$G = 6.673 \times 10^{-11} Nm^2 kg^{-2}$$

J. 케플러(J. Kepler, 1571~1630), '모든 행성은 타원궤도로 운동하고—1법칙, 태양과 행성을 잇는 같은 시간 동안 쓸고 간 면적은 동일하고—2법칙(S1=S2), 공전주기(公轉週期 T)는 반지름(R)의 세제곱에 비례한다.—3법칙($T^2 = kR^3$)'

'중력(重力, gravity)'은 질량의 곱에 비례하고 두 물체의 떨어진 거리의 제곱에 반비례한다.—常數 'G'는, 거리를 '미터(m)'로, 질량을 '킬로그램(kg)'으로 바꾼 것이다.

'태양계 구도(Solar System)'

'달에서 본 지구(Earth from the Moon)'   '지구(地球)'

'뉴턴 망원경(Newton Telescope)'

'허블 천체 망원경(Hubble Space Telescope)'

해설

＊ 볼테르가 기존 다른 역대 사상가와 근본적으로 차이를 보이고 있는 점은 소위 '과학(科學, Science)'에 대한 바른 이해였고, 그 생각을 기초로 철저히 기존한 사상에 '개혁 의지'를 발동했던 점이니, 그 제1조가 '뉴턴 식 천체 물리학적 세계관'이었다.

지금은 '고등학교 과정' 정도에서 모든 학생에게 그 '이론'이 소개가 되고 있지만, 볼테르 당대(當代)에는 '지구(땅)' 중심의 세계관이 동서(東西)의 모든 사상가를 지배하고 있었다. 그런데 볼테르는 I. 뉴턴의 '천체물리학적 세계관'을 바탕으로 인간 존재를 규정하고 사물의 궁극 의미를 새롭게 정착해 나갔으니, 그것이 볼테르가 주역(主役)을 담당한 서구(西歐)의 '계몽주의(啓蒙主義, Enlightenment)' 운동의 실체이다.

볼테르가 '태양 중심의 세계관'을 통해 한 눈에 다 볼 수 있었던 것이 바로 소위 '인격신(Jehovah)'을 전제해 놓고 그가 온 우주 만물을 창조하고 주재하고 있다는 '터무니없는 과대망상'을 펼치고 있음이 그것이다. 그것은 '작은 벌레' ('기어 다니는 작은 존재들(the little beings crawing about－인간들' 참조, ＊ ②-7. 36시간에 세계 일주) 한 마리가 자기가 천지만물을 주관하고 있다고 큰 소리를 치는 경우와 동일한 것으로, 그것이 유대인이 '여호와'로 신앙했던 것을 다시 예수가 '자신의 개념(Self-Conception)'으로 그 '아버지'로 전제했던, 그리고 그것을 이어 역대 교황(敎皇)이 섰고, 각국에는 대주교(大主敎) 주교(主敎)가 자리 잡아 실제 국가 통치에 막강한 권력을 행사해 왔던 중세 '교부철학(敎父哲學)'이 주도한 서구 현실이 그것이다.

그러한 '지구 중심의 엉터리 사고'를 바탕으로 '영원불변 이치'를 운운했던 대표적인 존재가 '플라톤'과 '예수'였다. 그런데 그들의 생각을 바탕으로 서양 국가들의 통치가 이루어졌다. 볼테르 당대에 가장 유명한 플라톤 예수 철학 이론가는 G. 라이프니츠(G. Leibniz, 1646~1716)였다. 소위 '신정론(神正論, Theodicy)' '여호와 중심주의'로 대표되는 그것이었다.

이에 볼테르는 그 '신정론' '여호와 중심주의'에 반대하고, '인간 생명 중심' '인간 이성 중심', 인간의 '자유 의지(Free Will)' '선택 의지(Will of Choice)'를 강조하여 '실존주의(Existentialism)' 현대 철학의 창시자가 되었다.

②-2. 바른 우주관(宇宙觀)이 최우선이다.

얼마 전의 일이다. 한 특별한 모임에서 카이사르, 알렉산더, 티무르(Tamburlaine, 1336~1405), 크롬웰 등에서 가장 훌륭한 사람은 누구인가라는 진부하고 시시한 문제로 토론이 있었다.

어떤 이가 아이자크 뉴턴이 확실하다고 말했다. 그렇다. 왜냐하면 진정으로 위대함이란, 하늘로부터 받은 힘 있는 재능을 자기와 다른 사람을 계발(啓發, to enlighten)하는 데 사용하는데, 뉴턴 같은 사람은 천년에 나올까 말까 한 사람으로 진정한 위인이기 때문이다. 그리고 정치가 정복자는 어느 세기에나 얼마든지 있고, 유명한 범죄자(illustrious criminals)에 지나지 않는다. 폭력으로 사람들을 노예로 삼은 자들을 존경해서는 안 되고, 진리의 힘으로 정신을 가다듬게 하고, 세상을 흉하게 만든 사람을 존경할 게 아니라 우주를 이해하게 하는 사람들을 존경해야 한다.

〈영국 편지-'제12신 대법관 베이컨에 대하여'〉[2]

해설
* 위의 간단한 진술에도 볼테르의 '가치관' '교육관'이 온전히 반영이 되어 있다.

볼테르 이전의 일반적 사고는 '과학자'보다는 '정복자' '정치가'가 더욱 자주 이야깃거리로 등장하였다. 그것은 인간 특유의 '지배욕 발동'에서 '힘을 부린 패자(覇者)와의 동일시'가 사회와 국가를 지배하고 그들의 후손이 그것을 앞세워 기세를 올렸던 시대이기 때문이다.

이에 볼테르는 혁명적으로 그 시각을 달리하여, '권력 중심' '지배자 중심'에서 인류에게 혜택을 주었던 사람들 표준으로 '위대한 인물'의 표준을 새로 마련했다. 즉 인류가 바른 생각, '이성적인 생각'을 하도록 길을 열어 '인류의 공영(共榮)'으로 나가게 했던 사람들이 바로 '위대한 인물'이라는 표준은 볼테르 이전에 제대로 세웠던 사람이 없었다. '지배자 중심'의 사고에서 '시민 중심의 사고'로 완전히 나와 있었던 존재가 바로 볼테르였다.

---

2) 볼테르(정순철 역), <철학서한>, 한국출판사, 1982, pp. 94~95 ; Voltaire(Translated by L. Tancock), *Letters on England*, Penguin Books, 1980, p. 57, 'Letter 12, On Chancellor Bacon'.

이것이 '볼테르의 혁명 사상'의 근본에 자리 잡고 있는 최고의 원리였다.

소위 '세상을 흉하게 만드는 사람들(those who disguise the universe)'이란 '살육 전쟁을 주도한 사람들'로 '눈앞의 이익 추구' '다른 사람들의 삶'을 짓밟아 놓고 '세상을 위해 가장 큰 일을 했다'고 사람들에게 선전했던 사람들이다. 볼테르의 기본적인 전제는 '지구 위에 모든 사람들'을 '이성적인 세계'로 이끈 사람들을 '인류의 위대한 스승'으로 존경하고 있고, 그것을 획기적으로 가능하게 했던 인물로 코페르니쿠스. 갈릴레이, 케플러, 뉴턴, 로크 같은 인물을 '위대한 인물'로 알게 하여 '미래 인류 교육'의 방향을 명시하였다.

②-3. 과학(경험 철학)이 제일이다.

프란시스 베이컨(Francis Bacon, 1561~1626)은 '경험 철학(experimental philosophy)'의 아버지다. 그 이전에도 놀랄 만한 비밀이 발견되고 있었다는 것도 사실이다. 나침반, 인쇄술, 동판화 기술, 유화, 거울, 노안경, 화약 등등이 이미 발명되어 있었다. 신세계도 발견 정복되어 있었다. 이들 숭고한 발명이, 우리 시대보다 더욱 위대한 과학자들에 의해 다 행해졌다고 할 것인가? 물론 아니다. 지상(地上)에서 큰 변화가 생긴 것은 무지몽매한 시대부터였다. 우연히 이러한 대부분의 발명이 성취되었다. 아메리카의 발견도 대부분 '우연(chance)'이었다. 크리스토퍼 콜럼버스(Christopher Columbus, 1456~1506)는 폭풍으로 카리브 제도(西印度 諸島)로 흘러갔던 어떤 선장의 말을 믿고 항해를 감행하였다.

어떻든 인간은 세계의 끝까지 갈 수 있게 되었고, 천둥보다 더 무서운 인공의 폭탄(an artificial thunder)으로 도시를 파괴할 수 있게 되었다. 그러나 혈액의 순환, 공기의 무게, 운동 물체의 법칙, 행성의 수는 아직 모르고, 아리스토텔레스의 '범주론'이나 사물을 떠나(a parte rei) 보편성을 생각하는 사람들을 '천재(a prodigy)'라 생각한다.

가장 놀랍고 유용한 발견이 인간의 마음에 가장 명예로운 일이 못 되고 있다. 우리가 감사하고 있는 기술은, 건강하다는 철학(a sound philosophy)에서가 아니라 대부분 사람들 속에 있는 기계적 본능(a mechanical instinct)에서 유래한 것이다.

불의 발견, 제빵 기술, 금속 용해 기술, 건축술, 직조기[織造機, shuttle]의 발명 같은 것은 인쇄술, 나침반과는 달리 필요불가결한 것이었다. 그러나 그러한 기술은 야만인에 의해 발명되었다.

〈영국 편지 -'제12신 대법관 베이컨에 대하여'〉[3]

해설

＊볼테르 사상 전개의 중요한
특징은, '인류에게 유익한 생각'
이 어떤 위대하다는 한 사람에게
서 나오기보다 여러 사람들의 중
요한 생각이 종합이 되어 대 사상
을 이룬다는 기본 전제를 두었던
점이다.

프란시스 베이컨(Francis Bacon, 1561~1626)

볼테르는 위대한 사람의 공적
을 인정하면서도 그에 필적한 다른 사람들의 공로도 아울러 인정했던 것은
'인류 사회'가 함께 열어가는 세상이지 어느 한 사람의 생각을 고집, 한 생각만
숭배하고 있을 수는 없다는 인류 발전을 위한 대 전제에서 그러했던 것이다.

볼테르는 '함께 열어 가는 사회(세계)'를 생각하였고, 소위 '영웅주의'는
항상 경계를 하였다. 볼테르의 뉴턴에 대한 프란시스 베이컨 소개도 '함께
열어 가는 사회(세계)'라는 대 전제 속에 이해되어야 한다.

②-4. '만유인력'을 앞서 생각한 베이컨

한 마디로 베이컨 대법관 이전에는 아무도 경험주의 과학(experimental science)을
알지 못했다. 그리고 그 이후 행해진 실험들이 그의 저술 속에 없는 것이 없었다.
베이컨 자신이 실험 중에 있는 것도 있다. 몇 가지 공기 펌프를 만들었고, 그것으로
공기에 탄성(彈性, elasticity)이 있다는 것도 알아내었다. 베이컨은 공기에 무게가
있음을 거의 알고 있었는데, 그 진실은 토리첼리(Torricelli, 1608~1647)에 의해
확인되었다. 그 후 곧 실험 물리학이 유럽 전역에 시작되었다. 그것은 베이컨이

---

3) 볼테르(정순철 역), <철학서한>, 한국출판사, 1982, pp. 96~97 ; Voltaire(Translated
   by L. Tancock), *Letters on England*, Penguin Books, 1980, p. 59 'Letter 12, On Chancellor
   Bacon'.

생각했던 숨겨진 보물들이었다. 모든 과학자들이 베이컨의 약속을 믿고 발굴에 열을 올렸다.

그러나 내가 보고 놀란 것은 뉴턴이 발견자로 되어 있는 '인력(引力)의 법칙(the law of attraction)'이 명백하게 베이컨의 저술 속에 나온다는 점이다.

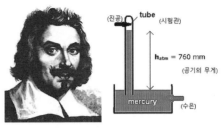

토리첼리(Torricelli, 1608~1647), 토리첼리 기압계(氣壓計)[4]

베이컨은 말하기를 '지구와 중력을 지닌 물체 사이에 자기력(磁氣力)이 존재하는지, 그들이 서로를 끌고 있는지, 달과 바닷물과의 관계, 행성 간의 관계를 확인해야 한다.'라고 하였다.

베이컨은 말하고 있다.

"무거운 물체가 지구의 중심으로 향하는 거나, 아니면 지구와 무거운 물체가 서로 당기거나, 그 둘 중 하나일 것이다. 그리고 후자일 경우 물체가 지구에 근접함에 따라 더욱 강하게 끌어당김은 명백하다. 우리는 동일한 흔들이 시계가 산꼭대기에서보다 땅 속 광산(鑛山)에서 더욱 빨라지는지 아닌지를 알아봐야 한다. 그 흔들리는 힘이 산 위에서보다 광산에서 증대한다면 지구는 인력을 지니고 있다."

이 과학의 선구자 베이컨은, 문장가요 역사가요 재사(才士)였다.

〈영국 편지-'제12신, 대법관 베이컨에 대하여'〉[5]

해설

* 볼테르의 최장기(最長技)는 인간의 '체험(경험)'을 바탕으로 새로운 세계를 개척하고, 그것을 인간에 유용한 정보로 실천했던 '실용적 과학도'였다는 측면에서 세계 최초의 '실용주의자(實用主義者)'였다는 사실이다. 한국에서도 '실학자(實學者)'들이 있었지만 볼테르보다(1726)는 (洪大容의 北京 방문-1765) 40년이 뒤진 상태에 있었고, 정보원(情報源, source of information-淸나라의 과학 수준, A. 할레르슈타인(A. Hallerstein, 劉松齡, 1703~1783) 등의 설명)도 치밀한

---

4) 'Torricelli, 1608~1647' 'Torricelli Barometer'.

5) 볼테르(정순철 역), <철학서한>, 한국출판사, 1982, pp. 97~98 ; Voltaire(Translated by L. Tancock), *Letters on England*, Penguin Books, 1980, p. 59 'Letter 12, On Chancellor Bacon'.

것이 못 되었다.6)

그러나 모두 자기 나라를 '평화로운 복지 국가(福祉 國家)'로 만들겠다는 소망은 동일한 것이었다. 당시 한국(조선왕조)이 뒤진 것은 '열악한 경제적 여건'과 '교육의 수준' '외국어(外國語) 학습의 한계' 등에 모두 막혀 있는 상황이었다. 그러나 '선진 문명'에 대한 열망(熱望)은 다른 나라에 결코 뒤질 수가 없었다.

②-5. 천체 물리학 – 과학적 세계관(世界觀)의 기초

《'미크로메가스'는 볼테르가 나이 56세(1750)에 프러시아의 프리드리히 2세 (Frederick the Great, 1712~1786)의 초대를 받고 베를린에 있을 때 출간한 소설이다. 프리드리히 2세의 '호전적(好戰的) 기질'을 잠재우고, '평화의 정신'을 정착시키기 위해 '우주의 무한(無限)'과 '지구'의 협소함을 일깨우고 사람들이 '사소한 감정'에 좌우되는 '미물(微物)'임을 가르치기 위한 '목적 소설'이다. 그런데 프리드리히 2세는 도리어 볼테르를 멀리 했고, 탈출하려는 볼테르를 감금(監禁)하며 자신의 강한 성격을 억제하지 못하였다.》

미크로메가스는 번잡스러움과 째째함으로 가득한 궁궐에서 추방당한 것에 대해 그저 약간 상심했을 뿐이다. 미크로메가스는 교법(敎法) 전문가에 대해 풍자시를 만들었으나, 그들은 별로 신경도 쓰지 않았다. 그리고 나서 미그로메가스는 마음과 정신 교육을 마치려고 이 행성(行星)에서 저 행성(行星)으로 여행(旅行)을 시작하였다고 한다. 역마차(驛馬車), 사륜마차(四輪馬車)로 작은 흙덩이 지구 위를 여행했던 사람들은 천공(天空, up there)에서의 운행을 모르기 때문에 놀랄 것이다. 미크로메가스는 중력의 법칙, 인력과 반발력을 모두 알고 있었다. 그는 그 법칙을 적절히 이용하여 어떤 때는 태양의 광선 도움으로 또 어떤 때는 혜성(彗星)의 편리함으로 이 별에서 저 별로 옮겨 다녔다. 미크로메가스와 그 장비(裝備)들은 새가 이 가지에서 저 가지로 날아가는 것처럼 그렇게 돌아다녔다. 미크로메가스는

---

6) '질량(質量, mass)'들과 상호 '거리(距離, distance)' 사이에 작용하는 '인력(引力, attraction)' '중력(重力, gravity)'이라는, 물리학(物理學)과 수학(數學)의 토대 위에 확립된 '과학적 사고'가 홍대용(洪大容, 1731~1783)의 북경 방문(1765 – 英祖 41) 당시의 '淸나라 北京'에는 없었다는 점에서 그렇다. (참조 <을병연행록>)

단 숨에 은하수(銀河水)를 통과했다.

〈미크로메가스-'제1장, 토성으로의 여행'〉[7]

해설

* 소설 〈미크로메가스(*Micromegas*)〉는, 1750년 (56세) 6월 28일, 볼테르가 프러시아의 프리드리히 2세(Frederick the Great, 1712~1786)의 초대를 받고 베를린으로 가서(연봉 2만 프랑을 받기로 했음) 거기에서 출간한 작품이다. 볼테르는, 무엇보다 전략(戰略)에 관심이 많은 프리드리히 2세를 '뉴턴의 천체 물리학적 세계관'으로 인도하여, 인간의 '시간 공간적으로 극히 미미함'을 깨달아 '전쟁의 무의미'를 알고, '평화와 문화 창조'에 관심을 돌리려는 그의 소망을 담은 '목적 소설'이 〈미크로메가스(*Micromegas*)〉다. (1752년 간행)

모로 르 쥔(Moreau le Jeune, 1741~1814)[8] 작 '미크로메가스'[9]

* 볼테르는 시인(詩人)이고 소설가이고 극작가로 알려졌으나, 사실 볼테르에게 '문학'은 자신의 '과학 사상' 사상을 알리는 인간 계몽의 수단이었다. (참조, * ⑧-10. 국민의 권리와 이익을 옹호하는 문학가들, * ⑧-1. '사회 속에 선(善)'이 진정한 선이다.)

당시 유럽은 '중세 기독교 봉건 사회'가 지속되다가 그것이 아직 청산되지 못한 상태에서 영국을 중심으로 새로운 '과학 사상'이 약간 펼쳐지고 있을 때였다.

볼테르는 '과학 사상'으로 무장하고 유럽 주요 언어를 모두 학습한 소위 '계몽사상'의 대표자이고 실천가였다. 볼테르는 탁월한 '과학적 이해력'과 '다양한 언어 구사력'을 바탕으로 프러시아(독일)의 프리드리히 2세(1712~1786)와 일찍(1736년)부터 교류(交流)가 있었는데 1750년 6월에는 프리드리히

---

7) 볼테르(이효숙 역), <미크로메가스>, 바다출판사, 2011, pp. 59~60 '제1장, 토성으로의 여행' ; Voltaire(Translated by R. Pearson), *Candide and Other Stories*, Everyman's Library, 1991, p. 95 'Chapter 1, The journey to the Saturn'.

8) 'Moreau le Jeune(1741~1814)'.

9) 'Micromegas captures a ship'—*The Literature Net Work*.

R. 바르트뮬러(Robert Warthmüller, 1859~1895) 작 '포메라니아(베를린 동북부 지방)에서의 볼테르'10), '볼테르가 프랑스 귀국길에 프리드리히 2세의 명령으로 저지를 당하다.'11)

대왕의 초청으로 프러시아로 갔고, 그 프리드리히 2세의 교육용으로 작성된 작품이 〈미크로메가스(*Micromegas*)〉다.

그런데 프리드리히 2세는 '프러시아 중심 국가 종족(種族)주의'를 바탕으로, '평화 중시의 볼테르 생각'을 무시 반발하였다. 프리드리히 2세는 결국 볼테르의 서적을 불태우게 하고, 1756년 6월 프랑스로 귀국하려는 볼테르의 행로를 프랑크프루트에서 차단하고 12일 간 억류를 단행한 폭거(暴擧)를 감행하였다. (참조, ＊ ⑭-5. 사회 운동기(社會 運動期, 1753~1777))

이후 볼테르는 루이 15세가 '파리에로의 입성(入城)'도 거부하자, 콜마르(Colmar)를 거쳐 스위스 제네바(Geneva)로 향하였다. 그후 프러시아 프리드리히 2세는, 영국과 1756년 1월 16일, '웨스트민스터 협정(The Treaty of Westminster)'을 체결하였고, 프랑스와 '7년 전쟁'을 수행하는 등 유럽의 '쌈닭[鬪鷄]'이 되었다. 그런데 그 '프리드리히 2세 전쟁 행적'을 '관념철학자' 헤겔(G. W. F. Hegel, 1770~1831)은 그의 〈세계 역사철학 강의〉에서 '구교(舊敎, Catholicism)에 대항해 개신교(新敎, protestant)를 지켜낸' '종교적 성전(聖戰)'으로 규정하고, 오히려 '게르만 민족주의'를 옹호하였다. 그것은 이후 프러시아(독일)가 '국가주의' '민족주의' '배타주의(排他主義, exclusivism)' 교육을 강화하는 계기가 되었고, 그 결과는 그 프러시아(독일)가 제1차, 제2차 세계대전의 주역이 되는 불행으로 이어졌다. (참조, ＊ ⑦-19. 헤겔과 프리드리히 2세-〈세계 역사철학 강의〉)

---

10) 'Voltaire in Pomerania(1950~52) Woodcut after drawing by Robert Warthmüller(1859~95)'.

11) I. Davidson, *Voltaire in Exile*, Grove Press, 2004, 'Illustrations No. 1'－Voltaire is arrested on the orders of Frederick, a painting by Jules Giradet(1856~1946).

그런데 볼테르는 G. 라이프니츠 등의 '여호와 중심주의 관념철학'에 반대하고, '인간 생명 중심주의' '전쟁 반대' '배타주의 반대'의 '실존주의(Existentialism)' 운동을 전개하였다. 그러한 볼테르의 '과학주의' '실존주의'는 이후 쇼펜하우어와 니체가 그것을 계승 발전시켰고, 그것은 마침내 1916년 취리히 '다다 혁명 운동'으로 이어져 드디어 인류의 공론(公論)으로 정착을 하게 되었다. (참조, ※ ⑬-8. 후고 발-'카바레 볼테르')

②-6. 유전(流轉)하는 물질-'생로병사(生老病死)'

시리우스인(Sirian, 거인 미크로메가스)이 물었다.

'당신들은 얼마나 삽니까?'

토성(土星 Saturn)에 난쟁이가 '얼마 못 살아요'라고 했다.

시리우스인이 말했다.

'우리 별에서도 똑 같아요. 우리는 너무 조금밖에 못 사는 것에 대해 늘 한탄합니다. 그것은 자연의 보편적 법칙(a universal law of nature)일 것입니다.'

토성인이 말했다.

'아깝습니다. 토성 사람은 대략 태양을 5백 번 공전(公轉, 年)하는 시간(지구의 公轉 주기으로는 약1만 5천년)밖에 살지 못합니다. 그러니까 우리는 태어나자마자 거의 동시에 죽는다는 사실을 아시겠죠. 우리는 하나의 점이고 순간이고 토성은 하나의 원자(原子, an atom)입니다. 우리가 배우기를 시작하여 경험을 얻기도 전에 죽음이 옵니다. 나로서는 어떤 계획을 세울 엄두를 못 냅니다. 거대한 태양에 하나의 물방울 격입니다. 특히 당신 앞에 내 우스꽝스러운 모습이 부끄럽습니다.'

그러자 미크로메가스가 말했다.

'당신이 철학자가 아니었다면 나는 당신에게 우리의 수명은 당신네 수명의 7백배라는 것을 알려 줄까 망설였을 것입니다. 하지만 몸을 원소들에게 돌려주고 다른 형태로 자연을 다시 살려야 할 때(to return one's body to the elements and to reanimate nature in a different form)-이런 것을 죽음이라 부릅니다.-영원(永遠)을 겪었다는 것이나 하루를 겪었다는 것은 정확히 같은 것이라는 점을 당신도 잘 알고 있습니다. 나는 우리 시리우스에서보다 1천 배 더 오래 사는 나라들에도 가보았습니다. 그런데 거기에 주민들도 여전히 수명이 짧다고 투덜대었습니다. 하지만 그냥 감수하고 자연의 창조에게 감사하는 양식 있는 사람들은 역시 어디에

나 있습니다. 창조주는 이 우주에 풍요한 다채로움과 경탄의 균일성을 널리 전개해 놓았습니다. 예를 들어 모든 생각하는 존재들은 서로 다른데 모두 욕망을 지니고 있다는 점에 비슷합니다.'

〈미크로메가스－'제2장, 시리우스인과 토성인의 대화'〉[12]

해설

　* 볼테르가 행한 '뉴턴 식 천체 물리학적 추리'는 즉시 '인간과 비슷한 생명체가 다른 행성(行星)에도 있을지 모른다.'는 상상으로 비약했고, 다른 별의 '인간 수명(壽命)'으로 옮겨 갔다. 볼테르는 인간 수명을 100년으로 상정(想定)을 해놓고 '토성(土星 Saturn)인'은 인간의 150배(15000년), 시리우스인(Sirian, 거인 미크로메가스)은 토성인의 700배(10500000년)을 제시하고 그 시리우스인 보다 1000배를 더 사는 사람들을 만났더니 거기 사람들도 '수명이 짧다고 불평이더라.'라고 말하여, 볼테르는 위에서 시간과 공간에서 '무한대(無限大 ∞)'에 대해 유한(有限)의 수자(數字)는 '0'과 동일하다는 '미적분(微積分)'의 개념 을 활용해 보이고 있다.

　볼테르 당대(當代)에는 지구는 태양계에 속한 행성이고 태양계에는 지구보다 더욱 큰 행성이 있다는 것까지는 확인이 되었다. 그러나 그 다른 행성에 '생명체' 가 있는지 사람이 사는지 여부는 확인이 못 된 상태였다.(은하계에는 역시 태양계와 같은 구조의 별들의 모임이 무수하고, 우주 공간에는 역시 은하계와 같은 형태가 얼마나 많은지도 알 수가 없다는 것이 천문학도의 견해이다.)

　볼테르는 시인(詩人)의 상상력을 동원하여 사람보다 수백 배 만 배를 몸집이 더 크고 더욱 장수(長壽)하는 거인(巨人, 미크로메가스)을 동원하여 '시간적 공간적 지적(知的)으로 인간의 작고 미미함'을 풍자하였다.

　이러한 볼테르 비유의 '궁극 의미'는 '정직(正直)하고 겸허(謙虛)하게 생명들을 사랑하라'는 요지였다. (참조, * ⑩-7. 시공(時空)을 초월한 신(神)의 섭리, * ⑩-3. 자연(自然)이 철학자를 만들었다. * ⑪-12. 신(神)의 대행자(代行者)는 어디에 도 없다.)

---

12) 볼테르(이효숙 역), <미크로메가스>, 바다출판사, 2011, pp. 64~65 '제2장, 시리우스인 과 토성인의 대화' ; Voltaire(Translated by R. Pearson), *Candide and Other Stories*, Everyman's Library, 1991, pp. 97~98 'Chapter 2, The conversation between the inhabitant of Sirius and that of Saturn'.

②-7. 36시간에 세계 일주

　　이 이방인(異邦人, 시리우스인과 토성인)들은 꽤 빨리 돌아다녀서 36시간 만에 지구를 한 바퀴 돌았다. 태양도 비슷한 여행을 하루에 행한다고 생각할 수 있지만, 태양이 도는 것보다 지구의 자전(自轉)이 더 편하다는 것을 알아야 한다. 아무튼 그들은 출발 지점으로 돌아왔다. 그들로서는 거의 간파하기 힘들지만 '지중해'라는 이름을 가진 작은 늪과, 흙 둔덕을 둘러싸고 있는 '대양(大洋)'이라는 이름의 작은 못을 보고 난 후에 시리우스인 미크로메가디스는 신발 굽만 적셨을 뿐이다. 그들은 이 별(지구)에도 사람이 살고 있는지를 알아보기 위해, 위로 아래로 갔다가 다시 돌아오곤 하면서 가능한 방법을 다 써보았다. 그들은 몸을 굽히기도 했고, 누워 보기도 하고 더듬어 보기도 했다. 하지만 그들의 눈과 손은 그곳(지구)에서 '기어 다니는 작은 존재들(the little beings crawing about-인간들)'을 볼 만한 비율로 조정이 되지 않아서 이 별(지구)에 우리 인간이 존재한다는 것을 짐작하게 해줄 만한 감각은 작동을 하지 못했다.

〈미크로메가스-'제4장, 지구에서 일어난 일'〉[13]

해설

　＊ 볼테르의 '미크로메가스'는 소위 '과학 소설'의 출발이었다. '자연과학' '인체과학'은 볼테르 확신의 거점이었다. 그것이 볼테르 '계몽주의(Enlightenment) 운동'의 핵심이고 '현대 과학 정신의 출발점'이었다.

　　볼테르 당시에까지 '플라톤 이념 철학'과 '기독교 교부(敎父) 철학'이 프랑스 사회를 지배하고 있었는데, 볼테르는 영국의 '경험주의' '과학사상'에 심취하여 사상의 혁명(계몽주의)을 선도하였다.

　　볼테르는 뉴턴이 '자연의 이치는 어디에서나 동일하다.(Natura est semper sibi cosona,-Nature is always consonant with itself)'라 말한 것을 토대로, 인류와 세계의 미래를 논하여 그의 '과학 사상'을 그대로 펼쳤다. (참조, ＊ ⑨-36. 선악(善惡)의 분별은, 산수(算數)의 문제다.)

　　볼테르의 이러한 '자연과학 사상'과 연계된 것이 그의 '자연법(Natural Law)' 사상인데, 그것은 '중국 공자(孔子) 사상'을 표준으로 한 것으로 볼테르는 중국

---

13) 볼테르(이효숙 역), <미크로메가스>, 바다출판사, 2011, p. 70 '제4장, 지구에서 일어난 일' ; Voltaire(Translated by R. Pearson), *Candide and Other Stories*, Everyman's Library, 1991, p. 101 'Chapter 4, what happens to them on the Earth'.

송(宋)나라 주희(朱熹, 1130~1200) 등 성리학(Neo-Confucianism)에까지 관심을 보였다.[14] (참조, ＊ ⑤-20. 조물주(造物主, 天, Supreme Being)를 믿은 중국인(中國人), ＊ ⑪-10. 무한 공간에 '모래알 같은 지구')

②-8. 현자(賢者) 쟈디그-'천문학에의 긍지(肯志)'

《소설 〈쟈디그(Zadig)〉는 볼테르가 53세(1747)에 네덜란드에서 〈멤논(Memnon)〉이라는 이름으로 간행한 자신의 '포부(希望-현명한 재상, 諸葛孔明)'를 전제한 것으로 중국의 소설 〈삼국지연의(三國志演義)〉, 〈금고기관(今古奇觀)〉의 영향을 드러내고 있다.》

모압다르 왕 시절, 바빌론에 쟈디그라는 젊은이가 있었다. 그는 아름다운 천품을 타고났을 뿐만 아니라, 훌륭한 가르침을 받아 그 품성이 더욱 돈후하여졌다. 부유하고 젊었으되 스스로를 제어할 줄 알았고, 어떤 일에서건 자신을 내세우지 않았다. 자기만 항상 옳다고 주장하는 것을 삼가했고, 인간의 약점을 존중할 줄 알았다. 뛰어난 기지를 소유하였으되, 막연하고 두서없는 혼란스러운 잡담이나 경솔한 험담, 무지한 단언, 상스러운 재담 등 흔히 바빌론에서 '대화'라고 부르던 그 헛된 말의 소음을, 그는 결코 조롱하거나 멸시하지 않았고, 사람들은 그러한 사실에 몹시 놀랐다. 그는 일찍이 조로아스터의 책 첫 권에서, 자존심이란 바람으로 불룩해진 큰 공에 불과하며, 누가 그것을 바늘로 찌르면 그것에서 폭풍이 쏟아져 나온다는 사실을 읽어 깨달은 바가 있었다. 쟈디그는 특히 여인들을 멸시하거나 속박하는 것을 자랑으로 여기지 않았다. 그는 관대하여 배은망덕한 자들에게도 베풀기를 주저하지 않았다. 조로아스터의 큰 가르침을 따른 것이었다.

'비록 개들이 그대를 무는 경우가 있을지라도, 그대가 먹을 때는 개들에게도 먹을 것을 주라.'

---

14) Voltaire(translated by H. M. Block), *Candide and Other Writing*, The Modern Library, 1956, p. 570 'Notes 5' 'Chinese words properly mean : *Li*[理] natural light, reason ; and *Tien*[天] heaven, and which also God'. 볼테르는 중국 성리학의 체계('天=理')를 알고 있었다. 이 '이신론(理神論, deism)=天=理'의 문제는, 한국으로 전해져 이황(李滉, 1501~1570)의 '이기설(理氣說)', 이이(李珥, 1536~1584)의 '기발이승일도설(氣發理乘一途說)' 등으로 더욱 구체화하였다.

그는 비할 데 없이 현명했던바. 항상 현자들과 어울리기를 추구하였다. 옛 칼데인들의 학문을 익혀, 당시 사람들이 알고 있던 자연의 물리적 법칙에 무지하지 않았으며, 사람들이 어느 시대에나 말하던 형이상학도 다소 알고 있었다. <u>그는 당시 알려진 자연철학을 배우지 않았음에도 한해가 365일과 4분의1일로 이루어졌고, 태양이 세계의 중심이라는 확신이 있었다.</u> 그러나 세력 있는 점성술사들이, 쟈디그의 소견이 악의적이라고 하며, 태양이 자전한다거나 한해가 열두 달로 믿는 것이 국가에 대한 적대 행위라고 모욕적으로 거만하게 말해도 그는 노여움도 경멸도 표하지 않고 조용히 입을 다물곤 하였다.

〈쟈디그-'제1장 애꾸눈이'〉[15]

해설

＊〈쟈디그〉는 1747년(56세) 볼테르가, '운명(Destiny)' '동양 이야기(A Tale of the Orient)'라는 다른 명칭을 붙여 간행한 소설인데, 중국의 고전 〈삼국지연의(三國志演義)〉〈장자(莊子)〉〈금고기관(今古奇觀)〉 등에서 서술 방법을 빌어 볼테르 자신의 여성관(女性觀)과 자신의 소망(꿈)을 명시한 작품이다.

특히 주인공 '쟈디그'는 〈삼국지연의(三國志演義)〉에 등장하는 '촉상(蜀相) 제갈양(諸葛亮) 이야기'를 '볼테르 자기 자신의 비유'로 전용한 작품이다. (참조 ＊ ⑧-21. 볼테르의 꿈-'제갈공명, ＊ ⑭-4. 국가 경영기(國家 經營期, 1739~1752))

②-9. 데카르트의 성공과 약점

갈릴레이는 그 천문학상의 발견에 의해, 케플러는 그 계산에 의해, 데카르트는 적어도 그 굴절 광학에 있어서, 그리고 뉴턴은 그 모든 저서에서 모두 '세계 원동력의 구조(the mechanism of the working of the world)'를 간파하였다. 기하학(mathematics)에서는 무한(infinity)이 계산의 지배 속에 놓여졌다(微積分學의 개발). 동물에서는 혈액의 순환, 식물에서는 수액의 순환이 우리들에게 자연의 모습을 바꾸게 하였다. 공기 펌프 내부에 물체의 새로운 방법이 부여되었다. 망원경의 도움으로 여러 가지 대상이 우리의 눈에 다가왔다. 마침내 뉴턴이 빛에 대하여

---

15) 볼테르(이형식 역), 〈쟈디그 또는 운명〉, 펭귄클래식, 2001, pp. 9~10 '제1장, 애꾸눈이' ; Voltaire(Translated by R. Pearson), *Candide and Other Stories*, Everyman's Library, 1991, pp. 116~117 'Chapter 1, The man with one eye'.

찾아낸 것은 인간의 호기심과 기대에 가장 대담한 것이라 말할 수 있다.

안토니오 데 도미니스(Antonio de Dominis, 1566~1624)가 나타날 때까지는 밝힐 수 없는 신비한 현상이었다. 이 철학자는 그

데카르트(R. Descartes, 1596~1650), <방법 서설>

것은 태양과 필연적인 관계에 있다는 것을 알았다. 데카르트는 이 완전한 자연적 현상을 수학으로 설명함으로써 그 이름을 불멸화 하였다. 데카르트는 빗방울 속에 빛의 반사와 굴절을 산정(算定)했지만, 그 날카로운 통찰력은 신의 조화라고나 해야 할 정도였다.

그러나 만일 데카르트가 다음과 같이 배웠다면 그의 입에서 어떤 말이 나왔을까. 당신은 빛의 본성에 대해 잘못 생각하고 있으며 빛이 구상체(球狀體)라는 근거는 없으며, 이 물질이 우주에 퍼져 있다는 것도 사실이 아니다. 또한 빛이 태양에서 발사되는 것은 맞는 말이지만, 포탄이 25년 동안 그의 속도를 유지한 채로 25년 동안 날아갈 거리만큼 먼 태양에서 지구까지의 거리를 빛은 거의 7분 만에 이동한다는 사실에 데카르트는 무어라고 할 것인가?

〈영국 편지 - '제16신 뉴턴 광학에 대하여'〉16)

해설

* 위에서 볼 수 있듯이 볼테르는 데카르트(R. Descartes, 1596~1650)의 '미적분'과 '광학'에 대한 이론은 긍정하였다. 그러나 볼테르와 데카르트의 근본적 차이점이 있었다. 즉 볼테르는 이미 영국 유학을 통해 자신 속에 '시민 중심', '퀘이커 교도의 평등주의', '경험과학'을 확신으로 지니고 있었다. 이에 대해, 데카르트는 '국왕중심' '통치자 중심' '관념철학'에서 빠져나올 줄 모르고 오히려 그것을 조장(助長)하고 있는 상황이었으니, 그 대표적인 경우가 인격(人格) '신(神)의 존재 증명'17)이었다.

---

16) 볼테르(정순철 역), <철학서한>, 한국출판사, 1982, pp. 138~139 ; Voltaire(Translated by L. Tancock), *Letters on England*, Penguin Books, 1980, pp. 81~82 'Letter 14, On the Optics of Newton'.

17) '나는 나 자신에서 유래할 수 없다. 나는 내가 아닌 다른 것에서 유래하고, 다른 것에 의해 지탱되어야 한다. 나를 지탱하고 있는 것은 내 안의 모든 것을, 적어도 그만큼, 혹은 그보다 더 크게 가지고 있어야 한다. 나는 생각하는 존재이므로, 나를

데카르트의 '관념주의(신의 존재 증명)'는 어디까지나 가정(假定)에 가정(假定)을 더한 것이어서, 볼테르는 그 데카르트 사상의 일부('광학' '미분학' 등)만 인정하였다.

볼테르의 '데카르트에 대한 비판적 시각'은, 볼테르의 G. 라이프니츠(G. Leibniz, 1646~1716) '낙천주의 비판 시각'과 유사하다. 그것은 볼테르 이전의 '도식주의(dogmatism)' '관념주의'에 대한 볼테르의 비판 조롱으로 동일한 볼테르의 타도(打倒) 대상이었다. (참조, ※ ⑪-12. 신(神)의 대행자(代行者)는 어디에도 없다. ※ ③-1. '자유 의지(free will)'란 무엇인가?)

데카르트는 인간 생각을 그 '여호와주의'에 고정하여, 개인의 '자유 의지(Free Will)'를 포기하게 하는 그 '신정론(神正論)'을 긍정하는 전근대적인 요소가 남아 있었다.

볼테르 사상을 정통으로 계승한 '실존철학자' F. 니체는, 한 마디로, '신(神)의 존재(存在) 논의는 무익(無益)하다.'[18]고 하였다.

②-10. 있는 그대로 보아야 한다.

《'랭제뉘(L'Ingenu, 自然兒)'는 볼테르가 73세(1767)에 간행한 소설로 자신의 '바스티유 수감 체험'을 바탕으로 프랑스 정부의 '무능'을 개탄한 '목적 소설'이다. 당시 프랑스 사회의 '불법성' '무서운 편견' '절망적 종교적 교조주의'를 고발한 목적 소설로 '자연법(自然法, Natural Law)'에로의 복귀를 거듭 명시하고 있다.》

랭제뉘는 여러 학문들에서 빠른 발전을 했고, 특히 인간학에서 그러했다. <u>그의 정신이 그렇게 빨리 발달하게 된 원인은 그가 받은 원시적 교육 덕분이기도 하고, 또한 거의 그만큼 강인한 영혼의 덕분이기도 했다.</u> 왜냐하면 어린 시절에

가능케 하는 자도 생각하는 존재여야 한다. 내 안에 신의 관념이 있으므로, 나의 존재를 가능케 하고 지탱해 주는 것도 신(神)의 관념 안에 있는 모든 완전성을 갖고 있어야 한다. 그런데 신적인 완전성을 가진 것은 신(神)밖에 없다. 그러므로 신(神)은 존재한다.'

18) F. Nietzsche(Translated by T. Comman), *The Joyful Wisdom*, The Macmillan Company, 1924, p. 9.

아무것도 배우지 않아 편견이 전혀 없었기 때문이다. 그의 이해력은 착오에 의해 왜곡된 적이 없기 때문에 고스란히 올바름 속에 머물러 있었다. 우리에게 어린 시절 주입된 생각들 때문에 평생토록 모든 일들을 실제와 전혀 다르게 보는 반면, 랭제뉘는 있는 그대로 보았다.

〈랭제뉘–'제14장, 랭제뉘의 지적 발전'〉[19]

해설

＊ 볼테르의 3대 사상은 뉴턴 식 '세계관', J. 로크(J. Locke, 1632~1704) 식 '인생관', 중국 공자(孔子)로 대표되는 '자연법(Natural Law)' 사상이 그것이었다.

볼테르는 '자연(自然, nature)'을 있는 그대로 '알고' '타고난 대로 행동할 수밖에 없다는 것'이 지론(持論)이었다. 그것은 주로 중국의 공자의 '인(仁, 관용)' 사상과 연결된 것[必也使無訟]이다. 볼테르는 자신의 '국가 사회관'을 총괄하여 '자연법'을 기초로 해야 한다는 입장이었다. (참조, ＊ ⑤-12. '자연의 가르침(the voice of Nature)'이 최상이다. ＊ ⑤-20. 자연스런 중국 문명(文明), ＊ ⑤-21. 속이지 않았던 현인(賢人), 공자(孔子))

볼테르는 1717년(23세), 1726년(32세) 2회에 걸쳐 바스티유 수감 체험을 겪었는데, 32세 때의 체험은 당시 프랑스를 지배하고 있는 중세 '여호와 중심주의' '교부(敎父)철학'에 기댄 사회적 '부조리'였다.

볼테르는 '당시 프랑스 사회의 교권주의'에 분노하였고, 그의 굴욕감은 평생 지속이 되었다. 역시 그 두 사건을 토대로 소설 '랭제뉘(L'Ingenu, 自然兒)'를 집필하였다. (참조, ＊ ⑭-2. 영국 유학기(英國 遊學期, 1716~1733))

②-11. 로크의 영혼과 육체의 관계론

지금까지 로크 씨(J. Locke, 1632~ 1704) 이상으로 총명하고 정연하게 일관된 정신, 그 이상으로 엄밀한 이론가는 없었다. … 로크는 마치 뛰어난 해부학자가 인체의 태엽 장치를 설명하듯이 인간의 오성(悟性, Understanding)을 사람들에게

---

19) 볼테르(이효숙 역), <랭제뉘>, 지식을만드는지식, 2009, p. 104 '제14장, 랭제뉘의 지적 발전' ; Voltaire(Translated by R. Pearson), *Candide and Other Stories*, Everyman's Library, 1991, p. 232 'Chapter 14, The Ingenu's intellectual progress'.

상세히 해명하였다. 그는 도처
에서 '자연의 빛(the light of
physics)'을 활용하였다. 어느 때
는 단정적으로 말하는 용기도
보이지만, 의심하는 모습을 보
이고 있다. 우리가 알지 못하는
것을 처음부터 정의를 내리거나

J. 로크(J. Locke, 1632~1704), <인간오성론>(1690)

하지 않고 우리가 알고 싶은 것을 순서대로 검토해 간다. 그는 아이들 탄생한
순간에 주목하고 그 아이들의 오성(悟性, Understanding) 진보를 한 걸음씩 더듬어간
다. 동물(動物, Animal)과 공통점과 우월한 점을 관찰하며 무엇보다 자기 자신의
경험, 자신의의 사고 양심에 의견을 묻는다.

'우리의 영혼이 우리의 육체가 완성되기 전에 존재하고 있는 것인지, 아니면
완성된 후에 존재하는 것인지에 대한 토의는 나보다 잘 알고 있는 분들에게
맡기겠다. 그러나 나는 언제나 무엇을 생각하고 있을 수는 없는, 질이 나쁜 영혼의
하나(one of those coarse souls)를 받은 사람이라는 것은 숨기지 않고 말해 둔다.
그리고 미안하지만 나는 육체(body)가 항상 활동하고 있는 것이 필요한 것 이상으로,
영혼(souls)이 언제나 무엇을 생각하고 있을 필요가 있다고는 생각할 수 없다.'(《인간
오성론(An Essay Concerning Human Understanding)》(1690) 2권 1장 10절)

이에 관해서는 나도 '로크 씨와 마찬가지로 어리석다는 영광을 함께 함(the
honour of being as stupid as Locke)'을 자랑으로 생각한다.

〈영국 편지-'제13신, 로크에 대하여'〉[20]

해설

* 볼테르는 〈영국 편지〉에서 I. 뉴턴의 '천체 물리학'에 대한 관심에 이어
J. 로크의 '경험철학'에 큰 공감을 표명하였다.

볼테르의 위의 설명에서 크게 돋보이는 부분은, '로크는 아이들 탄생한
순간에 주목(注目)하고 그 아이들의 오성(悟性, Understanding) 진보(進步)를 한
걸음씩 더듬어간다.'라고 지적했던 대목이다.

이 J. 로크의 '경험주의'에 먼저 주목하여 볼테르의 '반관념주의' '반독단주의

---

20) 볼테르(정순철 역), <철학서한>, 한국출판사, 1982, pp. 100, 101~102 ; Voltaire
    (Translated by L. Tancock), *Letters on England*, Penguin Books, 1980, pp. 62, 63~64 'Letter
    13, On Mr. Locke'.

(Anti-dogmatism)' 비판이 평생 펼쳐졌다.

그리고 그 볼테르 생각의 토대 위에 A. 쇼펜하우어(A. Schopenhauer, 1788~1860)의 〈의지와 표상으로써의 세계(The World as Will and Representation, 1818)〉가 집필되었다.

그리고 쇼펜하우어의 〈의지와 표상으로써의 세계〉를 읽고 F. 니체(F. Nietzsche, 1844~1900)는 〈차라투스트라는 이렇게 말했다〉를 써서 소위 '개인주의' '실존주의', 곧 '현대 사상'을 세상에 공개하였다.

그런데 1916년 스위스 취리히에 모인 '다다'는 바로 볼테르와 니체의 생각에 기초하여 '다다 혁명 운동'을 펼쳐, '전쟁 반대' '생명 존중'의 '과학주의' '실존주의' 운동을 전개하여 '지구촌'의 공론(公論)으로 자리를 잡게 하였다. (참조, ※ ⑬-3. A. 쇼펜하우어, '육체(Body)는 의지(Will)가 있는 장소이다.' ※ ⑬-7. F. 니체, 육체 긍정의 실존주의, ※ ⑬-10. 후고 발, '카바레 볼테르')

②-12. 자연 관찰로 찾아낸 '천연두' 원리

상업적 국민은 언제나 자기의 이해에 신경을 쓰고 있으므로, 유익한 일이면 무엇이나 소홀함이 없다. 이라크(Iraq)의 키르카스 사람들(Circassians, 북쪽 코카사스 족)은 다음과 같은 사실을 알게 되었다. 즉 심한 천연두(天然痘, smallpox)에 두 번 걸리는 사람이 천 명에 한 명 있을까 말까 정도이고, 실제로 가볍게 천연두에 서너 번 걸려도 손을 쓸 수 없는 증상은 절대로 두 번 다시 일어나지 않는다는 점이다. 한 마디로 일생 동안 천연두는 두 번 다시 걸리지 않는다는 점이다. 더구나 아주 가벼운 천연두, 약하게 조금 얇은 피부에만 겪어도 얼굴에는 아무런 흔적도 남기는 일이 없다는 것을 알았다. 이러한 '자연 관찰(Natural Observations)'로 부터 생후 6개월이나 1년이 되는 아이들은 가벼운 천연두에 걸려도 생명에 지장이 없고, 흔적이 남는 일도 없고, 그 후에는 평생 천연두에 걸리지 않는다는 결론이었다.
〈영국 편지-'제11신, 종두(種痘)에 대하여'〉[21]

---

21) 볼테르(정순철 역), <철학서한>, 한국출판사, 1982, p. 91 ; Voltaire(Translated by L. Tancock), *Letters on England*, Penguin Books, 1980, p. 54 'Letter 11, On Inoculation with Smallpox'.

해설

* '종두(種痘)'에 대한 볼테르의 지적도 자신의 구체적인 체험을 기초로 목이 터지도록 그 '과학(경험철학)'의 중요성을 강조한 발언으로 주목해야 한다.

1723년(29세) 11월에 볼테르가 "천연두(smallpox)에 감염되어 거의 죽을 지경에 이르다. 레몬수 2백 파인트(0.473리터×200)를 마시고 회복이 되었다."[22] (참조, * ⑭-2. 영국 유학기(英國 遊學期, 1716~1733))

이 사건은 '실존(육체)'에 대한 그 '절대적 의미'를 확신시킨 사건으로 역시 이후의 A. 쇼펜하우어와 F. 니체의 '실존주의 운동'에 앞서 볼테르의 '실존주의' 논의에 빼놓을 수 없는 막중한 사건이다.

한 마디로 볼테르는 '현실적 효과' '인간 생명'을 살리는 '경험철학'을 강조했던 것이고, 단지 '체계를 위한 체계' '공리공론'은 철저히 배격했던 것이다. 그러한 측면에서 조선조 '실학자(實學者)'의 생각과 동일하였다.

②-13. 신체(body)와 연동(聯動)된 인간 영혼

'그런데 도대체 눈물은 왜 진정(鎭靜)을 시켜 주는 걸까요? 내 생각에는 그 반대의 효과를 내야 할 것 같은데요.'

'형제여, 우리 안에서는 모든 것이 물리적(物理的)이라오.' 그 선량한 노인은 말했다.

'분비(分泌) 작용은 그 어떤 것이든 모두 다 신체에 유익하오. 그리고 신체를 진정시키는 것은 모두 다 영혼을 진정시키오. 그러므로 신의 섭리의 기계들이오.'
〈랭제뉘-'제10장, 바스티유에 갇힌 장세니스트와 랭제뉘'〉[23]

---

22) Voltaire(Translated by R. Pearson), *Candide and Other Stories*, Everyman's Library, 1991, p. x l iv 'Chronology' 'Nearly dies fromm smallpox and is saved, he claims, by drinking two hundred pints of lemonade.'.

23) 볼테르(이효숙 역), <랭제뉘>, 지식을만드는지식, 2009, p. 79 '제10장, 바스티유에 갇힌 장세니스트와 랭제뉘' ; Voltaire(Translated by R. Pearson), *Candide and Other Stories*, Everyman's Library, 1991, p. 219 'Chapter 10, The Ingenu imprisoned in the Bastille with a Jansenist'.

해설

＊ 볼테르는 '창조자·조물주 의지는 천체 우주에서부터 작게는 개미 한 마리에게까지 작용하고 있다.'는 생각을 갖고 있었다. 그리고 그 속에는 물질이 기계적으로 작동하여 그 속에 인간도 살고 있다는 생각을 수용하고 있었다.

이것이 소위 '이신론(理神論, deism)'이다. (참조, ＊ ⑪-9. '자연(自然) 법칙'에서 벗어날 수는 없다. ＊ ⑪-19. 자연(自然)의 원리(原理)가 신(神)이다.)

볼테르는 모든 존재는 창조주의 원리에 따르고 있으니, 인간은 '원리를 파악'하여 유용하게 쓰는 것이 '자연과학'이고 인간에게 널리 편하게 사용하는 것이 기본이라는 전제를 두었다.

볼테르의 위의 진술은 A. 쇼펜하우어, F. 니체, 1916년 '다다 혁명 운동가들'이 모두 공감했던 사실이다.

②-14. 인류 '종족(種族) 보존'의 중요성

《철학 사전(The Philosophical Dictionary, Dictionnaire Philosophique)은, 볼테르가 70세(1764)에 네덜란드에서 간행한 명저이다.》

옳은 것과 그른 것에 대한 감정을 우리에게 준 이는 누구일까? 심장과 두뇌를 주신 신(神)이다. 그러면 이성(reason)은 언제 선(virtue)과 악(vice)을 말하게 하는가? 이성은 언제 2 더하기 2는 4임을 말하게 되는가. 이성은 원래부터 있을 수는 없고, 태어나 발달한다. <u>신은 우리가 유기체를 가지고 태어나게 했지만, 인간의 성장에 따라 인간(our species)이 종족보전을 위해(to preserve this species) 모든 것을 알게 한다.</u>

〈철학사전-'옳은 것과 그른 것'〉[24]

해설

＊ 볼테르는 '인간의 종족 보존(種族保存, to preserve this species)'에 대해 지속적

---

24) 볼테르(정순철 역), <철학사전>, 한국출판사, 1982, p. 277 '正과 不正(옳은 것과 그른 것)' ; Voltaire(Translated by T. Besterman),, *The Philosophical Dictionary*, Penguin Books, 2004, p. 272 'On right and wrong'.

관심을 보여 그 중요성을 누구보다 앞서 강조하였다.

이 볼테르의 명시(明示)에 F. 니체가 동조를 하였고, S. 프로이트가 가세하여 '과학주의' '실존주의' 전개에 큰 줄기를 형성하였다.

평생을 독신으로 거주했던 '플라톤'과 예수, 역대 교황, 신부(神父), 인도의 브라만(Braman)이 모두 '육체 경멸(금욕주의)' '관념주의' '독단주의'에 머물렀던 점은 크게 주목해야 한다.

볼테르는 '관념주의' '여호와 중심주의'를 정면에서 비판하고, '육체'와 '생명 존중'의 과학 사상을 펼쳤다. (참조, ※ ⑩-1. 역사(歷史) 서술의 초점은, 종족(種族)의 번성(蕃盛) 여부이다.)

②-15. 장기(臟器)와 관련된 인간의 감정(感情)

‘열정(enthusiasm)’이란 희랍의 '장부의 소란(disturbance of the entrails)', '내적 소동(internal agitation)'의 의미이다. 그리스인은 신경에 느껴지는 동요, 장(腸)의 팽창과 수축, 심장의 급격한 긴장, 격렬히 감동했을 때 장부에서 뇌수로 치솟는 불과 같

'피티아(Pythia)', '델피(Delphi)의 삼각 배(盃)'

은 기운의 급속한 흐름을 표현하기 위하여 이 말을 생각해냈던 것일까.

아니면 물건을 담으려는 델피(Delphi)의 삼각 배(盃)에 아폴로의 정령을 받을 피티아(Pythia)의 몸부림에 정열, 즉 장부(腸腑)의 착란이란 이름을 준 것일까.

열정이란 무엇을 뜻하는 것일까. 우리들의 감정은 얼마나 풍부한 뉘앙스를 지니고 있는지 모를 정도이다. 감동, 착란, 긴장, 격정, 분격, 실신, 공포, 광기, 이것들은 불쌍한 인간의 넋을 통과할 수 있는 것들이다.

〈철학사전 – '열정'〉[25]

25) 볼테르(정순철 역), <철학사전>, 한국출판사, 1982, pp. 254~255 '열정(熱情)' ; Voltaire(Translated by T. Besterman), *The Philosophical Dictionary*, Penguin Books, 2004, p. 187 'Enthusiasm'.

해설

　* 볼테르는 J. 로크의 '경험주의'에 동조했으나, 결코 J. 로크 사상에 안주(安住)하지 않았다. 오히려 그것을 바탕으로 새로운 영역의 개척에 돌입했으니, '인체'와 관련된 인간의 '정신 변화'에 주목하였다. 이것이 소위 '정신분석'의 영역에서도 볼테르가 F. 니체, S. 프로이트를 앞질러 당당한 선배 위치를 차지하고 있는 까닭이다.

　즉 볼테르가 위에 관심을 보인 그 '열정(enthusiasm)'의 문제는, 그대로 '본능(instinct)'이고, 그것의 본격적인 탐색의 문제가 이른 바 '정신분석' '무의식' 탐구 영역이 되었으니, 거기에 적극적으로 매달린 사람이 F. 니체, S. 프로이트, C. G. 융이었다. (참조, * ⑬-7. F. 니체, 육체 긍정의 실존주의, * ⑬-8. S. 프로이트, '무의식(본능)'의 대대적 탐구, * ⑬-9. C. G. 융의 만다라(Mandala))

　볼테르는 실로 다양한 재능을 보였으나, 그의 감각과 육체 분석은 탁월한 사항이었다. 볼테르는 젊은 시절 영국에 유학하여 로크 등 의학(醫學)의 과학적 지식을 자신의 신념으로 활용하였고, 만년(晩年)에 의사와 교유하여 그의 의학적 지식을 적극 수용하였다. 그리고 '후손을 원하는 인간의 보편 심리'를 크게 긍정하였다.

②-16. '사랑은 만물의 행동'-버질(Virgil)

　　'만물이 동일한 사랑을 행한다.(All feel the same love.-Virgil)' 여기에서 우리는 육체적인 것으로 돌아가야 한다. 사랑은 상상력으로 수놓은 자연의 옷감이다. 사랑에 대한 관념을 갖고 싶거든 그대의 정원을 찾는 참새를 보라. 그대의 집에 있는 비둘기를 보라.

　　　　　　　　　　　　　　　　　　　　〈철학사전-'사랑(Love)'〉26)

해설

　* 볼테르는 한 마디로 자연을 거스르는 것을 거짓으로 보았다. 그리고 그 자연을 그대로 인정한 성현을 공자(孔子)로 생각하였다.

───────────────────

26) 볼테르(정순철 역), <철학사전>, 한국출판사, 1982, p. 234 '사랑' ; Voltaire(Translated by T. Besterman), *The Philosophical Dictionary*, Penguin Books, 2004, pp. 29~30 'Love'.

볼테르는 '자연'을 '신(God)'으로 전제하고, 그에 대한 탐구를 바로 '학문(Science)'으로 전제하였다. (※ ⑪-19. 자연(自然)의 원리(原理)가 신(神)이다.)

서구(西歐)에서도 모두 자연을 존중하고 살고 있었다. 그 인종이 번성하여 오늘에까지 존재함이 그 사실을 증명하고 있다.

그런데 플라톤과 예수는 '자연'을 거부하고 '이념'을 강조하고, 현재보다는 '저 세상'과 '천국'을 강조하였다. 그래서 서구 중세 문화를 이루었다.

그런데 그 '어처구니없는 서구 문화'에 최초로 반기(反旗)를 들고 '새로운 근대 문명'을 강조한 사람이 바로 볼테르였다. (참조, ※ ⑩-6. 자연(自然) 속에 천성(天性)을 지키는 생명들, ※ ⑨-20. '씨앗'에서 '씨앗'으로)

②-17. 인간 속에 있는 신(神)

관념(idea)이란 무엇인가?

그것은 나의 머릿속에 그려진 이미지다.

그렇다면 모든 관념들은 이미지들인가?

물론이다. 왜냐하면 아무리 추상적 관념이라도 내가 지각한 대상의 결과이기 때문이다. 일반적으로 내가 '존재(being)'라는 말을 하는 것은 나는 개별적 존재를 알고 있기 때문이다. 내가 '무한'이란 말을 사용하는 것은 내가 유한을 보았으나, 나의 오성(悟性, understanding) 속에 그 유한을 확장시키기 때문이다. 나는 내 머리 속에 여러 이미지를 가지고 있기 때문에 비로소 관념을 가지는 것이다.

그러면 그 그림은 누가 그리는 것일까?

그것은 내가 아니다. 왜냐하면 나는 그처럼 훌륭한 화가일 수 없다. 나를 창조한 자가 내 관념들을 만들고 있다.

그러면 우리가 모든 것을 신(神) 속에서 보고 있다는 말브랑쉬(Malebranche, 1638~1715)에 동의하는가?

우리가 신(神) 신 그 자신 속에서 사물을 보지는 않을지라도, 신의 전능한 작용 속에 사물을 보고 있다고 나는 확신한다.

〈철학사전 − '관념'〉[27]

---

27) 볼테르(정순철 역), <철학사전>, 한국출판사, 1982, pp. 264~265 '관념' ; Voltaire(Translated by T. Besterman), *The Philosophical Dictionary*, Penguin Books, 2004, pp. 236~237 'Idea'.

해설

* 볼테르의 위의 발언도 자신의 철학 전반을 요약하고 있는 '인간 인식 전반'을 비판하고 있는 말이다.

인간의 '인식론(認識論)'을 볼테르처럼 쉽게 요약한 사람은 없다.

볼테르는 '관념' '이미지' '신(神)'의 중요한 이름을 짚어가며 어려움 없이 중요 문제를 알기 쉽게 말하고 있다.

플라톤의 '관념(idea)론'이 뒤에 성 아우구스티누스(Saint Augustine, 354~430)의 '여호와 중심주의'와 합쳐 서구의 '교부철학(教父哲學, patristic philosophy)'을 이루었다.[28] G. 라이프니츠, I. 칸트, G. W. F. 헤겔로 이어졌다. 볼테르는 '과학도'로서 시와 소설과 연극을 수단으로 그 '관념론'에 반기(反旗)를 들고, '세계관(뉴턴 식 우주관)' '인생관(로크 식 醫學的 인생관)' '사회관(孔子의 自然法)'의 보편화 운동에 평생을 바치었다. (참조, *③-1. '자유 의지(free will)'란 무엇인가?)

②-18. 육체 속에 있는 영혼

다티아누스(Tatian, 110~175)는 그의 '그리스인에게 행한 설교(Discourse to the Greeks)'에서 영혼은 명백히 육체로 구성되었다고 말했다. 이레나에우스(Irenaeus, 140~202)는 그의 저서 2권 62장에서, 우리의 영혼이 육체의 형태를 지니고 있는 것은, 육체의 기억을 지키고 있기 때문이라고 신이 가르쳤던 바라고 했다. 테르툴리아누스(Tertullian, 160~230)는 '영혼에 대하여(On the Soul)' 제2권에서 영혼은 육체라고 단언했다. 아르노비우스(Arnobius), 락탄티우스(Lactantius), 히라리우스(Hilary), 니사(Nyssa)의 그레고리우스(Gregory), 암브로시우스(Ambrose)도 같은 의견이었다.

〈철학사전 – '관념'〉[29]

해설

* 볼테르의 위의 발언은 '실존주의(實存主義, Existentialism)'의 시원을 확인하

---

28) B. Russell, *History of Western Philosophy*, George Allen & Unwin Ltd, 1971, pp. 351~363 'St Augustine's Philosophy and Theology'.

29) 볼테르(정순철 역), <철학사전>, 한국출판사, 1982, p. 265 '관념' ; Voltaire(Translated by T. Besterman), *The Philosophical Dictionary*, Penguin Books, 2004, p. 237 'Idea'

48

고 있는 것으로 주목을 요한다. 즉 '영혼(seoul)' '육체(body)' 문제에서 관념 철학자는 한결같이 '영혼'을 강조하고 있음에 대해, 볼테르는 '육체'의 중요성을 강조하였다.

이것을 다시 A. 쇼펜하우어가 '이성 적합 원리(充足理由律, the principle of sufficient reason)'[30]로 '자유 의지(영혼)'와 '육체'를 통합 설명하였다.

F. 니체는 다시 '과학적 사고(醫學的 思考)'를 바탕으로 실존주의 대가로 자리를 잡게 되었다. 그러나 F. 니체 이전에 A. 쇼펜하우어 이전에 볼테르가 있었다는 사실은 서양 철학사에 아무도 덮을 수 없는 위대한 기록들이다.

볼테르가 인류의 바른 스승 공자(孔子)의 선진(先進) 사상 '자연법(Natural Law)'을 수용했다는 사실은 '인류의 평화'를 위해 역시 '다양한 문화의 긍정'으로 영원히 빛날 위대한 사건들이다. (참조, ※ ⑬-3. A. 쇼펜하우어-'육체(Body)는 의지(Will)가 있는 장소이다.')

②-19. 로크(Locke) 학파와 성 토머스(S. Thomas) 학파

(시리우스 동물(미크로메가스)에게) 로크(Locke)를 신봉하는 한 작은 철학자가 그 곁에 있었다. 로크 신봉 철학자는 말했다.

'나는 어떻게 생각해야 하는지 모릅니다. 하지만 오로지 감각들을 맞이했을 때 외에는 생각을 전혀 하지 못했다는 것은 압니다. 비물질적이고 지적인 질료들이 있다는 것에 의심하는 것은 아닙니다. 하지만 신(神)이 물질에 생각을 전하는 것이 불가능하다는 가설에 대해서는 매우 의심이 듭니다. 나는 영원한 권세를 숭배합니다. 그 권세를 한정한 것은 내게 속한 일이 아닙니다. 나는 아무것도 단언하지 않습니다. 나는 사람들이 생각하는 것보다 가능한 것들이 더 많다고 믿는 것으로 만족합니다.' ['경험철학자들'을 요약한 말]

시리우스 동물(미크로메가스)은 미소를 지었다. 그는 이 사람이 가장 멍청한 자는 아니라고 생각했다. 그리고 토성(土星)의 난쟁이도 (지구인) 로크 학파 사람(the follower of Locke)과 크기에서 그렇게 엄청난 차이가 없었다면 '로크 학파 철학자'를 껴안았을 것이다. 하지만 불행히도 그때 사각 모자를 쓴 극미(極微)동물 하나가

---

30) A. Schopenhauer(translated by J. F. J. Payne), *The World as Will and Representation*, Dover Publications, 1969, pp. 103~104.

모든 극미동물 철학자의 말을 끊어버리고 자기가 비밀을 모두 알고 있으며 그 비밀은 성 토마스 〈신학대전(*the Summa of Saint Thomas*)〉에 있다고 말했다. 그는 다른 별들의 주민들을 위에서부터 아래로 훑어본 다음 그 사람들, 세계들, 태양들, 별 등 모든 것이 오로지 인간을 위해서 만들어졌다고 주장했다. 이 말에 두 시리우스인과 토성인은 '진정시킬 수 없는 웃음(irrepressible laughter)' 때문에 숨이 막혀서 한 사람이 다른 사람 위에 쓰러졌다. 호메로스는 이런 웃음을 '신들의 몫(the portion of the gods)'이라 했던가, 그들의 어깨와 배는 흔들거렸다.

〈미크로메가스-'제7장, 인간들의 대화'〉31)

해설

* 위의 발언이 바로 소설 〈미크로메가스〉를 통해 볼테르가 '프리드리히 2세'에게 전달하고 싶었던 바 그 요지(要旨)였다.

소위 '로크(Locke) 학파'와 '성 토머스(S. Thomas) 학파' 문제는, 바로 '자연과학, 실존철학'과 '관념철학, 여호와주의'의 대비이고 작품 〈캉디드〉에서는 '캉디드(볼테르)'와 '팡글로스(G. 라이프니츠)'의 대비와 동일하다. (참조, ※ ③-1. '자유의지(free will)'란 무엇인가?) 그러므로 볼테르가 당시 '프리드리히 2세'에게 줄 수 있는 '정보' 중 이것보다 더욱 중요하고 큰 것은 사실상 없었다.

사실 '프리드리히 2세'는 볼테르의 '조언(助言)'을 듣기보다는 '서적을 불 지르고 볼테르를 감금하는 지경'에 이렀으니, 그것은 사실상 인명 살상의 '7년 전쟁' '제1차 세계대전' '제2차 세계대전'의 예비적 사건이었다.

당초에 볼테르를 '고액 봉록(封祿)'으로 초치해 놓고 '프랑스와 전쟁'을 꿈꾸었던 그 '프리드리히 2세'도 문제이지만(참조, ※ ⑭-5. 사회 운동기(社會 運動期, 1753~1777)) 그 '프리드리히 2세'가 자행한 '7년 전쟁'을 '종교 성전'으로 미화한 G. W. F. 헤겔의 '죄'는 더욱 극악무도했다고 할 것이다. 왜냐하면 헤겔은 아예 '전쟁의 여호와주의'를 '자신의 개념(Self-Conception)'으로 삼아 바로 '게르만 제국주의 정신 주입'에 나섰기 때문이다. (참조, ※ ⑦-19. 헤겔과 프리드리히 2세-〈세계 역사철학 강의〉, ※ ⑬-2. G. W. F. 헤겔의 '절대주의' '여호와주의')

---

31) 볼테르(이효숙 역), <미크로메가스>, 바다출판사, 2011, pp. 88~89 '제7장, 인간들과의 대화' ; Voltaire(Translated by R. Pearson), *Candide and Other Stories*, Everyman's Library, 1991, pp. 111~112 'Chapter 7, Conversation with the humans'.

그 '헤겔의 죄악'은, 오직 '볼테르 바로 읽기'로 명백히 알게 되는 사항이고, 이미 '여호와주의'에 들어가 있는 사람, 또는 '여호와주의'를 묵인하는 사람에게는 쉽게 눈에 띌 수 없는 막중(莫重)한 문제점이다.

즉 <u>'정복 침략 전쟁의 정당화' '여호와주의' '배타주의'를 그대로 용납할 경우, '세상의 모든 강도(強盜)들'은 그 '여호와주의' 사례로 스스로의 '강도 행위'를 정당화할 것이고 그 '여호와주의' 속에 '강도질'을 다시 꿈꿀 것은 자명한 사항이기 때문이다.</u> (참조, ＊ ⑩-25. 특권을 요구해 온 유대인들, ＊ ⑨-32. '정의(正義)'란 이름으로 행해진 강도(強盜)짓 : 전쟁)

②-20. '신(神)이 부여한 권리'를 누가 앗는가?

(감옥 속에서 렝제뉘와 고든) 그들은 곧이어 천문학의 기본 원리들을 함께 읽었고, 렝제뉘(自然兒)는 지구의(地球儀)를 주문했으며 그 대단한 광경에 넋을 빼앗겼다.

'하늘을 감상할 권리를 빼앗겨 버린 이제 와서야 하늘을 알게 되기 시작해서 정말 힘들군요.'

렝제뉘(自然兒)는 그렇게 말하곤 하였다.

'목성과 토성은 거대한 우주 속에서 돌고 있고, 수백만 개의 항성들이 수십억 개의 세계를 비추고 있습니다. (여기 갇혀 있지 않다면) <u>내 시선이 가 닿았을 그 모든 세계들, 신이 나에게 허락한 세계, 내가 보고 생각하는 세계를 나에게서 박탈해 간 존재들이 바로 내가 살고 있는 같은 이 지구에 살지요.</u> 온 우주를 위해 만들어진 빛을 나는 잃었습니다. 내 어린 시절과 청년 시절을 보낸 북쪽 지평선에서는 내게 빛을 가리지 않았습니다. 그러나 친애하는 고든, 당신이 없었다면 나는 여기 무(無) 속에 그냥 있었을 것입니다.'

'지구의(地球儀, gloves)'

〈렝제뉘-'제11장, 렝제뉘 재능 발달'〉[32]

해설

　＊ 위에서 '젊은 시절 감옥'에서 죽을 고비를 맞았던 것은 추상적인 소설 속의 주인공 '렝제뉘' '고든'이 아니라 볼테르 자신의 이야기였으며, 그것은 200여 년 전에 사망한 '볼테르' 이야기가 아니라 '부당한 정권에 탄압 받은 사람 각 개인 자신의 이야기'이다.

　그리고 바로 이러한 측면에서 볼테르의 '목적 문학 옹호' 정당성이 있다. 그리고 '예술 작품 초월'을 주장한 M. 에른스트, R. 마그리트, S. 달리의 주장의 정당성이 여기에 명백히 있다. 여기에 무슨 잘못이 있다는 것인가?

　문학과 예술 '작품'을 단순히 한 '작품'으로 한정하여 그 '역사적 증거' '과거의 실존 사례'로 해석하려는 '리얼리즘' '국가주의 보수주의자들'은 '천년 왕국'을 꿈꾸는 '망상의 보수주의자'가 아닌지 반드시 맹성(猛省)을 해야 한다. (참조, ＊ ⑧-1. '사회 속에 선(善)'이 진정한 선이다. ＊ ⑬-11. M. 에른스트, '전쟁', '국가주의' 반대, ＊ ⑬-15. R. 마그리트, 내 자신이 바로 그 '제국주의자'이다. ＊ ⑬-16. S. 달리, '핵전쟁 문제'를 생각해보라.)

---

32) 볼테르(이효숙 역), <랭제뉘>, 지식을만드는지식, 2009, pp. 91~92 '제11장, 랭제뉘 재능 발달' ; Voltaire(Translated by R. Pearson), *Candide and Other Stories*, Everyman's Library, 1991, p. 225 'Chapter 11, How the Ingenu develops his talents'.

제3장

'자유 의지(Free Will)'와 '신정론(theodicy)'

볼테르의 '가장 위대한 성취'는, 과학 사상을 토대로 '인간의 행복 추구' 문제를 더욱 과감하고 적극적으로 주장, 전개했던 점이다.

'전근대(前近代, premodern)' 소위 '과학적 합리주의가 무시되었던 시대'는 '신(神, Jehovah)=전체주의=국가주의=도덕주의'를 하나로 묶어, 인간 개인의 '자유 의지' 무시(無視)와 억압을 그 '능사(能事, 잘한 일)'로 잘못 알고 있었던 시대다.

그런데 볼테르는 인간 '육체와 병행되는 자유 의지(Free Will)' 인간의 '선택 의지(Will of Choice)'가 중요함을 세계 최초로 명시하여 현대 사상을 주도하고 있는 그 '실존철학(Existentialism)'에 소중한 기점(起點)을 마련하였다.

볼테르의 저작 중에 가장 유명한 〈캉디드(1759)〉는, 한마디로 세계최초로 인간의 그 '자유 의지', '선택 의지', '행복 추구권'을 명시한 세기의 걸작 '목적 소설(a purpose novel)'이다.

그것으로 볼테르는 세계 사상사에 자신의 '실존주의(Existentialism) 창시자 위치'를 공고(鞏固)히 하였다.

사실 미국의 독립선언(1774)과 프랑스 혁명(1789)은 그러한 볼테르의 '개인 행복 추구권' '자유 의지'를 크게 공인하게 된 개별 정치적 사건일 뿐이다.

그러하기에 볼테르가 미국의 독립 선언, 프랑스 혁명의 원인 제공자라는 지목(指目)은, 결코 과장도 칭찬도 아니다.

③-1. '자유 의지(free will)'란 무엇인가?

《캉디드(Candide) : 볼테르 이전 서양 철학은, '플라톤 철학'과 '기독교 종교 사상'(성 아우구스티누스)이 통합된, G. 라이프니츠(G. Leibniz, 1646~1716)의 '신정론(神正論, theodicy : 신의 뜻으로 最上의 인류 역사가 진행되고 있다.)'으로 요약된다. 그런데 볼테르는 '현재 우리가 겪고 이 세상이 과연 최상의 진행인가' 로 G. 라이프니츠의 '낙천주의(Optimism)'에 반대를 하였고('의문을 제기'), 볼테르(캉디드) 자신의 '인간 이성(理性) 중심의 자유 의지(Free Will)' '선택 의지(Will of Choice)'를 처음부터 명시한 '목적 소설'이다.》

(스페인 리스본에 大地震이 발생했던) 다음 날 캉디드와 팡글로스는 폐허 사이를 여기저기 헤치고 다니며 먹을 것을 찾아 그것으로 허기를 채워 조금 기운을 차렸다. 그리고는 다른 사람들과 합심하여 죽음을 모면한 주민들을 도와주었다. 그들이 도와준 사람들 중 몇몇이 그 와중에 나름대로 정성껏 차린 식사를 그들에게 대접했다. 물론 식사는 침울하였다. 모두 빵을 먹으며 눈물을 흘렸다. 팡글로스는 이 모든 것이 필연(必然)이라는 말로 그들을 위로하였다.

'왜냐하면 이 모든 것이 최선이기 때문입니다. 리스본에 있는 화산은 다른 곳에 있을 수 없어요. 왜냐하면 모든 사물은 현재 있는 곳 이외의 장소에 있을 수 없기 때문이죠. 왜냐하면 모든 것이 최선이기 때문입니다.'

그 곁에 앉아 있던 검은 복장의 남자가 공손하게 말을 받았다. 그는 종교 재판소의 포리(捕吏)였다.

'원죄(原罪)를 믿지 않으신 모양입니다그려. 만일 모든 것이 최선이라면 타락이나 벌도 없었다는 말이 되니까요.'

이 말에 팡글로스는 더욱 공손하게 대답했다.

'각하, 외람된 말씀이오나 인간의 타락과 저주는 최선의 세계에 필연적으로 들어 있는 것이라고 봅니다.'

그러자 포리가 말했다.

'그럼 선생은 자유 의지(free will)를 믿지 않으신 겁니까?'

'외람된 말씀이오나 자유 의지는 절대적 필연과 일치합니다. 왜냐하면 우리가 자유로운 것은 그것이 필수적이었기 때문입니다. 결국 의지란 …'

팡글로스가 여기까지 얘기를 했을 때 포리는 '포르토'인지 '오포르토'인지 하는 포도주를 따르고 있는 호위 무사에게 고갯짓을 하였다.

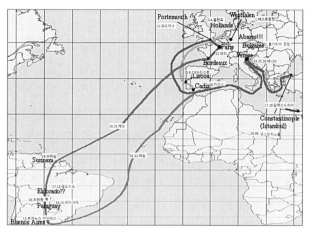

소설 작품 속에 명시된, 주인공 캉디드의 여행 경로
(1장 베스트팔렌~30장 콘스탄티노플)

'캉디드(Candide)'의 표지화들

모로 르 쥔(Moreau le Jeune, 1741~1814)[2] 작 '캉디드 삽화'

---

1) 볼테르(이봉지 역), <캉디드 혹은 낙관주의>, 열린책들, 2009, pp. 33~34 '제5장, 난파, 지진' ; Voltaire(Translated by D. Gordon), *Candide*, Beford/St.Martin's, 1999, p. 52 'Chapter 5, Shipwreck, earthquake'.

2) 'Moreau le Jeune(1741~1814)'.

해설

* 위에서 제기된 '자유 의지(Free Will)' '선택 의지(Will of Choice)'의 문제는 그 개념 구분에 설명이 필요할 것이다.

'신의 최고의 통치'와 '신의 인간 창조'를 믿은 사람의 경우에는 그 '개인의 자유 의지'는 처음부터 소용이 없다.

그야말로 '모든 것이 신의 뜻' 아닌 것이 없으므로, 인간이 꼭 해야 할 일은 '오직 복종'으로 '천국 갈 날'을 기다리다가 죽으면 그때 '생전의 행위'에 따라 '상벌'의 심판을 받고 영원히 행복하게 살게 될 것이기 때문이다.

그러므로 그러한 '신정론'을 믿는 팡글로스(G. 라이프니츠 제자) 사전(辭典)에는 '자유 의지'란 없는 단어이다. G. 라이프니츠의 '신정론'에 동의한 G. W. F. 헤겔은 '법에의 복종'을 '자유'라 하였다.[3] (참조, * ⑬-2. G. W. F. 헤겔의 '절대주의' '여호와주의')

그런데 소설 〈캉디드〉는 답답할 정도로 주인공 '캉디드'를 내세워, '신의 최고 통치론'에 이의(異議)를 제기하고 있는 것으로 시작을 했고 끝을 내었다.

즉 인간에게서 그 '최소한 자기 결정권'까지 무시를 하면, 도대체 '최후의 심판'이 있다면 과연 그 '심판자'는 무엇을 기준으로 '심판'을 행할 것이며, 진정 그 '신'은 '잘못의 인간'을 창조해 놓고, 뒤에 '그 잘못의 책임'을 무슨 근거로 묻는다는 것이며, 그 '창조자'는 '피조물이 범한 죄에는 무관하다.(至善의 존재)'는 주장은 명백히 모순(矛盾)된 것이다. [당초에 '죄를 짓게 창조를 해 놓고, 다시 죄를 묻는다는 것이므로']

이러한 측면에서 볼테르의 '자유 의지(Free Will)' '선택 의지(Will of Choice)'는, 엉터리인 G. 라이프니츠 '신정론(Theodicy)' '여호와 중심주의'에 명백히 반대를 하고, 인간 '생명 중심' '이성 중심'의 혁명적 사상의 전개를 〈캉디드〉에 함축하였다.

이것(인간 중심, 이성 중심)은 볼테르가 평생 강조한 '사상의 핵심'으로 이후 '과학주의' '실존주의'로 세계의 공론을 이루었다. (참조 * ⑨-13. '자유

---

3) G. 라이프니츠의 '신정론'을 다른 측면에서 계승한 G. W. F. 헤겔은 '의지의 자유(the Freedom of Will)'를 말하였다. 그런데 헤겔은 '절대의지(absolute Will)=의지의 자유(the Freedom of Will)=정의 윤리(正義 倫理 just, moral)'의 전제 속에 '자유'를 주장하였는데, 그것은 '법에 복종해야 할 권리(the right to obey the law)'를 말하는 것이다.—B. Russell, *History of Western Philosophy*, George Allen & Unwin Ltd, 1971, p. 707.

의지'는 '선택 의지'다. ※ ⑪-18. 본능, 이성(理性), 힘, 자유 의지)

한 마디로 G. 라이프니츠의 '신정론' '여호와 중심주의'는 '복종의 노예(奴隷) 인생관 세계관'[4]이다.

G. 라이프니츠 '신정론'에 맞서 '인간 생명 중심' '전쟁 반대'를 핵심 쟁점으로 부각시켰던 세계사적인 소설이 바로 〈캉디드〉이다.

즉 '인간 생명', '인간의 이성(理性) 능력'을 떠나서는 어디에서도 '신(자연)의 뜻'을 확인할 수 없으니, 인간의 최선은 각자 '이성 능력'으로 '인간의 자유 의지' '인간의 책임'으로 모든 인간사에 대처를 해야 한다는 것이 소설 〈캉디드〉의 결론이다. (참조 ※ ⑪-9. '자연(自然) 법칙'에서 벗어날 수는 없다. ※ ⑤-31. 자연(自然)을 배워야 한다.)

③-2. 병신 노예 노파의 고백 – '그래도 나는 내 인생을 사랑한다.'

… 엉덩이 한 쪽이 없는 병신 이지만 그러나 교황의 딸이라는 사실을 결코 잊지 않으며 나는 가난과 치욕 속에서 늙어 왔어요. 골백번 죽으려고 했어요. 하지만 나는 아직 삶을 사랑해요. 이 어리석은 나약함이 아마도 우리 인간이 지닌 가장 치명적인 약점이 아닐까요? 등에 진 무거운 짐을 땅에 내동댕이치고 싶어 하면서도 여전히 그대로

모로 르 쥔(Moreau le Jeune, 1741~1814)[5] 작 '캉디드가 퀴네공드를 찾아내다'[6]

지고 있으려는 사람보다 더 어리석은 사람이 있을까요? 삶을 혐오하면서도 그것에 집착하다니! 무서운 뱀을 품에 안고 있다니! 우리 몸을 파먹는 줄 뻔히 알면서도, 결국 그것이 우리 심장을 파먹을 때까지 내버려 두다니! 이런 바보가 또 어디

---

4) '주인 도덕(**Slave morality**)' '노예 도덕(**Slave morality**)' — F. Nietzsche(Translated by H. B. Samuel), *On the Genealogy of Morality*, T. N. Faulis, 1913, pp. 19~20.

5) 'Moreau le Jeune(1741~1814)'.

6) 'Candide retrouve Cunegonde'.

있을까요?

　운명의 장난으로 내가 돌아다닌 여러 나라와 내가 일했던 여러 여관에서 나는 자기 삶을 저주하는 사람들을 수없이 보았어요. 그러나 자신의 비참한 삶에 스스로 종지부를 찍은 사람은 열두 명밖에 없었어요. 흑인 세 명과 영국인 네 명, 제네바인 네 명, 로베크라는 독일인 교수뿐이었습니다. 어찌 되었건 나는 최종적으로 유대인 돈 이사샤르 집 하녀가 되었고, 그 사람이 시켜서 아름다운 아가씨(퀴네공드-캉디드의 여주인공), 시중을 들게 된 것이죠. 나는 아가씨의 운명에 관심을 갖게 되었고, 내 자신의 일보다 아가씨 일에 더욱 신경을 쓰게 되었어요. 아가씨가 내 자존심을 건드리지 않았다면, 또 대체로 배를 탈 때면 심심파적 삼아 이야기를 하는 관례가 아니었다면 절대로 내 과거사를 들추지 않았을 거예요. 만일 자기 인생을 가끔 저주해 보지 않은 사람이 있다면, 또 자기가 이 세상에서 제일 불행한 사람이라고 생각해 보지 않은 사람이 단 한 명이라도 있다면, 나를 바다로 거꾸로 쳐 넣으세요.

〈캉디드-'제12장 노파 이야기'〉7)

해설

　* 볼테르의 〈캉디드〉는 부제(副題)가 '낙천주의(Optimism)'이다.

　그런데 볼테르는 이 제목에서부터 G, 라이프니츠의 '여호와 중심주의'의 '낙천론'과, 볼테르의 '인간 통성 이성에 기초한 세계관' '낙천주의'를 동시주의(同時主義, Simultaneism)로 제시하였다.

　즉 G. 라이프니츠는 '여호와 신의 최고 경영 신앙' 속에 '낙천주의'임에 대해, 볼테르는 '인간 이성(양심)의 신뢰' 속에 '낙천주의'가 그것이다. (참조, * ⑨-31. 정의(正義)를 아는 이성(理性)은 인류의 통성(通性)이다. * ⑨-36. 선악(善惡)의 분별은, 산수(算數)의 문제다.)

　작품 〈캉디드〉는 인간의 '불행한 이야기'들의 나열이다. 그리고 성공하고 '행복했던 사람'이라고 할망정 결국 그도 병들어 죽게 마련이다. 그러므로 인간 모두는 '행복'보다 '불행'에서 벗어날 수 없다고 해야 할 것이다.

　그런데 볼테르는 〈캉디드〉의 부제(副題)를 '낙천주의'라 명명(命名)하였다. 왜 '낙천주의'인가? '생명'이 희망이고, '생명'을 지니고 있는 사람은 항상

---

7) 볼테르(이봉지 역), <캉디드 혹은 낙관주의>, 열린책들, 2009, pp. 66~67 '제12장, 노파 이야기' ; Voltaire(Translated by D. Gordon), *Candide*, Beford/St.Martin's, 1999, pp. 65~66 'Chapter 12, The old woman's story'.

장래에 대한 '희망'이 있기 때문이다.

그 '낙천주의'는 역시 철학자 G. 라이프니츠(G. Leibniz)의 인생과 세계에 대한 기본 전제이다. 그렇다면 라이프니츠의 '낙천주의'와 볼테르의 '낙천주의'는 어떻게 동일하고 어떻게 다른가? 거듭 말하거니와 G. 라이프니츠의 '낙천주의'는 '신(神)에 대한 절대 믿음' '복종' 속에 '낙천주의'임에 대해, 볼테르의 경우는 '인간 생명에 대한 긍정' '인간 이성(reason)에 대한 신뢰' 속에서의 '낙천주의' '인간에 대한 신뢰 속에 낙천주의'이다.

바로 이 지점이 볼테르 이전의 '관념철학' '교부(敎父)철학'과 볼테르의 '계몽주의 사상'을 확연히 구분짓고 있다.

즉 전통 '관념주의'는 마지막 '죽음'을 표준으로 삼고 있음에 대해 볼테르는 어디까지나 '삶' '살아 있는 상태'를 표준으로 한다는 점이다. '생명의 긍정'은 '욕망의 긍정'이고 '적극적 자유 의지의 긍정'이다.

<u>바로 이 지점이 볼테르 '혁명 정신'의 기점(起點)이고 '계몽주의' '실존주의 (Existentialism)' '다다 혁명 운동'의 발원점이다.</u>

이 볼테르의 사고는 작품 〈캉디드〉 전편에 전제되어 있고, 그의 철학과 탐구 주장의 전부를 이루고 있다.

③-3. 라이프니츠의 낙천주의

<u>가정교사인 팡글로스(Pangloss)는 남작(男爵) 집안에서 신탁(信託)을 전하는 사람 (the oracle of household)</u>이었다. 젊고 순진한 캉디드(Candid)는 선생의 말을 그대로 믿었다.

팡글로스는 '형이상학적 신학적 우주론(metaphysco-theologico-cosmolo- boobology)'을 강의하였다. 팡글로스는, 원인이 없는 결과는 없고, 우리의 세계는 모든 세계에서 가장 좋은 세계이고, 남작 각하의 성은 세계의 성 중에서 가장 멋진 성이고, 남작 부인은 가장 좋은 부인이라는 것을 놀랍게 증명하였다.

"그럴 수밖에 없다는 것은 쉽게 증명됩니다. 왜냐하면 모든 것은 목적을 가지고 있고, 그 목적이란 가장 좋은 목적일 수밖에 없습니다. 하나의 예로 코는 안경을 얹기 위해 만들어졌고, 그래서 우리는 안경을 씁니다. 다리는 양말을 신기 위해서 만들어졌고, 그래서 우리는 양말을 신습니다. 돌은 원래 성을 짓는 석재로 쓰이기 위해 생성되었습니다. 그래서 남작 각하는 멋진 성을 소유하고 있습니다. 왜냐하면 이 지방에서 제일 유력한 남작은 가장 좋은 성에 살아야 하니까요. 또 돼지는 식용으로 쓰이기 위해 만들어졌습니다. 그래서 우리는 1년 내내 돼지고기를 먹습니다. 그러니까 모든 것은 그냥 좋은 것이 아니라 최상이라고 말해야 합니다."

캉디드는 열심히 들었다. 그리고 순진하게 그 말을 믿었다. 그도 그럴 것이 그의 눈에도 퀴네공드(Cunegonde) 양은 너무 아름다웠기 때문이다. 그렇지만 캉디드는 그런 말을 그녀에게 말할 수도 없었다. 캉디드는 결론을 내렸다. <u>툰더-텐트-롱크(Thunder-ten-tronckh) 남작(Baron)이 태어난 행복 다음에, 제2 단계의 행복은 퀴네공드(Cunegonde) 양이고, 세 번째 단계의 행복은 날마다 그녀를 보는 것이고, 네 번째 단계는 그 지방에서 그러니 이 세상에서 가장 위대한 철학자 팡글로스 선생님의 강의를 듣는 것이었다.</u>

〈캉디드 - '제1장, 멋진 성(城)'〉8)

해설

* '선지자(prophet)' '신탁(oracle)'을 믿고 따르는 사람들 모두가 '여호와주의' '관념주의' '신비주의' '염세주의(pessimism)' '허무주의' 논객들이다. 볼테르의 조롱은 'G. 라이프니츠(팡글로스 박사)의 행각'에 모아지고 있다.

성 아우구스티누스(Saint Augustine, 354~430)는, "죄를 짓지 않으면, 정의 신(正義 神) 안에 불행한 자는 없다.(No one is wretched under a just God unless he deserves to be so.)"9)라고 말했다.

그 성 아우구스티누스의 종교적 세계관을 비판 없이 그대로 계승 반복하고 있는 "유행을 타고 있는 사이비 합리주의 라이프니츠 철학(the fashionable and pseudo-rational philosophy of Leibniz)"10)의 요지가 소위 '낙천주의'였다.

그러나 볼테르의 '낙천주의'는 '모든 사람은 이성이 있기에' '생명이 있는 한 그 이성을 수단으로 행복을 꿈꿀 수 있다.' 그렇기에 '낙천주의'는 (생명이 있는)인간 세계에 없을 수 없다.

---

8) 볼테르(이봉지 역), <캉디드 혹은 낙관주의>, 열린책들, 2009, pp. 10~11 '제1장, 멋진 성(城)' ; Voltaire(Translated by D. Gordon), *Candide*, Beford/St.Martin's, 1999, p. 42 'Chapter 1, a fine castle'.

9) Voltaire(translated by H. M. Block), *Candide and Other Writing*, The Modern Library, 1956, p. 572 'Notes 34'.

10) I. Davidson, *Voltaire in Exile*, Grove Press, 2004, p. 39.

그렇기에 F. 니체는 '자신을 경멸하는 사람도, 무시하는 자신을 존중한다.'[11]라고 지적하였다. 그것이 '진실'이다. 그 '존중' 속에 그 '낙천주의'는 숨어 있다.

③-4. '사랑'에도 '충족 이유(充足 理由)'가 있다.

'팡글로스 박사 강론'

어느 날 퀴네공드(Cunegonde)는 '공원'이라고 부르는 작은 숲 속 길을 산책하다가 덤불 사이로 '팡글로스의 모습'을 훔쳐보게 되었다. 팡글로스 박사가 온순하고 예쁜 남작 부인 몸종에게 '실험 육체 물리 강의'를 하고 있다. 퀴네공드는 과학적 호기심이 많았기 때문에 숨죽이고 실험을 지켜보았다. 여러 번 반복된 실험을 관찰한 덕택에 퀴네공드는 팡글로스 박사의 '충족 이유(sufficient reason)'와 '원인(cause)'이 되는 행동과 '결과(effect)'를 분명히 알게 되었다. 그래서 퀴네공드는 과학을 더 알고 싶다는 욕망에 아주 흥분이 되어 집으로 돌아왔는데, 퀴네공드는 그녀가 캉디드의 '충족 이유'가 될 수 있고, 캉디드는 그녀의 '충족 이유'가 될 수 있으리라 꿈을 꾸었다.

〈캉디드-'제1장, 멋진 성(城)'〉[12]

해설

* '도식주의(dogmatist)' 팡글로스가 쓰고 있는 '도식'은 세상의 모든 일을 그 '원인(cause)'에 그 '결과(effect)'로 그 사이에는 '충분한 이유가 있다.(充足理由, the sufficient)' 식의 해명이다.

---

11) F. Nietzsche (translated by T. Common), *Beyond Good and Evil*, The Edinburgh Press, 1907, p. 87.

12) 볼테르(이봉지 역), <캉디드 혹은 낙관주의>, 열린책들, 2009, pp. 10~11 '제1장, 멋진 성(城)' ; Voltaire(Translated by D. Gordon), *Candide*, Beford/St.Martin's, 1999, p. 42 'Chapter 1, a fine castle'.

그것은 모든 사물에 전제될 수 있는 것이지만 그것은 '현상의 탐구의 한 전제'일 뿐 그것은 더욱 구체적인 정보를 모아 '실제에 활용되기 이전'에는 그저 '공리공론(空理空論)'일 뿐이다.

소설 〈캉디드〉는 그 '원인(cause)'에 그 '결과(effect)' '충족이유(充足理由, the sufficient)'로 시작하고 끝나는 소설이다. 그 원인(cause)'에 그 '결과(effect)' '충족이유(充足理由- the sufficient)' '도식주의' 철학으로 평생을 보낸 '관념주의 철학'에 대한 조롱이다.

가령 불교의 '생로병사(生老病死)', 기독교의 '삼위일체(三位一體)' 같은 공식도 그 '관념주의'의 대표적인 전제이다. [G. W. F. 헤겔은 평생 '삼위일체(trinity)' 주장 위에서 자신의 글들을 썼다.13) 헤겔은 기본적으로 '하나님=현실 주체(예수, 나폴레옹, 프리드리히2세, 목사 헤겔)=정신(성령)'의 '원환(圓環, the circle, der Kreis)론'14)에 있었다.]

〈캉디드〉에서 위의 장면은, 〈캉디드〉가 프랑스에서 '금서(禁書)'로 지목된 원인이 되었던 대목이다.

즉 원인(cause)과 결과(effect)는 원래 자연 사물에 대한 철학적 규정인데, 볼테르는 그것을 '인간 남녀 사랑'에도 그것을 그대로 밀고 가 적용하였다.

그런데 여기에 바로 '이성 지배 원리' 신(神)의 지배 원리'에 그야말로 결코 수습될 수 없는 근본적인 문제가 제기된다. [A. 쇼펜하우어의 '의지' '표상' 문제에서 인간의 '육체'는 그 '의지' '표상'이 겹쳐 있는 곳으로 주목하였다.]

결론부터 말하면, 인간 육체는 '신(神, 자연)의 창조'이나 그 '행동 결과'는 '각자 자유 의지'의 행사임으로 '각자가 책임'이라는 것이 '전통 윤리 철학'의 기본 전제였다.

그런데 볼테르는 '사랑의 행각'도 바로 '신(自然)'이 생명들에게 허용한 것이고, 그것에 대한 '억압 조절의 이성(reason)'도 역시 '신(自然)'이 인간에게 부여한 것이라고 전제하였다.

거듭 반복하면 과거 '전통 철학'은 '신의 절대 지배'를 전제하고 그 '신의

---

13) 헤겔의 <종교철학 강의(*Lecture on the Philosophy of Religion*)>에서 명시한 바가 헤겔의 본 모습으로, 유명한 헤겔의 저서 <정신현상학(*The Phenomenology of Mind*)>에 '정신 (Mind, Spirit)'은 그대로 삼위일체의 '성령(Holly Spirit)' 이야기이다.

14) G. W. F. Hegel(translated by J. B. Baillie), *The Phenomenology of Mind*, The Macmillan Company, 1949, p. 81 'Preface'.

뜻에 순종'을 최고의 미덕으로 전제하였다. [앞서 말한 대로 自體矛盾임]

그런데 볼테르는 '자연의 원리' 앞에 '인간의 선택 의지'를 강조하고 있다. 즉 볼테르에게는 '자유 의지'란 그 '자연의 원리 앞에 각자 인간의 선택 의지'만 있을 뿐이다.

그러므로 각 개인(成人)은 현재 상태가 자연(신)의 집행 속에 있는 그 개인의 '성취의 결과'이고 그 '각자의 책임'이고 그 '자유 의지' 집행 결과일 뿐이다.[15] (참조, ※ ⑨-1. 인간은, 자연의 노예다. ※ ⑩-6. 자연(自然) 속에 천성(天性)을 지키는 생명들. ※ ⑪-9. '자연(自然) 법칙'에서 벗어날 수는 없다.)

여기에서 역시 빠뜨릴 수 없는 가장 중요한 사항은, G. 라이프니츠의 '신(神) 중심 사고'에서 볼테르의 '인간(人間) 중심 사고'로의 혁명적 관점의 전환이 있다.

③-5. 신중해야 할 '낙천주의'

다음으로 그는 커다란 집회에서 한 시간 내내 자선(慈善, charity)에 관해 연설한 사람에게 말을 걸었다. 연사는 그를 아래위로 훑어보고 물었다.

'여긴 무슨 이유로 왔소? 당신은 어느 편이오?'

'원인이 없는 결과는 없지요. 모든 것은 최선의 결과를 향한 필연적 과정으로 얽혀 있습니다. 저는 필연적으로 퀴네공드 양의 집에서 쫓겨나야 했고, 몽둥이찜질 을 당해야 했고, 또 돈을 벌 때까지 구걸을 해야 합니다. 이 모든 것이 필연입니다.'

캉디드는 공손하게 대답했다.

'여보게, 자네는 교황이 그리스도의 적(敵)(the Pope was the Antichrist)이라고 생각하지 않는가? [개신교도의 발언]'

'그런 말은 들은 적이 없습니다. [가톨릭 교도인 캉디드 대답] 그렇지만 어찌

---

15) 참고로, 중국의 주희(朱熹) 등의 '성리학(性理學)'은, 역시 서양철학처럼 이황의 '이기설(理氣說)'에 볼 수 있듯이 '주리(主理-理性), 原理 위주'가 우선이었다. 그런데 이이(李珥)의 '기발이승일도설(氣發理乘一途說)'부터 '이(理-원리)'와 '기(血氣-육체)'를 불가분의 관계로 인정하기 시작하여, 이후 실학자들은 모두 '이용후생(利用厚生, 육체 행복 우선)' '주기파(主氣派, 실존주의)' 하나로 통일이 되었다. 그런데 서양 철학에서는 비로소 볼테르 <캉디드>에 '인간의 육체(욕망)'에도 '자연 원리(신의 뜻)'이 작용하고 있다고 그대로 '인과론(因果論)'을 적용하였다. 그리하여 이후 '실존주의'는 그대로 '육체 우선주의'임은 물론이다.

되었건 저는 빵이 필요합니다.'

'넌 먹을 자격이 없어. 물러가라. 이 나쁜 놈. 썩 꺼져라, 이 더러운 놈. 이제 다시는 내 앞에 나타나지 마라.'

창밖으로 머리를 내놓고 지켜보던 연사(演士)의 아내는, 교황이 그리스도의 적(敵)이라는 사실을 의심하는 자를 보고 화가 나서 오줌이 가득한 요강을 그의 머리에 쏟아 버렸다. 아 하느님! 여자들의 신앙심이란 어쩌면 이렇게도 지독한 것입니까.

세례를 한 번도 받은 적이 없는 야코프라는 이름의 '한 재세례파 교인(Anabaptist, 아동 세례를 반대하는 改新敎徒)'이 이 장면을 보았다. 두 발이 있고 깃털은 없으며 영혼을 가진 존재(인간 캉디드)가 이런 지독한 수모를 당하다니. 그는 캉디드를 자기 집으로 데리고 가서 깨끗이 씻긴 다음 빵과 맥주를 먹이고 2플로린(florins)을 주었다. 뿐만 아니라 자신이 경영하는 페르시아 비단 공장에서 일을 배우게 해주었다. 캉디드는 감격에 겨워 그의 발밑에 엎드려 부르짖었다.

'팡글로스 선생님 말씀이 맞아요. 세상 모든 것이 최고로 잘돼 가고 있어요(all is for the best in this world). 왜냐하면 너무도 자비로우신 사장님의 크나큰 은혜 덕택에 검은 외투를 입은 그 박정한 신사의 무정한 사모님의 일 같은 건 아무것도 아니게 되었습니다.'

〈캉디드 - '제3장, 탈영(脫營)'〉16)

해설

＊ 소설 〈캉디드〉에서 위의 장면은 '가톨릭(캉디드)' '개신교(자선 호소 연사)' 의 감정 대립의 구체적 장면을 제시한 것이다. 위에서 '개신교도'의 대표적인 주장이 '역대 교황은 예수 그리스도가 하지 말라는 나쁜 짓만 했다.(교황은 그리스도의 敵이다)'란 구호이다.

그러면 볼테르의 입장은 무엇인가? 볼테르는 '전 기독교' '여호와주의' 전체 를 부정하고 '자연법(Natural Law)'으로 나가 있는 경우이다.

볼테르는 '당시 신구(新舊) 기독교 분쟁'의 근본 원인이, 그 '여호와주의' 내부에 있음을 확실하게 입증하였다. [排他主義] (참조, ＊ ⑩-25. 특권을 요구해 온 유대인들)

---

16) 볼테르(이봉지 역), <캉디드 혹은 낙관주의>, 열린책들, 2009, pp. 21~22 '제3장 탈영(脫營)' ; Voltaire(Translated by D. Gordon), *Candide*, Beford/St.Martin's, 1999, pp. 46~47 'Chapter 3, Candide escaped from the Bulgars'.

③-6. '충족 이유'와 '자유 의지(Free Will)'(2)

(퀴네공트 양이 죽었다는 팡글로스의) 그 말에 캉디드는 다시 기절하였다. 그러나 곧 정신을 차리고 그럴 때 으레 하기 마련인 말을 늘어놓았다. 그러고 나서 그는 팡글로스가 이렇게 비참한 지경에 빠지게 된 원인(cause)과 결과(effect) 그리고 그 충족 이유가 무엇인지 물었다. 그러자 팡글로스가 대답했다.

'아이고! 그건 사랑 때문이야. 사랑. 인류의 위안이며 우주의 수호자며 감각을 가진 모든 존재의 영혼인 달콤한 사랑 말이야.'

'아, 저도 사랑은 알아요. 그야말로 우리 마음의 주인이며 우리 영혼의 정수지요. 저는 사랑 때문에 입술에 키스 한 번에 엉덩이 발길질 스무 번을 당했어요. 그런데 어찌해서 선생님은 그 아름다운 원인 때문에 이렇게 끔찍한 결과를 당하셨습니까?'

캉디드 질문에 팡글로스는 이렇게 말했다.

'아 사랑하는 캉디드. 자네 파게트를 알겠지. 지체 높으신 남작 부인 예쁜 몸종 말이야. 나는 그녀의 품에서 천상(天上)의 열락을 맛보았어. 그런데 그게 바로 지금의 이 지옥(地獄) 같은 고통의 씨앗이었어. 그녀는 병(病)에 걸려 있었어. 아마도 그 병으로 죽었을 거야. 파게트는 이 선물을 프란체스코회 수도사에게서 받았어. 그 수도사는 매우 박식해서 자기 병의 근원을 밝혀냈어. 그는 어느 늙은 백작 부인한테서 병을 물려받았고, 그 부인은 어느 기병 대위에게서, 그 대위는 어느 후작 부인에게서, 그 부인은 어느 시동(侍童)에게서, 그리고 그 시동은 어느 예수회 신부에게서 물려받았는데, 그 사람은 수련 기간 중에 크리스토퍼 콜럼버스의 동료 중 한 명으로부터 직접 물려받았다고 해. 나로 말하면 아무에게도 안 물려 줄 거야. 이제 곧 죽을 테니까.'

캉디드가 외쳤다.

'아, 팡글로스 선생님, 그 얼마나 이상한 계보(系譜)입니까! 그래도 (육신이) 악마의 근원이 아니란 말입니까?' [樂天主義에 대한 반박]

'아니야, 그렇지 않아. 그건 최선의 세계에 없어서는 안 되는 것이야. 필수적인 요소지. 만약에 콜럼버스(C. Columbus, 1451~1506)가 아메리카의 섬에서 생식의 근원을 오염시키고, 때때로 생식을 불가능하게 만드는, 따라서 자연의 위대한 섭리에 반하는 이 병에 걸리지 않았다면 오늘날 초콜릿도 붉은 염료(染料)도 없지 않겠나. 또 하나 지적해야 할 것은 이 병은 종교 논쟁과 마찬 가지로 지금까지는 이 대륙에서 우리에게만 나타나는 특이한 현상이이라는 거야. 터키인이나 인도인 페르시아인 중국인 시암인 일본인들은 이 병을 몰라. 물론 시간이 지나면 그

사람들도 알게 될 충족 이유가 있기는 하지.'

〈캉디드-'제4장, 캉디드가 팡글로스를 만나다.'〉17)

'콜럼버스'18), '콜럼버스와 이사베라 여왕'19), '복원된 산타마리아 호 등'20)

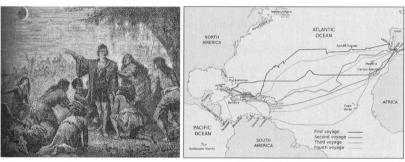

'월식(月蝕)을 예언한 콜럼버스'21), '콜럼버스 항해도'22)

해설

　* 〈캉디드〉에 제시된 '팡글로스 박사(G. 라이프니츠 해설)'은 '사고(재난)의 원인'을 미리 알아 대비하는 것이 아니라 기존 공식에 일어난 사건들을 가져다 '꿰맞추기 형식'이 형식이다. [헤겔은 '변증법'의 '정' '반' 모순에다가 그것을 반복 적용하였음]

　바로 이 점을 볼테르는 '관념철학' '도식주의'의 대표적 약점으로 확실히

17) 볼테르(이봉지 역), <캉디드 혹은 낙관주의>, 열린책들, 2009, pp. 25~27 '제4장 캉디드가 팡글로스를 만나다' ; Voltaire(Translated by D. Gordon), *Candide*, Beford/St.Martin's, 1999, pp. 48~49 'Chapter 4, Candide met Pangloss'.

18) Wikipedia, 'C. Columbus'-'Posthumous portrait of Christopher Columbus'.

19) Wikipedia, 'C. Columbus'-'Columbus and Queen Isabella'.

20) Wikipedia, 'C. Columbus'-'Replicas of Niña, Pinta and Santa Maria'.

21) Wikipedia, 'C. Columbus'-'Columbus awes the Jamaican natives by predicting the lunar eclipse of 1504'.

22) Wikipedia, 'C. Columbus'-'The voyages of Christopher Columbus'.

알고 '경험주의' '과학주의'에 온 힘을 실었다. 사후(事後) 설명은 '신탁(信託, 점치기)'이나 '도식주의'는 그것을 모르거나 없어도 그 '결과'는 동일하다. [쓸모가 없다.]

그러나 '경험주의' '과학'은 그 정보를 아는 것과 모르는 것은 천양(天壤)의 차가 있으니, 가령 '종두법(種痘法)'을 알아서 실행한 사람은 '천연두'로 불행하게 될 염려가 없지만, '신정론(神正論)'은 그 알고 모름이 사건의 결과는 동일한 '영향력이 없는 공리공론'이다. (참조, ※ ②-12. 자연 관찰로 찾아낸 '천연두' 원리)

그러므로 과거 '관념철학'은 인간 행동을 규제하는 '독재자를 위한 철학'일 뿐이고, 볼테르의 '자유 의지'는 바로 '시민의 행복'을 최우선으로 생각하는 '인류 공유'의 복지를 위한 과학을 토대로 한 '이성(理性)의 운영'이다.

③-7. 인간이 막아야 할 인간의 불행

(리스본 災難을 당한 캉디드와 팡글로스 일행 중에) 재세례파(Anabatist, 아동 세례를 반대하는 改新教) 교도인 야코프(Jacques)는 배의 조종을 돕고 있었다. 그는 갑판 꼭대기에 있었

'리스본 지진 재난도(地震 災難圖)'

는데, 한 미친 선원이 그를 세차게 치는 바람에 바다에 자빠졌다. 그렇지만 그 선원 역시 제 힘을 못 이겨 배 밖으로 튕겨 나가 거꾸로 떨어졌으나, 요행히 부러진 돛대에 걸려 대롱대롱 매달려 있게 되었다. 착한 야코프는 그쪽으로 달려가서 그를 배 위로 잡아 올렸다. 그러다가 힘이 부쳐 이번에는 자기가 바다에 빠지게 되었다. 선원은 그가 죽건 말건 아랑곳하지 않았고, 그쪽을 보지도 않았다. 캉디드가 황급히 그쪽으로 달려갔다. 순간 야코프의 머리가 물 밖으로 나왔다. 그러나 다음 순간 다시 물속으로 사라져 영영 보이지 않게 되었다. 캉디드는 바다로 뛰어들려고 하였다. <u>그때 팡글로스가 그를 가로막고는 리스본 항구는 재세례파 교인 야코프가 익사(溺死)하도록 일부러 그렇게 만들어진 것이라는 점을 논증하였다.</u> 팡글로스가 자신의 논리를 선험적으로 증명하는 동안 배가 갈라져서 모두

바다에 빠져 죽었다. 다만 팡글로스와 캉디드, 그리고 착한 야코프를 익사(溺死)시킨 그 못된 선원만이 살아남을 수 있었다. 그 악당은 운 좋게 해안까지 헤엄쳐 갔다. 팡글로스와 캉디드도 널빤지에 의지하여 해안에 닿을 수 있었다.

〈캉디드-'제5장, 난파, 지진'〉23)

해설

* 작품 〈캉디드〉는 처음부터 끝까지 G. 라이프니츠 '신정론(Theodicy)'에 대한 비판 조롱으로 이어졌다.

그런데 그 주제를 쉽게 알 수 없게 된 이유(기존 논의들이 오류에서 못 벗어난 이유)는 볼테르도 〈캉디드〉에 처음부터 끝까지 그 '동시주의(同時主義 Simultaneism, 캉디드⇔팡글로스)'를 반복하며 소설을 끝내었기 때문이다.

그러나 볼테르가 '자연(自然)신, 이신론(理神論, deism)'에 있었고, '자유 의지(선택 의지) 신뢰', '실존주의'자임을 알면 그 해답은 누구나 동일한 ('과거 여호와주의 否定'이라는) 결론에 쉽게 도달하게 마련이다.

부연해 말하면, 성 아우구스티누스(Saint Augustine, 354~430)는, "죄를 짓지 않으면, 정의 신(神) 안에 불행한 자는 없다.(No one is wretched under a just God unless he deserves to be so.)"24)라고 말했다. 그것을 그대로 계승한 것이 바로 "라이프니츠의 사이비 합리주의 철학(the fashionable and pseudo-rational philosophy of Leibniz)",25) 소위 '낙천주의'이고 그에 대한 거듭된 회의 제기가 볼테르의 대작 〈캉디드〉 등, 후기 사상론의 주조(主潮)를 이루고 있다.

그런데 G. W. F. 헤겔은 후안무치(厚顔無恥)하게 '변증법'이라는 '도식주의'로 그의 〈세계 역사철학 강의〉에서 그 '여호와주의'를 '자신의 개념'으로 수용하여 '절대이성' '절대주의'로 '여호와주의' 허점 '배타주의'를 '게르만 민족 우월주의'로 둔갑시켜 터무니없는 '도덕' '정의(正義)'에 목을 매게 만들어 프러시아의 '제국주의 독재 정치'에 힘을 실어 주었다. [현실적 '프러시아 왕'과 '목사(헤겔 포함)'가 바로 '여호와의 代身'이라는 주장임.] (참조, * ⑦-19. 헤겔과 프리드리

---

23) 볼테르(이봉지 역), 〈캉디드 혹은 낙관주의〉, 열린책들, 2009, pp. 30~31 '제5장, 난파, 지진' ; Voltaire(Translated by D. Gordon), *Candide*, Beford/St.Martin's, 1999, p. 50 'Chapter 5, Shipwreck, earthquake'.

24) Voltaire(translated by H. M. Block), *Candide and Other Writing*, The Modern Library, 1956, p. 572 'Notes 34'.

25) I. Davidson, *Voltaire in Exile*, Grove Press, 2004, p. 39.

③-8. 재난 속에서도 붙들어야 할 '이성'

남녀노소 합쳐 3만 명의 주민이 무너진 건물 잔해에 깔려 죽었다. 선원은 휘파람을 불고 쌍소리를 섞어 말했다.

'리스본 지진 재앙도'[26]

'여기서 뭔가 챙길 것이 있겠는데.'

'이 현상에 <u>충족 이유</u>란 도대체 무엇인가?'

팡글로스가 자문했다. 그러자 캉디드가 소리쳤다.

'이게 바로 이 세상 끝나는 날이요!'

선원(船員)은 즉시 폐허 속으로 달려가 죽음을 무릅쓰고 그 사이를 헤집고 다니며 돈을 찾느라 혈안(血眼)이 되었다. 그렇게 얻은 돈으로 술을 마시고 대취하여 잠을 잤다. 술이 좀 깨자 이번에는 아무 여자나 돈을 주고 사서는 죽은 시체와 죽어가는 사람들이 즐비한 폐허 위에서 여자를 안았다.

팡글로스는 그의 소매를 잡아당겼다.

'<u>여보게, 이건 옳지 않아. 자네의 보편적 이성(universal reason)에 반하는 짓을 하고 있어. 지금은 합당한 때가 아니라고.</u>'

'제기랄! 나는 뱃놈이고 바타비아 출신이오. 나는 일본에 네 번 갔는데 그때마다 십자가를 밟고 지나갔소.[27] 보편적 이성 같은 건 딴 데 가서 알아보시구려.'

그 동안 캉디드는 떨어진 돌에 맞아 상처를 입고 길에 쓰러져 있었다. 건물 파편에 반쯤 파묻힌 그가 팡글로스를 불렀다.

'선생님! 포도주하고 기름 좀 갖다 주세요. 꼭 죽을 것만 같습니다.'

그러나 팡글로스가 대답했다.

'이번 지진(地震)은 전혀 새로운 게 아니야. 작년에 남아메리카의 리마도 똑같은

---

26) 'A 19th century engraving of earthquake damage in Lisbon'.

27) 일본에서는 '기독교인의 입항(入港)'을 막기 위해, 항구 입구에 십자가를 설치해 두고, 그것을 밟지 못한 사람은 입항을 못 하게 조처하였음.

지진을 겪었지. 같은 원인에 같은 결과라고. 리마에서 리스본까지 지하에 유황대(硫黃帶)가 있는 게 틀림없어.'

'물론 그렇겠죠. 그렇지만 제발 기름과 포도주 좀 …'

'아니 그렇겠다니? 이건 이미 입증된 사실이야.'

캉디드는 정신을 잃었다. 그러자 팡글로스는 근처 우물에서 물을 길러 왔다.

〈캉디드-'제5장, 난파, 지진'〉[28]

해설

＊'신정론'에 대한 이의(異議)제기와 '조롱(嘲弄)'이 〈캉디드〉 전편을 이루고 있다.

즉 '원인(cause)'과 '결과(effect)' '충족 이유(the sufficient)'라는 어구의 반복이 그것이다. 그 어구 자체 반복 자체가 '신정론'의 거부와 조롱이다.

볼테르의 소설 〈캉디드〉는, 한 마디로 '신(여호와)의 뜻의 일방적 존중 복종(라이프니츠, 팡글로스)'을 부정하고, '인간 이성 자유 의지 행사(캉디드, 볼테르)'를 강조한 소설이다.

소설 〈캉디드〉에는 소설 방법 상 위에서처럼 볼테르(캉디드)와 G. 라이프니츠(팡글로스)는 반복된 대립을 보이고 있다.

즉 '목마르면 물마시고 피가 나면 지혈(止血)을 시키는 것'이 생명 경영의 기본이다. 거기에 '원인' '결과' '충족이유'를 적용하여 어떻게 하자는 이야기인가? 기독교가 지니고 있는 중요 관념주의에 '신은 없는 곳이 없다.'는 전제인데 볼테르는 그 '신'을 '자연 원리'로 대체(代替)를 하였다.

볼테르는 무엇보다 인간 생명 구출에 요긴한 '경험주의'를 강조하고 재난 대처를 강조해도 G, 라이프니츠(팡글로스)는 '이론을 위한 이론(空理空論)'을 지칠 줄 모르고 태평하게 반복하고 있다. [2천년 동안 계속되었던 '도식주의' '관념주의' 반복임]

소설 〈캉디드〉가 이처럼 전 볼테르 철학이 걸려 있는 작품이기에 '볼테르 신념(철학)' 전반에 확신이 없이는 그 '정답'에 도달할 수 없다. 즉 '볼테르의 신념'은 '공리공론'인 '도식주의' 거부이고 '과학적' '현실적' '생명 존중'이고

---

28) 볼테르(이봉지 역), <캉디드 혹은 낙관주의>, 열린책들, 2009, pp. 32~33 '제5장, 난파, 지진' ; Voltaire(Translated by D. Gordon), *Candide*, Beford/St.Martin's, 1999, p. 51 'Chapter 5, Shipwreck, earthquake'.

'효과주의' '실용주의'에 있었다.

소설 〈캉디드〉도 그 중요한 전제('효과주의' '실용주의')가 제외되면 그 '논의 자체'가 의미 없는 것이 된다.

③-9. 터무니없는 '낙천주의'

(富者가 된 캉디드가, '세상을 悲觀하는 여행 동반자'를 구하여)그들의 이야기는 새벽 4시까지 계속되었다. 이야기를 들으면서 캉디드는 노파(老婆)의 말이 생각났다. 그들이 부에노스아이레스로 가는 길에 노파는 배를 타고 있는 사람들 중 큰 불행을 겪지 않은 사람이 한 명도 없을 것이라고 장담하였다. 또한 캉디드는 그들 한 사람 한 사람의 이야기가 끝날 때마다 팡글로스를 생각했다.

<u>'팡글로스 선생님이 자기 이론을 증명하려면 꽤 힘이 들겠군. 여기 계셨으면 좋았을 텐데. 엘도라도를 제외하면 모든 것이 잘되어 가는 세계는 이 세상에 없어.'</u>

〈캉디드-'제19장, 수리남에서'〉[29]

해설

* 볼테르는 '세상에 널려 있는 불행'을 '신의 최고(最高) 경영 예찬'이라는 '신정론'이란 도대체 무엇인가를 〈캉디드〉에서 계속 추궁하고 있다.

볼테르는 거듭 주장한다. 인간은 '오는 불행'에 인간 스스로 대비를 해야 하고, '자연(神)의 뜻에 모두 맡길 수는 없다.'는 '계몽주의'를 지속적으로 발동해 보이고 있다.

볼테르는 '인간 이성(양심)을 믿는 낙천주의'이다. 그것은 역시 오늘날 '인류의 양심'을 믿는 세계평화의 지름길이다. (참조, ＊ ⑨-31. 정의(正義)를 아는 이성(理性)은 인류의 통성(通性)이다. ＊ ⑨-36. 선악(善惡)의 분별은, 산수(算數)의 문제다.)

---

29) 볼테르(이봉지 역), <캉디드 혹은 낙관주의>, 열린책들, 2009, p. 113 '제19장, 수리남에서' ; Voltaire(Translated by D. Gordon), *Candide*, Beford/St.Martin's, 1999, p. 85 'Chapter 19, In Surinam'.

③-10. 볼테르의 '성선설' '성악설'

캉디드는 그 학자를 돌아보며 말했다.

'선생, 당신은 물론 자연적인 면이나 도덕적인 면에 이 세상이 최선이며 다른 세상은 있을 수 없다고 생각하시겠죠?'

'아니, 나는 전혀 그렇게 생각하지 않습니다. 나는 이 세상의 모든 것이 잘못 돌아가고 있다고 생각합니다. 사람들은 자기 위치를 모르고 책임도 모르며 자기가 무엇을 하고 있는지 무엇을 해야 하는지도 모릅니다. 게다가 항상 무례한 언쟁만 일삼고 있습니다. 물론 저녁 식사 시간은 예외입니다. 그 시간만큼은 제법 즐겁고 단합된 것처럼 보이니까요. 어쨌든 이 시간을 제외하면 싸움질이죠. 얀센파 (Jansenists, 개신교파)는 몰리나파(Molinists, 자유 의지를 강조하는 교파)와 다투고 고등법원은 교회와 다투고, 문인은 문인끼리 조정의 고관은 고관끼리 은행가들은 서민들과 아내들은 남편들과 친척은 친척들끼리 다투죠. 한마디로 영원한 전쟁이에요.'

캉디드는 그의 말을 반박했다.

'나는 그보다 더한 것도 보았어요. 그렇지만 불행하게도 교수형을 당한 어떤 지혜로운 분이 제게 가르쳐 주시기를 모든 것이 최선이라고 하셨어요. 그런 나쁜 것들은 좋은 그림에 있는 그림자에 지나지 않다는 말이죠.'

그러자 마르틴이 말을 받았다.

'교수형당한 그분은 세상을 조롱한 겁니다. 그 그림자라는 게 실제로는 끔직한 얼룩이랍니다.'

캉디드가 말했다.

'얼룩을 만드는 것은 사람들이에요. 게다가 그들도 달리 어쩔 수가 없어요(It's men who make the stains and they can't avoid it.).'

마르틴이 말했다.

'그럼 그들 탓도 아니군요(Then it isn't their fault).'

〈캉디드-'제22장, 프랑스에서'〉[30]

---

30) 볼테르(이봉지 역), <캉디드 혹은 낙관주의>, 열린책들, 2009, pp. 135~136 '제22장, 프랑스에서' ; Voltaire(Translated by D. Gordon), *Candide*, Beford/St.Martin's, 1999, pp. 94~95 'Chapter 22, In France'.

해설

* 볼테르가 죽은 다음 150년 뒤에 F. 니체(F. Nietzsche, 1844~1900)가 나왔고, 이어 S. 프로이트(S. Freud, 1856~1939), C. G. 융(C. G. Jung, 1875~1961)이 잇따라 출현하여 정신 영역을 더욱 명백하게 할 수 있었다.

볼테르는 이들의 확실한 선배로서 먼저 '생명(욕망)'을 긍정하고 세상을 아는 '이성(理性)'을 전제했는데, 볼테르는 '생명'의 문제에 '본능'의 문제로 알고는 있었으나, 그것을 크게 강조하지는 못했다. (참조, ＊ ⑪-18. 본능, 이성(理性), 힘, 자유 의지, ＊ ⑧-24. '꿈' 속에 명시된 '흑(욕망)⇔백(理性)' 동시주의)

그러나 F. 니체에 이르러 '본능(무의식)'을 대폭 인정하며 '정신분석'의 새 경지를 열었고 ['종족 유지 본능' 확신] S. 프로이트도 F. 니체와 동일한 입장이었다. 이어 C. G. 융은 '본능(욕망)'과 '이성(억압)'을 나란히 인정하여 정신분석을 행했는데, 이들의 공통점은 '욕망'과 '이성' 두 전제로 인간 정신분석을 행했다는 점이고 그 주장이 방법이나 강세 정도는 서로 차이가 있으나, '본능'과 '이성' 두 개의 축 속에 인간 정신분석을 거의 완료했다는 점이다.

그런데 '선(善) 실현' 문제는 '이성(理性) 실천'의 다른 명칭이며, '악(惡)의 발동'은 '욕망의 발동' 그것으로 돌려졌으나, 그것이 모두 '악(惡)'인가는 거듭 비판이 되어 그 자체(욕망)는 악이라 규정할 수 없지만, '다른 욕망 주체 권리를 손상(損傷)할 경우'로 극히 폭을 좁게 규정하고 있는 경우가 되었다. (이것이 그 '자연법'의 출발점이다.)

세상에 소위 '염세주의(pessimism)' '허무주의(nihilism)' 문제는 항상 그 '낙천주의(Optimism)'와 연동이 되어 있고, 거기에 부수한 '성선설(good nature principle)'은 '성악설(bad nature principle)'과 항상 연동되었다. 그 논조가 소설 〈캉디드〉에도 일관되고 있다. 이를 그 '정신분석'에 회부(回附)해 보면, '인간 생명 자체'는 물론 선(善)한 것이고, 그것의 '생명 운영'에 지치고 실패한 경우에 그 '염세주의' '허무주의'가 발동할 수 있는데, 그 '염세주의' '허무주의'는 사실상 그 생각 주체의 '생의 운영 과도한 욕망'에 근거를 두고 있는 것이 태반이다. [G. W. F. 헤겔은 '자신의 정신(神)이 무한대(∞) 영원(∞)에 있다.'는 허욕(虛慾)에서, '절대주의'를 주장하였다.]

사실 인간의 '욕망'은 무한하므로, 그가 일단 '성공'을 했다고 해도 알 수 있고, '실패'했다고 해도 알 수 있다. '성공'이란 항상 일시적 부분적인 것이기에 무시할 만하며, '실패'란 '죽음'을 빼놓고는 다시 도전할 기회가 있으므로 아직 '완전한 패배'는 아니다.

그러므로 생명이 있는 한 '염세주의' '허무주의'는 너무 이른 결론이고 반성해 조정이 되어야 할 사항이다.

볼테르가 〈캉디드〉 소설 부제를 '낙천주의'로 이름을 붙인 것은 그의 '인생 긍정'의 큰 도량(度量)을 보인 세기적 인물의 위대함을 보인 제목이라 할 수 있다.

〈캉디드〉의 '선악' '염세주의' '낙천주의' 논의는 사실상 이후 '실존주의' 논의에 단초(端初)를 제공하는 중요 전제였다. (G. 라이프니츠의 '신정론'은 절대 아니라는 사실의 판별이, 그 이해의 기초이다.)

③-11. G. 라이프니츠의 무책임한 낙천주의(Optimism)

'신정론(神正論, theodicy)'이란 세상에 '악의 존재도 신의 섭리'이고, '낙천주의'란 세상에서 생기는 일 모두가 '가능한 최고의 선(最高善)의 달성'이라는 주장이다. '낙천주의'란 '최상의 상태(optimal)'란 고전적인 의미이고, (단순히)'낙관적(樂觀 的)'이라는 뜻은 아니다. 신정론은, 명백한 세상의 결함을 모든 가능한 세계 속에 최상의 상태라고 정당화 하는 것이다. 만약 더욱 훌륭한 세계가 있고, 존재 가능의 세계가 있다면, 전지전능한 신(神)이 불완전한(불행의) 세계를 창조하시지는 않을 것이기에, 세상의 결함도 최선의 세계이고, 가장 균형 잡힌 세상이라는 주장이 그것이다. 사실상 이 세상과 동일시되는 명백한 결함(불행)들이 모든 가능한 세상에 존재할 수밖에 없는 것들이라는 주장이니, 다른 한편으로 신은 그 약점들이 극복된 다른 세계 창조를 선택하시는 것이기 때문이라는 주장이다.

라이프니츠는, 종교적 진실과 철학적 진실이 서로 모순될 수 없다고 주장을 했고, 이성과 신앙은 '신의 선물'이기에, 그것들의 불일치는 신의 뜻에 배치된 것이라고 주장하였다.

〈'신정론(神正論)과 낙천주의'〉[31]

해설

* '신정론(神正論)'은 '여호와주의' '중세(中世) 신학(神學)'의 결론이다. 이에

---

31) Wikipedia, 'Leibniz' – 'Theodicy and optimism'.

정면에서 맞선 '계몽주의' 철학자가 볼테르였다. 볼테르는 '과학주의' '자연주의'에 있었다.

G. 라이프니츠는 뉴턴과 경쟁했던 탁월한 수학자이자 논리학자로 유명하지만, 인간의 '자유 의지'를 무시한 '전체주의' '보수주의' 철학자로 '세상 물정을 모르는 완전한 얼뜨기 형이상학자(a metaphysician utterly ignorant about the things of this world)' '백치(白痴, idiot)' 현상을 드러내고 있음을 볼테르는 개별 사례를 들어 낱낱이 비판 공개해 보였다. (참조, ※ ⑦-16. 얼뜨기 형이상학자—라이프니츠)

볼테르의 '자유 의지 명시 운동'은 그가 평생을 걸쳐 목숨을 걸고 행한 '계몽주의' '현대화 운동'이었다.

'G. 라이프니츠의 여호와 중심주의'에 대해, '볼테르의 인간 이성 중심' '자유 의지'의 집행 속에 있음을 거듭 강조하였다.

여기에서 명백히 되어야 할 점은, 볼테르는 '신(神, 自然)'이 '최고를 선택 집행하는 것인지는 알 수 없으나' 인간들은 서로를 신뢰하고 열심히 사는 것이 옳다는 입장이다. (※ ⑨-26. 무책임한 낙천주의)

③-12. '애꾸'로 사는 것은 천국(天國)도 싫다.

《'멤논(Memnon)'은 볼테르 53세(1747)에 네덜란드에서 간행된 소설 〈쟈디그〉에 포함되었던 소(小) 단편이다. 예수는 '산상 수훈(山上垂訓)'에서, '눈이 악(惡)을 행하게 하면 눈을 뽑아라.'라고 가르쳤지만, 볼테르(멤논)는 그에 대해, '애꾸눈'으로는 '천국(天國)'도 믿기 싫다고 하여 '실존(육체)'의 중요성을 강조하였다.(이것은 中國의 '신체 존중 사상(身體髮膚 受之父母 不可毀傷 孝之始也)'과 상통한다.)》

> 그러자 멤논은 귀신에게 말했다.
> '나리, 여자도 없고 파티도 없으면 당신들은 뭘 하면서 시간을 보내세요?'
> 귀신이 대답했다.
> '우리에게 맡겨진 다른 행성(行星)들을 감시합니다.'
> 멤논이 말했다.

'참 애석합니다! 내가 그토록 많은 미친 짓을 하지 못 하도록 왜 지난밤에 오지 않은 거죠?'

천상(天上)의 존재는 말했다.

'나는 당신의 형 앗산(Hassan)의 곁에 있었어요. 당신보다 더욱 딱했어요. 앗산(Hassan)은 인도 왕이 그의 두 눈을 파게 했어요. 조금 경솔한 일이 원인이지요. 그는 지금 손과 발에 쇠고랑을 찬 채 감옥에 있어요.'

멤논이 말했다.

'형제들 둘 중 하나는 애꾸가 되고 다른 하나는 장님이 되고, 하나는 지푸라기 위에, 다른 하나는 감옥에 있는 경우 우리 가족 안에 천사가 있군요.'

별의 동물이 말했다.

'당신의 운명은 바뀔 겁니다. 당신은 여전히 애꾸로 살게 될 겁니다. 하지만 그것만 빼고는 충분히 행복해질 것입니다. 당신이 완벽하게 지혜롭게 되려는 그 어리석은 계획을 포기한다면.'

멤논은 한숨지으며 소리쳤다.

'그러니까 그것이 도달할 수 없는 한 가지란 말인가요?'

별의 존재는 말했다.

'완벽하게 능숙해지는 것, 강해지는 것, 세력을 펼치는 것, 행복해 지는 것은 불가능합니다. 우리도 그렇게 되지는 못 합니다. 그 모든 것이 가능한 행성(行星)이 하나 있기는 하지만, 무변광대함 속에 흩어져 있는 수천억 개의 세계들 속에서 그 모두가 서서히 잇따르고 있습니다. 두 번째 세계에서는 첫 번째 세계에서보다 지혜가 적고, 그 다음도 그런 식으로 마지막까지 이어져서, 그 마지막 세계에서는 모두가 완전히 미쳐 있습니다.'

멤논이 말했다.

'물과 육지로 되어 있는 우리 작은 지구가 당신이 말씀하는 우주의 정신병원(that mad house of the universe)이 아닌지 모르겠습니다.'

귀신이 말했다.

'완전히 그런 건 아닙니다. 하지만 가까워지고 있습니다. 그러므로 모든 것이 제 자리를 찾아야 합니다.'

멤논이 말했다.

'아니 그렇다면 어떤 시인들, 어떤 철학자들이 모든 것이 좋다고 말하는 것은 아주 잘못된 것이네요?'

저 높은 곳 철학자가 말했다.

'우주 전체의 정돈 상태를 고려하면 그들의 말은 전적으로 옳은 말입니다.'
불쌍한 멤논은 반박했다.
'아! 저는 더 이상 애꾸가 아니라면 그 말을 믿겠습니다.'

〈멤논-'멤논 혹은 인간의 지혜'〉[32]

해설

* 볼테르의 '인간 중심' '생명 중심' '시민 중심'의 사고는 바로 '실존주의 (Existentialism)'를 떠날 수 없는 전제로 되고 있다. 볼테르의 그 '실존주의'를 가장 구체적으로 명시하고 있는 작품이 〈멤논〉이다.

단편 〈멤논(Memnon)〉은 비교적 짧은 '콩트'이지만, 볼테르가 G. 라이프니츠 신정론을 간결하게 비판해 보인 명작이다.

위(작품 〈멤논〉)에서 그 중핵은, '저는 더 이상 애꾸가 아니라면 그 말을 믿겠습니다.'라는 진술이다. 즉 실존(육체)이 '애꾸'인 상태는 '천국(天國)'도 내게는 별 의미가 없다는 이야기다.

F. 니체는 그 '산상수훈(山上垂訓)'에, "'너희의 눈이 죄를 짓게 하면, 그것을 뽑아버려라.'고 했으나, 어떤 기독교도도 다행히 그 대비를 따르지 않았다.("if thine eye offend thee, pluck it out" : fortunately no Christian acts in accordance with this provision.)"[33]고 '조롱'하였다.

③-13. '감각(感覺)'의 소중한 역할

굴(oyster, 石花)은 두 개의 감관(感官, sense)을 가지고 있고, 두더지는 네 개, 동물은 다섯(시청촉미후, 視聽觸味嗅) 개의 감관이 있다고 한다. 인간의 제6감을 인정하는 사람도 있다. 육감(voluptuous sensation)을 촉각으로 돌리면 5감만이 우리 인간의 몫임이 분명하다. 이 이상을 생각하고 바라는 것은 인간에게 불가능하다. 다른 천체 사람들은 우리가 상상도 못 하는 감관을 가지고 있을지 모르며,

---

32) 볼테르(이효숙 역), <미크로메가스>, 바다출판사, 2011, pp. 27~29 '멤논 혹은 인간의 지혜' ; Voltaire(Translated by D. M. Frame), *Candide, Zadig and Selected Stories*, The New American Library, 1961, pp. 212~213 'Memnon or Human Wisdom(1749)'.

33) F. Nietzsche(Translated by D. F. Ferrer), *Twilight of the Idols*, Daniel Fidel Ferrer, 2013, p. 21.

모든 존재의 궁극적 목적은 셀 수 없이 많은 완벽한 감관을 갖는 것이리라.

그러나 오관(五官)을 가지고 있는 인간은 무엇을 할 수 있는가. 우리는 항상 자신을 느껴도 우리가 원해서 그렇게 느낀 것이 아니다. 대상이 우리를 자극할 때 감성(the sensation nature)은 작용을 하지 않을 수 없는 것이다. 감각은 우리 내부에 있지만, 감각은 우리에게 의존하지 않는다. 우리는 감각을 받아들인다. 그런데 우리는 그것을 어떻게 받아들이는가? 나를 향한 말이 공기를 울리는 것과 그 말이 우리 뇌에 인상을 남긴 것 사이에 아무런 관계도 없다는 사실은 잘 알려져 있다.

사유(thought)는 놀라운 것이다. 그러나 감각(sensation)도 놀라운 것이다. 감각의 신비한 힘은 뉴턴 두뇌의 감성과 저열한 벌레의 감성에서 동일하게 명시되고 있다. 그러함에도 몇 천의 죽음을 목격한 우리는 그들 감각의 기능의 운명에 관해 걱정이 없지만, 그 감각의 기능들이 존재 중의 존재의 역할들이다.(these sensations are the work of the being of beings) 사람들은 그들을 자연적 기계처럼 태어나서 다른 것들에게 자리를 내어주는 것으로 보아 넘긴다.

존재가 없어지면 감각은 어떻게 왜 존속할 것인가. 존재하는 만물의 창조자에게 본체를 파괴당한 후에 감관들이 무슨 필요가 있겠는가. 그것은 잎을 달고 있는 식물의 감각이 잎이 시든 후에도 남아 있다고 말하는 것과 같다. 당신들은 물을 것이다. '어떻게 인간의 사유와 동물의 감각이 같다는 것인가?'라고. 나는 그 질문에 대해 답은 없다. 나는 그것을 풀 수가 없다. 구원한 우리 사유와 감각의 조물주가 그것을 부여하였고 그 보전을 알고 있을 뿐이다.

〈철학사전 – '감각'〉34)

해설

＊인간이나 동물이 제1차적으로 그 감각(Sensation)은 그 '생존(生存)'에 맞게 고안되었다. 인간도 인간의 생존과 생활에 맞게 고안이 되었다. 볼테르는 과학철학자로서 그 사고의 출발점부터 다시 점검하고 있다.

볼테르의 '경험철학' '과학적 사고'의 출발점의 확인으로 중요한 의미를 띠고 있는 부분이다.

플라톤은 자신의 '관념철학'을 처음부터 '감각의 초월한 영역'에 터를 잡았

---

34) 볼테르(정순철 역), <철학사전>, 한국출판사, 1982, p. 292 '감각' ; Voltaire(Translated by T. Besterman), *The Philosophical Dictionary*, Penguin Books, 2004, pp. 378~379 'Sensation'.

다. 그러나 볼테르는 영국의 경험주의, '과학주의'를 사고의 출발점으로 생각하고 그것을 토대로 소위 '계몽주의' 시대를 주도하였다. 그러므로 볼테르가 반(反) 플라톤 주의자임은 확실한 사실이다. (참조 ＊ ③-21. 몽상(夢想)의 플라톤)

실존주의자 F. 니체는 '감성(感性-senses)의 보고(報告)에는 거짓이 없다.'[35]고 말하였다.

③-14. '실존'과 '쾌락'의 의미

《〈바빌론의 공주(*Princess of Babylon*)〉는 볼테르가 74세(1768)에, 시간(시대)성을 무시하고 세계를 편력하는 볼테르('미지의 양치기 젊은이') 자신의 이상상(理想像, 제왕을 정략과 용맹을 뛰어넘은 高邁한 인격을 자랑하는 영원한

'바빌론 공주 삽화 4장, 10장'[36]

英雄상)을 중세 로망[騎士 이야기]을 차용해 본 '목적 소설'이다. 이 소설에 '시간' '공간'의 무시는 볼테르부터 시작된 '동시주의(Simultaneism)'의 수법으로 '규격화된 예술(연극) 방법론의 무시'에 주목을 해야 한다.》

그 화려한 경기가 준비되는 동안 2만 명의 시동(侍童)들과 2만 명의 아가씨들이 좌석들 사이로 돌아다니면서 관객들에게 신선한 음료를 질서 있게 나눠 주었다. 신들이 왕들을 세운 것은 오직 매일 축제를 벌이기 위해서일 뿐이라고 모두들 인정했다. 그 축제들이 다양하다는 조건 하에서 말이다. 인생은 달리 사용하기에는 너무 짧으며, 인간의 삶을 소모시키는 소송(訴訟)이나 음모나 전쟁 또는 사제(司祭)들 간의 다툼은 부조리하고 끔직한 것들이며 <u>인간은 오로지 즐거움을 위해 태어났고,</u>

---

35) F. Nietzsche(Translated by D. F. Ferrer), *Twilight of the Idols*, Daniel Fidel Ferrer, 2013, p. 16
36) R. Pomeau, *Voltaire*, Seuil, 1994, pp. 120~121 'La Princesse de Babylone, Ⅳ, Ⅹ'.

인간의 쾌락을 위해서 만들어지지 않았다면 그토록 열정적으로 그리고 지속적으로 쾌락을 좋아하지 않았을 것이며, 인간 본성의 핵심은 즐기는 것이며 그 외 나머지는 모든 것이 미친 짓이라고 말하기도 했다.

〈바빌론 공주 - '바빌론 공주, 1장'〉[37]

해설

* 볼테르는 '생명의 축제'를 앞서서 구상하였다.

1896년 프랑스의 교육가 쿠베르탱(Baron Pierre de Coubertin, 1863~1937)의 제창과 노력에 의하여 오늘날 행해지는 '올림픽 축제'는 볼테르의 알뜰한 생각과 무관한지 살펴보아야 할 것이다. 그러한 훌륭한 발상은 '평화주의자 볼테르'의 선구적 제시가 있었다는 점은 기억할 만하다.

볼테르는 생각한 것마다 '현대 사회의 선구자'가 되었으니, 인류를 위해 선행(善行)을 하려면 볼테르를 읽지 않을 수 없는 이유가 여기에 있다.

③-15. '쾌락'은 신(神)의 선물이다.

'정염(情炎, passions)'에 관한 이야기도 나누었다.

쟈디그가 말했다.

'정말 치명적인 것입니다.'

은자(隱者)가 말했다.

'선박에 돛을 부풀리는 바람과 같은 것이지요. 바람이 가끔 선박을 침몰시키기는 하지만, 그것이 없이는 선박이 항해를 할 수 없지요. 담즙이 분노와 병을 일으키지만, 그것이 없이는 사람이 목숨을 부지할 수 없어요. 이 땅 위에 있는 모든 것이 위험하지만, 또한 모든 것이 우리에게는 필요하지요.'

쾌락에 관해서도 이야기를 나누었는데, 은자는 그것이 신의 선물이라 했다.

'왜냐하면 인간은 감각들과 사념들을 스스로 만들지 못하고, 그 모든 것들을 받을 뿐이기 때문이오. 인간이 느끼는 고통과 쾌락 역시, 그 존재처럼 외부로부터 온 것이지요.'

---

37) 볼테르(이효숙 역), <미크로메가스>, 바다출판사, 2011, p. 126 '바빌론 공주';
Voltaire(Translated by R. Clay), *Candide and Other Tales*, London : J. M. Dent & Sons L T D, 1948, pp. 285~286 'Princess of Babylon, Chapter 1'.

쟈디그는 그토록 어처구니없는 짓을 저지른 사람이 어떻게 그러한 이치를 펼칠 수 있는지 탄복하지 않을 수 없었다.

〈쟈디그 – '제18장, 은자(隱者)'〉[38]

해설

* '정염(情炎, passions)'은 '욕망(欲望, desire)'의 일부이고 그 맞은편에 '이성(理性, reason)'이 전제되어 있다.

이 두 가지 원리에 기대어 '서양 철학'과 동양(中國)의 '성리학(性理學)-이기설(理氣說)'이 이루어졌다.

서양과 동양이 먼저 '이성(理性) 중심' 주장이 단연 우위를 이루다가 이후 실존주의 대두와 더불어 양자(兩者)가 함께 중시되어 소위 '동시주의(同時主義, Simultaneism)'의 기본 전제가 되었다.

볼테르는 '실존철학'의 시조(始祖)이다. '실존'의 중요성을 볼테르만큼 중시했던 [기록을 남긴] 사람은 없다. (참조, * ③-12. '애꾸'로는 사는 것은 천국(天國)도 싫다.)

인간 '실존(육체)'은 '쾌(快)' '불쾌(不快)'를 표준으로 운영이 되고 있다. 그러므로 인간은 그 기본 원칙에서 아무도 이탈할 수 없고, 그것이 치성(熾盛)함을 단지 경계(警戒)하는 정도이다.

그런데 그 대원론(大原論 – '육체 긍정')을 거꾸로 뒤집어 그 방향을 잡았던 종교 철학이 '불교', '기독교', '플라톤' 철학이다.

'근대의 출발'은 '과학의 긍정' '육체의 긍정' '욕망의 인정' '욕망의 평등' '육체의 평등'을 인정하면서 출발하였다. 더 이상의 기만(欺瞞)은 있을 수 없다.

볼테르가 그것을 선창(先唱)하였고, F. 니체의 분석과 S. 프로이트의 탐구가 그것을 계승하였다. 그리고 '다다 초현실 혁명 운동'으로 그것은 마침내 세계인의 '상식'으로 국제 사회에 공인 사항이 되었다.

---

38) 볼테르(이형식 역), <쟈디그 또는 운명>, 펭귄클래식, 2001, pp. 112~113 '제18장, 은자(隱者)' ; Voltaire(Translated by R. Pearson), *Candide and Other Stories*, Everyman's Library, 1991, p. 175 'Chapter 18, The hermit'.

③-16. 성격은 변하지 않는다.

'성격(Character)'이란 희랍의 '인상(印象)' '조상(彫像)'이라는 말에서 나왔다. 성격은 자연(自然, nature)이 우리에게 새겨 넣은 것이다. 우리가 그것을 지울 수 있을까? 큰 문제다. 나는 굽은 코와 고양이 눈을 마스크로 감출 수 있다. 자연의 성격을 내가 더할 수 있을까? ….

'천성은 갈퀴를 가지고 몰아내도 항상 되돌아 올 것이다.(Nature will always return even if you expel her pitchfork.)'

종교 도덕은 천성의 힘을 구속할 수는 있으나, 파괴할 수는 없다. 주정뱅이가 수도원에 들어가 끼니마다 한 홉의 사과주로 제한을 받는다면 취하는 일은 없겠지만, 호주가(好酒家)임에는 변함이 없다.

〈철학사전-'성격'〉[39]

해설

* 볼테르는 인간의 '성격'에 대해 생각을 정리하였다. 인간의 '성격'은 항상 크게 문제가 되고 있고, 모든 '소설'에서도 가장 큰 문제이다.

성격은 그 구분성이 가장 민감하게 제시된 것으로 '개인과 개인의 차이' '남녀의 차이' '지역의 차이' '종족적 차이' '종교적 차이'를 다 그 '개성'의 문제에 연결할 수 있다.

그러나 문제는 '용인(容忍)'의 범위 문제이다.

볼테르는 위에서 '주정뱅이'를 문제 삼았지만, '술의 이로운 점, 그 폐해'는 결국 본인에게 귀착할 것이므로 '사회적 규제'는 '남에게 끼치는 영향'에 초점이 갈 수밖에 없다.

볼테르의 '성격 규정'은 인간 각자의 '유전자' 문제 정도로 이해를 해야 할 것이다. (참조, * ⑨-20. '씨앗'에서 '씨앗'으로)

---

39) 볼테르(정순철 역), <철학사전>, 한국출판사, 1982, pp. 246, 247 '선(善), 최고 선(善)' ;
Voltaire(Translated by T. Besterman), *The Philosophical Dictionary*, Penguin Books, 2004,
pp. 75, 76 'Character'.

③-17. 도덕은 의무(義務)이다.

우리에게는 크란토르(Crantor, B.C. 4세기 도덕 철학자) 우화가 있다. 그는 '부(Wealth)' '쾌락(Pleasure)' '건강(Health)' '도덕(Virtue)'을 올림픽 경기에 출전시킨다.

'부(富, Wealth)'는 말한다.

"나는 최고의 선이다. 모든 선(善)을 다 살(購入) 수 있다."

'쾌락(Pleasure)'은 말한다.

"승리의 사과는 내 것이다. 부(富)란 결국 나를 추구하는 것이기 때문이다."

'건강(Health)'은 단언했다.

"건강이 없으면 부(富)도 쾌락도 소용없느니라."

마지막으로 '도덕(Virtue)'이 말했다.

"조신(操身)이 바르지 못하면, 황금, 쾌락, 건강도 다 절단이 난다."

결국 도덕에게 승리의 사과가 돌아갔다.

이 이야기는 매우 기발(奇拔)한 것이다. 그러나 이 이야기는 '최고선(最高善)에 대한 부조리한 문제점(the absurd question of the sovereign good)'을 풀지 못했다. 도덕은 선(a good)이 아

'파리 바스티유'[40], '감옥에 갇힌 볼테르'[41]

니다. 그것은 의무(a duty)다. 도덕은 선과 다른 영역의 보다 높은 단계에 속한다. 그것은 고통 쾌락의 감각과 아무런 관계도 없다. 도덕을 지닌 사람도 담석(膽石, stone)과 통풍(痛風, gout)을 앓고 지지자(支持者) 친구도 없고, 비대하고 음탕한 폭군에게 삶의 길을 약탈당하고 박해를 받아 쇠사슬에 묶인다면 말 할 수 없이 불행하다. 반면 진홍 이부자리에 새로운 애인을 껴안은 거만한 박해자는 아주 행복하다. 박해를 받는 현자가, 오만한 박해자보다 좋다거나, 현자를 사랑하고 박해자를 미워한 일은 무방한 것이다. 그러나 현자(賢者)가 감옥 안에서 광분(狂憤,

---

40) 'Voltaire is imprisoned in the Bastille prison in Paris, falsely accused of writing a satiric attack on the king. On his release, he publicly adopts the name Voltaire'.

41) J. Goldzink, *Voltaire*, Hachette, 1994, p. 6.

제3장 '자유 의지(Free Will)'와 '신정론(theodicy)' **83**

wild with rage)한다는 것도 인정하라. 그러나 현자가 이것에 동의하지 않으면 여러 분을 속이는 자이며 터무니없는 사기꾼(a charlatan)이다.

〈철학사전-'선(善), 최고 선(善)'〉[42]

역대 관념주의 철학자들 : 플라톤(Platon, 427 B.C.~347 B.C.), G. 라이프니츠(G. Leibniz, 1646~1716), 칸트(I. Kant, 1724~1804), 헤겔(G. W. F. Hegel, 1770~1831), 하이데거(M. Heidegger, 1889~1976)

해설

　＊ 볼테르의 강점은 광범위한 독서와 기억력을 바탕으로 '과학적 사고' '실존주의' 정신에 있었다는, 탁월한 고지(高地)를 선점(先占)했다는 사실이다.

　볼테르의 '크란토르(Crantor, B.C. 4세기 도덕 철학자) 우화'를 인용하였는데, 우리는 여기에서 볼테르의 실존주의(Existentialism)를 놓치면 얻을 것이 없다.

　볼테르에 이어, F. 니체는 '실존주의자의 도덕'을 '주인 도덕(master morality)' 이라 명시했고, '관념주의' '내세주의(來世主義, believing next life)'를 '노예 도덕 (slave morality)'으로 규정하였다.[43]

③-18. 우주(宇宙) 속의 인간

　쟈디그는 별들에 의지하여 방향을 잡아 나갔다. 오리온좌와 밝은 별 시리우스가

42) 볼테르(정순철 역), <철학사전>, 한국출판사, 1982, pp. 245~246 '선(善), 최고 선(善)' ; Voltaire(Translated by T. Besterman), *The Philosophical Dictionary*, Penguin Books, 2004, pp. 67~68 'Good(sovereign good)'.
43) Wikipedia 'F. Nietzsche'.

그를 카노브 항구 쪽으로 인도하였다. 쟈디그는 희미한 불똥처럼 보이는 광대한 빛의 천구(天球)들을 응시하였다. 그는 자연 속에서 기실 거의 보이지도 않는 점에 불과한 지구가, 우리의 탐욕스런 눈으로 그토록 크고 고귀하게 보인다는 사실을 깨달았다. 그 순간 인간의 실상이 있는 그대로 그의 뇌리에 선명히 떠올랐다. 작은 진흙 원자 위에서 서로를 잡아먹는 벌레의 모습이었다. 그 진실한 모습이, 그 자신과 바빌론의 보잘 것 없음을 선명히 보여 주며, 그의 불행들을 사라지게 해주는 듯하였다. 그의 영혼은 무한으로 도약하여, 일체의 감각으로부터 자유로워져 우주의 불변을 응시하였다. <u>그러나 다음 순간 스스로 자각하고 있는 자신의 마음속으로 되돌아 와 '아스타르테'가 자기를 위해 아마 죽었을지도 모른다는 생각을 하는 순간 우주가 그의 앞에서 사라졌고, 광막한 대자연 속에서 그의 눈앞에 선명히 떠오르는 것은 죽어가는 '아스타르테'와 불운한 쟈디그 모습뿐이었다.</u>

〈쟈디그 – '제9장, 매 맞는 여인'〉[44]

해설

* 볼테르는 이미 그의 젊은 나이에 중국에 관심을 보였다. (참조 ❋ ⑤-20. 조물주(造物主, 天, Supreme Being)를 믿은 중국인(中國人))

볼테르는 중국의 서사 문학에도 관심을 보였는데, 위의 〈쟈디그〉 부분은 중국 장자(莊子)의 '와각지쟁(蝸角之爭)' 설화와 유사하다.

((양 혜왕(梁惠王)이 제 위왕(齊威王)과 동맹을 하였다. 제 위왕이 배반을 하므로 양 혜왕이 노하여 자객을 보내어 암살하려 했다. … 그때 재상 혜자(惠子)가 대진인(戴晋人)을 양 혜왕에게 소개하였다. 대진인이 양 혜왕에게 말했다.

'달팽이라는 것을 아십니까? 그 달팽이 왼편 뿔에 나라를 세운 이를 촉씨(觸氏)라 훌렀고 바른편 뿔에 나라를 세운 이를 만씨(蠻氏)라 했습니다. 촉씨와 만씨가 토지 경계(境界)로 쟁투가 생겼습니다. 수만 군(數萬軍)이 죽고 적군의 패배를 쫓은 지 15일에 겨우 회군(回軍)했습니다. … 사해(四海) 중에 위(魏)라는 나라가 있고, 그 중에 양(梁)이란 도읍이 있고,

'달팽이'

---

44) 볼테르(이형식 역), <쟈디그 또는 운명>, 펭귄클래식, 2001, pp. 50~51 '제9장, 매 맞는 여인' ; Voltaire(Translated by R. Pearson), *Candide and Other Stories*, Everyman's Library, 1991, p. 140 'Chapter 9, The battered woman'.

거기에 왕이 있으니 왕
도 우주(宇宙)의 큼에 비
교하면 극히 미미한 것
으로 달팽이 뿔 위에 만
나라 촉나라와 무슨 구
분이 있습니까?'(魏瑩與
田侯牟約 田侯牟背之 魏瑩
怒 將使人刺之 … 惠子聞之

'지구의(a globe)'

而見戴晉人 戴晉人曰 有所謂蝸者 君知之乎 曰然 有國於蝸之左角者曰 觸氏 有國於蝸之 右角者
曰蠻氏 時相與爭地而戰 伏尸數萬 逐北旬有五日而後反…通達之中 有魏 於魏中 有梁 於梁中
有王 王與蠻氏 有辨乎))[45]

'전쟁'

　＊ 볼테르가 중국의 '와각지쟁(蝸角之爭)' 비유에 관심을 보인 것은 그의 공자(孔
子) '자연법'에 대한 관심과 더불어 역시 포기할 수 없는 '평화'에 대한 염원과
연관된 것이니, 그것은 사실상 뉴턴의 '천체 물리학'을 학습한 볼테르의 자연스
런 세계관으로 그 구체적인 적용 사례일 뿐이다.

　그러므로 〈쟈디그〉의 위의 진술은 역시 1750년 '프리드리히 2세'에게 말하려
했던 바 소설 〈미크로메가스〉 제작 의도와 결코 다른 것이 아니다. (참조,
＊ ②-5. 천체 물리학－과학적 세계관(世界觀)의 기초)

　그러나 위에서 볼테르(쟈디그)의 관심은 '실존'의 문제 '여성(女性, 母性)'의
문제에 집중되어 있음은 역시 주목을 요하는 사항이다.

---

　45) 김동성 역, <莊子>, 을유문화사, 1964, pp. 206~207.

그것이 볼테르가 '자연과학적 세계관, 인생관'을 견지하면서 그의 생명을 이끄는 '생기'의 원천이었기 때문이다. ('전체⇔부분'의 동시주의)

③-19. 육체와 정신

우리는 정신이 무엇인지 알 수 없는 동시에 육체가 무엇인지도 무식하다. 약간의 특성은 알지만, 그러한 특성을 지닌 주체는 무엇일까. 데모크리투스 (Democritus)와 에피크루스(Epicurus)는 물체 밖에 존재하지 않는다고 했고, 엘레아의 제논(Zeno)의 제자들은 물체는 존재하지 않는다고 주장했다. …

그러나 넓이와 견고성은, 소리와 색깔과 맛 향기 따위와 같을 수 없다는 것은, 버클리(Berkeley, 1684~1753, 아일랜드 관념 철학자[46])에게도 쉬운 문제다. 갖가지 물체에 대한 형상에 따라 일어나는 감각이 우리(정신) 속에서 일어나는 것이 확실하지만, 넓이(Extension)는 감각이 아니다. 불붙은 나무가 다 타고 나면 나는 더 이상 따뜻하지 않다. 이 진동이 멈추면 나는 들을 수 없다. 이 장미가 시들면 향기도 없어진다. 그러나 내가 없어도 그 나무, 그 진동, 그 장미는 그 존재를 지니고 있다. 그러므로 버클리의 억지는 수고롭게 반박할 가치도 없다.

〈철학사전－'육체(물체)'〉[47]

해설

* 볼테르의 논리 전개 방식은 '단정(斷定)'을 피하고 '탐구의 길을 열어둠', 과학경험주의자의 자세를 견지하는 것이었다. ['과학'은 주장이 소용없고 알아서 利用하는 사람의 소유이다]

그러나 '실존 중시' '육체 우선'을 제외하면 볼테르 주장이 문제가 될 수 없고, 사실상 볼테르는 평생을 거기에 보낸 셈이다. (※ ⑤-32. 미신(迷信)에는 '이성(理性)'이 약(藥)이다.)

이 볼테르의 선구적 문제 제시를 통해, A. 쇼펜하우어는 '염세적 실존주의 (pessimistic existentialism)'을 폈고, F. 니체는 '차라투스트라의 웅변'을 토하여

---

46) '타르 물(tar-water)이 만병통치약이라는 주장'으로 유명함.

47) 볼테르(정순철 역), <철학사전>, 한국출판사, 1982, pp. 250~251 '육체(물체)' ; Voltaire(Translated by T. Besterman), *The Philosophical Dictionary*, Penguin Books, 2004, pp. 156, 157~158 'Body'.

'실존주의' 시조로 등극을 하였다. 이에 1916년 '다다 혁명가들'은 그 '볼테르' '니체' 이름으로 '세계사 변혁 운동'을 펼쳤다. 그리하여 '생명 우선주의' '전쟁 반대' '동시주의'가 지구촌의 상식으로 운영되었다.

③-20. 인간의 행복을 방해하는 무수한 사례들

1699년 중국, 리마(Lima, 페루 수도), 칼라오(Callao), 그리고 최근에는 포르투갈과 이슬람 왕국(the kingdom of Fez)에서 발생한 40만 명을 삼킨 세계에 네 번째 지진은, 육체적 죄악(physical evil)의 문제에 관심을 가지고 있는 연약한 인간들에게 우울한 사건들이다. '존재한 것은 모두 옳다(whatever is, is right)'는 격언이 그와 같은 재난을 목격한 사람들에게는 이상하게 들린다. 모든 사물이 가지런하고 신의 섭리(Providence)로 정돈되어 있다는데, 역시 모든 것이 우리의 행복을 돕지 못한 사건은 너무 많다.

〈리스본 대지진 시—'리스본 대지진 시 서문(1775)'〉[48]

해설
* 위의 볼테르 말은 그 이전 철학의 근간이 되고 있는, 성 아우구스티누스(Saint Augustine)의 '죄를 짓지 않으면, 정의 신(正義 神) 안에 불행한 자는 없다.(No one is wretched under a just God unless he deserves to be so.)'는 발언에 대한 이의(異意)제기이다.

G. 라이프니츠의 '신정론'에 대한 볼테르의 '자유 의지' 문제는, 세계역사 전개에 가장 중요한 그 분기점(分岐點)으로서, '신(神, Jehovah) 중심 세계관'의 시대를 마감하고, '인간 중심 세계관' '과학적 세계관'의 새 시대 개막을 알리는 신호탄이었다.

그러나 볼테르의 진정한 밝힘을 이해 못하고[무시하고] '도루묵 철학' '여호와 중심주의' '배타주의' '독선주의' '전쟁 옹호'를 계속했던 사람이 바로 〈세계 역사철학 강의〉를 행한 헤겔이고, 〈역사 연구〉를 쓴 토인비였다.

'신앙의 자유'라는 이름 아래 '여호와주의'에 있는 기독교인은, 솔직히 '배타

---

48) Voltaire(translated by H. M. Block), *Candide and Other Writing*, The Modern Library, 1956, p. 193 'The Preface of Poem on the Lisbon Earthquake'.

주의' '절대주의' '특권의식' '강도 전쟁 합리화'를 빼고도 인류를 향해 그들이
무엇을 진정 가르칠 수 있는지 그 '질문'에 대한 '대답'부터 우선 확보를 해야
한다. 이 문제가 볼테르가 그들에게 던지는 '구극(究極)의 문제'이고, 이 문제를
가장 싫어한 존재가 그들이 아닌지 역시 대답해야 한다.

그렇다. 인류의 미래가 어떤 특정 부류의 단순한 취향(趣向)에 좌우될 수
없고, 좌우되게 해서도 안 된다. '생명'이 인류이니, 그 '생명'이 '편견'보다
우선해야 함은 물론이다. (참조, ※ ⑩-25. 특권을 요구해 온 유대인들)

③-21. 몽상(夢想)의 플라톤

'플라톤의 몽상(Plato's Dream)'은, 볼테르가 62세(1756)에 발표한 소설이다.
천체 물리학은 꿈도 꾸지 못하고서, 다른 사람들의 생각을 모두 '관념철학
범위'에 가둬놓은 '플라톤 관념철학의 한계'를 조롱한 우화(寓話)이다.

> 플라톤이 많은 꿈을 꿨다. 사람들도 그에 못지않게 꿈을 꿔 왔다. 사람은 원래
> 남녀(男女) 양성(兩性)을 가지고 지니고 있었으나, 사람이 잘못으로, '남성'과 '여성'
> 으로 나뉘었다고 플라톤은 생각하였다. [불가능한 거짓말]
> 플라톤은 다섯 가지 완벽한 세상이 있음을 증명했는데 대수(代數)학적으로
> 5체(five regular bodies)가 있기 때문이다. 플라톤의 〈국가〉는, 그 위대한 꿈 중의
> 하나다. [플라톤의 '國家'는 관념 속의 세상] 그는 수면(睡眠)이란 각성(覺醒)에서
> 생겼고, 각성은 수면에서 생겼다는 '꿈'을 꾸었고, 물속에서보다 일식(日蝕)일
> 때에 눈을 사용하면 시력을 잃는다고 꿈을 꿨다. [우주관 인생관에서 플라톤이
> 보인 誤謬]
> 여기에 약간 흥미로운 플라톤 꿈 이야기가 하나 있다. 무한한 공간과 무수한
> 공간에 인기가 있었던 영원한 기하학자 데미우르게(Demiurge)가, 플라톤의 저작을
> 보았던 '천재들'을 시험해 보려고 마음먹었다. 데미우르게는 각 천재들에게 피디아
> 스(Phidias)와 제욱시스(Zeuxis)가 그들 제자들에게 조각 작품이나 그림들을 나누어
> 주듯이, 창조할 작은 물건 조각들을 주었다. 작은 물건과 큰 것이 서로 비교되는
> 것이 용인된 경우를 가정한 이야기다.
> 데모고르곤(Demogorgon)은 지구(Earth)라는 진흙 덩이를 받았고, 우리가 지금

보는 세계를 만들어 놓고 데모고르곤은 걸작을 만들었다고 주장했다. 그는 승리를 했다고 생각하고 동료들의 칭찬을 기대하고 있었는데, 야유 소리에 깜짝 놀랐다.

험한 욕을 잘하는 친구가 데모고르곤에게 말했다.

"정말 자네는 잘 만들었네. 자네는 세계를 둘로 나누어 반구(半球) 사이에 거대한 대양을 두었군. 그리하여 서로 소통(疏通)도 할 수 없게 만들었군. 양 극점(兩極点)은 추위로 얼어붙을 것이고, 적도 선은 열 때문에 죽을 거야. 큰 모래 사막을 둔 것도 잘한 것이지, 사람들은 그곳을 건너려다가 배고프고 목말라 죽을 테니까. 당신이 양과 암소 암탉은 아주 만족스럽지만, 뱀 독거미에 대해서는 할 말이 없어. 양파와 아티초크(식용 식물)는 좋은 거지. 그러나 주민들을 독(毒)으로 괴롭히려 한 것인지는 모르겠지만 그렇게 많은 유독(有毒)한 식물로 지구를 덮은 자네의 생각은 도대체 알 수가 없군. 더구나 인간들은 4~5종만 만들었는데, 30종의 원숭이, 역시 그와 유사한 종류의 개들도 만들었네. 그리고 인간에게 '이성(理性, Reason)'을 부여했지. 그러나 모든 생각 중에 인간의 이성은 너무 터무니없어, 미친 짓에 너무 가깝지. 내가 보기에는 두 발 달린 동물은 그것을 소중하게 생각하지 않게 자네는 만들었어. 자네는 인간에게 그렇게 많은 적(敵)을 만들었지만 방책은 거의 없고, 그렇게 많은 질병에 그 치료약은 적고, 많은 욕심에 지혜는 부족하지. 명백히 자네는 지상(地上)에 그 동물(인간들)을 많이 살려두려는 했던 것은 아니어. 왜냐하면 인간들에게 노출된 위험을 생각하지도 않고, 자네는 매년 천연두가 십분의 일 인구를 앗아가게 설계했고, 천연두 비슷한 것이 남은 십분의 구 생명들을 오염시키고 있지. 그것도 부족해서인지 몰라도, 생존자 반은 좋은 옷을 입으려 하고(출세), 다른 반은 서로를 죽이지(군인). 자네 책임이야. 그것이 자네가 만들어 놓은 걸작이라네." [地上의 부조리 비판]

데모고르곤은 낯이 붉어졌다. 데모고르곤은 그의 작업 도중에 '도덕적 악'과 '신체적 악'이 생겼다고 확실히 알았으나, 데모고르곤은 자신의 작품에 나쁜 것보다는 좋은 것이 많다고 주장을 하였다. [볼테르의 긍정적 세계관 표현]

데모고르곤은 말하였다.

"비평하기는 쉽지요. 자유로운 동물, 자유를 행사하지 못하고 있는 동물을, 항상 이성적으로 행동하도록 만드는 것을 그렇게 쉬운 일로 생각을 하십니까?(do you think it is so easy to make an animal that is free, and that never abuses its liberty?) 한 사람이 9천 주(株) 1만 주의 식물(植物)을 가꾸고 있을 때, 그 식물들을 쉽게 병충해로부터 지켜낼 수 있다고 생각하십니까? 물, 모래, 진흙, 불의 성질만으로는 바다나 사막도 만들 수 없다는 것을 상상할 수 있습니까? 비웃기 좋아하는 당신은,

기껏 화성(火星)을 만들었군요. 우리는 당신의 거대한 손으로 당신의 달빛도 없는 화성을 만들었는데 그게 과연 좋은 세상일 수 있단 말입니까. 거기에 사람들이 미치거나 병들지는 않았는지 살펴봐야겠습니다." [볼테르 인생관 토로]

천재들이 화성(火星)을 점검해 보고는 그 조롱장이를 거칠게 공격을 하였다. 토성(土星)을 만들었던 천재는 시간이 모자랐고, 목성(木星), 수성(水星), 금성(金星)을 만들었던 천재들은 비난을 쏟아냈다.

그들은 두꺼운 책들을 만들었다. 그들 말에는 재치가 있었고, 작곡도 하였고, 서로를 우스꽝스럽게 만들었고, 파당이 더욱 격렬해지니, 결국은 영원한 데미우르게(Demiurge)가 그들에게 조용히들 하라고 말했다. [유럽의 관념주의자 조롱]

"너희는 재주가 있기는 하지만 불완전한 존재들이기에, 어떤 것은 훌륭하게 만들었지만 어떤 것은 나쁘게 되었다. 너희 작품들은 몇 억년밖에 못 갈 것이다. 그 후 더 배우면 더욱 훌륭하게 만들 수 있을 것이다. 사물을 완벽하게 만들고 영구하게 만드는 것은 이 데미우르게에게만 속하는 일이니라.(it belongs to me alone to make things prefect and immortal.)" [플라톤의 '관념(이념)주의' 조롱]

이것이 플라톤이 자신의 제자들에게 가르치고 있는 것이다. 플라톤이 말을 마쳤을 때, 제자 중 한 사람이 말했다.

"그 후에, 선생님은 그 꿈에서 깨나셨군요."

〈플라톤의 몽상 - '플라톤의 꿈'〉[49]

해설

* 볼테르는 위에서, 원래 '(과학적으로)잘못 생각한 플라톤'을 다시 제자 '데미우르게(Demiurge)'가 그 '플라톤'을 참칭(僭稱)하며 '관념적 세계 창조자'로 자임을 하고 있다고 비유한다. [관념 철학자 조롱]

불필요한 '독단론(dogmatism)'은 접어두고, '인간인 자신'이 '천지를 창조한 자' '마지막 심판자'처럼 행동을 하는 헛된 망상은 그만두라는 준엄한 볼테르의 충고가 작품 〈플라톤의 몽상〉에는 전제되어 있다. ['도루묵' 헤겔은 다시 그것을 반복하였음]

사실 뉴턴의 '천체 물리학', 로크의 '과학(경험철학) 입지(立地)'를 수용하고 공자의 '자연법'을 수용하면, '플라톤 관념철학' '여호와 중심주의'로 유럽의

---

49) Voltaire(Translated by D. M. Frame), *Candide, Zadig and Selected Stories*, The New American Library, 1961, pp. 225~227 'Plato's Dream'.

후진 낙후(落後)를 더 이상 반복해야 할 이유가 없다는 볼테르의 확신이 반복 명시된 작품이다.

1756년의 〈플라톤의 몽상〉은 이후 10년 후(1766)에 발표된 볼테르의 대작(大作) 〈무식한 철학자〉(72세)의 예비작으로, '관념철학 무용론(無用論)'을 명시한 작품이다. 볼테르는 자신을 우주의 창조자(데미우르게(Demiurge))로 상정하고, 단순히 '관념적(몽상적)인 저술 〈국가〉'의 저자로 유명한 플라톤의 우스꽝스런 모습을 풍자 조롱하였다.

볼테르 자신의 광막한 상상력은, 플라톤의 '말장난(관념철학, 국가주의 철학)'으로는 상상도, 꿈도 꿀 수 없는 광막한 '시공(時空) 속에 전개된 과학(뉴턴의 천체 물리학)'으로 펼쳐진 기막힌 철학론이란 긍지가 전편에 전제되어 있다.

이것은 아직 '플라톤 철학' '종교적 미신'에서 벗어나지 못한 G. 라이프니츠 등의 사고를 조롱한 것이다.

볼테르의 기본 유추 방법은 '천체 물리학 속에 인간 존재에 대한 의미'이다. 이것이 역시 볼테르가 가장 확신하고 있는 그 '과학적 긍지'의 전부였다.

③-22. 볼테르의 '윤회론(輪回論)'

드디어 재주 있는 철학자 라이프니츠가 나타나, 그림(a picture)은 모두 그림이 아닌 여러 요소로 형성되었고, 집은 집이 아닌 여러 재료로 만들어진다는 점에 착안하여(조금 다른 방법이지만) 물체는 물체가 아닌 무한 소 존재(an infinity of little beings)로 구성되어 있다고 생각을 하였다. 그것을 모나드(monads, 單子)로 명명하였다. 이 학설은 그 나름의 장점을 지니고 있다. 그리고 증명이 되면 나도 그렇게 생각할 것이다. 즉 그러한 소 존재 모나드는 수학적 점들로 어떤 형상으로 변하기를 기다리는 영혼들이다. 그것은 끊임없는 윤회전생(輪回轉生, metempsychosis)이다. 하나의 모나드는 때로는 고래 속에 때로는 나무에 때로는 사기꾼 속에 들어간다. 나는 이 라이프니츠 학설을, 돈 카르메(dom Calmet, 1672~1757)의 원자의 편차, 실체 형상, 흡혈귀 론과 마찬가지로 좋아하고 있다.

〈철학사전 – '육체(물체)'〉[50]

---

50) 볼테르(정순철 역), <철학사전>, 한국출판사, 1982, p. 252 '육체(물체)' ; Voltaire (Translated by T. Besterman), *The Philosophical Dictionary*, Penguin Books, 2004, pp. 158~159

해설

* 위의 진술은 볼테르의 '유물론'이고 볼테르의 '윤회론(輪回論)'으로 의미를 지니고 있다. G. 라이프니츠의 '단자론(單子論, monads)'은 물리학과 생물학을 잇는 중요한 전제가 되었다. 볼테르는 특유의 윤회론으로 그것을 수용하고 있음을 볼 수 있다.('단자론'에 '윤회론'을 상상했다는 점이 특이하다.)

위에서 볼 수 있는 볼테르 사상의 특징은 '선인(善人)' '악인(惡人)'의 구분에서 '사후 심판론(死後 審判論)'을 부정하고 있다는 점이다. 그것은 역시 다른 글에도 명시되어 있다. (참조 ※ ⑪-1. '여호와(Jehovah)'는 이집트에서 유래하였다. ※ ⑪-2. 유일신, 영혼불멸, 사후상벌(死後賞罰)은 모두 고대 이집트인 유품이다.)

③-23. 사회 속에 '원인과 결과'

이 세상 사건에 대한 수목(樹木)식 계보라는 것이 있다. 고울(Gaul, 북이탈리아, 프랑스 지역)과 스페인 주민은 고멜(Gomer)에서 나왔고, 러시아인은 그의 아우 마곡(Magog)의 후손이다. 이 계통은 여러 책에서 확인할 수 있다. 1769년 같은 마곡의 후예인 투르크 대제(大帝)가 러시아 여황제 캐더린 2세에 패배했다는 것은 틀림없는 사실이다. 이 모험은 그밖의 사건과 명백히 연관을 가지고 있다. 그러나 마곡이 코카사스 산 곁에서 침을 오른쪽에 뱉었나 왼쪽에 뱉었나, 그리고 우물에 두 개의 동그라미를 만들었는가 세 개의 동그라미를 만들었는가 하는 문제들이 우리들의 현제의 문제에 얼마나 크게 영향을 주고 있는지는 모르겠다.

자연은 강제 환기 장치(plenum)가 아니다. 세계에 널리 퍼지기 전까지는 모든 운동이 전달되지 못한다는 것을 알아야 한다. 밀도가 균등한 물체를 물속에 던져 보라. 물체의 운동과 그것이 물에 전파한 운동은 잠시 후 소멸한다는 것을 쉽게 측정할 수 있다. <u>그렇기에 우물에 침을 뱉은 마곡의 동작(the movement Magog)이, 오늘날 몰다비아(Moldavia) 왈라키아(Wallachia) 사건(러시아-프러시아 간의 사건)에 영향을 준 것은 아니다. 역시 그렇기에 현재의 사건은 과거 사건의 결과가 아니다. 현재의 사건은 직접적인 영향을 받고 있으나, 수천의 사소한 것은 의미가 없다. 다시 말하거니와 모든 존재는 원인이 있으나, 모든 존재가 원인을 제공한 것은 아니다.</u>

'Body'.

해설

＊ '볼테르 추상(推想)의 기본 전제'가 '동시주의(同時主義)'이다.

즉 역사적 시간적 한계성을 무시하고 '현재 중심주의' '실존 중심주의'가 그것이다. 이것이 볼테르 '글쓰기' '생각하기'의 기본 방식이다.

그런데 G. W. F. 헤겔은 볼테르의 '실존 중심주의'를, 그의 '거짓말하기 방법' 도식주의(변증법)로 속여 넘기고, 헤겔 자신의 '여호와 중심주의' '종족주의' '배타주의'를 감히 '절대주의'로 포장하여 '개신교 포교'에 앞장섰다.

즉 헤겔은 '볼테르의 현재 생명 중심주의'를 '현존하는 여호와' '절대주의'를 주장함으로써, 악명 높은 '무모(無謀)한 독재(獨裁)' '절대주의' 최고 주장자로 등극(登極)하였다.

실존주의(實存主義)는 과학주의이다. 그것은 온 인류가 이미 알고 있고 앞으로도 그것을 떠나서는 세상 어디에도 '다른 근거가 없는 유일의 근거' 그것이다.

위에서 '침 뱉기(to spit)'는 '인간 종족 번식 행위'에 대한 별칭으로, '다다 혁명 운동가' M. 에른스트(M. Ernst, 1891~1976)는 그의 '친절한 일주일'에 역시 동일한 의미로 활용하였다.52)

볼테르의 〈역사철학〉에서 제일 관심사는 '인간 종족의 번성' 문제였다. (참조, ＊ ⑩-1. 역사(歷史) 서술의 초점은, 종족(種族)의 번성(蕃盛) 여부이다.) 볼테르의 사상에서 '실존(實存, 생명) 운영'이 관심 모두였다.

③-24. '충족 이유(*sufficient reason*)' : 물리학의 기본 전제

이와 같은 필연과 숙명에 대한 체계는 우리 시대에 라이프니츠(G. Leibniz, 1646~1716)의 소위 '충족 이유(sufficient reason)'라는 이름으로 주장되고 있다. 그러나 그것은 아주 오래된 이론이다. 그것은 원인이 없는 결과는 없다는 것으로

---

51) 볼테르(정순철 역), <철학사전>, 한국출판사, 1982, pp. 249~250 '사건의 연쇄' ; Voltaire(Translated by T. Besterman), *The Philosophical Dictionary*, Penguin Books, 2004, pp. 111~112 'Chain of events'.

52) M. Ernst, *Une semaine de bonte*, Dover Publication, 1976, p. 70.

아주 작은 원인이 아주 큰 사건도 생기게 한다는 것이다. …

　　이와 같이 세계 각 민족의 상황은 아무 일에도 관계가 없는 듯이 보이면서, 전체와 관련된 일련의 사실 위에 구축되어 있다. 모든 것이 거대한 기계 속에 바퀴고 활차(滑車)이고 노끈이고 용수철인 것이다.

　　물리적 세계에서도 마찬가지이다. 아프리카 벽지와 남방의 해상에서 불어오는 바람은 알프스 계곡에 비를 뿌린다. 그 비는 우리의 토지를 비옥하게 한다. 우리 북쪽의 바람은 우리의 증기를 흑인의 나라로 보낸다. 우리는 기니(Guinea)에 은혜를 베풀고 기니는 우리에게 은혜를 베푼다. 이 연쇄가 세계의 끝에서 끝까지 펼쳐 있다.

〈철학사전 - '사건의 연쇄'〉[53]

해설

　* 볼테르는 G. 라이프니츠의 '과학적 전제'는 뉴턴의 그것과 함께 수용하였다. 그러나 무엇보다 볼테르가 라이프니츠를 반대한 이유는, '인간 생명 중심주의'로 나오질 못하고 '중세적 여호와 중심주의'에 안주(安住)했던 점이다.

　　이에 대해 볼테르의 '자유 의지' '선택 의지' 문제는 그 '관념신' '인격신'을 부정하고 '이치의 신' '자연 원리 속의 신'을 명시함으로써 라이프니츠의 '원시 신관' '기독교 신관'을 극복한 것이다.

　　이 점은 볼테르 과학사상을 이해하는 데 필수적인 사항이다. (※ ⑪-19. 자연(自然)의 원리(原理)가 신(神)이다.)

　　그러므로 볼테르의 '자유 의지'란 '자연의 원리를 알아 생명 보호에 활용하는 능력의 발휘'이니, 그대로 현대인의 '과학적 지식의 활용'의 문제이다.

③-25. 데카르트의 성공과 무식함

　　데카르트는 곡선을 대수 방정식으로 나타낸 최초의 사람이었다. 기하학은 데카르트 덕분으로 오늘날 당연한 것으로 되었지만, 그의 시대에는 매우 심원한

---

53) 볼테르(정순철 역), <철학사전>, 한국출판사, 1982, pp. 248~249 '사건의 연쇄' ; Voltaire(Translated by T. Besterman), *The Philosophical Dictionary*, Penguin Books, 2004, pp. 110~111 'Chain of events'.

것으로 아무도 해설을
하지 못했다. 그 곡선 방
정식을 이해한 사람은
네덜란드의 F. 슈튼(F.
Schooten, 1615~1660)과
프랑스의 P. 페르마(P.
Fermat, 1601~1665)에
한정되었다.

F. 슈튼(F. Schooten, 1615~1660), P. 페르마(P. Fermat, 1601~1665)

데카르트는 그 수학
적 발견과 재능을 다시 광학으로 돌렸는데, 그것은 데카르트에 의해 새롭게 열렸다.
거기에서 데카르트가 잘못을 범했다고 하더라도, 새로운 영역의 찾아낸 사람이
그 영역에 모든 것을 상세히 다 알기는 어려운 법이다. 그보다 나중에 와서 그
영역을 비옥한 땅으로 만드는 사람들은 적어도 그 발견이라는 은덕을 그로부터
받고 있다. 나도 데카르트 씨의 저술이 오류투성이란 사실을 부정하지는 않는다.

기하학은 데카르트의 안내자로 그는 그 안내자의 도움으로 어느 정도 물질적
연구로도 인도되었다. 그러나 데카르트는 안내자를 버리고 어떤 고정된 체계(a
fixed system)에 자신을 넘겨 버렸다. 그래서 그의 철학은 '재능 있는 소설(an ingenious
novel)' 이상이 못되었고, 무식한 사람들(ignoramuses)의 동의나 얻게 되었다. 데카르
트는 영혼의 본성, 신의 존재 증명, 물질, 운동의 법칙, 빛의 본성에서 오류를
범하였다. 데카르트는 생득 관념을 인정하고 새로운 요소들을 찾아내고 어떤
세계를 창조했고, 데카르트식 인간을 만들어 내었다. 그래서 데카르트가 말하는
인간은 사실 데카르트의 인간일 뿐이지 진짜 인간과는 거리가 멀다.

데카르트는 형이상학적 과오가 넘쳐 둘 더하기 둘은 넷이 되는 것은 신이
그렇게 바랐기 때문이라고까지 말하였다. 그러나 데카르트의 과오까지 존경할
만한 것이라 해도 지나친 칭찬이 아니다. 데카르트의 오류는 논리적인 방법상의
오류였다. 그러나 데카르트는 2천년 동안 청년들을 속여 먹은 '부조리 망상(the
absurd fancy)'을 타파하였고, 자신의 시대 사람을 이성(Reason)으로 가르쳤고, 그
이성을 무기로 데카르트 자신을 공격하게 하였다. 데카르트는 양화(良貨, good
money)를 지불하지 않았으나, 악화(惡貨)를 거부하는데 세운 공로는 작은 것이
아니다.

사실 우리는 데카르트 철학을 뉴턴 철학에 비교할 수는 없다. 데카르트 철학은
소묘이고, 뉴턴 철학은 걸작이다. 그러나 우리를 진리의 길로 들어서게 한 사람은

그 후 그 종착점에 이른 사람만큼이나 중요한 법이다.

데카르트는 장님들에게 시력을 제공하였다. 그들은 고대인과 자신의 결점을 알 수 있었다. 데카르트가 열었던 그 길은 측량할 수도 없는 막대한 것이다. 로우(Rohaut, 1620~1675)의 소책자(〈물리학 개론〉, 1671)는 잠시 동안 물리학의 메뉴판이 되었다. 오늘날은 모든 유럽 학술원의 저술을 모아도 물리학의 시작도 못된다. 물리학의 심연으로 내려가면 그것은 끝이 없다. 이 간극(間隙, chasm)에서 우리는 뉴턴이 수행했던 것을 살펴보려 한다.

〈영국 편지 - '제14신 데카르트와 뉴턴에 대하여'〉[54]

해설

＊ 앞서 살폈던 바와 같이, 볼테르의 데카르트 비판은 데카르트가 '관념철학' '교부철학'을 긍정한 '독단론'에 편을 들었다는 점이다.

볼테르 저서의 특징을 살펴보면 위대하다는 철학자도 '영원의 스승'은 없다. 중국의 공자도 '세 사람이 가면 내 스승이 있다.'[55]라고 하여, '성인(聖人)에게는 고정된 선생이 있을 수 없다[聖人 無常師]'는 '학문의 자세'를 견지하였다.

F. 니체도 '내 교육에 중단은 없다.'[56]라고 하였다.

다다이스트 휠젠벡(Richard Huelsenbeck, 1892~1974)은 '동시주의(同時主義, simultaneism)'를, '변화된 것에는 반대하고, 변화하고 있기를 지향한다.(against what has become, and for what is becoming)'[57]라고 가르쳤다.

볼테르는 다른 곳에서 '끊임없이 변(變)하는 시대와 인간 정신'을 강조하였다. 이것이 바로 '변화 생성 속에 있는 생명'의 진실을 제대로 말하는 것이다. (＊ ⑪-1. '여호와(Jehovah)'는 이집트에서 유래하였다.)

---

54) 볼테르(정순철 역), <철학서한>, 한국출판사, 1982, pp. 126~128 ; Voltaire(Translated by L. Tancock), *Letters on England*, Penguin Books, 1980, pp. 71~72 'Letter 14, On Descartes and Newton'.

55) '三人行 必有我師 擇其善者而從之 擇其惡者而改之'.

56) F. Nietzsche(translated by Oscar Levy), *My Sister and I*, A M O K Books, 1990, p. 23.

57) R. Motherwell(Edited by), *The Dada Painters and Poets: An Anthology*, The Belknap Press of Harvard University Press, 1981, p. 35.

③-26. '자유 의지(Free Will)'는 '선택 의지(Will of Choice)'이다.

어느 화창한 봄날 캉디드는 산책을 할 생각이 났다. 인간도 동물처럼 그들이 원하는 대로 발[足]을 사용할 권리가 있다고 믿었기에 곧장 걸어갔다. 캉디드가 20리도 못 갔을 때, 6척 거구의 장정 네 명이 달려와 그를 결박하여 감옥에 던졌다.

그들은 캉디드에게 법을 말하며 그 부대의 모든 병사들에게 36대씩 맞는 태형(笞刑), 아니면 열두 발 총알을 맞는 총살형(銃殺刑) 중 택일하라 하였다. 캉디드는 '인간의 의지는 자유로운 것(human will is free.)'으로 자신은 그 두 가지 형벌 모두를 원치 않는다고 강하게 주장했지만, 소용이 없었다. 캉디드는 자신에게 아직 남아 있는 '숭고한 자유(the divine liberty)'를 발동하여 서른여섯 대의 태형(笞刑)을 선택하였다. 두 번을 그렇게 행했다. 부대에는 총 2천 명의 군인이 있었다. 4천 대를 맞았다. 그러나 머리에서 엉덩이까지 신경과 근육이 모두 터져 나왔다. 다시 세 차례를 시작하려 할 때, 캉디드는 더 이상 그의 머리를 부숴 달라고 애원하였다.

〈캉디드 - '제2장, 불가리아 군영(軍營)'〉58)

'불가리아 전쟁(로스바흐 전투)'

해설

* 볼테르 정신은 '인간 생명 중심주의'이자 '생명 중심주의' '실존주의'이고 '과학 중심주의' '현세 중심주의'이고 그것을 주재하고 있는 정신이 '자유 의지' '선택 의지'이다.

위의 볼테르 진술에서 가장 유념해야 할 대목이 '인간의 의지는 자유로운

---

58) 볼테르(이봉지 역), <캉디드 혹은 낙관주의>, 열린책들, 2009, pp. 16~17 '제2장, 불가리아 군영(軍營)' ; Voltaire(Translated by D. Gordon), *Candide*, Beford/St.Martin's, 1999, pp. 44~45 'Chapter 2, among the Bulgars'.

것(human will is free)'라는 말과, '캉디드는 자신에게 아직 남아 있는 숭고한 자유를 발동하여 서른여섯 대의 태형(笞刑)을 선택하였다.'라는 말이다.

인간은 이성을 가지고 그 '생명'을 운영하는데 거기에는 항상 '선택 의지'가 있고 그것을 '자유 의지'라고 하고 있다.

이 주장이 볼테르의 가장 중요한 주장이고 그 '선택 의지' '자유 의지 집행' 속에 모든 것이 자리 잡고 있다. (참조, ✽ ⑨-13. '자유 의지'는 '선택 의지'다.)

G. W. F. 헤겔은 기존 볼테르 주장에 '절대(absolute)'란 수식어를 부착하여, 볼테르의 '인간 생명 중심 사상'을 '여호와 중심주의' '절대주의' '전체주의'로 바꾸어 놓았다.

G. W. F. 헤겔의 '반(反) 역사주의'는, 볼테르를 잘못 배운 '열등아 헤겔 본 모습'인데['인간 중심'에서 '절대신(관념)'으로의 회귀라는 점에서], 놀랍게도 그 '헤겔이 착용한 여호와 가면(假免)'은 볼테르 저작을 읽어야 헤겔이 인류를 향해 어떻게 그 '절대주의' 사기 행각으로 '독재 옹호'의 엄청난 장난을 행했는지를 알 수 있다.

G. W. F. 헤겔이 '변증법' 운운으로 '제국주의 독재자 프리드리히 2세'를 칭송했던 것은, 한마디로 '(영국보다)뒤늦게 배운 도둑질(제국주의)에 날 샌 줄(과학 시대 도래를) 모르는 격'이라는 비유가 제격일 것이다. (참조, ✽ ⑩-25. 특권을 요구해 온 유대인들)

제4장

경제(經濟) 중심주의

   '육체(肉體)'에 근거를 둔 생명(生命)은, 항상 그 먹이(물질)를 기초로 생명을 유지하고 번성(繁盛)하게 된다. 이것은 태초부터 인간 생활에 필수 사항으로 그것을 모르는 사람은 없고, 그것의 확보를 위해 인간 사회 경쟁의 기본으로 행해지고 있다.

   그리하여 그 '물질에 대한 소망'은 인간의 기본적 욕구이고, 그것을 어떻게 운영해 나갈 것인가의 문제가 국가 사회 운영의 가장 요긴한 쟁점이었다.

   그런데 과거 종교와 철학 운영자들[관념주의 철학자들]은 그 문제로부터 대중의 관심을 빼내는 소위 '금욕주의' '내세(來世, the other world)주의' '도덕주의'를 강조하고 있는 형편이었다.

   이에 볼테르는 '인간 사회의 최고 쟁점'이 바로 '황금(다이아몬드)'임을 적시(摘示)하여 인간의 지향이 바로 그 속에 있음을 대작(大作) 〈영국 편지〉(1734)와 걸작 〈캉디드〉(1759)에 명시하였다.

   소위 '실존(實存, 육체)'의 운영에 빼놓을 수 없는 근본 전제가 '황금(다이아몬드)'인데, 볼테르는 그것에 대한 긍정적 시각, 국가 세계 운영의 기본 문제가 바로 '황금의 축적'으로 달성됨을 세계 최초로 입증해 보였다.

   그리하여 볼테르는, '미국 독립 선언'의 바탕을 이룬 펜실베이니아 주의 건설이, 바로 퀘이커 교도 윌리엄 펜(William Penn)의 '돈의 힘'으로 성공되었음을 입증하였고, 볼테르 자신도 그의 자본(資本)으로 스위스(제네바)와 프랑스 국경 사이에 '페르네(Ferney)' 영지를 구입(1758) 건설하여 그 '축재력(畜財力)'이 세상 경영의 모든 것'임을 실증하였다.

볼테르의 이 선구적 사고는, 〈국부론(國富論, *The Wealth of Nations*)〉(1776)을 쓴 애덤 스미스(Adam Smith, 1723~1790)나, 〈자본론(資本論, *Das Capital*)〉(1880)을 쓴 마르크스(Karl Marx, 1818~1883)보다 훨씬 그 연대가 앞섰을 뿐만 아니라 국가주의 전체주의가 아닌 '개인주의'라는 점에서 [단순한 '이상주의'가 아니라] 훨씬 '자연'스러운 그 사상을 가장 앞서 확실하게 하였다.

이 점에서 오늘날에도 '볼테르의 경제론'을 무시하는 사람은 '실존(육체)'를 무시한 '위선자(僞善者)'밖에 없을 것이다.

④-1. '하원(House of Commons)'이 쥐고 있는 징세(徵稅)권

어떤 인간이 귀족, 또는 성직자라고 세금이 면제되는 일은 이 나라(영국)에 없다. 모든 세금은 하원(下院, House of Commons)에서 결정되므로 하원은 그 지위에서는 둘째이지만, 그 실력에서는 제1위이다.

귀족과 주교(主敎)는 하원의 조세를 거부할 수 있지만, 조세에 손을 댈 수는 없다. 귀족과 주교는 법안을 수용하거나 거부하는 일밖에 없다. 귀족들에 확인되고 국왕이 인가한 다음에 법은 확정이 되고, 그 다음에 사람들이 세금을 내게 된다. 모든 사람은 그 신분이 아니라(이것은 불합리하다.) 수입에 따라 세금을 낸다. 주민세, 인두세(人頭稅)란 없고, 사실상 토지 경작(土地 耕作) 세금이다. 이것은 윌리엄 3세(William Ⅲ, 1689~1702)에 제가를 받았던 것으로 실제보다 낮게 책정된 것이다.

〈영국 편지 - '제9신, 영국 정치에 대하여'〉[1]

해설

* 앞장에서 밝혔듯이, 볼테르의 '탁월한 안목'은 '국왕(敎皇) 중심' '통치자 중심'이 아니라 바로 '통치를 받고 있는 시민 중심'이라는 '혁명적 관점의 선점(先占)'이었다.

이 탁월한 관점이 영국 유학을 통해 더욱 구체적으로 확신이 되었고, '의회 중심'의 영국의 정치 제도 그리고 그 '의회의 운영'에서도 '징세권(徵稅權)의

---

1) 볼테르(정순철 역), <철학서한>, 한국출판사, 1982, pp. 85~86 ; Voltaire(Translated by L. Tancock), *Letters on England*, Penguin Books, 1980, p. 50 'Letter 9, On the Government'.

발동'에 관심을 보였던 것은 볼테르가 아니고서는 볼 수 없었던 특별한 '혁명적 통찰력'이었다.

볼테르는 영국에서 '절대 왕정'의 프랑스와 비교하여, '영국의 의회(議會) 중심'에 그 관심을 집중하여, 무엇보다 그 조세(租稅) 제도가 프랑스보다 더욱 합리적인 점에 주목하였다.

볼테르는 다방면에서 세계 인류의 '현대 민주화' '인류 미래'에 새로운 안목을 제공하고 있으니, 모두 '국가 사회'의 미래를 위해 유념하지 않을 수 없는 사항들이다.

오늘날 한국 국회에도 여러 기능이 다양하지만, 그 기능 중에 '국민의 조세 부과'와 그것의 정당한 집행을 감시하고 '국민의 권익 옹호'가 국회의원의 '국정 수행에 핵심'임을 볼테르는 280년 전(1734)에 알고 있었다. 실로 놀라운 안목이다.

④-2. 상업, 자유, 경제, 군사력의 상호 관계

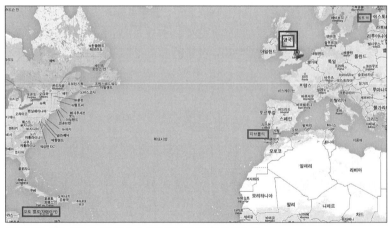

영국의 3대 해군 함대, 1) 지브롤터 2) 포토 벨로(자메이카) 3) 발트 해

영국의 국민을 부자(富者)로 만든 상업(商業)은 역시 그들을 자유롭게 만드는 데도 기여하였으나, 그 자유가 역시 상업을 발전시켰던 것이다. 이렇게 해서 국가의 융성을 이루었다. 이 상업이 해군력을 점차 확립하게 하였고, 그 해군의 힘에 의해 영국은 바다의 주인이 되어 있다. 현재 영국이 소유하고 있는 군함은

200척에 달한다. 소량의 납, 주석, 표포토(漂布土), 조악(粗惡)한 모직물 정도를 산출한 조그마한 섬나라가 그 상업에 의해 강국이 되어 1723년에는 3개의 함대(艦隊)를 동시에 세계의 끝까지 파견했다는 것을 알면 후세 사람들은 놀랄 것이다. 그 함대 중 하나는 무력(武力)으로 점령한 지브롤터(Gibraltar) 앞 해상에 있고, 또 하나의 함대는 스페인 왕으로부터 서인도의 보물을 차단하기 위해 포토 벨로(Porto-Bello, 자메이카)에 있고, 세 번째 함대는 북부 열강의 분쟁에 대비해 발트(Baltic) 해에 있다.

〈영국 편지-'제10신, 상업에 대하여'〉[2]

해설

* 볼테르는 영국이 어떻게 '잘 사는 나라가 되었는가?'에 대해서 남다른 통찰력을 발휘하였다. 볼테르는 영국민의 '자유 확보'에 가장 중점을 두고, 그 자유는 해군력을 배경으로 하는 무역에 주목하였다.

당시 영국에 '200척에 달하는 군함'이 있었다는 것은 볼테르가 아니면 아무도 주목을 못했을 영국 1급 국가 기밀에 해당한다. 바로 그것이 볼테르 당시부터 1945년 제2차 세계대전 종료 시까지 '영국의 힘'의 중추(中樞)를 이루는 것이었기 때문이다.

볼테르는 한국인이 250년 후에도 알듯 말듯한 중대한 사실을 단숨에 꿰뚫어 본질을 보았다. 이것이 볼테르를 거듭 점검해야 할 '한국 식자(識者)들의 기본 사항'이다. 한국은 지금도 '제해권(制海權)'을 제대로 발동이나 하고 있는지 계속 의심을 해야 하는 열악(劣惡)한 환경에서 탈피를 못 하고 있다. 한국 식자(識者)들은 도무지 방향과 방책을 내지 못하고 있어 왔음에 볼테르는 지금도 우리의 뒤통수를 갈기며, '좀 깨어라!'라고 질책을 하고 있는 형편이다.

이러한 '요긴한 정보 제공'의 〈영국 편지〉를 출간도 못하게 한 프랑스 정부가, (영국보다) 훨씬 훌륭한 강국(强國)의 위치를 선점을 한 지리적 유리한 점에도 불구하고, 반대로 날마다 '허약해지기'는 문제는 바로 오랜 '중세 가톨릭 봉건주의 고집'에서 그러하였다.

---

2) 볼테르(정순철 역), <철학서한>, 한국출판사, 1982, pp. 87~88 ; Voltaire(Translated by L. Tancock), *Letters on England*, Penguin Books, 1980, p. 51 'Letter 10, On Commerce'.

④-3. '돈'이 좌우하는 세상사

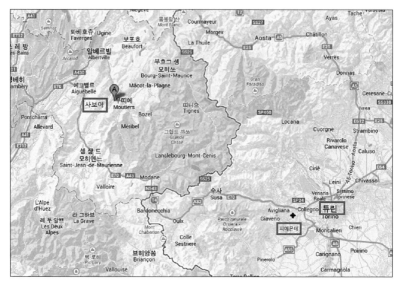

사보아(Savoia), 피에몬테(Piedmont), 튜린(Turin)

루이 14세가 이탈리아를 공포에 떨게 하고 사보아(Savoia)와 피에몬테(Piedmont)를 정복하고 튜린(Turin) 공략을 시작하려 할 때, 오이겐(Eugene, 1663~1736) 장군은 독일 중부에서, 사보아 공작(公爵)을 구원하기 위해 군대를 진격하지 않으면 안 되었다. 그러나 오이겐 장군은 돈이 없었다. 돈이 없으면 공격도 수비도 할 수 없었다. 그래서 오이겐 장군은 영국 상인에게 도움을 요청했다. 약 반 시간 후에 '5천만'이라는 자금이 마련되었다. 이것으로 오이겐 장군은 튜린을 구하고 프랑스 군을 격파하였다. 그리고 그 금액을 마련해 준 상인에게 다음과 같은 요지의 편지를 보냈다.

'존경하는 당신들, 돈을 받아 당신들의 뜻에 따라 잘 썼습니다.'

이러한 여러 가지 일들로 말미암아, 영국의 상인은 긍지를 지니고 있고, 그 스스로를 로마인에 비유하게 되었다는 것은 터무니없는 이야기가 아니다. 그렇기에 영국 상원 의석을 차지하고 있는 그 귀족의 아우가, 상인이라 하여도 무시되는 일은 없었다. 국무대신 타운젠트 경(Lord Townshend, 1674~1737)은 시내에서 상업을 하며 잘 사는 아우가 있었다. 옥스퍼드 경(Lord Oxford)이 영국을 통치할 때, 그의 아우는 시리아 알레포(Aleppo)에 거주하며 귀국을 거절하고 거기에서 살다가 죽었다.

해설

＊ 280년 전 조선이 '인의예지(仁義禮智)' 도덕론으로 날밤을 보낼 적에, 프랑스의 볼테르는 세상을 '돈'이 지배한다고 생각했다. 그(1734년)후 200년 더 지난 다음 한국은 겨우 '독립'을 하여 오늘에 이르렀으나, 지금도 '돈이 세상을 지배한다'는 말을 함부로 할 수 없는 '완고한 관념주의'가 우세하다.

그러나 국회에서는 '예산 줄다리기'를 할 정도로 '경제 문제'로 국정 운영에 초점이 되었다. 그러나 아직도 볼테르에 부족한 점은 '교육계'에 도사리고 시퍼런 '보수주의'이다. '보수주의'란 '관념 중심주의'이고 '현실'이란 '국제관계 속에 정보 수집과 활용 능력'이다.

대답은 간단하다. 한국이 과거 불행했던 것은 '착하게 살지 않아서가 결코 아니고, 진정으로 학습해야 할 대상을 몰랐다.' 그렇다면 '교육의 과정'을 바로 혁신해야 할 것이다.

④-4. 노예 같은 장관(長官)보다 상인(商人)이 최고

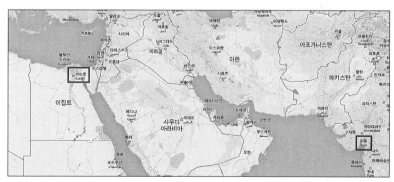

수랏(Surat), 카이로(Cairo)

물론 그 관습은 다소 수그러지고 있지만, 그들의 가계(家系, quarterings)에 목을 매는 독일인, 긍지와 문장(紋章)뿐인 독일인 왕족(王族, Highnesses), 이름도 같은

---

3) 볼테르(정순철 역), <철학서한>, 한국출판사, 1982, p. 88 ; Voltaire(Translated by L. Tancock), *Letters on England*, Penguin Books, 1980, pp. 51~52 'Letter 10, On Commerce'.

왕족이 30명이 있는 독일에게는, 영국에서 귀족의 자식은 기껏해야 영향력 있는 부르주아(a rich and influential bourgeois)일 뿐이라는 점이 이상하고 이해하기 어려울 것이다.

프랑스에서는 누구나 원(願)하면 후작(侯爵, Marquis)이다. 누구나 파리로 와 돈을 쓰며 이름 끝에 '아크(-ac)' '이외(-ille)'라는 호칭을 사용할 수 있고, '나 같은 사람' '나 같은 신분'이라는 말을 쓰며 거만(倨慢)하게 상인을 무시하고 얕보아서 상인의 얼굴이 붉어질 정도이다. 그렇지만, 나는 그 둘 중에 누가 더 국가에 유용한 존재인가는 모르겠다. <u>장관 대기실에서 노예 같은 일을 하며 거드름을 피우며 왕의 기상(起床) 시간에 맞춰 귀족들은 머리에 분을 바르고 대기를 함에 대해, 국가를 부강하게 하는 상인(商人)은 수랏(Surat)이나 카이로(Cairo)로 명령을 내려 세계의 행복에 기여(寄與)를 하고 있다.</u>

〈영국 편지 – '제10신, 상업에 대하여'〉[4]

해설

* 볼테르는 '독일 문화' '영국 문화'를 프랑스 인의 입장에서 비교하였다. 만약 과거 한국 문화가 독일과 영국 어디에 유사한가를 물으면 '가문(家門) 가계(家系)'를 존중한 독일 쪽이라는 것은 명백한 사실이다.

그것은 '단순 한 가지 예'라고 할지 모르지만, 그렇지 않다. 그 '한 가지 일'이 백 가지, 천 가지 문제와 연합되어 있다.

볼테르는 '노예 같은 장관보다 상인이 최고'란 말을 280년 전 영국을 표준으로 삼아 제시하였다. 한국은 280년이 지난 오늘에야 볼테르 말을 겨우 신용하게 되었다. 이렇게 '학습 속도'가 지지부진해서야 '한국의 지성'이 세계 어디에 감히 명함을 내게 할 수 있는가? 보통 심각한 문제가 아니다.

한국의 교과서에 소설 〈춘향전〉을 가르치는 것은 '한국의 교육 방향'에도 크게 영향을 주고 있다는 것을 알 필요가 있다.

'왕권'이 최고이고, 그 왕의 마음에 들면 한국에서 호령을 하고 산다는 것 이외에 '과연 무엇이 있겠는가?'

볼테르는 그러한 낡아빠진 생각을 280년 전 쓰레기통에 던져버렸다.

그리고 오늘날까지 한국인의 마음속에 70년 숙제는 '한국통일의 문제'이다.

---

4) 볼테르(정순철 역), <철학서한>, 한국출판사, 1982, pp. 88~89 ; Voltaire(Translated by L. Tancock), *Letters on England*, Penguin Books, 1980, p. 52 'Letter 10, On Commerce'.

그것은 '얼마나 빨리 달성할 것인가?'라는 조바심은 잠깐 접고, '얼마나 자연스럽게 달성할 것인가?'가 더욱 중요하다는 시각으로 돌아가야 한다.

그러면 결국은 '대한민국 국부(國富)의 증대'가 그 '통일에 해답을 낼 것'이라는 예상은 결코 어려운 추상이 아닐 것이다.

④-5. 인간 분쟁의 근본, 경제적 이해(利害) 관계

> 네로 황제는 그리스도교를 박해했다고 한다. 타키투스(Tacitus, 55?~177?)가 알려주는 바에 따르면 그리스도교도들이 로마에 불을 질렀다는 죄를 뒤집어쓰고, 성난 군중의 보복의 손길에 내맡겨졌다는 것이다. 그리스도교도들이 이런 혐의를 뒤집어쓴 이유가 그들의 신앙 때문인가? 물론 아니다. 그것은 마치 수년 전 네덜란드인들이 바타비아(Batavia, 자카르타)에서 중국인들을 학살한 일이 종교 때문이라고 말할 수 없는 것과 같다. 네로 황제 시절 유대교도들과 그리스도교도들 상당수가 불행하게도 재앙을 맞이한 일은 아무리 종교적 불관용 탓으로 돌리고 싶어도 불가능한 일이다.
>
> 〈관용론 – '제8장, 로마인도 인정한 신앙의 자유'〉[5]

해설

* 만약 280년 전 한국(조선조)에도, '인간이 이권(利權)으로 서로 다툰다.'라는 말을 하면 그것을 모르는 사람은 없었을 것이다. 그러나 전 조선왕조를 관통하고 있는 소위 '사색당쟁(四色黨爭)'을 순전히 '예론(禮論) 시비'로만 덮어두는 것이 한국인의 '체면'이었다.

이제 그 '문제'를 학습할 때, '체면'으로 '과학'을 대신할 수는 없다. 유럽에서도 그러한 '종교적 교리 논쟁'으로 살상(殺傷)이 있었지만, 볼테르의 해명은 가장 적절했고 '선명'했다.

'물질(物質)이 분쟁(紛爭)의 근본 원인'이니, '공리공론(空理空論)'은 빨리 탈피를 하고 다시 살펴보아야 한다는 것이 볼테르의 원론(原論)이다.

---

5) 볼테르(송기형·임미경 역), <관용론>, 한길사, 2001, pp. 93~94 ; Voltaire(translated by B. Masters), The Calas Affair *A Treatise on Tolerance*, The Folio Society, 1994, pp. 46~47 'Chapter 8, Tolerance of Romans'.

④-6. 분쟁의 뿌리에 경제 문제가 있다.

이후로 그리스도교의 순교자(殉敎者)들이 생겨났다. 이들 순교자가 어떤 이유로 사형을 언도 받고 죽음에 이르게 되었는지 정확하게 알기란 극히 어렵다. 그러나 내가 생각하기에 초기 로마 황제 치하에서는 어느 누구도 단지 종교 때문에 죽음을 당하지는 않았다. 모든 종교가 초기 로마에서는 용인(容認)되고 있었기 때문이다. 모든 종파가 허용되는 마당에 일개 종파에 불과한 하찮은 사람들이 무엇 때문에 박해(迫害)를 받고 쫓겨난단 말인가?

티투스, 트라야누스, 안토니우스, 피우스, 테키우스 같은 로마 황제들은 결코 잔인한 사람이 아니었다. 이 황제들이 로마 제국의 모든 사람들이 누리고 있는 자유를 유독 그리스도교들에게만은 허용하지 않았다고 생각할 수 있을까? 로마인의 종교가 아닌 다른 비교(秘敎)들, 즉 이시스 여신이나 미트라 신, 아시리아 여신 숭배 같은 이교(異敎)들도 아무런 제재를 받지 않고 있는 터에, 오직 그리스도교에만 밀교숭배(密敎崇拜)의 죄를 물겠는가? 그러므로 그리스도교도들이 박해를 받은 데는 다른 이유가 있음에 틀림없다. 다시 말해 그리스도교 순교자들이 피를 흘리게 된 데는 (로마의)국익에 기인한 특별한 증오(憎惡)의 감정이 작용했으리라는 것이다.

예를 들면 성 라우텐티우스가 로마 총독 코르넬리우스 세쿨라리스에게 자신이 맡아서 지니고 있던 그리스도교도들의 재물(財物) 내놓기를 거부했을 때, 로마의 총독과 황제는 당연히 화를 내지 않았겠는가. 그들은 성 라우렌티우스가 그 돈을 가난한 사람들에게 나누어주었다는 것을, 그리고 그 사실이 자비롭고 거룩한 일을 했다는 것을 모르고 있었던 터라 그를 반역자로 간주했고, 그리하여 결국 그를 죽이게 되었던 것이다.

〈관용론 - '제9장, 순교자들'〉6)

해설

* 볼테르를 계승한 '경제 중심 이론가'로는, 〈국부론〉을 쓴 애덤 스미스와 〈자본론〉을 쓴 마르크스를 들 수 있다.

그러나 그들은 '전체주의(마르크스)' '국가주의(애덤스미스)' 경제학자였다. 그러므로 그 이론을 채용한 국가들이 있었지만, 역시 그 부작용(제국주의,

---

6) 볼테르(송기형·임미경 역), <관용론>, 한길사, 2001, pp. 93~94 ; Voltaire(translated by B. Masters), The Calas Affair *A Treatise on Tolerance*, The Folio Society, 1994, p. 48 'Chapter 9, On Martyrs'.

공산주의 부작용)을 안고 있는 이론서들이다.

이에 대해 볼테르 경제론은, 국가적 '부의 축적 방법(植民地 擴張)'이나 '전체주의' 이상(理想)으로서의 자본의 운영 관리 문제가 아니라, 그 동안 사회 속에 명시되지 못한 '경제의 중요성'을 원론적 설명에 그쳤다는 점이다.

이것은 역시 볼테르가 지니고 있었던 '이성(理性)의 투명성'이다. 그러므로 볼테르의 '경제론'은 〈국부론〉〈자본론〉 저자의 아버지에 해당하는 경제론이지만, 그 제자들의 약점을 오히려 초월한 '유구한 경제중심론'이고, '실존주의' 경제론이다. 똑바로 살펴야 한다. 〈국부론〉이 식민지를 둔 '영국 경제론'이고, 마르크스의 〈자본론〉은 니체의 표현 그대로 '치통에 발치(拔齒) 처방'[7]의 무모(無謀)한 것이었다.

그렇지만, 볼테르의 설명은 그 어느 것에도 걸리지 않는 인간 실존의 위한 '경제의 불가피성 강조'로 어떤 인간, 어떤 종족도 외면할 수 없는 인류 보편의 이치를 설명한 것이다. 그 동안 소크라테스, 불타, 예수는 모두 '물질' '돈'의 대척적 지점에 자신의 주장을 세웠다.

그런데 볼테르는 최초로 그들과는 반대편(돈, 물질)에 관심을 집중했고, 후배 실존주의자 니체는 '힘에의 의지' 문제에 '물질 돈의 문제'를 역시 중심에서 제외하지 않았다.[8] 볼테르의 '경제 중심론'은 그 '계몽주의 운동의 중심'이었다.

④-7. 결핍과 노예 제도(Slavery)

한 마리의 개가 다른 개에게, 한 마리의 말[馬]이 다른 말에게 무엇을 의지하고 있을까? 아무것도 의지하는 것이 없다. 어떤 동물도 그들 동류에게 의존하고 있지 않다. 그런데도 인간은 이성(理性, reason)이라는 광명[빛]을 받았다. 결과는 어떠한가? 거의 전 세계에 노예제도가 퍼져 있다.

만약 이 세상이 소망대로 될 수 있다면, 즉 인간이 어디에서나 쉽게 양식(糧食)을 확보할 수 있고, 그 본성에 적합한 환경의 혜택을 확보할 수 있다면, 한 사람도

---

7) F. Nietzsche(Translated by D. F. Ferrer), *Twilight of the Idols*, Daniel Fidel Ferrer, 2013, p. 21.

8) '힘(권력, power)＝체력(strength)＋지(knowledge)＋부(wealth)' − F. Nietzsche (translated by J. M. Kennedy), *The Dawn Of Day*, The Macmillan Company, 1911, p. 210.

다른 사람에게 예속(隷屬)되는 일은 없을 것이다. 만약 이 지구가 영양 많은 과일로 충만하고, 우리 생명에 소용되는 공기가 우리에게 질병과 죽음을 가져오지 않고, 인간이 사슴처럼 다른 잠자리를 필요로 하지 않는다면, 징기스칸(Genghis Khans, 1162~1227)이나 티무르(Tamerlanes, 1336~1405) 같은 사람도 그들의

징기스칸(Genghis Khans, 1162~1227),
티무르(Tamerlanes, 1336~1405)

노후(老後)를 돌보는 그들의 자식 이외에 다른 하인을 두지 않을 것이다.

〈철학사전 - 평등〉9)

해설

* '노예가 없는 평화로운 세상'은 볼테르의 평생 꿈이었다. 그 꿈은 자신이 통치자, 지배자의 위치에서 생각한 사람이 아니고, 바로 '시민 정신' '평민 중심' '개인 중심' 속에 있었다는 점을 증명하고 있다. 니체는 '철학은 그 철학자의 표현이다'10) '철학은 독재 힘(권력)의 형상화다'11)라고 하였다. 과거 '관념철학'은 모두 국가주의 전체주의 통치자 철학이었다.

이에 볼테르의 사상은 '시민중심' '인간 중심' '생명 중심' 실존주의이다. 볼테르는 인간(생명)의 평등을 먼저 생각하였고, '주인(master)' '노예(slave)'를 구체적으로 따져보기 시작하였다. 그리고 위에서 볼 수 있듯이 개와 말이 서로 평등 관계이듯이 사람이 평등하지 않을 까닭이 없다고 생각하였다.

그러나 인간이 '사회(社會)'를 이루는 순간에 바로 상하 계급이 생기고, '주인' 과 '하인(노예)'도 생기게 되었다고 할 수 있다. 여기에 '상하' '주인 노예' '정복자 피정복자' '평등'의 개념이 더욱 완벽하게 정의(定義)될 필요가 있다. '아버지와 아들' 관계는 '상하(上下)'는 있지만, '주인 노예' '정복자 피정복자' 관계는 아니다. 그러므로 경우에 따라 이들은 서로 통합 재조정(再調整)이

9) 볼테르(정순철 역), <철학사전>, 한국출판사, 1982, pp. 252~253 '평등' ; Voltaire (Translated by T. Besterman), *The Philosophical Dictionary*, Penguin Books, 2004, pp. 181~182 'Equality'.

10) F. Nietzsche (translated by T. Common), *Beyond Good and Evil*, The Edinburgh Press, 1907, p. 12.

11) F. Nietzsche (translated by T. Common), *Beyond Good and Evil*, Ibid, p. 14.

되어 왔다.

가장 큰 문제는 '우호적인가' '적대적인가'의 감정이 문제이다. 거기에 볼테르는 '강자(强者)'로서 관용(寬容)을 강조하였으니, 사실 생각은 '힘의 우월' '강자' '지배자'의 위치에 말하였다. 그러나 '평화냐' '전쟁이냐'의 문제도 사실상 그 강자(强者)의 선택 사항일 뿐이니, 니체가 말한 '힘에의 의지(Will to Power)'에서 제외된 사항은 없다. 볼테르도 그것을 니체에 앞서 제기하였다. (참조, ※ ⑪-18. 본능, 이성(理性), 힘, 자유 의지)

그러나 '힘의 중심'은 고정되어 있지 않고 '가변적이고' '생명'과 더불어 '변화무상' 하니 그것을 '생명 존중'에 최고 가치 기준으로 두자는 것이 '실존주의자' '다다 혁명 운동가'들의 일관된 주장이다.

그러나 소중한 기준의 시발점을 마련한 사람이 바로 볼테르였다. 즉 볼테르는 지고한 표준은 '통치자' '정복자'가 아니라, 개별 생명들이니, 거기에 표준을 두고 자신의 철학을 펼쳤던 사람이다.

④-8. 결핍에서 생기는 의존성

비록 흉포한 두뇌와 억센 체력을 가진 사람이 약한 이웃을 굴복시키려 해도 불가능할 것이다. 흉포한 자가 손을 쓰기 전에 천리나 도망을 칠 것이기 때문이다. 인간에게 결핍이 없다면 필연적으로 평등할 것이다. 인간에게 가난이란 특징이 한 사람

모로 르 쥔(Moreau le Jeune, 1741~1814)[12] 작 '노예 가족'[13], '아메리카로 잡혀온 흑인들'[14]

---

12) 'Moreau le Jeune(1741~1814)'.

13) 'Famille esclcaves'.

14) 'Africans are taken by force to Latin America, by Spanish and Portuguese traders'.

을 다른 사람에게 예속시킨다. 죄악은 불평등이 아니라 의존성이다. 어떤 사람을 '전하(殿下)' '성하(聖下)'라고 부르는 것은 문제가 아니고, 한 사람이 다른 이를 섬기는 것이 문제다.

어떤 대(大) 가족은 비옥한 땅을 경작하고, 두 작은 가족은 수확이 없는 쓸모없는 땅을 경작한다면 가난한 두 가족은 부유한 가족에 봉사하거나 부유한 가족을 살해해야 한다. 두 가난한 집중에 하나는 부자에게 노동을 제공하여 빵을 얻었음에 대해, 다른 집은 부자를 공격했다가 매를 맞는다. 전자는 하인이나 머슴이 되고 후자는 노예가 된다.

이 불행한 지구 위에 사회에 인간들은 압제자와 피 압제자로 나뉘지 않을 수 없고, 이 두 계층은 천 가지로 세분되고 천 개의 계층을 이루게 된다.

〈철학사전 – '평등'〉15)

해설

* 볼테르는 체질적으로 평등(平等, equality)을 이상화하고, 지배(支配, control)와 예속(隷屬, subordination)을 저주하였다. 이것이 역시 볼테르 '계몽'의 주요 사항이다. 볼테르는 그 '예속'의 궁극적 원인으로 '먹이의 결핍'을 꼽았는데, '먹이'는 '육체(실존) 유지'에 기본 중의 기본이다. 그것의 확보 문제는 역시 '힘에의 의지(will to power)'와 연동되어 있으니, 이 '생명 존중'과 '공정한 경쟁' 문제는 역시 니체의 관심 사항이었다. (참조, * ⑪-18. 본능, 이성(理性), 힘, 자유 의지)

즉 '약탈(掠奪)'은 '살상(殺傷)'이니, 그것은 '생명 존중'의 지고한 기준을 짓밟는 행위다. 역사적으로 소위 '정복자(征服者)'란 그 지고한 기준을 무시한 '강도들'이었음을 볼테르는 〈역사철학〉에 명시하였다. 그리고 '전쟁 반대'를 '생명 존중'과 병행하여 평생 주장했던 사람이 바로 볼테르였다. 그러므로 볼테르 경우 '생명 존중' '전쟁 종식(終熄)'이 바로 '정의(正義) 실현' '인간 양심(良心)의 유지' 그것이었다.

---

15) 볼테르(정순철 역), <철학사전>, 한국출판사, 1982, p. 253 '평등' ; Voltaire(Translated by T. Besterman), *The Philosophical Dictionary*, Penguin Books, 2004, pp. 181~182 'Equality'.

④-9. 돈과 칼이 지배하는 세상

모든 피 압제자가 다 불행한 것은 아니다. 그들의 대다수는 날 적부터 그런 환경에 놓여 있어서 끊임없는 노동으로 자신의 처지를 심각하게 느끼지 않도록 길들여 있다. 그러나 그들이 불행을 느끼게 될 때는, 로마에서 원로파(元老派, senate)와 민중과의 투쟁, 독일 영국 프랑스에서의 농민전쟁 같은 것이 일어난다. 그러한 전쟁은 모두 조만간에 민중 측의 굴복으로 끝난다. 왜냐하면 권력자가 돈을 가지고 있고, 국가에서는 돈이 전부이기 때문이다. 내가 국가에서란 모든 국가란 의미는 아니다. 칼을 잘 사용한 국민은, 돈을 가진 용기 없는 국민을 항상 정복한다.

〈철학사전 – '평등'〉16)

해설

* 볼테르는 위에서 빈부(貧富)의 갈등을 전제했고, '가난한 자의 무력 사용(강도질)'을 궁극의 수단으로 확인하고 있다. 볼테르는 그의 〈역사철학〉에서 거듭 언급하였다. (참조, * ⑩-13. '스키타이'가 '계몽의 러시아'가 되었다. * ⑩-27. 로마는 원래 강도(强盜) 집단이었다.)

볼테르는 위에서 '행' '불행'을 지배욕의 달성 문제로 생각을 하였다. 지배자 피지배자 사이의 문제로 전제하고 '돈'의 관리 문제로 한정하였다. 사회적 공통 관심으로 분류하여 그것의 결정적 요소로 '돈(경제)' '칼(무력)'로 객관화하였다. '돈'은 생명을 살리고, '칼'은 생명을 절단 낸다. 볼테르가 '칼(전쟁)'보다 '돈(경제)'에 관심을 보인 것은 그 계몽사상의 핵심을 명시하고 있다.

그리고 더욱 큰 문제는 이미 잘 살고 있으면서도 신(神, Jehovah)의 이름으로 '탐욕과 약탈 전쟁'을 정당화하고 그것을 '신정론' '절대주의'로 정착을 시켰던 G. 라이프니츠와 G. W. F. 헤겔이 더욱 근본적이고 원초적인 오류(誤謬)를 범하였던 점이다. (참조, * ⑩-25. 특권을 요구해 온 유대인들, * ⑬-2. G. W. F. 헤겔의 '절대주의' '여호와주의')

---

16) 볼테르(정순철 역), <철학사전>, 한국출판사, 1982, pp. 253~254 '평등' ; Voltaire (Translated by T. Besterman), *The Philosophical Dictionary*, Penguin Books, 2004, pp. 182~183 'Equality'.

④-10. 인간은 타고난 제국주의자

　　모든 인간은 날 때부터 지배권(domination), 재산(wealth), 쾌락(pleasure)에 대한 강한 욕망과 게으름(idleness)에 대한 성향을 지니고 있다. 그래서 모든 인간은 타인의 돈과 아내와 여성을 빼앗아 그들의 주인이 되고 그의 변덕에 복종시키고 마음에 드는 일 이외에는 아무 것도 하지 않으려 한다. 이러한 교활한 기질을 지니고 있는 한, 두 사람의 설교자 또는 신학 교수가 서로 시기하지 않고서는 배기지 못 하듯 인간의 평등은 있을 수 없는 것이다.

　　주머니는 텅 비었으나, 유용한 무한한 사람들이 없었다면 인류는 지속할 수 없다. 왜냐하면 잘 사는 사람들이 있는 곳을 버리고 당신네들의 땅을 경작하겠다고 오지 않을 터이니까. 당신이 신발이 필요할 적에 판사가 나서서 당신 신발을 만들어 준다고 하겠는가. 그래서 평등은 가장 자연스러우면서 가장 공상적(空想的)인 것이다.

〈철학사전 – '평등'〉17)

해설

* 볼테르 논의는 항상 '현실'을 말하고 있다.

　F. 니체는 '희랍인(주인 도덕)의 선악(善惡)'과 '유대인(노예 도덕)의 선악'이 개념이 서로 반대됨에 착안하여 그의 실존주의 철학을 시작하였다.

　볼테르는 니체의 개념 분석에 앞서, 인간 내부에 보편적으로 존재하는 '지배권(domination), 재산(wealth), 쾌락(pleasure)에 대한 강한 욕망과 게으름(idleness)에 대한 성향'을 명시하였다. 문제는 항상 '지금'이고 그 초점은 '우리'가될 수밖에 없다. 힘을 가지고 '공정한 사회를 지키고 국력을 증진시키는 일이다.'

　동서(東西)를 불문하고 과거는 '지배자 중심의 철학'이었다.

　그러나 볼테르와 니체 이후에는 '시민 중심', '개인 중심의 가치 기준'이 확립되었다. 즉 세상 어디에도 '절대 기준'은 없고, 각자가 형편에 적절히 대응하는 것은 역시 고금이 일반이다. 그러한 측면에서 볼테르와 니체는 가장 솔직하게 '인간 본성'과 '사회를 지배한 원리'를 모두 공개하였다. 여기에

---

17) 볼테르(정순철 역), <철학사전>, 한국출판사, 1982, pp. 253~254 '평등' ; Voltaire (Translated by T. Besterman), *The Philosophical Dictionary*, Penguin Books, 2004, p. 183 'Equality'.

'진실'을 얻어내지 못 하면 그 사람은 이미 어떤 편견에 사로잡혀 '자신의 발전 변화를 포기한' 사람이거나 미숙(未熟)한 정신 상태의 사람일 것이다.

④-11. 강대국의 약탈 문제

초기 로마인에 대해 어떻게 말해 왔을까. 이 웃나라 사람의 수확을 짓밟으며 약탈을 하고 자기들의 빈촌을 부유 하게 하려고 우울스 인 (Volscians)과 삼니움 인 (Samnites)의 마을을 파괴한 강도들(brigands)

로마의 권역(圈域) : 아드리아 만에서 유프라테스 강까지

이 아니었는가? (그런데)그들이 이해에는 관계가 없는 유덕한 사람들이었다는 것이다. 그들은 금 은 보석을 훔칠 수는 없었다. 그들이 약탈을 행했던 마을에 그런 것은 없었다. 잡을 자고새(partridges)도 꿩도 없었으므로 로마인의 절제는 칭송이 되고 있다.

그러나 로마인이 아드리아(Adriatic) 만(灣)에서 유프라테스(Euphrates) 강(江)까지 차례로 빼앗고 훔쳐서 7~8백 년 동안 약탈의 결과를 즐기며 예술과 쾌락을 개발하여 피정복인들에게도 그것을 맛보일 때는 현자나 정직한 사람 되기는 포기하였다고 말해지고 있다.

이러한 (역사)이야기가 말하고 있는 바는, 빼앗은 물건은 먹지 말고 입지 말고 가락지는 끼지 말라는 것이다. 도둑들이 성실한 인간으로 살자면 장물(臟物, 훔친 물건)들은 모두 강물에 던져야 한다는 이야기다. 차라리 훔쳐서는 안 된다고 말해야 한다.

〈철학사전-'사치'〉18)

---

18) 볼테르(정순철 역), <철학사전>, 한국출판사, 1982, p. 282 '사치' ; Voltaire(Translated by T. Besterman), *The Philosophical Dictionary*, Penguin Books, 2004, p. 290 'Luxury'.

해설

* 볼테르는 진실로 '양심(良心)의 역사가'였다.

'사실(事實)'은 편견과 이해(利害)관계에 얽혀 그 진실(眞實)을 잃었다. 그 이해
관계라는 것이 종족적 지역적 편견이니, 그래서 '기존한 역사서'에서 '편견'과
'과장' '축소'가 불가피하였다.

유럽의 역사는 한 마디로 '로마제국의 역사'이다. 그것과 절대적으로 관계가
있고, 그 로마제국에 소속되지 못한 지역은 불모(不毛)의 야만지역으로 취급되었
기 때문이다. 즉 유럽의 모든 국가는 그 '로마제국'이었다가 뒤에 현재 각국의
형태로 분화되었다.

볼테르는 〈역사철학〉에서 '* ⑩-27. 로마는 원래 강도(强盜) 집단이었다.'라
고 한 것은 '진정한 정당성'을 밝히려고 한 것이고, 그냥 볼 수 있는 '역사적
속임수'를 쓰지 못하게 한 조처였다. 그러함에도 헤겔과 토인비는 역시 '강도행
각'을 여호와 이름으로 정당화하려 했고, '변증법' '순환론'이라는 어처구니없
는 눈속임의 말장난을 펼쳤던 것은, 그 '선지자(先知者)'를 사칭(詐稱)한 단순한
사기행각일 뿐이다. (참조, * ⑩-25. 특권을 요구해 온 유대인들, * ⑦-19.
헤겔과 프리드리히 2세-〈세계 역사철학 강의〉, * ⑦-20. '세계사 = 강대국의
지배사'-토인비의 〈역사 연구〉)

한 마디로 볼테르가 주장하는 '과학 정신'은 '모든 사람에 공정한 정보
제공이 목표'이고, '강도행각을 정당화한 말장난'과는 아무 상관이 없다. 그러한
측면에서 칸트 헤겔은 볼테르를 극복했던 사람들이 아니라 '무지한 게르만
종족 국가주의 전체주의 옹호자들'일 뿐이다.

④-12. 종교보다 '정략(政略)'이 우선인 국왕

'자기 형제인 인간'이 그 생각이 다르다는 이유로 박해(迫害)를 하는 자는,
명백히 괴물(a monster)이다. 변명할 여지도 없다. 그런데 정부와 법관, 군주는
자기들과 다른 종교를 가진 사람들에게 어떤 행동을 취해 왔는가. 만약 이교도(異敎
徒)들이 외국의 힘 있는 자들이라면 동맹을 맺는다. 위대한 그리스도교도 프랑소아
1세는 위대한 가톨릭교도 칼 5세에 대항하여 회교도(Moslems)와 연합하였다. 프랑
소아 2세는 독일 루터파에게 돈을 주어 황제에 대한 그들의 반항을 원조했다.

그러면서 프랑소아 2세는 관례에 따라 자기 나라 루터파를 화형(火刑)하기 시작했다. 그는 정략적으로 작센(Saxony)에서는 돈을 주고, 파리에서는 불태워 죽인 것이다. 그래서 어떠했는가. 박해는 개종자를 만들어낸다. 프랑스는 새로운 개신교도로 넘쳤다.

〈철학사전－'관용'〉[19]

해설

* '국가 경영'과 '개인의 살림살이'는 '관념의 세계'가 아니라 명백한 '생명 현실'이다.

모든 역사는 '있었던 사실'을 토대로 한다고 하지만, 그것이 '기록'으로 정착하는 순간 기록자의 '주관' '관념'이 작용한다. '국가' '개인'의 존속은 명백히 '힘'으로 버티는 데, 그것에 대한 서술자(역사가, 소설가)는 '관념'을 개입시킨다.

볼테르는, '국가 운영자 관념(종교)을 버리고 현실적 힘에 의지함'을 명시하고 있다. 그것을 지금도 모르면 그 국가 운영자는 과연 얼마나 오래 갈까? 이처럼은 관념(이념)과 현실은 큰 차이를 내고 있다.

국왕(國王)에게 '현실'이란 무엇인가? 그것은 전쟁을 수행할 수 있는 능력 문제이다. 그 '능력'이란 '자본'과 '무력'이니, 국제적으로 연대(連帶)에 실패하면 패배하게 마련이다. '현실'은 사실상 그 '관념(이념)'과는 무관한 것인데, 서양이나 동양이나 그것에 소위 '학자'들이 매달렸던 것은 잘못되었던 것이고, 그것을 '현실' '생명'으로 돌려 준 이가 볼테르와 니체였다.

라이프니츠와 헤겔은 그 '현실'을 '절대신(여호와)'에 대입하였으니, 그 '절대신' 아는 것이 '절대 이성'이고 '절대신'과 함께 '전쟁'도 행할 수밖에 없다는 '엉터리 논리'를 반복하였다. 그리하여 이후 프러시아인은, '전쟁 수행의 불행'에서 벗어날 수 없게 되었다. 최소한 G. 라이프니츠와 G. W. F. 헤겔이 이론이 버티고 있는 한에서는. (참조, ※ ⑬-2. G. W. F. 헤겔의 '절대주의' '여호와주의')

---

19) 볼테르(정순철 역), <철학사전>, 한국출판사, 1982, p. 296 '관용' ; Voltaire(Translated by T. Besterman), *The Philosophical Dictionary*, Penguin Books, 2004, p. 389 'Toleration'.

④-13. 황금을 향한 인간들의 의지

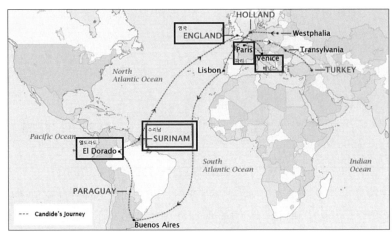

캉디드 여행 경로[20]

　(엘도라도에서 다이아몬드를 충분히 확보한 캉디드는, 유럽으로 향하려 남미 수리남에서 선박을 운영하는 네덜란드 상인과 운송비용을 흥정하였다.)

　캉디드가 말했다.

　'그럼 3만 피아스터를 드리지요.'

　네덜란드 상인은 다시 혼잣말을 하였다.

　'아! 이 사람에게는 3만 피아스터가 아무것도 아닌 게로군. 저 양(羊) 두 마리에 대단한 보물이 실려 있나 보다. 더 이상 버티지 말고 우선 3만 피아스터를 받고 그 다음 생각해 보자.'

　캉디드는 작은 다이아몬드 두 개를 팔았다. 그 중 작은 다이몬드 값의 반이 선장이 요구한 액수보다 많았다. 캉디드는 운임을 선불(先拂)로 치렀다. 양 두 마리가 먼저 배에 오르고 캉디드는 조그만 보트를 타고 정박지에 있는 큰 배를 향해 갔다. 이 틈을 타서 선장(船長)은 돛을 펴고 닻을 올렸다. 캉디드가 아연실색(啞然 失色)하여 있는 사이에 그 때 순풍(順風)이 불어 큰 배는 시야(視野)에서 사라졌다.

---

20) You need a map of half the world to chart Candide's journeys. Voltaire sent his hero to every trouble spot on the map in the 18th century, and even to an imaginary haven—El Dorado. Since this kingdom is imaginary, we have followed Voltaire's lead and placed it somewhere in South America, with no further information. Voltaire wanted to expose hypocrisy and ignorance both at home, in Europe, and abroad, in Europe's colonies. Candide ends up finding happiness in Ottoman Turkey—an ironic joke at Europe's expense.

'아, 구대륙(舊大陸, 유럽) 답다. 정말 구대륙다운 속임수야!'

캉디드는 고통에 울부짖으며 항구(港口)로 돌아왔다.

그도 그럴 것이 캉디드가 잃어버린 보물은 군주(君主) 스무 명의 재

모로 르 쥔(Moreau le Jeune)[21] 작 '엘도라도에서 다이몬드 채취(採取)', '엘도라도 출발'

산과 맞먹는 막대한 재물이었다(he had lost enough to make the fortune of twenty monarchs).

배에서 내리자마자 캉디드는 곧바로 네덜란드 판사를 찾아갔다. 그리고 캉디드는 흥분하여 문을 부서져라 두드렸다. 집으로 들어간 캉디드는 조금 전에 당한 일을 큰 소리로 설명을 했다. 판사는 먼저 캉디드에게 소란죄를 적용해 1만 피아스터 벌금형을 선고했다. 그런 다음 캉디드의 사연을 끝까지 주의 깊게 듣고 그 상인이 돌아오면 바로 사건을 조사할 것을 약속했다. 그리고 면담을 해준 대가로 또다시 1만 피아스터를 받았다.

엎친 데 덮친 격으로 이런 일까지 당하자 캉디드는 완전히 절망하고 말았다. 물론 캉디드는 이것보다 1천 배나 더한 일도 겪었다. 그러나 냉정하고 뻔뻔스런 판사와 철면피 도둑 선장 때문에 너무나도 울화가 치밀어 완전히 우울증에 빠지고 말았다. 인간의 사악함과 추악함에는 끝도 한계도 없어 보였다. 캉디드 머릿속에는 슬픈 생각만 가득 찼다. 드디어 프랑스 배 한 척이 보르도(Bordeaux)로 출항한다는 소식이 전해졌다. 다이아몬드를 등에 가득 실은 양도 잃어버린 만큼 캉디드는 홀가분한 몸인지라 적당한 값으로 선실 하나를 빌렸다.

〈캉디드-'제19장, 수리남에서'〉[22]

해설

* 〈캉디드〉에서, 그 주인공 캉디드가 '엘도라도에서의 다이아몬드 획득의

---

21) 'Moreau le Jeune(1741~1814)'.
22) 볼테르(이봉지 역), <캉디드 혹은 낙관주의>, 열린책들, 2009, pp. 111~112 '제19장, 수리남에서' ; Voltaire(Translated by D. Gordon), *Candide*, Beford/St.Martin's, 1999, pp. 84~85 'Chapter 19, In Surinam'.

문제'는 '엉터리 헤겔'의 그 제자 K. 마르크스 이론에 코를 부실만한 '굉장한 사건'이었다.

즉 캉디드가 우연히 도달하게 된 그 '엘도라도'에 돌덩이 흙덩이처럼 널려 있는 '다이아몬드의 가치'를 캉디드가 가장 먼저 알아 세계적인 큰 부자가 되었을 경우, 고집스럽게 그 '여호와' 심부름꾼을 자처한 K. 마르크스는 그 '다이아몬드를 싣고 온 양(羊)'이 그 '주인(노동자)'이라고 판결을 행할 것이다. 한 마디로 라이프니츠, 헤겔, 마르크스는 모두 '도식주의(dogmatism)'를 농(弄)한 '국가주의' '일방주의' 관념에 사로잡혀 있는 공상자(空想者)라는 실상(實相)이다.

'현실'과 '과학'과 그것이 어떻게 연관이 되는지 그 추종자는 있다면 그에 대답을 해야 한다.

위의 인용문은, 작품 〈캉디드〉에서 주인공 캉디드가 '엘도라도'에 획득한 '다이아몬드를 탑재(搭載)한 양'을 '수리남(남미 네덜란드 식민지)'에 도착하여 빼앗긴 장면이다. 볼테르가 명시했듯이 '유럽(구대륙)'은 6대륙(아시아, 유럽, 아프리카, 남북 아메리카, 오세아니아) 중에 가장 '생존경쟁'이 치열하고 '여호와주의'가 가장 치성했던 곳이다. (참조, ※ ⑩-25. 특권을 요구해 온 유대인들)

그래서 화가 R. 마그리트(Rene Magritte, 1898~1967)는 '백인(白人)은 믿을 수 없는 종족'이라는 자조적(自嘲的)인 그림을 그렸다.

R. 마그리트는 작품 '백색 인종'에서 눈 귀 입 코 신체 각 부위가 각각 독립된 상을 제시하였다. 한 마디로 눈 귀 입 코 신체 각 부위가 각각 '따로따로' 인간으로 도저히 '신용할 수 없는 인종'이라는 비판이다. 또 마그리트의 작품 '꾀주머니'는 백인의 심장을 그려놓고 명칭을 그렇게 붙였다. 한 마디로 백인들은 전략(속임수)을 쓰는 것이 '심장(체질화)'이 되었다는 폭로이다.

볼테르와 R. 마그리트의 생각은 동일하게 '유럽인에 대한 불신(不信)'이 전제되어 있다. 위에서 볼 수 있듯이 캉디드는 자기의 처지를 호소하러 판사(判事)를 찾았다가 도리어 2만 피아스터 벌금형과 면담료를 지불해야 했던 것은, 온갖 법체계를 개발하여 인간 생활을 압박하는 볼테르가 체험한 프랑스 사회에 대한 조롱을 담고 있다. (참조, ※ ②-10. 있는 그대로 보아야 한다.)

여기에서 주목해야 할 것은 볼테르와 R. 마그리트는 자신들이 백인(유럽인)이면서 역시 '자신들을 돌아볼 줄 아는 넘치는 지혜'를 지녔다는 사실이다.

동양인, 아시아인으로서 우리는 '아시아인 한국인'의 기질을 반성해 본 지혜를 발동한 적이 과연 있었는가? '무감각증(無感覺症)'이야말로 '우둔(愚鈍)' 자체이니, 어느 겨를에 '세계 속의 한국'을 감히 말할 것인가? (참조, ＊ ⑪-20. 볼테르 당대(當代) '청(淸)국'의 상황)

④-14. '법률 행정'의 근본 문제

모든 재판관들이 쟈디그의 심오하고 치밀한 감식력에 탄복하였다. 그 소식이 왕과 왕비에게까지 전해졌다. 대기실이건 규방이건 사무실이건, 어디를 가나 쟈디그에 대한 이야기뿐이었다. 그리하여 여러 점성술사들이 그를 마법사로 여겨 산 채로 불에 태우자고 고집을 부렸지만, <u>왕은 쟈디그에게 벌금으로 부과했던 황금 사백 온스를 돌려주라 명령을 내렸다. 재판소 서기들과 집달리들, 대소인(代訴人)들이 그 황금 사백 온스를 가지고 쟈디그 집에 화려하게 행차하였다. 그들은 398온스의 금을 재판 비용으로 공제하고 그들 하인들은 별도로 사례금을 요구하였다.</u>

쟈디그는 박식(博識)이 때로는 얼마나 위험한지를 깨달았으며 차후로는 자기가 본 것에 대해 아무 말도 않겠노라, 스스로 다짐하였다.

얼마 아니 되어 그러한 경우가 그에게 닥쳤다. 국사범 하나가 탈옥하여 그의 집 창문 밑으로 지나갔다. 그 사건 때문에 쟈디그는 문초를 받았으나, 아무 대꾸도 하지 않았다. 하지만 쟈디그가 집 창문을 통해 밖을 바라보고 있었다는 사실이 입증되었다. 그 죄로 인해 쟈디그에게 황금 5백 온스 벌금형에 처해졌다. 하지만 쟈디그는 바빌론의 관습에 따라 재판관들의 관용에 감사한다는 인사를 올려야 했다. 그는 홀로 탄식하였다.

'하느님 맙소사! 왕비의 암캐와 왕의 말이 지나간 숲에서 산책하는 것이 얼마나 한탄스러운 일인가! 창문 가까이 서 있는 것이 얼마나 위험스런 일인가! 그리고 이승에서 행복하기는 정말로 어렵구나.'

〈쟈디그 – '제3장, 개와 말'〉[23]

---

23) 볼테르(이형식 역), <쟈디그 또는 운명>, 펭귄클래식, 2001, pp. 22~23 '제3장, 개와 말' ; Voltaire(Translated by R. Pearson), *Candide and Other Stories*, Everyman's Library, 1991, pp. 123~124 'Chapter 3, The dog and the horse'.

해설

　* 볼테르는 그의 소설에서 '예기치 못한 불운(不運)'에 휩쓸리는 장면을 자주 삽입하였다. 그것은 원래 '모험'을 좋아하는 볼테르의 타고난 성품과 관련된 것이고, 그 생의 '혁명적 운영'과 관련된 사항이다.

　중국의 고전 〈장자(莊子)〉에는 '예측할 수 없는 생명에의 위협' 사례가 소개되어 있다. 모두 '실존(육체) 운영'의 여러 가지 화액(禍厄) 제시가 그것이다.

　　장자(莊子)는 산속을 지나다가 지엽(枝葉)이 무성한 나무를 보았는데 벌목하는 이가 그 옆에서 그 나무를 베지 않고 서 있었다. 그 이유를 물은즉 '그 나무는 소용이 없다'는 것이다. 장자는 이 나무는 '무용지물'이므로 목숨을 온전히 할 수 있다는 말을 남기고 산에서 나와 친구의 집에서 쉬니 집주인은 반기어 하인을 시켜 거위를 잡아 대접했다. 그때 그 집에 거위 두 마리가 있었는데, 하나는 잘 울고, 하나는 잘 울지 못했다. 그래서 하인(下人)은 어떤 것을 잡을까 하고 물으니 주인은 울지 못하는 거위를 잡으라 했다. 이튿날 제자는 장자에게 '어제 산중에 큰 나무는 쓸모가 없다 해서 목숨을 보전했사온데 이 집 거위는 울지 못해서 죽으니 선생께서는 어느 편이 좋다 하시나이까?'(莊子行於山中 見大木枝葉盛茂 伐木者 止其旁而不取也 問其故 曰無所可用 莊子曰此木以不材 得終其天年 夫子出於山 舍於故人之家 故人喜 命豎子殺雁而烹之 豎子請曰 其一能鳴 其一不能鳴 請奚殺 主人曰殺不能鳴者 明日 弟子問於莊子曰 昨日山中之木 以木不材 得終其天 今主人之雁 以不材 死 先生將何處)[24]

　볼테르는 평생 타고난 기질이 예민(銳敏)한데다가 그것의 절제(節制)가 힘들어 바스티유 감옥에 두 번 갇혔고(1717, 1726), 〈영국 편지〉 간행 이후 프랑스 행정부 감시 추적을 피해 다니다가 루이 15세를 시종(侍從)하였으나, 사석(私席)에서 실수를 하여(1747년) 다시 망명 생활을 하였고, 프리드리히 2세와 함께 지내게 되었으나, 다시 불화가 생겨 1756년 6월 프랑크푸르트에 12일간 감금을 당하였고, 스위스로 피신을 했으나, 제네바 주민의 원성(怨聲)을 사서(1757년) 프랑스 스위스 국경에 반반씩 걸친 '페르네'에 거주했다는 것이 그의 행적에 가장 두드러진 예이다. 그러므로 '생명의 위협'을 평생 안고 살았던 사람이 바로 볼테르였다.

　중국에서 유독 그 '생명(실존)'에 관심이 높았던 사람이 바로 장자(莊子,

---

　24) 김동성 역, <莊子>, 을유문화사, 1964, pp. 153~154 山木 第二十.

369 B.C.~289 B.C.)였는데, 볼테르는 작품 〈쟈디그〉에 다양한 중국 문학의 흔적으로 드러내고 있다. (참조, ✻ ②-8. 현자(賢者) 쟈디그-'천문학에의 긍지(肯志)'. ✻ ⑧-20. 분별없는 여인, ✻ ⑧-21. 볼테르의 꿈-'제갈공명')

위에서 볼테르(쟈디그)는, '예상치 못한 재액(災厄)'에 탄식하고, 엉뚱한 법의 적용, 특히 황금에 얼룩진 법운용을 폭로하여 당시 '프랑스 정부의 사법 체계'에 대한 절망감을 숨기지 못하고 있다.

G. 라이프니츠와 I. 칸트, G. W. F. 헤겔의 경우, '프리드리히 2세'의 '전쟁'이 강도 행각인지 절대신의 절대 이성의 집행인지를 구분 못하는 그 혼동의 정신 상황으로, 일개인의 작은 '밥 도둑질'은 낱낱이 다 기억을 했다가 '마지막 최후 심판에 꼭 그 죄를 반영한다'는 그 '여호와의 논리'를 세상 천하에 공개하였으니, 두 눈을 뜨고 믿을 바보는, 라이프니츠, 칸트 헤겔과 남은 '여호와주의'밖에는 없을 것이다. (참조, ✻ ⑦-19. 헤겔과 프리드리히 2세-〈세계 역사철학 강의〉)

④-15. 실존(實存)과 경제(經濟)

파케트(베스트팔렌 男爵 부인 몸종, 팡글로스 박사 애인)가 대답했다.

'아! 나리, 우리 직업이 달리 비참한가요? 어제 저는 어느 장교에 얻어맞고 돈까지 빼앗겼어요. 그런데 오늘 수도사(修道師)에게 잘 보이기 위해서 기분 좋은 척해야 한답니다.'

캉디드는 더 이상 듣고 싶지 않았다. 그는 마르틴이 옳다고 인정했다. 그들은 파케트와 수도사와 함께 식탁에 앉았다. 식사는 퍽 즐거웠다. 식사가 끝날 무렵에는 마음을 터놓은 대화가 오갔다.

캉디드가 수도사에게 말했다.

'신부(神父)님, 신부님 팔자는 모두가 부러워할 만합니다. 몸은 건강하여 신수가 훤하고 마음은 행복해서 표정이 밝습니다. 게다가 기분 전환으로 여자까지 데리고 놀 수 있으니, 신부님은 수사(修士) 생활에 매우 만족하고 계신가 봐요.'

그러자 지로플레 수사는 고개를 절레절레 저었다.

'말도 마시오. 선생, 사실은 테아토 수도사들은 전부 바다에 처넣어 버리고 싶어요. 수도원에 불을 확 질러버리고 터키로 달아날까 하는 생각을 백 번도 더했어요. 내가 열다섯 살 때 우리 부모님이 나를 억지로 그 지긋지긋한 수도원(修道

院)에 들어가게 했어요. 형(兄)에게 재산을 더 많이 물려주려고 말이죠. 빌어먹을 형 같으니라고! 수도원은 질투와 울화로 가득 차 있어요. 물론 나도 시원찮은 설교를 해서 돈을 좀 벌긴 했지만 그중 절반은 수도원장이 가로채고 나머지는 여자를 사는 비용으로 나가요. 하지만 저녁에 수도원으로 돌아가면 그만 숙사 벽에 머리를 찧고 죽어 버리고 싶어요. 나뿐만 아니라 내 동료들도 대개 그래요.'

마르틴은 캉디드를 바라보며 평소처럼 담담한 표정으로 말했다.

'자! 내가 내기에 완전히 이겼지요?'

캉디드는 파케트에게 2천 피아스터를 주고, 지로플레 수사에게 1천 피아스터를 주고 나서 말했다.

'내 장담하건대 이것으로 이 사람들도 행복해질 겁니다.'

마르틴이 그 말을 받았다.

'나는 전혀 그렇게 생각하지 않아요. 그 돈은 아마도 그들을 더욱 불행하게 만들 겁니다.'

그러자 캉디드가 말했다.

'될 대로 되라지요. 하지만 한 가지 위안이 되는 것은 절대로 다시 만날 수 없으리라고 생각했던 사람들이 다시 만나게 된다는 점입니다. 붉은 양파 파케트를 다시 만났으니, 퀴네공드 양도 다시 만날 수 있겠지요.'

'언젠가 그녀가 당신을 행복하게 해줄 수 있기를 빕니다. 하지만 나로서는 그게 심히 의심스럽군요.'

'당신은 참 몰인정(沒人情)하군요.'

'지금까지 그렇게 살아온 걸 어쩝니까.'

'하지만 저 곤돌라 뱃사공들 좀 보세요. 항상 노래를 흥얼거리고 있지 않아요?'

A. 모로 작 '캉디드의 베네치아 방문'25)

〈캉디드 - '제24장, 파케트와 지로플레 수사(修士)'〉26)

25) Visite chez le seigneur Prococurante, noble venetien - "Visite chez le seigneur Prococurante, noble venetien" - (Illustration for chapter XXV). - Wood engr. from drawing by Adrien Moreau (1843~1906).
26) 볼테르(이봉지 역), <캉디드 혹은 낙관주의>, 열린책들, 2009, pp. 152~154 '제24장, 파케트와 지로플레 수사(修士)' ; Voltaire(Translated by D. Gordon), Candide, Beford/St.Martin's, 1999, p. 103 'Chapter 24, About Paquette and Brother Giroflee'.

해설

* 볼테르는 '육체(실존)'를 운영하는 사람들이 모두 '물질(돈)'에 궁극의 관심이 몰림을 가장 확실히 알렸던 사람이다. 그것은 '태초(太初)'부터 모든 생명이 결코 떠날 수 없는 생명의 거점이었다.

그런데 플라톤 이하 라이프니츠까지 철학자들은 '하나님(여호와)이 모두 먹이신다.'고 말하고 태평이었다. 이것이 '관념철학자'들이 속이고 있었던 '망각의 제1장'이다. 그래서 '먹고 산다.'는 현실에서 떠나 '자신'을 속이고 '이웃'을 속이고 '세상'을 속였다.

이에 볼테르 이하 '실존주의(Existentialism)' 철학자들은 바로 그 지점에서 소위 '대가(大家)'라는 철학자들을 조롱하였다. (참조, ※ ③-21. 몽상(夢想)의 플라톤, ※ ⑨-24. 과학이 없는 스피노자)

위에서 볼테르가 제시한 '파케트와 지로플레 수사(修士—About Paquette and Brother Giroflee)'는 인간의 '행·불행'이 전적으로 '돈'에 좌우됨을 말한 것이다.

볼테르는 '실존주의자' F. 니체에 앞서, '돈'과 '천국'을 대비(對比)했던 예수가 행했던 '천국(天國)에의 약속'을 부정한 '혁명가'였다. 볼테르는, 이 남자에서 저 남자로 전전(展轉)하는 가련한 '파게트'(볼테르 소설에 女性은 한 남성에게 머물러 있는 女性은 거의 없음)와 '돈'에 얽매인 '신부(神父)의 고백'으로 그들의 현실적 고민이 '경제 문제'임을 숨김없이 폭로하였다.

그들의 명백한 문제는 '천국(天國)'에 있는 것이 아니라, 육체가 있는 지상(地上)에 있다. 그것을 구체적으로 명시하는 것이 역시 볼테르의 '계몽사상'이었다.

④-16. 무력(武力)으로 성주(城主)가 된 이야기

성주(城主)는 흔히 '도적'이라 부르는 아라비아인들 중 하나였다. 숱한 악행을 저지르면서도 가끔은 좋은 일도 하는 사람이었다. 그는 미친 듯 욕심 많게 훔치지만, 후하게 베풀기도 하였다. 행동에 있어서는 불굴(不屈)의 용기를 보이지만, 사람들과 어울릴 때는 매우 온순하였다. 또한 식탁에 앉으면 질탕 먹고 마시며, 그럴 때는 쾌활하였고, 특히 솔직하였다. 그는 쟈디그가 마음에 들었고, 점점 활기를 띠는 대화 때문에 저녁 식사가 늦게까지 계속되었다. 이윽고 그가 쟈디그에게 제안하였다.

'나는 당신에게 내 휘하(麾下)로 들어오라 권하고 싶소. 더없이 탁월한 선택일 거요. 이 직업이 나쁘지 않소. 그리고 언젠가는 당신이 내 자리에 오르게 될 것이요.'

쟈디그가 물었다.

'공(公)께서는 언제부터 이 귀한 직업에 종사하셨는지 여쭈어도 될지 모르겠습니다.'

'아주 젊은 시절부터 시작했소. 그 전에는 어느 능한 아라비아인의 시종(侍從)이었는데, 나는 그러한 처지를 견딜 수 없었소. 모든 사람에게 공평하게 제공된 이 세계 속에 운명이 나를 위해 남겨준 몫이 없음을 깨닫고 절망했소. 결국 한 늙은 아라비아인에게 괴로움을 호소하였소. 그러자 노인은 이렇게 말했소. '아들아 절망하지 마라. 옛날 모래알 하나가 있었는데, 그 모래알은 자기가 사막 한 가운데 버려져 망각된 티끌임을 슬퍼하였다. 그러나 몇 년 후 모래알은 금강석으로 변했고, 그것은 인도 왕이 쓰고 있는 왕관의 아름다운 장식이 되었다.' 노인의 말씀이 나에게 강한 인상을 남겼소. 나는 당시 모래알이었고, 따라서 나는 금강석이 되기로 결심하였소. 나는 우선 말 두 필(匹)을 훔친 것으로 시작하였소. 그런 다음 동료 둘을 규합하였고, 어느덧 작은 규모의 대상(隊商)들을 털 수 있었소. 그렇게 해서 다른 사람들과 나의 불균형이 줄어들었소. 나는 이 세상 재화(財貨) 중 나의 몫을 얻었을 뿐만 아니라 그동안 잃었던 것 그 이상의 보상(報償)을 받았소. 그러자 사람들이 나를 중시하게 되었소. 나는 '도적 나리'가 되었으며, 이 성(城) 또한 빛나는 도적질로 얻었소. 시리아 지방 태수(太守)가 이 성(城)을 빼앗으려 했으나 나는 이미 부강해진 터라 그 누구도 겁내지 않게 되었소. 나는 태수에게 돈을 좀 주고 이 성을 지켰으며, 그 이후에는 나의 영지(領地)를 더욱 넓혀 갔소. 심지어 태수는 '황량한 아라비아'가 왕들 중의 왕에게 바치는 세금 징수 관(稅金徵收官)으로 나를 임명하였소. 그리하여 나는 징수자의 역할을 수행할 뿐, 납부자(納付者)의 역할은 맡지 않게 되었소. 그런데 바빌론의 재정과 군사를 담당한 재상이 모압다르 왕의 이름으로 나를 '목 졸라 죽여라.'고 어느 작은 지방 태수 하나를 보냈소. 그 태수가 재상(宰相)의 명령서를 가지고 도착하였소. 나는 이미 모든 사실을 알고 있었던 터라. 나를 목 조르러 그가 데리고 온 네 사람을 그가 보는 앞에서 목 졸라 죽였소. 그런 다음 나를 죽인 대가로 얼마를 받기로 했는가를 태수에게 물었소. 그가 대답하기를 금화 3백 잎 쯤 될 거라고 했소. <u>나는 그에게 나와 함께 있으면 더 많은 돈을 벌 것을 알게 했소. 그리하여 나는 그를 부 두목 중 하나로 삼았고, 그는 나의 탁월하고 부유한 두령 중의 하나가 되었소.</u> 내 말을 믿고 따르신다면 당신 또한 그 사람처럼 성공할 것이오. 게다가 모압다르 왕이 죽임을 당하여 바빌론이 온통 혼란스러운 지금보다 도적질하기에 이보다 더 좋은 시절은 없을 것이요.'

〈쟈디그 - '제14장, 도둑'〉[27]

해설

 * 볼테르가 소설 〈쟈디그〉에서 상상했던 무법(無法)의 '제국주의(帝國主義) 자' 행태는, 소설 〈삼국지연의(三國志演義)〉의 정신 상태였다. 무력(폭력)과 자본 이 난무했던 곳이지만, 여전히 폭력이 우선했던 상황이 〈삼국지연의〉 속의 그 상황과 동일하다.

볼테르는 아마 〈삼국지연의〉 이야기를 들었을 것이니, 소설 〈쟈디그〉에는 역시 중국 서사 문학의 성격이 짙게 드리워 있다. 특히 위의 '무력으로 성주(城主) 가 된 이야기'는 〈삼국지연의〉에서 장비(張飛)의 성격과 유사하다.

관우(關羽)는 다시 며 칠을 더 갔다. 멀리 한 산성(山城)이 보였다.

관우가 토인(土人, 그 지방사람)에게 물었다.

"저기가 어디요?"

토인이 대답했다.

"고성(古城)이라고 합니다. 몇 달 전 장비(張 飛)라는 장군이 수십 기 (騎)를 이끌고 나타나 현

'장비(張飛) 상', '고성(古城)에서 다시 만난 유비 관우 장비 조운'

관(縣官)을 내쫓고 고성의 주인이 되었습니다. 그 동안 군사를 모으고 마필(馬匹)을 사들이고 양초(糧草)를 모아 지금은 3~5천은 되어 이 근처에서는 당해낼 자가 없을 것입니다."

관우가 기뻐서 말하였다.

---

27) 볼테르(이형식 역), <쟈디그 또는 운명>, 펭귄클래식, 2001, pp. 78~80 '제14장, 도둑' ; Voltaire(Translated by R. Pearson), *Candide and Other Stories*, Everyman's Library, 1991, pp. 156~157 'Chapter 14, The brigand'.

"내 아우와 서주(徐州)에서 헤어진 다음 어디로 갔는지 몰랐더니 이렇게 여기서 만날 줄 어떻게 알았으리요?"

관우는 손건(孫乾)을 시켜 고성으로 들어가 장비에게 알려 두 형수님을 맞아들이도록 하였다.

한편 장비는 망탕산(碭碭山) 중에 달포 있다가 유비(劉備)의 소식을 들으려고 우연히 이 고성을 지나다가 고성에 들려 식량을 빌리려 하니 당시 현관은 듣지 않았다. 장비는 현관(縣官)을 내쫓고 현인(縣印)을 빼앗고 성지(城池)를 점령하여 몸을 쉬고 있었다. 그 날 손건이 관우의 명에 따라 입성하여 장비와 인사한 다음 장비에게 '유비는 원소(袁紹)에게서 떠나 여남(汝南)으로 가 있고 관우는 허도(許都)로 갔다가 지금 두 부인을 모시고 성(城) 밖에 와 있으니 나가 맞아 오시요.'의 말을 하였다. 장비는 손건의 말을 듣고 아무 말도 하지 않고 즉시 갑옷을 입고 창을 잡고 말에 올라 1천 명의 군사를 이끌고 바로 북문으로 나갔다. 손건은 깜짝 놀랐으나 장비에게 사정을 물을 수도 없었고 그냥 장비를 따라 갈 수밖에 없었다. 관우는 장비가 나오는 것을 보고 기쁨을 이기지 못해 주창에게 칼을 맡기고 말을 달려 나갔다. 장비는 고리눈을 부릅뜨고 호랑이 수염을 거꾸로 세우고 천둥 같은 소리를 지르며 관우에게 창을 휘둘렀다. 관우는 깜짝 놀라 급히 피하며 큰 소리로 말했다.

"아우는 이게 무슨 짓이냐? 도원(桃園)의 결의(結義)도 잊었느냐?"

장비가 소리쳤다.

"너같이 신의 없는 인간이 무슨 낯짝을 들고 다시 나타났느냐?"28)

중국에서는 일찍부터 '자본(資本) 중심주의'가 발달해 있었다. 관중(管仲, ?~645 B.C.)이 지었다는 〈관자(管子)〉에는 그 '경제 중심주의'를 앞서 명시하고 있고,29) 공자의 영향 속에 있었던 역사가 사마

'사마천(司馬遷, 145 B.C.~86 B.C.)', '사기(史記) 화식 열전'

---

28) 羅(本)貫中, <增像全圖三國演義>, 上海 錦章書局, '第二十八回 會古城主臣聚義'.

29) 이상옥 역, <管子>, 명문당, 1985, p. 74 '창고가 가득해야 예절을 알고, 먹고 입기가 풍족해야 명예와 치욕을 안다(倉廩實則知禮節 衣食足則知禮節)'.

천(司馬遷, 145 B.C.~86 B.C.)도 〈사기(史記)〉에 '화식 열전(貨殖 列傳)'을 두어 개인의 '자본 축적'을 옹호하였다.

그러한 점에서 볼테르의 생각과 역시 유사하다. (참조, ✻ ④-13. 황금을 향한 인간들의 의지)

볼테르의 '경제(돈)에의 관심'은, 그의 평등 의식, 평화 의식과 함께 역시 취소될 수 없는 신념이었다.

④-17. 계산된 '유대 민족의 총자산'

'내가 너희들의 모든 땅을 나의 종 바빌론 왕 네부카드네자르(Nebu- chadnezzar, 605 B.C.~ 562 B.C.)에게 주었다.'

여기서 보듯이 하나님은 우상(偶像)을 섬기는 바빌론 왕도 자신이

바빌론 왕 네부카드네자르(Nebuchadnezzar, 605 B.C.~562 B.C.)[30], 다니엘의 네부카드네자르의 꿈 해설[31]

아끼는 종이라고 말하고 있다.

이때 예레미야(Jeremiah)는 유대 왕 시드기야(Zedekiah)에 의해 옥에 갇혔다가 풀려나와 시드기야에게 '너희는 바빌론 왕을 섬기라. 그러면 살리라.'라고 했다. 이처럼 하나님은 우상을 섬기는 한 사람의 왕을 편들고 있다. 하나님은 그 왕에게 '언약의 궤', 단지 보았다는 죄만으로 5천 70명의 유대 민족이 목숨을 잃어야 했던 그 궤를 넘겨주었다. 하나님은 그에게 지성소(至聖所)와 신전(神殿)의 나머지 부분도 내주었다. 그 신전을 짓는 데 금(金) 10만 8천 달란트와 은(銀) 1백 1만 70천 달란트, 거기에 더해서 다윗 왕과 그의 사무장들이 여호와(God)의 집을 짓기 위해 예비해 두었던 금 6천 드리크마가 들었다. 이 금액은 나중에 솔로몬 왕이 쓴 것을 빼더라도 오늘날 가치로 환산해 대략 19,070,000,000에 달하는 막대한 것이다. 우상숭배에 대해 이처럼 엄청난 보상이 돌아간 예도 없을 것이다.

---

30) Wikipedia, 'an inscription of Nebuchadnezzar II'.

31) Wikipedia, 'Daniel Interpreting Nebuchadnezzar's Dream'.

해설

* 볼테르의 놀라운 점은 한두 가지가 아니지만, 그가 한 민족의 총 자산을 숫자로 바꾸려는 시도를 처음 행했다는 사실도 그렇다. 이것은 세계 초유(初有)의 '계량경제(econometrics)'[33)를 볼테르가 행한 예이다.

④-18. '윌리엄 펜'의 등장

대략 이 무렵 유명한 윌리엄 펜(William Penn, 1644~1718)이 나타나 미국에 퀘이커 교도의 세력을 쌓아 올렸다. 그리고 오관(五觀)이 아무리 우습게 보일지라도 인간의 미덕은 미덕으로 존중될 수 있다면, 윌리엄 펜은 유럽에서도 퀘이커 교도를 존경할 만한 가치가 있는 사람들로 세상 사람들에게 인식을 시켰다.

윌리엄 펜(William Penn)은 요크 공작(뒤에 제임스 2세) 총신 기사(寵臣 騎士)이며, 영국의 부제독(副提督)의 외아들이었다.

'윌리엄 펜(William Penn, 1644~1718, 22세)', '윌리엄 펜', '윌리엄 펜'[34)

윌리엄 펜은 15세 때, 그가 다녔던 옥스퍼드에서 퀘이커 교도와 만났다. 이 퀘이커 교도는 윌리엄 펜을 개종(改宗)하게 했다. 생기발랄한 이 청년은 타고난

---

32) 볼테르(송기형·임미경 역), <관용론>, 한길사, 2001, p. 148 ; Voltaire(translated by B. Masters), The Calas Affair *A Treatise on Tolerance*, The Folio Society, 1994, pp. 85~86 'Chapter 12, On The Divine Law'.

33) 근대 경제학의 한 분야. 수학적으로 구성된 정밀한 이론을 실제의 통계 자료로써 검증·추정하여 이론적 연구와 실증적 연구를 종합하여 미래를 예측하는 경제학.

34) 'William Penn' by F. S. Lamb.

웅변가였으며, 용모와 태도가 기품이 있어 잠깐 동안에 몇 사람의 학우(學友)의
마음을 사로잡았다. 윌리엄 펜은 자기에게 몰려온 젊은 퀘이커 교도와 결사(結社)를
이루어 나이 16세에 종파의 지도자가 되었다.

〈영국 편지 – '제4신, 퀘이커 교도에 대하여'〉35)

해설

* 볼테르가 그의 〈영국 편지〉에서 '퀘이커 교도(the Quakers)'와 '윌리엄
펜'을 소개한 것은 특별한 의미가 있다. 왜냐하면 이로써 소위 '자주권(自主權,
autonomy)'과 '평등권(平等權, equal rights)'을 구체적으로 확인한 것이기 때문이
다. 퀘이커 교도의 문제는 '하나님'과 각 '개인'의 문제와 연결이며, 평등권이란
그 문제가 모든 인간에 개방되어 있다는 각성(覺醒)과 실천(實踐)의 문제였다.

이 문제는 서양에서는 사제(司祭), 신부(神父)의 고유 권한이던 것을 루터
(Martin Luther, 1483~1546)의 종교개혁으로 인해 일반인에게도 개방되었다.
그리고 한국인(조선인)으로서는 동학(東學) 교주 최제우(崔濟愚, 1824~1864)가
영국 '퀘이커 교주' 이상으로 자신의 지령(知靈)을 겸비하여, '한울님' 체험을
〈동경대전(東經大全)〉에 명시하였고, 그 사상은 후계자 최시형(崔時亨, 1829~
1898), 손병희(孫秉熙, 1861~1921)로 이어져 '한국 근대화'에 초석이 되었다.

최제우(崔濟愚)36), 〈동경대전(東經大全)〉 포덕문(布德文)37), 최시형(崔時亨)38)

---

35) 볼테르(정순철 역), 〈철학서한〉, 한국출판사, 1982, p. 63 ; Voltaire(Translated by L.
　　Tancock), *Letters on England*, Penguin Books, 1980, p. 32 'Letter 4, On the Quakers'.
36) 최동희 역, 〈東經大全〉, 삼성문화사, 1977, '水雲 崔濟愚'.

볼테르가 '미국 펜실베이니아'를 자비(自費)로 건설한 윌리엄 펜에 관심을 보인 것은, '경제 중심의 세계 운영'을 본보기로 제시한 것으로, 볼테르가 그의 '경제 철학'을 보인 가장 괄목할 만한 대표적 사례였다. 왜냐하면, 미국의 독립전쟁(Independent War, 1775)은 윌리엄 펜(William Penn)의 펜실베이니아를 중심으로 펼쳐졌고, 프랑스 혁명도 루이 16세의 '국가 재정의 곤핍(困乏)'과 직결된 문제였기 때문이다.

④-19. 자유의 펜실베이니아

윌리엄 펜(William Penn, 1644~1718)은 거액의 재산을 상속(相續)받았으니, 그 중에는 아버지 부제독이 원양(遠洋)항해 때에 아버지 부제독이 국왕에게 빌려준 채권(債券)도 있었다. 당시 국왕에게 빌려준 돈 상환(償還)만큼 불확실한 것도 없었다. 윌리엄 펜은 그 상환을 구하러 국왕 찰스 2세(Charles Ⅱ, 1630~1685)와 그 신하를 찾아가서 존댓말을 쓰지 않고 '당신(thou, you)'이란 말로 상대하였다. 1680년 정부는 현금 대신에 미국 메릴랜드 주(Maryland) 남쪽에 있는 한 주(州)의 소유권(所有權)을 윌리엄 펜에게 주었다. 이리하여 한 퀘이커 교도가 군주(a ruler)가 된 것이다. 윌리엄 펜은 자기를 따르는 퀘이커 교도를 두 척의 배에 싣고 새 영토로 출발하였다. 그 후 윌리엄 펜의 이름을 따서 이 지방을 펜실베이니아(Pennsylvania)라 부르게 되었다. 윌리엄 펜이 건설한 그 곳의 필라델피아(Philadelphia)는 오늘날 매우 번성해 있다. 그는 인근의 원주민과 동맹을 맺었다. 그것은 아무런 선서도 없었지만, 한 번도 위반된 일이 없는 원주민과 그리스도교도 사이에 맺어진 유일한 조약이다. 새 군주 윌리엄 펜은 펜실베이니아 입법자이기도 하여 매우 도리에 맞는 법을 시행했으므로 그가 죽은 다음에도 변경된 것이 없었다. 그 제1조는, 종교상의 문제로 사람을 학대해서는 안 된다. 그리고 신을 믿는 자는 모두를 형제로 생각해야 한다는 것이다.

그가 정부의 조직을 완료하기도 전에 미국에 와 있던 상인의 일부가 이주해 와 그 식민지의 주민이 되었다. 이곳에 원주민도 숲 속으로 도망쳐 들어가지 않고, 퀘이커 교도와 모르는 사이에 친하게 되었다. 원주민이 미국을 정복하고

---

37) 최동희 역, <東經大全>, '1880년 崔時亨 간행 東經大全'.
38) <한국의 古板畵>, 한국정신문화연구원, 1979, '海月 최시형(崔時亨, 1829~1898)像'.

윌리엄 펜(William Penn)의
펜실베이니아(Pennsylvania),
펜이 거주했던 슬레이트 집[39]

펜실베이니아(Pennsylvania)의 탄
생(1680)[40], 펜에 의해 작성된 최초
의 정부 구성 문건[41]

윌리엄 펜과 인디언들, 펜의 무덤이 있는 친구 만남의 집[42], 필라델피아 시청에 세워진 펜의 동상[43]

파괴한 다른 기독교도를 미워하면 할수록 더욱 이 새로 들어온 사람들을 좋아하게
되었다. 단시일에 야만인이라 불리던 사람들이 이웃 사람들의 온후한 태도를
기뻐하며 많은 무리가 윌리엄 펜을 찾아와 자기를 신하의 대열에 끼어주기를
부탁하게 되었다. 누구나 '당신'이라 부를 수 있으며 모자를 쓴 채로 말을 해도
좋은, 군주나 사제가 따로 존재하지 않는 정부, 무기를 갖지 않은 국민, 행정관은
별도로 하고 전원이 평등한 공민(公民) 그리고 서로 질투 선망하는 일이 없는
이웃 사람, 이야말로 전례가 없었던 광경이었다.

〈영국 편지 - '제4신, 퀘이커 교도에 대하여'〉[44]

39) 'The Slate Roof House' used by Penn.
40) 'The Birth of Pennsylvania' by J. L. G. Ferris.
41) 'First draft of the Frame of Government(1861)' written by Penn.
42) 'Friends' Meeting-House at Jordan, and the Grave of W. Penn'.
43) 'Bronze statue of William Penn atop Philadelphia City Hall'.
44) 볼테르(정순철 역), <철학서한>, 한국출판사, 1982, pp. 64~65 ; Voltaire(Translated
    by L. Tancock), *Letters on England*, Penguin Books, 1980, pp. 33~34 'Letter 4, On the

오늘날의 펜실베이니아 필라델피아(Philadelphia)

해설

* 볼테르는, 미국에서 '미국의 독립 전쟁(Independent War, 1775)'이 나기 정확히 41년 전에, 〈영국 편지〉(1734년, 40세)에서 퀘이커 교도 윌리엄 펜의 '자주' '평등' 실천에 감탄해 마지않았다. 그런데 그 41년 후(1775)에 '미국의 독립 전쟁'이 발발한 것이다. 이것이 바로 볼테르가 보였던 '세계역사를 뚫어보는' 그의 선견지명(先見之明)이었다.

볼테르 당대(當代)에 프랑스는 중세 봉건주의 지속 상태였고, 아메리카 식민지를 관할하고 있던 영국에서는 누구도 신앙의 자유와 그 한 이상국(理想國) 윌리엄 펜의 펜실베이니아-필라델피아(Philadelphia)를 중심으로 펼쳐진 '신앙의 자유 찾기 운동' '미국 독립 전쟁'의 세계사적 의미를 전혀 예견하지 못하고 있는 상태였다.

IN CONGRESS, JULY 4, 1776.

A DECLARATION

BY THE REPRESENTATIVES OF THE

UNITED STATES OF AMERICA,

IN GENERAL CONGRESS ASSEMBLED.

'선언문 작성자 제퍼슨(T. Jefferson, 1743~1826)'45), '선언문을 작성하고 있는 프랭클린·애덤스·제퍼슨 상상도'46), '선언문 원본'47)

Quakers'.

45) 'Thomas Jefferson, the principal author of the Declaration'.

46) 'This idealized depiction of (left to right) Franklin, Adams, and Jefferson working on the Declaration (Jean Leon Gerome Ferris, 1900) was widely reprinted'.

J. 트럼벌(John Trumbull, 1756~1843) 작 '독립선언에 서명한 의회 대표들'(1776. 7. 4(28)48), 대의원의 배치(配置)와 이름49)

펜실베이니아 주 의회 의사당(1752)50), 독립기념관(1799)51)

Location within Pennsylvania

독립기념관52), 자유의 종53), 독립기념관의 펜실베이니아 주에서의 위치

---

47) 'The opening of the original printing of the Declaration, printed on July 4, 1776 under Jefferson's supervision. The engrossed copy (shown at the top of this article) was made later. Note the opening lines of the two versions differ'.

48) 'John Trumbull's famous painting is often identified as a depiction of the signing of the Declaration, but it actually shows the drafting committee presenting its work to the Congress'.

49) 'The Committee of Five presenting their work to the Congress on June 28, 1776. Painting by John Trumbull'.

50) 'Detail of A Map of Philadelphia and Parts Adjacent, depicting the State House as it appeared in 1752. The image shows the original bell tower, which lacked a clock'.

51) 'Independence Hall in 1799, with the wooden steeple removed and Thomas Stretch's clock'.

그러므로 만약 볼테르
의 안목을 은폐하려는 책
동들이 있었다면 그것은
명백히 '반(反)역사, 반인
류의 사기 집단의 소행'
임을 똑바로 알아야 할 것
이다.

프랭클린(Benjamin Franklin, 1706~1790), 필라델피아로 귀환한 프랭클린
(1785)[54]

특히 독립 전쟁을 주도한 벤저민 프랭클린(Benjamin Franklin, 1706~1790)은
펜실베이니아·필라델피아와 각별한 인연을 가진 사람으로 세계적인 인물인데,
그 프랭클린이 파리에 대사로 근무(1776~1785)할 때인 1778년 2월 15일 볼테르
와 회동했다는 점은 역시 유념할 만한 사실이다. (참조, ✽ ⑭-6. 혁명 실현기(革命
實現期, 1778~1791) '1778년 −84세, 2월 21일 − 프랭클린에게 보낸 볼테르의
편지')

④-20. 볼테르의 '페르네' 마을

볼테르가 마지막 20년을 거주했던 페르네(Ferney) 마을은, 지금 '페르네 볼테르
(Ferney-Voltaire)'로 명명되어 유명하다. 볼테르의 저택은 지금 그의 기념관이다.
볼테르의 도서관은 러시아 상트페테르부르크(Saint Petersburg) 국립 러시아 도서관
에 온전히 보존되고 있다. 1916년 취리히에서 초기 아방가르드 다다 운동을 펼쳤던
사람들은 그들의 극장을 '카바레 볼테르(Cabaret Voltaire)'라 하였다. 그 후 20세기
후반 음악 그룹이 그 이름을 다시 쓰기도 했다. 천문학자들은 화성의 두 위성
중 하나인 다이모스에 '볼테르 분화구', 소행성 '5676 볼테르'로 명명하였다.[55]

해설
✽ 볼테르의 위대한 점은 말로만 '관념적'으로 주장했던 사람이 아니라 '현실

---

52) 'Independence Hall'.
53) 'The Liberty Bell (foreground) was housed in the highest chamber of the brick tower. The
    Centennial Bell (top) hangs in the cupola of William Strickland's 1828 wooden steeple'.
54) Wikipedia, 'Benjamin Franklin' − 'Franklin's return to Philadelphia, 1785'.
55) Wikipedia, 'Voltaire'.

적' '구체적' 실천을 항상 동반시켰던 혁명가, 실천가라는 점이다.

볼테르는 '철학가' '역사가' '극작가' '소설가'였지만, 현실적으로 루이 15세 시절에 국정(國政)에 가담하였고, '현실의 개혁' '구체적인 실천'을 항상 병행(竝行)했던 '선구적 개혁 운동가'였다.

특히 볼테르가 1755년(61세)부터 스위스 제네바와 프랑스 국경 사이에 '페르네 볼테르(Ferney-Voltaire)'를 경영했던 것은 그가 20년 전 꿈꾸었던 '윌리엄 펜의 펜실베이니아 건설'의 축소판(縮小版)으로 큰 의미를 지니고 있다.

한 마디로 볼테르의 페르네 볼테르 운영은 그의 '자주' '평등' '경제 중심 사고'의 구체적인 성공 결과이니, 그것을 모범으로 역기 1916년 취리히 '다다 혁명 운동'이 시작되었다는 사실은 결코 우연이 아니다.

왜냐하면 당시 '다다 혁명 운동 주체' 후고 발(Hugo Ball, 1886~1927)이 운영한 술집 이름이 '카바레 볼테르'였던 것은 종족주의와 국가주의를 지양(止揚)한 '세계 평화주의' 볼테르 정신 계승을 표준으로 삼았기 때문이다.

후고 발-Hugo Ball과 카바레 볼테르-Cabaret Voltaire(1916)가 있던 장소 마이에라이-Meierei 식당(1935)과 1916년 2월 '예술가의 술집 볼테르'가 개점한다는 당시 광고 포스터(Marcel Slodki 제작)[56]

1916년 '야간 흥행'이 열렸던 박크 홀-Waag Hall[57]과, 쟝코-Janco가 디자인한 큐비스트 복장을 한 후고 발[58], 그가 동년 5월 제작한 '카바레 볼테르'지 일부[59]

56) L. Dickerman, *DADA*, The Museum of Modern Art, 2006, pp. 21, 22.

57) L. Dickerman, *DADA*, Ibid, 1990, p. 34.

58) M. Dachy, *Dada The Dada Movement 1915-1923*, Rizzoli International Publications Inc, 1990, p. 43.

59) R. Motherwell(Edited by), *The Dada Painters and Poets: An Anthology*, The Belknap Press of Harvard University Press, 1981, p. 30.

다음은 볼테르가 운영했던 프랑스와 스위스 접경의 '페르네 볼테르'의 위치와 그 구체인 전경들이다.

지도(地圖)상의 '페르네 볼테르(Ferney-Voltaire)' 위치, 페르네 볼테르의 전경(全景)

L 시그니 작 '페르네(1764)'[60], '볼테르의 집-낙원 저택'[61]

'볼테르'[62], 페르네(the Chateau de Ferney)[63]

60) J. Goldzink, *Voltaire*, Hachette, 1994, p. 273 'Louis Signy'.
61) G. R. Haven, *Voltaire Candide, Ou L'Otimisme, Henry Holt and Company*, 1954, p. 00 'Voltaire's Home, Les Delices'.
62) G. R. Haven, *Voltaire Candide, Ou L'Otimisme, Henry Holt and Company*, 1954, p. ii 'Voltaire Drawing by Jean Huber(1721~1786)'.
63) Wikipedia, 'Voltire' : 'Voltaire's château at Ferney, France'.

J. 위베르(Jean Huber)작 '농부와 대화하는 볼테르'64), '시민들과의 대화'65), '이야기를 들려주는 볼테르'66)

J. 위베르(Jean Huber)작 '볼테르에게 (장 칼라스 사건 등)호소하는 시민들'67), I. 쿠베르도(Isidore Queverdo, 1748~1797) 작 '알프스 농노들과 볼테르'68), '페르네의 볼테르 동상'

---

64) 'Voltaire Conversing with the Peasants in Ferney'.

65) 'Voltaire en conversation avec un groupe de paysans à Ferney'.

66) 'Voltaire Narrating a Fable'.

67) J. Goldzink, *Voltaire*, Hachette, 1994, p. 233.

68) '"Voltaire et le serf du Mont Jura" (Voltaire und der Leibeigene aus dem Jura). Kupferstich von Joseph de Longueil (1730 - 1792) nach Zeichnung von François Marie Isidore Quéverdo (1748 - 1797). Aus einer Serie: Bienfaits de Voltaire'.

제5장

자연법(Natural Law) 사상

볼테르의 우선 관심은, 당시 프랑스의 '중세 교권 중심 사회(中世 敎權 中心 社會)' 개혁에 그 초점이 있었다.

볼테르는, 영국의 I. 뉴턴의 '천체 물리학'과 J. 로크의 '경험 철학(자연과학)'을 사고의 출발점으로 삼고 그것에 추가하여 중국 공자의 '자연법(自然法, Natural Law)' 사상을 '세계 국가 사회 운영의 모법(母法)'으로 명시하였다. 소위 '자연법(自然法, Natural Law)'이란, '자기가 당하고 싶지 않은 일을 남에게 행하지 말라.[己所不欲 勿施於人]'가 그 요점이다.

볼테르는 공자의 '인(仁)' '천(天)' '도리(道理)' 사상과 연대하여, 당시 프랑스 사회에서 계속되고 있는 살상(殺傷)의 '여호와주의'를 맹박(猛駁)하였다. 볼테르의 '공자(孔子) 사상'은 역시 그의 명저 〈관용론〉(1763), 〈역사철학〉(1765), 〈에페메로스 대화록〉(1777)에 반복 명시되었다.

볼테르는 '인간 이성(reason)'은 인류 통성(通性)으로 전제하였고 그것을 토대로 생명 존중 정신이 바로 그 자연법에 있음을 반복 주장하였다. 볼테르의 '자연(自然)'은, 자연과학·자연법(도덕)을 하나로 통합한 그의 최고 전제로서, 후배 철학자들의 그 허점과 오류는 마땅히 볼테르의 자연 사상에 조회(照會)를 해야 그 진위(眞僞)가 판별이 날 수 있다.

⑤-1. 신념(信念)의 자유, 생득(生得)의 자유

　　매우 색다른 종파 사람들의 교의(敎義)와 역사는, 양식 있는 사람들의 호기심을 일으킬 것이 틀림없다고 나는 생각한다. 그러한 사실을 알고 싶다고 생각한 나는, '영국의 퀘이커교도(Quakers in England)'로서 가장 세상에 알려져 있는 한 사람을 만나러 갔다. 그 사람은 30년 동안 상업을 경영하며 부와 욕망을 자제(自制)하며 런던 근교에 은퇴해 있었다. 나는 그의 거처로 그를 찾아갔다. 작은 시골집이 화려하지 않았으나 모두 쾌적하였다.

〈영국 편지 - '제1신, 퀘이커 교도에 대하여'〉1)

해설

　* '퀘이커 교'는 '개신교(改新敎, protestant)' 일파(一派)로서 볼테르가 영국 유학 시절에 높은 관심을 가지고 살폈던 자주·평등 사상 실천 교도로 사실상 볼테르 자신의 혁명 사상을 대표하고 있는 교도들이다. 즉 사제(신부)의 중계 없이 '하나님'과의 직접 교통(交通)을 강조하고, 존엄한 존재(개인)로서 세상을 경영하며 사는 사람들이다.

　이 자주권의 확인이 바로 '근대(modern) 사상'의 출발이고, 역시 볼테르의 과학·경제·실존주의(實存主義) 사상과 연대되어 있는 사항이다.

　'영국의 퀘이커교도(Quakers in England)' 중에 윌리엄 펜(William Penn, 1644~1718)이라는 사람이 영국의 국왕 찰스 2세(Charles Ⅱ, 1630~1685)로부터 아메리카의 펜실베이니아(Pennsylvania)를 불하(拂下) 받아, 필라델피아 (Philadelphia)를 건설하였고, 그 펜실베이니아 필라델피아를 중심으로 '신앙의 자유'도 함께 쟁취한 '미국의 독립 전쟁(Independent War, 1775)'이 수행되었음은 전술(前述)했던 바다. (참조, * ④-18. '윌리엄 펜'의 등장, * ④-19. 자유의 펜실베이니아)

---

1) 볼테르(정순철 역), <철학서한>, 한국출판사, 1982, p. 51 ; Voltaire(Translated by L. Tancock), *Letters on England*, Penguin Books, 1980, p. 23 'Letter 1, On the Quakers'.

⑤-2. '인류 평등'은 기본 전제다.

그리고 그(퀘이커 교도)는 그 종파가 다른 종파로부터 경멸을 당하는 원인이 되는 몇 가지에 색다른 점에 대해 간단하게 설명을 가하였다. 그는 말했다.

"바른대로 말해서 당신들의 예의 바른 태도에 대해, 내가 모자를 쓴 채 '당신(thee)'이란 거친 말을 썼던 나의 응답에 당신은 웃음을 참느라 애를 썼을지 모릅니다. 그렇지만 교양이 풍부한 당신이, 그리스도 시대 이후 단수(單數)의 상대에 대하여 복수형(複數形, 존칭형)으로 부르는 이상한 짓을 한 나라는 하나도 없다는 것을 알 것입니다.[尊卑法 無用論] 황제 아우구스투스에게라도 '나는 당신을 좋아한다. 당신에게 부탁한다. 나는 당신에게 감사한다.(I love thee, I beg thee, I thank thee.)'라고 말했습니다. 황제는 사람들이 자기에 대하여 '각하(Sir)'나 '전하(Dominus)'라 부르는 것을 인정하지 않았던 것입니다. 이 황제로부터 훨씬 시대가 내려와서부터 인간에게 두 개의 몸뚱이가 있거나 한 것처럼 '당신'이라는 말 대신에 경어(복수형)를 사용하고 벌레와도 같은 자가 자기의 동류의 벌레에게 '전하(殿下, Lordship)' '각하(閣下, Eminence)' '성하(聖下, Holiness)' 등의 상식 밖의 칭호를 분별없이 고안(考案)해 내기에 이르렀던 것입니다. 이렇게 함으로써 자기들이 깊은 존경과 함께 수치스런 거짓에 의하여 아주 천하고 충성스런 종[奴僕]이라 자칭한 것입니다. 우리는 국왕이나 신발 장수에게나 똑 같이 '당신(thou)'이란 말을 쓰는 것도 우리는 누구에게도 머리를 숙이지 않고, 우리가 우리에게 갖는 감정은 '인간사랑'일 뿐이며, 존경을 표하는 것은 법에 대해서도, 사실은 그러한 거짓말이나 아첨(阿諂)을 주고받는 한심한 일이 없도록 더욱더 조심을 하고 있기 때문입니다."

<영국 편지 - '제1신, 퀘이커 교도에 대하여'>[2]

해설

* 볼테르의 '퀘이커 교도'에 대한 보고(報告)는, 그 동안 '예법(禮法)'이 존중된 동양 사회에서는 전혀 고려되지 못했던 사항이다.

즉 '구체적인 신분(身分) 계급(階級)'으로 명시된 중국 권(圈) 사회인 한국에서 언어 존비법(尊卑法)이 발달했고, 불필요한 예법(禮法)이 그것이었다.

그런데 볼테르는 1734년(40세)부터 '평등'의 정신을 <영국 편지>에서 명시(明

---

2) 볼테르(정순철 역), <철학서한>, 한국출판사, 1982, p. 52 ; Voltaire(Translated by L. Tancock), *Letters on England*, Penguin Books, 1980, pp. 23~24 'Letter 1, On the Quakers'.

示)하였고, 그 정신을 평생 지니고 있었다.

볼테르가 직접 상대하였던 프랑스 루이 15세나 독일(프러시아)의 프리드리히 2세에게도 그러한 '평등 정신'이 적용되었을 것임은 확인할 수 있으니, 그 왕들이 모두 '볼테르 태도'에 불만(不滿)을 나타내었던 것으로 역(逆) 추적할 수 있다. (참조, ※ ⑭-5. 사회 운동기(社會 運動期, 1753~1777) '1753년 條')

⑤-3. 신(神) 속에 거주하는 사람들

나는 그에게 물었다. "그럼 당신들에게 성직자(聖職者)는 전혀 없습니까?" 퀘이커 교도는 말했다. "그렇습니다. 벗이여! 그리고 그것을 기뻐하고 있습니다. 다른 수많은 신자(信者)를 제쳐 놓고 어느 특정의 인간을 향하여, 일요일에 성령(聖靈)을 받도록 우리가 굳이 일어나지 않기를 빕니다. 신의 은혜로 우리들만이 이 지상에서 성직자 한 사람도 가지고 있지 않으니까요. 신(神)이여 당신은 설마 이러한 고마운 특별 배려를 우리들로부터 빼앗지는 않으시겠지요. 어린 아이에게 줄 젖이 내게 있는데, 어째서 고용인인 유모(乳母)에게 그 아이를 맡기겠습니까? 그러다가 멀지 않아 고용인이 집안일을 맡아서 처리하고, 모친도 아이도 혹독한 취급을 받게 될 것입니다. 신은 말하십니다. '무상(無償)으로 받았으니, 무상으로 주라.' 이 말씀이 있는데도 우리가 복음서를 에누리한다든가 성령을 매물로 삼는다든가 그리스도 회합을 상인들의 가게로 만들어도 좋겠습니까. 우리는 가난한 자를 돕고 죽은 자를 매장하고 신자들에게 복음을 설명하기 위해 검은 의복을 입고 있는 사람들에게 금전을 주는 짓은 절대로 하지 않습니다. 이 신성한 일을 다른 사람에게 위탁하기 하기는 너무나 중요한 일입니다."[성경대로 행함]

나는 집요하게 물었다.

"당신들이 이야기 하고 있는 중에 당신을 이끌고 있는 것은 신(神)입니까?" 퀘이커 교도는 말했다.

"누구든지 신에게 '교도해 주십시오.'라고 기도하고 자기가 느끼는 대로 복음의 진리를 설명하는 자라면 틀림없이 그 사람은 신(神)의 영감을 받고 있는 것입니다."

이렇게 말하고 그는 나에게 차례차례 성서(聖書) 인용을 들려주었으나, 그 인용은 그의 설에 의하면, 직접적인 계시가 없이는 그리스도교는 전혀 성립되지 않는다는 것이었다.

〈영국 편지―'제2신, 퀘이커 교도에 대하여'〉3)

해설

* 이 '퀘이커 교도'의 사례 보고는, 볼테르 '개혁 사상의 발동 지점'이었다. '신(神)과의 직접 대면'이란 헤겔이 밝힌바 '자신의 개념(Self-Conception)' 바로 그것이니, 그것은 '주인 정신'의 발동 속에는 항상 가동할 수밖에 없는 것을 지적한 것이다. [그러나 G. W. F. 헤겔은 '大主敎' '主敎'의 자리를 대신한 '牧師'로서의 헤겔일 뿐, 그 '개인 무시'는 그대로 존속되었다.] (참조, ※ ⑬-2. G. W. F. 헤겔의 '절대주의' '여호와주의'. ※ ⑬-9. C. G. 융의 만다라(Mandala))

그것(개인주의)을 '차단(遮斷)' '부정(否定)' '독점(獨占)'하려는 것이 바로 '전근대의 표본'이었으니, 볼테르는 그의 〈영국 편지〉 첫머리에 '퀘이커 교도 이야기'로 시작하였다. 그 정신(개인 정신의 존중)의 실현이 바로 '독립' '혁명'의 출발이기 때문이다.

그러한 측면에서 한국에 최제우(崔濟愚, 1824~1864)의 '동학 혁명 운동'은 '한국 근대 의식의 출발점'으로 역시 모두 공인을 하고 있는 사항이다. (참조, ※ ④-18. '윌리엄 펜'의 등장, ※ ⑤-5. 퀘이커교를 창시한 조지 폭스)

⑤-4. 인류가 신(神) 안에 있다.

그리고 그 퀘이커 교도는 다음과 같은 말을 하였다.

"당신이 손발 가운데 어느 것인가를 움직일 때, 그것을 움직이게 하는 것은 당신 자신의 힘일까요? 아마도 그렇지 않을 것입니다. 왜냐하면 이 손발은 여러 번 당신의 의지와는 관계가 없는 움직임을 보이기 때문입니다. 따라서 당신의 육체를 만드신 분께서 흙으로 만드신 육체를 움직이게 하고 계신 것입니다. 그리고 당신의 영혼이 받아들이는 여러 가지 관념은 당신 자신이 만들어 내는 것일까요? 그것은 더욱 더 그렇지 않습니다. 왜냐하면 이러한 관념은 당신이 원하지 않더라도 저절로 오게 되어 있으니까요. 따라서 당신에게 당신의 관념을 주는 것은 당신의 창조주 이외에는 없습니다. 그러나 창조주가 당신의 마음에는 자유(freedom)를 남겨 주셨으므로, 창조주는 당신의 마음에 어울리는 관념을 주고 계십니다. 당신은

---

3) 볼테르(정순철 역), <철학서한>, 한국출판사, 1982, pp. 56~57 ; Voltaire(Translated by L. Tancock), *Letters on England*, Penguin Books, 1980, pp. 27~28 'Letter 2, On the Quakers'.

신 안에서 살고 신 안에서 행동하며 사고하는 것입니다. 따라서 모든 사람을 비춰주는 그 빛에 눈을 뜨기만 하면 됩니다. 그렇게 하면 당신은 진리를 찾아낼 것이고 또 그것을 다른 사람들에게 가르칠 수도 있을 것입니다."

나는 소리쳤다. "이것은 틀림없이 마르브랑쉬(Malebranche, 1638~1715) 신부와 똑 같습니다."

퀘이커 교도는 말했다.

"당신 나라에 마르브랑쉬는 나도 알고 있습니다. 그는 약간 퀘이커 교도와 비슷한 점이 있으나, 완전히 동일하다고는 할 수는 없습니다."

〈영국 편지 – '제2신, 퀘이커 교도에 대하여'〉[4]

해설

* '퀘이커 교도'도 말하는 〈성경〉 속의 신(절대신-여호와)을 말하지만, 사실상 볼테르가 믿은 신(神)은 인류 보편의 '자연 원리' 속의 신이었다.

이 구분은 '볼테르 이해'에 중대한 문제인데, 볼테르의 결론은 '이신론(理神論, deism)'에 종착하였다. (참조, * ⑪-12. 신(神)의 대행자(代行者)는 어디에도 없다. * ⑪-13. 자연법(自然法, Natural Law)이 최고다.)

그 개념은 '통합(統合)'될 수도 있지만, 엄연한 구분도 있다. 공통점은 '우주 만물에 예외 없이 통한다.'는 대전제(大前提)에 공통으로 있지만, 〈성경〉 속에 있는 '신'은 '인격신(人格神)'이지만, 볼테르의 신은 '자연을 지배하고 원리'일 뿐이다. [이것이 그 요점이다.]

한 마디로 〈성경〉 속에 신은 '아버지 논리' 속에 있는 원시적 유추임에 대해, 볼테르의 '자연 원리'를 '새로운 우주관'에 기초한 '과학적 추리'로 모든 과학으로 탐구 대상이고, 그 결과가 그 원리가 역으로 그 '자연신(自然神)' 증거들이다.

즉 모든 종교가 특히 '여호와주의'에 있는 (독일)철학자들의 명백한 오류는, '자연과학'을 행하는 '볼테르의 이성(Reason)' 주장을 한결같이 '여호와주의' 해명과 이해로 쟁점을 바꾸어 놓은 '개신교도(改新敎徒) 포교서(布敎書)'로 바꾸어 유포시켰다는 점이다.

이런 천하에 가소(可笑)로운 일이 그동안 규명되지 못했던 이유는, 그 '엄청난

---

4) 볼테르(정순철 역), <철학서한>, 한국출판사, 1982, pp. 57~58 ; Voltaire(Translated by L. Tancock), *Letters on England*, Penguin Books, 1980, p. 28 'Letter 2, On the Quakers'.

거짓'을 백일(白日) 하에 드러낸 볼테르는 확인도 않고, '열등한 보수주의자' '여호와주의' 책들을 그대로 이해하게 하려 하였으니, 그것은 명백히 '우민화(愚民化)'의 불순한 책동(策動)들이다.

무엇이 '우민화(愚民化)'란 말인가?

'미신의 여호와주의' '배타주의' '독선(특권)주의' '민족 우월주의' '전쟁 옹호' 무용한 '도식주의(변증법, 순환론) 묵인'이 바로 그것이다.

부연하면, 볼테르가 의지했던 I. 뉴턴의 '만유인력'의 원리나, J. 로크가 전제한 '인체 과학'은 그 변증법의 말장난들과 전혀 관계가 없다.

⑤-5. 퀘이커교를 창시한 조지 폭스

이미 알고 있듯이 퀘이커 교도는 예수 그리스도에서 시작되는 것이며, 그들의 주장으로는 그리스도야말로 '최초의 퀘이커 교도'라는 것이다. 종교는 그리스도 사후에 부패하였으며, 그 후 약 1600년 동안 그 부패 상태를 빠져나오지 못하고 있었으나, 세상에는 항상 소수의 숨은 퀘이커 교도가 있어 왔다는 것이다. 다른 곳에서는 거의 꺼져버린 성화(聖火)의 맥을 끊이지 않게 그 맥을 지키다가 1642년 (1649)에 그 빛을 영국에 퍼뜨리기 시작했다는 것이다.

마침 이 무렵 브리튼 섬은 서너 개의 종파가 신(神)의 이름으로 시작된 내란으로 분열 상태에 있었으나, 레스터(Leicester) 백작 영지(領地)의 견직공의 아들인 조지 폭스(George Fox, 1624~1691)라는 사나이가, 자신은 글을 읽고 쓸 줄 모르면서, 진짜 사도(a true apostle)라고 하며 복음을 가르칠 결심을 하였다. 25세 젊은이로서 품행이 단정한 미친 사람(blameless life and devoutly mad)이었다. 그는 머리에서 발끝까지 모피(毛皮)를 걸치고 마을에서 마을로 '전쟁 반대'와 '성직자 반대'를 외치며 돌아다녔다. 군대를 비난한 설교를 했더라면 그에게 위해(危害)는 없었을 것이다. 그러나 성직자를 공격했기에 얼마 후 감옥에 갇히게 되었다.

더비(Derby, 런던 서북쪽의 더비사아의 수도)의 치안 판사 앞으로 연행되어 갔으나, 폭스는 머리에 모피 모자를 쓴 채로 판사 앞에 나갔다. 정리(廷吏, a sergeant) 한 사람이 폭스의 뺨을 치며 소리쳤다.

"이 멍청아, 판사님 앞에서는 모자를 벗는다는 것도 모르냐."

이에 폭스는 다른 쪽 뺨을 내밀며, 신(神)의 마음에 맞도록 제발 한 번 더 때려 달라고 그 정리(廷吏)에게 부탁을 하였다. 심문을 시작하기 전에 더비 판사는 그에게 '선서'를 시키려 하였다. 폭스는 판사에게 말했다.

"벗이여, 알아두게나. 나는 함부로 '신(神) 이름 부르기'를 하지 않노라."

판사는 이 사나이가 자기를 무례(無禮)하게 '당신'이라 부르는 것을 보고, 더비 정신병원에 보내 태형(笞刑)을 받도록 하였다.

조지 폭스는 신을 찬양하면서 정신병원으로 갔으나, 병원 사람들이 판사의 판결을 소홀히 할 리가 없었다. 조지 폭스에게 태형을 집행했던 사람들은 폭스가 마음을 단련하기 위해 채찍을 더욱 세게 때리

조지 폭스(George Fox, 1624~1691)

라는 말에 완전히 놀랐다. 그들은 용서가 없었다. 폭스는 두 배의 태형을 받았다. 폭스는 마음 깊이 감사하였다. 처음에는 비웃고 있던 사람들이 귀를 기울이게 되었고, '종교적 열광은 전염병(傳染病)'이라는 그의 말에 믿음을 발동했고, 폭스에게 태형(笞刑)을 가한 사람이 그 제자가 되었다.

〈영국 편지 - '제3신, 퀘이커 교도에 대하여'〉5)

해설

* 종교의 창시자(敎主)는 예외없이 항상 '하늘(하느님)과의 직통' 체험에 기초하고 있음을 살필 수 있다.

한국 사회에 처음 등장한 종교 동학(東學) 교주 최제우(崔濟愚, 1824~1864)는 스스로를 '천황씨(天皇氏, 하늘)'로 알았고, 모든 교도들에게 그 '하늘과의 직통 방법'을 구체적으로 가르쳤다.6) 그리고 그 '동학 사상'을 바탕으로 '3·1운동'으로 이어졌으니, '한국의 근대화 진행'은 볼테르가 확인했던 '퀘이커 교도' 사상과 완전히 동일한 것이었다.

---

5) 볼테르(정순철 역), <철학서한>, 한국출판사, 1982, pp. 59~60 ; Voltaire(Translated by L. Tancock), *Letters on England*, Penguin Books, 1980, pp. 29~30 'Letter 3, On the Quakers'.

6) '한울님이 임하시니, 하나 되기 소원이라, 한울님을 모셨으니 모든 조화 자리 잡고, 평생을 모시오면 무엇을 모르리오(至氣今至 願爲大降 侍天主 造化定 永世不忘 萬事知)' - 李敦化, 천도교창건사, 천도교중앙종리원, 1933.

동학교주 최제우(崔濟愚, 1824~1864)[7], <동경대전>, 제2대 교주 최시형(崔時亨, 1827~1898), 제3대 교주 손병희(孫秉熙, 1861~1922)

⑤-6. 버클리가 확보한 '종교의 자유'

로버트 버클리(Robert Barclay, 1648~1690)

1667년에 스코틀랜드 로버트 버클리(Robert Barclay, 1648~1690)는, 더 이상 잘 될 수 없는 〈퀘이커 교도들의 변명(*Apology for the Quaker*)〉을 찰스 2세에게 헌정(獻呈)하였다. 그 헌정문에는 비굴한 아첨 따위는 없고 여러 가지 당당한 진실과 적절한 호소가 적혀 있었다.

그 글 끝에 버클리는, 국왕 찰스 2세에게 말하였다.

"당신은 지금까지 이 세상에서 행복도 고난도 융성도 둘도 없는 비운(悲運)도 몸소 체험하였습니다. 현재 통치를 하고 있는 나라로부터 쫓겨난 일도 있었고, 압제의 무게도 몸소 알았고, 압제자가 신과 인간 앞에서 얼마나 싫은가도 알고 계십니다. 그래서 이렇게 여러 시련과 신의 가호를 경험했음에도 불구하고 만약 당신의 마음이 냉혹해져서, 당신이 역경에 있을 때에도 당신을 염두에 두고 계셨던 신을 잊은 일이 있다면, 당신의 죄는 그것 때문에 더욱 커질 것이며, 당신의 처벌은 더욱 무서운 것이 될 것입니다. 당신의 궁정에 추종자의 말에 귀를 기울이지 말고 자신의 양심의 말을 들으십시오. 양심은 당신에게 아첨하는 일은 없을 것입니다. 충실한 벗이며 국민인 버클리."

이보다 더욱 놀라운 것은, 무명의 한 개인이 작성한 편지에 의해, 박해(persecution)

---

7) <한국의 古板畵>, 한국정신문화연구원, 1979, p. 14 '水雲 崔濟愚(1824~1864)像'.

가 종식되었던 사실이다.

〈영국 편지-'제3신, 퀘이커 교도에 대하여'〉8)

해설

* 소위 '종교의 자유'를 영국이 먼저 실천하였던 점을 볼테르는 높이 평가했다. 그러나 그것은 항상 박해(迫害)를 이기고 쟁취하는 형식을 취하게 마련이었으니, 한국(조선조)의 동학도 그러한 속성을 지니고 있었다.

⑤-7. 종교가 계급을 이루던 사회

영국은 여러 종파가 분립해 있는 나라다. 자유로운 영국인은 마음에 드는 길을 통하여 천국으로 간다.
각자가 자기 마음대로 신에게 봉사할 수 있다고는 하지만 영국인의 진짜 종교는 성공회(聖公會, The Anglican Church)로 그 종파에 속해야 입신출세 할 수 있다. 잉글랜드에서나 아일랜드에서도 성공회 신도가 아니면 공직을 맡을 수 없다. 그러한 어쩔 수 없는 이유 때문에, 많은 사람들이 성공회 신도가 되었다. 그래서 오늘날 성공회 교도가 아닌 사람은 국민의 20분의 1도 안 된다.

〈영국 편지-'제5신, 영국 국교에 대하여'〉9)

해설

* 볼테르는 위에서 '종교의 자유'를 명백히 하였다.

세계역사 전개로 볼 때, 처음은 제정일치(祭政一致) 사회였으나, 이후 정교(政敎)가 분리되고 여러 종교가 생겼으나 그 국가에서 '육성하는 사상'은 차이가 있어 '통치자 중심의 사상 체계'가 교육되었다.

'과거 교육'은 거의가 종교가 교육을 주도하였고, 그 교육 체계는 지배 중심의 통치 훈련과 병행하였으므로 원래 로마 지배하에 있었던 프랑스 영국 독일에는 모두 '기독교 중심' 교육이 행해졌고, 그것이 더욱 세분화하여 상호

---

8) 볼테르(정순철 역), <철학서한>, 한국출판사, 1982, pp. 61~62 ; Voltaire(Translated by L. Tancock), *Letters on England*, Penguin Books, 1980, p. 31 'Letter 3, On the Quakers'.
9) 볼테르(정순철 역), <철학서한>, 한국출판사, 1982, p. 68 ; Voltaire(Translated by L. Tancock), *Letters on England*, Penguin Books, 1980, p. 37 'Letter 5, On the Anglican Religion'.

'통치권 다툼(수호)'의 다른 양상을 띠었던 것이다.

⑤-8. 영국의 개혁 운동

영국 성공회 세력 범위는 잉글랜드 아일랜드에 국한되어 있다. 스코틀랜드에서는 장로파(Presbyterianism)가 지배적 종교이다. 이 장로파는 프랑스에서 창립되었고, 제네바에 오늘날 존속하고 있는 순수한 캘빈주의(Calvinism)이다. 이 종파의 목사는 교회로부터 미미한 보수를 받고 있으므로 성공회 같은 목사의 사치스런 생활을 할 수 없을 뿐만 아니라, 도달할 수 없는 높은 지위에 비판적인 것은 당연했다. 플라톤(Plato, 428 B.C.~348 B.C.)이 우쭐대는 것을 조소했던 오만한 디오게네스 (Diogenes, 412~323 B.C.)를 상상하면 될 것이다. 스코틀랜드 장로파는 오만하면서도 가난한 이론가와 비슷하다. 장로파가 찰스 2세에게 보여준 오만한 태도는 디오게네스가 알렉산더 대왕에게 한 태도 못지않게 예절을 결(缺)한 것이었다. 장로파 사람들이 속인(俗人) 크롬웰(O. Cromwell, 1599~1658))에 반기(反旗)를 들고 찰스 2세를 위해 무기를 들었을 때, 그들은 불쌍한 국왕 찰스 2세에게 하루 4회 설교를 하고, 놀이를 금지하고 회개의 고행을 강조하였다. 그 결과 찰스 2세는 딱딱한 친구들의 국왕이 되는 것에 싫증이 나서, 학생이 학교에서 도망쳐 나가듯이 그들의 손에서 빠져나갔다.

〈영국 편지 − '제6신, 장로파교도에 대하여'〉[10]

플라톤과 아리스토텔레스[11], 디오게네스, 알렉산더와 디오게네스[12]

---

10) 볼테르(정순철 역), <철학서한>, 한국출판사, 1982, pp. 72~73 ; Voltaire(Translated by L. Tancock), *Letters on England*, Penguin Books, 1980, p. 40 'Letter 6, On the Presbyterians'.

해설

* 볼테르는 플라톤의 '관념주의'에 반대하였다. 볼테르는 차라리 디오게네스를 응원한 셈이다.

볼테르는 '스코틀랜드 장로파'보다 '속인(俗人) 크롬웰' 편이라고 해야 할 반항과 혁명의 기질이다. (참조 ※ ③-21. 몽상(夢想)의 플라톤, ※ ⑨-37. '관념의 키메라'를 연출(演出)한 홉스) 이러한 볼테르의 기질은 그 후기(後期)로 오면서 더욱 선명하게 되었으니, 그것은 볼테르의 〈역사철학〉(1765, 71세), 〈무식한 철학자〉(1766, 72세), 〈철학적 비평〉(1777, 83세)에서 가장 확실하게 입증되었다. 볼테르의 신념은 '생명 존중', '전쟁 반대', '인격신(여호와) 부정(否定)', '상호 존중의 자연법(Natural Law) 옹호'로 요약이 될 수 있다.

⑤-9. '피'로 지불된 '자유의 대가(代價)'

물론 영국에서 '자유(liberty)'를 확립할 때까지는 많은 희생을 지불하였다. 전제 권력의 우상(偶像, the idol of despotic power)이 침몰한 곳은 피의 바다였다. 그러나 영국은 좋은 법을 획득하는 데 지불한 대가가 너무 비쌌다고 조금도 생각하지 않았다. 다른 나라 국민도 영국인 못지않을 만큼 피를 흘리고 있다. 그러나 그들 자신을 위해 흘린 피는 노예 상태를 오히려 굳혔을 뿐이다.

〈영국 편지-'제8신, 영국 국회에 대하여'〉13)

헨리 8세	1534년 '국왕 지상법' 발표	1509~47
에드워드 6세		1547~53
메리 1세		1553~58
엘리자베스 1세	1559년 '신 구교 공인'	1558~1603
그레이트브리튼과연합왕국 [1, 2]		
제임스 1세(스코틀랜드의제임스 6세)		1603~25
찰스 1세	1649년 청교도 혁명으로 처형됨	1625~49
공화정		
올리버 크롬웰. 호국경		1653~58
리처드 코롬웰. 호국경		1658~59
찰스 2세	1680년 편에게 현실 반니어 불하	1660~65

영국의 평등권(平等權) 쟁취 혁명사

---

11) Wikipedia, 'Plato (left) and Aristotle'.
12) Wikipedia, 'Diogenes', 'Alexander the Great visits Diogenes'.
13) 볼테르(정순철 역), <철학서한>, 한국출판사, 1982, p. 79 ; Voltaire(Translated by L. Tancock), *Letters on England*, Penguin Books, 1980, p. 45 'Letter 8, On the Parliament'.

해설

* 볼테르는 젊은 시절부터 '혁명 정신'에 불타고 있었다.

위의 진술에서 볼 수 있듯이 '전제 권력의 우상(偶像 the idol of despotic power)이 침몰한 곳은 피의 바다였다.'라는 말이 그것이다. 볼테르는 무엇보다 영국인의 '평등권' '자유 쟁취 역사'를 높게 평가하였다. (〈영국 편지〉 첫머리에 '퀘이커교도 이야기'를 실었음)

그 볼테르의 정신은 '민주주의 후진국' 동양 사회, 특히 한국에서도 역시 큰 교훈이니, '민주주의' '자주권 쟁취' 역사를 보면 그것을 무상(無償)으로 백성들에게 나누어 준 '바보 독재자'는 세계역사 어디에도 없었다는 사실이다.

⑤-10. 영국의 대헌장(Magna Carta)

귀족과 주교(主敎) 교황이 이런 식으로 영국을 찢어 나누고 너도나도 백성들을 지배하려 노리고 있었다. 그에 대해 당사자인 백성, 백성의 대다수를 차지하고 가장 유덕하고 존경할 가치가 있는 부류인 백성은, 법률이나 학문을 연구하는 사람, 상인, 장인(匠人)들로 독재자가 아닌 모든 사람으로 이루어졌지만, 그 백성은 그 지배자들에게 인간 이하의 가축(家畜)이었다. 그 당시 평민이 정치에 간여한다는 것은 엄두도 못내었다. 그들은 농노였으니, 노동과 생명은 주인 소유였다. 유럽인의 대다수가 북쪽 변방에서 오늘날까지도 농노로 토지와 함께 매매되는 가축과 같은 상태에 있다. 다수가 씨를 뿌리고 소수가 그 수확을 하는 끔직한 사실을 백성들이 알게 하는 정의(正義)를 인간에게 실현하는데 몇 백 년이 걸렸다. 이런 시시한 도둑들의 권위가 프랑스에서 국왕과 백성들의 정당한 힘에 의해 사라지는 것은 인류를 위한 행운이 아니겠는가.

다행스럽게도 국왕과 귀족들의 분쟁이 백성들의 속박을 느슨하게 했으니, 영국에서의 자유는 그 독재자들의 분쟁 속에 탄생되었다. 남작(男爵, baron, 낮은 귀족)들은 존 왕(John Lackland, 1166~1216)과 헨리 3세(Henry Ⅲ, 1207~1272)에게 유명한 '헌장(Charter)'을 승인하게 만들었다. 이 헌장의 목적은 국왕을 제후들의 지배에 둔 것이니, 그 속에서 나머지 백성들도 은혜를 입게 되었으니, 일이 생기면 백성들은 각 제후 자기들 보호 스타일을 따르게 된 것이다. 이 대헌장은 신성한 자유의 기원으로 여겨지고 있고, 그것은 역시 얼마나 소량의 자유였던가를 아울러 보여 주고 있다. 남작들과 성직자까지 국왕보다 힘이 세져 국왕에게 권리를 포기하게 만들어 국왕은 명칭으로만 신성한 존재가 되었다.

마그나 카르타(Magna Carta)는 다음과 같이 시작된다.

'나(우리)는 다음 제 특권을 우리나라의 대주교 주교 수도원장 귀족들에게 나(우리)의 자유로운 의사로 수여 한다. …'

이 대헌장의 조항에 하원(House of Commons)에 대해서 한 마디 언급이 없으니, 그것은 하원이 없었거나 무력했음을 뜻한다. '영국에서의 자유인(Free men of England)'이 언급되고 있으나, 그 자체가 자유롭지 못한 사람의 존재가 있다는 안쓰러운 표시이다. 헌장 32조에 '그 자유로운 사람들이 그들의 영주에 봉사할 의무를 지고 있음(these so-called free man owed services to their overlord)'을 확인할 수 있다. 그와 같은 자유란 노예와 별로 다를 것이 없다.

21조에 의하면, 국왕은 관리들에게 앞으로 요금을 지불하지 않으면 자유인으로부터 말이나 짐마차를 동원할 수 없다고 명령하고 있는데, 이 규정이야말로 백성들에게 진짜 자유(a real liberty to people)였다. 그것은 거대한 독재가 제거되었기 때문이다.

〈영국 편지-'제9신, 영국 정치에 대하여'〉14)

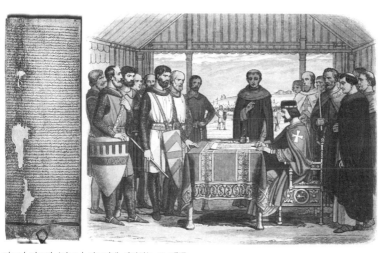

마그나 카르타, '마그나 카르타에 서명하는 존 왕'15)

---

14) 볼테르(정순철 역), <철학서한>, 한국출판사, 1982, pp. 84~85 ; Voltaire(Translated by L. Tancock), *Letters on England*, Penguin Books, 1980, pp. 48~49 'Letter 9, On the Government'.

15) Wikipedia, 'The 1225 version of Magna Carta' 'King John signing Magna Carta'.

해설

* 볼테르는 그의 젊은 나이(40세, 1734년)에 이미 확실히 '프랑스 혁명'을 꿈꾸고 있었다. 즉 볼테르가 명시했던바 — '다수가 씨를 뿌리고 소수가 그 수확을 하는 끔직한 사실을 백성들이 알게 하는 정의(正義)를 인간에게 실현하는 데 몇 백 년이 걸렸다. 이런 시시한 도둑들의 권위가 프랑스에서 국왕과 백성들의 정당한 힘에 의해 사라지는 것은 인류를 위한 행운이 아니겠는가.'는 바로 볼테르가 그의 명작 〈캉디드〉(1759)에 명시했던 바를 이미 프랑스 혁명 25년 전에 명시했던 증거이다.

볼테르는 그 '소유권'의 문제를 가장 먼저 구체적으로 짚고 나왔다.

'씨를 뿌렸던 사람이 수확을 해야 한다.'는 원리가 그것이다.

그런데 그것은 세계 어디에도 제대로 지켜지지 못하고 '강도질' '강탈'로 이어지고 있다고 볼테르는 지적하고 있다. (참조, ✽ ⑧-23. 우리의 밭을 갈아야 한다. ✽ ⑨-32. '정의(正義)'란 이름으로 행해진 강도(强盜)짓 : 전쟁)

볼테르의 이러한 저술도 전혀 용납이 되지 못한 시대가 있었다. 왜냐하면 그 '타도(打倒)의 대상들'이 집권하고 하고 있는 경우가 그것이다. 인간이 자유를 쟁취하여 '국민의 뜻'으로 '국정(國政)'을 수행하게 하는 것은, 정치를 맡고 있는 사람에 대한 '국민의 감시(監視) 감독(監督)'이 지속이 될 때 비로소 가능하게 되니, 우선 국민 개개인이 '몽매(蒙昧)'한 상태를 벗어나는 일이 기본 중의 기본이다.

⑤-11. '자연법(自然法)'은 '이성(理性)법'이다.

《'관용론(Treatise on Tolerance—Trite sur la tolerance)'은 볼테르가 68세(1762) 3월 10일부터 관여했던, '장 칼라스 사건(J. Calas affair)'에 대한 보고서이다. (참조, ✽ ⑥-1. 광신(狂信)의 현장(現場))》

> 자연법이란 자연이 모든 사람에게 가르쳐주는 법이다(Natural Law is that which nature demonstrates clearly to all men). 당신이 자녀를 길렀다면 그 아이는 당신을 아버지로서 존경해야 하며, 길러준 은혜에 대해 감사해야 한다. 당신이 직접 밭을 갈아 농사를 지었다면 당신은 그 땅에서 나는 생산물을 소유할 권리가

있다. 당신이 어떤 약속을 했거나 약속을 받았다면 그 약속은 지켜져야 한다.

인간의 법은 반드시 이러한 자연법을 토대로 만들어져야 한다. 그리고 그 대원칙, 자연의 법에서 그렇듯이 인간의 법에서도 보편적인 원칙은 세상 어디서나 바로 다음과 같은 것이다. '네가 타인에게 당하고 싶지 않은 일은 너 역시 타인에게 행하지 말라.[己所不欲 勿施於人]' 그러니 이러한 원칙에 따른다면 한 사람이 다른 사람에게 '내가 믿는 것을 믿어라. 만약 믿지 못하겠다면 너를 죽이겠다.'라고 어떻게 말할 수 있겠는가. 하지만 이것은 포르투갈(Portugal), 에스파냐(Spain), 고아(Goa)에서 사람들이 외치고 있는 말이다.

오늘날 몇몇 나라에서는 좀 부드럽게, "믿어라, 아니면 너를 증오하겠다. 아니면 온갖 방법으로 너를 괴롭히겠다. 이 짐승 같은 자여, 네가 나와 같은 종교를 갖지 않겠다는 말은 네게 종교가 없다는 말이다. 그러므로 너는 네 이웃과 너의 마음, 너의 고장으로부터 지탄받아 마땅하다"라고 말하는 선(線)에서 그치기도 한다.

이렇게 행동하는 것이 인간의 법에 근거한 것이라면 이에 따라 일본인 중국인도 미워해야 할 것이다. 그렇다면 마찬가지로 중국인은 시암(타일랜드) 사람들을, 시암에서는 갠지스 강가에 사는 사람들을, 또 이들은 인더스 강 유역의 주민을 박해할 것이다. 어떤 몽골인은 길을 가다가 처음 만난 말라바르인의 가슴에 칼을 꽂을 것이고, 이 말라바르인은 페르시아인의 목을 졸라야 할 것이고, 페르시아인은 투르크인을 학살하게 될 것이다. 그리고 세상 모든 사람들은 그리스도교를 향해 덤벼들 것이다. 더구나 우리 그리스도교도들은 아주 오래 전부터 서로서로를 파멸시키기 위해 혈안이 되어 있지 않았던가.

이렇게 볼 때 종교가 다르다고 서로가 서로를 박해하는 법이란 어리석고 잔인한 것이다. 이것은 호랑이 따위의 맹수들에게나 어울리는 법이다. 아니 오히려 그보다 더욱 끔찍하다. 왜냐하면 호랑이들은 먹을 것을 다툴 때만 서로를 물어뜯지만, 우리 인간은 '말 몇 마디' 때문에 서로를 죽여 왔던 것이다.

〈관용론-'제6장, 불관용이 자연법인가.'〉16)

해설

* 위에서 볼테르가 가정(假定)하고 있는 말-'내가 믿는 것을 믿어라. 만약

---

16) 볼테르(송기형·임미경 역), <관용론>, 한길사, 2001, pp. 75~76 ; Voltaire(translated by B. Masters), The Calas Affair *A Treatise on Tolerance*, The Folio Society, 1994, pp. 37~38 'Chapter 6, On Intolerance as Natural Law'.

믿지 못하겠다면 너를 죽이겠다.(Believe that which I believe and you can not believe, or you will die.)'는 것은 스페인 포르투갈 사람의 말이 아니다.

그것은 '여호와(Jehovah)의 말씀'이었고, 유대인의 생각이었고, 헤겔의 생각, 토인비가 긍정했던 그 말이다. (참조, ※ ⑩-25. 특권을 요구해 온 유대인들, ※ ⑬-2. G. W. F. 헤겔의 '절대주의' '여호와주의', ※ ⑦-19. 헤겔과 프리드리히 2세-〈세계 역사철학 강의〉, ※ ⑦-20. '세계사=강대국의 지배사'-토인비의 〈역사 연구〉)

볼테르가 I. 뉴턴의 '천체 물리학', J. 로크의 '경험철학(의학)'을 수용한 것은, 추상적은 규정이나 '단순 말'이 아니다. 그 속에 '인류의 생활을 크게 개선하는 획기적인 방법'이 제공되고 있기 때문이다. 즉 인간 사회에 '불가피한 정보(情報)'들이기 때문이다.

그리고 볼테르가 중국 공자의 '자연법' 사상에 열심을 보인 것은 '미신(superstition)'을 벗어나 오직 인간의 '이성(理性)'에 기초한 '상호존중' 사상에 기초하고 있기 때문이다. (참조, ※ ⑨-41. 공자(孔子)는 현대인이다. ※ ⑪-15. 인류의 행복을 심어주는 공자(孔子)님 말씀)

볼테르는 중세 이후 당대에까지 사회를 짓누르고 있는 기독교의 '여호와주의'에 질린 사람이다.

볼테르는 특히 '선민(특권)의식' '파당주의' '신비주의' '생명 경시'를 싫어했으니, 그것들을 불식시킴이 그의 평생 작업이었다. 그리고 그 비리의 종합을 '전쟁'으로 규정하였다. 이로써 볼테르는 인류의 가장 근본적 맹점을 가장 간결하게 요약한 명석함을 자랑하였다.

볼테르의 '전쟁 반대' 문제는 '인간으로 진화된 이후' 가장 위대한 사상의 발견이고 가장 웅대한 문화에의 진전이었다. 그것을 부정한 사람은 '사상의 조무래기' 아니, 그 '배타주의'는 결코 인간 속에 남을 수 없는 '근본 악'이다.

1916년 취리히 다다는 그 '볼테르의 숭고한 정신'을 온전히 받들어 세계에 선양했으니, 역시 세계역사 상 그것보다 더욱 잘한 일이 없었다.

⑤-12. '자연의 가르침(the voice of Nature)'이 최상이다.

진정한 기적(奇蹟)들에 대한 믿음을 흔들어 놓은 당신들의 '이 모든 거짓 기적들'

복음서의 진실에 덧붙여 놓은 당신들의 '모든 불합리한 전설들'은, 사람들의 가슴 속에 자라는 신앙심을 꺾고 있다. 앎을 얻고자 하는 참으로 많은 사람들, 그러나 그러하기 위한 시간이 부족했던 사람들은 이렇게 말할 것이다. 나의 '신앙 교사들'이 나를 속였다. 그러니 신앙에서는 진실을 찾을 없다. 오류에 파묻히기보다는 '자연의 품속'에 몸을 내맡기는 편이 낫다. <u>인간들의 창작물에 의지하느니, 나는 차라리 '자연의 가르침(the voice of Nature)'을 따르겠다는 것이다.</u> 어떤 사람들은 불행하게도 이보다 한 걸음 더 나가기도 한다. 그들은 거짓이 자신들을 얽매고 있음을 알게 되지만, 그들은 진실의 당연한 구속조차도 달갑지 않은 터라 무신론으로 갈 것이다. 그러므로 이들은 정신적으로 타락의 길을 걷지만 그것은 다른 편이 위선적이고 잔인했기 때문이다.

〈관용론-'제10장, 거짓 성현 전설'〉[17]

해설

 * 볼테르가 위에서 강조하고 있는 것은, '인간의 저작물을 통해 배우기보다는 차라리 자연에서 배워라.'이다.

이것은 사실상 그의 사상을 종합한 어구이다. 볼테르는 작품 〈렝제뉘[自然 兒]〉에서 그것을 부연했지만, 볼테르의 전 사상은 '자연(自然)'의 문제로 통합되었다. (참조, ✽ ②-10. 있는 그대로 보아야 한다.)

볼테르 생각은 투명하고 거침이 없다. 그렇지 않고서야 금방 '시시한 혼돈' 속에 떨어질 것이기 때문이다.

볼테르가 마지막까지 증언하고 있는 바는 '미신' '신비주의' 거부이고, 비판 대상은 〈신·구약〉에 명시된 '여호와주의' '배타주의(排他主義, exclusivism)' '독선 사상(選民思想, the doctrine of election)'의 부정이었다. (참조, ✽ ⑩-25. 특권을 요구해 온 유대인들)

볼테르가 신앙하고 있는 '큰 믿음'은 '자연(自然)'이고 그것을 꿰뚫고 있는 '과학적 비밀'에 대한 소망이었다.

---

17) 볼테르(송기형·임미경 역), <관용론>, 한길사, 2001, p. 123 ; Voltaire(translated by B. Masters), The Calas Affair *A Treatise on Tolerance*, The Folio Society, 1994, p. 69 'Chapter 10, On False Legends'.

⑤-13. 각자의 '이성(理性, Reason)'을 존중하자.

그렇다면 시민 개개인(each individual citizen)은 오직 자신의 이성의 소리에 귀 기울이고, 또한 자신의 이성이 옳은 방향으로 가고 있든 그릇된 방향으로 가고 있든 그 이성(理性, reason)이 지시(指示)하는 것만 고려해도 될 것인가? 그렇다. 단 공공의 질서와 안녕을 해치지 않는 범위 안에서 그래야 한다(he threatens no disturbance to public order). 왜냐하면 사람은 무엇을 믿거나 믿지 말아야 할 의무는 없지만, 자신이 소속된 국가의 법과 관습을 존중해야 할 의무는 있기 때문이다. 이렇게 볼 때 한 사회의 지배적 종교를 믿지 않는 것은 죄악이라 주장할 수 있을 것이다. 그런데 만약 당신이 지금처럼 말한다면, 그것은 당신 스스로도 우리 선조인 초기 그리스도교도들을 단죄하고 또 그들을 박해했다고 비난한 사람들을 정당화하는 셈이 되는 것이다.

〈관용론－'제11장, 불관용의 불행한 결과들'〉[18]

해설

* 볼테르의 '이성(reason)'은 그의 '자유 의지(Free Will)'와 필연적 연대에 있는 사항으로 그의 '자연(自然)' 문제와 더불어 탐구의 3대 쟁점 중의 하나이다.

볼테르의 기본 전제는, 인간이 모두 '자연(自然)'에 종속물이지만 그 자연(自然)의 이치를 규명해 알 수 있는 '이성(理性)' 능력을 가지고 있는 사항이다. 그 '이성'이 확보한 '정보'를 바탕으로 그 '자유 의지'를 행사한다는 것이다.

이러한 선배 볼테르의 명쾌한 지적 위에, 칸트 헤겔 마르크스 쇼펜하우어 독일 후배 철학자가 족출(簇出)하였다.

볼테르의 명징성(明澄性)은 막을 수가 없어서 동의할 수밖에 없다.

그렇지만 이후 칸트 헤겔 마르크스가 공통으로 볼테르를 잘못 계승했던 점은, 독일 특유의 '국가주의(全體主義, Totalitarianism)' '수구주의(守舊主義, conservatism)' '도식주의(diagram)' '여호와주의' 성향에서 기인했다. (G. 라이프 니츠의 지속적인 영향력)

즉 칸트의 '체계 존중(the systematic mode of procedure)', 헤겔 마르크스의

---

18) 볼테르(송기형·임미경 역), <관용론>, 한길사, 2001, p. 127 ; Voltaire(translated by B. Masters), The Calas Affair *A Treatise on Tolerance*, The Folio Society, 1994, p. 71 'Chapter 11, The Consequences of Intolerance'.

'정반합(正反合) 변증법(辨證法, dialectic)'에의 집착이 그 표본이다. 모두 인간 생명 천성을 거스르는 '여호와주의' '독단론(dogmatism)'에의 과도한 집착(執着)들이거나 그 변태(變態)였다.

볼테르의 '경험주의'란 쉽게 말해 '과학적 사실' '현실 정보' '생명을 위한 정보' '실용적인 정보' 그것이다.

거기에 무슨 '도식' '체계'가 필요할 것이며 '방법론'이 따로 필요할 것인가. 그런데 후배들의 오해는 '여호와주의' '전체주의' '절대주의' 집착에서 너무 오래도록 '쓸모없는 도식주의 개발'에 시간들을 낭비하였다. (참조, ※ ⑬-1. I. 칸트-개신교도의 관념주의, 전체주의, ※ ⑬-2. G. W. F. 헤겔의 '절대주의' '여호와주의' ※ ⑬-5. K. 마르크스-'물질(物質)'에 주목하라.)

볼테르의 '이성(理性, reason) 존중'의 문제는 그의 '계몽사상'의 핵심이고, '자유 의지(Free Will)'의 거점이고, '과학 사상'의 출발점이다.

공자(孔子)는 이미 기원전에, "대중이 좋아해도 반드시 살펴야 할 것이고, 대중이 미워해도 반드시 살펴야 할 것(人好之 必察焉 人惡之 必察焉)"이라고 하여 '이성(理性) 중심의 자유 의지'를 명시(明示)하였다.

볼테르는 그러한 '이성 중심의 의지' 확장 속에 미래 '과학 사회'가 열릴 것을 확실히 믿고 있었다.

⑤-14. 볼테르의 기도(祈禱)

이제 나는 인간들이 아닌 신(神)에게, 즉 온갖 존재와 전 세계와 모든 시대를 주관하시는 하나님, 당신에게 호소하려 합니다.

"이 광대한 공간에서 길을 잃고 떠도는, 우주의 티끌처럼 흔적 없는 미약한 존재들이 감히 당신에게, 모든 것을 주셨으며 또한 그 뜻은 변함없고 영원하신 당신에게 무엇을 간구하는 일이 허락된다면, 부디 우리 인간의 본성에서 비롯된 죄들을 가엾게 보아주소서.

그러므로 그러한 죄로 인해 우리를 재앙 속에 던지지 말아주소서. 당신은 우리에게 결코 서로를 미워하라고 마음을 주신 것이 아니며, 서로를 죽이라고 손을 주신 것이 아닙니다. 그러므로 우리가 서로 도와서 힘들고 덧없는 삶의 짐을 견디도록 해 주소서.

우리의 허약한 육체를 가리고 있는 의복들, 우리가 쓰는 불충분한 언어들, 우리의 가소로운 관습들, 우리의 불완전한 법률들, 우리의 분별없는 견해들, 우리가 보기에는 참으로 불균등하지만 당신이 보기

볼테르의 기도[19]

에는 똑같은 우리의 처지와 조건들 사이에 놓여 있는 작은 차이들, 즉 인간이라 불리는 티끌들을 구별하는 이 모든 사소한 차이들이 증오와 박해의 구실이 되지 않게 해 주소서.

당신을 숭배하느라고 한낮에 촛불을 켜는 자들이 당신이 내려주는 햇빛으로 만족하는 사람들을 관대히 대하게 해주소서. 당신을 사랑한다는 것을 내보이기 위해 자신들의 옷 위에 흰색 천을 덮어 쓰고 다니는 자들이 검은 모직 망토를 걸치고서도 당신을 사랑한다고 말하는 사람들을 미워하지 않도록 해 주소서. 당신을 경배하는 말에 옛날에 사용되던 언어를 쓰든 더 나중에 언어를 쓰든 마찬가지로 경건하게 여기도록 해 주소서.

붉은색이나 자주색 옷을 입은 사람들(고위 성직자들), 이 세상의 다만 흙덩이에 불과한 한 조각 땅 위에 군림하는 사람들, 이들이 자신의 '지위'와 '부'라고 부르는 것을 누리는 데 거만하지 않게 해 주시고, 또한 그 밖의 사람들은 이들을 시샘하지 않게 해 주소서. 사실 당신도 아시는 바와 같이 이러한 허세란 부질없는 것이라서 부러워할 것도 우쭐할 것도 없기 때문입니다.

<u>이 세상 사람들이 모두가 형제라는 사실을 잊지 않게 해 주소서! 사람들로 하여금, 노동과 정직한 생업의 결실을 강탈해가는 강도들을 증오하듯이 그들의 영혼에 가해지는 폭압을 증오하게 해 주소서. 전쟁이라는 재앙은 피할 수 없는 것이라 해도(If the scourges of war are not to be avoided),</u> 평화를 유지하는 동안만은 서로를 미워하지 않고, 서로 편 갈라 고통을 주지 않게 해 주소서. 그리고 시암(泰國, 타이)에서 캘리포니아에 이르기까지 다양한 그러나 당신을 경배하는 데서는 마찬가지로 수많은 언어를 통해, 우리가 이 땅에 머무는 시간을 우리의 이 삶을 주신 당신의 은혜를 찬양하는 데 쓰게 하소서."

---

19) 'The Prayer of Voltaire'.

해설

* 볼테르는 위에 '기도(祈禱)' 형식을 빌었으나, 그것은 바로 인류를 향한 볼테르의 소망을 표명한 것일 뿐이다.

볼테르의 신(神)은 '자연신' '이성(理性)의 신'의 이신론(理神論, deism)에 있음을 거듭 확인할 필요가 있다. 그러므로 위의 기도도 '지구촌(The Global Villages)'을 향한 기도이니, '이 세상 사람들이 모두가 형제라는 사실을 잊지 않게 해 주소서!(May all men remember they are brother!)'란 명백한 전제가 그것이다.

그런데 헤겔은 무슨 생각으로 '여호와(Jehovah) 신앙' 여부로 동양과 서양의 편을 가르고, '구교(Catholic)'과 '신교(Protestant)'를 구분하여, '독일 민족'이 새로운 '천년 왕국'으로 세계를 이끌어 갈 '우수 민족'임을 그 엉터리 속임수 '변증법'으로 세상을 속이려 하였는가.

그것은 볼테르의 표현을 빌려 말하자면 '이집트 피라미드 속에 잠든 미라들이 박수를 치며 뛰어나올 일'이다. (※ ⑪-2. 유일신, 영혼불멸, 사후상벌(死後賞罰)은 모두 고대 이집트인 유품이다. ※ ⑩-25. 특권을 요구해 온 유대인들)

⑤-15. 상속권(相續權)과 왕권(王權) 세습

뒤페롱(A. H. A. Duperron, 1731~1805)은 이와 같은 자신의 논지(論旨)를 한층 더 밀고 나가고 있지만 여기서는 더 이상 언급을 하지는 않겠다. 지금은 그런 불쾌한 망상(妄想)에 대해 깊이 논의할 자리가 아니기 때문이다. 다만 나는 이 자리에서 '모든 건강한 시민들(every decent citizen)'과 더불어 다음과 같은 사실을 확인하는 것에 만족할 것이다. 즉 사람들이 앙리 4세(Henri Ⅳ, 1553~1610)에게 복종해야만 했던 이유는 그가 샤르트르(Chartres) 대성당에서 국왕 축성(祝聖)을 받았기 때문이 아니라, 이 군주가 출생에 의해 부여받은 확고한 권리에 따라 왕좌에 올랐기 때문이었다. 이 군주는 용기와 올바른 심성을 통해 자신이 그

---

20) 볼테르(송기형·임미경 역), <관용론>, 한길사, 2001, pp. 205~207 ; Voltaire(translated by B. Masters), The Calas Affair *A Treatise on Tolerance*, The Folio Society, 1994, pp. 128~129 'Chapter 23, A Prayer to God'.

자리에 합당하다는 사실을 보여주었다.

따라서 동일한 권리에 의해서 시민 누구라도 자기 아버지의 재산을 상속받아야만 할 것이다. 또한 시민 누구라도 파스카우스 라드베르투스에 반대하고 라트람누스(Ratramnus, ?~870)에 동조했다고 해서, 스코투스에 반대하고 라트람누스에 동조했다고 해서, 스코투스에 반대하고 베렌가리우스의 주장에 찬성했다고 해서 재산을 빼앗거나 교수대(絞首臺)로 끌려가서는 안될 것이다.

〈관용론―'제11장, 불관용의 불행한 결과들'〉21)

앙리 4세와 그 가족22)

화가 G. 바우타츠(Gaspar Bouttats, 1640~1695) 작 '앙리 4세의 척살(刺殺)'23), '앙리 4세와 볼테르조우(遭遇) 상상도'24)

---

21) 볼테르(송기형·임미경 역), <관용론>, 한길사, 2001, pp. 131~132 ; Voltaire(translated by B. Masters), The Calas Affair A Treatise on Tolerance, The Folio Society, 1994, p. 73~74 'Chapter 11, The Consequences of Intolerance'.

22) 'Henri IV, Marie de' Medici and family'.

23) 'Assassination of Henry IV, engraving by Gaspar Bouttats'.

24) R. Pomeau, Voltaire, Seuil, 1994, p. 68 'Henri Ⅳ...Voltaire(1780)'.

해설

* 볼테르의 발언은 일언반구(一言半句)도 소홀히 할 수 없다.

왜냐하면 볼테르의 주장은 볼테르의 '인생관' '세계관' '사회관', 문자 그대로 '인류 이성과 양심을 존중하고 공존(共存) 평화의 길'을 평생 모색하자는 것, 그것이었기 때문이다.

볼테르는 젊은 시절부터 프랑스 국왕 중에 '앙리 4세(Henri Ⅳ, 1553~1610)'를 존경해 마지않았는데, 앙리 4세는 소위 프랑스 사회에 극심했던 '종교 갈등'을 종식시키려 하다가 도중에 '극렬분자'의 손에 척살(刺殺)을 당했던 국왕이다. 볼테르는 그 앙리 4세보다 권세도 없는 일개 시민의 위치에서 앙리 4세로서는 상상도 못했던 '인류 평등과 평화 공존'의 위대한 법을 세계를 향하야 명시해 놓았다.

오늘날은 세계에서 그 '볼테르 표준'을 따르지 아니한 사람은, 그 자신이 '편견(偏見)과 아집(我執) 독존(獨尊)의 관념주의자', 구시대인임을 인정하는 존재로 모두 알게 되었다.

그러므로 '여호와 주의' '전쟁 옹호' '절대주의' 전쟁의 '제국주의 옹호자' 헤겔은 인류를 향해 마땅히 사죄(謝罪)를 해야 함이 옳다. (참조, * ⑬-2. G. W. F. 헤겔의 '절대주의' '여호와주의')

⑤-16. 죄(罪)가 없으면 처벌도 없다.

사람들이 잘못을 저질렀다 해도 그것이 범죄가 아닌 경우라면 통치자에게는 그것을 벌할 권리가 없다. 사람들이 저지른 잘못은 그것이 사회의 질서 안녕을 해칠 때만 범죄가 된다. 그런데 이러한 잘못이 광신(狂信)을 불어넣는다면 그때부터 사회를 불안하게 한다. 따라서 관용을 누리기 위해 가장 먼저 할 일은 '광신을 거부'하는 것이다.

〈관용론－'제18장, 불관용과 정의'〉[25]

---

25) 볼테르(송기형·임미경 역), <관용론>, 한길사, 2001, p. 187 ; Voltaire(translated by B. Masters), The Calas Affair *A Treatise on Tolerance*, The Folio Society, 1994, p. 110 'Chapter 18, Intolerance and Human Laws'.

* 현대에 볼테르의 말을 다시 생각하면, 볼테르는 '죄가 없으면 처벌할 수 없다.'는 상식적인 말을 늘어놓고 있는 셈이다.

그러나 볼테르 당시 프랑스 상황으로 돌아가면 '종교'가 다르면 죄(罪)로 얽어 '화형(火刑)'을 행하는 '광신주의'가 횡행하였으니, 그 대표적인 것이 볼테르가 직접 '해명'에 나섰던 '칼라스 사건(The Calas Affair, 1762, 3. 10.)'이었다. (참조, * ⑥-1. 광신(狂信)의 현장(現場))

볼테르가 '종교적 광신주의'에 맞서 싸웠다는 사실은 세계가 알고 있는 볼테르의 가장 두드러진 행적이다.

그런데 소위 '철학을 했다는 사람이 광신주의자'로 돌변한 경우가 있으니, 그가 바로 헤겔이었다. (참조, * ⑦-19. 헤겔과 프리드리히 2세-〈세계 역사철학 강의〉)

⑤-17. 창조주의 권리를 사람이 가로챌 수 없다.

형제여, 어쩌면 당신의 말이 옳을 수도 있습니다. 나는 당신이 나에게 은혜를 베풀고자 한다는 것을 믿습니다. 그러나 이런 재판이 없으면 나는 과연 구원받을 수 없는 것인가요?

사실 이러한 불합리하고 잔인한 재판이 매일같이 이 땅을

감옥에 갇힌 칼라스 가족[26]

피로 얼룩지게 한 것은 아니다. 그렇지만 그런 일들은 빈번하게 있어왔고, 덕분에 그 사례를 모으면 그러한 일을 꾸짖는 복음서들보다 훨씬 더 두꺼운 책 한 권을 쉽게 쓸 지경이다. 어떤 사람들이 우리와 견해가 다르다고 해서 이 짧은 생애(生涯)를 사는 동안 그들을 박해(迫害)하는 것은 참으로 잔인하다. 뿐만 아니라 그들에게 형벌을 선고해 영원히 지옥에 떨어뜨리는 것은 정말 뻔뻔한 일일 것이다. 조물주가 내려할 판결을 이 땅에 잠시 머물렀다 사라질 티끌과도 같은 존재인 우리 인간이

---

26) Voltaire(translated by B. Masters), The Calas Affair *A Treatise on Tolerance*, The Folio Society, 1994, pp. 12~13 'Jean Calas with his Family in prison'.

이처럼 미리 가로챌 권한은 없을 것이다.

〈관용론-'제22장, 신앙의 자유에 대하여'〉[27]

해설

* 볼테르 경우, '창조주'는 '대자연(大自然)의 원리'이다.

동일한 자연의 섭리(攝理)로 탄생한 존재들을 무슨 권리로 '살상(殺傷)'을 행하는가? 이것이 볼테르가 당시 프랑스 '종교 재판'을 감행했던 존재들에게 묻는 간결한 질문이었다.

1762년 3월 9일 툴루즈 대법원 판결로 사형이 집행된 장 칼라스(J. Calas, 1698~1762)[28], 장 칼라스

'절대 신(Yehovah) 중심'의 '전체주의' '일방주의' '독재'에 대해, '생명 존중'의 '인간 중심주의' '다원(多元)주의' '민주주의'는 볼테르가 명시했던 혁명 사상인데, 그것은 '근대화' '민주화' '자유화'의 다른 명칭이라는 사실을 확실히 알 필요가 있다.

G. W. F. 헤겔은 〈법철학〉 같은 저서도 두었다고 하지만, 인간 사이에 가장 큰 '살인강도 행위(7년 전쟁 포함)'는 오히려 '절대신(여호와)'에게 맡겨두고, '좀도둑은 가려내고 살인강도는 나 모른다.'고 한 셈이니, 세상에 '양심(良心)'치고 그런 고약한 양심은 천지(天地)에 없을 것이다.

더 이상 '변증법' 운운 등의 속임수 '사기행각'은 통할 수 없다. 그것은 제1차, 제2차 세계대전으로 그 후손 '게르만'이 거짓말의 대가를 톡톡히 치른 것으로 확실하게 그 오류가 입증이 되었다. ['배타주의' '종족주의' '전쟁 옹호'의 대가임] (참조, ※ ⑬-10. 후고 발-'카바레 볼테르')

27) 볼테르(송기형·임미경 역), <관용론>, 한길사, 2001, pp. 208~209 ; Voltaire(translated by B. Masters), The Calas Affair *A Treatise on Tolerance*, The Folio Society, 1994, pp. 125~126 'Chapter 22, On Universal Tolerance'.

28) 'The cruel death of Calas, who was broke on the wheel at Toulouse, 9 March 1762'.

⑤-18. 무기(武器)를 갈고 있는 광신주의자들

<u>이상에서 살펴본 바와 같이 한편에서는 인간의 본성이 온유하고 자비로운 목소리로 관용을 설득하고 있는가 하면, 다른 한편에서는 인간 본성의 적인 광신이 광포(狂暴)하게 포효</u>

프랑스 앙부아즈에서 1560년 3월 15일 가톨릭교도들이 처형한 위그노교도 (개신교)29), 16세기 가톨릭교도에 반대하는 위그노교도(개신교)들이 퍼뜨린 풍자화30)

(咆哮)하고 있다. 그리하여 인간들이 평화를 맞이할 때마다 불관용이 그것을 무너뜨릴 자신의 무기를 벼리고 있는 것이다. 오! 국가의 운명을 좌우하는 결정권자들이여, 당신들은 유럽에 평화를 가져왔으니 이제는 다음의 문제를 결정할 때요. 평화와 화합의 정신과 불화와 증오의 정신 가운데 과연 어느 것이 더 바람직한지 말이요.

〈관용론 – '제24장, 후기(後記)'〉31)

해설

* 볼테르는 위에서 진정으로 평화를 원하여 부드러운 목소리로 말하고 있다.

그러나 그들(광신주의자들)은 단순히 '종교를 앞세운 강도(強盜)들임'을 다른 곳에서 명백하고 있다. (참조, * ⑨-32. '정의(正義)'란 이름으로 행해진 강도(強盜)짓 : 전쟁, * ⑨-35. '정의(正義)' 이름으로 행해진 약탈 전쟁)

볼테르가 한 이상국(理想國)으로 전제했던 중국에서도, 폭군(暴君) 은주(殷紂, 845 B.C.~813 B.C.)를 무찌른 다음 영원한 평화를 위해 창과 칼을 녹여 밭을 가는 괭이와 보습을 만든 것이 기원전(紀元前)의 일이었다.

---

29) Voltaire(translated by B. Masters), The Calas Affair *A Treatise on Tolerance*, The Folio Society, 1994, pp. 12~13 'Huguenots executed by the Catholics at Amboise 15 March 1560'.

30) Voltaire(translated by B. Masters), The Calas Affair *A Treatise on Tolerance*, The Folio Society, 1994, pp. 12~13 'An allegorical picture of the cruelties perpetrated by the Huguenots against the Catholics 1n the sixteenth century'.

31) 볼테르(송기형·임미경 역), <관용론>, 한길사, 2001, p. 224 ; Voltaire(translated by B. Masters), The Calas Affair *A Treatise on Tolerance*, The Folio Society, 1994, p. 135 'Chapter 24, Post-Scriptum'.

그러나 야만족(野蠻族)은 계속해서 '그 농부들을 침탈'을 반복하여, 마지막에는 프랑스와 영국도 참여하여 이전의 지배자(女眞族, 滿洲族)를 무력하게 만들었다. (참조, ※ ⑪-20. 볼테르 당대(當代) '청(淸)국'의 상황)

그래도 역시 볼테르의 위의 발언은 계속 유효하다.

아, 얼마나 투명한 그 이성(理性)의 발동인가.

⑤-19. '다른 견해'를 인정하라.

> 자연(Nature)은 우리 인간을 향해 이렇게 말합니다.
>
> "당신네 모두는 연약하고 무지한 존재로 태어나서, 이 땅 위에서 짧은 시간을 살다가 죽어 그 육체로 땅을 비옥하게 할 것이오. 당신들은 연약한 존재이니 그런 만큼 서로를 가르치고 용인하시오. 만약 당신들 모두가 같은 의견이고, 그렇게 될 경우란 분명 없겠지만, 단 한 사람만이 반대 의견이라면 여러분은 그 한 사람을 용서해야 하오. 그가 그렇게 생각하는 데는 여러분 각자의 책임이 있기 때문이오."
>
> 〈관용론－'제25장, 결론'〉[32]

해설

＊ 볼테르는 인격신을 부정하고 '조물주' '자연 원리'를 긍정했던 '이신론(理神論, deism)'이었다. (※ ⑪-12. 신(神)의 대행자(代行者)는 어디에도 없다. ※ ⑪-13. 자연법(自然法, Natural Law)이 최고다.)

볼테르는 인간의 '생명 표준'으로 '선악' '정의 불의'의 기준을 세웠으니, (참조, ※ ⑨-36. 선악(善惡)의 분별은, 산수(算數)의 문제다. ※ ⑨-33. '이성(理性)의 전개(展開)'가 정의(正義)다. ※ ⑨-35. '정의(正義)' 이름으로 행해진 약탈 전쟁)

이것이 볼테르 계몽주의의 핵심이고 이후 A. 쇼펜하우어, F. 니체가 그대로 계승하였던 '실존주의'의 정통을 이루고 있는 바다. (참조, ※ ⑬-3. A. 쇼펜하우어－'육체(Body)는 의지(Will)가 있는 장소이다.' ※ ⑬-7. F. 니체－육체 긍정의

---

32) 볼테르(송기형·임미경 역), <관용론>, 한길사, 2001, p. 229 ; Voltaire(translated by B. Masters), The Calas Affair *A Treatise on Tolerance*, The Folio Society, 1994, p. 139 'Chapter 25, Conclusion'.

실존주의)

⑤-20. 조물주(造物主, 天, Supreme Being)를 믿은 중국인

《'중국인과의 대화(A Conversation with a Chinese)'는 볼테르가 그의 나이 29세(1723)라 연대를 밝혔다. 그러나 볼테르는 그보다 10년 전 19세(1723) 때부터 네덜란드에 왕래를 시작하였다. 여하튼 그 네덜란드에서 볼테르가 중국인 '유식한 상인(a learned man and a merchant)'을 만났던 체험담 형식으로, 유럽인에게 별로 알려진(거론된) 적이 없는 '중국(中國)'과 공자(孔子)에 대한 관심을 구체적으로 서술해 놓은 것이 '중국인과의 대화'이다.》

　　1723년 네덜란드에는 중국인(中國人)이 와 있었다. 그는 유식(有識)한 상인(商人) 이었다. 상인(商人, 돈)과 유식(有識)은 양립할 수가 없다. 돈에 관심을 보이고 있으면 서도 유식하기 힘든 그 장점을 지닌 그 존경할 만한 사람이, 우리들 속에 있었다. ['네덜란드⇒스페인⇒프랑스⇒영국' 등의 '世界 植民地 主導權 국들'을 기억해야 함]

　　그 중국인은 네덜란드어를 사용할 줄 알고 있었는데, 책 가게에서 약간의 유식한 사람들이 우연히 만났다. 그 중국인이 책을 요구하니, 그들은 〈천하세계사 (天下世界史, Universal History)〉[33]라 제목이 잘못 붙여진 책을 중국인에게 제공하였다. 중국인은 그 '〈천하세계사(Universal History)〉'라는 제목을 보고 소리쳤다.

　　"내가 이런 책과 만나게 되다니, 얼마나 반가운 일인가. 나는 내가 말했던 우리 위대한 왕국을 보게 되었습니다. 5천년을 지속한 우리의 왕국 말입니다. 그렇게 오랫동안 우리를 통치해온 왕국입니다. 이 유럽인들이, 중국 지식인들의 종교, 즉 중국인의 순수한 조물주(造物主, 天, Supreme Being)에의 경배(敬拜)를 과연 어떻게 알고 있는지 좀 살펴봐야겠습니다. 유럽의 모든 왕국들보다 연대가 오랜 우리 중국의 역사를, 이 유럽인들이 말을 한다는 것은 얼마나 즐거운 일입니까! 나는 '22552년 전(前)에, 톤퀸 사람(Tonquin)과 일본인(Japan)들이 그들의 군대를

---

33) 볼테르의 <역사철학>(1765, 71세)은 이 <천하세계사(天下世界史, Universal History)>에 대한 바른 대안으로 '기독교 중심 사'로부터 아메리카 이집트 인도 중국을 포괄한 '과학적 세계사' '인류 상호존중의 평화사'임에 대해, G. W. F. 헤겔의 <세계 역사철학 강의>는 '기독교 중심의 차별과 분쟁의 세계사'로 되돌아갔다.

앞세워, 그리고 강력한 모굴리티아 인(Mogulitian)의 왕이 우리 중국인들에게 일괄적으로 해마다 50000000000007912350000전(錢)을 법(法)으로 요구했다,'고 기록을 행했던 그 저자는 엄청 잘못된 것임을 말하고자 합니다." [中國人은 '中國'을 바로 '天下(온 세상)'으로 이해해 왔음]

우리(유럽인) 중에 한 식자(識者)가 말했다.

"염려할 것 없습니다. 그 책(성경)에서는 당신 나라(中國)에 대해 말한 것은 없습니다. 모두 유대인들(Jews)에 대한 경탄(敬歎)을 적고 있을 뿐입니다."

중국인이 말했다.

"유대인(Jews)이라. 그러면 그 유대인들이 지구의 4분의 3에 주인임에는 틀림이 없겠군요."

다른 사람이 대답했다.

"그것은 유대인들의 장래 희망 사항이지요. 그러나 그 유대인들은 현재 장난감이나 자지레한 장신구 행상(行商)을 하거나, 거간(居間)꾼 노릇을 한답니다."

중국인이 소리쳤다.

"당신들은 정말 경솔(輕率)하기도 하군요. 그러면 그 사람들(유대인)이 과거에 광대한 왕국을 가져본 적은 있습니까?"

그때에 내(볼테르)가 끼어들어 그 중국인에게, '유대인은 몇 년 동안 소규모 지방(地方)을 소유한 적이 있으나, 우리 유럽인들은 그들의 왕국 크기나, 부(富)를 표준으로 판단하지는 않습니다.'고 설명을 해 주었다.

중국인은 말했다.

"그러면 이 책은 다른 종족(種族)들에게는 관심들이 없습니까?"

내 곁에 서 있던 다른 유식한 신사가 말했다.

"물론입니다. 그 책은, 이집트라는 나라에 그 둘레가 150리(Leagues≒4.8km) 호수(湖水)가 있는데, 대체로 60리(sixty leagues≒60x4.8km)쯤의 작은 나라에 거주했던 그 사람들이 그들의 손으로 기록한 것들입니다."

그 중국인이 소리를 쳤다.

"맙소사! 세상에 150리 둘레 호수(湖水) 가에 60리에 걸친 나라라니! 거 정말 흥미롭군요."

그 박사가 말을 이었다.

"그 고장에 사는 이들은 모두 성자(聖者)였습니다."

중국인 외쳤다.

"얼마나 좋겠습니까? 그러면 그것이 이 책 내용의 모두입니까?"

다른 사람이 대답했다.

"아닙니다. 유명한 희랍인(希臘人) 이야기도 있습니다."

중국인이 말했다.

"희랍인(希臘人)이라! 희랍인이라! 희랍인이란 도대체 누구입니까?"

그 철학자가 대답하였다.

"그 나라는 중국(中國) 크기의 200분의 1의 정도의 작은 나라이지만, 전 세계에 명성을 떨쳤던 나라입니다."

중국인은 솔깃함과 진지함으로 말했다.

"나는 정말 희랍인이거나, 무굴(Mogul)이나 일본(Japan)이나 위대하다는 타르타르(Great Tartary)에 대해서도 아는 바가 없습니다."

유럽의 성자는 조용히 말을 하였다.

"아! 이 사람은 야만인, 무식한 사람이로다. 그렇다면, 내가 왜 당신이 모르고 있는 그 테바인(Theban)의 에파미논다스(Epaminondas), 피에리아인의 하늘(Pierian Heaven), 아킬레스(Achilles) 두 마리 말의 이름, 실레노스(Silenus)의 당나귀 이름까지를 꼭 챙겨 줘야 하겠습니까? 당신네가 주피터(Jupiter), 디오게네스(Diogenes), 라이스(Lais), 키벨레(Cybele)를 알 턱이 없겠지요."

그 중국인은 그 사람의 말을 막으며 말했다.

"당신네들도 유명한 황제(黃帝, Xixofon Concochigramki)의 모험과 복희(伏犧, Fi-psi-hi-hi)의 위대한 신비를 모르지 않습니까. 그러나 어떻든 이 〈천하세계사(天下世界史, Universal History)〉에 관해 조금 들려주시겠습니까?"

이에 유럽의 식자(識者)는 그 중국인에게 '로마 공화국'에 관해 15분간 장광설(長廣舌)을 폈다. 그 식자(識者)의 말이 카이사르(Caesar)에 이르자, 중국인은 그를 정중하게 제지를 시키고 나서 조심스럽게 말을 하였다.

"내가 듣건대, 그 카이사르가 투르크인(Turk)이라는 것은 사실입니까?"

유럽의 성자(聖者)가 소리를 내질렀다.

"그래 당신은, 토속인과 기독교인, 마호메트 교도도 구분을 못 한다는 겁니까? 당신은 콘스탄티누스 대제(Constantine)나 교황(敎皇)의 역사(歷史)도 전혀 모른다는 말입니까?"

그 아시아인은 말했다.

"우리는 마호메트 이야기를 거의 모르고 살고 있습니다."

다른 사람이 말했다.

"당신 말은 우리가 도저히 믿을 수가 없군요. 당신네들도 최소한 루터(Luther)나

주잉글리우스(Zuinglius), 벨라르민(Bellarmin), 외코람파디우스(Oecolampadius)에 대해서는 틀림없이 들어 알고 있을 것입니다."

중국인은 말했다.

"나는 그들 이름도 다 기억을 못 하겠네요."

그 중국인은 그 책 가게를 나가면, 그가 가지고 온 많은 페코아 차(茶, Pekoa tea)와 옥양목(玉洋木, calico)을 판매(販賣)한 다음, 필요한 다른 상품을 구매(購買)하여 자기네 나라로 가서 공자(孔子)님을 생각할 것이라고 말했다.

나(볼테르)는 이 '중국인과의 대화'를 통해, 내(유럽인) 천성(天性)에 허영심(vain glory)을 쉽게 목격할 수 있었다. 그래서 나는 이에 말하지 않을 수 없었다.

"카이사르(Caesar), 주피터(Jupiter)가 알려지기 이전부터, 세계에서 최고(最高)로 순수하고, 가장 오래되고 가장 넓으며, 가장 인구가 많았고, 가장 문명화된 나라 중국(中國)이 있었다. 아 시시한 나라의 통치자 당신네들, 당신들은 정말 유명(有名)들 하십니다. 좁은 교구(教區), 작은 마을의 설교자 당신네들, 살라망카(Salamanca, 스페인 지명), 부르주(Bourges, 프랑스 지명)의 박사님 당신네들, 시시한 저자(著者), 뚱뚱한 해설가인 당신네들, 명성(名聲)과 불사(不死)를 열망하여 정말 유명(有名)들 하십니다."

〈중국인과의 대화〉[34]

해설

* 볼테르는 항상 '지구의(地球儀, a globe)'를 끼고 살았다.

I. 뉴턴의 '천체 물리학'에 감탄해서이다.(참조, * ②-10. 있는 그대로 보아야 한다.)

그리고 위에서 보듯이 볼테르는 중국 송(宋)나라 '성리학(Neo-Confucianism)'의 요점, '하늘=이치(天卽理)'라는 데 깊이 공감을 하고 공자의 '자연법[자기가 겪고 싶지 않은 것을 남에게 행하지 말라-己所不欲 勿施於人]'이라는 말에 크게 공감을 하였다.

볼테르는 상식으로 쉽게 수용할 수 <u>없는</u> '사후 심판론(死後 審判論)' '부활론(復活論)'을 강조한 기독교 논리에 이미 질려 있었다.

---

34) Voltaire, *The Best Known Works of Voltaire*, The Book League, 1940, pp. 273~274 'A Conversation with a Chinese'.

더욱 간결하게, 볼테르는 이 광막한 우주 공간에 지구 위에 사는 생물 사람들이, 존중하는 도덕률이란 무엇이며, 죽어서 어디로 간다는 것이며, 거기에서 다시 가서 누구의 심판을 받아 어떻게 다시 영원히 산다는 것인가에 하나도 동의를 할 수 없는 상태였다. (참조, ＊ ⑪-2. 유일신, 영혼불멸, 사후상벌(死後賞罰)은 모두 고대 이집트인 유품이다. ＊ ⑪-4. '바커스(Bacchus) 신화'를 본뜬 모세(Moses) 이야기)

그리하여 볼테르는 위의 '중국인과의 대화(A Conversation with a Chinese)'에서, '유명하다'는 조롱과 '시시하다'는 표현은 단순한 '욕설'이 아니라 사실이 그렇다.

⑤-21. 자연(自然)스런 중국 문명(文明)

국가들은 오랫동안 나와 같았으며, 아주 나중에야 교육을 받게 되었고, 수 세기 동안은 흘러가는 당대(當代)에만 관심이 있었고 과거에 대해서는 관심이 아주 조금 있으며, 미래에 대해서는 관심이 전혀 없었다고 나는 생각한다. 나는 캐나다의 5~6백리를 돌아다녔으나 단 하나의 기념물도 발견하지 못했고, 아무도 자기 증조부(曾祖父)에 대해 아는 것이 없었다. 그것이 인간의 자연적인 상태가 아닐까? 이 대륙(유럽)의 종족(種族)은 다른 대륙의 종족보다 우월해 보인다. 이 대륙의 종족은 예술과 지식을 통해 수 세기 전부터 자신의 존재를 확장시켰다. 그 종족은 턱에 수염이 나 있다. 신(神)이 아메리카 사람들에게는 수염을 거부(拒否)해서 그런 것일까? 나는 그렇지 않다고 생각한다. 왜냐하면 중국인들은 구레나룻이 거의 없으면서도 예술을 발전시킨 지 5천 년이 넘는다는 것을 나는 안다. 그 결과, 그들이 4천 년 이상의 연대기(年代記)를 갖고 있다면 그 나라가 결집되고 번성한 지 50세기가 넘었음에 틀림없다.'

'중국의 고대 역사에서 내게 특히 인상적인 것은 거의 모든 것이 믿을 만하고 자연스럽다는 점이다. 기이(奇異)한 것이 없다는 점에서 나는 그 나라를 존경한다.'
〈랭제뉘-'제11장, 랭제뉘 재능 발달'〉[35]

해설

＊볼테르의 사고는 하나로 통일되어 있다. 한 마디로 '이성(理性)의 합리주의'이고 그것을 더욱 세분화하여 I. 뉴턴의 '천체 물리학적 세계관', J. 로크의 '신체 과학적 인생관', 공자의 '자연법' 사회관(社會觀)이 그것이다. 그 중에 '인간 공동체 운영'이라는 측면에서 공자의 '자연법' 사회관은 필수 불가결한 문제이다.

볼테르는 그 자연법(Natural Law)을, 개인과 개인의 관계에서 뿐만 아니라 국가와 국가 간에 필수불가결한 사항으로 전제하였다.

그런데 볼테르가 선망(羨望)했던 당시 중국의 왕(淸 康熙帝 33년-1694~乾隆帝 43-1778)은, 공자의 자연법(自然法)은 처음부터 돌아보지 않은, 야만족(女眞, 滿洲族)으로 그 국왕은 경쟁이 필요 없는 먼 지역 국가에 그 포악 상황이 덜 알려져 있을 뿐이었다. (참조, ＊ ⑪-20. 볼테르 당대(當代) '청(淸)국'의 상황)

볼테르 당대(當代)에는 마차(馬車)를 타고 여행을 해야 하는 '원시 교통 상황'이었다.

그러나 볼테르의 사상(思想)은, 시간과 공간의 한계(限界)를 뛰어넘어 인류가 수백 년 후에야 도달하게 된 선진 사상에 앞서 나가 있었다.

⑤-22. 속이지 않았던 현인(賢人), 공자(孔子)

철학자는 지혜(wisdom)의 애호자이며, 진리(truth)의 애호자이다. 모든 철학자는 이 이원적(二元的) 성격을 소유하였다. 인간 미덕(美德)의 모범, 말하자면 도덕적 진리에 교훈을 주지 않았던 철학자는 한 사람도 없었다. 그들은 모두 자연학(自然學, natural philosophy)에서는 생각을 잘못하였으나, 자연학은 철학자가 그것을 필요로 하지 않을 정도로 생활에는 덜 필요로 했던 것이다. '자연 법칙의 일단(一端)'을 알기에 몇 세기(世紀)가 걸렸다. 그렇지만 현인(賢人)이 인간에 말했던 의무(義務-도덕)를 알기에는 하루만으로 충분하다.

철학자[과학자]는 '열광자(熱狂者, enthusiast)'가 아니다. 그는 결코 예언자(豫言者)인 체 하지 않고 신(神)의 영감을 받았다고 말하지도 않는다. 그러므로 나는 고대의 조로아스터와 헤르메스와 오르페우스를, 또 칼테아, 페르시아, 시리아, 이집트, 그리스의 여러 국민이 자랑하는 입법자 중에 그 누구도 철학자의 대열에

공자(孔子, Confucius, 551 B.C. ~479 B.C.), 서양에 소개된 '공자의 인생과 저서(1687)'[36]

넣지는 않을 생각이다. '신(神)의 아들(children of the gods)'이라 일컫는 사람들이야말로 기만(欺瞞)의 시조(始祖)다. 진리를 가르치기 위해 허위를 사용했다고 하더라도 그들에게는 진리를 가르칠 자격이 없다. 그들은 철학자가 아니다. 좋게 말해 극히 신중한 거짓말쟁이였다.

아마 서양인에게는 치욕(恥辱)이겠으나, 모든 지구인(the entire north)이 문자사용을 모르고 희랍인의 지혜가 겨우 시작했을 뿐인 기원전 600년대에, 행복하게 사는 길을 인간들에게 가르치고 있었던 허영도 기만도 없는 순박한 한 사람을 찾기 위해 동양의 끝까지 떠나야 했다는 얼마나 불운한 일인가. 이 현자(賢者)야말로 공자(孔子, Confucius)이며, 그는 고대 입법자 중에 결코 인간을 속이지 않았던 유일한 사람이다. 그 이후에라도 지상(地上)에서 그 이상 훌륭한 행동 규범을 가르쳤던 일이 있었던가.

'가정(家庭)을 다스리듯 나라를 다스려라. 사람은 스스로 모범을 보임으로써 집을 훌륭하게 다스릴 수 있다.[修身齊家 治國平天下]'

'덕은 농부에게도 군주에게도 공통이다.[德不孤必有隣, 當仁不讓於師]'

'죄를 벌할 때 배려(配慮)를 줄이기 위해, 죄의 방지(防止)에 힘을 쓰라.[吾猶人聽訟 必也使無訟 ; 道之以德 齊之以禮 有恥且格]'

'착한 임금 우직(禹稷) 시대에는 백성이 선량했으나, 나쁜 임금 걸주(桀紂) 시대에는 백성이 사악했다.[堯舜之人 堯舜之心 ; 一日克己復禮 天下歸仁焉 ; 苟志於仁 無惡也]'

'자신을 대하듯 타인에게도 행동하라.[夫仁者 己欲立而人立 己欲達而達人]'

'인간을 널리 사랑해야 하지만, 성실한 사람을 더욱 사랑하라.[汎愛衆 而親仁]'

'원수는 잊어버리고 은혜는 잊지 말자.[以德報德 以直報怨]'

'나는 지식을 가질 수 없는 인간을 본 일이 있으나, 덕을 가질 수 없는 인간은 본 일이 없다.[弟子 入則孝 出則弟 … 幸有餘力 則學文]'

36) Wikipedia, 'Confucius' : Prospero Intorcetta's <Life and Works of Confucius(1687)>.

공자(孔子)보다 더 유익한 진리를 인류에게 가르쳤던 입법자가 없었다는 것을, 우리는 인정을 해야 한다.

〈철학사전 – '철학자'〉[37]

해설

* 볼테르가 탄생하기 전에, 공자(孔子, Confucius, 551 B.C.~479 B.C.)의 저서는 서구(西歐)에 소개가 되어 있었다.

그런데 볼테르가 남달리 유독 중국 공자에 매달렸던 것은 그의 '선진 과학 사상'과 일치했기 때문이다. 볼테르는 젊은 시절부터 긍지(肯志)가 높아 어느 누구에도 쉽게 굽히질 않았다.

볼테르는 구체적으로 "중국어의 'Li(理)'는 자연적인 빛(natural light), 이성 (reason)의 의미이고, 'Tien(天)'은 하늘(heaven), 신(God)이란 뜻이다."[38]라고 지적 하였다. 이 사실로 미루어, 볼테르는 북송(北宋, 960~1127)의 '성리학(性理學, Neo-Confucianism)'을 토대로 공자(孔子)를 수용했던 것임을 알 수 있다. (참조, * ⑪-13. 자연법(自然法, Natural Law)이 최고다. * ⑪-19. 자연(自然)의 원리(原理) 가 신(神)이다.)

볼테르의 '학문적 야심(野心)'은 세계에 전무후무(前無後無)할 정도였다. 볼테 르는 문자 그대로 당시 '동서고금(東西古今)'을 누비며 이성(理性)의 깊이와 통찰력을 과시하였다.

그리하여 그 이후 떠들썩했던 철학자들 I. 칸트, G. W. F. 헤겔, K. 마르크스는 사실상 그 볼테르의 '불량(不良) 제자들'(전체주의 독재 옹호라는 측면에서)에 해당한다.

그에 대해, A. 쇼펜하우어, F. 니체, S. 프로이트가 볼테르의 탐구(J. 로크의 경험철학 수용)에 크게 기대고 있는 성실한 그 '실존철학'의 제자들이다. (참조, * ⑬-3. A. 쇼펜하우어 – '육체(Body)는 의지(Will)가 있는 장소이다.' * ⑬-7. F. 니체 – 육체 긍정의 실존주의, * ⑬-8. S. 프로이트 – '무의식(본능)'의 대대적 탐구)

---

37) 볼테르(정순철 역), <철학사전>, 한국출판사, 1982, pp. 287~288 '철학자' ; Voltaire(Translated by T. Besterman), *The Philosophical Dictionary*, Penguin Books, 2004, pp. 334~335 'Philosopher'.

38) Voltaire(translated by H. M. Block), *Candide and Other Writing*, The Modern Library, 1956, p. 570 'Notes 5' – Voltaire adds in a note "Chinese words which properly mean : *Li*(理), natural light, reason ; and *Tien*(天) heaven ; and which also signify God".

⑤-23. 신(神)과 영혼을 부정했던 에피쿠로스

예를 들어 고대 그리스인들은 종교적 감정이 매우 강한 민족이긴 했지만, 에피쿠로스 학파가 신(神)과 영혼(靈魂)의 존재를 부인(否認)하는 것을 기꺼이 용인했다. 이러한 태도는 창조에 대해 지녀야 할 신성한 개념에 모욕을 퍼부은 다른 학파들에 대해서도 마찬가지여서, 이들 학파들은 모두 자유롭게 자신들의 학설을 펼칠 수 있었다.

〈관용론-'제8장, 로마인도 인정한 신앙의 자유'〉39)

해설

＊볼테르의 '혁명 정신의 발양'은 확실한 그 '실존(육체) 정신'에 바탕을 두고 있다.

볼테르의 강조점은 위에서도 명시되었으니, 모든 '생각하는 자유' '사상의 자유'를 인정하라는 선구적 주장이었다. 볼테르는, '사상(종교)의 차이'에서 오는 사회적 불이익(관리가 될 수 없는 것 등)을 '종교적 편견'으로 위장하여, 반대파를 미워하고 싫어하여 가두고 죽이는 '폭행'을 볼테르 스스로가 남김없이 목격하고 체험을 하였다.

그 '사상의 자유'가 '희랍인' '초기 로마인' '중국인'에게 이미 있었다는 사실의 입증은, 유독 볼테르 당시 '프랑스 행정부'가 그의 코앞의 문제였기 때문이다.

⑤-24. 부모(父母)가 미우면 제 정신이 아니다.

'잔치[宴會] 비유(比喩)'에 이어, 예수 그리스도는 말하였다.

"무릇 내게 오는 자는, 자신의 부모와 형제와 자매들을 미워하지 아니하고, 자신의 목숨까지 미워하지 아니하면 내 제자가 되지 못하리라. … 너희 중에 그 누가 망대(望臺)를 세우고자 할 때 우선 그 비용부터 계산하지 않겠는가? 이것이

---

39) 볼테르(송기형·임미경 역), 〈관용론〉, 한길사, 2001, p. 78 ; Voltaire(translated by B. Masters), The Calas Affair *A Treatise on Tolerance*, The Folio Society, 1994, p. 40 'Chapter 8, Tolerance of Romans'.

그 이유이다."

이 말을 듣고 자신이 부모를 미워해야 한다고 결론지을 만큼 마음이 비뚤어진 사람이 세상에 과연 있을까? 이 말의 의미는 네가 나 예수 그리스도에 바치는 사랑을 네게 소중한 사람들에게 품은 사랑과 비교하지 말라는 것임은 누구나 쉽게 알 수 있는 것이다.

〈관용론-'제14장, 예수의 관용'〉40)

해설

* 볼테르가 자주 인용했던 '교황이 그리스도의 적(敵)-[the Pope was the Antichrist.]'이란 유대인의 사회에서 새로운 '인간사랑'을 펼쳤던 예수 그리스도를 '참람하다' 욕을 퍼부어 십자가에 매달아 죽였던 유대인들처럼, 바로 당시 프랑스 가톨릭교도들이 '개신교도'에 대한 무서운 편견을 발동했던 것에 대한 볼테르의 항변이다. (참조, * ③-5. 신중해야 할 '낙천주의')

F. 니체는 〈반 그리스도(The Anti-Christ)〉(1894), 〈우상의 황혼(The Twilight of the Idols)〉(1889)을 제작하였는데, 그러한 F. 니체의 저술 100년 전에 볼테르의 '관념 철학' 비판, '인격신(人格神)의 부정'이 있었다는 사실을 아무도 부정할 수가 없다.

그런데 그 F. 니체보다 더욱 '온건하게' 행해진 볼테르의 '계몽주의'가 거의 봉쇄되어 (한국 등에) 소개되지 못했던 이유는 한국 사회에 엄존한 '보수주의' 성향이라 해야 할 것이다.

F. 니체와 비교해 볼 때, 볼테르는 니체보다는 '보수주의(舊敎, 가톨릭)'를 공개적으로 비판을 해 보이기도 했으나, '사후(死後) 세계에 대한 인정(認定)' 정도의 형식적 외모를 유지해 주었다. (참조, * ⑪-12. 신(神)의 대행자(代行者)는 어디에도 없다.)

그러나 볼테르에게 '사후세계 부정(否定)' 문제는, '태양 중심의 행성관(行星觀)'만큼이나 뒤집을 수 없는 명백한 사항이라는 점도 알아야 할 것이다. (참조, * ⑪-2. 유일신, 영혼불멸, 사후상벌(死後賞罰)은 모두 고대 이집트인 유품이다.)

---

40) 볼테르(송기형·임미경 역), 〈관용론〉, 한길사, 2001, p. 160 ; Voltaire(translated by B. Masters), The Calas Affair *A Treatise on Tolerance*, The Folio Society, 1994, pp. 91~92 'Chapter 14, Jesus' Tolerance'.

⑤-25. '인간사(人間事)'가 최우선이다.

　역사를 통해 우리가 어렴풋이나마 알고 있는 민족들은 모두 자신들이 섬기는 다양한 종교를 서로 이어주는 연결고리로 여겼다. 즉 종교를 통해 그들은 서로의 공통점을 확인했던 것이다. 인간들 사이에서와 마찬가지로 신(神)들 사이에도 일종의 '상호 환대권(相互歡待權, hospitality)'이 있었다. 어떤 마을에 한 이방인(異邦人)이 들어오면 그가 가장 먼저 해야 할 일은 그 지역에서 숭배하는 신(神)들에게 경배를 하는 것이었다. 그것이 자신의 적(敵)이 섬기는 신(神)들이라 할지라도 결코 그 일을 소홀히 하는 일은 없었다. 트로이인[터키인]들은, 그리스인을 편드는 신들에게도 기원을 올리곤 했다.

〈관용론-'제7장, 종교적 박해'〉[41]

해설

　* 볼테르는 구구절절이 '세계 평화 정착 운동' '상호교류 확대 운동' '세계인 정보 교환 운동'을 얘기했다. 그러므로 볼테르 의견에 반대한 사람은 좋게 말해 '수구 보수주의자'이고, 정확히 말해 '인류의 공적(公敵)'이다. 왜냐하면 '세계 평화' '인류 공영'에 반대를 하는 정신 나간 족속이기 때문이다.

　볼테르는 '분쟁' '전쟁' '갈등'을 미워했고, '세계 인류의 화합'을 제일로 생각하였다. 그렇기에 볼테르 사상은 단순히 계몽주의를 넘어 오늘날 '다다 혁명 정신'으로 세계 운영의 기본 지침이 되었다.

　갈등 분쟁 전쟁을 조장하는 그를 바로 볼테르는 '인류의 공적(公敵)'으로 지목하였다. (참조, * ⑦-5. '전쟁 불가피론자'가, 가장 흉악한 사람이다. * ⑦-19. 헤겔과 프리드리히 2세-〈세계 역사철학 강의〉, * ⑦-20. '세계사=강대국의 지배사'-토인비의 〈역사 연구〉)

---

41) 볼테르(송기형·임미경 역), <관용론>, 한길사, 2001, p. 77 ; Voltaire(translated by B. Masters), The Calas Affair *A Treatise on Tolerance*, The Folio Society, 1994, p. 39 'Chapter 7, Persecution'.

⑤-26. 용서(寬容)는 인류 특권

관용(寬容, toleration)이란 무엇인가? 그것은 인류의 특권이다. 우리 모두는 약함과 잘못에 잠겨 있다. 우리는 서로의 허물을 용서하자. 그것이 자연의 제1율법이다.

암스테르담, 런던, 슬라트, 바솔라 거래소에서는 조로아스터교도, 바니아족, 유대인, 회교도, 중국의 도사(道士), 브라만교도, 희랍의 그리스도교, 로마의 그리스도교, 개신교도, 퀘이커교도가 함께 교역(交易)을 하고 있다.

〈철학사전－'관용'〉[42]

해설

* '화해' '교섭' '융통' '평화' '공존'은 볼테르의 지론이다.

그것은 '상호 존중' 기본정신을 바탕에 둔 것이니, 이것이 바로 볼테르 〈역사철학〉 '실존주의'의 그 위대한 정면이다. (참조, * ⑨-31. 정의(正義)를 아는 이성(理性)은 인류의 통성(通性)이다. * ⑨-36. 선악(善惡)의 분별은, 산수(算數)의 문제다.)

그런데 후배 철학자 헤겔은 '관념주의' '전체주의' '개신교 일방주의' '게르만 민족주의' '국가주의' '전쟁 옹호' '여타 민족 무시'로 그의 〈세계 역사철학 강의〉를 다시 썼고, 토인비(A. J. Toynbee, 1889~1975)는 역시 〈역사 연구(A. Study of History)〉로 '독일' 중심을 '영국'으로 바꾸고, '전쟁 중심 역사관'으로 세계사를 서술을 반복하고 있다.

안목 있는 사람들의 한숨과 조롱을 피할 수 없게 되어 있다.

왜냐하면 '기독교 중심' '전쟁 중심의 역사관'은 오늘날 어디에 누구를 속이자는 발상인가? 헤겔과 토인비는 그 '광신주의'에 있다는 점을 모르면 그 '전쟁의 광신주의'로 '우리의 형제와 아이를 죽여도' 그것을 '여호와의 뜻'으로 수용할 사람 말고 세상에 그들의 '변증법' '순환론'으로 펼친 '사기 행각'을 신봉할 바보는 지상(地上)에 없을 것이기 때문이다.

그래서 지금 세계는 '볼테르 평화주의⇔토인비의 여호와주의'가 동시주의(同時主義)로 가동(稼動)이 되고 있는 형편이다.

---

42) 볼테르(정순철 역), <철학사전>, 한국출판사, 1982, pp. 294~295 '관용'；
Voltaire(Translated by T. Besterman), *The Philosophical Dictionary*, Penguin Books, 2004, pp. 387~388 'Toleration'.

그러나 토인비(헤겔)의 '여호와주의' 고집은 결코 승리할 수 없다.

왜냐하면 그 '색슨족(또는 게르만족)'을 제외하고 그 '배타주의(排他主義)' '여호와주의'의 토인비(헤겔)의 '독단주의' '역사 논리'에 일임하고 있을 '바보 종족'은 세상에 없을 것이기 때문이다.

⑤-27. 인류는 형제다.

그러자 입씨름이 더욱 뜨거워졌고, 세톡이 보니 머지않아 식탁에 유혈이 낭자해질 것 같았다. 말다툼이 시작된 후 줄곧 침묵을 지키고 있던 쟈디그가 드디어 자리에서 일어났다. 그는 우선 광분하여 날뛰고 있는 켈트인(Celt)에게 그가 하는 말이 옳다고 하며 자기들에게도 '겨우살이(mistletoe)'를 좀 달라고 하였다. 그런 다음 쟈디그는 그리스인의 능변에 찬사를 보내며, 열에 들뜬 사람들을 가라앉혔다. 카테(Cathay)에서 온 사람에게는 거의 아무 말도 하지 않았는데, 모든 사람들 중 그가 가장 분별 있는 사람 같았기 때문이다. 그런 다음 쟈디그는 모든 사람들을 향해 말했다.

'친구들이시여, 여러분은 공연히 다투실 뻔했습니다. 왜냐하면 여러분의 견해는 결국은 동일한 것이기 때문입니다.'

그 말에 모두가 감탄하며 환호하였다. 쟈디그가 다시 켈트인에게 물었다.

'당신은 이 겨우살이 떡갈나무를 숭배하는 것이 아니라 그를 창조하신 분을 숭배하는 것이 아닙니까?'

켈트인이 대답했다.

'물론 그렇습니다.'

'그리고 이집트 양반, 당신 또한 한 황소를 통해 당신들에게 소를 주신 그분에게 경배하는 것이 아닙니까?'

이집트인이 말했다.

'그렇소.'

쟈디그는 질문을 계속했다.

'물고기 오아네스(Oannes) 또한 바다와 온갖 물고기들을 만드신 이에게 복종하는 것이 아닙니까?'

칼데인이 말했다.

'동감입니다.'

쟈디그가 다시 덧붙여 말했다.

'인도에서 오신 분과 카테에서 오신 분 역시 당신처럼 최초의 근원(根源)을 인정하십니다. 무론 저는 그리스 양반께서 말씀하신 그 아름다운 것을 이해하지 못했습니다. 그러나 그분 역시 형태와 질료를 주관하는 최상의 존재를 인정하시리라 확신합니다.'

사람들의 찬탄을 받던 그리스인은, 쟈디그가 자기의 생각을 정확히 포착했다고 하였다. 쟈디그가 그 말을 받아서 다시 한 마디 하였다.

'결국 여러분의 견해는 모두 일치하며 따라서 다투실 일이 전혀 없습니다.'

〈쟈디그 1 - '제12장, 만찬(晩餐)'〉43)

해설

＊ 공자(孔子)는 볼테르에 앞서 '신사(紳士)는 그 견해가 서로 다르다고 해도, 함께 화합(和合)한다.[君子 和而不同]'고 하였다.

'상호존중'에 바탕을 둔 고귀한 '생명 존중'의 거룩한 뜻도 있다.

볼테르 논리는 항상 개별적인 데서 보편적인 곳으로, 추상적인 것에서 구체적인 것으로 향하고 있다. 더욱 일반적으로 말해 인간이 근본적으로 차이가 날 수 없고 결론은 동일하나 항상 지엽말단의 차이를 가지고 서로 다툰다는 것이다.

볼테르('쟈디그')는 사해동포주의, 평화주의자이다. 그것은 역시 그의 모든 저작에 전제되어 있는 기본 정신이다.

20세기에 들어와 헤겔이 아닌 토인비(A. J. Toynbee, 1889~1975)가 '종교 권역'으로 세계를 또 다시 분할하여 '교회'와 '프롤레타리아'를 구분하고 '자연(自然)'을 극복 대상으로 전제하였다. 그것이 모두 근거가 일부 있는 구분이라고 하더라도, '전쟁·분쟁을 긍정하고 있다'는 점은 그 판결의 기준을 상실한 무책임하고 졸렬(拙劣)한 결론이다. (참조, ＊ ⑦-20. '세계사=강대국의 지배사' - 토인비의 〈역사 연구〉)

'전쟁 옹호론'은 마치 식인(食人) 풍속이나 우상숭배자로 타민족을 무시하려는 배타주의 발동의 전초(前哨)적 사고이니, 그들이 벌써 '상식 밖의 사고'로

---

43) 볼테르(이형식 역), 〈쟈디그 또는 운명〉, 펭귄클래식, 2001, pp. 70~71 '제12장, 만찬(晩餐)' ; Voltaire(Translated by R. Pearson), *Candide and Other Stories*, Everyman's Library, 1991, pp. 151~152 'Chapter 12, The supper party'.

관념적 '우월주의'에 있음을 알아야 한다. (참조, ＊ ⑨-36. 선악(善惡)의 분별은, 산수(算數)의 문제다.)

⑤-28. 평등권과 인간의 '자유 의지'

할 수만 있으면 끝까지 무슨 일이나 해 보는 것이 인간이므로, 불평등(inequality)은 과장이 되었다. 어떤 나라에서는, '그 사람이 태어난 나라에서 떠날 수 없다'는 주장이 있었다. 그 법의 의미는 다음과 같다. '이 나라는 아주 나쁘게 통치되어 우리는 모든 개인이 떠날까 두려워하여 떠남을 막고 있다.' 그러나 더욱 훌륭한 방법은, 신하들이 편하게 머물게 하고 외국인도 찾아오게 하는 것이다.

모든 인간은 마음속으로 모든 다른 사람과 완전 평등하다고 믿는 권리를 지니고 있다. 그러나 그것이 추기경의 요리사가 주인에게 자기의 저녁 식사 준비를 명령한다는 것이 아니다. 그러나 말할 수 있다. '나도 주인(추기경)도 울며 이 세상에 태어났다. 나나 그나 고통 속에 죽고 동일한 장례를 치를 것이다. 우리는 동일한 동물적 기능을 수행한다. 터키 군이 로마를 점령하여 내가 추기경이 되고 주인이 요리사가 되었을 경우, 나는 그를 막 부려먹을 것이다.' 이 말은 합리적이고 정당한 말이다. 그러나 터키 황제가 로마를 점령하기 전에는 요리사는 그 의무를 다 해야 한다. 그렇지 않으면 인간 사회는 뒤집히게 된다.

그런데 추기경의 요리사도 아니고 관직도 없고 일에 집착도 없는데, 변변찮은 개인을 위해, 어디에서나 보호와 경멸을 받으며, 몇몇 고위층 인사들이 지식도 지성도 없는 것을 알면서도, 대기실에 지쳐 있는 자신을 발견한 사람은 어떻게 해야 할까. 떠나야만 한다.

〈철학사전 – '평등'〉[44]

해설

＊ 위의 볼테르 발언은 자신의 체험을 토로한 것이다.

볼테르는 1750년(56세) 6월 28일 연봉 2만 프랑을 받기로 하고 프리드리히

---

44) 볼테르(정순철 역), <철학사전>, 한국출판사, 1982, p. 254 '평등' ; Voltaire(Translated by T. Besterman), *The Philosophical Dictionary*, Penguin Books, 2004, pp. 184~184 'Equality'.

45) I. Davidson, *Voltaire in Exile*, Grove Press, 2004, 'Illustrations No. 1' – Voltaire is arrested on the orders of Frederick. a painting by Jules Giradet(1856~1946).

2세(Friedrich II, 1712~ 1786)의 초대를 받고 베를린으로 갔다. 그러나 볼테르는 거기서 프리드리히 2세의 프랑스 철학 의지를 간파하고, 1753년(59세) 라이프치히(Leipzig)로 갔다가 6월, 귀국 길에 올랐다. 그런데 볼테르는 프랑크푸르트(Frankfurt)에서

볼테르가 프랑스 귀국길에 프리드리히 2세의 명령으로 저지를 당하다.[45]

프리드리히 2세의 사람들에 저지를 당했다가 12일 뒤에 석방되었다. (참조, ※ ⑭-5. 사회 운동기(社會 運動期, 1753~1777), ※ ⑨-32. '정의(正義)'란 이름으로 행해진 강도(强盜)짓 : 전쟁)

'추기경(프리드리히 대왕)' '요리사(볼테르)' 비유도 자신의 경우로 말한 것이다. 그러므로 볼테르가 위에서 '변변찮은 개인을 위해, 어디에서나 보호와 경멸을 받으며 몇몇 고위층 인사들이 지식도 지성도 없는 것을 알고도 대기실에 지쳐 있는 자신을 발견한 사람은 어떻게 해야 할까. 떠나야만 한다.'는 진술의 '변변찮은 개인'이란, 볼테르 권고를 무시하는 프리드리히 2세를 말한 것이다. 볼테르는 10년 전(〈영국 편지〉)에 밝힌 '퀘이커 교도의 평등 정신'이 몸에 철학으로 집행이 되고 있었다. '싫으면 떠난다.' 볼테르는 분명 '프리드리히 2세의 요리사'는 아니었다.

'평등'은 자기가 실천하고 견지(堅持)하는 힘이고, 남이 공짜로 내주는 법은 없다. F. 니체도 "노예를 교육하여 주인으로 삼고 자신이 노예가 되려는 것은 바보짓이다."[46]라고 못 박았다.

⑤-29. 옹정제(雍正帝)의 관용 1

중국의 통치자들은 우리가 알고 있는 대로 4천 년보다 더 오랜 세월 동안

---

46) F. Nietzsche(Translated by D. F. Ferrer), *Twilight of the Idols*, Daniel Fidel Ferrer, 2013, p. 65.

유일신에 대한 단순한 경배를 근간으로 하는 단 하나의 종교를 채택해 왔다. 그렇지만 중국의 통치자들은 한편으로 백성들이 부처[佛]를 믿는 것도 수많은 불교 승려(僧侶)들도 용인했다. 승려들이란 현명한

옹정제(1678~1735)[47]

법적 장치를 통해 줄곧 억제하지 않으면 자칫 위협적인 존재가 되었을 집단이었음에도 그러했다.

중국 역사상 가장 지혜롭고 너그러운 통치자 옹정제(擁正帝, 1678~1735)가 예수회 선교사를 추방했다는 것은 사실이다. 그러나 이 황제가 신앙의 자유를 허락하지 않았기 때문이 아니다. 예수회 선교사들이 박해를 받은 이유는, 반대로 이들 선교사들이 신앙의 자유를 부정했다는 데 있었다. 〈진귀한 편지(朱批諭旨)〉라는 그의 책 속에서 예수회 선교사들은 이 훌륭한 군주가 자신들에게 했던 말을 스스로 이렇게 옮기고 있다.

'짐(朕)은 당신네 종교가 다른 사람들의 종교를 인정하지 않는다는 것을 알고 있소. 당신네들이 마닐라와 일본에서 어떻게 했는지도 알고 있소. 당신들은 선왕(先王)이셨던 부친을 기만했소. 짐까지 속일 수 있으리라고는 생각하지 마시오.'

황제가 선교사들에게 했던 말을 처음부터 끝까지 읽어보면 그가 참으로 현명하고 관대한 사람이라는 사실을 깨닫게 될 것이다. 사실 궁정에 온도계 통풍기를 소개한다는 구실로 이미 왕자를 꾀어 달아난 적이 있는 유럽 의사(醫師)들을 과연 그가 용인할 수 있겠는가? 그리고 황제가 만일 우리 유럽의 역사를 읽을 기회가 있어서 가톨릭 동맹과 화약음모(火藥 陰謀)사건이 있었던 시대에 대해 알게 된다면 뭐라고 평할 것인가?

옹정제로서는 세계 각처에서 자국으로 파견되어온 예수회, 성 도미니쿠스회, 성 프란체스코 회, 그리고 수도회에 소속되지 않은 신부들 사이에서 벌이고 있는 남부끄러운 싸움에 질릴 지경이었다. 이 성직자들은 진리를 전하러 와서는 서로를 헐뜯는 일에 열중하고 있었다. 황제가 취한 조치는 그 외국에서 온 훼방꾼을 되돌려 보낸 것뿐이었다. 그 추방의 방식 또한 얼마나 온화했던가. 옹정제는

---

47) 朱誠如 編, 〈淸史圖典〉, 紫禁城出版社, 2002, 5冊, pp. 187~188.

외국 선교사들이 편안히 귀국할 수 있도록, 그리고 도중에 성난 백성들에게 봉변을 당하지 않도록 자상한 배려를 아끼지 않았다. 중국의 황제가 외국 선교사들을 추방하면서 보여준 태도는 관용과 인류애(人類愛)의 한 본보기가 되었다.

〈관용론－'제4장, 관용이란 과연 위험한 것인지.'〉[48]

해설

＊ 중국의 '로마 교황 특사 추방'은, 옹정제(擁正帝)에 앞서 강희제(康熙帝, 1654~1722, 재위, 1661~1722) 때(1693, 康熙 32년) 다음과 같은 일이 있었다.

　"로마 교황이 중국인의 정서를 원치 않은 방향으로 이끌고, 중국인 신도들에게 선조(先祖)와 공자(孔子)에게 제사 배례를 못하도록 하는 것을 보고, 강희제(康熙帝)는 전통 도덕을 수호하기 위해, 여러 번 로마 교황청에 편지를 보내, (선교사들이) 중국 내정(內政)에 조잡하고 폭력적으로 간섭하는 것에 항의를 하였다."[49]

　"가락(嘉樂, 1652~1730)은 로마교황의 제2 특사로 중국으로 와서, 서울과 시골에서 교리 논쟁을 펼쳤다. 강희제는 교황의 완고한 입장이 절대 바뀌지 않을 것을 알고 강경책을 펼쳤다. 중국에서 천주교(天主敎)를 황제의 명(命)으로 금

'강희제가 천주교와 관련해 내린 문서(康熙帝致羅馬關係文書)'[50], '가락(嘉樂)이 소지했던 원고(有關禮敎之爭的手稿)[51]

지하고, 가락(嘉樂)은 말에 태워 유럽으로 돌아가게 하라고 하였다."[52]

---

48) 볼테르(송기형·임미경 역), <관용론>, 한길사, 2001, pp. 61~63 ; Voltaire(translated by B. Masters), The Calas Affair *A Treatise on Tolerance*, The Folio Society, 1994, pp. 27~28 'Chapter 4, On Whether Tolerance can be Dangerous'.
49) 朱誠如 編, 同書, 1冊, p. 7.
50) 朱誠如 編, 同書, 1冊, p. 7 '康熙帝致羅馬關係文書'.
51) 朱誠如 編, 同書, 1冊, p. 7 '有關禮敎之爭的手稿'.
52) 朱誠如 編, 同書, 1冊, p. 7 ; 1693년(강희 32) 파리외방전교회 소속의 '샤를르 매그로 주교'가 中國의 자신의 관할 지역 신부들에게 일체의 배공제조(拜孔祭祖－孔子를 숭배하고 祖上을 祭祀지냄) 의식과 상제(上帝), 천(天)의 용어 사용을 금지시키고 교황청에 특사 파견을 요청했다. 1704년(강희 43)에 교황 클레멘스 11세는 중국에 특사 '샤를르 매아르드 드 투르농'을 파견하여 중국의 의사를 타진하였으나 실패하고, 강희제는 '매그로 主敎'에게 出國 명령을 내렸다. '가톨릭 인터넷'－'가락(嘉樂)'은 '매그로 主敎' 또는 '투르농(C. M. De Tournon, 1668~1710) 추기경' 행적 속에 변별이 될 사안이다.

볼테르는 위의 사실을 거듭 거론하며 '개신교도'를 '화형(火刑)'에 처하는 프랑스 종교 정책에 항의하였다. (참조, ※ ⑪-20. 볼테르 당대(當代) '청(淸)국'의 상황)

⑤-30. 옹정제(雍正帝)의 관용 2

《〈바빌론 공주(*Princess of Babylon*)〉는 볼테르가 1768년(74세) 3월에 간행한 소설이다. 중세 로망 형식에 가탁(假託)한 볼테르(아마잔) 자신의 '이상적 여성 (바빌론 공주−포르모잔트) 찾기'를, 시간성을 무시한 '동시주의(Simultaneism)' 기법으로 서술한 이야기이다. 소설 〈캉디드〉가 유럽 아메리카를 배경으로 하였음에 대해, '바빌론 공주'는 '아시아 중심'으로 펼친 '기사(騎士) 무용담(武勇談)'이라는 특징을 지고 있다.》

중국 황제는 지구상에서 가장 정의롭고 가장 예의 바르고 가장 지혜로운 군주였다. 자기 백성들이 농사를 존중하도록 만들기 위해 먼저 자기 손으로 작은 밭을 경작한 사람도 그였다. 그는 최초로 '도덕을 위한 상'도 마련하였다.[唐 이전 '善良 추천' 관리 등용 법] 다른 나라에서는 어디서나 부끄럽게도 법이라는 것이 죄를 처벌하는 것에만 한정이 되어 있었다. 중국의 황제는 자신의 나라에서 외국 선교사 무리를 축출하였다. 외국 선교사들은 중국 전체가 자기들처럼 생각하도록 강요해야겠다는 정신 나간 희망을 품고 서방의 깊숙한 곳으로부터 와서 진실들을 알린다는 구실로 재산과 명예를 이미 획득했던 자들이다. 중국 황제는 그들을 쫓아낼 때 다음과 같이 말했는데, 그 말은 그대로 중국 제국(帝國)의 연감(年鑑)에 기록되어 있다.

'당신들이 다른 데서 행했던 해악을 여기서도 그만큼 할 수 있을 것이다. 당신들은 지구에서 가장 관용적인 나라에 불관용의 도그마를 설교하러 왔다. 나는 당신들이 벌을 받지 않도록 당신들을 돌려보내려는 것이다. 당신들은 명예롭게 내 국경으로 인도될 것이다. 우리는 당신들이 떠나온 반구(半球)의 그 경계점으로 돌아가도록 모든 편의를 제공할 것이다. 당신들이 평화롭게 될 수 있다면 평화롭게 돌아가도록 하라. 그리고 다시는 돌아오지 마라.'

〈바빌론 공주−'바빌론 공주, 5장'〉[53]

해설

    * 볼테르는 중국 공자(孔子)의 '미신 배격' '신비주의 부정'에 환호하고, 공자의 자연법(自然法)에 감탄하였다.

    그러나 볼테르 당대의 실제 청(淸)나라 왕족은, 만주(滿洲) 지방에서 거주했던 '여진족(女眞族)'으로 '공자의 사상' 수용은 '강희제' 이후였다.

    그리고 그 '자연법'을 읽어 알고 있으면서도, 청나라 대외정책은 '정복주의' '침략주의'를 지속하여, 청(淸) 왕조가 망할 때까지 고수되었다. (참조, ※ ⑪-20. 볼테르 당대(當代) '청(淸)국'의 상황)

    특히 옹정제(雍正帝)는 거실(居室)에 '위군난(爲君難, 군주가 되는 일, 지극히 어려운 것)'이라는 세 글자를 써 놓았고 양쪽 기둥의 대련(對聯)에는 '천하가 다스려지고 다스려지지 않고는 나 하나의 책임.(原以一人治天下) 이 한 몸을 위해 천하를 고생시키는 일은 하지 않으리.(不以天下奉一人)'라고 하여 유명하였다.

    그러나 '중국 정치' 맹점은, 볼테르가 주장한 (퀘이커 교도 같은) '평등권' 주장이 빠진 경우였다.

    더구나 유교(儒敎)의 3강(三綱)에 '아버지와 아들의 논리[父爲子綱]', '임금과 신하[君爲臣綱]', '남편과 아내[夫爲婦綱]'에, 그대로 몰고 가 적용하려 했던 점은, G. 라이프니츠의 '낙천주의'만큼이나 엉터리 '도식주의' 논리에 있었다. ('아들 이나 손자와 같이 어린 나이의 임금'도, '아버지'로 모셔야 했던 矛盾 등)

⑤-31. 자연(自然)을 배워야 한다.

    오직 나 자연(自然, Nature)만이 법정(法庭)에서 공정함을 지켜 갈 수 있소. 법정은 만약 자연이라는 대원칙에 의거하지 않는다면, 뒤엉킨 법률더미에 파묻혀, 이 법률들이란 흔히 정해진 기준이 없이 되고 일시적 필요에 따라 제정되어 지방마다 도시마다 다르고 또한 같은 장소에서 조차 법률들은 언제 상충되어, 결국 모든 것이 우유부단의 일시적 기분에 좌우되고 말 것이요. <u>오직 나[自然]만이 정의(正義) 를 불어넣을 수 있소.</u> 그 반면 법률은 언쟁과 궤변을 유발하오(I(Nature) can inspire

---

53) 볼테르(이효숙 역), <미크로메가스>, 바다출판사, 2011, p. 177 '바빌론 공주' ; Voltaire(Translated by R. Clay), *Candide and Other Tales*, London : J. M. Dent & Sons L T D, 1948, pp. 315~316 'Princess of Babylon, Chapter 5'.

true justice, whereas laws inspire naught but wrangling and subterfuge). 그러므로 자연의 목소리에 귀를 기울이는 사람은 언제나 공정한 판단을 내릴 수 있소. 그러나 서로 대립하는 견해를 화해시키는 일만 염두에 두고 있는 사람은 결국 길을 잃고 말 것이오.

〈관용론 - '제25장, 결론'〉[54]

해설

* 위의 진술은 볼테르 '법철학(法哲學)'으로 주목을 해야 한다.

볼테르는 '천연적인 인간관계'로 돌아가 생각할 것을 가르쳤다.

즉 '아버지의 아들 살해'란 평상인의 사회에서 생길 수 없는 일이라는 볼테르의 확신이다. 그러한 '상식'이 무시된 판결이 당시 프랑스 사법과 행정 체계라는 비판이 전제되어 있다.

이처럼 세력가(勢力家)나 '판사들'의 임의(任意)로 운용되었던 '프랑스 법 적용'에 대한 볼테르의 불만은, 소설 '쟈디그(1747)', '랭제뉘(1767)', '캉디드(1759)-19장 수리남에서' 등에 거듭 폭로되었다. (참조, * ④-14. '법률 행정'의 근본 문제, * ②-10. 있는 그대로 보아야 한다. * ④-13. 황금을 향한 인간들의 의지)

공자는 '나도 다른 사람만큼이나 판정을 내릴 수 있지만, 처음부터 시비(是非) 가리기가 없게 해야 할 것(吾聽訟猶人也 必也使無訟乎)'이라고 하였다.

⑤-32. 미신(迷信)에는 '이성(理性)'이 약(藥)이다.

이런 광신도(狂信徒)의 수를 감소시킬 묘안이 있다면 그것은 광신이라는 이 정신의 질병에 이성(理性)의 빛을 쬐는 방법일 것이다. 이성(理性)이라는 요법은 인간을 계몽(啓蒙)하는데 효과가 느리지만 결코 실패하지 않는 처방(處方)이다. 이성은 온화하고 인정미(人情味)가 있다. 이성(理性)은 너그러움을 불러일으키고 불화를 잠재운다. 이성(理性)은 미덕을 확고히 하며, 즐거운 마음으로 법에 복종하게

---

54) 볼테르(송기형·임미경 역), <관용론>, 한길사, 2001, p. 230 ; Voltaire(translated by B. Masters), The Calas Affair *A Treatise on Tolerance*, The Folio Society, 1994, pp. 139~140 'Chapter 25, Conclusion'.

함으로써 더 이상 강제력으로 법을 유지할 필요가 없게 한다.

〈관용론-'제5장, 신앙의 자유를 얻으려면'〉55)

해설

* 볼테르 발언은 공자(孔子)의 사상을 많이 수용하였다.

공자(孔子) 앞뒤 진술을 생략하고 '시에서 일으키고, 예절에 세우고, 음악에 이룬다.(興於詩 立於禮 成於樂)'라고 하였다.

이 공자의 말을 정치 행정과 연관 지으면 '시(詩)'란 공자의 경우 '민심(民心)이 토로되는 방법'으로 생각했으니, 백성들과 고락(苦樂)을 함께 하는 군주(君主)의 정신이고, '예절'은 온 국민이 지켜야할 몸가짐이니 그것을 지키게 하여 사회질서를 지키게 하고 '음악'은 절제와 조화의 비유이니 '이상적인 국가 운영' 그것의 비유일 것이다.

역시 그것은 '공자(孔子)의 꿈'이지만, 플라톤의 〈국가〉론보다는 더욱 현실적이고(군주와 시민이 함께 간다는 측면에서), G. 라이프니츠 '낙천주의'보다 더욱 '능동적'이 '인위적(人爲的)'이다.

볼테르의 '너그러움(to be tolerant)'는 공자(孔子)의 '관인(寬, 仁)' '온화' '인정미'는 공자의 '시(詩)' '예(禮)' '악(樂)'과 상통하고 있다.

볼테르는 '인권 운동가' 이전에 극작가 소설가 시인이었고, 역시 예술에 관심을 보이면서도 그것은 깊숙이 그 '과학 정신'과 연대해 있었다.

공자(孔子)는 '음악'에 높은 비중을 두었는데, 그것은 역시 공자가 최고(最高)로 배운 5제(五帝)의 일인인 대순(大舜)의 가장 뚜렷한 특징인 '음악 존중 사상'이었다. [大舜은 五絃琴으로 '南風歌'를 연주했다고 함]

이점은 역시 1916년 취리히 다다가 그 '예술 정신'으로 '세계평화 운동'에 앞장섰던 사실과 무관하지 않다. (참조, ※ ⑬-10. 후고 발-'카바레 볼테르')

---

55) 볼테르(송기형·임미경 역), <관용론>, 한길사, 2001, pp. 70~71 ; Voltaire(translated by B. Masters), The Calas Affair *A Treatise on Tolerance*, The Folio Society, 1994, p. 22 'Chapter 5, To Show how Tolerance may be permitted'.

⑤-33. 미신(迷信)을 버리자.

　　다른 국민들의 진보된 견해를 받아들이는데 우리 프랑스인은 언제나 가장 처지기만 할 것인가? 다른 나라 국민들은 스스로 잘못된 점을 시정했다. 우리는 언제쯤이나 잘못을 고칠 것인가? 우리는 뉴턴이 증명했던 법칙을 인정하는데 60년이나 지체했다. 종두(種痘)를 시행해 우리 아이들의 생명을 지키는 일도 우리는 이제야 겨우 용기를 내서 시작하였다. 올바른 농사 원리를 실천하기 시작한 것도 바로 얼마 전의 일이다. 그렇다면 인간의 올바른 원리는 언제부터 실천하려 하는가? 순교자들을 죽음으로 몰아넣었다는 이유로 이교도를 비난하지만 우리도 같은 상황에서 마찬가지로 잔인한 행동을 서슴지 않았던 터에 그 어떤 명분으로 우리가 그들을 비난할 수 있겠는가?

〈관용론-'제10장, 거짓 성현 전설'〉56)

해설

　* 볼테르는 온통 '프랑스 개혁(근대화)'에 관심이 집중되어 있다. 당연한 인간 심성의 기본 방향이다. 성인들도 자기 종족 자기 국가를 중심으로 생각하였다 공자의 노(魯)나라에 대한 관심, 소크라테스의 아테네에 대한 관심, 예수의 유대인 예루살렘에 대한 관심이 그것이다. 볼테르의 '프랑스 파리'에 대한 관심과 다를 수 없다.

　그러나 볼테르는 기존 성현(聖賢)이 '관념주의' '도덕 우선주의'에 머물렀음에 대해, 더욱 '과학적 원리'를 대폭 수용하여 기존 성현이 소극적이었던 '신비주의' '미신' 타파의 깃발을 높이 든 세계 '근대화 현대화 운동'의 선두주자였다.

　여기에 명시되어야 할 사항은, '이념(관념)의 문제'는 더 이상 '현대 사회의 쟁점'이 아니라(될 수 없다)는 사실이다. '이념의 문제' '현실의 문제'로 되어 있는 국가 세계에 그 유례가 없고 한국이 '세계 이념 분쟁의 표본'이 되어 있는 경우다.

　그것이 결코 지고(至高)한 문제가 아님을 앞서 강조했던 이가 바로 볼테르였

---

56) 볼테르(송기형·임미경 역), <관용론>, 한길사, 2001, p. 122 ; Voltaire(translated by B. Masters), The Calas Affair *A Treatise on Tolerance*, The Folio Society, 1994, p. 68 'Chapter 10, On False Legends'.

다. (참조, ＊ ⑨-27. 사람들은 사상(思想)의 결론으로 행동하지는 않는다.)

⑤-34. 세상에 멸망해야 할 도시는 없다.

《〈세상 돌아가는 대로(The World as it goes)〉는 볼테르가 54세(1748)에 발표한 소설 작품이다. '아시아 고지대(Upper Asia) 관할 천사 이튀리엘(Ithuriel)의 명을 받은 오크슈스(Oxus) 강가에 사는 스키타이 바부크(Babouc)에게 페르시아의 수도 페르세폴리스(Persepolis)를 시켜 심판할까 한번 감찰하라 명을 내려, 바부크가 구체적으로 살펴 본 결과 그런대로 살만한 곳'이라는 결론은 얻었다는 내용이다. '인류 양심(이성) 긍정', '상호존중'의 볼테르의 위대한 정신을 그대로 표현한 걸작이다.》

　　바부크(Babouc)는 스키타이 사람으로 천사의 심부름으로 온 처지이긴 했지만, 만일 그대로 페르세폴리스(Persepolis)에 계속 머문다면, 이튀리엘(Ithuriel)마저 잊어버릴 것 같다는 생각이 들었다. 그는 그 도시에 사랑을 느끼고 있었다. 사람들은 경솔하고 험담을 하며 허영심으로 똘똘 뭉쳐 있기는 하지만, 예쁘고 바르고 상냥하고 친절했다. 그는 페르세폴리스에 유죄 판결이 나지 않을까 걱정이 되어 앞으로 그가 하는 보고에 불안마저 느끼고 있었다.

　　실제로 그가 그 보고를 할 때 취한 행동은 이러했다. 그는 그 도시 최고의 주물 기술자에게 모든 금속과 흙과 돌의 가장 고귀한 것과 하찮은 것으로 합성된 작은 조각상을 만들게 하고, 그것을 그 이튀리엘(Ithuriel)에게 가져갔다.

　　바부크(Babouc)는 말했다.

　　"이 훌륭한 조각상이 모두 금과 다이아몬드로 되어 있지 않다는 이유로 당신은 이것을 부숴버리시렵니까?"

　　리튀리엘은 끝까지 듣지 않아도 그 의미를 깨달았다. 그는 페르세폴리스의 결점을 바로잡을 생각을 않고, '세상 돌아가는 대로(The world as it goes.)' 그냥 두기로 결정을 했다. 그는 말했다.

　　"왜냐하면 모두가 선(善)은 아닐망정 그럭저럭 괜찮기 때문이다."

〈세상 돌아가는 대로〉[57]

---

57) 볼테르(고원 역), 캉디드 철학 콩트, 동서문화사, 2013, p. 55 '세상 돌아가는 대로' ;

해설

 * 플라톤, 헤겔. 마르크스는 '절대 권력 자체'이기를 소망했고, 그것을 그들 저서를 통해 명시하고 있다. 그런데 볼테르는, 그러한 '전체주의' '국가주의'를 완전히 벗어나 '시민 중심' '개인 중심' '현실 중심'으로 앞서 나가 있었다.

 G. W. F. 헤겔은 볼테르의 '신(자연)' '자유' '이성(reason)' '생명 개인주의' 문제를 '엉터리 변증법'으로 통합하고(충분히 고려한 것으로 전제하고) 거기에 '절대(absolute)'라는 형용사를 첨가하여 '절대신(여호와 신)' '절대 자유(신의 이름으로 행한 일)' '절대이성(여호와를 아는 이성)' '절대주의(전체주의, 국가주의)' 문자 그대로 '볼테르를 초극한 세계 제일의 학자로 잘난 체'를 하였다.

 그러나 헤겔은 현실적으로 '선민(특권)의식' '종족주의' '배타주의' '제국주의 강도 전쟁 옹호'를 그 '절대주의'로 옹호하였다. 즉 헤겔은 '변증법'이라는 속임수, 도식주의로 라이프니츠의 신정론(Theodicy)으로 복귀해 놓은 '관념 현실 혼동의 여호와주의'를 '절대주의'라는 이름으로 강요한 '도루묵 철학자'이다. (참조, ＊ ⑩-25. 특권을 요구해 온 유대인들, ＊ ⑬-2. G. W. F. 헤겔의 '절대주의' '여호와주의')

 처음부터 그 '관념주의' '도식주의'를 비웃은 볼테르는 문자 그대로 '담박한 밝은 지혜로 세상을 꿰뚫은 명철한 지성[淡泊明知 寧靜致遠]'을 유감없이 발휘해 보였으니, 작품 〈세상 돌아가는 대로〉도 그 투명한 볼테르의 '사해동포주의(四海同胞主義)' 그것이다.

 〈세상 돌아가는 대로〉에서 볼테르의 말, "이 훌륭한 조각상이 금과 다이아몬드로 되지 않았다고 부수려 합니까?(Wilt thou break, this pretty statue, it is not wholly composed of gold and diamonds?)"에 볼테르의 '인생관' '세계관'은 명시되어 있다.

 '순수' '절대' '여호와(Jehovah)'를 지향할 때, '사랑하는 아들도 제단(祭壇)에 올려야 한다.' 그러므로 그 '신의 원(願)하심'에 세상에 무엇이 그 주체(신)의 지향을 막을 것인가? 이것이 절대주의의 정면이다. 더 변명이 필요 없다. 이것이 그 '여호와주의'의 모든 것이다. (참조, ＊ ⑩-16. 인도(印度)가 서구(西歐) 문화의 원천(源泉)이다.)

 볼테르는 그것을 사양(辭讓)하고, 일개 시민(市民)으로 내려왔다.

Voltaire, *The Best Known Works of Voltaire*, The Book League, 1940, p. 251 'The World as it goes'.

이것이 위대한 '시민 생명 중심주의' '계몽주의'가 출발한 그 지점이다.

⑤-35. 희망의 나라, 법(Law) 존중의 나라

참사 회원(councillor)이 브라만 승(Brahman)에게 말했다.

'스님은 어떤 국가의 통치 하에서 살기가 더 좋다고 생각하십니까?'

참사 회원 동료가 말했다.

'자기 나라 밖이면 어디나 좋지요. 내가 알게 된 샴인(Siamese), 통킹인(Tongkinese), 페르시아인, 터키인도 같은 말을 했습니다.'

그 유럽인은 거듭 물었다.

'다시 여쭙겠습니다. 어느 나라가 좋을까요?'

브라만 승(Brahman)이 말했다.

'법에 복종하는 나라입니다.(That in which only the laws are obeyed.)'

유럽인이 말했다.

'진부(陳腐)한 말씀입니다.'

브라만 승(Brahman)은 말했다.

'그런대로 괜찮은 답변이지요.'

참사 회원이 말했다.

'그런 나라가 도대체 어디에 있겠습니까?'

브라만 승(Brahman)이 말했다.

'우리가 그 나라를 찾아내야 합니다.(We must look for it)'

〈철학사전 - '국가, 통치'〉58)

해설

* 볼테르는 위에서 '법에 복종하는 나라입니다.(That in which only the laws are obeyed.)'를 강조하였다.

'법(the laws)'이란 '도덕의 최소한(最小限)'으로 그 사회 유지에 불가피한 규정이다.

---

58) 볼테르(정순철 역), <철학사전>, 한국출판사, 1982, pp. 258~259 '국가, 통치' ; Voltaire(Translated by T. Besterman), *The Philosophical Dictionary*, Penguin Books, 2004, p. 194 'States, governments'.

볼테르는 전술한 바와 같은 '불법이 횡횡한 프랑스 사회' 속에 희생의 위협 속에 스스로 '계몽운동'을 죽을 때까지 전개하다가 '그것의 대대적인 집행(프랑스 혁명)'도 보지 못하고 별세하였다.

그러나 그가 제시한 '종교의 자유(관용)' '생명 존중' '인권(평등권)'의 문제는 '미국의 독립 선언' '프랑스 혁명' '다다 혁명 운동'으로 오늘날 지구촌의 '사회 운영의 표준'이 되었다.

역시 볼테르가 추천한 '법 중의 법' '자연법'이란 무엇인가? '내가 당하기 싫은 일을 남에게 행하지 말라.'이다. '내 나라가 당하기 싫은 일은 남의 나라에 행하지 말라'이다. 이보다 더욱 공평한 법이 어디 있는가? 이것을 거스르는 사람은 '인류가 이해할 수 있는 현자(賢者)'는 결코 아니다. ('특권의식' '강도질 옹호' '배타주의'는 결코 法의 고려 대상도 아니다.)

제6장

계몽(啓蒙)의 대상

볼테르의 '계몽(啓蒙, Enlightenment) 운동'의 전개는, '중세(中世) 기독교 광신주의(狂信主義, Fanaticism)'를 파기(破棄)하는 것이 그 기본 방향이었다.

즉 볼테르가 평생 노력했던 바는, 당시 프랑스 사회를 짓누르고 있는 '구교(舊敎, 로마 가톨릭)의 횡포'를 완화시키는 것이었다.

볼테르는 자신의 광범한 독서력과 분석력 서지적(書誌的) 정보를 동원하여, 그 중세 '종교적 광신주의(Fanaticism)'를 낱낱이 실증(實證) 고발하였고, 소위 그 '우상파괴(偶像破壞, Iconoclast)'를 앞서 단행하였다. 그것이 바로 프랑스 '실증주의(實證主義, postivismus, positivism)'[1]의 그 기원(起源)이다.

즉 볼테르의 사상 논의에서 특별히 유념해야 할 사항은, 볼테르가 〈영국편지〉(1734)에서 당시 '영국 문화의 선진성'을 밝히고, 〈관용론〉(1763)에서 '중국 문화의 유구(悠久)함'을 찬양하고 '개신교도(protestant)에 관용(寬容)'을 거듭 주장했지만, 그것은 단순히 그 영국인·중국인·개신교도를 찬양·옹호하기 위한 것이 아니라는 점이다.

바로 오직 그 '과학적 세계관' '합리적 인생관' '자연법'을 바탕으로 삼아야, '미래 인류 공영(共榮)의 꿈'이 가능할 수 있게 되기 때문이다.

당시 프랑스의 집권자들은, 그 볼테르의 '계몽주의' 사상에 '수구파(守舊派)'의 적대감(敵對感)을 극단으로 몰고 나갔다. 그러나 오히려 그 결과는 역전(逆轉)

---

1) 초월적이고 형이상학적인 사변(思辨)을 배격하고 관찰이나 실험 등으로 검증 가능한 지식만을 인정하는 인식론적 방법론적 태도를 고수하려는 콩트(Auguste Comte, 1798~1857) 등 경험철학은, **사실상 볼테르가 그 원조(元祖)**였다.

을 가져왔으니, 바로 1789년 '프랑스 혁명'이 그것이다.

그러한 '수구보수주의(Conservatism)'의 전반적 관성(慣性)은 세계 곳곳에 만연(蔓延)해 있었다. 그러나 오늘날은 볼테르가 당시 주장한 '관용 정신', '종교 사상의 자유'가 당연한 '시민의 권리'로 각국이 그 '헌법'으로 보장을 하고 있다.

⑥-1. 광신(狂信)의 현장(現場)

《〈관용론(Treatise on Tolerance −Trite sur la tolerance)〉은 볼테르가 68세(1762) 3월 10일부터 관여했던, '장 칼라스 사건(J. Calas affair)'에 대한 보고서이다. 프랑스 서남부 툴루즈(Toulouse) 시(市)에서는 '개신교도 장 칼라스가 자신의 아들을 살해하였다.'고 잘못 판결을 내리고 '차형(車刑, 사형)'까지 집행해 버렸다. 볼테르는 이에 항의하여, '장 칼라스 재활 운동(무죄 운동)'을 시작하여, 국왕으로부터 '잘못 판결 인정서'를 받아내었다.(1765. 3. 볼테르 71세) 이것은 볼테르 '인권 운동의 승리'로, 당시 프랑스에 엄존한 '신·구(新·舊) 기독교의 대립 양상'을 지양(止揚)하는 계기가 되었다. 그 사건의 시종(始終)을 적은 것이 〈관용론〉으로 1763년(69세)에 출간이 되었다. 볼테르는 이 〈관용론〉 속에서, 자신의 평소 소신(所信) '사상의 자유(다른 생각의 인정)'에 기초한 '미신반대', '자연법(自然法, Natural Law) 존중'을 주장하였다.》

70세의 볼테르2)

1762년 3월 9일 툴루즈 시의 재판정이 '정의(正義)의 이름(the sword of justice)'을 빌어 집행한 '칼라스 사형(The Murder of Calas)'은 참으로 특이한 사건으로 우리 시대와 후대의 사람들은 이에 관심을 기울일 필요가 있다. …

… 지금 이야기하고자 하는 이 끔찍한 사건에는 종교 자살(自殺) 가족살해

---

2) Wikipedia, 'Voltire' : 'Voltaire at 70 ; engraving from 1843 edition of his Philosophical Dictionary'.

문제가 얽혀 있다. 이 사건에서 밝혀야 할 것은 과연 한 아버지와 어머니가 신(神)에 대한 복종을 입증하기 위해 자신의 아들을 교살(絞殺)했는가, 과연 아우가 자신의 형을, 한 청년이 자신의 친구를 목매달아 처형(處刑)을 하였는가, 그리고 판사들이 (어떻게) 잘못해서 죄 없는 한

칼라스의 처형 후에 그의 무죄를 선언한 루이 15세의 칙령3)

아버지를 바퀴에 매달아 처형(處刑)했는가, 혹은 그랬으면서도 죄 있는 어머니, 형제, 친구에게는 면죄부를 주었는가 하는 점이다.

68세의 장 칼라스(Jean Calas)는 툴루즈(Toulouse, 프랑스 南部 도시)에서 40여 년이 넘게 상업에 종사하며 살아왔다. 그는 자신을 아는 모든 사람들에게 훌륭한 아버지로 인정받고 있었다. 그는 '프로테스탄트'였으며 그의 아내와 자식들도 역시 프로테스탄트였다. 그러나 그의 아들 가운데 한 명은 가톨릭으로 개종했다. 이 아들에게도 장 칼라스는 약간의 생활비를 대주고 있었다. 장 칼라스는 사회의 모든 유대관계를 파괴하는 그 어처구니없는 종교적 광신과는 거리가 먼 사람이었으므로 아들 루이 칼라스의 개종(改宗)도 용인했으며 또는 열성적인 가톨릭교도인 하녀 한 명을 30년 동안이나 집에 두고 있었다. 그는 이 하녀에게 자신의 아이들을 모두 맡겨 양육하게 했다.

장 칼라스의 다른 아들, 마르크 앙투안(Marc-Antoine)은 시 쓰기를 즐기는 청년이었다. 마르크 앙투안은 불안정하고 음울하며 격렬한 성격의 소유자라는 평판이나 있었다.

이 젊은이는 장사에 투신하려 했으나 적성이 맞지 않아서 실패했다. 그는 변호사가 되려고도 했으나 역시 좌절하고 말았다. 변호사가 되는 데는 가톨릭교도임을 입증하는 증명서가 필요했으나, 그로서는 그것을 얻을 수가 없었던 것이다. 이렇게 되자 그는 자살하기로 마음먹었다. 그리고 자신의 결심을 친구 한 명에게 넌지시 내비쳤다. 이 젊은이는 자살에 대해 언급한 갖가지 책을 찾아 읽음으로써 자신의 결심을 더욱 굳혀갔다.

---

3) Voltaire(translated by B. Masters), The Calas Affair *A Treatise on Tolerance*, The Folio Society, 1994, pp. 140~142, 'Louis ⅩⅤ's decree posthumously acquitting Jean Calas of the murder of his son'.

어느 날 마르크 앙투안은 도박을 하다가 돈을 잃었다. 그는 바로 이날 자신의 계획을 실행에 옮기기로 마음먹었다. 마르크 앙투안의 친구이자 칼라스 가족과 친분이 있던 청년 한 명이 마침 전날 보르도(Bordeaux)로부터 이곳에 와 있었다. 툴루즈의 유명한 변호사 아들인 라베스(Lavaisse)라는 이 청년은 19세로서 품행이 바르고 온화한 성격이었다. 그날 우연히도 이 청년은 칼라스 집에서 저녁식사를 했다. 장 칼라스와 그의 아내, 맏아들인 마르크 앙투안, 둘째 아들인 피에르(Pierre)가 그와 함께 음식을 나누었다. 저녁식사를 마친 후 이들 가족과 손님은 작은 거실로 자리를 옮겼다. 마르크 앙투안이 모습을 감췄다.

얼마 후 라베스가 자리에서 일어섰다. 떠나는 라베스를 배웅하기 위해 피에르 칼라스가 그를 따라 계단으로 내려왔다. 마르크 앙투안의 모습을 발견한 것은 이 두 사람이었다. 마르크 앙투안은 아래층에 있는 가게 문틀에 목을 매 죽어 있었다. 그는 셔츠 차림이었으며, 겉옷은 개어져 계산대 위에 있었다. 그의 몸에는 어떤 상처도 나 있지 않았다. 얻어맞은 멍 자국은 같은 것은 전혀 없었다. …

툴루즈의 시민들이 칼라스 집 주위에 모여들었다. 이들은 맹신(盲信)에 빠져 있고, 걸핏하면 극단적 감정에 휘말리는 사람들이었다. 툴루즈인들은 자신들과 같은 종교를 갖지 않은 사람들을 마치 괴물(怪物) 보듯이 했다. …

한편 이 도시는 해마다 2백여 년 전 '이단(異端) 종교를 믿던 4천 명(four thousand heretics)'에 달하는 시민들이 학살되었던 날(1572. 8. 24)이 돌아오면 성대한 축제를 벌였다.[4] 시 위원회는 여섯 번이나 금지령을 내려 이 가증스러운 축제를 막으려 했지만 소용이 없었다. 툴루즈인들은 이날의 의식을 꽃놀이 축제처럼 여전히 성대히 거행해오고 있었다.

모여든 군중 가운데서 어떤 광신자가 '장 칼라스가 자신의 아들 마르크 앙투안을 목매달아 죽였다.'고 외쳤다. 이런 외침이 여러 번 되풀이되자 순식간에 모든 사람들이 이에 동의했다. 다른 이들은 한술 더 떠서 죽은 아들은 다음날 가톨릭으로 개종할 예정이었다고 수군거렸다. 그런데 그의 가족과 라베스(Lavaisse)가 가톨릭을 증오한 나머지 그를 목매달아 죽였다는 것이다. 그 다음부터는 아무도 이런 이야기를 의심하지 않았다. …

툴루즈인이 매년 벌이는 끔찍한 축제일이 다가왔다. 그것은 옛날 '4천 명의

---

4) 바르톨로메오 축일(밤)의 대학살. 1572년 8월 24일 성 바르톨로메오 축일 전야에서 그 다음날 사이에 파리에서 있었던 위그노(Huguenots, 칼빈파)에 대한 대학살. 그 이전에도 1562년 Vassy에서(3월 1일), Sens에서(4월 12일), Orléans에서(4월 21일) 위그노파에 대한 학살이 있었지만, 이날의 학살은 가장 큰 사건이었다.

위그노[개신교도]를 학살(the massacre of four thousand Huguenots)'했던 일을 기념하는 의식으로서 1762년은 그 2백주년이 되는 해였다. 이 점이 장 칼라스의 고통스런 운명을 결정하게 되었다. 이번 축제의 정점은 저 처형(處刑) 단 위에서 칼라스 일가를 바퀴에 매달아 죽이는 행사가 될 것이라고 누구나 거리낌 없이 말했다. 하나님의 뜻에 따라 이 죄인들을 자신들의 신성한 종교 제물로 바쳐야 한다는 것이었다. 이렇게 말하는 신(神)의 목소리를 들었다는 사람이 스무 명이 나왔다. 그 목소리는 몹시도 화를 내고 있었다고 했다. …

〈관용론-'제1장, 장 칼라스 개관'〉[5]

바르톨로메오 대학살(1572. 8. 24.)[6], 안느 듀 부흐(Anne du Bourg)의 처형(1559)[7]

바시의 대학살(1562)[8], 해상(海上)에서 위그노(개신교도)의 가톨릭교도 공격(16세기)[9]

5) 볼테르(송기형·임미경 역), <관용론>, 한길사, 2001, pp. 25, 26, 27, 28, 29, 32 ; Voltaire(translated by B. Masters), The Calas Affair *A Treatise on Tolerance*, The Folio Society, 1994, pp. 1, 2, 3, 4, 6. 'Chapter 1, A Brief Account of the Death of Jean Calas'.

6) Wikipedia, 'French Wars of Religion' - 'Depiction of the St. Bartholomew's Day massacre by François Dubois'.

7) Wikipedia, 'French Wars of Religion' - 'Execution of Anne du Bourg in 1559'.

8) Wikipedia, 'French Wars of Religion' - 'Massacre de Vassy in 1562'.

9) Wikipedia, 'French Wars of Religion' - 'Print depicting Huguenot aggression against Catholics at sea. 16th century'.

프랑스 툴루즈 市, 장 칼라스(J. Calas, 1698~1762), 툴루즈 대법원 판결로 차형(車刑)이 집행되는 칼라스[10]

해설

* 볼테르의 평생 지론(持論)은 '다른 종교 다른 생각을 인정하고 세계가 서로 소통하며 더욱 잘 사는 사회 만들기'였다. (참조, ❋ ⑩-12. 알파벳을 개발한 페니키아 사람들)

볼테르는 프랑스 사회에 거의 200년 동안 지속된 고질적인 가톨릭의 '개신교도 탄압'을 가장 비인도적 처사로 규정하고 '종교적 자유(관용)'를 강조해 온 터에, '1762년 3월 9일 툴루즈(Toulouse) 시의 법정이 장 칼라스에게 사형을 잘못 선고한 사건'이 발생하였다. 볼테르가 '장 칼라스 재활 운동(무죄 운동)'을 펼친 결과, 3년 후 1765년(71세) 3월에 칼라스에 무죄 판결이 내려졌다.

그 '칼라스 재생 운동' 성공 결과는 칼라스 개인의 생명을 다시 살려낸 것은 아니었지만, 결국 '종교적 광신주의'로부터 '인류를 지켜내는 데 처음 성공'한 소중한 사례였다. 사실 볼테르 생전 '계몽운동'에 이보다 큰 '승리'는 일찍이 없었다. 볼테르는 그에 대한 보고서 〈관용론〉을 써서 역시 세계적인 명저가 되었다.

---

10) Voltaire(translated by B. Masters), The Calas Affair *A Treatise on Tolerance*, The Folio Society, 1994, p. ii 'Mr. John Calas a French Protestant Merchant Broke on the Wheel by order of Parliament of Thoulouse'.

⑥-2. 당신이 바로 광신도(狂信徒)요.

그리스도교인들이 서로에게 관용을 베풀어야 한다는 사실을 증명하는 데는 빼어난 논쟁의 기교나 화려한 웅변이 필요하지 않다. 나는 여기서 한 걸음 더 나아가 이렇게 말하고자 한다. 즉 우리는 모든 사람을 우리의 형제로 여겨야 한다고 그렇다면 이렇게 되묻는 사람이 있을 것이다.

'뭐라고! 투르크인[터키인]을 형제로 대하자고? 중국(中國)인 유대인 시암인(泰國人)까지 우리의 형제로 대하자는 말인가?'

'물론이다. 우리는 모두 한 아버지의 자식이며, 같은 신의 창조물이 아닌가?'
이렇게 반박하는 사람도 있을 것이다.

'그렇지만 그들 민족은 우리를 경멸하오! 그들은 우리를 이단자(異端者, idolators)로 여긴단 말이오!'

그렇다면 나는 그들 민족에게 당신네들은 큰 잘못을 범하고 있다고 말하겠다. 내가 생각하기에 우리를 완강하게 거부하는 이슬람 사제나 불교 승려의 오만함을 흔들어 놓을 방법이 전혀 없는 것은 아니다. 그들에게 다음과 같은 요지의 말을 건넬 기회만 있다면 말이다.

이 작은 지구는 단지 한 점에 불과한 것으로 다른 수많은 천체와 더불어 우주 공간을 돌고 있습니다. 이 광대한 우주 공간 속에서 우리는 떠돌고 있는 것입니다. 인간은 겨우 다섯 자 남짓한 몸집이니, 창조물 가운데서도 아주 미미한 존재임이 분명합니다. 이렇게 미미한 존재 가운데 하나가 아라비아나 아시아 대륙에 살고 있는, 역시 자신과 같은 존재들에게 이렇게 말하고자 합니다. '이 세상 전부를 주관하는 하나님이 나에게 진리의 빛을 내려주셨으니 내 말에 귀기울여주시오. 이 지구상에는 작은 개미와 같은 우리 인간이 9억 명이 살고 있소. 그러나 오직 내가 있는 개미집만이 하나님으로부터 사랑받고, 다른 모든 개미집들은 영원히 미움을 받게 될 것이오. 오직 내가 있는 개미집 안이 행복을 누리고 다른 모든 개미집들은 영원토록 고달플 것이오.'

그들은 내 말을 중단시키고 이렇게 물을 것이다.

'당신이 누구이기에 정신 나간 사람처럼 그렇게 어리석은 말을 하는가?'
그러면 나는 이렇게 대답하리라.

'이 말을 하는 사람이 바로 당신 자신이오.'

그러고 나면 그들을 진정시키느라 애를 먹겠지만, 그렇게 할 수밖에 없죠.

〈관용론-'제 22장, 보편적 관용에 대하여'〉[11]

낭트 칙령(The Edict of Nantes) 철회(撤回, 1685. 10. 22)로 프랑스를 떠나는 개신교도들[12]

해설

* '태양 중심 행성(行星) 이론'은 뉴턴 이전에는 단지 한 개인의 주관일 수는 있어도 공공연하게 주장이 된 바는 없었다.

그러나 '태양 중심의 세계관'의 일반화는, 그동안 '지구 중심의 세계관'에 결정타를 가하여, '천지(天地)'와 '인간 존재'를 동등하게 생각한[天地人 三才] 기존 '인간의 과대망상(誇大妄想)'에 큰 충격을 주었다.

볼테르 이후 '실존주의(實存主義, Existentialism)'자들은 모두 그 '과학적 사고'에서 스스로의 신념을 세웠다.

프랑스의 루이 14세가 '낭트 칙령 철회(퐁텐블로 칙령, Edict of Fontainebleau, 1685. 10. 22.)'를 명했던 것은, 프랑스에서 '가톨릭 광신주의'에 손을 들어주는 조처였으니, 그것은 보수주의(保守主義) 옹호 정책이었다.

그런데 볼테르는, 1598년 4월 13일 프랑스에서 개신교를 허용한 '낭트 칙령 (The Edict of Nantes)'을 내려 '종교의 자유'를 지향한 앙리 Ⅳ세(1553~1610)를 찬양한 서사시 〈앙리아드(La Henriade)〉를 1728년(34세)에 제작하였다. (참조, ※ ⑭-2. 영국 유학기(英國 遊學期, 1716~1733)) [이것이 바로 '일방주의'에 매이지 않은 볼테르 사고방식의 기본 '同時主義'임]

볼테르는 젊은 시절부터 '종교의 자유(관용-)'를 소신으로 지니고 있었다.

---

11) 볼테르(송기형·임미경 역), <관용론>, 한길사, 2001, pp. 205~207 ; Voltaire(translated by B. Masters), The Calas Affair *A Treatise on Tolerance*, The Folio Society, 1994, p. 124 'Chapter 22, On Universal Tolerance'.

12) 'The Edict of Nantes, allowing Protestants civil rights, is revoked by Louis XIV ; many tens of thousands of French Protestants (Huguenots) flee to England, the Netherlands, and other Protestant nations'.

⑥-3. '우상숭배'와 '이교도(異敎徒)'에 대한 규정

여호와(God)는 때때로 유대인들에게 명하기를 '우상(偶像)을 섬기는 자들(idolaters)'은 결혼 적령기의 소녀들만을 제외하고 모두 죽이라고 했다. 유대인들이 보기에 우리 가톨릭교도들은 모두 우상 숭배자들이다. 그러므로 오늘날 아무리 유대인을 관용으로 대한다 해도 그들은 자신들이 우세한 위치에 올라서는 순간, 우리의 딸들을 제외하고 우리 모두를 죽일 수도 있을 것이다.

특히 투르크인들(Turkish race)을 남김없이 죽이는 일은, 유대인들에게 피할 수 없는 의무가 될 것이다. 이러한 의무는 그들의 신앙에 비쳐볼 때 당연한 것이다. 왜냐하면 오늘날 투르크인들이 자리 잡고 있는 땅은 과거 히타이트(Hittes), 여부스(Jebusites), 아모리(Amorites), 예세네(Jereseneens), 에베(Heveens), 아르세(Araceens), 키네(Cineens), 하맛(Hivites), 사마리아인들(Samarians)의 고장이었기 때문이다. 투르크인들은 모두 여호와에게 저주받은 민족들이다. 1백 킬로미터 이상의 거리에 걸쳐 펼쳐져 있던 이들 민족의 땅은 여러 번의 연속 협정을 통해서 유대인들의 차지가 된 적이 있었다. 이렇게 볼 때 유대인들은 그들의 땅을 되찾을 권리가 있다. 그러나 이 땅은 1천 년 전부터 이슬람교도들이 점령을 하고 있다.

만약 유대인들이 위와 같은 사고방식을 여전히 가지고 있다면 그들에게 돌아갈 대답은 중노동형뿐이라는 사실은 명백하다.

이와 같은 경우들이 불관용이 합당해 보이는 거의 유일한 경우들이다.

〈관용론 – '제18장, 불관용과 정의'〉[13]

해설

* 위 볼테르의 말은 모두 '자연법(自然法) – 내가 당하기 싫은 일을 남에게 행하지 말라[己所不欲 勿施於人]'에 기초한 발언이다.

볼테르는 인류 최초로 '세계적인 안목(眼目)'을 확보하여, '자기 나라' '자기 민족'을 떠나 객관적으로 생각한 '제1호 지구촌(地球村) 사람'이라 할 수 있다. (참조, ※ ⑨-53. 자신과 이웃에 무식했던 나)

볼테르 사고의 '탁월함'은 지역적 종교적 편견을 버린 '객관적 태도'의 선점(先占)에서 발휘되었다. 이러한 볼테르의 시각은 인류 공통의 '공존' '공영'

---

13) 볼테르(송기형·임미경 역), <관용론>, 한길사, 2001, p. 190 ; Voltaire(translated by B. Masters), The Calas Affair *A Treatise on Tolerance*, The Folio Society, 1994, pp. 111~112 'Chapter 18, Intolerance and Human Laws'.

을 전제로 한 '인도주의' '평화주의' '생명 존중주의' 그것이었다.

그런데 볼테르의 선배 G. 라이프니츠는 신정론으로 '여호와 중심주의'를 무비판적으로 수용하였고, 그 후배 헤겔은 볼테르의 인간 생명 기준의 '자유의지' '이성'을 강조했음에 대해 '절대(絶對, absolute)'라는 용어를 첨가한 도식주의(변증법)로 절대신(Jehovah) 기준의 '절대의지' '절대이성'을 강조하여 일방주의로 몰고 갔다. 그리하여 헤겔의 '절대주의(absolutism)'란 바로 '독재(autocracy)'의 대명사가 되었다.

볼테르가 그의 '사상의 자유'에 기초해 작성한 〈역사철학〉에 반발해 헤겔이 다시 쓴 것이 헤겔의 〈세계 역사철학 강의〉인데 헤겔은 거기에서 유대인의 '선민의식' '종족주의' '배타주의'의 여호와(Jehovah)를 '자신의 개념(Self-Conception)'으로 수용하고 엉터리 '속임수 변증법'으로 '절대이성' '절대주의'로 '게르만민족'과 '제국주의 황제 프리드리히 2세'를 세계 최고로 내세우는 '게르만 민족 우월주의' '개신교 광신주의 운동'에 나서게 되었다.

즉 헤겔은 거기에서 볼테르 '평화주의'를 향한 간곡한 소망은 살피지도 못하고(볼테르 〈관용론〉 무시) (참조, ※ ⑬-2. G. W. F. 헤겔의 '절대주의' '여호와주의'), '7년 전쟁'을 앞장서서 지휘한 프리드리히 2세를 '개신교를 위한 성전(聖戰)'을 행한 존재로 끌어올렸다.

헤겔이 〈법철학 개요(*Elements of the Philosophy of Right, Grundlinien der Philosophie des Rechts*, 1820)〉[14]에서 논한 '법적 인격' '법적 권리' '의무' '책임'론은 이미 볼테르의 '자연법(Natural Law)'의 구체화이니, 무방(無妨)한 것으로 넘길 수 있다. 그러나 헤겔의 '(개신교)여호와주의' '전쟁 옹호' '절대신'의 그 '정신' '통치자' 앞에 개인의 '인격' '권리' '의무' '책임'론을 강조하였으니, 결국은 '절대종속'을 위한 방편(方便)일 뿐이다.

당초 헤겔의 '절대 목적'은 '여호와 중심주의'로서 모든 것은 거기에서 출발했고 거기로 귀착을 하는 것이 바로 그 '절대주의' 정면(正面)이다. ('자신의 개념(Self-conception)=예수=여호와(Jehovah)=절대 이성(理性, absolute reason)=절대인 것(the absolute)=전체(全體, the whole)=현실적인 것=세계 안의 현존재(the existence of world)=절대의지(absolute Will)=정의 윤리(just, moral)=헤겔')

한 마디로 헤겔은, 볼테르의 '(자연)과학적 이성'을 그의 주관적 관념주의

14) G. W. F. Hegel(translated by H. B. Nisbet), *Elements of the Philosophy of Right*, Cambridge University Press, 1975.

'절대이성'으로 바꾸어 놓고, 자잘한 규정 '인격' '권리' '의무' '책임'을 주장했으면서도, 정작 '살인강도 행위' '전쟁' 문제에는 그 '선악(善惡)'의 식별도 못한 경우였다. (참조, ✳ ⑩-11. 선악을 구분 못했던 고대 사제(司祭)들)

그러므로 헤겔은 〈세계 역사철학 강의〉에서 자못 볼테르를 초월한 듯이 자세를 잡고 위엄을 보이려 하였지만, 실제(구체적 역사적 사실의 평가)에서는 그 '자기 눈에 들보(전쟁의 선악)를 깨닫지 못한 분별력'으로, 자잘한 '인격' '권리' '의무' '책임'론으로 돌아갔던 것은, 애들(학생들) 앞에 말장난('변증법')을 뽐내는 한낱 '소갈머리 없는 어른'이었다. (참조, ✳ ⑦-19. 헤겔과 프리드리히 2세-〈세계 역사철학 강의〉, ✳ ⑦-20. '세계사 = 강대국의 지배사'-토인비의 〈역사 연구〉)

이러한 측면에서 헤겔은, 볼테르의 '이성적 자연과학주의'와 아무런 상관이 없는 '중세적 관념주의'를 '게르만 종족주의 국가주의 제국주의'로 치환했던 '새로운 광신주의(New Fanaticism)' 주도자였다.

⑥-4. 학살(虐殺)을 옹호하는 책

말보(L. Malvaux) 신부의 〈종교와 인도주의의 조화(The Harmony of Religion and Humanity〉(1762), 이 책16)의 대부분은 '성 바르텔레미 대학살 옹호'를 쓴 호교론자의 주장, 혹은 그런 주장의 모방을 발견할 수

1572년 8월 24일, 성 바르톨로뮤 날 파리에서 행해진 위그노 대학살15)

있다. 그 어느 경우이든 우리가 기원해야 할 것은 대학살을 옹호한 선생이나

---

15) Voltaire(translated by B. Masters), The Calas Affair *A Treatise on Tolerance*, The Folio Society, 1994, pp. 60~62, 'The massacre of the Huguenots in Paris on St. Bartholomew's Day 24 August 1572'.

16) 말보(L. Malvaux)신부의 <종교와 인도주의의 조화(The Harmony of Religion and Humanity, 1762)> '성 바톨로뮤가 행한 대학살 옹호(Apology for the massacre of St. Bartholomew)'.

그것을 따라 배운 제자나 '국정(國政)을 맡는 일'이 없어야 한다는 점이다.

그러나 만약 그들이 권력 있는 자리에 오르는 일이 일어난다면, 나는 그 책 93쪽에 적힌 다음 구절, 즉 "국민의 20분의 1에 불과한 자들의 행복을 위해 전체 국민의 행복을 희생시키는 것이 과연 옳은가?"라는 문장에 대해 결단코 그들에게 항의서를 제출할 것이다.

〈관용론 – '제24장, 후기'〉[17]

해설

* 볼테르의 기본 정신은 '과학적 합리주의'이고, 가치 기준은 '인간 생명(실존)' 이다. 광신주의, 전쟁 옹호는, '여호와주의' 자체인 '특권(privilege)의식' '선민(選民, chosen)사상'에 근거한 것이다. (참조, ※ ⑩-25. 특권을 요구해 온 유대인들)

병(病)은 원인을 알아야 치료될 수 있다. '기독교의 배타주의'가 근본 문제이 다. 그것이 볼테르가 평생 주장했던 바이고, 그에 상응한 발언이 '세계화 시대' '평화 공존의 시대'에 어떤 종족 어떤 지역적 편견도 그 자체가 죄악(罪惡)이다.

1916년 '다다 혁명 운동' 이후 세계적으로 주지(周知)된 사항은, 극단적 국가주 의·민족주의 옹호 주장은, 그 결과가 항상 '전쟁 불가피론에 도달'한다는 평범한 이치였다.

⑥-5. 합법적인 폭력 – 광신주의

우리가 헤아릴 수 없는 전투에서 희생되는 수많은 사람의 죽음은 쉽사리 잊어버 리지만, 그러한 죽음은 피할 수 없는 운명이기 때문만은 아니다. 전쟁터에서의 죽음이 망각되는 까닭은 적(敵)의 칼날 아래 죽어 가는 사람 역시 자신의 적(敵)을 죽일 기회가 있었으며, 결코 스스로를 방어하지도 못한 채 죽음을 당한 것은 아니라는 데 있다. 위험과 기회가 동일하게 주어진 경우라면 누군가 희생이 되었더 라도 그리 놀랄 일도 없고 그에 대한 동정심도 엷어지는 법이다.

〈관용론 – '제1장, 장 칼라스 개관'〉[18]

---

17) 볼테르(송기형·임미경 역), <관용론>, 한길사, 2001, p. 218 ; Voltaire(translated by B. Masters), The Calas Affair *A Treatise on Tolerance*, The Folio Society, 1994, pp. 131~132 'Chapter 24, Post-scription'.

18) 볼테르(송기형·임미경 역), <관용론>, 한길사, 2001, p. 25 ; Voltaire(translated by B.

해설

* 위의 볼테르의 진술은 아직 '전쟁 반대'에 도달하지 못한 볼테르의 생각(기독교도로서 생각)을 표명한 부분이다.

볼테르는 생전에 중요한 '혁명 개혁 정신'을 과학적 사고를 바탕으로 분출시켰지만, 그것은 오늘날 돌이켜보면 너무나 당연한 주장들이다.

'생명 존중', '전쟁 반대'는 볼테르 이전 옛날부터 있었던 생각이다. 그러나 '국가주의' '종족주의'가 불타오를 적에는 그러한 생각 자체를 봉쇄해 왔다. 그것이 '광신주의' '전쟁'의 거점이다. 그리고 '이익추구'가 국가주의 종족주의 광신주의와 연합한 결과가 제1차 세계 대전이었다. 그러하기에 1916년 '전쟁 반대'의 '다다 혁명 운동'은 새로운 세계사의 전개에 기점이 되었다.

인간의 좋은 생각도 어느 순간 개인에게 떠올라도 그것을 '일반화할 수 있는 방법 근거 실행할 힘'이 없을 경우에는 공론화할 수 없는 것인데, 취리히 '다다 혁명 운동'은 볼테르, F. 니체의 실존주의로 뒷받침되는 명백한 사상적 기반과 각자가 지니고 있는 '생명의 근거'에 의한 것이니, 일찍이 차라투스트라 (F. 니체)는 그것의 영원한 승리를 자신하여 생명 예찬 시 '디오니소스 송가'를 제작하였다.

볼테르는 인간 이성(理性)을 확실히 신뢰하여, 누구보다 앞서 '과학 지구촌 시대'를 먼저 예견하였다.

⑥-6. 자비(慈悲)와 폭력(暴力)

툴루즈 판사들이 군중의 광신(狂信)에 휩쓸려 죄 없는 한 가장(家長)에게 차형(車刑)을 감행했다는 것은 전례가 없는 끔찍한 일이다. 혹은 이 가장과 그 아내가 자신의 맏아들을 목매달아 죽였으며, 이 범죄를 그의 또 다른 아들과 죽은 아들의 친구가 거들었다는 것도 인간의 본성(本性)에 어긋나는 일이다. 이 두 가지 가운데 어느 경우이든 분명한 점은 가장 거룩한 신앙심도 그것이 지나쳤기 때문에 무서운 범죄를 낳게 되었던 사실이다. [기독교 절대신 비판] 그러므로 신앙심이란 자비로운 것이어야 할지 가혹한 것이어야 할지를 검토하는 일은 우리 인간을 위해 도움이

Masters), The Calas Affair *A Treatise on Tolerance*, The Folio Society, 1994, p. 1, 'Chapter 1, A Brief Account of the Death of Jean Calas'.

될 것이다.

<관용론-'제1장, 장 칼라스 개관'〉19)

해설

＊기독교의 '여호와주의'는, '사랑하는 아들'까지 '절대신(Jehovah)'에 바치는 것이 모범적인 사례가 되어 있다.

그것은 과거 '신권(神權) 정치'의 공상(空想)을 현실에 늘어놓은 결과물이다. (참조, ＊ ⑩-16. 인도(印度)가 서구(西歐) 문화의 원천(源泉)이다.)

볼테르가 착목(着目)했던 '자연법'에 비추어보면, '아들(사람)을 희생(犧牲, 祭物)으로 하자.'는 것은 말을 해서도 안 되고 있을 수도 없고 생각할 수 없는 그야말로 '입에 담지 못할 이야기'이다.

'신(神)의 이름으로 절대적으로(무조건) 너희를 잡게 되었다.'고 말하면 누가 그럴 수 있겠는가. 소위 '성스런' '아들을 잡자.' '아비를 잡자.' 이런 말은 처음부터 성립할 수 없다. 있을 수 없다. 이것이 볼테르가 서 있는 그 '자연법'의 출발점이다. 그런데 과거의 '신비의 사제'는 그것을 초월하여 '여호와의 권위'를 우선하였다. (참조, ＊ ⑩-25. 특권을 요구해 온 유대인들)

중국(中國)에서 진(秦)의 시황제(始皇帝)에 이어 두 번째 중국을 통일한 한(漢) 고조(高祖)는, 법(法)을 간략하게 만들어, '세 개의 조항(約法 三章)'으로 요약하였는데, 그 첫 항목이 '사람을 죽인 자는 죽인다.(殺人者死)'였다.

'특권(選民)의식' '인명(人命)'의 경시(輕視)[人身供犧]' 풍조는, '유대교'와 ('저승'을 긍정한)플라톤 '국가주의 철학'의 혹독한 유풍(遺風)이다.

이에 볼테르는 그 진원(震源)을 '합리주의 과학 사상'으로 밝혀, 그 '미신' '신비주의' '광신주의' 격파에 온 힘을 기울였다. 이것이 바로 볼테르 '계몽주의 (Enlightenment)'의 요점이다. (＊ ⑦-5. '전쟁 불가피론자'가, 가장 흉악한 사람이다.)

---

19) 볼테르(송기형·임미경 역), <관용론>, 한길사, 2001, pp. 29~30 ; Voltaire(translated by B. Masters), The Calas Affair *A Treatise on Tolerance*, The Folio Society, 1994, p. 13 'Chapter 1, A Brief Account of the Death of Jean Calas'.

⑥-7. 교권(教權) 전제주의

　나는 지금 이 자리에서 무례함을 무릅쓰고 가장 높은 자리에서 국민을 통치하는 분들과, 앞으로 고위직에 오를 분들과 더불어 아래와 같은 문제를 신중하게 검토해 보고자 한다. 신앙의 자유를 허용하는 것 역시 가혹한 박해가 유발했던 것과 같은 반발을 가져오리라고 우려하는 태도가 실제로 타당한 것일까? 어떤 상황 속에서 일어났던 일이 다른 상황 속에서도 그대로 일어난다는 보장이 있는가? 시대의 분위기, 사람들의 사고방식, 풍습이란 언제나 변하지 않는다는 말인가?

　물론 '위그노들[개신교도]'도 우리들 나머지 가톨릭교도가 그랬던 것처럼 광신에 도취했고, 피로 더럽혔다. 그러나 오늘날 우리가 함께 살고 있는 그들이 자신의 선조처럼 잔인한가? 우리가 누리고 있는 시대, 눈부시게 진보하는 인간의 이성, 사람들의 정신을 일깨우는 양서(良書)들, 사회 풍속의 온화함이 위그노의 지도자들에게도 스며들었고, 그들은 자신을 따르는 신자들의 마음에 이러한 것들을 전파했다. 50여 년 전부터 유럽 거의 모든 지역의 양상이 달라져왔음을 우리는 깨닫고 있다.

　각 나라마다 강력한 통치자들이 국정을 확고히 했고 풍속은 온화해졌다. 더구나 정규군의 증가와 그에 뒷받침된 경찰력의 확대에 힘입어 예전처럼 칼뱅파[개신교도] 농부들이 수확기에서 다음 파종기 사이에 서둘러 군대를 편성해 가톨릭 농부를 상대로 전투를 벌였던 그 혼란한 시절의 무정부 상태가 되풀이될 염려는 없어졌다.

　시대가 다르면 처방(處方)도 달라야 한다. 지난 시절, 소르본 대학의 신학자들이 잔 다르크(Joan of Arc, 1412~1431)를 화형(火刑)시키자는 청원서를 제출한 적이 있다고 해서, 앙리 3세의 통치권 상실을 선언하고 파문했다고 해서, 위대한 앙리 4세의 추방을 결의했다고 해서, 오늘에 이르러 소르본 대학을 벌한다면 어처구니없는 일이 될 것이다. 그 광란의 시대에 이와 유사한 극단적 행위를 저질렀던 프랑스 안의 다른 기관과 단체들을 규명하려는 일도 분명 어리석다. 과거의 일에 대해 시대가 다른 오늘날에 이르러 죄를 묻는 것은 정당하지 않는 일이다. 뿐만 아니라 그것은 마치 1720년 마르세유에 페스트가 돌았다는 이유로 지금 그곳 주민들 전부에게 약을 복용시키는 것만큼이나 정신 나간 짓이기도 하다.

〈관용론-'제4장, 관용이란 과연 위험한 것인지'〉[20]

---

20) 볼테르(송기형·임미경 역), <관용론>, 한길사, 2001, pp. 53~55 ; Voltaire(translated by B. Masters), The Calas Affair *A Treatise on Tolerance*, The Folio Society, 1994, pp. 22~23 'Chapter 4, On Whether Tolerance can be Dangerous'.

가톨릭 연맹 지지자 자크 클레망의 앙리 3세 암살(1589)[21], 파리에서 무장 행진하는 가톨릭 연맹(1590)[22]

잔 다르크(1412~1431)[23], 영국군에 체포된 잔 다르크[24]

해설

* 2015년 한국에서는 볼테르 당대의 프랑스 '가톨릭의 횡포' '광신주의'를 다 볼 수 없다. 그러나 한국은 세계에 그 유례가 없는 '양대 진영의 사상 대결'로 종족이 분단된 상태에 있다. 이를 극복하는 방법은 우선 '극단주의(광신주의) 배제'라는 볼테르 식 방법이다.

그리고 더욱 확실한 '세계주의' '지구촌 의식'에 나가 있어야 한다. 즉 '과학적 사고를 바탕으로, 옹졸한 사고 버리기 운동'이 학교 교육의 우선 지침이 되어야 '우리'를 이기고 '세계'를 이길 수 있다.

한 마디로 어느 종족이나 '어두운 과거사'가 있으나, 새로 창조하는 역사, 세워가는 역사, 미래 지향의 교육, '세계 속에서의 한국인 교육'이 그 방향이다.

---

21) Wikipedia 'French Wars of Religion' — 'Jacques Clément, a supporter of the Catholic League, assassinating Henry III in 1589'.
22) Wikipedia 'French Wars of Religion' — 'Armed procession of the Catholic League in Paris in 1590'.
23) Wikipedia, 'Joan of Arc' — 'Painting, c. 1485'.
24) Wikipedia, 'Joan of Arc' — 'Joan captured by the Burgundians'.

오늘날도 세계는 아직 종교를 구분하여 전쟁을 계속하고 사상을 앞세워 다투기를 포기 못한다면, 그것은 기독교 중세의 배타주의 독선주의 특권의식으로부터 자유롭지 못한 경우이다. (참조, ※ ⑥-20. '그리스도교로 개종(改宗)'을 하지 않으면, 모두 적(敵)인가? ※ ⑦-12. 카이사르(Caesar)와 술탄(Sultan)의 전쟁)

⑥-8. 누가 박해(迫害)를 행하는가?

〈신약〉에도 로마인은 박해자가 아니고 공정했다고 기록되어 있다. 성 바울(St. Paul)을 미워해 반기(反旗)를 들었던 사람들은 '로마인'이 아니라 '유대인'이었다. 예수의 동생 성 야고보를 돌로 치라고 지시한 사람도 '사두게 파 유대인(Sadducean Jew)'이지 로마인이 아니다. 성 스테판(St. Stephen)에게 돌을 던진 사람들도 유대인뿐이었다. …

이상과 같은 사실로 볼 때 로마 황제들이 예루살렘을 파괴했으면서도 후에는 유대인들에게 명예와 지위를 내렸던 그들이 과연 그리스도교도들을 박해하여 처형대와 사자 우리로 밀어 넣어 죽게 했다는 것이 가능할까? 그리스도교를 유대교의 한 종파로 생각하고 있었으면서 말이다.

〈관용론 - '제8장, 로마인도 인정한 신앙의 자유'〉25)

신교 이단(異端)을 구교도(舊敎徒)로 바꾸는 의식(儀式-풍자화)26)

---

25) 볼테르(송기형·임미경 역), <관용론>, 한길사, 2001, pp. 88~89, 90 ; Voltaire(translated by B. Masters), The Calas Affair *A Treatise on Tolerance*, The Folio Society, 1994, pp. 45~46, 46 'Chapter 8, Tolerance of Romans'.

26) Voltaire(translated by B. Masters), The Calas Affair *A Treatise on Tolerance*, The Folio Society, 1994, p. 108-2, 'Two satires showing the methods used in sixteenth century France to convert Protestant heretics to the Catholic faith'.

해설

* '과장(誇張)'의 버릇은 아동(兒童)의 '나르시시즘'에 근거하고 있다.

그러나 그 '과장'을 수용하는 모든 사람들에게는 그 '이성(理性)'이 있다는 사실을 명시하고 있는 것이 그 '자연법'이다. 그래서 시비(是非)의 궁극의 판단은 결국 각 개인의 몫이다.

그리고 그 과장이 선행(善行, 사람 살리기) 쪽으로 행해지면 그것을 '선행'을 위한 과장이니 무방(無妨)하다 할 것이다.

그러나 〈구약〉에 기록된 바는, 실제 그러한 내용이 있었는지 믿기지도 않는 '자기 아들 잡기(희생 삼기)' '형제 살육' '인육(人肉) 먹기' 등 도저히 상상도 되지 않는 이야기를 '여호와(Jehovah) 뜻'으로 일컫고 있다. 이것이 바로 그 '광신주의' 근본이라고 볼테르는 지적을 하고 있다. (참조, * ⑨-34. 노예를 먹어치운 정복자, * ⑩-22. 모순(矛盾)된 유대인의 역사, * ⑩-23. 기적과 신비의 유대인, * ⑩-24. '신(神)'의 사자(使者)'라는 모세(Moses))

볼테르의 '미신' '신비주의' 비판은, 〈구약〉에 집중이 되었다. 어떻게 그 '터무니없는 진술'을 '과학의 시대' '비판의 시대'에까지 '한 단어' '한 문장'에까지 집착하여 반복 증언하려 함에, 볼테르는 역시 '현재 믿을 수 없는 사실은, 옛날에도 없었던 일'이라고 명석한 원리로 모든 '허구(미신, 신비주의)'를 철저히 분석 증명하였다. 그 대표적인 사례가 '모세(Mose) 이야기'이다. (참조, * ⑪-4. '바커스(Bacchus) 신화'를 본뜬 모세(Moses) 이야기)

프랑스에 소위 '실증주의(positivism, positive philosophy)'란 볼테르의 이러한 역사적, 문헌적, 언어적 분석 증명을 시작으로 정착한 학문이니, 볼테르는 당시 미개(未開)한 프랑스 사회에서 자연과학자, 사회과학자, 문학예술 창조자, 비평가 역할을 망라하였다.

⑥-9. 기독교인이 행한 기독교인 박해

나는 혐오스런 마음으로 그러나 진실하게 말하는 바다. 박해자(persecutors) 도살자(executors) 살인자(assassins)는 우리 그리스도교들이다. 누구를 박해했는가. 다름 아닌 우리의 형제들이다. 콘스탄티누스 황제 시절에서부터 세벤(Cevennes) 지방의 광적인 살육에 이르기까지 손에 십자가나 〈성서〉를 든 채 수많은 도시를 파괴했고,

끊임없이 피를 뿌리고 화형대 장작에 불을 붙여온 사람은 바로 우리들인 것이다. 하늘의 도움으로 오늘날 이러한 광포함은 사라졌다.

〈관용론-'제10장, 거짓 성현 전설'〉27)

해설

* 볼테르는 〈구약〉을 토대로 유대인 자신들이 살해한 유대인의 수를 종합하였다. (참조, ※ ⑩-25. 특권을 요구해 온 유대인들)

왜 이런 참극(慘劇)이 계속되고 있는가? 그 이유는 단 한 가지, '유일신' '최고신' '오직 하나'를 지나치게 강조하고 추구했던 결과이다. 왜 유일·최고에 집착을 하는가. '주관적 자기도취(나르시시즘)'의 발동이 그것이다. 그러나 그것이 '지구촌 인류 생명의 공영'에 이바지할 때 명백한 '선(善)'이고 그것을 저해할 때는 '격리(隔離) 수용'되어야 할 일이다.

그런데 철학자 헤겔은 〈세계 역사철학 강의〉에서 '절대신(여호와)'을 앞세우고 '절대이성' '절대자유'에 '배타주의' '종족 우월주의'를 엉터리 '도식주의(圖式主義, 正反合)'으로 늘어놓아 그 '유대인'을 이어 '독일인'이 '제1차 제2차 세계대전의 주역'이 되게 하였다. [G. W. F. 헤겔이 남긴 '8개의 저서'28) 모두가

---

27) 볼테르(송기형·임미경 역), <관용론>, 한길사, 2001, pp. 120~121 ; Voltaire(translated by B. Masters), The Calas Affair *A Treatise on Tolerance*, The Folio Society, 1994, p. 67 'Chapter 10, On False Legends'.

28) G. W. F. 헤겔의 (生前 출간)<정신현상학(*The Phenomenology of Spirit*, 1807)>, <논리학(*Science of Logic*, 1816)>, <철학 백과사전 대강(*Encyclopedia of the Philosophical Sciences in Outline*, 1817)>, <법철학(*Philosophy of Right*, 1821)'>, (死後 출간)<미학 강의(*Lectures on Aesthetics*)>, <세계 역사철학 강의(*Lectures on the Philosophy of World History*, 1837)>, <종교철학 강의(*Lectures on the Philosophy of Religion*)>, <철학사(*Lectures on the History of Philosophy*)> 이 모두 변증법에 의한 '일원론적 절대주의(전체주의)'로 집약이 되어 있는 '관념(절대이념=절대신)철학'이다.
   이러한 헤겔의 '절대주의'는 한 마디로, 9세기 소위 게르만족이 로마의 침공을 이겨낸 '토이토부르크 숲 전투(the Battle of the Teutoburg Forest, 9세기)' 승리 이후 게르만족은 '로마 제국' 변방 야만족으로 그냥 남아 있게 되어, 남부 이탈리아 플로렌스(Florence) 중심의 14~17세기의 소위 '인간 중심' '교역 중심'의 '르네상스(Renaissance) 문화'는 꿈도 꾸지 못한 체 '원시 사제(司祭) 문화'의 (唯我獨尊의)고집으로 일관한 그 결과적 산물'이다. 즉 프러시아에서는 헤겔이 '사해동포주의'를 모르는 '게르만 제일주의' '군국주의'를 고집함에 그것을 오히려 부추기었고, 그 헤겔을 '귀족'으로 모셔 받든 결과가 '종족 제일주의 국가주의 교육'으로 고착하게 되었던 것이다. 그러나 그 운명적 약점은 그 게르만이 '제1차 제2차 세계대전의 참화'를 피할 수 없게 만들었다. 세계문화의 진전 과정에서 (일찍이 이전의 '유대 문화'가 그러하였듯이) 헤겔 식

'절대(전체)주의'가 그 전제이고 '절대주의'가 그 결론이다. '<u>G. W. F. 헤겔의 전체주의=G. 라이프니츠의 신정론(神正論)</u>'이다. '신정론'과 '절대주의'는 결국 '대소(大小)사건 추이(推移)의 결과(事故)'를 항상 신의 뜻(마음, 정신)으로 규정하였으니 배짱 편한 방법'이다.]

그런데 영국의 토인비는 다시 〈역사 연구〉에서, '강대국(영국) 중심' '전쟁 평화 순환 구조(the Successive Occurrences of the War and Peace Cycle)'[29] '식민지 쟁탈전'을 옹호하여 '제국주의' '관념주의 역사'를 '신(여호와)의 뜻의 지향'으로 (헤겔에 이어) 거듭 위장(僞裝)하고 있다. (참조, ※ ⑦-19. 헤겔과 프리드리히 2세-〈세계 역사철학 강의〉, ※ ⑦-20. '세계사=강대국의 지배사'-토인비의 〈역사 연구〉)

이들은 '인간 생명 소중성'과 '최악의 강도(强盜) 행각'을 '선악의 기본 구분이 없는 교육'에 바탕을 둔 그 '우스운 사기(詐欺) 행각' 재연(再演)이다. 과연 누구에게 읽히자는 '강도(强盜)교육 지침서'인가에 대해 그 대답을 먼저 들어야 할 것이다.

볼테르를 체득한 F. 니체, 1916년 '취리히 다다'는 '동시주의(Simultaneism)'에 먼저 안착(安着)을 하여, 세계역사와 철학을 한 눈에 요약하였고, 당당한 평화의 생명 존중의 '실존주의자' 안목으로 미래 인류 세계를 펼치게 만들었다.

⑥-10. 거짓이, 맹신(盲信)과 광신을 낳는다.

로마인들처럼 분별력이 있고 자존심이 강한 민족이, 단지 노예로 부리고 있었던 이집트인들 즉 카노푸스(Vernac Canopi)의 비천한 자들을 모아 군대를 편성할 리는 없다. 그것은 마치 로마인들이 유대인들로 군대를 만들 리 없는 것과 마찬가지다. 로마 제국의 주력군이던 32개의 군단 가운데도 '테비안 군단(Theban legion)'라는 이름은 분명 눈에 띄지 않는다. 그러므로 이 이야기는 무녀(巫女)들이 옛 그리스도의 기적을 예언한다며 펼쳐 보이는 글자는 수수께끼 놀이 같은 것으로, 또는 그릇된

'고립'과 '폐쇄' '우월주의'는 '멸망'이라는 공식이 성립되게 된다. 그리하여 '지구촌' 중심의 '화해 교류와 평화주의'는 먼저 볼테르가 그것을 주장하였고, 이후 니체와 다다이스트가 표방했던 바로서, '인류 공영(共榮)'에 불가피하고 바른 방향으로 그 자리를 잡았다.

29) A. J. Toynbee, *A Study of History*, Oxford University Press, 1973, Volume XI, p. 255.

열광 때문에 흔히 증거도 없이 주장되어 맹신을 낳게 하는 숱한 이야기들 가운데
하나로 치부해 두기로 하자.

〈관용론 – '제9장, 순교자들'〉30)

해설

* 볼테르의 '미신' '신비주의' 반대는 그의 '유언'에 명시될 정도로 일생동안
'계몽 운동'의 실체였다.

그 '미신'(〈신구약〉의 구절들)의 이야기를 기초로, '산 사람을 화형(火刑)'에
처하고 수십만의 생명의 도살(屠殺)에 오히려 '쾌락과 승리감'에 있었던 '병든
영혼들'을 치유(治癒)하기 위한 것이, '볼테르 계몽운동'의 본 모습이었다.

'사람을 살리자'는 '인도주의(人道主義)' 기본정신을 망각하고, '살육' '광란'
'광신주의'로 돌변하고 사제(司祭)가 그것에 편들고 감사하는 괴상한 현상에
볼테르는 근본적인 기준 '생명 옹호(生命 擁護)' 정신을 최초로 바르게 주장을
폈던 것이다. (참조, * ⑩-11. 선악을 구분 못했던 고대 사제(司祭)들, * ⑨-36.
선악(善惡)의 분별은, 산수(算數)의 문제다.)

⑥-11. '증언(證言, witness)'을 '순교(殉敎, martyr)'라 하였다.

성 이레나이우스는 초기 로마 주교들 가운데 단 한 사람 텔레스포루스만이
기원후 130년에 순교(殉敎)했음을 인정했다. 그러나 사실 텔레스포루스는 18년
동안 로마의 교회를 이끌었고, 219년에 평온하게 삶을 마쳤다. 사실 초대 교회
순교자 명부에 '순교(殉敎, martyr)'라는 말이 그 원래의 의미로 사용되었기 때문이
다. 그 때는 순교가 '증언(證言, witness)'의 의미였지 '고난(苦難, being put to death)'의
의미는 아니었다.

〈관용론 – '제9장, 순교자들'〉31)

---

30) 볼테르(송기형·임미경 역), <관용론>, 한길사, 2001, pp. 110~111 ; Voltaire(translated
by B. Masters), The Calas Affair *A Treatise on Tolerance*, The Folio Society, 1994, p. 62
'Chapter 9, On Martyrs'.
31) 볼테르(송기형·임미경 역), <관용론>, 한길사, 2001, pp. 100~101 ; Voltaire(translated
by B. Masters), The Calas Affair *A Treatise on Tolerance*, The Folio Society, 1994, pp. 53~54
'Chapter 9, On Martyrs'.

해설

＊ 왜 이렇게 '기독교'가 '혹독(酷毒)함' '살벌(殺伐)'을 유독 강조하는가? 그것은 그 종교에 힘을 실어 신도나 그밖에 일반의 기를 꺾어 놓기 위한 수단이다. 그러한 '무자비한 성자(聖子) 살해의 인도 브라만'의 유풍(遺風)이 이후에 서구 유럽에 전파되었음을 볼테르는 자세히 설명을 하고 있다. (참조, ＊ ⑩-16. 인도(印度)가 서구(西歐) 문화의 원천(源泉)이다.)

한마디로 '성경(聖經)'은 '독단주의'이고, '관념주의'에 '과장'된 서술이다.(참조, ＊ ⑪-8. 희랍 주술사(呪術師, Sibyls) 방식의 '묵시록(Apocalypse)' 서술)

그것이 '종교적 포교(布敎)'를 위한 것, 이전에 '역사' '사실' '진리'로 주장되었던 시대가 있었고, 지금도 그것의 '일점일획(一點一劃)'까지 지키려는 신도(信徒)가 있다.

볼테르는 위에서 소위 기독교의 '순교(殉敎, martyr)자'에 대해 언급하고 있다. 볼테르는 순교가 '증언(witness)'의 의미이고 '고난'의 의미가 아니었다(did not signify being put to death).고 했다.

즉 '기독교 신앙을 갖고 전하며 평생'을 살았던 '증언(witness)'과 그것에 산 목숨을 던져 죽었던 '**순교(martyr)자**'는 (언어상)구분되어야 하는데 실제 기록에서는 구분이 되지 못하고 있음을 지적한 것이다. [기록에 '誇張'이 있음을 지적한 것]

⑥-12. '살인(殺人) 행위'에 대한 감사기도

당신은 이렇게 답변할 것이다. "거기에는 아주 큰 차이가 있다. 다른 모든 종교는 인간이 만들어낸 것이지만, 사도전승의 로마 가톨릭 교회만은 하나님이 만드신 것이 아니냐."고 말이다. 그러나 진정으로 묻건대, 우리의 종교가 신(神)의 것이라고 해서, 이 종교의 군림 방식이 미움과 분노를 퍼붓고, 추방하고 재산을 빼앗으면, 감옥에 가두어 고문하고 처형하며, 또한 이 <u>살인행위에 대해 신에게 감사의 기도(the giving of thanks to God for murder)</u>를 올리는 것이어야만 하는가? 그리스도교가 하나님에게 속한 것일수록 인간이 이 종교를 좌우할 수 있는 몫은 줄어든다. 신께서 그리스교를 만드셨으니, 당신이 개입하지 않아도 신이 이 종교를 지켜주실 것이다. 당신도 알다시피 <u>신앙의 불관용이 낳은 것이라고는 위선(僞善)</u>이거나 반역(反逆)밖에 없다(intolerance begets either hypocrites or revels). 이 둘 가운데 어느 것도 암담하기는 마찬가지 아닌가! 그리스도께서는 박해자들에 의해 돌아가셨는데, 그러면서도 그분은 오직 온유와 인내만을 가르쳤다. 그래도 당신은 박해자의 방식을 빌려 그리스도교를 지키려 하는가?

〈관용론 - '제11장, 불관용의 불행한 결과들'〉[32]

해설

　* 볼테르가 '프랑스 광신주의자들(主敎)'에게 지속적으로 던지고 있는 질문이, '당신들이 행하고 있는 방식은 과거 유대인이 예수를 살해했던 그 방법이다.'라는 일깨움이다.

　이것은 '인간 생명'이 가치의 표준으로, 볼테르가 혜안(慧眼)으로 찾아 세운 불멸의 기준으로, 이것이 바로 '실존주의(Existentialism)'의 대로(大路)이고, F. 니체가 나오기 이전 원시시대부터 있었던 바다. 즉 인간은 태생이 '실존(육체 중심)주의자'이고, 인간은 어느 때, 어느 곳에서 그 '실존'을 떠나 있을 수가 없다는 최고 최강의 거점이다.

　과거의 철학자, 종교적 사제(司祭)는 '관념(이념)' '신(절대신)'을 강조하여 그것을 '기도(祈禱)'의 형식으로 자신과 신도들에게 수시로 주입(注入)하였다.

　철학자와 사제는 관념(이념) 신(절대신)을 우선하여 지금 자신이 기탁(寄託)하고 있는 실존(육체)을 망각하기 쉽고, 오히려 그것을 '무시 경멸'을 '잘한 일' '착한 일'로 추장하였다. 그러하다 보니 급기야는 '광신주의' '살상 전쟁' '도살 참극'도 경우에 따라서는 '신의 뜻'으로 오해(誤解)하여 '감사기도'를 올리는 상황이 되었다.

⑥-13. 처형자가 될 것인가 순교자가 될 것인가.

　로마 총독 빌라도(Pilate)는 예수가 갈릴리 사람인 것을 알고, 그를 우선 속령 갈릴리 태수 헤롯에게 보냈다. 헤롯이 생각하기에 예수는 어떤 무리를 이끌어

---

32) 볼테르(송기형·임미경 역), <관용론>, 한길사, 2001, pp. 127~128 ; Voltaire(translated by B. Masters), The Calas Affair *A Treatise on Tolerance*, The Folio Society, 1994, p. 71 'Chapter 11, The Consequences of Intolerance'.

왕국을 얻으려 꿈꿀 사람이 결코 아니었다. 그는 예수를 하찮게 취급했고, 다시 빌라도에게 돌려보냈다. 빌라도는 옹졸한 겁쟁이었던 터라 자신에게 항거해서 일어난 소요를 무마하기 위해 그를 단죄했다. 요세푸스에 따르면 빌라도는 이미 유대인의 반역을 겪어보았음에도 불구하고 이러한 선고를 내렸던 것이다. 빌라도는 후에 베스도(페스투스)가 보여주게 될 관대함을 갖지 못한 사람이었다.

신의 법이 규정한 것은 신앙의 자유인가 아니면 다른 종교에 대한 불관용인가. 당신이 예수 그리스도를 닮고자 한다면 처형자가 아닌 순교자가 돼라.

〈관용론－'제14장, 예수의 관용'〉[33]

해설

＊ 당시 가톨릭교도를 조롱한 것은 '교황은 적그리스도(the Pope was the Antichrist.)'라는 규정이다. 왜냐하면 교황이 '이교도(개신교도)'라고 해서 행한 '인간 살육'은 바로 역사적으로 그리스도를 예수를 십자가에 못 박았던 그 '유대인'의 행적과 유사하기 때문이다. ('관용'보다는 '살육'이기에)

위에서 볼테르는 자신의 기독교(신앙)관을 거듭 명시하였다. 프랑스 기독교 사제들은 '예수'의 가르침을 전하는 사도로서 예수의 행적을 실천하지 않고 도리어 예수를 처형한 '빌라도' '유대인'이 되어 있음을 볼테르는 조롱하고 있다.

볼테르가 '무죄 운동'을 펼친 장 칼라스는, '예수 행적'을 표준삼아 복음을 전한다는 사람들로 구성된 '심판관'들에 의해 처형이 되었다. 그들은 '권력'에만 취(醉)했을 뿐 예수의 가르침(말씀)은 내팽개쳤으니, 겉으로는 예수로 가장을 하고 있으면서, 실제로는 예수를 고발 처형한 유대인과 그 빌라도와 동일하다는 볼테르의 주장이었다.

⑥-14. 광신은 신속(迅速)하고, 이성(理性)은 더디다.

1763년 3월 7일부터 최종 판결이 내려진 날까지 다시 2년이 지났다. 광신이

---

33) 볼테르(송기형·임미경 역), <관용론>, 한길사, 2001, p. 166 ; Voltaire(translated by B. Masters), The Calas Affair *A Treatise on Tolerance*, The Folio Society, 1994, pp. 97~98 'Chapter 14, Jesus' Tolerance'.

218

무고한 생명을 빼앗기란 그렇게 쉽고, 이성(理性)이 광신을 제압하고 정의(正義)를 회복하기란 그만큼이나 어렵다. 우리는 공식적인 소송절차가 불가피하게 요구하는 긴 시간을 감내(堪耐)해야만 했다. 칼라스에 대한 재판이 이러한 공식적인 소송 절차를 무시했던 만큼 국무회의는 그것을 더욱더 엄격하게 준수하지 않을 수 없었다. 국무회의가 툴루즈 고등법원을 재촉해 그들로부터 이 소송의 모든 증거자료를 얻고, 그것을 검토하고, 보고하게 되기까지 1년이라는 세월이 모자랐다. 크론 씨가 이 힘든 일을 역시 떠맡았다. 약 80명의 판사로 구성된 심의회가 툴루즈 고등법원의 판결을 파기(破棄)하고 이 사건을 처음부터 다시 검토할 것을 명령했다.

〈관용론－'보유(補遺)'〉[34]

해설

* 볼테르가 전개했던 '장 칼라스 구명 운동(무죄 운동)'은 '이성(理性, 합리주의, 자연법적 추리)' 승리(1675)의 '특례(特例)'로 세계사에서 그 의미를 아무도 부정할 수 없는 '프랑스 혁명(1789)'보다 14년 전에 얻어진 낭보(朗報)였다.

이 사건은 단순히 '하나의 오판(誤判) 시정(是正)'이라는 의미를 넘어, '신교(新敎) 구교(舊敎) 갈등'을 넘어 '신앙의 자유' '사상의 자유'로 나가는 '거대한 근대화(近代化)로의 발단'이 되었으니, 그 근대화의 중심에 '혁명의 볼테르'가 있었다.

무엇에 대한 혁명인가? 신(神) 중심의 '전체주의' '절대주의' '관념주의' '일방주의'에 대해, '생명 중심주의' '시민 중심주의' '현실주의' '과학(理性)주의' '자연법'에로의 혁명이 그것이다.

⑥-15. 현신(現神)은 수도자(修道者)의 열정에 의한 것이다.

당파(黨派) 정신은 놀라울 정도로 열정에 사로잡히기 쉽다. '파당(Faction)'에 광신주의자가 없는 경우가 없다.

열정은 잘못된 신앙의 속성이다. 기도하면서 자기 코끝만 보고 있는 젊은

---

34) 볼테르(송기형·임미경 역), 〈관용론〉, 한길사, 2001, p. 233 ; Voltaire(translated by B. Masters), The Calas Affair *A Treatise on Tolerance*, The Folio Society, 1994, p. 141 'Addendum'.

수도사(fakir)는 점점 흥분한 끝에 50파운드의 쇠사슬을 짊어진 자기는 지고(至高)한 존재로부터 보수(報酬)를 푸지게 받아야 한다고 믿게 된다. 그는 브라마(Brahma, 梵天, 최고신)를 정성껏 생각하면서 취침(就寢) 시 브라마를 꿈꾼다. 그는 비몽사몽간에도 눈에 불꽃이 번쩍인다. 그는 눈부시게 빛나는 브라마를 바라보며 황홀해진다. 이 병은 고칠 수없는 것이 된다.

이성(Reason)이 열정에 연결되는 것은 극히 드물다. 사물을 이중(二重)으로 보는 술 취한 사람은 이성을 잃고 있는 것이다.

〈철학사전-'열정'〉35)

해설

* 볼테르는 일생 동안 많은 '신비주의' '미신'의 격파를 행했으나, 그중에도 가장 빛나는 대목이 바로 (1) '성자(聖子)'살해 인도(印度) 기원론, (2) '사후(死後) 상벌' 이집트 기원론, (3) '묵시록 서술' 희랍 기원론이다. (참조, '* ⑩-16. 인도(印度)가 서구(西歐) 문화의 원천(源泉)이다.' '* ⑪-2. 유일신, 영혼불멸, 사후상벌(死後賞罰)은 모두 고대 이집트인 유품이다.' '* ⑪-8. 희랍 주술사(呪術師, Sibyls) 방식의 '묵시록(Apocalypse)' 서술')

이 '3개 항목'은 문자 그대로 '천년의 수수께끼'를 볼테르가 그 '이성(Reason)'으로 명쾌하게 입증한 볼테르 지성(知性)의 총화(總和)로서, '미래 세계사 전개'를 위해 펼친 '볼테르 3대첩(大捷)'이라고 할 만하다.

거기에 더 보탤 것도 없다. 만약 여기에 다른 말이 필요한 사람은, 아직 '사기(詐欺)를 칠 대상'을 거느리고 있는 사람이거나 세상에 할 일이 없어 '어리석은 사람[信徒]을 기다리고 있는 사람들'일 것이다.

⑥-16. 엉터리 통치자들

지금까지 내가 알고 있는 인물은 어느 나라 통치를 아니 했던 인물이 없다. 내 말한 통치란 2~3년 또는 반 년 한 달을 정치(政治)한 여러 대신들을 말하지

---

35) 볼테르(정순철 역), <철학사전>, 한국출판사, 1982, p. 255 '열정(熱情)'; Voltaire(Translated by T. Besterman), *The Philosophical Dictionary*, Penguin Books, 2004, pp. 187~188 'Enthusiasm'.

않고, 저녁 식사 때와 그의 서재에서 군사와 교회와 사법 경제 체제 개혁을 떠벌리는 사람들을 지칭한다.

부르제(Bourzeis) 신부는 1645년경부터 리셜리외(Rchelieu, 1585~1642) 추기경의 이름으로 프랑스를 다스리기 시작하여 〈정치적 유언(Testament politique)〉을 저술하였다. 그 동안 부르제 신부는 귀족을 3년 간 기마대(騎馬隊)에 입대시키고, 회계원과 고등법원에 인두세(人頭稅)를 내게 하며, 국왕으로부터 염세(鹽稅) 수입을 몰수하려 했다. 더구나 부르제 신부는 5만의 군대가 싸우게 하기 위해서는 10만의 병사가 소집되어야 한다고 주장하였다. 그리고 프로방스에만도 스페인 이탈리아를 합친 것보다 훨씬 많은 좋은 항구를 가졌다고 했다.

〈철학사전 - '국가, 통치'〉[36]

해설

* 볼테르가 미워한 대상이 상당히 많지만, 그가 미워했던 대상은 한 마디로 '실제와 거리가 먼 공리공론(空理空論)'이었다.

실제 '인간 생활'에 하등 도움이 못 되는 것(오히려 없어야 할 것)을 밤낮으로 떠들고 일을 삼은 사람들이다. (이러한 측면에서 볼테르는 한국의 실학자와 공통이다.)

사실상 인간이 행한 모든 저술이 '실제 정치' '실제 교육'과 무관한 글쓰기는 없다. 왜냐하면 모든 인간이 항상 그 속에서 살고 있기 때문이다. 그러나 그것이 '실제 정치' '실제 교육'으로 접합되어 효력을 내려면 반드시 이성(理性)의 기초 위에 터를 잡아야 한다는 것이 볼테르의 기본 전제였다.

볼테르가 문제 삼은 '부르제(Bourzeis) 신부' 경우는, '현실'과 거리가 먼 실천 불능 '공리공론'이란 지적이다. 그것은 근본적으로 '관념주의' '신비주의' '호전주의' '프랑스 제일주의'의 결정적 결함(缺陷)들이다.

⑥-17. 가공(可恐)할 광신주의

'광신'과 '미신'은, 헛소리(delirium)와 열병(fever), 분노(fury)와 화(anger)의 관계에

---

36) 볼테르(정순철 역), <철학사전>, 한국출판사, 1982, p. 256 '국가, 통치';
Voltaire(Translated by T. Besterman), *The Philosophical Dictionary*, Penguin Books, 2004, p. 190 'States, governments'.

있다. 법열(法悅)에 잠기고 환영에 사로잡혀 꿈과 현실을 혼동하고 자기 공상을
예고라 믿는 사람은 열광자(enthusiast)이다. 자기의 광기를 살육(殺戮)으로 몰고
가는 사람은 광신주의자(fanatic)다. 누른베르크(Nurenberg)에 틀어박혀 법황(교황,
pope)이 '묵시록'에 나오는 반 그리스도이며 야수의 얼굴을 가졌다고 믿었던 장
디아스(John Diaz)는 열광자에 불과했으나, 그 성 바르톨로뮤 디아스(St. Bartholomew
Diaz, Alfonso Diaz)는 신성한 암살을 수행하러 로마를 출발하여 신(神)을 사랑하여
형(兄)을 살해하였다(1546. 3. 27.). 이 아우야말로 미신(迷信)에 사로잡혔던 증오할
만한 광신주의자이다.

〈철학사전 – '광신'〉37)

해설

* 스스로 '광신주의(Fanaticism)'에 있었다고 인정을 하는 사람은 그래도
'치료 가능'의 환자이다. 그러나 볼테르가 지적하고 있는 광신주의는 일상적인
사람보다 '유명한 사람'의 예가 더욱 많다.

볼테르가 지속적으로 지적하고 있는 '광신주의자'는, 플라톤(Plato, 427
B.C.~347 B.C.), 데카르트(R. Descartes, 1596~1650), 라이프니츠(G. W. Leibniz,
1646~1716), 파스칼(B. Pascal, 1623~1662) 등이다. (참조, * ③-21. 몽상(夢想)의
플라톤, * ②-9. 데카르트의 성공과 약점, * ③-25. 데카르트의 성공과 무식함,
* ⑦-16. 얼뜨기 형이상학자 – 라이프니츠, * ③-3. 라이프니츠의 낙천주의,
* ③-26. 인간 본성(本性)을 부정한 파스칼, * ⑥-30. 철학(理性)으로 치료해야
할 광신주의)

볼테르 이후에는, 칸트(I. Kant, 1724~1804)와 헤겔(Hegel, 1770~1831)과
토인비(A. J. Toynbee, 1889~1975)의 '여호와주의' '제국주의' '전쟁 몰각(沒覺)주
의' '관념주의' 고집이 그들의 가장 뚜렷한 특징이다.

한 마디로 '아까운 생명 짓밟는 강도 전쟁(7년 전쟁 등)'을 묵인하고, '공허한
여호와주의'로 '천국 약속'을 남발했던 중세풍(中世風)의 속임수가 그 대표적인
것이다.

---

37) 볼테르(정순철 역), <철학사전>, 한국출판사, 1982, p. 259 '광신' ; Voltaire(Translated
   by T. Besterman), *The Philosophical Dictionary*, Penguin Books, 2004, pp. 201~202 'Fanaticism'.

⑥-18. '우상숭배'는 어디에도 없다.

'우상(偶像, Idol)'이란 말은 희랍어의 '형태(form)' '어떤 형태의 표상(representation of a form)'에서 나왔고, '봉사한다(serve)' '존경한다(revere)' '숭배한다(adore)'는 말에서 왔다. 라틴어 계통의 여러 의미는 '손을 입에 대고 공손히 말한다.' '몸을 굽힌다.' '꿇어앉다.' '경례(敬禮)한다.'의 최고 존경을 바친다는 의미이다.

〈트레뷔 사전(Dictionnaire de Trivoux)〉에 '우상'이란 항목 첫 머리에, '모든 이교도(異敎徒, all pagans)는 우상 숭배자이며, 인도인은 우상 숭배 인들'이라고 말했는데, 이 말은 주목할 만하다.

첫째 젊은 테오도시우스(Theodosius, 346~395) 대제 이전에는 아무도 '이교도(異敎徒)'를 말하지 않았다. 당시 이 명칭은 고대 종교를 신봉하고 있던 이탈리아 여러 도시 주민들에게 주어진 것이다.

둘째 인도 북부 사람은 회교도(回敎徒)이며 회교도는 우상 및 우상숭배와 불구대천의 원수이다.

셋째 조로아스터의 고대 종교를 믿는 다수의 인도 민족과 우상이 없는 계급을 우상숭배자로 불러서는 안 된다.

〈철학사전 - '우상, 우상중배자, 우상숭배'〉[38]

해설

* '우상숭배(idolatry)'란 한 마디로 기독교도들이 여타 종교를 무시해 만들어 낸 말이다.

볼테르는 이성을 지니고 있는 인간들이 '돌덩이' '쇠붙이' '흙덩이'를 신(神)으로 모셨던 것은 아니고 그것은 '위대한 신 자체'로 향하는 수단으로 전제한 것이니, 그것을 바로 보아야 한다는 것이다.

볼테르의 말은 정확하다. 인간이 말 이외에도 '의사 전달'의 방법은 널려 있듯이, 자기 나름대로 '절대신'과 통하는 방법은 무한하다. 그 각자의 고유의 방법을 인정하는 것이 볼테르가 말하는 '관용'이고 오늘날 '신앙의 자유' 근본 원리이다.

---

38) 볼테르(정순철 역), <철학사전>, 한국출판사, 1982, p. 266 '우상, 우상중배자, 우상숭배' ; Voltaire(Translated by T. Besterman), *The Philosophical Dictionary*, Penguin Books, 2004, p. 238 'Idol, idolator, idolatry'.

사람들의 행위에 트집을 잡으려는 사람들은 못할 일이 없다. 위의 '우상'에 대한 볼테르 설명은 주목을 해야 한다. 즉 볼테르는 '우상'이란 '신(神)'을 지칭하는 '기호(記號, 媒體)'라는 것으로 그 '기호' 자체에 매달리는 학파와 무리가 '관념주의' '이념철학'의 주류를 이루었다.

'기호'는 단순히 '관념'을 나르는 수단으로 그것에 집착할 이유가 없다는 것이 볼테르의 '경험주의' '현실주의' '과학주의'의 정면이고, F. 니체의 '실존주의'의 기본 전제였다.

기독교도는 '식 습관(食 習慣)' '개별 조항 해석' '의례(儀禮) 형식 절차'를 앞세워 그 '특수성' '우월성' '배타주의' 성곽을 쌓아 여타 종교 민족을 무시 경멸하고 있음을 볼테르는 명백히 입증을 하였다. (참조, ※ ⑪-6. 옛날부터 우상숭배(偶像崇拜)는 없었다. ※ ⑪-13. 자연법(自然法, Natural Law)이 최고다.)

⑥-19. '궤변적 박해자'가 되지 말라.

신(神)은 그리스도교보다 앞선 시대에 '옳은 것(right)' '그른 것(wrong)'에 대한 지식을 인간에 선물로 주었다. <u>신(神)은 변하지 않았고, 변화할 수 없다. 우리 영혼과 도덕의 진수, 우리 이성의 진수는 명백히 동일하다.</u> 신학상의 구별, 그 구별에 바탕을 둔 도그마, 도그마에 기초를 둔 박해는 무슨 선(virtue)을 이룩하겠다는 것인가. 이러한 야만적 발명에 놀라 깨어난 자연(自然)은 모든 인간을 향해 말한다. '바르게 살아라. 궤변적 박해자는 되지 말라.'

〈철학사전-'옳은 것과 그른 것'〉[39]

해설

* 볼테르의 신(神)은 '자연신' '이성(理性)의 신' '이신론(理神論, deism)'이다. 그것은 자연과 자연과학에 전부를 맡기는 인간의 상식이다.

그렇기에 볼테르가 미워하는 대상도 자연 선명하게 된다. '미신' '신비주의'에 현혹되어 '생사람 잡기' '전쟁 광신주의자' '파당주의자'가 그들이다.

---

39) 볼테르(정순철 역), <철학사전>, 한국출판사, 1982, p. 278 '正과 不正(옳은 것과 그른 것)' ; Voltaire(Translated by T. Besterman), *The Philosophical Dictionary*, Penguin Books, 2004, p. 273 'On right and wrong'.

플라톤 이래 관념주의자들은 '실제 생활'에는 도움이 없는 '체계주의' '도식주의' '도그마'에 크게 집착을 하였다. 라이프니츠, 칸트, 헤겔, 마르크스, 토인비가 그들이었다. (참조, ※ ⑬-1. I. 칸트-개신교도의 관념주의, 전체주의, ※ ⑬-2. G. W. F. 헤겔의 '절대주의' '여호와주의', '전체(全體)' 강조, ※ ⑬-5. K. 마르크스-'물질(物質)'에 주목하라.)

볼테르는 오히려 그들에 앞서 기존 플라톤 철학, 교부(敎父) 철학의 '도식화(dogmatism)'를 버리고 '생명의 자연(自然)으로 돌아가기'를 가르치고 있다.

즉 '도그마' '도식화' '고정 관념'은 '현상 유지'에 편하지만, 그것이 절대 '생명 현실에 무관함'을 볼테르는 확신하고 있었다. (참조, ※ ⑪-1. '여호와(Jehovah)'는 이집트에서 유래하였다. ※ ⑪-9. '자연(自然) 법칙'에서 벗어날 수는 없다.)

⑥-20. '그리스도교로 개종(改宗)'을 하지 않으면, 모두 적(敵)인가?

콘스탄티누스 대제도 처음에는 종교를 허용하는 칙령을 내렸다가 나중에 박해(迫害)를 행했다. 그 이전 사람들이 그리스도교를 반대했던 것은, 다만 그리스도교도 국가 안에 당파를 만들기 시작했기 때문이다. 로마인은 그들이 경멸했던 유대인의 종교와 이집트인의 종교를 허용하고 있었다. 로마인이 그처럼 종교를 관대하게 했던 이유는 무엇인가. 이집트인도 유대인도 로마의 오랜 종교를 없애려 하지 않았고, 로마인은 돈벌이만 생각했고 개종자(改宗者)를 만들 생각은 없었기 때문이다.

그러나 그리스도교도는 저희 종교가 세계를 지배해야 한다고 바랐던 것은 이론(異論)의 여지가 없다. 유대인은 주피터 상이 예루살렘에 있는 것을 바라지 않았으나, 그리스도 교도도 주피터가 그의 신전 카피트리움 속에 있는 것을 원하지 않았다. 성 토마스는, 그리스도교도가 황제를 쫓아내지 못했던 것은 그들에게 힘이 없었기 때문이라고 정직하게 인정했다. 지상의 모든 인간은 그리스도교도여야 한다는 것이다. 그러므로 그리스도교는 모든 인간이 개종(改宗)할 그날까지 어쩔 수 없이 (남은 인간 모두가) 그들의 적(敵)이다.

〈철학사전-'관용'〉40)

---

40) 볼테르(정순철 역), <철학사전>, 한국출판사, 1982, p. 295 '관용' ; Voltaire(Translated

해설

　＊ 그 동안 볼테르를 수용하지 않고 '서양 철학'을 말하고자 한 사람은 틀림없는 '기독교 신자'들이다. 그런데 볼테르를 읽고도 서양 철학의 '비리(非理)'를 모르는 사람은 당초에 독서가 불필요한 사람이다.

　서양 철학의 대강을 살피고 볼테르를 읽으면 '전 서양 철학'이 한눈에 들어오게 된다. 그런데 여호와(Jehovah)를 믿어 현실에 적용하려는 사람은 그대로 '식인종(食人種) 광신주의'를 옹호하는 사람임을 볼테르는 생명을 걸고 입증해 보였다. (참조, ＊ ⑩-16. 인도(印度)가 서구(西歐) 문화의 원천(源泉)이다. ＊ ⑪-2. 유일신, 영혼불멸, 사후상벌(死後賞罰)은 모두 고대 이집트인 유품이다. ＊ ⑪-8. 희랍 주술사(呪術師, Sibyls) 방식의 '묵시록(Apocalypse)' 서술')

　볼테르는 '그리스도교'와 '관념 철학'의 문제점을 남김없이 드러내었다. 그러함에도 독일의 헤겔에 이어 영국의 토인비도 영국의 '역대 강도행각'에 대해 놀랍게도 '호황 불황순환론(alternating phases of economic prosperity and depression)'을 후안무치(厚顔無恥)하게 늘어놓으며 헤겔식의 '여호와주의'를 꺼내들고 있으니, 그들은 과연 누구를 더 속여보려고 대낮에 마술(魔術)을 하려는지 알 수 없다. (참조, ＊ ⑦-19. 헤겔과 프리드리히 2세-〈세계 역사철학 강의〉, ＊ ⑦-20. '세계사=강대국의 지배사'-토인비의 〈역사 연구〉)

⑥-21. 서로 싸우는 교회 형제들

　그리스도교도 사이에도 여러 쟁점으로 적(敵)이 되어 있다. 우선 예수를 신(神)으로 보아야 하는가를 두고 그것을 부정하는 자는 '에비온파(Ebionites)'라는 이름으로 파문(破門)이 되었고, 에비온파도 예수 숭배자들을 파문했다. 그리스도교의 어떤 자는 사도(使徒) 시대에 그랬듯이 모든 재산의 공유(共有)를 바랐으나[마르크스 '共産主義' 시초로 지목이 됨], 그 반대파는 그들을 니콜라이파(Nicolaitans)라 부르며 파렴치하기 짝이 없는 죄악이라 비난한다. 다른 파당은 신비적 신앙을 주장한다. 그들은 그노스트파(gnostics)로 불리고 격렬한 공격을 받고 있다. 마르키온(Marcion)은 삼위일체(trinity)를 토론했기 때문에 우상숭배자로 부르고 있다.

　테르투리아누스, 플라크세아스, 오리게네스, 노바투스, 노바티아누스, 사베리

---

by T. Besterman), *The Philosophical Dictionary*, Penguin Books, 2004, p. 388 'Toleration'.

226

우스, 도나투스는 모두 콘스탄티누스 대제 이전의 형제에게 박해를 받았다.

콘스탄티누스 대제가 그리스도교의 지배를 받게 되자, 당장 아타나시우스파와 유세비우스파가 서로 갈라졌다. 그로부터 오늘날까지 교회는 피로 적셔졌다.

〈철학사전 – ‘관용’〉[41]

해설

* 볼테르는 사망 시(時)까지 표면상 ‘가톨릭 신앙자’로 전제하였다. 그러나 볼테르 사상 체계를 절대 그 ‘가톨릭 사상’으로 다 포괄할 수는 없다.

그것은 우리가 ‘안구(眼球)’를 통해 세상을 알게도 되지만, ‘안구의 구조’ 그 속에 ‘우주 이치가 다 있다’는 논리와는 아무런 상관이 없다.

볼테르는 자연과학도이다. 그의 신앙 선택은 그의 자유이다. ‘과학적 원리’는 ‘인간 자유 행사’의 기본 요건이나, 그 ‘과학적 원리’는 어떤 개인과도 무관하고 모든 인간에게 공평하고 모든 사람에게 유용한 것이고, 더구나 ‘어떤 종교’ ‘관념주의’ 문제가 결코 아니라는 것은 다 아는 상식이다.

인간은 모두 독립을 원하다. 그리고 자기 존재를 존중하고 있다. 그렇다면 최소한 남들의 존재도 그러함을 인정할 때 비로소 분쟁은 종식(終熄)된다. 이것이 그 자연법(自然法)의 전제이다.[易地思之]

그리스도교 철학의 창시자들은, 여타의 ‘관념주의자’와 같이, ‘천상(天上) 천하에 자기 생각이 제일’이라는 정신 속에 있었다.(그것은 당초 印度 ‘브라만’의 생각이었다.) 그러나 거기까지도 용인할 수 있다. 그렇지만 ‘자기네와 생각을 달리 하면 적(敵)이다.’ ‘토벌(討伐) 대상이다.’라고 말할 때는 문제는 심각하게 된다.

불행하게도 볼테르 당시까지도 그리스도교는 그러한 ‘정신 상태’에 있었다. 이후 종교의 자유가 일반화 되어서도, 헤겔에 이어 토인비는 그 ‘여호와주의’로 전쟁을 미화(美化)하고, ‘전쟁 평화 순환론(循環論)’을 미치광이 기독교 논리로 공식화하려고 하고 있다. 그렇기에 그 광신주의는 명백히 ‘여호와주의’ 자체 내부 문제라는 사실을, 헤겔과 토인비는 역으로 입증을 하고 있는 셈이다. (참조, * ⑦-19. 헤겔과 프리드리히 2세 –〈세계 역사철학 강의〉, * ⑦-20.

---

41) 볼테르(정순철 역), <철학사전>, 한국출판사, 1982, pp. 295~296 ‘관용’ ; Voltaire(Translated by T. Besterman), *The Philosophical Dictionary*, Penguin Books, 2004, pp. 388~389 ‘Toleration’.

⑥-22. '관용'이 없는 기독교

모든 종교 중에 그리스도교가 크게 관용을 고취해야함에도, 인류 중에 기독교도 들에게 가장 관용이 없다.

〈철학사전-'관용'〉[42]

낭트 칙령 철회를 선언하는 루이 14세[43], 낭트 칙령 철회에 프랑스를 떠나는 신교도들(1685)[44]

해설

＊볼테르는 그의 '세계관' '인생관' '사회관'에 비추어 볼 때 '생명(실존) 중심' '시민 중심' '현세 중심' '실용 중심'의 과학자이다. (참조, ＊②-2. 바른 우주관(宇宙觀)이 최우선이다. ＊⑨-2. 막 태어나서는 아무 것도 모른다. ＊ ⑨-41. 공자(孔子)는 현대인이다.)

볼테르는 기독교도(가톨릭교도)로서 기독교 약점을 낱낱이 제시한 '평화주 의자'로서, 〈안티크리스트〉를 지은 F. 니체의 가장 확실한 선배이다.

'관용(toleration, 사랑)'을 고취했던 것은 '예수 생전'의 자세였다. 그러나 그것과 동시에 '모순적으로 명시된바'가 '심판(審判)'론이다. 그러므로 볼테르

42) 볼테르(정순철 역), <철학사전>, 한국출판사, 1982, p. 298 '관용' ; Voltaire(Translated by T. Besterman), *The Philosophical Dictionary*, Penguin Books, 2004, p. 390 'Toleration'.

43) Voltaire(translated by B. Masters), The Calas Affair *A Treatise on Tolerance*, The Folio Society, 1994, p. 124-2, 'The revocation of the Edict Nantes by Louis XIV'.

44) Voltaire(translated by B. Masters), The Calas Affair *A Treatise on Tolerance*, The Folio Society, 1994, p. 124-1, 'Protestants leaving France after the revocation of Edict of Nantes in 1685'.

는 그리스도교가 '현실적 힘'을 가질 때, '그 힘'은 '현실적 심판'으로 작용할 것이라고 거듭 명시했다. (참조, ※ ⑤-17. 창조주의 권리를 사람이 가로챌 수 없다. 등)

그런데 헤겔과 토인비가 기독교 힘의 논리 '세계사'를 그렇게 서술하였다. 그러나 그들은 극히 '현실적, 사실적 이야기(세계역사)' 서술을 해야 할 때에 갑자기 '관념주의' '신비주의' '몽상주의'로 돌아가 감히 '인류의 이성(理性)적 눈'을 우롱하려 하였으니, 감히 '사랑의 신(神)'으로 흉악한 '전쟁 옹호론'으로 둔갑(遁甲)을 시켰으니, 세상에 바보가 아니면 그들의 말을 믿을 사람은 없다.

⑥-23. 엉터리 의사(醫師) 헤르메스

(쟈디그가 눈을 다쳐서) 맴피스까지 사람을 보내 위대한 의사 헤르메스를 모셔오게 하여, 그 헤르메스가 무수한 일행(一行)을 이끌고 도착하였다. 그는 환자[쟈디그]를 살펴 본 후 환자가 실명(失明)할 것이라 하였다. 또한 그 치명적인 일이 닥칠 날짜와 시각까지 예언하였다. ['묵시록' 서술 방법] 그리고 덧붙여 말했다.

'그것이 오른쪽 눈이었다면 내가 고칠 수 있다. 그러나 왼쪽 눈은 치유할 수 없다.'

그 말에 바빌론 사람들 모두가 쟈디그의 운명을 딱하게 여기며 헤르메스의 심오(深奧)한 의술(醫術)에 탄복하였다. ['예수 醫術' 조롱] 그러나 이틀 후, 종기가 저절로 터져, 쟈디그의 상처는 완벽하게 쾌유되었다. 헤르메스가 즉시 책을 한 권 지어, 쟈디그가 치유되지 않았어야 함을 입증하였다. [글 잘 쓰는 프랑스 신학자 비판] 쟈디그는 그 책을 거들떠보지도 않았다. 반면 외출할 수 있게 되자마자, 자기 생애의 행복을 바랄 수 있게 해준 여자, 그리하여 오직 그녀만을 위해 두 눈이 온전하기를 바라던 그 여인을 방문할 준비를 서둘렀다. 세르미르는 사흘 전부터 시골에 가 있다고들 하였다. 또한 그 아름다운 여인이 애꾸들에게 극복할 수 없는 혐오감을 가지고 있노라 공표(公表)를 한 다음, 그날 밤으로 즉시 오르칸과 혼인(婚姻)하였다는 소식을 그녀 집으로 가는 도중(途中)에 쟈디그는 들었다. 그 소식을 접하고 쟈디그는 기절(氣絶)하여 쓰러졌다.

〈쟈디그-'제1장 애꾸눈이'〉[45]

---

45) 볼테르(이형식 역), <쟈디그 또는 운명>, 펭귄클래식, 2001, pp. 12~13 '제1장, 애꾸눈

해설

＊ 볼테르가 '쟈디그 실명(失明) 위기'에 동원한 '최고의 의사 헤르메스(the greatest doctor Hermes)'란, 다른 '관념주의자' '예수'에 대한 보조관념이다. (참조, ＊ ⑪-9. '자연(自然) 법칙'에서 벗어날 수는 없다.)

'오른쪽' '왼쪽'을 나누는 것은 '희랍 주술사'를 본뜬 〈성경(묵시록)〉 기록자 진술 방식이다. (참조, ＊ ⑪-8. 희랍 주술사(呪術師, Sibyls) 방식의 '묵시록 (Apocalypse)' 서술) 그들은 '비과학(非 理性)'으로 '권위(權威)'를 과시하고, 그 권위로 '천국'을 가르치고 '심판'으로 위협한다. 가증스런 위선(僞善)이다.

작품 〈쟈디그〉에 명시된 '여성 불신(不信)'은 심각한 상황이었다. (참조, ＊ ⑧-20. 분별없는 여인)

⑥-24. '자살'은 허세다.

그러자 세톡이 쟈디그에게 말했다.

'여인들이 스스로 불더미 속으로 뛰어들어 죽은 관습은 천년도 더 된 것이야. 세월이 신성하게 만든 율법을 우리 중에 누가 감히 바꾸겠는가? 오래된 악습(惡習)보다 더 존중된 것이 있겠는가?'

쟈디그가 반박했다.

'인간의 양식(良識, Reason)이 악습(惡習)보다 오래 되었습니다. 부족장들과 상의해 보십시오. 저는 이번에 불더미에 뛰어들겠다고 하는 젊은 과부를 만나보겠습니다.'

쟈디그가 미망인(未亡人)의 집을 방문하였다. 그는 그녀의 아름다움에 찬사를 보내어 환심을 산 다음, 그러한 매력적인 것들을 불태워버리는 것이 얼마나 아까운 일이냐고 하면서, 다시 그녀의 절개와 용기를 칭찬하였다. 그리고 그 여인에게 물었다.

'보아하니 부군(夫君)을 엄청 사랑했던 모양입니다.'

아라비아 여인이 대답했다.

'제가요? 천만에요. 그 사람은 포악스럽고 질투가 심하여 도저히 견딜 수 없는

이' ; Voltaire(Translated by R. Pearson), *Candide and Other Stories*, Everyman's Library, 1991, p. 118 'Chapter 1, The man with one eye'.

남자였어요, 하지만 저는 남편을 화장시키는 불더미 속으로 뛰어들기로 결심했어요.'

'말씀을 들으니, 산 채로 불더미 속으로 들어가는 것이 매우 감미로움인 듯합니다.'

'아! 생각만 하여도 소름이 끼치는 일이예요. 그러나 피할 수 없는 길이예요. 저는 신심(信心)이 깊은 여자예요. 만약에 제가 제 몸을 태우지 않는다면 저에 대한 평판이 나빠질 것이고 모든 사람들이 저를 비웃을 거예요.'

쟈디그는 그녀가 다른 사람들을 위하여, 즉 허세(虛勢) 때문에 자신을 불더미 속에 처넣는다는 사실을 납득시킨 다음, 그녀가 조금이나마 삶을 사랑할 수 있도록 장시간 동안 그녀와 이야기를 나누었다. 그리하여 심지어 그녀가 쟈디그에게 약간 호감을 품도록 하기에 이르렀다.

쟈디그가 여인에게 물었다.

'부인께서 스스로를 불에 태우시려는 그 허세(虛勢)를 버리신 다음 장차 어떻게 할 생각입니까?'

여인이 대답했다.

'저를 아내로 맞아 주십사 당신에게 간곡히 청하겠어요.'

쟈디그는 아스테리타에 대한 생각으로 너무 가득 차 있었기에 여인의 고백을 못 들은 척하였다. 하지만 즉시 부족장들을 찾아가 그 이야기를 들려 준 다음 차후(此後)로 미망인들의 분신(焚身)은 젊은 남자와 한 시간 이상 대담을 한 후에 허락하는 법을 제정하라고 조언하였다. 그 후 아라비아에서는 어느 여인도 분신(焚身)하지 않았다. 그토록 여러 세기 전부터 내려오던 잔인한 관습을 단 하루 만에 타파한 것은 오직 쟈디그의 덕이었다. 따라서 그는 아라비아의 은인(恩人)이다.

〈쟈디그 - '제11장, 분신자살(焚身自殺)'〉[46]

해설

* 볼테르(쟈디그)는 '현세 중심주의' '현실주의' '생명 옹호주의' '실존주의' 였다. 볼테르는 소설 〈캉디드〉에서 '낙천주의'를 '염세주의'를 극명하게 대립시켜 그 자체로서는 쉽게 결론[主旨, 볼테르 인생과 세계관]을 못내게 만들어 놓고 있다. 즉 〈캉디드〉 전면에는 '불행에 빠진 인간들의 이야기'로 가득

---

46) 볼테르(이형식 역), <쟈디그 또는 운명>, 펭귄클래식, 2001, pp. 64~65 '제11장, 분신자살 (焚身自殺)' ; Voltaire(Translated by R. Pearson), *Candide and Other Stories*, Everyman's Library, 1991, pp. 147~148 'Chapter 11, The funeral-pyre'.

채워놓고 제목은 '낙천주의'라고 부제(副題)를 달았다.

위에서도 인간의 '악습(惡習, abuse)'과 인간의 '양식(良識, reason)'을 대비시켰다. 중국의 '성선설' '성악설'과 유사하다. 그러나 결론은 '낙천주의' '양식(理性) 우선' '성선설'이다. 왜냐하면 '이야기(소설)'를 하고 있는 사람은 '살아 있는 사람들'이고 '생명을 지니고 있다.' 그러므로 '희망'이 없을 수 없으므로 절대적으로 '낙천주의' '양식(理性) 우선' '성선설'이다.

그러나 '악습(惡習)' '염세주의' '성악설'은 '낙천주의' '양식 우선' '성선설'을 명시하고 있는 '그림자'이다. 그 반대편이 없으면 '낙천주의' '양식 우선' '성선설'도 결코 명시될 수 없다. 이것이 역시 그 '동시주의(Simultaneism)'의 기본 전제이다. [그것(同時主義)을, G. W. F. 헤겔은 자신의 '변증법'으로 펼쳤으나,[47] (F. 니체 등 실존주의자들은 궁극의 판단을 각자에게 돌려주었음에 대해) 헤겔은 그 궁극의 '합(合)'이 바로 '절대자(여호와)'라고 우겼던 점이 바로 '헤겔 사기(詐欺—개신교 광신주의)'의 핵심이다.]

이에 볼테르, F, 니체, 1916년 '다다 혁명 운동가들'과 더불어 줄기차게 주장되는 바는 '인간 생명 중심주의' '평화 중심주의' '현실 중심주의'이고 '각 개인 판단 우선주의'이다. 그리고 '일방주의' '전체주의' '관념주의' '제국주의'와는 정확히 그 반대편에 초점이 맞춰져 있다. [생명중심주의]

⑥-25. 정황(情況)도 살피지 않은 처벌(處罰)

두 수감자는 그들의 수감(收監)이 부당하다는데 의견의 일치를 보았다.

'나는 당신보다 백배는 더 비참합니다. 공기처럼 자유롭게 태어났고, 자유와 내 연인(戀人)이라는 두 가지 삶이 있었습니다. 그런데 사람들이 그 둘을 다 앗아가 버렸습니다. 우리는 둘 다 갇혀 있는데 누가 우리를 가둬놓았는지도 모르고 그것을 물어볼 수조차 없습니다. 나는 휴런 족으로 20년을 살았습니다. 휴런 족이 적에게 복수를 한다고 해서 사람들이 그들을 야만인이라 부릅니다. 하지만 그들은 결코 자기 친구를 억압하지 않습니다. 나는 프랑스에 발을 디디자마자 이 나라를 위해 피를 흘렸습니다. 나는 어쩌면 한 지방을 구한 것이나 마찬가진데, 그 보상으로

47) G. W. F. Hegel(translated by W. H. Johnston & L. G. Struthers), Science of Logic, George Allen & Unwin LTD, 1951.

이 살아 있는 자의 무덤 속에 처넣어졌습니다. 당신이 없었으면 원통해 죽었을지 모릅니다. 그렇다면 이 나라에는 법이 전혀 없는 건가요? 사람들의 얘기를 들어보지도 않고 처형을 하다니! 영국에서는 그렇지 않았어요. 아 나는 영국인과 싸우지 말아야 했어요.'

〈랭제뉘[自然兒]－'제14장, 랭제뉘의 지적 발전'〉[48]

해설

* 볼테르가 소설 '랭제뉘[自然兒]'에서 보인 바는 '랭제뉘(볼테르)가 영국(프랑스)를 상대로 싸운 것이 아니라, 인류의 무지(無知)를 향해 싸운 것'이라는 사실이다.

볼테르의 '계몽주의'에 이의(異議)를 제기한 사람들은, 자신이 이미 특정 종교에 깊이 함몰되어 있는 '편견'을 지닌 사람이거나 '변화를 싫어하는 보수 철학자 기질'들이다.

볼테르는 '변화' '생성' '미래지향' '생명 표준' '이성(理性) 표준'의 합리주의자이다. 그것을 부정한 사람은 '수구(守舊)' '보수(保守)' '고집쟁이' '독재' '도식(圖式)'의 옹호자들이다.

⑥-26. 거짓 신의 부정이, 종교 자유 부정이다.

로마 황제 치하에서 그리스도교도들에 대한 이단 심문이 한 번이라도 벌어졌다고는, 즉 그리스도교도들이 황제가 보낸 사람들에게 자신들의 신앙 문제에 대해 조사받은 적이 있었다고는 믿기 어렵다. 신앙의 문제를 두고 로마인들은 유대인이든 시리아인이든 이집트인이든 혹은 바르드이든 드루이드이든 철학자이든 그 누구라도 괴롭힌 적이 없다. 이런 사실로 볼 때 그 당시 순교자들이 생겨났던 이유는 그들이 거짓 신들을 거부했기 때문이었다. 거짓 신에 대한 경배를 거부했다는 점에서 순교자들은 지극히 지혜롭고 경건했다. 그러나 어쨌든 그들이 하나의 신을 정신적으로 그리고 진정으로 섬기는 데 만족하지 않고 기존 종교에 대해

---

48) 볼테르(이효숙 역), <랭제뉘>, 지식을만드는지식, 2009, p. 104 '제14장, 랭제뉘의 지적 발전' ; Voltaire(Translated by R. Pearson), *Candide and Other Stories*, Everyman's Library, 1991, p. 233 'Chapter 14, The Ingenu's intellectual progress'.

격렬히 맞섰던 이상, 그 종교가 아무리 어리석은 것이었다 할지라도 신앙의 자유를 부정한 처사다.

〈관용론-'제9장, 순교자들'〉[49]

해설

* 볼테르의 신(神)은 '자연신(自然神)' '이치의 신'이므로 여타 인격신((人格神)은 발을 붙일 수 없게 되어 있다. 그러나 볼테르는 기본적으로 인간의 모든 사고(思考)는 존중이 되어야 한다는 입장에 있었다.

모든 종교가 '배타적(排他的) 속성'을 지니면서 존속(存續)하는 공통성을 지니고 있지만, 가장 '공격적 배타주의 종교'는 단연 기독교이다. 그것으로 세계적으로 교세(敎勢)를 떨치고 있지만, 인간은 항상 종교가 없는 '원시 상태'로 계속 나고 있으므로 '현재의 교세'를 믿고 세상의 '생성 변화'를 망각하면 허망한 일이다. 그리고 역시 모든 종교가 항상 '현실적 힘'과 결탁을 시도해 왔지만, 모두 '전체주의' '독재 권력'에 부동(附同)이었다는 공통점을 지니고 있다.

이에 볼테르 이후 F. 니체, '다다 혁명 운동가들'은 '실존주의' '자유 민주주의'를 탄생 유지시키고 있다. 영원히 '전체주의' '독재' '전쟁 긍정'으로 돌아가지 않을 것이다. 까닭 없이 자기 목숨을 던지는 미치광이를 빼고는 세계 어디에도 '생명'을 부정하는 '생명(인간)'은 없기 때문이다.

⑥-27. 공리공론(空理空論)으로 만행(蠻行)을 일삼다.

쟈디그는, 운명이 자기에게 끼친 고통을 학문과 우정으로 위로하려 했다. 그는 바빌론 외곽에서 멋지게 치장한 집을 한 채 가지고 있었는데, 그곳에 점잖은 사람에게 어울릴 만한 예술품들과 오락들을 모아두었다. 아침이면 모든 학자들에게 쟈디그의 서재를 개방하였고, 저녁이면 좋은 동료들을 식탁에 초대하였다. 하지만 그는 금방 학자들이 얼마나 위험한 자들인지를 알게 되었다. 그리핀(griffin, 독수리 머리에 사자 몸통의 상상 동물)을 먹지 말라는 조로아스터의 율법을 놓고

49) 볼테르(송기형·임미경 역), <관용론>, 한길사, 2001, p. 98 ; Voltaire(translated by B. Masters), The Calas Affair *A Treatise on Tolerance*, The Folio Society, 1994, p. 51 'Chapter 9, On Martyrs'.

학자들 사이에 커다란 다툼이 벌어졌다.

몇몇 학자는 의문을 제기했다.

'그 짐승이 존재하지 않는데, 그것을 먹지 말라고 금(禁)할 수 있겠소?'

다른 학자는 주장했다.

'사람들이 그것 먹는 것을 조로아스터께서 원치 않으셨으니, 그 짐승은 존재할 수밖에 없습니다.'

쟈디그가 화해를 시키려고 그들에게 말했다.

'그리핀이 정말 존재한다면 그것을 먹지 맙시다. 또한 그것이 존재하지 않는다면, 우리가 그것을 먹을 리 만무합니다. 따라서 우리 모두가 조로아스터 계율을 충실히 지키게 될 것입니다.'

그리핀 속성에 관한 책 열세 권을 지었을 뿐만 아니라, 소문난 점성술사였던 학자 하나가 예보르라고 하는 우두머리 점성술사에게 달려가 쟈디그를 규탄했다. 칼데아인들 중 가장 미련한 자였고, 따라서 가장 광신적인 자였다. 그는 태양의 가장 위대한 영광을 위하여 쟈디그를 기꺼이 말뚝 형(刑)에 처할 만한 자였고, 그런 다음 더욱 만족스러운 음성으로 조로아스터 기도서를 외울 만한 사람이었다. 그러나 쟈디그의 친구 카도르가(친구 하나가 司祭 백 명보다 낫다.) 늙은 예보르를 찾아가 간곡하게 말했다.

'태양과 그리핀 만세! 쟈디그를 처벌하시는 일이 없도록 조심하소서. 그는 성자입니다. 그의 가금(家禽) 사육장에 그리핀이 있지만, 그는 결코 그것을 먹지 않습니다. 반면 그를 규탄하는 자는 이단자로서, 감히 주장하기를 토끼의 발이 갈라졌으며 그것들이 불결한 짐승이 아니라고 합니다.'

〈쟈디그-'제4장, 시샘꾼'〉[50]

해설

* 볼테르의 소설 중 '현실과 무관한 소설'은 한편도 없다.

별나라 이야기도 프랑스 독일 당시 상황과 관련되어 있고, 중세 고대 이야기를 하면서도 볼테르 자신의 '인생관' '세계관' '가치관' '여성관'의 토로였다. 그것은 볼테르의 글쓰기 이전에, 모든 인간의 글쓰기 행태가 그러하다.

과거 '과학'으로 생활 개선이 없는 사회에서는, 세계 어디에서나 그 '공리공론

---

50) 볼테르(이형식 역), <쟈디그 또는 운명>, 펭귄클래식, 2001, pp. 23~24 '제4장, 시샘꾼'; Voltaire(Translated by R. Pearson), *Candide and Other Stories*, Everyman's Library, 1991, pp. 124~125 'Chapter 4, The man of envy'.

(空理空論)'이 기세를 올렸다. 볼테르는 누구보다 '자연과학의 힘'을 가장 확실하게 믿었었던 '과학의 신앙자'였다.

그러므로 볼테르는 '공자 사상'도 기존한 '사회과학(종교)' 중에서는 가장 우수한 것으로 '잠시' 선정한 것이고, '영원불변'의 신봉 대상은 그에게 있을 수 없었다. 이것이 모든 '실존주의'의 공통 견해이기도 하다. (참조, ※ ⑪-1. '여호와(Jehovah)'는 이집트에서 유래하였다.)

⑥-28. 미신(迷信)의 현장 공개(公開)

지진(地震)이 리스본의 4분의 3을 파괴한 후, 나라 안의 현자(賢者)들은 대책을 강구하였다. 도시가 완전히 파괴되는 것을 막기 위해 그들이 궁리해 낸 가장 좋은 방법은 훌륭한 아우토다페(auto-da-fe, 異端 火刑式)를 행하는 것이었다. 코임브라 대학이 지진을 막는 가장 확실한 비법이라며 내놓은 방책이란 바로 몇 사람을 골라 약한 불에 천천히 태워 죽이는 장엄한 의식을 군중에게 제공하는 것이었다.

그리하여 비스카야 지방사람 하나를 자기 대모(代母)와 결혼한 죄목으로, 그리고 포르투갈 사람 둘을 닭고기를 먹을 때 비계를 떼고 먹었다는 죄목으로 잡아들였다. 또한 문제의 점심 식사가 끝난 후에는 팡글로스와 캉디드도 잡혀갔다. 팡글로스의 죄목은 (原罪 否定의) 이야기를 했다는 것이고, 캉디드의 죄목은 그에 동조하는 태도로 이야기를 들었다는 것이었다. 그들은 독방(獨房)에 따로따로 갇혔는데 그곳은 지독하게 춥고 해가 비친 적이 없는 곳이었다. 일주일 후, 사람들은 그들의 어깨에 산메토를 걸치고 머리에 종이 주교관을 씌웠다. 캉디드의 산베니토와 종이 주교관(教主冠)에는 거꾸로 선 불꽃과 꼬리와 발톱이 없는 악마가 그려져 있었다. 한편 팡글로스의 복장에는 꼬리와 발톱이 있는 악마와 똑바로 선 불꽃 그림이 있었다. 그들은 이런 꼴로 행진을 하고 매우 감동적인 설교를 들었다. 이어 장엄한 성가 합창이 있었는데 사람들은 그 노래의 박자에 맞추어 캉디드의 볼기를 쳤다. 비계를 안 먹은 사람들은 화형(火刑)에 처해졌고, 팡글로스는 통상적인 관행과는 달리 교수형(絞首刑)에 처해졌다. 바로 그날 무시무시한 굉음을 울리며 또다시 지진이 일어났다.

놀라고 당황하고 경악한 캉디드는 한군데도 성한 데 없이 온통 피투성이 몸을 덜덜 떨며 마음속으로 외쳤다.

'이것이 가능한 최선의 세계라면 다른 세계는 도대체 어떤 곳이란 말인가?

내가 볼기를 맞은 일은 차치하자. 그것은 불가리아 군대에서도 당한 일이니까. 그렇지만 사랑하는 팡글로스 선생님! 세상에서 가장 위대한 철학자인 당신이 이유도 없이 교수형(絞首刑)을 당하시다니! 아, 사랑하는 야코프 씨! 세상에서 제일 착한 당신이 항구에서 물에 빠져 죽다니! 아, 퀴네공드 양! 연인(戀人) 중의 진주(眞珠)인 당신을 배를 갈라 죽이다니!'

캉디드는 설교를 듣고, 볼기를 맞고, 죄 사함에 축복까지 받고 나서, 그곳에서 풀려났다. 간신히 걸음을 옮기는 그에게 어떤 노파가 다가와 말을 걸었다.

'젊은이 힘을 내세요. 그리고 나를 따라오시오.'

〈캉디드 - '제6장, 지진 방지 화형식'〉[51]

주교 복장의 화형 대상자, 화형 장면

해설

* '자연 재해'를 '인간 죄악에 대한 신(神)의 진노(震怒)'로 보고 그 원인제공자를 색출하여 '화형(火刑)'을 시키는 것이 신의 뜻에 응하는 마땅한 방법이라는 '광신주의 발동 현장'을 볼테르는 그 '리스본 재해(the Lisbon Earthquake, 1755. 11. 1.)'를 소설 〈캉디드〉에 전면 배치하고 G. 라이프니츠(팡글로스 박사)의 '신정론(Theodicy)'에 반증(反證)으로 제시하였다.

그런데 볼테르가 목격한 '종교 분쟁' 속의 희생[火刑]은 이교도(異敎徒)의 처형으로 변질되었다. 원래 '종교적 의례'와 '범죄자 처벌(사형)'이 인간의 '무지(無知)'와 혼동되게 되었다. 결국 남은 것은, '누구를 제물로 바쳐야(삼아야) 재앙(災殃)을 면할 수 있다.'는 미신만 창궐(猖獗)하게 된 것이다.

A. 토인비가 '전쟁 평화 순환론'을 '불황 호황 경제론'에 대입한 처사(處事)는,

51) 볼테르(이봉지 역), <캉디드 혹은 낙관주의>, 열린책들, 2009, pp. 35~37 '제6장, 지진 방지 화형식' ; Voltaire(Translated by D. Gordon), *Candide*, Beford/St.Martin's, 1999, pp. 52~53 'Chapter 6, A fine auto-da-fe to prevent earthquakes'.

'누군가 불행을 감수하지 않으면 남은 사람들이 편안할 수 없다.'는 '피해망상 (delusion of persecution)'[52]의 발동의 결과이다.('전쟁을 치러야 평화가 온다.')

그러므로 〈역사 연구〉를 쓴 토인비의 정신은, '병(病)들고 불안한 정신 구조의 발동' 속에 있었다. ['빼앗지 않으면 만족하지 못함'―不奪不厭]

⑥-29. 철학(이성)으로 치료해야 할 광신주의

이 '유행병'의 유일한 치료약(The only remedy to this infectious disease)은 '철학[과학]적 정신'이다(a philosophical temper). 그것이 천천히 전해져 결국에는 악습을 약하게 하고, 악에서 접근을 막을 것은 철학[이성 과학]적 정신 이외에는 없다. 왜냐하면 이 질병이 만연하면 병을 피하여 공기가 맑아지기를 기다리는 수밖에 없기 때문이다. 법률이나 종교만으로는 영혼의 흑사병에 역부족이다. 종교는 영혼을 구출하는 양식이 되기는커녕 병균의 침입을 받고 있는 뇌수에 도리어 독소로 변한다. 이 불쌍한 패거리들은 에그릉(Eglon) 왕을 죽였던 에호데(Ehud), 동침한 홀로페르네스(Holophernes)의 목을 벤 유디트(Judith), 아각(Agag) 왕을 능지처참한 사무엘(Samuel)의 전례를 늘 염두에 두고 있다. 그들은 앞에서 말한 전례(前例)가 고대에서는 숭상되었으나, 현대에서는 가증(可憎)스러운 것임을 모르고 있다. 그들은 타기(唾棄)해야 할 그 종교로부터 그 광기(Frenzy)를 이끌어 내고 있다.

〈철학사전―'광신'〉[53]

에그릉 왕과 에호데, 홀로페르네스와 유디트, 아각 왕과 사무엘

52) S. Freud, *The Standard Edition of the Complete Psychological Works of Sigmund Freud*, The Hogarth Press, 1953 Volume Ⅰ, p. 255.
53) 볼테르(정순철 역), <철학사전>, 한국출판사, 1982, p. 226 '광신' ; Voltaire, *The Philosophical Dictionary*(A new Edition Corrected) Glasgow : Printed for R. U. MCCL 16, pp. 171~172 'Fanaticism' ; Voltaire(Translated by T. Besterman), *The Philosophical Dictionary*, Penguin Books, 2004, p. 203 'Fanaticism'.

해설

＊ 위에도 볼테르의 '계몽사상' 요지는 모두 요약되어 있다. '신(Jehovah) 중심 사고는 병들어 있고, 현실 인간 생명 표준이 건강하다.'는 것이 그 요점이다.

볼테르의 '철학적 정신(a philosophical temper)'은 '경험적 정신' '이성(reason)적 사고' '과학적 사고' '자유사상 정신(the spirit of free thought)'이다.

이들의 어휘적 차별에도 불구하고 볼테르는 '자연 원리(신의 섭리)'에 귀속되는 것이니, 그 '자연 원리'를 아는 것이 '신의 섭리'를 아는 것이고, 그것의 탐구가 바로 '인간의 자유 영역'을 넓히는 것으로 전제되어 있다. (참조, ＊ ⑪-9. '자연(自然) 법칙'에서 벗어날 수는 없다.)

이에 대해 '보수' '전체주의' '전쟁 긍정(옹호)', 헤겔 토인비 옹호자들은 자연을 극복 대상으로 '인격신'을 전제해 놓고, 그것을 다시 '절대신'과 통합하여 '절대이성' '절대의지' '전쟁 옹호'의 엉터리 주장으로 '합리주의'를 다시 그 혼돈(混沌)에 쓸어 넣고 '배타주의' '특권의식' '국가 민족주의'로 '새로운 광신주의'를 선동(煽動)하였다.

한 마디로 '신(神, Jehovah)'이란 인간의 정신 속에 탄생한 것이니, 결국은 '이성(理性)의 신(神)'을 넘을 수 없고, 인간 '이성(理性)'은 육체를 통해 작동(作動)됨을 헤겔 스스로도 명시한 바이고 융이 거듭 확인하고 있는 것이다. (참조, ＊ ⑬-2. G. W. F. 헤겔의 '절대주의' '여호와주의')

그 헤겔의 전제를 넘어 니체는 차라투스트라로 '절대신' '개별 실존' 모두를 통합해 마지막 '결정권'을 각 개인에게 되돌려 주었으니, 그 니체의 전제는 사실상 그 '전체주의' '실존주의'를 모두 포괄하였으니, 아무도 공격할 수 없고 공격할 필요가 없는 '동시주의(Simultaneism)'이다. 그러한 니체의 생각은, 바로 볼테르부터 시작되었음을 확실히 될 필요가 있다. (참조, ＊ ⑪-12. 신(神)의 대행자(代行者)는 어디에도 없다. ＊ ⑩-4. 위대한 사람은 모두 신(神)이 되었다.)

볼테르가 겨냥한 '미신' '신비주의'에 뿌리에 그 기독교의 '광신주의'가 있다. 미신·신비주의란 '현실과 관념' '실제와 공상' '삶과 죽음'을 혼동하는 것이니, 그러한 이성으로, '현실'과 '실제'와 '재난'에 온전히 대처할 수 없다. 볼테르는 평생 그것(관념주의, 미신)의 파기(破棄) 운동, '계몽주의 운동'에 그의 인생을 바쳤다.

제7장

전쟁 반대

'볼테르의 글쓰기'는, 항상 자신의 코앞에 진행된 '당시 초미(焦眉)의 현실적 문제'를 거침없이 제기하여 바로 그 '시정(是正)을 요구하는 일'이었다.

그래서 볼테르는 '추상적 관념적 (敎父 관념철학자)글쓰기'를 가차 없이 무시 공격하였고, 자신의 '생명(육체, 실존) 존중 사상'을 펼치는 것이 그의 평생의 사업이었다.

볼테르의 '제국주의 전쟁 반대' 문제는 니체와 '1916년 취리히 다다'의 공통점으로, 역시 볼테르 사상의 '최고 승부처(勝負處)'였다.

볼테르는 그 '전쟁 반대' 문제를 1734년의 〈영국 편지('철학적 서간')〉에서부터 제기하였다. 볼테르의 '전쟁 반대(평화 옹호) 정신'은 그대로 그가 프러시아(독일) '프리드리히 2세'와 불화(不和)의 근본 이유로 연동이 되었다. [작품 〈미크로메가스(Micromegas)〉 제작 이유]

볼테르가 1753년 3월 프러시아를 떠나 스위스 제네바 근교에 정착한 이후에, 1756년 마침내 영국과 프러시아(독일)가 연합하여 프랑스 등과 싸웠던 '7년 전쟁'이 발발하였다.

볼테르는 자신의 구체적 체험을 토대로 '영국' '프랑스' '프러시아'의 국제적 정황(情況)을 상세히 파악을 하고 있었던 당시 유일(唯一)의 '국제적 인물'이었다.

특히 프리드리히 2세는 그 소년시절부터 볼테르와 친분이 있었던 국왕으로, 모처럼 고액의 봉록(俸祿)으로 볼테르를 초빙해 놓고 결국은 볼테르의 '전쟁 만류 권고(〈미크로메가스(Micromegas)〉)'를 뿌리치고(볼테르 저작을 불태움) 자신의 강한 개성을 드러내어 '7년 전쟁'에 돌입하였고, '로스바흐 전투(the

Battle of Rossbach, 1757년(63세) 11월 5일)' 등 전쟁을 주도하여 유럽의 '쌈닭'이 되었다.

볼테르의 '전쟁 반대'는, 1759년 〈캉디드〉에서는 '7년 전쟁'을 '불가리아 전쟁'으로 구체적으로 제시되었다. 그리고 1764년 〈철학사전〉에서는 '전쟁'이 얼마나 비인도적 '강도(強盜)행위'인지를 낱낱이 밝혀 '전쟁 반대'가 볼테르의 '최우선 주장임'을 세상에 공개하였다. ['실존주의자'의 불가피한 사항]

그런데 볼테르보다 76년 후배인 G. W. F. 헤겔은, 볼테르가 모처럼 주장한 '자연법사상' '이성 중심' '생명 존중' '시민 중심' '자유 의지'를 반대로 뒤집어 '여호와 중심주의' '절대주의' '독재 옹호' '개인무시' '염세주의' '허무주의' '전쟁 옹호'로 치달려 나갔다. [G. 라이프니츠의 '神正論'에의 復歸]

G. W. F. 헤겔은 '흉악한 전쟁 주도의 제국주의자' 프리드리히 2세를 자신의 주관적 '여호와주의' 실현의 '메시아'로 치켜세웠으니, 그것이 바로 헤겔 자신의 '혼돈과 망상(妄想)'의 〈세계 역사철학 강의〉의 정면(正面)이다. [프리드리히 2세에게 그 '자신의 개념(Self-Conception)'을 적용하였음] 한마디로 G. W. F. 헤겔이 〈역사철학 강의〉에서 행한 '전쟁 주도(主導) 프리드리히 2세 칭송'은, 목사(牧師) 헤겔 자신의, '광신주의의 발동' 그 현장을 공개한 것으로 각별한 주의(注意)를 필요로 하는 대목이다.

⑦-1. '전쟁'이 가장 큰 문제이다.

《〈철학사전(The Philosophical Dictionary −Dictionnaire Philosophique)〉은, 볼테르가 70세(1764)에 네덜란드에서 간행한 명저로, 자신의 철학적 소신을 항목 별로 요약하였다. 그 중에서도 특히 '프랑스 대 독일 영국'의 '7년 전쟁(1756~63)'을 시작한 다음에, '전쟁을 반대해 온 평화주의자' 볼테르의 참담(慘憺)한 심경을 밝힌 바로, '다다 혁명 운동'의 핵심인 '폭력 전쟁 반대'가 〈철학사전〉에 가장 먼저 구체적으로 명시되었던 점은 주목을 해야 할 사항이다.》

'굶주림', '전염병', '전쟁'은 '이승(this lower world)'에서 세 가지 가장 중요한 성분이다. 가난 때문에 생명을 단축시키며 의지(依支)하게 된 '나쁜 식사(bad food)'의 전부는 그 굶주림으로 분류될 수 있다.

'전염병'에 걸리는 사람은 2천, 3천에 이른다. 이 두 가지는 신(神)이 주신 것이다. 그러나 굶주림과 전염병과 관계있는 '전쟁'은, 군주 또는 장관의 이름으로 이 지상(地上)에서 흩어져 사는 3~4백 인간의 공상에서 생기는 것이다. 수많은 헌시(獻詩)에서 그들은 '살아 있는 신 모습(the living image of divinity)'이라 일컬어지고 있다.

철저한 아부자(阿附者, the most hardened flatterer)라도 독일의 병원을 보거나 주목할 만한 전과(戰果)를 올렸다고 하는 마을은 몇 군데 살펴보면, 전쟁이 굶주림과 전염병을 대동한다는 것을 인정할 것이다.

〈철학사전 – '전쟁(War)'〉[1]

해설

* 볼테르는 1739년(45세)부터 오스트리아 왕위전쟁에 프러시아 프리드리히 2세(Friedrich II, 1712~1786)를 프랑스 편으로 묶어 두기 위해 외교가로 활약하였다. 그리고 1746년(52세)부터는 루이15세의 시종(侍從)이 되어 국왕의 최측근으로 활약하였다.

1750년(56세) 6월부터는 프리드리히 2세의 초대를 받고 베를린으로 가 국왕 가까이에서 프리드리히 2세를 관찰하였다. 프리드리히 2세의 광포한 성격을 인지한 볼테르는 1753년(59세) 6월에 프랑스 귀국 길에 올랐으나 프랑크푸르트(Frankfurt)에서 프리드리히 2세의 저지를 당했다가 12일 뒤에 석방되었다. 더욱이 프랑스 루이 15세가 '볼테르의 파리 입성'을 거부하여, 볼테르는 스위스 제네바로 향했다.

그 이듬해 1756년(62세) 1월 영국과 프러시아 간 '웨스트민스터 협정(The Treaty of Westminster)'이 체결하고 5월 17일에 영국이 프랑스에 대해 선전 포고를 하여 7년 전쟁(1756~63)이 시작되었고 1757년 11월 5일에는 프랑스(러시아, 오스트리아) 연합군은, '로스바흐 전투(the Battle of Rossbach)'에서 프러시아에게 패배를 당하였다. (참조, ※ ⑭-4. 국가 경영기(國家 經營期, 1739~1752), ※ ⑭-5. 사회 운동기(社會 運動期, 1753~1777))

이처럼 볼테르의 '전쟁 반대' 문제는, 추상적 공상적 문제가 아니라 전쟁 당사국의 두 국왕(루이 15세, 프리드리히 2세)을 직접보고 가까이 모셨던 세계

---

1) 볼테르(정순철 역), <철학사전>, 한국출판사, 1982, p. 261 '전쟁' ; Voltaire(Translated by T. Besterman), *The Philosophical Dictionary*, Penguin Books, 2004, p. 231 'War'.

최고 지성의 말이라는 측면에서 신뢰할 만하다. 그리고 위의 글은 볼테르의 가장 명백하고 확실한 '현실 체험을 바탕으로 한 보고서'라는 측면에서 검토되어야 한다.

볼테르가 위에서 언급한 '이승(this lower world)'이라는 말은, '저승(the other world)' '천국(heaven)'과 대립된 개념이다. 그리고 볼테르의 논의는 '저 세상' '천국'에 대한 '공론(空論)'이 아니라 바로 '현재의 세상' '생명의 세상' '시민의 세상'에 볼테르 관심이 집중되어 있어 역시 주목해야 할 사항이다.

볼테르는 '이 세상'에 가장 큰 문제를 '굶주림' '질병' '전쟁'이라고 지적하였다. 옛날에도 그것이 문제이고 현재도 그것이 가장 큰 문제이다.

볼테르에 앞서 공자(孔子)는 '제사와 전쟁과 질병에 신중하셨다.[子之所愼 齊戰疾]'라고 했는데, 공자의 '제사 문제'는 종교의 문제이니, 볼테르와 생각이 완전 동일했다.

볼테르는 공자보다 한 걸음 앞으로 나가, '굶주림' '질병'은 (볼테르 당대에는) 어쩔 수 없는 문제였지만, '전쟁'은 '군주와 장관(princes or minister)'의 결정으로 행해지고 거기에 살상 이외에 '질병' '기근'이 전쟁과 함께 몰려오는 인간 최악의 행위로 전제하였다.

⑦-2. '이익 추구'에서 생긴 전쟁

논밭을 결단내고 인가를 부수고, 한 해 평균 10만 중에 4만 명을 죽음으로 몰아넣는다는 것은 '엄청난 일(a very notable art)'이다. 그것의 발견은 자기네들의 공통된 이익을 위해서 모여든 종족들에 의해 먼저 추진되었다. 예를 들어 희랍의 의회는 프리지아 및 이웃 종족의 의회에 대하여, 가능한 그들을 전멸시키기 위해 약 1천 척(隻)의 어선(漁船)으로 출발할 준비를 갖추고 있다고 선언했던 것이다.

모여든 로마인들은 추수 이전에 웨이우스인이나 올스키인과 싸우는 것이 자기들에게 유리함을 깨달았다. 그로부터 수 년 후 전 카르타고인에 대하여 분격한 전 로마인은 해상과 육상에서 오랫동안 싸웠던 것이다. 오늘날 같으면 그런 짓은 못한다.

〈철학사전 - '전쟁(War)'〉[2]

---

2) 볼테르(정순철 역), <철학사전>, 한국출판사, 1982, pp. 261~262 '전쟁' ;

해설

＊ 볼테르는 '전쟁의 원인'을 '물질(돈)'로 일치감치 전제해 버렸다. 한국에서 왜구(倭寇)의 문제는 '삼국 시대'부터 문제였다.

서구에서 '국가주의' '전체주의' '관념주의' 철학자 종교인들은 '정의(正義)' '신(神)' '도덕(道德)'의 이름으로 그것을 독려하고 적(敵)을 만들었다. 그래서 전쟁을 주도한 사람은 자기를 '정의' '신의 편' '도덕'으로 규정하고 상대는 '불의' '우상숭배자' '부도덕'으로 규정하여 전쟁을 독려하였다.

그런데 유럽 대부분의 국가는 중세 로마제국 소속 국가여서 로마제국이 멸망하여 여러 나라로 분할된 결과가 오늘날 유럽의 여러 나라가 되었으나, 그들의 종교는 대체적으로 기독교가 공통이었다. '그 기독교 국가들이 상호 전쟁에 돌입할 경우' 볼테르는 '전쟁'이란 사람들이 행하는 것이므로 마땅히 사람들의 힘(이성, 자유 의지)으로 그것을 막아야 한다는 건전한 사고에 선착하였다.

관념철학, 여호와주의의 대표자 G. 라이프니츠는, 그 '신정론(Theodicy)'으로 '어떤 진행 어떤 결과이든 역시 그것은 신(神)의 최고 선택 결정 결과'라는 초월적 입장에 가 있었다. 그런데 G. W. F. 헤겔은, 라이프니츠의 '여호와중심주의'에 '자신의 개념(Self-Conception)'을 주입하여 스스로 '메시아'임을 자처하였고, 그 '여호와주의'를 자신의 '도식주의(변증법)'로 펼쳐, '제국주의 프러시아 국왕'에게 역시 '여호와주의 최고 집행자'로서 의미를 부여했고, 나아가 '게르만 종족'에 그 '자신의 개념'을 고루 주입(注入)하여 그 '게르만 종족'이 '개신교 이상국(천년왕국)'의 꿈을 이루도록 자기의 주관적 절대주의(絶對主義, absolutism)' 이론으로 펼치었다.

G. W. F. 헤겔의 결정적 오류(誤謬)는, '주관(여호와주의)'과 '객관(제국주의 현실)'을 혼동하여, [헤겔의 장기는 '변증법'을 써서 '여호와주의'로 통일하는 일이다.] 과거 유대인의 '특권(선민)의식'을 '게르만족'에 주입했던 사실이다. 그 결과 프러시아 게르만 족이 얻은 것은 불필요한 '배타주의' '특권의식'이었고 치러야 할 것은 '흉악한 살상 전쟁' 그것이었다.

이것이 '헤겔 철학'의 전모이다. (참조, ＊ ⑬-2. G. W. F. 헤겔의 '절대주의' '여호와주의')

Voltaire(Translated by T. Besterman), *The Philosophical Dictionary*, Penguin Books, 2004, pp. 231~232 'War'.

⑦-3. '살인 전쟁'에 신(神)을 찾는 대장(隊長)들

한 사람의 계보 학자가 어느 공작(公爵)에게 이미 기록에도 없는 3~4 백 년 전의 혼인관계를 가진 직계(直系)임을 입증한다. 그 집안은 마지막 영주가 뇌출혈로 죽은 어느 지방에 먼 인척(隣戚)의 소유권을 갖는다. 그러자 그 공작과 그 협의자들은 그 지방은 신성한 권리에 의해 그 지역은 왕자의 소유라고 단정을 한다. 3~4백 마일이나 떨어진 주민은 자기들은 그 공작을 모르고 그의 통치를 받고 싶지 않으며 사람들을 지배하려면 먼저 그들의 동의를 얻어야 한다는 등의 항의를 하여도 별 수 없다. 이런 항의는 요지부동의 권리를 쥔 공작의 귀에 들어갈리 없다.

공작은 할 일 없는 사람들을 모아 사람들에게 110수우(sous) 수당에 초록색 군복을 입히고 굵은 흰 실로 수놓은 모자를 씌우고 춤추듯 화려하게 진군(進軍)을 행한다.

이 출발을 전해들은 다른 공작(公爵)들은, 그들의 실력에 맞추어 이 사건에 개입하여 징기스칸(Genghis Khan, 1162~1227)이나 티무르(Tamerlane, 1336~1405)나, 바자제(Bajazet, Murd Ⅳ, 오스만 제국의 왕)의 추종자보다 훨씬 많은 수의 살인 용병(mercenary murders)을 이끌고 작은 나라로 가득히 몰고 간다.

아주 먼 곳의 사람들도 하루에 4~5수우 일당(日當)의 소문을 듣고 추수(秋收)하는 일군처럼 두 파로 갈려 그들의 고용자를 향하여 품을 팔러 나간다. 그들은 사건에 이해가 없을 뿐만 아니라 왜 싸우는지도 모르고 싸운다. 동시에 5~6개의 전투 부대가 나타나 3대 3, 2대 4, 1대 5의 비율로 서로 원수(怨讐)가 되어 미워하며 동맹과 공격을 반복한다. 그런데 양쪽이 다 같이 나쁜 짓을 범한다는 것이 공통이다.

이 잔인한 전쟁에서 묘한 것은 <u>사람을 죽이는 수령들이, 이웃 나라를 전멸시키려고 출발하기 전에 제각기 제 나라의 국기를 축복하고 엄숙히 신(神)에 기도하는 일이다.</u>(each chief of murderers has banners blessed and solemnly invokes god before he sets off to exterminate his neighbours.) 만약 3~4천 명 정도의 살인이라는 행운밖에 기대하지 못한다면 수령은 신에게 감사하지 않는다. 반면에 1만의 인간을 전쟁의 참화로 섬멸하고 더욱 운이 좋게도 어느 한 고을이라도 완전히 파괴가 되면 긴 노래가 사방에 일어난다. 그 노래는 전투 패거리에 이해될 수 없는 말이며 엉터리 어법 투성이다. 같은 노래가 살인에도 쓰이고 결혼이나 생일 축하에도 불린다. 이런 것은 용납될 수 없는 일이며 특히 새로운 노래로 국가를 빛내려는 데서는 더욱 그렇다.

징기스칸(Genghis Khan, 1162~ 1227), 티무르(Tamerlane, 1336~ 1405), 바자제(Bajazet, Murd IV, 오스만 제국의 왕)

해설

* 위의 볼테르 기록은 볼테르가 루이 15세와 프리드리히 2세 곁에서 직접 듣고 본 사항을 바탕으로 한 진술로, 골방에서 홀로 상상했던 '전쟁 문제'가 아니다.

우선 볼테르가 위에서 '계보학자(A genealogist)'가 알아낸 '지방(地方)의 소유권' 문제는 심각한 비유로, 유럽에 당시 모든 군주(君主)들이 그 '원관념'에 해당한다. 즉 한 사람이 왕이 된 것은 단순히 '그 아버지'가 왕이었다는 '계보(系譜) 상의 이유'가 절대적이다.

볼테르는 그의 지성(知性)으로 어릴 적부터 문제의 루이 15세와 프리드리히 2세 경력을 꿰고 있는 경우였다. 그들에게 출중한 지혜와 용맹 신(神)의 가호가 특별하여 국왕이 된 것은 결코 아니라는 점에서 볼테르는 '계보학자' 비유를 동원한 것이다.

그런데 보수주의자 헤겔은, 그러한 '통치자'에게 '이성'과 '도덕'과 '절대 신(Jehovah)'의 권위까지 더해서 '전쟁의 정당성'을 주장하였으니, 얼마나 크게 잘못되었는가? [G. W. F. 헤겔은 '戰爭'을 그 '엉터리 변증법(dialectic)' 즉 '정(正)' '반(反)' 모순의 지양(sublation) 현상 – 현실 극복 과정으로, 당연시(當然視)하였다.[4] 이것이 '현재 생명'을 '껍질, 찌꺼기(the husks)'로 규정하여[5] 온전히 무시한

---

3) 볼테르(정순철 역), <철학사전>, 한국출판사, 1982, p. 263 '전쟁' ; Voltaire(Translated by T. Besterman), *The Philosophical Dictionary*, Penguin Books, 2004, pp. 233~234 'War'.

4) G. W. F. Hegel(translated by J. B. Baillie), *The Phenomenology of Mind*, The Macmillan Company, 1949, p. 68 'Preface' -"대립과 갈등을 빚고 있는 양자 모두가 필연적 구성 요소라는 점을 인식해야 하고(to recognize in what seems inherently conflicting antagonistic the presence of mutuality necessary moments)" "전체(the whole)"를 생각해야 한다고 했다. 그러나

자기모순의 염세주의 허무주의 독재옹호의 '늙다리 헤겔'[6] 식 '신정론(神正論, theodicy)'이다.]

볼테르는 위에서 '살상 전쟁'이 어떻게 기획이 되고 전개되는지 구체적으로 제시해 보였다. 그것은 결코 허구가 아니고 세계 도처에서 언제든지 일어날 수 있는 개연적인 사실을 볼테르가 제시한 것이니, 유럽에서 일찍이 유대인이 행한 '전쟁'이 그러하였고, 로마 영국 독일 프랑스인이 행한 '식민지 쟁탈전'이 그러하였고, 동양에서 거대 제국 '청(淸)나라'와 왜구(倭寇)의 소굴(巢窟) 일본(日本)의 역사가 그러하였다. (참조, ※ ⑦-19. 헤겔과 프리드리히 2세, ※ ⑦-20. '세계사 = 강대국의 지배사'−토인비의 〈역사 연구〉, ※ ⑪-19. 볼테르 당대(當代) '청(淸)국'의 상황)

이 '전쟁 반대' 문제는 볼테르를 선두로 1916년 '다다 혁명 운동'의 최우선 제목이 되었다. M. 에른스트는 '물고기들의 전쟁' '생선뼈로 된 숲'을 그려 '국가주의' '이익 추구 전쟁'을 조롱하였다.

⑦-4. 전쟁을 규탄(糾彈)하지 않은 사제(司祭)

'자연 발생의 종교(natural religion)'는 시민들의 범죄 행위를 막아 왔었다. 천성이 선량한 마음은 범죄 의지를 지니지 않으며 온화한 마음은 범죄를 두려워한다. 이런 사람들은 정의의 신과 복수의 신을 생각하고 있다. 그렇지만 '인간이 운영한 종교(artificial religion)'는 음모, 반역, 강도, 야습, 습격, 약탈, 학살 같은 집단적 잔학을 부추기고 있다. 제각기 여러 성자의 깃발을 나부끼며 희희낙락 죄악으로 향하고 있다.

그 살육의 날을 축복하기 위해, 어느 곳에서나 웅변가가 동원된다. 어떤 웅변가는 검은 옷에 짧은 조끼를 입고, 어떤 자는 예복 위에 코트를 걸친다. 모든 웅변가는

헤겔의 경우 '전체'란 시간 공간적으로 '무한대'이니 '전체'란 바로 그 '신의 영역'으로 인간이 끼어들 영역은 없다. 이것이 '그 쓸데없는 헤겔의 텅 빈 소리들'이다.

5) G. W. F. Hegel(translated by J. B. Baillie), *The Phenomenology of Mind*, The Macmillan Company, 1949, p. 72 'Preface'.
6) F. 니체는 '이 늙다리 철학자들은 심장이 없다.(Those old philosophers were heartless)'라고 조롱하였다. F. Nietzsche(translated by T. Comman), *The Joyful Wisdom*, The Macmillan Company, 1924, pp. 336~337.

오랜 시간 연설을 행한다. 그들은 베테라우(Veteravia) 전투와 팔레스티나(Palestine)에서 생겼던 것을 인용한다.

이런 사람들의 여생(餘生)은 악(the vices)을 욕하며 보낸다. 그들은 세 가지 문제를 대조법을 써서 증언한다. 즉 약한 연지를 볼에 바른 여성은 영원히 신의 복수 대상이다. 폴리엑트(Polyeucte, 코르네이유 작)와 아탈리(Athalie, 라신 작)는 악마가 만든 것이다. 사순절(四旬節, lent)에 2백 에큐 생선을 식탁에 올리는 인간은 반드시 구함을 얻으나, 2.5수우(sous) 양고기를 먹는 이는 영원히 악마의 밥이다. 등이다.

이와 같은 5~6천의 설법 중에 성실한 사람이 불쾌하지 않게 읽을 수 있는 것인 마숑(Masillon, 1663~1742)의 설교가 서너 개 있을 뿐이다. 그러나 <u>이러한 모든 설법 가운데 온갖 재앙과 죄악을 안고 있는 전쟁 해독의 죄에 대해 반대하는 웅변가는 아무도 없다.</u>(to protest against this scourge and this crime of war which comprises all scourges and all crimes.) 이 불행한 웅변가들은 인류의 유일한 위안이며 구원인 사랑에 도전을 한다. 그들은 인류를 파멸로 이끄는 가증스런 책동에 언급이 없다.

〈철학사전 – '전쟁(War)'〉[7]

해설

* 1916년 이후 모든 '전위(前衛) 예술가들'은 일제히 약속이나 한 듯이 '전쟁을 규탄하지 못한 사제들'에게 조롱을 퍼부었다. 전쟁에 종교 사제(司祭)들은 할 일이 없었고, 오히려 그 '신(神)의 이름'으로 소속 국가의 '전쟁 참여자'의 '살상' '승리'를 독려하였다.

그런데도 G. W. F. 헤겔과 A. 토인비는 도대체 무얼 표준으로 감히 '세계사(世界 史)'를 운운했던 것인가? 한마디로 헤겔에 이어 토인비가 '전쟁 살인의 원흉'들을 '신(Jehovah)의 이름'으로 정당화한 책임('주관적 자신의 개념'을 '현실 통치자'에 잘못 활용했던 점)을 면할 수 없으니, 그들은 왜 세계사에 신(神)의 이름과 '전쟁'을 나란히 제시해야 하는지 반드시 해명해야 한다.

만약 그들이 '서투른 제국주의 이론가 전략가'가 아니라면, 반드시 '정신 나간 미치광이' '얼간이' '사기꾼'일 것이다.

---

7) 볼테르(정순철 역), <철학사전>, 한국출판사, 1982, pp. 262~263 '전쟁' ; Voltaire (Translated by T. Besterman), *The Philosophical Dictionary*, Penguin Books, 2004, pp. 232~233 'War'.

⑦-5. '전쟁 불가피론자'가, 가장 흉악한 사람이다.

아아, 브르다르(Bourdaloue, 1632~1704)여. 그대는 불륜(不倫)에 대해 졸렬하기 그지없는 설법을 하였지만, 이처럼 다양한 솜씨로 저지르는 살인, 약탈, 강도, 세상을 황폐화하는 보편적 광란에 대해서는 한 마디 언급도 없구나. 모든 시대, 모든 장소에서 수집된 악덕도 단 한 번의 전쟁이 빚어낸 해악(害惡)과는 견줄 수도 없다.

영혼의 가련한 의사들이여(Wretched physicians of soul). 바늘에 찔린 상처에 한 시간 15분을 떠들면서 우리는 천 갈래로 찢은 그 병[病, 전쟁]에 대해서는 언급도 없구나. 철학적 도덕가들이여, 너희 책에 불 질러라. 몇 사람의 변덕(變德)이 우리 형제를 수천 명을 합법적으로 죽이니, 영웅주의(英雄主義, heroism)에 종사함이 자연 중에 가장 추악한 일이라.(the portion of mankind devoted to heroism will be the most frightful thing in the whole of nature.)

6백 피트 거리에서 발사된 반 파운드의 탄환이 내 몸을 부수고, 5~6천의 죽어 가는 인간 속에서 스무 살의 나는 고통 속에 죽어 간다[젊은 나이에 군에서 목숨을 잃는다는 비유]. 마지막 열린 눈에 보이는 것은 칼과 불에 파괴된 고향 마을이고, 귀에 울린 것은 아녀자의 울음소리이다. 이러한 모든 슬픔이 우리가 모르는 어떤 인물의 독선적 이익(the alleged benefit of a man)을 위해서 빚어졌다면, 인정 예절 중용 절제 순종 예지 사랑(humanity, benevolence, modesty, temperance, tenderness, wisdom, piety)은 어떻게 된 것이며 얼마나 중요하다는 것인가.

가장 나쁜 것은 전쟁이 불가피한 재해라고 말하는 것이다.(What is worst is that war is an inevitable scourge.) 사람들은 전쟁을 경계하지만, 모든 인간은 군신(軍神) 마르스(Mars)를 숭배해 왔다. 유대인의 사바오트(Sabaoth)는 무기의 신이고, 호머는 미네르바를 사납고 지각없고 지긋지긋한 신(a ferocious, senseless, infernal god)으로 불렀다.

〈철학사전 – '전쟁(War)'〉[8]

해설

＊ '전쟁이 불가피한 재해'라고 말하는 대표적인 부류는 플라톤 이후 '신정론'

---

8) 볼테르(정순철 역), <철학사전>, 한국출판사, 1982, pp. 263~264 '전쟁' ; Voltaire (Translated by T. Besterman), *The Philosophical Dictionary*, Penguin Books, 2004, pp. 234~235 'War'.

을 말한 G. 라이프니츠이고, 거기에 볼테르의 '이성(理性)'과 '절대신 여호와'의 권위까지 모두 '게르만 군주(프리드리히 2세)'에게 올린 사람이 헤겔이었다.

위에 진술된 바는 볼테르의 지성이 완벽하게 제시된 세기의 명문장이다. 이렇게 명백히 제시하였는데도 소위 '학문을 했다는 사람' '지식인'이 위의 볼테르 말을 곡해하고 다시 '전쟁 필요' '전쟁 옹호'론을 펼 경우 그들에게 도대체 '이성' '과학' '논리'는 누구를 위한 것이며 어느 도둑들의 간계(奸計)에 맞추자는 것인가? 거듭 반성을 해야 한다.

만약 감히 '신(神)의 이름'으로도 '무고한 생명을 앗는 전쟁'이 필요하다면 그것은 가르치지 않아도 '악마를 위한 공작(工作)'임을 인간의 '이성(理性)'은 다 알게 되어 있다. (참조, ※ ⑨-36. 선악(善惡)의 분별은, 산수(算數)의 문제다.)

⑦-6. 전쟁에 반대하는 퀘이커 교도

우리[퀘이커 교도]는 절대로 전쟁에 참가하지 않습니다. 그것은 죽음을 두려워해서가 아닙니다. 그와 반대로 존재의 근원인 신(神)에게 우리가 합체(合體)하는 그 순간을 진심으로 기뻐하기 때문입니다. 우리는 늑대 호랑이 사나운 개가 아닌 인간이며, 그리스도교도(敎徒)이므로, 전쟁에 참가하지 않는 것입니다. 우리의 적을 사랑하고 불평을 말하지 말고 참고 견디도록 우리에게 명령하신 신은, 붉은 군복에 두 자나 되는 군모(軍帽)를 살인마들이 두 개의 당나귀 가죽 막대기를 두드리면서 시민들을 전쟁으로 끌어낸다고 해서 우리가 바다를 건너가 우리의 동포를 죽이러 가는 것을 [神이] 바라고 계시지는 않을 겁니다. 그리고 몇 번인가 싸움에 이겨서 런던 시가 조명으로 번쩍이고 쏘아 올린 불꽃으로 하늘이 밝게 불타고 신에 대한 기도와 종소리, 오르간과 축포의 울리 때, 우리는 국민을 환희(歡喜)에 취하게 만든 원인인 그 살육해위를 향해, 숨죽이고 신음합니다.

〈영국 편지-'제1신, 퀘이커 교도에 대하여'〉9)

해설

* 볼테르의 '퀘이커교도의 전쟁 반대' 문제는, 볼테르의 전쟁 반대와 동일한

---

9) 볼테르(정순철 역), <철학서한>, 한국출판사, 1982, p. 55 ; Voltaire(Translated by L. Tancock), *Letters on England*, Penguin Books, 1980, p. 26 'Letter 1, On the Quakers'.

문제이다. 볼테르는 그것을 뒤에 더욱 정연한 논리로 전개하였지만, 볼테르는 처음부터 '인간 생명'과 '평화'를 최고 표준으로 삼았다.

헤겔의 〈세계 역사철학 강의〉는 이 '개신교 옹호' 사상(思想)에서 제작이 되었으나, 헤겔의 '절대주의' '개신교 광신주의'는, 일찍이 유대인들이 품었던 잘못된 '선민사상(選民思想, the doctrine of election)'을 엉터리 변증법으로 '게르만 민족주의'에 주입한 결과 '자손만대'에 씻을 수 없는 오명(汚名)의 '얼뜨기' G. 라이프니츠 공상을 거듭 연출하게 만들었다.

'퀘이커 교도'는 역시 개신교도로서, '종교의 자유' '평등 정신'을 몸에 올려 실천한 사람들이지만 헤겔처럼 '엉뚱한 선민사상(우월 의식)'에서 '배타주의'로 발동하지는 않았다. 볼테르가 주목한 퀘이커교도 윌리엄 펜(William Penn, 1644~1718)이 펜실베이니아 낙원을 건설한 경우도 있었다. (참조, ＊ ④-19. 자유의 펜실베이니아)

그런데 헤겔이 불필요한 '유대인식 공상'(選民思想)으로 돌아가게 했던 것은, F. 니체 식으로 해명을 하면 '불편한 독일의 기후(氣候) 탓'으로 '늙다리 괴짜(a grumpy old crank)'된 사례일 것이다.[10]

⑦-7. 유럽에는 '100만 명의 살인강도(군대)'가 있다.

그래도 캉디드는 마르틴(Martin)보다 처지가 나았다. 마르틴은 아무것도 기대할 것이 없었는데 반해 캉디드에게는 퀴네공드 양을 만날 희망이 있었고 또 금덩이와 다이아몬드도 가지고 있었기 때문이다. 이 세상의 진귀한 보물을 가득 실은 붉은 양 1백 마리를 잃은 일과 네덜란드 선장(船長)에게 사기(詐欺) 당한 일을 생각하면 캉디드는 가슴이 쓰렸다. 그러나 주머니 속에 들어 있는 보물을 생각하면 마음이 든든해졌고, 퀴네공드 양 얘기를 할 때면 가슴이 훈훈해졌다. 그래서 특히 식사 후에 배가 든든해지면, 팡글로스의 이론 쪽으로 마음이 기울기도 했다(especially after a good meal, he still leaned toward the system of Pangloss). 그는 이에 대해 마르틴의 의견을 물어보았다.

'그런데 마르틴 씨, 선생은 이 모든 것에 대해 어떻게 생각하시오? 도덕적

10) F. Nietzsche (translated by A. M. Ludovici), *ECCE HOMO-Nietzsche's Autobiography*, The Macmillan Company, 1911, p. 34.

악(惡)과 자연재해(災害)에 대한 선생의 견해는 어떠한가요?'

'글쎄요, 신부들은 나를 소치니주의 신봉자(Socinian)라고 합니다만, 사실 나는 마니교도(Manichean, 조로아스터교도)랍니다.'

마르틴이 대답했다.

그러자 캉디드가 말했다.

'아니 날 놀리시는 겁니까? 마니교도는 이제 세상에 존재하지 않아요.'

'내가 있지요. 나도 어쩔 수가 없어요. 아무리 생각해도 달리 생각할 수가 없으니까요.'

'아니 이렇게 부도덕할 수가? 선생의 몸에 악마라도 들었어요?'

'악마(惡魔)는 이 세상일에 안 끼어드는 데가 없으니까 내 몸에 들지 말란 법도 없지요. 사실 이 지구상에서 벌어지는 일을 살펴보면 하느님이 사악(邪惡)한 존재에게 지구를 내맡겨 버렸다는 생각이 듭니다. 물론 엘도라도는 예외지만, 도시 중에 이웃 도시의 멸망을 바라지 않는 도시가 있습니까? 가문(家門)도 그래요. 다들 다른 가문이 멸망하기를 원하지요. 이 세상 어디서나 힘없는 자들은 힘센 자들을 죽도록 증오(憎惡)합니다. 막상 그 앞에 가면 벌벌 기면서 말입니다. 그리고 힘센 자들은 힘없는 자들을 가축(家畜)취급을 하지요. 고기와 털을 내다 팔려고 집에서 기른 가축 말입니다. <u>1백만이나 되는 살인자들이 떼를 지어 유럽 이쪽에서 저쪽으로 몰려다니면서 할 일 없이 빵을 찾아 조직적으로 살인과 도적질을 일삼습니다</u>(A million assassins in uniform, roaming from one end of Europe to the other, murder and pillage with discipline in order to earn their daily bread and no profession confers more honor). 평화롭고 예술이 꽃피는 도시에도 사람들은 탐욕과 걱정과 불안에 싸여 있습니다. 그 폐해는 포위 공격을 당하는 도시 사람들이 당하는 재난보다 정도가 심하지요. 은밀한 불행은 공공연한 재난보다 더 잔인한 법이니까요. 한 마디로 말해 너무 많은 것을 보고 겪어서 마니교도가 되었답니다.'

마르틴이 말을 마치자 캉디드가 반박했다.

'그렇지만 선(善)도 존재합니다.'

그러자 마르틴이 대답했다.

'물론 있을 수 있겠지요. 그렇지만 나는 보지를 못했습니다.'

〈캉디드 – '제20장, 캉디드와 마르틴'〉11)

---

11) 볼테르(이봉지 역), <캉디드 혹은 낙관주의>, 열린책들, 2009, pp. 115~116 '제20장, 캉디드와 마르틴' ; Voltaire(Translated by D. Gordon), *Candide*, Beford/St.Martin's, 1999, pp. 84~85 'Chapter 20, Candide and Martin'.

해설

 * 볼테르는 '선(善)-이성(理性)'과 '악(惡)-욕망'을 동시(同時)에 전제한 실존주의자였다.

 위에서 볼테르는, '비관론자' 마르틴과 '낙관주의자' 캉디드를 동시에 출연시켜 다시 대조해 보이고 있으나, 볼테르 자신은 '인간 이성(理性) 긍정의 낙관주의'로 결론이 나 있는 상태이다. (참조, ※ ⑤-13. 각자의 '이성(理性, Reason)'을 존중하자.)

 볼테르의 〈캉디드〉에서도 당시 유럽에서 '용병(傭兵)'을 동원, '약탈 전쟁'을 일삼는 참담한 현실을 고발하고 있다. 볼테르 당대의 대표적인 사례는 물론 1756년(62세) 5월 17일, 프랑스에 대한 영국의 선전 포고로 벌어진 '7년 전쟁(1756~63)'이었다.

 볼테르는 어느 누구도 쉽게 체험할 수 없는 '투쟁의 양국 군주(君主)' 마음속에 깊이 들어가 '살인 전쟁'을 수행하는 두 군주의 속마음을 꿰뚫어 알고 있었다.

 그들은 틀림없이 일개인에 지나지 않음에도 '살인 마귀'도 행할 수 없는 '살육 전쟁'을 감히 '절대신(Jehovah)'의 이름으로 수행하고 있다고 명백히 말했던 사람이 바로 '계몽' 사상가 볼테르였다.

⑦-8. 학살 행위를, 찬양 신성화한 교황청

 우리와 대립하는 견해를 지닌 사람들을 박해하는 행동이 성스러운 것이라고 하면, 천국(天國)에서는 이교도(異敎徒)를 가장 많이 죽인 사람이 가장 위대한 성인이 될 것이다. 자기 동포의 재산을 몰수하고 감옥에 집어넣는 것으로 그친 사람이라면 그는 천국에서 어떤 모습으로 비칠까? '성 바르텔레미 대학살(大虐殺)의 날(1592. 8. 24.)'에 열광적 믿음으로 수백 명의 형제를 죽인 사람과 나란히 있을 때 말이다. 그렇다 여기에 대답이 있다.

 로마 교황과 추기경 모임이 잘못을 범하는 경우란 없다. [조롱임] <u>그들은 성 바르텔레미의 학살 행위를 승인하고 찬양했으며, 심지어 신성화하기까지 했다</u>(The successors of St. Peter and his consistory.....approved, celebrated, consecrated the massacre of St. Bartholomew). 따라서 이 학살은 아주 신성한 것이었다. 이와 같은 근거로 볼 때 신앙이 똑같이 돈독한 두 살인자라 할지라도 그 가운데 임신한 위그노 여인 24명의 배를 가른 사람이 12명의 배를 가른 사람보다 신의 영광을 2배나 더 얻어야 할 것이다. 마찬가지로 세벤 지방의 광적(狂的)인 신도들도 자신들이 죽인 가톨릭 성직자 수도사 여신도들의 숫자에 비례하여 자신들이 누릴 지복(至福)이 커진다고 믿었을 것이다. 이러한 것이 영복(永福)을 얻을 자격이라니 참으로 기괴하기 그지없다.

〈관용론-'제11장, 불관용의 불행한 결과들'〉12)

해설

* 위의 볼테르 증언 역시 '가톨릭 역사'에 근거한 발언이다.

그러나 위와 같은 발언을 한 볼테르가 만약 프랑스에 있었다면, 그는 틀림없이 다시 옥에 갇혔거나, 심하면 '화형(火刑)'감이다. 볼테르는 스위스에 있었음에도 그의 저서는 '금서(禁書)'로 지목되어, 보이는 즉시 불에 던져졌던 '수난(受難)' '고난(苦難)'의 시기였다.

교황(敎皇)에게 왜 '생사람 잡기를 찬양 신성화하는가?'를 물으면 대답은 간단하다. '하나님이 원하신다.'이다. (참조, ※ ⑩-24. '신(神)의 사자(使者)'라는 모세(Moses))

⑦-9. 영광스런 입대(入隊)

그들은 캉디드에게 다가와서, 공손한 태도로 점심을 함께 들자고 청했다.

캉디드는 매우 겸손하고 예의 바르게 말했다.

'나리, 영광입니다만, 저는 수중에 돈이 없습니다.'

그 중 한 남자가 말했다.

'당신 같은 경우는 돈 낼 필요 없습니다. 키가 165센티는 되죠?'

캉디드는 절을 올리며 말했다.

'맞습니다. 나리'

'그러면 선생, 이 식탁에 앉으시죠. 식사비용은 우리가 냅니다. 돈도 드리겠습니다. 우리는 당신 같은 사람이 돈 없는 것은 못 봅니다. 인간은 서로 돕도록 창조되었습

---

12) 볼테르(송기형·임미경 역), <관용론>, 한길사, 2001, p. 136 ; Voltaire(translated by B. Masters), The Calas Affair *A Treatise on Tolerance*, The Folio Society, 1994, p. 77 'Chapter 11, The Consequences of Intolerance'.

니다.'

캉디드는 말했다.

'옳은 말씀입니다. 우리 팡글로스 박사님에 제게 항상 그렇게 말씀하셨습니다. 저는 모든 것이 최상(everything is for the best.)이라고 확실히 알고 있습니다.'

그들은 캉디드에게 돈을 조금 주었다. 캉디드는 그것을 받고 증명서를 써주려 했다. 그들은 그것을 거절하고 말하고 말했다.

'당신은 사랑을 하지 않습니까?'

캉디드는 대답했다.

'아 예, 저는 퀴네공드 양을 사랑합니다.'

그 중 한 사람이 말했다.

'아닙니다. 우리 말 뜻은 그게 아니라, 당신이 불가리아 왕을 사랑하느냐는 말입니다.'

캉디드는 말했다.

'아닙니다. 저는 그분을 한 번도 뵌 적이 없습니다.'

'뭐라고요? 그분은 왕 중에서 가장 훌륭한 왕이십니다. 우리는 그분의 건강을 위해 건배해야 합니다.'

'좋습니다. 행복합니다. 신사 여러분.'

캉디드도 건배하였다.

'그만하면 되었소. 이제 당신은 불가리아 국민의 수호자며 영웅이 되었소. 당신에게는 부(富)와 명예가 보장되었소.'

그들은 바로 캉디드의 발에 족쇄를 채워 군대(軍隊)로 끌고 갔다. 그들은 캉디드에게 우향우 좌향좌를 시키더니, 총을 올렸다 내렸다 하고, 땅에 엎드려 총을 조준 사격 훈련을 시키더니, 결국 서른 대의 매를 맞아야 했다. 다음날 캉디드는 훈련을 조금 덜 받고 스무 대의 매를 맞았다. 그 다음 날에는 열 대를 맞았다. 그러고 나니 동료들은 캉디드를 영웅(英雄)처럼 생각하였다.

캉디드는 완전히 당혹해서 자기가 어떻게 영웅이 되었는지 알 수 없었다.

〈캉디드-'제2장, 불가리아 군영(軍營)'〉[13]

---

13) 볼테르(이봉지 역), <캉디드 혹은 낙관주의>, 열린책들, 2009, pp. 14~16 '제2장, 불가리아 군영(軍營)' ; Voltaire(Translated by D. Gordon), *Candide*, Beford/St.Martin's, 1999, pp. 43~44 'Chapter 2, among the Bulgars'.

해설

* '전쟁'은 우선 병사(兵士)를 모아야 한다. 그 형태는 고대(古代)로 올라 갈수록 국민 모두가 병사인 그 '국민 개병제(國民 皆兵制, 온 국민이 모두 병사됨)' 였다. 그러다가 국가의 형태가 정비되고 질서가 잡히어 남성들에게 한정이 되었고, 거기에 더욱 한정하여 젊은이, 더욱 제한되어 일정 기간의 '복무제(服務制)'가 나왔다.

유럽에서는 작은 규모의 국가가 처음부터 난립(亂立)하여 군사에게 '임금을 지불하겠다.'는 조건으로 지원을 받아 형성하는 '모병제(募兵制)'가 운영되었다. (참조, * ⑦-7. 유럽에는 '100만 명의 살인강도(군대)'가 있다.)

문제는 그 다음부터이다. 위에서 볼 수 있듯이 캉디드가 만약 '불가리아 국민의 수호자며 영웅'이라면 이웃 나라(전투 상대국)의 청년도 역시 '그 국민의 수호자이며 영웅'일 것이다. 그래서 전쟁이 터질 경우 승패에 따라 승리 국가가 패배 국가의 지배권을 갖고 승리 국가는 다시 다른 승리 국가를 상대로 전쟁을 벌여 세력 다툼을 할 것이다.

그러한 결과 세계는 지금 '사회주의' '자본주의' 양대(兩大) 진영으로 나뉘어 있으니, 일찍이 없었던 큰 통합을 이룬 경우이다. 지금은 양대 진영이 서로 자기의 세력 구축에 힘겨루기를 하고 국지전(局地戰)이 벌어지고 있는 상황이다.

⑦-10. 전쟁의 참상(慘狀)

두 나라 군대는 너무도 멋지고 민첩하고 찬란하고 질서 정연했다. 트럼펫과 피리와 오보에 북과 대포 소리가 어울려 멋진 지옥의 하모니를 이루었다. 먼저 양 진영에서 6천여 군사들이 대포에 맞아 쓰러졌다. 다음으로 이 최선의 세계를 오염시키던 9천 내지 1만 명의 악당들이 일제 사격을 받아 제거되었다. 또한 수천 명의 사람들이 총검에 찔려 죽었다. 총합 3만여 명의 사람들이 이렇게 죽어 갔다. 이 영웅적인 학살극(虐殺劇)이 벌어지는 동안 캉디드는 철학자답게 벌벌 떨면서 꼭꼭 숨어 있었다.

드디어 두 나라의 왕이 각자 자기 진영에서 테데움(Te Deum, 신을 향한 감사 기도)을 하는 동안 캉디드는 다른 곳에서 '원인(cause)과 결과(effect)'를 따져 보기로 결심하고 그곳을 떠났다. 그는 산더미처럼 쌓인 시체와 죽어 가는 사람들을 넘어서 이웃 마을에 도착했다. 아바르족에 속한 그 마을은 잿더미가 되어 있었다. 한쪽에서는 전신에 총상을 입은 늙은이들이 목이 찔려 죽어 가는 자기 아내들의 모습을 멍하니 지켜보고 있었다. 피가 흐르는 그녀들의 젖꼭지에는 젖먹이 아이들이 매달려 있었다. 또 다른 쪽에는 처녀들이 마지막 숨을 거두고 있었다. 몇몇 영웅들이 자신들의 자연적 욕망을 채우고 난 후, 그녀들의 배를 갈라 버렸기 때문이었다. 또 다른 이들은 불에 반쯤 그을린 채 '제발 죽여 달라.'고 울부짖고 있었다. 도처에 널려 있는 수족 사이로 깨진 머리통이 뒹굴고 있었다.

〈캉디드 - '제3장, 탈영(脫營)'〉14)

해설

* 위의 장면은 볼테르가 당시 실제 있었던 전투 상황을 제시한 것이다.

'전투 현장'은 서로가 상대의 목숨을 노리는 더할 수 없이 처참한 상황이지만, 그것을 거시적(巨視的) 개관적 위치에서 보면, '세력 다툼' '이익 추구'가 그 근저에 있다는 것은 이미 결론이 나와 있는 사항이다.

베를린, 프랑크푸르트, 제네바, 로스바흐

볼테르가 위에서 제시한 전투 장면은, 1757년(63세) 11월 5일에 행해진 프랑스(러시아, 오스트리아)와 프러시아의 '로스바흐 전투(the Battle of Rossbach)'를 상정한 것이다.

이 현장에 무슨 '기도(祈禱)'이고, '원인 결과의 분석'이 문제인가.

그런데 헤겔은 그러한 전투를 '개신교(改新教)를 위한 성전(聖戰)'으로 세계사적 의미를 부여하였으니, 책상머리에서 생각한 '관념의 여호와주의'와 '살상의

---

14) 볼테르(이봉지 역), <캉디드 혹은 낙관주의>, 열린책들, 2009, pp. 19~20 '제3장, 탈영(脫營)' ; Voltaire(Translated by D. Gordon), *Candide*, Beford/St.Martin's, 1999, p. 45 'Chapter 3, Candide escaped from the Bulgars'.

로스바흐 전투(the Battle of Rossbach)[15]

제국주의'를 완전히 구분 못한 것이니, 그것은 히틀러가 게르니카에 행했듯이 까닭 없이 인구 밀집 지역에 폭격을 가하고 '여호와의 주먹'이라 말하는 격이다. (참조, ※ ⑦-19. 헤겔과 프리드리히 2세-〈세계 역사철학 강의〉)

'전쟁'의 '선악(善惡) 구분'은 산수(算數) 문제이다. 그러면 '여호와주의'로 전쟁을 정당화한 헤겔은 '산수'도 모르면서 '절대주의'를 말하는 사람이므로 '사기꾼'이다. (참조, ※ ⑨-36. 선악(善惡)의 분별은, 산수(算數)의 문제다.)

⑦-11. '복수(復讐)' 논리로 행하는 전쟁

그러자 그 거지가 말했다.

'아이고, 자네 이제 옛 스승(팡글로스)도 못 알아보나?'

'이게 무슨 소리야. 당신이 내 스승이라고? 왜 이렇게 끔직한 꼴이 되셨어요. 무슨 변을 당했습니까? 왜 세상에서 제일 멋진 성에 계시지 않고? 퀴네공드 양은? 진주(珍珠)중의 진주 자연의 걸작인 아가씨는 어떻게 되었나요?'

'기운 없어 쓰러지겠네.'

팡글로스는 말했다.

캉디드는 곧 팡글로스를 야코프 외양간으로 데려가 빵을 먹었다. 팡글로스가 기운을 차리자 물었다.

'그런데 퀴네공드 양은요?'

'죽었어.'

팡글로스가 대답했다.

---

15) Wikipedia, 'the Battle of Rossbach' – 'Contemporary painting of the battle'.

이 말에 캉디드는 기절해 버렸다. 팡글로스는 마침 외양간에 있던 썩은 식초를 그에게 문질러 정신을 차리게 했다. 캉디드가 다시 눈을 떴다.

'퀴네공드 양이 죽다니. 아 최선의 세상이라더니 이럴 수가! 그런데 무슨 병으로 죽었나요? 이 캉디드가 그녀 아버지 성에서 발길질을 당하면서 쫓겨나가는 것을 보고 상심해서 그런 것인가요?'

'아니야. 불가리아 군사들이 배를 갈랐어. 그 전에 실컷 능욕을 당했지. 남작님이 그걸 막으려 하니까 그놈들은 남작님 머리를 부셔버렸어. 내 학생인 남

모로 르 쥔16) 작 <불가리아 전장>

작님 아들도 누이와 똑같이 불쌍한 꼴을 당했어. 성(城)은 폐허가 되었어. 돌하나 성한 것이 없고, 헛간, 양, 오리, 나무 한 그루 남은 것이 없어. <u>그렇지만 우리도 복수(復讐)를 한 셈이야. 아바르인들이 이웃 불가리아 남작(男爵)의 성에 가서 우리가 당한 것과 똑같이 해주었으니까.</u>'

이 말에 캉디드는 다시 기절했다.

〈캉디드-'제4장, 캉디드가 팡글로스를 만나다.'〉17)

해설

* 위에 볼테르가 설정한 '가상적(假想的) 상황'은 소설 〈캉디드〉의 한 장면에 지나지 않지만, 거기에 적용된 것은 볼테르가 인정하는 '자연법(自然法)의 원리' -'네가 그것을 남에게 행하면 남도 너에게 그것을 행할 것이다.'이다.

그 '자연법'만이 인류 공통의 정신 속에 있다.

소설 〈캉디드〉에, 캉디드 퀴네공드 팡글로스가 모여 지내던 '베스트팔렌 툰더텐트론크 남작(男爵)의 성(城)'은 전쟁이 터져, '낙원(樂園)이 폐허'로 변했고, 주인공들은 병사 창녀 거지가 되었다. 이것이 소설 〈캉디드〉에 제시된 '전쟁'에 대한 볼테르의 기본 전제이다.

그리고 사실이 그렇다는 것을 볼테르 200년 후배 S. 달리(Salvador Dali, 1904~1989)는 스페인 내전(內戰)을 그린 그림에서 제시하였다.

---

16) 'Voltaire, Candide / Illustration by Moreau Jeune-Moreau le Jeune(1741~1814)'.

17) 볼테르(이봉지 역), <캉디드 혹은 낙관주의>, 열린책들, 2009, pp. 24~25 '제4장, 캉디드가 팡글로스를 만나다.' ; Voltaire(Translated by D. Gordon), *Candide*, Beford/St.Martin's, 1999, pp. 47~48 'Chapter 4, Candide met Pangloss'.

⑦-12. 카이사르(Caesar)와 술탄(Sultan)의 전쟁

이 말에 모든 철학자들이 고개를 흔들어 댔다. 그들 중 다른 이들보다 더욱 솔직한 철학자가 정말로 몇 안 되는 극소수의 주민들 빼고는 모두 미치광이, 악덕인, 불행한 자들의 집합이라고 진심으로 자백했다.

철학자는 말했다.

'악(惡)이 만약 물질로부터 온다면, 필요로 하는 양보다 더 많은 물질의 소유가 우리에게 악행을 저지르게 하지요. 그리고 만약 악이 정신으로부터 나온 것이라면 지나치게 많은 정신의 소유에서 생깁니다. 예를 들어 바로 지금도 종족의 모자를 쓴 10만 미치광이들이 터번을 쓴 다른 10만 동물을 죽이거나 그들에게 살해를 당하고 있습니다. 이것은 지구의 전역에서 아득한 옛날부터 이런 식으로 살아왔다는 것을 아십니까?'

시리우스인은 몸을 떨더니 그렇게 약하고 초라한 동물들 사이에 무엇 때문에 그런 끔찍한 다툼들이 벌어지는 것인가를 물었다.

철학자가 말했다.

'당신의 신발 뒤축만한 땅 때문에 그러는 겁니다. 서로 목을 조르려고 달려드는 수백만 사람들 중 어느 누구도 땅 위에 무엇을 얻으려 그러는 것은 아닙니다. 그 땅이 술탄(Sultan)이라 불리는 어떤 사람에게 속할 것인지 아니면 카이사르 (Caesar)라는 사람에 속한 것인지를 알기 위해서 그런 것입니다. 둘 중 아무도 문제의 그 작은 땅 덩어리를 한 번도 본 적이 없고 앞으로도 결코 보지 못할 것입니다. 서로 목 조르려 하는 그 동물들 중 거의 아무도 자기들이 그렇게 목숨 걸고 위하려 드는 술탄이나 카이사르를 본 적이 없었습니다.'

시리우스 사람이 소리쳤다.

'불쌍한 사람들이다! 그렇게 미칠 정도로 화를 내다니. 내 서너 번 발길질로 살인자 우글거리는 개미집을 부셔버리고 싶구나.'

〈미크로메가스－'제7장, 인간들의 대화'〉18)

---

18) 볼테르(이효숙 역), <미크로메가스>, 바다출판사, 2011, pp. 82~83 '제7장, 인간들과의 대화' ; Voltaire(Translated by R. Pearson), *Candide and Other Stories*, Everyman's Library, 1991, pp. 108~109 'Chapter 7, Conversation with the humans'.

'카이사르'19), '술탄'20), '종교 전쟁'21)

해설

* 볼테르는 '종교'와 '사상'을 앞세워 행하는 전쟁의 목적이 '땅 차지 하기'이나 그 싸우고 있는 (목숨을 걸고 있는)당사자는 '그 땅과 무관함'을 말하여 인간 사이에 분쟁은 소용이 없는 일로 말하였다.

위의 장면은, 소설 〈미크로메가스〉(1752)에 '전쟁 반대'의 볼테르 정신이 명시된 부분이다. 소설 〈미크로메가스〉는 볼테르가 '프리드리히 2세'의 '전쟁 집착'에서 깨어나도록 의도적으로 제작한 소설이다.

소설 속에서 볼테르는 문제의 '프리드리히 2세'에게 '이슬람과 기독교 분쟁' 같은 '이념 전쟁'이 필요 없음을 말하였다.

그러나 볼테르가 지적한 '기독교 이슬람 분쟁'은 260여년이 지난 지금에도 형태를 달리해 진행되고 있으니(2015년 'IS' 전쟁), 전쟁의 무용(無用)함을 납득시키는 일은 분명 쉬운 일은 아니다.

그러나 '전쟁이 가장 엄청난 죄악'이라는 점은 인류가 모두 인지하고 있으니, 그것은 '전쟁 발발 이전'에 충분히 거듭 교육될 필요가 있는 사항이다.

⑦-13. 세속인과 동일한 교황

'문예부흥(Renaissance)'을 통해 인간 정신이 '계몽'의 빛을 맞이하기 시작하자 악습에 대한 비판이 전적으로 제기되었다. 모두들 동의하고 있듯이 이러한 비판은

---

19) 'Bust of Caesar'.
20) 'Artistic representation of Saladin'.
21) 'An engraving of a battle in the religious wars'.

정당한 것이었다.

교황 알렉산데르 6세는 교황의 지위를 드러내놓고 돈으로 샀으며, 그가 낳은 다섯 명의 사생아는 아버지 지위를 이용해서 이익을 나누어 챙겼다. 그 아들 가운데 한명인 추기경 보르자 공작은 아버지인 교황과 합세하여 비텔리 가(家), 우르비노 가, 그라비나 가, 올리베레토를 비롯한 수많은 귀족 가문을 파멸시키고 재산을 가로챘다. 마찬가지로 야심가였던 율리우스 2세는 프랑스 루이 12세를 파문하고 왕의 영토를 가장 먼저 점령한 자에게 넘겨주었으며, 그 자신도 투구와 갑옷 차림으로 이탈리아 한 지역을 전쟁의 참화로 몰아넣었다. 율리우스 후임 레오 10세는 자신의 향락 비용을 충당하기 위해 면죄부를 만들어 마치 시장에서 상품을 매매하듯 팔아넘겼다. 이처럼 거듭되는 파렴치한 행위에 항의하는 사람들, 종교개혁자들은 적어도 도덕적으로는 아무 잘못이 없다.

〈관용론-'제3장, 종교개혁에 대한 이해'〉22)

해설

* 서구(西歐)에서 14세기부터 16세기에 걸쳐 소위 '신(神) 중심 사회'에서 '인간 중심 사회'로의 전환이라 일컬어지고 있지만, 인간 지혜의 발달로 종교적 사제(司祭)자들에 대한 과도한 의미 부여를 피하고 인간 중심, 자기 이성 중심으로의 회귀(回歸)였다.

그런데 프랑스에서는 볼테르 당대에까지 과도한 교권이 그대로 남아 통하고 있었다. 특히 〈신약〉에 예수는 '돈을 섬김'과 '신을 섬김'이 양립(兩立)할 수 없음을 생에 최고 기준으로 제시하였다.

그 예수의 수제자(首弟子-베드로) 계열로 세운 역대 교황(敎皇)은, 그 예수의 가르침을 대행하기보다는 볼테르가 제시한 위의 교황은 일반인도 행할 수 없는 전략(戰略)을 구사하여 사람들을 놀라게 했으니, 그래서 '교황이 그리스도의 적이다.(The Pope was the Antichrist.)'라는 조롱이 통하게 된 것이다.

---

22) 볼테르(송기형·임미경 역), <관용론>, 한길사, 2001, pp. 45~46 ; Voltaire(translated by B. Masters), The Calas Affair *A Treatise on Tolerance*, The Folio Society, 1994, p. 17 'Chapter 3, A Sketch of the Reformation'.

⑦-14. '흑인 노예'의 문제

마을 어귀에서 그들은 한 검둥이가 땅바닥에 누워 있는 것을 보았다. 그는 옷을 딱 절반, 즉 푸른 속바지 하나만 걸치고 있었는데 오른 팔과 왼다리가 없었다. 캉디드는 네덜란드어로 말을 걸었다.

'아이고 맙소사, 거기서 뭘 하고 있는 거야? 이렇게 처참한 모습으로.'

'제 주인, 반 데르 덴두르 중계상인을 기다리고 있습니다.'

'반 데르 덴두르 씨가 자네를 이렇게 만들었어?'

'예 나리, 그게 관습이죠. 의복이라고는 1년에 무명 속바지 두 벌이 전부입니다. 설탕 공장에서 일하다가 맷돌에 손가락이 닿으면 손은 자르고, 도망을 치다가 잡히면 다리를 자릅니다. 저는 두 가지를 다 겪었습니다. 당신네 유럽인은 설탕을 이 몸값으로 먹는 겁니다. 예전에 우리 어머니가 나를 기니 해안에서 돈 열 냥을 받고 팔았을 때, 기뻐하며 말했습니다. '아들아, 신령님들께 감사드려라. 항상 경배하라. 그 분들이 너를 지켜줄 거다. 영광스럽게 백인님의 노예가 되었고, 그 덕에 어미 아비 운도 틔게 되었다.' 맙소사! 우리 엄마 아빠가 진짜로 운이 트였는지는 모르지만 제 운은 결코 아니었습니다. 개나 원숭이 닭이 우리보다 처지가 훨씬 나아요. 저를 개종(改宗)시킨 네덜란드 무당들은 일요일마다 흑인 백인이 다 아담(Adam)의 자식이라 하더군요. 저는 족보 같은 건 모르지만, 그 무당들이 옳다면 우리는 모두는 친척입니다. 그런데 친척에게 이렇게 지독하게 굴 수가 있을까요?'

캉디드가 외쳤다.

'아, 팡글로스 선생님! 선생님이 이런 끔찍한 일을 상상하지 못하셨겠죠? 정말이지 이젠 성생님의 낙천주의(樂天主義, optimism)를 포기할 수밖에 없어요.'

카캄보가 물었다.

'낙천주의가 뭐예요?'

'아 그건 한쪽에서는 고통을 겪고 있는데도 모두가 다 좋다고 우기는 광신도야 (It's the mania for insisting that all is well when one is suffering.)'

캉디드는 검둥이를 바라보니 눈물이 솟았다. 눈물을 흘리며 수리남으로 들어갔다.

〈캉디드-'제19장, 수리남에서'〉23)

---

23) 볼테르(이봉지 역), <캉디드 혹은 낙관주의>, 열린책들, 2009, pp. 107~108 '제19장, 수리남에서' ; Voltaire(Translated by D. Gordon), *Candide*, Beford/St.Martin's, 1999, pp. 82~83 'Chapter 19, In Surinam' by Jean-Michel Moreau le Jeune(1741~1814).

모로 르 쥔(Moreau le Jeune)[24] 작 '수족이 잘린 노예=유럽에서 마신 설탕의 값'[25], '수리남에서의 흑인'[26], '수리남의 아프리카인들'[27]

해설

* 볼테르는 소설 〈캉디드〉에서 남미(南美)에 있는 네덜란드 식민지 '수리남 (Surinam)'으로 끌려 온 흑인 노예를 화제로 삼았다.

'살상 전쟁' '정복' '지배'가 결국 어디에 종착하고 있는지를 볼테르는 남김없 이 보여 주었다. '유럽인의 설탕'을 위해 손발이 잘려나간 흑인 노예 이야기가 거짓말 과장된 이야기라고 하는 사람은, 무식한 사람 아니면 지나친 위선자(僞善 者)이다.

볼테르(캉디드)는 그 자리에서 '낙천주의' 운운하며 '신이 운영하는 최고 세상'을 주장하는 라이프니츠(팡글로스 박사)에게 이의(異議)를 제기하고 있다. '인간이 행하는 잘못까지를 모두 '신(神, Jehovah)의 최고 행위'로 미화(美化)하려 는 것이 G. 라이프니츠의 '낙천주의 논리다.'라는 볼테르의 비판이 명시되어 있다.

즉 '인간에게는 인간이 행할 도리와 책임이 엄연히 있을 뿐'인데, 엉뚱하게 '신(神, Jehovah)의 뜻'을 운운하며, '살육 전쟁'도 사양하지 않음은 과연 '정의'를 실현하는 일인가? 이것이 볼테르의 '낙천주의'의 대극(對極)점 '이성(理性)'에 의한 그 주체가 책임을 질 행동, 자유 의지(Free Will)' 명시(明示)이다. (참조, * ⑨-13. '자유 의지'는 '선택 의지'다.)

볼테르는 1734년(40세)에 퀘이커 교도 윌리엄 펜(William Penn, 1644~1718)의

---

24) 'Moreau le Jeune(1741~1814)'.

25) Voltaire(Translated by D. Gordon), *Candide*, Beford/St.Martin's, 1999, p. 39.

26) 'Voltaire, Candide, Le nègre de Surinam'.

27) R. Pomeau, *Voltaire*, Seuil, 1994, p. 149 'Troupe de noirs africains conduits a Surinam'.

‘자주’ ‘평등’ 실천에 감탄해 마지않았는데, 정확히 41년 뒤(1775)에 ‘미국의 독립 전쟁’이 발발한 것이다. (참조, ❈ ④-19. 자유의 펜실베이니아)

그런데 볼테르는 미국의 A. 링컨(A. Lincoln, 1809~1865) 대통령이 ‘노예 해방 선언(1863)’을 하기 104년 전에 ‘흑인 노예 문제’를 제기였다.

이러한 볼테르의 안목을 무시하는 사람은, 명백히 그 자신의 사고(思考)가 병들어 있는 사람들이다.

⑦-15. 인간 본성(本性)을 부정한 파스칼

대체로 파스칼 씨가 〈팡세〉를 쓴 정신은 인간의 추악(醜惡)한 모습을 나타내는 데 있는 것으로 보인다. 우리 모두가 악인으로서 불행한 존재로 그리려 애를 쓰고 있다. 그는 예수회 사람들(Jesuits)에 반대하여 붓을 들었던 것으로, 인간 본성(human nature)에 반대하여 붓을 들었다. 일부에게만 속하는 것을 인간의 본질로 전제하였다. 파스칼은 인류를 향해 유창한 말솜씨로 욕을 퍼부었다. 이 ‘탁월한 인간 혐오(this sublime misanthropist)’에 대항하여 나는 굳이 ‘인간의 편’이 되겠다. 그가 말하는 것만큼, 우리는 악인도 불행한 존재도 아니라고 나는 감히 단언한다. 그리고 파스칼 씨가 기획하고 있는 책 중에 〈팡세〉와 같은 것이 있다면 웅변이나 연역이 멋이 있을 지라도 의견 자체가 잘못된 것으로 믿을 수 없는 잘못으로 가득한 책임을 확신한다.

〈영국 편지-제25신 ‘파스칼 씨의 〈팡세〉에 대하여’〉[28]

해설

❈ 볼테르가 가장 곤혹스러워 했던 존재가 B. 파스칼(B. Pascal, 1623~1662)이었다. 파스칼은 당시 프랑스에 강요되었던 ‘가톨릭 광신주의(狂信主義)’의 대표적인 존재이다.

하나의 신앙을 가짐은 진정 그 개인의 생각의 자유일 것이나, 그것이 ‘배타주의’ ‘광신주의(Fanaticism)’로 운용이 될 경우, 폭력과 전쟁으로 직결됨을 우리는

---

28) 볼테르(정순철 역), <철학서한>, 한국출판사, 1982, p. 192 ; Voltaire(Translated by L. Tancock), *Letters on England*, Penguin Books, 1980, p. 120 ‘Letter 25, On the *Pensee* of Pascal’.

'헤겔(G. W. F. Hegel)'과 '토인비(A. J. Toynbee)'에서 확인할 수 있다.

어찌 소위 '지성인'이라는 사람이, 폭력 전쟁에 논리를 부여하는 어처구니없는 '망동(妄動)'을 행하는지를 우리는 헤겔의 〈세계 역사철학 강의〉와 토인비의 〈역사연구(A study of history)〉에서 똑바로 보아야 한다. (참조, ※ ⑦-19. 헤겔과 프리드리히 2세 - 〈세계 역사철학 강의〉, ※ ⑬-2. G. W. F. 헤겔의 '절대주의' '여호와주의')

⑦-16. 얼뜨기 형이상학자 - 라이프니츠

（캉디드의 '총살' 선택) 요구가 받아들여졌다. 그들은 눈가리개를 하고 꿇어앉게 하였다. 바로 그 순간에 불가리아 왕이 지나가다가 죄수의 죄목을 물었다. 그런데 왕은 재능이 있는 사람이었다. 캉디드가 했던 말로 미루어 캉디드는 '세상 물정을 모르는 완전한 얼뜨기 형이상학자(a young metaphysician utterly ignorant about the things of this world)'라는 것을 알고 캉디드를 관대히 사면하였다. 이러한 왕의 자비로운 은덕은 모든 신문을 통해 알려지고 두고두고 칭송을 받을 것이다. 캉디드는 훌륭한 외과의의 치료를 받았다. 디오스코리테스(Dioscorides, 희랍 명의)가 처방한 신통한 약 덕택에 3주 만에 어느 정도 피부가 아물고 걸을 수도 있게 되었다. 그 무렵 불가리아 왕은 아바르족(Abars) 왕과 전쟁을 개시하였다.

〈캉디드 - '제2장, 불가리아 군영(軍營)'〉[29]

해설

＊볼테르는 그의 '생활'과 '체질' '기질'로 소설을 썼다. 볼테르가 믿은 것은 '기도(祈禱)로의 치료'가 아니라, '외과 의사'의 치료이고 라이프니츠 '신정론'은 한 마디로 '세상 물정을 모르는 완전한 얼뜨기 형이상학자(a young metaphysician utterly ignorant about the things of this world)' 이론이다.

볼테르의 '자유 의지'를 명시한 소설 〈캉디드〉는 결코 어려운 소설이 아니다. 그런데도 기존 '전체주의' '관념주의' 시각(라이프니츠 시각)에서 보면 볼테르

---

29) 볼테르(이봉지 역), <캉디드 혹은 낙관주의>, 열린책들, 2009, pp. 17~18 '제2장, 불가리아 군영(軍營)' ; Voltaire(Translated by D. Gordon), *Candide*, Beford/St.Martin's, 1999, p. 45 'Chapter 2, among the Bulgars'.

의 정체(正體)를 파악하기가 힘들다. 왜냐하면 볼테르(캉디드)나 라이프니츠(팡글로스 박사)나 기본적으로 모두 '낙천주의(생의 긍정)'에 있다.

G. 라이프니츠는 '신(神) 중심 사고' '전체주의(군주 중심) 사고'임에 대해, 볼테르는 '인간 중심 사고' '개인(시민) 중심 사고'의 혁명 정신 속에 있었다.

그리고 라이프니츠는 '신(神, Jehovah) 결정권'에의 복종 속에 '낙천주의'임에 대해, 볼테르는 '인간 긍정' '이성(理性) 긍정' 속에서의 낙천주의이다.

볼테르는 위에서 라이프니츠를 '얼뜨기 형이상학자(무식한 관념주의자)'로 규정하였다. 그 라이프니츠의 '독단론'을 변용한 '체계 중심 철학' 이론을 편 I. 칸트를, F. 니체는 '칸트가 백치가 되었다.(Kant became an idiot.)'[30]라고 조롱하였다. (참조, ※ ⑬-1. I. 칸트—개신교도의 관념주의, 전체주의)

⑦-17. '외교 혁명'의 시작—베르사유 협정(1755. 5. 1)

볼테르가 62세가 되던 1756년 5월 1일, 프랑스와 오스트리아 사이에, '베르사유 협정(The Treaty of Versailles)'이 체결되었다. 협정은 다음과 같이 설명이 되고 있다.

W. A. G. 코니츠(Wenzel Anton Graf Kaunitz, 1711~1794)[31]

왕비 퐁파두르 부인의 중요성은, 1755년 탁월한 오스트리아 외교관 코니츠(Wenzel Anton Graf Kaunitz, 1711~1794)가 베르사유 조약을 이끌 중재자로 퐁파두르 부인의 참석을 요청할 정도였다. 그것은 프랑스가 그 원수(怨讐)였던 오스트리아와 동맹(同盟)을 하는, '외교 혁명의 시작(the

30) F. Nietzsche (translated by T. Common), *The Works of Friedrich Nietzsche, V. Ⅲ, The Antichrist*, T. Fisher Unwin, 1899, p. 252.

31) Wikipedia, 'Wenzel Anton Graf Kaunitz'.

beginning of the Diplomatic Revolution)'이었다.

〈'퐁파두르 부인'〉32)

해설
* 볼테르는 '천체 물리학적 세계관' '경험적 의학적 인생관' '자연법적 사회관' 3대 사상을 펼쳤고, 거기에 '경제중심' '상업중심' '소통중심'의 현대적 사상을 병행하였다. (참조, ※ ⑩-12. 알파벳을 개발한 페니키아 사람들)
사실 인간 사회에서 '의사소통'처럼 소중한 것이 없다. '대화를 해야 한다.' '서로의 뜻을 알아야 한다.' 이것이 기본이다. 그렇게 해서 서로가 같은 '형제'임을 알아야 하고 함께 일을 도모할 수 있어야 한다.
볼테르의 '과학주의' '시민 중심의 개인주의' '기존 인간'이 모두 인정하고 있는 사항이었으나, 기존 '전체주의' '국왕중심' '관념주의' '일방주의'가 완고하게 버티고 있는 상황에서 상호 이해의 통로조차 차단을 당하고 있었다. (볼테르 주요 서적이 프랑스에서 '소각-燒却'이 명령된 상태임)
그러나 '진실'은 감출 수가 없어서, 200년이 지난 오늘날에는 볼테르의 생각이 전 '지구촌 경영'의 중핵 사상으로 이미 그 자리를 잡았다.

⑦-18. '전쟁', '인간 죄악과 모독의 현장'

이튿날, 평화조약이 체결될 것 같다는 소문이 퍼지자 페르시아 장군과 인도의 장군은 앞 다투어 전투를 시작했다. 전장(戰場)은 피로 참혹하게 물들었고, 바부크(Babouc)는 전쟁으로 말미암은 '모든 죄와 모든 모독(every crime and every abomination)'을 거기서 보았다. 그는 역시 지방 장관들의 술책도 직접 목격했다. 그들은 가능한 수단을 다하여 군대 지휘관을 전투로 몰아넣었기 때문이다. 바부크(Babouc)는 장교들이 자기 부하 병사에게 죽음을 당하는 것과, 숨이 다 넘어가게 생긴 동료에게서 피투성이에 갈가리 찢긴 누더기 옷을 벗겨내려고 병사들이 자기 동료의 숨통을 끊는 것도 보았다. 바부크(Babouc)가 병원으로 들어가자 부상병들이 옮겨져 들어오고 있었다. 다친 병사를 치료하라며 페르시아 왕이 의사들에게 막대한 돈을 지불하고 있었지만, 정작 중요한 의사들의 매정하기 짝이 없는 그

---

32) Wikipedia, 'Mme de Pompadour'.

게으름 탓에, 부상병 대부분은 당장에라도 숨을 거둘 것만 같았다.

"이것이 과연 인간이란 말인가! 맹수(猛獸)가 틀림없어, 아아, 페르세폴리스는 곧 파괴될 운명임이 확실해!" 바부크(Babouc)는 절규했다.

줄곧 그런 생각을 하면서 인도군 야영지로 들렸다. 거기에서도 예언이 있었던 대로 페르시아 군 야영지를 방문했을 때와 마찬가지로 환영을 받았다. 그러나 바부크가 거기서 본 것도 극악무도의 극치였다. 그것은 바부크가 지금까지 직접 보고 공포에 휩싸였던 것과 조금도 다를 바가 없었다.

바부크는 혼자 말을 하였다.

"천사 이튀리엘이 페르시아 인을 아주 멸종시킬 작정이라면 인도의 천사 역시 인도인을 멸망시켜야 해!"

〈세상 돌아가는 대로〉[33]

해설

＊ 볼테르는 '인간 생명 운영'에 필수 불가결하게 항상 그 작용을 멈추지 않은 것이 '이성(理性)의 선택 의지'이고 거기에 제1의 문제점으로 '전쟁'을 지적하였다.

사실 '전쟁'이 '인간의 모든 성취'를 무(無)로 만드는 가장 흉악한 강도행위임을 1916년 취리히 '다다 혁명 운동' 이전에 볼테르처럼 강조했던 사람은 없었다.

볼테르의 '전쟁 반대'는 그가 처음 〈영국 편지〉(1734년 40세)를 쓸 때부터 명시되어 평생 지속이 되었던 그의 지성의 결집이다.

거기에 역시 볼테르의 '생명 존중 사상'이 모두 함축이 되었고, 그것에 어긋나 있는 것은 그 잘못을 뿌리까지 남김없이 들춰내었다. (참조, ＊ ⑦-6. 전쟁에 반대하는 퀘이커 교도, ＊ ⑨-32. '정의(正義)'란 이름으로 행해진 강도(强盜)짓 : 전쟁, ＊ ⑨-35. '정의(正義)' 이름으로 행해진 약탈 전쟁)

---

33) 볼테르(고원 역), <캉디드 철학 콩트>, 동서문화사, 2013, pp. 39~40 '세상 돌아가는 대로' ; Voltaire, *The Best Known Works of Voltaire*, The Book League, 1940, p. 242 'The World as it goes'.

⑦-19. 헤겔(Hegel)과 프리드리히 2세 -〈세계 역사철학 강의〉

G. W. F. 헤겔(Georg Wilhelm Friedrich Hegel, 1770~1831)은 1822년부터 1831년 까지 베를린 대학에서 '세계 역사철학 강의(Lectures on the Philosophy of World History)'를 하였는데 그것을 정리해 책으로 묶은 것이 〈세계 역사철학 강의〉이 다. 그러므로 헤겔의 〈세계 역사철학 강의〉는 그의 평생 철학의 요약이고, 가장 구체적인 '학자'로서 그의 모습이다.

그런데 헤겔은 불행하게도 과거의 유인의 '여호와주의' 자신의 개념 (Self-Conception)'으로 수용하여, 그것을 '도식주의(dogmatism)'의 '변증법(辨證 法, dialectic)'으로 변용하여 '절대이성' '절대의지'를 자신의 주장으로 바꾸어 '개신교 게르만 종족주의'를 강요하였다.

그것은 사실상 '제국주의(Imperialism) 현실정치'에 '주관적 관념주의(여호와 주의)'를 잘못 혼동한 것으로, 헤겔의 주관적 '절대주의(absolutism)'가 프러시아 에 제공한 것은 '절대 권력의 독재 정부 옹호'에 '헛된 종족 우월주의'뿐이었다.

그러므로 헤겔의 절대주의는 과거 '불행한 유대인 역사의 멍에'를 터무니없 이 '프러시아 게르만'에 적용 강요한 것으로 헤겔이 그 '게르만족'에 제공한 것은 '터무니없는 독재자 옹호(국왕이 바로 여호와 정신 실천자임)'에 근거도 없는 '배타주의' '종족우월주의'였다. (참조, ＊ ⑩-25. 특권을 요구해 온 유대인 들)

그러나 프로테스탄트 교회는 그 뒤에 자기 교회에 속하는 국가의 하나의 유럽 독립의 한 세력으로 대두함으로써 그 완전한 정치적 보장을 받게 된다. 이 세력은 프로테스탄트 주의와 더불어 새로이 일어날 필연성을 가진 것이었다. 프러시아(30 년 전쟁의 결과 독립의 지위를 획득한 브란덴브르크 侯 호엔츨레른 家)가 곧 그것이다. 프러시아는 17세기 종반이 되면서 세계사 무대에 등장하는데, 프리드리 히 대왕은 프러시아 건설자는 아닐지언정 그 확립자이며 안정의 기초를 얻은 인물을 얻음으로써 7년 전쟁(1756~1763)이라는 이 같은 독립과 안정에 의한 전쟁을 발견하게 되었던 것이다. 프리드리히 2세는 혼자 힘으로 거의 유럽의 전체 세력인 주요 동맹국(특히 오스트리아, 프랑스, 러시아)에 대항해서 그 위력을 세계에 과시했다. 그는 신교(新敎)의 영웅으로서 출현했는데, 그것도 구스타프 아돌프와 같이 단순한 개인으로서가 아니라 한 국가의 국왕으로서였다. 물론

7년 전쟁은 그 자체는 종교 전쟁은 아니었지만 그 결과로 보면 명백히 그러한 성격을 가졌으며 그 병사들의 정신 자세나 각국의 감정 면으로 말하더라도 역시 종교전쟁이었다. 법왕[교황]은 장군 다운(Daun, 1705~1766)의 검(劍)에 무운을 비는 의식을 행해 주었고, 연합군의 첫째 목적은 프로테스탄트 교회의 옹호자인 프러시아 국가의 분쇄에 있었던 것이다. 그러나 프리드리히 대왕은 단순히 프러시아를 프로테스탄트의 한 세력으로 유럽 열강에 올려놓았을 뿐만 아니라 한편 그는 철학적인 국왕이기도 했다. 이 점은 근세에 있어서 참으로 특이하며 전례가 없는 현상이었다. 영국의 역대 왕은 절대주의 원리를 위해 싸우는 빈틈없는 (관념적인) 신학자였지만, 프리드리히 대왕은 반대로 프로테스탄트의 원리를 세속에서 포착한 것이었다. 그는 종교상의 행정을 꺼려 어느 쪽 견해에 대해서도 찬부(贊否)를 표시하지 않았으나, 정신의 궁극적인 깊이이며 사유의 자각적인 힘인 보편성에 대한 의식은 확고히 지니고 있었다.

〈역사철학〉[34]

프리드리히 2세(Friedrich II, 1712~1786), 로스바흐 전투

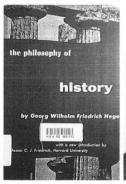

〈역사철학〉(영역본, 표지), 헤겔(Hegel, 1770~1831)

---

34) 헤겔 (김병옥 역), 역사철학, 대양서적, 1975, pp. 547~548 ; G. W. F. Hegel(translated by J. Sibree), The Philosophy of History, Dover Publications, 1956, pp. 437~438.

해설

* 볼테르는 헤겔에 앞서 '게르만 민족주의'를 불편하게 생각했고, 게르만 교회의 극심한 과장을 폭로하였다. (참조, ※ ⑩-13. '스키타이'가 '계몽의 러시아'가 되었다. ※ ⑨-54. 허구(虛構)의 교회사(教會史))

그런데 볼테르 사망(1778) 44년 뒤(1822)에 헤겔은 〈세계 역사철학 강의〉를 실행하여 '자연 상태의 인간'을 하나의 정립으로 전제하고, 이에 대해 '절대신(絕對神)' 지향을 그에 대한 반명제로 삼았다. 그리고 그 '여호와주의'로 헤겔은 서양이 동양과 구분되는 기준으로 생각하였다.

조금 부연을 하면 헤겔은 '절대신(絕對神, Jehovah)'을 '자신 개념(Self-conception)'[35]으로 수용하였는데, 그것은 '신의 이성과 지배력 통솔력을 다 갖춘 온전한 통치자 자신[메시아]' '여호와'로서의 자신(Self-conception)이다.

그러면 볼테르의 관점과 헤겔의 차이는 무엇인가? 볼테르는 '자연을 탐구한 과학자로서의 이성' 강조로 과학도로서의 '이성(Reason)'의 강조이고, 개인 각자(인류 전체)의 '자유 의지(Free Will, Will of Choice)' 확장으로서의 자연스럽고 보편적인 것이었다.

이에 대해 헤겔의 '절대이성'이란 '여호와 정신'을 '자신의 개념[메시아]'을 수용하는 이성이니, 헤겔의 '절대의지'란 '정의(正義) 도덕(道德)'을 궁행해야 할 '절대의지' '여호와주의' '메시아 정신에의 동참'이다.

볼테르의 '이성'은 상식적 현상으로 각자 자신의 생명 옹호에 필수적인 '선택 의지'를 발동하는 것을 지칭하는데, 헤겔의 '절대이성'은 유일신 여호와를 알고 영접하여 그에 복종해야 한다는 것으로 '상식적 생명 현실'을 초월한 헤겔 특유의 '여호와주의'에 변용된 개념이다. ['염세주의' '허무주의'가 그 기본 전제임]

거듭 요약하면 볼테르의 '정의(正義) 도덕(道德)' 문제는 인간의 태생의 '보편적 정신(이성)'이고 노력을 경주해야 할 부분은 '인류 공통의 복지향한 과학적 탐구'이고 '행복'이 전제되었다. 이에 대해 헤겔의 '절대 이성' '절대의지'는 '프러시아 전 국민'에게 '개신교 사제(司祭) 정신의 수립'이 그 '절대 목표'임을 강조하였다. [G. W. F. 헤겔은 "진정으로 독립한 의식은 노예 의식이다. (The truth of the independent consciousness is accordingly the consciousness of the

---

35) <신약> '요한' 10장 38절, 'the father is in me, and I in the Father'.

bondsman.)"36)라는 '노예도덕(Slave morality-F. Nietzsche)'의 전제 위에서 그 ('현실 부정'의) '엉터리 변증법'을 펼치고 있다.]

그리고 위의 헤겔의 진술에서도 확인할 수 있듯이, 볼테르는 '7년 전쟁'을 '제국주의자의 세력 쟁탈전'으로 알고 있음에 대해, 헤겔은 '가톨릭 횡포'에 대항한 '개신교 황제 승리 전쟁' '종교전쟁'으로 해석하였다는 사실이다. 이 점이 바로 계속 그 '여호와주의' 관념주의 고집 속에 '역사현실'을 왜곡(歪曲)했던 헤겔의 '관념주의 현장 공개'이다.

한마디로 헤겔은 '관념주의' '도식주의' '여호와주의'에 빠져 '과학주의' '현실주의' '생명 존중'에는 취미가 없고, 오직 그 '배타주의' '특권주의' '여호와주의' '호전주의'에 자신의 주관적 취향을 보였다. [그것은 '헤겔의 개인적 취미'였다.]

과학적인 차원에서 결코 수용할 수 없는 '헤겔이 행한 4대 거짓말'은, (1) 자신의 개념(Self-Conception, 主觀主義, 메시아주의), (2) 변증법(圖式主義), (3) 종교 성전(聖戰)을 수행한 프리드리히 2세(제국주의 전쟁 옹호), (4) 게르만 종족 우월주의(기독교 千年王國 변용) 네 개 항목이다. (참조, ※ ⑬-2. G. W. F. 헤겔의 '절대주의' '여호와주의') [G. W. F. 헤겔은 "나폴레옹이 1806년 10월 14일 예나 교외 고원에서 '예나 전투(the Battle of Jena)'를 치르고 프러시아 군을 생포할 적에 〈정신현상학(the Phenomenology of Spirit)〉'에 마지막 손질을 하고 있었다." 그런데 헤겔은 그 나폴레옹을 보고 감탄하여 그 친구에게 보낸 편지에서 "나는 그 황제-'세계정신(world-soul)'이 도시를 순찰하는 것을 보았네. 단순한 하나의 점, 말을 타고 세계를 정복하여 주인이 된 한 개인을 본다는 것은 정말 장관(壯觀)이었네. 이 놀라운 개인을 보고 감탄하지 않을 수 없었네.(I saw the Emperor-this world-soul-riding out of the city on reconnaissance. It is indeed a wonderful sensation to see such an individual, who, concentrated here at a single point, astride a horse, reaches out over the world and masters it ⋯ this extraordinary man, whom it is impossible not to admire.)"37)라고 자신의 심정(心情)을 전했던 것은, 헤겔의 '정신(자신의 개념, Self-conception)'이 발동되는 구체적인

---

36) G. W. F. Hegel(translated by J. B. Baillie), *The Phenomenology of Mind*, The Macmillan Company, 1949, p. 237 'Ⅳ. The Truth Which Conscious Certainty of Self Realizes' -'Independence and Dependence of Self-consciousness : Lordship and Bondage'.

37) Wikipedia 'G. W. F. Hegel'-'Hegel sees the "world spirit on horseback", Napoleon'.

현장을 고백한 말로 가장 주목을 요한다. 즉 단순한 한 사람의 '살육(殺戮)의 제국주의자'를 그 '절대정신 현현(顯現)'으로 착각한 헤겔의 그 '정신' 적용 현장을 폭로한 것이니 그 '방법'은 다시 〈세계 역사철학 강의〉에서는 프리드리히 2세에게도 소급 발동 적용되게 되었기 때문이다.('전쟁 승리자'는 모두 세계정신 소유자임) 그러기에 헤겔은 '전쟁 옹호자' '독재 옹호자' '광신주의자'라는 말을 피할 수 없는 것이다.]

이 헤겔의 '절대주의' '민족주의' 주장에 정면으로 반박한 존재가 바로 F. 니체였다. 니체는 말하였다.

독일인은 문화의 과정과 가치를 파악할 수 있는 '거시적 안목(breadth of vision)'을 완전히 상실했을 뿐만 아니라, 독일인은 정치적-종교적 괴뢰들(political-Church puppets)로서 바로 '거시적 안목'을 사실상 금지해버렸다. 독일인이 우선이고, 그는(개인은) 그 종족 내에 있어야 한다. 그리고는 모든 가치와 그 역사상 결핍된 가치관을 통과해야 한다. 그래야만 그들 사이에 둘 수 있다. … 독일인이어야 한다는 것 그 자체가 주장(argument)이고, '독일, 무엇보다 독일(Germany, Germany above all)'이 원칙이 되어 있다. 독일인이 역사상 '세계 도덕 질서(moral order of the universe)'를 대표하고, 독일인이 로마제국에 비교할 만한 자유를 누리고 있고, '지상 명령(Categorical Imperative)'의 소지자들이다.[38]

독일 사람들은 독일 철학이 기독교 피로 더럽혀졌다고 하면 금방 이해를 할 것이다. 개신교 목사가 독일 철학의 할아버지이고, 개신교가 독일 철학의 원죄이다.[39]

반대, 탈선, 즐거운 불신, 모순의 사랑은 건강(健康)함의 표지이고, 모든 절대적인 것은 병든 것들이다.[40]

이익과 약탈의 이름으로 전쟁이라는 해적(海賊)의 깃발을 든 프러시아인을

---

38) F. Nietzsche (translated by A. M. Ludovici), *ECCE HOMO-Nietzsche's Autobiography*, The Macmillan Company, 1911, pp. 123~126.

39) F. Nietzsche (translated by T. Common), *The Works of Friedrich Nietzsche, V. Ⅲ, The Antichrist*, T. Fisher Unwin, 1899, p. 250.

40) F. Nietzsche (translated by T. Common), *Beyond Good and Evil*, The Edinburgh Press, 1907, p. 98.

나는 항상 경멸하였고, 독일인보다 훌륭한 유대인을 향해 흡혈 폭도를 채찍질하는 내 매부(妹夫, 푀르스터) 같은 독일인은 내 경멸(輕蔑)의 바닥이다. 그렇다, 나는 반복하노라. 독일인은 내게 소화불량을 일으킨다. 더 이상 독일인이 나를 방문하면 나는 나의 성전(聖殿)에서 걷어차 낼 것이다.[41]

한 마디로 F. 니체는 J. 로크의 '경험주의 철학'을 신봉하고 볼테르의 '자유의지'를 더욱 상세하게 설명하여 과거 '관념 철학'을 벗고 '실존주의'를 펼친 볼테르의 온전한 후신(後身)이었다.

⑦-20. '세계사=강대국의 지배사'-토인비의 〈역사 연구〉

토인비(A.J. Toynbee, 1889~1975)의 〈역사 연구(A Study of History)〉(1934~1961)는 상당히 방대한 분량을 가지고 있으나, 한마디로 '신(神, Jehovah) 중심' '전쟁 긍정' '종족주의'를 감추지 못한 졸렬(拙劣)한 기술(記述)로, 헤겔의 〈세계 역사철학 강의〉에서 편 '게르만 민족중심주의' 사관(史觀)을 '앵글로색슨(Anglo-Saxon) 중심주의' '사관'으로 바꾼 그 이상의 의미는 없다. [모두 '전쟁 최고주의'임]

> 근대 서구에서 '정치적 힘의 균형(political Balance of Power)'은, 더욱 넓은 지역으로 확대되는 경향이 있을 뿐만 아니라 '역사적 순환 리듬'을 보인다는 측면에서 더욱 최근의 동시대의 근대 산업 경제와 유사하다. 전쟁과 평화의 교대는, 경제적 번영 불황의 정치적 동반자이다.(Alternating phases of war and peace were the political counterparts of alternating phases of economic prosperity and depression) …
> 예를 들어 미국은 군사적 정치적 유년기에 영국의 해군력이 프랑스의 해군력에 의해 일시적으로 무력화된 덕분에 1775~1783년에 북아메리카 전쟁에서 독립을 쟁취할 수 있었고, 이어서 나폴레옹이 문서상으로 스페인에 강요하여 프랑스에 할양하게 한 대서양 서쪽 영토를 맡은 것을 가능하게 한 1792~1815년의 전쟁에 있어서, 영국의 해군력이 프랑스 해군력을 압도했기 때문에 루이지에나 구입을 통해 미시시피 유역을 확보함으로써 내륙을 서부로 확대할 수 있었다. 또한 라틴 아메리카의 여러 공화국은, 1823년 12월 2일 몬로 대통령(President Monroe)의

---

41) F. Nietzsche(translated by Oscar Levy), *My Sister and I*, A M O K Books, 1990, p. 154.

'몬로 독트린 선언'의 배후에 영국의 해군력으로 영국 미국이 연합한 결과로 유럽 대륙의 힘의 불신으로 독립할 수 있었다. 즉 그것은 스페인령 아메리카 제국(帝國)이, 무력과 '신성 동맹의 영향력(the Powers of the Holy Alliance)'으로 스페인 지배에 다시 수립되지 못하도록 스페인 왕권에 대한 반란을 확실하게 해주는 것이었다. 몬로 독트린은 아메리카 사회가 어떠한 유럽의 힘의 통제 하에 드는 것을 허용하지 않는 독립권의 수호이고 선언이었다. 그리고 당시 서구의 국제관계 조직 속의 강국은 모두 유럽에 있었기 때문에 몬로주의는 어떠한 강국도 남북 아메리카에서 스페인 제국을 분할하여 이익을 올리는 것을 용납하지 않는다고 선언한 것과 같은 것이었다. 미국은 서구 무력 외교의 유럽투기장(the European cockpit of Western power politics)에서 강국 역할을 할 힘이 아직 없었고, 또 그렇게 할 의사도 없었으므로 열강은 1803년 프랑스로부터 미국의 루이지에나 구입을 묵인했다. 열강은 또 아메리카에 있어서 스페인 지배 붕괴로 만들어진 정치적 진공에 열강의 개입을 1823년 미국이 거부하는 것을 용인하였고, 1846~7년 스페인 제국의 지역적 계승국인 멕시코 침략전에 승리 후 미국이 텍사스에서 캘리포니아에 이르는 스페인령 북변(北邊)을 미국에 합병하는 것을 묵인하였다.

서구 역사에서 아메리카에 대해서 이렇게 처음 수립된 원칙은, 1792~1815년 대전 직후에 '동방(東方) 문제'가 서구 외교의 낡은 실로 짜여 있을 때 근동(近東)과 중동(中東)에 즉시 적용되었다. 오토만 제국(Ottoman Empire)의 분열은 스페인 제국의 분열과 마찬가지로 열강의 경쟁적인 자기 확대를 노리고, 오토만 먹이에 덤벼든다면 평화 유지에 위험한 정치적 진공을 만들어 낼 수 있었다. 그리고 현존하는 균형 교란의 위험은 전쟁보다도 과격하지 않은 수단으로는 대항할 수 없었기 때문에 그것은 명백히 선언되지 않았다고 해서 효력이 없지는 않았던 몬로주의에 합의된 근동판을 설치함으로써 신중히 유지되었다.

이 암묵의 근대 몬로주의 효력의 정도는 한편으로는 1815년 이후와 다른 한편으로 그 이전에 오토만 제국이 잃은 영역에 적용된다. 1815년과 1918년의 최종 대패 동안 오토만 제국의 영토 상실은, 1683년 오토만의 역전(逆轉)과 1792~1815년 전쟁에서의 상실보다 훨씬 컸다.

〈역사 연구, XI 역사 속에서의 법칙과 자유, c. 문명사 속에 '자연 법칙'1. 지역 국가 간의 생존 경쟁〉42)

---

42) A. J. 토인비, 역사 연구(11권), 홍은출판사, 1973, pp. 37, 43~45 ; A. J. Toynbee, *A Study of History*, Oxford University Press, 1973, Volume XI, pp. 234, 240~241.

몬로 대통령(1758~1831), 오토만 제국(1299~1922), 토인비(A. J. Toynbee, 1889~1975)

해설

토인비(A. J. Toynbee)는 그의 〈역사 연구〉에서 '전쟁 긍정' '기독교 중심' '강대국 중심'의 세계사를 서술하였다.

위의 서술은 〈역사 연구〉 '제11장 역사 속에서의 법칙과 자유(XI Law and Freedom in History)' '지역 국가 간의 생존 경쟁(Struggles for Existence between Parochial States)'이란 토인비의 서술로, 영국 프랑스 '백년 전쟁(1337~1453)' 이후 프랑스 국력이 쇠퇴하고, 영국이 '미국 식민지'를 상실하고, 유럽에서 '나폴레옹 전쟁'을 치르고, 스페인이 아메리카 식민지를 포기해야 했던 경위, 그 후 오토만 제국이 망했던 경과를 약술한 것이다.

그러한 전쟁은 그 중심부에 '대영제국(大英帝國)'이 있었는데, 토인비는 제목을 '지역 국가 간의 생존 경쟁(地域 國家間 生存競爭)'이란 명칭으로, 영국의 호전주의(好戰主義)를 은폐하고 있다.

이 토인비를 헤겔의 경우와 비교해 볼 때, 토인비는 헤겔의 '명분 위주(절대 자유, 하나님을 향한 자유추구)'로 자신의 〈세계 역사철학 강의〉를 엮었음에 대해, 토인비는 '전쟁'이 '생존경쟁(實利爭奪, 利權 전쟁)'이라 털어놓았다.

즉 헤겔은 '제국주의 세력 확보 전쟁'을 '종교 전쟁'으로 해석하여 〈세계 역사철학 강의〉를 서술했음에 대해, A. 토인비는 '실존을 위한 투쟁(살기 위한 투쟁, 이권 전쟁)'으로 실토(實吐)를 하였다. 그러한 측면에서 A. 토인비는 당초 볼테르의 〈역사철학〉의 기본 전제 '전쟁은 약탈이 목표다.'를 비로소 인정을 한 셈이다. (참조, ＊ ⑩-27. 로마는 원래 강도(强盜) 집단이었다.)

그러했음에도 A. 토인비는, 위에서 볼 수 있듯이, '전쟁과 평화의 교대는, 경제적 번영 불황의 정치적 동반자이다.(Alternating phases of war and peace were the political counterparts of alternating phases of economic prosperity and depression)'라고 전제하였다.

이게 무슨 말인가? 헤겔이 그 '변증법'이라는 도식주의로 '게르만족'과 '유럽인' '인류'를 속이려 했음에 대해, A. 토인비는 '전쟁 평화 순환론', '불황호황 순환론'의 새로운 '도식주의'를 들고 나왔다. 더욱 쉽게 말하여 '영국(강대국)이 불황'에 빠지면 '전쟁 가능성'이 자연 높아진다는 이론이다. 볼테르의 말을 빌리면 '역대 강도질 행각'의 '도식주의' 역사철학이라고 해야 할 것이다. (참조, ※ ⑨-32. '정의(正義)'란 이름으로 행해진 강도(强盜)짓 : 전쟁, ※ ⑨-35. '정의(正義)' 이름으로 행해진 약탈 전쟁)

토인비의 '역사관'은, '힘의 경쟁의 역사' '경제 이익추구 역사' '강대국 중심 역사' '패권(覇權)주의 역사'이다.

그런데도 A. 토인비는, '기독교'와 '교회'를 정신적 의지로 명시하는 것으로 〈역사 연구〉를 마쳤으니, 역시 헤겔의 '개신교 중심주의' '게르만 중심주의'를 A. 토인비는 '기독교 중심' '세계 교회'로 그 모양새를 바꾸었다. ['여호와주의' 반복]

제8장

생명과 자유를 명시한 '목적 문학'

    '인간의 생명(生命)과 자유(自由)'에 무관한 글쓰기가 얼마나 비효율적이고 인간 지력(知力)을 공전(空轉)시키는 낭비 사기(詐欺)인가를 볼테르는 태어나 처음 글쓰기를 시작할 때부터 체득(體得)을 하고 있었다.

    즉 '현실적 목적(Actual Purpose)'이 결여된 문학(사실 구체적으로 살피면 그러한 문학예술은 地上에 없음)은, 작가 자신이나 수용자 공통 관심사인 '생명과 자유'라는 기본 쟁점을 뽑아 던져버리라는 행위로, 인생에 무엇이 '진정한 의미'인지에 눈을 감고 있으라는 그 제도권(制度權) 속의 우민화(愚民化) 정책이었다.[1](그 대부분 앞잡이는 '기존 體制'의 阿附 寄生하는 文人들이었음.)

    그러한 측면에서 불행히도 척박(瘠薄)한 한국의 문화사에서는 '생명과 자유 의지'에 무관한 그저 막연한 '예술성', '기법(技法)', '무목적(無目的)의 문학(예술 −I. 칸트의 관념론적 예술론 등)' '말 잘하기 기량(器量) 뽐내기'를 지금껏 반복해 왔으니, 이제 크게 맹성(猛省)들을 해야 할 때이다.

    너무나 당연한 대의(大義)를 망각한 '잔재주(技法)의 권장'으로는, 결코 '사회 개선 혁명'의 '명작' '대작(大作)'은 당초부터 기대도 할 수 없다. [이미 '표현의 자유'로 공인이 되어 있음]

    그러한 측면에서 볼테르처럼 신속(迅速)하고 솔직한 교사(敎師)는 없다.

    이에 그 요점을 화급히 수용하여, 기존의 오하아몽(吳下阿蒙−지난날의 어리

---

1) 여기에서 '현실적 목적(Actual Purpose)'이란 플라톤이 <국가>에서 말한 '전체주의 국가주의 관념주의 철학자의 나팔수(喇叭手)'로서의 문예가 아니라, **'각개인의 판단과 생명 체험에 기초한 신선한 합리적 정보의 제공'으로서의 '목적 문예'**이다.

석음)의 한계를 벗어나야 할 것이다.

⑧-1. '사회 속에 선(善)'이 진정한 선이다.

　　왜 '이웃에 유용한 것'만을 덕(德, Virtues)이라 할 수 있는가? 우리는 사회 속에 살고 있다. 그렇기에 사회 속의 선(善)이 진정한 선이다(The true good is what is good for society.). 은둔자는 소박 경건할 것이나, 고행대(苦行帶, a hair-shirt)를 착용한다. 그는 확실한 성자(聖者)이지만, 다른 사람들도 그 혜택을 입을 수 있는 덕행(德行)을 행했을 때 유덕자라 할 수 있다. 홀로 있는 한, 그는 선인도 악인도 아니다. 말하자면 그는 사회에 없는 존재이다. 여러 종파에 평화를 베풀고, 빈곤을 구한 성 브르노(Bruno)는 덕이 있는 사람이었지만, 고독 속에 단식하고 기도했던 성자였다. 인간 사이에 선행은 덕행(德行)의 교환(交換)이다. 이 교환에 전혀 참가하지 않는 사람은 얘깃거리도 못 된다. 성자도 속세(the world)에 있으면 선을 행할 것이다. 그러나 속세를 떠나 있으면, 세상에 유덕자 이름은 주지 않을 것이다. 그는 자기 자신에게 유익할지는 몰라도 우리 세속인에게는 소용이 없다.

〈철학사전 - '덕'〉[2]

해설

　* 볼테르는 '선(善, Good)'의 개념을 F. 니체처럼 자세히 따져 제시하지는 않았다. 그러나 볼테르는 이미 추상적 '관념주의'를 부정하고 '생명 존중' '실존주의'를 표준으로 '선(善, Good)'을 논하고 있으니, 아무도 그 '기준'에서 벗어날 수가 없다.

　한마디로 볼테르의 '선(善, Good)'은 사람들 생활 생명 경영에 '이로움'을 주는 것이다. 그러한 측면에서 볼테르의 '선' 논의는 한국의 실학자(實學者)들과 유사하다. (참조, ＊ ⑨-17. 과학자가 이상(理想)이다.)

　그리고 '인류를 위한 정보'는 상호 공유를 통해 그 '생명의 자유'는 확대됨으로 '선(善)의 공유'를 통해 달성됨을 볼테르는 그 '지구촌(地球村)' 전제에서 강조한 최초의 위인(偉人)이다.

---

2) 볼테르(정순철 역), <철학사전>, 한국출판사, 1982, p. 305 '덕' ; Voltaire(Translated by T. Besterman), *The Philosophical Dictionary*, Penguin Books, 2004, p. 399 'Virtue'.

즉 볼테르의 '전쟁 반대' '배타주의 반대' '독점 반대'는 그 '인도주의' 전제의 기본 개념인데, 볼테르는 그런 소중한 개념도 홀로 주관적으로 소유한 것은 선함이 없고 '사회 공유'가 필요하다고 역설하고 있다. 그러한 볼테르 구체적인 '선구적 각성'은 1916년 취리히 '다다 혁명 운동'으로 그대로 계승되었다.

⑧-2. 인지(人脂)로 양초(洋燭) 만들기

내가 크롬웰 시대 영국사(英國史)에서 보았던 기담(奇談, anecdotes)이다.

더블린(Dublin)의 양초 가게 여주인이 영국인의 기름으로 만든 고급 양초를 팔고 있었다. 언젠가 하루는 단골손님 한 사람이 주인에게 양초의 질이 나빠졌다고 불평을 했더니, 그녀는 대답했다.

'그럴 수밖에요, 이번 달에는 영국인이 부족했기 때문입니다.'

나는 묻고 싶다. '<u>영국인을 죽인 패거리들과 그 기름으로 양초를 만들었던 여자와 어느 쪽이 더 죄가 무거운가.</u>'고.

〈철학사전 – '식인자(食人者)'〉[3]

해설

* 볼테르는 J. 로크와 마찬가지인 '경험적 의학적 인생관'을 지고 있었다. 그리고 기계공학적 '육체관'을 수립해 있다고 밝혔다. (참조, * ⑨-11. 인체와 기계(機械))

볼테르는 우리 인간이 인간을 어떻게 잘못 대해 왔는가, 그리고 왜 그렇게 지독하게 바뀌었는가를 자세히 고찰하였다.

위에서 볼테르는 '인지(人脂)로 양초 만들기'의 흉악한 일화를 소개했지만, 볼테르의 관심은 '죄인 불태워 죽이기' '사람 제물(祭物) 바치기' '적군(敵軍)을 잡아먹기' 등 상상을 초월한 인간 혐오의 현장을 공개하였다. (참조, * ⑥-1. 광신(狂信)의 현장(現場), * ⑩-11. 선악을 구분 못했던 고대 사제(司祭)들, * ⑨-34. 노예를 먹어치운 정복자)

---

3) 볼테르(정순철 역), <철학사전>, 한국출판사, 1982, p. 237 '식인자(食人者)' ; Voltaire(Translated by T. Besterman), *The Philosophical Dictionary*, Penguin Books, 2004, p. 40 'Cannibals'.

볼테르는 모든 선입견을 버리고 '인간 생명'에 최고의 가치 기준을 두었다. 위의 예화(例話) 마지막에 볼테르가 추가했던 질문-'영국인을 죽인 패거리들과 그 기름으로 양초를 만들었던 여자와 어느 쪽이 더 죄가 무거운가.'에 대답은 물론 '시체 모독(冒瀆)'보다는 그 이전 '살인(殺人) 행위'가 세상에서 가장 무거운 범죄 행위란 말이다.

볼테르는 '막연한 관념주의' '여호와 중심주의'(空理空論)에서 탈피하여 '생명 존중'에서 모든 학문은 출발하고, 거기로 돌아와야 학문-'과학주의' '실존주의'로의 귀환을 강조하고 있다. (참조, ※ ②-14. 인류 '종족(種族) 보존'의 중요성, ※ ③-7. 인간이 막아야 할 인간의 불행, ※ ⑤-27. 인류는 형제다. ※ ⑨-49. '생명'은 무엇보다 소중하다. ※ ⑩-1. 역사(歷史) 서술의 초점은, 종족(種族)의 번성(蕃盛) 여부이다.)

여기에 바로 F. 니체의 '실존철학'과, 1916년 '취리히 다다 혁명 운동'의 시원(始源)이 있었다.

⑧-3. '인간 도살(屠殺)'의 셰익스피어 극

프랑스가 아직 야외무대밖에 없을 적에, 영국과 스페인은 극장을 가지고 있었다. 영국인의 코르네이유(P. Corneille, 1606~1684)라고 소문이 난 셰익스피어는, 대략 로페 데 베이커 (Lope de Vega, 1562~1635)시대에 전성(全盛)하였다. 셰익스피어는 연극을 창조하였다. 그는 천성적으로 충분한 역량과 충분한 창작력을 가지고 있었으며, 또한 자유 활달함과 숭고함에 넘쳐 있었으나, 좋은 취미라고는 조금도 없었으며 극장상의 규칙도 모르고 있었다. …

당신도 아는 바와 같이 정말로 눈물이 나오게 하는 작품인 〈베니스의 무어인(오셀로)〉에서 남편은 아내를 무대 위에서 목을 졸려 죽이며, 그리고 그 가엾은 아내가 목졸려 죽을 때 이렇게 자기가 죽은 것은 정말로 부당하다고 절규를 하는 대목이다. 〈햄릿〉 속에서는 무덤을 파는 인부가 묘혈을 파며, 술을 마시고 유행가를 부르며 파낸 해골을 보고 그야말로 그런 직업을 가진 인간만이 말할 듯한 농담을 당신도 알고 있을 것이다.

〈영국 편지-'제18신, 비극에 대하여'〉[4]

---

4) 볼테르(정순철 역), <철학서한>, 한국출판사, 1982, pp. 155~156 ; Voltaire(Translated

해설

* 볼테르는 쉽게, '작품 속의 주인공'과 작가 자신을 항상 동일하게 묶어 해설을 하고 있다. 그렇기에 볼테르는 작품에서는 '기존 역사'를 배경으로 삼은 경우 이외에는, '살인 장면'이 제시되었다가도 그 사람이 역시 어딘가에 살아남아 있는 그런 방법을 사용하였다. (작품 속에서도 '불살(不殺)의 기준'을 둠)

그런데 셰익스피어가 오직 '관객의 인기(人氣)'만을 의식하여, '인명을 경시(輕視)'하고, '시체를 모독'하는 장면들을 삽입하였다.

이에 대해 볼테르는 자신의 '생존 존중' 대경대법(大經大法)으로 '위대하다는 셰익스피어'를 '좋은 취미(생명 존중의 취향)가 없다.'고 가차(假借)없이 비판하였다.

이 볼테르의 '생명 존중' 정신은 그대로 다다이스트 제임스 조이스(James Joyce, 1882~1941)의 '셰익스피어 비판'으로 계속되었다.

사치스럽고 썩어있는 도살(屠殺)의 과장(誇張)(Sumptuous and stagnant exaggeration of murder), 로버트 그린(Robert Greene, 1558~1592)은 셰익스피어를 영혼의 살인자라고 불렀습니다. 셰익스피어가 썰매 같은 도끼를 휘

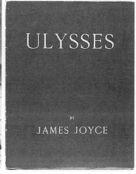

제임스 조이스(James Joyce, 1882~1941), '율리시스(Ulysses, 1922)'

두르며 침을 뱉은 백정(白丁)의 자식임엔 틀림없는 사실입니다. 아홉 개의 생명이 그(햄릿)의 아버지 단 하나의 생명 때문에 박살을 당합니다. 연옥(煉獄)에 있는 우리들의 아버지 말이요. 카키(Khaki) 복의 햄릿 같은 자들이 [사람 잡는] 총 쏘기를 지금도 주저하지 않습니다. [〈햄릿〉] 제5막의 피비린내 나는 도살장(The bloodboltered shambles in act five)은 스윈번 씨가 노래한 [보어전쟁] 강제수용소의 예고편(a forecast of the concentration camp)이었습니다.[5]

by L. Tancock), *Letters on England*, Penguin Books, 1980, p. 59 'Letter 18, On Tragedy'.

⑧-4. 박해(迫害)를 견디는 문인들

세상 속에 여기저기 흩어져 있는 소수의 사려 깊은 사람들에게 가장 유익한 문인이란 고독한 식자(識者)이며 자기의 서재에 들어앉은 진정한 식자이다. 대학의 장의자(長椅子)에 걸터앉아 토론하거나 아카데미에서 설익은 지식을 늘어놓지 않는다. 그런데도 그들 대다수는 박해를 받았다. 기존한 길을 걷는 사람들은, 새로운 길을 가리키는 사람들을 향해 돌팔매 짓을 한다. 비참한 인류는 이런 식으로 만들어졌다.

몽테스키외(Montesquieu, 1685~1755)는, '스키티아 인(Skythians)은 노예가 버터를 굳히면서 한 눈을 팔지 못하도록 눈을 파내었다.'고 말하고 있다. 종교 재판(the practice of the inquisition)을 하는 경우가 그것이고, 괴물이 통치하는 나라들에서는 거의 모든 사람이 장님이다. 영국에서는 모든 사람이 두 눈을 백년 이상 뜨고 살아왔는데, 프랑스인은 한 눈을 뜨기 시작했으나, 가끔 한 쪽 눈마저 부인(否認)하려는 관리들이 있다.

〈철학사전-'문학, 문필가'〉6)

몽테스키외(Montesquieu, 1685~ 1755), 스키티아 지방

해설

* 볼테르의 기록에 자기 체험이 제외된 진술은 없다.

볼테르처럼 생전(生前)과 사후(死後)에 그 평가가 대립되어 있는 문인도 세계

5) H. W. Gabler(edited by), *James Joyce Ulysses*, Vintage Books, 1986, p. 154 ; 김종건 역, <새로 읽는 율리시스>, 생각의나무, 2007, p. 369 : D. Gifford, *Ulysses Annotated*, University of California Press, 1988, pp. 201, 202.
6) 볼테르(정순철 역), <철학사전>, 한국출판사, 1982, p. 279 '문학, 문필가' ; Voltaire(Translated by T. Besterman), *The Philosophical Dictionary*, Penguin Books, 2004, p. 273 'Literature and writer'.

문학 철학 사상 없을 정도이다. 왜 그러했는가? 개혁과 혁명에 대한 의욕이 그에게 넘쳐흘렀고 '타협(妥協)을 거부(拒否)'했기 때문이다.

볼테르가 살았던 프랑스 '루이 15세 시대'는 중세의 종교적 악몽(낭트 칙령 철회 시대)이 계속되던 시절이다. 볼테르는 그 시대를 '영국에서는 모든 사람이 두 눈을 백년 이상 뜨고 살아왔는데, 프랑스인은 한 눈을 뜨기 시작했으나, 가끔 한쪽 눈마저 부인하려는 관리들이 있다.'라고 규탄하고 있다.

이 〈철학사전〉(1764, 70세)을 지은 10년 뒤에 '미국 독립 혁명'이 있었고, 25년 뒤에 '프랑스 혁명'이 있었다. 그것은 볼테르와 아무리 무관한 일이라고 우겨도 볼테르처럼 그 사실을 먼저 알아 환영하고 기다리던 사람은 세계에 어느 누구도 없었다. (참조, ＊ ④-19. 자유의 펜실베이니아)

⑧-5. 우자(愚者)의 심판이 문인의 최고 불행

'문인(文人)'의 최대 불행은 동료의 질투의 표적되거나 권세가의 천대를 받는 것이 아니라 우자(愚者)의 심판을 받는 것(to be judged by fools)이다. 우자들(fools)은 지나친 짓을 한다. 무능에 광신주의, 복수심이 더할 때 더욱 그렇다. 보통 혼자 서 있는 문인의 경우가 가장 큰 불행이다. '부르주아(돈 있는 시민)'는 보잘 것 없는 관리에게라도 걸고 동료의 지지를 얻을 수도 있다. 부르주아가 부당하게 희생이 될 경우 그는 보호자를 얻는다. 그러나 '문인'은 도울 사람이 없다. '문인'은 날치(a flying fish)와 비슷하다. 조금만 날아도 새들에게 먹히고 잠수를 하면 다른 물고기에 먹힌다.

날치(a flying fish)

〈철학사전-'문학, 문필가'〉[7]

---

7) 볼테르(정순철 역), <철학사전>, 한국출판사, 1982, p. 280 '문학, 문필가'；
Voltaire(Translated by T. Besterman), *The Philosophical Dictionary*, Penguin Books, 2004, p. 275 'Literature and writer'.

해설

* 볼테르는 부친의 유산과 효과적인 재산관리로 평생 '돈' 때문에 방해를
받은 적은 없는 것으로 보이는 '행운의 철학자 문인'이었다.

그러나 이미 볼테르 당대에 문인(文人)이 얼마나 생활에 곤핍(困乏)을 겪고
있었는지를 볼테르는 한눈에 다 볼 수 있었다.

볼테르는 '허약한 문인들의 신세'를 '날치(a flying fish)'에 비유하여 탄식하고
있다. 세상의 '현실적 힘'은 '무력(武力)'에 있었는데, 철학자들은 그들 지배에
'논리를 제공'하고 힘을 함께 누렸고, 문예인은 그들에게 고용이 되어 그들의
기호(嗜好)에 아부하며 생활하는 것(어용 문인, 어용 화가 등)을 자랑으로 뻐기었다.

영국의 셰익스피어가 대표적인 '어용 문인'이었다. 한국에 '용비어천가(龍飛
御天歌)'를 제작했던 사람도 어용 작가들임은 물론이다. 중국의 '조조(曹操)'에게
정통(正統)을 주어 역사를 기술했던 진수(陳壽), 사마광(司馬光) 등 기존 모든
문인들 예술가들이 그 '어용(御用)'을 벗고 살 수 없었다.

그런데 희랍의 '비극 시인' 이래 볼테르는, 그러한 '절대신' '절대주의' '국가
주의'가 세상을 뒤덮고 있던 '암흑의 천지'에서, '인간 생명 중심' '시민 중심'
'개인주의' '합리주의' '자유 의지' '선택 의지'라는 횃불을 각자에게 돌려
준 세기의 혁명가였다. (참조, * ⑨-13. '자유 의지'는 '선택 의지'다. * ⑪-18.
본능, 이성(理性), 힘, 자유 의지)

⑧-6. 두꺼비와 악마와 철학자의 '미(美)'

두꺼비에게 '미' '위
대한 미' '토 카론(to
kalon, 아름다운 것)'에
대해 물어 보라. 두꺼비
는 자그마한 머리에 툭
튀어나온 두 개의 눈알,

두꺼비, 기니 어린이들

넓적하고 큰 입, 누런 배, 갈색 등을 지닌 암 두꺼비라고 할 것이다. 기니아(Guinea)의
흑인에게 물으면, 새까만 기름진 살갗에 푹 파인 두 눈, 두리뭉실 사자코 여인이라
할 것이다.

악마에게 물어보면 아름다운 것은 두 개의 뿔과 네 개의 손톱과 한 개의 꼬리라 답할 것이다. 끝으로 철학자에게 물어보면 횡설수설 알 수 없는 말을 할 것이나, 철학자에게 아름다운 것은 '아름다운 것의 본질적 원형 – 토 카론(the archetype of the beautiful in essence to the to kalon)'에 일치하는 그 무엇에 필요한 것이라 할 것이다.

〈철학사전 – '미(美)'〉[8]

해설

＊ 볼테르는 '미(美, beauty)'를 바로 그 '생물학 기준'으로 들어갔다는 점은 무엇보다 주목할 사항이다. 이것이 바로 I. 칸트의 〈판단력비판〉에서 행해보인 '미의 논의'와는 차원이 다른 '생명의 미', '현실적인 미' 그것이다.

볼테르는 기존 관념주의의 포기를 주장하며, 자연과학의 기초 위에 사상의 혁명을 추구한 사람이다. 아니다 '사상 혁명'이 아니라 '생활의 혁명' '생조건(사회 환경)의 혁명' '현실 혁명'을 추구한 현실주의자였다.

볼테르의 '미(美, Beautiful, beauty)'에 대한 설명이 바로 그러한 볼테르 성향을 극명하게 보여 주고 있다.

볼테르는 '이론(관념)'을 무시하고 항상 '현실 생명'을 기준으로 하였다.

누구나 할 것 없이, 어렵고 난해하게 만든 것을 뽐내는 사람은 '속임수'를 보이려는 거짓말쟁이 수법이다.

플라톤이 그러하였고, 칸트 헤겔 토인비가 그러하였다.

'그러한 거짓'을 처음으로 볼테르가 조롱하였다. (참조, ＊ ③-21. 몽상(夢想)의 플라톤, ＊ ③-17. 도덕은 의무(義務)이다. ＊ ⑨-24. 과학이 없는 스피노자, ＊ ③-25. 데카르트의 성공과 무식함)

이어 F. 니체도 역대 관념철학자를 '소크라테스는 염세주의자다.'[9] '플라톤은 겸손한 괴물이다.'[10] '우리를 웃기는 칸트의 쇼'[11] '목사가 독일 철학의

---

8) 볼테르(정순철 역), <철학사전>, 한국출판사, 1982, p. 244 '미(美)' ; Voltaire(Translated by T. Besterman), The Philosophical Dictionary, Penguin Books, 2004, p. 63 'Beautiful, beauty'.

9) F. Nietzsche(Translated by T. Comman), The Joyful Wisdom, The Macmillan Company, 1924, p. 270.

10) F. Nietzsche(Translated by T. Comman), The Joyful Wisdom, Ibid, pp. 291~93.

11) F. Nietzsche (translated by T. Common), Beyond Good and Evil, The Edinburgh Press, 1907, p. 10.

아버지이고, 개신교가 철학의 원죄(原罪)다.'12)라고 비판하였다.

⑧-7. '아름다움'이라는 관념들의 차이들

어느 날 나는, 한 사람의 철학자와 나란히 앉아서 비극(悲劇)을 구경하고 있었다.
철학자가 말했다.
'정말로 아름답습니다.'
내가 물었다.
'무엇이 아름답습니까?'
철학자가 말했다.
'작가가 자기의 목적(his goal)을 달성한 점입니다.'
그 다음 날 철학자가 복용한 약이 효과가 나타나서 나는 말했다.
'약이 목적 달성을 했습니다. 아름다운 약이군요.'
철학자는 약을 아름답다고 할 수 없음과 어떤 사물이건 아름다움이란 말을
부여하면 그 사물이 '감탄과 환희(admiration and pleasure)'의 정(情)을 일으켜야
한다는 것을 이해했다. 그래서 비극이 두 가지 감정을 그에게 불러 일으켰으며,
자기 마음에 일어났던 감탄과 환희야 말로 아름다운 것이라는 점에 동의했다.
〈철학사전 – '미(美)'〉13)

해설
* 중국에서 '미(美)'는 '구운 양고기(羊＋火)'이고, 선(善)은 '구운 양고기를
먹음(羊＋火＋口)'으로 풀이될 수 있다.
볼테르의 경우, '미(beauty)'를 추상적인 개념에 따른 것이 아니고, 구체적인
자기 체험 '감탄 환희'에 두고 있다.
'미(美, Beautiful, beauty)'를 정의할 필요 없이 실천하고 창조하면 그만이다.
세상의 모든 일이 '현실적 효과'에 초점을 두면 그만이지 '쓸데없는 공리공론
지양(止揚)'을 볼테르는 평생 강조하였다.

---

12) F. Nietzsche (translated by T. Common), *The Works of Friedrich Nietzsche, V. Ⅲ, The Antichrist,*
T. Fisher Unwin, 1899, p. 250.
13) 볼테르(정순철 역), <철학사전>, 한국출판사, 1982, p. 245 '미(美)' ; Voltaire(Translated
by T. Besterman), *The Philosophical Dictionary,* Penguin Books, 2004, p. 64 'Beautiful, beauty'.

'문학예술 작품'도 창조하여 느끼고 알고 만족하면 그만이고 그 밖의 시비는 있어도 없어도 무방하다. (참조, ＊ ⑨-4. 사람마다 그 관심은 서로 다르다. ＊ ⑨-27. 사람들은 사상(思想)의 결론으로 행동하지는 않는다.)

⑧-8. 아름다움의 다양성

우리는 영국으로 여행을 떠났다. 그곳에서 같은 연극이 번역 상연되고 있었으나, 관객은 모두 하품을 하고 있었다.
철학자는 말했다.
'아름다움(의 기준)에서 영국 사람과 프랑스인이 다르군요.'
철학자는 반성을 거듭한 끝에 일본(日本)에서 '고상하다(is decent)'는 것이 로마에 서는 '무례한 것(is indecent)'이 되고, 파리에서 유행한 것이 북경(北京)에서 유행하지 않는 것과 같이, 아름다운 것은 명백히 상대적인 것이라는 결론을 내렸다. 그래서 그는 아름다운 것에 대해 긴 논문을 쓰려했던 것을 포기하였다.

〈철학사전-'미(美)'〉[14]

해설
＊ 혹시 문학예술의 '이론(理論)'이나 '창작 기법(技法)'을 익혀, '작품 창작'을 하려는 사람은 크게 '방법 상' 잘못되었다.
공리공론에서는 얻을 것이 없다.
그러면 어떻게 할 것인가? 감동이 깊은 작품과 꼭 같은 그런 작품을 그냥 (모방해)제작해 보는 것이 가장 빠른 길이라고 모든 '대가(大家)'들은 말을 하고 있다.
'관객 중심' '호응도'는 셰익스피어나 볼테르도 항상 성공했던 것은 아니라는 점을 명심해야 한다.
특히 1916년 '다다 혁명 운동' 이후의 예술은 모두 '관객'을 무시하고 예술 작가의 '전쟁 반대' '전통 부정' '미래 사회 이상' '현실 극복 의지'를 담았다는 사실은 반드시 기억해야 한다. (참조, ＊ ⑬-11. M. 에른스트-'전쟁', '국가주의'

---

14) 볼테르(정순철 역), <철학사전>, 한국출판사, 1982, p. 245 '미(美)' ; Voltaire(Translated by T. Besterman), *The Philosophical Dictionary*, Penguin Books, 2004, p. 64 'Beautiful, beauty'.

반대, ※ ⑬-12. R. 휠젠벡-'관념보다 입을 바지가 중요하다.' ※ ⑬-13. T. 짜라-'다다는 생명이고, 생명이 다다다.' ※ ⑬-14. A. 브르통-'생명'과 '자유' 그것이 으뜸이다. ※ ⑬-15. R. 마그리트-내 자신이 바로 그 '제국주의자'이다. ※ ⑬-16. S. 달리-'핵전쟁 문제'를 생각해보라.)

⑧-9. '합리적 열정'이 시인의 특성이다.

'열정(Enthusiasm)'은 그야말로 술(wine)과 흡사하다. 그것은 혈관에 많은 소란을 일으키고 신경에 심한 진동을 주기 때문에 '이성(Reason)'은 작동을 못한다. 그러나 열정은 뇌를 한결 활발하게 하는 가벼운 동요(動搖)만을 제공하는 경우도 있다. 열정은 위대한 웅변이나, 숭고한 시 창작에 발동된다. 합리적 열정은, 위대한 시인의 특징이다.(Rational enthusiasm is the attribute of great poets.) 이 합리적 열정이 그들 예술의 완벽성이다. 일찍이 이 합리적 열정이 시인들이 신의 영감을 받고 다른 예술가들 작품에는 없는 것이라는 신앙으로 이끌었다.

어떻게 이성이 열정을 통어(通御)하게 할 수 있을까. 시인의 자기 그림 초안의 소묘를 행한다. 다음에 붓을 드는 것은 이성이다. 그러나 시인이 작중 인물에 생기를 주고 그들에게 정념을 부여하려면 상상력에 불이 붙고 열정이 지배하게 된다. 그것은 자기 코스를 정신없이 달리는 경마(競馬)와 같은 것이다.

〈철학사전-'열정'〉15)

해설

* 볼테르는 사상가, 과학자이면서 역시 극작가이고 소설 작품을 다수 남겼다. 그러므로 위의 진술은 역시 자신의 체험을 기초로 말한 것이다.

볼테르는 위에서 '이성(Reason)' '열정(Enthusiasm)', '기수(騎手)' '말[馬]'의 비유를 행했지만, 이 두 가지 문제는 단지 시 창작의 문제가 아니고 모든 인간의 행동에 공통으로 작용하는 것이다. 볼테르 자신도 다른 곳에서 '이성'과 '감정'을 분리해 논하고 있다. 단지 감정이 격렬해지는 경우를 '열정'이라

---

15) 볼테르(정순철 역), <철학사전>, 한국출판사, 1982, pp. 255~256 '열정(熱情)' ; Voltaire(Translated by T. Besterman), *The Philosophical Dictionary*, Penguin Books, 2004, p. 188 'Enthusiasm'.

규정했지만, 평정한 상태에서도 '감정'은 감정으로 역시 존재한다.

그런데 볼테르는 '감정'을 '장기(臟器)'와 연관 지었다. (참조, ※ ②-15. 장기(臟器)와 관련된 인간의 감정(感情)) '경험철학' 지지자로서 감각(感覺)을 소중하게 생각했다. (참조, ※ ③-13. '감각(感覺)'의 소중한 역할)

그렇다면 인간의 육체를 통해서 발동된 '이성(理性)' '감정(감정, 열정)'이 궁극적으로 남게 되는데 볼테르는 그것을 도식화(圖式化) 하지 않았지만 그 두 가지 속성에 모든 정신적 문제가 생긴다는 것을 먼저 확인하고 있다. (참조, ※ ⑨-38. '욕망'의 그 반대편에 '도덕'이 있다. ※ ⑪-18. 본능, 이성(理性), 힘, 자유 의지) 볼테르는 '광신주의'와 '이성(理性)'을 대비하여 이성의 발동을 강조하기도 하였다. (참조 ※ ⑥-30. 철학(理性)으로 치료해야 할 광신주의)

볼테르의 '감정'에 대한 관심은 이후 F. 니체를 거쳐 S. 프로이트, C. G. 융을 거쳐 정신분석의 중요한 새 영역이 되었다.

즉 볼테르 이전의 철학자는 '육체' '감정'은 억압의 대상으로 생각을 했는데, 볼테르부터 '감정(감각)'의 중요성에 관심을 보이기 시작했다. (참조, ※ ②-18. 육체 속에 있는 영혼, ※ ③-13. '감각(感覺)'의 소중한 역할)

볼테르는 '열정'이 시인을 만드는 요소이지만 그것은 '이성의 통제 속에 있는 열정'이라 규정하였다.

F. 니체는 '이성(理性)도 본능(本能)에 종속된다.'[16] '정념(情念)은, 정신의 정상(頂上)에 있다.(The degree and nature of a man's sensuality extends to the highest altitudes of his spirit.)'[17]고 선언하였다.

F. 니체는 '본능' '감정' 중심의 새로운 인생관을 펼쳐 '육체' 중심의 '실존주의(實存主義, Existentialism)' 철학 세계를 더욱 확실하게 하였다.

⑧-10. 국민의 권리와 이익을 옹호하는 문학가들

한때 프랑스에서는 국가의 주요한 사람들이 문학을 애호하고 있었다. 국왕의

---

16) F. Nietzsche(Translated by T. Comman), *The Joyful Wisdom*, The Macmillan Company, 1924, pp. 37~38.
17) F. Nietzsche(translated by T. Common), *Beyond Good and Evil*, The Edinburgh Press, 1907, p. 87.

은전으로 방탕, 시시한 취미, 중상에 대한 열정이 성행했음에도 문학에 대한 취향이 대단했다.

현재는 궁정인이 전연 다른 취향을 보이고 있는 것으로 생각된다. 왕이 한 번 원하기만 하면, 국민은 바라는 대로 되기 때문에 금방 유행을 탈 수 있다.

영국에는 프랑스에서보다 국민들이 규칙에 따라 생각하고, 문학을 존중하고 있다. 영국의 장점은 그 정치 형태에서 오는 자연스런 결과이다. 런던에는 대중 앞에 연설하고 국민의 이익을 옹호할 권리를 가지고 있는 사람이 약 8백 명 정도 있다. 약 5~6천 명이 같은 영예를 열망하고 있다. 그 이외에 국민은 자기들 스스로 이들의 심판자라고 생각하며 있으며, 누구나 국가의 일에 대한 생각을 활자화 할 수 있다. 그래서 전 국민이 공부하지 않을 수 없다. 귀에 들리는 것은 아테네 로마 정치 이야기이니, 싫든 좋든 그것을 이야기하는 저자의 글을 읽어봐야 한다. 이런 연구가 자연 문학으로 이끌고 있다. 전반적으로 인간은 그들의 직업에 대해 지적 능력을 가지고 있다.

〈영국 편지 - '제20신 문학을 애호하는 귀족에 대하여'〉[18]

해설

* 볼테르가 〈영국 편지〉를 지을 때까지는 그에게 '종족(민족)주의' 같은 문제는 아직 제기되지 않았다. 볼테르는 오직 순수하게 '영국의 의회(議會) 민주주의'에 감탄하고 있었을 뿐이다.

볼테르가 문학이 '국민 권익'을 지켜야 한다는 것은 영국에서 보고 배운 것이지만 일반적으로 문학예술이 '인간의 권익'과 무관한 것은, 그만큼 '명작(名作)' '대작(大作)'이 될 기회를 상실하게 된다.

볼테르는 위에서도 '국왕 중심의 프랑스'와 '국민 중심의 영국'을 비교하여 볼테르의 '시민 중심의 사상'을 거듭 명시하였다. 그것은 '지향'이 아니라 볼테르의 '천성(天性)'이다.

---

18) 볼테르(정순철 역), <철학서한>, 한국출판사, 1982, p. 166 ; Voltaire(Translated by L. Tancock), *Letters on England*, Penguin Books, 1980, p. 101 'Letter 20, On Noble Lord Who Cultivate Literature'.

⑧-11. 허베이의 풍자(諷刺) 시

이탈리아 찾아가서/ 무엇을 보았는가?// 교만, 간사(奸邪), 가난에다/ 아첨이
넘쳐나니// 그 친절은 어디 갔나.// 짜증나는 의전(儀典) 행사/ 종교 재판 가관이라.//
비웃음이 절로 난다.// 영국에선 미친 짓이/ 자비로운 풍광(風光)에다// 풍요 산물
안기건만/ 사제(司祭)는 손 내밀어// 고마운 뜻 앗는구나.// 거룩하신 교황청에/
빈둥빈둥 노는 대감/ 보물(寶物) 신도(信徒) 어디 갔나.// 자유 앗긴 백성들은/ 항쇄족
쇄(項鎖足鎖) 순교자(殉敎者)라.// 시간 나면 기도하고/ 배고픈 단식 수행(修行)// 청빈
(淸貧) 맹세 다시 하네.// 아름다운 교황 축복/ 어디로 다 갔는고?// 백성들만 불쌍하니/
천국 지옥 여기로다.//

〈영국 편지 - '제20신 문학을 애호하는 귀족에 대하여'〉[19]

J. 허베이(John Hervey,
1696~1743)[20]

해설

　* 볼테르가 J. 허베이(John Hervey, 1696~1743)의 로마교회 비판 시를 인용한
것은 프랑스가 그 로마 교황청에 종속되어 '중세(中世)의 미망(迷妄)'을 청산하지
못하고 있기 때문이다. 그리고 당시 볼테르 자신에게 올 탄압 박해를 피해
보려는 뜻도 있다.

　그러나 당시 프랑스 사회에서는 볼테르의 이러한 행위를 '반국가적인 행위'
로 규정하여 볼테르의 〈영국 편지(철학적 서간)〉를 거두어 불사르게 했고,
'볼테르 체포 명령'이 발동이 되어 볼테르는 다시 도망을 가야 했다.

---

19) 볼테르(정순철 역), <철학서한>, 한국출판사, 1982, p. 167 ; Voltaire(Translated by L.
　　Tancock), *Letters on England*, Penguin Books, 1980, p. 102 'Letter 20, On Noble Lord Who
　　Cultivate Literature'.
20) 1728년 이탈리아 여행을 했던 영국의 남작 존 허베이(John Hervey, 1696~1743). 볼테르가
　　영국 체류 시에 가깝게 사귀었던 친구.

⑧-12. '작품'은 '감동'이 최고 기준이다.

'파리 사람들은 항상 웃는다는 게 정말입니까?'

(독일 베스트팔렌 출신) 캉디드가 묻자 이번에는 사제가 대답했다.

'네 맞습니다. 그렇지만 속으로는 화가 부글부글 끓고 있답니다. 여기서는 한바탕 웃음으로 불만을 표출하고, 심지어 가증스런 만행을 자행할 때도 웃음을 잃지 않는답니다.'

'그런데 <u>내가 펑펑 울 정도로 감동해 마지않았던 작품과 배우들에 대해 그렇게 혹평을 한 그 살찐 돼지 같은 작자는 누구입니까?</u>'

캉디드가 묻자 사제가 대답했다.

'<u>허접 쓰레기 같은 놈이지요. 모든 연극과 책에 대해서 험담을 하면서 먹고산답니다.</u> 고자(鼓子)가 성한 사람을 미워하듯이 그자는 성공한 사람이면 누구나 증오합니다. 문학계에 있어서 진흙과 독을 먹고 사는 일종의 독사(毒蛇)라고 할 수 있지요. 바로 신문 글쟁이랍니다.'

'신문 글쟁이가 뭡니까?'

캉디드가 묻자 사제가 대답했다.

'신문에 글 나부랭이를 쓰는 프레롱(E. Freron, 1719~1776) 같은 작자들이죠.'

〈캉디드-'제22장, 프랑스에서'〉21)

해설

* 문학과 예술 작품은 이론(理論) 사상(思想) 이전에 공감(共感) 감동(感動)이 최우선이다. 이 기준은 중국의 공자,22) 희랍의 아리스토텔레스부터 적용되어 불변의 공통 기준이다.23) 그것을 통해 대중들에 호소하고 박수를 받아낸 것이 모든 예술의 공통 특징이다.

그러나 철학자들은 다른 한편 문학과 예술을 통해 '사람들의 정서'를 한쪽으로 몰아가려는 '욕심'을 발동했으니, 그것은 철학자 플라톤의 '시인 추방'부터 생긴 '시인 길들이기' '국민 길들이기'였다.

---

21) 볼테르(이봉지 역), <캉디드 혹은 낙관주의>, 열린책들, 2009, pp. 129~130 '제22장, 프랑스에서' ; Voltaire(Translated by D. Gordon), *Candide*, Beford/St.Martin's, 1999, pp. 90~92 'Chapter 22, In France'.

22) 공자의 '음악(音樂)'에의 취향은 널리 알려져 있다.

23) 아리스토텔레스의 <시학>은 거의 명작 '오이디푸스 왕'에 대한 해설이다.

그러면 볼테르 '목적 문학론'은 어디로 갔는가? '생명'이 그 전제인 실존주의 과학주의가 전부이니, 그 속에 '문학 예술'이 모두 들었다. 그러므로 공감과 목적은 항상 그 생명과 함께 하고 있으니 다시 문제될 것이 없다.

그런데 플라톤 이래 그 '관념주의자'들은 '감각'을 굳이 무시하고 그것을 초월한 '이념' '여호와주의'에 마지막까지 매달렸으니, 그것이 관념주의자들이 목을 매달던 그 '절대목적'이다.

그런데 볼테르 이후 '실존주의자'는 '자신이 표준'이고 '육체가 표준'이고 '감각이 표준'이고 '이성이 표준' '과학이 표준'이 되었다. 그리하여 과거 '관념 철학자' '일방주의' '전체주의' '도덕 중심론'에서 완전히 탈피하여 '다원주의' '동시주의' '개인주의' '자유주의'에 있음을 그 특징으로 삼고 있다.

그러므로 볼테르의 '목적'은 '인간 생명'으로, '한 개념' '여호와주의' '도덕' '일방주의'와는 완전히 무관하다.

⑧-13. '작품 이론'을 떠나, '현실 생명'으로

좌중에 있던 어느 교양 있는 학자가 후작 부인의 의견에 동의하였다. 그래서 화제는 비극으로 옮겨갔다. 후작(侯爵) 부인의 질문은 왜 어떤 작품은 가끔 상연이 되는데도 불구하고 희곡으로는 읽을 수는 없는가 하는 것이었다. 그 교양 있는 사람은, 전혀 문학적 가치가 없는 작품이 어떻게 해서 관객의 흥미를 끌 수 있는지를 매우 잘 설명하였다. 그가 몇 마디 말로 증명해 보인 바에 의하면 관객의 흥미를 끄는 데는 소설에서 흔히 볼 수 있는 상황 한 두 개면 충분하지만 문학 작품이란 그런 것 이상이어야만 한다고 했다. 문학의 가치가 있으려면, 새롭되 괴상하지 않아야 하고, 항상 자연스럽지만 숭고해야 하고, 인간의 마음을 알아 그것을 잘 표현할 있어야 하며, 등장인물 중 어느 누구도 시인으로 알게 해서는 안 되며, 언어를 완벽하게 알아 순수한 언어를 구사하며, 조화롭게 표현하되 운율을 맞추느라 의미를 희생하지 말아야 한다고 강론했다. 그리고 나서 그는 이렇게 덧붙였다.

'이 법칙을 모두 지키지 못해도 어쩌면 극장에서 관객들의 환호를 받는 비극 작품을 한두 편 쓸 수 있을지는 몰라요. 그렇지만 그런 사람은 결코 좋은 작가의 반열에 들 수 없어요. 좋은 비극 작품은 정말 드물어요. 운율이 잘 맞고 잘 쓰인 대화체 전원시에 불과한 작품이 있는가 하면 졸음이 오도록 지루한 정치적 이론이거나, 반감을 불러일으키는 지나친 열변으로 점철된 것도 있어요. 또 어떤 것들은 조잡한 문체로 된 광신자의 헛소리거나 밑도 끝도 없는 넋두리, 혹은 사람에게 말할 줄 모르기 때문에 신이나 불러대는 호소문이거나 엉터리 격언이거나 진부한 예를 과장되게 늘어놓는 허장성세에 불과해요.'

이 이야기를 주의 깊게 듣고서 캉디드는 연사에 대해 매우 높게 평가했다. 후작 부인의 세심한 배려로 그녀 곁에 앉게 된 캉디드는 그녀의 귀에 대고 그렇게 말을 잘하는 그 사람이 누구인지 넌지시 물어보았다.

후작 부인이 말했다.

'그 사람은 학자인데 도박은 하지 않지만 가끔씩 사제가 저녁 식사에 데려오죠. 비극과 책에 정통한 사람이에요. 비극을 한 편 썼는데 관객에게 야유를 받았고, 책도 한 권 썼는데 출판사 밖으로는 단 한 권밖에 나가지 않았어요. 그 한 권은 바로 그 사람이 내게 바친 헌정본이었죠.'

캉디드가 말했다.

'위대한 사람이야! 또 한 명의 팡글로스 박사가 여기에 있군.'

〈캉디드 - '제22장, 프랑스에서'〉24)

'파리에서', '팡글로스 박사 상'25), 라이프니츠(1646~1716)26)

24) 볼테르(이봉지 역), <캉디드 혹은 낙관주의>, 열린책들, 2009, pp. 133~134 '제22장, 프랑스에서' ; Voltaire(Translated by D. Gordon), *Candide*, Beford/St.Martin's, 1999, p. 94 'Chapter 22, In France'.
25) G. R. Haven, *Voltaire Candide, Ou L'Otimisme,* Henry Holt and Company, 1954, p. 4-1 'Caricature of Pangloss'.
26) Wikipedia, 'Leibniz(1646~1716)'.

해설

　＊ 아리스토텔레스 〈시학〉을 포함해서 모든 문학과 예술 비평 해설서는 ‘문학’ ‘예술’로 가는 안내서일 뿐이고, ‘문학’ ‘예술’은 그 자체에 무슨 정체성이 따로 있는 것이 아니라 ‘인간 생명’에 상응해서만 비로소 의미를 갖게 됨으로 ‘공감은 얻은 작품’을 통해 논의될 수밖에 없다.

　위의 인용문에서 ‘문학 이론’을 전개한 사람을 일컬어 캉디드(볼테르)가 ‘또 한 명의 팡글로스 박사’라고 한 것은 가장 주목해야 한다. 볼테르(캉디드)는 실제적 현실적 ‘쓸모’를 전제하고 있는 ‘볼테르 철학’과 평생 지향을 명시하고 있는 말이다. 과거 ‘관념주의 철학’이 그들 나름의 체계를 자랑하고 있지만, 그것이 그 ‘명성’에 비해 너무 초라한 작용밖에 현실에 발휘를 못했다.

　‘이념’ ‘도덕’ ‘정의’를 그렇게 체계적으로 설명해도 그것을 가지고 ‘현실’에서는 대응하기란 턱도 없다는 점이다. 그래서 볼테르는 ‘경험주의 과학도’로서 그 잣대를 가지고 나선 ‘현실주의’ ‘실용주의자’이다. (참조, ＊ ②-3. 과학(경험 철학)이 제일이다. ＊ ⑥-28. 공리공론(空理空論)으로 만행(蠻行)을 일삼다. ＊ ⑨-24. 과학이 없는 스피노자)

⑧-14. 교육의 방향, ‘관념’이 아닌 ‘현실’로

　매우 부유한 여인이, 두 점성술사에게 결혼을 약속했다. 그리고 몇 달 동안 두 점성술사에게 가르침을 받은 끝에, 여인이 아기를 잉태하게 되었다. 두 점성술사는 서로 자기가 그녀와 결혼을 하겠다고 고집을 부렸다.

　‘두 분 중, 저로 하여금 제국(帝國)에 시민 하나를 바칠 수 있게 해 주실 분을 남편으로 맞겠어요.’

　여인의 말에 따라 그 중 한 명이 먼저 나서 말했다.

　‘그 훌륭한 과업을 이룰 사람은 바로 나요’

　그러자 다른 점성술사도지지 않았다.

　‘그 특권은 내가 가지고 있습니다.’

　여인이 말했다.

　‘좋아요, 저는 두 분 중 아이를 더 훌륭하게 가르칠 분을 아이 아버지로 인정하겠어요.’

드디어 그녀는 아들을 낳았다. 두 점설술사는 서로 자기가 아이를 기르겠다고 하였다. 결국 쟈디그에게 심판을 청하게 되었다.

쟈디그는 두 점성술사를 부른 다음 한 사람에게 먼저 물었다.

'당신의 아들에게 당신은 무엇을 가르칠 생각입니까?'

박학(博學)한 점설술사는 말했다.

'웅변의 여덟 가지 구성 요소와 변론술, 점성술, 악령 연구, 물질과 연속성, 추상과 구상, 모나드, 예정된 조화를 가르치렵니다.'

그러나 다른 점성술사는 완전히 딴판이었다.

'<u>저는 아이를 올바르고 바른 사람, 친구들과 사귈 자격이 있는 사람으로 만들려 노력하겠습니다.</u>'

쟈디그가 판결을 내렸다.

'당신이 아이의 실제 아비건 아니건, 아이 엄마와 혼인하시오.'

〈쟈디그-'제6장, 재상'〉27)

'쟈디그(Zadig)' 삽화28)

해설

* 볼테르(쟈디그)의 태도는 일관되어 있다. '공리공론(관념철학)을 버리고 생명 현실로 돌아가자.'이다.

인간 사회 개선 혁명 현실적 성취는 '교육'으로 달성되고 있다. 즉 무엇을 어떻게 가르치는가가 한 인간의 장래, 그 사회의 장래를 결정하는 요소이니 그 '교육의 의미'가 작을 수 없다. 가장 가까이는 그 '부모'가 가장 큰 교육자이고, 멀리는 인간 사회에 존재했던 위대한 사람들이 모두 '스승'으로 의미를 지니고

---

27) 볼테르(이형식 역), <쟈디그 또는 운명>, 펭귄클래식, 2001, pp. 37~38 '제6장, 재상' ; Voltaire(Translated by R. Pearson), *Candide and Other Stories*, Everyman's Library, 1991, pp. 132~133 'Chapter 6, The minister'.

28) R. Pomeau, *Voltaire*, Seuil, 1994.

있다.

그런데 그 학습할 대상은 너무 많은데 인간의 시간과 능력과 '기회'는 각자에게 충분하다고 할 수 없다. 그리고 어떤 것은 아주 요긴하나 어떤 것은 별 의미가 없는 정보도 서로 섞여 있다.

볼테르(샤디그)는 위에서 '올바르고 바른 사람 만들기'로 요약하였다. 볼테르는 이미 '자연법'을 말한 공자(孔子) 정신에 크게 기울어 있으니, '올바른 사람'이란 '인자(仁者)' '어진 사람'으로 교육해야 한다는 뜻이다.

볼테르는 유럽인(프랑스인)의 '속임수' '모략'에 넌덜머리를 앓고 있었다. (참조, ＊ ④-14. '법률 행정'의 근본 문제, ＊ ⑤-22. 속이지 않았던 현인(賢人), 공자(孔子), ＊ ⑤-34. 희망의 나라, 법(Law) 존중의 나라, ＊ ⑥-25. 정황(情況)도 살피지 않은 처벌(處罰))

⑧-15. 라틴어와 프랑스어

어떤 사람들은 라틴어 대신에 어설픈 프랑스어로 기도를 올리는 길 잃은 우리 형제들에게 너그러운 관용을 베푼다면, 그들의 손에 무기(武器)를 쥐어주는 결과가 될 거라고 주장한다. 그리하여 자르나크, 몽콩투르, 쿠트라, 드뢰 생 드니 등등의 전투와 같은 참화가 또다시 벌어지게 되리라는 것이다. 과연 그렇게 될지 나로서는 예언가가 아니니 모르겠다. 그러나 "이 사람들은 내가 악(惡)하게 대했을 때 무기를 들고 맞섰으니, 내가 그들을 선(善)하게 대할 때도 무기를 들고 맞설 것이다."라는 주장은 논리적이지 못하다.

〈관용론-'제4장, 관용이란 과연 위험한 것인지'〉[29]

해설

＊ 볼테르가 '종교적 권위주의'로 일관하는 '가톨릭 교부들'을 비판한 말이다. 학문을 하는 데에 언어의 장벽은 높다. 그것을 극복해야 비로소 정보(情報)에 접할 수 있다. 그러나 인간이 사용한 '언어' 자체가 우열(優劣)이 있을 수는

---

29) 볼테르(송기형·임미경 역), <관용론>, 한길사, 2001, p. 53 ; Voltaire(translated by B. Masters), The Calas Affair *A Treatise on Tolerance*, The Folio Society, 1994, p. 22 'Chapter 4, On Whether Tolerance can be Dangerous'.

없으나, 이미 다량의 '양질(良質)의 정보(名著)'를 보유하고 있는 언어는 존중될 수밖에 없다. 동양에서는 '한문(漢文)'이 그러하였고, 서구에서는 '라틴어(Latin)'가 그러하였다.

그런데 인간이 '계급 사회'를 운영하던 시절에는 사람들은 그것을 우선 '언어 사용 양상'으로 식별하고 통제하고 관리를 행하였다. 유럽의 지식인들은 '라틴어'를 중시하고 자국어(프랑스어 영어 등)는 평상인의 언어로 생각을 하였다.

루터(Martin Luther, 1483~1546)의 〈신약〉 독일어 번역, 볼테르의 불어로 글쓰기, 신라(新羅)의 설총(薛聰, 7c)의 '유교(儒敎) 경전(九經) 신라어 번역은, 고급 정보를 널리 전하는 소중한 '인류애'의 발동이었다.

설총(薛聰, 7세기), 루터(Martin Luther, 1483~1546)

그러나 F. 니체가 지적했듯이 **'인간의 차이는 언어상(言語上)의 차이'**[30]라고 할 정도이니 그 문제는 앞으로도 인간 각자가 (그 情報源이 다양 심화함으로) 계속 극복해야 할 영원한 숙제이다.

⑧-16. 감동을 무시한 '주제 중심' 비평

캉디드를 맞아 환대한 사람들 중에는 페리고르(Perigordian) 출신의 한 사제가 있었다. 도시에는 항상 이 사제처럼 모든 일에 열성적이고 항상 바쁘고 뻔뻔스럽게 알랑거리고 해결사 겸 마당발인 사람들이 있는 법이다. 그들은 타관 사람들이 오는 것을 기다리고 있다가 그들에게 접근하여 도시의 소문을 전해 주고, 온갖 종류의 쾌락을 제공해 준다. 사제는 먼저 캉디드와 마르틴을 극장으로 데려갔다. 그곳에서는 최신 비극 작품이 상연되고 있었다. 한 무리의 재사(才士)들 사이에 자리 잡은 캉디드는 감동적인 장면, 감동적인 연기가 나올 때마다 눈물을 흘렸다. 막간이 되자 그의 옆에 앉았던 사람이 그에게 말했다.

'그렇게 우는 것은 매우 잘못된 일입니다. 여배우는 형편없고, 상대 배우는

---

30) F. Nietzsche(translated by Oscar Levy), *My Sister and I*, A M O K Books, 1990, p. 133.

더 형편없고, 작품은 배우들보다 더욱더 형편이 없어요. 작가는 아랍어를 한마디도 몰라요. 그런데 작품 배경은 아라비아라니까요. 게다가 그 사람은 타고난 이념 (innate ideas, 라이프니츠, 데카르트 生得 이론)을 믿지 않아요. 그에 대한 악평은 내일 스무 개라도 갖다 드리겠습니다.'

〈캉디드 ─ '제22장, 프랑스에서'〉[31]

해설

* '모든 인간의 표현'은 말하는 그 주체와 무관한 표현은 없고, 역시 '볼테르 말'도 모두 그 자신의 문제와 관련이 되어 있다.

볼테르는 평생 '편견' '고집' '이론'으로 무장한 '관념주의자'를 조롱하였다. 모든 것을 하나로 관철을 시키려는 '보수주의 철학도의 약점'의 소유자 '페리고 르(Perigordian) 출신의 한 사제(司祭)'를 볼테르는 위에서 그 예로 들었다.

어떤 작품에의 생기는 '감동'은, 자연스런 '인간의 천성(天性)'의 교감에 의한 것이니, 볼테르는 '자연(自然)의 이치'를 최고로 전제하였다. (참조, ※ ⑪-9. '자연(自然) 법칙'에서 벗어날 수는 없다. ※ ⑪-13. 자연법(自然法, Natural Law)이 최고다.)

이에 F. 니체는 '자연주의(실존주의)는 건강하다.'[32]고 가르쳤다.

⑧-17. 무상(無常)한 남녀 관계 ─ 토성인(土星人)

우리 두 철학자가 꽤 많은 수학 도구를 가지고 토성 대기권으로 진행할 준비가 되었을 때 토성인 철학자의 애인이 그 소식을 듣고 와 눈물을 흘리며 훈계했다. 660투아즈밖에 안 되는 작고 예쁘장한 갈색 머리 여자였는데, 그 작은 키에 많은 장식을 하고 있었다.

'아 무정해요' 그녀는 소리쳤다.

'당신의 구애(求愛)를 1천 5백 년 동안 버티다가 마침내 수용해서 겨우 1백년이

---

31) 볼테르(이봉지 역), <캉디드 혹은 낙관주의>, 열린책들, 2009, pp. 126~127 '제22장, 프랑스에서' ; Voltaire(Translated by D. Gordon), *Candide*, Beford/St.Martin's, 1999, pp. 90~91 'Chapter 22, In France'.

32) F. Nietzsche(Translated by D. F. Ferrer), *Twilight of the Idols*, Daniel Fidel Ferrer, 2013, pp. 23~24.

제8장 생명과 자유를 명시한 '목적 문학' 301

되었는데 당신은 다른 세계의 거인(巨人)과 함께 여행이라 나를 떠나다니. …

가세요, 당신은 그저 호기심이 많을 뿐, 사랑을 품은 적이 없군요. 만약 당신이

진정한 토성인이라면 당신은 변심하지 않을 거예요. 어디로 달려가려는 거지요?

뭘 원하는 건가요? 우리의 다섯 위성들도 당신보다는 덜 방랑하고 우리의 토성환(土

星環)도 당신보다는 덜 변덕스럽지요. 이렇게 됐으니, 이제 저는 아무도 사랑하지

않을 겁니다.'

　토성 철학자는 그녀를 껴안았다. 그는 완벽한 철학자였지만 그녀와 함께 울었다.

그리고 여인은 졸도(卒倒)를 하고 난 뒤에 그 나라 멋쟁이 청년 곁에서 위로받으려고

가버렸다.

〈미크로메가스 – '제3장, 시리우스인과 토성인의 여행'〉33)

해설

　* 볼테르 소설 속의 여성은 거의 '한 남성'에만 붙박이로 남아 있는 여성은

없다. 그런데 그것은 역시 볼테르의 여성관과 연관된 것이다.

　즉 볼테르의 남녀관(男女觀)은 서로 '종속(從屬) 관계가 아니다.'란 특징을

보이고 있다. 과거 서구식 일부일처(一夫一妻)제를 기준으로 한 것도 아니고,

동양(중국)식 '일부종사(一夫從事)' 식 즉 '정절(貞節)의 강조'도 없다. 특히 볼테르

는 '정절(貞節)의 강조'를 비웃는 대목을 두어 주목을 요한다. (참조, * ⑥-24.

'자살'은 허세다.)

　위의 〈미크로메가스〉 예화(例話)에서 '토성인 철학자는 그녀를 껴안았다.

그는 완벽한 철학자였지만 그녀와 함께 울었다. 그리고 여인은 졸도를 하고

난 뒤에 그 나라 멋쟁이 청년 곁에서 위로받으려고 가버렸다.'는 진술은 주목을

요한다.

　볼테르의 생각을 미루어 보면, '지구라는 행성(行星) 위에 살고 있는 벌레

한 쌍이 짝짓고 분리되는 것이 큰일은 못된다.'일 것이다.

　공자(孔子)는 결혼하여 아들을 두었고 그 후손이 번성하여 그들의 할아버지가

'공자'임을 알고 있는 볼테르가 존중한 성자(聖者)였다. 그러나 공자는, '여성(女

性)'을 그 '소인(小人 – 국가 사회보다는 자기 코앞만 생각하는 사람)'과 동일시하

---

33) 볼테르(이효숙 역), <미크로메가스>, 바다출판사, 2011, p. 67 '제3장, 시리우스인과
　　토성인의 여행' ; Voltaire(Translated by R. Pearson), *Candide and Other Stories*, Everyman's
　　Library, 1991, pp. 99~100 'Chapter 3, The journey of two inhabitants of Sirius and that
　　of Saturn'.

였다.

볼테르에게 '여성'은, 공자(孔子)보다 심한 '경멸(輕蔑)의 대상'이었다. F. 니체는 '고양이 참새 암소 정도'[34]로 생각하였고, M. 에른스트(Max Ernst, 1891~1976)는 '머리 없는 여인', R. 마그리트(R. Magritte, 1898~1967)는 '무식한 요정'을 그려 유명하다.

그러나 그들의 이면(裏面)에서는 역시 여성에 대한 '존중' '숭배' '선망'의 정서가 동시에 작용하고 있음은 통찰을 요하는 사항이다.(孔子-'禮記' 서술,[35] 볼테르-'이시스(Isis)' '퐁파두르 부인(Mme de Pompadour, 1721~1764)', 니체-'루 살로메(Lou Salome, 1861~1937)', 에른스트-'갈라(Gala Dali, 1894~1982)', 마그리트-'조르제트(Georgette Berger, 1901~1986)' 경우가 다 그러하였음)

여기에서 명시해 두어야 할 사항은 인간의 '말하기(글쓰기)'에서는 항상 그 '주체(實存)'을 떠나 행해진 경우가 없는 놀라운 진실이다.

볼테르가 '토성인' '캉디드' '쟈디그' '과학자'로 말하더라도 근본 주체(실존, '욕망의 볼테르')는 엄연히 그 밑바닥에 작용을 멈추지 않는다는 사실이다. 그 진실을 밝혔던 존재가 F. 니체, S. 프로이트, C. G. 융이었다. ('본능' '힘에의 의지' '오이디푸스 환상' 'Anima' 'Animus')

⑧-18. 캉디드의 봉변

(툰더텐트론크(Thunder-ten-tronckh) 남작의) 성(城)으로 돌아오는 길에 캉디드를 만난 퀴네콩드는 얼굴을 붉혔다. 캉디드도 얼굴이 벌개졌다. 인사를 하는 그녀의 목소리는 떨렸다. 캉디드도 인사를 하였다. 그러나 자기가 무슨 말을 하고 있는지 모를 정도로 얼이 빠져 있었다. 그 다음날 점심 식사 후 다 자리에서 떠났는데, 퀴네콩드와 캉디드는 칸막이 뒤에 남아 있었다. 퀴네콩드가 손수건을 떨어뜨리자

---

34) F. Nietzsche (translated by R. J. Hollingdale), *Thus Spoke Zarathustra*, Penguin Classics, 1961, p. 65 'women are still cats, and birds. Or at the best, cows'.

35) 애공(哀公)이 공자(孔子)에게 말하기를 … 혼례에 있어서 제후의 존귀함으로 면복(冕服)으로 친히 여자를 영접함은 예(禮)가 심히 과중하지 않습니까? 공자가 말하기를 두 사람이 합하여 조상의 뒤를 계승하고 세상과 종묘사직의 주인으로 삼으니 어찌 심히 과중하다고 하십니까?(公曰 … 冕而親迎 不已重乎 孔子 … 曰合二姓之好 以繼先聖之後 以爲天地宗廟社稷之主 君何謂已重乎)-권오돈 역, <禮記>, 홍신문화사, 1982, p. 514 '哀公問 제27'.

캉디드가 주워주었다. 퀴네콩드는 천진난만하게 캉디드의 손을 잡았다. 캉디드도 천진난만하게 퀴네콩드 손에 매우 열렬하고 다정하고 부드러운 키스를 하였다. 그들의 입술은 만났고, 그들의 눈은 불타올랐고, 무릎들은 후들거리고 그들의 손은 더듬거렸다. 그때 툰더텐트론크(Thunder-ten-tronckh) 남작이 칸막이 곁을 지나다가 그 원인과 그 결과를 보고 캉디드 엉덩이를 발길로 세게 차 성 밖으로 내쫓았다. 퀴네콩드는 기절하였다. 퀴네콩드가 정신이 돌아오자 남작 부인이 퀴네콩드 뺨을 치니, 모든 것이 멋지고 쾌적했던 성(城)이 당장 혼란의 소용돌이에 말렸다.

〈캉디드-'제1장, 멋진 성(城)'〉[36]

모로 르 쥔(Moreau le Jeune, 1741~ 1814)[37] 작 '성(城)에서의 추방'

해설

* 과연 어떤 소설가가 자기 체험이 결여된 상태에서 감히 남에게 구체적인 장면을 제시하여 말을 할 수 있을 것인가. 볼테르의 '여성 이야기'도 '자신의 구체적인 여성 체험(anima)'이 제외될 수는 없다.

소설 〈캉디드〉에서 캉디드가 '툰더텐트론크(Thunder-ten-tronckh) 남작의 성(城)'으로 추방당한 체험은, 볼테르가 19세(1713) 때 볼테르 아버지(프랑수아 아루에-François Arouet, 1650~1722)가 볼테르를 네덜란드 주재 프랑스 대사 샤토뇌프(Marquis of Chateauneuf)에 보냈을 때의 체험과 관련된다. 그 때 볼테르는 개신교도(protestant) 노이어(Olympe Du Noyer, 다른 이름-팽페트 Pimpette,

---

36) 볼테르(이봉지 역), 〈캉디드 혹은 낙관주의〉, 열린책들, 2009, pp. 10~11 '제1장, 멋진 성(城)' ; Voltaire(Translated by D. Gordon), *Candide*, Beford/St.Martin's, 1999, p. 42 'Chapter 1, a fine castle'.

37) 'Moreau le Jeune(1741~1814)'.

올림프 Olympe)와 첫 사랑
이 시작되었다. 볼테르 아
버지가 그것을 알아 그해
12월 볼테르를 파리로 급
히 소환하였다. 아버지는
볼테르를 미국으로 보내
기를 원했다.[38]

볼테르의 '아니마
(Anima)' 형성에 '개신교

개신교도 노이어(Olympe Du Noyer, Pimpette) 양

도 노이어(Olympe Du Noyer) 양'이 제외될 수 없고, 그의 소설에서는 '캉디드'
'쟈디그' '중세 기사'가 등장하여 온갖 고난 역경을 연출하는 '기담(奇譚)'을
펼치지만, 그 서술 주체는 어김없이 '힘에의 의지(Will to Power)'의 중심에
볼테르가 있고, 그 상대 여성에는 '볼테르의 아니마(Anima)'가 자리를 잡고
있다.

소설 〈캉디드〉의 여주인공 '퀴네콩드'의 경우는 '개신교도 노이어(Olympe
Du Noyer, Pimpette) 양'과 많이 유사하다. 왜냐하면 '순수한 첫사랑'이 '부권(父
權)'에 의해 여지없이 박살이 났기 때문이다.

⑧-19. '희망'이 행복이다.

이렇게 서가(書架)에 모든 책을 돌아보고 난 후에 그들은 정원으로 내려갔다.
캉디드는 그 아름다움에 찬사를 보냈다. 그러자 집주인이 말했다.

'이 세상에서 이보다 더 흉할 수가 없어요. 전부가 조잡(粗雜)하고 저속(低俗)한
것들뿐이지요. 그렇지만 바로 내일부터 좀 더 고상(高尙)한 설계로 나무를 심도록
할 겁니다.'

두 방문객은 의원 각하(閣下)에게 하직 인사를 한 다음 그 궁전에서 나왔다.

'어때요? 이 사람이 바로 세상에서 제일 행복한 사람이지요? 자기가 소유한
모든 것들 위에 있는 사람이니까 말이죠.'

---

38) Voltaire(Translated by R. Pearson), *Candide and Other Stories*, Everyman's Library, 1991, pp.
x l ii 'Chronology'

마르틴이 대답했다.

'자기가 소유한 모든 것에 싫증이 나 있는데도 말입니까? 오래 전에 플라톤은 좋은 위장이란 음식물을 거부하지 않는 위장(the best stomachs are not those which refuse all food.)이라고 했어요.'

'그렇지만 모든 것을 비판하고, 사람들이 아름답다고 생각하는 것에서 결함을 찾아내는 것도 즐거운 일이 아닙니까?'

'다시 말해 즐거움을 갖지 않은 즐거움도 있다는 말인가요?(That's to say that there is joy in having no joy?)'

'아, 그렇다면 행복한 사람은 나밖에 없겠군요. 물론 퀴네콩드 양을 다시 만난다면 말이지만.'

'희망이 있는 것은 언제나 좋은 일이지요.'

〈캉디드 – '제25장, 포코쿠란데의 궁전'〉[39]

해설

* 볼테르는 위에서 '행복(happy)'과 '희망(hope)'을 거론하였다. '소유'의 성취로 맛보는 '행복'과 그것에 대한 '싫증'을 모두 거론하였다.

볼테르의 소설 〈캉디드〉는, 65세(1759)에 지은 작품으로 볼테르가 세상 경험을 거의 다 하고 '경제적 여유'를 확보하고 안정된 생활을 하고 있을 때다. 작품 속의 '캉디드'도 '엘도라도' 낙원을 거쳐 이미 여유를 확보한 상태에서 새로운 '정착지'를 탐색 중에 '포코쿠란데의 궁전(the House of Signor Pococurante)' 방문에 관한 보고이다.

볼테르(마르틴)는 위에서, '희망이 있는 것은 언제나 좋은 일(It's always a good thing to hope)'이라고 했는데, 볼테르는 '생명=희망'으로 이미 전제를 해놓고 있었다.

그렇기에 '고난 속에 자유 의지 발동'을 보인 소설 〈캉디드〉는 '생명 소설=희망 소설=낙천주의'이다.

G. 라이프니츠의 '신의 뜻' 믿음 속에 '낙천주의'임에 대해 볼테르는 '자신 속에 있는 희망' '인간(理性)에 대한 신뢰'에 바탕을 둔 '생명 의지', '인간의

---

39) 볼테르(이봉지 역), <캉디드 혹은 낙관주의>, 열린책들, 2009, pp. 165~166 '제25장, 포코쿠란데의 궁전' ; Voltaire(Translated by D. Gordon), *Candide*, Beford/St.Martin's, 1999, pp. 102~103 'Chapter 25, Candide and Martin pay a visit to Signor Pococurante, a noble Venetian'.

자유 의지'를 명시한 작품이 〈캉디드〉이다.

⑧-20. 분별없는 여인

어느 날 아조라(주인공 '쟈디그' 부인)가 산책을 나갔다가, 몹시 노한 듯, 큰 소리로 탄식을 하며 돌아왔다. 쟈디그가 물었다.

'나의 사랑스런 아내여. 무슨 일이 있었소? 도대체 누가 당신을 그토록 노하게 할 수 있단 말이오.'

아조라가 말했다.

'제가 조금 전에 목격한 장면을 당신이 보셨다면, 당신 역시 저처럼 화를 내셨을 것입니다. 저는, 이 초원 변두리를 흐르는 냇물 근처에, 이틀 전 젊은 남편의 묘당을 세운 젊은 미망인(未亡人) 코스루를 위로하러 갔었습니다. 그녀는 깊은 슬픔에 사로잡혀 신(神)들에게 약속하기를, 그 냇물이 묘당(廟堂) 근처로 흐르는 한, 언제까지라도 남편의 묘당에 머물겠노라 하였습니다.'

'그렇다면 그녀는 남편을 진정으로 사랑했던 칭송할 만한 여인이구려!'

쟈디그의 그 말에 아내 아조라가 말했다.

'아! 제가 그녀를 방문했을 때, 그녀가 무슨 일을 하고 있었는지 아세요.'

'도대체 무슨 일을 하고 있었다는 말이오? 아름다운 아조라'

'그녀는 냇물의 흐름을 바꾸고 있더라고요.'

그러면서 아조라는 한동안 그녀에게 욕설을 마구 퍼붓고, 젊은 과부를 맹렬히 비난하였다. 그 기세가 어찌나 심한지, 그러한 '미덕(美德)의 과시(誇示)'가 쟈디그의 마음에 거슬렸다.

쟈디그에게는 카도라라는 친구가 있었는데, 아내 아조라가 다른 젊은이들보다 정직하고 자질이 뛰어난 사람이라고 생각하고 있는 청년이었다. 쟈디그는 그 카도르에게 자기의 은밀한 뜻을 털어놓으며 후한 선물을 주어, 신의(信義)를 약속받았다.

한편 아조라는, 시골에 있는 친구 집에 가서 이틀을 머문 다음, 사흘째 되는 날 집으로 돌아왔다. 그런데 하인들이 눈물을 흘리며 아조라에게 말하기를, 그녀가 떠나던 날 밤에 부군(夫君)이 돌연 세상을 떠났다고 했다. 그리고 그 불행한 소식을 그녀에게 전하지 못했지만, 쟈디그의 시신을 정원 끝자락에 조상의 묘당 속에 안치하였고 말했다:

그녀는 통곡하며 자기의 머리카락을 마구 당겨 뽑았다. 그러면서 자신도 죽겠노라 맹세를 하였다. 그날 저녁, 카도르가 그녀를 찾아와 뵙기를 청했고, 두 사람은 함께 울었다. 다음 날이 되자 그들은 조금 덜 울었고, 함께 식사를 하였다. 카도르는 그녀에게 은밀히 고백하기를, 죽은 쟈디그가 자기의 재산 대부분을 유산으로 카도르 자기에게 남겨 주었다고 하며 그 재산을 아조라와 나누는 것이 행복일 거라는 뜻을 넌지시 비췄다. 그녀가 눈물을 흘리며 화를 내더니, 이내 수그러졌다. 두 사람이 함께한 저녁 식사는, 점심 식사보다 더 길었다. 두 사람 사이에 더 많은 마음속 이야기가 오갔다. 아조라는 '죽은 이(남편 쟈디그)'를 칭송하였다. 그리고 카도르에게는 없는 단점이 있었다고도 고백하였다.

저녁 식사 도중, 카도르가 비장(脾臟)의 맹렬한 통증을 호소하였다. 다급해진 여인이 평소 쓰던 향유를 몽땅 가져오게 하였다. 혹시 비장 통증에 효험 있는 것이 없을까, 우선 사용해 보기 위함이었다. 그녀는 위대한 의사 헤르메스가 바빌론에 없는 것을 몹시 애석해 하였다. 그리고 카도르가 몹시 아프다고 하는 옆구리 부분을 손수 만져주기도 했다. 그녀는 동정어린 음성으로 카도르에게 물었다.

'이 혹독한 통증에 자주 시달리셨나요?'

'저는 가끔 무덤 가로 이끌려 갑니다. 저의 통증해소를 위해서는 오직 한 가지 방법밖에 없습니다. 하루 전에 죽은 사람의 코를 이 옆구리에 붙이면 됩니다.'

'참으로 기이한 치료법이군요!'

'모든 졸도 증세에 효험이 있다는 아르누 공의 약주머니보다는 더 기이한 것은 아닙니다.'

젊은이 카도르의 탁월한 자질에 그러한 설명이 가세하니, 여인은 드디어 결단을 내렸다. 그래서 말했다.

'어떻든 제 남편이 이승에서 저승으로 갈 때, 이승보다 저승에서의 코가 짧아졌다고 하여 천사 아스라엘(Asrael)이 그에게 치니바르(Chinivar) 다리를 못 건너게야 하겠어요?'

그리고 나서 면도(面刀) 한 자루를 집어 들더니, 남편 묘당(廟堂)으로 달려갔다. 잠시 눈물로 묘당을 적신 다음, 그녀는 길게 누워 있는 쟈디그를 보고, 그의 코를 자르려 다가갔다. 그 순간 쟈디그가, 한 손으로 자기 코를 감싸 쥐고 다른 손으로 면도를 막으며 벌떡 일어났다. 그리고 그녀에게 말했다.

'부인, 차후로는 젊은 코스루를 그토록 심하게 꾸짖지 마시오. 내 코를 자르려는 뜻이 냇물을 돌리려는 생각에 모자람이 없소.'

해설

* 볼테르의 소설 〈쟈디그〉 '제2장 코(Chapter 2, The nose)'는 중국 명대(明代) 소설 〈금고기관(今古奇觀)〉에서, '고분지통(叩盆之痛)' 고사(故事)를 부연(敷衍)하여 '장자(莊子)가 술동이를 두드리며 큰 도를 이룩하다(莊子休鼓盆成大道)'라는 소설의 변용임을 금방 알 수 있다.

소설 〈쟈디그〉는 '동양 이야기(Oriental History)'란 부제(副題)와 더불어, '유식하고 재능 있는 사람 수기(手記, the underwritten, who have obtained the character of a learned and even of an ingenious man)'41)라는 진술이 있음으로 미루어, 볼테르가 29세(1723)에 네덜란드에서 만났다는 그 중국인에게 들었던 이야기를 토대로 했을 것이다. (참조, ※ ⑤-20. 조물주(造物主, 天, Supreme Being)를 믿은 중국인(中國人))

중국 도교(道敎) 철학자 장자(莊子, 369 B.C.~286 B.C.)는 '실존주의자'로 유명하다. 그런데 그의 저서 〈장자(莊子)〉에 소위 '고분지통(叩盆之痛 - 아내의 死亡을 지칭하는 말)'에 고사(故事)를 실었는데, 명대(明代)에 이르러 소설가 포옹노인(抱甕老人)은 역시 그의 소설집 〈금고기관(今古奇觀)〉에서, 그 '고분지통(叩盆之痛)' 고사(故事)를 부연(敷衍)하여 '장자가 술동이를 두드리며 큰 도를 터득하였다(莊子休鼓盆成大道)'라는 소설을 이루었다.

소설 속에서 주인공 '장자(莊子)'가 갑자기 사망하여, 조문객(弔問客)이 줄을 이었다. 그런데 초나라 왕손(楚王孫)이 문상(問喪)을 왔다. 자칭 존경하는 스승의 제자로서 복상(服喪)을 자원하였다가, 그 장자(莊子) 처(妻) '전씨(田氏)'와 상중(喪中)에 눈이 맞아 갑자기 장례(葬禮)를 중단하고 '초 왕손(楚王孫)'과 결혼식까지 올리게 되었다.

거기에는 다음과 같은 장면이 제시되어 있다.

드디어 자리에 들게 되었는데 옷도 벗고 침상에 들려고 하는데 초(楚)나라

---

40) 볼테르(이형식 역), <쟈디그 또는 운명>, 펭귄클래식, 2001, pp. 12~13 '제2장, 코' ; Voltaire(Translated by R. Pearson), *Candide and Other Stories*, Everyman's Library, 1991, pp. 119~120 'Chapter 2, The nose'.

41) Voltaire, *Candide and Other Tales*, J. M. Dent & Sons LTD, 1948, p. 1.

귀공자는 갑자기 눈살을 찌푸리고 한 걸음도 한걸음도 걷지 못하고 벌렁 나자빠지
더니 두 손으로 가슴을 뜯으며 연방 '아이고 가슴이야' 하고 외칩니다. … '당신은
이 병이 늘 있었습니까?' 전(田)씨가 물으니까 그 노복(奴僕)이 대답하기를 '…단
한 가지 특효약이 … 산 사람의 뇌수를 빼내다가 더운 술에 먹으면 딱 멈춥니다.'42)(正
欲上牀 解衣就寢 忽然楚王孫 眉頭雙縐 寸步難移 登時倒於地下 雙手磨胸 只叫心疼難忍 田氏
王孫平日曾有此症候否…所用何物 老蒼頭道…必得生人腦髓 熱酒吞之 其痛立止.43))

장자(莊子, 369 B.C.~286 B.C.), '금고기관', '장자휴고분성대도(莊子休鼓盆成大道)'44)

볼테르가 이 '장자 이야기'를 참조해서 위의 '코 베기 이야기'를 만들었는데
소설 〈쟈디그〉에 보이는 다른 중국 문학 흔적도 역시 네덜란드 여행 중에
중국의 '유식한 상인'을 통해 들었을 것이다. (참조, ＊ ④-9. 돈과 칼이 지배하는
세상, ＊ ⑧-21. 볼테르의 꿈－'제갈공명', ＊ ⑧-24. '꿈' 속에 명시된 '흑(욕망)⟺
백(理性)' 동시주의)

그러나 볼테르 소설 〈쟈디그〉에서 더욱 중요한
사항은, '볼테르(쟈디그)의 코'를 베려 했던 '부정적
아니마(Negative Anima)'가 사실 볼테르와 함께 가
장 오래 지냈던 에밀리 샤들레(Emilie du Chatelet,
1706~1749) 여사라는 점이다.
볼테르는 39세(1733년) 되던 6월에 에밀리 샤틀
레(Emilie du Chatelet, 1706~1749) 여사46)와 만나

에밀리 샤틀레 여사45)

42) 조영암 역, <금고기관>, 정음사, 1963, p. 215.
43) 抱甕老人, <今古奇觀>, 人民文學出版社, 1988, pp. 385~386 '莊子休鼓盆成大道'.
44) 박재연 등(교주), <금고긔관>, 선문대학교 중한번역문헌연구소, 2004, p. 415.
45) R. Pomeau, *Voltaire*, Seuil, 1994, p. 21 '모리스 켕탱(Maurice Quentin de La Tour, 1704~1788)
    작'.

'과학적 탐구'와 뉴턴의 저서 〈프렝키피아〉를 번역하며 '프랑스 과학의 발전'을 위해 공헌이 많다고 평가되고 있다.

  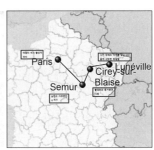

'뤼네빌 성(城)'[47], '에밀리 여사의 '열과 빛'에 대한 탐구서(1744)'[48], '에밀리 여사 생전의 관련 장소들—파리(Paris), 수뮈르(Semur), 시레(Cirey), 뤼네빌(Luneville)'[49]

그런데 볼테르가 54세(1748년) 되던 2월 그는 루이 15세의 노염(怒炎)을 피해 뤼네빌의 스타니스와프(Stanislaw) 궁에 체류하고 있었다. 그 때 '에밀리 샤틀레' 여사는 돌연히 시인(詩人) 생랑베르(Saint-Lambert, 1716~1803)에게 반하여 1749년 9월 10일, 여사는 생랑베르의 아기를 낳고 난산(難産)으로 사망하였다.

이 사건은 볼테르의 '부정적 여성관(Negative Anima)'과도 연대된 사건이었으니, 사실 볼테르와 함께(도움으로) '프랑스 과학사'에 지울 수 없는 존재로 부상(浮上)

---

46) Wikipedia, 'Émilie du Châtelet'—'Portrait by Maurice Quentin de La Tour': '에밀리 여사는 1706년 파리 출생, 1725년 6월 샤틀레 후작(Marquis Florent-Claude du Chastellet)과 결혼하여 샤틀레(Marquis Florent-Claude du Chastellet)가 수뮈르 앙 오주아 (Semur-en-Auxois) 영주가 되어 그해 9월에 수뮈르 앙 오주아(Semur-en-Auxois)로 이사하였고, 그 후 3명(1726, 1727, 1733년 생)의 자녀를 두었다.
에밀리 여사는 그녀의 어린 시절부터 수재(秀才)인 볼테르를 알고 있었으나, 1729년에 볼테르가 영국에서 귀국 후에야 그녀에게 데이트를 신청했고, 그녀는 당시 셋째 아이를 낳은 후 1733년 5월 열렬한 관계가 되었다. 에밀리는 프랑스 동북쪽에 있는 시레(Cirey-sur-Blaise)의 시골집으로 볼테르를 초대하였다. 남편의 관용(寬容) 하에, 오랜 우정을 지속하였다. 시레에서, 그녀는 볼테르와 물리학 수학을 공동으로 탐구하여 저서를 냈다. 1748년 5월, 에밀리 여사는 시인 랑베르(Jean François de Saint-Lambert, 1716~1803)와 사랑이 시작되었다. 에밀리 여사는 임신하게 되었고, 뤼네빌(Lunéville)에서 1749년 9월 딸을 낳았고, 1주일 후에 사망하고 말았다.
47) Wikipedia, 'Émilie du Châtelet'—'The chateau of Lunéville'.
48) Wikipedia, 'Émilie du Châtelet'—'Dissertation Sur La Nature et La Propagation du feu, 1744'.
49) Wikipedia, 'Émilie du Châtelet'—'Significant places in the life of Emilie du Châtelet'.

한 샤틀레 여사가, 생랑베르(Saint-Lambert)의 아기를 낳았고, 난산으로 사망했던 사건은 볼테르에게는 '그의 커다란 코(자존심)가 잘려 나간 사건' 바로 그것이었다. (참조, ✱ ⑭-4. 국가 경영기(國家 經營期, 1739~1752))

볼테르(1748)[50], 시인 생랑베르(Saint-Lambert, 1716~1803)[51]

작품 〈쟈디그〉의 연대는 그 '생랑베르 사건'보다 앞서 있으나, 볼테르는 그 이전에 '코가 잘리는 낭패감(狼狽感)'은 이미 체험했을 것이다. [볼테르가 '생랑베르 사건'에 오히려 자신의 '평정성'을 잃지 않았다는 사실이 그것을 입증하고 있다.]

⑧-21. 볼테르의 꿈 - 제갈공명(諸葛孔明)

'저토록 탁월한 기지를 가진 사람이 그토록 형편없는 기사라니, 참으로 애석한 일이로다.'

'고명하신 분들이시여, 무예 경기장에서 제가 승리의 영광을 쟁취하였습니다.' 쟈디그가 이렇게 말하고 나섰다.

'백색 갑주(甲冑)는 원래 저의 것이었습니다. 제가 잠이 든 틈에 이토바드(Itobad) 공이 그것을 몰래 자기 수중에 넣었을 뿐입니다. 그것이 초록색 갑주보다 당신에게 어울린다고 생각했던 모양입니다. 저는 여러분이 보는 이 자리에서 이 승복 차림과 칼 한 자루로 저 아름다운 백색 갑옷을 앗아간 오탐(Otames) 공을 이길 명예가 제게 있음을 보일 수 있습니다.'

이토바드(Itobad)는 그 도전을 자신만만하게 수락하였다. 자신은 투구와 갑옷을 입었고 팔목까지 감싼지라, 나이트캡에 실내 가운을 걸친 상대쯤은 쉽게 제압할 수 있다고 생각했다. 쟈디그는, 기쁨과 두려움에 휩싸여 자신을 바라보고 있는

---

50) J. Goldzink, *Voltaire*, Hachette, 1994, p. 100.

51) Wikipedia, 'Jean François de Saint-Lambert(1716~1803)'.

왕비를 향해 예를 표하며, 칼을 뽑았다. 이토바드는 아무에게도 예를 표하지 않고 칼을 뽑았다. 그리고 아무것도 두려울 것이 없다는 기세로 쟈디그에게 덤벼들었다. 쟈디그의 머리를 반으로 쪼갤 기세였다. 쟈디그는, 흔히들 말하는 칼의 강한 부분으로 상대 칼의 약한 부분을 막았고, 마침내 이토바드의 칼이 부러졌다. 그러자 쟈디그는 상대의 몸통을 휘어잡아 땅바닥에 내동댕이 쳤다. 그리고 칼의 날카로운 끝으로 갑옷의 틈을 겨누며 그에게 말했다.

'무장 해제에 응하라. 그렇지 않으면 죽이겠다.'

이토바드는 이번에도 자기에게 닥친 액운에 놀라며 쟈디그가 하라는 대로 응했다.

쟈디그는 화려한 투구와 든든한 갑옷, 아름다운 팔목 받이, 번쩍이는 허벅지 덮개 등을 태연히 벗겨 자신이 착용한 다음, 아름다운 아스타르테(Asterte)에게로 달려가 그녀 앞에 무릎을 꿇었다. 그리고 카도르의 갑주는 당초 쟈디그의 것임이 수월하게 입증이 되었다. 쟈디그는 모든 사람들의 동의하에 왕으로 추대되었다. 특히 아스테르테의 동의를 얻었으며, 그녀는 그 무수한 시련 끝에, 자기의 연인이 온 세상 사람들 앞에서 당당한 부군이 되는 달콤한 기쁨도 맛보았다. 이토바드는 자기 집으로 돌아가 '나리' 칭호를 듣는 것으로 만족하였다. 쟈디그는 옥좌에 올랐고, 또한 행복하였다. 쟈디그는 천사 제라드가 한 말을 간직하고 있었다. 금강석으로 변한 모래알 이야기도 생각났다. 왕비와 함께 쟈디그는 절대자를 찬송하였다. 쟈디그는 아름다운 변덕쟁이 미쑤프(Missouf)를 석방하여 마음대로 세상을 편력하게 하였다. 또한 사람을 보내어 도적 아르보가드(Arbogad)를 부른 다음, 그에게 군대 요직을 제공하여 그가 진정한 전사(戰士)로 처신할 경우 최고의 지위까지 승진시킬 것이나, 도둑질을 계속하면 그의 목을 벨 것이라고 하였다.

아라비아의 시골에 있던 세톡(Setoc)도, 아름다운 알모나(Almona)와 함께 불러 바빌론의 교역을 총괄케 하였다. 카도르는 군주 쟈디그의 벗이 되었고, 당시 친구를 둔 군주는 세상에서 쟈디그뿐이었다. 난쟁이 벙어리도 잊지 않았다. 어부에게는 아름다운 집 한 채를 주었다. 그리고 오르칸(Orcan)에게는 어부에게 거금을 배상하고 어부의 처를 돌려주라고 판결을 내렸다. 그러나 현명해진 어부는 돈만 받았다.

아름다운 세미르(Semira)는, 쟈디그가 애꾸 신세를 면하지 못하리라고 생각했던 것을 후회하였고, 아조라는 코를 자르려 했던 것을 원통하게 생각했다. 쟈디그는 그녀들에게 선물을 보내어 그녀들의 괴로움을 어루만져 주었다. 시샘꾼은 미칠 듯한 노기와 수치심을 이기지 못하여 죽었다. 제국은 평화와 영광과 풍요를 누리었다. 그때가 이 지상에서 가장 아름다운 세기였으니, 정의와 사랑으로 다스렸기 때문이다. 사람들은 쟈디그를 찬양하였고, 쟈디그는 하늘을 찬양하였다.

〈쟈디그-'제19장, 수수께끼'〉52)

해설

* 볼테르가 53세(1747) 때 네덜란드에서 간행한 소설 〈쟈디그(Zadig)〉는 '동양 이야기'라는 부제가 붙어 있는데 앞서 밝힌 바와 같은 중국 명대(明代)의 소설의 영향을 보이고 있는 바 중국의 대표 소설 〈삼국지연의(三國志演義)〉도 제외될 수가 없었다.

소설 〈쟈디그(Zadig)〉 속 '현명한 재상(宰相) 이 야기'는, 〈삼국지연의〉 주 인공 제갈공명(諸葛孔明) 의 상(像)을 많이 닮았다. '지혜의 탁월함' '공정성 실현'이라는 점에서 볼테 르는, 공자에 이어 중국의 영웅으로 부각되어 있는 제갈공명의 상을 자신의

제갈공명 상, 제갈공명(諸葛孔明)53)

이미지로 삼았다. 소설 〈쟈디그〉 제작 연대는, 볼테르가 53세-1747년은 루이 15세 치하(治下)로, 재상 '폴뢰리-André-Hercule de Fleury, 1653~1743 수상이 4년 전에 사망을 하였고, 볼테르가 프랑스 루이 15세 국정(國政)에 크게 간여하고 있을 때였다. (참조, ※ ⑭-4. 국가 경영기(國家 經營期, 1739~ 1752))

그런데 소설 〈쟈디그〉가 발행된 연대(1747)까지 볼테르 관련 여성은, 1713년 (19세) 네덜란드 헤이그(Hague)에서 만난 개신교도 노이어(Olympe Du Noyer, 다른 이름-팽페트 Pimpette, 올림프 Olympe) 양, 그리고 둘째는 1733년(39세) 6월, 에밀리 샤틀레(Emilie du Chatelet, 1706~1749) 여사이고 셋째는 1740년(46

---

52) 볼테르(이형식 역), <쟈디그 또는 운명>, 펭귄클래식, 2001, pp. 120~123 '제19장, 수수께끼' ; Voltaire(Translated by R. Pearson), *Candide and Other Stories*, Everyman's Library, 1991, pp. 180~181 'Chapter 19, The riddles'.

53) 정민경 등(교주), <삼국지>, 학고방, 2007, p. 936.

세) 이전부터 알고 있던 '퐁파두르 왕비(Mme de Pompadour, 1721~1764)'였다. 그 '퐁파두르 왕비'에 대해서는 다음과 같이 소개가 되고 있다.

퐁파두르 부인은, 1745년부터 죽을 때(1764년)까지 루이 15세의 공식 왕비였다. 그녀는 어린 시절부터 잘 교육이 되어 있었다. 퐁파두르 부인은 그녀의 허약한 체질과 많은 정적들이 있었음에도 불구하고 루이 15세가 빼놓을 수 없었던 조언자요 충고자로서 왕의 일정을 주관했던 사람이었다. 퐁파두르 부인은 자신과 친척을 위해서 귀족의 신분을 지켰고, 고객과 지지자들의 망(網)을 구축하였다. 퐁파두르 부인은 여왕 마리(Marie Leszczyńska)가 소외되지 않도록 세심한 주의를 기울였다. 그리고 그녀는 건축가와 도공(陶工) 같은 이를 후원하였고, 볼테르를 포함한 계몽주의 철학자들의 후원자였다. 당시에 험악한 평론가들은 그녀가 7년 전쟁에 책임이 있고(사실이 아님), 악마적인 정치적 영향력으로 그녀를 먹칠했다고 말하고 있다. 역사가들은 그녀가 예술가들의 후원자였고, 프랑스의 자존심을 높이 챔피언으로 칭송하고 있다.

잔느 앙투아네트 푸아송(Jeanne Antoinette Poisson, '퐁파두르 부인'의 兒名)은 프랑수아 푸아송(François Poisson, 1684~1754)을 아버지로, 마들레느 드 라모테(Madeleine de La Motte, 1699~1745)를 어머니로 1721년 12월 29일 파리에서 태어났는데, 친구들에게 '레네트(Reinette, 꼬마 여왕)'라고 알려졌다. …
잔느 앙투아네트(퐁파두르 부인)은 지적(知的)이고, 아름답고 세련되었다. 그녀는 어린 시절을 그가 교육을 받은 푸아시(Poissy)에 있는 성우르술라(Ursuline) 수녀학교를 다녔다. 성숙기에는 그녀의 어머니 마들레느 여사가 가정교사를 채용하여, 클라비코드 연주법, 춤추기, 노래하기, 그림과 조각을 교육했다. 그녀는 여배우, 가수로서 '파리 클럽(Paris's Club de l'Entresol, 1724~1731)'에 참가하였다.
잔느 앙투아네트('퐁파두르 부인')는 19세(1740년)에 C. G. 티올(C. G. d'Étiolles, 1717~1799)에게 시집을 갔다. … 그녀는 그 남편과의 사이에 두 아이(1741생 男兒, 1744년 8월 생 女兒)를 두었다. … 젊은 남편은 그녀에게 넋이 나가 있는 상태였고, 그녀는 파리 패션계를 주름잡고 있었다. 그녀는 자신의 경영하는 살롱을 가지고 있었고, 많은 철학자와도 어울렸는데, 그중에는 볼테르도 있었다.
1745년, 티올 부인(Mme d'Étiolles, 퐁파두르 부인)은 유명해져서, 국왕 루이 15세의 귀에도 들어갔다. 시아버지도 포함된 궁정 모임에서 제3비의 죽음을 슬퍼하고 있던 국왕에게, 티올 부인(Mme d'Étiolles, 퐁파두르 부인)의 지인(知人)이 국왕(루이 15세)에게 그녀를 추천하였다.

1745년 2월 26일 밤 베르사유 궁정 무도회에 티올 부인(Mme d'Étiolles, 퐁파두르 부인)이 초대되었다. … 3월까지 국왕의 정부(情婦)였었고, 5월 7일에 그녀의 남편 C. G. 티올(C. G. d'Étiolles, 1717~1799)과 공식 이혼이 선언되었다.

베르사유 궁에 머무르게 되니, 티올 부인(Mme d'Étiolles, 퐁파두르 부인)은 국왕에게 그녀의 지위를 요구했다. 국왕은 6월 24일 퐁파두르 영지를 구입하고, 그녀에게 후작부인 지위를 부여하였다. 9월 14일, 베르사유 궁정에 소개되었다. 퐁파두르 부인은 금방 궁중 예법을 소화하였다. …

퐁파두르 부인은 프랑스에 정치적 영향력은 거의 없었다. 그러나 그녀는 사건 배후에서 상당한 권력을 휘둘렀다. …

퐁파두르 부인은 문학에도 날카로운 감각을 지니고 있었고, 출세 이전부터 볼테르를 알고 있었다. 그리고 볼테르는 퐁파두르 부인의 궁정 역할을 그녀에게 충고를 주고 있었다. …

퐁파두르 부인은 활기 넘치는 지적 여성이었다. 그녀는 '콩코르드 광장(루이 15세 광장)'을 기획하였고, 그녀의 남동생 마리니 후작(Marquis de Marigny)과 군사학교도 기획하였다. 그리고 수많은 조각가 화가를 고용하였는데, 그 속에는 J. N. 나티에르(Jean-Marc Nattier, 1685~1766), F. 부셰(François Boucher, 1703~1770), J. B. 레벨롱(Jean-Baptiste Réveillon, 1725~1811), F. H. 두르에(François-Hubert Drouais, 1727~1775) 같은 사람이 있었고, 애덤 스미스에로의 길을 연 '중농주의 학파(主治醫 F. 케네 1649~1774, 主導)'를 보호하였다. 역시 그녀는 파리 대주교 크리스토프 보몽(Christophe de Beaumont, 1703~1781) 등이 억압하라고 주장하는 〈백과사전 (Encyclopédie)〉을 편찬한 디드로(Denis Diderot, 1713~1784)와 달랑베르(Jean le Rond d'Alembert, 1717~1783)를 옹호해 주었다.

퐁파두르 부인(Mme de Pompadour, 1721~1764)[54], J. M. 나티레르 작 '다이나', 퐁파두르 부인(Mme de Pompadour, 1748)[55]

54) Wikipedia, 'Mme de Pompadour'.
55) Wikipedia, 'Mme de Pompadour', 'Madame de Pompadour as Diana the Huntress, portrait by Jean-Marc Nattier(1685~1766)'.

달랑베르(d'Alembert, 1717~1783)[56], 디드로(Denis Diderot, 1713~1784)[57], 백과사전 표지[58], 위베르(Jean Huber, 1721~1786) 작 '페르네에서 철학자들의 식사-볼테르(거수자), 디드로(우측에서 제3석)'[59]

위의 소설 〈쟈디그〉의 장면은 문제의 〈삼국지연의〉 '제73회 유비가 한중왕(漢中王)이 되다.(玄德進位漢中王)'를 참조해 볼 수 있다.

조조는 군사를 후퇴하여 사곡(斜谷)에 이르렀다. 제갈양은 조조가 한중(漢中)을 버리고 도망치는 것을 알았다. 제갈양은 마초 등 여러 장군을 동원하여 군사를 10여 부대로 나누어 무시로 공격을 가했다. 그래서 조조는 더 이상 지체할 수가 없었다. 더구나 위연에게 맞은 화살의 상처 때문에 서둘러 군사를 후퇴시켜 가니 3군의 사기는 바닥으로 떨어졌다. 선발대가 얼마가지 않아 양쪽에 불길이 솟았다. 그것은 마초의 복병이 일어나 추격해 온 것이었다. 조조 군사는 사람마다 모두 촉병을 무서워하였다. 조조는 퇴군을 서둘렀다. 밤이나 새벽이나 계속 질주하여 허도에 도착해서야 마음을 놓았다.

유비는 유봉 맹달 왕평 등에 명하여 상용제군(上庸諸郡)을 공격하였다. 신탐(申耽) 등은 조조가 이미 한중을 버리고 도망간 줄 알고 모두 투항해 왔다. 유비는 백성들을 안정시키고 3군에게 큰 상을 내렸다. 여러 사람들이 모두 좋아했다. 이에 여러 장군들은 유비를 추대하여 황제로 삼고 싶으나 감히 말을 꺼내지 못하고 있었다. 단지 제갈양에게 고하니 제갈양은 말하였다.

"나도 이미 생각한 바가 있소."

제갈양은 법정 등을 데리고 유비를 찾아가 말하였다.

"지금 조조가 제 맘대로 권력을 농간하여 백성들은 주인이 없는 형편입니다. 주공의 인의는 천하에 알려져 있고 이미 양천(兩川)의 땅을 두었습니다. 하늘과

---

56) 'Jean-Baptiste le Rond d'Alembert, pastel by Maurice Quentin de La Tour'.
57) 'Diderot, by Louis-Michel van Loo, 1767'.
58) 'Title page of the Encyclopédie'.
59) 'Un dîner de philosophes painted by Jean Huber Voltaire. Denis Diderot is the third from the right'.

사람의 뜻에 따라 황제
의 자리에 나가십시오.
그리하여 이름을 바로
잡고 말을 제대로 펴 나
라의 역적을 무찔러야
합니다. 지체해서는 안
됩니다. 길일을 택하여
즉위하도록 하십시오."

유비가 크게 놀라 말
했다.

'유비 상', '유비는 마침내 환중왕(漢中王)이 되었다.'

"군사(軍師)의 말씀
은 틀렸습니다. 내가 비록 한나라 왕실과 종친이기는 하지만 한 신하에 불과합니다.
그런데 만약 군사(軍師)의 말대로 그렇게 하면 그것은 바로 한나라 왕실에 대한
반역입니다."

제갈양이 말했다.

"그렇지 않습니다. 이제 바야흐로 천하가 모두 나뉘어져 영웅이 모두 일어나
각각 패권을 겨루고 있고, 세상에 재주와 덕망이 있는 사람들도 모두 살기만
도모하여 용과 봉황을 붙잡고 공명을 세우려 하는 판국입니다. 그런데 오직 주공만
혐의를 피하여 의를 지키려 하면 여러 사람들의 바람을 저버리는 게 됩니다."

유비가 말했다.

"나를 존위에 오르라는 것은 참람한 짓입니다. 나는 정말 그렇게 할 수 없소.
다시 좋은 방책을 상의해 보십시오."

여러 장군들이 함께 말했다.

"주공께서 이처럼 사양하고 물리치면 사람들의 마음이 떠날 것입니다."

제갈양이 말했다.

"주공께서는 평생 의(義)로써 근본을 삼으셨으니 황제의 칭호가 싫으시면 지금은
형양(荊襄) 양천(兩川)의 땅을 두셨으니 잠시 한중왕(漢中王)으로 하십시오."

유비가 말했다.

"공 등이 나를 높여 왕으로 삼으려 하지만 천자의 조서가 없으면 그것은 참칭(僭
稱)일 뿐이요."

제갈양이 말했다.

"지금은 그때그때의 조처로 행할 것이니 어떻게 평상시처럼 하겠습니까?"

장비가 큰 소리로 말했다.

"유씨가 아닌 다른 사람도 모두 왕이 되려고 하려는 데 형님은 왕실과 한 집안이시니 한중왕은 그만 두고 황제라고 하셔도 무엇이 잘못이란 말입니까?"

유비가 장비를 꾸짖었다.

"너는 여러 말 하지 말라."

제갈양이 다시 말했다.

"주공께서는 권변(權變)을 따르심이 옳습니다. 먼저 한중왕에 나가시고 그 다음 천자에게 표문을 올려도 늦지 않을 것입니다."

유비는 더 사양하지 못하고 응낙하였다.

건안 24년(219년 유비 59세) 가을 7월에 면양(沔陽) 단을 쌓으니 그 둘래가 9리였다. 다섯 방향으로 나누어 깃발과 의장을 베풀고 여러 신하들이 차례로 늘어선 다음 허정과 법정이 유비를 청하여 단에 오르게 하고 면류관을 바치고 왕의 새수(璽綬)를 바치었다. 유비는 남쪽으로 왕의 자리에 앉아 문무 관원의 축하를 받으며 한중왕이 되었다. 아들 유선(劉禪)을 왕세자로 삼고 허정(許靖)을 태부(太傅)로 삼고 법정(法正)을 상서령(尙書令) 제갈양을 군사(軍師)로 삼아 군국대사(軍國 大事) 모두 총괄하게 했다. 관우 장비 조운 마초 황충을 오호대장(五虎大將)으로 삼고 위연을 한중태수(漢中太守)로 삼고 나머지 그들의 공적에 따라 벼슬을 내렸다. 유비는 한중왕이 되고 드디어 표문을 작성하여 사람을 허도(許都)로 파견하였다.[60]

〈삼국지연의〉에 제갈공명은 끝까지 '후견인(後見人)' 위치를 고수(固守)하였는데, '쟈디그'는 스스로 왕이 되어 그 이상적인 왕비를 역시 자신의 왕비로 맞이하였다.

그러므로 '쟈디그'는 볼테르 자신의 이상 상(理想 像, 꿈 이야기)이고, 볼테르는 '제갈공명 이야기'를 빌려 자신의 '힘에의 의지(Will to Power)'를 구체화하였다고 할 수 있다.

⑧-22. '흑인(黑人)의 노예'가 된 백인(白人) 이야기

《〈스카르멘타도 여행기(History of Scarmentado's Travels)〉》는 볼테르가 62세(1756)

---

60) 羅(本)貫中, 增像全圖三國演義, 上海 錦章書局, '第七十三回 玄德進位漢中王'.

때 발표된 소설이다. 주인공 '나'는 (희랍 크레타 섬 수도) 칸디아 출생으로 로마로 가서 공부를 했고, 그 후 프랑스 영국 네덜란드 스페인 터키 페르시아 중국 인도 아프리카를 거쳐 여행하면서 '세상이 불필요한 종교적 이념 논쟁'으로 편 갈라 죽이고 싸우는 것을 목격하고 고향으로 돌아가 '바람피우는 아내'와 살게 되었다는 내용으로 명작 〈캉디드〉의 예고편에 해당한다.》

　　이제는 우리 대륙의 온갖 즐거움을 향유할 수 있는 아프리카를 보는 일만 남았다. 나는 실제로 아프리카를 보게 되었다. 내가 탄 배가 흑인 해적들에게 붙잡혔다. 우리 선장은 몹시 불만을 토로하면서 왜 그렇게 국가들 간에 법을 어기느냐고 해적들에게 물었다. 그러자 해적 선장이 대답했다.
　　'너희들의 코는 길고, 우리들의 코는 납작하다. 너희들의 머리카락은 직모(直毛)이고 우리 머리털은 꼬불꼬불하다. 너희 피부색은 잿[灰]빛이고 우리 피부는 흑색이다. 그러므로 우리는 자연의 신성한 법에 따라 서로가 원수여야 한다. 너희들은 우리들에게 힘들고도 우스꽝스러운 일을 아무거나 막 시키려고, 마치 짐 나르는 가축(家畜)처럼 기니(Guinea) 해변의 시장에서 우리를 구입한다. 너희들은 아무짝에도 소용이 없는, 이집트의 양파보다 가치가 없는 황색 흙을 파는데 산에서 우리를 소 힘줄 채찍으로 때리면서 흙을 파게 한다. 꼭 같이 우리가 너희를 만나게 되었는데, 우리가 더 강하므로 너희를 노예로 만들어 우리 밭을 갈게 하거나 아니면 너희 코나 귀를 베어놓아야겠다.'
　　우리는 그토록 지혜로운 이야기에 반박할 말이 없었다. 나는 내 귀와 코를 지키기 위해 어느 흑인 노파의 밭을 갈러 갔다. 1년 후에 나는 풀려났다. 그때까지 나는 땅 위의 아름답고 좋고 경탄스러운 것을 보았다. 그리고 나는 이제 내 집만 봐야겠다고 결심했다. 나는 우리나라에서 결혼을 했다. 내 아내는 바람을 피웠다. 그래도 나는 인생에서 가장 달콤한 상태에 놓여 있다고 생각했다.

〈스카르멘타도 여행기〉[61]

해설
　　* 볼테르의 서사 전개 방식은, '시간' '공간' '신분'에 제약이 없다. 한마디로 볼테르의 서사 형태는 신분적으로도 '왕(황제)과 노예(흑인 노예)' 사이를 자유

---

61) 볼테르(이효숙 역), <미크로메가스>, 바다출판사, 2011, pp. 52~53 '스카르멘타도 여행기' ; Voltaire(Translated by D. M. Frame), *Candide, Zadig and Selected Stories*, The New American Library, 1961, p. 24 'History of Scarmentado's Travels'.

롭게 왕래하는 극(極)과 극(極)의 이동이 언제나 가능한 소위 그 '동시주의(同時主義, Simultaneism)' 활용으로 넘쳐 있다.

소설 〈스카르멘타도 여행기〉는, '흑인 주인, 백인 노예' 이야기다. '백인들이 흑인들을 잡아다가 노예로 삼는 바에, 흑인들이라고 백인들을 잡아다가 노예를 못 삼을 이유가 어디에 있겠는가.'라는 것이 바로 볼테르의 '자연법(Natural Law) 정신'이 가동된 작품이다.

이 '자연법(Natural Law) 정신'이 제대로 운용이 될 때, 비로소 '세계 평화 정신'이 살아나고, 헤겔·토인비처럼 '특권의식' '배타주의' '이해할 수 없는 신(神)의 뜻'을 운운하며 '전쟁 옹호' '전쟁 찬양'을 감행하는 무모한 '역사 쓰기'가 종료될 것이다. (참조, ＊ ⑦-14. '흑인 노예'의 문제, ＊ ⑦-19. 헤겔과 프리드리히 2세-〈세계 역사철학 강의〉, ＊ ⑦-20. '세계사 = 강대국의 지배사' -토인비의 〈역사 연구〉)

이것이 바로 볼테르의 '혁명 사상'이고, '다다 혁명 운동'의 정면이다.

⑧-23. 우리의 밭을 갈아야 한다.

(캉디드 일행은 마지막 '콘스탄티노플-Constantinople' 근처에 정착했다.) 그때 캉디드는 팡글로스의 말허리를 자르며 끼어들었다.

'그리고 또 우리는 우리의 밭을 갈아야 한다는 것도 압니다.'

그러자 팡글로스가 말했다.

'자네 말이 맞아. 왜냐하면 태초에 인간이 에덴동산에 태어난 것은 일하기 위해서였으니까. 이것은 결국 인간은 놀기 위해서 태어나지 않았다는 사실을 입증하지.'

그러자 마르틴이 말했다.

'헛된 공리공론은 집어치우고 일이나 합시다. 그것이 삶을 견디는 유일한 방법입니다.'

······

그럴 때마다 캉디드는 이렇게 말했다.

'지당한 말씀입니다. 하지만 이제 우리는 우리의 밭을 갈아야 합니다.'

〈캉디드-'제30장, 결론'〉[62]

해설

* 위의 마지막 장면은, 기존 〈캉디드〉를 고찰했던 사람들이 모두 빼놓지 않고 거의 언급을 했던 주요 결론 부분이다.

'자기의 뜰(농장)'을 경작(耕作)하는 일은 일찍이 '아담이 행했던 일'이고 모든 남자들이 감당해야 할 그 '노동'의 의미로 공통으로 해석을 하였다. 결코 떠날 수 없는 '정론(正論)'이다.

그런데 문제는 'G. 라이프니츠 낙천주의'와 '볼테르의 자유 의지'를 구분 않고 '〈캉디드〉론'을 마친 논의가 태반(太半)이다.

볼테르는 다른 곳에서 말했다.

'어떤 교육도 받지 않고, 이제 말[언어]을 시작하고 생각하기 시작하는 그 아동에게 한번 물어보라. 자기 땅에 씨를 뿌려 놓은 곡식을 강도(強盜)가 그 주인을 죽이고 그 곡식에 대한 권리를 가질 경우에 대해 한번 물어보라.' (참조, * ⑩-6. 자연(自然) 속에 천성(天性)을 지키는 생명들)

그런 경우, '신정론(神正論)'의 '팡글로스 박사(G. 라이프니츠)'는 '여호와의 최선의 통치'를 확신하고 있으니 '그 강도의 선악'은 신에게 일임이 된 사항이다. 즉 〈구약〉에는 '여호와'를 신앙하는 유대인이 무참한 '강도 행각'을 범한 사례가 엄연히 있다. (참조, * ⑩-25. 특권을 요구해 온 유대인들)

그리고 '모든 전쟁'에는 그럴듯한 명분들을 말하지만, 그것은 사실상 '강도 행위의 정당화'라는 결론을 볼테르는 이미 지니고 있었다. (참조, * ⑨-32. '정의(正義)'란 이름으로 행해진 강도(強盜)짓 : 전쟁)

그렇다면 무엇이, 어떤 점이 볼테르(캉디드)의 '자유 의지'와 G. 라이프니츠 (팡글로스 박사)의 '신정론(神正論)'과의 차이점인지 명백하게 된다. 즉 '인간 생명 표준' '전쟁 반대' '자유 의지'를 말하는 볼테르와 '여호와 표준' '전쟁 묵인' '절대 복종'의 G. 라이프니츠의 차이점이 바로 그것이다.

그런데도 '도루묵 사학도(史學徒)' 헤겔과 토인비는 그 G. 라이프니츠를 따라, 괴상한 '도식주의(변증법, 순환론) 논리'로 '여호와' '전쟁 긍정론'으로 잠입하였다. 그들이 '강도 행위 인정'에 왜 그렇게 답답하고 모호한 태도를 보이는지, 그 원인을 우리는 꼭 알아야 할 필요가 있다. 그것들은 과연 누구를 위한

---

62) 볼테르(이봉지 역), <캉디드 혹은 낙관주의>, 열린책들, 2009, pp. 198~200 '제30장, 결론' ; Voltaire(Translated by D. Gordon), *Candide*, Beford/St.Martin's, 1999, p. 119 'Chapter 30, Conclusion'.

'강도 행위 정당화'인지 최소한 우리 '한국인'은 알아야 한다. (참조, ✻ ⑦-19. 헤겔과 프리드리히 2세-〈세계 역사철학 강의〉, ✻ ⑦-20. '세계사 = 강대국의 지배사'-토인비의 〈역사 연구〉)

⑧-24. '꿈' 속에 명시된 '흑(욕망)⟺백(理性)' 동시주의

《〈백과 흑〉은 볼테르가 70세(1764)에 발표한 소설이다. 내용은 칸다르의 젊은 귀족 루스탄(Rustan)은 비슷한 집안의 아가씨와 결혼하기로 되어 있었는데, 세계에서 가장 큰 카블 시장에서 카슈미르(Cachemire) 공주를 보고 반하여 공주에게서 다이아몬드 징표를 받고 돌아와 시종 토파스(백인)와 에벤(흑인)의 조언(助言)과 충고를 받아 카슈미르 공주를 만나러 떠나 6개월 동안의 온갖 모험을 치른 끝에 결국 그 공주를 면전(面前)에 놓고 죽게 되었으나, 그것은 루스탄(Rustan)이 단순히 '1시간의 잠든 순간의 꿈'이었다는 내용이다.》

루스탄(Rustan)은 벌떡 일어났다. 온통 땀에 젖어 있고, 넋이 나가 있었다. 그는 자기 몸을 더듬어 보고 사람을 불렀다. 그의 하인 토파즈가 잠잘 때 쓰는 모자 차림으로 하품을 하며 달려왔다.

'내가 죽었나, 살아 있나?' 루스탄이 소리쳤다. '카슈미르(Cachemire)의 아름다운 공주는 목숨을 건지게 될까?'

'나리께서는 꿈을 꾸시는 겁니까?' 토파즈가 냉정하게 대꾸했다.

'아! 네 개의 검은 날개를 단 그 야만스런 에벤은 어떻게 되었느냐?' 루스탄이 소리쳤다.

'나를 그토록 잔인하게 죽도록 만든 건 그놈이다.'

'나리, 코 골며 자는 그자를 제가 저 위에 놔두고 왔는데요. 내려오라고 할까요?'

'흉악한 놈 같으니라고! 6개월 내내 나를 박해하고 나를 그 비운(悲運)의 카블 시장으로 데려간 것도 그놈이며, 공주가 내게 주었던 다이아몬드를 감춘 것도 그놈이며, 내 여행과 공주의 죽음과 꽃다운 나이에 나를 죽어 가게 만든 투창 공격의 원인도 오로지 그놈이다.'

'안심하십시오.' 토파즈가 말했다. '주인님은 카블에 간 적이 결코 없으며, 카슈미르(Cachemire) 공주 같은 것은 있지도 않고, 카블 군주에게는 현재 중학교

다니는 아들 둘만 있을 뿐입니다. 주인님에게는 다이아몬드가 결단코 없었고, 공주는 태어나지도 않았으므로 죽을 수도 없습니다. 그리고 주인님은 지금 건강이 더할 수 없이 좋은 상태입니다.'

'뭐라고! 네가 지금 카슈미르(Cachemire)의 침대에서 임종을 보고 있는 게 사실이 아니라고? 내게 그토록 많은 불행을 안겨 주려고 네가 독수리 코끼리 줄무늬 당나귀 의사 까치가 되었다고 내게 고백을 하지 않았느냐?'

'나리, 주인님께서는 그 모든 것들을 꿈속에서 보신 겁니다. 우리들의 생각은 우리가 깨어 있을 때보다 잠들어 있을 때 더더욱 우리가 어찌지 못하는 것이지요. 신께서 이 일련의 생각들을 주인님 머릿속으로 지나가게 하고 싶으셨던 것입니다. 아마도 그것들에서 어떤 가르침을 얻어 내기를 바라셨던 것 같습니다.'

'너는 나를 조롱하고 있구나.' 루스탄은 대꾸했다. '내가 몇 시간 동안 잤느냐?'

'나리, 주인님께서는 한 시간밖에 안 주무셨습니다.'

'그렇다면, 이 저주받을 말쟁이 놈아, 내가 6개월 전에 카블 시장에 갔다가 거기서 돌아오고, 카쉬미르 여행을 하고, 바르바부와 공주와 내가 죽게 되는 일이 어떻게 한 시간 만에 일어날 수 있다는거냐?'

〈백과 흑〉63)

해설

* 이 〈백과 흑〉을 보면 누구나 쉽게 중국 장자(莊子)의 '호접몽(胡蝶夢)'이나, 소위 '남가일몽(南柯一夢)' '일취지몽(一炊之夢)' '조신몽(調信夢)'을 상상하기 쉽게 되어 있다. 이런 이야기도 볼테르는 아마 네덜란드에 장사하러 온 그 중국인(中國人)에게 들었을 것이다.

그러나 기존 동양의 '꿈' 이야기는, '인생 일장춘몽(一場春夢)' 식의 '허무주의(虛無主義, nihilism)'로 흘렀다.

이에 대해 볼테르의 '꿈 이야기'는, 이미 제목 〈흑과 백(The Black and The White)〉으로 제시되었듯이, 주인공(루스탄, 볼테르)의 시종(侍從) '에벤(흑인, 욕망-desire 발동의 神)⇔ 토파스(백인, 욕망 억압-reason의 神)'의 '동시주의(同時主義, Simultaneism)'로 제시되었다.

이것은 볼테르가 소위 '정신 분석'을 이미 예고한 작품이었다.

---

63) 볼테르(이효숙 역), 미크로메가디스, 바다출판사, 2001, pp. 113~115 ; Voltaire, *The Best Known Works of Voltaire*, The Book League, 1940, p. 260 'The Black and the White'.

이후 F. 니체, S. 프로이트, C. G. 융의 '꿈의 분석'은 이러한 볼테르의 '예고된 전제(동시주의)' 속에서 출발하여 더욱 구체적인 '확인'과 '발견'으로 향하였다. (참조, ※ ⑬-7. F. 니체-육체 긍정의 실존주의, ※ ⑬-8. S. 프로이트-'무의식(본능)'의 대대적 탐구, ※ ⑬-9. C. G. 융의 만다라(Mandala))

제9장

〈무식한 철학자〉

'무식한 철학자'란, 소크라테스의 '무지(無知)의 지(知)'를 전제를 삼은 것으로 '자연(自然, 조물주, 神)의 탐구자' 볼테르 자신을 지칭한 말이다.

볼테르는 이 〈무식한 철학자(The Ignorant Philosopher)〉(1776)에서는 플라톤 이후 볼테르 당대에까지 펼쳐진 '관념철학(Idealism)' '독단론(獨斷論, Dogmatism)' '도식(圖式, Diagram)주의' 사고를 완전 부정(否定)하고, 인간 '생명 (육체 실존)'을 표준으로 삼은 '과학적' '실용적' '현실적'인 '자유 의지(Free Will)'로 미래 탐구의 방향을 명시하였다.

여기에서도 볼테르의 최대 쟁점은 그대로 '전쟁 반대론'에 집중이 되었으니, 이것이 바로 볼테르의 '현대 실존주의(Existentialism)의 출발점'이다.

이 '볼테르의 사상'을 토대로, A. 쇼펜하우어는 '개인의 육체(body)'가 바로 그 '인식(認識, 자유 의지)'의 바탕임을 확인하였고,[1] F. 니체는 '개인주의 차라투스트라 강론'을 펼치었고,[2] 1916년 취리히 '다다 혁명 운동'은 전 세계인을 상대로 '모든 가치의 재평가('전체주의'에서 '개인주의', '神 중심'에서 '인간 중심') 운동'을 전개하였다.

---

1) A. Schopenhauer(translated by J. F. J. Payne), *The World as Will and Representation*, Dover Publications, 1969, p. 99.
2) F. Nietzsche (translated by R. J. Hollingdale), *Thus Spoke Zarathustra: A Book for All and For None*, Penguin Classics, 1961.

⑨-1. 인간은, 자연의 노예다.

《무식한 철학자 : 볼테르가 서구(西歐)에 이미 고질(痼疾)이 되어 있는 '플라톤의 관념철학(觀念哲學)'과 '기독교 교부철학(敎父哲學)'에 대해, I. 뉴턴의 물리학, J. 로크의 경험철학을 기초로 대대적인 비판을 감행한 것이 〈무식한 철학자〉이다. 이것은 F. 니체가 〈우상의 황혼(Twilight of the Idols)〉을 쓰기 120여 년 전의 일이니, 사실상 볼테르의 〈무식한 철학자〉로 앞서 관념철학 신비주의에 조종(弔鐘)을 울린 것이다.》

  그대는 누구인가? 어디서 왔는가? 무엇을 하는가? 무엇이 되려는가?

  이 질문들이 세계에 모든 사람들에게 던져지는 질문이나, 아무도 대답을 할 수가 없다.

  식물들에게 그들이 무엇을 하려고 자라고 왜 동일한 토양에 열매가 그처럼 다양한가를 물어보라. 신성(神聖)한 기능으로 충만해 있으나 무감각하고 벙어리인 존재들이, 내 자신에게 무식함을 알리고 공허한 추측을 안기고 있다.

  동물(動物)도 나처럼 어느 정도의 개념(槪念)과 기억(記憶)을 동반한 정념(情念)을 가지고 그것을 전달하는 힘을 지니고 있는지를 나는 묻곤 한다. 동물들은 그들의 현 존재와 변해갈 미래의 모습에 대해서는 역시 인간보다는 더 무식(無識)하다.

  우주 공간을 채우고 있을 수많은 존재들 중에, 분별력을 지니고 생각하는 존재가 과연 인간밖에 없을까 의심을 하거니와, 우리와 다른 세계와 대화(對話)를 할 수 있는 길은, 오랜 장벽이 가로막고 있다.

  M. 프라이어(Mathew Prior, 1664~1721) 씨는 '자연 현상(Nature Displayed)'이라는 글에서 나이트(Knight) 씨에게, 별들은 지구를 위해 창조되었고 지구와 동물들은 인간을 위해 창조되었다고 말하고 있다. 그러나 작은 지구는 다른 행성들과 함께 태양의 주위를 돌고 있고, 인간 없이도 영원히 갈 것이고, 다른 별들과 보조를 같이 하고 있고, 이 지구만 하더라도 인간보다 많은 무한의 생명체들이 살고 있다. 나는 M. 프라이어 씨가 너무 자기애(自己愛)를 발동하여, 만물이 인간을 위해 만들어졌다고 우쭐대는 것으로 생각한다. 나는 인간이 살아서는 모든 동물을 잡아먹지만, 그 방어력을 잃으면 도리어 동물들이 인간을 먹는다. 무슨 이유로 프라이어 씨와 나이트(Knight) 씨가 자연(自然)의 군주(君主)가 되었는지는 나는 알 수 없다. 왕이 아니라 한 지점에 쇠사슬에 묶여 엄청난 것으로 둘러싸인 내 주변의 모든 것에 노예인 내[볼테르]가, 이제 탐색(探索)을 시작하려 한다.

해설

* 서구(西歐)에서 볼테르 이전의 '관념철학자' '교부(敎父) 철학자'는 공통으로 '하나님을 대신하여 만물을 주재한다.'는 전제에 있었다. ['자신의 개념 (Self-Conception)'을 방법으로]

그런데 이 지독한 여호와주의, 관념주의에 '반대'를 명시한 볼테르는 '인간 생명 중심'의 '계몽운동'을 펼쳤다. 볼테르가 'Ⅰ. 뉴턴의 천체 물리학'을 확인하고 나니, 그 동안 '지구가 우주의 중심'이라 생각했던 철학자나 신부(神父)들의 말이 거짓임이 확실하게 되었다. 그리고 J. 로크의 인체 성장을 토대로 한 '경험주의' '과학적 추구'를 확인하고 나니 플라톤의 '관념주의 허점'이 그냥 볼테르가 극복해야 할 대상으로 부상(浮上)하였다.

볼테르는 무엇보다 인간의 '이성적 탐구(과학적 지식)'가 바로 인간 생명을 지키는 '자유 의지' 발동의 근거임을 알았다. 그리하여 볼테르는 그 종교적 '미신(迷信)' '신비주의'에서 벗어남이 바로 '사회 안정의 지름길'이라고 강조하였다. (참조, * ③-26. '자유 의지(Free Will)'는 '선택 의지(Will of Choice)'이다.)

⑨-2. 막 태어나서는 아무 것도 모른다.

나는 약한 동물(動物)이다. 내가 태어날 때는, 힘도 지식도 본능(instinct)도 없었다. 어머니의 가슴을 향해 기어갈 수도 없었다. 개념도 힘도 없었다. 나의 신체 기관(organs)이 그것을 펼치기 시작했다. 그 힘이, 나의 내부에 증진되었고 완전히 성장을 마친 다음[온전히 성장을 한 다음]에는 날마다 줄어들고 있다. 사고력도 같은 방법으로 같은 기간이 증대하고 그 후에는 나도 모르는 사이에 줄어들고 있다.

그러함에도 그 기관들의 힘(strength)이 무슨 수로 증가한다는 것인가? 나는 그 이유를 모르겠다. 그 문제의 탐구에 전생(全生)을 바쳤던 사람들이 오히려 나보다 모르고 있다.

---

3) Voltaire, *The Best Known Works of Voltaire*, The Book League, 1940, pp. 422~423 'Ⅱ. Our Weakness'.

나의 뇌와 나의 기억력에 무슨 다른 힘이 있겠는가? '아동 상태의 제일 원리'라는, 결과 없는 것에 질문을 던지는 사람들[生得觀念 主張者]을 나는 이해할 도리가 없다.

〈무식한 철학자-'Ⅱ. 우리의 약함'〉4)

해설

* 볼테르는 '자연과학'의 신봉자, 종교적 신비주의 거부(拒否)자, 공리공론 배척자, 실용주의, '자유 의지' 실천자이다.

볼테르는 일단 '육체의 성장(成長)'에 가장 큰 비중을 두고, 그것이 성장하여 발달을 통하여 모든 기능이 왕성하게 되고, 인간의 구실을 제대로 하게 됨을 전제하였다. 이것이 바로 J. 로크의 '경험주의 철학'을 수용한 볼테르의 자세이다. 그리고 이러한 볼테르 탐구 자세에 적극 동조를 표했던 존재가 바로 A. 쇼펜하우어였으니, 그가 쓴 〈의지와 표상으로서의 세계(The World as Will and Representation)〉(1818)는, 볼테르의 이 지점에서 실마리를 얻어낸 것으로 '실존주의 철학'의 소중한 거점이었다.

이후에 실존주의 과학자들은 이 볼테르의 전제에 대답을 하려고 더욱 구체적인 탐구들을 하였다. (참조, ※ ⑬-3. A. 쇼펜하우어-'육체(Body)는 의지(Will)가 있는 장소이다.' ※ ⑬-6. E. 헤켈-'발생반복설(發生反復說, recapitulation theory)')

⑨-3. 먹지 못하면, 사유(思惟)도 불능이다.

2천년 동안 기록된 책들은 내게 무엇을 가르쳤나? 나는 우리가 어떤 방법으로 생각할 것인가를 알고 싶을 때가 있다. 우리가 소화(消化)하고 걷는 것은 빼고 말이다. 나는 이성(理性, reason)이란 무엇인가에 의문을 가졌다. 그 질문은 항상 나를 어리둥절하게 만들었다.

나는 그것을 알려고 애를 썼다. 만약 동일한 샘들(springs, 腺)의 작용으로 내가 소화하고 걸을 수 있다면, 동일한 그 방법으로 내가 생각도 하는 것이다. 나는 내 몸이 배고파 늘어지면 생각들도 달아나고 내가 식사 후에는 왜 그것이 다시

---

4) Voltaire, *The Best Known Works of Voltaire*, The Book League, 1940, p. 422 'Ⅰ. The First Doubt'.

회복되는지를 알 수 없다.

나는 사유(thought)와 식사(nourishment) 간에 그 같은 큰 차이를 발견했고, 식사가 없이는 사유할 수도 없어서, 나에게는 '이성(理性)이란 실체'와 또 하나 '소화(消化)를 진행하는 실체(substance)'가 있음을 알게 되었다. 뿐만 아니라 나는 내가 물질적으로 하나로 알고 그것들의 대립이 내게 무한의 고통을 안기는 두 가지 실체임을 명심하고 있다.

나는 지인들에게 우리의 공동 모성(母性)인 대지(大地)를 경작하며 애를 쓰는 사람들에게, 그들도 두 가지 실체를 알고 있는지, 그리고 그들 속에 불사(不死)의 실체를 찾았는지, 임신 6주 후에 그들에게 전해지는 불사(不死)의 실체를 갖는다는 '철학'을 알고 있는지 질문을 했다. 그들은 내 말을 농담으로 알고 대답은 않고 밭일만 하였다.

〈무식한 철학자－'Ⅲ. 나는 어떻게 생각하게 되는가?'〉[5]

해설

* 볼테르는 위에서 거론한 '사유(thought)와 식사(nourishment)'의 문제, '이성 (理性, reason)과 소화실체(substance that digest, 욕망)'의 문제는 실존철학과 '동시주의' 두 가지 기둥[柱]이다.

볼테르는 위에서 볼 수 있듯이 두 가지 대립기능만 명시(明示)를 하고, 그 힘의 우열(優劣)에서 '소화실체'를 우선하였다. 그래서 K. 마르크스, A. 쇼펜하우어, F. 니체, S. 프로이트는 모두 '육체 우선의 볼테르'를 추종하였다. 그러므로 서양 현대 실존철학은 볼테르가 그 마땅한 시조(始祖)이다.[6]

이에 대해 소크라테스 플라톤 이후 '관념철학' 기독교 '교부(敎父)철학자들'은 감히 '육체'를 한결같이 무시하였다.

서양 철학사에서 처음 '육체'를 부정한 소크라테스를, F. 니체는 '염세주의자 (a pessimist)' '퇴폐주의(데카당, decadence)'[7]라고 규정하였다.

---

5) Voltaire, *The Best Known Works of Voltaire*, The Book League, 1940, p. 423 'Ⅲ. How Am I Think?'

6) 'I. 칸트'를 내세우는 것은 기독교 관념주의자들의 서투른 위장술(僞裝術)이다.

7) F. Nietzsche(Translated by T. Comman), *The Joyful Wisdom*, The Macmillan Company, 1924, p. 270 ; F. Nietzsche(Translated by D. F. Ferrer), *Twilight of the Idols*, Daniel Fidel Ferrer, 2013, pp. 14~15.

⑨-4. 사람마다 그 관심은 서로 다르다.

나를 괴롭히고 있는 어려운 문제들을, 많은 사람들은 조금도 생각을 하지 않고 있다. 사물, 정신 따위 등 학교에서 가르치는 것을 아무 의심도 하지 않은 것을 보고, 나는 우리가 그것을 아는 것은, 조금도 불가피한 것은 아니라고 생각했다. 자연(自然)이 모든 존재들에게 맞는 분량을 제공하고 있다고 생각하였고, 우리가 얻을 수 없는 것들은 우리 것이 아니라고 생각했다. 이 실망감에도 불구하고, 나는 알고 싶은 욕망을 포기할 수 없고, 호기심을 잠재울 수가 없다.

〈무식한 철학자-'Ⅳ. 내가 아는 것은 필연적인 것인가?'〉[8]

해설

* 위에서 볼테르가 '자연(自然)이 모든 존재들에게 맞는 분량을 제공하고 있다(nature has given to every being a portion that is proper for him)'라고 했던 전제는 주목해야 할 점이다.

볼테르의 경우 '자연(自然)'은 우주를 채우고 삼라만상(森羅萬象)으로 역시 그것을 지배하고 원리, 조물주, 신(神)과 호환(互換)되는 개념이다. 그 '자연'의 원리를 이해하고 파악하는 것을 볼테르는 '이성(理性, reason)'으로 전제하였고, 그 이성(理性)으로 '개체(육체)'를 운영해 나가는 것이 바로 '자유 의지(Free Will)'라 전제하였다.

그러나 '이성이 개별 육체 내에 있다'는 것을 더욱 구체적으로 실증한 사람이 A. 쇼펜하우어였고, 그 '육체의 지향(指向, 본능)'에 '이성'이 오히려 봉사(奉事) 종속(從屬)된 것이라고 명시한 실존철학자가 F. 니체였다.[9] 그래서 F. 니체를 추종한 과학자가 J. G. 프레이저, S. 프로이트, J. 라캉, E. 노이만 등 분석심리 인류학자이다.

볼테르는 '자연과학 정신(뉴턴의 천체 물리학)'에 촉발되어 J. 로크의 '경험철학'을 전적으로 수용하였고, 이해할 수 없는 '이념(관념)철학' '종교적 신비주의' '여호와주의'에 대한 그 '불합리' '비이성(非理性)'을 폭로하였다. 인류 '계몽'을 위해 불가피한 볼테르의 역량의 발휘였다.

---

8) Voltaire, *The Best Known Works of Voltaire*, The Book League, 1940, pp. 423~424 'Ⅳ. Is it Necessary for Me to Know?'

9) F. Nietzsche(Translated by T. Comman), *The Joyful Wisdom*, Ibid, pp. 37~38.

⑨-5. 의심(疑心)이 지혜의 원천이다.

　아리스토텔레스는 '의심(疑心, incredulity)'이 지혜의 원천이라고 말하는 것으로 시작하였고, 데카르트는 그 생각을 더욱 넓게 적용하여, 그들의 가르침은 내가 그 둘(아리스토텔레스, 데카르트)의 말을 모두 불신하도록 가르쳤다. 특히 데카르트는 의심(疑心)을 한 척한 다음, 자기도 알지 못한 것을 단정적으로 말을 하고 있다. 그가 전체적으로 잘못 알고 있는 '물리학'을 확신하였고, 그는 상상(想像)의 세계를 건설하였다. 그의 허풍과 세 가지 요소는 너무나 우스꽝스러워 나는 그가 '영혼'에 관해 말한 모든 것을 의심하지 않을 수 없게 되었으며, '육체(bodies)'를 존중하게 되었다.

　데카르트는 우리가 '형이상학적 관념'을 가지고 태어난다고 믿고 있으며, 잘못 알게 하고 있다. 그렇다면 호머(Homer, 800? B.C.~750? B.C.)는 태어날 때 그 머릿속에 〈일리아드〉를 가지고 나왔다고 확언해야 한다. 호머는 태어난 다음에야 시적인 관념들을 획득하여, 어떤 때는 훌륭하고, 어떤 때는 모순되고, 어떤 때는 과장된 〈일리아드〉를 두뇌를 가지고 태어났다는 것만은 사실이다. 우리는 세상에 나올 때 뒤에 펼쳐 보일 종자(種子)를 지녔을 뿐이니, 라파엘, 미켈란젤로가 연필과 물감을 지녔다는 것 이외의 생득관념에 대해 납득할 바가 없다.

　'인간들은 항상 생각한다.'는 가정(假定) 하에, 데카르트는 흩어진 자신의 키메라들(chimeras)을 통일하려 노력하였다. 그렇지만 나는, 새들은 날고, 개는 달리는 능력이 부여되었으므로 그것을 포기하지 않을 것이라고 생각하였다.

　우리는 우리의 체험도 필요하지만, 완전히 반대로 생각하는 인간 본성도 고려할 필요가 있다. 일생동안 낮이나 밤이나, 상관없이 태아(胎兒)로부터 죽을병에 이를 때까지 '자신은 생각한다.'고 믿을 미치광이는 없다. 그 말을 옹호했던 사람들의 유일한 근거는 우리가 항상 생각한다는 것이지만, 그러나 우리는 우리가 생각한다는 사실을 항상 인지하고 있는 것은 아니다. 우리는 물마시고 먹고 말의 등에 올라 있으면서도 그것을 모르고 행했다고 할 수도 있다. 만약 관념의 소유를 모르면 '없다'고 생각을 하겠는가? 가상디(P. Gassendi, 1592~1655)는 당연한 이 과장된 체계를 비웃고 있다. 결과는 어떠한가? 가상디와 데카르트는 무신론자임을 선언하였다.

　　　　　　　　　　〈무식한 철학자-'Ⅴ. 아리스토텔레스, 데카르트, 가상디'〉[10]

---

10) Voltaire, *The Best Known Works of Voltaire*, The Book League, 1940, p. 424 'Ⅴ. Aristotle, Descartes, Gassendi'.

해설

* 볼테르가 지적한 '의심(疑心, incredulity)'의 문제는 바로 '과학적 사고(思考)'의 출발점이다. 즉 기존 '통념(通念)'을 깨뜨리고 더욱 '온전한 합리주의' '우주와 미세(微細) 영역'에 통할 수 있는 이치(원리)를 찾는 것이 바로 과학자들의 일이다. 볼테르는 그 대표적인 사례로 I. 뉴턴의 '천체 물리학 이론'과 의학적 영역에 '종두법(種痘法)'을 예로 들었다. (참조, ＊ ②-1. 뉴턴의 만유인력, ＊ ②-12. 자연 관찰로 찾아낸 '천연두' 원리)

볼테르의 가장 탁월했던 점은, 모든 사람들이 자신의 합리주의를 개척 개발하는 '의심(疑心, incredulity)하라.'는 것이다.

아리스토텔레스보다 뒤에 태어난 예수는 '믿어라' '따르라'를 남발하며 신도(信徒)들 모으기에 열을 올렸다. 그리고 그의 '신도(信徒) 모으기'는 뒤에 전 유럽을 휩쓸었고, 그를 따르던 신도들은 다시 분당(分黨)을 이루어 미워하고 공격하였다.

그런데 아리스토텔레스를 이은 볼테르 말은 모든 '자연'의 탐구에 필수불가결한 전제가 되었으니, 과학의 발달로 기존 인간들이 선입견(先入見)으로 수용하고 있었던 견해는 대부분 '거짓'으로 드러났다.

그 중요한 것이 '천동(天動)설'에서 '지동(地動)설'로, '지구 중심'에서 '태양 중심'으로, '신(神) 중심'에서 '인간 중심'으로, '전체 중심'에서 '개별 생명 중심'으로 전환된 것인데 그 전환(轉換)의 분기점을 바로 볼테르가 극명하게 하였다.

전혀 '의심(疑心, incredulity)' 자체를 배제했던 철학이 플라톤 '관념철학'과 기독교 '교부(敎父) 철학'인데, 그것이 종합된 사상이 G. 라이프니츠(G. Leibniz, 1646~1716)의 '신정론(神正論, theodicy－신의 뜻으로 최상의 역사가 진행되고 있다.)'이었다. (참조, ＊ ③-1. '자유 의지(free will)'란 무엇인가?)

그리하여 볼테르의 글쓰기는 '중세적 사고' '신정론'에 반발하여 계몽(啓蒙, Enlightenment) 운동을 평생 전개하였으니, 그것은 현대 '과학 사상'을 바탕으로 한 소위 '미신' '거짓' '독단론(dogmatism)'의 분쇄가 그것이었다.

그런데 '전쟁 긍정(묵인)'의 라이프니츠의 '신정론'은 다시 '절대주의, 여호와주의(헤겔)' '순환론(토인비)' 등의 도식주의란 새로운 형태로 그들의 모습을 가장(假裝)하며 '신(神, Jehovah) 중심'의 '독선(獨善)'과 '배타주의(排他主義)'가 발호(跋扈) 등장해 있다. (참조, ＊ ⑦-19. 헤겔과 프리드리히 2세－〈세계 역사철학

강의〉, ※ ⑬-2. G. W. F. 헤겔의 '절대주의' '여호와주의', ※ ⑦-20. '세계사=강대
국의 지배사'-토인비의 〈역사 연구〉)

⑨-6. 어떻게 저 짐승들을, 선악(善惡)으로 심판을 할까?

　　인간은 자연적으로 수반되는 관념(ideas)과 인지(perceptions), 개념들(conceptions)
을 계속 지니고 살듯이 동물들도 역시 그것들을 지니고 살고 있으니, 사냥개는
주인의 생각을 알아 그에게 복종하고 사냥할 때에는 주인을 돕는다는 점에서는
이론(異論)의 여지가 없다. 개도 기억력을 지니고 있고, 약간의 개념들을 연결하고
있다는 것은 명백하다. 그래서 인간에게 사고(思考)가 인간 정신에 필수적인 것이라
면, 동물들도 역시 그러할 것이다. 만약 인간이 관념을 가졌다면 동물들도 불가피하
게 그것들을 가졌을 것이다. '허풍과 사각형 제작자들[先驗철학자들]'이 그 억지를
이겨 내려면, 동물들은 순전한 기계로 입맛도 없이 먹이를 찾으며, 조금도 감각할
수 없는 감각기관을 가졌고, 아무 개념도 없는 뇌를 지녔고, 그렇기에 영원히
모순(矛盾)된 존재라고 규정을 해야 할 것이다.
　　'그 사고 체계(system)'는 다른 것들과 마찬 가지로 우스꽝스러운 것이다. 그
법(法)의 엉터리를 알게 하기보다는, 아는 것이 불경(不敬)으로 규정되게 되었다.
그 체계란 〈성경〉의 불쾌한 전제를 그대로 모방한 것들이다. '창세기'에 "내가
반드시 너희의 피 생명의 피를 찾으리니, 짐승이면 그 짐승에게서 사람이나 형제면
그에게서 그의 생명을 찾으리라."[11]라고 했으니, 이 말은 '선악(善惡)'을 짐승들에게
도 전제한다는 말이다.

〈무식한 철학자-'Ⅵ. 짐승'〉[12]

해설
　* 볼테르의 '미신' '거짓'의 비판은 주로 〈구약(舊約)〉〈신약(新約)〉의 기록을
그 대상으로 삼고 있다. 왜냐하면 그것을 토대로 '중세 서구 암흑사회'가
형성되었고, 그것이 가장 끈질기게 남아 있던 곳이 바로 '구교(가톨릭)' 지배의
프랑스였기 때문이다. 즉 볼테르 당대에는 〈신약〉〈구약〉이 바로 프랑스인의

---

11) '창세기, 9장 6절'.
12) Voltaire, *The Best Known Works of Voltaire*, The Book League, 1940, pp. 424~425 'Ⅵ. Beasts'.

행동 규범이 되었고, 그것의 시비(是非)는 자주 '화형(火刑)'이라는 극단적 폭압으로 이어지고 있었다.

오늘날 〈구약〉을 가지고 그 진위(眞僞)를 운위하려는 사람은 별로 없다. 그러나 '중세(中世) 사회'에서는 그것의 한 구절 해석도 서로 의견 차이가 생기면 파당(派黨)이 달라지고 심하면 살육 전쟁도 불사(不辭)하는 '신권(神權) 정치' 사회였다.

볼테르는 18세기를 살았지만, 가장 '구교(가톨릭)'가 무성했던 프랑스에 거주하였고, 거기에서 신교(프로테스탄트) 구교(가톨릭) 갈등을 오래도록 체험하였다. 볼테르는 외형적으로 가톨릭을 긍정하는 입장에 있었으나, 그 정신은 이미 '자연과학' '자연법' 사상에 나가 '신(神)'을 '자연 원리'로 상정을 해 놓고 있는 상태였다. (참조, ＊ ⑪-12. 신(神)의 대행자(代行者)는 어디에도 없다. ＊ ⑪-13. 자연법(自然法, Natural Law)이 최고다.)

위에서 볼테르가 '허풍과 사각형 제작자(the manufacturer of whirlwinds and chamfered matter)'에서 '허풍'이란 종교적 광신주의에 휩쓸린 사람들을 지칭하고, '사각형 제작자'란 '기하학(幾何學)'을 바탕으로 인간의 '선험(先驗) 철학'을 주장하는 사람들을 말한 것이다.

볼테르는 경험주의(empiricism) 과학도로서 그 모두에 의심을 품고 신중한 차이와 세심한 통찰의 필요를 보였다. 볼테르의 관심은 인간과 동물의 근본적 차이점에 전통 선험주의자의 '독단적 주장'에 동의할 수 없음을 보인 대목이다. 즉 '선악(善惡)'의 문제, 그에 따른 '심판(審判, judgement)'의 문제를 구체적으로 짚어 본 것이다. 볼테르 뒤에 실존주의자들은 결론을 먼저 마련하였다.

인간은 육체(肉體, 實存)를 운영하고 있다는 측면에서 저 '짐승' '벌레'와 다를 것이 없다. 그러나 그 '이성의 힘'으로 그 '신(神)'의 문제가 그 '육체'를 떠나 따로 있는 것도 아니라는 사실을 알고 있다. ['신(神)의 종자(種子)가 인간 속에 있다.(The seeds of godlike power are in us still-Virgil)'13)]

'이 두 가지 사이에 모든 문제가 있다.'는 것을 볼테르 이후 A. 쇼펜하우어, E. 헤켈, F. 니체에 의해 더욱 명백하게 입증이 되었다. 그러므로 현대는 바로 '실존주의' 시대이다.

---

13) F. Nietzsche(translated by Oscar Levy), *My Sister and I*, A M O K Books, 1990, p. 178.

⑨-7. '경험'으로 얻게 된 지식

철학적(과학적) 논쟁에, 〈성경〉은 인용하지 않기로 한다. 〈성경〉은 불균질(不均質)의 혼합물로서 철학(과학)과는 관련이 없다. 철학의 논점은 우리가 이해할 수 있는, 좁은 컴퍼스 영역 내에 있다. 우리는 상식(常識, common sense)이 동의할 수 없는 모든 허세(pretensions)를 버려

'다프니스(Daphnis)와 클로에(Chloe)'14), '레오폴드 1세(Leopold, 1640~1705)'

야 하며, 경험(experience)을 통하지 않고 인간이 세상에서 알고 있는 것이란 없다. 그렇다. 오직 '경험'만으로 지속적인 모색과 긴 사유를 통해, 신체와 공간과 시간과 무한 신(神) 자체에 대한 실마리를 얻는다. 그것은 자연의 창조자가 그들 관념을 모든 태아(胎兒)에게 주입한 것이 아니고, 오직 소수의 인간들이 그것들을 유용하게 쓰는 것이다.

롱구스(Longus, 2~3세기 희랍 작가)가 묘사를 하였듯이 다프니스(Daphnis)와 클로에(Chloe) 같은 무모(無謀)한 연인의 정사(情事)와 순수함을 우리 모두는 우리 지식의 대상으로 존중을 하고 있다.

다프니스(Daphnis)와 클로에(Chloe)는 경험이 없어서 그들 욕망의 충족 방법을 몰랐으므로 많은 시간을 필요로 했었다. 똑같은 일이 레오폴드 1세(Leopold, 1640~1705)와 루이 14세 아들에게도 발생하였다. 그것은 그들 훈육(訓育)에 불가결한 사항이었다. 만약 그들이 태생(胎生)의 관념을 가지고 나왔다면 우리는 자연이 인간 종족 보전을 위해 필요한 지식을 그들에게도 거부하지 않은 것이라고 믿어야 할 것이다.

〈무식한 철학자 - 'Ⅶ. 경험'〉15)

---

14) Wikipedia, 'Longus' : 'Daphnis and Chloe by Jean-Pierre Cortot'.
15) Voltaire, *The Best Known Works of Voltaire*, The Book League, 1940, p. 425 'Ⅶ. Experience'

해설

* 볼테르의 '철학(philosophy)'이란 용어는 '과학(science)'이라는 의미이며, 볼테르의 '자연' '창조자, 조물주'는 '이치' '원리'를 의미하는 '이신론(理神論, deism)'이었다.

볼테르는 위에서 선험철학의 '생득 관념(生得 觀念, an innate idea)'을 주장하는 사람들에게 구체적인 사례를 들어 반론(反論)을 제기하였다. 즉 사람들이 모두 '이성(異性)에 대한 관심'이 없을 수 없지만, 처음부터 끝까지 그것을 모두 꿰고 있는 사람은 없다. 볼테르는 가까운 예를 들어 '공리공론(空理空論)'이 제기되는 그 근본 문제('선험철학'의 盲點)를 다스리고 있다.

볼테르도 위에서 '철학적 논쟁에, 〈성경〉은 인용하지 않기로 한다.'고 일단 선을 그었으나, 그것이 사실상 당시 프랑스 사회에 근본적인 문제임으로, 그것에 불가피하게 이의(異意)를 제기하였던 것이 볼테르의 형편이었다. (참조, ＊ ⑪-2. 유일신, 영혼불멸, 사후상벌(死後賞罰)은 모두 고대 이집트인 유품이다. ＊ ⑪-8. 희랍 주술사(呪術師, Sibyls) 방식의 '묵시록(Apocalypse)' 서술)

⑨-8. '정신(精神)의 밑바닥'에는 무엇이 있는가?

우리가 선입견이 없이 오직 경험만으로 문제가 무엇인지를 아는 것은, 불가능한 일이 아니다. 우리는 그 실체(substance)의 특징(特徵, properties)을 보고 만진다. 그러나 '저변(底邊)에 있는 실체(substance which is beneath)'란 말이 알려주듯이 저변은 보통 우리에게 알려지지 않은 것이므로, 그 저변은 찾을 수 있도록 남겨져 있다. 그 같은 이유로 우리는 우리의 '정신(精神, spirit)'이 무엇인지를 알 수 없다. '정신'은 보통 '호흡(breath)'을 의미하고, 그것이 우리에게 '생각들'을 제공하는 것으로 대강 말을 하고 있다. 그러나 천재(天才)일지라도 그 정신에 실마리가 없으면 발전할 근거가 없다. 그래서 우리는 그 실체가 감정과 사상을 받은 근거를 추측할 수가 없다. 우리는 조그만 지적 능력을 가지고 있다. 그렇지만 우리는 그것을 어떻게 획득하는가? 그것은 자연(自然)의 비밀로 인간에게 알려져 있지 않다.

〈무식한 철학자-'Ⅷ. 실체'〉16)

---

16) Voltaire, *The Best Known Works of Voltaire*, The Book League, 1940, pp. 425~426 'Ⅷ. Substance'.

해설

* 위에서 볼테르가 제기한 '정신(精神, spirit)' 문제로부터 바로 이후 독일 중심의 서양철학이 전개되었다. 즉 볼테르부터 제기된 '정신(精神, spirit)'의 밑바닥 문제는, 이후 I. 칸트, G. W. F. 헤겔, F. 니체, S. 프로이트, C. G. 융으로 계속 탐구 논의가 되어 오늘날에 이르렀다.

그 '정신(精神, spirit)'은 크게 다시 '이성(Reason)' 중심 논의와 '본능(instinct)' 중심으로 나뉘었는데, 이성 중심의 논의를 편 사람이 칸트와 헤겔이고, 본능(instinct)과 무의식(Unconscious)을 중심으로 연구한 사람이 F. 니체와 S. 프로이트이다.

볼테르의 〈무식한 철학자〉 간행 16년 뒤 I. 칸트는 〈순수이성비판〉(1782)을 써서 볼테르가 제기한 의문의 일부(感性과 悟性의 상호관계 문제)를, "감성(感性)이 없으면 아무 대상도 우리에게 주어지지 않을 것이며, 오성(悟性)이 없으면 아무 대상도 사유(思惟)되지 못할 것이다. 내용이 없는 사유는 공허(空虛)하고 개념이 없는 직관(直觀)은 맹목(盲目)이다.(Without the sensuous faculty no object would be given to us, and without the understanding no object would be thought. Thought without content are void ; intuitions without conceptions blind.)"[17]라고 전제하였다. 즉 사물을 받아들이는 '감성(感性, the sensuous faculty, intuitions)'과 그것을 구분하는 통합하여 개념을 만드는 오성(悟性, the understanding, conceptions)을 구분 설명했음이 그것이다.

그런데 I. 칸트는 그 〈순수이성비판〉 마지막에 다음과 같은 말을 붙였다.

"이제까지 학적(學的) 방법을 채용한 사람들에게 관해서 말하면 이 사람들을 독단론적 방법이든지 아니면 회의론(懷疑論)적 방법이든지 둘 중 어느 하나를 피할 수 없었다. 그러나 어느 것이나 <u>체계적인 방법에 순응하지 아니하면 안 될 책임이 있다.</u>(As regards those who wish to pursue a scientific method, they have now the choice of following either the dogmatical or the sceptical, while they are bound never to desert the systematic mode of procedure.)"[18]

---

17) 이마누엘 칸트(윤성범 역), <순수이성비판>, 을유문화사, 1969, pp. 94~95 ; I. Kant, *The Critique of Pure Reason, William Benton*, 1980, p. 34.
18) 이마누엘 칸트(윤성범 역), 같은 책, p. 552 ; I. Kant, Ibid, p. 249.

이 말은 간단하지만, I. 칸트 철학의 전모(全貌)를 요약한 중요한 말이다. I. 칸트의 최고 장기(長技)는 '체계(體系, the systematic mode)'이다. 플라톤과 같으나 더욱 자신의 '치밀한 계획'을 자랑한 것이다. 그러나 바로 뒤를 이은 G. W. F. 헤겔부터 I. 칸트의 체계(體系)를 당장 무시하고 완전한 '독단론' 통일의 '절대주의' '여호와주의'로 돌진(突進)하였다.

칸트의 〈순수이성비판〉은 '이성 체계'의 해명에 그쳤으나, 헤겔은 정반합(正反合)의 도식주의로 '절대주의' '여호와주의'를 강요하기에 이르렀다. 즉 헤겔은 '절대 이성' '절대 자유' '절대신'을 '자신의 개념(Self-conception)'으로 확신하였다.(그것 이외 疑心 완전 차단) (참조, ＊ ⑬-2. G. W. F. 헤겔의 '절대주의' '여호와주의')

헤겔의 그것은 실상 불교(브라만)의 '각(覺, 깨달음)의 경지'와 동일한 것으로, 한 개인(종교적 司祭)의 '주관적인 개인 정신 체계'로는 역사적인 과거 유물로 납득이 될 수는 있으나,(참조, ＊ ⑩-16. 인도(印度)가 서구(西歐) 문화의 원천(源泉)이다.) 헤겔의 경우는 그것을 배타주의·여호와주의로 한정해 놓고, 나아가 기존 국가주의·전체주의에 여호와주의를 적용하여, 프리드리히 2세를 '절대 자유'를 실현한 군주로 칭송하여 마침내 여호와주의·절대주의를 '게르만 민족 교육 지침'으로 삼기를 주장하였다. '관념(여호와주의)'과 '현실(제국주의)'이 혼동된 엉터리 주장으로 탄로가 되었다.[19] [G. W. F. 헤겔은 그의 모든 주장이, '하나님의 살아계심의 증언'[20]으로 귀일(歸一)하였다. 즉 '천지만물(외타(外他, externality, otherness))'[21] '현실(Reality)'이 바로 '성령'[22]이고 결국 '하나님' 실존의 근거라는 것이 헤겔의 생각이다.]

---

19) '변증법'에 '정(正, thesis)' '반(反, ant-thesis)'은 문자 그대로 '하나의 주장'에 '반대 주장'으로 그것들을 '통합 주장'을 말함이니, '과학(science)'은 그런 식으로 결론을 도출하지 않고, 한 개인도 '행동 결정'도 경우마다 사정이 달라서 G. W. F. 헤겔 식 '합(合, synthesis)'이란 세상에 없는 것(헤겔 자신도 그 '합'으로만 행동하지 않았음)을 그냥 '주장'으로 행했던 것이다. 즉 헤겔의 '합'이란 바로 주관적인 '여호와'로, 볼테르의 '과학 이론' '과학적 추구 대상'과 아무 관계가 없는 한 '종교인'의 주관적 '관념 구도(構圖)', 한 전제(前提)일 뿐이다.

20) G. W. F. Hegel(translated by E. B. Speirs & T. B. Sanderson), *Lectures on the Philosophy of Religion*, Routledge & Kegan Paul, 1968, V Ⅲ, pp. 155~359 'Lecture on the Proofs of the Existence of God'.

21) G. W. F. Hegel(translated by M. J. Petry), *Philosophy of Nature*, Humanities Press, 1970.

22) G. W. F. Hegel(translated by J. B. Baillie), *The Phenomenology of Mind*, The Macmillan Company, 1949, pp. 85~86 'Preface'.

⑨-9. 개인의 한계(限界)와 그것의 초월(超越)

우리의 지력(知力)은, 우리의 체력(體力)이 그렇듯이 매우 제한되어 있다. 어떤 사람들은 다른 사람보다 더욱 튼튼하다. 여기에는 헤라클레스가 존중된다. 따져보면 그 우월성이라는 것도 사소한 것일 뿐이다. 어떤 사람은 나보다 열 배를 들어 올릴 수 있다. 나는 종이에 적을 필요 없이 세 자리 네 자리 수(數)를 다룰 수 있음에 대해, 다른 사람은 종이 없이 15자리 수치(數値)를 다룰 수 있다. 그러니 여기에 힘자랑이 생긴다. 그 한계는 매우 제한되어 있다. 그렇기에 연합의 게임에서는 '위대한 활용과 오랜 실습으로 그에게 배당된 한계를 초월한 사람'을 따를 자가 없다. 이것이 지성의 목표(the goal of his intellect)이다. 그러하지 않으면 우리는 무한대 속으로 사라져야 한다.

〈무식한 철학자-'IX. 한계(限界)'〉[23]

해설

* 볼테르의 '힘(strength)'과 '지성의 목표(the goal of his intellect)'라는 어휘에 주목해야 한다. 우선 볼테르는 쉽게 말하여 '자연과학적 지식 총화로 열어갈 찬란 세계 문명'에 대한 그 정확한 예견(豫見)이고 이후 세계는 사실상 볼테르 예견대로 진행이 되었다.

F. 니체가 그 볼테르 사상을 온전히 계승을 하였던 것은, F. 니체가 볼테르의 '경험주의' '자유 의지'를 온통으로 수용한 결과이다.

더구나 오늘날 '과학의 승리'는 이 볼테르의 예견이 적중시킨 바이니, 앞으로는 더욱 '큰 힘'으로 발휘될 것은 의심의 여지가 없다. (참조, ※ ⑬-19. 'DNA' 분석을 통한, 인류 진화 분포도(人類 進化 分包圖))

⑨-10. 우리는 육체(肉體)에 대해 무식하다.

제한된 이 좁은 범위 내에서 우리는 무엇을 모르고 있고, 무엇을 조금 알게 되었는지를 살펴보기로 한다. 우리는 근본적 원천도 모르고 따라야 할 제일 원리도

---

23) Voltaire, *The Best Known Works of Voltaire*, The Book League, 1940, p. 426 'IX. Narrow Limits'.

모른다.

내 팔은 왜 나의 의지(will)에 복종을 하는가? 우리는 알 수 없는 이 현상에 습관이 되어 관심도 없다. 공통된 '결과(effect)'의 '원인(cause)'을 추적하려면, 우리의 의지와 사지(四肢)의 복종 사이에는 무한정의 다양성이 있다. 한 마디로 거기에는 원리가 없고 이성(理性)도 원인도 없다. 우리는 최소한의 실마리도 못 찾은 채로 사라질 것 같다.

〈무식한 철학자-'X. 발견 불능의 것들'〉[24]

해설

* 볼테르의 '의학적 인생관'의 기원은 J. 로크의 '경험주의'와 연관된 것이다. 이것을 바탕으로 F. 니체의 '차라투스트라'의 웅변과, S. 프로이트의 신중한 '무의식(Unconscious)'의 논의가 전개되었다.

우리는 우리의 육체를 잘 알고 있는 것 같지만, 대개 질병(疾病)을 통해 우리의 '육체에 관한 무식'이 탄로(綻露)나고 있다. '육체에 대한 탐구'가 '우주' '신(神)'에 대한 탐구보다 중요하다는 사실은 옛날부터 그러했다. 그런데 소위 철학자라는 사람들은 '덮어놓고 육체 무시'를 '위대한 일'로 알았으니, 그것이 '관념철학' '신비주의'의 결정적 허점(虛點)이었다.

이 육체에 관한 무식을 통해, 볼테르는 '엉터리 의사(예수)를 비판'하였다. (참조, ※ ⑥-23. 엉터리 의사(醫師) 헤르메스)

이에 대대적인 '과학적 통찰'을 주장한 사람이 볼테르이고, C. 다윈, E. 헤켈, F. 니체였다. (참조, ※ ⑬-4. C. 다윈-'진화론(進化論)', ※ ⑬-6. E. 헤켈-'발생반복설(發生反復說, recapitulation theory)', ※ ⑬-7. F. 니체-육체 긍정의 실존주의)

⑨-11. 인체와 기계(機械)

이처럼 시작부터 우리에게 매달려도, 우리 자신을 찾는데 실망을 하고, 우리(자체)를 결코 발견할 수가 없다. 우리는 우리를 설명할 방법이 없다.

---

24) Voltaire, *The Best Known Works of Voltaire*, The Book League, 1940, p. 426 'X. Impossible Discoveries'.

우리는 삼각형을 이용하여 태양과 지구의 거리가 약 30,000,000마일이라는 것을 알고 있다. 그러나 태양은 무엇인가? 무엇 때문에 돌고 있는가? 토성과 지구는 무엇 때문에 태양을 중심으로 공전(公轉)하고 있는가? 이 의문은 풀리지 않고 있고, 그에 관한 최소한의 물리학적 원인도 알 수 없다. '무엇 때문에'가 사물 원리의 제일 난해한 매듭이다.

무한한 자연 공간이 펼쳐지기는, 우리 내부도 동일하다. 행성(行星)의 배열과 인간의 형성으로 통해 있는 길은 항상 막혀 있다. 왜냐하면 우리가 그 근원을 알게 되면 우리가 주인이고 신(神)일 것이다. 그것을 설명하고 그것을 바로 알기로 해야 한다.

감각과 생각과 행동의 근원을 찾았다고 가정해 보라. 행성(行星)에서 일식(日蝕)의 이유와 달과 금성의 변화 이유를 찾았다고 가정해 보라. 그러면 우리는 우리의 감성과 사상, 그리고 감각의 결과로 생기는 욕망을 예견할 수 있을 것이고, 역시 행성의 운동의 양상과 일식을 예견할 수 있을 것이다. 그리하여 우리 내부에 내일 일어날 일을 알면 이 기계 작용을 더욱 명확히 볼 것이고, 우리가 행운을 맞을지 불행을 맞을지도 명백히 알게 될 것이다. 다양한 환경에서 우리는 우리의 사적(私的) 행동을 결정하는 의지(a will)를 지니고 있다. 예를 들어 내가 화가 났을 때, 나의 반성과 의지는 그것의 노출을 억압한다. 내가 나의 제일 원리를 알고 있다면 나는 모든 정성을 그것에 쏟을 것이고, 나의 모든 생각을 그것에 기울일 것이다. 나는 생각과 감정을 통제할 수 있을 것이고, 때로는 억압하고 방향을 틀어 놓은 실제 감정과 생각을 행사할 것이다. 그러면 시계나 선박 그밖에 기계에서처럼 모든 사람들이 자기의 의지에 따라 행동을 증진하거나 느리게 할 수도 있을 것이다.

내일 예정된 생각들을 모두 알면 모레(the day after tomorrow)의 생각을 알 것이고 내 인생의 생각을 알 것이다. 나는 나에게 강력한 힘을 발휘할 것이고, 내 자신이 신(神)으로 될 것이다. 나는 매우 허약하여 이 (정신)상태는 나의 천성(신체) 과 공존할 수 없다. 내가 생각하고 행동하게 하는 제일 원리를 찾는 것이 불가능하다.

〈무식한 철학자-'XI. 절망의 토대'〉[25]

해설

＊ 현대 의학(醫學)은 해부학(解剖學)을 기초로, 인체해부도(an anatomical chart)

---

25) Voltaire, *The Best Known Works of Voltaire*, The Book League, 1940, p. 427 'XI. Foundation of Despair'.

를 기본으로 삼고 있다. 그런데 볼테르는 250년 전(1766)에 위에서 '인체'를 '기계(machine)'로 가정(假定)했음을 볼 수 있다.

볼테르가 전제한 방법은 비록 일관되지는 않았으나, 오늘날 인체 과학, 의학의 기본전제를 갖춘 것이다. 즉 오늘날은 인체 해부학(anatomy)을 기초로 인체 도면(圖面)을 구성하고 더욱 그것을 정밀하게 하여 세포(cell) 속의 '유전자 지도'까지 완성해 가고 있는 상황이다. 그것은 '단 한 사람의 힘'으로 달성된 것이 아니고, 인류가 정보(지식)에 정보를 더하여 달성한 결과이다. 그 '유전자 지도(genetic map)'의 완성에 멈추지 않고 그것을 이루고 있는 유기물의 화학적 구조도 밝혀질 것이며 그 화학적 구조를 밝히면 다시 그것의 조합 방법까지 실험에 돌입할 것이니, '과학적 탐구'는 계속될 수밖에 없다. 오늘날 이렇게 경험주의, 과학의 승리 방향을 볼테르처럼 정확하게 설정했던 사람은 일찍이 없었다. (참조, ※ ⑬-19. 'DNA' 분석을 통한, 인류 진화 분포도(人類 進化 分包圖))

⑨-12. 모든 생각을 주관하고 선택한 '초월 지성(Superior Intelligences)'

나의 짧고 약한 수명은 다른 세계의 존재들도 역시 그러한가? 모든 생각을 주관하고 선택하는 초월 지성은 없다는 말인가? 나는 그 문제를 모르겠다. 나는 내 자신의 허약함만을 알고 다른 힘을 알 수 없다.

〈무식한 철학자-'XII. 의심'〉[26]

해설

* 볼테르의 이러한 상상을 토대로 작품 소설 〈미크로메가스(Micromegas, 1752)〉가 창조되었다.

F. 니체는 '힘에의 의지(Will to Power)'를 말하고 '힘(권력)에의 의지가 가치의 전부다.'[27]라고 말하였다. 인간은 '과학의 힘'으로 자기의 힘을 무한정 확대하려 시도해 왔고, 앞으로도 그 '의지'는 포기 하지 않을 것이다. 이러한 측면에서 볼테르의 '자유 의지(Free Will)'가 바로 F. 니체의 '힘에의 의지(Will to Power)'와

---

26) Voltaire, *The Best Known Works of Voltaire*, The Book League, 1940, p. 428 'XII. Doubt'.
27) F. Nietzsche (W. Kaufmann & R. J. Hollingdale-Translated by), *The Will to Power*, Vintage Books, 1968, p. 37(1887년 6월 10일 기록).

상통하고 있음을 확인할 수 있다.

볼테르의 '자유 의지'는 A. 쇼펜하우어의 〈의지와 표상으로서의 세계(*The World as Will and Representation*)〉(1818)에서, '육체 내부에 존재하는 생명 의지'로 확인이 되었고,[28] 이것은 다시 F. 니체에 의해 긍정적인 '힘을 향한 의지', '힘에의 의지', '디오니소스의 의지(Will of Dionysus)'[29]로 명시되었다.

⑨-13. '자유 의지'는 '선택 의지'다.

그러나 우리의 '실존(實存, existence)'을 포기하지는 말기로 하자. 우리가 가능한 한도에서 우리 자신을 살펴보기로 하자. 하루 전에 내가 가졌던 의문들을 생각하며 현인(賢人, reasoner)이 나에게 일깨워주기를 원했다. 현인이 나에게 '자유로운가?'를 물었다. 나는 감옥에 있지 않고, 내 방에 열쇠도 가지고 있고, 완전히 자유롭다고 대답했다. 그가 말하기를 그것을 묻는 것은 아니고, 창밖으로 나를 던질 수 있는 나의 자유 의지, 여부를 내가 믿는가라는 것이었다. 즉 '금욕주의 천사(scholastic angel)'가 생각하는 것처럼, 자유의 대행자란 탐욕적인 힘(the free agent is an appetite power)이기에, 죄와 함께 사라진다는 것을 내가 믿느냐는 것이었다. 나는 그 질문자를 두 눈으로 응시하고, 그가 정신 나간 사람이 아닌지 살피고 그의 횡설수설을 이해할 수 없다고 대답하였다.

그렇지만 그 질문은 인간의 자유에 커다란 관심 사항이다. 나는 금욕주의자의 저서를 읽었고, 그들을 좋아해 어둠 속에도 있었다. 그러다가 존 로크를 읽었고, 빛을 발견하였다. 그리고 '콜린스 협약(Collins's treatise)'을 읽고 로크의 이론을 개선하였다. 그 이후 추가된 교훈을 제공한 책은 읽지를 못했다. 이것이 내가 알고 있고 다른 사람들에게도 알려 주고 있는 두 위인(偉人)이 도와준 나의 허약한 이성(理性)이다.

원인(原因, cause)이 없는 것은 없다. '원인이 없는 결과(effect)'란 의미 없는 말이다. 매 시간 나는 의지를 지니고 있고, 좋던 나쁘던 내 판단의 결론에는 나의 의지가

---

28) A. Schopenhauer(translated by J. F. J. Payne), *The World as Will and Representation*, Dover Publications, 1969, p. 99 '개인의 육체는, 표상이고 의지임'.

29) F. Nietzsche (translated by WM. A. Haussmann), *The Birth of Tragedy*, The Macmillan Company, 1909, pp. 128~129 '실존의 그 파괴할 수 없고 영원한 측량할 수 없는 원시적 기쁨(the indestructibility and eternity of this joy)'.

존재한다. 그 판단이 불가피하며 그래서 판단의 결과는 나의 의지이다. 결과는 모든 자연, 모든 행성(行星)은 영원한 법칙에 수종을 하고 6피트 키에 인간이라는 작은 동물은 그 법칙을 무시하고 자기의 변덕을 따름이 한결 같다. 인간은 우발적으로 행동한다. 인간은 '우연(偶然, chance)'이 아무것도 아니라고 생각한다. 우리는 '우연'이란 말을, 원인을 알 수 없는 모든 결과를 말할 때 쓰고 있다.

내 생각은 틀림없이 내 머리 속에 있다. 그렇다면 나의 의지는 어떻게 자유롭게 그것에 의존하는가? 나는 여러 경우에서 그 의지가 자유롭지 않음을 알고 있는데, 내가 병고(病苦)에 시달릴 때, 내가 정념(情念)에 이끌려 공여(供與)된 대상을 알 수 없을 경우 등에서 그러하다. 자연의 존재 법칙만이 항상 동일하다. 그래서 나의 의지는 엄청난 힘으로 나를 강요하려는 대상에서보다 내가 무관심하게 대하는 사물 속에서 더욱 자유롭지 못하다고 생각하게 되었다.

진정 자유롭게 된다는 것은 힘을 갖는 것이다. 나의 자유는 선택 속에 있다. 나는 불가피하게 내가 의도하는 것을 선택해야 한다. 그렇지 못하면 이유도 없고 원인도 없어 소용이 없는 것이다. 나의 자유에는 내가 산책하고자 할 때 통증 없이 걷는 것도 포함되어 있다.

나의 자유에는 내 마음이 나쁜 행위로 규정한 악행을 행하지 않는 것도 포함되어 있다. 그것의 행사가 위험하다는 마음의 지적에 정념을 억압하는 것도 있고, 나의 욕망에 대항하는 그 행동의 공포도 포함되어 있다. 우리는 우리의 정념을 억압할 수 있다(제IV장에서 언급했음). 그렇다면 우리는 '욕망을 방치(放置)'하는 것보다 '욕망을 억압'하는 것이 덜 자유롭다. 왜냐하면 우리는 두 경우(억압, 실현) 모두에서 최후의 생각을 따르고 그 최후의 생각이 불가피하기 때문이다. 무엇 때문에 그것이 명령한 것을 꼭 실현해야 하는가? 인간이 자유의 일정 양, 즉 그들이 선택한 자연으로부터 받은 힘에 만족하지 못한 것은 이상한 일이다. 행성(行星)들은 소유하지 않은 것을 인간 자신은 지니고 있다. 우리의 긍지(肯志)는 우리가 더 많이 가지고 있다고 믿게 만든다. 우리는 자유 의지 말고는 다른 동기가 없는 그 터무니없는 선택권을 우리가 갖고 있는 것으로 우리 자신을 그려 놓고 있다.(제XXIX장을 볼 것.)

그렇다. 나는 궤변으로 이 진실을 부정하는 클라크 박사(Dr. Clarke)를 용서할 수 없다. 클라크 박사가 느꼈던 힘이란 자신의 체계와도 일치를 하지 않고 있다. 그렇다. 콜린스(Collins)를 소피스트로 공격하는 클라크 박사(Dr. Clarke)를 용납할 수가 없다. 클라크 박사는 질문을 바꿔가며 콜린스를 '틀림없는(탐욕적인 힘의) 대행자'라고 말하였으니, '대행자'와 '환자' 모두를 의미하는 것인가? 그가 자의(自

意)로 움직일 때는 대행자이고, 관념을 수용한 경우는 환자이다. 하나의 문제에 두 가지 명칭은 무엇인가? 모든 문제에서 인간은 의존적 존재이다. 천성(nature)이 철저하게 의존적이고, 인간은 다른 존재들부터 결코 예외가 아니다.

로크(J. Locke, 1632~1704), 세네카(L. A. Seneca, B.C. 4~65)

'새뮤얼 클라크(Samuel Clarke)'에서 설교자는, 그 철학자(과학자)를 질식(窒息)하게 만들었다. 설교자는 '도덕적 필연성(moral necessity)'과 '인간 신체(the physical)'를 구분하고 있다. 그러면 '도덕적 필연성'이란 도대체 무엇인가? 그 도덕적 필연성이란 것이 당신에게, 콩고의 여왕과도 비슷한 기담(奇談)이지만, 교회에서 행해지는 영국 여왕의 대관식 성단에서 여왕이 그녀의 장엄한 로보스 예복을 완전 벗어던지고 알몸으로 행하지는 않는 일로 생각을 하는지는 모르겠다. 당신은 그것을 우리 조건에 맞는 여왕의 '도덕적 필연성'이라 부르고 있다. 그러나 밑바닥에 신체적이고 영원한 필연성이 있고, 사물의 성질과 혼합되어 있다. 콩고 여왕의 어리석음에 그 죄가 없기는, 어느 날엔가는 그녀도 죽을 것이라는 사실만큼이나 명백하다. '도덕적 필연성'은 말일 뿐이다. 모든 행위는 절대적으로 필연이다. 필연(necessity)과 우연(chance)에 완충지대는 없다. 그리고 우연이란 없다는 것을 당신도 알고 있다. 왜 일어난 것은 다 필연적인 것인가?

더욱 당혹스럽게 하는 것은, '도덕적 필연성'이 '[자연의]필연성'과 '[인위적]통제'를 구분하기 위해 고안되었다는 사실이다. 그러나 사실 통제는 인지된 필연성이고, 필연성은 인지되지 않은 통제이다. 아르키메데스는 문제에 빠졌을 때나 생각에 진전이 없을 때나 동일한 필연성으로 그의 닫힌 방에 남아있어야 했다.

'운명(運命)이 좋은 것으로는 몰고 가고, 싫은 것으로는 끌고 간다.(Ducunt volentem fata nolentem trahunt. ─The fates lead the willing and drag the unwilling. ─세네카)'

무식한 사람은 항상 그렇게 생각하지는 않는다. 그러나 오래가면 알게 된다.
〈무식한 철학자─'XIII. 나는 자유로운가?'〉30)

---

30) Voltaire, *The Best Known Works of Voltaire*, The Book League, 1940, pp. 428~430 'XIII. Am I Free?'

해설

* 볼테르는 여기에서 이후 A. 쇼펜하우어, F. 니체에 의해 전개될 '실존철학의 전부'를 개관(槪觀)하였다. 즉 '자유의 대행자란 탐욕적인 힘(the free agent is an appetite power)'이란 진술이 그것이니, '육체는 바로 욕망'이기 때문이다.

그렇기에 '자유(탐욕적인 힘)⇔억압(금욕)'의 동시주의(simultaneism) 원본은 1776년 볼테르에 의해 명시되었다.

위에서 '실존(實存)'의 문제는 역시 이에 명시되고 있으니, 볼테르는 사실상 '실존주의 철학'의 원조(元祖)인 셈이다. 그 '탐욕적인 힘-본능(Instinct)의 본격적 긍정(肯定)' 문제는, F. 니체('차라투스트라' '디오니소스')에 이르러 비로 가능할 수 있었다.

볼테르는 위에서 '기독교적 선악(善惡) 구분법'과 '도덕의 필연성'을 무시하고 있다. ['생물학 전제'임] '진정 자유롭게 되는 것은 힘을 갖는 것이다.(To be really free is to have power.)'라고 한 볼테르의 말은, F. 니체의 '힘에의 의지(Will to Power)' 발언과 완전 일치하는 발언이다.

볼테르의 〈무식한 철학자〉는, 이후 독일 철학의 전개가 이 볼테르의 구도(構圖)에서 모두 출발했으며, 볼테르의 위 발언은 선구적으로 근대 '실존철학'을 향한 굉걸(宏傑)한 행보(行步)였다. (참조, ✻ ③-26. '자유 의지(Free Will)'는 '선택 의지(Will of Choice)'이다. ✻ ⑪-18. 본능, 이성(理性), 힘, 자유 의지)

⑨-14. '카오스'란 인간 머릿속에 있다.

원소(元素)들, 동물, 식물로 가득한 천구(天球)들이 영원한 법칙을 따르듯이, 나는 나를 둘러싸고 있는 모든 것을 경이감(驚異感) 속에 보고 있다. 나는 겨우 알 수 있는 하나의 바퀴로서, 나의 제작자 무한한 기계의 제작자를 찾고 있다.

나는 무(無)에서 나온 것이 아니다.
나의 아버지 어머니라는 실체가 나를

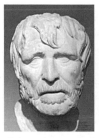

헤시오도스(Hesiod, 750 B.C.~650 B.C.), 오비디우스 (Ovid, 43 B.C.~17)

잉태해 어머니 태중에 9개월을 기른 존재이기 때문이다. 나를 생산한 그 정자(精子)

는 무(無)로부터 나온 것이 아니라는 것은 확실하다. 왜냐하면 어떻게 무(無)가 존재를 만들 것인가? "아무것도 무(無)로부터 생기지 않는다. 아무것도 무(無)로 되돌아가지 않는다."는 금언(金言)에 나는 복종을 하고 있다.

이 공리(公理)는 엄청난 힘을 발휘하여, 싸움도 없이 나의 오성(悟性, understanding)을 압도한다. 그것을 모르는 철학자는 없다. 어떠한 입법자(立法者)도 그것을 거스르지 않는다. 페니키아 사람의 '카후트(Cahut)', 희랍인의 '카오스(Chaos)', 칼데아인과 히브리인의 '토후보후(Tohu-bohu)'는 당시에 물질(matter)의 영원성이 신앙되었다는 점을 입증해 주고 있다. 옛날부터 기만(欺瞞)을 당하여 그런지는 모르겠지만, 물질은 틀림없이 영원하다. 그것은 존재하기 때문이다. '어제 있었던 것은 그 이전에도 있었다.'고 이성(理性)은 내게 말을 해주고 있다.

나는, 존재의 시작을 이해할 수 없었고, 없었던 이유, 다른 시간이 아닌 어느 때에만 존재하게 된 까닭을 이해할 수 없었다. 그래서 잘되었건 못되었건 그 관점을 포기하고, 전체 세계라는 깃발 아래 나의 탐구를 진행했다. 그래서 잘 알려진 전문가의 전 인류를 향한 판단을 발견하게 되었는데, 그것은 나의 의지에 반(反)해 나에게 포기(暴棄)를 강요하였다.

하지만, 많은 고대 철학자들에 의하면, 그 영원한 존재는 항상 작동하고 있었으니, 무엇이 페니키아 사람들의 '카후트 에레부스', 칼데아인의 '토후보후', 헤시오도스(Hesiod, 750 B.C.~650 B.C.)의 '카오스'를 만들어 내었을까? 그것들은 우화(寓話)로만 남게 될 것이다. 카오스(Chaos)란 일종의 이성(理性)적 안목(眼目)의 작동 불능이다. 왜냐하면 지적인 인간 존재가 영원하다는 것은 불능이고, 그 지성(知性)에 사물의 법칙은 어긋났다는 것, 그래서 '카오스'는 명백히 자연 법칙에 어긋나는 것이다. 기분 나쁜 알프스 동굴들에 들어가면 바위, 얼음, 모래, 물, 수정 조각, 미네랄의 잔해들이 모두 중력(重力)에 복종을 하고 있다. 카오스는 어디에도 없고 오직 우리 머리의 속에 있다. 그리고 그것들은 헤시오도스와 오비디우스(Ovid, 43 B.C.~17)가 약간 우아한 서정시[조롱임]를 쓰게 도왔을 뿐이다.

〈성경〉에도 카오스가 존재한다면, 믿기 어려운 '토후보후'를 원용했다면, 우리가 의심 없이 믿기 편하게 그렇게 된 것이다. 이 자리에서 우리는 우리 이성(理性)을 속일 수 있는 빛들을 이야기하고 있다. 이야기를 이제까지 그렇게 해 왔듯이, 우리는 미리 자신이 의심스러운 것에 한정을 해 놓고 있다. 우리를 이끄는 줄[線]도 없이, 우리는 몇 발자국을 내딛고 있는 어린 아동이다.

〈무식한 철학자-'XⅣ. 사물은 영원한가?'〉[31]

---

31) Voltaire, *The Best Known Works of Voltaire*, The Book League, 1940, pp. 430~431 'XⅣ.

해설

* 볼테르의 관심은 '추상적인 것(영혼, 이성, 정의 등)'과 '구체적인 것(물질)'이 혼합되어 있으나, '물질적인 것'에 대한 설명이 더욱 확실하고 명백하다.

볼테르는 위에서 몇 가지 '합리적 사고(이성)'의 출발점을 명시해 놓고 있다. '물질은 영원하다.' '없는 것은 영원히 없다.' '어제 있었던 것은 태고 시절에도 있었다.' '현재 있는 것은 옛날에도 있었고, 현재 불가능한 것은 옛날에도 불가능했다. 물질 속에 창조자의 비밀이 있다.'는 과학도로서의 확신이다.

볼테르가 '자신의 존재를 부모의 세포로부터 유추한 것'은 놀라운 과학적 전제로 바로 140년 후배 E. 헤켈(E. Haeckel, 1834~1919)의 중대한 전제가 된 것이다. (참조, * ⑬-6. E. 헤켈- '발생반복설(發生反復說, recapitulation theory)')

위의 볼테르의 말 중에 '<u>카오스란 일종의 이성적(理性的) 안목의 작동 불능이다.</u>' '<u>카오스란 어디에도 없고 오직 우리 머리의 속에 있다.</u>'라고 한 것은 I. 칸트의 '오성(Understanding) 철학'의 출발점이다. 볼테르의 '사유 범위' 내에서 I. 칸트는 빛이 나지만, 공연한 '이념 체계' '관념 체계' '여호와주의'에 집착하여 공리공론(空理空論)으로 향할 때, 아무에게도 소용없는 공염불(空念佛)로 변했다.

⑨-15. 우주에 발동되는 인간 지성(知性)

그러나 삼라만상(森羅萬象)이라는 엄청난 원인과 결과인 우주를 다스리는 정연한 질서의 기술과 기계적 작동 기하학적 법칙들을 보며, 나는 감탄과 존경심에 사로잡혔다. <u>만약 어떤 사람의 저작물이 우리 내부에 있는 어떤 지성(知性)을 인정하도록 강제할 경우에 그 저작물은 그 많은 어떤 저작보다 훨씬 더 우수함을 인정해야 한다</u>고 나는 즉시 판단하게 되었다. 나는 그 최고의 지성을 인정하고, 나의 견해를 두려움 없이 마땅히 바꿀 것이다. 공리(公理)를 존중하는데 주저함은 있을 수 없고, 모든 저작들은 일꾼에게 시위(示威)를 행해 보이는 법이다.

〈무식한 철학자-'ⅩⅤ. 지성'〉32)

Is Every Thing Eternal?'
32) Voltaire, *The Best Known Works of Voltaire*, The Book League, 1940, p. 431 'ⅩⅤ. Intelligence'.

해설

* 소위 '계몽주의'란 '경험주의' '과학 정신의 발동'이 그 핵심이다. 볼테르는 '자연과학도 경험 철학자'이다. 볼테르가 '의학 철학자' '실존주의자' 니체를 시대적으로 선행(先行)하였고, 이후 칸트, 헤겔, 마르크스, 쇼펜하우어가 모두 볼테르 영향 속에 있었다. ('I. 칸트'의 경우는 볼테르의 '이성 활용'을 '이성 체계 검증'으로 맞섰으니, 소득이 없는 '기계 검증'을 행한 셈이다.)

I. 칸트가 볼테르를 외면하고, 루소(J. J. Rousseau, 1712~1778)에 주목했던 것은 '관념주의 취향'과 '개신교'의 파장(波長) 속에 칸트 자신이 있었기 때문이다. 그래서 부득이 칸트는 쇼펜하우어를 거쳐 '실존철학'에 준엄(俊嚴)한 '실존 (육체) 검증'을 다시 거쳐야 했다.

G. W. F. 헤겔의 '볼테르 무시'는 더욱 노골적이어서, 헤겔의 〈세계 역사철학 강의〉는 그대로 과거 '관념주의' '여호와주의'가 남긴 마지막 해골이다. 헤겔은 '변증법'이라는 '속임수'로 '관념적 여호와주의'와 이익주구 '현실의 제국주의 (Imperialism)'를 혼동하는 그 '절대주의(absolutism)'라는 것으로 '사기행각'을 벌렸다.

헤겔의 잘못('게르만 우월주의')은 히틀러에게까지 이어졌으니, 웃을 수만도 없다. 헤겔의 '프리드리히 2세의 칭송'이 결국은 히틀러까지 만들어 내게 되었다. (참조, ※ ⑦-19. 헤겔과 프리드리히 2세-〈세계 역사철학 강의〉)

⑨-16. '최고의 예술가'는, 과학자다.

> 그 지성(知性, intelligence)이란 영원한가? 물론이다. 왜냐하면 내가 물질의 영원성을 긍정하고 부정하는 것에 관계없이 최고 예술가[신, 조물주]의 영속(永續)을 막을 수는 없다. 만약 어떤 것이 지금 있다면, 그것은 항상 존재하는 것이기 때문이다.
>
> 〈무식한 철학자-'XVI. 영원성'〉[33]

해설

* 볼테르는 위에서 '지성(知性, intelligence)'이란 전제를 했는데, 그것은 '이성'

---

33) Voltaire, *The Best Known Works of Voltaire*, The Book League, 1940, p. 431 'XVI. Eternity'.

과 '합리'보다 더욱 체계적인 자연 원리 발견(운영) 주체를 전제한 말이다.

'최고 예술가'는 신(神, 조물주)을 전제한 것인데, 그 비밀을 아는 존재를 볼테르는 '과학자'로 전제하였다. 그러한 측면에서 '예술가, 철학자, 과학자'가 서로 구분이 될 수 없다.

볼테르가 '지금 있는 것'이란 '자연을 지배하는 원리'를 말하고 그것의 '영원을 믿는 지성(知性, 理性)'이다. 그것이 '과학 정신'이다.

볼테르의 '신(神)의 뜻'은, '자연 질서의 명시' '자연 지배 원리'를 지칭하고 있으니, 그 '질서의 일부 원리'를 확인했던 존재를 '과학도(철학자)'라 전제하고 있다. '자연 원리'를 신(神)으로 전제하는 것이 이신론(理神論, deism)이다. [헤겔은 이를 '여호와주의'러 되돌렸다.]

⑨-17. 과학자가 이상(理想)이다.

나는 그 방대한 영역에 두 세 걸음 나갔을 뿐이다. 나는 그 신성한 지성(divine intelligence)이, 그 '조각 작품'과는 달리 그 '조각가'가 드러나듯이 과연 우주에 절대적 존재인지는 모르겠고, 그 세계에 관한 영혼이 세계와 일치하여, 버질(Virgil, 70 B.C.~19 B.C.)이나 루칸(Lucan, 39~

버질(Virgil, 70 B.C.~19 B.C.), 루칸(Lucan, 39~65)

65)이 시에서 말했듯이, 내가 영혼이라 부르는 것을 동일한 방법으로 나를 통합하여 세상을 관통할 수 있는지에 대해서도 나는 알 수가 없다.

인간과 짐승들이, 그 목숨들을 얻었으니, Mens agitat molem magno se corpore miscet, ─Hence men and beasts the breath of life obtain, ─버질

어디를 가든지, 보이는 것은 주피터라. Jupiter est quodcumque vides quocumque moveris. — Jupiter is whatever you see, whichever way you move. — 루칸

나의 공연(空然)한 호기심으로 내 자신이 교란되었다. 비참한 생명, 내가 내 지성을 가늠할 수 없고, 나에게 생기를 불어넣는 것을 모르고서 내가 사물을 온전히 지배하고 있는 지울 수 없는 지성[神]과 어떻게 가까워질 수 있을 것인가? 삼라만상은 시위(示威)를 계속하고 있는데, 나를 영원한 비밀의 집으로 안내할 컴퍼스는 과연 어디에 있는가?

〈무식한 철학자 – 'XVII. 알 수 없음'〉[34]

해설

* 여기에서 볼테르의 '**신성한 지성(divine intelligence)**'이란 '영원불멸'의 '자연 질서'를 말한다. 이 〈무식한 철학자〉를 저술할 때 볼테르의 나이는 76세(1766)이니, 그 '탐구 열망'에도 불구하고 그는 노경(老境)에 이르렀다.

볼테르는 그 나이에도 '삼라만상은 시위를 계속하고 있는데, 나를 영원한 비밀의 집으로 안내할 컴퍼스는 어디에 있는가?'라고 하여 무한히 넘치는 탐구 욕망을 드러내고 있다.

버질과 루칸 시의 인용은 볼테르가 동물과 유사한 육체를 받았으나, 눈에 보이는 것은 '창조자(원리)를 알고 싶은 욕망' '자연 원리를 알고 싶은 충동' 속에 있다는 고백이다.

⑨-18. 무한한 시공(時空) 속에 있는 작은 실존(實存)

힘과 방대함에서 그리고 그 지속성에서, 그 '지성(知性, intelligence)'은 무한대인가? 나는 그것에 대해서는 아는 바가 없다. 그러면 나의 무한한 힘에 관한 생각은 무엇인가? 나는 현실적으로 존재하는 무한을 어떻게 알고 있는가? 진공 속에 최고의 지성이 있음을 어떻게 추상할 수 있는가? 무한한 확장(擴張)은 무한한 지속(持續)과는 다르다. 지속의 무한성은 흘러가는 것이다. 내가 말하고 있는 예가

---

34) Voltaire, *The Best Known Works of Voltaire*, The Book League, 1940, pp. 431~432 'XVII. Incomprehensibility'.

그것이다. 과거의 지속성엔 더 붙일 수가 없지만, 그러나 내가 알고 있는 공간에는 숫자를 늘릴 수 있다. 숫자 속에 무한과 확장은 나의 오성 (悟性) 영역을 초월한다. 말할 수 있는 모든 것은 그 심연(深淵)에 대한 아무 통찰력도 제공하지를 못한다. 다행히 나의 무식은, 도덕(道德)의 치명(致命)성은 모르고 있다. 우리는 공간의 방대함이나, 지금도 진행되는 삼라만상을 창조했던 무한의 힘을 모르고도 잘 지내고 있다. 그것은 단지의 우리 오성(悟性)의 허약함을 입증하고 있고, 그 약함이 우리를 영원한 존재(eternal Being)에게 복종하게 하고, 그 영원한 존재[神]의 작품이 인간이다.

〈무식한 철학자―'XⅧ. 무한대'〉[35]

해설

* '무한한 확장(擴張)은 무한한 지속(持續)과는 다르다.'는 발언은 공간(空間)과 시간(時間)을 통합해 적용되는 '인식의 힘(원리)'을 말한다. 그리고 볼테르가 '무식해서 도덕의 치명(致命)성(my ignorance can be no way pernicious to morality)을 모른다.'는 것은 '무식한 철학자' 볼테르의 '실존주의 간접 선언'으로 주목할 사항이다.

이것은 〈신약〉에서 강조한 '죄(罪)' '천국(天國)'에 대한 필연성의 강조와 관련된 것으로 볼테르는 '도덕'은 '사회 속에 행해할 의무'로 생각하였다. (참조, * ③-17. 도덕은 의무(義務)이다. * ⑪-2. 유일신, 영혼불멸, 사후상벌(死後賞罰)은 모두 고대 이집트인 유품이다.)

헤겔은 '정의(just)' '도덕(moral)'에 '절대의지(absolute Will)'를 걸었으니, 그것이 바로 그 '자신 기만(欺瞞)'의 핵심이다. [즉 '숨쉬기' '잠들기'는 그 '도덕' '정의'와 무관하게 진행되고 인생에 더욱 근본적인 사항이다.]

한 마디로 '숨 쉬고 먹고 마시는 실존(肉體) 초월 이야기'는 그 자체가 거짓말임을 볼테르가 처음 주장을 폈고(참조, * ⑨-3. 먹지 못하면, 사유(思惟)도 불능이다.), 쇼펜하우어가 입증을 하였고, 니체가 세계인에 공표를 하였고, 1916년 '다다 혁명 운동'을 일반화했던 '인류의 공론(公論)'이다.

---

35) Voltaire, *The Best Known Works of Voltaire*, The Book League, 1940, p. 423 'XⅧ. Infinity'.

⑨-19. 육체(肉體) 속에도 있는, 그 '원인'과 '결과'

인간은 '절대자(주물주)의 작품'이다. 그것이 우리가 알아야 할 중대 진실이다. 절대자가 인간을 언제 만들었는지, 그 이전에 절대자는 무엇을 했으며, 절대자는 물질로 존재하는지 진공으로 존재하는지, 한 지점에 있는지 아닌지, 고정적으로 작용하는지 아닌지, 모든 곳에 작용하는지 아닌지, 그 자신 속에서 행하는지 아닌지를 철학적으로 아는 것이, 나의 심각(深刻)한 무식에 대한 유죄 선고를 강화할 탐색들이다.

이와 같은 추상적 문제에 대한 저술을 행한 이는 유럽에서 12명도 못 되는 것을 나는 알고 있다. 그래서 그들이 합리적으로 말한 것을 미루어 보면, 결론은 무엇인가? 우리가 이미 확인했듯이(제Ⅳ장) 오성(悟性)을 가지고 아첨을 떠는 일은 나머지 인류에게 소용이 없다. 인간은 확실히 신(조물주)의 작품이다. 그것을 아는 것이 나에게는 유용하다. 그 증거는 명백하다. 내 신체의 모든 사물은 원인과 결과 속에 있다. 신체는 스프링, 도르래, 유압식 기계이고, 액체의 형평이고 화학 공장이다. 그래서 그것은 어떤 지성의 작품이다(제XV장). 나의 부모가 만든 작품이 아니다. 왜냐하면, 그들이 나를 제작할 때 그것을 명백히 모르고 있었기 때문이다. 나의 부모는 태양의 주위를 도는 지구의 모태 속에 살고 있는 조물주의 맹목의 도구들이었기 때문이다.

〈무식한 철학자-'XIX. 나의 의존성'〉36)

해설

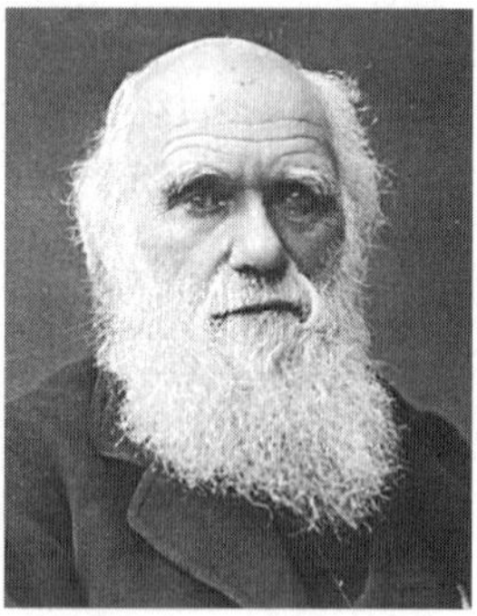
C. 다윈(C. Darwin, 1809~1882)

* 이러한 볼테르의 질문에 대한 대답 중의 하나가, C. 다윈(C. Darwin, 1809~1882)의 〈종의 기원(*On the Origin of Species*)〉(1854)이다. (참조, ※ ⑬-4. C. 다윈-'진화론(進化論)', ※ ⑬-6. E. 헤켈- '발생반복설(發生反復說, recapitulation theory)')

위의 볼테르의 진술은 '질문'이며 역시 '대답'이다. 볼테르의 진술에서 '백미(白眉)'는 '기계주의' 인간론이다. 이것은 F. 니체의 큰 동조를 얻었

---

36) Voltaire, *The Best Known Works of Voltaire*, The Book League, 1940, pp. 432~433 'XIX. My Dependence'.

던 사항이고,[37] 현대 의학의 기본 전제이다. F. 니체에 이어 F. T. 마리네티(Filippo Tommaso Marinetti, 1876~1944),[38] 피카비아(Francis Picabia, 1879~1953), M. 에른스트(Max Ernst, 1891~1976)도 이에 동조한 현대 과학 사상의 기본 전제이다.

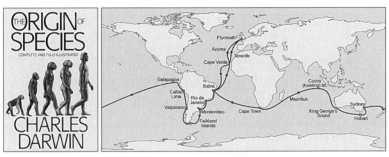

C. 다윈의 <종의 기원(On the Origin of Species)>(1854), 비글호의 항해 경로(The voyage of the Beagle, 1831-1836)

⑨-20. '씨앗'에서 '씨앗'으로

씨앗으로부터 나와서 다른 씨앗을 만드는 것, 그 씨앗들의 무궁한 전개와 지속적 연결, 필연적으로 지속되는 모든 천성(天性, nature)은, 자재(自在)한 최고 존재(조물주, 신)에게서 비롯한 것이 아닌가? 내가 그 연약한 나의 오성(悟

에른스트 헤켈(Ernst Haeckel, 1834~1917)[39]

性, Unerstanding)을 믿을 때, 천성은 항상 생기발랄하다고 고백하지 않을 수 없다.

---

37) R. Safranski(Translated by Frisch), *Nietzsche : A Philosophical Biography*, W. W. Norton & Company, 2002, p. 365 – '나는 부서질 수 있는 **기계** 중 하나일세'.

38) P. Hulten, *Futurism & Futurisms*, Gruppo Edtoriale, 1986, p. 512 '미래주의 선언' '기계 예찬'.

39) Wikipedia, 'Ernst Haeckel' – 'Ernst Haeckel: Christmas of 1860 (age 26)'.

천성을 지속적으로 약동하게 하는 그 원인은 알 수 없지만, 천성은 항상 작동할 수는 있고, 그러나 항상 작동되고 있는 것도 아니다. 존재의 게으름은 논쟁거리도 아니다. 나는 태양으로부터 나온 빛이 만상(萬象)을 감싸듯이, 세상은 그 원초적 필연적 문제 내(內)에 있다고 생각하게 되었다. 어떤 관념의 연속으로 나는 영원 존재의 영원 작품들을 내가 신앙하게 되었는가? 타고난 겁쟁이인 내가 내 존재의 필연성을 알 만큼 강해졌으나, 아무 것도 모르고서의 강함이란 내게는 없다. 단순한 원자(a single atom)의 존재는 존재의 영원성을 입증해 주고 있고, 어떤 것도 내게 단순한 무의미를 입증하지 못하고 있다. 뭐라고? 공간이 원래 진공(眞空)이었다고? 그것은 망언(妄言)이다. 시간을 거슬러 내 생각을 고정시킬 계시가 없다면, 나는 그 무(無)를 인정할 수가 없다.

나는 민감하다. 근원이 없는 존재들의 무한한 연속이란 역시 '망언(妄言)'인데, 그것은 새뮤얼 클라크(Samuel Clarke, 1675~1729)의 견해다. 그러나 클라크는, 신(神)이 모든 존재들을 영원의 쇠사슬로 묶고 있지는 않다는 사실을 확신시키지 못했다. 클라크는 신이 영원히 활동적으로 그의 작품에 작용하기는 불가능한 것이라고도 감히 말하지 못하였다. 클라크는 자신이 행하지 않는 것을, 나에게 용감히 말하는 사람, 말할 수 있는 사람임은 명백하다. 거듭 말하거니와, '계시(啓示)'만이 나를 가르칠 수 있고, '계시'만으로 나를 가르칠 수도 없다. 그러나 우리는 모든 철학(과학)을 분쇄할 그 계시, 모든 다른 빛들을 사라지게 할 그 빛을 획득하지 못하고 있다.

〈무식한 철학자-'ⅩⅩ. 영원성 2'〉[40]

 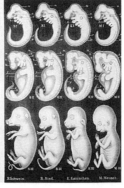

'물고기(F), 도마뱀(A), 거북(T), 병아리(H), 돼지(S), 소(R), 토끼(K), 인간(M)의 생장도(1874 illustration from Anthropogenie showing "very early", "somewhat later" and "still later" stages of embryos of fish (F), salamander (A), turtle (T), chick (H), pig (S), cow (R), rabbit (K), and human(M))'[41]

40) Voltaire, *The Best Known Works of Voltaire*, The Book League, 1940, p. 433 'ⅩⅩ. Eternity 2'.

41) Wikipedia, 'Ernst Haeckel'-'1874 illustration from Anthropogenie showing "very early",

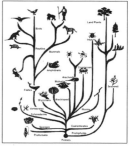

계통수(系統樹, Phylogenetic tree of Life)[42]

해설

* C. 다윈(C. Darwin, 1809~1882)에 이어 E. 헤켈(Ernst Haeckel, 1834~1917)이 "개체 발생은 계통발생을 반복한다.(Ontogeny recapitulates Phylogeny : an individual organism's biological development, or ontogeny, parallels and summarises its species' evolutionary development, or phylogeny.)"는 놀라운 사실을 밝혀냄으로써 로크와 볼테르의 '생명을 향한 경험과학 승리'를 거듭 확인하였다.

볼테르의 비판은, 선험철학, 신(神)의 계시를 앞세운 '독단론(dogmatism)'에 대한 비판이다. 앞서 '물질적 존재의 영원'을 볼테르는 그 신조(信條)로 삼았다. (참조, * ⑨-14. '카오스'란 인간 머릿속에 있다.)

'계시'를 믿었던 사람들은 많았고, 앞으로도 있을 것이다. 그러나 오늘날은 그것이 하나의 취미(취향) 이상의 것일 수 없다. 볼테르가 위에서도 거듭 명시한 '과학적 제1전제'는 '있는 것은 계속 있고, 없는 것에서 있는 것이 생기는 법은 없다.'이다. 진공(眞空)은 영원한 진공이고, 있는 것은 있는 것에서 창조(변화)되었다.

"'유(有)'에서 '유(有)'로 되었고, '무(無)'는 역시 계속 '무(無)'이다."라는 전제는 과학적 탐구의 기본 전제이다. [헤겔은 '여호와주의' '변증법'으로 이것을 무시 통합하였다.]

"somewhat later" and "still later" stages of embryos of fish (F), salamander (A), turtle (T), chick (H), pig (S), cow (R), rabbit (K), and human (M)'.

42) Wikipedia, 'Phylogenetic tree of Life'.

⑨-21. 조물주(造物主)가 공여(供與)한 우리의 아이디어

보편적 원인인 조물주가 내게 아이디어를 제공했다. 왜냐하면 나는 대상에서 아이디어를 받지는 못하기 때문이다. 형태가 없는 물질은 나와 생각을 주고받을 수 없다. 나의 생각은 내게서 나온 것이 아니다. 생각들은 내 의지를 거슬러 생기고 자주 그 의지를 회피한다. 객체와 관념과 감각 사이에는 어떤 유사성이나 연결이 없다는 사실을 우리는 잘 알고 있다. 분명히 '신(神) 속에 우리가 모든 것을 본다.'고 상상한 N. 말브랑슈(N. Mallebrache, 1663~1715) 같은 그 무엇이 우리에게 있는 것 같다. 그러나 '신이 우리 안에 있다'는 스토아학파에게는 숭고함이 없으니, 우리가 신의 실체인 빛을 소유한다는 이야기가 아닌가? 우리는 말브랑슈의 꿈과 스토아학파 사이에 어느 곳에서 진실을 찾을 것인가? 나는 우리 본성의 부속물인 무식(無識) 속에 다시 잠긴다(제Ⅱ장). 그래서 어찌 할 바를 몰라 나는 신에 의존해 생각하는 그 신을 찬양한다.

〈무식한 철학자-'XXI. 나의 의존성 2'〉[43]

해설

* 볼테르는 다른 곳에서 '자연(自然)이 철학자를 만들었다.'라고 하였다. 사실이 그렇고 이것이 볼테르 생각의 출발점이다.

A. 쇼펜하우어가 '개인의 육체(an individual's body)'가, 바로 '의지(意志-will)'이며 '표상(表象-representation)'이라는 그 '주체 객체(subject+object)' '이중 관계(주체-意志이면서 객체-表象)'에 있음을 입증하였기에, 볼테르 단계에서는 현대 실존철학의 거점을 아직 확인하지는 못하였다.

그러나 쇼펜하우어가 앞서 제기한 볼테르의 의문에서 자신의 해답을 도출했을 것이라는 점도 역시 부정하기 힘들다. 왜냐하면 이미 볼테르가 '인간과 동물의 유사함'에 착목했듯이(참조, * ⑨-6. 어떻게 저 짐승들을, 선악(善惡)으로 심판을 할까?) 그 '육체(객체)'가 파괴되면 그 '정신'의 소재도 확인할 수 없기 때문이다.

그렇기에 볼테르의 '실존(육체)'의 문제는 극히 제한적이고, '자유 의지'도 설명이 온전하지 못했다.(볼테르의 경우, 그 생명의 주체, '본능-instinct 긍정'에

---

43) Voltaire, *The Best Known Works of Voltaire*, The Book League, 1940, pp. 433~434 'XXI. My Dependence again'.

아직 확신이 없었다.[44])

⑨-22. 다른 행성(行星)에, 인간 같은 존재가 없을까?

내게 허여(許與)된 작은 이성(reason)을 돌아보며, 필연의 영원한 조물주가 있다는 것, 그로부터 내 생각을 받아 경건함도 없이, 이 존재는 무엇인가를 묻는다. 조물주는 다른 세계에 우리 종족보다 더욱 지적이고 능동적 존재를 보유했는지? 나는 물질에 무식함을 이미 밝혔다.(제Ⅰ장) 그럼에도 나는 그것(더욱 지적이고 능동적 존재의 실재)이 불가능하다는 확신을 갖지 못하고 있다. 왜냐하면 행성(行星)들은 크기에서 지구보다 크고 지구보다 더 많은 위성(衛星)을 지니고 있기 때문이다. 거기에 인간보다 훨씬 높은 지성, 강건한 신체, 더욱 활동적이고 오래 사는 존재가 없다는 단정을 할 수가 없다. 그러나 그들의 존재는 나와는 아무 상관이 없기에 금성(金星)은 상상의 제 삼천(三天)에서 왔고, 수성(水星)은 제 오천(五天)에서 왔다는 옛 시인에게 맡겨두면 된다. 나의 탐구는 절대적으로 나를 관장하고 있는 절대자(조물주, 자연) 의 행위에 한정해야만 한다.

〈무식한 철학자 -'ⅩⅫ. 신선한 의심'〉[45)

해설

* 볼테르는 '학문의 거시적 안목(巨視的 眼目)의 발휘'에 타의 추종을 불허한 대 천재성을 발휘하였다. 위의 진술에서 인문학과 자연과학을 섞어 진술을 계속하고 있다. 볼테르는 그 스스로가 당시 '계몽주의' '과학주의' 본류(本流)에 있음을 명시하고 있다.

볼테르는 '자연(神) 원리 탐구'를 최우선으로 전제하였고, 사회과학은 '공자(孔子)의 자연법(Natural Law)'을 그 최고로 생각하였다. (참조, ※ ⑤-11. '자연법(自然法)'은 '이성(理性) 법'이다. ※ ⑩-6. 자연(自然) 속에 천성(天性)을 지키는 생명들, ※ ⑪-9. '자연(自然) 법칙'에서 벗어날 수는 없다.)

---

44) F. 니체에 이르러서, **'본능(本能)'과 '이성(理性)'의 동시주의**(simultaneism)를 제시하여, 모든 인간의 '자유 의지 실현(선택 의지의 실현)'에 모든 제한을 철폐하여 '실존 실현'의 '대경대법(大經大法)'을 펼쳐 보였다.(<차라투스트라는 이렇게 말했다.> 참조)

45) Voltaire, *The Best Known Works of Voltaire*, The Book League, 1940, p. 434 'ⅩⅫ. A Fresh Doubt'.

⑨-23. '부조리'-선악(善惡)의 공존(共存)

이 지구에서 대부분의 사람들은, 신체적 도덕적 악(惡, evil)을 관찰하여 두 가지 강력한 존재를 상상해 내었으니, 하나는 모든 선(善)을 만드는 존재이고 다른 것은 모든 악(惡)을 만드는 존재이다. 만약 그것들이 존재한다면 그들은 필수불가결한 것이다. 그렇기에 그들은 같은 장소에 공존하고 있다. 천성(天性)에 존재한 것은 다른 곳으로 몰아낼 수도 없다. 그렇기에 그들은 서로를 관통하여 존재하고 있으니, 이것이 부조리(absurd)다. 이 두 가지 강력한 적(敵)이란 개념은, 우리를 땅바닥에 쳐 눕히는 예들에서만이 그 기원을 찾을 수 있다. 점잖은 사람과 흉포한 사람, 유용한 동물과 불쾌한 동물, 착한 주인과 독재자가 있다. 천성(天性)을 다스리는데도 그 '대립의 힘들'이 있으니, 단지 아시아 사람들만이 낭만적이다. 아시아에서는 모든 자연(自然) 속에 디자인의 통일성이 명시되어 있다. 운동과 중력의 법칙은 동일하다. 서로 대립하는 두 최고의 예술가들이 동일한 법칙을 따른다는 것은 불가능하다. 내 생각으로는 그 유일함을 추구함이, 마니교 (Manichaeism, 3세기 페르시아의 마니가 창설한 종교)를 뒤집었고, 많은 저서를 폭파해 못쓰게 만들었다.

그렇다면 모든 것이 그분[神]에로 통일이 되고, 만물이 의존한다는 유일하고 영원한 권능이 있을 터이다. 그러나 그분의 천성은 내가 이해할 수가 없다. 성 토마스는 우리에게 말하고 있다.

"신(神)은 순수하여 성별도 난해도 없다. 그는 필수와 참여의 자연(自然, nature)이고 대행자이다."

로마 가톨릭 도미니크 수사가 종교 재판장이었을 때, 이 명백한 사실을 부정한 사람을 화형(火刑)을 시켰다. 나는 그들을 부정하지는 않지만, [화형을 행한]그들을 이해할 수 없다.

나는 신(神)이 단순하다고 말했다. 내가 이 말의 가치보다 더한 것을 알지 못한다고 공언(公言)한다. 내가 커다란 부분을 맡아 신에게 이바지를 하는 것도 아니라는 점은 명백하다. 그러나 나는 모든 판사가 관용(寬容)해야 할 때 관용이 없음을 이해할 수 없다. 단순성은 간단히 말해 보잘 것 없음과 너무 닮았다. 내 오성(悟性)의 극미함은 그 단순성을 감당할 방법이 없다. 대수학적 점(point)은 단순하다. 대수학적 점은 실제에 존재하지 않는다는 것을 내가 꼭 말을 해야 할 것인가.

다시 말하면 개념은 간단하나, 이해하기는 쉽지 않다. 나는 말[馬]을 알고 있다. 그 개념을 갖고 있다. 그러나 나는 비슷한 사물 속에 하나를 알고 있을 뿐이다.

나는 하나의 색깔을 알고 있다. 색깔의 개념을 갖고 있다. 그 색깔은 범위가 넓다. 전반적으로 색채 명칭은 추상 명사라 공언하는 바이다. 악, 도덕, 진실도 그렇다. 그러나 이성(理性, reason)은 내게 사물의 색채를 알게 했고, 사물들의 덕과 악, 진실과 거짓을 알게 했다. 나는 그것을 언어로 표현한다. 그러나 내게 단순성에 관한 명백한 지식도 없다. 실제 존재하는 무한 존재 중에 나는 그것 이상도 모른다.

나는 내가 모르는 것에 확신을 가지고 있다. 나는 나의 창조자를 모른다. 나는 매 순간 내 무식에 압도되고, 그래서 우리 주(主)가 계시는지, 두루 계시지는 않으신지, 그가 주신 양심을 내가 거스르지는 않고 있는지를 반성하며 자신을 위로하고 있다. 그렇다면 인간이 개발한 신(神)에 관한 모든 체계 중에서 어느 것을 가져야 할 것인가? 절대자에 대한 찬송이 없는 것은 소용이 없다.

〈무식한 철학자-'XXⅢ. 유일한 최고 예술가'〉[46]

해설

* 볼테르의 강조점 '관용(寬容, tolerance) 강조 정체(正體)'는 과연 무엇인가? 그것은 모든 인간이 '육체의 운영'을 떠날 수 없기 때문이다. 이 지점이 바로 볼테르 실존주의(Existentialism)의 가장 확실한 거점이다. (참조, * ⑤-26. 용서(寬容)는 인류 특권)

그런데 G. W. F. 헤겔은 그것을 '한가한 관용(latitudinarian tolerance)'이라 하여 볼테르를 비웃었다. 헤겔은 그만큼 역시 자기기만(自己欺瞞)과 허풍(虛風)이 심했다. (참조, * ⑬-2. G. W. F. 헤겔의 '절대주의' '여호와주의')

볼테르의 '무식 선언'은 그대로 '자연과학 탐구'의 제일 명제이다. 볼테르는 '구체적인 것' '물질적인 것의 탐구'에 해답을 원했고, '독단론(dogmatism)'은 모르는 것으로 치부해 두었다. [칸트 헤겔은 '기독교 神學徒'이다.]

그런데 볼테르의 고민은 이미 그 '실존주의'에 나와 있다. 하나의 존재(육체) 속에 '선(善)' '악(惡)' 문제가 그것이다. 볼테르의 걱정은 '프랑스 사회의 문제', '가톨릭교도의 횡포 문제' '절대주의 관념 철학'의 문제, 그것의 '전제 절대 왕권과의 결탁'의 문제가 그것이다.

볼테르의 시각으로는 그 '독선적 고집', '가혹한 살상(殺傷)'이 가장 큰 문제였

---

46) Voltaire, *The Best Known Works of Voltaire*, The Book League, 1940, pp. 434~435 'XXⅢ. A Sole Supreme Artist'.

다. 볼테르는 위에서 '단지 아시아 사람들만이 낭만적이다. 아시아에서는 모든 자연(自然) 속에 디자인의 통일성이 명시되어 있다.' 여기에서 '아시아적 낭만(an Asiatic romance)'이란 공자(孔子)의 '정직, 용서(仁, 恕)'를 존중한 중국인을 말한다. (참조, ＊ ⑤-21. 자연(自然)스런 중국(中國) 문명(文明), ＊ ⑤-22. 속이지 않았던 현인(賢人), 공자(孔子))

볼테르는 위에서 '실존주의' '부조리'의 원리를 거의 망라하였다. 즉 하나의 존재 내에 '선악'이 공존한다는 것, 모든 판결에 '관용'이 우선 되어야 한다는 것이 그것이다. 볼테르에 아직 명시되지 못한 것은 '육체' '본능' '정신' '이성(理性)'이 체계적으로 확립되지 못했다는 점이다. 대신 볼테르는 '단정'을 피하고 '탐색'의 자세를 견지했으니, 그것으로 모든 이의 모범이 될 만한 것이다.

볼테르가 위에서 거론한 '개념(이념)은 간단하나, 이해하기는 쉽지 않다. 나는 말[馬]을 알고 있다. 그 개념을 갖고 있다. 그러나 나는 비슷한 사물 속에 하나를 알고 있을 뿐이다.'라는 문제는 플라톤의 '이념(개념) 철학'의 난해성과 공소(空疎)성을 지적한 경험주의자 볼테르의 날카로운 지적이다.

볼테르의 150년 후배 F. 니체는 〈우상의 황혼〉을 통해 관념철학에 대대적인 비판을 가했다. 니체는 '이념(理念)이 철학자를 삼켰다.'[47]고 비판하였다.

⑨-24. 과학이 없는 스피노자

만물의 구성체를 최초로 탈레스(Thales)가 물이라고 말한 이래, 엠페도클레스(Empedocles)의 불, 에피쿠로스(Epicurus)의 원자, 피타고라스(Pythagoras)의 수(數), 플라톤의 양성론(兩性論, Androgines) 등 형이상학의 미치광이 영역을 지나, 나는 스피노자(B. Spinoza, 1632~1677)의 체계와 접하게 되었다.

스피노자의 생각은 새로운 것이 아니다. 스피노자는 희랍 철학과 유대인의 철학을 모방하였다. 그러나 희랍 철학자가 행했던 것을 행하지 않았고, 유대인이 행했던 것도 마찬가지다. 스피노자는 그의 이념의 그물(the net produce of his ideas)을 계산하는데 기하학적 방법을 적용하였다. 그가 방법론적으로 방황하지는 않았는지 살펴보기로 한다.

---

47) F. Nietzsche(Translated by T. Comman), *The Joyful Wisdom*, The Macmillan Company, 1924, pp. 336~337.

스피노자는 먼저 자명(自明)한 사실을 전제하였다. 존재하는 것은 결국 필연적으로 영원히 존재했던 것이다. 이 원리는 사실이기에 신중한 새뮤얼 클라크(Samuel Clarke, 1675~1729)가 신(神)의 존재 증명에 이롭다고 하였다.

그 신은, 존재의 모든 곳에 있다. 누가 그것을 한정(限定)할 수 있겠는가. 그렇기에 필연적 존재는 어디에나 있다. 무엇 때문에 우주에 오직 하나의 실체가 있어야만 한다는 것인가? [기독교 '여호와' 부정]

그 실체(實體, substance)는 다른 실체를 창조할 수 없다. 왜냐하면 조물주는 만물에 가득함으로 새로운 실체가 어디에 터를 잡을 것이며, 아무 것도 없는 데서 어떻게 무엇을 창조할 것인가? 불가피하게 존재한 공간에서 없는 공간이 만들어질 수 있겠는가?

세계에는 사상(thought)과 물질(matter)이 있다. 우리가 신(God)이라 부르는 실체는 사상이며 물질이다. 모든 사상, 모든 물질은 신의 무변광대 속에 납득이 된다. 신 밖에는 아무것도 없고 그들은 그 속에 행동하고 신은 모든 것을 알고 있고, 신은 모든 것이다. [볼테르 自然神의 규정]

절대자가 인간의 뇌 속에 작동하고 빛을 밝히고 바람을 움직이고 빛을 쏘며 행성(行星)을 돌리며 모든 자연 속에 있는 절대 신의 다른 속성들을 우리가 무엇 때문에 다른 실체라고 불러야 할 것인가?

절대 신은 그의 주체들에 분리되어 한정된 지상(地上)의 궁중(宮中)에 더러운 왕을 싫어하고, 그 주체들과 친하고 주체들은 절대 신의 요긴한 일부이고, 그가 그 주체들로부터 분리되면 그는 더 이상 보편적이지 못하고 공간도 채우지 못하여 그는 다른 것들과 마찬 가지인 주변적인 것이다. [人格神(여호와)의 모순점]

우주 속에 모든 다양한 변용은, 절대 신의 부속 결과들이다. 그러함에도 스피노자에 의하면 절대 신은 부분이 없고, 무한한 신은 아무것도 소유하지 않기 때문이란다. 간단히 말해서 스피노자는 인간들이 그 필수 무한 영원의 신을 사랑해야 한다고 선언을 하고 있다. 다음은 스피노자의 말이다.

"신에 대한 사랑에 관해 그 생각은 결코 시들지 않으니, 그것을 달리 늘릴 것도 없고, 그것이 내게 신이 나의 존재와 친하다고 가르치고, 신이 나의 존재와 소유를 주시고, 신이 나에게 소유를 주셔서 자유롭게 하였고, 책망이나 보상이나 다른 것이 아닌 내 본성에 속하게 하셨다. 신에 대한 사랑은 두려움, 불안, 기죽음, 부정한 사랑을 물리치게 한다. 그것은 내가 착함을 잃지 않게 하고 내가 알고 사랑하는 대로 더욱 이롭게 소유함을 가르친다."

이 생각들은 여러 독자를 유혹(誘惑)하였다. 처음에는 스피노자를 비판했던 사람까지 결국 스피노자 견해를 옹호하였다.

유식한 벨(P. Bayle, 1647~1706)은 스피노자의 신에 대한 무식을 격렬한 공격으로 핀잔을 주고 있다. 나도 준엄하게 벨에 동의한다. 그러나 나는 내가 부당하다고는 생각하지 않는다. 벨은 스피노자의 매력적인 성곽의 약점을 쉽게 찾아내었다. 벨은 사실 스피노자가 부분의 신(神)을 만들어내어 그 자신의 체계 속에 자신이 욕망을 취소하고 겁을 먹기를 강요당한 것처럼 하고 있다는 것을 알았다. 벨은 스피노자가 어떤 별과 호박을 만들고 생각하고 담배피우고, 치고 맞는 신(God) 만들기에 광분(狂奔)하고 있음을 알고 있었다. 벨은 그 전설이, 자유자재로 변신(變身)을 하는 신 프로테우스(Proteus) 이야기에 많이 있다는 것도 알았다. 벨은 부분이 아니라 '격식(格式, modalities)'이란 말을 썼는데, 스피노자는 항상 '격식'이란 용어를 사용하고 있다. 그러나 내가 잘못 생각하지 않는다면, 동물의 똥이 '격식'이건, 절대자의 부분이건 불손하기 마찬가지이다. [볼테르의 '여호와 부정']

벨은, 스피노자가 이성(理性)에 의해서는 창조가 불가능하다고 말했던 것에는 공격을 행하지 않았다. 그러나 바로 말하면 이성(理性)은 창조로서 확신의 목표이고, 철학(과학)이 그 목표는 아니다. 왜냐하면 이 견해는 스피노자에게도 낯선 것이 아닐 터이니, 모든 옛사람이 스피노자처럼 생각을 해왔기 때문이다. 스피노자는 단순한 어떤 신(God)의 부조리를 공격하고 있고, 부분으로 조작된 먹고 소화시키고 동시에 같은 것을 미워하고 좋아하는 신의 일부를 구성해 내었다. 스피노자는 항상 신(神)이란 단어를 사용했지만, 벨은 스피노자 자신의 표현대로 두었다. [스피노자의 '인격신' 비판]

그러나 따져보면 스피노자는 신에 대해 아는 바가 없다. 스피노자는 적절히 둘러대어 말하고 있고, 스피노자는 우리가 신을 사랑하고 봉사해야 함을 말하여 인간을 놀래게 하려 하지는 않은 것 같다. 스피노자를 그의 표현으로 미루어 보면 무신론자처럼 보인다. 그러나 스피노자는, 무용(無用)하고 게으른 신을 알고 있었던 에피쿠로스 같은 무신론자는 아니다. 스피노자는, '희랍인 로마인들의 대부분이 신을 싫어하여 그 신들의 속(俗)됨'을 조롱하였다. 스피노자는 스트라토니우스(Stratonius), 디아고라스(Diagoras)처럼 영원성, 무한대, 필연성을 인정했기에 영역에 대해 아는 바가 없어서 그러했던 것이다. 스피노자는 피론(Pyrrho, 365? B.C.~275? B.C.)처럼 의심하지는 않았으니, 스피노자는 확신이 있었다. 그러면 스피노자는 무엇을 확신하였는가? 그것은 단일한 실체가 있고, 둘일 수는 없고, 어떤 희랍이나 아시아 철학자가 언급함이 없었던, 그들이 우주의 혼령(soul)으로 인정했던 것이다.

스피노자는 그의 저서 어디에도 만상(萬象)에 명시된 신의 특별한 디자인에 대해서는 언급이 없다. 스피노자는, 보라고 만들어진 눈, 들어라고 만들어진 귀, 걷는 발, 나르는 날개에 대해 생각해 보지 않았고, 스피노자는 동물과 식물의 운동 법칙이나 법칙에 적응된 그들의 구조, 별들의 경로를 규정한 수학의 깊이에 대해서는 무식하다. 스피노자는, 만물이 신성한 섭리를 증언하고 있다는 사실을 알기를 두려워하고 있다. [물리학에 대한 무관심 비판] 스피노자는 결과에서 원인을 생각하지도 않고, 막무가내로 만물의 기원을 생각하고 데카르트가 자신의 추정으로 세상을 만들었듯이 동일한 방법으로 로맨스를 제작하였다. 스피노자는 데카르트와 함께 어떤 총회(總會)를 상상했는데, 총회에서는 모든 동작이 불가능하다는 것이 엄격히 주지(周知)된 총회였다. [종교재판 조롱] 우주를 하나의 단일한 실체로 보는 것이 스피노자의 원리적 이성(理性)이었다. 스피노자는 기하학적 재능으로 사기(詐欺)를 쳤다. 정신과 물질이 존재한다는 것을 의심하지 않는 스피노자, 만물의 배열이 신의 섭리라는 것을 한 번도 생각하지 않은 스피노자에게 어떻게 그것을 알게 할 수 있을까? 그 스프링들, 그 수단들 모두가 최고 예술가를 증언하고 있다는 것을 한 번도 생각하지 않은 스피노자에게 어떻게 그것을 행하게 할까? 스피노자는 아주 무식한 의사(醫師)이거나, 매 시간 숨 쉬고 심장의 박동을 느끼는 섭리를 어리석은 자만심으로 무시했던 소피스트임이 틀림없다. 왜냐하면 이 호흡과 심장의 박동은, 모방 불능이고 재능 있는 사람도 감탄하지 않을 수 없는 공학적(工學的)으로 그처럼 많은 스프링과 모든 의도를 동일한 목적에 복잡하고 정밀하게 모은 강력한 (신의)기술로 제작된 한 기계의 효과이기 때문이다. ['과학 무시의 신학' 조롱]

스피노자 추종자들은 말할 것이다. 우리를 불명예스럽게 하는 그 결론들로 당신을 위협하지 말라. 당신처럼 우리도 유기적인 신체(身體)와 자연 속에 감탄스런 결과들을 알고 있다. 영원한 원인은 영원한 지성 속에 있고, 신이 계시는 우주가 물질로 되어 있는 것을 우리도 안다. 그러나 단일한 실체(substance)가 있어 동일한 '사상의 격식(modality)'이 '물질의 격식'에 작용을 하고 그래서 우주를 이루고 전체에서 분리할 수 없는 단일한 것을 이루고 있다는 것이다.

그에 대한 우리의 대답은 이것이다.

별들의 움직임을 인간 동작으로 말하는 것이며, 두꺼비 벌레에게도 동일한 숭고한 신의 격식(a modality of the same sovereign Being)이 있어야 하는지를 당신들은 어떻게 입증을 할 것인가? 이상한 원리로 당신들에게 시위를 행한다고 할 것인가? 당신들은 당신들이 모르고 있는 것이 당신들의 말 속에 무식(無識)이 있는 것을 숨기려는 것은 아닌가? 벨은, 뽐내는 혼란의 기하학자, 구불구불하고 모호한 스피노자의 궤변을 충분히 펼쳐보였다. 철학자[과학자]는 벨을 거스를 수 없음을 말해둔다.

그것도 그렇지만, 나는 스피노자가 너무 단순하게 자신을 속이고 있음을 알게 되었다. 스피노자는 자신이 안고 있는 골칫거리 관념 체계를 통제하지 못했던 것으로 보인다. 스피노자는 그를 성가시게 한 것들을 살피지 못하고 자신의 길을 걸었던 것으로 보인다. 그런 것은 우리들의 다반사(茶飯事)다. 더구나 스피노자는 자신이 엄연한 도덕론자이면서 모든 도덕 원리를 뒤엎었다. 그는 특별히 술을 마시지 않았다고 하지만, 한 달에 와인 1파인트가 부족했고, 사심이 없었다고 하지만, 불행한 위트(John de Wit) 상속자(相續者)에게 2백 플로린의 펜션을 넘겨줌을 허락하였다. 스피노자는 평생 질병과 가난 속에 일관되게 살았다.

스피노자를 그처럼 욕했던 벨은 거의 동일한 개성을 지녔다. 그들 각자는 다른 방도로 진리를 추구했다. 스피노자는 어떤 점에서 독특한 체계를 구성했으나, 매우 잘못된 것이었다. 벨은 모든 체계에 반대를 했다. 그들의 저작은 어떻게 될 것인가? 그들은 약간의 독자들의 태만을 방지했으니, 그것은 모든 글쓰기 영역을 망라한 것이다. 탈레스부터 오늘날 대학의 교수들에 이르는 공상적 합리주의자, 어떠한 철학[과학]자에게도 영향을 주지 못하는 표절자에게까지 이르고 있다. 무슨 이유인가? 인간이 관습에 이끌리고 '형이상학[과학적 원리]'을 따르지 않기 때문이다.

〈무식한 철학자 - 'XXIV. 스피노자'〉[48]

해설

* 볼테르의 '스피노자' 비판은, 볼테르 논쟁의 최고점이다. 볼테르는 스피노자가 주장한 그 '인격신(人格神)'으로는, 이미 확인된 '물리학적 의학적 지식'을 도저히 감당할 수 없음을 비판했고, 나아가 스피노자가 '성자인 체함(聖者然)'을 조롱하고 있다.

볼테르 3대 사상은, (1) I. 뉴턴의 '천체 물리학에 기초', (2) J. 로크의 경험철학에 바탕을 둔 '실존 긍정', (3) 공자(孔子)의 '정직 관용(仁 恕)' 사상에 바탕을 둔 '자연법(Natural Law)'의 사회관이 그것이다.

---

48) Voltaire, *The Best Known Works of Voltaire*, The Book League, 1940, pp. 435~438 'XXIV. Spinoza'.

볼테르가 '어떤 별과 호박을 만들고 생각하고 담배피우고, 치고 맞는 신(God) 만들기'라고 지적한 것은, '인격신(여호와) 신앙인의 무식함'을 조롱한 말이다.

다음 볼테르가 '스피노자는 아주 무식한 의사(醫師)이거나, 매 시간 숨 쉬고 심장의 박동을 느끼는 섭리를 어리석은 자만심으로 무시했던 소피스트임이 틀림없다.'라고 한 것은, '실존(육체)'을 망각한 '관념철학자'의 약점을 J. 로크의 경험 철학(인간의 의학적 이해)을 바탕으로 비판한 것이다.

스피노자에 공감한 사람들이 있었지만, 볼테르의 비판은 단순히 '스피노자 개인'에 대한 비판이 아니라, '서양 관념 철학' 전반, G. 라이프니츠의 '신정론', '여호와(인격신) 신앙'에 대한 볼테르 자신의 과학적 '세계관' '인생관' '사회관'의 명시라는 점에서 새로운 과학 시대를 향한 '개혁 혁명 깃발'로 그 의미를 지니고 있다.

G. W. F. 헤겔은 '자신의 개념(Self-Conception)'으로 '여호와주의'를 수용하였다. 그것은 '이성적 절대신'[관념주의]으로 이해할 수는 있다. 그렇지만 G. W. F. 헤겔이 그것[관념주의]을 다시 '프러시아의 제국주의 현실'에 적용했음은 어처구니없는 비약이고 지울 수 없는 그의 잘못이다. (참조, ※ ⑬-2. G. W. F. 헤겔의 '절대주의' '여호와주의')

G. W. F. 헤겔이야말로 '꿈(여호와 관념주의)'과 '현실(제국주의 프러시아 현실)'을 혼동했던 '광신주의자'이다. 그 '광신주의'는 '실존(육체) 무시'의 '인격신' '여호와주의'에로 몰입이 그것이다. 그것은 역시 헤겔 이전 신학자 스피노자 등 '유대교' 전반적 특징이었다. 볼테르는 당초 그 스피노자 '신학(神學)'에 '과학 사상'이 결여(缺如)되었음을 위에서 조롱하였다.

여타 군더더기는 소용이 없다. 한마디로 볼테르는 '자연과학' '실존철학'의 시조(始祖)이다. 소위 '서양 철학사'란 것이 '관념주의' '기독교 신학'을 제외하면 당연히 '자연과학' '실존주의'가 남게 된다. '자연과학' '실존주의'는 '인류 공통 소유'로 아무도 거역할 수 없다.

⑨-25. '상식'으로 납득 불능은 소용이 없다.

미지(未知)의 나라 여행에는 아무 소득도 없는 경우가 많다. 나는 대양(大洋)에서 방황을 하다가 인도양에 펼쳐 있는 몰디브 섬들(Maldivian Islands)을 보고 잘 보았다고 생각한 사람의 경우와 동일한 심경(心境)이다. 나의 긴 여행은 내게 소용이 없었으나, 내가 그 작은 섬들을 본 것에 어떤 소득이 있다면, 그 경로(經路)를 해설하는 정도의 것이다.

철학(哲學)의 백 가지 경로(經路), 그것들을 내게 최소한의 개념으로 엮어 설명할 사람은 없었다. 그것으로 나는 신체적으로 '삼위일체(三位一體)'를 이해하게 되었다. 그것은 물질의 3차원과 유사하다. 계속해 보자. 그것은 어떻게 주체(主體)가 없이도 존재하며, 하나의 몸뚱이가 동시에 두 곳에 있을 수 있는지를 운동의 법칙으로 화체설(化體說, transubstantiation)을 설명하는 것과 같았다. 나는 내 귀를 닫고 더 큰 비를 피하고 있다.

〈시골 편지(*Provincial Letters*)〉의 저자 파스칼(Pascal, 1623~1662)은 다음과 같이 말한다.

"신(神)이 분할될 수 없는 무한이라는 사실을 믿을 수 없는가? 그러면 내가 분할(分割)할 수 없고 무한한 것을 보여주겠다.

몰디브의 섬들

그것은 무한히 빠른 속도로 움직이는 점(a point)이다. 그것은 모든 곳에 있고, 온전한 전체다."

신(神)이 움직이는 수학적 점(a point)이라니! 정확한 하늘이라니! 점이란 어느 곳에도 없고 단지 기하학자의 머릿속에만 있는 것인데, 그것이 동시에 모든 곳에 있고, 무한한 빠르기로 현실적으로 존재하다니! 그 말은 미친 사람의 말이다. 파스칼처럼 위대한 분이 그런 미친 말을 하다니!

파스칼 씨는 말하고 있다 : "당신의 영혼은 단순하고 육체와 관계가 없는 막연(漠然)한 것이다. 아무도 영혼을 확인할 없으니, 알베르 대왕(Albert the Great)의 물리학으로 그것을 입증해 보여주겠다. 영혼은 육체적으로 불에 타는 것이다. 다른 의견은 없다. 이것이 내가 당신에게 영혼을 선험(先驗, a priori)적으로 증명하는 방법이고, 아벨리(Abeli) 삼단논법으로 알베르 대왕의 물리학을 보강한 것이다."

나는 파스칼 씨에 대답한다.

나는 파스칼 씨의 '선험(先驗, a priori)'이라는 것을 납득할 수 없다. 나는 파스칼 씨의 말이 매우 거칠다고 생각한다. 그의 폭로는 우리와 관련이 없는 이해할 수없는 것만 가르치고 있다. 파스칼 씨가 나와 생각이 다르다는 것은, 내가 파스칼 씨를 위협하는 말이 아니다. 나는 파스칼 씨와 충돌사고에 대비해 충분한 거리를 유지하고 있다. 파스칼 씨가 내게는 위험인물로 보이기 때문이다.

여러 나라의 많은 궤변론자들이, '자연 사물'에 대한 반(反)지성적 주장을 펴 나를 압도하고 있다. 내 자신의 소유와 나의 과거, 현재, 미래를 압도하고 있다. 그들에게 먹는 것, 입는 것, 사는 것, 생활필수품, 그것들을 구매하는 돈에 대해 말을 하면 그들은 그것과 아주 친숙해 있다. 금화(金貨)가 있다고 하면 모두 갖고 싶어 하고, '돈내기'를 할 때에는 실수를 하지 않으면서, 우리 '존재'에 관한 의문에는 그것에 대해 선명(鮮明)한 생각을 못하고 있다. 상식(常識)이 그들에게서 떠나 있다. 다음부터는 나는 첫 결론(제Ⅳ장)으로 돌아간다. 보편적으로 사용이 불가능한 것, 일반의 손이 이르지 못한 것, 우리가 납득(納得)할 수 없는 것은 인류에게 무용(無用)한 것이다.

〈무식한 철학자-'XXV. 부조리'〉[49)]

해설

* 볼테르는 '실용(實用)주의'로 현대 과학 철학을 선도(先導)하고 있다. 사실 '과학적인 정보(情報)가 실용적인 정보이고, 실용적인 정보는 과학적인 정보이다.'

파스칼은 '기독교 광신주의자'이다. 파스칼과 같은 기독교 '3위일체(三位一體)'의 논리의 비약이 '전쟁 찬양'의 헤겔의 '절대주의' '여호와 중심주의', 토인비의 〈역사 연구〉에도 그대로 있다.

세계역사를 서술함에 '인간 생명 존중' '평화 정착'이라는 큰 '인간 중심 원리'를 망각하고, 특정 종교의 '신(神)'을 위한 '전쟁 중심 사관'이란 바로 '기독교 광신주의(fanaticism)'를 그 기초로 작성했다는 움직일 수 없는 증거이다. (참조, ※ ⑦-19. 헤겔과 프리드리히 2세-〈세계 역사철학 강의〉, ※ ⑬-2. G. W. F. 헤겔의 '절대주의' '여호와주의', ※ ⑦-20. '세계사=강대국의 지배사'-토인비의 〈역사 연구〉)

소위 '배타주의' '다른 종교'를 무시 경멸하는 사상이 '광신주의'의 표징이고, 그 광신주의 폐해가 '살인' '전쟁'인데, 볼테르는 위에서 '종교적 화형'으로 긍정하고 파스칼의 정신을 공개했는데, G. W. F. 헤겔은 소위 일개 '기독교도'가

---

49) Voltaire, *The Best Known Works of Voltaire*, The Book League, 1940, pp. 439~440 'XXV. Absurdities'.

지은 '기독교도 역사'를 '세계사'라 명명하였다. 그것은 볼테르가 〈중국인과의 대화〉에서 이미 충분히 비판을 했는데도, 헤겔은 '종교적 열정'에서 그 '주관주의'에서 벗어날 수 없었다. (참조, ✳ ⑤-20. 조물주(造物主, 天, Supreme Being)를 믿은 중국인(中國人))

G. W. F. 헤겔에 이어 A. 토인비는 '전쟁 평화'를 경제적 '불황과 호황'처럼 '순환론'으로 해석하며 세계적으로 '식민지'를 확장하며 전쟁을 주도해 온 제국주의 영국의 입장을 옹호하는 망동(妄動)을 연출하고 있다.

그러므로 헤겔과 토인비가 '전쟁 옹호 기독교 광신주의자'임도 우리가 구분을 못하면 우리의 독서를 과연 어디에 쓸 것인가. 따라서 '광신주의'를 규탄하며 '관용(寬容, tolerance-실존 긍정)' '자연법'을 강조한 볼테르의 숭고한 정신은 '온 인류의 공존' '세계 평화'를 위해 가슴에 새겨야 할 '금언(金言) 중의 금언'이다.

그렇기에 1916년 취리히 다다이스트들은 '카바레 볼테르'를 운영하며 '생명 존중' '전쟁 반대'의 깃발을 들어 인류를 새롭게 '각성(覺醒)'할 수 있도록 하였다.

⑨-26. 무책임한 낙천주의(Optimism)

내가 배움을 찾으러 떠난 여러 나라로의 편력(peregrinations) 도중에서, 나는 몇 사람의 플라톤의 제자와 만났다. 나와 함께 가면서, 그 중 한 사람이 "당신은 최상의 세계에 살고 있는 겁니다. 우리는 우리 선생님[플라톤]을 훨씬 뛰어넘었습니다. 플라톤 시대에는 다섯 가지 규칙적 실체가 있어, 겨우 다섯 개의 가능한 세계만 있었습니다. 그러나 지금은 무한대의 가능한 우주가 있습니다. 신(神)이 최고를 택하신 겁니다. 당신도 그것에 만족할 겁니다."라고 말했다.

나는 공손하게 대답하였다.

"신(神)이 창조한 세계는 조금 좋든지, 평등하든지, 조금 열등한 것으로, 가장 나쁜 세계를 택하지는 않습니다. 그들은 동등할 것이고 신(神)에게 기호(嗜好)란 없습니다. 그들은 완전히 동일합니다. 선택이 없습니다. 하나가 다른 것에 고정되어 완전히 동일합니다. 그래서 신(神)이 최상을 선택한다거나 피한다는 것은 불가능하며, 다른 세계가 불가능한데 어떻게 선택이 존재한단 말씀입니까?"[人格神의 부정]
플라톤의 제자는 나를 호기심에 찬 눈으로 보며, 과연 이 세계가 모든 실제

가능한 세계의 최상인지를 알아보지도 않고, 나를 쓸데없이 설득하려 들었다. 그러나 마침 그때 나는 결석(結石)의 통증으로 몸을 가눌 수가 없게 되었다. 사람들이 나를 인근 병원에 입원시켰는데, 나는 행복한 두 주민(住民)의 애마(愛馬)에 실려 병원으로 후송이 되었다. ['실존(육체)'의 불가결성] 그들은 철제(鐵製) 물품을 싣고 있었는데 하나는 빚으로 받은 것이었고 다른 것은 연유를 알 수 없었다.

내가 최고(最高) 병실에 입원을 했는지는 알 수가 없다. 그러나 나는 나와 같은 2천 3천의 불쌍한 사람들 중의 하나였다. 거기는 많은 국토방위자들이 입원을 해 있었고, 산 채로 두개골이 뚫렸고, 해부를 당했다고 나에게 말을 하였다. 그들은 팔다리가 잘려나갔었고, 맘 좋은 시골 친구 수천 명이, 최근 전투에서 30회를 싸우는 동안 학살(虐殺)을 당했다고 전하였다. 그것은 우리가 알고 있는 억만 번의 전투 중에 포함되어 있는 사항이다. ['로스바흐 전투 등 7년 전쟁' 비난]

이 병원에는 귀신같은 남녀 수천 명이 어떤 금속류를 가지고 문지르고 있었는데, 자연의 법칙을 따랐음에도 생명의 근본에 병이 들어 방책을 쓰고 있는지는 알 수가 없었다. 나는 나를 입원시킨 두 사람에게 감사했다.

날카로운 칼로 내 방광(膀胱)을 찢어 결석(結石)을 제거하고 나는 치료가 되었고, 나는 약간의 통증 이외에는 더 이상의 어려움 없이 며칠을 지냈고, 내 안내자에도 감사를 표했다.

나는 이 세상에는 외과 의사가 내 장기(臟器)를 가르고 네 개의 결석(結石)을 꺼냈던 일 같은 착한 일도 있다는 것을 그들에게 '말할 자유'를 가졌다. 그러나 나는 방광 속에 결석(結石)보다는 손전등을 가졌어야 했다. 나는 플라톤의 제자들에게, 이 최상의 세계를 덮고 있는 수많은 재난과 범죄를 말했다. [G. 라이프니츠 비판]

배짱 있는 두 사람 중 한 사람은 독일 사람이었고 한 사람은 우리 시골 사람이었는데, 그 모든 것들은 '사소(些少)한 일'이라고 말을 하였다.

타르퀴니우스(Tarquin)가 루크레티아(Lucretia)를 겁탈(劫奪)하고 그래서 루크레티아가 자살을 했을 때, 하늘은 인간들에게 특별히 유리하게 했다. 왜냐하면 그래서 독재자들은 쫓겨났고, 강탈과 자살과 전쟁이 압박 받은 사람들에게 행복을 주는 공화정(共和政)의 기초를 이루었기 때문이다.

내가 그 행복감에도 동의하기에는 약간의 어려움이 있다. 왜냐하면 카이사르(J. Caesar, 100 B.C.~44 B.C.)가 3백만의 갈리아인(Gauls)과 스페인사람들(Spaniards)을 칼로 살해했던 것을 고려하지 못했기 때문이다. [전쟁 반대]

파괴와 약탈은 결코 동의를 할 수 없을 터인데, 낙천주의(Optimism) 옹호자들은 그것도 무시를 하고 있다. 그는 굽히지 않고 내게 말을 한다. 돈 카를로스(Don Carlos)의 옥리(獄吏)처럼 "평화, 평화, 그것은 너를 위한 선(善)일 뿐이다."라고.

그러나 사소한 어려움을 그에게 안기고 가보면, "우리는 모든 것이 삐걱대는 이 작은 지구(地球)란 생각하지도 말아야 해. 그러나 시리우스, 오리온, 황소 눈 별나라에는 모든 것이 완벽하게 돌아가지."

나는 말했다. "그러면 그쪽으로 한번 가봅시다."

그러자 어떤 작은 신학자가 내 팔을 잡았다. 그리고 확신을 가지고 내게 말했다. "그 사람들은 꿈을 꾸고 있는 사람들입니다. 지상(地上)에 악(惡)은 없고 선(善) 이외에는 없다는 겁니다. 그것을 입증하기 위해서는 10일 또는 20일 간의 에덴(Eden) 의 그 생활 방식의 진행이라는 것을 아셔야 합니다."

나는 신학자에게, "아! 정말 안 됐군요. 목사님, 그 때가 지속되지 못하다니."라고 말했다.

〈무식한 철학자-'ⅩⅩⅥ. 최상이라는 세계에 대하여'〉[50]

J. 위베르(Jean Huber) 작 '어둠을 밝히는 볼테르의 손전등', '타르퀴니우스(Tarquin)의 루크레티아(Lucretia) 겁탈'

해설

* 위에서도 명시된 것은 '천체 물리학적 세계관(人格神 부정)', J. 로크의 '의학적 인생관' '자연법'에 의한 '전쟁 반대'의 볼테르 사상이 명시되어 있고, 플라톤의 '관념주의', G. 라이프니츠의 '신정론(Theodicy)'이 부정되고 있다.

볼테르의 평생 소신이 위에 알기 쉽게 펼쳐져 있다. '인간의 자유 의지'라는 사항은 처음부터 고려도 않고, 오직 '신' 중심 사상에 휩쓸려 '7년 전쟁'도

---

50) Voltaire, *The Best Known Works of Voltaire*, The Book League, 1940, pp. 440~441 'ⅩⅩⅥ. Of the Best of Worlds'.

'오직 신의 최선의 선택이라 찬양'하는 관념주의 G. 라이프니츠 류가 전 유럽을 휩쓸고 있음을 볼테르가 조롱한 것이다.

수천 수만의 '살상 전쟁'이 '사소(些少)한 문제'라면, 그들 '신정론자(神正論者)들'의 소중한 문제는 무엇인가? '천국(天國)'과 '에덴'으로 복귀가 있을 뿐이다.

세상을 위해 아무 것도 하지 않고('주님께 맡기고'), '천국에 가는 날(죽은 날)'을 기다리는 사람들을 F. 니체는 정확히 '허무주의자(Nihilist)'[51]라고 규정하였다.

⑨-27. 사람들은 사상(思想)의 결론으로 행동하지는 않는다.

그 독일인은 다시 나를 잡았다. 그는 나에게 분명히 내 영혼의 본성에 대해 개인 지도를 행했다. 그 독일인은 말했다.

"자연의 모든 사물은 단자(單子, monads)로 되어 있습니다. 당신의 영혼도 어떤 단자입니다. 그것은 다른 단자들과 연합을 하고 있고, 그것들 속에 모든 생각도 돌아다니고 있습니다. 그 개념들은 복잡하고 필수적인 것입니다. 내 모나드(單子)나 당신의 모나드(單子)나 우주(宇宙)의 오목거울(concentrical mirror)입니다."

"그러나 당신은 사상(思想)의 결론으로 행동을 한다고 생각하지 말아야 합니다. 당신 영혼 모나드(單子)와 신체 모나드(單子) 사이에는 이미 예정된 조화(調和)가 있습니다. 그래서 당신의 영혼은 개념을 갖고, 당신 신체 동작 하나 하나가 다른 것에 종속은 돼 있지는 않습니다. 그것들은 함께 움직이는 두 개의 추(pendulums)이니, 말하자면 하나는 설교하는 사람이라면 다른 것은 동작을 행하는 사람이요. 그것이 최고의 세상에 반드시 있어야 함은 아주 쉽게 알 수 있습니다. 왜냐하면"

〈무식한 철학자 – 'XXVII. 단자(單子)에 대하여'〉[52]

해설

* 위에서 가장 주목해야 할 말은 '당신은 사상(思想)의 결론으로 행동을 한다고 생각하지 말아야 합니다.'는 충고이다. 이것은 영원한 진리이니, 쉽게

---

51) F. Nietzsche (translated by A. M. Ludovici), *ECCE HOMO-Nietzsche's Autobiography*, The Macmillan Company, 1911, p. 70.

52) Voltaire, *The Best Known Works of Voltaire*, The Book League, 1940, pp. 440~441 'XXVII. Of Monads'.

말하여 어린 아이나, 잠잘 때도 그 '사상' 속에 있는 것이 아니기 때문이다

볼테르 생각의 출발은 있는 사실, 기존한 자연(自然)으로부터 그것을 지배하는 원리를 찾아 '인간의 행복의 증진하는 것'이다.

'여호와 중심주의자' '당위론자(當爲論者)'는 '전체주의' '국가주의'를 앞세워 '저 세상의 심판' '신(神)의 포상(襃賞)'을 믿게 하였다.

볼테르 이후 '실존주의자'들은 '개인'과 '사회'를 동등하게 전제하여 '부분'과 '전체'를 함께 중시하였다. 그러한 사상은 바로 볼테르에 의해 발견이 되었고, A. 쇼펜하우어를 통해 철학적으로 정착이 되었고, F. 니체는 '차라투스트라 말'로 '모든 가치의 재평가(Revaluation of All Values)'로 선언이 되었다.[53] 그리고 1916년 '다다 혁명 운동'은 그 사상의 세계화를 달성하였다.

⑨-28. '단자(單子, Monad)'란 무엇인가.

내가 감탄할 만한 그 놀라운 생각을 이해를 못하자, 커드워스(R. Cudworth, 1617~1688)라는 영국 사람은, 나의 고정된 눈동자와 풀이 죽은 모습을 보고 나의 무식과 당황을 알아차렸다. 영국인은 말했다.

"그 개념은 잘 다듬어져 어렵게 보일 겁니다. 내가 그 속에서 자연(自然)이 작동하는 방식을 간결하게 설명해 보겠습니다. 우선 자연(自然)이 있고, 거기에는 모든 동물과 모든 식물들을 이루는 '조형적 속성(plastic natures)들'이 있습니다. 이해가 됩니까?"

"예, 선생님."

"그럼 계속합시다."-"조형적 속성(plastic natures)은 체질적 기능은 아닙니다. 이성(理性)이나 성장으로 전혀 감지할 수 없는, 그 작용이 알려져 있지 않은 '일종의 하찮은 실체(an immaterial substance)'입니다. 그러나 튤립은 그 형성체(plastic form)를 지니고 있어, 그것으로 튤립이 된 겁니다. 개도 역시 그 형성체를 지니고 있어 그것을 따르고, 사람도 형성체가 있어 이성(理性)적 인간이 됩니다. 형성체들은 신(神)의 직접적 대행자들입니다. 세상에 그보다 신(神)에 충실한 대행자는 없습니다. 왜냐하면 삼라만상에 퍼져 그 고유 속성을 지켜주고 있기 때문입니다."

---

53) F. Nietzsche (W. Kaufmann & R. J. Hollingdale-Translated by), *The Will to Power*, Vintage Books, 1968, pp. 3~4.[1887년 11월~1888년 3월 기록]

"그 조형적 속성은 이미 예정된 조화, 모나드와 같은 그것이 우주의 오목 거울들, 사물들의 진정한 원리들임을 알게 됩니다."

나[볼테르]는 커드워스 씨에게, '그들은 하나 같이 착하다는 말씀이군요.'라고 말을 했다.

〈무식한 철학자―'ⅩⅩⅧ. 플라스틱 폼에 대하여'〉54)

해설

* '모나드(Monad)'설은 오늘날, '분자(分子)' '원자(原子)' '원소(元素)' '유전자(遺傳子)' 등 모든 자연과학의 탐구에 본격적인 분야가 되어 있지만, 볼테르 당시(1766)에는 대부분의 학자들이 관심도 없었던 영역(領域)이었다. 그런데 볼테르는 현대 '자연과학의 출발 영역'에 선구적으로 그의 관심을 표명하고 나왔다.

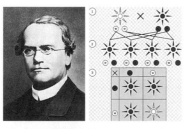

멘델(Gregor Mendel, 1822~ 1884)의 유전법칙

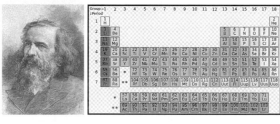

멘델레예프(D. Mendeleyev, 1834~1907)의 주기율표

즉 화학(化學)에서 '주기율표(週期律表)'나, 원자 물리학(物理學), 생물학(生物學)에서는 유전인자, 염색체 지도의 연구는 모두 그 '모나드(Monad)'의 전제(前提)에서 출발하고 있다.

멘델(Gregor Mendel, 1822~1884)의 유전법칙, '드미트리 멘델레예프(Dmitri

---

54) Voltaire, *The Best Known Works of Voltaire*, The Book League, 1940, p. 442 'ⅩⅩⅧ. Of Flastic Forms'.

Mendeleyev, 1834~1907)'의 주기율표(periodic table)는 모두 이 '단자론' 가설(假說)과 관련된 것들이다.

⑨-29. '자연과학'으로 돌아가야 한다.

굶주리고 짓밟히며 진리를 찾아다니다가 창피를 당하고 그렇게 많은 괴물을 본 여행을 행한 다음에야, 나는 탕자(蕩子)가 아버지에게 돌아오듯 J. 로크(J. Locke, 1632~1704) 씨에게로 돌아왔다. 나는 점잖은 로크 씨 팔에 나를 던졌다. 그분은 자기가 모르는 것에는, 결코 아는 척을 하지 않는 분이다. 로크 씨는 큰 부자는 아니다. 그러나 자기 관리는 훌륭했고 과시도 없이 영원한 부(富)를 즐기고 있다.

로크 씨는, 우리가 '감각을 통해 얻은 오성(悟性, understanding)[경험론]'을 떠나서는 나를 가르치질 않아 나는 항상 즐겁게 받아들였다.

로크 씨에게는 '생득(生得) 관념(innate ideas)'이란 것은 없다.

우리는 무한 공간이나 무한 수(數)의 개념이 없다는 것이다.

나는 항상 생각하고 있지는 않고[데카르트 부정], 그래서 사상(思想)이 필수적인 것은 아니고 오성(悟性)의 행위가 있을 뿐이라는 것이다.

내가 즐거운 것을 행할 때에, 나는 자유롭다는 것이다.

그 자유란 내 의지로 달성된 것이 아니다. 나는 내 맘대로 내 방 속에 남아 있고, 문은 잠겨 있고, 열쇠도 없다. 내가 나갈 자유는 없다. 내가 당하고 싶지 않은 고통을 겪고 있다. 나는 내가 기억해 내려고 배치해 둔 것을 다시 기억해 낼 수가 없다.

사실 그것은 부조리(absurd)다. '의지(will)'는 자유로운데, 내가 어떤 것을 지향(志向)한다고 말한 것은 부조리다. 왜냐하면 그것을 소망하는 일이 내가 원하는 것이고, 그것을 두려워하는 것이 나는 두려움이라는 말이 되기 때문이다. 한 마디로, 의지(the will)가 푸른색이나 사각형이 되고 보면 그 의지는 더 이상 자유롭지는 못하다.(XIII항을 보라)

나는 내 뇌에 수용된 관념의 속에서 어떤 의지(a will)가 형성될 수 있다.

나는 그 개념들만으로 결론을 내야하고, 이유 없이 달리 결정해야 할 경우는 이유도 없는 결과를 만들 것이다.

내가 절대적으로 한정(限定)되어 있기에 무한(無限) 절대 개념은 가질 수 없다.

나는 어떤 실체(substance)라는 것을 알 수 없다. 나는 '바탕(qualities)'이라는 개념밖에는 없다. 한 사물의 수천 가지 바탕은 그 사물의 본바탕을 알 수 없게 하고 십만 가지 모르는 것을 함께 포함하고 있다.

내가 망각(忘却)을 한 다음에 나는 '같은 사람'이 아니다. 왜냐하면 내가 어렸을 때 작은 몸에 소유하지 않았던 것은 어른이 된 나에게는 관련이 없는 것은, 내가 공자(孔子)나 조로아스터가 아닌 것과 동일하다.

나의 성장을 지켜 본 사람은 나를 동일한 사람이라고 하지만, 어떤 점에서도 동일할 수 없으며, 나는 더 이상 이전의 내가 아니다. 나는 새로운 실체이다. 무엇으로 동일하다는 결론을 낼 것인가!

내가 알고 있는 나의 심각한 무식(無識)을 생각하고, 사물의 원리에 의하면, 신이 느끼고 생각하게 허여(許與)한 실체가 무엇인지를 내가 아는 것은 불가능하다. 사실 저절로 생각하고 항상 생각하는 정수(精髓)인 실체가 있겠는가? 그 경우에 그들 실체들은 그들이 무엇이건 신(神)들이다. 왜냐하면 그들은 창조자 없이 생각하고 창조자 없이 정수(精髓)를 소유하고 있기 때문이다.

둘째, 신(神)이 그들 존재들에게 느끼고 생각하는 능력을 전했다면, 신이 그들에게는 없는 것을 부여한 것이다. 그렇다면 신은 모든 존재에게 무엇이나 줄 수 있다는 이야기다.

셋째, 우리는 어떤 사물의 내적 휴회 기간(recesses)이란 것을 알 수 없다. 어떤 사물이 감성과 사고에 민감한지 둔감한지를 우리가 아는 것이 불가능하다는 것인가.

'물질'과 '정신'이란 단순한 단어일 뿐이다. 우리는 두 존재에 대해 명확한 개념이 없다. 무슨 이유로 신이 육체를 만들고 신의 생각은 받지 못했다고 당당하게 말하면서 정신은 사유할 수 없다는 터무니없는 주장을 하는가.

넷째, 나는 물질과 동작에 대해 아무 관념도 갖고 있지 않은 순전히 영적인 실체(substance)를 상상한다. 그들이 물질이나 동작의 존재를 부정하는 것은 과연 적합한 일인가?

지구가 태양의 주위를 돌고 있다고 말한 갈릴레이(G. Galilei, 1564~1642)를, 유식하다는 신도(信徒)가 불경(不敬)과 부조리(不條理)라고 욕을 했지만, 물질 간에 주어진 인력(引力)을 확인한 대법관 베이컨(F. Bacon, 1561~1626)의 그 갈릴레이 생각을 수용했던 것을 나는 회상한다. 그 위대한 인격들에 항의(抗議)하여 대법원에 고소를 행했던 사람은, 신이 토성(土星)에서 모든 물건을 우리 작은 지구로 옮겨, 지구를 중심으로 삼아 고체(固體)들 간의 인력을 집행하라 했다고 생각한 미친 사람들이 아닌가 나는 생각한다.

신(神) 자신이라고 생각하고 있는 인간들은, (뉴턴 이래 알려진) 인력(引力) 중심론을 신(神)에게는 불가능한 것이고 불경한 것이라고 규정하여 파문(破門)을 안 할 것으로 생각하는가? ['신'을 대신하는 교황, 대주교, 목사, 등 '성직자 의식' 비판]

무엇을 생각하고 느끼는 유기적인 존재를 신(神)이 만들 수 없다고 내가 단언을 하다면, 나는 동일한 무모(無謀)한 범죄 의식을 느끼게 된다.

다섯째, 나는 신이 동물들에게도 무엇을 느끼고 기억하는 감성을 허락하지 않았나 생각을 하고 있다. 그렇다면 신이 다른 동물에게도 동일한 감성을 허락했다는 것을 내가 왜 부정해야 하는가? 어려움은 유기적인 것이 생각할 수 있는가에 대해서보다 다른 존재가 어떻게 생각할 수 있는가에 있다.

사상은 신성한 것이다. 그렇다. 의심할 수 없다. 그렇기에 생각하는 존재가 무엇인지를 알 수가 없다. 원리적 행위는 신성하다. 나는 그 행동 원인을 알 수 없고, 그것으로 나의 동료는 사형이 집행되었다. ['神正論'에 대한 조롱]

아리스토텔레스가 어린 시절에는 입으로 젖꼭지를 빨았으니, 아리스토텔레스 혀는 공기기계(空氣機械)가 되어 공기를 펌프질하여 진공(眞空)을 만든 것이다. 그렇다면 무식한 아리스토텔레스 아버지가 무심결에 "자연은 진공을 싫어한다."고 말을 했단 말인가.

히포크라테스는 네 살 때, 손가락의 피가 손으로 간다는 것을 입증하였다. 그래도 히포크라테스는 혈액의 순환을 알지는 못했다.

우리 모두는 그 아이들만큼이나 위대할 수 있다. 우리는 감탄할 일을 스스로 수행을 하면서도 그것이 어떻게 수행되는지를 아는 철학자는 한 사람도 없다.

여섯째, 로크 씨의 공손한 주장에 대해, 지적 능력에서 산출된 의심들보다는 이성(理性)들이 제기되었다. 다시 말하지만 이 문제는 우리 내부 문제가 아니다. 신이 사물들의 사고를 불가능하게 만들었다는 주장은 우리들에게 속하는 문제는 아니라고 나와 로크 씨는 함께 말을 하고 있다. 그것을 선언하는 것은 부조리다. '신의 신성한 힘'은 지상(地上)의 벌레(인간)에게만 국한된 사항이 아니다. ['자연신' 불가피론]

일곱째, 도덕에는 아주 생소한, 다음 의문이 첨가된다. 사물은 왜 생각하거나 생각을 할 수 없는지, 왜 생각하는 사람은 반드시 정의로워야 하는지, 왜 원자(原子)가 신의 가치 있는 또는 무가치한 생각을 받아, 벌이나 칭찬을 얻어야 하는지, 원자보다 못한 숨 쉬는 알 수 없는 존재들에게까지 상벌(賞罰)이 행해지는지의 의문이 그것이다. ['死後 賞罰' 부정]

나는 자신들만이 예
민한 느낌과 생각을 갖
고 있다고 생각하는 사
람들이, 현명한 로크 씨
를 추종했던 사람들을
박해(迫害)하였고, 신의
힘을 그 숨 쉬는 존재들
에만 한정하지 않았던
사람들을 박해했던 사

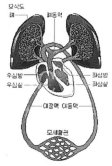

윌리엄 하비(W. Harvey, 1578~1657), '혈액 순환 약도'

실을 잘 알고 있다. 그러나 언제 전 우주가 영혼이란 가벼운 것으로 숨 쉬며
불의 실체라면, 영혼이 물질이 아니라는 우리를 바루어 정의롭게 할 것인가?

표상된 몸으로 영혼을 생각하는 모든 신부들은, 하나님의 생각을 인간에 전하는
다른 목사들을 박해할 권리를 가졌는가?['배타주의' 비판]

그렇다. 의심할 것도 없다. 박해자(persecutor)는 가공(可恐)할 어떤 개성이다.
온전한 신령이 허락 받은 사람들이 그것을 모르는 상태에서, 그들이 그것을 이해하
지 못한다는 이유에서 그것을 물리치는 그들을 무슨 이유로 견디고 살아야 할
것인가. [가톨릭 司祭의 현실 정치 개입에 대한 비판]

신을 알 수 없는 존재를 신령화한 것이라고 거절하고 있는 사람들도, 신의
권능을 벗을 수 없는 존재로 관용되어야 한다. 삼단논법(syllogisms)을 적용하여
서로 미워함은 자장 낯부끄러운 일이다. [광신주의 비판]

〈무식한 철학자-'ⅩⅩⅨ. 로크 씨에 관하여'〉[55]

해설

＊ 볼테르는 자신의 탐구의 영역이 로크(J. Locke, 1632~1704)의 '경험주의'임
을 거듭거듭 밝혔다. 그리고 그 '경험주의'에 의해 모든 '의학' '천문학' 성취가
있었음을 열거하기에 지칠 줄을 몰랐다.

그리고 갈릴레이(G. Galilei, 1564~1642)가 대표적으로, 기존 '신학자'들의
박해(persecution)를 어떻게 받았는가의 예를 거듭 반복했으니, 그것은 인간의
모든 일이 '진정으로 인간 생명에 기여하는 것'이어야 한다는 분명한 대 원칙에

---

55) Voltaire, *The Best Known Works of Voltaire*, The Book League, 1940, pp. 442~445 'ⅩⅩⅨ.
Of Locke'.

볼테르가 확신을 갖고 있었기 때문이다.

그러므로 볼테르가 가장 미워했던 '전쟁'이라는 것은, 가장 '선의(善意)'로 해석을 해도 그것은 '종교(思想)적 박해(迫害)' 이상일 수 없고, 사실대로 말하면 '살인강도(殺人强盜) 행각' 그것이다.

그러므로 볼테르 당대에 파스칼, 그 후대(後代)에 헤겔, 토인비는 '종교적 광신주의(Fanaticism)'를 편들고 '전쟁옹호론'을 펼쳐 그것을 고집하였으니, 얼마나 그 '여호와주의'가 맹위를 떨치고 있는지 짐작하게 해준다.

그것은 유대인들이 역사적으로 입증을 하고 있듯이('나라' 없이 살았듯이), '하나님'도 행하지 않을 '(可恐할)일'을 그 '하나님'의 이름으로 그 '독선(獨善)' 그 '특권' '무소불위' '여타 종족 무시'를 신념으로 고집하는 '지나친 생각'이라고 볼테르는 거듭거듭 주장을 하고 있다.

인간은 태어날 때부터 '자기가 최고(자기 도취감, Narcissism)'를 지니고 있는 것이 확인되었다. 그것은 역시 다시 '인류애(人類愛)'로 승화되는 그 사랑의 원천이기도 하다. 그렇기에 그것을 어떻게 관리할 것인가는 모든 '교육(敎育)'의 핵심이다. 그러므로 '선(善)의 표준'을 인간 생명에 둘 때는 당연히 '인류애(四海同胞主義)'로 나가게 되어 있다.

반면(反面)에 '하나님' '신' '교주(敎主)'만 고집하고 저희들만 최고라고 고집할 경우 모두 그 종착점에는 그 '광신주의'가 기다리고 있을 뿐이다.

'과학'은 인간의 '생명'을 기준으로 하지만, 거기에 '특정 종교'를 얹을 때 변질이 되고 '광신주의'가 끼어들게 된다. 어느 종교를 선택하는 것은 인간 각자의 취향일 것이다. 그러나 그 이름으로 '폭력' '살인' '전쟁'을 미화할 경우는 그들은 바로 인류의 공적(公敵)이다. 볼테르가 문제 삼고 있는 바는 '절대주의 플라톤 철학'과 그것과 연합한 중세 '가톨릭교'의 횡포로서, 그것을 공자의 자연법(自然法) 사상으로 규탄을 하고 있다. 좀 '정직하고(仁) 관용정신(恕)을 가져라.'다. 누가 볼테르를 미워하는가. 그들은 틀림없는 '광신도'들이다.

볼테르는 위에서 그의 '자유 의지'를 상세히 설명하였으니, 볼테르의 자유 의지는 이성(理性)의 바탕 위에 행해진 실존(實存) 경영 의지 그것이다. 즉 방안에 갇혀 있거나, 청색을 고집하거나 어떤 '구속'에 매여 있어도('자유 의지 행사'에 제한은 누구에게나 있지만) 그가 숨을 쉬고 있는 한, 그에게 '그 나름의 선택 결정권'은 항상 있을 수밖에 없다. (참조, ※ ⑬-7. F. 니체-육체 긍정의 실존주의)

⑨-30. 자연(自然) 지배자의 지식-과학

나는 로크(Locke) 씨와 연합하여, 엄청난 양의 의심(疑心)을 탑재(搭載)하고 있는
수백 가지 오류에서 네댓 개의 진실을 확보하였다. 그런 다음 나는 말했다.
나는 사람들을 위한 도덕률을 찾아내지는 못했지만, 나의 이성(理性)으로 확보한
몇 개의 진실은 황무한 내 손 안에만 있다. 인간과 같은 하찮은 동물을 자연(自然)
지배자의 지식을 알도록 격상시키는 것은 좋은 일이다. 대수학(代數學, algebra)에서
도출된 것이 내 인생에 관한 규칙은 되지 못하지만, 대수학보다 내게 더욱 이로운
것은 없다.
〈무식한 철학자-'ＸＸＸ. 내가 무엇을 그렇게 널리 알게 되었나?'〉[56]

해설
* 대수학(代數學, algebra)은 물리학(物理學)의 기초이다. 그리고 생물학(生物學)
의학(醫學)은 같은 계열이고, 화학(化學)은 물리학과 생물학을 연결하는 고리이
다. 그 영역은 인체(人體, 實存)와 생물들이 이탈할 수 없는 실존주의 거점이다.
　그런데 그것은 '생명의 원리와 비밀'을 푸는 작업에도 가담하여, 볼테르
이후 엄청난 성과를 올렸다. 이제는 '과학을 떠난 삶'이란 생각할 수 없다.
볼테르는 250년 전에 오늘날 '과학의 세계'를 가장 정확하게 예견(豫見)하였다.

⑨-31. 정의(正義)를 아는 이성(理性)은, 인류의 통성(通性)이다.

나는 인간들의 기후, 풍속, 언어, 법률, 행동 강령, 그들의 이해 능력을 많이
살펴보았는데, 나는 그들이 '동일한 도덕이란 펀드(the same fund of morality)'를
지니고 있음을 알았다. 그들은 신학(theology)이라는 단어를 모르고서도 '정의(正義,
justice)'와 '불의(不義, injustice)'에 대한 관념을 모두 가지고 있었다. 그들은 이성(理性)
이 작동할 나이가 되면 모든 사람들에게 그것을 가르쳤고, 막대기(지렛대)를 가지고
짐을 올리는 기술을 갖고 있고, 수학을 배우지 않고도 개울 위에 나무를 걸쳐
놓고 지나다녔다.

---

56) Voltaire, *The Best Known Works of Voltaire*, The Book League, 1940, p. 445 'ＸＸＸ. What
Have I Thus Far Learned?'.

그렇기에 정의(正義)와 불의(不義)의 구분은 인간에게 필수적인 것이고, 그 점에 동의하여 인간들은 이성적으로 행동할 수 있었던 것이다.

우리를 만들어낸 '최고의 지성(the supreme intelligence, 조물주)'은, 지구를 정의롭게 한 것이고 그것을 보고 즐거워 할 것이다.

동물들처럼 새끼 양육의 본능이나 자신을 지킬 무기도 없이 모든 위험에 노출된 채, 저능하게 어린 시절 몇 년을 보내고, 맹수의 파도, 기근(饑饉)과 재난에서 도망을 친 소수의 사람들이 육아와 출산을 의논했을 것이다. 그리고 그들이 무기를 사용할 줄 알게 되면서부터는 카드모스 용새끼 같이 서로를 파괴하기도 했을 것으로 생각된다.

만약 인간이 어떤 정의(正義)를 생각하지 못한다면, 사회(社會)란 있을 수 없는데, 정의가 모든 사회를 엮어 내고 있다.

피라미드와 오벨리스크를 세운 이집트 사람들, 오두막도 모르는 방랑의 스키타이 사람들(Scythians)이 공통으로 '정의와 불의'를 알았을까? 신이 태초부터 그들 각자에게 스키타이나 이집트인들에게 공통으로 사랑과 정열을 제공하고 그것을 펼치는데 필수 원리인 이성(理性)을 제공하지 않았다면, 관습(慣習)으로 영속하였던 그것들이 어떻게 처음 시작이 되었을 것인가?

'기하학이'나 '천문학'을 가리키는 용어가 없는 야만적이고 무식하고 미신(迷信)을 행하는 무리, 살벌하고 사나운 종족도 나는 알고 있다. 그러나 그들도 별들의 행로를 알고 있었던 현명한 칼데아 사람, 지중해와 대서양이 만나는 반구(半球) 끝에 식민

'페니키아 무역 경로', '페니키아 알파벳 문자'

페니키아의 무역선

지를 둔 더욱 유식한 페니키아 사람들(Phoenician)과 동일한 기본법(基本法)을 가지고 있었다. 그들은 모두 부모를 공경해야 한다고 가르치고, 위증(僞證), 중상, 살인을 역겨운 범죄(犯罪)로 규정하고 있다. 그들은 그들의 이성(理性)으로 펼치는 동일한 원리에 동일한 결론을 이끌어 내고 있다.

〈무식한 철학자-'ⅩⅩⅪ. 도덕성이란 것은 있는가?'〉[57]

해설

* 볼테르의 '사회관(social outlook)'은 공자(孔子)로 대표되는 자연법(自然法) 사상이다. [자연법-'내가 당하기 싫은 일을 남에게 행하지 말라.']

그리고 유럽은 G. 라이프니츠의 '신정론(神正論)'으로 대표되는 '신(神) 중심의 사고'였음에 대해, 볼테르는 본격적으로 '인간 생명'[실존주의]을 사회의 '표준'으로 삼고 논의를 펼치고 있다.

볼테르는 '모든 인간의 기본 이성(理性, 양심)을 믿음'에서 그 논의를 출발시킨 '낙천주의'자였는데, 이것이 볼테르 철학의 위대성이고 그 생각의 '공평성'을 신뢰하게 하는 인류 논의의 기본 전제였다. 이 '인간에 대한 신뢰' '인간 본성에 대한 믿음' 그것이 인류애(人類愛)의 출발점이다. 이 위대한 기점에 서서 볼테르는 맞은편에 있는 '배타주의' '유일신' '광신주의'를 지켜보고 있었다.

인류의 '편 가르기', '종족(種族) 우월주의' '상호불신'이 인류 최대 참화 '전쟁'을 야기(惹起)시키고 있다. 그 인류의 '근본적 약점(弱點)'을 가장 정확하게 지적했던 사람이 바로 볼테르였다.

볼테르의 '동시주의(simultaneism)'는, '과학적 합리주의' '다원주의' '관용론'의 전부이고, 헤겔 식 '도덕 일방주의' '절대주의(absolutism)'가 바로 '관념의 주관주의' '여호와주의' '독재 옹호'의 '과거 철학의 기본 노선'이었다. (참조, ※ ⑬-2. G. W. F. 헤겔의 '절대주의' '여호와주의')

⑨-32. '정의(正義)'란 이름으로 행해진 강도(強盜)짓 : 전쟁

옳은 것을 아는 것은 자연적이어서, 법이나 협약 종교가 없어도 모든 인간이 보편적으로 수용하고 있는 것으로 보인다.

터키인, 구부리 사람(Guebrian), 말라바르 사람(Malabarian)에게 먹고 입을 수 있도록 돈을 빌려 주면, 갚을 것을 결코 잊지 않고 말한다.

"마호메트, 조로아스터, 브라마가 내게 말한 돈 모으는 것을 배울 때까지 기다려 주세요."

그는 '빌린 돈을 갚는 것이 옳다.'는 것을 알 것이다. 그가 그것을 이행하지

57) Voltaire, *The Best Known Works of Voltaire*, The Book League, 1940, pp. 446~447 'XXXI. Is There any Morality?'

못한 경우는, 가난이나 탐욕, 그것이 아니면 그가 알고 있는 '옳은 것'을 초월한 경우이다.

정의롭고 바르고 예의 바르면서 자기 부모 봉양(奉養)이 가능한 경우도 그것을 거절하라는 주장을 하는 사람은 세상에 없다.

어떤 사회에서도, 편견의 광신 체계도 못 되는 중상모략(中傷謀略)을 선행(善行)으로 생각하는 사회는 없다.

정의(正義)는 세상이 동의하고 있는 제일의 진리이면서, 역시 사회를 괴롭히는 커다란 범죄는 정의라는 허위 가면을 쓰고 행해지고 있다고 나는 생각한다. 자연의 이치를 거스르는 가장 파괴적인 범죄 중에 왕초는, 전쟁(戰爭)이다. 그런데 정의(正義)를 핑계로, 자신의 범죄를 얼버무리고 넘어가지 않은 침략자는 없었다.

로마인들의 약탈은, 페키알스(Fecials)라 부르는 사제(司祭)들을 시켜 그들 침략이 정당한 것이라고 선포하게 하였다.

어떤 군대의 우두머리가 된 모든 약탈자는, '군사의 신(the God of armies)'에게 성명(聲明)과 간청(懇請)을 행하고 나서, 급습(急襲)을 감행한다.

어떤 사회에 소집된 군소(群小) 도둑들은 "가자, 박봉(薄俸)의 고아와 과부를 짓밟아 도둑질을 하자"고 말하는 것에는 신경을 쓰지 않고, 군소(群小) 도둑들도 "정의를 세우고, 우리들에게서 약탈을 해 간 부자(富者)들의 손에서 우리 것을 찾아오자."고 말을 한다.

그들은 심지어 '도용(盜用, theft)' '강도(robbery)' '강탈(rapine)' 같은 알지 못한 단어를 수록한 아르고트(Argot)라 부르는 16세기 이후 프린트 본 사전(辭典)까지 소지하고 다녔다. 도둑들은 그 용어를 '획득(gaining)' '변제(辨濟, reimbursing)' 등과 유사한 것으로 (변용을 해)사용하였다.

'불의(不義)'라는 단어는 거기에서 가장 부당한 살인(殺人)이 고발되는 나라 법정에서는 쓰이질 않는다. 가장 살벌한 음모자들까지 "가서 도둑질을 하자."고는 절대 말하지 않는다. 가장 살벌한 음모자들은 항상 말해왔다.

"독재자가 우리나라에 행한 범행을 단죄(斷罪)하자. 불의(不義)를 쳐부수자."

한 마디로, 노예의 아첨꾼들, 야만의 장관들, 혐오스런 음모자들, 더러운 도둑들이 그들의 의지에 반(反)하여, 짓밟는 악덕에다 그들의 존경을 모은다.

나는 프랑스에 계몽이 된 빛나는 사람이, 연단에서 거짓으로 다음 금언(金言)을 반복한다는 것에 크게 놀랐다.

"정의(正義)는 공허한 생각이다. 정의의 국왕은 아무 것도 예비하지 않는 법이다."

(La justice et le droit font des vaines idees, Le droit des rois consiste a rien epargner.)

이 가공(可恐)할 말은, 어린 프톨레미(Ptolemy)의 관료, 포시안(Phocian, 402 B.C.~318 B.C. 희랍 정치가)이 입에 담은 말이다. 그러나 그 말은 명백히 관료로서 그 반대를 말하기 위해서였다. 포시안은 불가피한 불행으로서 폼페이의 죽음을 설명해야 했었다.

그래서 나는 정의(正義)와 불의(不義)의 구분이, 건강과 질병, 참과 거짓, 양심과 불량함과 같이, 명백하고도 보편적인 것으로 믿고 있다.

'정의'와 '불의'를 고정하기란 매우 어려운 문제이다. 건강과 질병, 양심과 불량, 거짓과 진실처럼 중간 상태를 특정하기를 어렵다. 그림자가 섞여 있으나, 번쩍이는 색채가 모든 눈들을 비추고 있다.

예를 들어 모든 사람은 빌린 것은 갚는 것에 동의(同意)를 하고 있다. 그러나 내가 2만을 그에게 빚을 지고 있는데 그가 우리나라를 노예로 삼으려 할 경우, 내가 내 팔을 그의 손아귀에 맡겨 놓고 있겠는가? 여기에 분할된 감정이 있다. 그러나 일반적으로 어떤 악이 그것으로부터 생기는 것은 아닌지, 나의 언약을 살펴보아야 했다. 이것이 아무도 의심해 본적이 없는 그것이다.

〈무식한 철학자 - 'XXXII. 현실적 필요, 정의(正義) 인지(認知)'〉[58]

해설

* 볼테르는 프랑스 루이 15세(1710~1774)의 중요 조언자(助言者)로 근무를 한 바 있고, 1750년(56세) 6월 28일, 볼테르가 프리드리히 2세(Frederick the Great, 1712~1786)의 초대를 받고 베를린으로 갔다. - 연봉 2만 프랑을 받기로 했다. 그런데 볼테르는 1753년(59세) 라이프치히로 도망쳤고(Escapes to Leipzig) 6월, 귀국 길에 올랐다 프랑크푸르트(Frankfurt)에서 프리드리히 왕의 사람들에 저지를 당했다가 12일 뒤에 석방이 된 일이 있었다.

볼테르는 프리드리히 대왕과 2만 프랑으로 계약해 갔다가 중간에 망명(亡命) 했던 그 역사적 경위를 위에서 밝힌 셈이다.

그 후 볼테르는 취리히 제네바에 정착했는데, 1756년(62세) 1월 16일, 영국과 프러시아 간 '웨스트민스터 협정(The Treaty of Westminster)'이 체결되어, 동년 5월 17일, 프랑스에 대해 영국이 선전 포고를 하였다. 그리하여 유명한 '7년 전쟁(1756~63년)'이 시작되었고, 동년 11월 5일, 프랑스(러시아, 오스트리아)

---

58) Voltaire, *The Best Known Works of Voltaire*, The Book League, 1940, p. 423 'X X XII. Real Utility, The Notion of justice'.

연합군은, '로스바흐 전투(the Battle of Rossbach)'에서 프러시아에게 대패(大敗)를 당하였다.

그 뼈아픈 기록을, 볼테르는 인류의 '이성(理性)' '정의(正義)'의 공평한 마음으로 거듭 확인하여 묻고 있는 것이다. 그 누가 볼테르의 '찬란한 지성의 빛'을 막으려 하는가?

볼테르 이전에 아무도 볼테르처럼 명쾌한 판결을 내리지 못했다. 제1차, 제2차 세계대전을 치를 때까지도 '볼테르의 공평한 생각'은 아직 존중되지 못했었다. '하나님 표준' '일방주의' '제국주의' '전쟁 광신주의'가 세상을 주도(主導)하고 있었기 때문이다.

절대 권력자(빌헬름 II세)의 말과 인권 유린의 현장 그로스(G. Grosz, 1893~1959) 작 '신(神)은 우리 편이다'(1919), 헤르츠펠트(W. Herzfelde, 1896~1988) 작 '예비적 유치'(1919)[59]

이에 1916년 '취리히 다다 혁명 운동'의 세계사적 필연성이 있었다. 표준을 '하나님' '정의' '일방주의'에서 인류 보편의 '개인 생명주의'로의 확립이 그 골자였다.

볼테르의 명쾌한 지성의 발동이 있었던 70년 뒤에 '낯 두꺼운 G. W. F. 헤겔'은, 그의 〈세계 역사철학 강의〉에서 그 '프리드리히 2세의 전투'를 '개신교를 위한 성전(聖戰)'으로 미화(美化)하였다. '독일 민족주의' '기독교 광신주의'가 결합하여 '흉악한 살인 전쟁'을 감히 '하나님의 뜻'을 실현하는 성스러운 것으로 서술하였다.

그것을 토인비도 잘못 배워, '영국의 역대 식민지 확장 관리 전쟁'을 하나님의 뜻의 실행으로 은폐하려는 우스운 기만(欺瞞)의 책동을 감히 인류를 행하여 펼친 것이 그의 〈역사 연구〉였다. 모두 '기독교 신'을 앞세워 상식을 초월한다는 '사기 행각'을 벌여 '약탈 전쟁-강도질'을 정당화 하고 있다. (참조, ＊ ⑩-25.

---

59) H. Bergius, *Crisis and The Arts : The History of Dada*(Dada Berlin, 1917-1923), G. K. Hall & Co. 2003, Figure 79 'Political Portfolio ; God With Us'-1차 세계대전을 주도한 독일 황제 빌헬름 II세의 말, 123-2 'Preventive Detention'.

특권을 요구해 온 유대인들, ※ ⑦-19. 헤겔과 프리드리히 2세-〈세계 역사철학 강의〉, ※ ⑦-20. '세계사=강대국의 지배사'-토인비의 〈역사 연구〉)

볼테르의 날카로운 지성은 실로 '수천 년의 기만(欺瞞) 강도행각'을 모두 드러내었다. 이러한 측면에서 R. 마그리트(Rene Magritte, 1898~1967)는 '들어야 한다.' '배워야 한다.'는 그림을 그렸다.

⑨-33. '이성(理性)의 전개(展開)'가 정의(正義)다.

모든 시대, 모든 나라에서 동의(同意)를 했어도 진리의 증거는 아니라고 반대가 있을 수 있다. 모든 사람들이, 동방박사(Magi)나 마법, 마귀, 유령, 행성의 영향, 수백 가지의 오류(誤謬)를 신앙하고 있다. 불의(不義)도 정의(正義)처럼 그렇게 존중이 될 수 있다는 것인가?

나는 아니라고 생각한다. 첫째, 모든 인간이 그 키메라(불가능한 생각들)를 믿는 것은 잘못된 것이다. 그것(키메라를 믿는 것)은 사실 천박한 약자에게 상식(常食)이다. 현자(賢者)의 대부분은 그것을 우스꽝스런 것으로 간주하고 있다. 수많은 현자들이 약자와는 반대로 다른 사람들보다 훨씬 더 옳은 것과 그른 것을 판별을 하고 있다.

'마법사(sorcerers)나 마귀(demons)에 대한 신앙'이 인간에게 필수적인 것은 아니다. 옳은 것에 대한 신앙이 절대적으로 필요하다. 그것은 신(神, 자연)이 부여한 이성(理性)의 전개이다. 반대로 사람들을 사로잡고 있는 마법사의 관념은, 그 이성(理性)의 전복(顚覆)이다.

〈무식한 철학자-'XXXIII. 우주의 동의에 진실한 근거가 있는가?'〉[60]

해설

* 볼테르의 '신(神)'은 '이성(理性)을 제공했던 신' '이성으로 확인할 수 있는 창조자(자연)로서의 신'이다.

'건전한 상식(常識)'을 궤변으로 뒤집어 '약탈 전쟁'을 '신의 뜻' 정의(正義)로 유식하다는 사람이 글을 쓰면, 그 책을 읽어 '그렇게 약탈하는 것' '정당화하는

---

60) Voltaire, *The Best Known Works of Voltaire*, The Book League, 1940, p. 448 'XXXIII. Is Universal Consent a Proof of Truth?'

것'을 배우라는 말밖에 되지 않는다.

그러므로 F. 니체는 '인간 각자는, 가치의 최후 평가자다.'[61]라고 알려 주었다.

F. 니체에 앞서 공자(孔子)는 말했다. '모든 사람이 싫어해도 반드시 살펴야 하며, 모든 사람이 좋아해도 반드시 살펴야 한다.(衆惡之 必察焉 衆好之 必察焉)'

⑨-34. 노예를 먹어치운 정복자

로크(J. Locke) 씨는 나에게 내 자신에 대한 '의심(to mistrust)'을 가르쳤다. 그러면 로크 씨는 자신에게도 그렇게 하는가? 로크 씨는 '생득 관념(生得 觀念, innate ideas)'의 허위(虛僞)를 입증하려 하였다. 그러나 로크 씨는 몇 가지 좋은 생각에 나쁜 이성(理性)을 첨가하지 않았는가? 로크 씨도 이웃을 가마솥에 삶아 먹는 것은 옳은 일이 아님을 알고 있다. 그런데도 로크 씨는 식인종(食人種)의 나라들이 있었다는 말을 하고 있다. 인류 보존을 위해 필수불가결한 정의(正義) 불의(不義)를 알면, 생각하는 존재는 사람을 먹지는 않을 것이다. (XXXVI 장 참조)

식인종(食人種)의 나라가 있는지 없는지 논문은 볼 것도 없이, 아메리카를 횡단하고 야만인에게서 가장 큰 인간애(人間愛, the greatest humanity)를 받았다는 여행가 댐피어(W. Dampier, 1652~1715)의 관계를 살필 것도 없이, 나는 다음과 같이 대답한다.

정복자(征服者)는 전쟁에서 그들의 노예[被征服人]를 먹었다. 정복자는 그들이 정의(a very just action)를 행했다고 생각했다. 정복자는 생사여탈(生死與奪)권을 가졌다고 생각했다. 정복자는 소량의 양질의 육고기를 식탁에 올리고 승리의 과일을 먹을 수 있도록 허락되었다고 생각했다. ['구약' 비판]

정복자들은 어떤 이득도 챙기지 않은 로마인보다 더욱 정의롭다고 생각했고, 그들의 승리의 수레에 묶여 온 포로가 된 왕자를 교수(絞首)했다.

로마인과 야만인은 '매우 잘못된 정의감(a very false idea of justice)'을 지니고 있었다. 그러나 자신들은 정의롭게 행동한다고 생각했다. 그리고 야만인들이 그들의 사회에 포로들을 수용할 경우는 그들을 어린 아이처럼 보살폈고, 동일한 고대 로마인도 감탄할 만한 수천가지의 실현 사례가 있는 것도 사실이다.

---

61) F. Nietzsche (translated by R. J. Hollingdale), *Thus Spoke Zarathustra: A Book for All and For None*, Penguin Classics, 1961, p. 67.

해설

* 볼테르가 평생 저주(詛呪)했던 바는, '우월의식과 종족주의를 앞세운 여타 민족의 무시'였다. '식인(食人) 기록'이 문헌에 더러 있다. 그러나 볼테르는 '전쟁 살인'을 '식인' '양초 만들기'와 동일한 잔학한 행위로 규탄하고 있다. (참조, * ⑧-2. 인지(人脂)로 양초(洋燭) 만들기)

위의 볼테르의 발언에 '로크 씨에 대한 반대'란 영국의 '제국주의' 살인 전쟁을 반대하지 못한 J. 로크의 학문을 비판한 부분이다.

볼테르가 이 글을 쓴 1766년 이후, 1916년 '다다 혁명 운동'이 일 때까지 150년 간 아무도 '전쟁의 폭력 반대 문제'를 생각도 못했다.63)

'생명 존중' '전쟁 반대'가 바로 '사회 정의(正義) 실현의 출발'임은 볼테르는 평생 반복 설명을 행했다. 이 점에서 볼테르는, '인을 행함에는 스승에게도 양보를 하지 않는다.(當仁不讓於師)'라고 한 공자(孔子)의 가장 탁월한 제자이다. (참조, * ⑬-8. 후고 발-'카바레 볼테르')

R. 마그리트(Rene Magritte, 1898~1967)는 헤겔이 '절대주의'로 옹호하고 나온 '식민지 확보주의' '제국주의(Imperialism)'를 '인간으로서 먹을 수 없는 생선(人魚-식민지)' 그림으로 형상화하여, 헤겔의 '절대주의' '제국주의'를 조롱하였다.

⑨-35. '정의(正義)'의 이름으로 행해진 약탈 전쟁

나는 생득 관념, 타고난 행동원리는 없다는 현명한 로크 씨에 동의한다. 모든 어린이가 신에 대한 관념을 갖고 태어난다면 모든 인간은 그 동일한 관점에 동의를 할 것이고 모르는 사람은 없을 터인데, 모든 아이들에게 명확한 신(神)에

---

62) Voltaire, *The Best Known Works of Voltaire*, The Book League, 1940, pp. 448~449 'ⅩⅩⅩⅣ. Against Locke'.

63) 1889년 F. 니체가 '이익과 약탈의 이름으로 전쟁이라는 해적(海賊)의 깃발을 든 프러시아 인(Prussians who raise the pirate's flag of war in the name of profit-and-grab)'이라고 볼테르를 계승하여 '전쟁 반대'를 명시하였다. —F. Nietzsche(translated by Oscar Levy), *My Sister and I*, A M O K Books, 1990, p. 154.

생각이 없다는 것은 명백한 사실이며 자명(自明)한 진실이다.

우리가 생득(生得)의 도덕적 원리를 지니지 않았다는 것도 확실하다. 어떻게 전 국민이 그 국민 개개인의 가슴에 새겨진 '도덕적 원리'를 거부하는지도 알 수 없다.

우리는 도덕적 원리를 잘 이해할 수 있게 태어났으므로, 어떤 사람도 그가 생각하는 방식 때문에 박해를 받을 수 없다고 나는 생각한다. 어떻게 '전 사회'가 가해자(加害者)가 될 수 있는가? 나는 모든 사람이 그가 충실히 행하고 있는 신념인 명백한 법(法)을 운영하고 있다고 생각한다. 어떻게 모든 인간이 아무 신념도 없는 이단자(異端者)로 남을 수 있겠는가?

나는 거듭 말한다. 신은 생득의 가공(可恐)할 관념 대신에, 우리의 이성(理性)을 주셨고, 나이 들어 이성이 강화(强化)되어 우리를 가르치고, 그것을 획득할 때 편견이 없어지고 신(神)을 인정하고 우리는 바르게 된다. 그러나 나는 로크 씨가 그 뒤에 이끌어낸 결론을 인정할 수 없다. 로크 씨는 홉스(T. Hobbes, 1588~1679)의 체계에 너무 가까이 근접한 것으로 보이나, 사실은 로크 씨는 홉스의 체계와는 매우 거리가 멀다.

다음은 로크 씨의 〈인간 오성에 관한 에세이(*Essay upon the Human Understanding*)〉 첫 권에 나온 말이다.

"도시를 약탈할 때는 무기뿐이고, 무슨 수로 도덕적 원리를 알며 광란을 행하는 사람들에 무슨 양심인가."

그렇지 않다. 약탈자들은 후회(後悔)가 없다. 왜 그런가? 그들은 그들이 정당(正當)하다고 믿고 있다.

그 왕(王) 때문에 자기들이 부당하게 전투를 이행한다고 생각하는 사람은 한 사람도 없다. 그들은 그들이 조성한 싸구려 난장판에 그들이 만든 그 원인으로 생명을 위협받고 있다. 그들은 공격을 당해 죽을 수도 있고, 그래서 그들이 적들을 죽일 수 있는 권리를 지니고 있다. 그들은 약탈(掠奪)을 당할 수도 있으니, 약탈을 행할 수도 있다고 생각한다.

이에 더해, 그들은 이성(理性)이 없는 광란(狂亂)에 도취되어 있다. 그들이 정의나 양심을 벗어던진 상태가 아니라는 것은, 같은 병사들에게, 그들의 광포로 대항하는 3~4천명의 적을 죽이고, 적들의 왕과 수상과 장관 복지사(福祉師)들의 목을 베는 대신으로, 그 도시에서 약탈한 것보다 더 많은 돈, 그들이 강탈한 사람보다 더 잘생긴 여성들의 공여(供與)를 하겠다고 제안을 한번 해보라. 당신의 제안이 두려워서 거절을 못하는 병사는 단 한 사람도 없을 것이다. 그렇지만 로크 씨 당신은,

4천 명 대신에 6명의 살인을 제안하고 있고, 그들도 매우 비싼 대가를 치르게 하였다.

그들이 왜 로크 씨를 거절하겠는가? 그들은 4천 명의 적들을 죽이는 것이 정당(正當)하다고 생각하고 있기 때문이다. 병사들이 숭고한 맹세로 그들의 목을 잡고 있는 살인 군주는, 그들에게 끔직한 존재로 보이게 마련이다.

로크 씨는 생득의 규칙이 없다는 자신의 주장을 더욱 훌륭하게 증명하려 한다. 로크 씨는 멩렐리아 사람(Mengrelians)은 산 채로 매장을 한다는 이야기, 카리비 사람들(Caribbees)은 아이들을 잡아먹으려 살이 찌도록 만든다는 예를 들고 있다.

이 위대한 사람[로크 씨]이 그 이야기를 너무 쉽게 믿는다는 것은 이미 알려져 있는 사실이다. 멩렐리아 사람(Mengrelians)의 아이 생매장 이야기를 전(傳)한 저자 랑베르(Lambert)를 신용할 사람은 아무도 없다.

진실한 여행가로 통하는 샤르댕(Chardin, 1699~1779)은, 그 무서운 관습이 멩렐리아인에게 과연 있는가를 물었다가 그곳에서 배상금을 물었다. 그래서 아이 생매장은 믿을 만한 것이 못된다고 생각하였다. 나라와 종교가 다른 20명의 여행자는 그것에 대한 어떤 역사적 확신을 얻기 위해 그와 같이 이상한 풍속을 인정해야 했다.

앤틸레스(Antilles) 섬의 여인들도 애들을 잡아먹으려고 기른다는 말을 듣는다. 그것은 어머니의 천성(天性)이 아니다. 인간의 심장은 그렇게 만들어지지 않았다.

부자나 위대한 사람 중에는, 사치나 욕심으로 성격이 뒤틀리어 환관(宦官)을 대동하고 처첩에 시녀(侍女)를 부리고 있는 경우도 있다. 환관은 이탈리아에서도 쓰였는데, 교황의 예배실에는 여성의 목소리보다 고운 환관(宦官)이 고용되었다.

마호메트교의 성자와 그들의 네발 짐승에 관한 로크 씨의 주장은, 브라질 언어로 그처럼 온전히 대화를 했던 모리스 왕자(Prince Maurice)의 앵무새 이야기로 대체되어야만 한다. 로크 씨는 단순하여, 왕자의 설명자가 농담으로 왕자와 연결했던 것을 고려함이 없었다.

이처럼 〈법의 정신〉의 저자(몽테스키외)도 통킹(Tonquin) 반탐(Bantam) 보르네오(Borneo) 포모사(Formosa) 법(法)을, 여행자 이야기꾼 오보(誤報)자의 말을 즐겨 인용하고 있다.

로크 씨와 몽테스키외(Montesquieu, 1689~1755)는, 다시 변명할 수도 없는 단순 소박한 두 위인(爲人)이다.

〈무식한 철학자-'ⅩⅩⅩⅤ. 로크 씨에 대한 반대'〉[64]

---

64) Voltaire, *The Best Known Works of Voltaire*, The Book League, 1940, pp. 449~450 'ⅩⅩⅩⅤ.

해설

* 위에서 볼테르는, 영국인 J. 로크가 자신의 '경험주의 학설 옹호'에 급급하여, '인류의 기본 정신 망각의 예(사람이 사람을 먹을 수는 없다. 어미가 새끼를 먹을 수는 없다.)'까지 동원한 것을 안타깝게 생각했다. ['과학'은 '설명'이 있을 뿐이고, '주장'은 소용이 없다.]

그리고 J. 로크가 인류의 가장 흉악한 범죄 '전쟁' 문제에 막연한 공상을 하고 있음을 정밀하게 반박하였다. 이것은 역시 당시 영국의 주도로, 영국 프러시아가 연합으로 프랑스 등을 상대로 벌인 '7년 전쟁'에 무감각한 영국 지성인들(로크 등)의 '안일한 전쟁 대응 태도'에 맹공(猛攻)을 퍼부은 대목이다.

볼테르는 역사적으로 '기독교'를 앞세운 백인들 사이에 성행(盛行)한 '백인 우월주의'를 공격하고 있다. 그리고 '식민지 확보 전쟁'에 '양심'이 있고 없고가 문제가 아니라 '물욕'을 '정의 실현'으로 착각하고 감행하는 그 '현장'을 제대로 입증하였다.

이것이 바로 '볼테르의 위대한 점'이고, 그가 다른 '유색인종'이 행한 적이 없는 '자신의 인종(백인)을 스스로 비판'한 선구적인 모습을 보였던 점이다. 그리고 이것이 '입법자(立法者, 기준을 세운 자)'들의 바른 자세일 것이다.

R. 마그리트도 역시 '백인들'이 거짓말쟁이이며 믿을 수 없는 사람이라 하여 〈백색 인종〉(1937), 〈백인종〉(1937)과 같은 그림을 그렸다.

볼테르 사상은 '인간의 생명 중심' '실존주의'이다. 사실 볼테르 사상의 위대성은, '인류 통성(通性)'을 '이성(理性)'으로 전제하고 '관용론' '전쟁 반대'를 그 정점(頂点)의 표준을 삼았던 점에 있다. 볼테르를 혹시 '참람하다.' '건방지다.'고 말할 사람이 있다면, 그는 틀림없이 '무식을 옹호하는 무지한 범죄자'다.

공자(孔子)도 '착함을 행하는 데는 선생도 소용없다.[當仁不讓於師]'라 말씀하였다. '오해(誤解)'로부터 '인류 생명'을 지키는 것보다 더 큰 중요한 문제는 세상에 없다.

'타민족에 대한 경멸(輕蔑)'과 '배타주의'는 근본적으로 있을 수 없는 '전쟁 행위'로 이어졌다. 삼가야 할 오늘날 '지구촌(地球村, the Global Villages)'의 제일 금기(禁忌, taboo) 사항이다. 이것이 오늘날까지 벌어지고 있는 '지구촌'의 병폐이고 그것의 '치유책(治癒策)'을 이미 볼테르가 250년 전(1766년 〈무식한

Against Locke'.

철학자〉)에 온전히 제시하였다는 사실을 누가 알고 있는가.

'다다 초현실주의자' S. 달리는 〈거물들이 하찮은 존재로 버려지다.〉[65]라는 그림을 그렸다.

⑨-36. 선악(善惡)의 분별은, 산수(算數)의 문제다.

로크 씨를 포기하는 이 지점(地點)에서, 나는 "자연은 한결 같다.(Natura est semper sibi cosona, ─ Nature is always consonant with itself)"라고 한 위대한 뉴턴과 함께, 인간의 천성은 어느 곳에서나 자연(自然)을 닮았다고 주장을 하는 바이다. 중력(重力, 만유인력)은 별들 사이에도 작용하고 모든 물건에도 작용을 한다. '도덕의 기본 법칙'은 모든 문명국가에 다 작용을 하고 있다. 수천의 환경에서 이 법에 대한 수천 가지 다른 해설이 있다. 그러나 옳은 것과 그른 것의 기초는 동일한 것으로 남아 있다. 셀 수 없는 불법적 행위가 광신 속에 저질러지고, 이성(理性)은 몽롱하게 사라지고 있다. 그러나 술 취함에서 깨어날 때, 이성(理性)은 다시 돌아온다. 이것이 인류 사회가 지속하는 유일한 근거라고 생각한다. 광란(狂亂)은 '상조(相助)의 결핍(the wants of each other's assistance)'에 그 원인이 있다.

그렇다면 '정의감(the idea of justice)'을 어떻게 획득할 것인가? 감정과 이성(理性)으로 사려분별, 진실, 편의를 챙기듯 해야 한다. 감탄을 사려고 자신을 불 속에 던졌다가 뒤늦게 상처를 피하려는 사람처럼 무분별에는 어쩔 도리가 없다. 감정 때문에 다른 사람을 죽일 수 있는 사람도 불의(不義)를 피하기는 힘들다. 가슴으로부터 버릴 수 없는 시시비비(是是非非)의 인지(認知) 위에, 사회(社會)가 온전하게 세워지는 법이다. 아무리 과장되고 무서운 미신(迷信)이 있더라도, 모든 사회가 존속하고 있는 이유는 그 이성(理性)이 존재하기 때문이다.

인간이 몇 살 때에나 그 '옳은 것과 그른 것'을 알게 되는가? 둘 더하기 둘이 넷인 줄을 아는 그 나이이다.

〈무식한 철학자 ─ 'ⅩⅩⅩⅥ. 천성은 인류가 공통이다.'〉[66]

---

65) R. Michler & W. Loepsinger(edited by), *Salvador Dali : Catalogue Raisonne of Etchings, Prints,* Prestel, 1994, p. 224 'After 50 Years of Surrealism, Flung Out Like a Fag-end by the Big-Wigs(1974)' : '최후 각자 판단 중시'의 볼테르, F. 니체의 '주체 판단 강조'의 연작이다.

66) Voltaire, *The Best Known Works of Voltaire*, The Book League, 1940, p. 451 'ⅩⅩⅩⅥ. Nature Everywhere the Same'.

해설

* 〈무식한 철학자〉 'XXXVI. 천성(天性)은 인류가 공통이다.(Nature Everywhere the Same)'라는 이 장(章)이 바로 '볼테르 철학'의 승리이고, 그의 '위대한 자연법(自然法)' 선포의 명(名) 장면이다.

이로써 중국 공자(孔子)의 사상은 단순히 동북아시아에 머문 것이 아니라 세계의 공법(公法)의 표준으로 우뚝 섰다.

진실로 볼테르는 온 '지구촌'을 감싸는 영원한 인류의 법을 1766년, 지금부터 250년 전에 세상에 공개하였다.

서구의 모든 사상가는 반드시 볼테르를 통과해야 하고, 만약 볼테르를 경시 초월한 사람은 바로 그가 간교한 속임수를 쓰고 있거나 불필요한 '선민의식(選民意識)' '배타주의' '광신주의'에 이미 사로잡혀 있는 사람이다.

특히 G. 라이프니츠, I. 칸트, G. W. F. 헤겔, K. 마르크스 모두는 그들의 전근대적 '전체주의' '이상주의'를 들고 '현대인 볼테르' 앞에 사죄를 해야 한다. 무엇이 '현대인'인가? '세계의 표준'을 '인간 개별 생명을 표준'으로 함이 현대인이다. (참조, ※ ⑬-1. I. 칸트-개신교도의 관념주의, 전체주의, ※ ⑬-2. G. W. F. 헤겔의 '절대주의' '여호와주의')

⑨-37. '관념의 키메라'를 연출(演出)한 홉스

홉스(T. Hobbes, 1588~1679), 크롬웰(O. Cromwell, 1599 ~1658)

홉스(T. Hobbes, 1588~1679) 씨-심각한 낭비의 철학자, 착한 시민, 데카르트의 적(敵), 데카르트처럼 자신을 속였던 사람, 물질적 오류(誤謬)가 컸으나, 용서할 수 있는 사람, 뉴턴보다 앞서 태어났기에 지울 수 없는 오류를 포함한 진실을 말했고, 내적 관념의 키메라를 최초로 연출해 보였고, 많은 점에서 로크와 스피노자의 선배였고, 세상에는 '관습법(慣習 法, the laws of conventions)'만 있다고 주장을 하여 독자들을 놀라게 했고, 세상에는 옳은 것도 그른 것도 없고 한 국가(國家)의 관습만 있다고 했던 사람.

만약 홉스 당신이 크롬웰(O. Cromwell, 1599~1658)과 단둘이 사막(沙漠)에 있었다면, 영국에서 '왕당파(王黨派)'라고 당신을 살해했을 것입니다. 당신의 나라에서 행해진 것이 당신에게는 부당(不當)하다고 생각되지 않습니까?

당신은 당신의 저서 〈자연의 법칙(Law of Nature)〉에서 이렇게 말하고 있습니다. "모든 사람은 모든 사물에 '권리(正當性)'를 가지고 있다. 각자는 그 자신과 같은 다른 생명에 '어떤 권리'를 지니고 있다."

홉스 씨 당신은, '그 권리(정당성)와 힘'의 문제에 어리둥절하지 않습니까?

사실 '힘(power)'에다가 정당성(right)을 부여하고 보면, 건장한 아들이 노쇠한 아버지를 살해해도 그 아들을 질책(叱責)할 방법이 없지 않습니까?

세상에 '도덕'을 공부를 할 사람은 누구나 가슴에 당신 책의 명성(名聲)을 안고 시작해야 할 겁니다. 그러나 당신은 그 책을 너무 칭송하고 있습니다. 왜냐하면 당신은 스피노자만큼이나 유덕합니다. 당신은 스피노자처럼 도덕의 원리를 가르치고 실천하고 다른 사람들에게 추천하기를 원하고 있을 뿐입니다.

〈무식한 철학자-'ⅩⅩⅩⅦ. 홉스 씨에 대하여'〉[67]

해설

* 위에서 볼테르는 '힘'과 '도덕'에 대해 거론을 하였다.

홉스(T. Hobbes, 1588~1679)의 '관습법(the laws of conventions)'은, 결국 '국왕 등 기득권자의 옹호'이고, 그 '능동적 활용 기준'을 망각하고 '새로운 변혁의 길을 차단했다는 점'에서 결정적 약점을 지니고 있다.

볼테르는 무엇보다 '시민의 (실존적)자유'를 고려하지 못한 기존 철학자는, 모두 구시대 '관념적 국가주의 도덕주의 사고'로 비판할 수밖에 없었다. 이것이 바로 볼테르부터 명시된 선명한 '민주 시민' 정신이다.

공자(孔子)는 예절(禮節)로 '자연법(내가 당하기 싫은 일을 남에게 행하지 말라-己不欲 勿施於人)'을 배우도록 하였다.[吾聽訟猶人也 必也使無訟乎]

그것은 모든 사람의 '이성(理性)'의 작동 여부와는 관련 없이도, 개인 각자의

---

67) Voltaire, *The Best Known Works of Voltaire*, The Book League, 1940, pp. 451~452 'ⅩⅩⅩⅦ. Of Hobbes'.

몸에 '예절'을 익히게 함으로써 '상호 충돌(衝突) 위험'을 완화시키는 방법이었다.

⑨-38. '욕망'의 그 반대편에 '도덕'이 있다.

　도덕(Morality)이란 우리의 치명적 정염(情念, passions)의 반대편에 봉사하도록 신(神)이 계산했던 바이며, 이 짧은 인생에 피할 수 없는 분쟁들을 해소시켜 주는 것으로, 조로아스터(Zoroaster, 660 B.C.~583 B.C.)부터 새프츠베리(Lord Shaftesbury, Lord Ashley, 1621~1683) 경(卿)에 이르기까지 모든 철학자가 그들의 사물의 원리에 대한 관념들이 달랐음에도, 동일한 도덕을 가르쳤던 것을 나는 알게 되었다.
　홉스, 스피노자, 벨(Bayle, 1647~1706)은 제일 원리(인간의 도덕에 대한 신념)를 부정하거나 의심을 했지만, 강력하게 '정의(justice)'와 '도덕(virtues)'을 추천하였다.
　모든 나라가 종교적 특이성을 지니고 있고, 형이상학과 신학에 자주 '부조리(不條理)'와 '반항(反抗)'에 관한 견해가 있었다. 그러나 문제의 쟁점은, '우리가 과연 정당(正當, be just)한가'를 판별하는 일이다. 거기에 온 세상이 동의(同意)하고 있음은 아무리 자주 반복해도 지나친 처사가 아니다. (XXXVI 장에서도 논의하였음.)
〈무식한 철학자-'XXXVIII. 보편적인 도덕성'〉[68]

조로아스터(Zoroaster, 660 B.C.~ 583 B.C.), 새프츠베리 경(Lord Shaftesbury, Lord Ashley, 1621~ 1683), 벨(Bayle, 1647~1706)

해설
　* 볼테르는 위에서 '정당성' '부당성'을 거듭 거론을 하였는데, 앞서 그것의 구분은 쉬운 문제로 명시하였다. (참조, ＊ ⑨-36. 선악(善惡)의 분별은, 산수(算數)의 문제다.)
　볼테르는 '정염(情念, passions)'과 '도덕(Morality)'을 상호 대비(對比)하였지만,

---

68) Voltaire, *The Best Known Works of Voltaire*, The Book League, 1940, p. 452 'ⅩⅩⅩⅧ. Universal Morality'.

실존주의 정신분석자들은 '욕망(desire)'과 그 '억압(repression)'을 대비하였다. '정념' '욕망'은 신체적인 것이고, '도덕' '억압'은 이성적인 것으로 정리하고 있다.

볼테르는 거듭 '우리가 과연 정당(正當, be just)한가를 판별하는 일이다. 거기에 온 세상이 동의(同意)하고 있음은 아무리 자주 반복해도 지나친 처사가 아니다.'라고 했다.

작품 〈캉디드〉에 '착한 농부'와 '무기를 든 강도(强盜)' 구분 문제로 인간은 타고난 그 '이성(理性)'으로 '자연법(Natural Law)'으로 해결이 났고, 날 수 있는 것이라는 볼테르의 평명(平明)한 주장이다.

G. 라이프니츠의 신정론(神正論, theodicy-신의 뜻으로 최상의 역사가 진행되고 있다.)에서는 그것을 '주님'께 맡기고 '복종(僕從)'을 최선으로 알아 '길렀다가 주인이 필요할 때 순하게 죽은 양(羊)'을 표준으로 '마냥 찬송'이 있을 뿐이다. '무참(無慘)한 일'이다.

G. 라이프니츠 후배 G. W. F. 헤겔은 그 '신(Jehovah) 중심 사고'를 자신의 '변증법' '정반합(正反合)의 억지 논리'로 '절대주의'로 '제국주의 옹호' 주장으로 다시 펼쳐 보였다. 그리하여 헤겔은 '강도와 농부의 식별'에도 그 관념의 '여호와 신(神)'을 동원해 놓고 '절대이성' 운운했으니, 그 '엉터리 논리'를 알아서 도대체 어디에 써 먹으라는 '객설(客說)들'인가. (참조, ※ ⑦-19. 헤겔과 프리드리히 2세-〈세계 역사철학 강의〉, ※ ⑬-2. G. W. F. 헤겔의 '절대주의' '여호와주의')

⑨-39. 조로아스터의 교훈 : '박애(博愛)' '수신(守信)' '근신(謹愼)'

플라톤과 아테네 사람들과 마찬가지로, 페르시아 사람들이 9천 년 전에 있었다고 주장을 하는 조로아스터(Zoroaster) 생존 시대에 대한 고찰을 해 보기로 한다.

고대 마기(Magi, 博士) 어(語)로부터 세속적인 구브리인(Guebrians)의 언어로 번역된 조로아스터(Zoroaster)의 도덕적 계율을 나는 보았다. 그것은 지금까지 전해지고 있는데, 유치한 비유, 우스꽝스런 관찰, 전편(全篇)을 채우고 있는 환상적 관념으로 보아 조로아스터교의 최고(最古) 경전임에 틀림이 없다.

가르덴(Garden)의 말씀은, 정의(正義, the just)에 대한 보상(報償)을 말하고 있고,

죄악의 원리는 '사탄(Satan)'의 말로 행해지고 있다. 유대인도 그렇게 했던 방식이다. 거기에서 세상은, 6계절로 구분되어 있음을 볼 수 있다. 역시 거기에는 기침을 하는 사람에게 '아브나바르(abunavar) 아심 부후(ashim vuhu)'를 반복 낭송하도록 명령하고 있다.

그러나 수백 개의 주제나 계율의 집합이, 고대 조로아스터가 반복한 '도덕적 의무'를 규정한 그 〈젠드(Zend)〉에 과연 근거를 두고 있는 것일까?

부모(父母)로서의 사랑과 보호, 빈자(貧者)에 대한 돌봄, 약속 지키기, 가부(可否)가 확실하지 못할 때의 행동 유보(留保)가 그 요점이다. (XXX장)

나는 그 계율에 나를 둔다. 어떠한 입법자도 그것을 초월할 수 없다. 그리고 조로아스터를 통해 사물 원리에 우스꽝스런 미신(迷信)들도 세웠지만, 그 도덕의 순수성은 조로아스터가 부패하지 않았다는 것을 입증하고 있고, 그의 독단(dogmas)으로 길을 만들어 오히려 덕(德)을 가르치는데 오류에 빠지게 하였다고 나는 생각한다.

〈무식한 철학자 - 'XXXIX. 조로아스터'〉[69]

해설

* 볼테르는 '조로아스터(Zoroaster)교'에도 위대한 '자연법'이 있음을 증명하였다.

'부모 사랑(孝)' '약자의 보호(博愛)' '약속 지키기(守信)' '신중한 판단(謹愼)'으로 볼테르는 조로아스터 교훈을 요약하였다.

그리고 볼테르는 역시 그 '조로아스터 교훈에 나를 둔다.(I shall confine myself to this precept)'고 선언하였다.

'볼테르'가 '자연'에 관심을 보였던 것은, 가장 일반적이고 보편적인 인류의 표준으로 넉넉했기 때문이다. 이것이 역시 현대 '실존주의(Existentialism)'에 바탕이 된 것은 다시 상론할 필요가 없는 사항이다.

볼테르는 불필요한 '율법의 논쟁'으로 살인(殺人)을 마다하지 않는 유럽의 '종교적 광신주의 철폐'에 평생을 보냈던 대표적인 사람이다. 그 '천성의 자연(自然)'을 거스르는 것을 볼테르는 '광신주의 발동'으로 규정하였다.

볼테르는 그의 소설 〈캉디드〉〈렝제뉘(自然兒)〉에서 역시 '프랑스(유럽) 법의

---

69) Voltaire, *The Best Known Works of Voltaire*, The Book League, 1940, pp. 452~453 'XXXIX. Zoroaster'.

번거로움(돈만 아는 法律家)'을 거듭 비판하였다. (참조, ✳ ④-14. '법률 행정'의 근본 문제)

⑨-40. '이승'을 부정한 브라만의 인생관

힌두교의 브라만(Brahmans)이 중국(中國)의 '5제(黃帝, 顓頊, 嚳, 堯, 舜)'[70] 이전부터 있었다. 그것은 중국의 골동품에서는 인도(印度)의 흔적을 찾을 수 있음에 대해, 인도(印度)에는 중국의 골동품이 없다는 사실로 가능성이 높다.

고대 힌두교 브라만은 칼데아 사람, 페르시아 사람과 같은 조악(粗惡)한 형이상학자 우스꽝스러운 신학자였고, 그 나라들은 동쪽으로 중국과 접(接)해 있었다. 그러나 얼마나 숭고한 도덕인가! 브라만에 따르면, <u>인생(人生)이란 사후(死後) 신성(神聖)하게 살게 되는 '몇 년 간의 일종의 죽음(苦海)'</u>일 뿐이란다. 브라만은 타인들에게 바르게 행동하라고 규정해 놓은 것도 없다. 그러나 브라만은 자신들에게 엄격하다. 침묵(沈默), 금욕(禁慾), 명상(瞑想), 모든 쾌락의 거부(拒否)는 그들의 기본적 의무이다. 브라만은 지혜(Wisdom)라는 것도 배워 알고 있다.

〈무식한 철학자–'ⅩL. 브라만에 대하여'〉[71]

브라만의 모습, 요가, 승려[72]

---

70) 司馬遷, 史記, 東華書局, 1968, pp. 1~15 '五帝 本紀' 참조.

71) Voltaire, *The Best Known Works of Voltaire*, The Book League, 1940, p. 453 'ⅩL. Of Brahmans'.

72) Wikipedia, 'A Visual Representation of Shabda Brahman'.

해설

* 볼테르는 인도의 '브라만 신앙'을 모든 유럽 신앙의 원천(源泉)으로 규정하고 있다. 인도 '브라만의 금욕주의'는 유럽 종교의 기본 전제가 된 것으로 볼테르는 (시대적 先後와 문명의 交流 사실, 언어적 자취가 그 징험의 바탕이 되었음)낱낱이 그 고증(考證)을 행하였다. (참조, * ⑩-16. 인도(印度)가 서구(西歐) 문화의 원천(源泉)이다.)

그러나 볼테르는 '내세(來世)주의'를 주장하는 사람이 아니라 '현실' '사회' '실존(實存)'을 존중한 '과학주의' '생명존중' '전쟁 반대'를 외쳤다. F. 니체 이전의 '인생관' '세계관' '가치관'의 혁명가였다.

⑨-41. 공자(孔子)는 현대인이다.

다른 나라 국민에서처럼 '미신(迷信)'이나 '돌팔이(醫師)' 문제로 중국인에게는 책망을 늘어놓을 수가 없다. 중국(中國) 정부는 4천 년 전부터 '진리의 신(神, 天)'을 거짓으로 섬길 수 없었고, 미신은 소용이 없었고, 미신은 '종교[자연의 이치]'를 파괴할 뿐이라는 이론을 펼쳐왔고, 지금도 역시 그러하다.

중국에서 '신(神)의 출현 시(the time of the Revelation)'에는 너무 순수하고 경건해서 신에 대한 찬송도 없다.

국민 간에 파벌도 없고, 왕자의 종교, 재판소, 대중들에게 관해서도 말할 것이 없다.[子曰吾聽訟 猶人也 必也 使無訟乎]

그렇게 오랜 동안 중국인의 종교 감각은 어떠했는가? "하늘을 알아라[知天]. 바르게 살라[苟志於仁 無惡也]." 그것이다. 항상 그것이고 왕이 바뀌어도 동일하다.

'위대한 공자(孔子, Confucius)'를, 우리는 고대 입법자 종교의 창시자들과 공통으로 취급을 해 왔다. 그러나 그러한 생각은 크게 잘못된 것이다. 공자는 현대인이다. 공자는 단지 우리보다 650년 전에 거주했을 뿐이다.[73] 공자는 행동 강령(綱領)을 세우지 않았고, 의식(儀式)도 마련하지 않았다. 공자는 자신을 영감 받은 선지자라고 칭하지 않았다. 공자는 단지 고대의 도덕률을 '한 몸(one body)'에 통합하였다.

공자는, 부상자를 용서하라[弋不射宿, 자는 짐승도 쏘아 잡지 않으시다.], 덕행만

---

73) 볼테르가 '宋의 신유학도(Neo-Confucianism, 新儒學者, 朱熹 程顥 程頤 張載－性理學者)'와 '공자(孔子)'의 연대를 혼동한 것임.

기억하라[見賢思齊, 成人之美]고 가르쳤다.

남의 허물을 보지 말고[莫談他短], 어제의 잘못은 오늘 행하지 말라[旣往不咎]고 하였다.

욕심을 억압하고[克己復禮], 우정(友情)을 연마하고[有朋自遠方來不亦樂乎], 뽐냄이 없이 베풀고[博施於民而濟衆], 어렵지 않으면 받지 않고, 구차스러움이 없다.[貧而樂 富而好禮]

공자는 "우리들이 당하고 싶지 않은 일을 남에게 행하지 말라."고만 말하지 않았다. 그것은 악을 경계하는 말일 뿐이다. 공자는 덕행을 권장하였다. "대접을 받고 싶은 대로 대접을 행하라.[己所不欲 勿施於人, 己欲立而立人, 事思敬, 久而敬之]"

공자는 예(禮)를 가르쳤을 뿐만 아니라 인도(人道)를 말하였다. 공자는 모든 덕행을 장려하였다.[老者安之 朋友信之 少者懷之]

〈무식한 철학자-'XLI. 공자(孔子)에 대하여'〉74)

프랑스에 있는 공자 상75), 주돈이(周敦頤, 1017~1073), 주희(朱熹, 1130~1200), 조광조(趙光祖, 1482~1520)76)

해설

* 볼테르의 3대 사상은, '뉴턴(Newton) 식 천체 물리학적 세계관' '로크(Locke) 식 실존주의 인생관'에다가 '공자(孔子)의 자연법적 국가 사회관'이다.

볼테르는 일찍부터 공자의 '자연법(自然法, Natural Law)'에 심취하여, 중국의 자연법을 세계 선진 모범 '사회사상'으로 존숭(尊崇)하였다.

그러나 여기에 반드시 짚고 넘어가야 할 사항이 볼테르가 〈영국 편지(철학적 서간)〉(1734)에서 확인한 '퀘이커 교도의 평등(平等) 정신'이 중국 전통 사회에서

74) Voltaire, *The Best Known Works of Voltaire*, The Book League, 1940, pp. 453~454 'XLI. Of Confucious'.
75) R. Pomeau, *Voltaire*, Seuil, 1994, p. 137 'Confucius'.
76) Wikipedia, 'Neo-Confucianism'.

는 결여(缺如)되어 있었다. 한국에서는 조선조 혁명가 최제우(崔濟愚, 1824~1864)의 '동학사상(東學思想)'으로 비로소 명시되었다[77].

그리고 볼테르 당시 중국 청(淸)나라 황제들은 그 자연법(自然法)으로 세계적 평화를 이룰 생각은 볼테르 당대에도 꿈도 꾸지 못했고, 야만족(女眞, 만주족)의 오직 약육강식의 '제국주의 사고'에 그대로 머물러 있었다.(참조, ※ ⑪-19. 볼테르 당대(當代) '청(淸)국'의 상황)

⑨-42. 고대 철학자는, 모두가 '도덕 옹호자'였다.

모든 희랍의 철학자 들은, 물리학과 형이상 학에 터무니없는 거짓 말을 하였다. 그러나 '도 덕'에서는 모두 최고였 다. 그들은 모두 조로아 스터, 공자(孔子), 브라

피타고라스(Pythagoras, 582 B.C.~497 B.C.?)

만과 동일하다. 피타고라스(Pythagoras, 582 B. C.~497 B.C.?)의 황금 같은 시구(詩句) 를 읽어보라. 그것(도덕)은 피타고라스 교리(敎理)의 정수(精髓)이다. 시구(詩句)는 피타고라스 손에서 나온 비(非)물질적인 것이다. 도덕이 빠진 시구(詩句)는 없다.
〈무식한 철학자-'ⅩLⅡ. 피타고라스에 대하여'〉[78]

해설

* 볼테르는 '이성(理性)의 전개'와 '도덕인 생활'을 등식(等式)에 두었다. 그러 나 볼테르의 자존심은 '추상적 관념적 도덕주의'와는 벌써 상당한 거리를 두었고, 오직 '뉴턴의 천체 물리학' '로크 유의 경험주의' '실존주의' '생명 중심주의'로 나가 있었다.

볼테르의 최고 공적(功績)은, '과학' '철학' '사회과학' '문학예술'을 하나의

---

77) 李敦化, <천도교창건사>, 천도교중앙종리원, 1933.

78) Voltaire, *The Best Known Works of Voltaire*, The Book League, 1940, p. 454 'ⅩLⅡ. Of the Grecian Philosophers and First of Pythagoras'.

영역 '자연(自然) 중심의 원리'로 통일했던 사실이다. 이것은 그 이전에 아무도 구상하고 실행한 적이 없었고(과학 자체 개념이 없었고) 볼테르가 가장 구체적으로 주장했던 그의 '혁명 사상'의 핵심이다.

볼테르는 그동안 '신(神) 중심' '관념(이념) 중심' '국가 중심' '전체주의' '일방주의' 사고를 온전히 바꾸어, '인간 중심' '과학 중심' '생명 존중' '개인 전체 동시주의' 사고로 개진을 하였다. 이것이 그의 불멸의 업적이다. 이 볼테르의 정신에서부터 모든 '근대 과학 정신(the spirit of modern science)'이 일반화했던 사실을 아무도 부정할 수 없다. '볼테르의 세계 현대적 의미'를 부정하는 사람은, 분명 '전통 수구 보수주의'에 깊이 빠져 구제 불능의 인물이다.

⑨-43. '영혼의 영지(領地)를 맑게 하라.'-잘레우쿠스

희랍, 이탈리아, 스페인, 게르만, 프랑스의 모든 사제(司祭)의 공통된 주장을 통합하여, 그들의 모든 선언에서 정수(精髓)를 뽑아낸다고 해도, 그것이 잘레우쿠스(Zaleucus, B.C. 7th century) 법 서문보다 더욱 순수하겠는가?

잘레우쿠스(Zaleucus ,
B.C. 7th century)

"너 자신의 영혼을 다스릴 영지(領地)을 확보하여 그것을 맑게 하라. 모든 범죄적 사고를 몰아내고, 비뚤어진 사람은 신(神)을 모실 수 없음을 믿고, 예물과 찬사(讚辭)에 혹(惑)하지 않는 강자(强者)를 믿어라. 덕(德)만이 신(神)을 즐겁게 할 수 있다."

이것이 모든 도덕과 종교의 실체(substance)이다.

〈무식한 철학자-'ⅩLⅢ. 잘레우쿠스'〉[79]

해설

＊볼테르는 누구의 가르침보다는 각자의 '천성(天性, 自然)'을 존중하였다. 이것은 F. 니체의 '인간은 타고난 대로 살아야 한다.(Thou shalt become what

---

79) Voltaire, *The Best Known Works of Voltaire*, The Book League, 1940, p. 454 'ⅩLⅢ. Of Zaleucus'.

thou art.)'80)는 것과 완전 동계의 사고이다.

볼테르는 도덕 사회를 생각함이 현자(賢者)의 기본 길이었음을 거듭 밝히고 있으나 무엇보다 그 '선(善)의 기준'은 무엇인가를 따질 때, 볼테르의 표준은 '인간 생명'이나, 볼테르 이전의 사람들, 특히 플라톤, 기독교도 등은 '천국' '신(Jehovah)' '사후 상벌(死後 賞罰)'에 관심을 두었다. (참조, ✳ ⑪-2. 유일신, 영혼불멸, 사후상벌(死後賞罰)은 모두 고대 이집트인 유품이다.)

⑨-44. '노예 해방'을 유언(遺言)했던 에피쿠로스

대학(大學)에 현학자(衒學者)들과 모여서 의논을 하는 허풍장이들은, 호라티우스(Horace, 65 B.C.~8 B.C.)와 페트로니우스(Petronius, ?~66)의 아름다운 글들을 읽고 나서 에피쿠로스(Epicurus, 342 B.C.

헤시오도스(Hesiod, B.C. 8th century), 에피쿠로스(Epicurus, 342? B.C.~270 B.C.)

?~270 B.C.)가 관능(官能)을 가르쳤다고 믿고 있다. 에피쿠로스는 평생 현명하고 온화하고 정의로운 철학자였다. 에피쿠로스는 12~3세에 그의 지혜를 보였다. 에피쿠로스에게 관심을 보인 문법학자가, 헤시오도스(Hesiod, B.C. 8c)의 다음 시구를 낭송하였다.

'만물은 카오스(chaos)에서 탄생하였네.'

에피쿠로스가 말했다.

"카오스가 처음이면, 카오스는 누가 만들었습니까?"

문법학자는 말했다.

"나는 그것을 모르고 철학자가 알 것입니다."

에피쿠로스는 말했다.

---

80) F. Nietzsche(Translated by T. Comman), *The Joyful Wisdom*, The Macmillan Company, 1924, p. 209.

"그러면 그것을 제가 알아 봐야겠습니다."

에피쿠로스는 그 때부터 22세까지 철학을 공부하였다. 에피쿠로스의 의지는 라에르테스(Laertes)의 디오게네스(Diogenes)가 정확히 알려주고 있는 '온화하고 정의(正義)로운 영혼'이었다.

에피쿠로스는, 스스로의 자유를 지킬 만한 노예들을 해방시켰다. 에피쿠로스는 '자유가 필요한 노예는 풀어 주어라.'라고 유언(遺言) 집행인에게 말을 하였다. 거기에는 과시(誇示)나 부당(不當)한 취향은 없었다. 그것은 이성(理性)을 가지지 않은 사람은 행할 수 없는, 인간 최후의 의지(意志)이다.

철학자 중 유일하게, 에피쿠로스는 모든 제자들의 친구였다. 에피쿠로스 파(派)는 사랑을 가르치는 것이었고, 다른 것으로 분화(分化)되지는 않았다.

에피쿠로스 이론을 검토해 보면 에피쿠로스를 비난하고 있는 글은, 말레브란케(Mallebranche)와 아르나우드(Arnaud) 간(間)의 논쟁에 한정되어 있다. 말레브란케는 쾌락(快樂)이 우리를 행복하게 한다고 했음에 대해, 아르나우드는 그것을 부정(否定)하였다.

이것은 말로 행한 논쟁이다. 신학자 철학자들이 불확실성을 가지고 거들고 있는 다른 분쟁과도 비슷한 것이다.

〈무식한 철학자-'ⅩLⅣ. 에피쿠로스에 대하여'〉[81]

해설

* 볼테르의 〈무식한 철학자〉에는 기존 철학들을 대상으로 한 논의가 많지만, 그 '논의'를 통해 명시된 바는 '볼테르 자신의 사상'의 명시였다.

볼테르가 위에서 문제 삼았던 '카오스가 처음이면, 카오스는 누가 만들었습니까?(who produced Chaos, since it was the first?)'란 질문은 에피쿠로스 질문이면서 역시 '자연과학자' 볼테르 자신의 의문이다.

볼테르는 이미 뉴턴과 함께 '자연은 변함이 없다.'는 확신을 지니고 있다. 그러므로 불과 1만년도 안 되는 인간의 '기록'을 토대로 '세상천지 만물의 주인'이라고 뽐내는 무리를 볼테르는 굽어보고 있었다.

이러한 볼테르의 선구적 '의심(疑心, incredulity)' 속에 C. 다윈(C. Darwin, 1809~1882)의 '진화론' 오늘날의 'DNA' 탐구로의 생물과 인간의 진화 경력이

---

81) Voltaire, *The Best Known Works of Voltaire*, The Book League, 1940, p. 455 'ⅩLⅣ. Of Epicurus'.

밝혀진 것이다. (참조, ※ ⑨-5. '의심(疑心, incredulity)'이 지혜의 원천이다. ※ ⑬-4. C. 다윈-'진화론(進化論)' ※ ⑬-19. 'DNA' 분석을 통한, 인류 진화 분포도(人類 進化 分包圖))

볼테르는 위에서 '에피쿠로스(Epicurus, 342? B.C.~270 B.C.)의 노예 해방'을 말했으나, 사실은 당시 백인들이 아프리카 '흑인'에 무차별 '노예화' 문제를 크게 문제 삼은 볼테르의 선구적 '인도주의' 명시로 괄목할 만한 그 '위대한 사상'의 명시이다.

'인간의 노예화' '흑인의 노예화'는 '종족 우월주의'에 편승한 것이니, 즉시 시정되어야 '사회 악'의 표본이다. 볼테르는 누구보다 앞서 그것의 문제점을 앞장서서 명시하였다. (참조, ※ ⑦-14. '흑인 노예'의 문제, ※ ④-7. 결핍과 노예 제도(Slavery), ※ ⑧-22. '흑인(黑人)의 노예'가 된 백인(白人) 이야기)

⑨-45. '범죄'가 세상을 다 덮을 수는 없다.

에피쿠로스(Epicurus, 341 B.C.~270 B.C.)학파는 인간의 천성(天性)을 존중했음에 대해, 스토아학파는 인간의 천성을 신성한 것으로 생각했다. 스토아학파는 스스로가 절대 신(神)이 아님을 인정하고, 그것에 이르기까지 인간의 영혼을 고양(高揚)하여 삶과 죽음을 무시하고 정의(正義)에 스스로를 바로 세웠니, 그것이 진정한 스토아학파의 특성이다. 스토아학파를 비난하는 사람들은 스토아학파가 여타(餘他) 사람들의 기(氣)를 꺾는다는 것이었다.

스토아학파가 아닌 소크라테스는, 파당(派黨)도 없이 스토아학파가 보일 수 없었던 덕을 과시하였고, 신성에 순교하여 아테네 사람들을 맹비난 하고 있고, 후에 아테네 사람들은 그것을 뉘우쳤다.

다른 한편, 금욕주의자 카토(Cato, 234 B.C.~149 B.C.)는 로마 시민의 영원한 명예였다. 노예 상태의 에픽테투스(Epictetus, 95 B.C.~46 B.C.)는, 자기의 불행(不幸)에 만족을 했다는 측면에서 카토보다 우수하다. 에픽테투스는 말하기를 '나는 신의 섭리(攝理)로 나에게 지정된 곳에 있다. 그렇기에 불평(不平)은 신의 섭리를 거스르는 것이다.'

황제 안토니우스(Antonius, 83 B.C.~30 B.C.)는 에픽테투스보다 더욱 우수하다. 안토니우스는 더 많은 유혹을 이겨냈기 때문이다. 어리석은 사람이 불평(不評)을 않는 것보다, 황제가 타락(墮落)을 피하는 일이 더욱 어려운 법이다. 두 사람의 생각을 살펴보면, 황제와 노예가 모두 위대하게 보일 것이다.

율리아누스 황제(the emperor Julian)는 어떠했는가? 그는 자기의 독단(獨斷)을 존중하는 잘못을 범했으니 명백히 도덕을 존중한 것은 아니었다. 한 마디로, 그 시대에 사람들을 개선시킬 철학자가 없었던 것이다.

'위대하다는 사람들의 덕망이란 오직 죄악(罪惡)에 대한 해설'이라고 말을 하는 사람이 우리 가운데에는 있다. 그렇지만, 이 지구가 그와 같은 범죄로 다 뒤덮일 수야 있겠는가?

〈무식한 철학자-'ⅩLⅤ. 스토아학파에 대하여'〉[82]

에피쿠로스(Epicurus, 341 B.C.~270 B.C.), 카토(Cato, 234 B.C.~149 B.C.), 에픽테투스(Epictetus, 95 B.C.~46 B.C.), 안토니우스(Antonius, 83 B.C.~30 B.C.)

해설

＊ 위의 진술에서 일차 주목해야 할 대목은 '스토아학파는 스스로가 절대 신(神)이 아님을 인정(Resignation to the Being of beings)'했다는 대목이다.

이것은 역시 '과학자' 볼테르 자신의 태도이고, 당시 '교황' 이하 '교부(敎父)들'의 '여호와 신과 자신들을 동일시하는' 오만한 자세를 비판한 말이다. 볼테르 눈에는 그들이 '인간'을 처벌할 때 감히 '신'의 이름으로 그것을 감행하고 있음을 비판한 것이다. (참조, ＊ ⑥-1. 광신(狂信)의 현장(現場))

그리고 위의 진술에서 역시 주목해야 할 부분은, '에피쿠로스학파'의 '천성' 존중과 '스토아학파'의 '천성(天性)' 신성화 문제는 바로 볼테르 자신의 '천성(天性, human nature)'에 대한 견해의 표명인 점이다.

'에피쿠로스학파'의 '천성' 존중은 인간 '욕망(慾望, desire)'의 중시이고, '스토아학파'의 '천성'은 인간 '이성(理性, reason)'의 중시이기 때문이다. 그러면 볼테르의 경우는 어느 쪽인가? 물론 양자 모두의 존중이다.

---

82) Voltaire, *The Best Known Works of Voltaire*, The Book League, 1940, pp. 455~456 'ⅩLⅤ. Of the Stoics'.

그 이유는 볼테르가 '인간 생명'을 존중하는 것이 기본이니(살상 반대) 인간의 육체적 '욕망(慾望, desire)'의 존중은 피할 수 없고, '자유 의지(Free Will)'의 운영에 '이성(理性, reason)의 중시'는 역시 피할 수 없는 사항이다. 이것 역시 모든 실존주의의 기본 전제 사항이다.

볼테르는 위에서 그 두 가지 '천성'에 '금욕(Antonius)'과 '처지에 만족(Epictetus)' 두 가지 덕을 추가했으니, 이것이 노경(老境, 72세)에 이른 볼테르의 '낙천주의(Optimism)'의 근본 전제였다.

인간 세상을 저주하는 '염세주의' '허무주의'와 인간 세상을 긍정하는 '낙천주의' 두 가지 줄기는 '볼테르 철학'의 양대 문제이다. 결론부터 말하면 볼테르는 '신의 뜻으로 세상은 최선으로 운영된다.'는 G. 라이프니츠의 '낙천주의(Optimism)' '신정론(Theodicy)'에는 절대 반대이지만, '모든 인간은 이성을 지니고 살고 있다.' '세상에 멸망을 당해야 할 도시는 없다.'는 긍정적 사고를 지녔다. 볼테르의 이 사상은 공자(孔子) 맹자(孟子)의 '성선설(性善說)'과 다른 것이 아니다. 그러므로 이에 나아가 볼테르의 '자유 의지'란, '인간으로서 모두 최선을 스스로 택하며 살고 있다.(盡人事)'는 문제와 동일하다.

소위 '도덕' '국가' '전체' '절대신' '절대주의'를 앞세운 무리는 그 스스로의 '실존(육체)'을 무시한 '허풍' '가식' '허위' '위선자(僞善者)'로서 '세상 물정을 모르는 얼뜨기(utterly ignorant about the things of this world)'들임을 볼테르는 여지없이 폭로하였다. (참조, ※ ⑦-16. 얼뜨기 형이상학자-라이프니츠)

⑨-46. 철학자는 모두 덕(德)을 지니고 있다.

인간이 원숭이들을 대하듯이, 자기네가 소피스트들을 대한다는 철학자들이 있었다. 루키안(Lucian, 125~180)은 소피스트들을 우스꽝스럽게 만들어 그들을 무시하였다. 소피스트들은 대학에서 탁발(托鉢, 求乞)한 승려(僧侶)와 같다. 그러나 철학자들은 모두 덕(德)이라는 위대한 사례들의 세트를 가지고 있었으니, 소피스트나 탁발승이나 그들의 저술 속에 그 덕(德)을 존중하고 있다는 사실을 잊지 말아야할 것이다.

〈무식한 철학자-'ⅩLⅥ. 철학은 덕(德)이다.'〉[83]

---

83) Voltaire, *The Best Known Works of Voltaire*, The Book League, 1940, p. 456 'ⅩLⅥ. Philosophy

해설

루키안(Lucian, 125~180), 소피스트, 리비우스(Livius)

* 볼테르가 믿는 것은 '과학 사상' '생명 존중'이다. 그리고 볼테르는 철학자 공통 특징으로 '덕(德, Virtue)'을 거론했는데, '덕'이란 '도덕'으로 '소속 사회 사람들을 이롭게 하는 방법'인데 그것을 알고 실천했던 사람들이다. 인간은 모두 결국 그 '사회'를 위하고 평생의 경력은 사회 속에 평가가 되니, 그 '(사회)도덕'에서 떠나 있는 사람은 없다.

그러나 볼테르가 특히 '철학은 도덕이다.'란 제목을 붙인 것은 과거 철학자들이 한결같이 '이상적 사회 건설 방향'을 말하고 그것을 위해 인생을 바쳤던 그들의 '행적'에 초점을 둔 발언이다.

그러나 볼테르가 경멸했던 부류는 '여호와주의' '독선(獨善, self-righteousness)'과 '배타주의(排他主義, exclusivism)'로, 그것을 '분쟁'과 '전쟁'의 원인으로 규정하고 그것의 해소(解消)에 평생을 바쳤다.

볼테르의 그 정신은 그대로 1916년 취리히 '다다 혁명 운동'으로 이어졌으니, '전쟁 반대'가 바로 '지구촌의 행동 강령'에 제1조가 되었다. (참조, ※ ⑬-11. 후고 발-'카바레 볼테르')

⑨-47. 세계인을 가르쳐 온 이솝(Aesop)

나는 그 위대한 사람들 중에 이솝(Aesop, 620 B.C.~564 B.C.)을 포함시키고, 이솝을 그들의 선두(先頭)에까지 두려고 한다. '이솝'은 인도(印度)의 필패이(Pilpay) 사람이다, 페르시아의 로크만(Lokman)이다, 아라비아의 아킴(Akkim)이다, 포에니

is Virtue'.

의 하캄(Hacam)이라고
하는 주장들은, 이솝에
게 중요 문제는 아니다.
이솝의 우화(寓話, fables)
가, 모든 동방(東方)에 유
행하고 있었다는 것을
나는 확인했다. 이솝의
기원은 알 수가 없다.

이솝(Aesop, 620 B.C.~564 B.C.)

이솝 우화는 동물도 언어를 가졌는지를 의심해 보기 이전에 제작된 것으로,
그 우화들이 다른 교훈담과 동일한 깊이와 기발함을 어떻게 지니고 있는가?
이솝의 우화는 우리 전 반구(半球)를 가르쳐 왔다. 그 우화들은 싫증나는 오만(傲
慢)한 문제도 아니고, 진실 그 자체, 매력적인 우화(寓話) 그대로다.

이 고대의 지혜는 단순하고 가식(假飾)이 없다. 첨가가 된 것은 현대어의 장식뿐이
다. 프랑스에 보급된 자연적으로 우아함은, 원래의 우아함을 유지하고 있다.
이 우화들이 가르치고 있는 것은 무엇인가? '정직(正直)하라.'는 것이다.

〈무식한 철학자-'ⅩLⅦ. 이솝에 대하여'〉[84]

해설

* 볼테르는 '이솝 우화'의 요지를 '정직(正直, just)하라.'로 요약했다.

사람들은 모두 이성을 지니고 있지만, 상대방의 '정직(正直, just)' 여부(與否)는
쉽게 알 수 없다. 그런데 그 '정직'의 맞은편에 있는 것이 '속임(欺瞞, deception)'인
데, 이 '속임'도 인간의 중요한 성격이다. (가령 '衣服'의 착용도 '속임'임.)

문제는 그 '속임(欺瞞, deception)'이 각자의 '생명 옹호'에 쓰일 경우는 '약자(弱
者)'의 일반적 성향이니 어쩔 수 없으나, 문제는 '강자' '통치자' '지배자'가
행하는 속임은 더욱 큰 문제이다.

여기에 다시 사회의 거대 쟁점, '정의 불의'도 문제가 된다. 그러나 궁극의
문제는 인간 '생명의 평등함'인데, 볼테르는 그 '인간 생명(生存)'을 표준으로
기준을 다시 세웠다.

---

84) Voltaire, *The Best Known Works of Voltaire*, The Book League, 1940, pp. 456~457 'ⅩLⅦ.
Of Aesop'.

⑨-48. 과거 철학자들은, '전쟁 이야기'를 믿었다.

<u>모든 철학자가 서로 다른 독단(dogmas)을 가지고 있듯이, 그 독단과 덕(virtue)은 이체동성(異體同性, heterogenous)임이 명백하다.</u> 철학자들이 그것을 신뢰를 하건 안하건, 황금시대에 테티

테티스(Thetis)

스(Thetis, 영웅 아킬레우스의 어머니)는 바다의 여신이었다. 철학자들은 거인(巨人)들의 전쟁을 믿고 있었다. 테티스는 판도라 상자와 죽음의 뱀 퓌토(Pytho) 등을 가지고 있었다. 그 전쟁 이야기를 도덕성과 연결할 방법은 없다. 그 '신학적 속성'이 평화의 나라들을 교란시키지 않았던 것은 경탄할 만한 일이다.

〈무식한 철학자 – 'ⅩLⅧ. 철학의 아들, 평화에 관하여'〉[85]

해설

* 볼테르가 평생 주장했던 것은 '생명 존중' '전쟁 반대'이다. 볼테르의 위 진술은 '전쟁 이야기'가 바로 최초의 '신화' '문학'이 되어 있다는 점이다.

'전쟁'은 인간의 '자기도취' '경쟁의식'에 관련이 된 사항이니, '인간 천성'에서 비롯한 것이라고 보아야 할 것이다. 그러나 전쟁은 '인간 살육'을 전제한 것이므로 볼테르를 포함한 모든 사람들이 기본 양심으로 결코 용납될 수 없는 사항이다.

만약 '살인도 정당하다.'는 주장을 하는 사람이 있다면 그 사람은 '미치광이' '광신주의'이니 상대를 할 수 없고, 만약 그가 '살해될 경우' 소위 '정당방위(正當防衛)'로 처리되고 있다. 개인 간에 문제는 그렇게 종식이 될 수 있으나, '무기(武器)를 개발한 현대 국가 간 살상 전'이 바로 문제이다. '현대전'은 바로 '지구촌'의 도덕을 실현하기 위해 세계의 지성들이 머리를 맞대고 풀어 가야할 최대 쟁점임을 볼테르는 250년 전에 주장하였다.

---

85) Voltaire, *The Best Known Works of Voltaire*, The Book League, 1940, p. 457 'ⅩLⅧ. Of Peace, the Offspring of Philosophy'.

⑨-49. '미문(美文, Belles Lettres)'을 어디에 쓸 것인가!

아! 우리가 할 수 있는 것이 모방(模倣)뿐이라고 해도, 우리가 기껏 존중할 수 있는 것이 '신학적 논쟁'이라고 하더라도, 우리가 이미 행해 왔던 그것들이라고 해도, 1700년 대(代)가 끝나가는 이 시대에 '미문(美文, Belles Lettres)'을 어디에 쓸 것인가!

우리는 우리 학교가 야만주의(barbarisms)에 젖어 문학의 경우, 순수한 고전 취향으로 되돌려 교육을 하여 왔다.

어떤 '진공(眞空)'이나 '충만(充滿)'을 믿는다고 해서, '원인이 없는 사고(事故)는 없다.'는 것을 생각했다고 해서, 그리고 단어의 의미를 다른 사람과 달리 해석한다고 해도, 어떤 사람이 박해를 받을 수 있다고 생각하는 부조리(absurd)란, 로마인들에게 는 결코 없었다.

우리는 매일 '로마법'을 생각한다. 우리에게 법(法)의 결핍이 생길 때(그것은 자주 발생함), 우리는 법전(法典)을 보게 된다.

그 현명한 관용(寬容)을 우리는 왜 우리 주인들에게서 배울 수가 없는가?

국가에 무슨 중요한 일이 있어 우리의 의견들이 '현실'이나 '명분'과 일치해야 하는 것이며, 에콜람파디우스(Oecolampade), 멜랑톤(Melancthon)보다는 스코투스 (Scotus), 토마스(Thomas)와 만나야 하는 것이며, 우리가 읽지도 않는 이프르(Ypres) 주교(主敎)의 파티에 참가해야 하는 것, 설득력도 없는 스페인 승려의 저술이 문제인가? 리크로폰(Lycrophon)이나 헤시오드(Hesiod) 번역이 좋고 나쁘다는 문제 가 '한 국가의 진정한 상태'와는 무관(無關)한 문제라는 것은 명백하지 않은가?

〈무식한 철학자-'ⅩLⅨ. 질문들'〉[86]

해설

* 볼테르 철학은 한 마디로 '인본주의(人本主義)' '실용주의(實用主義)'이다. 볼테르는 다른 곳에서 당시 프랑스 사회는 '공리공론(空理空論)으로 만행(蠻行) 을 일삼다.'라고 지적하였다.

한국에서도 고려 이후 '과거제도(科擧制度)'란 것이, 소위 '미문(美文, Belles Lettres) 쓰기(詩 짓기)'로 기준을 삼았으니, 할 말은 없다.

문제는 과거가 아니고 오늘과 내일이 문제이다. '과학(science)'이 아니면

---

86) Voltaire, *The Best Known Works of Voltaire*, The Book League, 1940, p. 457 'ⅩLⅨ. Questions'.

'생존 불능'의 시대이다.

볼테르의 표준은 바로 '인간 생명'이다. 그런데 볼테르 당대에는 가장 긴요하고 그 중요한 문제를 G. 라이프니츠 식 '신정론(神正論, Theodicy—神이 알아서 최선의 正義를 행하신다.)'에 맡겨 두었고, 프랑스 '현실'은 '신정론' '명분'론에 좌우되는 것을 볼테르는 거듭 개탄(慨嘆)하였다.

볼테르의 '인본주의' '실용주의'가 '지구촌의 공론(公論)'이 되기는 1916년 '다다 혁명 운동' 이후의 일이었다.

⑨-50. '자기들만이 옳다는 사람들'을 어떻게 할까?

나는 머리가 고장(故障)난 사람들을 알고 있다. 우리는 음악가가 자기 음악이 맘에 안 들어 미쳐 죽은 것도 보았다. 어떤 사람은 자기 코가 유리로 만들어진 것은 아닌지 상상도 했다. 그렇지만 어떤 공상(空想)에 격렬하게 고통을 느끼면, 예를 들어 '자기들이 항상 옳다.'는 것에 고통을 느끼면 그 같은 이상(異常)한 고장(故障)에서도 해독(害毒)이 생기는 것일까? ['여호와(Jehovah)주의'의 교황, 대주교, 주교, 목사 비판]

<u>그래서 만약 그 환자(患者)들이, 자신들이 항상 옳다는 것을 유지하기 위해서, 그들이 잘못 알고 있다고 생각하는 사람을 즉각 죽이려고 위협을 해야 한다면, 그리고 그 환자(患者)들이 염탐꾼을 만들어 그들을 '난치병자'라고 지적하는 사람들을 찾아내게 한다면, 만약 아들의 증언으로 아비를 처형하고 딸의 증언으로 어미를 그들이 처형을 행한다면, 그들 역시 미친 사람으로 분류 취급해야 하지 않을까?</u>

〈무식한 철학자—'L. 그 밖의 질문'〉[87]

해설

* 볼테르 당시에는 '구교(가톨릭)' '신교(프로테스탄트)'의 극심한 대립으로 프랑스에서는 엄청난 '칼라스 사건(1762. 3. 9.)'이 있었다. 그 사건을 상세히 기록한 볼테르 저술이 〈관용론(칼라스 사건)〉이다.

위에서 볼테르는 〈성경〉의 '교조주의(敎條主義)'에 얽힌 무리를 조롱하고 있다. 지금은 믿을 수도 없는 그 사건들이 볼테르 당대 프랑스에서는 실제로

---

87) Voltaire, *The Best Known Works of Voltaire*, The Book League, 1940, p. 458 'L. Other Questions'.

발생했었다. 소위 '신·구교(新舊教) 갈등'이 그것이다.

그런데 뻔뻔한 G. W. F. 헤겔은 볼테르가 비판한 '가톨릭의 횡포'를 종식시킨 프랑스 혁명을 칭송하고 거기에 '개신교 목사' 입장을 두둔하여 다시 '여호와 절대주의' '절대이성'을 앞세워 실제로는 단순한 '제국주의자 프리드리히 2세'를 '종교적 성전'을 치른 존재로 미화하여 '게르만 종족주의'로 돌아갔으니, 그 이후 '전쟁의 프러시아(독일) 역사'는 헤겔의 〈세계 역사철학 강의〉가 다 책임을 져야 함을 아무도 부정할 수 없다. (참조, ※ ⑦-19. 헤겔과 프리드리히 2세-〈세계 역사철학 강의〉, ※ ⑬-2. G. W. F. 헤겔의 '절대주의' '여호와주의')

그 G. W. F. 헤겔이 한껏 부풀려 놓은 '게르만의 국수주의 병폐'는, 투철한 실존주의 혁명가 F. 니체가 뒤늦게 '개선'을 요구해도 이미 '굳어진 병폐'는 시정(是正)이 될 수도 없었다.[88] '전쟁'은 '가장 비싼 대가 치르기' '뼈도 못 찾는 무참(無慘)' 그것이다.

⑨-51. 나는 무식하다.

'인간이 자유롭지 못하면 그 도덕은 무슨 소용이 있느냐?'고 당신들은 내게 묻는다. 나는 즉시 내가 '사람들이 자유롭지 못했다고는 나는 말하지는 않았다.'고 대응을 한다. 나는 당신들에게, '자유란 절대자(신, 조물주)의 권세 속에 행해지는 것이고, 터무니없이 맘대로 자행하는 힘 속에 있지 않다.'는 것을 말했을 뿐이다. 나는 거듭 말한다. 모든 존재는 자연(自然) 속에 있고, 무한한 신의 섭리가 몽상(夢想)의 글을 쓰는 나(우리)를 주제하고 있다. 예정이 된 5~6명의 독자에게는 유용하고, 5~6명의 다른 사람들은 그것을 욕하는 무한한 쓸모없는 저술 속에 그들을 던지고 있다.

만약 내(볼테르)가 가르친 것이 없다고 생각되면, '나는 무식하다'는 말로 시작을 했다는 것을 기억하시라.

〈무식한 철학자-'L I. 무식'〉[89]

---

88) F. Nietzsche (translated by A. M. Ludovici), *ECCE HOMO-Nietzsche's Autobiography*, Ibid, pp. 123~126 '독일의 국가 민족주의 노이로제 문제' ; F. Nietzsche(translated by Oscar Levy), *My Sister and I*, A M O K Books, 1990, p. 154 '살상(殺傷)의 무리는 내 성전(聖殿)을 찾지 말라.'

89) Voltaire, *The Best Known Works of Voltaire*, The Book League, 1940, p. 458 'L I. Ignorance'.

해설

* 앞서 밝혔듯이 볼테르의 주장은 '인간 생명 기준'이고, 볼테르 말에 반박한 사람들은 교부(敎父) 중심, G. 라이프니츠 '신정론'을 고수하고 있는 사람들이다.

볼테르가 항변하고 있는 것은 당시 프랑스를 중심으로 교황(敎皇)의 절대 권력 하에 '개신교도'를 향해 한없이 폭압을 휘두르는 신학자(종교 재판관)를 향해 충고한 말이다. 볼테르는 기존 신학을 일부 수용해 '모든 권리는 신(절대자)에게만 있다.'라고 기본 견해를 밝혔다. 그리고 여타 피조물은 '조물주(신)'의 진정한 뜻도 모르고 함부로 날뛰어서는 안 된다라고 엄중히 경고하고 있다.

그리고 볼테르는 〈무식한 철학자〉 제목에 '무식'은 바로 볼테르 자신을 지칭하는 것임을 이에 거듭 밝혔다. 그러나 진정한 조물주(신, 자연)의 뜻을 밝히는 '자연과학'을 모르면서도 기존 저서의 '교조주의'에 얽혀 '무식한 소리'를 반복한 무리를 아울러 규탄하고 있으니, 당시 볼테르의 비판을 수용한 사람은 최고 '계몽'이 된 사람이었다.

볼테르의 '무식 선언'은 '자연 원리에 대해 아는 바가 없다.'는 자연과학도로서 솔직한 볼테르 자신의 고백이다. 그런데 '까닭 없이 오만한 헤겔'은, 순전히 주관적 관념적 문제인 '여호와주의'를 '절대 이성(absolute reason)' '절대 목적(the absolute end)'이라는 용어로 호도(糊塗)하여 현실적인 '프러시아 민족 제국주의 옹호론'으로 몰아가는 헤겔 자신의 방법을 '변증법'이라 하였다. (참조, ※ ⑩-25. 특권을 요구해 온 유대인들, ※ ⑬-2. G. W. F. 헤겔의 '절대주의' '여호와주의') 한마디로 변증법이란 '말장난'을 넘을 수 없다. '아이들의 논리'도 못 된다. '주장자'의 독재 독선만을 전달하는, '얼간이(얼뜨기, a half-wit) 말'임을 명심해야 한다.

볼테르 사전(事典)에는 '방법' '독단'이란 말이 없고, 오직 '생명 중심'의 '과학주의' '효과주의' '실용주의'가 있을 뿐이었다. (참조, ※ ②-12. 자연 관찰로 찾아낸 '천연두' 원리)

⑨-52. 역사(歷史) 이전의 시대를 누가 알까?

나는 무식하여, 옛날에 아이들이 잠들도록 가둔 일이 있었는지는 모른다. 고대 영웅들이 살았던 시간이 7백년 9백년이라고 한 것은 잘못된 것은 아닌지, 광범한 고장에서 행해졌을 최초의 도둑질, 해적질에 대한 이야기가 맞는 것인지, 별과 물고기, 뱀, 죽은 동물, 귀신에 대해 말한 성자(聖者)가 나를 속인 것은 아닌지, 두려움 속에 있다.

누가 처음 '여섯 개의 가함바르(the six Gahambars)'를 만들었으며, 친나바르(Tshinavar) 교량과 다르다로드(Dardaroth)와 카론(Charon) 호수를 알았는가? 바커스 행사는 언제 처음 행해졌고, 헤라클레스와 오르페우스는 언제부터 있었는가?

투키디데스(Thucydides)와 크세노폰(Xenophon)이 출현 이전의 모든 고대는 너무 애매모호(曖昧模糊)하다. 내가 살고 있는 이 지구에 관해 3천년 이전에 대해서는 한 마디도 알 수가 없고, 이 3천년 속에는 얼마나 많은 애매모호(曖昧模糊)하고, 불확실하고, 믿을 수 없는 '전설들'이 넘치고 있는지 모른다.

〈무식한 철학자-'LⅡ. 다른 종류의 무식'〉90)

해설

* 볼테르는 위에서 문제의 '바커스(Bacchus)'를 잠깐 언급만 하고 공개적인 논리를 전개하지 않았다. 그러나 볼테르가 먼저 확실히 인식을 한 사항은 '유대인'의 '선민의식' '특권의식' '배타주의'가 기생하고 있는 '여호와주의'의 개선 없이는 '세계 평화'가 위협을 당할 수밖에 없다는 결론에 이미 가 있었다. (참조, ※ ⑩-25. 특권을 요구해 온 유대인들)

볼테르는 '뉴턴의 천체 물리학' '로크의 경험과학' '공자의 자연법'으로 무장하고, 인류 계몽에 앞장을 섰다. 아무도 오늘날까지 그를 넘은 학자는 없고, 볼테르를 경멸 조롱하는 자는 '골통 보수주의자' '신학자' '전쟁 옹호 극우파(極右派)'들이다.

볼테르의 위의 발언에 맞추어 F. 니체는 똑 부러지게, '기독교는 생명에의 반역이다.'91)라고 규정을 하였다.

볼테르가 〈무식한 철학자〉(1766)를 쓴 지 122년 뒤의 일이다. F. 니체는 볼테르를 이어 '과학주의' '실존주의' 위치에 확실히 서서 기존 종교와 철학의 '허무주의' '관념주의'를 남김없이 폭로 비판하였고, '현대 사회로의 진입'을 명시한 혁명가였다.

---

90) Voltaire, *The Best Known Works of Voltaire*, The Book League, 1940, pp. 458~459 'LⅡ. Other Kinds of Ignorance'.

91) F. Nietzsche(Translated by D. F. Ferrer), *Twilight of the Idols*, Daniel Fidel Ferrer, 2013, p. 24.

⑨-53. 자신과 이웃에 무식했던 나

내가 나도 모르고, 이웃 나라도 모르고, 우리나라만 알았던 것은, 나의 큰 무식이었다.

나의 어머니는 나를 라인(Rhine) 강가에서 낳았다고 내게 말했고, 나는 그것을 믿고 있다.

나는, 쿠를란드(Courland) 출신 나의 유식한 친구 아페도이테(Apedeutes)에게, 북방(北方)의 고대인이나 그 주변의 불행한 작은 나라에 관해 알고 있느냐고 물었다.

그는 내게 '그들이 발틱 해(Baltic Sea)에서 물고기 잡은 것 이상을 알지 못한다.'고 말했다.

나의 경우는, 카이사르(Caesar, 100 B.C.~44 B.C.)가 말한 바와 같이, 우리나라 사람[프랑스인]은 약 1800년 전에는 해적(海賊)들이었고, 신을 모르고 사람들을 죽이는 데 길들어 있었고, 피해를 주고 재물을 획득하였고, 희생(犧牲, 祭物)을 요구하는 마녀(魔女)의 허락 없이는 사냥을 나가지 않는 나라였다는 것이 내가 아는 전부다.

백년 후에 타키투스(Tacitus, 55?~120?)가 내가 아는 것보다 더욱 소량(小量)의 언어로 우리나라를 말하였다. 타키투스는 우리를 로마인에 비해서는 세상에 가장 정직한 사람들이라고 생각했다. 타키투스는 우리가 도둑질을 모르고, 낮이나 밤이나 질 나쁜 맥주를 마시고 오두막집을 드나든다고 주장했다.

'황금시대(golden age)'에서부터 샤를마뉴 대제(Charlemagne, 742~814 ; 통일신라 孝成王 2년~憲德王 6년)이르기까지는 완전 공백기(空白期)였다. 액스 라 샤펠(Aix la Chapelle) 대

샤를마뉴 대제(Charlemagne, 742~814)

(代)의 샤를마뉴 대제(大帝) 골스타(Golstad) 장(章)에서, 그 유식(有識)한 황제는 다음과 같이 말을 하고 있다.

"이 가까운 도시에서 어느 날 사냥을 하고 나서, 나는 네로(Nero), 아그리파(Agrippa)와 형제인 그라누스(Granus)가 만들어 놓은 뜨거운 욕조(浴槽)가 있던

궁궐을 발견하였다."

그라누스와 아그리파가 네로와 형제라는 진술은, 샤를마뉴 대제(大帝)가 나만큼
이나 무식(無識)했다는 말이다. 그것이 나에게 위로를 주었다.

〈무식한 철학자-'LⅢ. 더욱 큰 무식'〉[92]

해설

＊볼테르의 '무식 선언'은 지나친 사항이 아니다. 볼테르와 F. 니체가 함께
무시(無視)한 존재들은, '관념적 여호와 신' '인격신'을 '자신의 개념(Self-
Conception)'으로 상정을 해놓고 그 '주관적 관념'을, 실제(實際) '세계의 표준'으
로 뽐내었던 무리(神正論者)들이다.

인간의 기록은 틀리기 쉽다. 그것은 '오류'가 새로운 '오류'를 만들어 그것을
증폭시키기 때문이다. 이에 다시 반복되는 금언-'모든 것을 의심하라'는 아리스
토텔레스의 말이다. 그러면 그 의심을 격파할 마지막 거점은 무엇인가? '이성(理
性)'이며 지혜의 성곽을 확장해 가는 일이다.

그렇기에 '역사(歷史)'는 무시하여도 되지만, 역시 '역사(歷史)'는 무시될 수가
없다. 무시되어도 된 이유는 '잘못된 기술, 허위의 서술'이기 때문이며, 역시
무시될 수 없는 것은 그 '잘못된 기술'은 모든 인간이 그것을 초월해 사실을
알 수 있는 '이성(reason)'을 공유하고 있기 때문이다.

'잘못된 역사 기록'은 '잘못된 표준' '반 생명'을 표준으로 그 기록을 행한
결과이다.

그러면 '바른 역사' '바른 표준'이란 무엇인가? '생명 존중'의 '바른 이성(理性)'
을 표준으로 그 '인류 통성인 그 이성을 군건히 하는 역사'이다. (참조, ＊
⑨-31. 정의(正義)를 아는 이성(理性)은 인류의 통성(通性)이다. ＊ ⑨-36. 선악(善惡)
의 분별은, 산수(算數)의 문제다.)

⑨-54. 허구(虛構)의 게르만 교회사(教會史)

우리나라 '교회 역사'는, 네로(Nero)와 아그리파(Agrippa), 그라누스(Granus)가

---

92) Voltaire, *The Best Known Works of Voltaire*, The Book League, 1940, p. 459 'LⅢ. Greater
Ignorance'.

형제라는 역사(歷史) 인식과 비슷하다. 죽은 자로부터 아이들이 살아났다. 두더지 산토끼 뱀과 함께 잡은 용, 주인공들, 용을 쳐부순 유대인이 제공한 칼에는 피가 묻어 있었다. 그 후는 성자(聖者)들의 목이 잘려진 시대였다.

가장 입증(立證)이 잘되었다는 전설 중의 하나는 '게르만 기독교사'에 있다. 행운의 룩셈부르크 페테르(Peter)는 1천 3백 8십 8년 동안의 생애와 사후 89년 동안에, 4천 4백 개의 기적(奇蹟)을 행하였고, 그것을 이은 해는 명백히 3천년이라 하였다. 그러나 그동안 42명의 사자(死者)만 생명을 얻었다고 하였다.

유럽의 다른 국가도 교회사가 동일한 기적과 간증(干證)과 지혜와 명백함을 지니고 있음을 알았다.

〈무식한 철학자-'LⅣ. 우스꽝스런 무식'〉[93]

해설

* 구체적인 숫자를 들어서 거짓을 말하는 방법은 처음 희랍 주술사(呪術師, Sibyls)들이 사용했던 방법이고 이후에 '묵시록' 기록자가 원용했다는 볼테르의 밝힘이 있다. (참조, ＊ ⑪-17. 주술사(呪術師, Sibyls)의 서술 방식으로 된 '묵시록 (Apocalypse)')

과장을 잘하기로는 볼테르는 '유대인'과 '희랍인'을 꼽았고, 이어 독일인의 과장을 지적하였다. (참조, ＊ ⑩-23. 기적과 신비의 유대인, ＊ ⑩-21. 재능(才能)을 과시했던 희랍인들) 그렇게 믿게 하여 '제자로 삼아' 할 일이 무엇인가? 이에 불가피하게 출현한 것이 F. 니체의 '차라투스트라'였다. 그래서 F. 니체는 '제자들이여, 홀로 가라.'[94]고 했다.

⑨-55. 성자(聖者)가 있다면 사막(沙漠)에서 살 것이다.

그 후 나는, 몰지각한 오류가 원인이 되어 사람들이 상대를 싫어하는 욕을 퍼붓고, 서로를 박해하여 서로의 목을 베고, 고문을 행하고 서로를 불태우게 되었음을 알았다. 나는 말한다. 이 가공(可恐)할 시대에 단 한 사람의 성자(聖者)라도

---

93) Voltaire, *The Best Known Works of Voltaire*, The Book League, 1940, pp. 459~460 'LⅣ. Ridiculous Ignorance'.

94) F. Nietzsche (translated by A. M. Ludovici), *ECCE HOMO-Nietzsche's Autobiography*, The Macmillan Company, 1911, p. 5.

캉디드 일행의 정착지, 콘스탄티노플(Constantinople)

있다면 그는 틀림없이 사막(沙漠)에서 살고 사막에서 죽을 것이다.

〈무식한 철학자-'L V. 무식보다 더욱 악한 것'〉[95]

해설

* 볼테르는 모처럼 프리드리히 2세의 초청을 받아 프러시아로 가서, 거기에서 〈미크로메가디스〉 등의 글을 써서 '정복과 전쟁'에 집착하는 프리드리히 2세를 설득해 보려 했으나, 프리드리히 2세는 오히려 볼테르의 생각(세계관 인생관)을 무시하고 그를 (전략적으로)간섭 통제하려는 '독재 의식'임을 간파하고, 마침내 프랑스로 다시 귀국하려 했으나, 이미 볼테르를 시기한 루이 15세의 '입국 거부'로, 도중(途中)에 방향을 틀어 중립국 스위스로 갔다. 거기에서 행정부의 간섭이 행해져 '스위스와 프랑스 국경'에 '페르네 볼테르'를 운영하게 되었고, 〈무식한 철학자〉도 거기에서 작성된 것이다.

한편 볼테르의 분신(分身)인 〈캉디드〉의 주인공 '캉디드'는, 마지막 '콘스탄티노플(Constantinople, 터키령)' 근처에서 소설을 끝내었다. 볼테르는 진정 프랑스를 사랑했으나 오히려 프랑스로부터 소외되었고, 이슬람 국가들을 무시했으나 마음속 깊이 공감 동조하였다. 그것이 볼테르의 '이성(理性) 중심' '인간 중심' '낙천주의' '성선설'의 기본에서 나온 일관된 그의 인생관 세계관에서 뿌리를 두고 있는 사항들이다.

소설 속에서 주인공 캉디드는 터키령의 '콘스탄티노플'에 정착했다.

---

95) Voltaire, *The Best Known Works of Voltaire*, The Book League, 1940, p. 460 'L V. Worse than Ignorance'.

그 콘스탄티노플은 유럽에 연접해 있으나 소아시아에 가장 인접한 지역으로, 실제적으로 볼테르가 정착했던 프랑스 스위스 국경에 걸친 '페르네 마을'과 정서적으로 유사하다.(어중간한 '중간 지점'이라는 측면에서)

⑨-56. 진리는 은폐될 수 없다.

이성(理性)의 새벽인 오늘날, 이 나이에 '광신주의 히드라의 머리'가 다시 약간 보이지만, 그의 독(毒)은 덜 치명적이고, 횡포가 덜하다.

'면죄부(免罪符, indulgence)'를 공개적으로 팔던 시대보다는 최근에는 다양한 은사(恩赦)에 피 흘림은 덜하다. 그러나 '광신주의 괴물(the monster fanaticism)'은 아직도 살아 있어서, 진리를 찾는 사람들을 박해로 위협을 감행하고 있다.

시기(猜忌)와 중상모략이 횃불을 드는 데, 우리는 어둠 속에 남아야 할 것인가 아니면 봉화대에 불을 붙여할 것인가?

진리를 포기하고 악(惡)에 빠지기보다는, 괴물들 앞에 우리의 진리는 더 이상 은폐될 수가 없다는 것이 나의 생각이다.

〈무식한 철학자-'L Ⅵ. 이성의 새벽'〉96)

해설

＊ 볼테르에게 '진리'란, '과학 인생관' '과학적 세계관' '생명 존중' '살상 전쟁 반대'이다. 특히 '살상 전쟁 반대'는 볼테르 정신 중에도 그 '최고점'을 극명히 드러낸 명제이고 인류가 영원히 풀어나가야 할 숙제이다. 지금도 그러하고 역시 미래도 쉽게 해결이 날 문제는 아니지만, 인간은 결국 그 문제를 온전하게 풀어갈 것이다.

그러나 1916년 취리히 '다다 혁명 운동가들'은 볼테르가 얼마나 완벽했는지를, 그들의 출발을 아예 '볼테르 주점'에서 개시함으로서 보여주었다.

얼마나 멋진 인류의 새 역사 창조이며, 선명한 혁명 운동의 개시였는가!

화가 달리(Salvador Dali, 1904~1989)는 스페인 내전을 풍자하는 〈불타는 기린〉97), 핵전쟁을 반대하는 〈위험에 대항하는 싸움〉98)의 그림들을 그렸다.

---

96) Voltaire, *The Best Known Works of Voltaire*, The Book League, 1940, p. 460 'L Ⅵ. The Dawn of Reason'.

인류는 '인간 형제간 살상 전쟁'을 오래지 않아 끝을 낼 것이고, 보다 '근본적인 전쟁과 탐험' '우주 공간 탐구'와 '초소 미세 탐구'로 영원한 승부처를 확보할 것이다. 이것은 역시 그 볼테르가 먼저 지적했던 영역이고 현대는 그 속에서 현저한 승부를 펼치고 있다.

---

97) R. Descharnes, *Salvador Dali ; The Work The Man*, Harry N Abrams, 1989, p. 199 'Burning Giraffe(1936~7)'.

98) R. Michler & W. Loepssinger(edited by), *Salvador Dali : Catalogue Raisonne of Etchings, Prints II*, Prestel, 1995, p. 97, 'The Fight against Danger(1956~7)'.

제10장

〈역사철학〉

개별 종족(種族)의 역사는 사실상 그 종족이 '문자 생활'을 시작할 때부터 거의 모두 갖게 되었지만, 한 종족의 역사는 '인류사(人類史)' '세계사(世界史)' 시각 속에 바로 놓일 때 비로소 그 객관적 의미를 확보했다고 할 수 있다. 그런데 볼테르는 인류 최초로 '인류(人類)'와 '지구촌(地球村)'의 시각을 먼저 확보하여, 인류 문명의 시발(始發)부터 볼테르 당대에까지 지구상의 각 종족의 문화적 특징을 논하는 〈역사철학(*The Philosophy of History*)〉(1765)을 서술할 수 있었다.

볼테르는 '자연과학', '자연법'을 이미 자신의 소신(所信)으로 확보하였지만, 그 '이성(理性)' '합리주의(合理主義)'가 어떻게 세계역사 전개에서 적용되는 것인가를 자신의 〈역사철학〉을 통해 보여주었다.

볼테르가 〈역사철학〉을 통해 천명했던 바는, ① 지상(地上)의 모든 종족(種族)의 존중(尊重), ② 지역적 인종적 편견 불식(拂拭), ③ 미신타파('理性' 표준), ④ 약탈 전쟁 반대, ⑤ 각 민족 전통 관습 긍정, ⑥ 생명 존중, ⑦ 서술상의 '도식적 체계'의 부정(객관적 서술), ⑧ 지구촌(地球村) 교류(交流) 정신 존중, ⑨ 부(富)를 통한 개별 국가 발전 옹호, ⑩ '현실 생명 존중(실존주의)의 가치 기준' 확립 등이 그 요지이다.[1]

---

[1] 이에 대해 후배 철학자 G. W. F. 헤겔의 <세계 역사철학 강의>의 특징은, ① '게르만 국가 민족' 우선 ② '개신교(Protestant)' 옹호 ③ '여호와 중심주의' ④ 전쟁 옹호 ⑤ 여타(餘他) 종족 무시, ⑥ '주관적 관념주의, 도덕주의' 표준 ⑦ 도식주의(辨證法) 고집 ⑧ '전체 독재주의' 옹호 ⑨ 개별 생명 경시 ⑩ 파벌주의 긍정(특권 의식 조성)

볼테르가 그의 71세(1765)에 발표한 〈역사철학〉은, 세계 최초의 '지구촌 종족(種族)사 종합'으로서 '인류 보편사(普遍史)'의 출발일 뿐만 아니라 세계 평화와 인류 공영(共榮)이라는 위대한 목표가 명시된 '볼테르 철학의 정점(頂點)'을 이루었다.

한 마디로 볼테르의 〈역사철학〉은, 그 150년 뒤인 1916년 취리히 '다다 혁명 운동' 정신을 온전히 예비(豫備)하였으니, 2015년 현재 세계에서는, 볼테르의 탁월한 선견지명(先見之明)을 아무도 막을 수 없는 '인류의 공론(公論)'으로 수용하게 되었다.

볼테르의 〈역사철학〉의 근본은, '관념적 절대권력(神, 관념신, Jehovah)에 대한 일방적 복종이 아니라, 자연법(Natural Law) 속에서 발현된 인간 보편의 이성(理性) 중심으로, 개별 인간 생명 존중, 전쟁 방지가 최선(最善)'이라는 볼테르의 '실존주의(Existentialism)'가 명시되어 있다.

⑩-1. 역사(歷史) 서술의 초점은, 종족(種族)의 번성(蕃盛) 여부이다.

《역사철학 : 볼테르 당대까지 유럽의 역사서는 산쿠니아톤(Sanchuniathon), 헤로도토스(Herodotus, 484? B.C.~425? B.C.), 크세노폰(Xenophon, 434? B.C.~355? B.C.), 호라티우스(Horace, 65 B.C.~8 B.C.), 쿠르티우스(Quintus Curtius, 41?~79?), 타키투스(Tacitus, 56~117), 에우세비우스(Eusebius, 263~399) 등의 단편적 지역적인 것으로 거의 철학 종교 서적에 국한된 '추상적' '관념적' '신비적' 요소가 뒤섞여 있는 기록물들이었다. 이에 대해 볼테르가 '이성적(현실적)' '과학적(확실한 연대기)' '인종적' '실증적(문헌적 기록의 선후 판별)' '언어적' 사실들을 토대로 기존 역사서를 참조 비판하며, 세계 최초로 합리적 '인류 문명 발달 전개의 역사'를 기록한 것이 그의 〈역사철학〉이다.

그러므로 인류 최초로 '과학적 연대기'와 '인종적 특징' '문헌비판' '언어비

등이었다. 그리하여 헤겔은 과거 개별 민족 역사가 약점('국가 종족적 우월주의')을 '주관적 도식주의(변증법)'로 확대 재생산하여, 그것을 정당화하려 하였으니, 그 '국가 민족 우월주의'는 '전쟁'으로 이어져 그 폐해를 후손이 감당하게 만든 '불행한 역사'의 원조(元祖)가 되었다. 그리고 그 헤겔에 이어 A. 토인비는, 그의 <역사 연구>에서 그 헤겔의 오류('종족[앵글로 색슨]주의' '여호와중심주의', '전쟁 용호')를 무비판적으로 반복하고 있으니, '안목 있는 세계인의 비판'을 면할 수 없게 되어 있다.

판'을 통해 '실증적(實證的) 근대적 의미의 세계사'가 처음 시도된 것이다. 볼테르의 〈역사철학〉은 우선 '추상적' '신비적' 요소를 털어내고 과학적 실증적 기반 위에 최초로 작성된 볼테르 '인문과학의 막중한 저작'이었다.》

THE FOUR RACES OF MAN

4대 인종-아메리카 인디안(American Indian), 몽고족(Mongolian), 흑인(Negro), 코카시아 족(Caucasian)

세계의 네 개 권역(유럽, 아프리카, 인도 중국, 아메리카)에서 살고 있는 인종(人種, the species of men)들의 뚜렷한 차이만큼 더욱 흥미로운 것도 없다.

백인, 흑인, 알비노(Albinos), 호텐토(Ho-ttentots), 라플란더(Laplanders), 중국인(中國人)이 서로 어떻게 다른 사람들인가에 대한 의문은, 장님을 빼고는 모두 가질 수 있는 관심 사항이다.

행운의 루이쉬(Ruish)가 해부를 행하고 써놓은 흑인의 〈해부학적 현상(reticulum mucosum−Phmomenons in Anatomy)〉을 부분도 보지 않고서, 라이든(Leyden)으로 호기심을 갖고 여행할 사람은 없을 것이다. 남은 피골(皮骨)은 성 페테르부르크(St. Petersbrug)에 관심자(關心者)의 캐비닛 속에 있다. 피골은 흑색이며, 흑인들 고유의 흑색은 그 피부를 파괴하거나 그 세포들이 점액을 분비하게 하여 피부 아래 백색 반점을 만들지 않으면 바뀌지 않는다고 한다.

흑인들의 크고 둥근 눈, 넓고 평평한 코, 두텁고 거친 입술, 이상하게 생긴 귀, 그들의 지적 수준은 그들 사이와, 그리고 다른 종족과는 큰 격차를 보이고 있다. 가장 뚜렷이 그것을 증명하고 있는 바는, 그것이 그들의 기후 차이에서 그렇게 된 것이 아니라는 사실이다. 가장 추운 곳으로 옮겨진 흑인 남녀가 낳은 아동들도 별 차이가 없다는 점이다. 그런데 물라토 족(Mulattoes)은, 백인 여자 흑인 남자, 또는 흑인 여자 백인 남자가 섞인 종족이고, 암말과 수탕나귀가 낳은 노새와 비슷하다.

알비노 족(Albinos)은 정말 왜소(矮小)하고 약한 종족으로, 중앙아프리카에서 살고 있다. 그들의 허약함은 그들이 살고 있는 동굴로부터 떠나 먼 여행을 못하게 하고 있다. 그러므로 그 흑인들은 때때로 포획이 되어, 백인들은 호기심으로 그들의 구매(購買)를 행한다. 나[볼테르]도 두 사람을 보았고, 아마 유럽인은 그들

수천 명을 보유(保有)하
고 있을 것이다.

난쟁이 흑인은 그들
의 피부가 나병(癩病)으
로 변이(變移)된 것으로,
나병에 걸려 백색이 흑
색으로 되었다고 말을
하고 있다.

어떤 알비노(Albinos)
는, 기니(Guinea) 해안 흑
인과는 닮지 않았고, 영

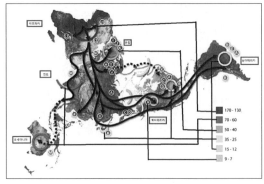

미토콘드리아 유전자 분할에 기초한 인류의 이동 경로(A model of human migration, based from divergence of the mitochondrial DNA)와 인간 족보(族譜)–시간 단위 1천년2)

국인이나 스페인 사람과 비슷하다. 그네들의 백색은 백인들과도 달라 피부가
백색과 갈색, 또는 백색과 혼성, 린넨 색, 또는 표백된 양초 색깔이다. 그들의
머리털과 눈썹은 비단결 같다. 그들의 눈은 다른 종족과 다르고, 자고새(partridge)
눈을 가지고 있다. 그 모양이 라플란드 사람(Laplanders)과 비슷하나, 그들의 두상(頭
狀)은 모든 다른 종족과 다르다. 그들은 그들의 체형(體型), 언어 능력, 사고력을
빼고는 우리와는 아주 다른 인종이다.

자연(自然)이 흑인들(Caffres)에게 준 그 앞치마인 복부와 다리를 이룬 피부,
사모다(Samoieda) 여인들의 검은 앞가슴, 유럽 남성의 턱수염, 아메리카 인디언의
수염 없는 턱은 대표적 구별 사항들이지만, 그들이 각각 서로 다른 (인간이 아닌)
별종(別種)이라고는 생각할 수는 없다.

아메리카 원주민(인디안)의 그 기원(起源)이 어디에 있으며, 그들은 어디에서
왔는가의 의문이 있을 수 있다. 남쪽나라들 또는 오스트레일리아(Australia) 주민들
은 어디서 왔는지를 왜 묻지 않는가? 그와 같은 인간 존재에 대한 신(神)의 섭리가
노르웨이, 아메리카, 남극권에도 있다는 것은 이미 밝혀져 있는 사항이고, 같은
방법으로 나무가 자라 숲을 이루고 풀들이 자란 이유와 같다.

많은 학자들은, 다양한 인종(人種)과 동물들이 멸망했을 것이라는 의견을 가지고
있다. 앞서 말한 알비노(Albinos) 흑인들은 지금 아주 숫자가 적고, 약하고 흑인들
사이에서도 무시되어 이 종족들은 머지않아 없어지게 될 것이다. ['自然淘汰'를
먼저 말한 것임]

---

2) 'Human evolution' – 'A model of human migration, based from divergence of the mitochondrial
DNA (which indicates the matrilineage)'.

사티로스(Satyrs)는 고대 거의 모든 작가들에 의해 언급이 되어, 우리는 그들의 존재가 불가능하다고 생각할 수 없다. 칼라브리아(Calabria)에는 오늘날까지 모든 괴물(怪物)의 출산을 막는 습속이 남아 있다고 한다. 헤로도토스(Herodotus, 484? B.C.~425? B.C.)는 그의 제2저술에서 그가 멘데스(Mendes) 지방을 여행할 때 목격했던 장면을 묘사하고 있고, 이집트인들에게 자기 말이 사실이라고 주장했다. 〈레위기(Leviticus)〉에는 가증스런 것을 말하는 것을 금지하고 있다.

'인간 생명의 존속(存續)을 존중한다.'는 공리(公理)에서(유대인의 책에 의해 祝聖된 아담의 후손임을 예외로 하면['고행'을 美德으로 안다는 조롱임]), 인류의 모든 종족이 짧은 인생을 즐길 수 있고, 동물들 나무들 모든 자연 산물이 동일한 그 지속을 행하고 있다. ['실존주의' 명시]

그러나 '교역(交易, commerce)이 다른 나라의 산물과 병폐를 인류에게 전한다.'는 부정적인 것만은 아님을 우리는 알고 있어야 하고, 인간의 '시골 생활'이 인간을 더욱 부지런하고 강건하게 한다는 사실도 알아야 한다. 왜냐하면 자연(自然)이 그렇게 만들었으니, 사치스런 생활이 끌리거나, 거대 도시의 불건강한 교역에 맡겨진 사람들보다 시골에 사는 이들이 더욱 규칙적이고 건강한 상태를 즐기고, 오래 살게 되어 있다. 말하자면 콘스탄티노플, 파리, 런던에서 백 살까지 사는 사람이 2만 명 중에 1명이라면, 시골에서는 2만 명 중에 20명은 될 것이다. 그와 같은 사례가 미국의 여러 곳에 있으니, 미국 사람들은 자연(自然) 상태에서 그대로 살고 있기 때문이다.

아라비아 대상(隊商)들이 결국 유럽에 전했다는 전염병(傳染病) '천연두'는, 이전 유럽인은 모르던 병이다. 유럽과 아시아의 좋은 기후는 다른 곳보다 더욱 빠르게 인구를 증가시켰다. 사고(事故)로 인한 불구와 상처는 지금처럼 편리하게 치료되지도 못했었다. 그 기술의 부족으로 그밖에 다른 질병에도 폭넓게 대응을 못하고 살았다. 이 모든 점을 고려할 때, 인류는 거대 왕국들을 건설한 이래 더욱 오래 살게 되었고, 더욱 건강하고 행복한 실존(實存)의 상태를 즐기고 있는 것이다.

〈역사철학-'Ⅰ. 인종(人種)의 차이에 대하여'〉[3]

해설

* 볼테르는 위에서 중요한 '세계역사의 관점'을 제시했다. ① 인종 문제 ② 교역 문제 ③ 수명 문제 ④ 질병 문제 ⑤ 의료 문제 ⑥ '실존의 행복' 문제가

---

3) Voltaire, *The Best Known Works of Voltaire*, The Book League, 1940, pp. 363~364 'Ⅰ. Of the Different Races of Men'.

거론되었다.

사실상 역사 서술에서 이보다 더욱 중요하고 관심을 기울여야 할 '역사적 관심사'는 없다.

볼테르의 관심은 이처럼 투명하고 혁명적이었다.

왜냐하면 그의 '세계역사 속' 관심은 '왕조의 흥망사(興亡史)'가 중요한 것이 아니라, 각 개인의 '더욱 건강하고 행복한 실존(a healthier and happier state of existence)'의 생활에 초점을 두었다는 사실이 그것이다.

볼테르는 불필요한 '제국주의' '관념주의' '전쟁 중심' 역사 이야기를 걷어내고, '각 개인의 건강과 행복 추구'가 절대적 표준이 되어야 한다는 것을 그의 〈역사철학〉 첫 장에 명시하였다.

볼테르 당대에는 생각의 범위가 〈구약〉 〈신약〉의 범위를 벗어나지 못하고 있어서, 연대적(年代的)으로 5천년 범위 내에서 인간의 역사를 고려해야 했다. 그러나 인류는 볼테르가 주장한 '과학적 의심(疑心, incredulity)' 결과 C. 다윈(C. Darwin, 1809~1882)은 '진화론'을 말하였고, 결국은 'DNA'의 분석 결과 세계 인류(20만 년)의 기원과 이동 경로 연대를 손에 잡힐 듯이 소상하게 그려 놓게 되었다. (참조, ※ ⑬-4. C. 다윈-'진화론(進化論)', ※ ⑬-19. 'DNA' 분석을 통한, 인류 진화 분포도(人類 進化 分包圖))

⑩-2. 역사의 서술은, 연대 획정이 우선이다.

모든 사람들 중에 특히 아시아 사람들[중국인]은 계승(繼承) 연대(年代)를 계산하여, 우리를 놀라게 하고 있다. 그 연대 확정이 그 고대인 생각의 어떤 고려 가능성 여부에 꼭 필요한 최소한의 것이기 때문이다.

그것이 영원토록 어떤 국가를 한 사람으로 통일을 이루어 강력하고 도전적이고 유식한 국가로 만드는 데 필요한 사항이다. 아메리카를 보라. 그것이 [유럽인에 의해] 발견되었을 때까지 지구(地球) 사분(四分)의 일(一) 세계에 오직 두 왕조가 있었을 뿐이다. 그리고 두 왕조 어디에는 아직 문자가 발명되지도 못했다. 광대한 여타(餘他) 지역은 알 수 없는 작은 사회로 분할되어 있다. 식민지(植民地) 이전 사람들은 오두막에 거주를 하였다. 그들은 추운 날씨에는 동물 가죽을 걸치었고, 더울 때는 아예 나체로 살았다. 사냥이 우선이고, 나머지는 식물 뿌리로 연명(延命)을 하였다. 그들은 다른 생활을 모르고 있었으니, 우리(유럽인)를 모르는 것도 어찌할 수 없었다. 그들의 작용은 그들의 필요를 넘어서 확대되지 않는다. 사모다인(Samoiedes) 라플란더인(Laplanders) 시베리아인(Siberia) 캄차카인(Kamchatka)은 아메리카 원주민보다 더욱 미개(未開)하다. 흑인들 대부분과 모든 카피르인(Kaffirs)은 역시 동일한 야만(野蠻)의 무식 속에 살고 있다.

'좋은 환경'은 인간이 위대한 사회를 이루어 대대로 이어지게 하였고, 동일한 정부와 법 속에 통일을 이루었다. 그리고 동일한 좋은 환경의 지배는 언어의 형성에도 필수적이다. 인간은 말을 배우지 않으면 말을 할 수 없다. 그러면 혼란스런 소음(騷音)을 토(吐)하고, 몸짓이 아니면 서로 이해할 수도 없다. 아동은 모방으로 말을 하고, 어린 시절에 혀가 굳으면 발음에 곤란을 겪는다.

초기에 불완전하고 야만적인 언어의 기초를 다른 사람들에게 가르치는 '특별한 재능을 소유한 사람들[敎師]'의 확보 문제는, 뒤에 온전한 인간 사회 건설에서보다 더욱 오랜 시간이 걸렸다. 지금도 모든 국가들이 '공식어(公式語)'와 확실한 발음의 '표준'을 세울 수 없기 때문이다. 플리니인(Pliny)을 표준으로 삼은 트로골리인(Trogolites)들이 그러하고, 희망봉(希望峯) 일부 지역 주민이 역시 그렇다. 그러나 무슨 수로 야만 언어들이 가로막고 있는 지역에서, 우리의 위대한 생각들을 숭고한 언어로 제시할 것인가! 거리가 너무 먼 이야기다.

오랜 동안 인류를 이끌었던 야만적 생활은 모든 환경에서 사라지고 있다. 언어 발명 이전의 인간은, 그들의 '필요'를 공급하기가 힘들었고, 서로 도울 수도 없었다. 인간보다 강한 육식동물(肉食動物)이 세상을 덮어 인간의 몫을 삼키고 있었다.

인간은 맹수로부터 자신을 방어할 수 없었으나, 그 혼란의 고대로부터 돌멩이 나뭇가지를 가지고 영웅들이 야수(野獸)에 대항을 하였다.

따뜻한 기후에 인구가 많은 나라는 저절로 자란 곡식과 견과(堅果), 대추야자, 무화과, 쌀의 풍성한 생활품을 찾았다. 그래서 인도 중국 유프라테스 티그리스 강안에는 인구가 많고 그 이외의 지역은 대부분 황량(荒涼)하였다. 한편 유럽 북쪽 기후는 말할 것도 없이, 사람보다는 늑대 떼를 만나기가 쉬웠다.

〈역사철학-'Ⅱ. 고대 국가에 관하여'〉[4]

---

4) Voltaire, *The Best Known Works of Voltaire*, The Book League, 1940, pp. 365~366 'Ⅱ. Of the Antiquity of Nations'.

해설

* 볼테르는 '인류 역사 전개'에 무엇보다 '언어' '문자'의 발명을 소중하게 생각했고, '물질의 풍요'와 '인구의 번성'을 연대하여 세계 문명의 발상지(發祥地)를 약술하였다.

즉 우선 '먹을거리'가 넉넉해야 인종이 번성하고, 인종이 번성해야 '좋은 생각들'이 나와 문명과 문화를 이룬다는 당연한 법칙을, 볼테르는 힘도 들이지 않고 쉽게 서술할 수 있었다. 그 서술의 초점(기준)이 '생명의 육체(실존)'에 두었기 때문이다.('辨證法' '循環論'은 한마디로 '도둑들'의 말장난 奸計이다.)

볼테르의 추리는 합리적이다. 소위 '고대 역사(歷史) 서술에는 무엇보다 연대(年代) 획정이 필수적 사항임'을 볼테르가 먼저 강조했던 점은 주목을 해야 할 사항이다.

G. W. F. 헤겔의 〈세계 역사철학 강의〉란 한마디로 '개신교 포교(布敎) 목표'로 집필이 되었던 '기독교도 서적'이다.(참조, * ⑬-2. G. W. F. 헤겔의 '절대주의' '여호와주의')

⑩-3. 자연(自然)이 철학자를 만들었다.

인간은 어떻게 최초로 '영혼(靈魂)'의 존재를 확인하게 되었을까? 교리(敎理) 문답을 읽기 전이나 후의 우리처럼 어떻게 영혼을 알게 되었을까. 원시인은 혼란된 생각만 있었고, 사유(思惟)할 줄을 몰랐다. '자연(自然)'은 원시인이 철학자가 되기에 너무 편하게 되어 있었다. 즉 자연은 항상 어디에서나 동일하였다. '자연'은 최초의 사회가 비상한 고통을 체험하고 있을 때에 인간이 자기보다 우월한 존재를 알게 하였다. 자연은, 행동하고 사유하는 것이 인간 내부에 있다는 것을 가르쳤다. 인간들은 그 기능을 생명(육체)과도 구분하지를 않았다. ['실존'의 중요성]

신체적 기능과 철학적 기능의 상상은 무슨 단계까지 나갈 수 있는가? 그들의 생존에만 완전히 붙들린 사람들은, 명백히 철학자는 아니다.

시간이 흐르면서 더욱 세련된 계층이 생겼고, 그 속에 소수의 사람이 '사유(思惟)' 할 수 있는 여유를 가졌다. 예민한 사람에게 아버지, 형제, 처(妻)가 죽음을 당하는 일이 생기고 그는 그것이 '꿈'속에서도 생긴다는 것을 알게 된다. 두세 가지 이러한 종류의 꿈은 전 사회 불안의 원인이 되었다. 죽은 사람이 산 사람에게

호머(8세기 B.C.), 부게로 작 '호머와 안내자', 뮌헨의 '호머 상'[5]

[꿈에]나타나고, 벌레가 시체를 먹는다는 것을 생각해보라! 그래서 바람 속에 방황한 그것이, 당초에 '망자(亡者)' 안에 있었던 것이고, 그것이 망자의 영혼이고, 망자의 그림자, 망자 그 자신의 유령이다. ['미신'의 횡행]

　이것이 '자연(自然)'에 무식한 이성(理性)의 출발이었다. 이것이 '원시 시대'를 알리는 그 견해이다. 그 무식은 지속이 되었다. 순전히 비(非)물질적인 관념은, 물질만 생각하는 원시인의 생각에는 나올 수가 없었다. 철학자가 있기 전부터, 대장장이, 목수, 석공, 노동자는 필수였다. 인간의 손 기술이, 철학보다 훨씬 앞선 시대부터 있었다는 점은 의심할 나위도 없다.

　고대 희랍의 중기(中期) 호머(Homer) 시대에, '영혼'이란 인체의 공기 같다는 인상, 그 이상이 아니었음은 우리는 이에 기억을 해 두어야 한다. 율리시스(Ulysses)는 지옥에서 그림자와 유령을 보았다고 한다. 율리시스가 영혼을 볼 수 있었다는 것인가?[神話의 否定]

　우리는 그리스인들이, 어떻게 이집트인의 지옥(地獄)의 개념과 죽음의 절정기 (Apotheosis)관념을 수용(收容)하여, 다른 사람들에게도 '영혼 불멸'을 믿게 하고 '제2인생(a second life)'을 신앙하게 하였는지를 알아야 한다. 그리스인들은 다른 한편 영혼이 선(善)한 것인지 악(惡)한 것인지는 생각하지도 않았다. 나는 플라톤이 과연 최초로 '영적으로 순수한 존재(a being purely spiritual)'를 과연 언급했는지는 모르겠다. 아마 그 '순수론'이 인간 지식의 가장 위대한 노작(勞作) 중의 하나다. [인간 보편 '理性' 信賴의 중요성] 그러나 우리는 그 고대에 속한 사람들이 아니다. 세상은 혼돈의 시대에서 겨우 벗어났으나, 소박한 미(未) 종료의 혼돈 상태에

5) Wikipedia, 'Homer' 'Homer and His Guide, by William-Adolphe Bouguereau(1825~1905)' 'Statue of Homer outside the Bavarian State Library in Munich'.

머물러 있다. [볼테르의 프랑스 사회 비판]

〈역사철학 – 'Ⅲ. 영혼에 관한 지식에 대하여'〉6)

해설

＊볼테르의 〈역사철학〉은 정말 역사 서술에 필요한 기초 상식을 망라하였다. 즉 첫째는 세계의 종족(인종)을 고려하였고, 이어 그 사회 형성 연대, 사회 생성 요건, 거기에 필수적인 '언어'와 '문자'를 전제하였다.

그리고 역사 서술에 필수불가결한 '사상' '종교'를 살피기에 앞서 어떻게 원시인이 '영혼'과 '신(神)'을 고려하게 되었는가를 구체적으로 짚어 나갔다. 그 영혼·신의 문제에 '인간의 사망'을 고려하였고, 그 고려의 직접적인 동기로 '꿈'을 전제로 하였다. 그 추리 과정은 그대로 모든 사람이 수긍할 수 있는 합리적인 방향이다.

이에 대해 G. W. F. 헤겔은 〈세계 역사철학 강의〉 서두에 '이성(理性)'을 그처럼 거듭 강조하고 나서 '주관적 관념주의 대표'인 '유일신-Jehovah'의 '현실적 이행 촉구'로 직행을 하는 '속임수(변증법)'를 발동하였다. ['주관(몽상)'과 '객관(제국주의 현실)'의 혼동이다.]

즉 헤겔은 그 '절대주의(absolutism)' '절대이성(absolute reason)' '절대의지(absoute will)'란 명목으로 그 관념주의 표상인 '여호와주의'를 포괄하였고, 그것을 당시 전 게르만에 적용하여 '호전(好戰)적인 제국주의 황제 프리드리히 2세의 통치'로 몰아다 주어 그 '철권 절대 독재 통치'를 자신의 '변증법'으로 보장(?)을 해 주었다.

관념상의 '여호와주의' '꿈'을, 현실의 일인(一人) '제국주의 프러시아 황제' '제국주의 통치자'로 혼동하게 만들어 놓은 것이 헤겔의 우스운 그 '도식주의' '관념 철학 오류'의 정면(正面)이다. (참조, ＊ ⑬-2. G. W. F. 헤겔의 '절대주의' '여호와주의')

---

6) Voltaire, *The Best Known Works of Voltaire*, The Book League, 1940, pp. 366~367 'Ⅲ. Of the Knowledge of the Soul'.

⑩-4. 위대한 사람은 모두 신(神)이 되었다.

많은 세대가 지나고, 몇 개의 사회가 성립된 이후에 약간의 종교, 소박한 숭배가 존재하게 되었다는 것은 믿을 만하다. 초기에 인간은 온전한 삶의 필수품을 얻는데 전적으로 몰입해 있었으므로, 조물주를 향한 욕구가 치솟을 수는 없었다. 인간은 우주의 다양한 관계를 알 수는 없었고, 어떤 영원한 창조에게 요구되는 셀 수 없는 원인과 결과를 알 수 없었다.

'창조자'이며 '칭찬자' '복수자(復讐者)'로서의 신(神)의 인지(認知)는, 훈련된 이성(理性)의 결과요 폭로의 결과물이다.

그러므로 아프리카 해안에 몇 개의 사는 주민과 섬나라 그리고 [유럽에서 건너간 사람을 제외한] 아메리카인의 반(半)은, 만물의 창조자이고 무소부재(無所不在)의 영원한 존재인 유일신(唯一神)의 개념이 없었다. 그러나 상식으로 그들을 무신론자(無神論者)라고 부를 수 없으니, 그들이 신(神)를 모르고 신에 대한 관념 자체가 없었기 때문이다. 카피르인(Kaffirs)은 그들의 보호자를 위해 곤충을 잡았고, 흑인은 뱀을 잡는다. 아메리카인 중에 어떤 종족은 달[月]을 숭배하고, 다른 종족은 나무를 숭배한다. 나머지 약간은 아무 것도 숭배하지 않는다.

페루비아인(Peruvians)은 개화하여 태양을 숭배하였다. 잉카 제국의 황제 카파크(Mango Capac, 1450~1525)는 자기가 행성(行星)의 아들이라 믿게 하거나, 혼(魂)을 지닌 행성에서 지식을 받고 있는 '이성(理性)의 새벽'이라고 믿도록 가르쳤다.

이들 논리와 미신(迷信)이 생기는 이유를 알기 위해, 인간 심리를 추적해 볼 필요가 있다. 야만인이나 다를 바 없는 마을 주민은, 그들이 먹고 사는 과일들이 망가졌을 경우, 피해의 일부는 오두막집으로 운반을 할 것이고, 다른 것들은 소각하여 버릴 것이다. 누가 그 불행을 그들에게 감행했을까? 그들의 동료가 했을 까닭은 만무하니, 함께 고통을 받아야 하기 때문이다. 그러므로 어떤 비밀한 힘이 그들을 괴롭히고 있으니, 그것을 달래야 한다. 어떻게 하면 될까? 그들이 할 수 있는 즐겁게 되는 방법을 쓰거나 약간의 선물도 바칠 것이다. 주변에는 '뱀'도 있을 터인데, 그것[불행의 근본]이 '뱀'일 것 같다. 그들은 '뱀'에게 우유를 주어 물러가게 한다. 그로부터 '뱀'은 신성한 것이 된다. 뱀은 이웃 마을과 분쟁이 생길 적에 호소를 하는 대상이 되고, 상대편도 다른 수호자를 갖고 있다. [뱀(용) 숭배 신앙 비판]

다른 작은 식민지들도 동일한 상황에 있다. 그러나 거기에는 그들 주변에 공포감이나 숭배를 일으킬 대상이 없을 경우는, 불행을 가했다고 의심이 되는 주인이나 왕, 대장, 신(神)을 찾는다.

'이성(理性)의 새벽'에는 다른 것보다 이 생각이 더욱 간편했으니, 국가들이 많아지면 그 생각은 증가하고 강해져서 모든 사람들의 마음을 사로잡게 된다. 그래서 우리는 많은 나라들이 그들의 왕(王) 이외에 다른 신(神)은 없었다는 것을 알게 된다. 그와 같은 예(例)가 페니키아 사람들의 아도나이(Adonai), 시리아 사람들의 발(Ball) 미콤(Mikom) 아다드(Adad)이다. 이 명칭들은 '왕' '유력자' '전능자'를 의미하고 있다.

그래서 모든 국가가, 신(神)의 의미를 알지도 못한 상태에서 이웃 나라는 현실적 후견자를 갖고 있는지를 알아보지도 않고, 시간의 경과와 더불어 그네들의 국왕을 신성한 후견자로 삼게 되었다. 그들이 그네들의 왕을 모실 때, 어떻게 다른 나라에 왕이 있는지 없는지를 생각하겠는가? 그렇게 많은 주인, 왕, 신들 중에 유일한 의문점은 그들이 다른 상대와 전쟁(戰爭)을 할 때 과연 이길 수 있는가라는 것이었다.

[人格神의 起源]

이것은 모든 국민이 보호할 후견자(주인, 왕, 신)를 물색할 때 가장 일반적이고, 가장 우세한 의견의 기원이라는 점은 의심할 것도 없다. 그 생각은 아주 일반적이어서, 시간의 흐름에 따라 유대인들이 그것을 선택하였다. 입다(Jeptha)는 맘몬 사람들(Ammonites)을 향해 말했다.

"너희는 너희 왕 카모스(Chamos)가 너희들에게 준 권리를 가지고 있는가? 그래서 우리는 '주(Adonai)'께서 우리에게 약속한 땅을 찾으려고 고초를 겪고 있다."

예레미야(Jeremiah), 이사야(Isaiah) 서(書)에는 "멜콤 왕(the Lord Melkom)이 가드(Gad) 땅을 차지함은 무슨 권세더냐?"라고 말했다.

이것은 유대인의 진술로 명백히 되어 있다. 멜콤(Melkom) 카모스(Chamos) 신들이라 할지라도 '주님(Adonai)'의 종들이다.

더구나, 이방(異邦) 신들의 수용은 이상한 일이 아니다. 희랍인들은 이집트인의 신들을 수용하였다. 황소 아피(Apis), 개 아누비스(Anubis), 암몬(Ammon) 12대신(大神)은 이집트 신이다. 로마인도 모두 희랍 신을 숭배하였다. 에레미야(Jeremiah), 아모스(Amos), 성 스테픈(St. Stephen)은, 유대인이 40년 동안 사막에서 몰록(Moloch) 렘판(Rephan) 키움(Kium)만 알았다는 사실을 우리에게 말해주고 있고, 주님(the lord Adonai)께는 어떤 희생이나, 공물(供物)도 없었고 이후에 다시 경배했다고 하였다. [유럽인의 '여호와' 문제]

펜타툭(Pentateuch)이 황금송아지만 말했다는 것은 사실이다. 그것은 어떤 선지자도 언급하지 않았다. 그 큰 문제를 여기에 밝힐 자리는 아니다. 유대인들은 모세(Moses), 예레미야(Jeremiah), 성 스테픈(St. Stephen)의 가르침이 서로 모순(矛盾) 됨에도 함께 섬겼던 것은 사실이다.

모든 인도주의(人道主義)를 없애고 사람들의 풍속 법률 종교를 짓밟고 다른 사람들에게 공포의 대상이 되는 '전쟁과 피[血]의 광신주의 시대'를 제외하고는, 만국(萬國)이 이웃 나라가 그들의 독특한 신을 모시고, 자주 이방인의 숭배와 의식을 모방하며 아주 만족하고 있었다는 사실을 나는 밝히고자 한다. [볼테르 '평화주의' 명시]

유대인들은 여타(餘他) 사람들이 '공포심'을 갖고 있다는 것을 알고, 그 혐오감을 증가시켜 왔지만, 아랍인과 이집트 사람들의 할례(割禮)를 모방하였다. 유대인들은 육(肉)고기의 식별, 목욕재계, 행진, 신성한 춤, 염소 하젤(Hazel), 붉은 송아지와도 친숙하게 되었다. 유대인들은 자주 자기들 이웃의 발(Ball)과 벨페고르(Belphegor)에게 숭배를 올리었다. 천성과 습속이 법도를 넘고, 유대인에게는 알려지지 않은 것들인데도 말이다. 그래서 야곱과 장자(長子) 아브라함은 우상숭배자, 우상을 숭배하는 아버지의 딸인 두 자매와 결혼하는데 어려움이 없었다. 모세는 우상숭배자 미디아니트 사람(Midianite)의 딸을 옹호하였다. ['우상숭배'라는 명목으로 기타 종교를 경멸하는 기독교도를 향한 볼테르의 조롱이다.]

유대인들은 〈성서〉 에서 성유(聖油)를 바른 군주 네부카드네자르 (Nebuchadnezzar)의 이 방인의 숭배에는 항의 를 하였다. 유대인 선지 자 한 사람은 우상숭배 도시 니네베(Nineveh)에 파견되었다. 엘리사

네부카드네자르(Nebuchadnezzar)

(Elisah)는 우상숭배의 나만(Naaman)을 리몬(Rimmon) 사원에서의 경배를 허락하였 다. 그러나 인간은 예측에서 빗나가, 그들의 행동 방식은 법칙에 거슬러 행동한다는 것을 우리는 잘 알고 있다. 우리가 고려하고 있는 대상에 대한 시각(視覺)을 유지하면 서 어떻게 다른 종교들이 형성되었는지를 살펴보기로 한다.

아시아에서 가장 인구가 많은 유프라테스 연안의 사람들은 별들을 숭배했다. 조로아스터 시대 이전의 칼데아 사람들(Chaldeans)은 태양을 숭배하였다. 반구(半球) 저쪽에 페루비안(Peruvians)도 그러했다. 이러한 오류(誤謬)는 인간에게 자연스런

것으로 아시아 아프리카에 많은 태양 숭배족이 있다. 작고 조금 개명된 민족은 단 하나의 수호자를 갖고 있다. 인구가 불어나면서 신들의 수도 늘어났다. 이집트인들은 이세드(Isheth)나 이리스(Iris)를 숭배했고, 결국에는 고양이에게도 경배(敬拜)를 했다. 시골 로마인은 처음 화성(火星)에 경배를 하였고, 유럽의 패자가 되었을 때는 화성은 결혼의 여신과 도둑들의 신이 되었다. 그러함에도 키케로(Cicero)와 모든 철학자들, 지도자들은 전지전능의 최고신을 인지하고 있었다. 그들은 모두 이성(reason)의 그 지점으로 본능적인 세속인과는 구분이 되게 되었다.

'사자(死者)의 신격화(神格化)'는 최초의 숭배가 행해진 이후 오랜 시간이 지난 다음에 고안되었다. 한 사람이 죽은 다음에 바로 신격화를 행하는 것은 자연스럽지 못하다. 우리가 알고 있는 그 사람은 우리처럼 태어나, 동일한 인간의 욕구에 있었고, 그가 죽어 벌레의 밥이 된 것도 알기 때문이다. 그러나 그 같은 신격화는 여러 시대의 혁명 이후 거의 모든 민족에게 나타났다.

인류에 봉사를 행했던 위대한 행적을 보였던 사람은, 그의 논쟁과 열정으로 몸을 떨며 보았던 사람들에게 사실 어떤 신(神)이 아니라고 지나칠 수는 없었다. 그 탁월한 성품을 지닌 열성파들은 그 탁월한 속성을 신으로부터 받았고, 신의 아들이라고 사람들을 설득하였다. 희랍인들이 바커스, 페르세우스, 헤라클레스, 카스토르, 폴룩스가 신(神)의 아들이라는 주장을 빼고도, 동일한 방법으로 신(神)들은 아이들을 낳았다. 로물루스(Romulus)는 신의 아들이었다. 알렉산더는 이집트에서 신의 아들이라고 주장되었다. 북방 민족에게는 오딘(Odin)이 신의 아들이다. 망고 카파크(Mango Capac)는 페루에서 태양의 아들이었다. 몽골족의 사학자는 알란쿠(Alancu)라는 징기스칸의 할머니 중 하나가 소녀 시절 햇빛으로 임신을 했다고 하였다.

징기스칸 자신은 신(神)의 아들로 통했다. 그리고 인노센트 교황 때, 교황의 아우 에셀린(Ascelin)을 징기스칸의 장자 바투칸(Batoukan)에게 보냈다. 에셀린은 고관 중의 한 사람이라 말할 수 없어 신의 목사로부터 왔노라고 말하였다. 바투칸의 장관이 대답했다.

"그 목사는, 신(神)의 아들 위대한 바투칸에 드려야 할 숭배와 찬송도 모른단 말인가?"['신'을 인간이 사칭했던 현장 공개]

기적(奇蹟)을 좋아하는 사람들은 '신'과 '신의 아들' 간에 구분이 없다. 2~3세대가 지나면 그 아들이 신(神)의 영역에 들어간다. 그래서 모든 사원은 인간의 아내와 딸을 가지고 초자연적(超自然的) 신과 교역을 통해, 그들 모두를 신의 아들로 추존하여 격상시켰다.

많은 책들이 이것을 주제로 저작될 수 있다. 그러나 그 모든 저술은 인간의 무식(無識)과 우둔(愚鈍) 두 마디가 있을 뿐이다. 이런 가장 무식하고 우둔한 저술가들은, 부조리한 우화를 만들고, 단순한 이성(理性)의 논리를 초자연적 어리석은 이야기에 접목시키는 사람들이다.

〈역사철학 – 'Ⅳ. 최초 인간의 종교에 관하여'〉[7]

해설

* 볼테르는 위에서 세계에 기존한 모든 신(神)들의 문제를 간단하게 관통(貫通)하였다. 볼테르의 위의 진술은 간단하지만, 이후 인문 사회과학이 전개될 전체적인 총체적인 지도(地圖)를 먼저 확정하였으니, 볼테르의 '인격신(人格神)'에 대한 설명이 바로 그것이다.

볼테르가 위에서 '창조자이며 칭찬자 복수자(復讐者)로서의 절대신(神)의 인지(認知)는, 단련된 이성(理性)의 결과요 폭로의 결과물이다.(The knowledge of a God, creator, requiter, and avenger, is the fruit of cultivated reason, or of revelation.)'라고 한 지적은 모든 신앙인을 한 손에 거머쥔 볼테르 이성의 집약이다.

이러한 중대한 지적을 외면하고 I. 칸트는 일없이 그 이성 체계를 살피다가 '여호와주의'에 의탁했고, G. W. F. 헤겔은 그 볼테르의 과학적 이성을 도덕적 '절대 이성(asolute reason)'으로 변용하여 '일방주의' '관념주의'로 되돌아갔다.

볼테르가 이 〈역사철학〉을 서술할 때(1765, 71세)에는 이미 '뉴턴의 천체 물리학적 세계관' '로크의 의학적 인생관' '공자의 자연법적 사회관'이 온전히 정착되어 있을 때였다.

볼테르가 '후견자(주인, 왕, 신 – protector-master, lord, gods)'로서의 문제는 아무도 부정을 할 수 없는 과학적 공리(公理)다. C. 다윈, E. 헤켈의 과학적 논증과 J. G. 프레이저(J. G. Frazer, 1854~1941)의 〈황금가지(The Golden Bough)〉(1922)의 방대한 저술과 S. 프로이트(S. Freud, 1856~1939)의 〈토템과 타부(Totem and Taboo)〉 정론(正論)으로 거듭 증명이 된 사실이다.

G. 라이프니츠(헤겔) 식 '독단론(dogmatism)'은 폭압으로 여타의 다른 논의를 막아버린 '사상의 독재'말고는 행할 일이 없다.

그러나 볼테르가 전제한 '과학적 논의'는 무수한 연구를 가능하게 하여

---

7) Voltaire, *The Best Known Works of Voltaire*, The Book League, 1940, pp. 367~368 'Ⅳ. Of the Religion of the First Men'.

위대한 '인류 공존을 위한 지식'으로 활용됨이 그 특징이다.

⑩-5. 선악(善惡)은 인류 공통의 문제다.

　인간의 천성(天性)은 어느 곳에서나 동일하고, 인간들은 필연적으로 동일한 진실을 수용할 수밖에 없으며, 상상력에 크게 영향을 준 것에 대해 동일한 오류에 빠지게 된다. 인간은 공기 중에 존재하는 초월적인 천둥 같은 소리에 놀라기도 한다. 인간은 해상(海上)에서 괴롭힘을 당하고, 만월(滿月) 시(時)에는 해안(海岸)에 큰 파도의 영향을 받지만, 달[月]의 차별적 영향에 따른 것으로 이해하게 되었다.
　동물 중에서 '뱀(a serpent)'이 더욱 훌륭한 지성(知性)을 지닌 것으로 보인 것은, 뱀이 허물을 벗고 나서 그들이 젊어지므로 이성(理性)을 가지고 있다고 생각했을 것이다. 그래서 뱀은 변화를 계속하여 젊게 됨으로 뱀의 불사(不死)를 신앙하였고, 이집트와 희랍에서는 뱀을 '불사(不死)의 상징'으로 여겼다. 우물가의 거대한 뱀은 겁 많은 사람을 공포에 질리게 하여 사람들은 뱀을 '감추어진 보물을 지키는 존재'로 상상을 하였다. 그래서 뱀은 헤스페리데스(Hesperides) 동산에 '황금 사과'를 지키는 이야기를 만들었다. 다른 이야기에서는 '황금 양털의 지킴이'가 되었고, 바커스 축제에서는 뱀 이미지로 하여금 포도 넝쿨을 지키게 하였다.
　뱀은 가장 미묘한 동물로 통하고 있다. 거기에서 고대 인도인의 이야기도 생겼다. 신이 인간을 창조할 때, 인간에게 건강하고 오래 살 약을 주었다. 인간은 길을 가며 그 신성한 뱀을 나귀에다 실었다. 목이 말라 우물로 갔는데, 인간이 물 마시는 동안 '뱀의 실종(失踪)'으로 인간은 불사성(不死性)을 상실하였고, 뱀은 그 신비로움을 유지하였다.
　정말 뱀은 짓궂은 동물로 알려졌으나, 인간을 손상시키는 신(神)보다 못하지 않은 신성한 존재로 생각을 하게 되었다. 그래서 뱀 피톤(Python)은 아폴로에게 살해를 당했고, 희랍인이 아폴로를 생각해 내기 전에, 거대한 뱀 오피오네우스(Ophioneus)가 오랫동안 신들에게 대항하는 전쟁을 벌이었다. 우리는 그것이 상고(上古) 시대에 페니키아 사람들 속에 신들의 적인 거대 뱀 이야기 페리키두스(Phericidus) 이야기와 관련됨을 알 수 있다. [기독교도의 '사탄'의 문제]
　우리는 이미 앞서 '꿈'이 지상(地上)에 온갖 미신(迷信)을 퍼뜨린다는 사실을 살펴보았다. 내가 깨어 있을 때, 아내와 아들의 건강 걱정을 하면, 꿈에서는 그들이 죽을 고통을 겪는 것을 보게 된다. 며칠 뒤에 그들이 사망을 하면 신(神)들이

나에게 경고한 것인지를 의심하게 된다. 나의 꿈은 이루어지지 않는가? '꿈은 거짓'으로 신들이 우리를 겁 먹이고 놀리는 것이다. 그래서 호머의 작품에, 희랍의 주인 아가멤논(Agamemnon)에게 거짓 꿈을 꾸게 하였다. 그것이 참이건 거짓이건 모든 '꿈'은 하늘에서 내려온 미신(Ophioneus)이다. 동일한 방법으로 '신탁(神託)'이라는 것이 세상에 행해지고 있다.

한 여성이 점쟁이에게 그녀의 남편이 그 해에 죽을지를 물을 경우 어떠하겠는가? 한 명의 점쟁이는 죽을 거라고 하고 다른 사람은 죽지 않을 거라 말하는 것이 보통이다. 그 양쪽 중에 하나는 옳기 마련이다. 만약 남편이 살았을 경우는, 그녀는 '특별한 일'이 아니라고 말할 것이다. 그러나 남편이 죽었을 경우, 그녀는 남편의 죽음을 예언한 그 점쟁이를 '선지자(先知者)'로 온 시내에 소문을 내기 마련이다. 모든 나라에는 감추어진 일을 밝혀내는 예언적 인물이 있다. 이집트인은 그 사람을 '예시자'라 불렀고, 마네톤인(Manethon)은 아피온(Apion)에게 거슬린 말을 한 요세푸스(Josephus)를 '예시자(seers)'라고 하였다.

'예시자'는 칼데아 시리아에도 있었다. 모든 사원(寺院)은 점쟁이들(oracles)을 보유하고 있었다. 아폴로의 점쟁이들은 크게 신용을 얻었는데, 롤랑(C. Rollin, 1661~1741)은 그의 〈고대사(Ancient History)〉에서 아폴로가 크로에수스(Croesus)에게 행한 신탁 예언[점치기]을 기록해 놓고 있다. 아폴로 신은 '크로에수스 왕이 놋쇠 판 위에 구갑(龜甲)을 착용하리라.' 예언을 하였고, 크로에수스 왕이 그 통치 연한을 물으니, '페르시아 왕 의자를 노새 등에 실을 때'까지라고 말했다. 롤랑은 노스트라다무스(Nostradamus)만 유효(有效)하다는 그들 예언들이 과연 행해졌는지는 밝히지 않았다. 롤랑은 최소한 사제(司祭)의 예언 능력에 대해서도 의심을 못했다. 그(롤랑)는 신이 아폴로 사제(司祭, 점쟁이)에게 진실을 말할 수 있다고 신뢰하고 있다. 이것이 세속인들이 그들의 종교를 확신하는 그 이유이다.

선악(善惡)의 기원은 고대 유대에서부터 희랍에 이르는 모든 민족이 공감한 더 많은 철학적(과학적) 의문을 지니고 있다.

모든 나라의 최초 신학자는, 우리가 15세부터 가지게 되는 질문, '세상에는 왜 악(惡)이 존재하는가?'라는 공통된 질문을 가져야 했다.

브라만의 딸 아디모(Adimo)가 배꼽으로부터 태어나자 그녀의 오른쪽[右側]은 정의(正義)라고 가르쳤고, 그녀의 왼쪽[左側]은 불의(不義)라고 가르쳤다. 그래서 우리는 왼쪽에서 신체적 도덕적 악을 생각하게 되었다. 이집트인들은 오시리스(Osiris) 신의 적(敵)인 티폰(Typhon) 신을 가지고 있었다. 페르시아인들은 오로마수스(Oromasus)가 낳은 알을 깨뜨리는 아리만(Ariman)을 상상했고, 그것으로 악을 표현

헤스페리데스 동산, 헤스페리데스 동산에서 황금 사과를 훔친 헤라클레스8)

고르곤, 마야의 뱀 신, 수메르 인의 신9)

했다. 우리는 희랍인의 판도라(Pandora)를 알고 있다. 그것은 고대인이 우리에게 전해준 모든 비유의 정수이다.

욥(Job)의 비유는, 명백히 아랍권에서 제작되었고, 유대인과 희랍인의 판본에는 아랍어도 보이고 있다. 욥기는 사탄(Satan)의 존재를 명시한 근본 저서로 사탄은, 페르시아인의 아리마네스(Arimanes), 이집트인의 티폰(Typhon)으로 세상을 떠돌며 욥을 시험하겠다고 신에게 허락을 요구한 존재이다. 사탄은 틀림없이 신에게 종속되어 있으나, 사탄은 힘이 강대하여 동물의 세계를 파괴하고 괴롭힐 수 있는 존재이다.

당시 사람들은 마니교도(Manichean)의 척도로 알려진 두 가지 원리에 확인해 봄이 없이 동의를 하고 있다.

모든 이에게 속죄(贖罪)는 허락이 되었는데, 인간은 어디에서 큰 죄악을 벗게 되는가? 그리고 인간은 '자연적 본능'에 대한 후회를 가시게 하는가? '물[水]'은

---

8) Wikipedia, 'Hesperides' - 'The Garden of the Hesperides by Frederick, Lord Leighton, 1892', 'Hercules stealing the golden apples from the Garden of the Hesperides'.

9) Wikipedia, 'Serpent' - 'The archaic Gorgon', 'The Maya Vision Serpent', 'The Sumerian deity, Ningizzida'.

몸과 입었던 옷을 깨끗하게 해주고, '불[火]'은 금속류를 정련(精鍊)한다. 그래서 물과 불이 영혼을 순화하는데 필수적인 것이고, 사원(寺院)에 성수(聖水)와 성화(聖火)가 없는 곳은 없다.

인간들은 새달[新月]이 돋을 때, 특히 일월식(日月蝕)이 있는 동안에 갠지스 강이나, 인더스 강, 유프라테스 강에 뛰어든다. 이 잠수(潛水)가 그들의 죄를 사(赦)한 다는 것이다. 이집트인들은 나일 강에 몸을 씻지 않으면 환자들이 악어(鰐魚)에게 먹힐지 모른다는 공포심이 있었다. 그러나 사람들을 위해 자신들을 깨끗이 하는 사제들은 큰 물통에서 목욕하고 신들에게 용서를 구할 죄를 씻었다.

희랍인들은 모든 사원에다 욕조(浴槽)와 성화(聖火)를 항상 비치하였는데, 그것은 모든 '인간의 영혼 순화'의 보편적 상징이었다. 한마디로 중국의 지식인을 제외한 모든 국가 민족에게는 미신(迷信)은 확립이 되어 있었다.

〈역사철학-'V. 고대 국가의 풍속과 사고'〉10)

해설

* 볼테르가 그의 〈역사철학〉에서 주장한 바는 한 마디로 '면밀 주도(綿密周到)' 하다. 소위 '역사철학에 무슨 뱀 이야기, 선지자(점쟁이) 이야기가 가당(可當)한 가?'라는 질문이 그것이다.

그러나 그 질문은 성급한 것이니, 볼테르 당대, 아니 현대에까지 '전쟁을 용인한 사람'은 바로 그 '선지자'를 믿어 '사탄(뱀)'과의 전쟁을 포기할 수 없다는 사람들이 주도하고 있음을 명심해야 한다. 그 '사례(事例)'들은 멀리 찾을 것도 없이, 바로 G. 라이프니츠를 이은 W. G. F. 헤겔과 A. 토인비가 그들이다.

이 규정이 틀릴 수 없는 것이, 헤겔은 그 '자신의 개념(Self-concept)'11)을 표준으로 '절대 정신' '절대 자유'를 주장하였는데, 이것은 '선지자' 예수의 말을 표준으로 삼은 것이고, 예수(絕對 善)는 그 반대편(絕對 惡)에 '사탄(Satan)'을 전제하고 있으니, 볼테르처럼 중요한 정보 제공은, 헤겔의 〈세계 역사철학 강의〉에는 온전히 빠져 있다. '실존(생명)'을 향한 '다른 쪽의 한 눈'을 완전히 뽑아버린 독재의 현장이다.

---

10) Voltaire, *The Best Known Works of Voltaire*, The Book League, 1940, pp. 370~372 'V. Customs and Opinions of Ancient Nations'.

11) '아버지는 내 안에 계시고, 나는 그 아버지 안에 있다(The father is in me, I am in the father)'.

그러므로 어떤 사람이나 집단이 그 '사탄'의 무리로 지목이 될 경우는 가차 없이 '화형(火刑)' '전쟁'으로 박멸해야 하다는 '가톨릭의 주장'은 더욱 세계적으로 확산되어 이제 '전쟁'으로 그렇게 할 수밖에 없다는 '제국주의 논리'로 둔갑한 것이다.

그러므로 헤겔의 〈세계 역사철학 강의〉는 일개 '개신교도의 강론' 이상의 비중을 둘 경우, 그 사람과 집단은 그 '광신주의'로 '약탈 전쟁'을 '미개인 교도(敎導) 전쟁'으로 깃발을 고쳐 달게 될 것이다. [헤겔은 '전쟁'을 (신의) '변증법적 현세 극복 방법'으로 긍정 옹호하였음]

볼테르 당시에 겪었던 대표적인 '참화(慘禍)'가 '7년 전쟁'이고 '칼라스 사건' 이었다. 한 마디로 7년 전쟁은 '물질(식민지 확보) 전쟁'인데, 헤겔은 그것을 '종교 성전'으로 미화하였고, 칼라스 사건은 '이교도'를 바로 '사탄'으로 규정하는 '광신주의'에 기초한 것이었다. 그 모두 있어서는 안 될 일로 볼테르는 앞장서서 주장하였다. 세상에 '계몽주의'가 그것을 빼놓고 어디에 또 있었다는 이야기인가.

그러므로 개별 국가의 역사 기록도, '이민족 정복사(征服史)'를 덮어놓고 찬양할 경우, 그것은 '강도질 찬양사'밖에는 달리 될 것이 없다. (참조, ✻ ⑩-25. 특권을 요구해 온 유대인들, ✻ ⑪-20. 볼테르 당대(當代) '청(淸)국'의 상황)

⑩-6. 자연(自然) 속에 천성(天性)을 지키는 생명들

당신은, **야만인들(Savages)**을 이해할 수 있는가? 그들은 모두 계절의 혹독함에 항상 노출되어, 여자들, 동물들과 그들 오두막에서 함께 지내는 시골 사람들이다. 그들이 아는 것은 그네들을 먹여 살리는 땅밖에 없다. 시장(市場)이라고는 조잡한 의류(衣類)를 구입하기 위해 그들의 상품을 내다 파는 곳이고, 도시인들은 알아들을 수 없는 언어를 사용하며, 개념도 몇 개 안되고, 표현할 어휘도 별로 없다. 까닭도 모르고서 그 족장(族長)에게는 해마다 땀 흘려 번 것의 절반을 공납(貢納)한다. 이유를 알 수 없는 축제(祝祭) 때, 곳간 같은 곳에서 미팅을 하고, <u>그들이 전혀 모르는 사람들, 다른 옷을 입은 사람의 말에 귀를 기울인다. 그들은 어떤 때는 북 치는 소리에 오두막을 떠나 집에서 일하며 벌 수 있는 4분의 1 품삯을 받고,</u>

외국으로 나가 자기 비슷한 사람들을 죽이는 전쟁에 가담하기도 한다. 유럽에는 그 같은 야만인들이 널려 있다. 캐나다 사람이나 카피르인(Kaffirs)을 우리는 야만 스타일이라 말하지만, 우리 유럽 야만인들보다 훨씬 낫다는 것은 알아야 한다. 휴론 족(Huron), 알곤퀸 족(Algonquin), 카피르(Kaffir), 호텐토 족(Hottentot)은 그들에 게 필요한 모든 것을 제작하는 기술들을 가지고 있지만, 유럽의 시골 사람들은 그 기술마저 없다. 아메리카, 아프리카 식민지인들은 자유롭다. 유럽의 야만인들은 '자유'라는 개념도 모른다.

소위 아메리카 야만 인들은, 탐욕과 무분별 을 그들의 변방에 전염 시켰던 사절(使節)들에 게서 배웠다. 유럽 야만 인 그 누구도 듣지도 말 해보지 못한 그 '명예 (honour)'를, 아메리카

플루타르크(Plutarch, 46~120)

미개인은 알고 있다. 아메리카 야만인은, '국가'라는 것을 가졌고, 그것을 사랑하고 지키고 있다. 그들은 협정을 맺고, 용감히 싸우고 자주 영웅적 용기를 말하기도 한다. 그들로부터 그들의 유산(遺産)을 매입하려는 유럽인을 향해 그 우두머리가 했던 말, "우리는 이 땅에 태어났고, 우리의 조상이 여기에 묻혀 있다. 우리와 우리 조상의 뼈를 향해 그런 말할 수 있겠는가, 다른 나라로 가서 말을 좀 해봅시다." 이 말은 플루타르크(Plutarch, 46~120) 영웅전의 말보다 명답이다.

그 캐나다 사람들을, 유럽에 말없이 시골서 사는 사람, 무기력한 우리 도시의 향락에 젖은 사람들과 비교한다면 그들은 스파르타 사람들이다.

인간은 말하자면 벌, 개미, 비버, 야생오리, 날짐승, 양 들과 같은 군집(群集) 동물의 우두머리다. 만약 우리가 벌에 쏘였다면 그것은 순수한 자연의 상태인가, 벌집 속에서 일하는 타락한 벌들의 소행인가?

모든 동물이 독특한 본능(本能)을 지니고 있으니, 그들 각자는 그것에 반드시 복종하고 있지 않는가? 그러면 '본능(instinct)'이란 무엇인가? 유기체들의 기질이니, 그것은 발동 시에 인지하게 된다. 본능은 즉각 보일 수는 없는 것이기에, 유기체들에 그 완벽성을 요구할 수는 없는 이유이다.

신성한 본능이라는 원리가 작동하여

진리의 단순한 법칙은 그들 힘을 개선한다.
그러나 어린이는 느낄 수도 없지,
힘과 생각이 생길 때까지는.
깃털도 없는 어린 비둘기가
어떻게 사랑의 신호를 보낼 것인가?
갓 태어난 여우 새끼가 어떻게 숲 속을 돌아다닐까?
나방이로 변할 벌레는 비단결 꾸러미 속을 감돌고,
벌은 향기로운 꽃봉오리에 이슬을 마시며
그의 놀라운 기술과 근면(勤勉)은
천상의 아름다운 자매와 경쟁을 하네.
처음부터 그네의 모토(母土)에서 태어나,
익히지 않아도 그네의 정교(精巧)한 일을 시도했을까?
아니다, 자연(自然)의 아이들에겐 시간이 필요하다.
다양한 환경 속에 시간은 과일을 익게 만들고
적절한 힘을 지닌 모든 존재는,
지정된 시간에 그의 몸을 두었네.
개선되고 정밀화하여
하늘이 정(定)한 목표에 도달하나니.

당신은 두 발 달린 동물(인간)이, 때로는 그 손을 기어 다니는 데도 사용을 하고, 숲 속을 방황하며 사귀던 여성들도 망각하고, 아버지와 자식들도 망각하고, 짐승처럼 사는 야만인이라는 전제를 납득할 수가 있겠는가? 글을 쓰는 사람들은, 그것이 진정한 인간의 상태이고, 그리고 인간은 바뀐 이래 비참하게 타락만 하였다고 주장을 한다. 나는 인간의 본성상, 우리 조상들이 그런 고독한 생활을 했다고는 생각하지 않는다.

모든 동물과 존재들이 자연이 그들 종족(種族)에게 예정(豫定)한 법칙을 실행하고 있다는 사실을 우리가 알고 있지 않는가? 새는 둥지를 틀고, 별들은 자기들 코스를 운항(運航)을 하는 그 원칙은 바뀌지 않고 있다. 그런데 왜 인간만이 바뀌었다는 것인가? 인간이 다른 육식 동물처럼 홀로 생활하게 지정이 되었고, 사회 속에 생활하는 천성에 반(反)한다고 말을 과연 할 수 있는가? 그리고 인간이 길들여진 동물처럼 군집(群集)으로 살게 되었다면, 즉시 나이 들 때까지 홀로 살도록 그의 운명을 바꿀 수가 있겠는가? 인간은 개선의 상태(狀態)에 있다. 이로부터 인간의 천성이 변한다는 결론이 나오게 된다. 그러나 자연이 인간에게 지정한 완벽한 단계에 이른다는 생각을 왜 갖지를 못하는 걸까?

모든 인간은 사회 속에 살고 있다. 거기에서부터 인간이 이전에도 동일한 '사회 속 있음'을 추론을 못할까? 황소는 모두 뿔을 가지고 있다는 측면에서, 이전에도 뿔이 없는 황소는 없다고 왜 생각을 못하는가?

대체적으로 인간은 항상 지금과 같은 상태였다. 나의 말은 인간이 항상 좋은 도시에 살고, 큰 대포를 갖고 있었고, 재미있는 오페라, 수녀원을 언제나 가지고 있었다는 말이 아니다. 인간은 동일한 본능을 가졌으니, 무엇보다 자신을 지키고, 자신의 쾌락을 친구 삼고, 자신의 아이들, 손자들, 하고 있는 일들을 애호한다는 말이다.

이 법칙은 전 세계를 통해 변경될 수 없는 법칙이다. 이 사회의 기초는 항존했으니, 사회는 언제나 있었다. 결론적으로 우리는 곰처럼 살도록 창조되지는 않았다.

길을 잃은 아이들이 때로는 숲 속에서 동물과 살다가 발견되는 경우도 있다. 그러나 양과 야생 오리도 그런 경우가 있다. 그것으로 양과 야생 오리가 군집 생활을 한다는 사실을 뒤집을 수는 없다. 어떤 인도(印度)의 고행수도사는, 쇠사슬에 묶인 채로 홀로 살고 있다. 그러면서도 그들은 여행자들이 감탄을 자아내게 하고 그들에게 자선(慈善)을 행하도록 한다. 그들은 공연히 일종의 광신주의(狂信主義) 수행을 통해, 우리의 거지들이 절름발이로 사람들의 동정심을 도발하는 것과 동일한 방법을 쓴다. 이 쓰레기들은 집단(集團) 사회가 얼마나 외면되기 어려운지에 대한 유일한 증거일 뿐이다.

인간이 수천 년을 시골풍에 있었고, 지금 이 시각에도 무한한 시골 사람들이 있다는 것은 사실이다. 그러나 인간은 오소리 산토끼처럼 살 수는 결단코 없다. 무슨 자연 법칙, 비밀한 연대, 본능이란 것에 의해, 인간은 기술이나 언어가 없어도 한 가족처럼 살아 왔을까? 그것은 틀림없이 그들의 천성이고 욕망이니, 이성(異性)에 응답하는 그것에 의한 것이다. 라플란더인(Laplander)이나 호텐토인(Hottentot)이 자기 짝에게 느끼는 그 애착심에 의해, 자기를 닮은 존재를 희망하며, 그 남자 그 여자가 서로 돕고, 천성이 원하는 사랑을 통해 아이가 태어나고, 사랑으로 그를 아끼고, 자식은 부모에 복종하고, 6~7세가 되면 부모를 돕고, 아이들을 계속 낳아서, 그들은 한 마디로 기쁨 속에 이루므로, 나이가 들면 그들의 아들과 딸들도 어머니 아버지와 동일한 본능으로 다른 애들을 출산한다. 나는 그것을 매우 미개한 사회 사람들에게서 확인한 것이다. 그러나 바로 이 순간에 독일 숲 속에 거주하는 석탄 갱부(坑夫), 북방의 주민, 아프리카의 백 개의 다른

종족이 완전히 서로 다를 수 있겠는가?

그들 야만 가족은 어떤 언어를 사용하는가? 오랜 동안 말도 없었을 것이다. 그들은 소리와 몸짓으로 이해했을 것이다. 야만족은 그것으로 언어를 삼았을 것이다. 다시 말해 야만인들은 오랜 동안 숲 속을 방랑하는 가족들이니, 먹이를 놓고 다른 동물과 싸우고, 돌과 나뭇가지를 무기로 삼고, 야생 뿌리와 각종 열매로 동물보다는 조금 낮게 살았을 것이다.

인간에게는 기계적 본능(a mechanical instinct)이 있다. 우리는 매일 매우 한정된 지성인들이 위대한 결과를 창조하고 있음을 볼 수 있다. 학식 있는 사람들을 놀라게 한 기계가, 티롤(Tyrol)산 주민과 보스게 사람(Vosges)에 의해 발명되었음을 알고 있다. 가장 무식한 농부도 지렛대의 도움으로 무거운 짐을 드는 방법을 알고 있고, 동일한 지점에 동일한 무게는 균형을 이룬다는 것을 알고 있다. 그 지식이 지렛대의 효능에 앞서 꼭 필요했으니, 큰 돌의 장소를 옮겨야 하는데, 긴 시간이 흘렀다고 그 방법을 잊을 수 있겠는가!

애들에게 도랑 건너뛰기를 시켜보면, 그들은 모두 뒤로 물러나서 달려와 기계적으로 도약을 할 것이다. 아이들은 이 경우 그들의 힘이 속도에 의해 배가(倍加)된다는 것은 분명히 모르고 있다.

그렇다면 자연(自然)이 유용한 관념을 제공하고, 모든 우리 사고를 선도(先導)하고 있다는 것은 명백하다. 그것은 도덕 경우에도 마찬 가지다. 우리 모두는 사회의 기초를 이루는 정의(正義, Justice)와 동정(同情, Pity)심을 함께 지니고 있다. 만약 어떤 아이가 자기 가족이 박살당한 것을 보았다면, 그는 갑작스런 고통에 휩싸일 것이고, 그 고통이 울음과 눈물로 나타날 것이다. 그리고 그것이 만약 자기가 힘을 가지고 있을 경우는 고통 받은 사람을 구해낼 것이다.

교육도 받지 않은, 말[언어]을 시작하고 생각하기 시작하는 그 아동에게 한번 물어보라. 자기 땅에 씨를 뿌려 놓은 곡식을 강도(強盜)가 그 주인을 죽이고 그 곡식에 대한 권리를 가질 경우에 대해 물어 보라. 동일한 방법이 지상(地上)의 모든 입법자들에 대해서도, 그 아이가 말을 할지 안 할지는 당신은 알 것이다.

신(神)은 새들에게는 깃털을 주었고, 곰에게는 가죽을 주었듯이 우리 인간에게는 보편적으로 이성(理性)의 원리를 부여했다. 그 원리는 변경할 수 없어, 그것을 거스르는 정염과, 피로 그것을 억압하는 독재자, 미신으로 그것을 절멸하려는 사기꾼이 있음에도 불구하고 존속이 되고 있다. 가장 미개한 사람들도 그 이성(理性)이 있기에, 그들을 지배하는 법의 목적을 잘 판단하고 있고, 그들의 가슴 속에 새겨진 사랑과 정의의 원리로 그 법이 부합하는지 거스르는지에 민감하다.

그러나 많은 사회와 국민, 민족이 형성되기 전에, 언어의 확립은 필수적이다. 이것이 극복하기 가장 어려운 문제이다. 모방의 재능이 없이는 그것은 극복될 수 없다. 그것은 발음으로 시작되고, 최초의 필요를 나타내고, 부드러운 기관으로 발음을 하고 어린 아이가 반복하고, 엄마가 애들의 발음과 합해야 한다. 애들의 처음 진술은 단음절어(單音節語)로 되어야 하는데, 말하고 기억하기에 편하기 때문이다.

우리는 가장 오래된 나라 사람들이 그들의 원시어를 보유하여 감성에 직접 호소하는 가장 친숙한 사물을 단음절어로 아직 표현하고 있는데, 중국어는 지금까지 단음절어에 기초를 두고 있다.

고대 투스칸어(Tuscan)와 북방 언어를 살펴보면, 공통으로 유용한 단어를 발견하기 어렵고, 한 음절 이상으로 표현되었다. 다음이 단음절어(單音節語)의 모두다. 존(zon-해), 몬(moun-달), 제(ze-바다), 훌(flus-홍수), 만(man-사람), 봅(bof-머리), 봄(boum-나무), 링(drink-마심), 막(march-3월), 샵(shlaf-양) 등이 그것이다.

표현의 간결성은 골(Gaul)과 게르만, 모든 북방의 숲 속에 이용되었다. 희랍어와 로마어에는 복합어(複合語)가 없고, 오랜 시간이 걸려서야 사람들의 육체처럼 언어들을 통합하였다.

그러나 서로 다른 의미를 구분하는 것은 무슨 지혜에 필요한가? 절대적인 것과 선택적인 것, '나는 그럴 수밖에 없었다.'와 '나는 그러곤 했다.'의 그 구분된 눈금을 어떻게 표현하게 되었는가? 그것은 이미 세련된 나라, 인간 마음의 비밀스런 작동을 복합어들로 나타내는 시간의 경과 속에 가능하게 된 종족 사이에서만 이루어졌다. 그래서 야만인의 말에는 세 가지, 네 가지 시제(時制)만 있고, 고대 히브리 사람들은 미래와 현재 두 가지 시제만 있었다. 인간 노력의 경주(傾注)에도 불구하고, 어떤 언어도 완벽한 언어는 없다.

〈역사철학-'Ⅵ. 야만인에 관하여'〉[12]

해설

* 위에서 볼테르는 자신의 '경험철학' '실존주의'를 강론하고 있다. 무슨 이유인가? 역사(歷史)는 '있었던 사실의 기록'이라 생각하기 쉽지만, 그 '가치 기준(價值 基準)'이 마련되어야 그 '관점(觀點)'이 '집중(集中)'이 되어야 사건을 선택 평가 배치할 수 있는 힘이 비로소 생긴다.

---

12) Voltaire, *The Best Known Works of Voltaire*, The Book League, 1940, pp. 372~376 'Ⅵ. Of Savages'.

그래서 볼테르는 위에서처럼 그것을 '자연(自然) 중심', '본능(本能) 중심', '이성(理性) 중심', '자연법(自然法)에 의한 정의(正義)'를 명시하지 않을 수 없었다.

요약을 해보면, 사람은 타고난 천성(天性, 自然, nature)대로 '본능(本能, instinct)'에 따라 먹고 마시며 자라 새끼를 짝짓기를 하게 하고 길러준 부모를 공경하며 산다. 그리고 '이성(reason)'을 발동하여 생활에 편의를 도모하고, 까닭 없이 사람을 죽이고 '먹이를 약탈하고' '삶터'를 앗으려는 사람과는 맞서서 싸운다. 그것은 자연 속의 성인(成人)이면 누구나 알고 있다. 그것은 '조물주(자연, 신)'가 모든 인간에게 부여한 것이고, 그것을 더욱 정연하게 정리하여 공유하게 하는 것이 언어의 기능이다. 이것이 볼테르의 주장(논리)의 전부이다.

볼테르의 전제가 너무 체계가 없는 방만(放漫)한 것이라고 할 것인가? 그렇게 마음 속 깊이 반감을 지녔던 사람이 바로 '개신교도' 헤겔이었다.

볼테르는 위에서 분명히 말했다.

'교육도 받지 않은, 말[언어]을 시작하고 생각하기 시작하는 그 아동에게 한번 물어보라. 자기 땅에 씨를 뿌려 놓은 곡식을 강도(强盜)가 그 주인을 죽이고 그 곡식에 대한 권리를 가질 경우에 대해 물어 보라.'

볼테르가 논하고 있는 '전쟁 반대'는 바로 '강도 행위는 인정할 수 없다'는 평이한 신념이다. 그런데 그 '강도' 행위를 '여호와' 이름으로 처음 정당화했던 종족이 유대인들이었다. (참조, ※ ⑩-25. 특권을 요구해 온 유대인들)

그런데 헤겔은 알쏭달쏭한 '도식주의(변증법)'로 유대인의 여호와를 '자신의 개념'으로 수용하고 '절대이성(absolute reason)'이라는 가식(假飾)으로 '개신교론'을 강의하였다. (참조, ※ ⑬-2. G. W. F. 헤겔의 '절대주의' '여호와주의')

볼테르는 이 〈역사철학〉을 쓰고 있을 당시, 이미 '기독교도들의 (식민지인을 향한) 속임수'와 '식민지 확보 전쟁' '살벌한 전쟁 현장'을 한 눈으로 다 보고 있었다. 거기에 무슨 '종교 성전(聖戰)'이 따로 있겠는가. 지금이라도 헤겔은 크게 인류를 향해 사죄(謝罪)를 함이 옳다.

그리고 앞서 확인한 볼테르의 명작 〈캉디드〉 '결론' 부분도, 볼테르가 위에서 예로 든 '자기 땅에 씨 뿌린 농부와 강도(强盜) 이야기'를 감안하지 않고 '아담의 이야기'로 마칠 경우, G. 라이프니츠 '신정론'으로 그대로 함몰함을 누가 모르겠는가. (참조, ※ ⑧-23. 우리의 밭을 갈아야 한다.)

⑩-7. 시공(時空)을 초월한 신(神)의 섭리

아메리카(America) 사람은 어디에서 왔는가가 의문(疑問)일 수 있다. 오스트레일리아 원주민(Terra Australis)에게도 동일한 질문이 있을 수 있다. 오스트레일리아는 콜럼버스가 돌아왔던 앤틸리스(Antilles) 제도(諸島)보다 훨씬 먼 곳이다. 불모지라고 생각했던 지구 곳곳에서 인간과 야수가 확인되고 있다. 우리는 그에 이미 대답을 갖고 있다. 신(神)은 들녘에 풀들도 기르시니, 아메리카에 사람이 사는 것은 파리가 있는 것만큼이나 놀랄 일이 못 된다. ['창세기'에 대한 의문 제기]

라피토(J. Lafiteau, 1681~1746)가 쓴 〈아메리카 원주민사(History of the American Savages)〉 서문에, 무신론자(無神論者)만이 '신(神)이 아메리카 원주민을 만들었다.'고 말할 것이라고 했다.

옛날 세계지도에 아메리카는 '아틀란틱 섬(Atlantic Island)'이라는 이름이 붙었었다. 카보베르데 제도(諸島, Cape Verde Islands)가 고르가데스 제도(諸島, Gorgades), 카리비스 제도(諸島, Caribbees), 헤스페리데스 제도(諸島, Hesperides)로 기록되었다. 그것은 카나리아 제도(諸島, Canary Islands)만을 발견한 것인데, 아마 마데리아 사람(Maderia)이나, 또는 페니키아 사람(Phoenicians), 카르타고 사람(Carthagians)의 항해(航海)에 의해 알려진 것인지는 알 수 없다. 그 섬들은 아프리카에 가깝게 그려졌으니, 현재처럼 멀리 떨어져 있게 그려져 있지는 않다.

라피토(J. Lafiteau) 신부가 카리아(Caria)에서 하강(下降)하여 카리비스(Caribbees) 주민을 창조하였다고 하자. 라피토 신부는, 조상들이 피부를 홍색이나 흑색으로 색칠하는 것에 익숙하여 카리비아 사람은 붉은 아이를, 흑인 여자는 검은 아이를 낳았다고 상상했다.

라피토 신부는, 흑인 여성은 검게 칠한 남편들의 안색을 보고 그녀들의 상상은 거기에 크게 감동이 되어 그 종족은 항상 그 효과를 느낀다고 말하였다. 같은 일이 카리비아 여인에게도 발생했으니, 동일한 그 힘의 상상으로 붉은 아기를 낳았다고 했다. 라피토 신부는 야곱(Jacob)의 어린 양(羊)으로 자기의 주장을 보충하였다. 양(羊)은 점박이로 태어났는데, 그것은 원로(元老)의 기술(技術)로 그렇게 된 것인데, 원로는 반쯤 벗겨진 나무 가지 형성을 양(羊)들에게 입혔는데, 그 가지들은 멀리서 두 가지로 구분된 색깔로 보이는데, 그것이 원로(元老)가 그것을 양(羊)의 색깔로 전하는 것이라고 말했다. 그러나 라피토 신부는, '야곱의 시절에 일어난 것'이 왜 지금은 일어나지 않는지를 알아야만 한다.

만약 라반(Lavan) 종족들에게 왜 그들은 항상 풀을 보고 있는데, 녹색(綠色)

족이 아닌가를 묻는다면 할 말이 없을 것이다.

라피토 신부는 역시 아메리카 원주민은 고대 희랍인의 후손일 것이라 하고 다음과 같은 이유를 댔다. 희랍인들은 그들의 우화를 가지고 있는데, 아메리카 원주민도 우화(寓話)를 가지고 있다. 고대 희랍인은 사냥을 했는데, 아메리카 원주민도 사냥을 한다. 고대 희랍인은 신탁을 들었는데, 아메리카 원주민도 마법사를 가지고 있다. 희랍인은 잔치에 춤을 췄는데, 아메리카 원주민도 춤을 춘다. 이것이 라피토 신부의 확신 이유라는 것이다.

아메리카 종족들 자체에 대한 성찰(省察)로부터 출발해야 할 것이다. 라피토 신부의 고찰에는 그것이 빠져 있다. 즉 <u>열대(熱帶)로부터 거리가 떨어져 있는 사람들은 항상 천하무적(天下無敵)인데, 열대에 가까운 종족들은 거의 항상 군주(君主)들에게 거의 복종을 해왔다.</u> 우리 대륙[유럽]에서도 오랜 동안 그렇게 군주에 복종을 해 왔었다. 그러나 캐나다 사람들은, 타르타르인(Tartars)이 유럽과 아시아에 퍼뜨린 방식으로, 멕시코를 정복하려 하지 않았다는 것을 확인할 수 있다. 캐나다인은 다른 지역에 식민지를 운영해야 할 만큼의 인구가 충분하지 못했다는 사실을 감안해야 한다.

아메리카는 전반적으로 유럽과 아시아처럼 인구가 몰려 있지 않다. 광대한 습지가 뒤덮고 있어 그 공기가 건강에 해롭다. 헤아릴 수 없이 많은 독(毒)이 대지에서 나오고 있다. 화살들이 항상 치명적 상처를 내며 흉포한 종족의 피로 적셔져 있다. 자연은 확실히 유럽인보다 아메리카 원주민에게 근면성(勤勉性, industry)은 덜 부여했다. 이러한 것들이 종합되어 사람들에 대한 큰 편견을 이루었다.

알려지지 않은 제4세계(아메리카) 사람의 다양한 신체적 특징 중의 하나는, 수염이 없는 유일한 사람들이라는 점이다. 에스키모인(Esquimaux)이 그들이다. 에스키모인은 북위(北緯) 52도 근처에 살고, 유럽 대륙의 북위 56도 근처보다 추위가 혹심하다. 에스키모 주변 종족도 모두 수염이 없다. 그런데 여기에는 완전히 서로 다른 두 종족이 경계를 이루고 살고 있다.

파나마 지협(地峽, Isthmus) 쪽으로 알비노 족(Albinoes)과 흡사한 다리엔(Dariens) 족이 있다. 햇빛을 피하고 동굴에서 채식(菜食)을 하고 허약하여 인구도 적다.

아메리카의 사자(獅子)는 몸집이 작고 겁이 많다. 양들은 몸집이 크고, 힘도 있어, 짐들을 운반한다. 모든 호수는 유럽 호수 크기의 열 배 이상이다. 토지에 자연 생산물은 유럽 것과는 다르다. 이처럼 다양한 것들이 있지만, 코끼리, 코뿔소, 흑인을 만들었던 그 섭리(攝理)가 다른 지역에서는 엘크, 순록, 그리고 등[背]에 배꼽을 가지고 있는 돼지와 유럽인과는 딴판인 인간을 창조하였다.

신부(神父) 라피토(Jesuit Lafiteau, 1681~1746), 아메리카 원주민14)

해설

* I. 칸트는 〈순수 이성 비판〉을 써서, '경험론(經驗論)'의 배제(排除)에 온 정성을 모았지만, 사실상 '신학자들이 거의 다 저지르고 있는 몰(沒) 이성(理性)'을 전혀 언급이 없으니, 그의 '이성 체계론'을 과연 어디에 쓰려고 지었는지를 이해하기가 쉽지 않다.

그러나 볼테르는 I. 칸트의 자랑스러운 ('理性 중심주의')선배로서 어떻게 '유명한 교부(敎父) 철학자(과학자)들'이 그 '이성(理性)'을 잘못 적용하고 있는지를 낱낱이 지적하여 그들의 잘못을 아주 쉽게 알 수 있게 하였다.

'중세 기독교 사회'와 볼테르 당대 '교부들의 오류' 태반은, '성경 절대존중 사고'에서 발생하였다. 볼테르의 〈역사철학〉에서 '자연법' 다음으로 명시해야 할 시급한 명제가 '〈신구약〉 중심주의' 척결(剔抉)이었다.

볼테르가 예시한 신부(神父) 라피토(J. Lafiteau, 1681~1746)가 쓴 〈아메리카 원주민사(*History of the American Savages*)〉란 오늘날에는 그 개인의 '주관적 설교'로도 적절할 수 없는 말이다. 그런데 아직도 '기독교 신학자들'의 글을 세계사의 표준으로 알게 한다는 것은, '이성(理性)이 무시된 시대'로의 복귀이다.

볼테르의 비판 방법은 간단하다. 〈신구약〉의 '여호와 신(神)을 모시기 위한 인간(人間)'이 아니라, '인간의 이성(理性)'을 믿고 존중하는 정신으로의 전환이다. 그것이 바로 볼테르가 주도한 혁명의 깃발이고, F. 니체와 1916년 취리히 '다다 혁명 운동'이 계승했던 핵심 요지이다. (참조, ※ ⑬-7. F. 니체-육체

---

13) Voltaire, *The Best Known Works of Voltaire*, The Book League, 1940, pp. 376~378 'Ⅶ. Of America'.

14) Wikipedia, 'America Indian'.

⑩-8. 신(神)이 그 후견자(後見者)인 '신권(神權) 정치'

고대 국가들에는 대부분 **신권 정치**(theocracy)가 행해졌다. 인도의 브라만들 (Brahmans)이 그 지배권을 지니고 있었다. 페르시아에서는 마기(Magi)가 최고의 권위를 보유하고 있다. 〈스메르디인의 귀(The Ears of Smerdis)〉 이야기는 그럴 법한 우화다. 그러나 키로스 2세(Cyrus, 600~529 B.C.)는 그 주술사(Magi)의 권위로 군림을 하였다.

몇몇 이집트의 사제(司祭)들은 왕에 대한 큰 지배권을 행사하여, 사제들은 왕에게 자기들이 먹고 마실 것을 책정(策定)하게 하고, 아이들의 양육을 맡기고, 왕의 사후(死後)에는 심판에 참여하고, 자주 자기네 스스로가 왕이 되기도 하였다.

희랍으로 내려오면서 비록 우화적인 역사 이야기이나, 예언가 칼카스(Calcas)가 '왕 중의 왕'의 딸을 군문(軍門)에서 희생을 시키는 막강한 권력을 휘둘렀던 것을 알 수 있다. 희랍 시대에서 더욱 아래로 내려오면, 드루이드인(Druids)이 골 족(Gauls) 과 다른 종족을 지배하는 시대가 된다.

원시시대에는, 신권(神權) 정치 이외의 것은 거의 성립할 수가 없었다. 왜냐하면 한 종족이 후견인과 같은 신(神)을 선택하자마자 그 신은 사제(司祭)를 갖게 되고, 그 사제들이 일반 사람들의 마음을 통제했기 때문이다. 그들은 신(神)의 이름이 없으면 통치를 할 수가 없었다. 그렇기에 사제들은 항상 신(神)이 말하게 하였다. 사제는 신탁(神託)을 전하였다. 그것이 모든 것을 진행시키는 '신의 명령'이었다.

그래서 희생(犧牲)된 인간의 피가 온 세상을 적셔왔다. 어떤 아버지, 어떤 어머니 가 그들 나라의 신(神)이, 희생을 명령했는지 확인을 못하고서, 자기의 아들과 딸을 사제(司祭)에게 내주어 제단(祭壇)에서 죽여라고까지 하였겠는가?

신권(神權) 정치는 오래 지속되었을 뿐만 아니라, 인간의 속임으로 획득될 수 있는 충격적 방만(放漫)으로 독재(獨裁)를 확장하였다. 거기에다가 신권 정부는 신성이라는 이름아래 잔인과 부패를 더욱 가중시켰다.

대부분의 모든 사람들이 그들의 신(神)들에게 자식을 헌납해 왔다. 그러고서 그들이 경배(敬拜)를 행한 신으로부터 비상한 권한을 받은 것으로 믿었다.

부당하게 문명화되었다고 불리는 사람들 중에, 중국인(中國人)은 홀로 그 끔찍한 악독함을 실행하지 않았다. 성직자(聖職者)에게 예속을 당하지 않은 것은 고대

브라만(Brahman)

모든 국가들 중에, 중국(中國)만이 유일하다. 일본인의 경우, 우리가 그렇게 되기 6백 년 전에 사제(司祭)가 부여한 법의 통치를 받았다. 거의 모든 다른 국가에서 신권 정치는 견고하게 자리를 잡아왔고, 깊이 뿌리를 내려 유럽 국가들의 역사는 신의 화신(化身)으로서 사람들의 운명을 주관하는 신 자신들의 역사이다. 테베(Thebes)와 멤피스(Memphis) 사람들에게 말한 그 신들이 이집트를 2천 년간 통치하였다. 브라만은 신(神)의 화신으로 인도(印度)를 통치하고, 시암(Siam, 타이)에서 사모노코돔(Samonocodom), 시리아를 다스린 신 아다드(Adad), 시벨레(Cybele) 여신은 프리기아(Phrygia)를 다스렸고, 크레테(Crete)의 주피터, 희랍과 이탈리아의 사투른(Saturn)이 그것이다. 동일한 정신이 모든 우화(寓話)를 관통하고 있고, 그것은 옛날 신들이 인간을 지배하러 세상으로 왔다는 관념을 이루어 모든 곳에 퍼져 있다.

〈역사철학-'Ⅷ. 신권(神權) 정치에 대하여'〉15)

해설

  * 볼테르의 기본 정신, '뉴턴의 천체 물리학적 세계관' '로크의 의학적 인생관' '공자(孔子)의 자연법적 사회 국가관'은 그대로 적용되고 있는데, 위에서는 세계 곳곳에 산재한 소위 '신권정치(Theocracy)'를 비판하고 있다.

  '신권정치(Theocracy)'란 볼테르가 제시하고 있는 여러 예에서 확인할 수 있듯이 종교의 '사제(司祭)'가 국가 통치에 깊이 관여함을 말함이니, 그것은 다른 나라를 말하는 것이 아니고 볼테르 당시 '프랑스 정치 풍토' 그것을

---

15) Voltaire, *The Best Known Works of Voltaire*, The Book League, 1940, pp. 378~379 'Ⅷ. Of Theocracy'.

지적한 말이다.

앞서 말했듯이 볼테르의 '로크의 경험주의 인생관' '공자(孔子)의 자연법적 사회관'은 그대로 '인간 생명 중심' 사상이다.

그런데 헤겔은 볼테르와 비슷한 〈세계 역사철학 강의〉라는 이름을 걸어두고 역시 볼테르가 강조한 '이성(理性)'을 '절대이성'이라는 명패로 바꾸어 걸고, '절대신(Jehovah)'과 '인격'을 통합한 예수의 말을 표준으로 삼아 '절대신' '절대 자유'를 말하며 새로운 형태의 '개신교 신권정치'를 폈던 인물이다. 여기에 '절대(absolutism)'란 개인적(인간적) '호오(好惡)'의 구분을 무시한 '기독교 정신'의 집행이니, 이것이 바로 헤겔이 전개한 '유일신(Jehovah)에 의한 신권주의' 그것이다.

'헤겔의 오류'는 간단하게 관념적 '여호와 중심주의의 오류(부조리)'[16]를 그대로 '게르만 제국주의 국왕 일인'에 '절대주의' 이름으로 헌납을 행했던 점이다. (플라톤 이후 '국가주의' '전체주의' 일방적 강화) [이로써 헤겔은 프러시아 일등 귀족 가문이 되었다.]

⑩-9. 칼데아인은 태양 중심의 천체(天體)관을 가졌다.

고대에 인구가 가장 밀집(密集)했던 지역으로는, **칼데아**(Chaldea, 바빌로니아 남쪽 지역)와 인도(印度) 중국(中國)이라고 나는 생각한다. 우리는 칼데아 사람에 대한 확실한 과학적 연대를 가지고 있다. 연간 1903회의 천체(天體) 관찰 사실들이, 바빌론의 칼리스테네스(Callisthenes)에 의해 알렉산더 개인 교사에게로 보내졌다. 이 천문학 일람표는, 우리의 연대(年代) 이전에 정확하게 2234년을 회상할 수 있도록 작성이 되어 있다. 이 연표(年表)들은 폭우가 내린 때를 기준으로 한, 불가테(Vulgate)의 연표에 의한 것이다. 그러나 여기에서 우리는, 동등하게 존중되고 있는 불가테(Vulgate) 사마리탄(Samaritan) 셉투아긴트(Septuagint)의 서로 다른 연대기 문제에 대해서는 언급을 하지 않기로 한다. 반복(反復)된 폭우는 엄청난 문제였다. 그러나 그것도 우리의 관심사는 아니다. 여기에서 우리는, '존재들에 관해 우월한

---

16) '선악의 심판자'와 '선악 초월자'를 하나의 '주체'가 겸하고 있는 '모순의 종교'인데, '여호와주의' 신앙자는 그것을 '자신들의 최고의 특권'으로 자랑하는 '관념주의' 자들이다.

(자연)질서'를 밝혀낸 생각들에 지속적으로 우리의 약한 오성(悟性)을 복종시켰던, 자연스런 그 견해들을 살펴보기로 한다.

G. 신셀르(George le Sincelle)가 인용했던 바, 고대의 기록자는 칼데아의 식소우트 로우(Xixoutrou) 왕 때에 엄청난 범람이 발생하였다고 한다. 티그리스 유프라테스 강이 강둑을 넘어 비상사태가 발생하였다. 그러나 칼데아 사람들은 재앙이 삶의 터전을 덮쳐도 별도리가 없었다. 매번 그렇게 되자, 거기에서 사람들은 '자연(自然) 의 통상적 코스'를 생각하게 된 것이다.

우리의 연도(年度)보다 1900년 이전의 지구상(地球上)에는, 칼데아 사람은 없었다. 이 짧은 기간에 칼데아인이 '우주 체계'를 관찰하는 데는 시간이 넉넉하지 못했다. 그러나 놀라운 생각이 칼데아인에게 떠올랐다. 사모스(Samos)의 아리스타르코스 (Aristarchus, 310 B.C.~210 B.C.)는, 칼데아의 현자(賢者)들이 지구(地球)가 행성(行星) 계의 중심(中心)을 차지할 수 없다는 것을 알아, 그 중심 자리를 태양에게 넘겨 태양에 속한 것으로 생각을 하였고, 지구와 그 밖의 행성(行星)은 자기네 궤도를 돌고 것을 벌써 알고 있었다고 전하고 있다.

마음의 진행은 너무 늦고, 보는 눈에 환상은 너무 강하고, 수용된 관념에의 복종은 너무 독재적이어서, 시각에는 배치(背馳)되나 가장 심원한 이론이고, 철학의 정상(頂上)에 도달한 것이 1900년이 흘렀지만, 일반인은 알 수도 없다. 그래서 칼데아 인은 우주(宇宙)의 생성(生成) 햇수를 47만년(萬年)으로 계산을 해 내었다. 이 세계의 진정한 체계에 대한 지식은 소수(少數)의 철학도만 소유하였다. 그것이 위대한 진리의 운명이다. 뒤를 이은 것은 평상적인 체계이니, 그것은 아동들의 생각이다.

47만년이란 어제 태어난 우리에게 엄청나게 햇수로 들린다. 그러나 그것은 전 우주에 관해서는 매우 짧은 시간이다. 나는 우리가 그 계산을 쓸 수 없다는 것을 알고 있고, 키케로(Cicero, 106 B.C.~43 B.C.)는 그것이 터무니없는 낭비(浪費)이 고, 우리가 산코니아톤(Sanchoniathon) 베로수스(Berosus)를 믿기보다는 차라리 그 '모세5경(Pentateuch)'을 믿어야 할 것이라고 조롱을 하고 있다. 그러나 솔직히 말해 인간이 1900년 전에 그와 같은 놀라운 진리에 도달한다는 것은 불가능한 일이었다. 우선은 생계(sustenance)를 꾸리는 기술이니 예전의 '먹이의 문제'는 짐승들보다는 인간들이 더욱 어려웠다. 둘째는 충분한 시간과 공간에 통할 수 있는 언어를 갖는 문제이다. 셋째는 집을 짓는 일이고, 넷째는 의복(儀服)의 공여(供 與) 문제다. 그 다음은 철(鐵)을 단조(鍛造)하여 부족함을 채우는 일이다. 이것들은 그렇게 많은 성공, 그렇게 많은 노력, 그렇게 많은 시간을 요하고 있는 것들이다. 그 결핍의 상태에서 무슨 도약(跳躍)이 '그 숭고한 천문 과학(the sublime science of astronomy)'을 가능하게 하였을까!

칼데아인은 오랜 동안 그들의 관찰과 법(法)을 상형문자로 벽돌에 기록하였다. 상형문자들은 말로 쓰는 글자들이고 관습이니, 이집트인들은 몇 세대 뒤에야 그 기록 방법을 알았으나, 그것들을 상실하고 말았다. 알파벳 문자(表音文字)로 개념을 전달하는 기술은 아직 발명을 못했고, 그것은 아주 늦게 아시아[페니키아]에서 있었다.

칼데아인이 언제 도시(都市)를 세웠고, 그 알파벳을 언제 사용하기 시작했는가는 추정을 할 수가 있다. 칼데아인이 어떻게 그것을 시작했을까? 가령 우리가 우리의 촌락에 거주하고 있으나, 기록하거나 읽을 수 없는 상황에서 세상에 있는 2만 개의 촌락과 역시 서로를 잘 모르는 사람과 모든 사람들에게, 필요한 기술(技術)에 대한 답을 낼 수가 있었을까?

바빌로니아 사람은 큰 도시를 이루기 전에는 아마 작은 마을에 살았을 것이다. 그러면 누가 그 도시를 세웠을까? 세미라미스(Semiramis) 벨루스(Belus) 나보나사르(Nabonassar)가 과연 있었는가? 아시아에서 어떤 여성을 세미라미스(Semiramis)라 하고 어떤 남성을 벨루스(Belus)라고 불렀던 예는 없다. 그것은 우리가 희랍의 도시를 아르마그낙(Armagnac) 아베빌레(Abbeville)라고 부르는 것과 같다. 희랍인들은 야만인의 언어를 희랍어로 바꾸었고, 아시아의 명칭도 그러하였다. 더구나 세미라미스(Semiramis)의 역사는 모든 점에서 오리엔트 이야기 방식과 유사하다.

나보나사르(Nabonassar)는 도시로 만든 사람으로 생각된다. 그는 자기 이름으로 그 시대를 열었던 사실상의 군주였다. 이 '이론(異論)의 여지가 없는 시대'는, 우리 연대기 이전 1747년 이후에 시작이 되었다. 도시 나보나사르(Nabonassar)는, 이후 많은 시간이 걸렸던 거대 도시와 비교할 때 아주 현대적인 것이었다. 그 도시는 이미 바빌론(Babylon)이라는 이름을 가지고 있었으니, 그것은 나보나사르(Nabonassar) 등장 훨씬 이전의 일이었다. 그것은 '벨(Bel) 아버지' 도시였다. 밥(Bab)은 칼데아 말로 '아버지'를 의미한다. 헤르벨로(B. Herbelot, 1625~1695)는 벨(Bel)이 군주(君主) 의미라고 했다. 그 오리엔트 사람들은 바벨(Babel) 이외에 뜻은 모르고, '주님의 도시(the city of the Lord)', '신(神)의 도시'로 다른 방법으로 신(神)을 따랐다.

거기에는 니느웨(Ninvah)를 창건했다는 니네바(Ninvah, Nineveh)는 없고, 바빌론을 창건한 벨루스(Belus) 같은 사람도 없었다. 우리(유럽인)가 끝을 냈다는 아시아 왕자 이름도 없다. ['구약'에 관련된 사항]

바빌론의 둘레는 대략 24리(哩-3x1.6km, league)였다. 그러나 바빌론으로부터 40리밖에 떨어지지 않은 티그리스 강 연안에 하나의 니누스(Ninus), 거대 도시

바빌로니아 나보나사르(Nabonassar) 왕, 왕조 연대 기록의 벽돌 파편17), 함무라비 시대의 바빌로니아

니네베(Nineveh)가 세워졌다는 것은 믿을 수 없게 보인다. 이른바 강력한 3개(個)의 왕국, 바빌론, 아시리아(Assyria, or Ninevuh), 시리아(Syria or Damascus)가 동시에 있었다는 이야기이다. 그러나 그것은 거의 가능성이 없는 말이다. 골(Gaul)에 세 개의 강력한 왕국의 수도(首都), 말하자면 파리, 수아송(Soissons), 오를레앙 (Orleans)이 있어, 그 둘레가 각각 24리(哩) 씩이라는 이야기인 셈이다. 거기에 니네베(Nineveh)는 세워지지 않았거나, 당시에 최소한 거의 의미 없는 존재였다. 기록에 선지자 요나(Jonah)가 그 주민들을 훈계하도록 지정이 되어 3일 3야(夜)를 물고기 위장(胃腸) 속에 삼켜진 고행(苦行)을 겪었다는 왕국이다.

요나가 소개되는 상상의 왕국 아시리아(Assyria)는, 당시 아직 존재하지 않았다. 왜냐하면, 요나는 하찮은 총독 요아스(Joash) 시절에 예언을 행했는데, 히브리인의 책에는 적혀 있는 최초의 아시리아 왕 풀(Phul)은, 그 요아스(Joash) 사망 52년 후까지 아시리아를 통치하지 않았다. 이렇게 연대가 모순되어, 어긋남이 곳곳에 드러나니, 그 불확실성은 불가피하다.

나는 바빌론과 아시리아 두 왕국만을 인정한다. 그 모호한 시대에 빛을 밝히고 있는 몇몇 현자들은 아시리아와 칼데아가 하나이고, 동일한 왕국으로, 때로는 두 사람의 군주가 하나는 바빌론에 있었고, 다른 사람은 니네베(Nineveh)에 있었음을 알게 한다. 나는 그 합리적 견해를 따른다. 그 시절에도 더욱 합리적이었던 것은 우리가 판별할 수 있듯이.

고대 국가의 가능성에 가장 크게 기여하고 있는 것은 지상(地上)에 세워진 유명한 탑(塔)이다. 모든 해설자가 그 기념비의 존재와 다툴 수 없는데, 어쩔 수 없이 인간이 하늘까지 닿게 하려는 바벨(Babel)탑의 존재를 생각하게 된다. 해설자가 말하는 '하늘(heaven)'은 명백하지 못하다. 달인가, 금성인가? 그것들은 인간으로부터 멀리 떨어져 있다.

그건 그렇다 치고, 만약 네보나사르(Nebonassar)가 관측을 위해 그 건물을 세웠다

---

17) Wikipedia, 'Nabonassar'.

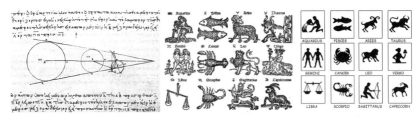

아리스타코스(Aristarchus)가 기원전 3세기에 계산해 그려 보인 태양(왼쪽), 지구, 달의 상대적 크기[18], 문제의 조디악(Zodiac, 黃道 十二宮圖)

면, 칼데아인은 우리보다 2400년을 앞서 천문관측소를 가졌다는 사실을 알려주고 있다. 우리는 과학이 필요로 하는 그 기념물을 설립하는 정점(頂點)에 도달하기까지 인간의 더딘 생각은 몇 세기를 더 기다려야 했는지를 고려해야 한다.

조디악(Zodiac, 黃道 十二宮圖)은 이집트가 아닌 칼데아에서 발명이 되었다. 거기에는 세 가지 유력한 증거가 있다. 첫째, 칼데아 사람은 나일 강이 항상 넘쳤던 이집트에 앞서 문명을 열어 살았던 사람들이다. 둘째, 조디악에 기록된 바는 메소포타미아 기후와 일치하고 이집트 기후가 아니다. 이집트인은 4월에 '황소' 사인(표지)을 할 수 없으니, 이집트인은 그 계절에 일을 하지 않기 때문이다. 8월은 '곡식의 이삭을 가진 하녀'로 나타낼 수 없으니, 8월은 이집트인의 수확계절이 아니다. 그리고 이집트인은 '물 주전자'로 1월을 나타낼 수 없으니, 이집트에는 1월에 비가 거의 내리지 않고 비가 완전히 없기 때문이다. 셋째, 칼데아인의 조디악의 옛 기호는, 종교적 규약 중 하나였다. 칼데아인은 열두 부차적인 신들 즉 열두 매개적인 신들이 통치하였는데, 디오도루스 시쿨루스(Diodorus Siculus) 말대로 각자가 별자리를 관장하고 있었다. 고대 칼데아 사람의 종교는 '별 숭배(Sabaism)'였다. 말하자면 하나의 최고신을 경배하고 별들을 숭배하니, 별들을 관장하는 천상의 영들이다. 그들이 기도할 때는, '북극성'을 향했으니, 많은 비유가 그들의 천문학으로 행한 숭배를 보이고 있다.

비트루비우스(Vitruvius, 로마 건축가)는 그의 제9서(書)에서, 태양의 4분면, 태양의 고도, 그림자의 길이, 달의 반사를 모두 칼데아인으로부터 인용해 다루고 있으나, 이집트는 아니었다. 이것이 칼데아와 이집트를 왕래하는 과학이라는 요람의 고찰에 충분하고 강력한 증거라고 나는 생각한다. 라틴의 옛 속담보다 더욱 진실을 말하고 있는 것은 없다.

'이집트의 전통은 바빌로니아 이집트 기록이라.'

---

18) Wikipedia, Aristarchus, 'Aristarchus's 3rd-century BC calculations on the relative sizes of (from left) the Sun, Earth and Moon, from a 10th-century AD Greek copy'.

(Tradidit Aegyptius Babylon Aegyptus Archives)

〈역사철학-'Ⅸ. 칼데아 사람에 관하여'〉[19]

해설

＊볼테르의 '탁월한 점'은 한두 마디로 다 표현할 수 없을 정도이다. 볼테르가 〈역사철학〉에서 명백히 했던 점은, '역사(歷史)'가 '과거에 발생한 사건'을 취급하고 있지만, 그것은 오히려 '미래 인류 사회를 복락으로 이끄는 방향'으로 방향을 잡아야 한다는 점이었다. 거기에 적용된 것이 우선 '뉴턴의 천체 물리학적 세계관'이고 그 '세계관'을 처음 발견하고 적용했던 과거의 종족과 행적을 크게 내세우는 일이었다.

즉 볼테르의 〈역사철학〉에 '역사 인식의 기본'은, '인류가 어떻게 무지몽매를 넘어 합리적인 생각'을 하게 되었고, '종교적 광신주의를 타파'하고, '인류 공존' '공영'의 위대한 길로 나가게 할 것인가가 기본 전제였다. 그러므로 볼테르의 추리 방법은 자연 '합리주의' '이성 중심주의'이었다.(이에 대해 헤겔은 그의 '신권주의(神權主義, 여호와주의)'를 '절대이성 중심주의'로 도색(塗色)하기에 여념이 없었다.)

볼테르는 기본적으로, '이집트인과 유대인의 과장(誇張)과 망상(妄想)'에 비판적이었다. 특히 유대인의 역사 서술이 주변 종족의 신화 민속을 자기네 고유의 것으로 거침없이 기록해 놓은 것에 볼테르는 비판을 멈추지 않았다.(그 이유는 당시 '가톨릭 전제주의 프랑스'에게 '볼테르 자신'이 직접 피해를 입었다는 이유도 일부 포함되어 있을 것이다.)

위에서 볼테르는 '바빌로니아'의 '과학 문명'을 말하고, 그것이 이집트 문명으로 잘못 소개된 점을 입증하고 있다. 그 일례로 볼테르는 특히 '조디악(Zodiac, 黃道 十二宮圖)'이 이집트인이 발명한 것이 아니라 바빌로니아에서 발견했다는 것을 입증하였다. 그 설명 방법이 극히 합리적인 것으로 신뢰할 만하다.

즉 모든 인간의 합리적 사고는 서로 연합되기 마련이고, 어떤 하나의 이론은 다른 이론과 연합하여 새로운 사실을 밝혀주는 강력한 뒷받임이 된다. 그리고 볼테르가 '바벨탑'을 '천문대(天文臺)'로 추정한 것은 흥미로운 유추이다. (참조, ＊②-1. 뉴턴의 만유인력, ＊②-2. 바른 우주관(宇宙觀)이 최우선이다. ＊②-3.

---

19) Voltaire, *The Best Known Works of Voltaire*, The Book League, 1940, pp. 379~382 'Ⅸ. Of the Chaldeans'.

과학(경험 철학)이 제일이다. ※ ⑪-9. '자연(自然) 법칙'에서 벗어날 수는 없다.)

⑩-10. 천성(天性)이 아닌 것은 진실이 아니다.

페르시아(Persia)인은 바빌론의 동쪽에 자리를 잡았다. 페르시아인은 바빌론으로 무기와 종교를 가지고 왔는데, 키루스(Koresh, Cyrus, B.C. 6세기 페르시아 왕)가 바빌론을 점령할 때, 페르시아 북쪽에 정착한 메데스(Medes)의 지원(支援)이 있었다. 우리는 키루스(Koresh, Cyrus)에 대한 두 가지 주요 이야기를 알고 있으니, 헤로도토스(Herodotus, 484? B.C.~425? B.C.)와 크세노폰(Xenophon, 434? B.C.~355? B.C.)이 전한 것이 그것이다. 그것은 모든 점에서 서로 상반되는데도 수천의 작가들이 그것을 베껴 왔다.

헤로도토스는 메데스(Medes) 왕이 히르카니아(Hyrcania) 왕이고 그를 희랍에서 유래한 아스티아게스(Astyages) 라고 불렀다. 그 히르카니아 왕이 요람 속에 있는 자기의 손자 키루스에게 명령을 내렸는데, 그것은 왕의 꿈에 그의

헤로도토스(Herodotus, 484? B.C.~425? B.C.), 크세노폰(Xenophon, 434? B.C.~355? B.C.)

딸 만다네(Mandane) 즉 키루스 어머니가 기적적으로 전 아시아를 홍수가 넘치게 했기 때문이라는 것이다. 그 모험 이야기의 나머지도 거의 이런 식이다. 이것이 진지(眞摯)하게 써졌다는 '가르간투아(Gargantua) 역사'다.

크세노폰은 '키루스의 인생'을 도덕 로맨스로 만들었는데, 텔레마코스(Telemachus) 이야기와 흡사하다. 크세노폰은 주인공 메데스가 나약한 쾌락주의에 빠졌다가 남성적이고 강건한 영웅 교육을 권장하는, 그 추정으로 시작을 하고 있다.

이들 이야기는 모두 키루스의 본래 모습에 어긋나 있으니, 키루스는 '거대한 정복자'이고, 결국 세상의 골칫거리였다. 그 역사의 기초는 매우 진실하다. 삽화들은 우화(寓話)이다. 모든 사가(史家)들이 동일하다.

'로마'가 그 키루스 시대에도 있었다. 로마의 국경은 4~5백리에 걸쳐 있었고, 로마도 주변국들을 약탈할 수 있는 만큼 약탈을 감행하였다. 그러나 나는 호라티우스(Horatius)의 전투, 루크레티아(Lucretia)의 모험, 하늘에서 내려온 둥근 방패, 면도날로 잘린 바위 이야기 등에는 동의할 수 없다. 유대인 노예가 바빌론과 사방에 퍼져있었다. 그러나 터놓고 말해, 하늘로부터 내려온 라파엘 천사는, 토비트(Tobit)가 헤르카니아(Hercania) 발 앞에 둔 '돈(money)'을 얻게 만들었고, 파이크(pike) 강의 안개로 아스모데우스(Asmodeus) 마귀를 쫓았다는 이야기는 의심을 할 만하다.

나[볼테르]는 헤로도토스 로맨스와 크세노폰의 이야기를 키루스의 실제 인생에 포함시키지 않을 것이다. 나는 바리세 사람 페르시아인이 6000년 동안 간직해 왔다는 옛 선지자 조로아스터(Zerdust, Zoroaster)를 고찰할 수밖에 없다. 조로아스터는 페르시아인에게 정의(正義)와 태양 숭배를 가르쳤는데, 옛 칼데아 사람이 별을 숭배했던 것처럼 그렇게 하였다.

페르시아인, 칼데아인이 그렇게 정의(正義)롭지는 않았다는 것, 제2의 조로아스터(Zerdust, Zoroaster)가 언제 출현하여 태양 숭배보다 그것의 창조자인 신을 찬양하도록 교정하였는지에 대해서는 신중할 수밖에 없다. 제2의 조로아스터(Zerdust, Zoroaster)는 페르시아인이 간직하여 아시아에 유통해 온 그들의 바이블로 숭배해 온, 〈젠드(Zend)〉를 저술하였다. 이 책은 세계에서 가장 오래된 책으로, 중국 5제(五帝 —黃帝 顓頊 嚳 堯 舜, the five kings of the Chinese)[20] 이후에 저작된 것이다. 〈젠드〉는 칼데아인의 고대어로 되어 있다. 그런데 하이드 씨(Mr. Hyde)는 〈사데르(Sadder)〉를 불어로 번역했는데, 그것은 그 〈젠드〉를 보여주는 것으로, 탐구의 노고를 감(減)해 주고 있다. 나는 〈사데르(Sadder)〉가 페르시아인의 교리 문답인 〈젠드(Zend)〉의 초록임을 전제한다. 나는 거기에서 페르시아 사람들이 오랜 동안 신과 악마, 부활, 천국과 지옥을 믿었던 것을 확인하였다. 페르시아인이, 더 말할 것도 없이, 최초의 그 '관념의 창조자들'이었다. 그것은 최 상고(上古)의 것으로, 오랜 동안 다른 나라에서는 채용이 없었고, 유대인들 속에 바리세인(Pharisees)들은 헤롯(Herod) 왕의 시절까지 영혼의 불사(不死)와 사후의 보상과 처벌의 도그마를 강하게 주장하지는 않았다.

이것이 고대 세계사에 가장 중요한 사항이다. 여기에서 영혼 불사(不死)의 도그마와 창조자에 대한 바른 지식 위에 유익한 종교가 세워지게 된다. 인간 오성(悟性)이 그와 같은 체계를 알고 극복하기 위해, 얼마나 많은 단계가 필요한지를 더 살펴보기

---

20) 司馬遷, 史記, 東華書局, 1968, pp.1~15, 'Yellow Emperor (黃帝), Zhuanxu (顓頊), Emperor Ku (嚳), Emperor Yao (堯), Shun (舜)'.

로 한다. 물[水]로 행하는 세례와 침례는 육체로 영혼을 정화(淨化)하는 것인데, 이것은 〈젠드〉에 있는 생각 중의 하나이다.

　그 의례는 페르시아인과 칼데아인에게서 유래한 것인데, 서구의 극우파(極右派)에게까지 확장되었다. 나는 여기에서 '왜 바빌로니아 사람들이 최고신을 알기보다 부차적 신들을 두었는지'를 밝히지는 않겠다. 그 체계는 중국을 제외한 모든 나라의 재판소만큼이나 혼란스럽다. 모든 곳에서 우리는 법률, 종교, 풍습 속에 지혜라는 것으로 통합된 극단적 어리석음을 알고 있다. 인간은 오히려 본능(instinct)과 이성(理性, reason)으로 살고 있다. 신성함은 경배되기도 하고 무시되기도 한다. 페르시아 사람들은 그들이 조각가를 갖게 되자 동상들에게 경배를 하였다. 그러나 그 동상들에서까지 불사(不死)의 상징을 찾고, 머리들이 날개를 달고 하늘로 올라가고, 생명이 불사(不死)로 간다는 것을 보게 된다.

중국 5제 - 황제(黃帝) 전욱(顓頊) 곡(嚳) 요(堯) 순(舜)21)

　페르시아인들의 풍속은 아주 인간적이다. 헤로도토스가 그의 제1서에서 모든 희랍인을 향해, 모든 바빌로니아 여인들은 생애에 최소한 한번은 멜리타(Melita)나 비너스(Venus) 사원을 방문하도록 법으로 강요했다고 말한 것에, 나는 놀랐다. 청소년 교육을 위해 마련된 모든 역사책에 같은 이야기가 항상 고정되어 있음을 보고는 더욱 놀랐다. 그것은 분명히 우아한 축제이었고, 관심 많은 봉납(奉納)이었다. 거기에는 낙타, 말, 황소, 나귀 상인도 있고, 교회의 수리(修理)도 있고, 도시 귀부인들도 참가했을 것이다. 그와 같은 극악무도(極惡無道)한 범죄 행위(enormities)를 여러 사람들의 존경을 받고 있는 사람이 실행(實行)을 할 수 있을까? 세상에서 가장 위대한 재판소라고 할지라도, 그 같은 법령을 만들 수 있을까? 남편들이 그들 부인에게 그런 곳에 동참(同參)을 하라고 과연 보냈겠는가? 아버지가 아시아 쓰레기 장으로 딸을 가보라고 하겠는가? 천성(天性)이 아닌 것은 진실도 아니다. 나는

---

21) 사마천(司馬遷)의 <사기(史記)>는 '오제본기(五帝本紀)'부터 시작을 하고 있고, '5帝'는 '黃帝 顓頊 嚳 堯 舜'로 명시되어 있고, **'신화적 요소'는 완전 배제되어 있어 볼테르가 그 서술의 합리성을 찬양한 것**이다.

카이사르(Caesar, 100 B.C.~44 B.C.)가 로마의 중요 원로원들에게 '그들이 선택한 모든 여성과 결혼할 수 있는 특권'을 주기 위해 등급을 논의를 할 적에 반대를 한 디온 카시우스(Dion Cassius)를 믿게 되었다.

고대 역사를 지금 인용하고 있는 사람들은 역사를 바로 보지 못하면, 헤로도토스가 연관된 우화(寓話)를 믿어버리거나, 아니면 스스로의 텍스트가 썩어 못 쓰게 된다는 것을 알아야 할 것이다. 한 마디로, 우리가 역사를 읽을 때는 우화(寓話, 神話)의 개입에 주의를 하지 않으면 안 된다.

〈역사철학-'X. 바빌로니아 인이 페르시아인이라는 것에 대하여'〉[22]

해설

* 볼테르는 '살인(殺人)의 정복자(키루스)'를 '신비주의'로 꾸민 역사 서술을 조롱하였다.

볼테르 진술은 간단하다. '키루스는 거대한 정복자이고, 결국 세상의 골칫거리였다.'라는 것이다.

'엄청난 살인자들'을 영웅으로 묘사했던 것이 그동안 역사 서술 방식이고 표본이었다. 그런데 볼테르는 그것을 '한 사람의 시민의 눈'으로 다시 생각해야 한다는 입장이었다. 이것이 바로 '미국의 독립 선언' '프랑스 혁명 정신'이다. 다른 왜곡은 그 자체가 불순하다. 이것이 바로 볼테르의 정면이다. (참조, * ④-18. '윌리엄 펜'의 등장, * ④-19. 자유의 펜실베이니아, * ⑦-14. '흑인 노예'의 문제)

그리고 '영혼불멸'의 '관념주의'가 페르시아인의 조로아스터에서 유래한 것이라고 볼테르가 일차 지적한 것도 주목을 해야 한다. 왜냐하면 모두 인간의 머리에서 나온 전제들이기 때문이다. 볼테르는 이를 이집트 유풍으로 교정하였다. (참조, * ⑪-2. 유일신, 영혼불멸, 사후상벌(死後賞罰)은 모두 고대 이집트인 유품이다.)

볼테르는 위에서 역시 헤로도토스를 비판했던 것은, 용납할 수 없는 원시적 사원(寺院)의 '인신공희(人身供犧)' 풍속을 인정했기 때문이다. '인간 생명 중심의 세계사 서술'을 볼테르는 여기에서도 거듭 강조하였다. 사실 '인간의 생명 존중'이 무시된 저술에 인간들이 관심을 모아야 할 하등의 이유는 없다. 위

---

22) Voltaire, *The Best Known Works of Voltaire*, The Book League, 1940, pp. 382~384 'X. Of the Babylonians Become Persians'.

'페르시아' 항목도 '신(神) 중심, 관념 중심이 아닌 인간 생명 중심'의 볼테르 신념과 관련된 그 '자유 의지' 실행에 초점이 맞추어진 진술이다.

그런데 헤겔은 무슨 이유로 '개인 생명' 무시된 '전체주의' '제국주의' '전쟁 옹호'에 앞장을 섰는가? F. 니체는 인간의 저작을 '힘에의 의지(Will to Power)'라고 규정하였는데,[23] 헤겔은 그 '절대주의'를 물론 '자신의 개념(Self-Conception)'으로 전제해 놓고 있었다.

그러면 볼테르에게 '힘에의 의지'란 무엇인가? '과학' '시민' '생명'에 그의 '힘에의 의지'를 실었다.

얼마나 뚜렷하고 선명한 미래를 향한 지표인가?

<u>'볼테르 정신'은 '과학' '시민' '생명'을 표준으로 삼았다. 그러나 어느 곳 어느 시대에 다시 그 '망각'이 발동되면 어느 귀신이 다시 그 '힘에의 의지(Will to Power)'를 발동 그 '자유 의지'를 앗아갈지 모를 일이다.</u>

⑩-11. 선악을 구분 못했던 고대 사제(司祭)들

우리가 점검할 수 있는 모든 기념물은, 알렉산드리아(Alexandretta, Scanderoon)에서 바그다드(Bagdat)까지의 모든 지역을 항상 **시리아**(Syria)로 불러왔음을 알게 한다. 그 사람들이 사용한 알파벳으로는 항상 'Syriac'이었다. 조바(Zobah) 발베크(Balbec) 다마스쿠스(Damascus)가 그곳에 있었고, 이어 안티옥(Antidch) 셀레우키아(Seleucia) 팔미라(Palmyra)가 세워졌다. 발크(Balk)는 너무 오래 되어, 페르시아 사람들은 그들의 브람(Bram) 아브라함(Abraham)이 발크(Balk)에서 유래한 것으로 알고 있다. 그렇다면 고대 제국 아시리아가 역사 속에는 없어진 곳으로 왜 그렇게 되어 있는가?

골 족(Gauls)은 리네(Rhine)까지 영토를 확장하기도 하였다. 다른 시대에는 골 족이 더욱 좁아지기도 하였다. 그러나 리네(Rhine)와 골(Gauls) 사이 '광대한 제국'을 누가 생각할 수 있겠는가? 유프라테스 강으로 경계를 삼은 종족이 아시리아인(Assyrians)이고, 그들이 다마스쿠스로 확장해 갈 때와, 유프라테스 강으로 확장해 갔을 때에 시리아 사람들이 '아시리아 사람'으로 불리게 된 것이다. 그 문제는

---

23) F. Nietzsche (translated by T. Common), *Beyond Good and Evil*, The Edinburgh Press, 1907, p. 12 : '철학은 그 철학자의 표현이다.' ; p. 14 '철학은 독재 힘(권력)의 형상화다.'

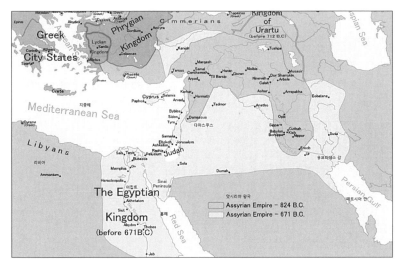

아시리아 왕국(824 B.C.~671 B.C.)[24]

아시리아 기병[25], 개선하는 아시리아 병사[26]

도시를 공격하는 아시리아인[27], 사자 사냥[28]

단순한 이 점에서 생겼다. 모든 주변 민족들이 서로 섞여 있었다. 그들은 서로 전쟁이 터지면 그들의 경계선을 바꿔치기 하였다. 그러나 주요 도시가 한 번

---

24) Wikipedia, 'Assiria' − 'Map of the Neo-Assyrian Empire'.
25) Wikipedia, 'Assiria' − 'Assyrian horsemen'.
26) Wikipedia, 'Assiria' − 'Assyrian troops return after victory'.
27) Wikipedia, 'Assiria' − 'Assyrian attack on a town'.
28) Wikipedia, 'Assiria' − 'Relief showing a lion hunt'.

세워지면 그 도시들은 두 민족 간에 구분을 이루었다. 이처럼 정복자가 되건 피정복자가 되건, 바빌로니아 사람은 시리아 사람과 항상 달랐다. 시리아인의 고대 문자는, 고대 칼데아 것과는 다르다.

숭배하는 것, 미신, 법률, 선악, 여타 풍속이 비슷한 것은 하나도 없다. 거대 제국인 시리아 여신은 칼데아 사람의 숭배와 관련이 없다. 칼데아 바빌로니아 페르시아 마법사는 내시(內侍)를 두지 않았는데, 시리아 여신의 사제(司祭)들은 내시를 두었다.

프리기아(Phrygia)에 있는 키벨레(Cybele) 사제(司祭)들은 시리아의 경우 같이 내시가 있었다. 고대인들은 신들을 즐겁게 하기 위해 희생(犧牲)을 바쳤지만, 그들이 그 사건들에 행한 판단이 순수(純粹)한 것인지 불순(不純)한 것인지를 분별하지 못했던 것만은 확실하다.

'신성한 도시'라고 불렀던 그 도시를, 희랍인은 히에라폴리스(Hierapolis)라 했고, 시리아 사람들은 '마고그(Magog)'라 하였다. '마그(Mag)'란 단어는 고대 '마기 (Magi)'에 관련된 것이다. 그것은 신(神)을 섬기는 환경에 관련된 모든 것들에 적용했던 것으로 보인다. 모든 종족은 '신시(神市, a holy city)'를 가졌다. 이집트의 테베(Thebes)는 '신시(神市)'로 알려졌다. 바빌론도 '신시(神市)'이고, 프리기아 (Phrygia)의 아파메아(Apamea)도 '신시(神市)'다.

한 참 뒤에야 히브리 사람[고대 유대인]은 '고그(Gog), 마고그(Magog) 사람'을 언급하게 되었다. 히브리 사람들은 그 '마고그(Magog)'로 유프라테스와 오론테 사람들(Orontes)을 지칭했을 수도 있다. 히브리인의 그 말은, 역시 키루스(Cyrus) 이전에 페니키아(Phoenicia)에서 대대적인 파괴를 감행하여 아시아를 황폐하게 한 스키타이 사람(Scythians)을 지칭할 수도 있다. 그러나 그것은 유대인이 '신'이나 '마고그'를 말할 때 무슨 생각으로 그러했는지를 아는 것은 별로 중요하지 않다.

시리아 사람도 이집트 사람보다 훨씬 고대에 속한다고 생각을 하게 되는데, 그 땅의 경작이 용이하고 사람들이 모여들어 번성하였기 때문이다.

〈역사철학-'XI. 시리아에 대하여'〉29)

해설

* 볼테르가 '바빌로니아'에 이어 '아시리아' 문명을 먼저 살핀 것은 그 지역이 '상고(上古) 시대부터 인구가 밀집해 문명을 이룬 지역이었다.'는 점에서

---

29) Voltaire, *The Best Known Works of Voltaire*, The Book League, 1940, pp. 385~386 'XI. Of Syria'.

그러했다.

'(아)시리아'는 오늘날까지 '유대인'과 극열하게 싸움을 계속하고 있는 민족이다. 볼테르는 역대 중요 전쟁을 '카이사르(기독교)와 술탄(이슬람)의 전쟁'으로 정리한 바 있다. (참조, ※ ⑦-12. 카이사르(Caesar)와 술탄(Sultan)의 전쟁)

그런데 두 종교는 '연원이 동일'하고 그 중에도 '히브리인의 주장'이 더욱 격렬하여 무수한 분파를 낳고 있음은 볼테르 시대 이전에도 그러했고, 그 이후에도 역시 그러하였다.

볼테르는 원칙적으로 모든 '추상적 관념주의'를 배격하는 '과학자 입지'를 견지하는 혁명가임으로 '그들이 수행에 왔던 그 전쟁' 자체 폐기를 주장하는 입장에 있었다.

볼테르 사망(1778) 이후 227년이 지난 지금(2015)에도 'IS(이슬람 국가 분쟁) 문제'는 지속되고 있다. 볼테르 기준 '자연법'으로 되돌아가 서로 '관용 정신'을 발동하여 서로 화해하는 길밖에 무슨 다른 방법이 있겠는가.

⑩-12. 알파벳을 개발한 페니키아 사람들

페니키아 사람들(Phoenician)은 고대부터 시리아 사람들과 한 몸같이 뭉쳐 살았다. 페니키아 사람들이 칼데아 사람들처럼 오래되지는 않았으니, 그들의 땅은 칼데아 땅만큼 비옥하지는 못했기 때문이다. 시돈(Sidon) 티레(Tyre) 요파(Joppa) 베리트(Berth) 아스카론(Ascalon)은 불모지(不毛地)였다. 항해(航海) 무역(貿易)은 모든 종족의 최후의 원천이다. 페니키아 사람은 바다를 넘어 다른 나라를 찾아 가기 위해 배를 만들기 이전에는 농사를 지었다. 그러나 '항해 무역'에 종사하지 않을 수 없게 된 사람들은 금방 일할거리가 생기었고, 딸이 필요했다. 다른 종족을 자극하지 않았기 때문이다. 칼데아 사람이나 인도(印度) 사람은 그들의 땅이 비옥(肥沃)했으므로 '항해 모험'이 필요 없었다. 이집트 사람은 바다에 대해 공포감을 지니고 있었다. '바다'는 이집트 사람의 악(惡)을 담당한 존재 티폰(Typhon) 소관이었다. 이집트 왕 세소스트리(Sesostris)가 인도(印度) 정복을 위해 4백 척의 배를 만들었다고 하지만 의문이다. 그러나 '페니키아 사람들의 사업'은 사실이다. 카르타고(Carthage)와 카디스(Cadiz) 도시가 페니키아 사람에 의해 창설되었고, 페니키아인에 의해 영국이 발견되었고, 에지온 가베르(Ezion-gaber)에 의해 페니키아인의 인도(印

度) 무역이 행해졌다. 페니키아 인의 수공업(手工業)은 가치 있는 상품을 만들었고, 진홍색 염료(染料), 능력 과시는 그들의 자존심이 되었다.

페니키아 사람들은, 15세기의 베네치아 사람이나 이후의 네덜란드 사람들이 그러했듯이 옛날부터 근면(勤勉)으로 그들의 부(富)를 축적하였다.

상업(商業)에는 무엇보다 장부(帳簿)가 필요했다. 장부는 계산서가 되어, 상인들은 편리하고 지속적인 그 기록에 의존을 하고 산다. 페니키아 사람들이 '알파벳 글자의 창시자'라는 의견은 그러하기에 가능성이 높은 것이다. 페니키아 사람들이 '칼데아 사람'에 앞서 그 문자를 발견하였고, 페니키아 사람들의 알파벳은 칼데아 사람이 쓰지 못했던 모음(母音)을 명시함으로써, 확실히 가장 완벽하고 편리한 문자가 되었다. 알파벳 단어에 두 가지(자음과 모음)가 복합되게 한 것은 페니키아 사람들의 공(功)이었다.

이집트 사람들이 그들의 문자나 언어로 다른 종족과 교유했던 것을 나는 확인하지 못하였다. 그런데, 페니키아 사람들은 그들의 언어와 알파벳을 카르타고 사람과 함께 사용하여 카르타고 사람을 알파벳으로 바꾸어 놓았다. 페니키아 사람들의 문자는 희랍 사람들의 문자에도 영향을 주었으니, 그 무엇이 고대 페니키아 사람들보다 더욱 결정적으로 유익(有益)한 영향이 되었겠는가! 페니키아 사람, 산쿠니아톤(Sanchuniathon)은 투스칸(Tuscan) 전쟁보다 훨씬 앞선 상고사(上古史)를 기록하였고, 그 일부가 에우세비우스(Eusebius, ?~308)에 의해 번역이 되었고, 비블로(Philo de Biblos)의 덕분으로 우리도 보게 되었다. 산쿠니아톤은 페니키아 사람들이 비바람 폭풍우에 희생이 되었던 것을 전해 주고 있다. 이것은 항해(航海) 종족에게 어쩔 수 없는 것이다. 산쿠니아톤(Sanchuniathon)은 다른 모든 원시 기록자들처럼 그들의 조상을 밝힐 욕심을 보였다. 그는 〈젠드(Zend)〉 〈베다(Vedam)〉 저자, 이집트의 마네톤(Manethon), 희랍의 헤시오드(Hesiod)가 보였던 동일한 야심을 발동했다.

산쿠니아톤(Sanchuniathon) 책의 탁월한 점은, 이집트 사람과 희랍 사람들에게는 아직 생소하여 경배(敬拜)를 올리지 않은 이시스(Isis)－인간 지혜의 최초 원천 중의 하나－로 그를 모시기 이전에, 그 책의 시작에는 이시스(Isis)와 케레스(Ceres)의 신비 찬송으로 시작되었던 사실이다.

산쿠니아톤은 자기 맘대로 쓰지 않고 고대의 모든 기록, 키르야트 세페르(Kirjath Sepher)를 참조하였고, 사제(司祭) 제롬발(Jerombal)과 상의하였다. 산쿠니아톤(Sanchuniathon)이란 명칭은 고대 페니키아어로 '진리 애호가(A lover of truth)'의 뜻이다. 포르피루스(Porphyrus), 테오도루스(Theodorus), 에우세비우스(Eusebius)가 그것을 확인하였다. 히브리 사람이 이 지역에 정착했을 때, 산쿠니아톤에게 '여호수아(Joshua)'와 '사사기(士師記, the book of Judges)'로 보이는 그 증언을 제공했다.

산쿠니아톤과 상의해 왔던 사제(司祭) 제롬발(Jerombal)은, 최고신의 사제였는데, 최고신은 페니키아 말로 야호(Jaho) 예호바(Jehovah)라는 신정한 이름으로 알려져 있었다. 그것을 이집트인이 채용하였고, 그 후 유대인도 그것을 이용하였는데, 우리는 그것을 오래 지속은 했으나, 강해지지는 못했던 고대 티레(Tyre) 시(市)의 기록에서 확인할 수 있다.

초기 페니키아 사람들에게 '신'을 뜻하는 '엘(El)'이라는 말은, 아라비아 사람들의 '알라(Alla)'와 유사성을 지니고 있다. 그리고 희랍인들은, 그 단음절어 '엘(El)'부터 자기네들의 '엘리오(Elios)'를 조합해 내었다. 그러나 무엇보다 주목해야 할 것은, 고대 페니키아어에 '엘로아(Eloa)' '엘로임(Eloim)'이라는 어휘이니, 히브리 사람들은 그것을 그들이 가나안(Canaan)에 정착 이후에까지 오랜 동안 사용하였다는 사실이다.

유대인은 그들이 신에게 붙인 '엘로아(Eloa)', '이아호(Iaho)', '아도나이(Adonai)' 등 모든 명칭을 페니키아어에서 도출(導出)하였다. 가나안에서 유대인들이 신을 위해 드릴 수 있는 말은 페니키아 말 이외는 없었다.

유대인이 형언할 수 없는 '여호와(Iaho)'란 말은, 동방(東方)에는 아주 일반화해 있었으니, 디오도루스(Diodorus)는 그의 '제2서(書)'에서 신들과 대화를 하는 척했던 사람들의 말을 적어 놓고 있다.

"미노스(Minos)는 제우스신과 대화를 한다고 뽐내고, 자몰시스(Zamolxis)는 여신 베스타(Vesta)와, 유대인 모세(Moses)는 여호와(Iaho) 신과 대화를 뽐내고 있다. 등등"

산쿠니아톤 저서에서 주목할 만한 것은 그네 나라의 우주관을 어두운 공기 '카우트 에레브(Chaut-Ereb)'에 뒤덮인 카오스를 처음 말하고 있는 사실이다. 헤시오드의 '밤'의 단어 '에레부스(Erebus)'는 페니키아어에서 유래한 것이다. 그것을 희랍인들이 간직한 것이다. '혼돈(카오스)' 어휘로부터 무트(Muth)나 모트(Moth)가 왔으니, 그것은 물질을 의미한다. 그러면 물질은 누가 주관하는가? 신의 목소리이기 보다는, 그것에 의해 동물과 인간들이 창조되었던 '콜피(Colpi) 여호와(Iaho)', '신의 정신', '신의 바람'이었다.

우리는 이 우주관이 그 밖에 모든 사물의 기원이라는 것을 쉽게 이해할 수 있다. 대부분의 고대인은 그들을 계승한 사람을 모방하였다. 그들은 '언어'를 얻었고, 그들의 '의례(儀禮)'를 따랐고, 그들의 '골동품과 우화'를 수용했다. 나는 모호한 칼데아인, 시리아인, 페니키아인, 이집트인, 희랍인의 기원들이 얼마나 애매모호한 상태에 있는가에 대해 민감하다. 그렇지 않은 기원(起源)이 있을까?

우리는 세상의 형성에 대해 확실히 아는 바가 없으나, 창조자는 우리가 당신을 알도록 만들었다. 우리는 조심스레 어떤 경계에 이를 때까지 걷는다. 로마에 앞서 '바빌로니아'가 있었고, 예루살렘이 알려지기 전에 시리아의 도시들이 막강했고, 야곱, 아브라함 이전에 이집트에 왕들이 있었다는 것을 알고 있다. 그러나 어떤 종족이 신의 계시가 절대적으로 필요하다고 처음 알았는지도 명확히 알아야 할 것이다.

우리는 최소한의 가능성을 열어 놓고 생각해 볼 수는 있고, 신성한 도그마에는 무엇이 관련이 없는지 우리의 이성(理性)을 발동해 보고, 어느 것이 이성(理性)에 더욱 부합하는지를 생각해야 한다.

페니키아 사람들은 히브리 사람들이 그 고장에 나타나기 이전 오래부터 거기에 살고 있었던 점은 명백하다. 히브리 사람들은 페니키아로부터 떨어져 있는 사막과 아라비아 권역(圈域)에서도 페니키아어를 배울 수가 있었겠는가?

페니키아어가 히브리 사람들의 공용어로 쓰이고, 지속적인 파괴와 학살의 와중의 여호수아 시절에 페니키아어로 저술이 가능할 수 있는가? 히브리인은 여호수아 이후 오랜 동안 노예 상태에 있어 갇히고 불태워지지 않았는가? 히브리인이 칼데아어를 그랬듯이, 바빌론에 노예로 있을 때 그들은 그들 주인들의 언어를 획득하지는 않았을까?

태곳적부터 무역 산업 학자가 있었고, 유랑하고 그들의 나라에 정착하기 이전, 지식도 산업도 무역도 없는 상태에서 약탈로 홀로 남아 문자를 발명하고 사람들이 기록을 했다는 것이 과연 가능한 일일까? ['구약' 기록 의심]

에우세비우스(Eusebius, 263~399)가 인용한 산쿠니아톤(Sanchuniathon)의 진실이 부정될 수 있는가? 모세에게서 산쿠니아톤(Sanchuniathon)이 빌려갔다는 상상이 될 수 있는가? 대략 모세 시대에 살았던 그 산쿠니아톤(Sanchuniathon)을 모방한 현존 모든 문건은 아무것도 믿을 것이 없다. 지적(知的)인 독자는, 산쿠니아톤을 반박하는 휴잇(Hewit)과 반달인(Vandale) 사이에 결정을 해야 할 것이다. 우리는 진실을 탐색하는 사람이고 분쟁을 하려는 사람이 아니다.

〈역사철학 – 'XII. 페니키아와 산쿠니아톤에 대하여'〉30)

---

30) Voltaire, *The Best Known Works of Voltaire*, The Book League, 1940, pp. 386~388 'XII. Of Phoenicians, and of Sanchuniathon'.

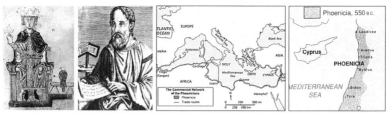

페니키아의 사학자 산쿠니아톤[31], 팔레스타인 사학자 에우세비우스(Eusebius, 263~399), 페니키아인의 활동 무대, 페니키아[32]

페니키아인이 제작했을 아시리아 군함[33], 페니키아인의 채색 접시[34]

해설

* 볼테르의 〈역사철학〉은 전체가 27개 항목으로 분할되어 서술되고 있으나, 볼테르 역사 탐구의 주요 관심은 ① 종족 보존의 중요성 ② 의사 소통 교역에 언어 문자의 중요성 ③ 실존(수명 의료 행복 추구) 기준으로 합리적 사실(史實)의 종합 ④ 자연 속에 인간의 보편적 적응 능력 ⑤ 신 중심에서 인간 중심으로 사고(思考) 변화 양상 ⑥ 과학정신의 발동 ⑦ 신비주의 미신(迷信) 극복 등이었다.

한 마디로 볼테르의 〈역사철학〉은 '인간 의식의 과학화, 생명 존중, 문화 교류, 평화'가 그 목표였다.

볼테르는 무엇보다 인간 소통에서 '언어' '문자'에 각별한 관심을 보였는데, 특히 페니키아인의 '표음문자(알파벳)'의 발명을 '세계 교통'의 큰 수단으로 높이 평가하였다.

인간은 '언어'를 떠나서는 '사상' '종교'도 결코 시작부터 문제가 될 수 없었으니, 볼테르의 '사상 논쟁'은 그 '어휘' 범위 속으로 벌써 축약되어 논의되

31) '고대사 편린(Ancient Fragments)' – 'Sanchuniathon'.
32) Wikipedia, Phoenicia, – 'Map of Phoenicia and trade routes'.
33) Wikipedia, Phoenicia, – 'Assyrian warship (probably built by Phoenicians)'.
34) Wikipedia, Phoenicia, – 'Phoenician plate with red slip'.

고 있다. 볼테르는 어디까지나 '언어' '문자'가 인간의 '생명 문화' '현실 문화' 개선책의 최 선결(先決) 문제로 전제하였으니, 이것 역시 볼테르의 날카로운 시각이 발동된 쟁점의 초점이었다. 특히 볼테르의 '여호와' 용어에 대한 관심은 주목할 만하다. 볼테르의 추리 방법은 '다수의 선진(先進) 문화에서 소수 후진(後進) 문화가 형성되게 마련이다.'라는 기본 전제를 두고 있다. 그래서 <u>고대 유대인의 문화는 티그리스 유프라테스 문화, 이집트, 인도, 희랍 문화에 연원을 두고 있다는 입증이 계속되고 있다.</u>

⑩-13. '스키타이'가 '계몽의 러시아'가 되었다.

방주(方舟)에서 나와 골(Gaul)을 정복한 고메르(Gomer) 이야기는 접어두기로 한다. 몇 년 동안의 '인구'도 말하지 말기로 하자. 타불(Tabul)이 스페인으로 가고, 마곡(Magog)이 독일 북쪽으로 가고, 그 무렵 캄(Cham)의 아들이 완전히 까만 놀라운 수의 아이들을 낳아 기니(Guinea) 해안과 콩고로 갔다는 이야기도 접기로 한다. 이 구역질나는 뻔뻔함은 많은 책에 끼어들어 언급할 가치도 없다. 애들도 그것을 비웃고 있다. 그러나 무슨 비밀스런 힘으로, 평판 나쁜 장소에 무슨 애정이 발동하여 그렇게 많은 사가(史家)들이 아는 것도 없이 **스키타이 사람들**(Scythians)에게 큰 찬사를 보냈는가?

퀸투스 쿠르티우스(Quintus Curtius, 41?~79?)는, 스키타이 사람에 관해 말을 하면서 옥수스(Oxus-50리 떨어진 Tanais의 오류임) 넘어 소그디아나(Sogdiana) 북쪽에 자리를 잡고 있다고 했다. 그런데 쿠르티우스(Quintus Curtius)는 왜 그 야만인들의 입으로 철학적 장광설을 늘어놓게 하였으며, 왜 쿠르티우스는 정복에 목말라 있는 알렉산더를 그들이 욕을 했다고 상상을 하였으며, 왜 그들이 알렉산더를 '세상에서 가장 유명한 도둑(the most famous robber upon the earth)'이라고 말하게 했으며, 왜 알렉산더 이전에는 스키타이 사람들이 전 아시아를 약탈했다고 말을 해야 했는가? <u>한 마디로 쿠르티우스는, 왜 그 스키타이 사람들을 가장 정의(正義)로운 사람들로 표현을 했는가?</u> 그 이유는 질 나쁜 지리학자 같이, 탄나이스(Tanais, Oxus)를 카스피 해 쪽으로 놔두고, 쿠르티우스 자신은 스키타이 사람들에게는 관심이 없는 듯 연설 투로 말을 한 것이다. 만약 호라티우스(Horace, 65 B.C.~8 B.C.)가 로마인들을 향한 스키타이 사람들의 모순된 행동 방법을 보았다면, 그 야만인들에게 우스운 칭찬을 했을 것이다.

행복한 스키타이 사람들, 집 없는 마차 행렬!
그것을 굴리며 그 평원에서 살고 있네.

이것은 호라티우스가 시인으로서 약간 풍자적으로 말한 것이나, 자기 나라에
살고 있는 사람이 외국인을 애써 대접할 리는 없는 것이다.

같은 이유에서 타키투스(Tacitus, 56~117)는, 골 족(Gauls)을 약탈했고, 가공할
신을 위해 사람을 화형(火刑)한 야만족 게르만 족의 찬양에 온 힘을 쏟았다. 타키투스,
쿠르티우스, 호라티우스는 제자들의 경쟁을 도발시키고 있는 현학자(衒學者)들이
다. 그들은 박수(拍手)가 소용이 없는 외국의 아동들을 향해 그들의 칭찬을 늘어놓고
있다.

스키타이 사람들은
유럽인이 '타르타르 족
(Tartars)'이라 불러왔던
사람들이다. 그들은 알
렉산더가 거듭 아시아
를 유린(蹂躙)하기 오래
전부터 동일하게 있었
던 대륙의 대부분을 약
탈해 왔던 자들이다. 한

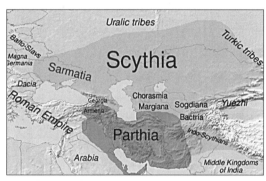

스키타이(1세기 경)[35]

때는 '몽골 족(Mongols)'이나, '훈 족(Huns)'의 이름으로 중국인과 유대인을 지배하
였고, 트루크 족(Trurks)의 이름으로는, 아시아를 차지하고 있던 아랍인을 몰아내었
다. 이들 팽창적인 평원 종족에서 '훈 족'은 로마에 도달할 때까지 앞으로 나갔다.
그들은 이익에 무관심한 정의(正義)로운 사람이었다. 유럽의 쿠르티우스(Quintus
Curtius) 편집자들은 스키타이 사람들의 공정성(公正性, Equity)을 높이 평가하였다.
이 점에서 우리는 고대 사학자들이 기준도 선별도 없다고 비판을 하는 것이다.
고대 사학자들은 자기네 취향대로 써놓은 방식대로 독서를 하였으니, 이런 종류의
박식(博識)에서 나온 결과는 오류에 빠지기 마련이다.

현대의 러시아 사람은 고대 유럽의 스키타이에 거주하고 있다. 이 종족은
매우 놀라운 사실로 역사를 채우고 있다. 러시아는 상상을 뛰어넘은 세상에 혁명을
행하였다. 그러나 거기에는 인간의 마음에 만족을 주는 것은 하나도 없었다.
거기에 명예로운 것은 없었다. 정복과 약탈이 스키타이 사람의 모습이었다. 그러나

---

35) Wikipedia 'Scythians'.

요즈음 20년 동안, 왕은 세상에서 가장 큰 제국의 풍속과 법과 정서를 바꿔야 했다. 사막을 꾸미기 위해 동원된 모든 기술은 정말 감탄을 살 만하다. 읽지도 쓰지도 못했던 한 여성은, 피터(Peter) 대제(1682~1725)가 개시한 사업을 온전하게 수행하였다. 엘리자베스라는 또 한 여성은 그 고상한 에세이를 연장하였다. 또 하나의 여제(女帝, 예카테리나 2세, 1762~96)는 이전의 두 제왕을 능가하고 있다. 그녀의 문제들이 그녀의 재능을 삼켰다. 궁중의 혁명은 전 왕국이 행복으로 향하는 단일한 운동을 지체시키지 않았다. 한 마디로 이 반 세기 동안 스키타이 왕실은, 희랍과 로마가 행했던 것보다 더욱 많은 계몽(啓蒙)을 단행하였다.

〈역사철학-'XIII. 스키타이 사람과 고메리아 사람에 대하여'〉36)

스키타이 복장의 왕37), 스키타이 병사38)

호라티우스(Horace, 65 B.C.~8 B.C.), 타키투스(Tacitus, 56~117), 피터 대제(Peter, 1682~1725), 女帝 예카테리나 2세(1762~1796)

해설

* 볼테르가 〈역사철학〉에서 가장 중시한 관심의 하나는 역대 사가(史家)들이 '약탈의 침략 전쟁을 어떻게 평가하고 서술했는가?'라는 문제였다. 볼테르 이전 역사가나 이후 역사가도 모두 자기 주관적 소속감을 기준으로 '제 나라가 행하면 정복(征服)'이고, '남이 행하면 침략 강탈 강도'이다.

볼테르는 '모든 전쟁'에 대한 '최초의 공정한 시각(모두 강탈, 모두 도둑)'을 발동하였다. 이 점('살육 전쟁 폐기')이 인간이 결국 해결해 내야 할 그 '볼테르 학습의 최고 지점'이다.

볼테르 이전에 '역사'에 관심이 있는 사람은 무수히 많았으나, 진정으로

---

36) Voltaire, *The Best Known Works of Voltaire*, The Book League, 1940, pp. 388~390 'XIII. Of the Scythians and Gomerians'.
37) Wikipedia 'Scythians' – 'Skunkha, king of the Sakā tigraxaudā ("wearing pointed caps Sakae", a group of Scythian tribes)'.
38) Wikipedia 'Scythians' – 'Scythian warriors'.

'시민(市民, 백성)의 입장', '개별 인간 생명' '개별 실존'에 표준을 둔 사학자는 한 명도 없었다. 예를 들어 위에서 볼테르가 장황하게 거론을 한 사가(史家) 쿠르티우스(Quintus Curtius), 타키투스(Tacitus), 호라티우스(Horace)는 이미 당대에 세계적 명성을 올리고 있는 역사가 시인이고, 넉넉한 비판적 안목도 갖춘 탁월한 존재였지만, 볼테르처럼 '천체 물리학' '의학' '실존' '개별 시민 의식'에 구체적으로 통일된 시각이 아직 형성되지 못했고 '일시적' '주관적' 정서에 휩쓸리고 있는 형편이었기에 '부동의 현대적 시각(생명 존중)' '생명의 가변적 시대적 가치의 유동성(流動性)'을 포착해 그 '역사의식'으로 정착하기에는 너무 멀리 있었다.

과거 '종족 국가의 창시자'는 '강도(强盜)들의 두목'이 아니라는 변명은, 거의 거짓으로 만들어 꾸며놓은 역사이다. 세상에 누가 '무기를 든 강자(强者)'가 아니라면, 타고난 의견이 모두 다른 사람들을 한데 모아 '제국(帝國)'을 이루었겠는가. 만약 그런 사람들이 있었다면 그것은 '조작(造作)된 역사'라는 것이다. (참조, ※ ⑩-27. 로마는 원래 강도(强盜) 집단이었다. ※ ⑪-19. 볼테르 당대(當代) '청(淸)국'의 상황)

⑩-14. 아랍인들은 굴종(屈從)을 모른다.

이집트에서처럼 많은 기념물에 관심을 가졌던 사람은, 그런 것을 **아라비아** (Arabia)에서 찾아보려고 할 필요는 없을 것이다. 메카(Mecca)는 아브라함(Abraham) 시대에 세워졌다고 한다. 그러나 메카는 사막 황무지에 자리 잡아, 강변의 비옥한 장소에 자리를 잡았던 예전의 도시들과는 다르다. 아라비아는 반 이상이 광막한 사막으로, 모래와 바위들이다. 그러나 아라비아 펠릭스(Arabia Felix, 樂園, 남쪽)는 이름값을 하고 있어, 주변이 두터운 숲과 매혹적인 바다로 둘러싸여 있어, 마호메트 (Mahomet, 570~632) 시절까지 '정복자'라 불렀던 도둑떼들로부터 은신처가 되었다. 아니 오히려 아라비아 펠릭스는, 마호메트 승리의 경계선 내에 자리를 잡고 있다. 이러한 지리적 이점(利點)이 향료 방향(芳香) 계피 커피 같은 것보다 '아라비아 펠릭스'가 현재의 부(富)를 창조하게 하였다.

아라비아 사막지대는 약간의 아멜레키 족(Amelekites) 모아비 족(Moabites) 미디아니 족(Midianites)이 살고 있으나 불행한 곳으로, 지금은 그렇지 않지만 다른 방법으로는 먹고 살 수 없는 9천명 또는 1만 명의 아라비아 도둑 떼가 돌아다니던 충격적인 곳이다. 이 사막은 2백만의 히브리인이 40년 동안을 머물렀던 곳이라 전하고 있다. 그것은 그 진실한 아라비아 이야기가 아니다. 이 지역은 자주 '시리아의 사막'이라 부르고 있다.

아라비아 페트래라(Arabia Petraera)는, 작은 요새(要塞)라는 뜻의 '페트라(Petra)'에서 유래했는데, 아라비아 사람들이 그 이름을 부여한 것은 아니고, 알렉산더 대왕 시절 희랍인들이 붙인 명칭이다. '아라비아 페트래라'는 아라비아 사막 방랑자 집단이 항상 거주해 왔던 곳이다.

하피(Happy)라고 부르는 곳은 반이 사막이다. 안쪽으로 몇 마일을 들어가면 메카(Mocha, Mecca)의 동쪽에 이르게 되는데, 거기가 세상에서 가장 기분 좋은 곳이다. 일 년 내내 여름이어서, 향기로운 나무 향기가 자연 향을 내어 공기가 온통 그 향기이다. 산 속에는 수천의 시내가 흘러 상록의 그늘 아래 태양의 열기를 식히는 냉기를 품고 있다. 이 지역은 특별히 그 이름이 '하늘의 은총'이라는 뜻을 지닌, '동산 낙원'이라는 뜻을 지니고 있다.

아덴(Aden)을 향한 사아나(Saana)의 동산들은 아라비아 사람보다 고대 희랍인들 사이에 더욱 유명하였다. 그리고 그 아덴(Aden), 에덴(Eden)은 '열락의 장소(the place of delights)'라 불렀다. 고대의 사다드(Shadad)에 동산들의 명성은 역시 여전하다. 그 타오르는 열대에서 그늘[陰地]은, 행복으로 수용이 되었다.

예멘(Yemen)의 광대한 영토는 그렇게 훌륭하여, 그 항구들은 인도양에 자리를 잡고 있다. 그래서 알렉산더는 예멘을 정복하여 자신의 제국의 터를 잡아 전 세계를 상대로 한 무역(貿易)의 백화점을 건설하려 했다는 것이다. 알렉산더는 나일 강과 홍해를 잇는, 이집트의 왕의 고대 운하를 정복하여 인도의 보물들을 아덴(Aden, Eden)으로부터 그의 도시 알렉산드리아로 수송하려 했다는 것이다. 그러한 사업 계획은 모든 고대사에 널려 있는 건조하고 황당한 이야기와는 전혀 다르다. 알렉산더는 정말 전 아라비아를 정복했어야 했다. 정복할 사람이 있다면 그는 알렉산더이다. 그러나 아라비아 사람들은 알렉산더를 두려하지 않을 것이고, 그에게 대의원(代議員)도 보내지 않을 터이니, 이집트와 페르시아가 이미 알렉산더에게 곤욕을 당했기 때문이다.

사막과 용맹을 지키는 아라비아 사람들은, 외국의 굴욕에 복종한 적이 없었다. 트라잔(Trajan, 로마 황제 98~117 재위)이 아라비아 패트래아(Arabia Petraea)의 일부를 정복하였다. 이때부터 아라비아 사람은 투르크인의 권력에 용감히 맞섰으니, 이 위대한 종족은 스키타이 사람들처럼 항상 자유로우나, 스키타이 사람보다는

마호메트(Mahomet, 570~632), 메카

메카, 에덴, 사아나, 알렉산드리아, 시리아, 다마스쿠스

개화되어 있었다.

이들 고대 아라비아 사람과, 아브라함의 아들로 추방을 당한 이스마엘(Ishmael) 후손으로 말해지는 산적들과 통합했다는 문제에는 신중을 기해야 할 것이다. 이스마엘 족, 아가리아 사람 (Agarians), 또는 케투라(Cethura) 후손이라 하는 자들은, 아라비아 펠릭스에 발을 붙인 적이 없었다. 그들 무리는 아라비아 페트래아(Petraea) 내에서 미디안(Midian) 지역 쪽을 방랑하였다. 그들은 후 마호메트 시절에 마호메트 신앙에 안겨, 진짜 아라비아 사람들과 혼합되었다.

진짜 아라비아 원주민이라 부를 수 있는 사람, 즉 유사(有史)이전부터 이 깨끗한 지역에 살고 있었던 사람들은 다른 종족과 섞이지도 않았고, 정복(征服)을 행한 적도 없고 정복을 당한 적도 없었다. 그들의 종교는 무엇보다 아주 자연스럽고 단순하였다. 그것은 신에 대한 숭배, 맑은 하늘에 펼쳐진 별들에 대한 경배, 어떤 자연의 일부보다 더욱 위대한 신을 생각했다. 그들은 행성(行星)을 신(神)과 인간(人間)의 중계자로 생각하였다. 그들은 그 종교를 마호메트 시절까지 지키고 있었다. 그들도 인간인지라 많은 미신(迷信)을 가지고 있었다. 그러나 이 지구(地球)에서 바다와 사막을 빼내고, 나머지 좋은 땅에서 모든 욕망과 공포를 초월하여 산다는 것을 생각하면, 아라비아 사람들은 다른 종족보다 훨씬 덜 사악(邪惡)하고, 미신이 덜 젖어 있었다는 것은 틀림없는 사실이다.

아라비아 사람들은 배고프면 사람을 먹는 동물들이 아니라, 그들 이웃을 약탈할 줄도 몰랐다. [유대인 비판] 신성한 법을 가장(假裝)하여 약자를 삼키지 않았으며, 거짓 신탁(神託)으로 권력에 아부하지도 않는다. 그들의 미신(迷信)은, 부조리도 야만도 아니다.

아라비아 사람은 세계사를 언급도 않고, 서구 사회를 날조(捏造)하지도 않는다. 우리의 그럴듯한 역사의 목적과 기초를 만들어 거기에서 다른 복사본을 만들어 지구의 4분의 3을 망각하게 하는 소수의 유대인과 그 아라비아 사람들과는 아무 관련이 없다고 나는 생각한다.

〈역사철학 − 'XⅣ. 아라비아에 대하여'〉39)

해설

* 볼테르는 위에서 '사막과 용맹을 지키는 아라비아 사람들은, 외국의 굴욕에 복종한 적이 없었다.'라고 하였다. 이 말은 '아라비아(이슬람)권(圈)'의 '독립 정신' '자결권'을 긍정한 말이다. 이것은 바로 볼테르의 '개인 중심' '실존 중심' '자유 평등 정신' 긍정의 혁명적 자연법 사상에 근거한 발언이다.

1863년 미국 링컨 대통령의 '게티즈버그 연설(Gettysburg Address)', 1919년 미국 윌슨 대통령의 '민족 자결주의(principle of national self-determination)' 선언은 사실상 볼테르의 〈역사철학〉 속에 명시된 '인류 역사 서술 원리'를 정치적으로 일부 달성한 것에 지나지 않는다.

헤겔은 볼테르의 〈역사철학〉을 읽고 자신의 〈세계 역사철학 강의〉를 제작하였다. 볼테르의 '과학주의' '인간 생명 중심' '시민 중심' '개인 중심' '자유 의지' '호혜주의' '평화주의'에 대해, 헤겔은 '도덕주의' '여호와 중심' '국왕 중심' '전체 중심' '절대 의지' '독선주의(특권의식)' '전쟁 옹호'였다.

그렇다면 볼테르와 헤겔도 일단 그 '개인적 취향'에 의존했으니, 볼테르 이전의 퀸투스 쿠르티우스와 타키투스 경우처럼 그들의 개인적 성향 특징으로 규정하고 넘어가면 되는가?

---

39) Voltaire, *The Best Known Works of Voltaire*, The Book League, 1940, pp. 390~391 'XⅣ. Of Arabia'.

그것은 결코 아니다. 왜냐하면 지금은 쿠르티우스나 타키투스 시대가 아니다. 온 지구촌이 하나로 통합되어 운영이 되고 있는 새로운 시대가 열렸기 때문이다. 그리고 미래는 '종족 부족 국가 시대'로 돌아갈 수 없다. 그런데 헤겔은 '게르만의 보수 종족주의' '신권주의' '제국주의 도덕적 허영'에 잠시 머뭇거렸던 '개신교 광신주의자'이다. 즉 볼테르의 '과학주의' '실존주의'는 헤겔의 '주관적 도덕주의' '여호와주의'와는 그 논의 차원이 딴판이다.

한 마디로 G. W. F. 헤겔의 〈세계 역사철학 강의〉는, '한 사람 게르만 개신교도의 주장'일 뿐이다. 그에 앞서 볼테르의 〈역사철학〉은 '과학주의' '실존주의'로 '인류 공영의 공동 목표'가 명시된 전 인류의 피할 수 없는 '문화 지향의 공리(公理)'가 명시되어 있다. (참조, ※ ⑦-19. 헤겔과 프리드리히 2세-〈세계 역사철학 강의〉, ※ ⑦-20. '세계사=강대국의 지배사'-토인비의 〈역사 연구〉)

⑩-15. 믿기 어려운 히브리인의 고대사(古代史)

브람(Bram) 아브람(Abram) **아브라함**(Abraham)이라는 명칭은 고대 아시아 제 민족에게 가장 일반적 명칭 중 하나였다. 우리가 최초의 국가 중의 하나로 생각하는 인도인은, 신의 아들 브람(Bram)을 세워 브라만들(Brahmans)에게 신의 찬송 방법을 가르치도록 하였다. 그 이름은 점차 '숭배를 받는 사람'을 지칭하게 되었다. [사람이 神이 되었음을 말함] 아라비아, 칼데아, 페르시아 사람 모두가 그것을 사용하였고, 유대인도 그들 족장 중의 한 사람으로 생각하였다. 인도인과 무역을 했던 아라비아 사람들이, 그들이 후손임을 자랑하는 아브라마(Abrama)와 인도 브라마(Brama)의 개념을 약간 혼용한 최초의 사람들이었을 것이다. 칼데아인은 그 단어를 '입법자' 의미로 썼고, 페르시아 사람들은 그들의 종교에서 '밀라트 이브라힘(Millat Ibrahim)' 이라 하였고, 메데 사람들(Medes)은 '키쉬 이브라힘(Kish Ibrahim)'이라 불렀다. 그들은 그 이브라힘, 아브라함이 박트리아나(Bactriana)에서 태어나 발크(Balk) 시 부근에 거주한 것이라고 생각을 하였다. 그들은 그를 '조로아스터교 예언가'로 존경을 했으나, 히브리인들은 아브라함이 그들에게만 속하고 〈성서〉에 그들의 조상으로 알고 의심도 하지 않는다.

일부 학자들은 '아브라함'은 인도(印度)의 명칭으로 알고 있다. 그 이유는 인도 사제들은 자신들을 브라만으로 부르고 있고, 신성한 제도가 그 명칭과 유사성을 지니기 때문이다. 그렇지만, 서부 아시아에는 그 아브람, 아브라함이라는 명칭에서 유래한 제도는 없다. 서쪽 아시아에는 아브람이라는 이름과 관련된 제의(祭儀)도 없다. 유대인 책에는 고대 히브리인의 족장이라 하였고 그들도 주저 없이 그것을 인정하고 있다.

〈코란(Alcoran)〉에도 아브라함과 관련된 아라비아 역사를 말하고 있으나, 아브라함에 관한 이야기는 거의 없다. 그러나 아라비아 사람들은 아브라함이 메카(Mecca)를 창설한 사람이라고 주장하고 있다.

유대인들은 아브라함이란 명칭이 인도나 박트리아에서 온 것이 아니고, 칼데아에서 왔다고 주장을 한다. 유대인은 칼데아와 이웃이었다. 인도와 박트리아는 유대인들에게 알려지지 않았다. 아브라함은 모든 히브리인에게 낯선 이름이었다. 그리고 칼데아는 예술과 과학으로 오랜 명성을 지녀왔고, 팔레스타인 사람으로 둘러싸여 있는 소국(小國)이었지만, 그들은 조상(祖上)의 고(古) 연대(年代)를 숫자로 기록한 평판이 높은 칼데아 사람들이었다.

우리가 다른 사서(史書)에서와 마찬가지 방법으로 유대인의 책에서 역사적 부분을 살펴보면, '모세 5경(Pentateuch)'에서 볼 수 있는 바, 아브라함 모험에 대한 장황한 설명은 다른 사서(史書)에서와 마찬가지로 신뢰하기가 곤란하다.

'창세기'에 의하면 하란(Haran)이 아브라함을 그 아버지 사망 후 나이 75세에 낳았다고 했다. 그러나 같은 '창세기'에, 하란의 아버지 타레우스(Thareus)는 70세에 아이를 낳았고, 205세를 살았다고 했고, 그래서 아브라함은 칼데아에서 돌아온 해에는 나이가 135세가 된다고 했다. ['창세기' 기록들의 혼란] 그와 같이 늙은 나이에 메소포타미아의 비옥한 땅을 등지고 거기서 3백 마일이나 떨어진 아무 왕래(往來)가 없는 불모의 암석 지대 시켐(Sichem)으로 돌아와야 했다는 것은 이해할 수 없다. 아브라함은 시켐에서 600마일이나 떨어진 멤피스(Memphis)로 곡식을 구입하러 갔고, 아브라함이 도착했을 때 멤피스의 왕은 75세가 된 여인과 함께 아브라함을 경배(敬拜)했다는 것이다.

나는 이 '성스러운 역사'에는 개입은 않고, 고대사에 대한 나의 탐구를 지켜가려 한다. 아브라함은 이집트 왕으로부터 큰 선물을 받았다고 적혀 있다. 이집트는 그 때에 이미 강국이었다. 군주제가 확립이 되었고, 기술들이 발달했고, 대홍수가 멈췄을 때다. 모든 지역으로 수로(水路)를 내야 했으니, 그 '물 데기[灌漑]'가 없으면 이집트에서는 살 수가 없었다.

나는 이성(理性)적인 사람에게 묻는다. '물 데기'가 없으면 오랜 동안 황무지로 남아 있어야 할 고장에 나이든 노인이라고 하여 소용이 없었겠는가?

'창세기'에 의하면 아브라함은 우리의 세속적인 기원전 2천 년에 이집트에 도착했다고 한다. 그래서 이집트 왕조를 '아주 위대한 고대'로 서술한 마네톤(Manethon), 헤로도토스(Herodotus), 디오도루스(Diodorus), 에라토스테네스(Erathosthenes) 등을 우리는 용납할 수 있다. 그렇지만, 이집트의 고대는 지금 칼데아 시리아의 그것과 비교가 되고 있다.

'아브라함의 역사'를 살펴보기로 하자. 아브라함은 이집트에서 나와, 방랑하던 목동처럼 카르멜 산(Mount Carmel)과 아스팔티데 호수(Lake Asphaltide) 사이를 여행을 한다. 그런데 그곳은 전 '아라비아 페트레아(Pettraea)'에서 가장 심한 불모지(不毛地)이다. 아브라함은 천막을 가축 380마리 등에 싣고 여기저기 다니고 있었고, 아브라함의 조카 로트(Lot)는 소돔(Sodom) 성(城)에 정착해 있었다. 바빌론, 페르시아, 폰투스(Pontus) 왕들과 다른 주변 왕들이, 소돔과 다른 네 개의 작은 성들과의 전쟁에서 공동으로 비용을 대고 동맹을 하였다. 왕들은 소돔을 포함한 도시들을 인수(引受)하였고, 로트(Lot)는 감옥에 갇히게 되었다.

어떻게 세상에 그토록 불모의 땅에서 그토록 강력한 다섯 명의 국왕들이 그와 같은 방법으로 동맹을 하게 되었으며, 어떻게 아브라함이 380마리 가축만으로 그토록 강력한 왕들을 패배시킬 수 있었으며, 어떻게 아브라함이 그들을 다마스쿠스 밖으로 쫓아 버릴 수 있었는지 이해하기는 결코 쉽지 않다. 단 족(Dan 族)은 모세 시절에도 없었으니, 아브라함 시절에는 말할 것도 없다. 소돔 성이 있었다는 아스팔티데 호수(Lake Asphaltide)는 다마스쿠스에서 300마일(약 1000리) 이상의 거리에 있다.

이상이 우리가 이해할 수 없는 점이다. <u>히브리인의 역사는, 모든 것이 알 수 없게 되었다. 이미 말했고, 다시 말한다. 우리가 그 예언자들(prodigies)을 믿는다면, 그밖에 다른 것은 더 따져 볼 것도 없다.</u>

〈역사철학-'XV. 아브라함에 대하여'〉[40]

해설

＊ 볼테르는 인간의 사회생활에 '식·의·주(食·衣·住)' 해결을 가장 큰 문제로 생각하였다. 그리고 그 다음으로 중요한 것을 '언어(言語)'로 명시하였다. 왜냐하면 '식·의·주(食·衣·住)'가 해결이 되었다고 해도, '기본적인 의사소통(communication)과 기록(紀錄)'이 불가능한 경우 어떠한 '사회 구성', '문명 창조'

---

40) Voltaire, *The Best Known Works of Voltaire*, The Book League, 1940, pp. 392~393 'XV. Of Bram, Abram, or Abraham'.

도 가능할 수 없기 때문이다. 그리고 역(逆)으로 볼테르는 그 '언어의 비교 분석'을 통해 인간 사회의 특징과 연원(淵源) 상호관계를 살폈으니, 볼테르의 정치(精緻)함은 후대의 귀감(龜鑑)이다.

'언어(아브라함)'의 연원을 살펴 문화의 흐름을 짚었던 것은, '볼테르 사학(史學)'의 승부처였다. 그것은 '종교'와 직결이 되어 '서구 사회' '통치 철학'에 심대한 영향을 주고 있었기 때문이다.

볼테르의 '개혁 의지'는, '과학 중심' '시민 중심' '생명 중심' '실존주의'였다. 볼테르 이전에 아무도 꿈꾸지 못했고, 설령 그 영향 관계를 일부 감지하였다고 해도 한 사람이 다수(多數) 언어들에 이미 달통하고 확신을 하지 못한 경우에는 처음부터 진술이 불가능한 작업이다. 볼테르의 이러한 과정이 진정한 '실증주의(實證主義, positivism)'가 도달하고자 한 목표이다.

볼테르는 구체적인 성과로 그 학문 영역 개척을 명시하였다. (관념주의나 추상적 주장에 머물지는 않았다.)

⑩-16. 인도(印度)가 서구(西歐) 문화의 원천(源泉)이다.

추측이 허용된다면, 갠지스 강가의 **인도인들**(印度, Indians)이 인류의 역사상 제일 처음 공동체로 뭉친 사람들일 것이다. 그것은 토양이 동물들을 기르기에 적당한 목초지(牧草地)를 쉽게 찾을 수 있고, 그것들은 금방 다시 복원이 되기 때문이다.

그렇다. 세계에서 갠지스 강 연안보다 인간들에게 더욱 완전하고 바람직한 먹을거리를 풍성하게 제공하는 곳은 없다. 벼[쌀]는 저절로 자라고, 파인애플, 코코아, 대추, 무화과를 모든 곳에서 마음대로 즐길 수 있다. 오렌지와 레몬 나무들이 항상 신선한 과즙과 먹을거리를 제공하고 사탕수수는 손만 벌리면 항상 먹을 수 있고, 야자수와 넓은 잎과 무화과는 짙은 그늘을 제공하며 펼쳐져 있다. 이 나라에서는 계절의 혹독함으로부터 새끼를 지키기 위해 가죽옷 입을 필요가 없고, 사춘기(思春期)가 될 때까지 완전히 벗고 생활을 한다. 여기에서는 동물의 고기를 먹기 위해서는 어느 곳에서나 사냥이 행해지고 있으니 생명의 지속에는 염려가 없다.

인간이란 사회(社會) 속에서 행복을 누린다. 흑인의 무리를 길러낸 열대(熱帶)에는 경쟁(競爭)이 없다. 아라비아 페트레아(Arabia Petraea)의 야만인들처럼 인도(印度)에도 전쟁을 행할 원천이 없다.

나는 인도(印度)에서 옛날 브라만이 뽐냈던 고 기념물을 언급하지 않겠다. 중국(中國)의 강희제(康熙帝)가 유럽 수학(數學)의 선교사들에게 보여준 그 궁중(宮中)에 간직하고 있는 고대의 진귀한 것들이, 인도에도 있을 것이라고 충분히 미루어 볼 수 있다. 인도의 금화(金貨)는 중국 화폐 동전보다 그 연대(年代)가 오래되었고, 페르시아 왕들은 그 주조(鑄造) 기술을 인도인에게서 배워 갔을 것이다.

피타고라스(Pythagoras, 582? B.C.~497? B.C.) 이전 시대부터, 희랍인들은 인도로 수학여행을 하였다. 일곱 가지 행성(行星)의 표시가 당시에 세상에 알려져 있었는데, 인도인이 발견해 낸 것이다. 아라비아인은 인도의 숫자를 채용하였다. 인간 재능에 의한 영광스런 기술들이 오직 인도로부터 넘쳐 나왔다. 코끼리 타는 것, 장기(將棋) 두기도 명백히 인도에서 처음 생겼다. 페르시아, 페니키아, 아라비아, 이집트의 고대인들은 유사(有史) 이전부터 인도와 교역을 행하여, 인도의 자연이 제공하는 향신료를 수입하였다. 그러나 인도 사람들은, 다른 나라에서 어떤 것도 원(願)하지를 않았다.

이집트 또는 서아시아 출신이라는 한 주정꾼(바커스, Bacchus)이 인도 정복(征服)을 언급했다. 그 주정꾼은 자신이 누구였든지 간에 유럽 대륙의 끝에 유럽 나라보다 훨씬 가치 있는 국가가 있다는 것을 알게 되었다. 결핍(缺乏)이 최초의 '도둑'을 만들었다. 도둑들이 인도를 침략했는데, 다른 이유는 없고 인도가 부자였기 때문이다. 그러나 부자(富者)들은 도둑들의 사회보다 먼저 통일되고 문명화되고 세련이 되어 있었다. [침략 약탈 전쟁의 기원]

인도에서 가장 충격적인 것은, '영혼이 윤회(輪回, the transmigration of souls)한다.'는 고대인의 사고(思考)였다. '윤회론'은 중국과 유럽으로 전파가 되었다. 인도인은 영혼(靈魂)이라는 것이 무엇인지를 몰랐다. 그러나 그것이 '공중에 떠다니는 불[火]과 같은 것으로 다른 육체를 활성화 하는 것이 아닌가?'로 상상(想像)을 하였다. 도덕과 관련된 그 철학 체계를 주의 깊게 살펴보기로 하자. 비슈누(Vishnu)와 브라마(Brama)에게 저주(詛呪)를 받은 죽음은, 불쾌하고 불행한 동물로 화(化)하여, 도착(倒着)된 기질의 큰 속박에 있어야 한다고 인도인은 믿었다. 우리는 현재, 모든 위대한 사람들이, 인도인의 그것과는 다르지만, '저승(another life) 관념'을 가져왔다는 사실을 알고 있다. 모든 고대 국가에서 나는 그것을 확인했고, 오직 중국인은 사후 불멸(靈魂不滅)의 원리를 세우지 않았다. 최초의 입법자들은 도덕률만 널리 알렸는데, 인도인은 사람들이 도덕에 충실하도록 엄하고 가혹한 방법으로 윤회론(輪回論)을 강조하였다.

'윤회설(輪回說, Metempsychosis)'은 인도인에게 또 다른 속박(束縛)이었다. 아버지 어머니를 살해하는 것, 살인을 행하는 것, 동물들을 죽이는 것은 그 살인과 난동으로 상호 연계가 된다는 그 생각이, 그들의 제2의 천성이 되어 있다. 그래서 모든 인도인은 아라비아 사람이나 타르타르(스키타이) 사람과 관계없이 현재 세계에서 가장 유순(柔順)한 사람들이다. 인도의 종교와 기후는 인도인을 우리가 그들을 길러 필요할 때 도살(屠殺)하는 유순한 가축과 완전히 유사하게 만들었다. 코카서스 (Caucasus) 타우루스(Taurus) 이마우스(Immaus) 산에서 내려온 모든 흉포한 종족들은 인더스(Indies), 히다스페스(Hydaspes), 갠지스(Ganges) 연안의 모든 주민을 복속시켰고, 보이는 대로 정복을 단행하였다. [유럽인의 好戰성 공개] 그 문제는 퀘이커 교도, 태평양 연안 사람, 인도인과 같은 원시 그리스도교도에도 생기고 있는 사항인데, 호전적인 나라 사람들에 의해 보호되지 못하면, 다른 나라에 그대로 병탄(倂呑)이 되고 있는 점이 그것이다. 기독교만을 엄격하게 따르고 있는 종족들은, 피타고라스학파만큼이나 그 적(敵)들이 많다. 그러나 기독교 국가들은 그 종교를 점검(點檢)하지 못해 왔고, 고대 인도 카스트 제도도 여전히 그대로다. 피타고라스학 파는, 효심(孝心)의 일부를 살인 공포감, 종교적 감정으로 간직하게 한 유일한 종교이다. '영혼의 윤회(輪回)'는 아주 간단하여 무식(無識)한 사람들에게는 그럴 듯하게 보이고 있다. 그것은 사람들에게 알려지기 쉬워서, 그 종교를 수용한 사람들은, 그들을 둘러싸고 있는 모든 인간의 영혼을 그들이 보고 산다고 상상하였 다. 그들은 형제, 부모, 자녀를 믿고 있다. 이 생각이 필연적으로 한 가족으로 감싸는 보편적 자비심(慈悲心)이다. 한 마디로 인도 고대 종교나, 중국(中國)의 지식인이 그 점에서는 결코 야만인은 아니었다. 어떻게 이후 그 동일한 사람들을 짐승 같은 범죄자로 간주해 죽이며, 더욱 아름답고 행복한 재탄생을 허망(虛妄)하게 신앙하여, 남편의 시체 위에 여성들이 불 질러 죽음을 허락해야만 했는가? '광신주 의 부조리(fanaticism and contradiction)'가 인간의 부속물이기 때문이다.

특히 인도인이 동물의 '육(肉) 고기'를 피하는 것은, 기후 탓일 것이다. 육 고기는 찌는 더위와 다습(多濕)에 부패하기 쉬워 나쁜 음식이다. 독한 술도 청량음료를 필요로 하는 인도에서는 금물(禁物)이다. 그들의 윤회설(輪回說)은 우리 북방 나라에 이르렀다. 켈태(Celtae) 사람은 다른 육체로 태어나게 마련이라고 생각을 하였다. 그러나 드루이드 사람들(Druids)에게, '육식 불가 원리를 수용하라.' 말했으면, 그들은 복종하지 않았을 것이다.

우리는 오늘날까지 존속하고 있는 고대 브라만의 권위에 대해서는 거의 모르고 있다. 산스크리트(Sanscrit) 책에는 고대의 비밀스런 언어가 있으나, 우리는 그것을 해득할 수가 없다. 인도인의 베다(Vedams)도, 페르시아인의 〈젠드(Zend)〉나 중국의 5제(五帝) 이야기처럼 알 수 없는 것으로 간주되고 있다. 〈젠드(Zend)〉는 하이드 박사(Dr. Hyde)가 운 좋게 돈으로 구입하여 해설을 가하지 않았다면 구경할 수도 없었을 것이다. 상인(商人) 샤르댕(Chardin)은 그에 대한 값도 거의 치르지 않았을 것이다. 이미 전술했던 바와 같이 사데르(Sadder)를 제외하고는 〈젠드〉의 다른 초본(抄本)은 없다.

파리 도서관은 '브라만의 옛 도서'를 확보함으로써 갖기 어려운 행운을 안았다. 그것은 〈에조우르 베다(Ezourvedam)〉인데, 알렉산더가 인도 원정(遠征)을 행하기 이전에 기록된 것으로, 브라만의 모든 고대 찬송들이 실려 있다. '코르모 베다(Cormo-Vedam)'라 명명(命名)이 되어 있다. 브라만에 의해 번역된 이 문서는, 베다 자체는 아니고, 그 법에 간직된 의례(儀禮)나 견해들의 요약이다. 그렇기에 우리는, 우리가 세계에서 가장 오래된 세 가지 저술[브라만(불교) 유교 기독교]에 관해 알고 있다고 자랑을 하는 것이다.

우리는 이집트에서 어떤 기대도 할 수가 없다. 그들의 서적(書籍)은 상실이 되었고, 그들의 종교도 소멸하였다. 이집트의 속어(俗語)는 이해할 수 없고, 신비함도 없다. 그래서 영원히 상실될 것들은 도서관에 맡기고, 우리는 지구 끝까지 진본(眞本) 못지않은 기념물들을 찾고 있는 것이다.

내가 말하고 있는 그 브라만의 의식(儀式)과 진실은 의심할 여지가 없다. 그 저자는 분명 그들의 조직에 아첨(阿諂)이 없고, 그는 가장된 미신도 없었으며, 어떤 분위기를 띠우거나, 가장(假裝)된 해설이나 비유로 행한 변명(辨明)이 없다. 그는 최고의 법(法)을 쉽고 허심탄회(虛心坦懷)하게 말하고 있다. 인간의 오성(悟性)은 온갖 고통 속에 있음을 알린다. 만약 그 브라만들이 베다의 모든 법을 알았다면, 그와 같은 상태에 복종할 승려는 없을 것이고, 브라만이 의례(儀禮)의 노예가 되기 이전에, 브라만의 아들 탄생도 드물게 되었을 것이다. 그 의례(儀禮)는 물탄 송진(松津)으로 혀를 닦은 다음, '오움(Oum)'이란 말을 반복하는데, 브라만의 배꼽에 살[肉]을 베기 전에 20성신(聖神)을 부른다. 그러나 그 말은, "칭찬자여, 영원하라(Live to commend Men)"인데, 그가 말을 하자마자 자신의 존재의 중요성을 가르친다. 결론적으로 브라만은 오랜 동안 인도의 군주(君主)들이었다. 신정(神政) 통치가 그렇게 광대한 영역(領域)에 펼쳐진 예는 지상(地上) 어디에도 없다.

아기는 달빛을 쪼이고, 아기가 태어난 지 8일인데, 그 아기가 범했을지 모르는 죄를 용서해달라고 최고의 존재가 애원을 한다. '불'을 향해 찬송가를 부른다.

인도 사원(Indian Temples)

그 아기는 '백가지 의례
(儀禮)'를 치른 다음에
'코르모(Chormo)'라고
부르는데, 브라만들의
영광스런 이름이다.

베다(Vedas)

그 아이가 걷게 되자
마자 아기의 생활은, 목
욕과 기도의 반복이다.
그 아기는 사자(死者)를
위해 희생(犧牲)이 된다.
이 희생은 법(法)으로 정

브라만(Brahmans)

해져 있다. 브라만은 아기 조상들의 영혼들을 다른 육신으로 태어날 것을 허락할
수 있다. ['聖子 犧牲'과 '復活 관념'의 起源임]

기도(祈禱)하며 인간 육신을 열면, 다섯 가지 바람이 나올 수 있다고 한다.
이것은 착한 로마 노파가 페트(Pet) 신에 거듭 기도를 올리는 것보다 덜 황당한
것이다.

브라만에게는 기도(祈禱) 이외에는 어떤 자연적 작동이나 행동도 없다. [기독교
도의 자세] 우선 그 아이가 삭발이 되면, 그 아비는 그 면도(面刀)날을 향해, "그대가
태양을 삭발했듯이, 인드로(Indro) 신을 삭발했듯이, 우리 아기를 삭발했노라."라고
충심으로 고백한다. 인드로 신의 삭발은 가능하다(사람이 모두 신이 되었으므로).
그러나 태양을 삭발한다는 것은 이해할 수 없다. 희랍인이 수염이 없는 아폴로를
만들기 이전에 만약 브라만이 그 아폴로를 생각해 내지 못했다면.

이 모든 의례(儀禮)는 더디게 보인 만큼이나 우스꽝스럽게 보일 수 있다. 인도(印
度)인의 맹목(盲目)의 상태는, 유럽인들의 맹목도 그만큼은 된다는 것이다. 그러나
인도인에게는 침묵 속에 넘어갈 수 없는 어떤 신비가 있다는 점이다. 즉 그 신비란

'마트리카 마콤(Matricha Machom)'이 그것이니, 그 신비가 육체를 부여하고 새 생명을 준다는 것이 그것이다.

영혼이 '가슴(breast)'에 있다고 생각하는 것이 전 고대인의 생각이었다. 손을 가슴에서 머리로 올리어 한 기관에서 다른 기관으로 옮겨 신경을 누름으로 영혼이 두뇌로 가서 작동한다는 것이다. 영혼이 잘 달려 있음[固着]이 확실할 때, 그 어린 것은 호명(呼名)이 되고, 그 영혼과 육체가 지고(至高)한 존재와 통일이 되고 "나는 신성한 존재다."라고 말을 한다.

이 생각은 희랍 철학의 가장 존중할 만한 스토아 철학의 견해다. 스토아 철학은 그의 천성을 높여 안토니네스(Antonines)신(神)과 동등시했으니, 그것은 더 이상 위대한 덕이 없을 정도의 것이다. 신을 자신의 일부로 믿는 것은, 신(神)이기에 무가치한 일은 행하지 않는다는 것이다. ['사람이 神이 되었다.'는 설명]

우리는 브라만의 '십계(十戒, ten commandments)'를 알고 있다. 그것은 피해야 할 열 가지 죄악이다. 브라만은, 육체(肉體, body)에 대한 죄악(罪惡), 언어(言語, word)에 대한 죄악, 의지(意志, will)에 대한 죄악으로 나누었다. 때리거나 이웃을 죽이는 것, 도둑질하는 것, 여인을 훼손하는 것은 육체적인 죄악이고, 위선, 거짓, 욕지거리가 언어의 죄악이고, 악의(惡意), 시기, 무 보시(無 普施)가 의지의 죄악이다. 이 '십계명'을 범한 죄는, 우리에게는 우스꽝스럽게 보이는 의례(儀禮)로 모두 용서가 된다. '도덕성'은 모든 문명 민족이 동일하다는 점을 명백히 하고 있고, 어떤 종족에게 가장 신성하다는 풍속도 다른 사람들에게는 낭비이고 가증스러운 것이라는 것도 사실이다. '고집된 허례(虛禮)'가 인류를 분열(分裂)시키고, '도덕'이 인류를 통합시킨다.

브라만의 유일신(唯一神, an only God)의 인지(認知)를 미신(迷信)이 결코 막지 못했다. 스트라보(Strabo, 7 B.C.~21)는 그의 제15서(書)에서 브라만들은 최고신에 경배한다고 말하고 있다. 그리고 브라만들은 감히 말을 시작하기 전에 몇 년씩이나 침묵을 행하고, 냉철하고 순수하고 온화하며 정의(正義)로 그들의 인생을 이끌고, 후회 없이 죽는다고 했다. 그것은 알렉산드리아의 성 클레멘트(St. Clement), 아풀리우스(Apulius), 포르피루스(Porphyrus), 팔라디우스(Palladius) 성 암브로스(St. Ambrose)에 의해 보고가 되어 있는 바다. 우리는 그들이 지상(地上)의 낙원을 즐겼고, 신의 관용을 남용(濫用)하는 자들을 그 낙원에서 추방했다는 사실을 항상 기억을 해야 한다.

퇴폐적 인간의 몰락은, 모든 종족(種族)의 기본 원리이다. 현재를 불평하고 과거를 찬양하는 인간의 타고난 편견(偏見), 그것이 보편적 신앙을 만들었으니,

'황금'시대를 '철'의 시대가 계승했다는 유(類)가 그것이다. 더욱 놀라운 것은 고대 브라만의 〈베다〉에, 최초의 남자는 아드모(Admo)이고 최초의 여자는 프로크리티(Procriti)라고 가르치고 있는 점이다. 아드모는 주(主, Lord)를 의미하고 프로크리티는 생명을 의미했다. '헤바(Heva)'는 페니키아 히브리인에게 '생명'을 의미하고 '뱀'을 의미했다. 이 수용은 크게 주목할 만하다.

〈역사철학-'XⅥ. 인도에 대하여'〉[41]

해설

* 볼테르의 4대 주장은 (1) 과학주의 (2) 실존주의 (3) 자유주의 (4) 평화주의이다. 볼테르는 이 표준을 지니고 세계의 모든 서적과 인간 행동을 '비판적 시각'을 발동하여 말하였다. 그러므로 경우에 따라 볼테르의 행동은 '수구 보수주의자'의 격한 감정을 자극할 수도 있었다. 그러나 그것이 무슨 상관이 있는가? 그들도 사실 볼테르가 말한 그 생각을 유사하게나마 만들지 못하면 세상 사람들이 더 이상 귀담아 듣지도 않게 되었으니 말이다.

그런데 볼테르를 가장 유사하게 본뜬 사람이 바로 헤겔이었으니, 헤겔은 볼테르의 생각에 자신의 '변증법'으로 사기행각을 벌였다. 즉 볼테르의 '자연(이치 중심주의)신' '이성 중심' '자유 의지' '전쟁반대'를, 헤겔은 '변증법'이라는 것으로 '여호와주의' '절대 이성' '절대 의지' '신의 뜻(제국주의자의 뜻)'으로 가장(假裝)하여 '눈을 뜬 현실'에 대고 '신권주의(神權主義)'를 강요하였으니, 그것을 일부 기독교인은 지금도 '금과옥조(金科玉條)'로 간직하고 있다. 그것이 바로 '헤겔의 잘못'이라 정확하게 지적을 해 둔다.

인류의 '제사(祭祀) 문제'는 바로 인류의 사상사의 기원과 함께 그 연원이 길고 오래된 것이다. 그리고 제물(祭物) 희생(犧牲)으로 인간이 바쳐진 사례가 제시되었는데, 볼테르는 그것을 있을 수 없는 '무지한 잔혹사'로 규정하였다. (참조, * ⑩-11. 선악을 구분 못했던 고대 사제(司祭)들, * ⑩-21. 재능(才能)을 과시했던 희랍인들)

그런데 여호와를 숭배한 유대인의 경우는 '아들'을 희생으로 바치는 것을 '신을 최고로 경배(敬拜)'하는 것으로 알았고, 그것을 전제로 '기독교'가 성립하고 있음은 〈신구약〉을 읽어 본 사람들은 다 알고 있다.

---

41) Voltaire, *The Best Known Works of Voltaire*, The Book League, 1940, pp. 393~398 'XⅥ. Of India'.

볼테르는 '이성(理性)'을 인간 공통의 전제로 하고, '부모의 자식 사랑'을 역시 가장 큰 인간 윤리로 알아 그것을 무시하면 그가 누구라도 그 권위를 인정하지 않았다. (참조, ※ ⑨-36. 선악(善惡)의 분별은, 산수(算數)의 문제다.)

그런데 볼테르가 고대인도 브라만의 '성자(聖子) 희생(犧牲)', 브라만의 '십계명'을 구체적으로 소개한 것은 그 종교에 끼어든 '불합리' '반 생명' '비 윤리'를 고발하기 위한 것이다. 이것은 '인간 생명 중심' '시민 중심' '평화 중심'의 볼테르 철학 전개에 빠질 수 없는 최고 쟁점이었다.

이러한 볼테르의 '생명 중심론'에 역행하여, G. 라이프니츠와 헤겔과 토인비가 '여호와 섬김'을 고수하고 있는 이유는, '독선(獨善)' '배타주의(排他主義)' '탐욕의 살육 전쟁의 정당화'를 빼면 과연 무엇을 위해서 그러하겠는가? (참조, ※ ⑩-25. 특권을 요구해 온 유대인들)

볼테르는 '미신' '신비주위' 타파에 '미신 3대첩(迷信 3大捷, The Three Great Victories Over Mysticism)'의 위용을 과시하였는데, '인도 대첩' '이집트 대첩' '희랍 대첩'이 그것이다.

'제1 인도대첩'에서는 '성자 희생(聖子 犧牲) 신비주의 격파'로 그 위대한 제일격(第一擊)에 대당한다. (참조, ※ ⑪-2. 유일신, 영혼불멸, 사후상벌(死後賞罰)은 모두 고대 이집트인 유품이다. ※ ⑪-8. 희랍 주술사(呪術師, Sibyls) 방식의 '묵시록(Apocalypse)' 서술)

⑩-17. 처음부터 신화(神話)를 버린 중국(中國)의 역사

우리(유럽인)는 **중국인**들이 그들 자체적으로 보유하고 있는 연대기(年代記)에, 상환청구권(償還請求權)도 없으면서 감히 그들을 말할 수 있겠는가? 유럽의 자코뱅파(Jacobins) 예수회파(Jesuits) 루터파(Lutherans) 칼뱅파(Calvinists) 여행자들이 모두가 서로 모순되게 중국인에게 관심들을 보이고 있을 때, 중국인들은 그들의 천하무적(天下無敵)의 신념으로 확신에 차 있었다. 중국 왕조는 4천 년 전에 확립되었다. 고대 중국인들은, 물리학의 혁명이나, 강물의 범람, 불타는 대대적인 파괴, 데우칼리온(Deucalion)의 폭우, 페이톤(Phaeton)의 추락 같은 우화(寓話)를 간직하고 변용한 기념물에 관한 어떤 언급도 접한 적이 없었다. 중국의 기후(氣候)는 그와 같은 재앙은 없었으니, 중국은 아프리카 아시아 유럽에서 자주 발생한 문자 그대로 황폐화와 전염병 문제에서는 완전 벗어나 있었다.

확신 속에 집행이 된 연대기(年代記, annals)가 있었다면, 그것은 중국의 연대기이니, 앞서 말했던 바와 같이 하늘의 역사(歷史)와 대지(大地)의 역사를 통합한 것이었다. 다른 종족과는 독자적(獨自的)으로, 일월식(日月蝕)의 시기, 행성(行星)의 연합을 항상 기록하였고, 중국인의 계산을 점검한 우리(프랑스) 천문학자들은 중국이 거의 모두 정확했다는 사실에 놀랐다. 다른 종족들도 비유적 우화는 지니고 있으나, 중국인들은 그들의 역사를 붓과 천문 관측 장비로 기술하였는데, 그와 같은 단순성은 여타 아시아인과도 비교할 수가 없다.

'개별 황제의 통치'는 당대에 기록되었다. 계산에는 서로 다른 방법이 없었고, 모순된 연대기도 없었다. 유럽의 여행 선교사(宣敎師)들은 솔직하게 불가타 성서(Vulgate), 70인 헬라어 성서(Septuagiant), 사마리아(Samaritan) 성서를 중국의 현제(賢帝) 강희(Cam-hi, 康熙) 황제에게 말하였다. 이에 강희제는 그들에게, '다양한 책들을 그대들이 믿는다고 하니 가능한가?'라고 물었다.

칼데아 사람들은 아직 벽돌에다 기록을 하고 있을 때에, 중국인은 다듬어진 대나무에 기록을 하였다. 중국인은 아직도 고대(古代)의 죽간서(竹簡書, thin tablets of bamboo)를 보유하고 있으며, '광택제'가 그 부식(腐蝕)을 막아주고 있다. 그것들이 아마 세계에서 가장 오래된 고(古) 기념물일 것이다. 중국인은, 그들의 황제(皇帝) 이전에 역사는 없다. 이집트나 희랍인 경우처럼, 어떤 허구(虛構), 어떤 예언가들, 신들린 사람, 반신반인(半神半人)이라 자칭하는 자들이 중국에는 없었다. 중국인들은 기록을 할 때, 이성(理性)적으로 기록을 행하였다.

중국인이 역사(歷史) 기록에서 다른 민족과 크게 구분되는 사실은, 그들의 법(法)을 통솔할 사제(司祭) 학교가 따로 존재하지 않았다는 점이다. 중국인들은 사람들을 교도(敎導)한답시고 기만(欺瞞)을 행한 야만적 시대를 기록하지 않았다. 그밖에 다른 종족(種族)들은 지구(地球)의 기원부터 그들의 역사(歷史)를 시작하였다. 페르시아인의 젠드(Zend), 인도인의 베다(Vedam), 산코니아토(Sanchoniato), 마네토(Manetho), 내려와서는 헤시오드(Hesiod)까지, 그들은 모두 사물의 기원과 세계의 형성에까지 소급(遡及)을 하고 있다. 그런데 중국인은 그 오류를 범하지 않았다. 그들의 역사(歷史)는 역사 시대만을 인지하였다.

여기에서 우리는 무엇보다 그들의 최초의 연대기로 광대한 제국(帝國)의 힘차고 현명함을 입증하는 한 나라가 긴 역사 속에 민족을 이루어왔다는 점에, 우리의 위대한 원리를 적용해야 할 것이다. 여기에 우리 연대에 앞서 4000년 동안 일기(日記)를 적어온 민족이 있다. 거듭 말한다. 중국인이 황제(Tohi, 黃帝)로부터 오늘날까지

연대를 계산하고 존속했던 것보다 사회에 필요한 기술을 개발하고 잘 기록을 행하기 위해서는 더욱 많은 시간이 필요하다는 사실을 믿지도 않는다는 것은 미친 사람이 아닌가? 중국의 문인은 우리의 연대보다 2천 3백 년 전에 있었던 5제(五帝)의 존재를 의심하지 않는다. 그 기록은 최초 바빌로니아 사람의 관찰이 칼리스텐인(Callisthenes)에 의해 희랍으로 보내지기보다 4백 년 전의 일이었다. 우리는 그것이 파리 지식인들이 행한 '중국 고문헌 대회'에서 모든 심사를 거쳐야만, 진본(珍本)으로 믿을 작정인가?

모든 것의 처음 기초는, 더욱 진보된 단계보다는 항상 그 진행이 더디다. 우리는 5백 년 전만 하더라도 북방(北方)이나, 독일, 프랑스에서는 기록을 할 줄 아는 사람이 드물었다는 사실을 항상 기억해야 할 것이다. 그들의 기록은 아직 빵구이(베이커)들이 사용하고 있는 상형문자였고, 우리의 회계 장부(帳簿)였다. 세금을 걷는데 쓰는 다른 수학(數學)이 없었고, 그 기록들이 역시 그 '국가'가 있었다는 증거다. 글로 써도 바뀌지 않은 450 년 동안의 변덕스러운 우리들의 습속은 그 당시에 '글쓰기'가 얼마나 드물었는지를 알려 주고 있다. 유럽은 '야만인 침공' 때로부터 14세기까지 이루었던 발전보다, 모든 기술에 있어서 최근 반세기(半世紀) 동안에 더욱 많은 발전을 이룩하였다.

나는 여기에서 왜 사회에 유익한 지식과 실천에 먼저 도달했던 중국인이, 우리의 현재 과학에 단계까지 나가지 못했는가는 따지지 않을 것이다. 중국인 의사(醫師)는 우리의 2백 년 전의 의사, 희랍과 로마 시대 의사만큼이나 열악(劣惡)하다는 것을 나는 인정한다. 그러나 중국인은 과학의 첫째인 도덕(道德)을 완벽하게 성취를 하였다는 점이다.

우리(유럽인)가 아르데네스(Ardennes) 숲 속을 방랑(放浪)하고 있을 때, 중국의 광대하고 많은 인구는, 이미 한 가족처럼 통치가 되었으니, 군주는 아버지이고, 40개의 지방 판관(判官)을 큰형님처럼 생각하고 있었다.

중국인의 종교는, 단순하고 현명하고 위엄이 있어 모든 미신과 야만에서 벗어났다. 그런데도 우리 유럽 테우타트(Theutats) 경우는 아직 마술사들(Druids)이 버들 바구니 속에 우리 선조들의 아기들을 희생시키고 있는 상황에 살고 있었다. [인도의 '聖子 살해' 풍속과 비교]

중국 황제는 우주의 신, 천주(天主, Chang-ti), 천(天, Tien), 사물의 이치(理)를 향해, 일 년에 두 번 수확[보리농사, 벼농사]을 하는 첫 번째 열매를 올리었고, 그 수확은 제왕(帝王)들이 손수 씨를 뿌렸던 것들이다. 혁명과 무서운 재난 속에서도 4천년을 지켜 왔던 풍속이다.

국왕이나 지방 판관이 종교를 사칭(詐稱)하지 않고, 사제와 국왕 간에 다툼이 없고, 그들 자신만큼이나 부조리한 주장으로 한 사람이 또 다른 사람을 지지하는 부조리한 개혁이 없고 파당에 이끌린 광신도의 손에 단도(短刀)를 들리는 격렬한 분노가 없다. 이 점에서 중국인은 온 세상의 나라들 중에 특별히 우수하다.

중국인 공자(孔子)는 새로운 의견이나 제의(祭儀)를 만들어 내지 않았다[述而不作]. 공자는 영감을 받은 사람처럼 행세하지 않고 선지자처럼 보이지도 않았다[不知生 焉知死]. 공자는 예법을 중계하는 사람이었다. 우리는 적절하지 못하게 '공자의 종교'라고 말을 한다. 공자는 제1급의 성자(聖者)일 뿐이다. 공자는 덕(德)만을 추천하였다. 신비(神祕)를 말하지 않았다[子不語怪力亂神]. 공자는 제1서(四書, 大學)에 세상을 통치를 하려면 우리 자신을 바르게 하라(修身)라고 하였다[先修己身]. 둘째, 공자는 신(天)이 인간의 마음에 덕을 주었다라고 하였다[天生德於予]. 인간은 착하게 태어났으며[止善], 잘못은 고치고[改過遷善], 중용(中庸)을 지키라는 것이 핵심이고 우스꽝스러운 비유도 없다. 공자는 5[3]천명의 제자를 두었다. 그는 무리의 최고 위치에 둘 수 있었으나, 그들은 통치자가 아니라 교사(敎師)에 가까웠다.

서구의 극단(極端)에서 중국의 법정을 판단하고 '무신론자'로 몰아세웠던 우리의 만용(蠻勇)을 나는 〈일반 역사 에세이(Essay upon General History)〉에서 강하게 공박하였다. 사실, 한 왕조(王朝)가 무신론이면 우리 속에는 무슨 격노(激怒)가 있다는 것이며, 모든 법이 다 최고의 신, 상벌자의 지식에 기초한 것이라는 말인가? 중국인의 책에 "결과가 없으면 시작도 없으니[事有終始], 그(天, 自然)가 모든 것을 행하고, 모든 것을 주관한다. 그(天, 自然)가 선이고 정의이고 그가 밝히고 그가 모든 자연을 지지하고 조절한다. [天何言哉 四時行焉 百物生焉 天何焉哉]"라고 하였다.

유럽에서 싫어하는 예수회파(Jesuits)는, 중국을 '무신론'이라고 욕을 하고 있다. 코논(Conon)의 대주교 프랑스인 메그레(Maigret)는 중국어를 모르는 사람이다. 교황에게서 위임을 받아 사건을 재판하게 되었다. 그는, 위대한 공자가 "하늘이 내게 덕을 주셨으니, 사람이 나를 해칠 수 없다. [天生德於予 桓魋其如予何]"라고 했던 말을 두고 공자를 무신론자 취급을 하였다. 우리 성자 중에 최고라는 이도 그보다 더욱 훌륭한 천상(天上)의 금언은 말할 수 없다. 공자가 무신론자라면, 카토(Cato)와 로스피탈(L'Hospital, 1505~1573)도 무신론자일 것이다.

중상모략(中傷謀略)은 지워버리자. 메그레(Maigret) 대주교는 '무신론자의 사회'는 불가능이고, 나아가 세상에서 가장 오래된 왕국을 무신론자 사회라고 주장을 하며, 바일(Byle)에 반대를 하였다. 우리는 우리의 모순(矛盾)에 더할 수 없는 수치심

죽간서(竹竿書), 황제가 밭을 가는 모범을 보인 행사(淸帝親耕儀式)[42]

을 느낀다.

중국의 지식인은 '유일신(天)만'을 찬송하고, 사람들이 승려(僧侶 Bonzes)에 대한 미신은 그냥 내버려 두고 있다. 중국인은 도교(Laokium, 道敎), 불교(Fo, 佛敎), 그밖에 종교인들을 관용하고 있다. 중국의 치안 판사는 그들이 계절의 음식을 먹듯이 사람들이 국가와 다른 종교를 가질 수 있다고 생각하고, 승려들(Bonzes)을 관용하고 보호한다. 그밖에 다른 나라에서는 승려들의 여행에 원칙을 정해 놓고 있다.

중국의 법(法)은 사후(死後)의 상벌(賞罰)에는 언급이 없다. 중국인은 모르는 것에 확신을 보이지 않는다. [知之爲知之 不知謂不知 是知也] 중국인과 다른 민족의 차이는 매우 충격적인 사항이다. 지옥(地獄) 이론은 유용(有用)하다. 그러나 중국 정부는 그것을 인정한 적이 없다. 중국인에게는 정확한 정책과 일관된 행정이, 반대 의견이 있을 수 있는 (어떤 '지옥' 등) 의견보다도 효과적이다. 중국 사람들은 '미래'에 어떤 것보다는 항상 '현재'의 법을 무서워한다. 그 생각을 갖거나 없거나, 다른 사람들에게 방편(方便)으로 선전은 해도, 사람들이 영원함에 대해 별 관심이 없다는 것은 적당한 자리에서 우리도 말을 하게 될 것이다.

요약을 하자. 칼데아 사람들이 그 천 구백 년의 천체 관측을 시작하여 그것을 희랍으로 보냈을 때, 중국의 왕조는 그에 앞서 빛을 발하고 있었다. 그 후 브라만은 인도의 일부를 다스렸다. 페르시아인들은 그들의 법을 가졌고, 아라비아 사람은 남쪽으로, 스키타이 사람은 북방으로 갔으나 살 곳은 텐트밖에 없었다. 다음은 강력한 왕국, 이집트에 대해 말을 해보자.

〈역사철학-'XVII. 중국에 대하여'〉[43]

---

42) 朱誠如 編, 同書, 5冊, p. 89 '淸帝親耕儀式 銅版畵'.

43) Voltaire, *The Best Known Works of Voltaire*, The Book League, 1940, pp. 398~401 'XVII. Of China'.

해설

* 볼테르는 그 당시 '프랑스 법조계' '법집행'에 절망을 느끼고 '단순하고 정직하게(仁, 恕)' 살 것을 주장한 공자(孔子)의 자연법(自然法, Natural Law)에 그대로 흠뻑 빠졌다. J. 로크의 의학(醫學)에 기초한 인생관, 공자의 자연법에 기초한 국가 사회관, I. 뉴턴의 천체 물리학에 기초한 세계관이 볼테르 생각의 전부였다.

볼테르는 '프랑스의 법 적용'에 절망을 했는데 그 번거롭고 우스꽝스러운 행태를 그의 소설 〈렝제뉘(自然兒)〉에서 그대로 보여주었고, 〈관용론(칼라스 사건)〉은 잘못된 법으로 생사람을 잡은 실례(實例)에 대한 보고서이다. (참조, ※ ②-20. '신(神)이 부여한 권리'를 누가 앗는가?, ※ ⑥-1. 광신(狂信)의 현장(現場))

볼테르는 당시 프랑스 사회에 절망하고, 중립국 스위스 취리히로 가 '페르네' 마을을 운영하였으나, 거기에서도 만족할 수는 없었다. (참조, ※ ④-20. 볼테르의 '페르네' 마을)

볼테르가 인용한 공자의 말은 개별적인 구절에까지는 정밀하지 못했다. 그러나 볼테르의 가장 강점인 천재적 소양은, '유가(儒家)'를 인류 보편의 '자연법'의 표준으로 수용하였다. 볼테르의 지성은 '자연과학적(의학적) 인생관' '자연과학적(천체 물리학적) 세계관'과 연대한 '자연과학적(共存的) 사회관'으로서의 정착이다. [국가와 국가 간에도 그 '자연법'이 무시되면 '세계 평화'는 있을 수 없음]

위의 진술에서 볼 수 있듯이, 볼테르는 공자가 '신비주의' '미신'을 물리쳤던 것에 무엇보다 크게 주목을 하였다. 그것이 바로 볼테르의 '지구촌' '사회도덕의 출발점'이었다.

그러나 역시 여기에 하나 빼놓을 수 없는 사실은, 볼테르는 (프랑스를 기준으로) 당시 중국(中國)의 장점을 선망(羨望)하였지만, 사실 그 청(淸)나라 왕조는 겉으로는 '공자 사상'을 존중하면서도 실제로는 끊임없이 주변 약소국을 침략하고 괴롭히는 '거대한 공룡'이 되어 있었다는 사실이다.

그것은 중국이란 처음부터 '비판 정신의 부재[不在其位 不謀其政]'의 사회로서 비록 공자의 사상이라고 할지라도, '공자의 말씀'이 결코 그대로 '현대 사회 운영 지침'이 될 수는 없다. 무엇보다 청나라 팔기병제(八旗兵制)의 '만주족(滿洲族, 女眞族)의 통치 행태'는, 더욱 자세히 구체적으로 살펴야 할 사항이 많았다. (참조, ※ ⑪-20. 볼테르 당대(當代) '청(淸)국'의 상황)

⑩-18. 유순한 이집트 사람들

이집트(Egypt) 사람은, 이미 살펴 본 여러 나라들보다는, 문명화하고 인구가 많아지고 근면(勤勉)하게 통일되지는 못했던 것으로 보인다. 그 이유는 명백하다. 이집트를 델타(Delta) 지역으로 한정해 보면, 두 개의 암석 연쇄들로 막혀 있다. 그 암석의 연쇄 사이로 나일(Nile) 강은, 폭포를 이루며 남쪽 에티오피아에서 북쪽 지중해로 흘러들어 간다. 그 나일 강의 폭포들로부터 하구(河口)까지는 직선이고, 거리는 1백 60리(哩 leagues=1.6×3km), 각각 3천 기하학적 피트(geometrical feet)이다. 나일 강 폭(幅)은 10리부터 15리, 20리이고, 이집트 하단(下端)에서는 동쪽으로부터 서쪽까지 50리 델타를 껴안아 적신다.

나일 강의 오른(東)쪽으로는 테바이드(Thebaid) 사막이고, 왼(西)쪽으로는 불모(不毛)의 리비아(Lybia) 모래벌판이다. 모래벌판에는 암몬(Ammon) 사원(寺院)이 세워져 있는 작은 나라가 펼쳐 있다.

나일 강의 범람은 대대(代代)로 그 땅의 거주(居住)을 막았으니, 1년에 4개월 동안 물속에 잠긴 땅이다. 그 물이 고여 있는 기간은 계속 증가하여 델타(Delta)는 오랫동안 이집트의 늪지대였다.

그것은 티그리스, 인더스, 갠지스, 그 밖의 다른 강 연안(沿岸)의 경우와는 달랐다. 다른 강(江)들도 매년 강둑을 넘어 범람(氾濫)을 하였지만, 그것은 눈이 녹아내릴 무렵이었다. 그 범람은 그렇게 크질 않아 그 주변의 광대한 영토는 비옥(肥沃)한 토양으로 경작인들에게 풍성한 이익을 안겨 주었다.

우리는 이집트에서 최소한 10년에 한 번 발생하여 인명(人命)을 살상했던 역병(疫病)을 살펴봐야 한다. 역병은 나일 강이 그 땅을 물속에 잠기게 하고 있을 때 그 무서운 전염을 가중시키고 더욱 파괴적으로 되었다. 그래서 이집트 인구는 오랜 동안 번성(蕃盛)하지 못했었다.

그래서 자연 질서는 이집트가 근년(近年)에 와서야 사람이 살게 된 땅이라는 점을 알려주고 있다. 그 바위에서 태어났다는 투로글로디테스(Troglodites)는 나일 강에 몸을 씻었고, 어려운 노동을 하지 않을 수 없었다. '관개(灌漑, 물 대기)'를 위한 수로(水路) 만들기 노동이었다. 오두막들을 세웠고, 그것들을 지상 25피트(feet, 30×25=750cm)까지 올렸다. 이것은, 백 개의 대문(大門)을 달았다는 테베인(Thebes) 이전(以前)에 필요하였고, 그렇게 높이 세울 수가 있었다. 멤피스(Memphis)가 일어나기 전, 또는 피라미드 건축이 구상되기 이전의 일이었다. 어떤 고대 역사가도 자연스런 선택을 못했던 것은 이상스러운 일이다.

우리가 앞서 이 시대를 살폈듯이, 아브라함은 그곳에 여행을 하고 있었고, 이집트는 강력한 왕국이었고, 왕들은 피라미드 일부를 이미 세워 놓았고, 그것은 역시 여행자들의 경탄을 자아내게 했다. 아라비아 사람들은 아브라함 시대보다 훨씬 전에 가장 큰 피라미드를 사우리드(Saurid)에 세웠다는 기록이 있다. 백 개의 대문을 달았다는 테베(Thebe) 시 건축 시기는 미상(未詳)이다. 바빌론 같이 '신의 도시(the city of God)'로 명명된 큰 도시의 연대가 모호하다. 그런데 테베의 1백 개의 대문마다 2백대의 전차(戰車)와 갑옷을 입은 10만 명의 군사를 배치했다는 것을 누가 믿을 수 있겠는가? 그 숫자를 더하면 20만대의 전차(戰車), 1백만 명의 병사다. 매 5인 가족 중 한 사람이 병사(兵士)라면, 그 도시에는 5백만이 거주를 해야 한다. 스페인과 프랑스 같이 큰 나라도, 디오도루스 시쿨루스(Diodorus Siculus, B.C. 45년에 활략한 희랍 史家)에 의하면 주민이 3백만을 넘지 않고, 1만 6천의 방위병이 있었다. 디오도루스는 말하기를(제1書), 이집트는 인구가 많을 때가 7백만이라 하였고, 디오도루스 당시에는 3백만이라 기록하였다.

테베의 1백 개의 대문에 1백만 명의 병사보다, 이집트 왕 '세소스트리스(Sesostris)의 정복(征服)'을 더욱 신뢰할 수가 없다. 피크로콜레스(Picrocoles)의 역사를 보면, 그가 베낀 헤로도토스 말에, 세소스트리스(Sesostris)의 아버지 꿈에, 그 아들이 '세계를 정복할 운명'이라는 신탁(神託)을 얻었다는 이야기다. 세소스트리스의 아버지는, 아들과 같은 날에 태어난 아이들과 함께 자신의 궁중에서 기르며 무도(武道)를 수련하게 하였다. 그들이 최장 8리를 달리지 않으면 먹이지 않았다. 그래서 결국 세소스트리스는 60만 병사와 2만 7천 대의 전차(戰車)를 이끌고 세계 정복에 나서서, 인더스 강에서 육시누스 바다(Euxine Sea)까지를 정복하고, 민그렐리아(Mingrelia), 콜키스(Georgia, Colchis)를 정복하였다. 헤로도토스는 세소스트리스가 콜키스를 식민지로 삼은 것에 조금도 의심을 하지 않았다. 왜냐하면 헤로도토스가 콜키스에서 황갈색의 곱슬머리의 인간, 이집트인과 같은 사람을 보았기 때문이다. 흑해와 카스피해 연안의 그 '스키타이 족'은, 키루스(Cyrus)의 통치 이전에 아시아를 짓밟았고, 이집트인임을 포기한 것을 나는 쉽게 알 수 있었다. 세소스트리스는 노예의 나라 이집트로부터 노예들을 싣고 나왔고, 그 후손들을 헤로도토스가 본 것이고, 헤로도토스는 그들을 그 콜키 사람이라고 생각했던 것이다. 만약 그 콜키 사람들이 진정 할례(割禮)의 미신을 믿고 있었다면, 이집트인의 풍속을 보유하고 있는 것이다. 그것은 북방 민족이 그들을 정복했던 문명국의 의식을 따르고 있는 것과 유사한 것이다.

이집트인들은 유사 이래 공포(恐怖)를 주는 종족(種族)은 아니었다. 정복을 당했던

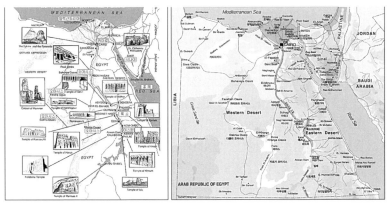

이집트 지형도

적이 없으므로 어떤 적(敵)에게도 공격을 당한 적도 없었다. 스키타이 사람이 처음 정복을 시작하였다. 네부카드네자르(Nebuchadnezzar, 630 B.C.~562 B.C.)에 이르러 반대(저항) 없이 이집트를 정복하였다. 키루스(Cyrus, ?~530 B.C.)는 이집트로 한 사람의 막료(幕僚)를 파견했을 뿐이다. 이집트인이 카비세스(Cabyses) 치하에서 소요를 일으키니, 단 한 번의 군사작전으로 이집트인을 복속시키기에 충분하였다. 카비세스는 이집트인을 너무 무시하여 이집트 사람 면전에서 그들의 신(神) 아피스(Apis)를 살해하였다. 오쿠스(Ochus)는 이집트를 자기 왕국의 영역에 포함시켰다. 알렉산더, 카이사르, 아우구스투스, 칼리프 오마르(Caliph Omar)가 똑같이 손쉽게 이집트를 정복했다. 마메루케스(Mamelukes) 치하 콜키스에 사는 동족들은 크루사데스(Crusades) 시대에 이집트를 정복했다. 결국 셀림(Selim)은 단 한 번의 군사 작전으로 이집트를 정복했는데, 이 모든 것이 이집트인들의 모습이다. 다른 지역에서도 그렇듯이, 이집트에는, 이집트인에게 얻어맞아 고통을 받는 유럽의 운동가 말고는 인류 중에 가장 악랄한 학대를 달게 받는 이집트인들이 있을 뿐이다. 그러나 그것이 이집트인들이 콜키스의 마메루케스 통치를 받고 있는 이유이다.

겸손한 민족도 이전에는 정복자(征服者)였다는 것은 사실이다. 희랍인과 로마인이 그 증거다. 그러나 우리는 세소스트리스의 정복보다 희랍인 로마인의 장대한 고대(古代)를 분명히 알고 있다.

나는 세소스트리스(Sesostris)가 에티오피아(Ethiopians), 아라비아, 페니키아 사람들을 향해 '운이 좋은 전쟁'을 수행했다는 것을 부정하지 않는다. 그러나 그를 세계의 정복자로 말하는 것은 '허풍쟁이 말'이다. 이전에 다른 나라들을 예속(隸屬)

시켰다고 뽐내지 않은 '예속을 받고 있는 종족'은 없다. 옛날의 영광으로 현재의 굴욕을 위로하는 것이다.

　헤로도토스는, 이집트 사람들이 자신에게 전했던 말을 재치 있게 희랍인에게 전하였다. 그러나 재담(才談) 이상으로 이집트인이 제공했던 것은 무엇인가? 이집트 인들은 이집트에 유명한 악역(惡疫, plagues)에 대해서는 헤로도토스에게 말하지 않고 있다. 파라오(Pharaoh)의 마법사와 유대 신(神)의 성직자 간의 '마법 경쟁'에 관해서도 말하지 않았다. 히브리인이 지났다는 홍해(紅海) 속에 산 같이 솟은 좌우 파도에 이집트 병사들이 빠져죽은 것에 대해서는 말을 하였는가? 그것이 세계사에 가장 큰 사건이다. 헤로도토스, 마네톤(Manethon), 에라토스테네스 (Eratosthenes), 그밖에 경이로운 것을 좋아하고 이집트와 정기적으로 교신을 해 온 사가(史家) 누구도, 모든 세대가 관심을 갖고 있는 그 기적(奇蹟)에 대해서는 언급도 없다. 나는 히브리인 '책 속의 증언'으로 그것의 증거를 삼지는 않을 작정이다. 나는 이집트인과 희랍인의 침묵이 의심스러울 뿐이다. ['虛僞'라는 의미] 그렇게 성스러운 역사는 신(神)이 '불손한 우리'에게는 전하고 싶지 않다는 것인가?

〈역사철학 - 'ⅩⅧ. 이집트에 대하여'〉[44]

해설

* 볼테르가 '역사 서술'에 최우선으로 내세운 것은 '이성적 기술(記述)' '합리 적 서술'이다. 그것을 결여한 경우는 그 문헌 비판부터 다시 시작을 해야 하고, 추적 불능의 경우 역사적 가치는 상실되고 만다.

　볼테르 이전의 사학자는 어느 누구도 그 점을 강조하지 못했다. 왜냐하면 그들 학습의 기초는 기존 문헌의 '신비주의(神秘主義)' '미신(迷信)'이 통합된 문헌이 전부였기 때문이다.

　이에 볼테르는 'I. 뉴턴의 수학, 물리학'을 공부하여 기존 신학자, 철학자들의 '지구(地球) 중심'의 허상(虛像)을 보았고, J. 로크의 '경험적 처방(經驗的 處方)'으 로 '기도(祈禱)로의 치료'를 불신(不信)하게 되었다. 그리고 '천연두(天然痘)'의 예방법은 역시 인간이 경험으로 획득됨을 명백히 알고 있었다. 그리고 이에 더해 온갖 비리(非理)로 억눌려 감옥살이를 한 끝에 편안한 '자연법'이 주장된 공자의 말씀과 접하게 되었다. 그리하여 볼테르 '계몽주의 3대 거점'은 그대로

44) Voltaire, *The Best Known Works of Voltaire*, The Book League, 1940, pp. 401~404 'ⅩⅧ. Of Egypt'.

정착하게 되었다. (참조, ※ ⑪-15. 인류의 행복을 심어주는 공자(孔子)님 말씀, ※ ⑨-41. 공자(孔子)는 현대인이다. ※ ⑤-11. '자연법(自然法)'은 '이성(理性) 법'이다.)

위에서 볼테르는 이집트 신화를 '허풍쟁이 말(the language of some exaggerators)'로 규정하였다. 볼테르가 〈역사철학〉을 쓴 이후 250년이 지난 지금은 신화와 역사를 혼동하는 사람은 없다. 볼테르는 '추상적 관념'으로 우기지는 않고 모두 문헌과 실제 인간들이 말하고 행했던 것을 토대로 시대에 앞서 그들의 각성(覺醒)을 촉구했다.

그러나 단지 '실제 역사(歷史)'보다 '허구적 신화(神話)'를 더 좋아하는 사람은 아직도 있다. 그것은 하나의 취향(趣向)이니, 꼭 막을 수는 없을 것이나, 신화를 현실과 혼동하는 사람들이 '사회 현실 운영(運營)'을 맡는 날은 바로 생명 기준과 과학이 무시된 '꿈 속'으로 함께 가자고 주장하는 날일 것이다.

⑩-19. '권위주의(權威主義)'로 고집된 이집트 상형문자

이집트인의 언어는, 아시아 종족들의 언어와는 아무 유사성도 없다. 아시아 사람들 말, 아도나이(Adonai) 아디니야(Adinijah)나 발(Bal) 바알(Baal)과 같은 '주인(主人)'이라는 의미의 단어가 이집트어에는 없다. 페르시아인의 '태양'을 의미하는 미트라(Mitra)란 말, 시리아의 '왕'을 의미하는 메르크(Melch)도 없고, 인도와 페르시아 사람의 공용인 사크(Shak) 스카크(Schach) 사(Sha)라는 말도 이집트어에는 없다. 이에 반(反)해, 파라오(Pharaoh)란 이집트인의 '왕'에 대한 호칭이고, 오시리스(Oshireth)는 페르시아인의 미트라(Mitra)에 상응한 말이고, 태양을 뜻하는 온(On)은 이집트인과 페르시아인의 공통어이다.

칼데아인은 '사제(司祭)'를 마기(Mag, Magi)라 부른다. 이집트에는 그 사제를 의미하는 '코엔(Choen)' '디오도루스 시쿠루스(Diodorus Siculus)'라는 어휘가 있다. 오벨리스크(obelisk)에 새겨져 있는 이집트의 상형문자(Hieroglyphics)와 알파벳 문자는 여타(餘他) 민족과는 관련이 없다.

인간은 상형문자의 발견 이전에도, 사실을 가리키는 '언어'를 틀림없이 가지고 있었다. 우리가 행하고 있는 것을 접어두고라도, 우리가 그들이라면 원시인으로 무엇을 했겠는가? 한 아이가 '말'을 모르면, 그는 다른 방법으로 말을 해야 할 것이다. 만약 아이가 이해를 못하면, '그림'을 그리고 최소한의 머리를 가지고

오벨리스크(obelisk), 이집트 상형문자(The Egyptian Language and Symbols)

있다면 '숯[炭]'으로 그가 전달하고자 하는 것을 벽에다 그릴 것이다.

사람들이 원하는 사항을 매우 어설프게나마 전달하는 방법은 '그림 그리기'이다. 그림 그리기가 분명히 '글자 쓰기'에 앞섰다. 그것으로 멕시코 사람, 페루 사람도 기록을 하였다. 그들은 다른 기술에 더 이상 발전을 못했다. '문자(文字)'는 세련된 종족의 첫 번째 수단이다. 이어 사람들은 상형 문자를 발견했다. 두 손을 맞잡으면 '평화'이고, 화살은 '전쟁', 하나의 눈[目]은 '신(神)', 홀(笏)은 '왕권', 이 형상들을 나열하고 연합하여 짧은 뜻을 이루었다.

중국인은 글자를 발명하여 그 '단어'를 그 '언어'에 연결을 하였다. 그러나 알파벳의 발견은 우리 눈앞에 다른 발음을 명백하게 제시하여, 기록으로 모든 단어의 결합을 유용하게 하였다. 누가 인간들에게 인간들의 생각을 이처럼 용이하게 기록하는 방법을 가르쳤는가? 여기에서 나는 모든 기술을 영구화하는 그 고대인의 기술(技術) 이야기를 반복하지는 않겠다. 다만 그것을 성취하는데, '많은 세기(世紀)'가 필요했다는 것을 말하고자 한다.

<u>코엔(Choens) 즉 이집트 사제(司祭)들은 오랜 동안 '상형문자'를 쓰고 있었으나, 히브리인은 법 제2조항으로 상형문자 사용을 금지하였다. 그런데 이집트인이 그 알파벳 문자를 가졌을 때, 코엔들 즉 이집트 사제는 신성(神聖)하다고 상형문자를 교육하고 있었다. 그래서 일반인, 마기(Magi), 브라만이 동일한 문자를 사용했던 것과는 달리 그 이집트 사제는 그 '고정된 장벽'을 고집하였다. 그것은 가장(假裝)으로 인간을 통치하는 기술이 필요했기 때문이다.</u>

그 코엔들은 그들 특유의 상형문자를 가졌을 뿐만 아니라, 이집트 세속 언어가 바뀌어도 고대 이집트 언어를 보유(保有)하고 있었다.

에우세비우스(Eusebius, 363~339)가 인용한 마네톤(Manethon)은 원시 헤르메스인(Hermes) 타우트(Thaut)가 신비문자로 기록한 두 개의 기념비에 대해 언급을 하고 있다. 그러나 고대 헤르메스인이 살았던 연대를 누가 알겠는가?

이집트인은 그들의 '제일 상징[상형문자]'을 보존하는 데 더없이 신중했다. '제 꼬리를 물고 있는 뱀'은 1년을 12개월로 나타내고, '황도(Zodiac, 黃道)' 기호는 아니지만 그 달[月]을 동물로 표현하여 살피기에 흥미롭다. 12개월에 5일을 첨가했으니, '작은 뱀' 아래, '새매' '인간' '개' '사자' '황새' 그림을 추가하였다. 그것은 키르케르(Kirker)가 그렸는데, 기록물은 로마에 보관되어 있다. 이처럼 고대에 거의 모든 것들은, 상징과 비유였다.

〈역사철학 – 'XIX. 이집트의 언어와 상징'〉45)

해설

* 볼테르는 고대 이집트 사제(司祭)가 '스스로의 통치권위'를 유지하기 위해 상형문자를 고집하였다고 폭로하였다. 그렇지만 그것은 '고대 이집트 사제'에 국한한 문제가 아니고, 중세 각국 대학에서는 자국어가 있음에도 '라틴어로의 강의'가 행해졌던 것은 '생활에 필요한 정보 제공'을 대학에서 교육했던 것이 아니라 '권위'로 '국가와 사회'를 다스리는 것이 우선된 사회였기 때문이다. (참조, * ⑧-15. 라틴어와 프랑스어)

지금도 '외국어 장벽'은 모든 나라에 다 있으며, 그것을 넘는 것이 '정보 수용'에 필수적인 길이 되어 있다. '정보의 공유(共有)'는 인류의 특권이고 미덕이지만, 역시 각 개인의 노력 '사회적 뒷받침'이 있어야 항상 가능할 수 있다. 가만히 누워 있는 사람에게 '유익한 정보'를 남김없이 제공할 노예(奴隷)는 세상 어디에도 없다.

볼테르가 주장한 '과학주의' '실존주의' '자유주의' '평화주의'로 나가는 바른 길은, 그 '개방' '개혁' '소통'을 기본 바탕으로 한 것이었다. 지금도 그 '신비주의' '독선(특권)의식'의 사람들은 스스로 반성을 해야 한다.

'신비주의 고집'은 알고 싶어 하는 인간의 의지를 꺾어, 어쩔 수 없는 포기로 그 장벽(障壁)을 온존(溫存)시키는 '보수주의 권위 통치'의 대표적 수법이다. 그것은 인간의 관성(慣性)으로 적용이 제외된 곳이 거의 없을 정도이지만, 그 '과학주의' '실존주의' '자유주의' '평화주의'가 온당함을 한번 알고 나면, 누가 '불필요한 권위주의'에 굴복을 할 것인가.

그러나 F. 니체는 그 '권위주 보수주의 사람'까지를 포괄하여, '인간 각자는,

---

45) Voltaire, *The Best Known Works of Voltaire*, The Book League, 1940, pp. 404~405 'XIX. The Egyptian Language and Symbols'.

가치의 최후 평가자다.'46)라고 말했다. 그리하여 F. 니체는 그 '양극(兩極)의 동시주의(polar reversal simultaneism)' 속에 모든 사람 각 개인의 마지막 '선택 의지(Will of Choice)'에 일임하였다.

⑩-20. 독재, 허영, 미신(迷信)의 피라미드

이집트의 비옥한 토지에서 물 빼기 작업이 행해진 것은, 후대(後代)의 일이다. 배수(配水) 작업 이후에 마을은 부자(富者) 도시로 바뀌었고, 완벽하고 호사스런 기술들이 평가를 받게 되었다. 그 다음 국왕들은 그들의 궁궐이나 피라미드 무덤을 세울 생각을 하여, 이웃 시르본 호수(Lake Sirbon)의 아라비아인을 고용하고, 나일 강 지류(枝流)의 상류(上流) 채석장(採石場)에서 거대 암석을 잘라 내어, 그것을 뗏목에 실어 멤피스(Memphis)까지 운반하였다. 미(美)나 비율이 없는 밋밋한 거대 기둥을 세우기 위한 것이었다. 이집트인은 거대(巨大)한 것은 알았으나, 미(美)에는 무식(無識)이었다. 이집트인은 초기 희랍인을 가르쳤다. 그러나 희랍인이 알렉산드 리아(Alexandria)를 세우고 난 다음에는 '모든 것에서 선생'이 되었다.

유명한 프톨레마이오스(Ptolemies) 도서관이 카이사르(Caesar) 전쟁 때 반(半)이 불에 탔고, 오마르(Omar)의 이집트 정복 때에는 나머지 반(半)이 이슬람교도 (Mussulmen)의 목욕통에 삶아졌다는 것은, 생각만 해도 우울한 일이다. [전쟁 폐해에 대한 개탄] 우리는 최소한 사람들을 감염시키고 있는 미신(迷信)의 근원을 알아야 하고, 이집트 철학의 혼돈과 이집트인의 고대, 약간의 과학에 대해서도 알 필요가 있다.

이집트인은 분명히 지금도 그 일부가 남아 있는 엄청난 건축을 행하며 그들의 왕들이 여유와 휴식을 즐겼던 몇몇 대의 평화로운 시기가 있었다.

이집트인의 피라미드는 여러 해에 걸친 낭비(浪費)의 산물(産物)이다. 많은 주민과 외국 노예가 오랜 기간 그 무한의 작업에 동원되었다. 피라미드는 독재, 허영, 노예 상태, 미신 속에 세워졌다. 사실상 독재 군주는 자연(自然)을 강제하는 것밖에 다른 것을 몰랐다. 예를 들어 현재 영국은 과거의 이집트 왕국보다 더욱 강력하다. 어떤 영국의 왕이 국민들에게 그러한 기념물을 세우라고 할 수 있겠는가.

---

46) F. Nietzsche (translated by R. J. Hollingdale), *Thus Spoke Zarathustra: A Book for All and For None*, Penguin Classics, 1961, p. 67.

허영(虛榮)은 대가를 치르는 법이다. 이집트 고대 왕들의 야심이 그것이니, 그들이 자신의 아버지와 자신을 위해 훌륭한 피라미드를 세워야 했다. 노예제(奴隷制)로 노동력을 확보하고, 그리고 '미신'에 의한 것이니, 코카마틴스(Chocamatins) 코엔(Choen) 이집트 사제(司祭)가 영혼이 1천년 기간이 지난 다음에 자기 자신의 몸으로 되돌아온다고 사람들을 설득하였던 것이다. 이집트인은 육체가 천년 동안 썩지 않기를 원했고, 그 같은 이유에서 그렇게 세심히 방부(防腐) 처리되고, 모든 재난에 대비하여 열어 볼 수 없는 거대 바위 속에 보관하였다. 이집트인과 왕들은 상처가 낫는 시간을 고려하여 무덤을 만들었을 것이다. 자기 육체의 보존은 모든 인간의 소망 사항이다. 현존하는 이집트 미라는, 4천 년 동안 묻혀 있었다. 시체들이 피라미드처럼 견딜힘이 있었다.

그 '천년 후 부활론(the opinion of a resurrection after ten centuries)'은, 이집트인의 제자(弟子)들인 희랍인들에게 수용(收容)이 되었고, 로마 사람들은 그것을 다시 희랍인에게서 배웠다. 우리는 엘레우시나(Eleusina)의 이시스(Isis)와 케레스(Ceres) 의 신비한 그 '부활론(resurrection)'을 아에네아드(Aeneid) 제6권에서 확인할 수 있다.

그러나 천년이 지나서야
(그토록 오래 罰과 贖罪가 지속하다가)
모든 혼(魂)의 무리는 신(神)에게 이끌려
레타에안 강(Lethaean)의 홍수를 마시게 되네.
그들의 지난 노역(勞役)에 몸서리쳐지는 세월을
어루만져 적시는 망각의 강물을 들이키네.

그 후에 '부활론(復活論)'은 기독교인들에게 소개되었고, 그들이 '천년의 통치론' 으로 정착을 하였다. '천년왕국 논자들(Millenarians)'은 우리 시대에까지 이어지고 있다. 그처럼 많은 설(說)들이 온 세상에 유행을 하고 있다. 이것이 그 피라미드 세우기를 기획했던 바의 설명으로 충분할 것이다. 우리는 이집트인들이 그들 건축에 행했던 (司祭들의) 말을 반복해서는 안 된다. 나(볼테르)는 '인간 오성(悟性)의 역사'만 고찰을 하고 있다.

〈역사철학-'ⅩⅩ. 이집트의 기념물'〉[47]

---

47) Voltaire, *The Best Known Works of Voltaire*, The Book League, 1940, pp. 405~406 'ⅩⅩ. Egyptian Monuments'.

이집트인이 희랍인
을 고용해 건설한
알렉산드리아
(Alexandria)[48]

스핑크스[49],
로마 시대에 건설된
야외극장[50]

로마 폼페이우스
(106 B.C.~48 B.C.)
기념탑[51], 복원된 파
로스 등대(燈臺)[52]

48) Wikipedia, 'Alexandria'.
49) Wikipedia, 'Alexandria' – 'Alexandria, sphinx made of pink granite, Ptolemaic'.
50) Wikipedia, 'Alexandria' – 'An ancient Roman amphitheatre in Alexandria'.
51) Wikipedia, 'Alexandria' – 'Roman Pompey's Pillar'.
52) Wikipedia, 'Alexandria' – 'Scale replica of the destroyed Alexandrine Pharos Lighthouse in

해설

* 볼테르의 〈역사철학〉의 요지는 여기에서도 거듭 명시되었으니, '인간 오성(悟性)의 역사(the history of human understanding)'라는 말이 그것이다.

〈역사철학〉은 볼테르의 '계몽주의 정신' '비판정신의 발동'으로 과거 '신비주의' '과장' '신화된 폭력' '미신의 옹호'를 철저히 벗겨내어 새로운 '미래 사회 건설'에 그 목표인 (1) 과학주의 (2) 실존주의 (3) 자유주의 (4) 평화주의라는 4대 사상에 기준을 둔 것이다.

거대 피라미드53)

볼테르의 자신의 계몽주의를 바탕으로 행한 '피라미드를 세운 왕들의 허욕(虛慾) 비판'은 그야말로 '세기(世紀)의 웅변'이다.

볼테르가 위에서 지적한 '이집트인은 육체가 천년 동안 썩지 않기를 원했고, 그 같은 이유에서 그렇게 세심히 방부(防腐) 처리되고, 모든 재난에 대비하여 열 수 없는 거대 바위 속에 보관하였다.'는 것은 이미 죽은 '이집트 왕들'을 가르치려고 한 말이 아니라 명백히 오늘날도 '천년성(城) 거룩한 땅'을 소원하는 사람들이 있어서이다.

볼테르의 '역사철학'은 과거사를 취급하고 있으나, 그 과거의 '무의식적 반복 기록'이 아니라 '미래 사회 건설을 위한 합리적 대안으로서의 역사', '인류 공영을 위한, 내일을 위한 역사' 서술이었다. 이를 순간이라도 망각하고 역사를 쓰는 사람, 썼던 사람, 그리고 앞으로 쓸 사람은 볼테르 앞에 거듭 반성해야 한다. 왜냐하면 그는 '없어도 될 말', '반복해서 안 될 피라미드 이야기'를 반복하고 있는 '아둔한 인간'이면서 아직 자기의 '우둔(愚鈍)'도 깨닫지 못하고 있는 경우이기 때문이다. (참조. ※ ⑬-18. E. 노이만-'인간'이 관장하는 지구촌의 구도(構圖))

Borg el Arab, Alex'.

53) Wikipedia 'pyramid'-'The ancient pyramids of Egypt'.

⑩-21. 재능(才能)을 과시했던 희랍인들

희랍(Greece)은 작은 언덕이 많고 바다로 막혀 있는 영국만한 넓이의 나라이다. 이 나라는 모든 것은, '물질 혁명(the physical revolution)'을 수행했던 증거가 되고 있다. 대륙에서 분리되어 있는 섬들은 주변에 모래톱이 펼쳐져 있고, 얕은 바닷물 속에는 해초류가 자라고 있다. 유보이아(Euboea) 카키스(Chacis) 아르고스(Argos) 악티움(Actium) 메씨나(Messina) 만(灣)은 세계로 통하는 통로가 되었다. 유명한 템페(Tempe) 골짜기로 둘러싸인 산들이 조개껍질로 덮여 있음은, 옛날 오기게스(Ogyges) 데우칼리온(Deucalion) 폭우와 범람이 있었다는 시각적(視覺的) 증거물들이며, 그 많은 이야기들이 역사적으로 사실이라는 증언(證言)이다. 이것이 아마 희랍인이 현대인이 된 이유일 것이다. 그 위대한 혁명이 야만(野蠻) 속에 잠기게 되었으니, 아시아 이집트 종족이 그 희랍을 덮쳤던 때가 그것이다.

지상(地上)에 남은 유일한 노아(Noah)의 세 아들이 세계 곳곳에 흩어져 각각 2~3천 리에 강력한 제국을 세웠다는 것을 입증하기 어려운 문제는, 더욱 유식한 학자들에게나 맡기기로 한다. 노아의 큰 손자 야반(Javan)이 희랍인과 이탈리아 사람을 만들었는데, 그 이야기에서 그리스(Greeks) 이오니안(Ionians)이란 명칭이 나왔고, 이온(Ion)은 소아시아 연안에서 떨어져 나온 것으로, 이온(Ion)이 야반(Javan)인 것은 이(I)가 야(Ja)로, 온(on)이 반(van)으로 바뀌어서 그렇다는 것이다. 그와 같은 이야기는 어린 아동도 믿지 않을 것이다.

(Nec pueri credunt nisi qui nondum oere lavantur)

오기게스(Ogyges) 폭우는, 최초 올림피아드(Olympiad) 이전 1천 2백 년 경에 있었다. 그것을 최초로 말한 사람은 아케실라스(Acesilas)였고, 유세비우스는 그것을 〈복음 준비(Evangelical Preparation)〉에 인용하였고, 신셀레(George le Sincelle)도 인용을 하였다. 희랍인은 바닷물이 나라에 넘쳐서, 200년간을 사막에서 살아야 했다. 그러하였음에도 시키온(Sicyon)과 아르고스(Argos)에 동시에 행정부가 세워졌고 바실로이(Basiloi) 왕이 있었다고 한다. 그러나 이에는 더 논할 것이 없는 것 같다.

프로메테우스의 아들 데우칼리온(Deucalion) 시대에도 또 한 번의 범람(汎濫)이 있었다. 이야기에는 데우칼리온과 피르하(Pirrha) 이외에 살아남은 사람은 없었다는 것이다. 그들은 다리[脚] 사이로 돌을 던지듯 새로운 사람들을 만들어 내어, 토끼장에 토끼들보다 더 빨리 세상이 사람으로 가득 차게 하였다는 것이다.

페토(D. Petau, 1583~1652) 같은 신중한 작가도 '노아(Noah)의 후손'이 인류를 만들었다고 믿었다. 28년이 지난 다음 6억 2천만 인구가 된 것을 덮어놓고 시인(是認)

을 한 셈이다. 계산에 약간 과장이 있을 수 있다. 보통의 아버지는 4명의 자녀를 두는데, 26회의 결혼은 믿을 수 없다. 계산은 인구가 가장 많은 도시들을 합해서 나온 것이다. 1년에 1천명의 어린이가 한 해에 태어날 경우, 20년 뒤에는 겨우 600명이 살아남는다. 데우칼리온(Deucalion)과 피르하(Pirrha)가 돌을 던지듯이 사람들을 만들었듯이, 펜을 휘둘러 아이들을 만들었던 페토(Petau) 같은 사람을 신뢰하기에는 의심이 생긴다. [믿을 수 없다.]

희랍은 '우화(寓話)의 나라'다. 그 이야기는 어떤 이론(理論), 어떤 사원(寺院), 공공 축제(祝祭)에 관한 것이다. 얼마나 지나친 광기(狂氣), 얼마나 부조리한 고집으로 그렇게 많은 편집자들이 그렇게 엄청난 저술로 증명하려 했으며, 기념 축제로 그 사건의 진실을 시위(示威)하였던가? 어린 바커스(Bacchus)가 주피터(Jupiter)의 허벅다리로부터 태어나서, 주피터가 그것을 숨겼던 것을 무슨 이유로 사원(寺院)에서 축하를 해야 했던가? 카드무스(Cadmus)와 그의 아내는 '뱀'이 되었다는 것은 또 무엇이며, 보이오티아(Boeotia) 사람들은 그들의 축제(祝祭)로 '그것'을 기념하는 것일까! 로마에 있는 카스토르(Castor) 폴룩스(Pollux) 사원에서는, 그 신들이 로마 사람들을 위해 온 것을 과시(誇示)하자는 것인가?

고대의 축제나 옛 사원을 보면, 그것은 잘못된 일들임을 확신할 수 있다. 오류(誤謬)가 2~3세기가 지나면, 신뢰(信賴)를 획득하고, 그것은 결국 신성(神聖)한 것이 되고 사원들은 '괴물들(chimeras)'을 신봉하는 것이다.

반대로, 역사 속에 '가장 숭고한 진리'에는 열광적인 신도가 거의 없다. 위대한 사람은 이름도 없이 죽는다. 테미스토클레스(Themistocles) 키몬스(Cimons) 미티아데스(Mitiades) 아리스티아데스(Aristides) 포키온스(Phocions)는 박해(迫害)를 당했다. 이에 반해 페르세우스(Pereus) 바커스(Bacchus) 그밖에 '광적인 신들'은 그를 위한 사원(寺院)이 섰다.

생각들이 가능성을 가지고 제기되어 전반적으로 '자연 질서(the common order of nature)'에 모순이 없다면, 말하는 사람 자신에게는 이익이 없어도, 사람들에게는 믿음을 줄 수 있을 것이다.

불모(不毛)의 땅에 흩어져 있는 아테네 사람들에게, 이집트에서 추방된 케크로프스(Cecrops)라는 사람이 최초로 제도를 설립해 주었다고 한다. 그것은 놀라운 일이다. 이집트 사람들은 항해(航海)를 모른다. 그러나 그것을 알았다면, 모든 나라로 돌아다녔던 페니키아 사람들이 그 케크로프스(Cecrops)를 아티카(Attica)로 실어 날랐을 것이다. 희랍인이 이집트 문자를 쓰지 않은 것은 명백하다. 희랍 문자는 이집트 문자와 비슷한 것이 없다. 페니키아 사람들이 희랍인들에게 그들의 초기 알파벳을

전해주었고, 그 때는 글
자는 16개였다. 페니키
아 사람들은 8개의 글자
를 그 후에 첨가하였는
데, 희랍인들은 그것을
지금까지 보유하고 있
다.

희랍

나는 알파벳이, 사람
들이 최초의 지식을 획
득한 이래, 무적(無敵)의
기념물이라고 생각한
다. 페니키아 사람들은
스페인에서 은광(銀鑛)
을 찾아냈듯이, 아티카
에서도 그러하였다. 상
인들은 희랍에서 최초
로 그들의 교사(敎師)가
되었고, 그 후에는 다른
모든 나라 사람들도 가
르쳤다.

케크로프스(Cecrops)[54]

희랍인들은 오기게스(Ogyges) 시절에는 야만인이었으나, 다른 종족보다는 미술
을 좋아하는 재능을 보유하고 있었다. 희랍인은 더욱 세련되고 교묘한 천성을
지녔다. 그들의 언어가 그것을 입증하고 있다. 희랍인은 기록을 배우기 전부터,
다른 아시아 종족보다 부드러운 자음(子音)과 모음(母音)의 더욱 조화로운 언어를
가졌음을 알 수 있다.

산코니아톤(Sanchoniathon)에 의하면, 페니키아인을 가리키는 크나트(Knath)는
헬레노스(Hellenos)나 그라이우스(Graius)보다 조화(調和)가 덜 되어 있다. 아르고스
(Argos) 아텐스(Athens) 라케다에몬(Lacedaemon) 올림피아(Olympia)라는 말이 레헤
보트(Reheboth)라는 말보다 발음하기가 좋다. 지혜라는 소피아(Sophia)가 시리아인
언어의 소케마트(Shochemath), 히브리인의 바실레우스(Basieus)보다 더욱 부드럽다.
로이(Roy)라는 발음도 멜크(Melk) 사크(Shack) 발음보다 부드럽다. 아가멤논

---

54) Wikipedia 'Cecrops' – 'Representation of Cecrops I'.

(Agamemnon) 디오메데스(Diomedes) 이도메네우스(Idomeneus)를 마르도켐파드(Mardokempad) 시모르다크(Simordak) 소하스두크(Sohasduch) 니리카소라사르(Niricassolahssar)와 비교해 보아도 그렇다.

요세푸스(Josephus)는 아피온(Apion)을 반대하는 책에서, 히브리인이 헤르살라임(Hershalaim)이라 발음하는 것이 아테네인의 귀에 거슬려, 희랍인은 그것을 예루살렘(Jerusalem)으로 바꾸었다고 알려주고 있다.

희랍인은 시리아, 페르시아, 이집트의 거친 명사(名詞)를 모두 바꾸었다. 희랍인은 코레스(Coresh)를 키루스(Cyrus)로, 이스테트(Istheth)와 오시레트(Oshireth)를 이시스(Isis)와 오시리스(Osiris)로, 모프(Moph)를 멤피스(Memphis)로 바꾸었다. 그래서 야만인(野蠻人)들은 희랍인을 따랐으니, 이집트 프톨로미(Ptolomies) 왕 시대에 도시와 신들의 이름은 모두 희랍 식 명명(命名)이다.

인더스와 갠지스 이름도 희랍어에서 온 것이다. 갠지스는 브라만의 언어로 산노우비(Sannoubi)라 하였고, 인더스는 솜바디포(Sombadipo)라 하였다. 그 고어(古語)는 베다(Veda)에 나오고 있다.

희랍인은 소아시아 연안까지 세력을 펼쳐, 언어를 순화하였는데, 희랍의 호메로스(Homer, 800 B.C.~750 B.C.)는 스미르나(Smyrna, 터키의 서부 항구 '이즈미르')에서 태어났을 것이다.

뛰어난 건축, 완벽한 조각, 회화, 훌륭한 음악, 진품의 시, 실감나는 웅변, 훌륭한 역사를 쓰는 방법, 철학 자체는 간단히 말해 거칠고 애매모호하지만, 희랍인에 의해 다른 나라로 전해졌고, 모든 영역에서 그 이전 것들을 초월하였다.

희랍인의 솜씨를 빼면, 이집트에는 좋은 조각상이 없다. 시리아에 고대 발레크(Balec)와 아라비아의 고대 팔미라(Palmyra)에 궁전과 장대한 사원들은, 국왕이 고용한 희랍인 예술가들에게 힘입은 것이다. 발레크(Balec)와 팔미라(Palmyra) 폐허에 남아 있는 기념물은 건축의 걸작들인데, 페르시아인에 의해 축조된 페르세폴리스(Persepolis) 폐허에서 볼 수 있는 것은 야만스러운 것들뿐이다.

〈역사철학-'ⅩⅩⅠ. 희랍인에 대하여'〉[55]

해설

* 볼테르의 최고 기준은 '자연 질서(the common order of nature)'이다. 그래서 '볼테르 생각(사상)'과 논의에서 멀어지면 멀어진 만큼이나 그 대가를 치를

---

55) Voltaire, *The Best Known Works of Voltaire*, The Book League, 1940, pp. 406~409 'ⅩⅩⅠ. Of the Greeks'.

것이다.

거듭 요약하거니와 볼테르의 생각의 기준은 (1) 과학주의 (2) 실존주의 (3) 자유주의 (4) 평화주의이다. 위에서 볼테르가 시인 호메로스(Homer, 800 B.C.~750 B.C.)만 잠깐 언급하고 플라톤, 아리스토텔레스 등을 그냥 지나쳤던 것은, 플라톤은 '국가주의' '이념철학'의 창시자로 천지 만물을 다 아는 듯이 떠들었지만, 사실 하나도 제대로 아는 것은 없었다는 플라톤의 '관념주의'를 싫어해서이고(참조, ✻ ③-21. 몽상(夢想)의 플라톤), 아리스토텔레스는 실제 감동을 주는 작품 '작가(作家)'가 아니라 그의 〈시학〉에서 확인할 수 있는바 '이론가'였기 때문이다. (참조, ✻ ⑧-13. '작품 이론'을 떠나, 현실 생명으로)

볼테르는 '계몽주의자'로서 희랍인의 축제와 신화(神話, 寓話)에 불만을 토로하고 있다.

그러나 F. 니체 이후에 S. 프로이트, C. G. 융, E. 노이만은 그것에 새로운 정신분석학을 적용하여 '인간 무의식(unconscious)'의 새로운 경지를 열었다.

그렇지만 역시 이후 '무의식의 탐구'도 볼테르가 J. 로크에서 배운 '인체(실존)의 경험 과학'과 '본능(instinct)' 긍정의 토대 위에 세워졌으니, 당초 볼테르의 '본능(Instinct) 논의'가 이후에 더욱 치밀하게 탐구가 진행한 결과라는 점을 결코 간과해서는 아니 될 것이다. (참조, ✻ ⑩-3. 자연(自然)이 철학자를 만들었다. ✻ ⑪-18. 본능, 이성(理性), 힘, 자유 의지)

⑩-22. 모순(矛盾)된 유대인의 역사

유대인의 역사에서, '신성한 것'을 가능한 건드리지 않을 작정이다. 어쩔 수 없을 경우에는 일상적 사건에 관련된 신비적 요소에 국한(局限)하여 논의를 하겠다.

우리는 그 유대 민족의 진전(進展)에 드러난 계속된 위인들(prodigies, 聖書 기록자들)은 마땅히 존중해야 할 것이다. 유대인의 교회당을 대신하고 있는 유럽의 교회가 요구하는 모든 합리적 신념으로, 우리는 유대인을 믿고 있다. 우리는 유대인을 심문(審問)하자는 것이 아니고, 그 역사(歷史) 서술에 국한된 문제이다.

우리가 가능성을 생각하고 사실을 논함에 있어, 앞서 논한 스키타이 사람이나, 희랍인들처럼 유대인에 대해 기술을 할 것이다. 로마인들이 유대인들의 도시를 파괴하기 이전까지는, 다른 사람이 아닌 그 유대인들이 유대의 역사를 기록해왔으므로, 유대인의 연대기로 살펴보는 것이 필요할 것이다.

유대인이 근대 민족의 대열에 선 것은, 유대인이 '정착지(定着地)와 자본(資本)'을 확보했을 때부터라고 생각한다. 솔로몬(Solomon) 시대에 이르기까지 유대인은 그 주변국에 거의 알려진 것이 없었고, 헤시오드(Hesiod, 750? B.C.~650? B.C.), 호메로스 시대, 아테네의 초기 집정관(Archons) 시대부터였다.

솔로몬(Solomon, Soeiman)은, 동방 민족에는 잘 알려져 있었다. 그러나 다윗(David) 은 그러하질 못했고, 사울(Saul)은 더욱 말할 것이 없다. 사울 이전에 유대인은 사막에 아라비아 부대(部隊) 중의 하나로 페니키아 사람들에게 유대인은, 라케데모 니아 족(Lacedemonians)에게 이리오트 족(Iliots) 같았다. 한 마디로 '노예들(slaves)'로 무기 소지(所持)가 금지된 종족이었다. 쇠붙이를 몸에 소지할 수 없었고, 보습이나, 손도끼 끝을 날카롭게 할 수도 없었다. 그것은 '사무엘 서(書)'에 제시되어 있다. 그래서 유대인은 그들이 베타벤(Bethaven)에서 팔레스타인(Philistines)에 대항(對抗) 하여 사울(Saul)이 요나단(Jonathan)과 싸울 적에 칼이나 창을 사용할 수가 없었다. 한 가지 행동은 사울이 싸우는 동안 '적(敵)들을 먹을 수 있도록' 주(the Lord)께 맹세를 하였다.

이 전투 이전(以前)에 사울은, 무기 없이 33만의 암몬 사람들(Ammonites)을 완전히 격파하였다는 것(列王 1, 2장)은 사실이다. 그러나 유대인들이 칼이나, 창, 다른 무기를 들지 않았다는 것은 믿을 수 없다. 더구나 유대의 가장 위대한 왕들은, 33만의 병사를 가끔 보유하기도 했다고 한다. 작은 지방을 방랑하며 억압을 받은 유대인들은 단 하나의 요새화된 도시나, 무기 칼이 없는 상태에서, 전장(戰場)에 33만의 병사를 동원할 수 있겠는가? 그와 같은 병력(兵力)은 전 아시아 유럽을 정복할 만한 숫자이다.

이 명백한 모순(矛盾)들을 푸는 문제는 훌륭한 지성, 학자들이 행할 일이다. 우리는 존중해야 할 것은 존중을 해야 한다. 유대인 자신들에 의해 서술된 유대인의 역사는 그들에게 돌려주기로 하자.

〈역사철학-'XXⅡ. 최초의 유대인'〉[56]

해설

* 볼테르가 〈역사철학〉에 줄기차게 〈구약(舊約)〉을 거론한 것은 결코 지나친 일이 아니다. 볼테르 당대까지 절대적 영향력을 발휘하고 있는 것은 〈성서〉

---

56) Voltaire, *The Best Known Works of Voltaire*, The Book League, 1940, pp. 409~410 'XXⅡ. Of the Jews, When First Known'.

이외에 다른 책이 없었고, 그것은 서구 고대의 '신비주의' '권위주의' '일방주의' '전체주의' '미신' '광신주의'의 대명사였다.

그런데 그것의 일점일획(一點一劃)을 가지고 죽기 살기로 다투는 것이 '중세 교부(敎父) 철학'이 지배한 현실이었다. 그리고 볼테르 당시 프랑스 사회는 그 '중세 유풍'을 어느 국가보다 높이 숭배를 하고 있는 형편이었다. (참조, ＊ ⑥-5. 합법적인 폭력－광신주의, ＊ ⑥-9. 기독교인이 행한 기독교인 박해, ＊ ⑥-21. 서로 싸우는 교회 형제들)

⑩-23. 기적과 신비의 유대인

유대인 연대기(年代記)에 의하면, 이 종족은 역사가 있기 오래 전부터, 이집트에 국한(局限)되어 있었다. 유대인은 카시우스 산(Mount Cassius)과 시르본 호수(Lake Sirbon) 주변 고센(Gossen, Goshen) 지역에 거주하였다. 아라비아 사람들은 이집트 북부인 그곳에서 겨울에 가축들에게 풀을 뜯기면서 지금까지 거기에 살고 있다.

단 하나의 가족(家族, '노아의 가족')이, 200년 동안에 200만 명이 되었다는 것이니, 유대인이 이집트에서 나올 때, '창세기'에 의하면 60만 군대를 갖추었다고 하므로, 유대인은 최소한 2백만 명은 되었어야 했다.

이러한 인구 증가는, '자연 질서(the order of nature)'에 어긋나는 것으로, 신(神)이 유대인에게 베푼 신비(神秘) 중의 하나이다. ['신비주의'로 과장된 진술]

이집트 왕이 두 산파(産婆)에게 명(命)을 내려 모든 히브리 남자 아이를 죽이라고 명령하였지만, 멤피스에 살고 있는 그 왕의 딸이 그 멤피스에서도 멀리 떨어진, 아무도 악어 때문에 목욕을 못하는 나일 강의 지류(支流)로 목욕을 하러갔다가 열아홉 살의 그 왕녀(王女)가 모세를 얻었고, 모세가 '전 유대인의 속박(束縛)'을 풀었다는 이야기다.

유대인들은 열 가지 이집트 역병(疫病)을 논하고 있다. 유대인은, 신(神)의 사자(使者)로서는 이집트의 마법사들이 동일한 기적(奇蹟)을 두 번 수행할 수는 없다고 말한다. 그래서 신이 마법사들에게 그런 권능을 제공하면, 신(神)도 공격을 당할 것이라는 생각이다. 유대인들은 모세가 모든 비[雨]를 일단 홍수로 만들었으니, 따로 이집트 마법사들은 모세의 방법처럼 쓸 물은 없다는 것이다.

5~6회의 악질(惡疾)로 말[馬]들이 다 죽은 상황에서, 그렇게 많은 기병(騎兵)들이

어떻게 유대인을 추적할 수 있는가를 물을 수도 있다. 그들의 머릿속에 신(神)이 나타났을 때, 병사들은 왜 도망을 가야했는가? 유대인은 이집트인의 이해(利害)에도 개입하여, 첫째 아이를 공격할 수도 있었다는 것인가? 왜 신은 그의 축복 받은 백성들에게, 풍요의 땅 이집트를 제공하지 않고 40년 동안을 격동의 사막(沙漠)을 방랑하게 만들었을까?

그 수많은 질문에 단 하나의 대답이 있다. '신(神)이 원(願)하시기 때문(God would have it so)'이다. 교회는 그것을 믿고 기독교도인 우리도 그것을 믿어야 한다. 이 점에서 유대인의 역사는 다른 종족의 역사와 다르다. 모든 종족이 기적(奇蹟)을 가지고 있으나, 유대인의 경우는 모든 것이 엄청나다. 그 역사가 그러했기에, 그 종족은 신(神) 자신처럼 행동을 했다. 신의 역사가 인간의 역사와 같을 수 없다는 것은 평이(平易)한 문제다. 무엇 때문에 우리가 그 초자연적(超自然的) 문제를 달리 생각하지는 못하고 오직 〈성경〉에만 의존을 해야 하는가? 해설은 더욱 줄이고, 생각할 만한 쟁점만을 짚어보기로 하자.

〈역사철학-'ⅩⅩⅢ. 이집트에서의 유대인'〉[57]

해설

＊볼테르는 '미신' '신비주의'에 대한 기본 전제로서 '신(神)이 원(願)하시기 때문(God would have it so)'이라는 말을 그대로 인용하였다. 그래서 서구 2천 년의 '2천 년의 신비주의'가 있었다.

그런데 볼테르는 '신(神)의 뜻'을 청산(淸算)하고 '인간 생명'을 표준으로 하는 '자연' '합리주의' '과학 사상'을 강조하여 '과학의 현대 사회'를 열었다.

그러함에도 헤겔은 '기독교 여호와주의'의 편을 들어 '전쟁 옹호'의 〈세계 역사철학 강의〉을 썼고, 토인비는 역시 '패권주의' '전쟁 옹호' '기독교 사상'으로 〈역사 연구〉를 장황하게 늘어놓았으니, 인류의 '계몽시대'는 꼭 볼테르 시대에 국한된 문제가 아님을 이에 확실히 알 수 있다. (참조, ＊ ⑬-2. G. W. F. 헤겔의 '절대주의' '여호와주의' ＊ ⑦-19. 헤겔과 프리드리히 2세-〈세계 역사철학 강의〉, ＊ ⑦-20. '세계사=강대국의 지배사'-토인비의 〈역사 연구〉)

---

57) Voltaire, *The Best Known Works of Voltaire*, The Book League, 1940, pp. 410~411 'ⅩⅩⅢ. Of the Jew in Egypt'.

⑩-24. '신(神)의 사자(使者)'라는 모세(Moses)

조물주는, 그가 고안(考案)한 인간의 팔에 힘을 부여했을 뿐이다. **모세**(Moses)는 모든 면에서 초월적이다. 공부를 했던 사람들도, 모세를 유능한 정치가로 본 사람은 한두 명이 아니다. 다른 사람들은 모세를 '신(神)의 손'으로 간주하여, 왕국의 운명을 계획하고 구성하는 '약한 갈대'로 여기고 있다.

권위도 없이 전 종족을 혼자서 이끌던 80세의 노인이 우리에게 무엇을 생각하게 하는가? 그의 팔에는 싸울 힘도 없었고, 그의 혀는 말을 할 수도 없었다. 모세는 절름발이 말더듬이로 묘사되고 있다. 모세는 이후 40년의 지독한 사막에서 자신의 동포(同胞)를 지도해야 했다. 모세는 유대인에게 정착지를 제공하고 싶었으나, 그러질 못하였다. 우리가, 모세가 방랑을 했던 수르(Sur), 신(Sin), 호레브(Horeb), 파란(Pharan), 카데사 바르네아(Cades-Barnea)의 사막 길을 따라가 보면, 모세는 출발부터 상황(狀況)에 역행(逆行)하는 동작을 볼 수 있으니, 우리가 모세를 과연 위대한 영도자로 믿을 수가 있겠는가? 모세는 6만 병사 앞에 섰고, 그들에게 입을 것도 먹을 것도 제공하지 않았다고 했고, 주님(God)이 그것을 모두 챙기시고 해결하고, 먹이시고, 입히시는 기적(奇蹟)을 행했다고 하였다. 그렇다면 모세는 행한 것이 없고, 무기력만 보이고 전능자의 손이 있을 뿐 지도(指導)하는 바가 없었다. 우리는 그 모세를 신의 모시는 종[奴僕]으로가 아니라 인간으로 보자는 것이다. 모세의 인성과 능력이 우리의 관심 대상이다.

모세는, 세상에서 유일한 풍요의 땅 요르단 강 서쪽, 예리코(Jericho)의 가나안 (Canaanites) 땅으로 가기를 원한다. 그런데 모세는 그쪽 길을 택한 대신에, 그는 동쪽으로 방향을 돌려, 수풀도 없고 시내[溪川]도 없고 마실 샘물도 없어 염수(鹽水)와 건강에 나쁜 물밖에 없는 야만의 황무지 에시온 가버(Esion-gaber)와 흑해(黑海)를 향(向)해 갔다.

그 외국인(유대인) 돌출(突出) 소식이 가나안 페니키아 사람들에게 알려지자, 그들은 그 카데스 바르네아(Cades-Barnea) 사막에서 전투를 행하게 된다. 그 때 그 고장에 주민은 3천 명인데, 6만 병사의 대장(隊長) 모세가 질 수 있겠는가? 죽기 전까지 39년 동안 모세는 2회의 승리를 했는데, 모세는 자신의 법(法)을 단 한 번도 어기지 않았다. 모세와 유대인은 그가 다스리고자 한 땅에 발을 들여놓기 전에 죽게 된다.

우리 상식(常識)에 의하면 입법자는 '자중 자애(自重 自愛)'한다. 그래서 엄정성을 야만인들에게 맡길 수는 없다. 죄에 대해 어떤 처벌의 판관에 괴로움을 당하기보다는, 입법자는 외국인이 감행한 자신의 민족 대학살부터 우선 막았어야 했다.

모세가 120살까지 살 수 있었는지도 알 수 없다. 그가 레위인(Levites)에게 명하여 그들의 형제 2만 3천 명을 무차별하게 살상하도록 피 흘림에 그토록 강경(強硬)하고 비인간적으로 자신의 감정에 따라 행동하며, '황금 송아지'를 섬기기보다는 차라리 죽게 할 수 있었는지에 대해서도 그렇다. 그리고 그에 관련된 바, 2만 3천명을 학살한 그 수치스런 행동 이후에, 그 형제가 높은 교황이 되었다는 점이다.

모세는 아라비아 페트레아(南部 樂園)에 거주하는, 미디안의 사제 이드로(Jethro)의 딸을 사랑하였다. 이드로는 모세에게 많은 호의를 베풀고, 자신의 아들을 황무지에 모세와 동행하게 하여, 모세를 호위하게 했다. 그런데 모든 정책과는 완전 반대로, (우리의 약한 종족들로만 생각해 볼 때), 한 유대인이 미디안(Midian) 여성과의 관계가 밝혀졌다는 점으로 그렇게 잔인하게 그 고장에 2만 3천 명을 학살하라고 명령을 내릴 수가 있는가? 그 도륙(屠戮) 이후에도, "모세는 가장 부드럽고 신사(紳士)적인 사람이다"라고 어떻게 말을 할 수가 있겠는가?

우리는 인간적으로 말해, 그 무서운 행동들이 '이성(reason)'과 '천성(nature)'에 반(反)한다는 것을 확실히 알 필요가 있다. 그러나 우리가 모세를 신(神)의 의도와 복수(復讐)의 사도(使徒)로 생각을 할 경우는 그 관점은 완전히 바뀌게 된다. 모세는 인간적으로 행동하는 인간이 아니다. 그는 신성(神聖)의 도구이니, 우리의 고려 대상은 못 된다.

만약 모세가 조로아스터, 타우트(Thauth), 최초 브라만, 누마(Numa), 마호메트, 그밖에 다른 사람들처럼 그의 종교를 창설했다면, 왜 모세는 욕망과 악에 가장 적절한 절제력을 발휘하지 않았는가? 왜 그는 사후(死後)에 영혼의 불사(不死)와 상벌(賞罰)의 문제는 말도 하지 않았는가? 그 도그마(dogmas)는 모세 이전에 이집트, 페니키아, 메소포타미아, 페르시아, 인도에 이미 존재한 것이 아닌가?

우리는 모세에게 말을 해야 한다. "모세 당신은 이집트의 지혜 속에 교육을 받았으나, 당신은 입법자로서 이집트인의 원리적 도그마(dogma, 死後賞罰)를 완전히 거부하였다. 인간에게 불가결한 도그마, 세속적이며 신성한 신념, 그들처럼 야만인인 당신 유대인을 영원히 감싸야 한다는 것, 최소한 그것이 천년이 지난 다음에 에세네 파(Essenes) 바리세인들(Pharisees)이 일부 수용했던 그것을 수용했어야 한다."

'공통 입법 정신[靈魂不死, 死後 賞罰]'에 반대를 하는 난처함은 우리가 알고 있듯이, 영혼의 불사(不死)와 지옥의 고통을 알림이 없이, 그 법령이 발동되는 시기에 한하여, 현세적 상벌을 행하는 유대인의 왕으로 축약되는 신(神) 자신의 법령일 경우에는, 바닥으로 추락하여 그것의 모든 힘을 상실할 것이다. 단순히 인간일 뿐인 유대인에게는 모든 사건은 두려움이다. 우리의 약한 인간에게, 신성한 것은 관련이 없다. 우리는 그것들에 대해 계속 침묵을 하고 있다.

'모세라는 사람이 과연 있었는가?'에까지 의심을 확대한 사람도 있다. 모세의 요람(搖籃)에서 무덤까지의 이야기가 '고대 아라비아의 우화(寓話)', 특히 고대의 '바커스(Bacchus) 우화(寓話)'를 모방한 것 같다는 것이 그것이다. 모세의 연대를 아는 사람은 없다. 이집트 왕 파라오의 연대도 알 수 없다. 모세가 여행을 했다는 나라에 흔적 자취 기념물도 없다. 현재 그들의 숫자를 모두 합해도 3~4천밖에 안 되고 2~3의 유목민만을 볼 수 있는 불모의 사막지대에서 모세가 2~3백만 유대인을 40년간 통치를 했다는 것은 불가능하게 보인다. 우리 경우로서는, 그 대담한 의견을 믿기보다 바른 유대인의 고대사를 알아야 하기 때문이다.

우리는 에벤 에스라(Even-Esra) 마이모니데스(Maimonides) 견해를 고집할 수는 없고, 네덜란드의 신학자로 알려진 유식한 르클레르(Le Clerc), 미들턴(Middleton), 위대한 뉴턴까지 그 이론에 권위를 더한 〈유대인의 의식(Jewish Ceremonies)〉 저자 누겐스(Nugens)의 의견도 따를 수가 없다. 이 학자들은 모두가, 모세나 여호수아가 그들에 관련된 저술을 할 수 없었다는 사실을 생각하지도 못하고 있다. 역사와 법은 돌 위에 새겨지고, 사실 그것들이 남아 있는데, 그 기술은 큰 노동과 인내를 요하며, 사막(沙漠)에서 역사의 새김은 불가능이라고들 말한다. 그들의 의견은 이러한 다양한 동조(同調)와 반대(反對) 위에 있다. 이 유식한 사람들의 견해에 반대하여, 우리는 보통사람들과 의견을 같이 한다. 유대교회당의 절대 확실성 (infallibility)에 대해 우리는 알고 있다.

우리는 르클레르(Le Clerc), 미들턴(Middleton), 뉴턴의 확신 부족을 비판하지는 않을 것이다. 신이여 용서하소서! 우리는, 모세와 여호수아에 관한 책이 그 이스라엘 영웅들에 의해 제작된 것이 아니고, 그 책들이 신(神)이 들려 제작된 것도 아니라는 것에 확신을 갖고 있다. 유대인들은 창세기, 여호수아(Joshua), 삼손(Sampson), 룻기 (Ruth)의 매 행(行)을 '신(神)의 손 작용'으로 알고 있다. 유대인 저자는 신의 사제(司祭) 이다. 신이 모든 것을 명령해 왔다. 뉴턴도 달리 생각하지 못했다. 신은 우리를 그 도착된 위선자들로부터 지켜주고 있다. 이전에 그들은 마법(魔法)에 걸렸다고 비판을 하더니, 지금은 무신론(無神論)이라 비방을 하고 있다. 지상의 위대한 학자 최고의 천재들이 진정한 기독교인이 아니라고 주장한 것은 아니다. 그 교회를 우리가 더욱 존중할수록, 그리고 복종할수록, 모든 유덕한 학자들의 그 진정한 개성과 정직한 의견을 형성하는 자비심을 갖고 교회가 관용(寬容, tolerates)을 행해야 한다고 우리는 생각한다.

〈역사철학—'ⅩⅩⅣ. 민족의 대장 모세'〉58)

해설

* 볼테르 당대에까지 〈구약〉은 '부동(不動)의 역사'로, 교육이 되고 믿어왔다. 그런데 볼테르는 '유대교의 창시자'로 볼 수 있는 그 모세의 행적을 '인간의 눈'으로 고려해 본 것이다. 볼테르는 '23,000명의 동포를 도살한 근거가 어디에 있는가?' '모세의 행동 기준은 어디에 있는가?'를 거듭 묻고 있다.

〈신약〉에 예수는 '사후 상벌(死後 賞罰)'의 엄혹(嚴酷)을 강조하여 죄짓지 말 것을 강조하였다. 그런데 '동포를 도살한 모세의 행동 기준은 무엇인가?'를 인간적인 차원에서 볼테르는 묻고 있다. 이것은 그 종교를 신봉한 유대인들이 대답을 해야 할 사항이다.

그리고 볼테르는 그의 '역사 서술의 최장기(最長技)'인 '언어'와 '기록' 문제를 들고 나왔다. 즉 〈구약〉의 머리를 이루고 있는 '창세기' '룻기' '여호수아' 등의 기록을 누가 행했는가에 볼테르는 의문을 제기하였다. 그리고 그 '모세의 행적'은 여러 사람들이 '바커스(Bacchus) 신화(우화)'와 유사하다는 점을 추가했다.

이러한 의문을 볼테르가 제기한 이유는, '신(God)의 이름'으로 '못할 짓이 없는(無所不爲)' 당시 교회의 '광신주의(fanaticism)'에 볼테르가 이미 질렸기 때문이다. '볼테르의 글쓰기'는 소용이 없는 문제는 제기를 않는다는 점이다. '미래 사회 건설'에 '기독교 광신주의'가 용납될 하등의 이유가 없기 때문이다.

여기에서 우리가 거듭 확인해야 할 '볼테르 생각'의 표준은, '약한 인간 생명' '실존(實存)'들과 그것을 표준으로 삼은 '이성(理性)'이 있을 뿐이다. 볼테르가 제기한 것은 '생명 중심'으로 '이성(理性)'으로 '창세기' '룻기' '여호수아' 등은 이해 불능이라는 결론이다.

여기에 헤겔과 볼테르의 역사관 세계관이 극명하게 구분이 되고 있다. 헤겔은 〈세계 역사철학 강의〉에서 불합리한 '여호와'를 '자신(自身)'의 개념(Self-conception)'으로 통합하고59) 그것을 다시 '절대이성(理性, absolute reason)'의

---

58) Voltaire, *The Best Known Works of Voltaire*, The Book League, 1940, pp. 411~414 'ⅩⅩⅣ. Of Moses as Chief of a Nation'.

59) 헤겔(김병옥 역), <역사철학>, 대양서적, 1975, pp. 277~280 ; G. W. F. Hegel(translated

'절대의지(absolute Will)'로 통합한다는 '변증법'을 그의 역사철학에 적용하였다. (참조, ※ ⑬-2. G. W. F. 헤겔의 '절대주의' '여호와주의')

한 마디로 헤겔은, 볼테르의 〈역사철학〉에 반대하여 자신의 '개신교 광신주의' 〈역사철학 강의〉를 저술하였다. 헤겔은 한마디로 '가장 열등(劣等)한 반(反)볼테르주의자'였으니, 볼테르의 '인간 중심' '생명 중심' '경험(과학)주의' '시민 중심' '자유 중심' '평화 존중'에 반대하여, '절대신 중심' '절대이성' '절대주의' '국가주의' '도덕주의' '종족우월주의' '배타주의' '전쟁 옹호'가 그 '반 역사주의' 표본들이다.

⑩-25. 특권을 요구해 온 유대인들

나는 유대인의 대장(隊長) 여호수아(Joshua, Josiah)가 그 종족을 요르단 강 동안(東岸)에서 서안(西岸) 예리코(Jericho) 쪽으로 이동시키면서, 강 폭 40피트(12m)에 왜 다리를 놓지 않고 그 강가를 방황했는지를 밝히지 않을 수 없다. 이 강에는 몇 개의 다리가 있었으니, 이스라엘 사람(Israelites) 한 사람이, '시볼레트(Shiboleth, 누구야)'라는 발음을 못한다는 이유로 4만 2천명의 유대인을 살해했다는 것으로 입증이 되고 있다.

나는 예리코(Jericho)가 함락되면서 왜 '트럼펫 소리'가 울렸는지는 묻지 않겠다. 신이 그 왕에게 그 사람들을 백성의 뜻에 따라 다스리고 싶다는 것을 선언했다는 이상한 기적이 있는데, 그것은 '신비'로서 역사적 탐구 대상이 아니다. 나는 여호수아가 무슨 권리로, 그의 이름을 이전에 들은 일이 없는 그 마을을 박살(撲殺)을 내었는지는 묻지 않겠다. 유대인은 그들이 '아브라함의 자손'이라고 선언했다. 아브라함이 4백 년 전에 그 지방을 여행을 했었다. 그렇기에 여호수아는 '너의 고장은 우리 것이고, 우리는 너희 어미와 처와 애들의 목을 벨 수밖에 없다'는 논리에 있었다.

이 점에서 파브리키우스(J. C. Fabricius, 1745~1808)와 홀스테니우스(L. Holstenius, 1596~1661)는 다음과 같은 반대를 하였다. 만약 어떤 노르웨이 사람이, 수백 명의 사람을 대동(帶同)하고 독일로 와, 독일 사람들에게 4백 년 전에 우리나라 사람이 짐꾼의 아들로 비엔나 근처를 여행하였다. 그러므로 오스트리아는 우리

---

by J. Sibree), *The Philosophy of History*, Dover Publications, 1956, pp. 195~198.

것이다. 그래서 우리는
주님의 이름으로 너희 모
두를 죽이러 왔다고 하
면, 우리가 그에게 무엇
이라고 해야 할 것인가?
　그 같은 저자는, '여
호수아 시대'는 우리 시
대가 아니라고 생각했
다. 우리는 신성한 일에
세속적 시각을 주지 않

파브리키우스(J. C. Fabricius, 1745~1808), 홀스테니우스(L. Holstenius, 1596
~1661)

는다. 특히 신(神)이 가나안 사람의 죄를 유대인의 손으로 벌을 주는 권리를 가졌다고
는 생각하지 않는다.

　예리코(Jericho) 시(市)는 방어 능력이 없었고, 유대인은 예리코인의 신, 모든
주민, 늙은이, 노파, 남편, 처, 아들, 딸, 젖먹이, 가축까지 희생시켰다.

　그 무차별의 살육에 하나의 예외가 있었으니, 그녀의 집에 유대인 스파이를
숨겨준 이름난 창녀(娼女)가 그였다. 그 도시의 성벽은 트럼펫 소리에 붕괴되었으므
로 스파이는 소용이 없는 것이었다. 그런데 왜 가축들을 죽였을까? 그것은 분명
크게 유용한 것인데.

　앞서 언급한 '평판이 안 좋은 그 여인'은 그 후 유덕(裕德)한 삶을 영위했으니,
그녀는 다윗 왕의 할머니 중 한 사람이었고, 불가타 성서(Vulgate)에는 메레트릭스
(Meretrix)라 불리고 있다.

　이 모든 사건들은 멀리 은사(恩赦)의 법칙으로부터 언급된 많은 인물, 예언들이
있다. 거듭 말한다. 이들의 신비(神秘)는, 이해할 수 없는 것들이다.

　여호수아 서(書)부터 우리(기독교인들)는 가나안의 일부 땅에 주인이 되었음을
알 수 있다. 목이 졸린 31명의 소왕(小王)이란, 집에 처자를 둔 '선출 대의원들'이다.
여호수아의 칼로 그 왕들의 죄를 응징했던 그 신(神)의 섭리에, 우리는 지금도
부복(俯伏)을 해야 한다.

　주변 종족들이 연합하여, 유대인들에게 대항했던 것은 놀라운 일이 아니다.
다른 종족들의 눈으로 유대인은 형편없는 '도둑 강탈자 떼들'로 비쳤기 때문이다.
그리고 신성한 복수의 대행자, 미래 인류 구원자는 아니었다. 유대인은 메소포타미
아 왕 쿠산(Cushan)의 노예로 남아 있었다. 메소포타미아와 예리코(Jericho) 시(市)는
서로 크게 떨어져 있는 곳이다. 쿠산 왕은 당시 시리아를 정복했고, 팔레스타인

일부도 차지했다. 유대인은 8년간 구속 상태에 있었고, 이후 같은 지점에 52년간 머물러 있었다. 이 52년은 노예 상태 기간이니, 유대인이 법에 의해 지중해로부터 유프라테스 강까지 방대한 영토 통치를 약속 받은 기간이기도 하였다. 그들이 자유롭게 되면, 유대인은 의심 없이 차지하려 할 것이다. 유대인은 역시 19년 간 모아비트(Moabites) 왕 에그론(Eglon)에 묶였는데, 에그론 왕은 에훗(Ehud, Aod)에 암살을 당했다. 이후 29년 동안 유대인은 가나안(Canaan) 사람들의 노예였으며, 호전적인 여자 예언가 데보라(Deborah)가 유대인들을 구출해 낼 때까지 그들은 그것을 입에 담지 않았다. 그 후 기드온(Gideon)이 유대인을 7년 동안 묶어두었다.

유대인은 18년 동안 페니키아인의 노예였는데, 유대인은 그들을 입다(Jephtha) 시대까지 팔레스타인(블레셋인, Philistines)이라 불렀다. 그리고 유대인은 사울(Saul) 의 시대까지 40년 이상 팔레스타인의 종살이를 하였다. 유대인은 삼손(Sampson) 시대까지 노예 상태였는데, 신이 삼손(Sampson)의 손으로 1천명의 팔레스타인을 죽이는 놀라운 기적을 행하는데, 단지 나귀의 턱뼈로 그렇게 했다는 것은 역시 우리를 당혹하게 하는 점이다.

얼마나 많은 유대인들이 자기들의 형제나 신 자신의 명령으로, 사막에 방랑을 시작할 때부터 운 좋게 왕을 세울 때까지, 박해를 당했던 이야기는 여기에서 잠깐 멈추기로 한다.

모세의 형제 아론(Aaron)에 의해 제작된 황금 송아지 숭배 후 레위인(Levites)에게 살해당한 사람	(23,000명)
코라(Korah)의 반란에 불에 죽은 사람	(250명)
동일한 사건에 처형된 사람	(14,700명)
미디안(Midianitish) 여인에 관련된 사망자	(24,000명)
'시보레트(Shiboleth)' 발음 잘못으로 요르단 강 다리목에서 살해된 사람	(42,000명)
벤자민(Benjamin) 족에 살해당한 사람	(45,000명)
팔레스타인에게 방주가 점령당했을 때 사망자	(50,700명)
합계	(239,650명)

여기에서 우리는 신의 명령에 의해서 또는 그들의 전쟁에서 239,650명의 유대인 이 살해당했음을 확인했으나, 가나안 사람과의 전투 등 그 밖의 전투 사망자는 빠진 숫자다.

다른 종족처럼 유대인을 생각해 보면, 우리는 어떻게 야곱(Jagob)의 후손이 그처럼 많은 희생을 치르면서도 보존이 될 정도로 충분히 번성했던 것을 이해할 수 없다. 그러나 신이 그들 위에 작용하고 살피고 시험하고 질책하며 다른 종족과는 달리 대하니, 우리는 그것과 동일한 안목으로도 볼 수가 없고, 평상적 도덕의 표준으로도 유대인의 행동을 판단할 수가 없다. [이해 불능]

그 아브라함의 자손, 전지전능의 혜택, 선택된 이스라엘 백성은, 항상 특권, 우선권, 특별상을 요구해 왔다.

〈역사철학-'ⅩⅩⅤ. 모세부터 사울까지'〉[60]

해설

＊ 볼테르의 '역사 서술 기준'은 '인간 생명 존중' '시민 생활 중심' '공평하고 합리적 서술' '자연 원리 존중' '전쟁 반대'이다. 이 점은 '지구촌의 역사' '세계사' 서술에 볼테르가 최초로 확립한 최고 원칙이다.

볼테르는 위에서 〈구약〉에 제시된 '전쟁 논리(?)'를 요약하였다. 그리고 유대인 자신들이 유대인 형제를 살해한 숫자를 〈구약〉에 제시된 것을 토대로 제시하였다.

볼테르는 다른 곳에서 '신(神)이 부여한 권리를 누가 앗는가?'란 확신을 가지고 있었다. 그러나 여기에서 명백해져야 할 사항은 볼테르는 당시 '프랑스 가톨릭 소속 신도'로 행세했으나, G. 라이프니츠의 '신정론'에 정면으로 반대하여 '이성의 자유 의지'를 평생 주장하였다.

즉 라이프니츠(헤겔)의 '신정론'은 인간의 행악(行惡)까지 '신의 뜻'으로 돌리는 '바보'나 '강도들'의 논리라는 주장이 그것이다. (참조, ＊ ③-3. 라이프니츠의 낙천주의, ＊ ③-9. 터무니없는 '낙천주의', ＊ ⑦-14. '흑인 노예'의 문제, ＊ ⑦-16. 얼뜨기 형이상학자-라이프니츠, ＊ ⑧-23. 우리의 밭을 갈아야 한다.)

⑩-26. 영토(領土)가 없는 유대인

유대인들은, 자기네들의 왕(王)들과 판사(判事) 치하에서 더욱 행복을 누렸던

---

60) Voltaire, *The Best Known Works of Voltaire*, The Book League, 1940, pp. 414~416 'ⅩⅩⅤ. Of the Jew from Moses to Saul'.

것은 아닌 것 같다. 유대인의 최초 왕 사울(Saul)은 자살(自殺)을 하지 않을 수 없었다. 그의 아들 이스보셋(Ishbosheth), 메필보셋(Mephibosheth)은 살해(殺害) 당하였다.

다윗(Davit)은 사울의 증손자 기베온 사람들(Gibenonites)이 양육을 하였는데, 기베온 사람도 다윗에게 무섭게 살해(殺害)를 당하였다. 다윗은 그의 아들 솔로몬에게 다른 아들 아도니야(Adonijah)와 장군 요압(Joab)을 죽이라고 명하였다. 유대인의 왕 아사(Asa)는 수많은 예루살렘 백성을 죽였고, 바사(Baasha)는 예로보암(Jeroboam)의 아들 나답(Nadab)을 살해하고 그 가족과 친척을 죽였다. 예후(Jehu)는 야람(Jaram)과 오코시아(Ochosias)를 살해했고, 아합(Ahab)의 70명의 아들과 오코시아의 42명의 형제, 그들의 친척 모두를 살해하였다. 아탈리아(Athaliah)는, 요아스(Joash)를 제외한 모든 그녀의 손자들을 살해하였고, 그녀 자신은 사제 요호이다(Johoiada)에 살해를 당하였다. 요아스(Joash)는 그의 하인에게 죽임을 당했고, 그의 아들 아마지아(Amaziah)는 같은 운명을 맞았다. 자카리아(Zachariah)는 살룸(Shallum)에게 살해되었고, 살룸은 메나헴(Menahem)에게 살해를 당하였다. 이 최후의 불쌍한 사람에 대해, 〈성경〉은 말하고 있다. "그는 팁사(Tipshah)에 있는 아이 밴 여성 모두를 갈기갈기 찢었다." 메나헴(Menahem)의 아들 페카히아(Pekahiah)는 레말리아(Remalih)의 아들 페카(Pekah)에게 살해되었고, 페카는 엘라(Elah)의 아들 호세아(Hoshea)에게 살해되었다. 마나세(Manasseh)에 대하여 그는 "그 이전까지 살인에서 살인으로 이어진 예루살렘을 순수한 피로 적셨다."고 했다. 그런데 마나세의 아들 아몬(Amon)도 역시 살해를 당했다.

이러한 대학살의 와중에서, 바빌로니아 왕 살마나자르(Salmanazar)는 열 개의 부족을 노예로 만들어 영원히 흩어버렸고, 그 땅에 남자 몇 명만 남겨두었다.

예루살렘에는 두 종족이 감금과 신체 결박의 상태에서 70년을 견디었고, 그들의 정복자들로부터 예루살렘 귀환의 허락을 얻어냈다. 이 두 종족은 사마리아(Samaria)에 남아 있는 약간의 유대인과 함께 결국 페르시아 왕의 지배를 다시 받게 되었다.

알렉산더가 페르시아 주인이 되었을 때, 유대인은 그 정복(征服) 하에 있었다. 알렉산더 이후, 유대인은 노예 상태에 있었는데, 한 번은 시라아의 셀루키데(Selcidae)와 그 후손에게, 또 한 번은 이집트의 프톨레미(Ptolemies)와 그 후손에게 그러하였다. 계속 노예 상태였거나, 다른 아시아 지방의 중계상인으로 생활하였다. 유대인은 이집트 왕 에피파네(Epiphanes)에게서 약간의 호감을 얻었다. 요셉(Joseph)이라는 유대인이 그 프톨레미 왕 속지(屬地)인 하층 시리아와 유대인에게 부과되는 징세 도급인(都給人)이 되었다. 이것이 유대인에게 가장 행운의 상태였다.

왜냐하면 유대인은 이때 이후에, '포위(包圍 Inclosure)' 또는 '마카베(Maccabees) 장벽'이라 불리는 유대인의 제3의 도시를 세웠고, 그 작업을 완료했기 때문이다.

유대인은 프톨레미 왕의 '멍에(yoke)'에서 안티오쿠스(Antiochus) '멍에'로 옮겨졌다. 이 시기에 마카베(Maccabees)의 위대함과 용기는 알렉산드리아 유대인의 칭송을 받았다. 그러나 마카베는 안티오쿠스 에피파네(Antiochus Epiphanes)의 아들 안티오쿠스 에우파테르(Antiochus Eupater)가 보호 구역에 사원만 두고 여타 사원을 완전 파괴하고, 고위 성직자 오니아스(Onias)가 혁명의 선동자로 지목되어 참수(斬首)됨을 면하지 못하였다.

어떤 유대인도 시리아 왕의 지배를 벗어날 수 없었다. 유대인은 더 이상 외국 신을 숭배할 수 없었고, 이 시기에 유대인의 종교는 변경할 수도 없이 확고하였다. 그럼에도 불구하고 유대인은 다른 때보다 더욱 불행하였다. 인간이 모르는 신(神)의 섭리로 유대인은 버림을 받았으나, 그들 신의 도움을 받았던 그들 선지자의 약속들을 항상 간직하고 있었다.

시리아 왕들의 내전(內戰)으로, 유대인들은 평온의 기간도 있었다. 그러나 유대인은 바로 자기들끼리 반목질시(反目嫉視)를 시작하였다. 유대인은 왕이 없으므로 최고의 권위는 희생된 사제(司祭)가 으뜸이었다. 격렬한 파당들이 그것을 차지하려 들고 일어났다. 최고 사제 자리를 획득하는 방법은 검(劍) 이외에 방법이 없었으니, 보호구역의 통로는 자주 살해된 시체가 그것을 막고 있었다.

마카비 가(家 Maccabees)의 히르칸(Hircan)은 최고 사제가 되었다. 그러나 아직 시리아 사람들의 예속(隸屬) 상태에 있었다. 다윗의 무덤 공개(公開)로 '떠버리 요세푸스(Josephus)'는, 3천 탈렌트 기금을 조성한 체하였다. 이 상상(想像)의 재물은 네헤미아(Nehemiah) 시절에 사원 재건축 시에 강구된 금액이다. 히르칸(Hircan)이 안티오쿠스 시데테스(Antiochus Sidetes)에게서 그 돈을 얻는 특권을 획득하였다. 유대인에게 돈은 없었다. 다윗 무덤 공개로 얻은 금액은 주목할 만한 것이 못되었다.

최고 사제 히르칸(Hircan)이 사두게 사람(Sadducean)으로 '영혼의 불멸'이나 천사를 신용하지 않는 사두게(Sadducees) 바리세(Pharsees) 파의 시작이라는 사실은 주목할 일이다. 이중에 바리세(Pharsees) 파가 히르칸(Hircan)을 모함하여 그를 채찍으로 치고 옥에 가두었다. 히르칸은 바리세 파에게 복수를 행하고 그들을 독재적으로 통치하였다.

히르칸의 아들 아리스토불루스(Aristobulus)는 시리아와 이집트 분쟁 중에 자신이 왕이 될 정도로 대담하였다. 그가 유대인을 어느 누구보다 가장 잔인하게 다스린 독재자였다. 아리스토불루스는 정말 규칙적으로 사원에 기도를 드렸고, 돼지고기를 먹지 않고, 자기 어머니를 굶겨 죽었고, 그의 형제 안티고누스(Antigonus)를 살해하였다. 그의 계승자 요한(John, Johanes)도 아리스토불루스 만큼이나 간악(奸惡)하였다.

범죄로 압도된 요한은, 서로 전쟁을 감행한 두 아들을 두었다. 그들은 이름을 아리스토불루스(Aristobulus), 히르칸(Hircan)이라 하였다. 그 당시 로마는 아시아를 정복하고 있었다. 폼페이우스(Pompey, 106 B.C.~48 B.C.)가 도착하여 유대인을 지휘하고 가르치고 있었다. 폼페이우스는 사원(寺院)을 장악하여 선동적인 사람들을 성문(城門)에 목을 달게 하였고, 가짜 왕 아리스토불루스를 감금하였다.

아리스토불루스는 자기 이름을 '알렉산더'라고 할 만큼 건방진 아들이 있었다. 그는 약간의 사람을 모아 봉기를 선동했으나, 폼페이우스의 명령으로 목이 달리게 되었다.

마침내 마르크 안토니(Mark Anthony)가, 유대인들이 문제를 일으켜 온 아마레키 사람들(Amalekites)의 고장에, 한 '인두미안 아라비아인(Indumean Arab)'을 유대인 왕으로 제공을 하였다. 이 시대가 마테가 기록한 바, 헤롯왕이 그 마을에서 '유대인 왕'이 태어난다는 소식을 듣고 베들레헴 주변의 모든 어린 아이를 죽이라 명하고 '3명의 박사'가 별의 인도로 아기에게 선물을 주고 갔다는 때이다.

이처럼 유대인은 정복을 당하고 노예 상태에 있었다. 우리는 유대인이 로마인에게 어떻게 저항을 하였고, 어떻게 티투스(Titus)가 시장에서, 유대인들은 손도 안대는 그 동물 값으로 그들을 매매하였는지를 알고 있다.

유대인들은 트라얀(Trajan) 아드리안(Adrian) 왕의 통치 아래서보다 더욱 비참한 운명과 만났는데, 그들은 그럴 만하였다. 트라얀 시대에 지진이 발생하여, 시리아 최상의 도시를 삼켜버렸다. 유대인들은 그것을 로마인을 향한 '신의 진노(震怒)'라 생각하였다. 유대인들은 아프리카 키프루스(Cyprus)에 모여 무장(武裝)을 하였다. 유대인은 활기가 생겨 그들이 살해한 로마인의 사지(四肢)를 먹었다. 그러나 즉시 그 범죄자들은 모두 잡혀 죽었다. 남아 있는 유대인들이 아드리안 치하에 동일한 분노에 흥분되었다. 자신이 '메시아'라고 자칭한 바르코케바스(Barcochebas)가 유대인을 통솔했다. 그 광신주의는, 피의 강을 이루며 진압이 되었다.

유대인이 남아 있다는 것은, 놀라운 일이다. 12세기에 유럽과 아시아를 여행한 유식한 랍비(Rabbin)인 투델라(Tudela)에 사는 저명한 베냐민(Benjamin)은, 380,000명의 유대인과 사마리아인이 산다고 통계(統計)를 내었다. 그 베냐민이 말한 티베트(Tibet) 근처에 상상적 테마(Thema) 왕국에는 300만의 유대인이 하나의 왕국을 이루고 산다는 이야기는, 그가 속았거나 속이고 있기 때문에 언급할 필요가 없다.

유대인은 아라비아 펠릭스(남부 낙원)에 약간과 홍해(紅海) 연안을 제외하면 베스파시아누스(Vespasian) 이래 나라를 가진 적이 없다.

마호메트는 초기에 유대인들과 교섭을 해야 했다. 그러나 그는 결국 메카(Mecca)의 북쪽에 유대인들이 세운 작은 영지(領地)를 파괴하였다. 그것이 마호메트 이후 유대인들은 현실적으로 종족 집단으로서의 존속을 포기하고 있는 상태이다.

작은 유대 민족의 역사적 고려(考慮)를 단조롭게 추적해 보면, 우리는 유대인들이 다른 목적을 가질 수 없다는 것을 알게 된다. 유대인들은 이집트인으로부터 빌린 모든 것을 싣고 도적떼처럼 이집트를 빠져 나왔다. 유대인은 마을이나 자치구의 정복을 위해, 성인(成人)의 성별 어린이를 구분 없이 바쳤다. 유대인은 다른 민족에게 돌이킬 수 없는 '증오감'을 뻔뻔스럽게 연출하였다. 유대인은 모든 그들의 주인에게 반항을 했다. 항상 미신을 믿고, 다른 종족의 선을 시기하고, 항상 야만스럽고, 항상 불행 속에 굽실거리고, 번성해지면 무례하였다. 그것이 희랍 로마인의 책 속에 있는 유대인에 관한 의견이다. 그러나 기독교인들의 눈에는 유대인들이 박해된 바로 그들의 신념을 일깨워 주고, 유대인들은 우리를 위해 길을 마련한 것으로 알고 있다. 일부 사람들은 그 유대인을 '섭리(攝理)의 전달자'로 생각을 하고 있다.

동방(東方)에 유대인처럼 다른 종족과 합치기를 거부하고 방랑을 계속하는 두 종족이 있으니, 바니아 사람(Banians)과 구에브르 사람(Guebres)이니, 바리세(Parsees) 페르시아(Persians) 계통 사람이다. 그 바니아 사람(Banians)은 유대인처럼 무역에 재능이 있고, 최초 인도 평화 주민의 후손들이다. 그들은 다른 종족과 결혼하지 않고 그러한 점에서 브라만과 비슷하다. 바리세 사람은 우리가 지금 페르시아 사람이라 부르는 종족과 동일하니, 앞서 동방과 유대인 지배자들이다. 그들은 오마르(Omar) 시대 이후 흩어졌고, 그들이 이전에 지배했던 곳에서 농사를 짓고 있다. 역시 고대 박사(Magi)의 종교를 믿으며 유일신에 경배하고, 성화(聖火)를 지키고, 그것을 노동과 신성의 기호로 알고 있다.

나는 이집트인의 일부가 비밀의 이시스(Isis) 숭배자임은 언급을 안 할 작정이다. 이제는 존재하지 않는다. 방랑을 하는 무리들로, 틀림없이 머지않아 사라질 것이다.

〈역사철학-'ⅩⅩⅥ. 사울 이후의 유대인'〉[61]

---

61) Voltaire, *The Best Known Works of Voltaire*, The Book League, 1940, pp. 416~421 'ⅩⅩⅥ. Of the Jews, after Saul'.

해설

* 볼테르의 생각의 기준은 '합리주의(과학주의)' '생명 중심주의(실존주의)' '자유주의' '평화주의'이다. 그 맞은편에 버티고 있는 것이 유대인의 '여호와주의'였다.

그래서 볼테르가 권하고 있는 '최고의 미덕(美德)'은 '교류', '소통', '고집편견 버리기', '인간에 대한 그 이성(理性)의 신뢰'였다. '세계사 서술'에도 그것이 역시 최고 덕목으로 터를 잡아야 '세계 평화' '인류 번성'이 약속될 것이라는 것이 볼테르 생각의 대강(大綱)이다.

그러나 인간은 '그 얼굴'이 다르듯이 그 '생각'이 다르고, 그 한 사람의 '생각'도 고정해 둘 수 없다. 그 '생각의 변동'은 더욱 예측할 수 없으니, '그 각자의 차별성'은 역시 인정하는 것이 소위 '자연법'의 기본일 터이다.

그 인간의 취향을 기초로 '가정' '종족' '국가' '풍속'이 이루어졌으니, 그 각자의 고유의 유풍을 그것대로 인정하는 것은 역시 기본일 것이다.

볼테르 당대에 유대인에게는 나라가 없었으나, 1948년부터 국가(國家)를 지니게 되었다. 모든 종족(種族)이 자기의 할아버지 땅에 붙박이로 거주하지 못할 경우도 많지만, 모든 인간이 그 생명을 지닌 한에는 지상(地上)에 살 권리를 다 지니고 있다. 오직 어떻게 살 것인가는 역시 마지막 그 생명 주체가 판단을 내릴 수밖에 없는 사항이다. [참조, '인간 각자는, 가치의 최후 평가자다'[62] ─ F. 니체]

⑩-27. 로마는 원래 강도(強盜) 집단이었다.

원시 종족 중에 **로마(Rome)** 사람들은 올바르게 고려되지 못해 왔다. 로마는 우리 세속 연대로 750년 동안 존속하였다. 로마인은 에트루스카 사람(Etruscans)과 희랍인으로부터 의례(儀禮)와 법(法)을 수용하여 그것을 자기 것으로 하였다. 에트루스카 사람(Etruscans)은 로마인에게 아우게리(Augeries) 미신(迷信)을 전해 주었다. 그러함에도 불구하고 미신(迷信)은 물리적 관찰에 토대를 두고 있다. 새들의 이동을 관찰하여 상황의 변화를 예언하는 방법이다. 많은 미신들이 그 원리로 어떤 자연적

---

62) F. Nietzsche (translated by R. J. Hollingdale), *Thus Spoke Zarathustra: A Book for All and For None*, Penguin Classics, 1961, p. 67.

인 것을 갖는데, 그 오류는 자연에 대한 오해를 적용함으로 인해 생긴 것이다.

희랍인은 로마인에게 '12동판법(銅版法, the law of the twelve tables)'을 주었다. 그래서 소수 야만 종족의 법(法)과 신(神)의 문제에는, 무엇보다 로마법이 제일이다. 초기 집정관 왕의 시대에 국경(國境)은 라구사(Ragusa)처럼 그렇게 넓지 못했다. 우리는 왕이라는 이름을 키루스(Cyrus)나 그 계승자 같은 군주(君主)로 생각해서는 안 된다. 약탈(掠奪)로 사는 사람들의 대장(隊長)은 결코 전제(專制)적일 수 없었다. 전리품(戰利品)을 공동으로 나누고 각자는 그 자유와 소유를 지키고 있었다.

로마 초기 왕들은 약탈자들의 두목이었다.

우리가 역사가를 믿을 경우, 이 호전적 종족은 이웃의 여성들을 강탈하고, 재산의 약탈로 시작을 하였다. 로마인은 근절이 되어야 했다. 결핍과 흉포는 로마인을 강탈로 이끌어 그 부당한 기업에 성공의 왕관을 씌웠다. 로마인은 항상 전쟁으로 유지를 하였다. 결국 약 4백 년 동안 다른 민족보다 더욱 호전적(好戰的)이어서, 로마인은 차례로 복속(服屬)을 시켜 영토가 아드리아 만(Adriactic Gulf)에서 유프라테스 강(Euphrates)에 이르렀다.

약탈 도중에 애국심은 고조되어, 실라(Sylla)의 시대까지 갔다. 그 애국심이 외국에서 약탈해 온 공동 장물(贓物)로 400년 동안 고조(高潮)되었다. 그것이 도둑들의 도덕이었다. 다른 사람의 살육과 약탈이 애국심과 함께 했다. 그러나 위대한 덕이 그 공화국 심장에 있었다. 시간이 지나면서 로마 사람들은 정복으로 야만인들을 세련되게 하여 결국은 서구 세계의 입법자(立法者)가 되었다.

희랍인들이 공화국 초기에는 로마인보다 우월했던 것으로 보인다. 로마인은 칠산(七山, the Seven Mountains)에 있는 그들의 소굴(巢窟)로부터 그들의 대표 무기인 손도끼 마니플리(Manipli)를 잡고, 주변의 도시와 마을을 약탈하러 배를 몰아 나아갔다. 반대로 희랍인은 그들의 자유 수호에 용병(傭兵)을 썼다. 그 로마인은 칠산 주변 100마일을 노략질하였으니, 아이퀘(Aeque) 보르키(Volsci) 안티(Antii)가 그 대상이었다. 희랍인은 페르시아 대왕의 거대 군대도 격퇴시키며 바다와 육지를 제패하고 있었다. 승리한 희랍은 순수 예술을 발전시키고 있었음에 대해, 로마인은 스키피오 아프리카누스(Scipio Africanus) 시대에 이를 때까지 희랍인을 모르고 살았다.

로마인의 종교에 대하여, 그들은 모든 다른 민족의 원리를 수용 용인하는 희랍인의 관례를 따랐음을 나는 여기에서 밝혀야겠다. 그리고 원로(元老)나 국왕은 희랍의 고급 철학자 시인들과 동일한 최고 유일신을 항상 알고 있었다.

'모든 종교의 관용(寬容)'은, 모든 인간의 가슴에 새기고 나온 하늘의 법(法)이다.

무슨 권리로 다른 사람에게 자기가 생각하는 대로 생각하고, 자기가 숭배하는 것을 숭배하라 할 수 있는가? 그래서 로마 사람들은 희랍인들의 신을 모두 수용하고, 그들 스스로 '알 수 없는 신들께(To the Unknown Gods)'라는 제단(祭壇)도 만들었다.

12동판에 명시가 되어 있다. "공인(公認)이 안 된 외래 신이나 새로운 신을 가져서는 안 된 다.(Separtatim nemo habessit deos neve advenas nisi publice adscitos)"의 그 공인(公認)은 많은 논리를 제공하였다. 그리고 다른 것들도 관용(寬容)하였다. 세계의 모든 신을 통합하는 그것이 그 자비(慈悲)가, 한 두 예외를 제외하면 고대 모든 종족(種族)들의 법이었다.

12동판법(銅版法, the law of the twelve tables)

어떤 독단도 종교 전쟁도 없었다. 야심과 노략질이 피를 뿌리게 했고, 종교가 없으면, 한 종족의 절멸도 없다는 것은 확실하다.

칠산(七山, the Seven Mountains)

로마인은 어느 누구도 그가 생각하는 방식 때문에 박해를 받은 일은 없다. 로물루스(Romulus) 시대로부터 도미티안(Domitian) 시대까지 단 한 사례도 없었다. 희랍인의 경우는 소크라테스가 유일한 예외였다.

로마인이나, 희랍인이 최고 유일신을 모셨다는 것은 이론(異論)의 여지가 없다. 주피터(Jupiter)가 그들의 최고신, 천둥의 신이었다. 가장 위대하고 가장 착한 유일한 존재였다. 그처럼 이탈리아에서부터 인도 중국에 이르기까지, 유일신을 가지고 있고, 모든 문명국들은 자유로운 관용을 베풀었다.

이 최고신의 지식을 가지고 그 개화된 이성(理性)의 결과, 일반적 방종에 적용하면, 무지와 고집의 산물인 수많은 미신과 혼합이 된다. 우리는 신성한 새[鳥], 페르툰다(Pertunda) 클로아키나(Cloacina) 여신(女神)의 우스꽝스러운 점을 알고 있다.

왜 정복자 입법자들이 그렇게 많은 나라에 그렇게 말도 안 되는 것을 폐기처분하지 않았는가? 그것은 그 유래가 오래되었고, 사람들이 그것을 좋아하고, 행정부에 방해됨이 없었기 때문이다. 스키피오(Scipio), 파울루스 에멜리우스(Paulus Emelius), 키케로(Cicero), 카토(Cato), 카이사르(Caesar) 행정부에서 어느 누구도 민중(民衆)의 미신(迷信)을 막았던 관리는 없었다. 어떤 고대의 오류가 일단 정착을 했으면, 다른 미신이 그 미신을 능가할 때까지 기다려 그 저속함이 그네들의 입 속으로 들어가게 하는 정책을 썼다. 그것이 맞을 경우 두 번째 오류도 첫 번째 경우와 동일한 방법을 쓰면 될 것이다. [모든 기독교 종파에도 그 '관용'이 옳다는 의미]

〈역사철학-'ⅩⅩⅦ. 로마 제국과 종교와 관용'〉[63]

해설

* 유럽에 백인들이 세운 국가 중에 가장 거대한 국가가 '로마제국'으로 거의 전(全) 유럽의 국가들은 그 나라에 속했거나 아니면 그 주변의 '야만족(게르만족)'으로 경멸을 받아 왔다. 그렇기에 로마는 '백인들의 긍지'를 대신하고 있는 나라이다.

그런데 그 로마 지배를 바탕으로 그 문화에서 분리할 수 없도록 되어 있는 종교가 기독교였다. 그렇기에 그 '제국의 건설' 자체가 신비화가 행해질 수밖에 없었다.

백인인 볼테르가 '역사철학'이라는 이름으로 그 '로마 건국 역사'를 논하는 일은 당연한 일이었다. 그런데 볼테르는 로마 건국의 '신비주의'를, 한 마디로 '도끼를 들고 다니며 주변국을 노략질한 강도들'이라 규정하였다. 사실 '무력(武力) 뒷받침'이라는 것이 '역사의 동력'이라는 것을 모를 사람은 없다. 그런데 기존 사가(史家)들은 국가주의, 종족주의에 얽혀 세상 사람들을 향해 그것을 온갖 신비주의, 미신, 도덕주의로 위장하여 자랑을 일삼았던 것이 가장 큰 병폐였다.

볼테르는 '최초의 이성 중심 사학자'로서 스스로의 이성을 바탕으로 '로마 제국의 실체'를 간단히 명시하였다. 이러한 사필(史筆)은 세계 어디에도 없었던 '계몽주의' '혁명정신' 바로 그것의 구체적 발동이었다. (참조, * ⑪-19. 볼테르 당대(當代) '청(淸)국'의 상황)

---

63) Voltaire, *The Best Known Works of Voltaire*, The Book League, 1940, pp. 363~364 'ⅩⅩⅦ. Of the Romans, Their Empire, Religion and Toleration'.

제11장

〈철학적 비평〉·〈중국인 교리문답〉

볼테르는 〈철학적 비평('마침내 설명된 성경', Philosophic Criticisms—'La Bible enfin expliquee')〉(1776)에서, 기독교의 '광신주의'가 서구사회에 어떻게 만연하게 되었지 그 구체적인 경과를 상세히 설명하였다.

즉 기독교의 '사후 상벌(死後 賞罰)'은 이집트에서 빌려 온 것이고, 〈구약〉의 '모세(Moses) 행적'은 바커스(Bacchus)의 신화(神話)를 전적으로 수용한 것이고, '묵시록(요한계시록)'의 서술 방법은 그대로 희랍 '주술사(呪術師, Sibyls)'의 예언 방식'을 적용한 것이라는 실증(實證)이 그 대강(大綱)이다.

그 증명 방법은, ① '유대인 기록(표음문자)'의 기원과 그 전파의 범위, ② '문헌(文獻)'의 전후(前後)를 식별(識別), ③ 구체적인 '(아브라함, 여호와 등)어휘'의 기원과 분포 양상을 합리적으로 검토한 결과를 바탕으로 행한 것으로, 소위 프랑스 '실증주의(Positivism)' 원조(元祖)는 볼테르임을 명시하고 있다.

볼테르가 '신비주의' '미신'을 싫어했던 것은, 그 터무니없는 이야기(寓話)를 토대로 '(기독교)일방주의' '전체주의' '인명 살상(殺傷)'의 침략주의(전쟁 옹호)'까지를 소위 '철학(科學)을 한다'는 사람들(플라톤 이후 G. 라이프니츠까지의 철학자들)까지 합세하여 그것을 되풀이하고 무서운 '반목질시(反目嫉視)'를 오히려 방조(傍助)하는 '중세 문화'가 볼테르 당대 프랑스 사회에 엄존(儼存)하였기 때문이다.

그리고 〈에페메로스 대화록(The Dialogues of Ephemeral—Dialogues et Entretiens Philosophiques)〉(1777), 그중에서 특히 '중국인 교리문답'(1763)은 볼테르가 젊은 시절에 이미 확인했던 공자(孔子)의 '반신비주의(反神秘主義, Anti-mysticism)'와

그 '자연법(自然法, Natural Law)' 사상에 거듭 확신과 칭송을 행한 볼테르 문학의 최고봉이다. 그것은 바로 '볼테르 사상의 결정판'으로, 볼테르의 인류를 향한 자신의 '사회 공동체 이상(理想)'을 명시한 불멸의 명작이다.

볼테르는 이 '자연법' 사고를 바탕으로, 반미신(反 神秘主義, Anti-Superstition), 합리주의(Rationalism)를 가르쳤던 공자(孔子)의 '인(仁, Tolerance, Honesty)'을 표준으로 삼아, I. 뉴턴(Newton) J. 로크(Locke) 등의 '자연과학' 사상과 통합을 행하여 자신의 '자연적 합리주의, 실존주의, 자유주의, 평화주의 세계'를 온전히 펼쳐 보였다.

〈에페메로스 대화록〉(1777, 83세)은, 사실상 볼테르 철학의 '결론'으로 '자연(천성, Nature)' '욕망(Passion)' '이성(Reason)' '자유 의지(Free Will)' '자연신(自然神)' 문제를 정리하여, 이후 실존철학자 정신분석학자들에게 결정적인 그 사고(思考)의 출발점을 제공하고 있다.

이 볼테르의 생각을 기초로, A. 쇼펜하우어와 F. 니체의 '실존철학(實存哲學, Existentialism)' 혁명이 달성되었고, 1916년 '다다 혁명 운동'의 근거(根據)가 온전히 마련이 된 것이다.

⑪-1. '여호와(Jehovah)'는 이집트에서 유래하였다.

《〈**철학적 비평**('마침내 설명된 성경' − *Philosophic Criticisms* − '*La Bible enfin expliquee*')〉》 은 볼테르의 나이 82세(1776)에 출간된 세계적 명저(名著)로 서양 '신비주의' '미신' '독선' '권위주의' 진원(震源)을 온전히 분쇄한 볼테르 지성의 최고 최대 명(名) 승부처였다. 이후 F. 니체의 '실존주의' 전개는 물론 볼테르의 이 〈철학적 비평〉을 남김없이 수용한 것이고, 1916년 '다다 혁명 운동'도 역시 그 근거를 볼테르 사상에 두고 있다.》

우선 이집트인은 '유일한 최고신'을 알고 있었는가? 만약 이 질문이 이집트인들에 공통으로 던져질 경우, 그들은 대답할 말이 없을 것이다. 이집트 신화(神話)를 공부하는 학생에게 이집트인이 장광설(長廣舌)을 늘어놓아도 그들에게 '이집트 최고신'을 납득시키지는 못할 것이다. 피타고라스, 플라톤, 플루타르코스를 읽은 단계(段階)에서는 기탄(忌憚)없이 유일신을 찬송하게 되고, 옛날 이시스(Isis) 동상에,

'나 이시스는 존재(存在)이니라.(I am what is)' '나는 이미 있었고, 앞으로 있을 모든 것이고, 어떤 생명도 나 이시스의 비밀을 밝힐 수 없노라.(I am all that has been and shall be ; no mortal can raise my veil.)'라고 적힌 명문(銘文)을 이해할 것이다. 그는 지구를 알려주고 있고, '크네프(Knef)'라는 이름으로 신성한 자연의 통일성을 대표하고 있고, 멤피스(Memphis)에 있는 사원(寺院) 정문에 자리를 잡고 있다.

이집트어(語) 중에 가장 신성한 이름은 '이-하-호(Y-ha-ho)'로 고대 유대인이 그것을 채용하였다. 그 말은 다양(多樣)하게 발음이 되고 있다. 그러나 알렉산드리아 클레멘트(Clement of Alexandria, 150~215)는 그의 〈스트로마테스(Stromates)〉에서, 세라피스(Serapis) 사원으로 들어가는 사람들은 '이-하-호(Y-ha-ho)' 또는 '이-하-호우(Y-ha-hou)'라는 새김을 보게 되는데, 그것은 '영원한 신(the God eternal)'을 의미하는 것이라고 알려주고 있다. 아라비아어는 '호우(hou)' 음절만 보유하고 있고, 후(後)에 투르크 사람(Turks)이 그것을 채용했는데, 그 어휘를 '알라(Allah)'라는 말보다 더욱 존중하였다. 왜냐하면 투르크인은 일상적 대화에서 '알라(Allah)'라는 말을 쓰지만, '호우(hou)'는 기도할 때 이외에는 사용하지 않았다. 여담(餘談)이지만, 사이드 에펜디(Said Effendi)라는 터키 대사는, 'Bougeois Gentilhomme(紳士가 된 장사군)'이라는 우스꽝스런 행사에서, 조롱과 과장된 몸짓으로 신성한 단어 '호우(hou)'라는 말을 듣고 그것을 가장 무서운 신성모독으로 간주(看做)하였다.

이집트 사제(司祭)들이 '신성한 암소', '신성한 개', '신성한 악어(鰐魚)'를 먹었던 것은 사실이다. 로마인은 '신성한 야생 오리'를 먹었다. 이집트인은 다양한 신을 가졌다. 그러면 이집트인들은 신(神)들과 인간들의 주인인 '데움 옵티뭄 막시뭄(Deum optimum maximum)'에는 거의 아는 체를 하지 않았는가?

합리적인 사람은 그 수가 적[少]지만, 미신에 빠진 편협한 사람은 모든 나라에 넘쳐 있다.

우리가 이집트와 다른 나라를 특별히 살피고자 한 이유는, 사람들이 고대 풍속에 고착(固着)되어 있음에도 불구하고, 통일된 법 적용이나 일관된 견해들을 갖지 못하고 있었다는 점에서다.

기하학(幾何學)을 제외하고는 그 밖에 모든 것이 끊임없이 바뀌고 있다. 유식한 사람은 논쟁을 하였고, 앞으로도 논쟁을 할 것이다. 한 사람이 '고대인은 우상 숭배자였다.'고 하면, 다른 사람은 그것을 부정하고 있다. [소위 '辨證法'의 근거] 한 사람이 이미지를 만들지 않는 유일신을 그들이 가졌다고 말하면, 다른 사람은 그들이 여러 개의 신상(神像)에 다수 신을 모셨다고 주장을 한다. 그들은 모두 옳다. 변화된 시대와 인간을 구분할 줄 아는 일보다 더욱 필요한 것은 없다.

<u>일치란 없는 법이다.</u> 프톨로미(Ptolomies)와 그 제자들이 아피스(Apis)의 황소를 조롱하고 있을 때, 사람들은 그들의 면전(面前)에서 그것에 반대를 하였다. ['同時主義' 實演]

유베나리스(Juvenal, 60~140)는 이집트인이 양파를 숭배했다고 말하고 있다. 그러나 우리는 이집트 역사에서 그것을 확인할 수 없다. 신성한 양파와, 신(神)으로서의 양파는 큰 차이가 있다. 모든 것이 경배(敬拜)되지는 않지만, 제단(祭壇)에 오르면 성스럽게 된다. 키케로(Cicero, 106 B.C.~43 B.C.)는 모든 미신을 제거한 사람은, 자기네 신(神)을 먹지는 않는다고 말했다. 그렇다면 그것(신을 먹은 것)이 사람들이 결여(缺如)하고 있는 유일한 부조리다.

할례(割禮)는, 이집트 아라비아 에티오피아 중 어디에서 유래하였는가? 나는 무식하다. 아는 사람이 말을 하게 하자. 고대의 사제는 '자신의 신성(神聖)하다.'는 몸에 표시로 문신(文身)을 행하였고, 이후 로마 병사는 뜨거운 쇠로 문신(文身)을 행하였다. 신성한 사제들은 문신을 행했고, 뒤에 벨로나(Bellona) 사제들도 그렇게 했다. 그래서 그들은 스스로 환관(宦官)이 되어, 키벨레(Cybele) 사제(司祭)를 모방(模倣)하였다.

유대인은, 이집트인에게서 그들의 일부 의례(儀禮)와 함께 할례(割禮)를 수용하였다. 유대인은 아라비아인 에티오피아인과 할례를 보존해 왔다. 투르크인도 그것을 따랐으나, 코란(Alcoran)에서는 할례를 명령하지는 않았다. 할례는 미신(迷信) 풍속으로 지속이 되고 있다.

〈철학적 비평-'이집트인의 의례(儀禮)에 대하여'〉[1]

멤피스(Memphis), 파일리 섬의 이시스 사원[2], 이시스 사원[3]

1) Voltaire, *The Best Known Works of Voltaire*, The Book League, 1940, pp. 479~480 'Of the Egyptian Rites'.
2) Wikipedia 'Egyptian Isis'-'Temple of Isis at Philae'.
3) Wikipedia 'Egyptian Isis'-'Philae. Temple of Isis'.

'이시스(Isis)'

'호루스를 기르는 이시스'4), '이시스'5), '날개를 펼친 이시스 벽화(Isis depicted with outstretched wings)'6)

'아프로디테와 통합된 이시스'7), '희랍의 여신 이오를 환영하는 이시스(우측 뱀을 든 여신)'8), '로마 시대 이시스'9),
'로마 시대 이시스'10)

---

4) Wikipedia 'Egyptian Isis' — 'Isis nursing Horus'.

5) Wikipedia 'Egyptian Isis' — 'Isis nursing Horus'.

6) Wikipedia 'Egyptian Isis' — 'Isis depicted with outstretched wings (wall painting, c. 1360 BCE)'.

7) Wikipedia 'Egyptian Isis' — 'Terracotta figure of Isis-Aphrodite from Ptolemaic Egypt'.

8) Wikipedia 'Egyptian Isis' — 'Isis (seated right) welcoming the Greek heroine Io as she is borne into Egypt on the shoulders of the personified Nile, as depicted in a Roman wall painting from Pompeii'.

9) Wikipedia 'Egyptian Isis' — 'Roman Isis holding a sistrum and oinochoe and wearing a garment tied with a characteristic knot, from the time of Hadrian (117 - 138 CE)'.

10) Wikipedia 'Egyptian Isis' — 'Isis in black and white marble (Roman, 2nd century CE)'.

알렉산드리아 클레멘트(Clement of Alexandria, 150~215)[11], 스트로마테스(Stromates)[12], 키케로(Cicero, 106 B.C.~43 B.C.)

해설

* 볼테르의 '고대 종교 문화 비평'은 결코 복잡한 나열이 아니다.

볼테르에게 '여호와(Jehovah)'란 '조물주' '자연(원리)'이니 그것은 '성모 마리아'와 동격이다. 그것은 헤겔이 전제한 '자신의 개념(Self-Conception, 성부=성자=성신)'과 함께 그 '기독교 사상'의 중핵인데 볼테르는 그 원형을 이집트 '이시스(Isis) 신전'에서 확인한 것이다. (참조, ※ ⑬-2. G. W. F. 헤겔의 '절대주의' '여호와주의')

헤겔의 '자신 개념'은 '남성적 존재'로서 '남성적 전제'로 일관했음에 대해, 볼테르는 역시 '남성적 존재'로서 '모신(母神. 女神, 자연 사물)'을 전제하고 있다는 공통점과 상이점이 있다. 그것은 역시 '관념철학(헤겔)'과 '자연과학(볼테르)'이란 지향점의 차이이기도 하다.

그러므로 볼테르의 '조물주의 뜻'은, 바로 '자연적 원리'이고, 그것을 이성(理性)적으로 파악하여 '자유 의지'로 활용하여 이롭게 쓸 뿐이란 전제이다. 그래서 볼테르의 시작과 결론은 이성이 있을 뿐이고, 그것을 활용하여 '인간'과 '자연'을 아는 것이 과학이고, 그것을 활용해 쓰는 것이 '자유 의지'이다.

위에서 볼테르는 생리적으로 '모신(여신, 이시스)'에 크게 기대어 우주 자연을 그 모신(이시스)으로 전제하고 있음은 주목을 요하는 사항이다. 이것은 E. 노이만이 명시한 '대모(The Great Mother)' 범위 내의 문제이다. (참조, ※ ⑬-18. E. 노이만-'인간'이 관장하는 지구촌의 구도(構圖))

볼테르는 위에서 '기독교 사상'이 고대 이집트에서 유래하였다는 그 증거를

11) Wikipedia, 'Stromates'.
12) Wikipedia, 'Clement of Alexandria'.

대고 '기독교의 중요 의례'가 그것을 입증하는 것으로 풀었다. 즉 '여호와'의 명칭 문제, '신(神)을 먹는 문제' '문신(文身)과 할례(割禮)' 등이 그것이다.

종교적 '의례'는 그 종교에 대한 신도(信徒)의 긍지 인내 자존을 과시하는 것으로 볼테르는 요약하고 있다. 특히 '신을 먹다'라는 문제는 심각한 종교적 의례이지만, 그것이 '신성(神性)의 주입(注入)' 문제로, 경험주의 과학주의 합리주의에는 무관한 사항이다.

볼테르의 논리는 시작도 이성(理性)이고 결론도 이성(理性)이었다. 볼테르는 '신(神)'을 '자연의 창조자'로 '조물주'로 전제했으니, 가장 포괄적이고 일반적 개념이라 할 것이나, '기도(祈禱)와 명상(瞑想)'으로 알게 되는 주관적인 신(神)'과는 다른 '자연 원리'로서의 '이치'일 뿐이다. (참조, * ⑪-12. 신(神)의 대행자(代行者)는 어디에도 없다. * ⑪-13. 자연법(自然法, Natural Law)이 최고다.)

⑪-2. 유일신, 영혼불멸, 사후상벌(死後賞罰)은 모두 고대 이집트인 유품이다.

유프라테스(Euphrates)에서 티베르(Tiber, 이탈리아 중부에 있는 강)에 걸쳐 있는 신비적인 것들을 어떤 민족이 먼저 생각해냈는지는 알 수 없다. 이집트인들은 이시스(Isis) 신화 저자에 대해 언급이 없다. 그러나 조로아스터는 페르시아인에게, 카드무스(Cadmus)와 이나쿠스(Inachus)는 희랍인들에게, 오르페우스(Orpheus)는 트라스(Thrace)인에게 미노스(Minos)는 크레테(Crete) 사람들에게 각각 정착해 있다.

'모든 신비주의는 미래를 모방한다.'는 말은 옳다. 켈수스(Celsus, 30 B.C.?~45?)는 기독교인들에게 말했다. "영원한 형벌(刑罰)에 대한 믿음을 자랑하는 자여, 그것이 신비를 알리는 사람으로부터 시작함을 알고 있는가?"

이집트인으로부터 많은 것을 빌려온 희랍인들은, 이집트인의 '타르타로트(Tartharoth)'로부터 희랍인의 '타르타루스(Tartarus, 地獄)'를 만들었다. 그것은 희랍인의 아케론(Acheron) 강이 만든 호수인데, 희랍인이 유명한 엘레시니아(Eleusinia) 신비를 이시스(Isis) 신비와 얽어 망자(亡者)를 나르는 뱃사람 카론(Charon) 이야기를 만들었다. 그러나 아무도 조로아스터 신비가 이집트인의 신비를 앞서지 못한다는 것을 확신하는 사람은 없다. 이집트와 페르시아가 모두 가장 위대한 고대를 이루어 모든 희랍과 라틴의 저자들이 그들에 관해 말을 하였고, 그들에게 역시 동의(同意)하여 유럽인이 유일신(唯一神)과 영혼불멸, 사후(死後) 상벌(賞罰)을 성스런 의식 속에 선언하여 왔다.

이집트인들은 그 신비를 찾아내었고, 그들의 의례로 그것을 간직하여, 그들의 지독한 경박성(輕薄性)에도 불구하고 그들의 미신(迷信)에서 벗어날 수가 없었다. 우리가 아플레이우스(Apuleius, 124~170) 저서에서 볼 수 있는 바, 루키우스(Lucius)가 행한 '이시스(Isis) 신비로의 진입 기도(祈禱)'는 '기도의 고대 형식' 그것이다.

"천상(天上)의 힘이 당신을 받들며, 천하(天下)가 당신에 복종하고, 우주가 당신 손아래에 있고, 당신의 발은 타르타루스(Tartarus, 地獄)를 제압하고, 별들도 당신의 목소리에 귀를 기울이고, 당신의 명령으로 계절이 바뀌고, 비바람도 당신에게 복종합니다." 등등

'유일신(唯一神)은 믿으며 무서운 미신(迷信)의 미궁(迷宮)에 고대 이집트인이 있었다.'는 것에 대해 이보다 더욱 강력한 증거는 없을 것이다. [기독교도 '인격신' 비판]

〈철학적 비평 - '이집트인의 신비'〉[13]

해설

* 볼테르는 체질적으로 그 '일방주의' '절대주의' '독재'를 거부하고, '생명 중심' '시민 중심' '자유 의지'를 존중한 '실존주의'로 앞서 나가 있었다.

볼테르는 '과학적 합리적 인생관, 세계관'에 비추어 볼 때 실로 '가소로운 허구들'이 '신성하다'는 가면(假面)을 착용하고 현실에 광신주의, 폭력, 전쟁으로 둔갑한 것을 현장에서 목격하며 살았다.

그것이 '단순 종교적 취향'이 아니라 광신주의, 폭력, 전쟁으로 변하는 것을 무엇보다 '기독교 유일신' '사후 상벌' '까다로운 의식'에 미신과 '광신주의'에 연계된 것으로 볼테르는 그것에 대한 비판을 평생 멈추지 않았다.

볼테르의 '온당한 전쟁 비판'이 귀에 거슬리는 사람은, 자신이 이미 '기독교도' '광신주의'에 진입해 있는지를 반드시 반성해야 한다. 왜냐하면 글을 써서 '전쟁의 정당화'를 말한 사람은 한결같이 '관념철학'에다 '제국주의자'가 아닌 사람이 없었다.

볼테르가 '이집트 종교 문화'를 살펴 그리스도교의 '영혼불멸(靈魂不滅)' 사후 상벌(死後 賞罰)'이 당초 유대인의 종교에 없었던 '이집트 기원론'을 밝혔던

---

13) Voltaire, *The Best Known Works of Voltaire*, The Book League, 1940, pp. 480~481 'Mysteries of the Egyptian'.

것은 볼테르의 '미신 3대첩(迷信 3大捷, The Three Great Victories Over Mysticism)'
중 '제2대첩 이집트 대첩(大捷)'에 해당한다. 인류의 '과대망상'이 빚은 턱없는
공상임을 볼테르는 간단하게 입증하고 있다. (참조, ※ ⑩-20. 독재, 허영, 미신(迷
信)의 피라미드, ※ ⑩-16. 인도(印度)가 서구(西歐) 문화의 원천(源泉)이다. ※
⑪-8. 희랍 주술사(呪術師, Sibyls) 방식의 '묵시록(Apocalypse)' 서술)

⑪-3. '최후 순간처럼 살아야 한다.' - 잘레우쿠스

모든 도덕론자와 입법가는, 잘레우쿠스(Zaleucus, 7세기 B.C.) 법 서문보다 더욱
아름답고 유용한 서문을 써보려고 도전(挑戰)을 행할 만하다. 잘레우쿠스(Zaleucus)
는 로크리아인(Locrians)의 치안 판사로서 피타고라스(Pythagoras, 582? B.C.~497?
B.C.)보다 앞선 시대에 살았다.

"모든 시민은, 신(神)의 존재를 수용해야 한다. 우주(宇宙)의 질서와 조화를 살피는
것이 필수적이고, 사고(事故)가 생기지 않게 하는 믿음이다. 우리는 영혼에 복종을
하고, 모든 악과 편견으로부터 영혼을 맑고 순수하게 해야 하는 것이니, 신(神)은
심사가 뒤틀린 사람들의 봉사(奉事)를 받을 수 없다. 신은 거대한 행사와 호화로운
공물(貢物)로 사람들을 시달리게 하는 불쌍한 생명들과는 다르다. 덕행과 선(善)을
향한 지속적인 욕구가 신을 즐겁게 할 수 있다. 그러므로 우리의 원리와 실천
속에 정직함을 유지하여, 신의 사랑을 받아야 할 것이다. 사람들은 가난하게
되는 것보다 불명예(不名譽)로 가는 것을 더욱 두려워해야 한다. 신은 정의(正義)를
위해 재산을 던지는 착한 시민은 그냥 지나칠 것이다. 그러나 그의 광포(狂暴)한
욕망으로 남자와 여자 시민 외국인을 악(惡)으로 끌고 가는 사람들은 신들을
생각하여 조심해야 하고, 신들이 악을 향해 행사하는 가혹한 심판(審判)을 생각해야
하고, 죽는 순간(瞬間)을 생각해야 한다. '운명(殞命)의 그 시간'이 우리 모두를
기다리고 있고, 과오(過誤)의 기억은 후회를 가져오고, 공허한 후회(後悔)로 우리의
모든 행동이 조정이 될 수 없는 시간이 공평하게 우리를 기다리고 있다."

"모든 사람들은, 살아 있는 순간을 최후의 순간처럼 살아야 할 것이다. 그러나
악이 그를 죄악에 빠지게 만들면, 제단(祭壇)의 아래로 달려가 그를 악으로부터
구해 달라고 하늘에 호소하게 해야 할 것이고, 무엇보다 정직하고 유덕한 사람들을
찾아 가 그가 신의 자비와 복수(復讐)를 알게 하여 자신을 덕행으로 돌이켜야
한다."

잘레우쿠스(Zaleucus, 7세기 B.C.), 바가(Vaga, 1501~1547) 작 '잘레우쿠스의 판결'(1525)[14], 줄리언(Julian, 331~363)[15]

분별력(分別力)에서 멀어지게 하는 모든 욕망과 화려함을 벗어던지고, 이성(理性)과 덕(德)의 명령에 따라 그 단순 숭고한 도덕을 좋아해야 한다는 고대인이, 물론 없었던 것은 아니다.

잘레우쿠스(Zaleucus)의 제자 카론다스(Charondas)도 동일한 방법을 사용하였다. 플라톤 학파, 키케로 학파, 성스런 안토니 학파(Antonines)도 그 이후 다른 말을 사용하지 않았다. 줄리언(Julian, 331~363)은 기독교를 포기하는 불행을 겪었지만, 그 천성(天性)의 명예를 명시하였다. 줄리언은 기독교의 추문(醜聞)이고 로마 제국의 영광이었다. 줄리언은 말했다.

"무식한 사람은 교육이 되어야 하고 그에게 벌을 내려서는 안 된다. 그들을 안타깝게 생각해야 하고, 미워해서도 안 된다. 황제의 임무는 신(神)을 본받는 일이다. 신을 본받는 일은, 욕망(慾望)의 최소화, 선행(善行)의 최대화이다." [헤겔 이전에 명시된 '자신의 개념-Self-Conception']

고대인을 욕하는 사람들은, 이런 것을 배워야 한다. 입법(立法)자와 우화(寓話) 작가를 겸(兼)하게 해서는 안 되고, 현명한 판사의 법(法)과 우스꽝스런 사람들의 습속(習俗)을 구분하는 방법을 가르쳐야 하고, 미신(迷信)의 축제(祝祭)가 지적(知的)인 통치자들에 의해 창안되었다고 말을 하게 해서는 아니 되고, 수없는 거짓 신탁(神託), 거짓 영재(英才)들에 의한 이야기들을 하게 해서도 안 된다. 그래서 희랍 로마의 모든 지방 판사들이, 그 부조리를 견디는 장님의 사기꾼 기만자(欺瞞者)로 알게 해서도 안 된다. 그것은 중국(中國)의 승려(僧侶)들이 대중의 환심을 사려고 현명한 공자(孔子)를 '불쌍한 사기꾼'으로 말했던 것과 다를 수 없다.

지금 같은 계몽(啓蒙)의 시기에는, 본받아야 할 성자(聖者)를 반대 비방하는

14) Wikipedia, 'Zaleucus' 'The Judgement of Zaleucus(1525)' Perino del Vaga(1501~1547).
15) Wikipedia 'Julian' – 'Portrait of Emperor Julian'.

무식한 열변들을 털어 버려야 할 것이다. 모든 나라에 그와 같은 저속한 얼간이 미신(迷信) 숭배의 분별 없는 사람들이 있다는 것을 왜 모를 것인가? 감리교 천년성도(千年聖徒) 모라비아교도 온갖 광신도가 있는 영국에서, 대법관 베이컨(Bacon)과 불멸의 천재 뉴턴(Newton), 로크(Locke) 수많은 위인들이 탄생하지 않았는가?

〈철학적 비평 – '잘레우쿠스'〉16)

해설

* 볼테르의 기본 전제는 '성선설(性善說)'이고, 모든 사람은 '이성'을 지니고 있으니, 거기로 돌아와야 한다는 것이다. (참조, ※ ⑨-31. 정의(正義)를 아는 이성(理性)은 인류의 통성(通性)이다. ※ ⑨-36. 선악(善惡)의 분별은, 산수(算數)의 문제다.)

그리고 가톨릭이 아니면 '이단(異端)' '무신론(無神論)'으로 몰아붙여, 프랑스에 발을 붙이지 못하게 한 당시 행정부를 비판하고, '기독교'를 떠나서도 착하게 살았던 예를 들며 프랑스 사회의 폐쇄적인 성향에 대대적인 개혁을 요구한 것이다.

위에서도 거듭 명시되어 있는 볼테르의 이상적 '국가 사회관'은, 공자의 '이성 존중' 자연법 사상이었으니, 간결하면서 공평한 것으로 '모든 세상 사람들을 선'으로 이끄는 것에 볼테르는 자신의 '최고의 신앙심'을 공표한 것이다.

볼테르가 특히 위에서, '입법자(legislator)와 우화 작가(fabulist)를 겸하지 말라.'고 충고한 것은 '성경 신화(神話)'와 '현실(現實)'을 혼동해서는 안 된다는 볼테르의 '미신' '신비주의' 척결 의지를 명시한 발언이다.

G. W. F. 헤겔은 개신교도로서, 개신교 포교 입장에서 〈세계 역사철학 강의〉를 서술했다. 헤겔은 결정적으로 '신화(여호와주의, 관념주의)'와 '현실(프리드리히 2세의 제국주의)'을 혼동하게 만들어, 후손들이 '게르만 종족주의'에 앞장을 서게 만들었고, 결국은 그것이 후손들이 흉악한 '전쟁 주도자'가 되도록 만들었다. (참조, ※ ⑦-19. 헤겔과 프리드리히 2세 – 〈세계 역사철학 강의〉, ※ ⑬-2. G. W. F. 헤겔의 '절대주의' '여호와주의')

---

16) Voltaire, *The Best Known Works of Voltaire*, The Book League, 1940, pp. 481~482 'Of Zaleucus'.

⑪-4. '바커스(Bacchus) 신화'를 본뜬 모세 이야기

명백히 비유적인 뮤즈(Muses), 비너스(Venus), 우아(優雅)의 신(Graces), 제피루스
(Zephyrus), 사랑의 신, 플로라(Flora), 그밖에 동종(同種)의 이야기를 제외하면, 부질없
는 이야기들이고, 오비드(Ovid)와 퀴나우트(Quinaut)의 아름다운 시구와 최고 화가
들의 그림이 첨가된 자료들이다. 그러나 고대의 탐구에 기쁨을 주고 있는 것은
바커스(Baccus) 이야기이다.

해적들을 돌고래로 만들어 쫓아버린 팬더 디오니소스[17], 인도를 정복한 디오니소스(The Indian Triumph of Dionysus,
2세기 중엽)[18]

표범을 탄 디오니소스(Dionysus riding a cheetah, 4th-century BC)[19], 디오니소스 혹 표범(The panther of Dionysus)[20]

---

17) Wikipedia 'Bacchus' – 'North African Roman mosaic: Panther-Dionysus scatters the pirates,
who are changed to dolphins, except for Acoetes, the helmsman. (Bardo National Museum)'.
18) M. P. O. Morfourd/R. I. Lenardon, *Classical Mythology*, Oxford University Press, 2007, p.
293 'The Indian Triumph of Dionysus'.
19) T. Bulfinch, *Myths of Greece and Rome*, Penguin Books, 1981, p. 32 'Dionysus riding a cheetah'.
20) W. F. Otto, *Dionysus : Myth and Cult*, Indiana University Press, 1965, plate 8 'The panther
of Dionysus'.

이 바커스(Bacchus, Back, Backos, Dionisios)는, 신(神)의 아들인가 실제 사람인가? 많은 종족들이, 헤라클레스(Hercules)와 함께 바커스를 말하고 있다. 그렇게 다양한 종족들이 헤라클레스와 바커스를 축하해 왔으나, 합리적으로 생각

'바커스에게 포도를 주는 사티로스'21), 미켈란젤로 작 '바커스'(1947)22)

해 사실 '단일한 바커스'와 '단일한 헤라클레스'가 있을 뿐이다. [볼테르 추구 방법, 헤겔의 '변증법'과는 다름]

이집트, 아시아, 희랍에서 바커스와 헤라클레스는 반신반인(半神半人, a demi-god)으로 알려져 있다. 그들의 축제가 행해지고, 신비가 그것에 첨가되고, 그 신비는 유대인의 서적(〈구약〉)이 알려지기 전에 이미 정착(定着)이 되어 있었다.

기원전 230년경의 프톨레미 필라델푸스(Ptolemy Philadelphus) 시대까지 유대인은 자기네 책을 외국인(異邦人)에게 알리지 않았다. 그래서 그 이전 '바커스의 술잔치'가 동서(東西)에 메아리쳤다. 고대 오르페우스(Orpheus)의 작품이라는 시(詩)가 그 반인반신(半人半神)으로 추측되는 바커스의 승리와 선행(善行)을 축하하고 있다. 바커스의 역사(歷史)를 교부(敎父)들이 노아(Noah)의 시대라고 추정하는 것은, 바커스와 노아가 모두 '포도(葡萄) 경작'으로 칭송을 받기 때문이다.

헤로도토스(Herodotus)는 그 고대 의견들에 관해, 바커스는 이집트인이고, 아라비아 펠릭스(남부 낙원)에서 자랐다고 말하고 있다. 그 오르페우스 시들은, 바커스가 그 모험을 상기(想起)시키는 '미셈(Misem)'이라는 조그만 상자 속에 있다가 물에서 건져 올렸다고 말하고 있다. 바커스는 신들의 비밀 속에 교육이 되었는데, 바커스는 마음대로 '뱀으로 변하는 지팡이'를 가지고 있었다. 바커스는 신발을 적시지 않고 홍해(紅海)를 건넜고, 이어 헤라클레스도 그렇게 하였으며, 바커스는 그의 포도주 잔을 타고 알비아(Albia)와 칼페(Calpe) 해협(海峽)을 통과하였다. 바커스가 인도(印度)에 갔을 적에는 바커스와 그의 군단(軍團)은 밤에도 태양의 빛을 즐겼다.

---

21) Wikipedia 'Bacchus' – 'Satyr giving a grapevine to Bacchus as a child ; cameo glass, first half of the 1st century AD ; from Italy'.

22) Wikipedia 'Bacchus' – 'Bacchus by Michelangelo(1497)'.

542

더구나 바커스가 그 마법의 지팡이로 오란테스(Orantes) 히다페스(Hydapes) 강물을 건드리자 그 강물들이 나뉘어 바커스가 맘대로 갈 행로가 되었다고 한다. 바커스는 태양과 달의 행진까지 막았고, 바커스는 그의 법(法)을 두 개의 돌 테이블에 적었다고 한다. 바커스의 옛 모습은 그의 머리에서 뿔[角]이나 광선이 솟아나 있다.

그 이후에, 특히 현대에 보아르(Bochart, 1599~1667)와 후에(Huet)가 바커스는 모세와 여호수아를 베낀 것이라고 추측(推測)하였다. 정말 유사함은 모든 것을 정복하고 있다. 왜냐하면 바커스(Bacchus)를 이집트인들이 아르사프(Arsaph)라고 불렀는데, 교부(敎父)들이 모세에 붙였던 명칭 중에 오사시르프(Osasirph)라는 명칭이 있기 때문이다.

많은 점에서 동일한 이들 바커스(Bacchus)와 모세(Moses)의 역사 속에, 모세의 역사는 사실이라 의심되지 않았고, 바커스의 이야기는 단순 우화(寓話)로 간주(看做)되었다. 그러나 그 바커스 이야기는 모세의 이야기가 전(傳)해지기 오랜 전에, 여러 나라에 이미 알려져 있었다. 즉 아우렐리안(Aurelian) 황제 치하(治下)에 살았던 롱기누스(Longinus, ?~42 B.C.) 이전 희랍의 저자는 아무도 모세를 인용하지 않았다. 그러나 모든 고장에서 바커스 축제는 그 이전부터 행해졌었다.

그래서 신(神)은, 유대인만 알았던 모세의 진실한 정신을 다른 민족에게 누설(漏泄)하기 전에, 바커스 생활의 부조리(不條理)로 그 거짓 정신을 백가지 종족들에게 보여주게 하였다는 것이다.

아브랑슈(Avranches)의 유식한 주교(主敎)는, '모세의 역사'에서 바커스뿐만 아니라 타우트(Thaut) 오시리스(Osiris)와도 놀라운 유사성이 있음을 발견하였다. 그는 아예 이율배반(二律背反)으로 나가, 모세는 역시 이집트인의 티폰(Typhon)으로, 즉 선(善)이며 악(惡)이고, 이집트인의 보호자(保護者)며 적(敵)이고, 신(神)이고 악마(惡魔)라 하였다.

학자들에 따르면, 모세는 조로아스터와 비슷하다. 모세는 에스쿨라피우스(Esculapius), 암피온(Amphion), 아폴로(Apollo), 파우누스(Faunus), 야누스(Janus), 페르세우스(Perseus), 로물루스(Romulus), 베르툼누스(Vertumnus), 아도니스(Adonis), 프리아푸스(Priapus)이다. 모세가 아도니스(Adonis)라는 것을, 버질(Virgil, 70 B.C.~19 B.C.)은 다음과 같이 말했다.

"그래서 아름다운 아도니스는 양(羊)의 목자였다."

그런데 모세는 아라비아로 간 양(羊)들을 살폈다. 모세에 대한 증명은 프리아푸스(Priapus, 生殖의 神)가 더욱 훌륭하다. 프리아푸스는 때로는 당나귀 모습으로 나타났는데, 유대인들은 당나귀를 경배했다고 추정되고 있다. 후에(Huet)는 모세의 막대기는 프리아푸스의 홀(笏)이라고 확신(確信)을 가지고 말했다.

"Sceptrum Priapo trbuitur, virga Mosi."

이것이 후에(Huet)가 주장한 것이다. 기학적으로는 사실이 아니다. 후에(Huet)는 그의 '인간 마음의 약함과 지식의 불확실성'에서도 그 주장을 펼치고 있다.

〈철학적 비평 – '바커스'〉[23]

해설

* '모세의 이야기'가 이집트 '바커스(Baccus) 신화'에 관련된 것을 지적했던 것은 '성경 신화'와 '현실'을 혼동한 '광신도'를 바로잡기 위한 볼테르의 불가피한 조처였다. 그것은 어느 특정인이나 특정 사회에서만 요구되는 사항이 아니라 인류 사회 모두에 필요한 기본 전제이니, 볼테르는 그러한 '미신' '신비주의'를 처음부터 배제시킨 중국의 공자 사상을 제일로 생각하였다.

사실상 '모세의 이야기'가 〈구약〉의 핵심 화제(話題)이고, 그 영향이 〈신약〉에도 엄연히 작용하고 있다. 볼테르는 어느 누구도 쉽게 행할 수 없는 해박한 고전 해석 능력을 발동하여 문헌의 선후(先後), 전파(傳播)의 대소(大小)를 확실히 하여 자신의 비판적 자세를 보여주었다.

소위 인문학의 필수인 문헌학(philology), 실증주의(positivism)를 어디에 특별히 따로 쓸 것인가? 대가(大家) 볼테르는 '근대 과학혁명'의 중심에 서서 그의 '거침없는 탐구' 진행을 멈추지 않았다.

⑪-5. '늑대인간(were-wolf)'이 변신(變身)의 증거다.

영혼의 윤회(輪回) 문제가 자연스럽게 '변신(變身, Metamorphoses) 이야기'가 되었던 것을 우리는 이미 살폈다. [〈역사철학〉에 '印度' 항목] 상상을 불러일으키는 모든 관념은, 모든 사람들이 그것을 즐겁게 행하여 현재 세계에 퍼져 있다. 내 영혼이 말[馬]의 몸속으로도 들어갈 수 있다는 것을 수용하면, 나의 신체는 '짐승'으로도 바뀔 수 있다는 것을 믿게 된다.

오비드(Ovid, 43 B.C.?~17? 로마 시인)에 의해 만들어진 '변신 모음집'은, 최소한 우리에게 이미 언급한 피타고라스학파, 브라만, 칼데아, 이집트인의 경우도 있어서

---

23) Voltaire, *The Best Known Works of Voltaire*, The Book League, 1940, pp. 482~484 'Of Bacchus'.

놀라운 이야기는 아니다. 고대 이집트에서 신(神)들은 모두 동물로 '변용(變容)'이 되어 있다. 시리아의 도르케토(Dorceto, Dercetis) 신(神)은 '물고기'로 바뀌어 있다. 바빌론의 세미라미스(Semiramis) 신은 '비둘기'로 바뀌었고, 유대인 고대 기록에 나부코도노소르(Nabucodonosor)는 '황소'가 되었고, 롯(Lot)의 불행한 부인은 '소금 기둥'이 되었다. 실제 인간 모습의 '신들'과 천재들[성서 기록자]의 '유령'은, 환영(幻影)이나 변신(變身)이 아닌가?

인간 모습이 아니면, 인간과 친(親)하게 될 수 없다. 주피터는 '백조(白鳥)'로 가장(假裝)하여 레다(Leda)를 유혹하였다. 그러나 이러한 예는 극히 드물고, 모든 종교에서 신성한 존재는 인간의 형상(形象)으로 명령을 행한다. 신(神)이 '곰[熊]'의 형상이거나 '악어(鰐魚)'의 형상일 때, 신의 목소리로 이해하기는 힘들다.

신들은 거의 모든 것으로 자신을 변모시킨다. 우리가 마법의 비밀에 친숙할수록 우리도 역시 변신(變身)을 행하게 된다. 몇 명의 인간은 '늑대'로도 변용이 될 수 있다. '늑대인간(were-wolf)'이란 단어가 그 변신의 증거이다.

그 모든 불가사의(不可思議)와 '변용'에 대해 무게가 실리는 것은, 그들의 불가능에 다른 증거 요구가 없었기 때문이다. 즉 '반대'를 하는 주장이 없었다. 만약 어떤 사람이 어제[昨日] 우리 집으로 찾아와 자기가 신(神)이라고 하며 잘 생긴 남자의 모습으로 내 딸에게 구애(求愛)하여, 결혼을 한다면 내 딸은 그 신의 가호로 아름다운 아기의 엄마가 될 것은 이론의 여지가 없다. 그런데 내 아우가, 그 '신성(神聖)을 주장하는 사람'을 의심하면 이른바 '늑대'가 될 것이다. 내 아우는 숲으로 가 으르렁거릴 것이 확실하다. 그 상환청구(償還請求)에는, 판사 앞에는 '신(神)을 사칭(詐稱)해 결혼을 한 젊은이', 결혼을 당한 여인, 증인 늑대인간 삼촌이 소환될 것이다.

그러나 그 가족은 그 심문(審問)으로 그들을 드러내지 않을 것이다. 너희는 '독신(瀆神)이다', '무식하다'는 칸톤(Canton)의 사제(司祭) 말이 고수(固守)될 것이다. 애벌레가 나비가 되고, 인간이 쉽게 짐승으로도 바뀔 수 있다는 것을 간증(干證)할 것이다. 분쟁을 하다가는, 늑대도 신도 믿지 않은 욕망과 약함을 지진 '불경(不敬)한 악마(an impious wretch)'로 지방의 종교 재판에서 탄핵(彈劾)을 당할 것이다.

〈철학적 비평 - '희랍인의 변신(變身)'〉[24]

---

24) Voltaire, *The Best Known Works of Voltaire*, The Book League, 1940, pp. 484~485 'Grecian Metamorphoses'.

해설

* 위의 비유는 심각한 비유이다. '신을 사칭하여 결혼한 남자'는 예수의 비유이고, 그것을 의심한 사람들은 '늑대'나 다름없는 사탄 무리로 매도될 수 있다. 의심을 하여 '무리'에서 소외되면 재판에 회부되어 탄핵을 당할 것이다. 이것이 볼테르 당시 '프랑스 사회 현실'이었다.

볼테르의 비유는 '과학의 현대'의 현대 사회에서는 처음부터 문제도 될 것도 없는 사항이다. 그러나 볼테르가 직접 그 '신원 운동(伸寃運動)'을 펼쳤던 '장 칼라스 사건(1762)'은 백주(白晝)에 프랑스 사회에서 엄연히 일어났던 '살인 제판' 사건이다. 볼테르는 '신비주의'가 현실 재판에 개입된 '칼라스 사건(1762)'을 목격한 이후에 이 〈철학 비평〉은 작성되었다. (참조, ※ ⑥-1. 광신(狂信)의 현장(現場))

볼테르 자신도 두 번의 '바스티유 수감(收監) 체험'이 있었는데 (참조, 연보 1717년(23세), 1726년(32세)) 특히 1726년 32세에 겪은 수감 체험은 '당시 프랑스 행정 사법 체계'에 대한 평생의 불신으로 이어졌다. 볼테르의 '수감 체험'은 작품 〈랭제뉘(自然兒)〉에 구체적으로 형상화되었다. (참조, ※ ②-10. 있는 그대로 보아야 한다.) 그리고 볼테르는 기본적으로, '인격신(人格神)'을 부정한 자연과학도였다. (참조, ※ ⑪-12. 신(神)의 대행자(代行者)는 어디에도 없다.)

그러나 세상의 주목을 받아온 G. W. F. 헤겔도 엄연한 '개신교도 논리'에 있었음이 무엇보다 정확하게 짚어져할 사항이다. 한 마디로 G. W. F. 헤겔은 '절대주의'로 현대를 가장한 '중세 여호와주의'로, '제국주의 독재 옹호' '강도 전쟁 옹호' 이외에는 가르친 것이 없다. (참조, ※ ⑬-2. G. W. F. 헤겔의 '절대주의' '여호와주의')

⑪-6. 옛날부터 우상숭배(偶像崇拜)는 없었다.

'우상숭배(偶像崇拜, idolatry)'에 대한 모든 책을 읽어도 그 개념을 명시한 곳은 없다. 로크(Locke) 씨가 그들이 사용한대로 그 단어의 의미를 가르쳐 주었다.

우상숭배에 답이 되는 용어는, 고대 언어에 발견되지 않고 있다. 희랍의 후기(後期)에 나타난 표현이었고, 기원 2세기 이전까지는 사용하지 않았다. '우상숭배(偶像崇拜)'는 이미지에 대한 경배(敬拜)를 의미하고 있다. '남용(濫用)'을 나타내는 비난(非

難)의 용어이다. 어떤 종족도 자기네들을 '우상숭배자'라고는 생각을 하지 않고, 어떤 정부(政府)도 '절대 신(神, supreme God of nature)'으로 그 어떤 '이미지'를 향해 경배하라고 명령한 적이 없었다.

고대 칼데아인, 아라비아인, 페르시아인은 오랫동안 '이미지'나 사원(寺院)이 없었다. '태양'과 '별' '불'에 기호를 숭배하는 그들을 어떻게 '우상숭배자'라고 할 수 있겠는가? 그들은 보았던 것을 숭배하였다. 그러나 태양과 별의 존중은 인간에 의해 제작된 이미지를 존중하는 것은 아니다. 말할 것도 없이 그것은 잘못된 생각이지만 우상숭배는 아니다.

이집트인이 사실 '개' 아누비스(Anubis), '황소' 아피스(Apis)에게 경배(敬拜)를 행했던 것을 생각해 보자. 이집트인은, 그들의 신 이시스(Isheth, Isis)가 인간에 내려온 것으로서의 '동물'을 신성한 존재로 떠받들 정도로 무식하지는 않았다. 그러나 천상의 빛(a celestial ray)이 신성한 '황소'와 '개'에 작용을 한다고 믿었으니, 그 신념은 동상을 경배하지는 않았다는 것으로 명백하다. 짐승은 우상(idol)이 아니다.

이론의 여지없이, 인간은 '조각 작품'이 있기 이전부터 '경배의 대상'을 지니고 있었다. 고대인부터 우상숭배자라고 부를 수 없는 것은 명백하다. 이후 사원에 동상을 두고, '이미지 숭배자들'이라 일컬어지는 사람들과 종족들의 경우에도 그러한 것이다. 그 명백성은 고대 기념물에만 국한된 것이 아니다.

그러나 우상숭배자라는 책임을 지우지 않는다면, 그들의 실상(實相)은 어떠했는가? 벨(Bel)과 바빌론(Babylon)의 광신적 형상으로 표현된 놋쇠 상을, 주인이요 신이요 세계의 창조자라고 믿어 경배를 명령하였다는 것인가? 주피터와 주피터 상이 그러하였는가? 우리가 (우리의 성스런 종교 풍속과 고대인의 습속을 비교가 허락이 된다면)교회에서, 긴 수염을 가진 아버지 상, 여성과 아동의 상, 비둘기 상을 장식물로 하는 것은 무엇인가? 우리는 그것들을 거의 경배(敬拜)를 하지 않아, 그 상(像)이 나무로 되었으면, 낡아지면 화목(火木)으로 쓰고, 그 자리에 다른 것을 세울 것이다. 그들은 눈과 상상력에 호소하는 '기호(記號)'일 뿐이다. 투르크인과 개신교도는 가톨릭을 우상숭배자라 생각을 하나, 가톨릭교도는 그것을 완강히 거부하고 있다.

사실상 동상(銅像)에게 경배하고, 어떤 상을 최고신으로 믿기는 불가능하다. 유일한 주피터신이 있었고, 천 개의 주피터 조상(彫像)이 있다. 주피터는 그의 빛을 발하고, 구름 속이나 올림포스 산에 살고, 행성(行星, 木星)이 그 이름을 가지고 있는 것으로 알고들 있다. 그의 기호는 빛도 발하지 않고, 목성이나, 구름 속,

올림포스 산 꼭대기에도 주피터는 없다. 모든 기도(祈禱)가 불사신(不死神)을 향한 기도(祈禱)이지만, 그 동상이 바로 불사신은 아니다.

만무방(萬無妨)의 사기꾼과 미신 신봉자는, 조각상이 말을 한다고 믿어 왔다. 무식한 사람은 잘 믿는다. 그러나 그 '우스꽝스런 사람들'은 종교를 모른다. 잘 믿는 노파들은 동상과 신(神)을 구분 못할 수도 있다. 그러나 행정부가 노파와 같이 생각을 할 이유는 없다. 하급 제판관은 그들이 좋아하는 신상(神像)을 좋아하고, 사람들의 관심이 그 기호(記號)에 고착될 수는 있다. 만약 고대인이 그들의 사원(寺院)에 신상을 둔 것으로 우상숭배자라면, 기독교계 절반은 역시 우상숭배자들이다. 기독교인이 우상숭배자가 아니라면, 고대 민족도 우상숭배자가 아니다.

한 마디로, 돌덩어리, 대리석, 놋쇠, 나무가 찬송되어야 한다고 말한 시인은 단 한 사람도 없다. 그러나 그에 반대하는 증언(證言)은 셀 수 없이 많다. 우상숭배 민족은 마술사와 같다. 그들은 자주 거론되고 있으나, 결코 존재할 수 없다.

프리아푸스(Priapus) 신상(神像)은 정말 경배를 받은 것이라고 해설가들은 말하고 있다. 왜냐하면, 호레이스(Horace)의 골칫거리 시구가 있기 때문이다.

"나는 이전에 나무둥치였네. 목수(木手)가 나를 신상(神像)을 만들까 조립식 의자를 만들까 망설이다가 마지막에 나를 신(神)으로 만들었네."

해설가들은 선지자 바루크(Baruch)가 그 호레이스 시절에 프리아푸스(Priapus) 신상(神像)이 실제 신으로 숭배되었다고 입증한 것이라고 인용을 하고 있다. 바루크(Baruch)는 호레이스가 거짓 신과, 신상 모두에 조롱(嘲弄)을 행한 점을 모르고 있다. 식모(食母)도 그 거대한 신상(神像) 속에 신(神)이 있는지 없는지는 알 수 있다. 그러나 그 거대한 프리아푸스(Priapus) 목상(木像)이 정원(庭園)에 새들을 쫓아버려 세계를 창조한 존재로 인정하게 했을지는 모를 일이다!

인간이나 동물의 형상을 금(禁)한 법을 두었다는 모세(Moses)의 경우도, 이집트 사제들이 들고 다닌 '은색 뱀'과 비슷한 '놋쇠 뱀'을 세웠다. 그럼에도 그 모세의 뱀은 실제 뱀에게 물린 것을 치료했으나 경배되지는 않았다. 솔로몬은 사원에 케루빔(cerubims, 날개가 달린 통통한 아기) 둘을 두었다. 그러나 그것들을 신(神)으로 생각하지는 않았다. 그렇다면, 유대인 사원과 우리 교회에서 우상은 없다. 왜 다른 민족을 그처럼 크게 욕을 해야만 하는가? 우리는 그들이 무죄임을 선언하거나, 우리가 반성을 해야 할 것이다.

〈철학적 비평 - '우상숭배에 대하여'〉25)

---

25) Voltaire, *The Best Known Works of Voltaire*, The Book League, 1940, pp. 485~487 'Of Idolatry'.

해설

* '우상숭배(偶像崇拜, idolatry)'는 기독교도가 여타 종교를 무시하는 대표적인 용어이다. 그런데 볼테르는 그것이 궁극적으로 '기호(記號, signs)'라고 설명하였다. 옳은 설명이다. 오해와 경멸을 행하려드는 사람을 향해서는 할 말이 없다. (참조, ※ ⑨-50. '자기들만이 옳다는 사람들'을 어떻게 할까?)

볼테르가 계속 반복해 강조한 것은 '인간은 모두 합리적 이성을 가지고 있다'는 점이고 '인간은 서로 형제'로 생각하여 '관용'으로 감싸야 한다는 것이었다. (참조, ※ ⑨-31. 정의(正義)를 아는 이성(理性)은 인간 통성(通性)이다. ※ ⑤-26. 용서(寬容)는 인류 특권)

그리고 볼테르는 '기독교'가 유독 '선민의식(選民意識)' '독선(獨善)' 사상에 있었음을 지적하였다. (참조, ※ ⑥-9. 기독교인이 행한 기독교인의 박해, ※ ⑥-20. '그리스도교로 개종(改宗)'을 하지 않으면, 모두 적(敵)인가? ※ ⑩-25. 특권을 요구해 온 유대인들)

⑪-7. '점치기〔神託〕'를 좋아하는 어리석음

우리는 우리의 '미래'를 모른다. 존재하지 않는 것은 우리가 알 수 없기 때문이다. 그러나 추측이 행해지고 있는 것은 명백하다.

수(數)가 많고, 잘 훈련된 군대가, 유능한 장군의 지휘를 받아 유리한 장소로 진군(進軍)을 행하여, 경솔한 장군이, 적은 수와 형편없는 무기, 나쁜 위치에서 서로 대적(對敵)을 하게 되면, 그 과반은 이미 반심(叛心)이다. 당신은 후자(後者)가 패할 것을 예언(豫言)할 수 있다.

젊은 남녀가 절망적으로 서로를 좋아하는 것을 알고 그들이 만나는 것을 보면, '그들은 곧 결혼을 할 것'이라고 말을 할 수가 있다. 모든 예측(豫測)은 가능성의 계산 결과이다. 그래서 앞으로 생길 일에 대해 예상을 하지 않는 종족(種族)은 없었다. 가장 축복을 받고 효과를 발휘했던 사람은 반역자(叛逆者) 플라비안 요세푸스(Flavian Josephus)인데, 그는 유대인을 정복한 베스파시안(Vespasian)과 그 아들 티투스(Titus)에게 예언을 행하였다. 요세푸스는, 동방(東方)에서 베스파시안과 티투스가 로마군에게 경배(敬拜)하는 것을 보았는데, 황제 네로(Nero)를 전 왕국은 싫어하고 있었다. 요세푸스는 뻔뻔함을 지녀서 베스파시안의 사랑을 받기 위해,

베스파시안에게 유대인 신(神)의 이름으로, 그와 아들이 황제가 될 것이라고 예언을 행했다. 결국 그들은 그렇게 되었고, 요세푸스는 위험하지 않았다. 베스파시안이 망하게 되는 때가 와도 베스파시안이 요세푸스를 처벌할 수는 없고, 베스파시안이 왕위를 차지할 경우에는 요세푸스의 예언에 보답을 할 것이기 때문이다. 그 때까지는 베스파시안이 다스릴 것이고, 그가 그렇게 하기를 희망했다. 베스파시안은 요타파트(Jotapat, 이스라엘 북부 도시)에 대해서도 그 요세푸스에게 물었는데, 요세푸스는 베스파시안이 로마군을 막지 못하여 요타파트를 잃을 것이라고 말하였다. 요세푸스는 '예언'을 행했으나, 놀랄 일이 못 된다. 많은 군대에게 작은 지역에서 포위를 당한 지휘자에게 그것을 빼앗길 거라는 것도 미리 말을 못할 것인가?

'점쟁이' 예언가가 대중(大衆)으로부터 '존경심'과 '돈'은 이끌어내고, 넘어가기 쉬운 사람들을 어떻게 속이고 있는지를 아는 것은 어려운 문제가 아니다. 모든 곳에 점쟁이는 있다. 그러나 자기 이름으로 예언을 행하기는 충분하지 않아 신성(神聖)한 이름으로 '예언'을 행한다. 자신을 '보는 자(seers)'라 칭했던 이집트 예언가 시대부터 전 왕국의 사랑을 받는 예언가였다는 울피우스(Ulpius, 53~117) 시대까지, 당시 아드리안(Adrian)은 신(神)이 되어 있었다. 그리고 울피우스는 그 신(神)들을 가장하여 사람에 관해 행한 엄청난 양의 '실없는 말들'을 남겼다. 그들이 어떻게 성공을 했는지는 잘 알려져 있다. 때로는 애매모호(曖昧模糊)한 대답으로, 다음은 그들이 좋아할 방향으로 설명을 하였다. 다른 경우는 하인(下人)을 고용하여 상담하러 온 애호자의 비밀을 미리 간파하기도 하였다. '얼간이들[점을 치는 사람]'은 자기들이 감추고 있는 사실을, '사기꾼[점쟁이]' 입으로부터 나온 것에 크게 놀랐다.

그 예언가[점쟁이]들은 '과거와 현재와 미래를 아는 것'으로 가정(假定)되었다. 그것은 호머(Homer)가 칼카스(Calchas)를 칭찬했던 이유인데, 나는 여기에서 유식한 반달인(Vandale)과 신중한 교정자 폰테넬레(Fontenelle)가 신탁(神託)에 말한 것에 보탤 것이 없다. 반달인과 폰테넬레는, 예수회 사람 발투스(Balthus)가 분별없이 악의적으로 그들과는 반대로 이교도(異教徒)의 신탁을 그리스도 원리로 지지하고 있을 때, 사칭(詐稱)의 시대를 영리하게 바로 알고 있었다. 선(善)한 신이 악마를 지옥에서 풀어 세상으로 내보내어, 신이 행사하지 않는 것을 신탁(神託)으로 행한다는 가정(假定)은, 신(神)을 해롭게 하는 짓이다.

그 악마들이 진실을 말한 경우에도 그 악마들을 불신하기는 마찬가지이니, 신이 '기적의 거짓 종교'를 지지하여, 신이 적(敵-악마)의 의도에 세상을 포기해 버린 일이 되기 때문이다. 그리고 악마들이 거짓을 말할 경우, 신이 세상을 속이는 악마를 풀어준 꼴이 된다. 그것보다 더욱 잘못된 생각은 없다.

가장 유명한 신탁은 델포스(Delphos) 신탁이다. 그들은 처음 영감은 받은 다른 사람보다 더 적절한 순수한 어린 소녀를 선택하였다. 즉 그 애들에게 사제(司祭)들은 의미 없는 말을 행하도록 명령했다. 어린 피티아(Pythia)는 삼각대(三角臺)에 올라서서 열린 구멍을 응시하고 거기에서 그녀의 예언적 진술을 흘러 보내었다. 그러나 어린 피티아(Pythia)가 봉사(奉事)를 그만두자 늙은 여인으로 교체(交替)가 되어 행하게 되었다. 그것이 원인이 되어 델포스 신탁은 그 신용(信用)을 상실(喪失)한 것으로 생각이 되었다.

점을 치는 것은 신탁(信託)을 행하는 것으로, 오랜 옛날부터 있었다. 사원(寺院)이나 사도(司徒) 없이 신성(神聖)한 신탁을 행할 수는 없었기에, 많은 시간과 의례가 필요했다. 교차로에서 점을 치는 것이 가장 쉽다. 이 기술은 수천 가지로 분화되었다. '예언'에는 새의 비행(飛行), 양의 간(肝), 손금, 땅위에 그린 원, 물, 불, 부싯돌, 지팡이 등 제공될 수 있는 모든 것이 사용되었다. 그러나 누가 그 방법을 알아내었는가? '바보[점을 치고 싶은 사람]'를 만난 최초의 '사기꾼[점쟁이]'이 바로 그였다.

예언(豫言)의 가장 큰 영역은, 〈리즈 알마낙(Liege Almanac)〉에 적힌 것들과 같다. "위대한 인물은 폭풍이 일어날 때 인생을 시작할 것이다." 이 마을 치안 판사는 1년 내에 죽습니까? 그 죽음이 예언된 그 사람은 그 마을에서 존경을 받는 위대한 사람이다. 어선(漁船)은 묶었느냐? 이것은 '난폭한 폭풍우'에 대한 예언이다. 〈리즈 알마낙(Liege Almanac)〉 저자는 마법사였다. 예언은 맞기도 하고 틀리기도 한다고 했다. 만약 어떤 일이 예언에 맞을 때는 그의 마력은 뜨지만, 일이 반대로 전개될 때는 예언은 완전히 딴 것으로 응용(應用)이 되어, 예언가는 그 비유(응용)로 자기를 지킨다.

〈리즈 알마낙(Liege Almanac)〉에서는, 모든 것을 파괴시키는 사람들이 북방(the North)으로부터 온다고 말을 하고 있다. 그 사람들은 오지 않았다. 그러나 북풍이 포도 줄기를 얼게 하고, 그것이 마테 란스베르크(Matthew Lansberg)의 예언이 되었다. 누가 그의 지식을 감히 의심할 것인가? 행상인들이 '그 예언가'를 나쁜 시민으로 '기소인정여부절차'를 밟을 것인가, 점성가들이 그를 '이성(理性)이 없는 사람'으로 취급을 할 것인가.

마호메트 순니트들(Mahometan Sunnites)이 마호메트 〈코란(Koran)〉 해설에 그 방법을 크게 이용하고 있다. '알데바란의 별(Aldebaran's stars)'은, 아라비아 사람들에게 크게 숭배되고 있는데, 그것은 '황소 눈'을 의미한다. 그것은 '마호메트의 눈'이 아라비아인을 계몽시킬 것이라는 것이고, 황소처럼 그 뿔로 적을 물리칠 것이라는 의미이다.

'아카시아 나무'는 아라비아에서 존중되고 있다. 큰 그늘을 만들어 농작물을 태양의 열기로부터 지켜주기 때문이다. 마호메트는 아카시아이다. 그는 유익한 형상으로 세상을 덮고 있다. 분별력 있는 투르크인은 아라비아인의 알 수 없는 어리석음을 비웃고 있다. 젊은 여인은 그렇게 생각을 하지 않지만, 늙은 여인들은 그것을 확실히 '신앙'을 하고 있다. 열성파 수도승에게 잘못을 행했다가는 봉변을 당할 수도 있다. 그들 자신의 '일리아드 오디세이 시절의 역사(歷史, 이야기)'를 따르는 유식한 사람들도 있다. 그러나 그들은 〈코란〉의 해설자들처럼 행운을 추구하는 사람들은 아니다.

신탁이 가장 빛을 발하는 경우는, 전쟁에 승리를 확신케 하는 경우이다. 각 군대와 각 종족이 그들의 독특한 신탁으로 승리를 약속한다. 어느 한쪽의 신탁은 틀림없이 맞게 마련이다. '패배한 종족', '속고 사는 종족'은 자신들의 패배를 얼마쯤 신들에게 자신들이 행한 잘못의 탓으로도 돌리지만, 신탁을 들은 이후에는 결국 그 신탁은 이루어질 것이라고 소망을 한다. 이처럼 전 세계가 망상(妄想)을 지니고 있다. 세계 정복, 즉 이웃나라 정복(征服)을 확신시키는 전설이나, 예언을 가지지 않은 민족은 거의 없다. 전쟁이 끝나기 전에 '예언'을 갖고 있지 않은 정복자는 한 사람도 없다. 안티-리바누스(Anti-libanus)와 아라비아 사막(Arabia Deserta and Petraea) 사이 지구(地球)의 한 구석에 갇혀 있는 유대인까지도, 천 개의 신탁(神託)들로 다른 민족처럼 세계의 주인이 된다는 희망을 가지고 있는데, 그것은 신비적 의미나 순전히 문학적으로 이해가 되고 있다.

〈철학적 비평 – '신탁(神託)에 대하여'〉[26]

해설

* 볼테르에게 '신(神)'이란, '진리(truth)' '정의(justice)'의 다른 이름이므로, '신탁(점치기)' '미신'의 주체가 아니라고 명백하게 입장을 밝히고 있다. 이로써 볼테르의 '진리'는 '자연과학적 원리'이고, '정의'는 '착한 농부와 그 강도의 구분' 문제이니, 볼테르의 태도를 외면 오해한 사람들(칸트, 헤겔, 마르크스 포함)은 바로 불순한 다른 의도를 가지고 있는 사람이다. (참조, * ⑬-1. I. 칸트 – 개신교도의 관념주의, 전체주의)

볼테르는 '기독교 서적'에 포함된 '예언' '신탁'에 비판을 멈추지 않고 있다. 그것이 볼테르 당대에 전 유럽에 성행하고 있었기 때문이다. 그것은 '신비'

---

26) Voltaire, *The Best Known Works of Voltaire*, The Book League, 1940, pp. 487~489 'Of Oracles'.

'미신'을 좋아하는 인간의 심성에서 그러한 것이라고 진단하고 있다.

그리고 볼테르는 '신탁'을 믿게 되는 성향을 자세히 분석을 하였는데, Ⓐ 항상 합리적으로 확보한 정보를 토대로 가능한 예측을 행하거나, Ⓑ 이미 확보한 50%의 가능성을 쓰거나, Ⓒ 완전히 빗나갈 경우, 완전히 딴 비유(比喩)로 전용하여 엉뚱하게 그 논리를 (신탁의) 요청자 자신의 과오나 부주의 이해 부족으로 전용(轉用)하는 방법이면 거의 모든 경우를 피해갈 수 있다.

볼테르는 위에서도 '전쟁'과 '광신주의' '신탁' '점쟁이'가 연계됨을 남김없이 공개를 하였는데, 세상에서 가장 큰 '예언가 이야기'가 〈성경〉을 이루었다.

⑪-8. 희랍 주술사(呪術師, Sibyls) 방식의 '묵시록(Apocalypse)' 서술

세상이 온통 신탁(神託)으로 넘쳤을 때, 어떤 사원(寺院)에도 소속되지 않고, 자기 나름의 방법으로 예언을 행하는 늙은 여인들이 있었다. 그녀들을 '주술사(呪術師, Sibyls)'라 불렀으니, 그것은 희랍 라코니아(Laconia) 방언(方言)으로, '신의 자문단(諮問團, The Council of God)'을 의미한다. 고문헌에 의하면 각 지방에서 모인 10명의 주술사가 있었다.

그 여성들의 이야기는, 타르퀴니우스(Tarquin, 전설적인 로마 왕, ?~579 B.C.) 1세 때의 고대 〈쿠메아(Cumaea) 주술사〉 9서(書)로 잘 알려지게 된다. 타르퀴니우스 1세가 무녀(巫女)와 너무 싸게 흥정을 하니 늙은 무녀가 처음 6권은 불에 던져버리고, 나머지 3권에 9권의 값을 요구하였다. 황제는 그 값을 지불하였다. 그것들은 술라(Sylla, 138 B.C.~78 B.C.) 시대까지 보관이 되었고, 의사당의 화재로 소실이 되었다.

그 주술사들의 처방은 어떻게 나왔는가? 3명의 원로원이 희랍의 도시 에리테아(Erythea)로 파견되었는데, 그곳에는 1천의 기분 나쁜 시(詩)가 신중하게 보관이 되어 있고, 그들은 에리테아(Erythea) 주술사의 예언으로 소문이 난 사람들이었기 때문이다. 모든 사람은 그 사본(寫本)을 얻기에 골몰을 하고 있었다. 에리테아 주술사는 모든 것을 예언했다. 그녀의 예언들은 희랍인들에게 유럽인의 노스트라다무스(Nostradamus)와 같은 것으로 간주되었다. 주목할 만한 점은 희랍의 서정시(抒情詩)가 그 주술사 진술 형식을 취하고 있다는 사실이다.

그 광시곡(狂詩曲, rhapsodies)에 권위가 붙은 어떤 음모(陰謀)와 마주칠 것을

희랍 주술사(呪術師), 술라(Sylla, 138 B.C.~78 B.C.)[27]

우려한 아우구스투스(Augustus, 63 B.C.~14)는, '불가사의(不可思議) 시(Sibylline verses)'를 로마인들에게 사형(死刑)으로 금지(禁止) 시켜버렸다. 즉 독재자의 금지(禁止)가 범죄로 빼앗긴 어떤 힘의 보유(保有)를 입증한 꼴이 되었다.

'불가사의 시(Sibylline verses)'는 금지 이후에 더욱 높게 평가가 되었다. 일반인에게서는 금지를 당했지만, 진실을 보유해야 했었다.

버질(Virgil)은 폴리오(Polio, Marcellus, Drusus)의 탄생 목가(牧歌, eclogue)에서 쿠메아(Cumaea) 주술사의 권위를 쓰지 않을 수가 없었고, 그 아이는 죽은 다음에 황금시대를 열 것이라 예언을 하였다. 에리테아 주술사가 앞서 말했듯이 쿠메아에서 예언을 행한 것이다. 새로 태어난 아기에 관한 예언은 아우구스투스에 종속(從屬)되어 자리를 잡을 수밖에 없었다. 예언은 위대하게 되고, 세속적인 것은 가치가 없다.

이들 주술사의 신탁이 크게 평판을 얻고 있을 때에, 초기 기독교인은 그들의 무기(arms)로 비유대인들(Gentiles)을 퇴폐시키기 위해 희랍 주술사와 동일하게 만들어지기를 너무나 열광적으로 원하게 되었다. 헤르마스(Hermas)와 성 유스틴(St. Justin, 100~165)이 최초로 그 사칭(詐稱)을 지지하였다. 성 유스틴(St. Justin)은 쿠메아(Cumaea) 주술사의 신탁을 인용하였고, 이스타푸스(Istapus)를 거론하며 그 주술사가 대홍수 시절에도 있었던 것처럼 널리 알렸다. 알렉산드리아의 성 클레멘트(St. Clement)는 그의 스트로마테스(Stromates)에서, 사도 바울(st. Paul)이 그의 서간(書簡)에, "주술사(Sibyls)의 글을 읽어보면, 신의 아들 탄생에 명백한 예언이 행해졌다."고 추천을 하고 있다.

그 사도 바울의 서간은 없어질 수밖에 없다. 왜냐하면 그 어떤 말도 (현전하는)사도 바울의 서간에는 없기 때문이다. 지금은 전해지지 않는 무수의 책들이 기독교도들에게는 퍼져 있었으니, 얄라바스(Jallabash) 세트(Seth) 에노크(Enoch) 카믈라

27) Wikipedia, 'Sylla'.

(Kamla) '예언서', '아담의 속죄', '자카리아 역사', '요한의 아버지', '이집트인 전도사' 등등은, 책들 속에 묻혀 거의 읽히지를 않는다.

그 후 기독교는 '유대 사회(社會)'와 '비(非) 유대 사회'로 양분(兩分)되었다. 이 두 사회는 더욱 세분되었다. 재능을 지닌 자는 누구나 자기 파당을 위해 글을 썼다. '니스 협의회(the Council of Nice)'까지 50종의 복음서가 있었다. 현재는 '동정녀(Virgin)' '유년기(Infancy)' '니코데모(Nicodemus)'만 남아 있다. 주술사(呪術師, Sibyls)는 시(詩)를 금방 주조(鑄造)해 낸다. 그와 같은 점에서 사람들은 주술사 신탁(神託)에 힘을 모았고, 외국인 지지자들이 기독교의 여명(黎明)이 강화(强化)되어야 한다고 판단하게 되었다. 예수 그리스도에 대한 예언이 '희랍 주술사의 시'로 제작되었을 뿐만 아니라, '아크로스틱 형태(Jesous Christos ioes Soter)'—각행의 첫 글자를 연결하면 특정한 어구가 되도록 글쓰기—방법이 되었다. 그 시구 중에는 다음과 같은 예언(豫言)도 있다.

"다섯 개의 빵 덩이, 두 마리 물고기
사막에서 5천 명을 먹일 거야.
남은 것을 모아보면
열두 광주리에 넘칠 거야."

그들은 여기에서 그치지 않았다. 버질(Virgil)의 제4 목가를 기독교도 입맛으로 다음과 같이 바꾸었다.

"세계는 재[恢]로 변하게 할 것이니
다윗과 주술사 이름으로 말한다."

주술사의 저작이라는 것 중에, '천년왕국(Millennium)'이 특별히 평가가 되었으니, 그것은 테오도시우스 2세(Theodosius Ⅱ, 401~450) 시대까지 교부(敎父)들이 수용했던 것이다.

지상(地上)에서 '예수의 천년왕국'은, 성 루가(St. Luke, 21장)가 "예수께서 이 세대가 가기 전에 위대한 권능을 가지고 구름을 타고 오실 것이다"라고 잘못 예언한 것에 기초를 두고 있다. 그 세대는 이미 지나갔다. 그러나 사도 바울(St. Paul)은 테살로니가 전서(제4장)에서 "주님의 말씀으로 너희에게 이르노니, 주가 오실 때까지 우리는 살아 있을 것이고, 잠을 자도 무방하다. 왜냐하면 주님은 하늘로부터 천사의 목소리와 신의 나팔로 소리치며 강림하여 죽은 자가 먼저 일어날 것이다. 그래서 살아남은 우리는 구름 속에서 서로를 붙들 것이고, 공중에서 주(主)를 영접할 것이다. 그래서 우리는 영원히 주님과 함께 살 것이다."

주님이 직접 바울에게 말을 했다는 것을, 그 바울이 말하고 있는 것은 매우 이상하다. 왜냐하면 바울은 그리스도 제자들과는 서로 떨어져 있었고, 오랜 동안 그리스도교도들에게 박해(迫害)를 강행했던 사람이다. 그가 제자 중 한 사람이었다고 할지라도(그 바울과는 달리), '묵시록(Apocalypse, 20장)'에는, "예수께서 천년 동안 땅위를 다스릴 것이다."라고 하였다.

그래서 예수 그리스도가 하늘로부터 내려와 그의 왕국을 세우고 예루살렘을 다시 세워 거기서 그리스도교도와 족장들이 즐거워할 것을 항상 기다리고 있다는 것이다.

'묵시록'에 그 새로운 예루살렘이 예언되어 있다. "이 요한이 새로운 예루살렘을 보았노라. 하늘로부터 내려온 신부처럼 꾸몄더라. 새 예루살렘은 크고 높은 담벼락에 열두 대문을 달고, 각 대문에 천사가 있고, 열두 개의 토대 위에 열두 사도의 이름을 새기었고, 주님이 이르기를 도시와 성문과 성벽을 황금자로 재었노라. 도시는 사각형 건물이니, 둘레는 1만 2천 펄롱(furlongs, −201m)이고, 길이와 너비와 높이 동일하다. 주님이 성벽도 측량하셨으니, 1백44큐빗(cubits, −x45cm) 높이이고, 그 성벽은 벽옥(碧玉)으로 되었고, 도시는 황금으로 되었더라. 등등"

이 예측으로 충분했을 것이다. 그러나 증명서가 필요했다. 주술사였기에 동일하게 말을 해야 한다. 그 신념은 대중의 마음에 강하게 각인(刻印)이 되어, 성 유스틴(St. Justin)은 그의 '대화록'에서 트리폰(Tryphon)이 말한 "예수가 그 예루살렘으로 들어가 그 제자들과 먹고 마시는 것을 그가 확신했다."라는 대목에 반대하고 있다.

성 이레내우스(St. Irenaeus)는 성 요한(St. John)이 전도사들에게 했던 말을 온전히 수용하였다. "새 예루살렘에 모든 넝쿨은 1만 가지를 뻗을 것이고, 매 가지에는 1만 개의 꽃봉오리, 1만 개의 송이, 각 송이에는 1만 개의 포도, 각 포도는 1만의 암포르(amphors) 와인을 이룰 것이다. 그래서 성스런 포도 추수(秋收)자들은 저를 택하소서. 제가 그보다 더 낫습니다. 할 것이다."

주술사들이 행했던 기적(奇蹟)의 예언은 이것으로 충분하지 않았다. 그 기적이 성취된 증언도 있다. 터툴리안(Turtullian)은 새 예루살렘이 하늘로부터 40야(夜)를 하강함을 보았다고 했다.

터툴리안은 다음과 같이 말하고 있다.

"하늘로부터 예루살렘이 부활한 다음 지상(地上)에 천년의 왕국이 약속되었음을 고백한다."

이처럼 언제나 기적을 좋아하고, 기이한 것을 듣고 관련을 시켜 상식을 뒤집고, 이성(理性)을 추방했다. 이처럼 사기(詐欺)가 활개를 치니, 힘이 생길 수가 없다.

556

기독교는 다른 한편 견고한 이성을 지지하면서, 오류가 뒤엉켜 그것을 흔들고 있다. 그 혼합물에서 순금을 뽑아내야 할 것이니, 교회는 지금 그 상태에 이르러 있다.

〈철학적 비평－'희랍의 주술사'〉28)

해설

* '신화(神話)'와 '신비(神秘)'는 사람들 '꿈' 속에 항상 쉽게 접속되고 있다. 꿈 속에는 믿을 수 없는 일이 자주 생기고 그것은 꿈을 꾸고 있는 순간(잠들어 있는 순간)은 '현실'은 '망각'된다.

'주술사' '점쟁이'는 그러한 인간의 약점을 파고들어 '허무맹랑(虛無孟浪)'한 이야기를 유포시켰다. 볼테르부터 제기된 '신화' '전설' '우화'들은 이후 F. 니체, S. 프로이트, C. G. 융, E. 노이만을 거치면서 낱낱이 분석 비판이 되었다.

볼테르는 최초로 '신화' '우화'가 현실에 횡행(橫行)하여 엄청난 '광란의 폐해'를 연출하는 것을 우려하여 그것을 원천적으로 봉쇄할 것을 강조하였다. 그것이 계기가 되어 쇼펜하우어, 니체의 '실존 철학'이 정착되었고, 이어 프로이트, 융, 노이만 등 정신분석의 대가가 출현하여 모든 '신화'를 당초 볼테르가 원했던 '(정신)과학 속'에 남김없이 쓸어담았다. (참조, ※ ⑬-8. S. 프로이트－'무의식(본능)'의 대대적 탐구, ※ ⑬-10. C. G. 융의 만다라(Mandala)와 헤겔의 '자신 개념(Self-concept)', ※ ⑬-18. E. 노이만－'인간'이 관장하는 지구촌의 구도(構圖))

그래서 현재는 모든 '신화'는 '꿈(Dream)의 영역(領域)을 이탈할 수 없는 것'으로 명시(明示)가 되었다. 모두 '볼테르가 행한 걱정 덕분'이나, 이제 더 이상 미신으로 심적 괴로움을 겪는 사람은 반드시 '정신과 병원'을 찾는 시대가 되었다.

볼테르의 '희랍 주술사 서술 방식'으로 '묵시록(요한계시록)'이 작성되었다는 지적은 '서지학' '문헌학'에 정통한 볼테르가 아니고서는 아무도 행할 수 없는 가장 결정적인 미신 신비주의에 대한 승리로 소위 '미신 3대첩(迷信 3大捷, The Three Great Victories Over Mysticism)'의 '희랍 대첩(大捷)'에 해당한다. 인문과 학자로서 최고의 승부였다. (참조, ※ ⑩-16. 인도(印度)가 서구(西歐) 문화의

28) Voltaire, *The Best Known Works of Voltaire*, The Book League, 1940, pp. 489~492 'Of the Greek Sibyls'.

원천(源泉)이다. ※ ⑩-20. 독재, 허영, 미신(迷信)의 피라미드, ※ ⑪-2. 유일신, 영혼불멸, 사후상벌(死後賞罰)은 모두 고대 이집트인 유품이다.) [뿐만 아니라 '요한복음' 첫머리에 "태초에 말씀이 계시니라."라고 했던 것은 기록자가 희랍 플라톤 '이념(개념, 말씀) 철학'을 전적으로 수용하여 자신의 기록에 반영을 한 것인데, '광신교도 헤겔'은 역시 그것(진술)을 '과학(Science, Wissenschaft)'으로 잘못 알아, 그의 〈정신 현상학 -의식의 경험과학(*The Phenomenology of Spirit -Science of the Experience of Consciousness*)〉[29], 〈논리학(*Science of Logic*)〉[30]이라는 제목으로 그 '엉터리 변증법적 신정론(dialectical theodicy - 인격신=조물주=자연 원리= 정신=헤겔 자신)'을 뻔뻔하게 (그 '정신인 조물주=목사 헤겔의 정신'의 살아 계심)반복 주장하였다.]

⑪-9. '자연 법칙'에서 벗어날 수는 없다.

인간 본성(本性)에 대한 시각을 잃지 말아야 한다. 사람들은 특별한 것만 좋아하고, 그 아름다운 것, 숭고한 것이 친숙하게 되면 아름다움 숭고함도 없어진다. 우리는 모든 것에 비일상적인 것을 요구한다. 그리고 그 추구에서 우리는 가능성(可能性)이 라는 울타리를 무너뜨린다. 고대의 역사(歷史)는 양배추의 역사를 닮아 있다. 그것은 집보다 커서 교회보다 큰항아리에서 그것을 삶아 내야 했다.

우리는 '기적(奇蹟, miracle)'이라는 말에 무엇을 고정(固定)하여, 처음 놀라운 것을 의미하게 되있는가? 자연(自然)은 그 법칙에 어긋나는 것을 창조해 낼 수 없다. 그래서 영국 사람들은 전체를 하나의 약속된 기적, 하나의 병 속에 담을 것을 런던 사람에게 약속을 하였다. 그리고 전설(傳說)을 만든 사람은 앞서 그 재사(才士, 예언가)의 성공을 확신시키려 들지 않았고, 수도원에서도 나온 것도 그러하였다.

우리 그리스도교 속에 작동하는 '기적들(奇蹟, miracle)'은 유대인과 유대인의 종교에 닿아 그 도정(道程)에서 생긴 것임을 알고 있다. 여기에서 우리는 다른 민족들에 대해서만 말을 한 것이고, 그래서 우리는 '선한 양식의 법칙'에 따라

---

29) G. W. F. Hegel(translated by J. B. Baillie), *The Phenomenology of Mind*, The Macmillan Company, 1949.
30) G. W. F. Hegel(translated by W. H. Johnston & L. G. Struthers), *Science of Logic*, George Allen & Unwin LTD, 1951.

드러내어 추리를 행하는 일뿐이다.

누구나 신념의 광명(光明) 속에 있기를 원하고, '영원한 자연의 법칙'을 거스르는 기적(奇蹟) 따위를 생각할 수는 없다. 신(神, 자연)의 사업을 교란시킬 수 없다. 자연에는 모든 것은 끊을 수 없는 사슬로 연결되어 있다는 것을 알고 있다. 신은 말이 없고, 신의 법칙은 언제 어디에서나 동일하고, '고장(故障)이 없는 자연(自然)이란 전체 기계'를 아무도 멈추게 할 수는 없다.

만약 주피터(Jupiter)가 알크메나(Alcmena)를 방문할 때에 24시의 밤을 만들었다면, 그 12시간은 지구가 불가피하게 행진을 중단하고 멈춰 있어야 한다. 그러나 일상적 현상은 밤은 이전처럼 이어지고 달과 행성(行星)은 그들의 경로를 따라 있어야 한다. 이것이 보이오티아(Boeotia)의 테베(Thebes) 여성도 좋아하는 가장 위대한 천구(天球)들의 혁명이다. [뉴턴 식 천체 물리학적 세계관]

죽은 사람이 며칠 동안 숨 쉬지 않다가 생명을 얻기도 한다. 육체에 인지할 수 없는 입자(粒子)는 공기 중을 돌아다니고, 바람에 날리기도 하지만, 정확히 그 이전의 형태로 돌아가서, 벌레와 새 다른 짐승들은 그 시체로 양육이 되고 각 개체(個體)는 그것들을 취하여 보충한다. 그 인간을 뒤따라 살진 벌레들은 제비들에게 먹히고, 제비는 까치에게 먹히고, 까치는 매에게 먹히고, 매는 독수리에게 먹힌다. 각 개체는 사망하게 마련이니, 사망이 없다면 동일한 생명이 아니다. 그래서 영혼이 이전의 저택으로 돌아가지 못하면, 아무것도 아니다. [로크 식 醫學的 인생관]

만약 모든 것을 알고, 모든 것을 주관하고, 불변의 법으로 만물을 관장하는 신이 그것을 뒤집는 법으로 어긋나게 행동을 한다면, 그것은 모든 자연(nature)의 은혜로만 대체가 될 수 있을 것이다. 그러나 단일한 경우에는 모순도 있다. 거기에서 사물의 주인이나 창조자는 세상의 이익을 위해 우주의 질서를 바꿀 수도 있다. 왜냐하면, 그 창조자 주인은 변화 이전에 가정(假定)된 필요를 먼저 볼 수도 있고, 못 볼 수도 있기 때문이다. 그가 미리 볼 수 있는 경우는 변화 전에 필요 조처를 행할 것이고, 예견(豫見, foresee)을 못할 경우는 그는 더 이상 신(神)이 아니다. ['자유 의지'의 발동 문제]

신(神)이 펠로프스(Pelops) 힙폴리테스(Hippolites) 헤레스(Heres)와 유명 인사를 죽음에서 살려내어, 종족이나 도시나 가족을 기쁘게 했다는 것이 주장되고 있다. 그러나 우주의 공통된 주재자가, 힙폴리테스(Hippolites) 펠로프스(Pelops) 때문에 우주에 일관된 관심을 망각할 수는 없기에, 있을 것 같지 않는 일이다.

더욱 믿을 수 없는 기적은, 사람들이 너무 쉽게 그 신념을 갖는다는 점이다.

모든 사람들은 그렇게 불가사의를 꿈꾸고, 그것을 일상적인 일로 삼고, 그것을 부정(否定)하는 이웃들에 뻔뻔하다. 희랍인은, 이집트 아시아 종족에게 말을 하고 있다.

"신(神)들은 때때로 당신들에게도 말을 하고, 매일 우리들에게도 말을 한다. 만약 신들이 당신들을 위해 20번을 싸운다면, 우리 군(軍)에 앞장서는 40번을 싸운다. 당신들이 변형을 행하면, 우리는 100배를 더 행할 것이다. 당신의 동물이 말[言]을 하면, 우리 동물은 우아한 연설을 행한다." ['과장' '거짓말'에 능한 희랍인]

짐승들이 언어 능력을 가진 적은 없으니, 어떤 종족에게서도 짐승이 미래를 말하지는 않았다. 티투스 리비우스(Titus Livius)는 시장에서 황소가 "로마여 조심하라."고 외쳤다고 했다. 플리니(Pliny)는 그의 제9서(書)에서, 타르퀸(Tarquin)이 왕위에서 축출되었을 때, 개가 말을 하였다고 했다. 수에토니우스(Suetonius)는 도미티아누스(Domitian)가 암살당하게 되었을 때, 수탉이 의사당 꼭대기에서 '잘돼갑니다.(Estai panta Kalos)'라고 외쳤다고 했다. 크산테(Xante)라는 아킬레스의 말[馬]은 주인에게 트로이가 함락되기 전에 주인이 죽을 것을 예언했다고 한다. 아킬레스의 말 이전에 프릭소스(Phrixus) '양(羊)'도 말을 했고, '암소들'도 올림포스 산 꼭대기에서 예언을 했다는 것이다. 사람들은 우화를 거부하기보다는 개선을 행하였다. 그것은 '의회[제판 소]'가 그 '의뢰인'을 잡는 경우와 같다. 의뢰인은 탄원을 하기 싫어할 것이니, 그는 즉시 위조(僞造)를 당할 것이기 때문이다. [칼라스 사건처럼]

로마인 중에 부활(復活)을 했다는 사람은 많지 않다. 로마인은 신비적 치료에 자제(自制)를 하였다. 희랍은 더 많이 변신(變身)에 집착을 했고, 부활(復活)이 많았다. 희랍인은 동방(東方)인에게서 그것을 배웠고, 과학과 미신도 동방인에게서 도출해 내었다.

모든 기적적 치료에서 징험(徵驗)이 높은 것은, 장님[盲人]의 치료이다. 베스파시안(Vespasian) 황제는 시력을 되찾게 해주었고, 마비증도 그 황제의 도움으로 없어졌다. 이 두 가지 기적은 알렉산드리아에서 수많은 로마 희랍 이집트인들 앞에서 행해졌다. 베스파시안 황제가 불가사의를 행했다는 것은 그의 재판 기록에 있다. 그는 사기(詐欺)로 존중되는 것을 참을 수 없었고, 그것은 그의 왕국에도 불필요한 것이었다. 그러나 두 환자가 그의 발아래 [치료 받기]주장을 펴며, 그가 그들을 치료했다고 추측이 되었다. 황제는 그들의 간청을 털어내고 웃으며 그와 같은 기적의 치료는 세속인의 힘은 아니라고 말했다. 주장하는 그들에게 세라피스(Serapis)가 나타나 그들은 황제에게 치료를 받을 운명이라고 말을 하였다. 결국 세라피스 견해가 우세하여 황제는 성공을 장담함이 없이 그들을 만졌다. 그의 겸손과 덕으로 신성이 베스파시안 황제에게 권능으로 전해졌다. 그 순간에 장님이 보게 되고 절름발이가 걸었다. 알렉산드리아와 이집트와 전 왕국이 천국(天國)의 은총을 받은 베스파시안 황제를 칭송했다. 그 기적은 제국의 기록보관소에 보관이 되어 있고, 당시 역사에도 있다. 그럼에도 불구하고 이 기적은 모두 믿지 않고 있다. 그 근거를 믿지 않기 때문이다. [예수의 신비 치료 부정]

헬가우트(Helgaut)라는 작가는, 위그 카페(Hugh Capet)의 아들 로버트 왕(King Robert) 역시 장님을 치료했다고 했다. 그 기적의 힘은 아마 그 아내의 고해 신부를 화형(火刑)을 시킨 것에 대한 보답일 수 있고, 그의 선행에 대한 보답이었을지도 모른다.

철학자는 황제나 왕처럼 기적에 응대를 한다. 우리는 아폴로니우스 티안누스 (Apollonius Tyannus) 행적을 알고 있다. 그는 피타고라스학파 철학자로 온화하고, 순수하고 정직했다. 그는 애매모호한 행동을 취한다고 비난을 받지도 않았고, 오명(汚名)을 뒤집어 쓴 소크라테스처럼 허약하지도 않았다. 그는 마기(Magi)와 브라만(Brahmans)이 있는 곳으로 여행을 하였다. 그의 겸손으로 모든 곳에서 명예를 얻었고, 현명한 상담을 해 주고, 분쟁은 거의 없었다. 기도는 놀랄만했다.

"불사의 신은 우리가 필요한 것을 허락하시고, 우리가 무가치하다는 것도 허락을 하십니다."

아폴로니우스 티안누스(Apollonius Tyannus)는 열광자가 아니었다. 그러나 그 제자들은 열광자였다. 그들을 기적을 그에게 돌렸다. 그것들이 필로스트라테스 (Philostrates)로 엮어졌다. 티아르나에 사람들(Tyarnaens)은 그를 반인반신(半神半人) 의 대열에 두었고, 로마 황제들은 그의 신격화에 동의했다. 그러나 아폴로니우스의 신격화는 로마 황제들과 운명을 같이 하였다. 아폴로니우스의 예배 실(室)은 아테네 사람들이 세운 소크라테스 예배 실만큼이나 썰렁했다.

영국의 왕들은 성 에드워드(St. Edward) 시절부터 윌리엄 3세(William 3) 시대까지 의사(醫師)가 치료를 못하는 악(惡)을 치료하는 위대한 기적(奇蹟)을 매일 행했다. 그러나 윌리엄 3세는 아무 기적도 행하지 못했고, 그의 계승자들은 그것을 포기한 전례(前例)를 따랐다. 만약 영국이 국민이 무지(無知)에 빠지는 혁명을 다시 겪어야 한다면, 영국은 매일 기적(奇蹟)을 행하게 될 것이다.

〈철학적 비평 – '기적에 대하여'〉31)

---

31) Voltaire, *The Best Known Works of Voltaire*, The Book League, 1940, pp. 492~495 'Of Miracles'.

해설

 * 위의 진술은 볼테르 이전, 아니 뉴턴 이전의 치성(熾盛)했던 모든 '신화' '기적' '신비주의'를 볼테르가 그 뉴턴의 '천체 물리학적 우주관' '세계관' 로크의 '의학적 인생관'으로 일소시키고 있는 볼테르의 '계몽 운동'의 현장 공개이다. (참조, ※ ⑥-23. 엉터리 의사(醫師) 헤르메스)

볼테르가 걱정했던 미신 신비주의 시대는 오늘날 거의 종료가 되었다. 그러나 그것이 공짜로 온 것이 아니고, 볼테르가 지시했던 지속적인 '과학의 탐구' '과학적(합리적) 탐구' '이성적 추구'로 달성되었으니, 볼테르는 모든 영역에서 '혁명'이요 '개혁'이요 '성공'이었다.

즉 볼테르가 지지했던 천체 물리학적 세계관, 경험 의학적 인생관, 자연법적 사회관은 그대로 사상의 자유, 종교의 자유, 생활의 자유로 연결되어 현대 문명의 주류를 이루었다.

한 마디로 볼테르 이전에도 그러한 종교적 사상적 분쟁 속에 합리주의 과학을 주장하는 사람들이 있었지만, 볼테르는 그 모든 것을 하나로 통일하여 인생관 세계관 국가 사회관으로 통합해 '지구촌' 혁명을 시작하였다. 그리하여 F. 니체와 '다다이스트'를 지나 구체적인 현대 사회로 진입하게 된 것이다.

볼테르의 '신(神)'은 '자연을 지배하는 신' 즉 '자연과학적 원리' 그것이다. (참조, ※ ②-1. 뉴턴의 만유인력)

그렇기에 칸트나 헤겔 같은 '개신교도'의 주장이 아무리 그 정밀함을 자랑한다고 하더라도 그들이 마지막 인격신 '여호와주의'에 기댈 때, 아무리 '겸손'을 떨어도 '무한대의 천체 우주'를 망각한 '자만(自慢)' '방만'의 자리(여호와의 위치, 자신의 개념)에 서게 마련이다.

역시 그렇기에 볼테르는 그 '당연한 관용(寬容, tolerance)의 자리' '실존 긍정' '실존주의'에 있을 수밖에 없는 것이다. 그것은 '주장하는 자리'가 아니라 피할 수 없는 마지막 인간들의 인간을 위한 유일의 거점(육체)이다.

⑪-10. 무한 공간에 '모래알 같은 지구'

《〈에페메로스 대화록(*The Dialogues of Ephemeral*)〉》은 볼테르가 83세(1777)에 간행한 것으로, "에페메로스(Ephemerus, B.C. 4세기 희랍철학자)는 '고대 신들의 존재'

를 의심하고, 신격화된 '우수한 인간들'로 생각하였다.(Ephemerus a Greek philosopher of the fourth century B.C. was noted for his profoundly sceptical attitude toward the ancient gods, whom he viewed as superior men deified by their contemporaries.)"[32]는 견해에 볼테르가 전적으로 동조하여 그 자신의 '인격신(人格神, theism)'에 대한 확신을 명시한 걸작이다. 그런데 볼테르는 그 중에서 'Ⅰ. 중국인의 교리문답(The Chinese Catechism, 볼테르가 69세(1763)에 작성함)' 항을 두어 470년 전, 중국 천자(天子)의 한 분봉국(分封國)인 노왕(魯王)의 아들 왕자 구(Kou)와 공자(孔子)의 제자 구수(Cu-su) 간의 가상적(假想的) 대화 형식을 취하여 전개한 작품이다. 볼테르는, 인류 최초로 기원전에 세상에는 온통 그 '신비주의'가 넘쳐 있는 상황에서 오히려 그것을 먼저 척결하고 '자연법(自然法, natural law)'에 의해 인정(仁政)을 강조했던 중국의 공자를 흠앙(欽仰)하였다. 그런데 볼테르는 이 장(章)에서 자신의 이상(理想)인 공자의 정신을 토대로 그 공자의 제자라는 가상(假想)의 구수와 노나라 왕자 구를 그 연출자(演出者)로 내세워, 볼테르 자신의 '자연법 사상'을 펼쳐 보이고 있어 매우 흥미롭다.》

왕자 구(Kou) : "제가 하늘을 섬긴다[敬天]는 것은 무슨 뜻입니까?"

구수(Cu-su) : "물질적인 하늘은 아닙니다. 우리가 보고 있는 하늘

공자 시대 노(魯)나라, 공자(孔子) 상

은 지기(地氣)의 발산으로 된 바람(공기)에 불과한 것이기 때문입니다. 그렇다면 바람(공기)을 숭배한다면 얼마나 우스운 일입니까?"

왕자 구(Kou) : "제는 거기에 큰 의혹이 생깁니다. 제 생각으로는 사람들이 크게 잘못 알고 있는 것 같습니다."

구수(Cu-su) : "옳은 말씀입니다. 그러나 왕자님은 다른 사람들을 통치해야 함으로 더욱 현명해져야 합니다."

왕자 구(Kou) : "모든 나라들이 하늘과 별(행성)들을 숭배합니다."

구수(Cu-su) : "모든 행성(行星)들은 우리 지구와 같은 것들입니다. 예를 들어

---

32) Voltaire(translated by H. M. Block), *Candide and Other Writing*, The Modern Library, 1956, p. 574 'Notes 64'.

달을 숭배함은 지구의 모래와 흙을 숭배하는 것과 같고 우리가 달의 모래와 흙을 향해 엎드리는 것과 동일합니다."

왕자 구(Cu-su) : "우리가 흔히 듣는 '하늘과 땅' '하늘로 올라가다.' '하늘에서 내려오다'는 말은 무엇입니까?"

구수(Cu-su) : "바보스런 얘기지요. 그와 같은 하늘은 없습니다. 모든 행성은 (과일의) 껍질처럼 대기층(大氣層)으로 둘러싸여, 태양의 주위를 돌고 있습니다. 모든 태양이 행성(行星)들의 중심입니다. 행성들은 지속적으로 자기들의 궤도를 돌고 있지요. 높은 곳도 없고 낮은 곳도 없고, 올라가는 것도 없고 내려가는 것도 없습니다. 달에 거주하는 사람들이, 지구를 향해 올라가고, 지구를 존중한다고 말을 한다면 미쳤다고 할 것입니다. 어떤 사람이 공기, 용(龍)의 별자리, 공간을 숭배한다면, 우리가 미쳤다고 할 것입니다."

왕자 구(Kou) : "나는 당신을 이해할 수 있습니다. 우리는 신(God)만을 섬깁니다."

구수(Cu-su) : "그러나 독실한 신자들은 그렇게 말할지 모르지만, 그 신(神-인격 신)이 하늘과 땅을 창조했다는 것은 매우 어리석은 말이지요. 왜냐하면 그 하늘이 그 엄청난 공간에서 신이 그 많은 태양들과 그렇게 많은 세상에 불을 밝힌다는 것은 '산과 모래 알갱이'를 말하는 것보다 '하늘과 땅'을 말하는 것이 훨씬 더 우스꽝스럽기 때문입니다. 우리의 지구를 우리가 모르고 사는데 무한대 속에 수십조(兆)의 세계와 비교하면 모래 알갱이만큼도 안 됩니다. 우리가 할 수 있는 일이란 우리의 가냘픈 목소리로 그 무한한 존재들을 향해 경배(敬拜)할 만한 조물주를 향해 경탄과 찬송을 하는 일입니다."

왕자 구(Kou) : "그렇다면, 불(佛, Fo)이 흰 코끼리 모습으로 제4천(天)으로부터 내려왔다는 것은 크게 잘못된 이야깁니다."

구수(Cu-su) : "그 이야기는 동상(銅像)이 노파와 어린 아이에게 말을 한다는 이야기입니다. '만물의 영원한 조물주'는 홀로 숭배되고 있습니다."

왕자 구(Kou) : "하나의 존재가 어떻게 다른 존재를 만들 수 있습니까?"

구수(Cu-su) : "저 별이 보이시죠. 저 별[태양]은 지구로부터 1,500,000,000,000리 (里, Li=500m) 떨어져 있습니다. 그 별이 빛을 방출(放出)하여 당신의 눈에 두 개의 동일한 각도(角度)를 형성하고 모든 동물의 눈들에도 그러한 것입니다. 그래서 형태를 이루는 것입니다. 놀랄 만한 법칙이지요. 조물주(造物主)의 역할이 아닙니까? 그렇기에 거기에 영원한 예술가(Artist), 영원한 입법자(Legislator)가 있는 것입니다."

왕자 구(Kou) : "그러나 그 예술가는 누가 만들었으며, 그가 좋아하는 것은 무엇입니까?"

구수(Cu-su) : "존경하는 왕자님, 저는 어제 부왕(父王)께서 건설하신 장대한 궁전 곁을 지나며, 귀뚜라미 두 마리가 서로 나누는 대화를 엿들었습니다. 한 마리가 다른 놈에게 말했습니다. '여기 엄청난 건축은 무엇이야.' 다른 놈이 말했습니다. '그래 나는 우리 종족(種族)에 대한 긍지가 작지 않지만, 이 건물을 지은 자는 우리 귀뚜라미보다는 훨씬 나은 게 틀림없어. 그러나 나는 그 존재를 알 수 없어. 그와 같은 존재가 있는 것은 확실하지만, 그가 무엇인지는 알 수 없어.'"

왕자 구(Kou) : "당신은 나보다 무한(無限)에 대한 지식을 더 많은 가지고 있는 귀뚜라미이지만, 당신이나 저나 모르는 것에 대해 아는 체 하지는 않는다는 점에서 우리는 특별히 동일합니다."[知之謂知之 不知謂不之 是知也]

〈대화록-'Ⅰ. 중국인의 교리문답'〉[33]

해설

* 볼테르는, 젊은 프리드리히 2세(Friedrich Ⅱ, 1712~1786)의 교육에 실패했다. 왜냐하면 볼테르는 그 프리드리히 2세가 '생명 존중, 평화 사랑[관용]의 군주'가 되도록 교육하려 했는데, 유럽의 '쌈닭'으로 변했기 때문이다. (참조, * ⑭-4. 국가 경영기(國家 經營期, 1739~1752), * ⑭-5. 사회 운동기(社會 運動期, 1753~1777), * ⑦-19. 헤겔과 프리드리히 2세-〈세계 역사철학 강의〉)

볼테르는 이에 다시 모습을 '구수(Cu-su)'로 바꿔서 왕자(王子) '구(Kou)'와 대화를 펼치며 자신의 이상(理想)을 말했으니, 그것은 기본적으로 공자의 '자연 법' 사상을 편안하게 다시 '노(魯)나라' 왕자와 대화 형식을 빌었으나, 그 '중국의 사상'과는 원론(原論)만 동일하고, 실상은 볼테르 자신의 신념이 토로이다.

위에서 볼테르가 '모르는 것에 대해 아는 체 하지는 않는다.'는 진술은 〈무식한 철학자(The Ignorant Philosopher)〉(1776)에서 명시된 '경험철학자(과학자)' 볼테르 자신의 자세이다. 그 볼테르에 앞서 공자(孔子)도, '아는 것을 안다고 하고 모르는 것은 모른다고 하는 것이 아는 것[知之謂知之 不知謂不知 是知也]'이라고 한 것이 '앎의 기초'라고 하였다.('경험주의')

이러한 볼테르의 '시민 중심' '생명 존중' '이성 중심' '자유 의지'론을, 헤겔은 그의 〈역사철학 강의〉에서 완전히 뒤집어 '여호와 중심주의' '전체주의' '절대 이성' '절대 의지'를 주장하여 단순한 '제국주의 황제' 프리드리히 2세에

---

33) Voltaire, *The Best Known Works of Voltaire*, The Book League, 1940, pp. 461~462 'Ⅰ. The Chinese Catechism'.

게, 관념적 표본 '자신의 개념(Self-Conception)'을 적용하여 '개신교 교황'으로 승격 해설을 행한 것이 〈세계 역사철학 강의〉였다. 그러므로 헤겔은 프랑스 등의 가톨릭의 '교황' '대주교' '주교' 위치를 '절대주의'라는 이름으로 '프러시아 황제' '목사'로 대체를 행하고서 '위대한 통합(統合)'으로 착각했으니, 헤겔의 오류는 '터무니없는 게르만 종족 우월주의'로 그 본색이 드러났다. 그것이 바로 볼테르가 경계한 '여호와주의'를 관념주의자 헤겔이 '개신교 광신주의'로 돌변하여 '제국주의 현실'에 그것을 강조하는 데 시조(始祖)가 된 것이다.

그러므로 독일(프러시아)과 유럽이 감당해야 했던 제1차, 제2차 세계대전은, 바로 헤겔 등이 앞장섰던 '관념적 여호와주의'와 '현실적 이익추구 제국주의'가 혼동된 그 결과라는 사실은 아무도 덮을 수가 없고, 덮어서도 아니 된다. (참조, ※ ⑬-2. G. W. F. 헤겔의 '절대주의' '여호와주의')

⑪-11. 정직(正直−仁)하게 살아야 한다.

구수(Cu-su) : "그렇다면 왕자님은 전능의 지고한 자연 창조자(Almighty Being, supreme Creator, Maker of all nature)가 있다는 것은 인정하는 거지요."

왕자 구(Kou) : "그럼요. 그렇지만, 그분은 무한정이고, 그래서 어디에나 있고, 모든 물체, 우리 자신 모든 영역에도 계신다는 말씀이지요."

구수(Cu-su) : "그러고 말고요."

왕자 구(Kou) : "그러면 우리는 그 위대한 신(神)의 일부이군요."

구수(Cu-su) : "그것은 결론이 아닐 수도 있습니다. 이 유리 조각을 보세요. 그것을 통해 모든 곳을 볼 수 있지만, 그것이 빛이겠습니까? 그것은 단순한 모래일 뿐입니다. 신(神)은 모든 곳에 계십니다. 신에 의해 모든 것이 활동하고 모든 곳에 계십니다. 신은 천자(天子)와 다르니, 천자는 궁중에 살며 부절(符節)로 명령을 전달합니다. 신은 모든 공간에 반드시 있고, 항상 당신 속에도 작용하여 수치와 부끄러움이 없도록 계속 충고를 합니다." ['자신의 개념' 적용에 신중한 볼테르]

왕자 구(Kou) : "최고의 존재를 앞에 두고 수치심, 혐오감을 유발하지 않으나, 신중한 사람은 어떻게 행동해야 합니까?"

구수(Cu-su) : "정직하게 행동해야 합니다.(Be just.)" [行仁] [顚沛必於仁]

왕자 구(Kou) : "더 이상은 없습니까?"

구수(Cu-su) : "정직하게 행동해야 합니다."

왕자 구(Kou) : "라오키움(Laokium, 老子敎, 道敎)의 무리는 '정의(正義)도 불의(不義)도 없다.'고 합니다."

구수(Cu-su) : "그래서 라오키움(Laokium)의 무리는, '건강도 병도 없다'고 하지 않았습니까?"

왕자 구(Kou) : "그렇습니다. 그런 지독한 엉터리들이 어디 있겠어요!"

구수(Cu-su) : "그렇다면 제 말을 들어보세요. 영혼에 건강하고 병든 것이 없다면, 즉 선(善)도 악(惡)이 없다면, 지독한 오류이고, 큰 불행입니다. 그들은 모든 점에서 괴물처럼 행동합니다. 아이를 주의해서 잘 기르는 것과 태어날 때부터 돌밭에 내버리는 것, 어미를 자유롭게 하는 것과 단도(短刀)를 가슴에 박아 넘어뜨리는 것이 동일하다는 것입니까?"

왕자 구(Kou) : "끔찍하군요. 라오키움(Laokium)의 무리를 저주합니다. 그러나 정의(正義)와 불의(不義)는 서로 섞여서 하나만 있지는 않습니다. 누가 감추어진 것을 명백히 알 것이며 신이 허락한 것을 서로 구분할까요? 누가 선과 악을 온전하게 구분을 합니까? 그 중요한 판별 법칙을 제게 알려주시기 바랍니다."

구수(Cu-su) : "스승 공자(孔子)님께서 말한 것보다 더 좋은 것은 없습니다. '죽음에 이르러서도 착함을 잃지 말고[君子 無終食之間違仁 造次必於是 顚沛必於是], 대접을 받고 싶으면 먼저 그렇게 이웃을 대접하라.[夫仁者 己欲立而立人 己欲達而達人]'"

왕자 구(Kou) : "이 금언(金言)을 제가 지녀 인류의 법으로 삼을 것입니다. 하지만, 제가 죽을 때에는 제게 더 착한 일이 무엇이겠습니까? 어떻게 하면 더욱 큰 덕(德)을 제가 획득할 수 있겠습니까? 시계(時計)는 그의 길을 갑니다. 시계가 낡아지거나, 사고로 고장이 날 경우에까지, 시간을 정확히 맞추는 것이 행복할요?"

구수(Cu-su) : "시계는 사유와 감정이 없고, 후회를 할 줄도 모르지만, 왕자님은 모든 범죄(犯罪)를 예민하게 느끼십니다." ['기계'와는 구분된 생명(실존)]

왕자 구(Kou) : "잘못을 계속하여, 후회(後悔)도 없다면 어떻게 해야 합니까?"

구수(Cu-su) : "그 때는 당신이 행동을 삼가야 할 때입니다. 불인(不忍)이 죄악이니, 죄로부터 자신을 지켜야 합니다. [忍之爲德 - '이성' 강조]"

왕자 구(Kou) : "어떻든 신은 그들[다른 사람들]에게도 있으니, 제가 사악(邪惡)을 행(行)하면, 그들도 그렇게 하라는 것이 되겠지요."

구수(Cu-su) : "신은 당신의 이성(理性)과 함께 합니다[天理也]. 당신이나 그들이 그것(理性)을 쓰면 잘못이 없을 것입니다. 이성에 의하지 않으면, 이승(this life)만 불행한 것이 아니라, '다른 인생(저승, another life)'도 그렇게 만들지 않을지를 어떻게 알겠습니까?"

　왕자 구(Kou) : "그러면 누가 당신에게 그 '저승(another life)'이 있다고 말하였습니까?"

　구수(Cu-su) : "순전히 불확실한 그 문제를, 없다는 것을 확고부동한 사실로 행(行)하시는 것입니다."

　왕자 구(Kou) : "저승 같은 것은 없다고 제가 확신을 하는데 어떻게 합니까?"

　구수(Cu-su) : "선(善)을 행하기 위해, 나는 당신의 의견에 반대합니다."

〈대화록 - 'Ⅱ. 중국인의 교리문답'〉[34]

해설

　* 여기에서도 볼테르의 생각과 유가(儒家, 공자)의 생각은 공존(共存)하고 있다. 즉 구수(Cu-su)는 공자의 생각(자연법), 자연과학도로서 생각(理性 重視), 기독교적 내세관(저승관)이 공존함이 그것이다.

　위에서도 볼테르의 '전능(全能)의 신'과 '인간 이성'의 관계, '선악(善惡)의 문제' '내세관(來世觀)' 등의 굵직한 문제가 제기되었다.

　결론부터 말하면, 볼테르는 '자연(神)의 원리'를 탐구하는 과학도로의 자세를 최고 인간의 영광으로 알았다. (참조, * ⑤-22. 속이지 않았던 현인(賢人), 공자(孔子))

　그리고 볼테르가 '라오키움(Laokium, 老子敎, 道敎)의 무리'에 빗대어 '정의 불의' '선악' '건강함 병듦'을 연결한 것은 J. 로크의 의학(醫學)에 기초한 인생관으로 이후 실존주의(Existentialism) 전개에 막중한 대전제가 된 것이다.

　볼테르가 '선악'의 기준을 '개별 실존'의 '건강 상태'에 연결한 것이 바로 볼테르의 실존주의 '혁명의 기점'이니, 그것이 역시 바로 공자의 '자연법' 사상에 기초를 둔 것이다.

　이를 거슬러 '신과 관념(국가주의)'을 표준했던 것은 플라톤과 기독교, G. 라이프니츠의 '전체주의'를 이루었으니, 그것으로부터의 탈피가 바로 볼테르가 주도했던 '계몽주의' '시민 혁명 운동(과학주의, 실존주의, 자유의지, 평화주의)'의 요점이고, 그것이 역시 '독립 전쟁' '프랑스 혁명'의 본질이다. 이러한 측면에서 칸트와 헤겔은 볼테르를 반쯤 배운 척하다가 '독단주의' '전체주의'

---

34) Voltaire, *The Best Known Works of Voltaire*, The Book League, 1940, pp. 462~463 'Ⅱ. The Chinese Catechism'.

'관념주의'로 돌아간 '열등(劣等)한 볼테르 제자들'이다.

⑪-12. 신(神)의 대행자(代行者)는 어디에도 없다.

왕자 구(Kou) : "선생님께서는 사후(死後)의 상벌(賞罰)과 그 다음의 생활을 생각하도록 제게 충고를 하였습니다. 그런데 지금 이전의 생각이나 느낌이 없는데도, 사후(死後)에까지 그것들을 지니고 있어야 합니까? 저의 어떤 부분이 그럴 수 있겠습니까? 잉잉거리는 저 벌(蜂)들도 사후 세계(死後)가 있습니까? 뿌리가 뽑힌 저 식물도 그러합니까? 식물이 한 마디 말을 못하는 것은 최고신에 의해 그렇게 창조가 되었고, 땅속의 자양(慈養)을 섭취하는 것이 아닙니까? 그래서 '영혼(靈魂, soul)'이란, 발견된 언어이고, 희미하게나마 인간 생명의 샘을 알려주고 있습니다. 모든 동물은 행동을 하고, 그 행동하는 능력을 '힘(force)'이라고 합니다. 그러나 그 힘이라는 것이 특별한 것은 못 됩니다. 인간은 '정염(情炎, passions)'과 '기억력(memory)'과 '이성(理性, reason)'을 지니고 있습니다. 그러나 정염(情炎)과 기억력과 이성(理性)은 서로 분리되어 있는 것이 아닙니다. 그리고 그들이 우리의 내부[管轄下]에 있는 것도 아닙니다. 그들은 독특하게 존재하는 사소한 인물들이 아닙니다. 그것들은 일반 용어로서, 관념을 묶어두기 위해 발견된 단어들일 뿐입니다. 그래서 '기억'과 '이성'과 '정염'을 가리키는 영혼 그 자체는 단순한 '말'일 뿐입니다. 그렇다면 타고난 동작이 신에 근거를 둔 것이고, 땅에 자란 식물이 신에 근거를 둔 것이고, 동물의 움직임이 신에 근거를 둔 것이고, 인간의 사고(思考)가 신에 근거를 둔 것입니다.

몸속에 갇힌 작은 인격, 인간 영혼이 그 동작과 생각을 이끌고 있어 영원한 세계의 창조자 내부에 있으니, 어떤 무기력, 어떤 술책이란 그 영원한 세계의 창조자에게는 무의미한 것이 아닙니까? 그렇다면 신은 그 스스로 움직이고 생각하는 능력이 부여된 자동 물체를 제작 못한다는 것은 분명한 것입니다. 선생님께서 읽어보라 하신 호머(Homer)에서, 저는 불카누스(Vulcan)가 탁월한 장인(匠人)으로 황금 3각대(tripods)를 만들어 신들의 회의장으로 가게 했습니다. 그러나 그 불카누스가 그 삼각대에 자신의 아이를 그중에 모르게 포함을 시켰다면 나는 불카누스를 서투른 사기꾼으로 생각할 수밖에 없습니다. [기독교 三位一體의 비판임]

몽롱한 꿈을 꾸고 있는 사람들은, 행성(行星)들에 대해 생각하기를 매우 위대하고 숭고한 정령(genii)들에 의해 그것들이 굴려지는 것으로 생각을 했습니다. 그러나 신은 그러한 너절한 보조원[天使]을 두지 않습니다. 한 마디로, 하나의 존재가 하는 일에 두 가지 원천을 둘 이유가 없지요. 신은 당신도 아시듯이 물질인 무생물에 생기를 불어넣을 수 있지만, 왜 그 때에 또 다른 대행자(代行者)를 거기에 따로 써야 하겠습니까?

더군다나 어떻게 그 영혼이 당신의 육체에 주어진 것을 기뻐할 수 있단 말입니까? 영혼은 어디에서 왔습니까? 우주의 창조자가 인간들, 동물들에 영혼을 태어날 때부터 제공하고 지속적으로 감시(監視)를 행한다는 것입니까?

감시(監視)란 세상 통치자(조물주)의 이상한 기능입니다. 통치자의 직능이 인간의 정념(情炎)뿐만 아니라, 모든 동물들의 조심성 기민함을 살펴야 하니, 동물들도 인간처럼 기억력과 정념을 지니고 있으니, 신은 코끼리, 파리, 물고기, 승려의 영혼을 지속적으로 영원히 살펴야 한다는 논리입니다.

무엇이 수백만 세계를 창조한 조물주가 보이지 않는 버팀목을 펼쳐 놓고 지속적으로 그 작업을 영원히 계속한다는 생각을 하게 했을까요?

이것들은 '영혼의 존재(soul's existence)'에 관한 이성적 의문 중에, 매우 작은 일부일 뿐입니다."

구수(Cu-su) : "솔직히 말씀하셨습니다. 그와 같은 유덕(有德)한 심성(心性)의 변화가 최고 존재(조물주, 신)에 복종하지 않을 수 없게 합니다. 당신이 잘못 생각할 수도 있습니다. 그러나 당신이 자신을 속인 것이 아니라면, 당신의 오류는 해명이 될 수 있습니다. 그러나 왕자님께서 제게 말한 것은, 단순한 의문이고 우울한 의문입니다. 위로(慰勞)를 주는 자연(自然)의 가능성에 귀를 기울여야 합니다. 절멸(絶滅)은 우울(憂鬱)입니다. 생명에 희망이 있습니다. 당신이 알다시피, 생각(thought)은 물질(matter)이 아니고 물질과 유사성도 없습니다. 그렇다면 신과 분리될 수 없어, 죽음에 종속되지 않는다는 영혼을, 신이 당신에게 어떤 위대한 원리를 제공했다는 것을 왜 그토록 믿기가 어려우십니까? 당신은 영혼을 간직하기 불가능하다는 말씀은 아니지요? 그렇죠? 그렇습니다. 그리고 그 영혼의 소지(所持)가 가능하다면, 다른 것도 가능하지 않습니까? 인류를 위해 필요한 그 고상한 체계를 거절을 해야 하겠습니까? 이 가벼운 반대에도 동의(同意)를 못하시겠습니까?"

왕자 구(Kou) : "나는 진심으로 그 체계를 수용합니다. 그 진실이 내게 입증이 되었습니다. 그러나 '증거가 없이 믿어라'는 것은 나로서도 어쩔 수 없습니다. 나는 항상 그 큰 문제에 시달리고 있습니다. 즉 신이 만물을 창조하셨고, 신은 어느 곳에나 계시며, 신은 모든 사물을 아시며, 모든 사물에 생명을 주고 역사(役事)하신다는 그 문제입니다. 신이 만약 내 존재 모두에 계시고, 모든 천성(天性, nature)에도 계시면, 어떤 영혼을 내가 따로 가져야 하는지 알 수 없습니다.

신 자신에 의해 생명이 부여된 이 하찮은 존재는 어디에 쓰일 것입니까? 어디에까지 개선이 될 수 있습니까? 우리가 생각을 하는 것은 우리에게서 연유한 것이 아니고 생각들이 우리의 의지에 거슬러 끼어듭니다. 우리가 평온해지도록 묶어두면, 모든 것이 우리 개입 없이 지나갑니다. '피(blood)'와 '동물의 정신(spirits)'이란 무엇입니까? '그렇게 하면 즐겁다는 것입니까?' 그것들은 역시 그것들의 '자연적 경로(natural course)'를 순환할 것입니다. 제가 신이 제작한 기계(machine)라면, 한 영혼보다는 요구하는 것이 더욱 커질 것이며 신(神)의 존재는 더욱 불확실할 것입니다."

구수(Cu-su) : "좋습니다. 만약 신이 당신에게 역사(役事)하는 경우, 죄를 범하거나 신성을 더럽혀져서는 아니 될 것입니다. 그리고 신이 어떤 영혼을 주실 경우에나 그것이 신(神)을 거역하게 해서는 아니 될 것입니다. 두 가지 체제에서 모두 당신은 자유의지(volition)를 가지고 있고, 당신은 자유롭습니다. 즉 당신은 하고자하는 대로 행할 수 있는 힘을 지니고 있습니다. 그 힘을 당신에게 주신 신을 위해 그 힘을 쓰세요. 만약 당신이 철학자라면 그만큼 더욱 훌륭하게 힘을 발휘할 수 있을 것입니다. 그러나 정직(仁)해야 함은 필수 사항입니다. 그에 더하여 영혼의 불사(不死)를 믿게 될 때는, 그 신의 통치가 정의(正義)로운 것인지를 제게 물어주세요."

왕자 구(Kou) : "물론입니다. 그렇게는 하지 말아야죠. (그렇게 생각하는 것은 神聖冒瀆이니) 저는 일관되게 행할 것입니다."

구수(Cu-su) : "왕자님이 왕위에 올랐을 때, 신(神)이 당신의 덕에 의지해 악을 처벌하는 것이 당신의 의무가 아닙니까? 인생에 있어서 착한 사람은 괴롭고, 악한 사람은 번성한다는 것을 아셔야 합니다. 그렇기에 결국 선악(善惡)이 저승 속에서 판결이 되어야 합니다. 이것이 단순하고, 일반적이며 자연스런 의견입니다. 그것이 역시 이승(this mortal tenement)을 마감할 때에 신성한 존재에게 판결을 받아야 할 영혼불멸에 대한 신앙으로 많은 종족에 고정되어 있는 것입니다. 그보다 합리적이고 적절하고 인간에 유익한 신(神)에 대한 다른 체계가 있겠습니까?"

왕자 구(Kou) : "그렇다면 왜 그토록 많은 사람들이 그 체계를 거부할까요? 당신께서도 알고 있듯이 우리 왕국에 옛 시노(Sinous) 2백 가구가 살고 있는데, 그들은 이전에 아라비아 페트레아(Arabia Petraea, 남부 낙원)에 살았었는데, 그들의 조상이나, 그들도 영혼불멸을 신앙하지 않습니다. 그들은 그들의 5서(Five Books)를 가지고 있으니, 중국의 오제(五帝)와 같은 것입니다. 제가 그 번역서를 읽었습니다.

그들의 법은 부모를 공경하고, 도둑질 거짓말 간음 살상을 금하여 다른 나라 법과 일치하고 있습니다. 그렇지만, 저승에서의 상벌(賞罰)에 대한 언급은 없습니다."

구수(Cu-su) : "만약 그 불쌍한 사람들이 그것을 모르면, 언젠가는 틀림없이 그들에게 눈이 열릴 것입니다. 그러나 작은 수에 모호한 종족의 경우 무슨 의미가 있겠습니까만, 바빌로니아, 이집트, 인도 같은 많은 인구의 나라들이 그 '효과적인 원리[死後 賞罰]'에 모두 가입하지 않았습니까? 만약 당신이 병이 난 경우, 약간의 고산족(高山族)이 그것을 반대한다고 해도 모든 중국인이 동의(同意)하는 치료법을 쓰지 않겠습니까? 신이 왕자님을 이성(理性)으로 택하셨으니, 그 이성이 왕자님께 '영혼불멸'이라고 역시 신(神)이 그렇게 말씀을 하신 것입니다."

왕자 구(Kou) : "그렇지만, 제게 남은 것이 아무것도 없을 때, 어떻게 상벌이 행해질까요? 오직 기억으로만, 나는 내 자신일 뿐입니다. 그래서 나는 결국 최후에 기억력을 상실할 것이고, 사망을 하면, 어떤 방법으로도 이전의 나를 회복할 수는 없습니다." [의학적 인생관]

구수(Cu-su) : "그럴 법한 말입니다만, 어떤 왕이 왕 노릇을 할 때, 그 가족들을 모두 죽이고, 백성들을 독재로 다스린 다음 신에게 '그것은 내가 아닙니다. 저는 기억이 없습니다. 당신이 잘못 아신 겁니다. 나는 그 사람이 아닙니다.'라고 말할 경우, 그 궤변(詭辯)이 신을 즐겁게 하리라 생각하십니까?"

왕자 구(Kou) : "알겠습니다. 복종을 하겠습니다. 저는 저를 위해 흠잡을 데 없는 생활을 해 왔습니다. 이제부터는 신(the Supreme Being)을 즐겁게 하는 일을 행할 것입니다. 저는 인생의 모든 문제가 정의와 덕이 내 자신에 관한 것이었습니다. 그러나 이제부터 다른 곳에서 행복을 찾을 겁니다.

그 생각이 백성과 국왕 모두를 착하게 할 것이라는 것은 알겠습니다. 그러나 신의 숭배는 저를 당혹하게 만들고 있습니다."

〈대화록-'Ⅲ. 중국인의 교리문답'〉35)

해설

* 여기에서 볼테르는 자신의 생각을 '왕자 구(Kou)의 입'을 빌어 말하고 있다. 볼테르의 인생관 세계관이 집약된 부분이니, 한 마디로 볼테르는, 인간으로서 '우주 창조자'의 이름을 대신할 수 없고, 천지 만물 속에는 그대로 창조자의

---

35) Voltaire, *The Best Known Works of Voltaire*, The Book League, 1940, pp. 463~466 'Ⅲ. The Chinese Catechism'.

정신이 감추어져 있다는 '자연=조물주=신(神)'의 기본전제가 명시(明示)된 부분이다.

이 볼테르의 인생관 세계관은 '이성 중심' '합리주의'의 기본 전제를 두고 있으나, 후배 독일 철학도(칸트, 헤겔)는 이를 참고하였으나, 이 시각을 수정하여 '여호와주의' '절대주의' '현실주의'를 주장하였다. 헤겔은 '절대 지' '절대 자유'를 말하여 '절대신(神, Jehovah)'과 합치하는 인간의 경지를 다시 강조하여 사실상 G. 라이프니츠의 '전통적 관념주의'로 회귀하였다.

그러나 F. 니체는 볼테르의 이성(절대이성, 헤겔의 '절대神'까지)을 오히려 그 차라투스트라로 자임(自任)하였고, 다른 한편 사망(死亡)의 신 '디오니소스(바커스)로 욕망(정염, 실존)'을 긍정하여, 볼테르의 '이성(reason)'과 '정염(passion)'을 새로운 차원으로 구체화 하였다. 그리고 F. 니체는 결국 '실존(實存, 육체)' 중심의 '모든 가치의 재평가(Revaluation of all Values)'를 선도(先導)하여, 가치 혁명에 신기원(新紀元)을 선언(〈차라투스트라는 이렇게 말했다〉)하였고, 1916년 '다다 혁명 운동'에 그 철학적(합리적) 근거를 마련해 주었다.

이 모든 것이 위의 '볼테르의 심성론(心性論)'에 근거를 두고 있는 점도 크게 주목을 해야 할 사항이다. (참조, ※ ⑤-22. 속이지 않았던 현인(賢人), 공자(孔子))

⑪-13. 자연법(自然法, Natural Law)이 최고다.

구수(Cu-su) : "최고 표준의 책, 주례(周禮, 禮記, Chu-king)에 기록되어 모든 중국의 황제가 최고로 존중해 왔던 것을 거스를 이유가 무엇

공자 상(孔子 像), 공자 행교도(行敎圖)

입니까? 당신은 모든 사람들의 표준으로 손수 밭을 가꾸어, 최초의 열매를 최고의 존재인 하늘(天, 天主, Tien, Chang-ti)에 올리고, 1년에 4회 희생(犧牲)을 바칩니다. 당신은 왕이며 사제(司祭)입니다. 당신은 당신의 힘으로 모든 선(善)을 행할 것을 신에게 약속합니다. 거기에 이해 못할 사항이 있습니까?"

왕자 구(Kou) : "저도 거기에 예외일 수는 없습니다. 신(神)은 기도나 희생이 소용없지만, 우리의 필요에 의해 그에게 바치는 것입니다. 신의 숭배는 신을 위한 것이 아니고 단지 우리 생각일 뿐입니다. 저는 기도하기가 매우 즐겁습니다. 그리고 내 기도에 우스꽝스러운 것이 없는지 조심합니다. 왜냐하면 내가 '저 하늘의 산(天山)은 뚱뚱한 산입니다. 저 뚱뚱한 산들은 굽어 살필 줄을 모릅니다.'라고 복이 아플 정도로 외쳐서 그 외침이 최고신에게 수용이 될 경우 태양이 놀라고 달이 없어질 경우 그것이 저와 우리 백성에게 도움이 되겠습니까?

특히 저는 우리 주변에 어리석은 족속(族屬)에 참을 수 없습니다. 노자(老子, Laotz)는 어머니가 천지(天地)와 연합하여 그를 임신했다고 말하고, 80년을 임신하고 있었다는 이야기입니다. 노자의 보편적 박탈과 소멸의 교리('虛無 寂滅')는 그가 태어날 때 백발이었다는 말이나, 검은 암소를 타고 포교(布敎)를 했다는 것만큼이나 신용할 수 없습니다.

포(Fo, 佛)신의 경우도 동일합니다. 흰 코끼리를 타고 와 불사(不死)를 약속했다는 그 아버지가 있었다는 이야기에도 불구하고 승려들이 지속적으로 불가능한 생각을 믿도록 사람들을 속이고 흔들고 있는 것은 저는 견딜 수 없습니다. 승려들은 천성이 몸서리치게 하는 '고행(苦行)'으로 '존경'을 획득합니다. 그들의 일부는 가장 몸에 좋은 음식[육식] 대부분을 거절하고 평생을 사는데, 그들의 조악(粗惡)한 음식 이외에 신을 즐겁게 하는 방법이 없는 것처럼 그렇게 합니다. 다른 사람들은 죄(念珠)를 목에 걸고 다니고[108念珠], 때때로 그것을 받아 마땅하다고 생각합니다. 그들은 광신적으로 그들의 손톱을 허벅지 사이나 침상(寢牀) 밑에 숨기면 사람들이 몰려온다고 생각을 합니다. 왕이 내린 칙령(勅令)이 그들의 교리에 맞지 않을 경우는, 승려들은 냉정하게 그들의 신도(信徒)들에게 그러한 칙령은 불경(佛經)에는 없다고 말하고, 부처는 사람들이 좋아하는 것을 존중한다고 말합니다. 그렇다면 저는 어떻게 위험 없이 최선으로 그 백성의 병통을 치료할 수 있을까요?

당신께서도 아시다시피 '관용(仁, 恕, 德, 布德, 王化, Toleration)'이란 중국(中國)과 모든 아시아 정부(政府)의 행정 원리입니다. 그런데 그와 같은 몰입은 불행을 안고 있으니, 어떤 광신적 관념은 왕국을 전복시킬 수도 있을 것입니다."

구수(Cu-su) : "신(神)은 내게 관용의 정신 속에 인체를 먹지 말라는 것도 포함을 시켰습니다. [<구약> 비판] '자연의 법칙으로, 그가 먹고 싶은 대로 먹힐 것입니다. (己所不欲 勿施於人)' 의사(醫師)는 환자에게 식이요법(食餌療法)을 처방하여 환자를 죽이지는 않습니다. 통치자도 자기의 생각과 달리 생각하는 사람을 백성을 목을 매게 할 권리는 없습니다. [가톨릭만 허용한 프랑스 정부 비판] 그러나 통치자는 제 마음대로의 잣대로 소동을 피우는 것은 막아야 합니다. 모든 미신(迷信)은 쉽게 뿌리가 뽑힐 것입니다.

4천 년 전의 칼데아 제6왕 다온(Daon)에 대해 알고 계십니까?"

왕자 구(Kou) : "모릅니다. 제게 들려주시기 바랍니다."

구수(Cu-su) : "칼데아 사제들은, 그들에게 신성함을 가르쳐 주었다는 유명한 '물고기' 오아네스(Oannes)를 가장(假裝)하여 유프라테스 강안의 쇠 작살에 자기들의 목을 걸었습니다. 그 '물고기'는 3피트의 불사신(不死身)이었는데, 그 꼬리에 작은 초승달이 있었습니다. 오아네스에 대한 숭배로, 그것들을 먹으려고 잡지는 않았습니다. 그런데 사제(司祭)들 간에 그 물고기 알이 딱딱한가 부드러운가의 논쟁이 뜨겁게 벌어졌습니다. 양당(兩黨)은 서로를 파문(破門)시켰을 뿐만 아니라, 자주 주먹다짐까지 하였습니다.

결국은 그 분쟁(分爭)에 다온(Daon) 왕이 그 처방(處方)을 내게 되었습니다. 다온 왕은 양당(兩黨) 사제에게 3일 동안 엄한 금식(禁食)을 명하고, 그 종결(終結)을 즈음해 그 고집쟁이 사제들이 물고기 알로 식사를 하도록 왕 자신은 3피트 길이에 작은 초승달 무늬를 가진 물고기로 준비를 하도록 하였습니다.

왕이 박사(博士, 司祭)들에게 말했습니다.

'이것이 당신들의 신(神)인가요?'

박사들이 대답하였습니다.

'그러하옵니다. 폐하, 우리는 그 꼬리에 초승달 무늬가 있고, 알은 딱딱한 것이라고 의심 없이 알고 있습니다.'

이에 왕은 그 작살에 물고기를 열게[開腹] 하니, 그 알들은 녹을 대로 녹아 있었다. 왕은 말했습니다.

Persian Priests - Oannes

오아네스(Oannes) 사제(司祭)

'그런데 부드러운 알을 지니고 있으니, 당신네들의 신(神)이 아님을 알 수 있겠지요?'

왕과 대신들이 그 물고기를 먹었습니다.

딱딱한 알을 주장한 사제들은 그 물고기가 구워진 것을, 기분 좋게 생각하지를 않았습니다.

잠시 뒤에, 부드러운 알을 지녔다는 반대편의 박사들에게 오아네스 신(神)을 상징하는 3피트 초승달 무늬의 물고기가 환호 속에 보내졌습니다. 그러나 그것을 열어 보니 딱딱한 알이 들어 있었습니다.

이에 양쪽 사제(同祭)들이 모두 동의(同意)를 할 수는 없었으나, 이제까지 3일간이 나 굶었는지라, 너그러운 그 왕은 사제들에게, 꼬치고기로 저녁 식사를 제공한 것일 뿐이라고 말했습니다. 사제들은 딱딱한 알, 부드러운 알을 구분 없이 맛있게 먹어치웠습니다.

다온 왕의 지혜와 선행(善行)으로 그 전쟁(戰爭)이 마감이 되었고, 그 때부터 사람들은 자기들의 성향대로 그 물고기를 마음껏 즐길 수가 있게 되었습니다."

왕자 구(Kou) : "잘하셨습니다. 다온 왕이시여! 저는 어느 누구도 해치지 않고, 부처나, 꼬챙이 물고기를 숭배함이 없이 그 사례(事例)를 모든 경우에 저의 말로 전할 작정입니다.

저는, 페구(Pegu)나 톤퀸(Tonquin) 지방에 작은 신(神) 타폴린(Tapolins)이 있다고 하는데, 달[月]이 쇠미해질 때 달[月]로부터 내려와 미래를 예언(豫言) 받는다고 들었습니다. 즉 그들은 없는 것을 봅니다. 저는 타폴린 족이 제 영토 안에서는 달로부터 내려와 미래(未來)를 현재로 만들지 못하게 할 것입니다. [점쟁이, 선지자 부정]

그들의 망상(妄想)으로 돌팔이 의사가 되어 마을과 마을을 횡횡하는 것은 수치스런 일입니다. 진리가 오직 자신들에게만 있다고 말하며 광대한 중국(中國)을 잘못에 빠지게 하는 소수 인종들의 행태는 얼마나 창피스러운 일입니까? [기독교도 비판]

그런데 '영원한 존재'는, 포르모사(Formosa, '타이완'의 옛 이름) 보르네오(Borneo) 사람들만의 신(神)입니까? 그 신은 다른 세상에는 관심이 없습니까? 존경하는 구수 선생님, 신은 모든 이의 아버지이며, 신은 꼬치고기를 먹도록 허락하고 계십니다. 모든 찬사를 받을 정도로 그분은 유덕합니다. 최고인 그의 사원(寺院)은 히아오(Hiao, 黃帝)가 그러했듯이 어떤 순수한 심장입니다."

〈대화록 - 'Ⅳ. 중국인의 교리문답'〉36)

해설

* 볼테르가 인용한 '다온(Daon) 왕'과 '오아네스(Oannes) 사제'에 대한 이야기는, '신교(프로테스탄트)와 구교(가톨릭)'의 분쟁, '기독교와 이슬람'의 분쟁이 얼마나 어처구니없는 어리석은 행동인지를 간단하게 입증한 통쾌한 비유이다.

---

36) Voltaire, *The Best Known Works of Voltaire*, The Book League, 1940, pp. 466~468 'Ⅳ. The Chinese Catechism'.

철학자 헤겔(Hegel)은, 볼테르의 이 비유를 읽고도 '여호와주의'로 '게르만 민족주의' '프리드리히 2세의 제국주의' 편을 들어 '개신교 광신주의'를 앞장서서 가르쳤으니, 그 진면목을 거듭 확인해 볼 필요가 있다. (참조, ※ ⑦-19. 헤겔과 프리드리히 2세-〈세계 역사철학 강의〉)

'페구(Pegu)나 톤퀸(Tonquin) 지방에 작은 신(神) 타폴린(Tapolins)' 이야기는, '주술사' '엉터리 치료사'가 되었던 과거 종교 교주에 대한 볼테르의 비유이니, 새로운 '과학 사상'에 터를 잡은 볼테르의 면목을 남김없이 보여주고 있다.

마지막에 볼테르가 '영원한 존재는, 포르모사(Formosa, 臺灣의 옛 이름) 보르네오(Borneo) 사람들만의 신(神)인가?'라고 묻는 것은, 어떤 지역이나 종족의 편견에 사로잡힌 과거 종교 교주(教主)들의 성향을 비판한 것이다.

그 지역적 종족적 편견이 항상 '전쟁 불씨가 되는 원인'이었는데 그것의 근본적 타파가 필요하다고 주장한 것이 '천체 물리학적 세계관' '의학적 인생관' '자연법적 사회관'을 말한 볼테르 철학의 전모이다. (참조, ※ ②-19. 로크(Locke) 학파와 성 토머스(S. Thomas) 학파)

⑪-14. 우정(友情)은 신성(神聖)하다.

구수(Cu-su) : "왕자님은 덕행을 좋아하시지만, 왕이 되시면 어떤 방법으로 그것을 실천하시겠습니까?"

왕자 구(Kou) : "저의 이웃과 백성들을 공정(公正)히 대할 것입니다."

구수(Cu-su) : "해치지도 말고, 덕(德)을 행하라고도 말하지 마십시오. 저는 왕자님께서 선(善)을 행하시길 바라고 있습니다. 가난한 자를 유용한 사업에 고용(雇傭)하여 먹을 수 있게 하시고, 게으른 관리는 쓰질 말고, 도로를 수리 장식하지 말며, 운하(運河)를 파지 말며, 공공건물을 세우지 말며, 예술을 격려해 주고, 잘한 자를 포상하고, 우연한 잘못을 용서해주시기 바랍니다."

왕자 구(Kou) : "그것이 공정(公正)을 행하는 일이니, 마땅한 저의 의무들입니다."

구수(Cu-su) : "당신이 왕을 하게 되면 공적(公的)인 생활과 사적(私的)인 생활이 있습니다. 결혼을 하면 처첩(妻妾)을 얼마나 두려 하십니까?"

왕자 구(Kou) : "왜 아니겠습니까, 12명은 될 거라 생각합니다. 더욱 많은 수는 일에 방해가 될 것입니다. 솔로몬(Solomon)처럼 3백 명의 부인, 7백 명의 첩, 3천명의 내시(內侍, eunuchs)를 둔 것에는 동의(同意)하지 않습니다. 특히 내시를 두는 풍속은 인간 본성을 향한 형편없는 모욕이고, 잔인무도한 행위라고 생각합니다. 불구(不具)로 만들어 과연 어찌하겠다는 것입니까? 불구로 만들어 놓으면 목소리가 달라집니다. 달라이라마(Dala-i-Lama)는 자신의 탑 안에 순전히 노래만 부르는 50명을 두었습니다. 하늘[天]이 50명 환관(宦官)의 목소리에 더욱 즐거워했는지, 달라이라마에게 물어보고 싶습니다.

또 한 가지 우스꽝스러운 일은, 결혼을 거부하는 승려(僧侶)들입니다. 그들은 다른 중국인보다 더욱 현자(賢者)라고들 뽐을 냅니다. 그렇지만, 결혼을 하여 똑똑한 아동(兒童)들의 행복한 아버지가 되는 것보다 더욱 현명한 일인지 그들을 알게 해야 합니다. 한 가지 이상(異常)한 것은, 하늘을 향해 기도(祈禱)들을 못하게 하는 것입니다. 그들도 인간에 대한 사랑을 가지고 있음은 틀림없는데, 그 종자(種子)를 절멸(絶滅)시키는 것으로 이끌고 있습니다.

스텔카 이산트 에레피(Stelca Isant Erepi)라 부르는 꼬마 라마(Lama)는, '모든 중[승려]이 결혼을 하여 가능한 많은 아이들을 돌보게 해야 합니다.'라고 말하곤 했습니다. 그 라마가 가르친 것은 그가 실천을 했고, 그의 세대에 아주 유용(有用)했습니다.

저의 경우에는 모든 라마와 승려는 그 여자(女子) 라마와 결혼을 하게 하여, 그것을 성사(聖事)라 부르도록 할 것입니다. 그들을 애국자(愛國者)로 만들기보다는 그 결혼이 우리 국가에 작지 않은 기여(寄與)라고 생각합니다."

구수(Cu-su) : "당신은 정말 탁월한 왕도(王道)를 지니셨습니다! 저는 기쁨에 눈물을 금할 수가 없습니다. 그러나 왕자님은 아내를 갖고 백성을 지닌 것으로 만족하지 못할 것이고, 결국은 영원히 칙령(勅令)만 발송하고, 어린애만 양육을 할 수도 없을 터이니, 반드시 친구들을 가져야 할 것입니다."

왕자 구(Kou) : "저에게는 벌써 좋은 친구가 있습니다. 저의 마음속에 약점(弱點)을 지적하도록 하고 있습니다. 우리는 서로를 위로하고 용기를 북돋습니다. 우정(友情)이란 인생의 향기입니다. 화학자 에루일(Eruil)이 가장 탁월한 저의 친구이고, 위대한 의사(醫師) 라노우드(Ranoud) 처방은 천하무적입니다. 저는 우정을 '종교 계율(戒律)'로 생각합니다. 우리의 예법[交友有信, 朋友有信]에 마음을 두고 있습니다."

구수(Cu-su) : "어떻든 우정(友情)은 신성합니다. 더 보탤 것도 없습니다. 마음은 자유로워야 합니다. 그렇지 않고 어떤 계율, 신비(神秘), 허례, 허식이 우정을 차단하게 되면 광신적(狂信的) 설교나 중[승려]들의 저술 같은 우스꽝스런 것이 되고 맙니다. 우정에 그러한 신성모독을 행해서는 아니 될 것입니다.

그러면 당신은 당신의 적(敵)들을 어떻게 하시겠습니까? 공자(孔子)께서는 20곳 이상에서 그들을 사랑하라고[仁, 敬, 恕, 忍] 우리를 거듭 가르치고 계십니다. 그것이 왕자님께 어렵지 않습니까?"

왕자 구(Kou) : "원수를 사랑하라! 아 선생님! 진부(陳腐)하기 이를 데 없습니다."

구수(Cu-su) : "그러면 사랑이 무엇을 의미하겠습니까?"

왕자 구(Kou) : "사실로 실재(實在) 행하는 것이어야 합니다. 저는 비스브룬크 (Visbrunk)왕에 반대하는, 데콘(Decon)왕의 휘하에 자원봉사자입니다. 상처받은 적(敵)이 포로로 잡히면, 우리 형제처럼 그를 돌봅니다. 우리는 우리의 잠자리 일부를 그들에게 내어주고, 바닥에 편 호랑이 가죽에 그들을 누입니다. 우리는 그들을 보살피고 치료합니다. 그것이 우리가 진정으로 적(敵)을 사랑하는 것이 아닙니까?"

구수(Cu-su) : "저는 왕자님 말씀을 듣고 제 마음이 기쁘게 되었습니다. 세상의 모든 나라가 왕자님의 말씀을 들었으면 좋겠습니다. 왜냐하면 진정한 덕이란 것이 무엇인지도 모르고, 탈라포인(Talapoins)이 그들의 필요에 따라, 우리에게 가르치려는 선행(善行)이란, 특별한 죄악(罪惡)이란 것을 저는 알고 있습니다. 불쌍한 작자들! 불과 몇 년 전만 하더라도 쓰고 읽을 줄도 모르던 족속(族屬)들이, 이제 제 군주(君主)에게 훈계를 하려듭니다!"

〈대화록-'Ⅴ. 중국인의 교리문답'〉[37]

해설

* 어떤 종교나 사제(司祭)는 신을 모시는 사람으로서 '근신(謹身)'과 '계행(戒行)'을 가지고 있지만, 그 대표적인 것이 '결혼 금지'이다. 결혼(結婚)은 모든 생명의 기본 방향이지만, 특별한 경우로 그것이 이행되지 못할 경우는 독신(獨身)으로 생을 끝내는 경우이다.

누구보다 공자는 인간 사회 속에 모든 '실천'을 강조하였는데, 볼테르는 위에서 '불교 승려'의 '결혼 거부' 문제를 거론하며 아이를 기르며 '사회에 동참'할 것을 강조하였다.

그리고 볼테르는 '친구 사귐[交友]'과 '현실적 사랑'을 강조하였는데, 이 〈철학적 비평〉을 저작했던 '페르네' 시절에 볼테르의 교유는 유명하고, 자신의

---

37) Voltaire, *The Best Known Works of Voltaire*, The Book League, 1940, pp. 468~470 'Ⅴ. The Chinese Catechism'.

저택은 거대한 호텔을 상상하게 하였다. (참조, ＊ ④-20. 볼테르의 '페르네' 마을)

볼테르의 말은 단순히 주장이 아니라 스스로 실천해 왔던 사항들이고, 스스로 피해갈 수 없는 원리('자유 의지' 집행)로 그 의미를 견지(堅持)하고 있다.

⑪-15. 인류의 행복을 심어주는 공자님 말씀

구수(Cu-su) : "지난 5~6천 년 동안 우리 사이에 상용(常用)해 온 어구(語句)에 대해서는 왕자님께 다시 반복해 여쭙지는 않겠습니다. 거기에는, 우리의 영혼을 인도(引導)하는 신중함도 포함하고 있는데, 우리 신체관리의 절제(節制)에 관한 것이니, 그것은 건강관리에 대한 지침들입니다. [子之所愼 齊戰疾 : 공자님은 제사(齋戒)와 戰爭과 疾病에 조심하셨다.] 진정한 덕이란, 효도(孝)와 관용(仁)과 덕행(德)으로 사회 복지(福祉)를 증진하는 것이고, 하늘에 대한 공경은 여성들이 아동들을 교육하는 제일 첫째 사항입니다. 그것은 새 세대(世代)의 기초로서 도시에서나 시골에서나 한 가지입니다. [老子安之 朋友信之 少者懷之] 그런데 저는 한 가지 큰 덕목에 유감스럽게도 우리들 사회에 쇠락을 하고 있다는 점입니다."

왕자 구(Kou) : "지적을 해 주십시오. 그것을 되살려 놓고야 말겠습니다."

구수(Cu-su) : "손님[客] 접대 문제입니다. 우리들에게 여관(旅館)이 있기는 하지만, 인간의 신성한 상호(相互) 유대(紐帶)인 그것은 더욱더 이완(弛緩)이 되어 가고 있습니다.

아주 중요한 제도인 '호텔 사업'은 서쪽 오랑캐에게 빌려온 것으로 그들이 여행자를 접대하는 곳입니다. 저는 노(Lou) 혼캄(Honcham) 키(Ki) 같은 최적(最適)의 장소에서 사마르칸트(Samarcand)에서 온 너그러운 외국인을 환대(歡待)하며, 인간[人]과 신[天]의 법칙으로 성스럽게 되고, 타르타르(Tartary)로 불려가 나의 다정한 친구와 함께 지낼 때는, 기쁨으로 제 가슴이 녹는 듯합니다.

제가 언급한 야만인들은 돈을 주어도 마음이 내키지 않으면 그들의 사는 곳으로 외국인을 들어오지 못하게 하지만, 그 불쌍한 사람들은 자기네들이 중국인보다 고상(高尙)하다고 생각하고, 중국인의 도덕이 그들의 것에 비교할 수 없고, 자기네들의 설교자가 공자님을 능가한다고 생각을 합니다. 한 마디로, 야만인들은 그들만이 진정한 정의(正義)를 안다고 그들의 주장에 증거를 댑니다. 그들은 주점(酒店)에서 맛좋은 포도주를 팔고 여인들이 미친 듯이 춤추며 거리를 돌아다니도록 방치를

하는데, 그 때 중국의 여
인(女人)들은 누에[蠶]
를 기릅니다."

왕자 구(Kou) : "손님
접대를 대환영합니다.
그것을 행하면 크게 즐
거울 것입니다. [有朋自
遠方來 不亦樂乎] 그러나
큰 낭비가 있을까 두렵
습니다. 가까운 티베트
에는 유랑의 기질을 갖

공자(孔子-淸代) 상, 공자가 제자를 가르칠 적 모습

고 세상의 이쪽에서 저쪽 끝까지 다니는 가난한 종족(種族)이 살고 있습니다.
[스키타이 족] 티베트를 방문하면 환대(歡待)와는 거리가 멀고, 그들은 당신 앞에
놓을 것도 없고 누울 침대도 없습니다. 그들에게는 자부심과 공손함만 있습니다."

구수(Cu-su) : "그 실망감은, 그들을 초청하여 환대하면 쉽게 치료가 될 수 있습니
다. 모든 덕(德)은 실행에 어려움과 위험이 있으나, 그것이 없으면 덕의 실천에
특별한 영광도 없을 것입니다. 우리 공자님은 얼마나 현명하시고 성스럽습니까?
그분이 가르치지 않은 덕은 없습니다. 구구절절 인류의 행복을 심어주십니다.
지금도 생각이 납니다. 53절(節)일 것입니다.

'친절은 친절로, 원자(怨者)는 바른 마음으로[以德報德 以怨報直]'

무슨 금언(金言)입니까! 무슨 법(法)입니까! 유럽인에게 그와 같이 고상한 도덕에
필적할 것이 과연 있겠습니까? 그러니 공자님은 얼마나 많은 곳에서 얼마나 강력하
게 인도(人道)를 추천하셨는지요! 그 명랑한 도덕이 인간 세상에 퍼지면, 모든
'싸움'과 '불태워 죽이기'는 끝이 날 것입니다."[吾聽訟猶人也 必也使無訟乎]

왕자 구(Kou) : "저는 공자 이전에 있었던 현인(賢人)의 '겸허(humility)'에 관한
글도 읽었습니다. 어느 누구도 그 정의(定義)가 확실하지 못했습니다. [절대신
-Jhovah 중심 사고 비판] 그리고 그 현인들을 불신하는 '겸허'라는 것도 없을
것입니다. 제 견해를 초월한 그들 말씀을 존중하면서, 선생님의 '겸허'에 대해서도
듣고 싶습니다."

구수(Cu-su) : "겸허, 저는 '마음속의 겸손'을 지니고자 합니다. 왜냐하면 외적
겸손은 외모에 불과하기 때문입니다. 겸허는 다른 사람 위에 요구될 수 있는
자기 자신의 우월감을 부정(否定)하는 것으로 되는 것이 아닙니다. 유능한 의사(醫師)

는, 자기의 환자(患者)들보다 월등한 지식과 감수성을 지니지 않을 수 없습니다. 천문학 교사는 그 학생보다 더욱 많이 사실을 알고 있어야 합니다. 그러나 자랑을 할 수는 없습니다. '겸허'는 자기 비하(卑下)가 아닙니다. '겸허'는 자기애의 교정(矯正)이고, '겸손'은 긍지의 교정입니다.(Humility is not debasement, but a corrective of self-love as modesty is the corrective of pride.)"

왕자 구(Kou) : "좋습니다. <u>그것은 모든 덕의 집행 속에 있습니다. 그것은 소피스트의 키메라와 거짓 선지자를 멀리하고, 단일하고 보편적인 신을 숭배하는 것입니다. 인간의 사랑이 저의 덕이 될 것이고, 신[自然원리, 조물주]을 사랑함이 저의 종교입니다.</u> ['여호와주의' 부정, '자연과학 정신' 옹호]

불교와 노자(老子), 인도인의 비스누(Vishnu), 타이 사람(Siamese)에게 하늘에서 내려온다는 삼모노코놈(Sammonocodom), 달로부터 일본(日本)을 방문한다는 카미스(Camis)−저는 그러한 불손한 그 어리석음에는 참을 수가 없습니다.

신(神, 자연신)을 불신하는 종족은, 얼마나 허약하고 동시에 잔인합니까! 그것이 완벽한 참람(僭濫), 그것입니다. 태양은 만방(萬邦)을 비추지만, 신의 빛은 소수 종족 지구 구석에만 빛을 주고 있습니다. 그 같은 (태양 같은 신이라는)생각이 인간의 마음속으로 들어온다는 것은 놀라운 일입니다. 그 신이 모든 나라 모든 사람의 가슴 속에 말을 하게 하여, 세상의 끝에서 끝까지 이어져 확실하게 뭉쳐야 할 것입니다."['地球村' 중심 사고]

구수(Cu-su) : "오 현명한 구 왕자님! 당신은 하늘에 영감을 받아 말씀하셨습니다. 훌륭한 왕이 되실 겁니다. 처음은 저의 학생이시더니 이제 저의 선생님이 되었습니다."[先覺者 是賢乎. 當仁不讓於師. 靑出於藍靑於藍]

〈대화록−'VI. 중국인의 교리문답'〉[38]

해설

* 볼테르는 '공자의 자연법'이 세계에서 '최고(最高)'라는 확신을 명백히 지니고 있었으니, 그것이 '자연과학의 원리'와 직결되는 '완벽한 사회 정의 실현 방법'이라고 확신을 했기 때문이다.

볼테르는 공자의 도덕이 단순히 중국(中國) 내에서만 실현되기보다는 세계적으로 널리 알려져 '인류의 교화'에 기여하게 해야 한다는 입장에 있었다.

---

38) Voltaire, *The Best Known Works of Voltaire*, The Book League, 1940, pp. 470~472 'V. The Chinese Catechism'.

그는 '인적 교류(交流)의 활성화'라는 방안을 제시하였다. 볼테르는 200년, 250년 뒤에나 가능할 앞일을 말했으니, 그것은 그의 탁월한 안목(眼目)의 과시에 해당하는 것이다.

⑪-16. 세상에는 무한(無限)한 요리(料理)가 있다.

《〈대화록 – 일본인의 교리문답(The Japanese Catechism)〉에서 볼테르는 '일본인' 과 '인도인'의 대화를 통해, 일본인이 진취적으로 자기네의 불필요한 '종교적 속박을' 벗고, 용감하게 국제 사회로 진출하여 '선진 과학 문명 수용'에 적극적이 었던 경과를 말하였다. 볼테르는 특히 이 장(章)에서, 일본인의 진취적 기질은 인도인(브라만)의 보수적(保守的) 관념주의와는 비교가 되지 않음을 칭송하고 있다.》

인도인(Indian) : "예전에 일본인은 요리법을 몰라서, 온 나라 사람들이 대(大)라 마(Lama)를 따르니, 그가 마음대로 먹고 마시는 것을 결정했고, 그 대라마(Lama)가 때때로 소(小)라마(Lama)를 보내 공물(供物)을 걷게 하고 대라마는 그 대답으로 자기의 엄지와 검지로 보호의 상징을 만들어 보인다는 것이 사실입니까?"['불교'를 존중한 일본인과 '부처의 坐像'을 조롱한 말임]

일본인(Japanese) : "아아, 유감스럽게도 사실입니다. 모든 카누시(Canusi) 지방, 아니 우리 섬의 주 요리사로 라마가 배치되어 있고, 신(神)의 사랑이란 게 다 무엇입니까. 더구나 우리 세속인 모두는 1년에 가구당 티베트 우두머리 요리사에게 은(銀) 1온스를 바쳐야 하고, 보답으로 좋은 취향도 아닌 유물의 작은 접시들을 간직했습니다. 그리고 라마가 변덕이 나면 탕구트(Tangut) 사람과 전쟁을 시작하는 데, 우리는 거기에 새로운 보조금을 부담하게 됩니다. 우리 종족은 자주 불평을 하지만, 우리 모두는 그것을 견디고 만약 불평을 하면 거기에다 벌금을 물립니다. 결국 최상의 길은 그 노예 상태에서 벗어나는 일입니다. 우리 국왕 중의 한 사람이, 여성 문제로 대(大)라마와 분쟁을 하였습니다. 그 사건으로 우리 카누시(Canusi, Pauxcospes)는 아주 잘 되게 되었습니다. 사실 우리가 구조(救助)를 받았습니다. 그 경위는 이러합니다. 대(大)라마는, 자신은 틀림없이 항상 '정의(正義)의 편'에 있다는 주장을 폅니다. 우리 다이리(Dairi) 카누시(Canusi) 사람들은 가끔 '우리들에게도 잘못은 없다.'고도 말을 했습니다. 그러면 대(大)라마는 그것을 엉터리 (absurdity)라고 조소(嘲笑)를 행했습니다. 그래서 우리 상류층 사람들이 대(大) 라마 가 거만해졌다고 그를 영원히 부셔버렸습니다."

인도인(Indian) : "그래서 당신들은 '황금의 날들'을 갖게 되었습니까?"

일본인(Japanese) : "턱도 없지요. 거의 2백 년 동안 박해(迫害)와 폭동(暴動)과 유혈(流血)밖에 없었습니다. 그래도 우리 카누시는 조금 나은 듯했지만 정신을 차린 것은, 요즈음 1백 년 간뿐입니다. 그러나 그 때부터 우리는 용감하게, 세계에 행복한 나라 중의 하나가 되리라는 것은 예상(豫想)을 했습니다."

인도인(Indian) : "당신네 나라의 12개 요리 종파(宗派 - twelve different sects of cookery)는 어떻게 되었습니까? 그리고 당신은 왜 칼 던지기를 계속해야 합니까?"

일본인(Japanese) : "왜냐고요? 만약 12명의 요리사가 있을 경우, 그들은 각각 다른 조리법을 쓰고 있으니, 우리가 그것을 먹기보다는 그들의 목을 모두 잘라야 하지 않겠습니까? 최고로 좋아하는 잘 차린 식탁에서도 그 요리사는 잘 먹지를 않습니다."

인도인(Indian) : "그렇습니다. 음식에 맛을 따져서는 아니 됩니다. 백성들은 그것이 논쟁거리이고, 모두 흥분을 합니다."

일본인(Japanese) : "오랜 논쟁 끝에, 사람들이 논쟁의 현장을 목격하고 상호간의 관용(寬容)에 동의를 했으나, 달라진 게 없었습니다."

인도인(Indian) : "그 요리사가 무엇이며, 누구이기에 당신네 나라의 먹고 마시는 방법을 잡고 흔들었습니까? 기도합시다."

일본인(Japanese) : "첫째는 브록세들(Breuxehs)입니다. 그들은 돼지고기나 푸딩 을 용납하지 않습니다. 그들이 구식 요리사들을 붙들고 있습니다. 그들은 살진 닭처럼 금방 죽습니다. 그러면 수(數)를 늘리고, 1온스의 은(銀)을 그들 간에 나누면 11명의 다른 요리사는 즉시 반을 확보하고 나머지도 그렇게 하려 듭니다."

인도인(Indian) : "나는 당신들이 돼지고기를 먹지 않는다는 것을 상상해 봅니 다."

일본인(Japanese) : "안 먹지요. 그 다음으로는, 디스파테(Dispates)가 있습니다. 그들은 주일(週日)의 어떤 날 또는 일 년 중 특별한 때에는, 가자미 송어 연어 칠갑 상어로 폭식을 하고, 세상에 은화 1그로트(groat)인 송아지 췌장에는 손도대지 않습니다.

우리 카누시(Canusi) 사람들은 쇠고기와 페스트리 케익을 좋아하고 일본 사람들 은 그것을 푸딩이라고 합니다. 이제 세계 사람들은 그 디스파테(Dispates)의 요리보다 우리 카누시(Canusi) 사람들의 요리에 더욱 친숙합니다. 로마인의 '가룸(garum, 魚類의 內臟 젓갈)'이란 것이 무엇인지를 우리보다 더 잘 알고 있는 사람들은 없습니다. 우리는 고대 이집트인의 양파 요리, 원시 아랍인의 메뚜기 반죽, 타르타르인의 말고기 요리를 훨씬 능가한 요리 방법들이, 〈파욱스코스피(Pauxcospies)〉로 알려진 카누시(Canusi) 책 속에는 모두 다 있습니다.

나는 타를루(Tarluh)나 바스티아(Bastians) 그밖에 요리는 생략을 해야겠습니다. 그러나 퀴카르들(Quikars)의 요리는 주목할 만합니다. 나는 그들과 자주 식사를 하였지만, 그들이 술을 마신 것도 보질 못했고, 맹세하는 것도 듣지 못했습니다. 그들을 속여 말하는 것이 아니고 당신이 직접 보아도 그러할 것입니다. '너희를 사랑하듯이 이웃도 그렇게 하라.'는 법은 그들에게 각별합니다. 사실 정직한 일본인은 작은 품삯으로 4인치의 너비의 군도(軍刀)로 자신을 베며, 자기의 목을 날리는 일에도, 돈만 주면 못 할 것이 없는 사람들입니다. 그래서 총을 쏘고 군도(軍刀)를 휘두르는 운명에 자신을 내던지며 역시 자신을 미워한 것보다 이웃을 더욱 미워하기도 합니다.

퀴카르들(Quikars)에게는 광신(狂信)이 없습니다. 그들은 매우 정직하다고 알려져 있고, 그 사람들을 질그릇으로, 질서 있게 서로서로 부딪치는 순간에 최후를 맞습니다. [전쟁에 동원되어 殺傷 속에 죽는다는 뜻]

나에게 카누시 사람 같은 점은 없고, 나는 퀴카르들에 포함되어야 합니다. 당신이 보다시피 나는 평화로운 요리사들과는 논쟁도 공박도 없습니다.

디에스토(Diestos)라 부르는 수많은 요리사 분파가 있습니다. 누구나 구분 없이 테이블을 함께 하고, 먹고 싶은 대로 먹는 모든 사람들에게 자유로운 요리입니다. 기름을 바른 닭이나, 마갑(馬甲)을 입힌 닭이나, 달걀 소스, 자고새, 연어, 흑색 백색 와인을 들 수 있고, 이런 것들이 구분 없이 저장이 되고, 식사 전후에 짧은 기도가 행해지고 아침 식사의 경우는 그것도 없습니다. 품성이 좋은 부자(富者)들은 대(大)라마(Lama) 투를라(Turlah) 빈칼(Vincal) 멤논(Memnon) 등을 곁에 두고 환담을 합니다. 그 디에스토(Diestos)들이 우리 카누시(Canusi)의 심원한 요리를 알 수밖에 없습니다. 특히 그들에게 우리 수입(收入)의 삭감을 말하게 해서는 안 됩니다. 그래야 우리가 편하게 살 것입니다."

인도인(Indian) : "그러나 법으로 정해진 '왕(王)의 요리'가 있겠지요."

일본인(Jap) : "그럴 겁니다. 그러나 일본의 왕은 풍성하고 융숭하게 대접을 받을 때도, 왕도 즐겁게 요리를 즐겨 왕의 충성스런 권속(眷屬)의 식사에 방해가 되지 않도록 합니다."

인도인(Indian) : "그러나 4~5천 명이 함께 식사를 할 경우, 성급한 사람들은 왕이 그 음식을 싫어함을 알고도 그 코 근처에서 양념을 바르고 구울지라도, 왕이 그들에게 먹지 못하게 하지 않습니까?"

일본인(Japanese) : "그 같은 경우에 그들은 사나운 주정뱅이들처럼 마땅히 벌을 받아야 합니다. 그러나 우리는 그 위험을 제거하였습니다. 왕의 요리법을 따르지 않은 요리사는 취업(就業)을 할 수 없습니다. 정말 그밖에 모든 다른 사람들은 자기 좋을 대로 먹습니다. 그러나 그 요리사에게 보수(報酬)는 없습니다. 투물트 사람들(Tumults)은 즉각 가차 없이 엄격하게 금지하고 있습니다. 식사 중에 말다툼은 엄격하게 금지되었는데, 일본인 요리 책에는, '식사는 진지한 기쁨이다. 유리잔을 상대에게 던짐은 야만인이다.'라고 적혀 있습니다.

이 금언(金言)을 우리는 지키며 행복하게 삽니다. 우리는 우리의 자유를 타이코세마(Taicosemas)에게 보장을 받고 있습니다. 우리는 날마다 더욱 풍요롭게 되고 있습니다. 우리는 2백의 쓰레기가 줄을 이으니, 우리 이웃들이 놀랍니다."

인도인(Indian) : "그러면 왜 경건한 시인 렌(Reen)은 '우아함(Grace)'이란 제목으로 다음과 같이 노래를 했을까요?

한 때, 지성의 빛으로 유명했던 일본(Japan, once famed for intellctual light) 키메라 밤 속에 가라앉아 있네.(Lies sunk in vision, chimera, and night)"

일본인(Japanese) : "그 레크나(Recna) 시인은, 환상(幻想)의 시인입니다. 그 허약한 인도인이 우리가 어떻게 '빛(light)'을 시골 삶들에게 가르치고 있는지 알고나 있겠습니까? 인도인이 행성(行星)들의 경로에 알고 있습니까? 우리가 '자연법(自然法)'을 가르친다는 것을 알기나 할까요?

일반적인 상식적 예(例)로 내려옵시다. 레크나(Recna) 시인은 시골사람들에게 수학적 비율에 따라 쓰레기로 집짓기를 가르치려는 사람과 같습니다. 그들은 그들 다리에, 실[絲]로 짠 양말을 신고 있는 것을 우리들에게 감사를 해야 할 사람들입니다. 그와 같은 '빛에 관한 놀랍고 위대한 발견[데카르트, 뉴턴의 광학을 말함]' 이후에도 그것[詩]을 말이라고 하며, 일본인들이 다 미쳤답니까? 그리고 다른 사람의 약점을 시로 써 보려면, 그네들보다 더욱 현명해야 하지 않습니까? 그가 시를 꼭 더 써야 한다면, 그를 일본인 요리학교로 보내세요. 내가 그에게 더욱 시적인 소제를 권하겠습니다. ['서정시인'을 무시하는 볼테르]

그 레크나(Recna) 시인은, 그 시골 환경에 젖어 자랐습니다. '브라만(Brahma)의 은혜와 가르침과 그의 특별한 영감의 호의로 만든 소스 말고는 다른 성숙할 소스는 없었지요. 최고의 의도와 불타는 의욕을 지니고 있으면, 라구(ragout, 고기

J. 위베르(Jean Huber) 작 '까페에서 디드로와 볼테르'39), '철학자들의 식사'40)

야채 양념을 끓인 음식)요리 하나로로는 불가능한, 무한한 요리들이 있습니다. 브라만의 병든 의지(意志)로는 불능입니다.' 그 같은 일은 우리 일본인(日本人)에게 통하지 않습니다. 다음과 같은 말은, 이론(異論)의 여지가 없는 진리입니다.

'신(神)은 누구 편도 들지를 않고, 만인(萬人)의 법(法)이니라.(God never acts by partial, but by general laws)'" ['自然神' 강조]

인도인(Indian) : "무엇을 더 말할 수 있겠습니까? 그 레크나(Recna) 시인은 시골과 파당과 자신의 편견으로 가득 차 있을 뿐입니다."

일본인(Japanese) : "정말 편견뿐인 세상입니다!"

〈대화록-'일본인의 교리문답'〉41)

해설

* 위에서 볼테르는 '일본인(武士)과 인도인 대화'로 '요리'를 주제로 이야기를 나누었으나, 앞서 '중국인의 교리문답'에서처럼 일본 문화를 빗대어 볼테르 자신의 '다양한 요리 취향'을 말하고 있다.

'실존(육체) 문제'는 '건강' '의학'의 문제와 필연적 관계에 있고, 그것은 역시 볼테르의 최고 관심사였다. 그리하여 볼테르는 당시 유럽 중세 말기 어려운 상황에서도 84세의 장수(長壽)를 누리며 빛나는 저서를 가장 많이 저술한 '세기의 행운아'였다.

39) 'Voltaire and Diderot at the Café'.
40) J. Goldzink, *Voltaire*, Hachette, 1994, p. 130 'Le souper des philosophes, The Philosophers at Supper' : 1. Voltaire, 2. Le pere Adam, 3. L'abbe Maury, 4. D'Alembert, 5. Condorcet, 6. Diderot, 7. Laharpe.
41) Voltaire, *The Best Known Works of Voltaire*, The Book League, 1940, pp. 472~475 'Ⅴ. The Japanese Catechism'.

한 마디로 '일본인 교리문답'은 일본인을 빙자하여 '불필요한 종교적 편견'에
집착하여 '공리공론'을 일삼은 '종교적 사제(司祭)들'을 조롱하고, '무한 요리'를
즐기는 일본인을 찬양하여 볼테르 자신의 취향을 드러내었다. (참조, ※ ⑭-5.
사회 운동기(社會 運動期, 1753~1777))

⑪-17. 통치자가 바뀌면 '충성 대상'도 달라지는 법이다.

《〈대화록 – 원예가의 교리문답(The Gardener's Catechism)〉이란, '사모스(Samos)
섬 통치 고관(高官) 투크탄(Tuctan)과 친구 원예가(園藝家) 카르포스(Karpos)의
대화'로서, 약소(弱小) 국가 소수(少數) 민족의 전반적 생각을 요약한 볼테르의
'자유사상'을 반영하고 있는 명작이다.》

투크탄(Tuctan) : "카르포스 친구, 과일을 팔고 있군. 훌륭하네. 그런데 요즈음
자네의 종교는 무엇인가?"

카르포스(Karpos) : "고관나리, 자네에게는 감히 말도 못하겠네 그려. 우리 이
작은 사모스(Samos) 섬이 희랍인에게 속할 적에는, '성령이 아버지로부터 오셨다.'
고 말하도록 했던 것을 나는 기억을 하고 있네. 4순절 동안 우유를 먹지 말고,
팔을 모으고 똑 바로 서서 신(神)에게 기도하라는 말을 들었었네. 그 다음에 베네치아
사람들이 왔을 때, 새로운 이탈리아 사람 목사(牧師)는, '아버지'와 '아들'로부터
'성령'이 내렸으니, 내가 우유를 마시고 무릎을 꿇고 기도를 하였다네. 다시 희랍사
람들이 돌아와서, 베네치아 사람들을 쫓아버려 나는 '성자'와 우유 포리지(porridge,
귀리와 우유를 끓인 음식)를 거절하게 되었다네. 그런데 결국 자네들[투르크인]이
다시 희랍인을 축출하여, 나는 '알라 일라 알라'라고 목청껏 외치는 소리를 듣고
있다네. 내 경우로는 내가 무엇인지 더 이상 모르겠네. 그러나 나는 내 마음
속 깊이 신(神)을 사랑하고 있고, 나의 과일들을 적당한 값으로 팔고 있네."

투크탄(Tuctan) : "무화과도 있구먼."

카르포스(Karpos) : "드릴까?"

투크탄(Tuctan) : "자네에게는 훌륭한 딸도 있다고 들었네."

카르포스(Karpos) : "그렇지만, 고관나리. 그녀에게 자네 시중(侍中)을 들라고
말할 수는 없네."

투크탄(Tuctan) : "왜? 이 몹쓸 사람이라고!"

에게 해(Aegean Sea), 사모스 섬(Is. Samos)

카르포스(Karpos), "나는 양심을 가지고 있는 사람(an honest man)이라네, 내가 무화과는 팔망정, 딸은 팔지 않네."

투크탄(Tuctan) : "그러면 말을 해두겠네, 무슨 법(法)으로 과일은 팔지만, 다른 것은 못 판다고 말을 하는 것인가?"

카르포스(Karpos) : "모든 착한 원예가(園藝家)들의 법(法)이라네. 내 딸의 명예는 내 것이 아니고, 그 아이의 것이네. 우리가 거래할 상품은 아니야."

투크탄(Tuctan) : "그러면 자네는 자네의 고관(高官)에게 불충(不忠)을 하겠다는 그 말이로군."

카르포스(Karpos) : "그렇지 않아. 자네가 우리를 다스리는 한, 나는 정당(正當)한 모든 일에 충성(忠誠)을 다하겠네."

투크탄(Tuctan) : "그렇다면, 만약 자네의 희랍 총독이 돌아와 나를 음해(陰害)하려 한다면, 그리고 그 '아버지' 이름으로 그에게 가담을 명령을 한다면, 그 반역자(叛逆者)로 봉사할 수 있지 않는가?"

카르포스(Karpos) : "그건 아니지."

투크탄(Tuctan) : 그 경우, 자네가 어떻게 그 총독에게 감히 복종(服從)을 거부한단 말인가?"

카르포스(Karpos) : "나의 고관(高官)으로 자네에게 충성을 맹세했기 때문이네. '아버지'께서는 음모(陰謀)나 모략(謀略)에 가담하라는 명령을 내리지는 않는 것으로 알고 있네."

투크탄(Tuctan) : "나는 최소한 그것을 즐기네. 그러나 만약 희랍인이 이 섬을 다시 차지하여 자네의 이 고관을 축출한 다음에도 나에게 충성을 바친다는 말인가?"

카르포스(Karpos) : "무엇이라고? 그 때에는 자네가 내 고관(高官)은 아니지 않는가?"

투크탄(Tuctan) : "그렇다면 자네에게 그 '충성 맹세'라는 것은 도대체 무엇인가?"

카르포스(Karpos) : "나의 무화과와 같은 것이라네. 자네가 없어지면 더욱 훌륭한 고관(高官)이 오시지. 용서하게나. 자네가 지금이라도 죽으면, 나는 자네에게 충성을 맹세하지 않을 것은 명백하지 않는가."

투크탄(Tuctan) : "가정(假定)이 약간 건방지군. 그렇지만 자네 결론은 사실이야."

카르포스(Karpos) : "친구야, 그것이 똑 같지 않는가? 자네가 쫓겨나면 자네 대신에 후임자가 올 것이고, 나는 그에게 새로운 충성을 맹세해야 하네. 자네에게도 필요 없는 그 충절을 왜 나에게 요구를 하나? 그것은 자네가 더 이상 먹을 수 없는 나의 무화과를 다른 사람에게는 팔지 말라는 것과 그 무엇이 다른가?"

투크탄(Tuctan) : "자네가 합리적이네. 알겠네. 그렇게 하게나."

카르포스(Karpos) : "다른 사람들도 다 그렇게 한다네. 아주 적은 수의 사람들이 나를 돕고 있네. 내가 더욱 봉사를 하려 하면 그들이 나를 당황하게 만들고 있네."

투크탄(Tuctan) : "나는 정말로 자네의 행동을 지배하는 원리를 배우고 싶네."

카르포스(Karpos) : "사람들이 나를, 좋은 남편, 좋은 아버지, 좋은 이웃, 좋은 원예가라 말한다네. 더 말해 줄 것도 없네. 나머지 소원은 신(神)이 모든 일에 임하여 내게 축복을 주시기 바랄 뿐이네."

투크탄(Tuctan) : "그러면 이 사모스(Samos) 섬을 다스리는 내게도 그 신(神)의 동일한 축복을 내릴 수 있다고 생각하나?"

카르포스(Karpos) : "그렇다면 알려주게. 내가 그것을 어떻게 알고 있다고 생각을 했나? 전능하신 신(神)이 고관 나리께 무엇을 행하리라고 내가 추측을 할 수 있다고 생각을 하였는가? 그것은 신(神)과 자네와의 관계일세. 어떤 방식으로든 내가 거기에 개입을 할 수 있는 문제는 아니네. 내가 믿고 있는 모든 것은, 내가 훌륭한 원예가이듯이 자네가 훌륭한 고관이라면 신(神)은 자네에게도 복을 내릴 걸세."

투크탄(Tuctan) : "마호메트에 의해 나는 그 '우상 숭배자[가톨릭교도]'를 좋아하게 되었네. 잘 있게 친구여. 알라 신이 자네를 지켜줄 것이네."

카르포스(Karpos) : "고맙네. 고관 나리. 신(神)이 자네에게 축복을 내릴 것이네."

〈대화록-'원예가의 교리문답'〉[42]

해설

* 볼테르는 세계 각지에서 문제될 수 있는, 지배자[정복자]의 '사상(思想)'과 피지배자[피지배인]의 사상을 간결하게 요약했다.

---

42) Voltaire, *The Best Known Works of Voltaire*, The Book League, 1940, pp. 475~476 'V. The Gardener's Catechism'.

볼테르가 위에서 원예가 카르포스(Karpos) 입을 빌어, '무화과는 팔망정 딸은 팔지 않아.'란 말은 1755년(61세) 스위스 입국 이후 '페르네' 농장을 경영하고 있던 볼테르의 기본자세가 명시되어 흥미롭다.

볼테르는 지배자 바뀌는 것을 초월하여 스위스와 프랑스 국경에 반반씩 영접해 있는 위치에 자신의 농장을 두었던 것은 볼테르의 '초국가적(超國家的) 의지'를 보인 것으로, '문인(文人)이 건설한 최초의 낙원'에 해당한다. (참조, ※ ④-20. 볼테르의 '페르네' 마을, ※ ⑧-23. 우리의 밭을 갈아야 한다.)

⑪-18. 본능, 이성(理性), 힘, 자유 의지

《〈대화록－자유(Liberty)〉는 철학자와 그 친구의 대화로 볼테르가 평생 문제를 삼아온 '본능, 이성(理性), 힘, 자유 의지' 문제로 통합 검토한 것으로, 볼테르 이후 '실존철학(Existentialism)'에 전개에 가장 주목(注目)을 받았던 대목이다.》

철학자(Phil) : "대포(大砲)의 배터리가 자네의 귀에 작동 중이라면, 자네의 귀는 듣는 자유 속에 있는가, 듣지 않을 자유 속에 있는가?"

친구(Friend) : "물론 듣지 않을 수 없지."

철학자(Phil), : 그 대포알들이, 자네와 함께 걷는 아내와 딸의 머리를 날릴 수도 있겠지?"

친구(Friend) : "더 물을 것도 없네. 냉정한 생각을 가지고는, 내가 그런 일을 하리는 것은 불가능해. 불가능한 일이야." [전쟁 반대]

철학자(Phil) : "산책 중에 자네가 대포알 터지는 소리를 듣고, 자네와 자네의 가족이 그것을 싫어하지만, 그것을 멈추게 할 힘도 없고, 그곳에 머무를 힘도 없겠지." [자유 의지, 선택 의지 문제]

친구(Friend) : "모두 명백한 일이야."

철학자(Phil) : "대포 사정권으로 30칸 정도 벗어나 있다면, 나와 함께 작은 공간을 걸을 힘은 지고 있겠지?"

친구(Friend) : "그거도 명백한 일이지."

철학자(Phil) : "만약 자네가 마비증(痲痺症)이 있어, 그 배터리에 노출된 것을 피할 수 없고, 자네가 거기 있는 것에다 손을 쓸 수 없다면, 자네는 포화(砲火)가 터지는 것을 듣지 않을 수 없고 발사된 포를 맞으면 틀림없이 죽게 되겠지?"

친구(Friend) : "그게 사실이야."

철학자(Phil) : "그렇다면 자네에게 그 자유(liberty)란 무엇인가? 절대 필연으로 자네의 몸에도 유용(有用)하게 쓸 수 없다면 자네에게 그 자유 의지는 무엇을 요구한다는 것인가."

친구(Friend) : "내게 묻고 있는 건가? 그렇다면 자유(自由)란 내가 의도하는 바를 행할 힘이 아니겠는가?(Liberty is nothing but the power of doing what I will.)"

철학자(Phil) : "생각해 보세. 자유가 다른 의미도 가질 수 있는지 알아보자고."

친구(Friend) : "내 그레이하운드(사냥개)도 나만큼이나 자유롭지. 그레이하운드는 절름발이가 아니면 토끼를 보면 달리고 싶어 하니, 달리는 힘이 있지. 그래서 나는 나의 개보다 나을 게 없어. 그것이 내가 그 짐승과 동일한 점이지."

철학자(Phil) : "그것이 자네를 괴롭히는 비참한 궤변(詭辯)론들이라네. 개 같은 자유의 비참함이라! 자네의 천 가지 일에서, 그 개와 같지 않는가? 배고프고, 목마르고, 눈뜨고, 잠자고. 그래서 자네의 5감(五感)을 개도 소유하고 있지 않는가? 코로 냄새를 맡고, 귀로 듣고, 눈으로 보고. 그렇다면 자네가 '자유'를 소유한 방법에서 개와 다른 점은 무엇인가?"

친구(Friend) : "내가 하고 싶은 대로도 하지 못하니, 내가 그것을 어떻게 알겠나?"

철학자(Phil) : "자네의 의미란 무엇인가?"

친구(Friend) : "전 세상의 의미이지. '의지(Will)는 자유롭다.'는 것이 보편적인 말이 아닌가?"

철학자(Phil) : "속담이란 다 믿을 수가 없네. 자네 생각을 더욱 자세히 설명을 해보게."

친구(Friend) : "내 좋을 대로 '의지의 자유(liberty of will)'를 가지고 있다는 의미일세."

철학자(Phil) : "자네 말에는 '감성(感性, sense)의 문제'가 제외되었네. 자네가 감지(感知)를 못하면, '나는 의지를 의지한다.'는 우스꽝스러운 말이 되지. 자네의 내부에 발생하는 개념의 결론을 의지(意志)하는 법이야. 자네는 결혼할 거야? '한다. 안한다.'로 간단히 말을 해 보게."

친구(Friend) : "이 사람인가 저 사람인가를 따지지 않고, 그저 말을 해보라는 것인가?"

철학자(Phil) : "자네 말은, '어떤 사람은 카르디날 마자린(Cardinal Mazarine)이 죽었다 하고, 다른 사람은 아직 그 살아 있다고 믿지만 나는 이것도 저것도 믿지 않아.'라고 말하는 것과 동일한 대답이네."

친구(Friend) : "그렇다면, 나는 결혼할 마음은 있네."

철학자(Phil) : "좋아, 그것을 대답으로 생각을 하겠네. 그렇다면 자네 마음에 왜 결혼할 마음이 생겼는가?"

친구(Friend) : "내가 젊은 여성을 사랑하기 때문이네. 그녀는 잘 생기고, 얌전하고, 예의 바르고, 재산이 있고, 노래 잘하고, 부모에게도 신뢰를 쌓아온 사람이야. 거기에다 내 말[言語]이 그녀와 그녀 가족에게 수용이 된다고 자부(自負)를 하고 있어야만 하지."

철학자(Phil) : "거기에는 이유(Reason, 理性)가 있네 그려. 이유(理由, 理性)가 없으면 의지도 없지. 나는 자네가 결혼할 권리(자유)를 가졌다고 선언하는 바이네. 다시 말해 자네는 약혼에 서명할 '자유'를 확보하고 있네."

친구(Friend) : "어떻게 이성(理性)이 없으면 의지(意志)가 아니라는 거야? 그러면 '내 의지(意志)가 내 이성(理性)이다'란 속담은 무슨 뜻인가? 내가 의지(意志)하기에 의지(意志)한다는 것인가."

철학자(Phil) : "친구야, 그것이 부조리야. 그러므로 '원인(cause)'이 없는 '결과 (effect)'는 없어."

친구(Friend) : "무엇이라고! 그러면 내가 주사위 놀음을 해도 '원인'과 '결과'가 있다고?"

철학자(Phil) : "확실히 있지."

친구(Friend) : "제발 내게 그 '이성(理性)'이란 것에 대해 설명을 좀 해주게나."

철학자(Phil) : "자네의 마음에는 그 생각에 앞서 어떤 생각이 자리를 잡고 있네. 이상한 일처럼 보이겠지만, 거기에는 자유 의지가 원인으로 자리를 잡고 있어. 다른 경우는 원인이 없는 의지이네. 결혼을 하려는 자네의 의지에는, 명백히 결정적인 이유(理由, 理性)를 감지할 것이네. 그리고 주사위 놀음에서도 그것을 감지하지는 못하지만, 원인과 결과는 반드시 있네."

친구(Friend) : "그러면 나는 자유롭지 못한가?"

철학자(Phil) : "자네의 의지는 자유롭지 못하나, 자네의 행동은 자유롭지. 행동이 '힘(power)'을 가질 때, 자네는 자유롭게 되네."

친구(Friend) : "내가 읽은 모든 책들이 '자유'에 대해서는 무관심이야."

철학자(Phil) : "말이 안 되지. '무관심의 자유'는 없어. 무관심이란 의미가 없는 말인데, 지나친 의미부여를 피한다는 말일 뿐이라네."

〈대화록─'자유'〉[43]

---

43) Voltaire, *The Best Known Works of Voltaire*, The Book League, 1940, pp. 477~478 'V. Liberty'

해설

* 볼테르의 중요한 철학적 관심이 '감각(senses)' '이성(reason)' '이유(reason)' '자유 의지(free will)' '힘(power)'이 모두 제시되었다. 이 속에서 이후 '실존철학(實存哲學, Existentialism)' 전개의 최고 승부처가 볼테르에 의해 다 공개가 된 셈이다.

볼테르에 아직 확신으로 등장하지 못한 사항은, '육체의 의미(의지와의 관계)'와 '욕망(instinct) 긍정'에의 확신이 없다는 점이다. 단지 우회적으로 볼테르는 그것을 불가피성을 확실하게 하였다. (참조, * ②-14. 인류 '종족(種族) 보존'의 중요성, * ②-18. 육체 속에 있는 영혼, * ②-13. 신체(body)와 연동(聯動)된 인간 영혼)

'육체(실존) 중심주의(실존주의)'는 A. 쇼펜하우어에 의해, '욕망(desire) 긍정'이 처음 확신으로 수용되었고, F. 니체의 '차라투스트라의 확신'으로 세계에 선포되었다. F. 니체의 '힘에의 의지(Will to Power)'는 당초 볼테르에 의해 위에서처럼 명백하게 제시되었다.

그 '실존철학'은, 그대로 '다다 혁명 운동'으로 이어져 인류 보편의 '가치 혁명 운동'으로 '생명 존중' '전쟁 반대'로 정착이 되었다.

그 최초의 그 소중한 단초(端初)들이 이처럼 그 '볼테르의 지성(知性)'으로 온전하게 제시되었다. 아무튼 경탄(敬歎)할 일이다.

⑪-19. 자연(自然)의 원리(原理)가 신(神)이다.

《〈자연의 탐구(*The Study of Nature*, 체스터휠드 백작의 귀)〉는 볼테르가 79세 (1773)에 제작한 소설로 자신의 인생관 세계관을 요약한 작품이다. 볼테르는 이 작품에서도 '욕망' '실존(육체)' '경제력(돈)' '신'의 문제를 거듭 거론하며 '자연의 탐구(the study of nature)'에 대한 자신의 불타는 정신을 보여 주고 있다.》

그러나 신(神)이 우주의 주인이라고 생각하면 마음이 편안해집니다. 무수한 천체들로 서로 이끌려 회전하게 하고 빛을 만드는 그는 우리에게 감정과 사념을 주기에 충분한 권능을 가지고 있으며, 따라서 영혼(soul)이라고 하는 보이지도 않고 낯선 작은 원자가 구태여 우리에게 필요치 않습니다.

신이 모든 짐승들에게 감정과 기억 능력과 손재주를 준 것은 틀림없습니다. 또한 그들에게 생명을 주었고, 생명을 선사하는 것 역시 영혼을 선사하는 것에 못지않게 아름답습니다. 짐승들이 생명을 영위하며 즐거워한다는 사실은 이미 공인된 바입니다. 그들이 감정 기관들을 가지고 있으니, 그들에게도 감정이 있음은 이미 입증된 사실입니다. 그런데 짐승들은 영혼이 없어도 그 모든 것을 가지고 있는데, 유독 우리 인간은 왜 그토록 악착스럽게 영혼을 갖겠다고 합니까?

〈'자연의 탐구(체스터휠드 백작의 귀)'〉[44]

해설

* 볼테르가 위의 글 〈자연의 탐구(체스터휠드 백작의 귀)〉를 적을 때에는 자신의 신념은 이미 굳어 있을 때이다. '자연의 원리' 이외에는 아무 것도 '어디에나 언제나 있는 것(神)'은 전제할 수 없으며 인간의 '관념의 유희'는 불필요, 무의미하다는 생각을 굳혔을 때이다. (참조, * ②-1. 뉴턴의 만유인력)

'자연의 탐구(체스터휠드 백작의 귀)'에서 지속적 의미를 부여하고 있는 것은 '실존(육체)' '감정' '경제' 문제이다. 그리하여 볼테르 이후 탐구자들은, '실존(육체)' '감정'에 탐구를 계속하여, A. 쇼펜하우어, F. 니체, S. 프로이트, C. G. 융, E. 노이만이 줄을 이었다.

볼테르의 '경제 중심 사상'을 배워간 사람이 애덤 스미스(Adam Smith, 1723~1790), K. 마르크스(K. Marx, 1818~1883)였는데, 그들은 '전체주의' '국가주의' '경제'를 탐구한 사람들로 볼테르 '시민 자유 중심(개인적) 실존주의'와는 거리가 있던 논의들이었다.

⑪-20. 볼테르 당대(當代) '청(淸)국'의 상황

공자(孔子)는 볼테르가 규정한 '자연법(自然法, Natural Law)' 사상가이면서 동시에 중국 최초의 역사서 〈춘추(春秋)〉를 서술한 역사가였다. 그래서 이후 사가(史家)들은 공자의 '바른 역사 기술법'을 '춘추필법(春秋筆法)'으로 존숭하였

---

44) 볼테르(이형식 역), 〈미크로메가디스 외〉, 지만지, 2008, pp. 149~150 '체스터휠드 백작의 귀' ; Voltaire, *The Best Known Works of Voltaire*, The Book League, 1940, p. 302 'The Study of Nature'.

다.[45)]

그런데 공자를 스승으로 삼았다는 사마천(司馬遷, 145 B.C.~86 B.C.)부터는 중화민족주의 '친왕권주의'로 물들어 갔고 ('華夷의 구분'-중국과 오

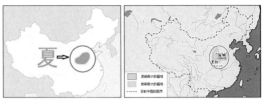

중국 '5제(五帝 黃帝 顓頊 帝嚳 帝堯 帝舜) 시절의 강역(疆域), 여타 지역은 '오랑캐'로 간주됨

랑캐의 구분), 그것은 마지막 볼테르 당대(1694~1778)의 청(淸)나라 시대에는 '절대 왕권의 정당화(帝國主義 正當化) 역사'로 완전히 전락(顚落)[46)]을 해 있었다.

소위 '중국(中國)'이란 '나라'는 그 국가(國家)와 그 종족(種族)이라는 관점에서 세계에 그 유사(類似) 사례가 없었던 국가였다. 그것은 대체로 국가(國家)란 어떤 '민족(種族)'이라는 것과 '영토(領土)'라는 것 두 가지 결정 요소를 전제하고 있고, 대체적인 다른 국가들은 '영토(領土)의 확장' 속에 '종족(種族)' 개념은 희박하게 된 것이 일반적 현상이었다.

그런데 '유대인'은 볼테르가 앞서 확인을 하였듯이, 볼테르 당대에까지 영토(嶺土)의 확보 없이 '종족(민족)'만이 있는 유일한 민족이었다.

그 다른 편에 중국(中國)은, 지배자(통치 종족)는 계속 바뀌면서 그 지역은 '황하 유역 중심'으로 고정이 되어 있는 경우였다. 즉 중국은 '5제(五帝)' 이후 공자(孔子) 당년에까지 황하(黃河) 유역 중심의 봉건 국가였다가 그 중앙집권 통치 기능이 약화되자 '서쪽 오랑캐' 진(秦, 221 B.C.~206 B.C.)나라가 처음 통일제국을 건설하였다.

그러다가 '북쪽 오랑캐' 몽고(蒙古)가 정복 통치를 행하였다(1271~1368). 이어 소위 '한족(漢族)'이 명나라(明, 1368~1644)를 세웠으나, 볼테르 당대에는 다시 중국은 '서북쪽 오랑캐' 여진(女眞, 滿洲族)의 지배를 받고 있는 청나라 (1636~1912) 시대였다.

그러므로 중국은 황하 유역의 작은 부족(部族) 국가 시절부터 소위 '요·순·우·

---

45) 孔子의 <춘추>는 그대로 '국왕 중심의 사고'로 과거 '봉건 왕권 사회'의 철학적 기반이 된 것으로 역시 '평등' '평화'를 전제로 한 볼테르 '자연법' 사고와는 거리가 있다.

46) '시민 중심의 시각'이니라 '절대 왕권 제국주의 옹호'라는 측면에서 그렇다.

47) J. D. Spence, *The Search for Modern China,* W. W. Norton & Company, 1991, '여진(女眞, Iuechen)' : '명말(明末) 누르하치(Nurhaci)와 아들 홍타이지(Hong Taiji)가 요동(Liaodong)

탕·문·무·주(堯舜禹湯文武周)'를 거쳐서 볼테르 용어로 '자연법' 사상을 토대로 황하 유역의 고대 국가는 계속 '주변 국가(藩族)'를 '병탄 통합'하면서 영토 확장이 계속되었다.

여진(女眞, luechen)[47], 양일규(楊一葵) 편찬 <예승 여진(裔乘 女眞)>[48], 여진 기마 무사(女眞 騎馬 武士) 조각[49]

그러므로 '중국(中國)'이란, 황하 유역의 지역 국가가 타민족의 정복을 당하면서 오히려 그들을 통합하여 몸집(인구와 영토)를 확장해 온 나라이니, 중국을 진정으로 정복 지배

백두산(長白山) 천지(天池)[50], 만주실록(滿洲實錄)의 삼선녀(三仙女)[51]

했던 종족은 결국 자기 고유문화를 상실하고 기존 한족(漢族)에 동화(同化) 혼융(混融)하는 현상을 보였다.

즉 최초의 중국은 황하 하류의 중국 서북쪽에 국한되었던 것이, 서쪽 오랑캐(西戎, 秦)에 의해 최초로 통일제국을 이루었고, 이후 북쪽 오랑캐[北狄] 몽고(蒙古)의 지배하게 '원(元)'이 세워졌고, 최후에는 동북쪽 오랑캐[東夷] 여진(女眞, 滿洲族) 청(淸)의 지배를 받으며 영토와 인구는 건륭제(乾隆帝, 高宗) 때 2억에 이르고 강역(疆域)은 아시아를 넘어 유럽과 접경을 할 정도도 큰 제국(帝國)이 형성되었다.

특히 중국 지배의 마지막 외래 종족인 동북의 오랑캐[東夷] 여진(女眞, 滿洲)족은, 그들 '침략 근성'을 '성덕(盛德)'으로 미화 선전(宣傳)하며 마지막 왕조가 멸망할 때까지 주변국 침략을 멈추지 않았으니, 그것은 볼테르가 지적했던 바와 같은, 원래 로마가 '7산(山)의 강도'가 집권했던 로마 제국의 초기 상황과 아무런 차이가 없었다. (참조, ※ ⑩-27. 로마는 원래 강도(强盜) 집단이었다.

지역에서 세력을 확장했던 여진의 모습'.
48) 朱誠如 編, <淸史圖典>, 紫禁城出版社, 2002, 1冊, p. 5 楊一葵 撰, '裔乘 女眞' : '東北夷'.
49) 朱誠如 編, 同書, 1冊, p. 6 '女眞 騎馬 武士 彫刻'.
50) 朱誠如 編, 同書, 1冊, p. 7 '長白山 天池'.
51) 朱誠如 編, 同書, 1冊, p. 7 '滿洲實錄'－'三仙女'.

※ ④-11. 강대국의 약탈 문제)

그런데 역대 중국의 지식인 역사(歷史)는 앞으로 공맹(孔孟)의 도덕(자연법, Natural Law)을 주장하는 척했으나, 실제로 통치 현장 서술에서는 '살육(殺戮) 전쟁'을 바로 보지 못하고 오직 '정복자(征服者) 편'에 서서 그 승리자(皇帝)의 성덕(盛德)의 칭송하기 여념이 없었던 아부와 반편(半偏)의 기록들이었다. (사실 '역사 편찬에 기준'이 없던 시대였음)

그것은 처음 사마천(司馬遷)이 한 무제(漢 武帝)의 고조선 침략의 정당화부터 시작하여,[52] 마지막 청(淸) 왕조까지 지속이 되다가 결국 전 왕조를 '책임을 질 사람이 없는 나라', '무주공산(無主空山)'으로 만드는 지경에 이르게 하였다.

볼테르 이전 세계 역사가들은, 승자(勝者)에 무조건 굴복하는 그 문제였다. 중국의 역사도 역시 그러하여 국민의 비판 정신을 처음부터 무시하고, 오직 정복자 중심의 역사가 역시 중국 역사였다.[53] 그래서 한 마디로 그 동안 '중국의 문화'는 다른 나라들처럼, '절대 통치자 하나만 있고, 나머지 국민(개별 사상, 비판 정신)은 소용이 없던 역사관, 정치관, 문화관' 그것이었다.

'거대 제국 중국'의 운영이나, 볼테르가 거론한 지중해의 작은 '사모스 섬(Is. Samos)' 운영이나 별로 차이가 없었다.(참조, ※ ⑪-17. 통치자가 바뀌면 '충성 대상'도 달라지는 법이다.) 그러나 역대 중국의 통치자는, 결코 '과일 장수[商人]' 와 절대 친구가 될 수 없는 '절대 독재 군주' 통치 상황이었다.

볼테르는 당대는 자동차도 없이 '마차(馬車)'로 여행을 해야 했던, 교통 통신

---

52) 역사가 사마천은 유독 '조선(朝鮮)' 서술에 '일관성(一貫性)'을 상실하고 있으니, <史記> '송미자(宋微子)' 항목에다가 제목과는 다른 '조선(朝鮮) 기자(箕子)' 이야기를 늘어놓고 주 무왕(周武王)이 그 기자(箕子) 가르침을 받은 과정을 상술하고 이어 '조선에 책봉했다. (封箕子於朝鮮)'라고 해 놓고, 바로 이어 '신하로 삼지는 않았다(不臣)'라 명기하였다. 그런데 뒤를 이어 그 기자가 직접 주(周)나라로 '조회(朝會)를 갔다.'는 말도 안 되는 소설을 써나갔다. 왜냐하면, 같은 책에 '세가(世家) 송미자(宋微子)' 조에 '조선(朝鮮)'과 '열전(列傳)'에 '조선(朝鮮)'을 혼동할 정도로 아닐 터인데, 그 우거왕(右渠王)이 믿었던 '지리적 험고(險固)'를 무릅쓰고 그 기자는 시를 지으며 태평하게 주나라로 여행을 했다는 것이고, 한무제는 조선이 건방지게 굴어 멸망을 시켰다는 것이 사마천의 논리이니, 그 논리는 청(淸)나라 태종(太宗, 홍타시)과 고종(高宗, 建隆帝) 정복(征服) 행적을 기록한 사학자에게까지 그대로 이어졌다.

53) '진(秦)시황의 천하통일'에 가장 비판적인 시각들이 날을 세웠으나, 그 이전 소위 '전국 칠웅(戰國七雄, 秦楚燕齊韓魏趙) 시대'부터 명분 없는 전쟁을 지속하여 '땅 빼앗기 전쟁'이 노골화되어 '맹자(孟子)' 등 현인의 이론이 소용이 없음이 거의 일반화되어 있었다.

시설이 전무한 지구(地球) 반대편에서, '언어' '인종' '국가'의 엄청난 상거(相距)를 초월하여 중국의 공자(孔子)를 말했던 것은, 동양인으로서 '박수를 치며 반길 일'이 아니라, 그들의 통찰력에 '공포감(恐怖感)'을 갖는 게 당연하고, 그 동안 동양인(한국인)의 '무식'과 '무감각'에 죄(罪)를 청(請)해야 마땅하다.

청나라가 소위 '아편 전쟁(阿片戰爭, Opium War)' 이후 겪었던 세계 역사상의 수모(受侮)는, 겉으로는 공맹(孔孟)의 '자연법' '왕도정치(王道政治)'를 말하고, 속으로는 절대 전제군주의 '일인 독재 통치', '제국주의' '살인의 침략주의'에도 아무 견제 비판이 없이 없었던 '중화 천하 제일주의(中華 天下第一主義)의 오만'과 '개인 인권 감각에 대한 무지(無知)' 그에 따른 '과학적 학술정보 확보의 부진(不進)'에 대한 어쩔 수 없는 결과였다.

중국 역대(歷代) 왕가(王家)에서는, 창업주(創業主)의 선조(先祖)들을 '말 재주

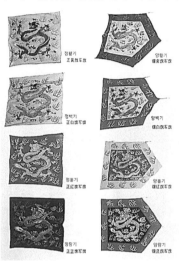

청나라 팔기 : 양황기(鑲黃旗), 정황기(正黃旗), 정백기(正白旗), 정홍기(正紅旗), 양백기(鑲白旗), 양홍기(鑲紅旗), 정람기(正藍旗), 양람기(鑲藍旗)[54]

있는 시인(詩人)들'을 동원하여 공식적으로 그 신비화(神秘化) 미화(美化)를 밥 먹듯이 행해 왔었다. 청 태조(淸 太祖) 누르하치의 가계(家系)도 그 신비화 미화를 사양하지 못하고, 자기의 여진족(만주족) 가계(家系)를 '신비스런 천녀(天女) 하강(下降)' 설화와 백두산(長白山)에 연계를 단행하여 그 '신비주의'를 바로 그들의 '귀족주의'로 연결하였다.

청(淸)나라는 처음부터 국가 자체를 '상시(常時) 전쟁 수행 체제'로 통치하고 있었으니, 기존한 외형적(外形的) '평화 우선' '전쟁 회피'의 '백성 중심' '시민 중심' 사고는 처음부터 고려대상이 아니었고, '군국주의' '전쟁 중심 체계'를 상시 가동(常時 稼動)하고 있었다.

즉 겉으로나마 기존 국가의 표준인 국왕은, 소위 '요·순·우·탕·문·무·주(堯舜禹湯文武周)'를 모범으로 '독한 형벌을 줄이고 평화 우선'의 대경대법(大經大法)을 공자의 '자연법' 사상으로 반복 학습하고 실천하는 것으로 그 원칙으로 삼고

54) 朱誠如 編, 同書, 1冊, p. 155 '八旗制度'..

있었다.

그런데 동양(東洋)의 야만족(野蠻族, 사실은 '스키타이' 족 포함) 원(元) 나라(蒙古族)를 이은 만주족(滿洲族, 女眞族)은 그 종족(終局)인 청(淸)제국이 멸망할 때까지 '침략의 군국주의(軍國主義)'를 견지(堅持)하고 있었으니, 그것에 대한 부정할 수 없는 물증(物證)이, 태조 누르하치(Nurhaci, 1559~1626) 당대부터 명시된 '팔기병(八旗兵)' 제도였다.

한 마디로 소위 '문치(文治, 도덕과 평화 중심)'는 완전 뒤로 물러나고, 왕조가 안정된 다음에도 주변국에 대한 '무력(武力) 정복 통치'로 일관했던 청국(淸國)은, '제국주의 중국(中國)'의 마지막 모습이었다.

팔기병 갑옷(八旗兵丁甲)55)

누르하치(재위 1616~1626)56), 태종(재위, 1626~1643)57), 강희제(재위, 1661~1722)58), 옹정제(재위 1722~1735)59), 건륭제(재위 1735~1795)60)

한 마디로 만주족(滿洲族, 女眞族)은, 소수(少數)의 부족(部族)국가시절부터 전(全) 중국을 지배한 청(淸)이란 큰 나라가 되어서도 계속 '영토 확장 전쟁'을

55) 朱誠如 編, 同書, 1冊, pp. 156~159 '八旗兵丁甲'.
56) 朱誠如 編, 同書, 1冊, p. 57 '淸 太祖'-'병자호란(丙子胡亂, 1636)'을 일으켜 '조선 침략'을 단행한 군주.
57) 朱誠如 編, 同書, 1冊, p. 179 '淸 太宗'.
58) 朱誠如 編, 同書, 4冊, p. 371 '康熙帝'.
59) 朱誠如 編, 同書, 5冊, p. 37 '雍正帝'.
60) 朱誠如 編, 同書, 6冊, p. 5 '乾隆帝'.

계속하였다.

그러하므로 '거대 청나라 주변 소국 병탄(倂呑)사'는 몽고인의 세계 지배를 이은 '멈출 줄 모르는 탐욕의 발동' 그것이었다. 그리하여 그 규모는 볼테르가 그의 〈역사철학〉 후반에서 지적한 '칠산(七山)에 소굴(巢窟)을 둔 초기 로마 제국'은 비교도 안 되고, 모처럼 '로스바흐 전투(the Battle of Rossbach, 1757. 11. 5)' 전투를 승리로 이끈 '프리드리히 2세' 이야기도, 사실상 유럽의 군소(群小) 나라들끼리 '지역 간의 분쟁 이야기'로 치부될 수 있었다. [소위 '구라파전쟁' 자잘한 분쟁 별칭임] (참조, ✻ ⑭-5. 사회 운동기(社會 運動期, 1753~1777), ✻ ⑦-19. 헤겔과 프리드리히 2세-〈세계 역사철학 강의〉)

청(淸)은 '팔기병(八旗兵)제'로 중국을 점령하고, 주변 소수 민족을 차례로 정복을 감행하여, 몽고족 이후 세계 최대의 제국(帝國)을 형성하게 되었다. 특히 건륭제(乾隆帝, 高宗)는 '십전노인(十全老人,-열 번의 征服에 성공한 어르신)' 이라는 별명을 즐겼던 사람으로, '정복(征服)'이 바로 그 '성덕(成德)'을 이루는 일로 믿었던 '그릇된 세계관 실현의 표본 인물'이었다. 그렇기에 중국에서는, 정복자 '알렉산더 대왕(Alexandros the Great, 356 B.C.~323 B.C.)'을 '세상에서 가장 유명한 도둑(the most famous robber upon the earth)'이란 말은 듣지도 생각도 못했던 상태였다. (참조, ✻ ⑩-13. '스키타이'가 '계몽의 러시아'가 되었다.)

그 청나라 (건륭)황제의 구체적 '침략 전쟁 과정'은 아래 그림들로 간략하게 추려해 볼 수 있다. 다음은 중국 사천(四天)성 서북 변경 '금천(金川)'을 무력(武力) 으로 정복했던 그림이다.

'금천평정도(平定金川戰圖)'[61]

건륭제의 '금천(金川)정벌도'(1755~1760)[62]

61) 朱誠如 編, 同書, 6冊, p. 55 '平定金川戰圖'.
62) P. C. Perdue, *China Marches West*, The Belknap Press of Havard University Press, 2005,

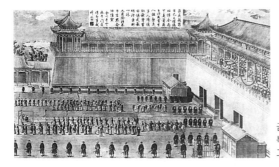

금천(金川)의 몽고인이, 주인의 목을 들고 북경(北京)으로 와 건륭제 앞에 무릎을 꿇고 용서를 빌고 있다.[63]

다음은 신강(新疆)성 천산북로(天山北路)에 있는 '이려(伊犁)'를 평정했던 그림이다.

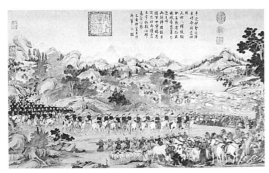

'평정이려전도(平定伊犁戰圖)'[64]

다음은 '베트남(安南)'을 평정했던 그림이다.

'평정안남전도(平定安南戰圖)'[65]

---

p. 20.

63) P. C. Perdue, Ibid, p. 202.

64) 朱誠如 編, 同書, 6冊, p. 67 '平定伊犁戰圖'.

65) 朱誠如 編, 同書, 6冊, p. 97 '平定安南戰圖'.

다음은 '대만(臺灣, 타이완)'을 정복했던 그림이다.

'평정대만전도(平定臺灣戰圖)'66)

다음은 서장(西藏) 남쪽 '확이객(廓爾喀, 네팔)'을 정복했던 그림이다.

'평정확이객전도(平正廓爾喀戰圖)'67)

다음은 호남(湖南)성 귀주(貴州)에 거주하는 묘족(苗族)을 토벌한 그림이다.

'평정중묘전도(平正仲苗戰圖)'68)

---

66) 朱誠如 編, 同書, 6冊, p. 111 '平定臺灣戰圖'.
67) 朱誠如 編, 同書, 6冊, p. 174 '平定廓爾喀戰圖'.
68) 朱誠如 編, 同書, 8冊, p. 84 '平定仲苗戰圖'.

다음은 신강(新疆)에 있는 '회족(回族)'을 토벌한 그림이다.

'평정회강전도(平定回疆戰圖)'69)

다음은 반발했던 '네덜란드(荷蘭)인들'이 투항해 온 그림이다.

'하란 식민인 투항도(荷蘭殖民人投降圖)'70)

다음은 그 청(淸)나라가 '영토 확장전(擴張戰)'을 행했던 결과로 얻은 '청국(淸國)의 지도'이다.

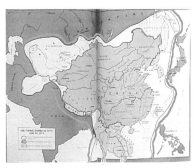

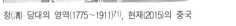

청(淸) 당대의 영역(1775~1911)71), 현재(2015)의 중국

---

69) 朱誠如 編, 同書, 8冊, p. 84 '平定回疆戰圖'.
70) 朱誠如 編, 同書, 6冊, p. 67 '荷蘭殖民人投降圖'.

이처럼 시조(始祖) 누르하치(Nurhaci) 이래 건륭제(乾隆帝)까지 그칠 줄 모르는 소수(少數) 민족 정복 전쟁을 치르면서도 그 결과는 무엇인지 생각도 없었다.

즉 청나라 황제에게는, 볼테르가 그 '프리드리히 2세'에게 시도했던 것처럼 '세계 교류' '문화 정책으로의 선회'를 위한 어떤 지속적인 권고도 없었던 것(나타나는 결과가 없음)은, '중화(中華)제일주의'에 함몰된 그 '문화의 폐쇄성(閉鎖性)'에 일차 원인을 두고 있었다. [더 근본적인 문제는 '批判 不在 社會']

한 마디로 중국은 '과학적 사고', '자유를 위해 바친 피', '실존주의', '개인주의'가 심각하게 거론된 적이 없는 '선진 세계 정보'로부터 소외된(소외당한) 사회였다.

그러므로 볼테르는 '전쟁 반대'의 기본 입장을 견지(堅持)하면서 공자의 자연법을 동경하며 중국을 이상화하였으나, 사실 볼테르는 중국인에게 '중국 자랑(孔子 精神의 理想 統治)'만 전해 들었고(宣傳만 들었다.), 실제 중국 내부에는 얼마나 '폭력적인 정부'가 운영되었는지는 알 수도 없었다.

이렇게 지상(地上)에 둘도 없는 거대 제국주의 국가 청나라에, 볼테르 자신도 가장 크게 생각한 프랑스의 '태양왕(太陽王)' 루이 14세가 강희제(康熙帝)에게 편지를 보냈다. 그리고 로마 교황이 특사(特使)를 강희제에게 파견하였는데, 강희제는 그 가톨릭

루이 14세 상72), 루이14세가 강희제(康熙帝)에게 보냈던 편지(1688.8.7.)73)

교도들이 공자를 존경하는 '중국 정서'에는 맞지 않다고 '가톨릭 배척(排斥)'을 명(命)하는 글을 내렸다.

---

71) C. Y. Hsu, *The Rise of Modern China*, Oxford University Press, 2000, p. 442 'The Ch'ing Empire in 1775 and in 1711' : '한국(朝鮮)'은 '병자호란(丙子胡亂, 1636, 인조 14)' 이후 사실상 청의 간섭을 받아 지도상으로 '청(淸)'의 영역 내로 제시되었으나, 구체적인 '사신(洪大容 등) 왕래'에는 완전히 '타국인'으로 대접되었던 것은 역시 주목을 해야 할 사항이다.

72) 朱誠如 編, 同書, 3冊, p. 144 '路易十四像'.

73) 朱誠如 編, 同書, 1冊, p. 145 '路易十四像致康熙帝信件'.

중국 강희제(康熙帝) 때에, 다음과 같은 일이 기록되어 있다.

"로마 교황이 중국인의 정서를 원치 않은 방향으로 이끌고, 중국인 신도들에게 선조(先祖)와 공자(孔子)에게 제사 배례를 못하도록 하는 것을 보고, 강희제(康熙帝)는 전통 도덕을 수호하기 위해, 여러 번 로마 교황청에 편지를 보내, 중국 내정(內政)에 조잡하고 폭력적으로 간섭하는 것에 항의를 하였다."[74]

"가락(嘉樂, 1652~1730)은 로마교황 제2특사가 되어 중국으로 와서, 서울과 시골에서 교리 논쟁을 펼쳤다. 강희제는 교황의 완고한 입장이 절대 바뀌지 않을 것을 알고 강경책을 펼쳤다. 중국에서 천주교(天主敎)는 황제의 명으로 금지하 고, 가락(嘉樂)은 말에 태워 유럽으로 돌아가게 하라고 하였다."[77]

강희제가 천주교와 관련해 내린 문서(康熙帝致羅馬關係文書)[75], 가락(嘉樂)이 소지했던 원고(有關禮敎之爭的手稿)[76]

그런데 당시 로마 교황(敎皇) '제1특사' 투르농(Charles-Thomas Maillard De Tournon, 1668~1710)의 일대기는 다음과 같이 정리되어 있다.

··· 투르농(C. M. De Tournon, 1668~1710)은 동인도(東印度)와 중국(中國)에 파견된 교황 특사 추기경이었다. 투르농은 1668년 이탈리아 토리노(Turin)에서 태어나 1710년 6월 8일 마카오(Macau, 澳門) 옥중에서 죽었다.

투르농은 ··· 교회법과 민법 공부를 마친 다음, 1701년 12월 5일에 교황 클레멘트 11세(1649~1721)로부터 동인도와 중국의 '교황 전권 대사'로 임명되었다. 투르농 을 교황이 보낸 목적은, 선교 상 조화를 확립하는 일이었다. 즉 '토착 중국 기독교인

---

74) 朱誠如 編, 同書, 1冊, p. 7.
75) 朱誠如 編, 同書, 1冊, p. 7 '康熙帝致羅馬關係文書'.
76) 朱誠如 編, 同書, 1冊, p. 7 '有關禮敎之爭的手稿'.
77) 朱誠如 編, 同書, 1冊, p. 7 ; 1693년(강희 32) 파리외방전교회 소속의 '샤를르 매그로 주교'가 중국의 자신의 관할 지역 신부들에게 일체의 배공제조(拜孔祭祖-孔子를 숭배 하고 祖上을 祭祀지냄) 의식과 상제(上帝), 천(天)의 용어 사용을 금지시키고 교황청에 특사 파견을 요청했다. 1704년(강희 43)에 교황 클레멘스 11세는 중국에 특사 '샤를르 매아르드 드 투르농'을 파견하여 중국의 의사를 타진하였으나 실패하고, 강희제는 '매그로(Maigret) 주교'에게 출국 명령을 내렸다. '가톨릭 인터넷'-'가락(嘉樂)'은 '매 그로 주교'인 듯.

들의 중국식 의례(the so-called Chinese rites among the native Christians) 수용'에 반대를 강화하는, 교황청의 의사를 전하는 일이었다.

'중국식 의례(儀禮)'란 공자와 조상(祖上)에 제사를 지내고, 기독교 신(the God of the Christians-Jehovah)를 '천(하늘)' '상제(上帝)' 등 중국식으로 부르는 문제였다.

투르농은 1703년 2월 9일 프랑스 국영 선박 '모르파'호를 이용해 유럽을 떠나 동년 11월 6일 인도에 도착했고 … 1704년 7월 11일 중국을 향해 출발하여 동년 4월 2일에 중국 마카오에 도착했고, 1705년 12월 4일에 북경(北京)에 도착했다. 강희제(康熙帝)는 처음 투르농을 친절히 맞았다. 그러나 투르농이 '중국인 기독교도들'에게 중국 의례를 폐기시키려 왔다는 말을 듣고, 강희제(康熙帝)는 중국식 의례를 견디지 못한 모든 선교사는 즉시 출국하라고 요구하였다.

그런데 로마 교황청에서는 1704년 11월 20일에 '중국식 의례(儀禮) 반대'를 결정하였고, 그 결정을 받아 1707년 1월 25일 남경(南京, 난징)에서 '중국 의례 폐기'를 포함한 선교 업무를 담은 교황의 칙령이 발송되었다. 이에 강희제(康熙帝)는 마카오에 있는 투르농을 연금시키고 황제의 명령에 반(反)하는 예수회 선교사들을 로마로 되돌려 보냈다. 1707년 8월 1일 투르농은 대죄(大罪)가 선언된 직후에, 옥중에서 사망하였다.[78]

이 '교황청 중심 기록'과 중국 측 기록을 대조해 볼 때, 중국은 대외적으로는 온건 정책을 유지했으나, 가톨릭 중심부 교황청에서는 '선교 업무'에 목숨을 걸고 있는 양상을 명백히 확인할 수 있다. 볼테르가 싫어했던 것은 바로 '기독교의 독단론(Dogmatism)'이었다. (참조, ※ ⑥-20. '그리스도교로 개종(改宗)'을 하지 않으면, 모두 적(敵)인가?)

그러나 중국의 강희제도 '가톨릭 반대' 사상의 만리장성을 거듭 선포한 셈이다.

이미 확인했듯이 볼테르는 프랑스의 '가톨릭 일방주의'에 반대를 계속하고, 가톨릭의 '개신교도'를 야만적으로 탄압을 비판하였다. (참조, ※ ⑩-16. 인도(印度)가 서구(西歐) 문화의 원천(源泉)이다. ※ ⑤-30. 옹정제(雍正帝)의 관용 2)

중국 강희제(康熙帝)는 다른 편으로 서구 문명을 적극 수용하여, '지구(地球)는 둥글다.'는 사실을 역대 중국 황제로서는 처음 확인을 하였고, '세계지도 〈곤여

---

78) Wikipedia, 'Charles-Thomas Maillard De Tournon'.

전도(坤輿全圖, 1673－朝鮮 현종 14년)〉'라는 것이 비로소 작성하기에 이르렀다. 그러나 그것은 콜럼버스(C. Columbus, 1451~1506)의 아메리카 발견(1492), 마젤란(F. Magellan, 1480?~1521)의 세계일주(1519~1521)에 비해 무려 150년을 뒤져 있는 상황이었다.

더구나 이것('지구自轉설' '태양중심론' 등)은 물론 청 강희제의 일급 정보로서, 기타 일반인, 특히 한국(朝鮮) 등 피지배국에 알리는 것[觀象臺 관람 등]은 참형(斬刑)으로 금지하고 있었다.79)

중국 최초의 지구의(地球儀)80), F. 페르비스트(南懷仁) 제작 세계지도, 곤여전도(坤輿全圖, 1673-康熙 13)81)

F. 페르비스트(南懷仁) 제작 포함 북경 관상대82), 증기 자동차83)

청나라 정부는 서구(西歐)인도 중국에 보탬이 될 경우는 적극 벼슬을 내려 중국 거주를 허락했으니, 선교사로 중국에 온 마테오리치(Matteo Ricci, 利瑪竇, 1552~1610)와 아담 샬(Adam Schall, 湯若望, 1591~1666), F. 페르비스(Ferdinand

79) 1766년(볼테르 72세, 조선-英祖 42년) 1월 19일(음력), 한국의 홍대용(洪大容, 1731~1783), 북경 천주당(天主堂)에서, 개인 자격으로 독일인 신부 A. 할레르슈타인(A. Hallerstein, 劉松齡, 1703~1783)에게서 태양 중심의 지구 자전(自轉)의 천문학 일반을 소개 받았다.- 홍대용, <을병연행록>, 태학사, 1997, pp. 358~367.
80) 朱誠如 編, 同書, 3冊, p. 486 '地球儀'.
81) 朱誠如 編, <淸史圖典>, 紫禁城出版社, 2002, 4冊, pp. 488, 489 '坤輿全圖'.
82) Wikipedia, 'Ferdinand Verbiest'－'Instruments in the Beijing Observatory, some of them were built by Verbiest'.
83) Wikipedia, 'Ferdinand Verbiest'－'The steam 'car' designed by Verbiest in 1672'.

Verbiest, 南懷仁, 1623~1688), A. 할레르슈타인(A. Hallerstein, 劉松齡, 1703~1783) 등이 유명하였다.

마테오리치(Matteo Ricci, 1552~ 1610)와 서광계(徐光啓, 1562~ 1633)[84] 아담 샬(Adam Schall, 1591 ~1666)[85] 이마두(利瑪竇, 1552~ 1610), 탕약망(湯若望, 1591~1666), 남회인(南懷仁, 1623~1688) 상[86]

청(淸)의 외무부[87], 주미 청(淸)국 대사관 직원(1868)[88]

볼테르가 잘 모르고 칭송해 마지않은 청나라 옹정제(雍正帝, 재위 1722~1735)는, 추상(관념)적으로 명시했던 바, '이 한 몸을 위해, 천하 사람들을 고생시키는 하지 않으리.(不以天下奉一人)'라는 말은, 지친 병사(兵士)들을 이끌고 전쟁을 주도(主導)하는 총수(總帥)가, '나는 너희를 위해 내 목숨도 기꺼이 던지겠다.'는 말과 동일하니, '군국주의 총수'의 막연한 심정의 토로 그 이상은 못되었다.

그러면 이 청(淸)나라에 무엇이 결여(缺如)되었는가? '중국(中國)에는 오직 한 사람(天子)만 있고, 2억 인구[89]는 없었다.'는 점이다. 즉 국민(백성) 모두를 능동적 자발적으로 생각하게 하는 제도가 아니라, 청나라 정부는 전에 없던 '군사 통치'를 강화하여 전 국민을 그 하부구조(下部構造)에 묶어두고 '너희는 편안하지? 나는 너희를 위해 목숨을 던지겠다.'는 미사여귀(美辭麗句)에 온 나라[中國]가 홀려[陶醉] 있는 경우였다.

그 2억 명 각자가 죽을힘을 다해 찾아내어도 쉬울 수 없는 문제[자연과학의 탐구, 국가 사회 운영 문제]를 젖혀 놓고 밤낮으로 '침략전쟁' '군대 편입'

84) C. Y. Hsu, *The Rise of Modern China*, Ibid, 'Matteo Ricci and Paul Hsue'.

85) C. Y. Hsu, Ibid, 'Adam Schall'.

86) 朱誠如 編, 同書, 3冊, p. 473 '利瑪竇, 湯若望 南懷仁'.

87) C. Y. Hsu, Ibid, 'Foreign Office'.

88) C. Y. Hsu, Ibid, 'The Chinese Embassy to the United States(1868)'.

89) Wikipedia, 'A. Hallerstein'―유송령(劉松齡, A. Hallerstein, 1703~1774)의 중국 인구 보고.

'전쟁할 궁리'였으니, 당시 청(淸)나라에는 볼테르가 찬양한 '자연법[공자의
가르침]'으로 운영이 되고 있다고 해도 역시 볼테르 자신이 문제를 제기한
'평등(퀘이커 교도)'이나 '천체 물리학(Newton의 物理學)', '로크(Locke)의 의학(醫
學)'은 상상도 못하고 있었다. (中國의 그러한 상황을 볼테르도 일부 알고 있었음.
참조, ※ ⑩-17. 처음부터 신화(神話)를 버린 중국(中國)의 역사)

특히 '인권' '평등권'의 문제는, 인류 발전의 기초 중의 기초이니, 청(淸)의
지배권역의 최고의 고질(痼疾)이 '인권' '평등권'의 상실이었고, 옹정제(雍正帝)
가 맹세했던 말도 '단순한 언어적 수사(修辭)'일 뿐으로, 중국은 당(唐, 618~904)
나라 이후 교육 방향이 '덕행(德行, 관념도덕)과 서정시인(詩人)양성 중심'이었
다.

그런데 이후 그 청(淸)나라는
'아편전쟁(阿片戰爭, Opium War
1840~1842)'으로 일컬어지는 열
강(列强)의 이권(利權)투쟁의 장소
로 변하였지만, 그것은 '열강의
침략주의' 이전에 중국의 '상고
주의(尙古主義)'에다가 볼테르가
강조한 '교역(交易) 부족' '정보(情

의화단(義和團) 포스터[90]

報) 부족' '교육의 무 방향'에 모두 문제가 있어 전반적인 '시민의 각성(覺醒)'이
원시 후진(原始 後進)의 상태를 면하지 못하고 있었다.

한 마디로 당시 청국(淸國)의 상황은, '2억 인구'를 온통 '군(軍)'에 종속시킨
국가는 5천년 중국사에도 없었고, 앞으로 세계 어디에도 출현할 수 없는 '엄청난
국가 사회의 공동화(空洞化)' 그것이 문제였다.

아편전쟁(阿片戰爭, Opium War, 1840~1842)[91], 북경으로 향하는 8국 연합군(1900.6.16)[92]

---

90) C. Y. Hsu, Ibid, 'A Boxer poster'.

역대 청(淸)나라 황제들은, 처음부터 끝까지 공자(孔子)의 자연법(natural law) 사상('내가 당하고 싶지 않은 일을 남에게 행하지 말라.[己所不欲 勿施於人]' '내 나라가 당하고 싶지 않은 일을 남의 나라에 행하지 말라')을 한 번도 제대로 실행을 못하고 멸망을 당했던 '불행한 왕조'였다.(모처럼 강희제가 알게 되었다는 '공자 존중'[尊孔崇儒][93]은, 중국내의 기존 전통의 수용 문제 내의 것이었고, '국제적 관계'란 아예 고려 대상도 못되었던 사항이다.)

볼테르는 세계 최초로 '과학주의' '실존주의' '자유주의' '평화주의'로 지구촌의 '현대화'에 앞장을 섰던 위대한 혁명가로서, 1916년 '다다 혁명 운동'은 볼테르 사상을 그 기초로 삼았다. (참조, ※ ⑬-11. 후고 발-'카바레 볼테르')

91) J. D. Spence, Ibid, 'Opium War'.

92) 朱誠如 編, 同書, 12冊, p. 274 '向北京八國聯軍'.

93) 朱誠如 編, 同書, 4冊, p. 370 '尊孔崇儒'.

제12장

결론 : 실존주의(Existentialism) 운동의 시작

볼테르는 평생 주장하기를, '자연(自然, 造物主, 神)의 원리(原理)'를 거스르는 것은 무용(無用)한 것이고, '자연(自然)의 원리'를 아는 것이 진정한 탐구(探究)이고, '자연(自然)의 원리'를 따르는 것이 인간의 도리(道理)이고, '자연(自然)의 원리'를 존중하는 것이 신(神)의 섭리(攝理)를 아는 것이고, '자연(自然)의 원리'를 존중하는 법(法)이 최선(最善)의 법(法)이라 하였다.

그리하여 볼테르는 '자연과학' '사회과학' '인문과학'을 하나로 '자연주의'로 통합하였고, '미신(迷信)' '비효율' '부조리'에서 탈피해야 함을 강조하였다.

볼테르는 자신의 '실존주의(Existentialism)'를 '과학적 세계관' '의학적 인생관' '합리적 사회관'의 바탕위에 펼치었다.

그리하여 볼테르의 '실존주의'는 이후 A. 쇼펜하우어, F. 니체, 1916년 취리히 다다(Dada)가 계승 발전시켜 '지구촌 운영의 표준'이 되었다.

이에 볼테르의 전체적인 주장을 항목별로 살펴보면 대체로 다음과 같다.

⑫-1. '신(神, Jehovah) 중심' 사고(思考)에서 '인간 중심' 사고로

볼테르가 평생 종사했던 바는, '서양 중세(중세) 기독교 여호와(Jehovah) 중심 사고'를 '인간 생명 중심 사고'로 바꾸는 일이었다.

⑪-10. 무한 공간에 '모래알 같은 지구'

⑪-11. 정직(正直-仁)하게 살아야 한다.

⑪-12. 신(神)의 대행자(代行者)는 어디에도 없다.

⑪-13. 자연법(自然法, Natural Law)이 최고다.

⑪-14. 우정(友情)은 신성(神聖)하다.

⑪-15. 인류의 행복을 심어주는 공자(孔子)님 말씀

⑫-2. 자연과학(自然科學) 제일주의

볼테르는 젊은 나이에 영국에 유학하여, 가장 충격적인 사실 – 'I. 뉴턴의 천체 물리학[萬有引力]'을 배웠고, 나아가 '태양 중심'의 우주관 세계관을 확신했고, 그 태양의 주변을 돌고 있는 행성(行星) 중에는 지구보다 훨씬 큰 행성이 있다는 사실까지 알았다.

그 사실을 수용하면, 그 동안 '지구 중심'론을 바탕으로 펼친 '이야기'는 다 소용이 없게 되었다. 그 중에서도 제일 우스꽝스럽게 된 것은, 감히 '천지(天地)'와 맞선다는 인간의 '헛소리[誇大妄想]'였다.

이에 볼테르는 뉴턴을 통해 얻은 '세계관'의 기초 위에, 소위 '계몽주의(啓蒙主義, Enlightenment)' 운동을 펼치었게 되었다.

⑪-9. '자연(自然) 법칙'에서 벗어날 수는 없다.

⑨-5. '의심(疑心, incredulity)'이 지혜의 원천이다.

⑨-29. '자연과학'으로 돌아가야 한다.

⑨-30. 자연(自然) 지배자의 지식-과학

⑪-19. 자연(自然)의 원리(原理)가 신(神)이다.

⑨-11. 인체와 기계(機械)

⑤-31. 자연(自然)을 배워야 한다.

⑪-10. 무한 공간에 '모래알 같은 지구'

⑨-15. 우주에 발동되는 인간 지성(知性)

⑨-17. 과학자가 이상(理想)이다.

⑨-1. 인간은, 자연의 노예다.

②-5. 천체 물리학-과학적 세계관(世界觀)의 기초

②-1. 뉴턴의 만유인력

②-2. 바른 우주관(宇宙觀)이 최우선이다.

②-4. '만유인력'을 앞서 생각한 베이컨

②-8. 현자(賢者) 쟈디그-'천문학에의 긍지(肯志)'

③-10. 볼테르의 '성선설' '성악설'

⑨-16. '최고의 예술가'는, 과학자다.

⑨-22. 다른 행성(行星)에, 인간 같은 존재가 없을까?

②-7. 36 시간에 세계 일주

⑫-3. 경험철학(經驗哲學) 불가피론

소위 '경험철학(經驗哲學)'이란 쉽게 말해 '과학 사상' '의학 사상'이다. 그것은 기존 인간 세상의 '지혜의 총화'로 활용이 되어 왔는데, 그것의 특징은 '효과주의' '편의주의' '이용후생(利用厚生)주의'로서 한국의 '실학(實學)' 사상과 유사하다.

볼테르는 서구 사회를 지배해 온 플라톤 '관념(이념)철학'과 기독교 '교부(敎父)철학'을 떠나 J. 로크의 '경험주의'에 절대적 지지를 보냈다.

⑨-51. 나는 무식하다.

⑨-2. 막 태어나서는 아무 것도 모른다.

⑨-7. '경험'으로 얻게 된 지식

⑨-8. '정신(精神)의 밑바닥'에는 무엇이 있는가?

⑨-19. 육체(肉體) 속에도 있는, 그 '원인'과 '결과'

⑨-21. 조물주(造物主)가 공여(供與)한 우리의 아이디어

⑨-10. 우리는 육체(肉體)에 대해 무식하다.

⑨-52. 역사(歷史) 이전의 시대를 누가 알까?

⑨-53. 자신과 이웃에 무식했던 나

⑨-56. 진리는 은폐될 수 없다.

②-12. 자연 관찰로 찾아낸 천연두 원리

②-11. 로크의 영혼과 육체의 관계론

②-3. 과학(경험 철학)이 제일이다.

⑫-4. '실존(육체)주의'의 시조(始祖)

볼테르의 탁월한 점은 그가 '실존철학'에 가장 먼저 나가 그 선구적 기초를 확실하게 했다는 점이다.

이전에는 동양 서양을 불문하고 '육체의 무의미(無意味)론' '육체의 무가치(無價値)론'이 확산되어 있었다.

그런데 볼테르의 빛나는 지성은 (孔子의 自然法 사상을 수용하여) 세계 최초로 인간의 '육체와 정신' '본능' '이성(理性)' '자유 의지'의 상호연계 문제에 신중히 접근하였다. 그리하여 이후 A. 쇼펜하우어, F. 니체, S. 프로이트를 위한 '실존주의' 철학의 시원(始原)을 마련하였다.

③-12. '애꾸'로는 사는 것은 천국(天國)도 싫다.

⑨-49. '미문(美文, Belles Lettres)'을 어디에 쓸 것인가!

⑨-18. 무한한 시공(時空) 속에 있는 작은 실존(實存)

⑨-3. 먹지 못하면, 사유(思惟)도 불능이다.

⑪-16. 세상에는 무한(無限)한 요리(料理)가 있다.

③-11. G. 라이프니츠의 무책임한 낙천주의(Optimism)

③-13. '감각(感覺)'의 소중한 역할

③-14. '실존'과 '쾌락'의 의미

③-15. '쾌락'은 신(神)의 선물이다.

③-18. 우주(宇宙) 속의 인간

③-19. 육체와 정신

②-13. 신체(body)와 연동(聯動)된 인간 영혼

②-15. 장기(臟器)와 관련된 인간의 감정(感情)

②-16. '사랑은 만물의 행동' – 버질(Virgil)

②-14. 인류 '종족(種族) 보존'의 중요성

②-17. 인간 속에 있는 신(神)

②-10. 있는 그대로 보아야 한다.

②-18. 육체 속에 있는 영혼

③-2. 병신 노예 노파의 고백 – '그래도 나는 내 인생을 사랑한다.'

③-16. 성격은 변하지 않는다.

⑫-5. 창조의 '자유 의지(Free Will, Will of Choice)'

볼테르 이전 기존 '서양 철학'은 G. 라이프니츠 '신정론(神正論, Theodicy)'으로 요약되어 '신(神)이 최고의 세상을 만들어 운영하신다.'는 전제 속에 오직 그 '여호와의 뜻'에의 '복종'이 강조되었다.

이에 볼테르는 정확히 '인간 생명 중심주의'를 펼치었고, 그 중심에 인간의 '선택 의지(Will of Choice)' '자유 의지(Free Will)'를 처음 강조하고 나왔다.

③-26. '자유 의지(Free Will)'는 '선택 의지(Will of Choice)'이다.

⑨-13. '자유 의지'는 '선택 의지'다.

⑨-12. 모든 생각을 주관하고 선택한 초월 지성(Superior Intelligences)

③-8. 재난 속에서도 붙들어야 할 '이성(理性)'

③-7. 인간이 막아야 할 인간의 불행

③-1. '자유 의지(Free Will)'란 무엇인가?

③-6. '충족 이유'와 '자유 의지(Free Will)'

⑪-18. 본능, 이성(理性), 힘, 자유 의지

⑨-29. '자연과학'과 '자유 의지'

⑨-30. '수학(數學)'과 '도덕'의 갈림 길

⑫-6. '사상'의 자유

'사상의 자유' 문제는 주장할 필요가 없는 '인간 천성'에 바탕을 두고 있는 바이지만, 사실 어떤 사회나 '사상의 통제 제제'가 없었던 나라는 없었다.

즉 '사상'은 우선 '교육'을 통해 일정 방향이 강조되었고 그 '교육의 결과'에 충실한 사람이 그 사회를 이끌고 그 '사상'을 존중하는 사람에게 '사회적 우선권'이 주어지는데, 그렇게 해서 '인간 사회 발전'이 있었다.

그러나 볼테르의 사상은 '과학주의' '실존주의'로서 그밖에 모든 사상은 각자에게 일임하는 그러한 '자유방임'에 있었다. 사실 그 두 가지를 제외하면 모두 '공리공론(空理空論)'이기 때문이다.

⑤-1. 신념(信念)의 자유, 생득(生得)의 자유

⑤-2. '인류 평등'은 기본 전제다.

⑤-3. 신(神) 속에 거주하는 사람들

⑤-4. 인류가 신(神) 안에 있다.

⑤-5. 퀘이커교를 창시한 조지 폭스

⑤-6. 버클리가 확보한 '종교의 자유'

⑤-7. 종교가 계급을 이루던 사회

⑤-8. 영국의 개혁 운동

⑤-9. '피'로 지불된 '자유의 대가'

⑤-10. 영국의 대 헌장(Magna Carta)

⑫-7. '자본(資本)'의 중요성 역설(力說)

볼테르의 '실존주의'는 자연스럽게 '경제 중심주의' '힘(power)의 축적'의 문제와 연대(連帶)되었다.

그리하여 '경제 중심주의'를 바탕으로 개인과 국가(國家) 사회가 운영됨을 볼테르가 가장 먼저 명시하고 나왔다. 그 볼테르의 선구적 안목을 계승 전개했던 사람이 애덤 스미스, 칼 마르크스였다.

그러함에도 애덤 스미스와 칼 마르크스는 '국가주의' '전체주의'로 나가 '제국주의' '공산주의'로 치달았다.

그러나 볼테르는 자연스런 '개인주의' '공평한 경쟁' '교류를 통한 부(富)의 축적'을 긍정하여 오늘날 '자본주의 사회'를 앞서 긍정하였다.

④-4. 노예 같은 장관(長官)보다 상인(商人)이 최고

④-15. 실존(實存)과 경제(經濟)

④-1. '하원(House of Commons)'이 쥐고 있는 징세(徵稅)권

④-2. 상업, 자유, 경제, 군사력의 상호 관계

④-3. 돈이 좌우하는 세상사

④-5. 인간 분쟁의 근본, 경제적 이해(利害) 관계

④-6. 분쟁의 뿌리에 경제 문제가 있다.

④-7. 결핍과 노예 제도(Slavery)

④-8. 결핍에서 생기는 의존성

④-9. 돈과 칼이 지배하는 세상

④-10. 인간은 타고난 제국주의자

④-12. 종교보다 '정략(政略)'이 우선인 국왕

④-13. 황금을 향한 인간들의 의지

④-16. 무력(武力)으로 성주(城主)가 된 이야기

④-17. 계산된 '유대 민족의 총자산'

④-18. '윌리엄 펜'의 등장

④-19. 자유의 펜실베이니아

④-20. 볼테르의 '페르네' 마을

⑫-8. 공자(孔子)의 '자연법(Natural Law)'

볼테르는 1723년(29세) 네덜란드에서 중국(中國)의 '유식한 상인(a learned man and a merchant)'과 만났다.

그 이후 볼테르는 '공자(孔子)의 자연법(Natural Law)'에 심취(深趣)하였다.

그 '자연법'의 기본은 '내가 당하기 싫은 일을 남에게 행하지 말라.(己所不欲 勿施於人)'였다.

⑩-6. 자연(自然) 속에 천성(天性)을 지키는 생명들

⑪-15. 인류의 행복을 심어주는 공자(孔子)님 말씀

⑪-11. 정직(正直-仁)하게 살아야 한다.

⑨-41. 공자(孔子)는 현대인이다.

⑪-14. 우정(友情)은 신성(神聖)하다.

⑫-9. 도식적(圖式的) '관념철학(Idealism)' 거부

소위 '관념(이념)철학'이란 '인간 생각(理性) 유형'의 '틀[圖式]'을 미리 정해 놓고 그것에 개별 사고를 적용해 인간 사회 문제를 해결했던 간편한 방식이다. 그것을 긍정적으로 말해, 하나의 '합리적 방법'으로 전제할 수 있으나, 볼테르 당대 유럽에서는 '플라톤 철학'과 '기독교 교부(敎父)철학'이 통합되어 '신정론 (神正論)'으로 정착되어 있었다.

이에 볼테르는 기존 '관념철학' '도식주의'의 '허구(虛構)성'을 낱낱이 폭로 비판하여, '생명 중심' '실용주의' '과학주의'로 나가는 것을 그의 평생 목표로 삼았다.

⑨-27. 사람들은 사상(思想)의 결론으로 행동하지는 않는다.

⑨-37. '관념의 키메라'를 연출(演出)한 홉스

⑨-26. 무책임한 낙천주의(Optimism)

⑨-24. 과학이 없는 스피노자

②-9. 데카르트의 성공과 약점

③-11. G. 라이프니츠의 무책임한 낙천주의(Optimism)

③-17. 도덕은 의무(義務)이다.

③-20. 인간의 행복을 방해하는 무수한 사례들

③-3. 라이프니츠의 낙천주의

③-4. '사랑'에도 '충족 이유(充足 理由)'가 있다.

③-5. 신중해야 할 '낙천주의'

③-9. 터무니없는 '낙천주의'

③-21. 몽상(夢想)의 플라톤

③-23. 사회 속에 '원인과 결과'

③-24. '충족 이유(sufficient reason)' : 물리학의 기본 전제

③-25. 데카르트의 성공과 무식함

⑦-15. 인간 본성(本性)을 부정한 파스칼

⑦-16. 얼뜨기 형이상학자—라이프니츠

⑦-18. 헤겔과 프리드리히 2세

⑦-19. '세계사=강대국의 지배사'—토인비의 〈역사 연구〉

⑫-10. 최초의 '세계사', 〈역사철학〉 작성

볼테르의 생존 당대는 지상(地上)에 여행 수단이 마차(馬車)밖에 없던 때였다.

그 시절에 볼테르는 소위 '지구촌(地球村, The Global Village)'을 먼저 생각하였다. 그리고 '다양한 인종(人種)의 공존공영'이란 위대한 전제에서 1765년(71세) 〈역사철학〉을 간행하였다.

볼테르는 지구상에 존재하는 모든 민족(주요 種族)의 연원과 문화의 특성을 자신의 '과학적 합리주의'를 바탕으로 '인류 문화에 공헌도(貢獻度)'에 따라 평가를 행하였다.

볼테르의 〈역사철학〉은 세계 최초의 '세계사'일 뿐만 아니라 인류 종족사의 특징을 뛰어넘어 '과학에 바탕을 둔 미래 사회 건설'을 목표로 그의 '웅대한 꿈'을 담은 최초의 '세계사'이다.

⑩-1. 역사(歷史) 서술의 초점은, 종족(種族)의 번성(蕃盛) 여부이다.

⑩-2. 역사의 서술은, 연대 확정이 우선이다.

⑩-3. 자연(自然)이 철학자를 만들었다.

⑩-4. 위대한 사람은 모두 신(神)이 되었다.

⑩-5. 선악(善惡)은 인류 공통의 문제다.

⑩-6. 자연(自然) 속에 천성(天性)을 지키는 생명들

⑩-7. 시공(時空)을 초월한 신(神)의 섭리

⑩-8. 신(神)이 그 후견자(後見者)인 '신권(神權) 정치'

⑩-9. 칼데아인은 태양 중심의 천체(天體)관을 가졌다.

⑩-10. 천성(天性)이 아닌 것은 진실이 아니다.

⑩-11. 선악을 구분 못했던 고대 사제(司祭)들

⑩-12. 알파벳을 개발한 페니키아 사람들

⑩-13. '스키타이'가 '계몽의 러시아'가 되었다.

⑩-14. 아랍인들은 굴종(屈從)을 모른다.

⑩-15. 믿기 어려운 히브리인의 고대사(古代史)

⑩-16. 인도(印度)가 서구(西歐) 문화의 원천(源泉)이다.

⑩-17. 처음부터 신화(神話)를 버린 중국(中國)의 역사

⑩-18. 유순한 이집트 사람들

⑩-19. '권위주의(權威主義)'로 고집된 이집트 상형문자

⑩-20. 독재, 허영, 미신(迷信)의 피라미드

⑩-21. 재능(才能)을 과시했던 희랍인들

⑫-11. 광신주의(Fanaticism) 부정

볼테르는 프랑스 '가톨릭 일방주의'에 평생 몸서리를 쳤다.

기독교의 '여호와주의'는 구시대의 '선민사상(選民思想)' '독선주의(獨善主義)' '신비주의(神秘主義)'를 그대로 지니고 있어 '서구 사회의 근본적 문제점'이었고, 볼테르는 그것을 '광신주의(Fanaticism)'로 규정했다.

'기독교 교부 철학'은 그 '기득권'을 바탕으로 '인간 생명'을 함부로 손상하니, 볼테르는 그에 대한 처방(處方)을 '이성(reason) 회복'이라 하였다.

⑫-12. '전쟁' 반대

인간 사회에서 '전쟁' 문제는 그 사회 역사만큼이나 오래된 문제였다. 볼테르가 I. 뉴턴의 '천체물리학'을 통해 얻은 큰 충격은 그의 '혁명 사상'의 기본적 전제다.

즉 볼테르는 '천체물리학'의 견해에서 볼 때 '개별 인간 존재'는 시간적으로 공간적으로 한없이 '미미한 존재'하여, 미분학(微分學)적으로 바로 '0'이었다. 그런데 인간은 그동안 한없이 '자만(自慢, 자기도취)'에 빠져 '형제'를 미워하여 서로 죽이는 '전쟁'을 포기하지 못했다.

이에 볼테르는 작품 〈미크로메가스(Micromegas)〉(1750, 56세)를 제작하여 '전쟁 종식'이 지극히 온당함을 프러시아 '프리드리히 2세'를 교도하려 하였다. 그리고 〈철학사전〉(1764)에서는 '전쟁의 잔혹성'을 남김없이 폭로하였다.

'전쟁 반대'는 볼테르 '철학 중의 철학' '사상 중의 사상'으로 그 위대한 명제를 볼테르가 선점(先占)하였다. 그리하여 '여타(餘他) 사상가들'은 그 '전쟁 반대의 볼테르' 앞에 모두 '조무래기 사상가' 신세로 전락하였다.

⑫-13. ‘독선(獨善)주의’ 부정

‘독선(獨善)’이란 심리학에서 ‘아동(兒童)의 공통의 망상(妄想)’이라 하지만(S. 프로이트론), 역시 ‘그 사회의 최고’ 위치에 있는 사람의 생각이었다.

그런데 기독교 ‘여호와주의’는 ‘선민(選民)의식’ ‘특권의식’ ‘배타주의

(Exclusivism)'를 교리로 명시하여 그것이 지속적으로 '서구 사회에 문제'가 되고 있다.

⑨-50. '자기들만이 옳다는 사람들'을 어떻게 할까?
⑥-20. '그리스도교로 개종(改宗)'을 하지 않으면, 모두 적(敵)인가?
⑥-22. '관용'이 없는 기독교
⑥-11. '증언(證言, witness)'을 '순교(殉敎, martyr)'라 하였다.
⑥-7. 교권(敎權) 전제주의
⑥-18. '우상숭배'는 어디에도 없다.

⑫-14. '미신(迷信)' 거부

볼테르가 문제 삼고 있는 '미신(迷信)'이란 '기독교 신화'와 '희랍 신화'이다.
볼테르는 '미신(迷信)' 타파를 평생 진행하였으니, 그 결과를 집약한 것이 〈철학적 비평('마침내 설명된 성경')〉(1776, 82세)이었다.

⑪-12. 신(神)의 대행자(代行者)는 어디에도 없다.
⑤-32. 미신(迷信)에는 '이성(理性)'이 약이다.
⑤-33. 미신(迷信)을 버리자.
⑥-27. 공리공론(空理空論)으로 만행(蠻行)을 일삼다.
⑥-28. 미신(迷信)의 현장 공개(公開)
⑥-10. 거짓이, 맹신(盲信)과 광신을 낳는다.
⑥-24. '자살'은 허세다.
⑨-4. 사람마다 그 관심은 서로 다르다.
⑨-6. 어떻게 저 짐승들을, 선악(善惡)으로 심판을 할까?
⑨-25. '상식'으로 납득 불능은 소용이 없다.
⑨-34. 노예를 먹어치운 정복자
⑨-54. 허구(虛構)의 게르만 교회사(敎會史)
⑨-55. 성자(聖者)가 있다면 사막(沙漠)에서 살 것이다.

⑫-15. 인류 긍정(肯定)의 '지구촌(地球村)' 문화의 선도(先導)

위대한 볼테르는 '인간의 이성(理性)'을 인류 통성(通性)으로 규정하고 과거 서로 격리된 사회에서도 오히려 '이성(理性) 중심의 사회'가 자생(自生)하였음을 예시(例示)하였다.

그리하여 결론은 '세상에 멸망을 당해야 할 도시는 없다.'였다. 그러므로 '교통'과 '교역(交易)' '상호존중'을 바탕으로 인류의 '공존과 공영'의 바른 길을 선구적으로 강조하였다.

⑤-34. 세상에 멸망해야 할 도시는 없다.

⑨-31. 정의(正義)를 아는 이성(理性)은 인류의 통성(通性)이다.

⑨-33. '이성(理性)의 전개(展開)'가 정의(正義)다.

⑨-36. 선악(善惡)의 분별은, 산수(算數)의 문제다.

⑤-35. 희망의 나라, 법(Law) 존중의 나라

⑪-17. 통치자가 바뀌면 '충성 대상'도 달라지는 법이다.

⑨-42. 고대 철학자는, 모두가 '도덕 옹호자'였다.

⑨-43. '영혼의 영지(領地)를 맑게 하라.'-잘레우쿠스

⑪-3. '최후 순간처럼 살아야 한다.'-잘레우쿠스

⑨-44. '노예 해방'을 유언(遺言)했던 에피쿠로스

⑨-39. 조로아스터의 교훈 : '박애(博愛)' '수신(守信)' '근신(謹愼)'

⑨-40. '이승'을 부정한 브라만의 인생관

⑨-45. '범죄'가 세상을 다 덮을 수는 없다.

⑨-46. 철학자는 모두 덕(德)을 지니고 있다.

⑨-47. 세계인을 가르쳐 온 이솝(Aesop)

⑨-14. '카오스'란 인간 머릿속에 있다.

⑨-9. 개인의 한계(限界)와 그것의 초월(超越)

⑦-17. '베르사유 협정(1755. 5. 1)'-외교 혁명의 시작

⑫-16. '동시주의(Simultaneism)' 사고 제시

'동시주의(同時主義, Simultaneism)'는 서로 반대의 속성을 [時間 空間을 무시하고] 한 자리에 동시(同時)에 제시하는 방법인데, 최초의 '실존주의자' 볼테르가 그것을 가장 먼저 활용하였고, 그를 이어 F. 니체가 그의 저술의 전면(全面)에 이 '동시주의'를 활용하였고, 1916년 취리히 다다는 이것을 대표적인 '예술 방법'으로 이용하였다.

'동시주의'란 '일방주의' '리얼리즘'에 맞선 '실존주의'의 대표적 주장 시위(示威) 방식이니, 볼테르는 '이성⇔본능' '신정론⇔자유의지' '팡글로스(라이프니츠)⇔캉디드(볼테르)' '고대⇔당대'를 그 동시주의로 제시하였다. ['인간사고'는 그 본성적으로 時空을 초월함] 이는 '다다 혁명 운동'의 기본 공식인데, 역시 볼테르의 '자유 의지(Free Will)'와 불가분의 관계에 있다.

⑨-3. 먹지 못하면, 사유(思惟)도 불능이다.

⑧-24. '꿈' 속에 명시된 '흑(욕망)⇔백(理性)' 동시주의

⑨-38. '욕망'의 그 반대편에 '도덕'이 있다.

⑨-23. '부조리'−선악(善惡)의 공존(共存)

②-6. 유전(流轉)하는 물질−'생로병사(生老病死)'

③-10. 볼테르의 '성선설' '성악설'

③-22. 볼테르의 '윤회론(輪回論)'

⑨-20. '씨앗'에서 '씨앗'으로

⑨-28. '단자(單子, Monad)'란 무엇인가.

⑫-17. '목적(目的) 문학' 옹호

볼테르는 처음부터 '사회 개혁 문학' '생명 존중 문학'을 표방하였다. 그의 대표작 〈캉디드〉〈쟈디그〉들이 그러했고, 작품 속에 펼친 '문학예술론'도 '효용론' '목적론'의 지지 옹호였다.

F. 니체에 이르러서는, 예술 작품 또는 '모든 책'을 온전히 다 버리고 '현실 생명'으로 직행할 것이 주장되었고, 1916년 취리히 다다 초현실주의에서는

그 '작품 초월' 주장이 지속되었던 것은, 모두 볼테르를 따르는 '실존주의'의 장대한 행렬 그것이었다.

⑨-49. '미문(美文, Belles Lettres)'을 어디에 쓸 것인가!
⑧-12. 연극은 현실이다.
⑧-13. '작품 이론'을 떠나, 현실 생명으로
⑧-14. 교육의 방향, '관념'이 아닌 '현실'로
⑧-9. '합리적 열정'이 시인의 특성이다.
⑧-1. '사회 속에 선(善)'이 진정한 선이다.
⑧-10. 국민의 권리와 이익을 옹호하는 문학가들
⑧-23. 우리의 밭을 갈아야 한다.
⑧-19. '희망'이 행복이다.

볼테르는 자주 셰익스피어 영향 속에 있는 극작가로 소개되지만, 그것은 한마디로 '볼테르 사상'에의 접근을 막는 해설이니, 볼테르는 오히려 '영국인의 흑독함' 셰익스피어 '비극의 잔인함'을 최초로 공개 비판했던 사람이었다. (볼테르부터 '현실 생명'이 우선이고, '작품'이 문제가 아님)

⑧-3. '인간 도살(屠殺)'의 셰익스피어 극
⑧-2. 인지(人脂)로 양초(洋燭) 만들기

볼테르는 대담하게 '미(美)'를 쉽게 규정하였다.

⑧-6. 두꺼비와 악마와 철학자의 '미(美)'
⑧-7. '아름다움'이라는 관념들의 차이들
⑧-8. 아름다움의 다양성

비판적인 시각으로 '당시 사회의 개선해야 할 사항'을 계속 지적하였다.

⑧-4. 박해(迫害)를 견디는 문인들
⑧-5. 우자(愚者)의 심판이 문인의 최고 불행

⑧-11. 허베이의 풍자(諷刺) 시

볼테르는 '언어'의 문제에 민감하고 문학 감상에는 무엇보다 '공감'의 중요성
을 강조하였다.

⑧-15. 라틴어와 프랑스어
⑧-16. 감동을 무시한 '주제 중심' 비평

볼테르 자신은 중국의 재상 제갈공명(諸葛孔明)처럼 현명한 국가 통치자가
되기를 소원하였고, 공자(孔子)처럼 여성(女性)을 믿을 수 없는 존재(小人)로
무시하였다.

⑧-21. 볼테르의 꿈 – '제갈공명(諸葛孔明)'
⑧-17. 토성 철학자의 애인
⑧-18. 캉디드의 봉변(逢變)
⑧-20. 분별없는 여인

⑫-18. 결론 종합

거듭 간결하게 볼테르 평생 주장을 요약하면, (1) '과학주의' (2) '실존주의' (3) '자유주의'
(4) '평화주의'가 볼테르 4대 사상이다.

제13장

이후 '실존주의' 전개 역사

볼테르의 중심 사상은, '자연과학 중심주의' '실존주의'로 요약할 수 있다.

그런데 볼테르 이후 사상가들은 약속이나 한 것처럼, 모두 '볼테르 사상'을 자신들의 '철학적 사고의 출발점'으로 생각하였다.

그렇지만 후배 철학자들은, 볼테르의 '자연과학 중심주의' '실존주의' 주장 앞에는 볼테르 사상 존중에 비례하여 그 '영광'도 높았고, 거기에서 멀어지면 도리어 왜소(矮小)한 공론가(空論家)로 전락하게 되었다.

서구에서 볼테르 이후 '사상 혁명'은 A. 쇼펜하우어 C. 다윈 E. 헤켈 F. 니체 S. 프로이트 B. 러셀 등에 의해 행해졌는데, 모두 볼테르의 사상 영향 하에서 자신의 역량을 발휘해 보인 것이다. 그 구체적은 모습을 약술하면 대체로 다음과 같다.

⑬-1. I. 칸트 – 개신교도의 관념주의, 전체주의

볼테르는 그의 〈무식한 철학자〉(1766)에서 **'우리가 선입견이 없이 오직 경험만으로 문제가 무엇인지를 아는 것은, 불가능한 일이 아니다. 우리는 그 실체(substance)의 특징(特徵, properties)을 보고 만진다. 그러나 '저변(底邊)에 있는 실체(substance which is beneath)'란 말이 알려주듯이 저변은 보통 우리에게 알려지지 않은 것이므로, 그 저변(低邊)은 찾을 수 있도록 남겨져 있다. 그 같은 이유로 우리는 우리의 '정신(精神, spirit)'이 무엇인지를 알 수 없다.'**라고 전제하였다. (참조, ※ ⑨-8. '정신(精神)의 밑바닥'에는 무엇이 있는가?)

그런데 15년 후 I. 칸트(I. Kant, 1724~1804)는 〈순수이성비판(純粹理性批判, The Critique of Pure Reason)〉(1781)에서 다음과 같이 서술하였다.

ⓐ "우리의 심성(心性)이 어떠한 방법으로 촉발되어, 그 표상을 받아들이는 수용성 (受容性)을 우리는 '감성(感性, sensibility)'이라 부른다. 이에 반하여 표상(表象)을 산출 해 내는 능력, 인식(認識, cognition)을 행하는 것은 '오성(悟性, understanding)'이다. 직관(直觀, intuition)이 감성적일 수밖에 없다는 것, 다시 말해 우리가 대상에 의해서 촉발되는 방식만을 포함한다는 것은 우리 인간 본성이 그렇게 되어 있어서이다. 이에 반하여 감성적 직관 대상을 사유(思惟)하는 능력은 오성(悟性)이다. 이 두 성질은 서로 우열(優劣)관계에 있는 것이 아니다. 감성(感性)이 없이는 아무 대상도 우리에게 주어지지 않을 것이며, 오성(悟性)이 없으면 아무 대상도 사유되지 못할 것이다. 내용이 없는 사유는 공허하고 개념이 없는 직관(直觀)은 맹목(盲目)이다."

〈감성(感性, sensibility)과 오성(悟性, understanding)〉[1]

볼테르의 의문에 대해, 우선 '감성(感性, sensibility)'과 '오성(悟性, understanding)'을 구분하여 그 오성이 어떻게 '이성 개념'을 형성하는지 그 정신 현상에 자세히 비판을 행한 것이 칸트의 〈이성(理性) 비판〉이라는 책이다.

위에서 볼 수 있듯이 칸트는 '감성' '오성'의 절대적인 상호관계를 강조하여 플라톤처럼 무조건 '감성'을 무시한 '이념'을 강조하지는 않았다. 칸트가 이 '감성(感性, sensibility)'을 수용한 것은 볼테르 등의 '경험주의'를 인정한 것으로 큰 의미를 지니고 있다.

그러나 볼테르의 '경험주의'는 '현실적 효과' '실질적 활용'을 전제로 한 '과학주의'의 표방이었음에 대해, 칸트는 형태만 '경험주의' 수용을 기정사실로 인정하고, 그의 〈이성 비판〉은 완전히 '끝없는 관념론'으로 펼쳐졌다. 그러므로 볼테르의 '경험주의' 충고와 주장에 대해, 칸트는 겉만 장식을 해놓고, 자신은 '영원불멸 관념론'에 무한 취향을 보였다. F. 니체의 표현을 빌리면, 칸트는 그의 〈순수이성비판〉에서, '영원불멸을 향한 힘에의 의지(The Will to Power for Immortality)'만을 과시하고 '실제 생활에 이용할 정보'는 하나도 없는 셈이다.

---

1) I. 칸트(윤성범 역), <순수이성비판>, 을유문화사, 1969, pp. 94~95 ; I. Kant, The Critique of Pure Reason, William Benton, 1980, p. 34.

칸트는 그 〈순수이성비판〉 끄트머리에 다음과 같은 진술을 하고 있다.

ⓑ "이제까지 학적(과학적) 방법을 채용한 사람들에 관해서 말을 한다면, '독단론적(獨斷論的, the dogmatical) 방법'이든지, '회의론적(懷疑論的, the sceptical) 방법'이든지 둘 중 어느 하나를 택할 수밖에 없었다. 그러나 어느 것이나 체계적 방법(the systematic mode of procedure)에 순응하지 않으면 아니 될 것이다."

〈방법에 관해서〉2)

볼테르는 과학도로서 떠날 수 없는 경험주의 '회의론자(the sceptical)'이다. 그런데 칸트는 '독단론자(the dogmatical)'건 '회의론자(the sceptical)'건 '체계적 방법(the systematic mode of procedure)'은 피할 수 없다고 결론을 내었다. 이로써 I. 칸트 자신은 그 피할 수 없는 '독단론자'임을 명시하였다.

경험론을 강조한 볼테르는 무엇보다 '생명 현실' '현실'을 절대적으로 강조하는 입장이므로, 그것이 체계적이든 비체계적이든 '바른 인생관' '세계관' '가치관'에 도달하면 목적을 달성한 것이고 그것이 '인간을 행복하게 만드는 방법'이면 그것이 어떻게 찾아졌는지(알게 되었는지)는 처음부터 '체계적 방법'은 문제도 안 되는 것이다. 즉 쉽게 말하여 '천연두(天然痘)'를 예방하는 '종두법(種痘法)'이 그 '체계적 방법'을 적용하여 찾아낸 것이 아니고, 뉴턴의 '만유인력'이 '체계적 방법'을 쓰지 않으면 무효가 되는 것이 아니다. 칸트는 자기의 〈순수이성비판〉에 과중(過重)한 의미를 부여하고 있다. (참조, ＊ ②-12. 자연 관찰로 찾아낸 '천연두' 원리)

볼테르의 '이성(理性) 강조'는 '현실 생명 합리적 관리 운영'을 위한 보조 수단으로서의 '이성(理性)'이지, '이성을 위한 이성' '관념을 위한 관념'과는 무관하다. 그래서 볼테르를 추종한 F. 니체는 '이념이 철학자를 삼켰다.'3)고 조롱을 하였다.

'관념철학'은 추상적이어서 누구나 이해하기가 쉽지 않지만, 그 철학자가 말한 '인간 사회에 대한 견해 표명'은, 철학자 자신의 정신적 성향을 드러내지

---

2) I. 칸트(윤성범 역), <순수이성비판>, 같은 책, p. 552 ; I. Kant, *The Critique of Pure Reason*, Ibid, p. 249 'In relation to method'.

3) F. Nietzsche(Translated by T. Comman), *The Joyful Wisdom*, The Macmillan Company, 1924, pp. 336~337.

않을 수 없게 되어 있다. 칸트의 다른 저술 〈실천이성비판(*The Critique of Practical Reason*)〉(1788)에는 다음과 같이 말이 있다.

ⓒ "우리가 선(善, good)이라고 불려야 할 것은, 모든 이성적 인간의 판단에 있어서 '욕망 능력의 대상(an object of desire)'이 아닐 수 없으며, 또 악(惡, evil)은 만인이 보아 혐오의 대상이 아닐 수 없다. 따라서 선악의 판정을 위해서는 감관 이외에 이성이 필요하다.

'거짓'의 반대인 '성실(誠實)'에 있어서도, '폭행'의 반대인 '정의(正義)'에 있어서 도 사정은 마찬가지다."

〈선과 악〉4)

I. 칸트가 위에서 '선(善, good)'은 물론 '도덕(moral)'과 '정의(justice)'도 포함하 는데 그것을 모두 '욕망 능력의 대상(an object of desire)'으로 규정하고 넘어간 것은 당초 플라톤의 규정을 맹종한 것으로 '정밀한 비판'이라 할 수는 없다.

볼테르는 앞서 '크란토르(Crantor, B.C. 4세기 도덕 철학자) 우화' 비판에서 '도덕'은 '욕망'의 대상이 아니라 '의무(a duty)'라고 확실하게 구분을 하였다. (참조, ※ ③-17. 도덕은 의무(義務)이다.)

F. 니체는 더욱 구체적으로 "무슨 괴벽(怪癖)이 '이성(理性)=덕(德)=행복'이라 는 등식(等式)으로부터 그 소크라테스적인 것을 잉태(孕胎) 했는지를 알고 싶은 것이다. 그 괴기하기 짝이 없는 등식은 더 오래된 희랍인들의 본능을 거스르는 특별한 것이다.(Seeking to comprehend what idiosyncrasy begot that Socratic comes from equation of reason=virtue=happiness : that most bizarre equation, which gives it special and has to all the instincts of the older Hellenics against it.)"5)라고 하여 소크라테스를 통해 플라톤이 말한, '이성' '도덕' '행복'의 등식(等式)의 문제에 근본적 의문을 제기했다. [불가능한 전제, 있을 수 없는 전제라는 의미]

그런데 이 '이성(理性)=덕(德)=행복'이라는 등식(等式) 문제를 수용한 사람은 관념철학자, 전체주의 철학자이고[헤겔 포함], 여기에 이의를 제기한 볼테르, F. 니체는 '실존철학자'이다. 이로써 서양의 '전통 철학'과 '현대 철학'의 큰

---

4) I. 칸트(최재희 역), <실천이성비판>, 박영사, 1973, p. 106 : I. Kant, *The Critique of Practical Reason*, William Benton, 1980, p. 136 'good and evil'.

5) F. Nietzsche(Translated by D. F. Ferrer), *Twilight of the Idols*, Ibid, p. 12.

구분이 이루어졌다. (참조, ＊ ⑬-2. G. W. F. 헤겔의 '절대주의' '여호와주의')

다른 한편 I. 칸트는 문제의 '프리드리히 2세(Friedrich II, 1712~1786)' 치하에서 살았다. 그런데 그 프리드리히 2세가 수행하는 '그 전쟁'이 '폭행(violence)'인지 '정의(justice)'인지를 판별하는 데는 관심도 없었다. [사실상 느끼고 참고 있었음] 이것이 바로 '현실 문제'에 눈을 감고 살았던 칸트의 '관념적 자세'이다. 그렇기에 F. 니체는 '바보 칸트(idiot Kant)'[6]라고 조롱을 했던 것이다.

칸트는 이어 '순수한 실천이성의 요청인 하나님의 생존'에 대해 다음과 같이 말하였다.

ⓓ "동일한 도덕법은, 최고선(最高善, highest good, summum bonum)의 둘째 요소인 '도덕법에 적합한 행복'에의 가능성으로 - 역시 공평하게 불편파적인 이성(理性)에 의해 - 우리를 인도해야 한다. 즉 행복을 수확(收穫)하기에 충분한 원인[하나님]이 생존한다는 전제로, 우리를 인도해야 한다. 다시 말하면 최고선(最高善, 이것은 수수이성의 도덕적 법칙수립과 필연적으로 결합되어 있는, 우리 의지의 목표이다.) 이 가능하기 위해서 반드시 필요한 것으로, 하나님의 실존을 요청해야 한다."
〈순수한 실천이성의 요청인 하나님의 생존〉[7]

위에서 칸트는 '행복을 수확(收穫)하기에 충분한 원인[하나님]이 생존한다는 전제로, 우리를 인도해야 한다.'라고 했다. 다시 말해 '하나님이 계셔야 우리는 행복하므로, 하나님은 계실 수밖에 없다.'는 엉터리 논리이다.

볼테르는 '⑪-12. 신(神)의 대행자(代行者)는 어디에도 없다.'에서 인격신(人格神)을 거부하였다. F, 니체 역시 '목사가 독일 철학의 아버지이고, 개신교가 독일 철학의 원죄다.'[8]라고 조롱하였다.

그런데 I. 칸트는 '순수한 실천 이성의 요청(要請)인 영혼불멸성(靈魂不滅性)'에서 역시 다음과 같이 말하였다.

---

6) F. Nietzsche(translated by T. Common), *The Works of Friedrich Nietzsche, V. Ⅲ, The Antichrist*, Ibid, p. 252.
7) I. 칸트(최재희 역), <실천이성비판>, p. 193 : I. Kant, *The Critique of Practical Reason*, Ibid, pp. 344~345 'The Existence of God as a Postulate of Practical Reason'.
8) F. Nietzsche(translated by T. Common), *The Works of Friedrich Nietzsche, V. Ⅲ, The Antichrist*, T. Fisher Unwin, 1899, p. 250.

ⓔ "이승에서 최고선(最高善)을 행하는 일은, 도덕법이 규정할 수 있는 의지의 필연적 목표이다. 그러나 심성(心性)이 도덕법에 완전히 일치함은 최고선의 조건이다. 그러한 일치는 그러한 일치의 목표와 마찬가지로 가능해야 할 것이다. 그것은 이 목표를 촉진하는 동일한 명령 중에 포함되어 있기 때문이다.

그러나 의지가 도덕법에 완전 일치하는 것은, 선성성(神聖性)을 의미한다. 즉 감성계의 어떠한 이성존재자도 그 생존의 어느 순간에 있어서나, 소유할 수 있는 완전성을 의미한다. 그럼에도 불구하고 그러한 일치는 실천적으로 필연적인 것으로 요구된다.

이런 고로 그것은 저 완전한 일치로 가는 무한진전 중에서만 발견될 수 있다. 이러한 실천적인 진전을 우리 의지의 진정한 목표로 가정(假定)을 하는 것은 순수 실천이성의 원리들에 의해서 필연할 것이다.

그러나 이 무한 진전은 동일한 '이성존재자(理性存在子)'의 무한히 계속하는 생존(生存)과 인격성 — 이러한 생존과 인격성을 사람들은 영혼불멸이라고 한다 — 의 전제 아래서만 가능하다. 그러므로 <u>최고선은 영혼불멸의 전제 아래서만 실천적으로 가능하다.</u> 따라서 영혼불멸은 도덕법과 불가분리(不可分離)이고 순수 실천이성의 요청이다."

〈순수한 이성의 요청인 '영혼불멸성'〉[9]

볼테르는 '⑪-2. 유일신, 영혼불멸, 사후상벌(死後賞罰)은 모두 고대 이집트인 유품이다.'라고 말했고, '⑪-9. '자연(自然) 법칙'에서 벗어날 수는 없다.'라고 평명(平明)하게 진술하였다.

ⓕ 그래도 I. 칸트는 기본적으로 '물자체(Thing-in-self)'와 '실천이성(The Practical Reason)'을 양분(兩分)하는 소위 '이원론(Dualism)'을 고수하여, 당초 볼테르(뉴턴)의 '과학주의'를 인정하며 자신의 '도덕철학'을 펼쳤다. 그리고 <u>노년(71, 73세)에는 〈영구평화론(Perpetual Peace, 1795)〉[10]과 〈법이론(The Science of Right(Metaphysics of Morals), 1797)〉[11]을 제작하여, '전쟁 반대'의 볼테르 근본 취지에 깊이 공감한</u>

---

9) I. 칸트, <실천이성비판>, Ibid, pp. 190~191 : I. Kant, *The Critique of Practical Reason*, Ibid, p. 344 'The Immortality of the Soul as Postulate of Pure Practical Reason'.

10) I. Kant(translated by M. Campbell Smith), *Perpetual Peace*, Thoemmes Press, 1992.

11) I. Kant, *The Science of Right*, William Benton, 1980, pp. 456~457. 볼테르를 계승하여 칸트는 **'전쟁 종식을 위해 끝없이 노력해야 한다.'**고 주장하였다. [그러나 칸트는 볼테르가

볼테르의 '양호(良好)한 후배 제자'로서의 기능을 성실히 이행하였다.

⑬-2. G. W. F. 헤겔의 '절대주의' '여호와주의'

G. W. F. 헤겔(Georg Wilhelm Friedrich Hegel, 1770~1831)은 〈세계 역사철학 강의(*Lectures on the Philosophy of History*)〉(1837)에서, '세계의 역사는 '통제되지 않은 자연의지의 훈련(the discipline of the uncontrolled natural will)'이다.'[12]라고 상정(想定)하였다.

헤겔의 전제는 바로 볼테르의 '경험주의 자연과학 사상'을 정면(正面)에서 거부(拒否)를 하고, 자신의 '자신의 개념(Self-Conception)' '절대주의' '여호와(唯一神, Jehovah)주의' '절대 이성론'을 그의 '도식주의(圖式主義 - 正反合)'로 펼쳐 보여 '개신교 목사 정신'의 세계화를 자신의 '절대 목표'로 제시하였다.

한마디로 G. W. F. 헤겔이 평생 주장했던 바의 결론은, '여호와 중심주의', '게르만 민족 우월주의', '호전적 제국주의 독재자(프리드리히 2세) 옹호'였다. '헤겔 철학의 문제점'은 이후 '제국주의 프러시아(독일) 역사'가 그것을 증명하였으니, 헤겔의 '배타주의(排他主義, exclusionism)' '독선' 사상은 '게르만 민족 중심' '전쟁'으로 이어질 수밖에 없었다.

결국 헤겔은, 이미 제기된 볼테르의 '과학적 계몽정신'을 감안하여, 이에 '절대주의(absolutism)' '전체주의'라는 명목으로 바꾸어 과거 '유대인의 정신'을 다시 '게르만 족이 감당하게 한 소명감 교육'을 주장하게 되었다. (참조, ※ ⑩-25. 특권을 요구해 온 유대인들)

ⓐ 헤겔의 '관념적 철학'이 그 구체성을 드러내고 있는 것은, 그의 〈세계 역사철학 강의(*Lectures on the Philosophy of World History*)〉에서이고, 역시 그 속에서 가장 주의를 기울여 읽어야 할 부분이 바로 '**유대(Judœa)**' 항(項)의 서술이다.

"광범한 민족을 통합하는 페르시아 왕국에 속하는 민족 중에서 해안지방에

이미 도달해 있는 '육체적(의학적) 실존주의'에는 아직 미치지 못했음.]

12) B. Russell, *History of Western Philosophy*, George Allen & Unwin Ltd, 1971 p. 707 'The history of the world is the discipline of the uncontrolled natural will'.

거주하는 다른 또 하나의 민족은 유대 민족(Jewish)이다. 이 민족에도 역시 하나의 경전 즉 〈구약 성서(Old Testament)〉가 있으며 그 속에는 이 민족의 관점도 나타나 있는데, 그 원리는 바로 위에서 서술한 바 있는 원리[자연 원리]와는 '정반대(the exact opposite)'이다. 정신적인 면은 페니키아 민족에 있어서는 아직도 자연적인 면에 의해서 제한을 받고 있는데 반하여, 유대인의 경우는 '순수한 사상(the pure product of Thought)'으로 온전히 순화된 형태로 나와 있다. 의식의 영역에 '자신 개념(Self-conception)'이 등장하여, 그 정신적인 것은 '자연'이나 '자연과의 통합'에 정면으로 대립하는 형태를 취하고 전개된다. 우리들은 앞에서 순수한 범(梵, Brahm)을 고찰하였는데, 그러나 그 범(梵, Brahm)은 다만 보편적인 자연존재로서 존재하는 데 지나지 않았고, 그 위에 그것 자신은 페르시아인(Persians)에 있어서는 그것이 의식의 대상으로는 되지 않았다. 때로는 의식의 대상으로도 되었으나 그것은 감성적인 직관인 빛으로서였다. 그런데 빛(자신 개념)은 유대인의 경우에 '순수한 하나 여호와(Jehovah, the purely One)'로 되었다. 여기에 동양(the East)과 서양(the West)의 분기점이 뚜렷하게 나타난다. 이제야 정신은 자기 안에 잠겨서, 그 정신적인 것의 추상적인 근본 원리를 포착한다. 동양에 있어서 제일의 것이며 기초였던 자연은 이제야 단순한 피조물로 끌어 내려지고, 이제야 정신이 제일의 것으로 된다. 신이 전 인류 및 전 자연의 창조자이고 일반적으로 절대적인 활동 그 자체임을 알게 된다. 그런데 이 위대한 원리는 또 하나의 면으로서 타자를 배척하는 일자(一者)라는 규정을 가지고 있다(But this great principle, as further conditioned, is exclusive Unity). 따라서 이 종교는 본래 이 한 종족만이 '유일한 신'을 아는 자인 동시에 이 한 민족만이 유일한 신으로부터 시인된 것이라는 '배타적 요소(排他的 要素, the element of exclusiveness)'를 필연적으로 가지지 않을 수 없게 된다. 바꿔 말하면 유대인의 신은 아브라함과 그 자손만의 신(神)이다. 이와 같은 신의 관념 안에는 국민적 개별성과 특수한 지방적 신앙이 혼합되어 있다. 따라서 이 신 앞에선 다른 신들은 그 어느 것이나 거짓의 신이다. 그리고 '진(眞)'과 '위(僞)'의 구별은 전연 추상적이다. 왜냐하면 (거기에는 독단적으로) 거짓 신들에게는 신성이 있을 수 없다고 전제되어 있다. 그런데 신은 어떠한 정신적인 활동이든, 그것이 종교라면 어떠한 종교라도 그 안에는 긍정적 요소를 포함하고 있다. 종교는 설령 그것이 틀린 종교일지라도 어떻든지 진리를 간직한다. 바꿔 말하면 어떠한 종교 신의 현재(顯在), 신적 관계가 있으며 거기서 역사철학으로서는 그의 가장 왜곡된 형태 안에서도 정신적인 것의 그 계기를 발견한다는 것이 필요하다. 물론 종교라고 해서 그것이 그대로 좋다는 법은 없다. 내용이 문제가 아니고 단지 형식이 중요하다는 것과 같은 한가한 생각에 빠져서는 안 된다. 그런데 유대의 종교는 '절대적으로 타자(他者)를 배척'하는 것이기 때문에 '그와 같은 한가한 관용(This latitudinarian tolerance)'을 가지고 있지 않다.

여기서 정신적인 것은 감성적인 것과는 무엇보다 먼저 손을 끊고 자연은 외적인 것, 무신적 존재로 끌어내려진다. 원래 이것이 자연의 참다운 모습이다. 왜냐하면 이념이 이 자연의 외면성에 있어서 나타나서 유화(宥和)에 도달하는 것은 훨씬 뒤에 이르러서의 일이기 때문이다. 즉 이념의 최초의 등장은 자연에 대립하는 것이라고 하는 양상을 취한다. 왜냐하면 이제까지 인정되지 아니 하였던 정신이 여기에 비로소 그 가치를 인정하게 되어 그것과 동시에 자연도 그의 당연한 지위가 주어지게 되는 셈이기 때문이다. 자연은 자기 자신에 대해서 외적인 것(그 존재의 근거를 타자에 갖는 것)이고 지정되어진 것이고, 창조되어진 것이다. 여기서 이 신(神)이 자연의 주(主)이고 창조자(God is the lord and creator of Nature)라고 하는 관념은 전 자연을 신의 장식으로 하여, 말하자면 신의 종복으로 한 동시에 신의 지위를 숭고한 것으로 높인다. 이 숭고성에 비하면 인도의 종교(Hindoo religion)는 단지 무결정(無決定, indefinitude)의 종교에 지나지 않는다. 그러데 이 정신성을 기본으로 살게 되면 일반적으로 감정적인 것과 비인륜적인 것은 그 특권을 빼앗겨 무신론적 존재로 폄하(貶下)된다. 단지 일자, 정신, 비감성적인 것만이 진리이다. 사상은 사상만으로서 독립적인 것으로 자유롭게 있는 것으로 되어 여기에 비로소 참다운 도덕과 정의가 나타날 수 있다. 왜냐하면 신은 의를 통해서 숭배되는 것이며 따라서 의로운 행위란 주(主)의 길을 걷는다는 것이기 때문이다. 행복 생명 현재의 번영은 그 보답으로써 그것과 결부하는 것이다. '네가 오래도록 지상에 살기 위해서는'(구약 '申命記' 5의 16, '예베소書' 6의 3)이라고 일컬어지고 있는 까닭이다. 역사적 고찰의 가능성도 역시 여기에 나타나 있다. 왜냐하면 유한적인 것, 무상한 것을 각각 제자리에 놓고 이것을 유한성의 고유한 자태에 있어서 파악하는 것이야말로 산문적 오성이며 그 산문적 오성이 여기에 있기 때문이다. 즉 여기에서 인간은 어디까지나 개인으로 간주되고 신의 화신으로 간주되지 않는다. 또 태양은 태양, 산은 산으로서 보이는 것이며 그것들이 정신이라든가 의지라든가를 그들 자신 속에 가지는 것이라고 보는 일은 없다.

이 민족에 있어서는 이상과 같은 순수한 사상에 대한 관계를 나타내는 것으로서 엄격한 종교적 의식이 중시된다. 구체적인 개인 주관은 아직 자유를 가지지 않는다. 왜냐하면 절대자 자신은 아직 구체적인 정신으로서 과학화 정신은 아직 비정신적으로 조정된 것으로서 보이고 있기 때문이다. 물론 맑은 마음으로라든가 참회라든가 신심이라는 내면성은 일컬어지고 있지만 그러나 개개의 구체적 주관이 절대자 안에서 자기를 대상화하고 자기를 문제로 삼는다고 하는 데까지는 가 있지 않다. 그 때문에 주관은 엄격히 의식과 계율에 얽매어 그것을 지키게 된다. 이 경우 이 계율의 밑바닥으로 되어 있는 것은 바로 추상적 자유라고 하는 의미에서의 순수 자유에 불과하다. 유대인은 자기가 자기인 바의 근저를 자기 존재의 본질을 오직 일자 안에만 두는 것이며, 그 점에서 개인(주관)은 그 자신으로서는 아무런 자유도 가지지 않는다. 스피노자(Spinoza)는 모세의 율법을, 신이 유대인에게 벌과 훈계를 내려준 것으로 보고 있다. 즉 주관, 개인은 아직 전연 그의 독립성의 의식에 도달해 있지 않다. 또 그 때문에 유대인에 있어서는 영혼불멸이라고 하는 신앙은 보이지 않는다. 그것은 주관이 아직 절대자격으로(절대적으로, 자립적으로) 존재하는 것으로는 되어 있지 않기 때문이다. 그런데 주관은 이와 같이 유대교에 있어서는 무가치한데 반해서 가족은 독립적인 것이다. 왜냐하면 여호와의 신앙은 가족에 결부된 것이며 가족은 실체적인 것이기 때문이다. 그러나 그렇다고 해서 또 국가도 유대의 원리에 일치하지 않는 것이고 모세의 입법의 취지에도 어긋나는 것이다. 유대인의 관념에서 본다면 여호와는 그들 유대인을 이집트로부터 데리고 나와서 그들에게 가나안의 땅을 부여해 준 아브라함, 이삭, 야곱의 신이다. 이 가장들에 대한 이야기들은 퍽 흥미롭다. 이 역사 안에 족장적인 유목 상태에서 농업 생활로의 추이가 보이는 것이다. 대체로 유대의 역사는 극히 이색적인 것이다. 그러나 <u>단지 그것이 다른 민족정신의 배척을 신성시하고 있는 점(가나안의 주민 섬멸까지도 신의 명령이라고 하고 있다.) 일반적으로 교양이 결여되어 있다고 하는 점, 그리고 자기 국민만이 높은 가치를 가진다고 하는 '선민(選民)' 관념에 사로잡혀 있는 미신이라는 점에서, 그 역사는 불순한 것으로 되고 불투명한 것으로 되어 있다.</u> 또 기적(奇蹟)도 이 역사를 역사로 보는 것을 방해한다. 왜냐하면 구체적인 의식이 자유로운 것으로 되지 않는 한, 구체적인 관점도 자유로울 수 없기 때문이다. 그래서 자연의 신성을 박탈하기는 하였지만, 자연(自然)의 이해(理解)라는 것은 아직 거기에 없는 것이다.

가족은 가나안의 점령에 의해서 민족으로까지 성장하고 국토를 소유하게 되어 예루살렘에 전 민족을 위한 전당을 설치하였다. 그러나 본래의 국가적 단결은 존재하지 않았다. 국가의 위기에 영웅은 출현하여 전군의 선두에 선 일은 있었지만, 언제든지 이 민족은 항복의 쓰라린 변을 당하였다. 뒤에 국왕이 선출이 되어 이들 왕이 비로소 자립이 이루어진다. 다윗은 원정까지 하였다. 유대인의 입법은 원래 한 가족만을 지표로 한 것이었는데, 그래도 '모세 서(書)' 안에는 벌써 국왕에 대한 희망이 미리 서술되어 있다. 국왕을 선출하는 자를 사제라 한다. 국왕은 외국인일 수 없고 또 불의를 일으킨다든가 너무 많은 처첩을 가져도 안된다. 유대 국가는 잠시 번영한 뒤에 붕괴하여 그 땅은 분할되고 말았다. 그리고 거기에는 겨우 레비(Levi)족과 저 예루살렘이라는 단지 하나의 전당만이 남았기 때문에 나라의 분열 즉시 우상숭배가 일어난 것도 부득이한 일이었다. 왜냐하면 '유일한 신'이 여기저기 여러 전당에서 모셔질 수는 없고 또 유일한 종교를 가지는 두 나라가 존재한다고 하는 것은 불가능한 일이기 때문이다. 요컨대 객관적인 신이 어떻게 순수하게 정신적인 것으로 생각되어졌다 하더라도, 그 객관적인 신 숭배의 주관적인 면은 아직 대단한 속박을 받고 극히 비정신적인 것이었다. 이 두 개의 나라(정신적인 나라, 현실적인 나라: 이스라엘, 유대)는 의전에 있어서나 내면에 있어서 다 같이 이로움이 없었고, 끝내는 아시리아인과 바빌로니아인에게 정복을 당하였다. 그러나 퀴로스 왕 밑에서 이스라엘 사람은 자기 고향으로 돌아가 자신의 법률에 따라 살 수 있도록 허용이 되었다."

〈유대인〉13)

위의 G. W. F. 헤겔의 진술에서 가장 먼저 주목해야 할 부분이 '자신의 개념(Self-conception)'이다.

G. W. F. 헤겔의 '자신의 개념(Self-conception)'이란 '요한복음'에서, 예수가 말했던 바, '아버지(Jehovah)는 내 안에 계시고 나는 그 아버지 안에 있다.(The father is in me, I am in the father)'라고 했던 그 '예수'의 위치에 바로 헤겔 자신을 둔 것이다. ['메시아' 정신 수용]

바로 이 G. W. F. 헤겔이 명시한 '자신의 개념(Self-conception)'이란 그대로 모든 기독교도의 '여호와주의'를 명시하는 것이니, 사실 그것(Self-conception)은 역대 가톨릭의 교황(教皇)과 대주교(大主敎) 주교(主敎) 개신교의 목사(牧師)들의 그 '자신의 개념'이다.

G. W. F. 헤겔 자신은 바로 그 자리(목사의 자리)에 서서, '자연과학' '경험주의'를 제일로 생각한 볼테르를 시종(始終) 공격하고 비판한 것이 위의 '유대인 (Judœa)' 항(項)이고, 그의 〈세계 역사철학 강의〉 전부(全部)이다.

한 마디로 G. W. F. 헤겔은, 선배 볼테르의 〈역사철학〉을 확실히 읽었다.

---

13) 헤겔(김병옥 역), <역사철학>, 대양서적, 1975, pp. 277~280 ; G. W. F. Hegel(translated by J. Sibree), *The Philosophy of History*, Dover Publications, 1956, pp. 195~198.

그리고 그 볼테르의 〈역사철학〉에 응대하여, 자신의 〈세계 역사철학 강의〉를 서술하였다.

부연해 말하면 볼테르의 '자연(과학) 중심주의'에 대립[反]된 것이 바로 유대인의 '여호와주의'라는 G. W. F. 헤겔의 주장이다. 그러나 G. W. F. 헤겔의 '변증법'이란, 볼테르가 전제한 '자연과학주의'와는 완전 무관한 헤겔의 '사기극(詐欺劇)' '말장난'일 뿐이다.

앞서 칸트의 경우에서 명시하였듯이, '뉴턴의 역학' '종두법(種痘法)'의 발견과 활용은 당초에 그 '변증법' '말장난'으로 알아내었던 것은 결코 아니기 때문이다.

G. W. F. 헤겔이 〈역사철학 강의〉에서 전제한 '자신의 개념(Self-Conception)'이란 기독교 사제가 전제(前提)한 인간의 '주관적 개념'의 하나의 예에 불과한 것이다. 그런데 G. W. F. 헤겔이 그것을 '배타적 요소(排他的 要素, the element of exclusiveness)'와 함께 수용했음에 '그의 철학 상의 결정적 오류(誤謬)'가 개입하게 되었다. G. W. F. 헤겔은 그 〈세계 역사철학 강의〉를 저술하기 이전에 이미 '개신교 광신주의(Protestant Fanaticism)'에 명백히 들어가 있었다. ['배타주의'가 殺人狂亂의 원인임]

그 구체적인 증거가 바로 극단적 관념주의 '여호와주의'를 '프러시아(독일) 제국주의 현실'에 강요하여 모든 사람이 그에 따를 것을 주장하였으니, 그의 '변증법'이란 단순한 '체계주의' '말장난'을 넘어설 수가 없다. 즉 G. W. F. 헤겔의 '절대주의'에 결국 남은 것은, '여호와주의 독재에 대한 절대 복종(服從)' 뿐이니, 만약 그것도 모르는 사람이라면 처음부터 '독서가 소용이 없는 사람'이다. 그런데 헤겔은 거기에 왜 복잡하게 '도식주의' '변증법'을 늘어놓아야 했는가? 볼테르의 '자연과학주의' 입장에서는, 그러한 헤겔의 행각에는 단지 '말장난' 이상의 의미가 있을 수 없다. [G. W. F. 헤겔 철학의 3대(三大) 오류(誤謬) : ① '사유(Thought)=존재(Being)'14), ② '있는 것(being)=없는 것(nothing)'15), ③ '인격신(human being, 예수, 헤겔)=절대자(조물주-Creator, 자연 법칙, natural law16))'17)—헤겔은 이러한 주관적 잘못된 생각(誇大妄想, delusion of grandeur,

---

14) G. W. F. Hegel(translated by J. B. Baillie), *The Phenomenology of Mind*, The Macmillan Company, 1949, p. 113 'Preface'−'존재는 사유다.(Being is Thought)'.

15) G. W. F. Hegel(Translated by W. H. Johnston & L. G. Struthers), *Science of Logic*, George Allen & Unwin LTD, 1951−'현실 부정'의 '허무주의' 사고의 집약이다.

megalomania)을 기초로, '절대 신(代身 현실 제국주의 황제)을 향한 봉사정신'[18] 을 '절대 자유(복종)'라는 구호로 오도(誤導)하고, 감히 타인들(독일인)에게 당연하다는 논리(⟨논리학⟩[19])로 강요를 하였다.]

ⓑ 다음은 역시 헤겔이 ⟨세계 역사철학 강의⟩에 말한 주요 부분이다.

"나는 우선 세계사에서 철학의 잠정적인 개념 원리에 관하여 다음과 같은 점을 지적해 두고자 한다. 즉 그것은 이미 이야기된 바와 같이 철학은 사상을 동반하여 역사에의 접근을 시도하면서 바로 이 사상에 준거(準據)하여 역사를 고찰한다는 점에서 일차적으로 철학에 대한 비난이 가해지고 있다는 것이다. 그러나 이때 철학이 동반한 유일한 사상이란 이성(理性, reason)이 세계를 지배한다는 것, 따라서 세계사에서도 역사 사태는 이성적으로 진행되어 왔다고 하는 이성에 관한, 이성이 지니는 단순한 사상이다. 이러한 확신이나 통찰은 그야말로 역사 그 자체를 위한 하나의 전제이다. 그러나 철학 그 자체 내에서 이것은 전제되지 않는다. 즉 철학에서는 이성이 ― 일단 여기서 우리는 신(神)과의 연관성이나 그에 대한 이성이란 표현을 사용하는 것으로 그치겠지만 ― 실체(實體)이며 또한 무한한

---

16) G. W. F. Hegel(translated by M. J. Petry), *Philosophy of Nature*, Humanities Press, 1970.

17) G. W. F. Hegel(translated by J. B. Baillie), *The Phenomenology of Mind*, The Macmillan Company, 1949, pp. 272~273 'Ⅴ. Reason' ― 헤겔은 이에서 '일체의 현실은 이성 이외의 다른 어떤 것도 아니다.(all concrete actuality is nothing else but reason)' '개별 의식 그 자체가 절대적 현실이다(the individuality of consciousness is seen to be in itself absolute reality)'라는 주목할 만한 발언을 하였다. 이 말은 소위 '헤겔 철학'을 떠받들고 있는 확신이나, 바로 이전 선배 볼테르도 확인한 바였고, 소위 '인도(印度)의 각자(覺者)'도 동일한 생각을 하였다. 그러면 헤겔과 고대의 '사제(司祭)'의 구분 점은 어디에 있는가? 헤겔은 그 '정신(이성)'이 바로 '현실(actuality, reality)'이며 '개인의 의식(the individuality of consciousness)'이라고 말했던 점이다. 그래도 이 지점까지 볼테르 생각과 동일하고 겹친 부분이 있다. 그런데 **헤겔이 확실하게 한 걸음 더 나간 부분이 바로 '절대 현실' '절대자(창조주, Creator)의 경지'까지 그 개인의 '정신(이성)' 영역에 포괄 통합했던 점이다.** (헤겔의 말은 '개인(현실)=절대자'라는 모순 속에 있게 되는데, 헤겔은 그것이 바로 '변증법적 논리'라고 우겼다.)

18) "진정으로 독립한 의식은 노예 의식이다.(The truth of the independent consciousness is accordingly the consciousness of the bondsman.)" ― G. W. F. Hegel(translated by J. B. Baillie), *The Phenomenology of Mind*, The Macmillan Company, 1949, p. 237 'Ⅳ. The Truth Which Conscious Certainty of Self Realizes' ― 'Independence and Dependence of Self-consciousness : Lordship and Bondage'.

19) G. W. F. Hegel(Translated by W. H. Johnston & L. G. Struthers), *Science of Logic*, George Allen & Unwin LTD, 1951

힘일 뿐만 아니라 그 자체가 모든 자연적 내지 정신적 활력을 자아내는 무한의 소재이며 또한 무한의 형식이어서, 여기서는 이성은 바로 이와 같은 무한 형식에 담긴 내용을 활성화시킨다는 것이 사변적 인식을 통해 입증된다. 다시 말하면 이성이란 바로 그 자체를 통하여, 그리고 그 속에서 온갖 현실이 스스로의 존재와 존립을 보장받은 실체이다. 더 나아가서 무한의 힘이기도 한 이 이성은, 단지 이상이나 당위(當爲)에 그침으로써 한낱 현실을 벗어난 채, 아마도 몇몇 사람들의 머릿속에 어떤 특수자(特殊者)로서 현존하는 데 지나지 않을 정도로 무력한 것이 아니다. 결국 일체의 본질성과 진리로서의 이성은 다름 아닌 자기 자체를 스스로의 행위를 통해 가공해야 하는 자기 소재(素材)로서 이는 곧 무한 내용이기도 하다. 이성이란 유한적인 행동과는 달리, 자기 활동의 영양소와 대상을 수용하기 위한 외적인 재료나 주어진 수단과 같은 그 어떤 조건도 필요로 하지 않고 자기 내면으로부터 양분을 섭취하면서 오직 그 자신이 스스로를 가공하는 소재(素材)인 것이다. 이와 같이 이성은 오직 스스로가 그 자신의 전제이고 그의 목적은 바로 절대적인 궁극 목적인 까닭에, 따라서 결국 이성은 그 자체가 우주만이 아닌 세계 속에서의 정신적 우주 내에 깃들어 있는 내면세계로부터 현상화 되는 바로 그 궁극목적이며 성취이다. 이제 그와 같은 이념이 진실되고 영원하며 또한 비길 데 없이 강한 힘을 지닌다는 것, 그리고 그것은 세계 속에 계시(啓示)될 뿐만 아니라 바로 이러한 이념의 존엄성이나 영예 이외에는 그 어떤 것도 계시될 수 없다는 사실이야 말로 앞에서도 얘기된 바와 같이 철학을 통해서 입증하고 또 여기서도 입증된 것으로 전제되어 있는 바로 그것이다."

〈세계사의 일반 개념〉[20]

G. W. F. 헤겔은 위에서 '이성(理性, reason)의 세계 지배(reason governs the world)'를 강조하였다. 앞서 헤겔의 '여호와(Jehovah)'와의 동일시는 다시 '이성(理性)'과 '여호와(Jehovah)'와의 동일시임은 놓칠 수 없는 대목이다.

볼테르는 '합리적 이성(理性)'으로 '광신주의'에서 벗어날 것을 강조하였다. 그리고 '무한한 우주 자연'과 '인간 육체 자체'의 탐구는 그 '이성'을 통해 이루어짐을 강조하였다.

그런데 **G. W. F. 헤겔은 위에서 '이성의 세계 지배'를 말하였는데, 이것은 간단히 말해**

---

20) 헤겔(임석진 역), <역사 속의 이성>, 지식산업사, 1992, pp. 49~50 ; G. W. F. Hegel, *Lectures on the Philosophy of World History*, Cambridge University Press, 1975, pp. 27~28.

G. 라이프니츠의 신정론의 재수용(再收容)이다. 한 마디로 '여호와는 이성(理性)이다.' 라는 말이다. 역시 교황과 대주교를 정확히 대신하고 있는 '개신교 목사' 헤겔의 〈세계 역사철학 강의〉이다. 더욱 쉽게 말해 개별 역사는 알아볼 필요도 없고 '유일신의 이성(理性)'을 알면 그만이라는 헤겔의 강론이다.

ⓒ 다음에서 G. W. F. 헤겔은 '절대신-여호와'를 그 학생들이 어떻게 받아들일 것인가에 관심을 보이고 있다.

"철학적 고찰은 우연적인 것 이외에 다른 어떤 의도도 갖고 있지 않다. 우연성이란 외적 필연성, 즉 그 자체가 한낱 외적 사정에 지나지 않는 원인에 귀착되는 필연성이다. 우리는 역사 속에서 하나의 보편적 목적, 즉 세계의 궁극목적을 추구해야 하는 것이니, 결코 주관적 정신이나 심정이 지닌 어떤 특수목적을 추구해서는 안 된다. 그러면서도 이때 우리는 그 궁극의 목적을 이성을 통하여, 즉 어떤 특수한 한정된 목적이 아닌 절대적 목적(the absolute end)에만 스스로의 관심을 두고 이성을 통하여 포착해야만 한다. 이 절대적 궁극 목적은 자기 자신에 관한 증거를 제시하면서 동시에 이를 자체 내에 지니고 있을 뿐만 아니라, 또한 인간이 자기의 관심사로 할 수 있는 모든 것이 그 속에서 스스로의 지주(支柱)를 마련하고 있는 그러한 내용이다. 이성적인 것은 즉자(卽自, in itself) 대자적(對自的, for itself) 존재자로서 모든 것은 이것을 통하여 스스로 가치를 지닌다. 이성적인 것에는 여러 가지 형태가 있지만, 그러나 실로 전신 자체가 흔히 국민(민족, nations)이라고 불리는 다양한 형태 속에서 개진되고 나타나는 데서처럼 이성(reason)의 명백한 목적이 드러나는 경우는 없다. 이제 우리는 역사에 대하여 의욕의 세계는 결코 우연에 내맡겨 있지는 않는다는 믿음과 사상을 안겨주어야만 한다. 모든 국민이 겪어나가는 사건 속에는 궁극 목적이 지배적인 것이며, 또한 이성이 세계사 속에 있다는 것-그러나 어떤 특수한 주관의 이성이 아닌 신(神)적이며 절대적인 이성(a divine and absolute reason)-이 우리가 전제로 하는 진리이거니와 이 진리를 증명하는 것이 곧 세계사 자체의 논구이며, 다시 이 논구야말로 이성의 상(像)이며 행위인 것이다. 그러나 오히려 이러한 본래적 증명은 바로 이성 그 자체의 인식 속에 깃들어 있거니와, 이 이성은 오직 세계사 속에서 입증될 뿐이다. 세계사란 오직 이와 같은 성질의 이성이 현상화한 것이며, 또한 그 속에서 이성이 나타나는 특수한 형상 가운데 하나일뿐더러, 더 나가서는 모든 국민이라고 하는 특수한 요소에서 표현되는 원형(archetype)의 모습이다."

G. W. F. 헤겔은 위에서 '절대적 목적(the absolute end)' '절대적인 이성(a divine and absolute reason)'이란 용어를 동원하였다. 헤겔의 '절대적인 것(the absolute)'은 바로 그 '여호와(Jehovah)'에 관련된 것이니, '여호와의 목적'이 바로 '절대 목적'이고, '여호와를 섬기는데 필요한 이성'이 바로 '절대적인 이성(a divine and absolute reason)'이다. 그 '절대 이성'이 '현실'이므로 헤겔은 결론(合-synthesis)은 절대 움직일 수 없는 사항이다.22) (모든 논의 초월)

여기에서도 헤겔은 '자신의 개념=예수=여호와'의 전제에다가 다시 '자신의 개념=예수=여호와=이성(理性)=절대인 것'이 추가되었음을 망각해서는 안 된다.

'교황' '대주교'는 일반인과는 구분된 입장에서 '예수' '여호와' 임무를 대행했음에 대해 헤겔은 '목사'로서 '교황' '대주교'를 '자신의 개념'으로 통합했을 뿐만 아니라 다시 거기에 '이성(理性)'을 추가하여 '여호와의 이성' '목사의 이성(理性)' '학생들의 이성'의 통합을 주장 요구하였다.

ⓓ G. W. F. 헤겔은 주장은 한 없이 확장되었으니, 헤겔은 '사명감을 지닌 목사' '여호와의 자신 개념'을 소유한 목사라는 점은 헤겔의 〈세계 역사철학 강의〉에 가장 유념해야 할 사항이다.

"이제 여러분 가운데 아직 철학에 통달하지 못한 이들에게 내가 얘기할 수 있는 것은, 이성(理性, reason)에 대한 믿음과 이성에 대한 인식을 갈구하는 마음으로 이 세계사 강의에 임해 달라는 것이다. 그러므로 학문 연구를 향한 주관적 욕구로서 전제되어야 하는 것은 이성적 통찰과 인식에 대한 갈망이지, 한낱 단편적인 지식을 수집을 갈망하는 것은 아니다. 그러나 그렇다고 해서 내가 여기에서 당장 그와 같은 믿음을 지닐 것을 미리부터 요구하는 하는 것은 아니다. 여기서 내가 잠정적으로 이야기하였고 또 앞으로 이야기하려고 하는 것은 지금 여기서 다루어지고 있는 학문에 비추어 볼 때 그러한 믿음이 한낱 전제로서가 아니라 전체(全體,

---

21) 헤겔(임석진 역), <역사 속의 이성>, 같은 책, pp. 50~51 ; G. W. F. Hegel, *Lectures on the Philosophy of World History*, Ibid, p. 28.
22) B. Russell, *History of Western Philosophy*, George Allen & Unwin Ltd, 1971, p. 703.

the whole)의 개관, 또는 앞으로 우리가 문제 삼으려는 고찰의 결과로 받아들여져야만 하겠다는 것이다. 그러면서 또한 이때 그 결과는 이미 나에게 알려져 있으니, 왜냐하면 이 전체(全體, the whole)가 곧 나에게 알려져 있기 때문이다. 그리하여 이제 무엇보다도 세계사 자체의 고찰로부터 비로소 명백해질 수 있는 것은 세계사 속에서는 모든 것이 합리적으로 운행되어 왔고, 또 이 세계사는 역사의 실체를 이루는 세계정신의 이성적이며 필연적인 도정으로서 결국 세계정신은 그 본성이 오직 불변의 일자(一者)이면서 바로 이 세계 안의 현존재(the existence of world) 속에서 이러한 그의 본성을 드러낸다고 하는 사실이다(세계정신은 절대정신이다― The world spirit is the absolute spirit). 이미 이야기된 바와 같이 이것은 역사 자체의 결과임에 틀림없다. 그리하여 하여간에 우리는 역사를 있는 그대로 받아들여만 한다. 따라서 우리는 역사 기술적 경험적 방법을 취해야만 한다."

〈세계사의 일반 개념〉23)

　＊ G. W. F. 헤겔은 위에서 다시 '전체(全體, the whole)'란 용어를 추가하여 '절대적 목적(the absolute end)' '절대적인 이성(a divine and absolute reason)' '절대적인 것(the absolute)'을 추가하였다.
　그런데 헤겔은 역시 "어떤 것도 전체(全體, the whole) 없이는 궁극적으로 또 완전히 실존할 수 없다.(Nothing is ultimately and completely real except the whole)"24)라고 하고 있으니, 그 '전체(全體, the whole)'란 바로 시간적 공간적으로 무한대인 '여호와'의 이칭(異稱)임을 아는 것이 헤겔을 바로 알게 할 것이다. [헤겔의 '전체'는 시간 공간적으로 '무한대'의 우주를 말한 것임]

　ⓒ 다음은 G. W. F. 헤겔의 〈세계 역사철학 강의〉 결론, '자유 의지(the Freedom of Will)'를 설명하는 대목이다.

　"이와 같은 형식적인 절대적 원리와 함께 우리는 역사의 최후 단계로, 우리의 세계로, 우리의 시대로 도달하게 된다.
　세속성이란 존재 속에 있는 정신의 나라이며 현실존재로 발길을 내디딘 의지의 나라이다. 감각과 감성과 충동도 내면적인 것을 실현하는 수단이지만, 그러나

---

23) 헤겔(임석진 역), <역사 속의 이성>, 같은 책, pp. 51~52 ; G. W. F. Hegel, *Lectures on the Philosophy of World History*, Ibid, pp. 28~29.
24) B. Russell, *History of Western Philosophy*, Ibid, p. 702.

그것들은 개별적인 것이어서 생멸변화를 벗어날 수 있다. 말하자면 그것들은 의지의 현상적인 내용이기 때문이다. 그런데 정의(正義, just)나 인륜(人倫, moral)은 본질적인 또는 그 자체로서 존재하는 의지에 속하며 그 자체로서 '보편적인 의지(universal Will)'에 속한다. 참으로 옳은 것을 알기 위해서는 우리는 특수적인 것으로서의 습성(inclination)이나 충동(impulse)이나 욕망(desire)을 버려야 한다. 곧 '의지 그 자체(Will is in itself)'로 보지 않으면 안 된다. 왜냐하면 호의니 원조니 협동이니 하는 충동은 어디까지나 충동이지, 그것에 대해선 다른 숱한 충동이 대항하는 것이기 때문이다. '의지 그 자체(Will is in itself)'는 이 같은 특수성과 대립을 초월하는 것이어야 한다. 그러나 그 모든 것을 초월하는 점에서 의지로서의 의지는 추상적이다. 의지는 다른 것을, 외면적인 것을 자기와 완전히 다른 것을 의지하지 않으며 오직 자기 자신을 의지하는 한에서만 자유이다. 앞의 경우에는 의지는 다른 것에 의존하게 되기 때문이다. 절대적 의지란 이같이 자유이고자 의지하는 그 자체인 것이다. 그런데 이 자기를 의욕하는 의지가 바로 일체의 권리와 의무의 근거이며, 따라서 또한 일체의 법률과 의무 명령 및 책임의 근거인 것이다. 의지의 자유(the Freedom of Will) 그것은 이와 같은 것이므로, 모든 권리의 원리이며 그 실체적 근거이며 또한 그 자체가 절대 진실로 영원한 권리여서 다른 특수적 권리에 비하면 최고의 권리이다. 뿐만 아니라 그것은 인간을 인간답게 하는 것으로 따라서 정신의 근본 원리이다."

〈역사철학〉[25]

G. W. F. 헤겔의 '자유 의지(the Freedom of Will)'론은, 볼테르가 이미 그 '자연법(自然法, Natural Law)'으로 결론을 내놓은 사항이다. (참조, ＊ ⑨-31. 정의(正義)를 아는 이성(理性)은 인류의 통성(通性)이다. ＊ ⑨-33. '이성(理性)의 전개(展開)'가 정의(正義)다. ＊ ⑨-36. 선악(善惡)의 분별은, 산수(算數)의 문제다.)
 G. W. F. 헤겔의 경우 아직 '실존의 자유' '욕망의 자유' '선택의 자유'는 상상도 못하고 '절대 의지' '의지의 자유(the Freedom of Will)'를 주장하여 '법에의 복종하는 권리'를 일방주의 독재를 강조하였다.[26] (참조, ＊ ③-1. '자유 의지(free will)'란 무엇인가?) [볼테르

---

25) 헤겔(김병옥 역), <역사철학>, 대양서적, 1975, p. 552 ; G. W. F. Hegel(translated by J. Sibree), *The Philosophy of History*, Dover Publications, 1956, pp. 442~443..
26) '헤겔은 이것을 뒤집어 '법이 있는 곳에 언제나 자유는 있다.'라고 주장했다. 그래서 헤겔의 '자유(freedom)'란 법에 복종할 권리 이상의 의미는 없다.(For Hegel there is no freedom without law ; but he tends to convert this, and to argue that wherever there is law there is freedom. Thus freedom, for Hegel, means little more than the right to obey

'자유 의지'는 생명 운영에 필수인 방향 결정의 '선택 의지(will of choice)'이다.
이에 대해 헤겔의 '절대 자유(absolute freedom)'는 무조건 '법－관념 신에의
복종' 그것을 거듭 강조하였다. 여기에 다른 말을 붙이면 그 '헤겔의 오해'와
동행을 하고 있는 사람이다.]

그런데 G. W. F. 헤겔이 굳이 '변증법'을 동원, '여호와주의'로 '절대 이성'
'절대 목적' '절대 의지'를 강조했던 이유는 무엇인가? 그것은 위의 인용에
볼 수 있는바 개인의 '습성(inclination)이나 충동(impulse)이나 욕망(desire)' 발동
을 억압 무시하기 위한 G. W. F. 헤겔의 '전체주의' 강조를 위한 것이다.

G. W. F. 헤겔은 '절대 의지' 설명을 칸트의 〈실천이성비판〉 '우리가 선(善,
good)이라고 불려야 할 것은, 모든 이성적 인간의 판단에 있어서 '욕망 능력의
대상(an object of desire)'이 아닐 수 없다.'는 플라톤 식 도덕론에 일임하였다.

그리하여 헤겔은 〈세계 역사철학 강의〉에서, '자신의 개념(Self-conception)＝
예수＝여호와(Jehovah)＝절대 이성(理性, absolute reason)＝절대인 것(the
absolute)＝전체(全體, the whole)＝현실적인 것＝세계 안의 현존재(the existence
of world)＝절대의지(absolute Will)＝의지의 자유(the Freedom of Will)＝정의 윤리
(just, moral)＝헤겔＝모든 게르만인'으로 전제해 놓고 '학생들'을 향해 수용을
촉구하고 있다.

그것은 볼테르의 '자연법'에 일임할 사항을 모두 '절대(absolute)'라는 수식어
를 첨가하여 '여호와 신앙의 현실적 요구' '국가적 요구에 자발적 복종'을
강조하였다.

즉 G. W. F. 헤겔의 '이성(이성) 강조'는 '절대 이성, 여호와'를 제외하고
생각할 필요가 없는 이성(理性)이고, 그 '절대 이성' '절대 목적'은 '여호와
(Jehovah)'를 떠나서는 알 수 없는 이야기이니, '헤겔 철학'은 바로 '여호와
포교(布敎) 철학'이다.

G. W. F. 헤겔은 결국 인도 '브라만'식 사제(司祭)가 되기를 온 게르만 족에
'절대신' '절대 이성' '절대 의지'로 강조하였으니, G. W. F. 헤겔은 타고난
'떠버리'로 브라만의 '침묵의 권위'도 없었다. (참조, ※ ⑩-16. 인도(印度)가
서구(西歐) 문화의 원천(源泉)이다.)

칸트는 단순히 '선행' '평화'의 실현을 위해 불가피한 전제로 '하나님(여호

---

the law)'－B. Russell, *History of Western Philosophy*, George Allen & Unwin Ltd, 1971 p.
707.

648

와)' '영혼불멸'을 말했음에 대해, 헤겔은 바로 자신이 그 '여호와'이고 '권능' '힘'이라는 주장을 '정의(正義, just)나 인륜(人倫, moral)은 본질적인 또는 그 자체로서 존재하는 의지에 속하며 그 자체로서 '보편적인 의지(universal Will)'에 속한다.'고 반복하였다. ['실존 망각'에 '관념적 독재 옹호']

G. W. F. 헤겔의 '법 존중' '사회 정의 실현' '도덕 존중'은 볼테르의 '자연법(自然法, Natural Law)'으로 충분히 납득이 되는 사항이다. 그런데 헤겔이 괴상한 도식주의(변증법)를 동원하여 모두 '절대(絶對, absolute)'란 수식어를 붙여 강요 강조 강행하였던 점이 바로 헤겔을 믿는 '종족주의' '폐쇄주의' '배타주의'로 '지구촌(地球村, The Global Village) 금기(禁忌)'의 표본을 망라하였다.

볼테르는 '인간 생명 자유'의 확장을 위해 '자연(신)의 탐구'로 '이성(Reason)'을 강조했음에 대해, 헤겔은 단순한 '말장난(변증법)'으로 '절대신' '절대 의지' '절대 이성' '절대주의'를 앞세워 헤겔 자신이 그 '여호와'를 대신하는 메시아가 되어 흉악한 '절대주의 독재(absolute autocracy)'를 앞장서서 주장하는 사람으로 돌변하였다. [G. W. F. 헤겔이 자신의 '변증법'을 펼쳐 보인 〈논리학(Science of Logic, Wissenschaft der Logik)〉에 감히 **과학(Science, Wissenschaft)'**이란 명칭을 사용했던 것은, 정말 그 헤겔이 얼마나 '사이비 계몽주의자'로서 '무늬만 과학자' 모양까지 탐을 냈는지 한 눈에 알 수 있게 하고 있다. 한 마디로 과학'은 '주장'이 소용없고, 알아서 활용한 사람이 바로 그 주인이다. 헤겔은 '계몽주의'를 가장(假裝)한 '박쥐 철학자' '거짓말쟁이' '무용(無用)의 잔소리꾼'이다.]

거듭 설명하자면, 볼테르가 주장했던 '이성(reason) 추구'는 '뉴턴의 역학'이나 하비의 '혈액 순환론' 발견이 명시하고 있듯이 단순한 그 말장난 변증법으로 얻어진 결론은 절대 아니다. 그런데 헤겔은 볼테르의 '이성' '자유 의지'를 '절대 이성' '절대 의지'란 말로 '변증법'이란 것으로 바꾸어 놓고, 거기에 '주관적 여호와주의'를 '제국주의 독일 현실'에 강요를 하고 있으니, 이것이 바로 고대 '유대인의 사명감'이 변용된 헤겔 '노예 철학'의 전모(全貌)이다. ['노예도덕(Slave morality)'은 F. 니체의 용어임]

칸트와 헤겔의 동일점과 차이점은 무엇인가? 동일점은 모두 '개신교도(protestant)' '도식주의자(dogmatist)'라는 점이고, 다른 점은 칸트는 '여호와(하나님)'을 '선(善)'과 '평화(平和)' '행복(幸福)'의 불가피한 전제로 주장했음에 대해, 헤겔은 여호와가 바로 '절대 이성(absolute reason)'이고 '각자 스스로임'을 알라는 명령을 행하는 그 '선지자(메시아)'의 자리에 헤겔 자신이 나가 있는 경우였다.

ⓕ 무엇보다 헤겔이 자신의 〈법철학(Elements of Philosophy of Right, Grundlinien der Philosophie des Rechts, 1820)〉에서, 볼테르의 '전쟁반대'를 구체화한 I. 칸트의 〈영구평화론(Perpetual Peace, 1795)〉과 〈법이론(The Science of Right, 1797)〉을 공공연하게 무시하였다.[27] 이것은 바로 헤겔 '자신이 스스로 화약(火藥)을 안고 불 속으로 달리는 헤겔'의 '광신적 종족주의(Fanatical Nationalism)'를 명시하는 '헤겔 비극(悲劇)의 서장(序章)'이다. 이로써 친(親) 볼테르의 '칸트 철학'과 반(反) 볼테르의 '헤겔 철학'이 극명(克明)하게 상호 구분되게 되었다. [헤겔의 3대 폄훼(貶毁) 인물은 뉴턴[28] 볼테르[29] 칸트[30]였다.]

그러므로 헤겔의 〈세계 역사철학 강의〉는 그 여호와의 문제가 고대 유대 민족을 넘어 '로마 시대'에 이르고, 다시 게르만의 '프리드리히 2세'까지 이르렀던 과정이 바로 '세계 역사의 주류(主流)'라는 주장이다.

그리하여 그 결론은 이미 전제된 바 '자신의 개념=예수=여호와=절대 이성(理性)=절대인 것=정의(正義) 윤리'의 '정치적 현실적 성취'가 목표이니, 세계인의 '개신교도화'가 그 확실한 목표이고, 명목상 '그것(여호와주의)'을 거부할 때는 '전쟁'이 있을 뿐이다. 그것을 명시한 것이 '메시아 헤겔'이 맡은 그 '사명감'이다.

거듭 말하거니와, '자신의 개념=예수=여호와=절대 이성=절대인 것=전체=현실적인 것=절대의지=정의 윤리=헤겔=게르만'이 그 결론이다.

그러므로 이 주장에서 가장 큰 문제점은, '배타적 유일신(排他的 唯一神, exclusive Unity)'이라는 점이다. 그 '여호와주의'에 '유대인의 역사상 갈등'이 전제되어 있었고, '(배타주의 옹호의)전쟁 긍정'의 헤겔의 〈세계 역사철학

---

27) G. W. F. Hegel(translated by H. B. Nisbet), *Elements of Philosophy of Right*, Cambridge University Press, 1991, p. 368 'The State'.
28) '뉴턴은 야만인(a barbarian)이다.' -G. W. F. Hegel(translated by E. S. Haldane & F. H. Simson), *Lecture on The History of Philosophy*, Routledge and Kegan Paul, 1968, V. 3 pp. 322~324 'Newton'.
29) '볼테르는 광교파(廣敎派, latitudinarian tolerance)다.' -G. W. F. Hegel(translated by J. Sibree), *The Philosophy of History*, Dover Publications, 1956, p. 196.
30) '칸트는 …궤변론자(sophistry)이다.' -G. W. F. Hegel(translated by W. H. Johnston & L. G. Struthers), *Science of Logic*, George Allen & Unwin LTD, 1951, V 1 p. 117 'Observation 4'.

강의〉와 '(관용중심의)평화 옹호'의 볼테르 〈역사철학〉의 근본적 분기점(分岐點)이 명시가 되고 있다. [헤겔의 '여호와주의'와 볼테르의 '실존주의' 차이임]

이 결코 있을 수 없고 있어서는 아니 되는 그 '분할(分割)의 논리', '전쟁의 논리'의 정면(正面)에 '그 유명하다는 헤겔의 주장'이 있다.

헤겔의 주장은 단순히 '국가 민족주의'의 차원을 넘어서 '여호와 정신'이 '자신의 개념' '절대 정신'으로 바뀌어 있는 상황이니, '여타 민족' '여타 국가' '여타 사상'은 용납할 수 없는 '위험천만'의 '절대적 요구'이다.

한 마디로 G. W. F. 헤겔의 모든 글은 '목사 헤겔의 포교 강론(a protestant clergyman Hegel's lectures of propagation)'으로, '신(여호와)의 뜻'으로 오해된 '전체주의(totalitarianism)' '제국주의(Imperialism)' 몽상(夢想)이다.

이것이 바로 볼테르가 지속적으로 경계(警戒) 비판해 왔던 그 '광신주의(狂信主義, fanaticism)'의 대표적 모습이니, 헤겔은 앞장서서 그 '광신주의'에 나가 그 '절대 이성' '절대 의지'란 이름으로 전 게르만을 향해 '전쟁 옹호'의 '광신주의'를 그 '여호와주의'로 부채질하였다.

이 라이프니츠-칸트-헤겔의 '여호와주의' '선지자 중심' '도덕 중심' '일방주의' 사고를 극복하고, '동시주의'의 볼테르-쇼펜하우어-니체-프로이트의 '실존주의' '개인중심' '욕망 중심' '자연주의' '평화주의' '과학주의'가 펼쳐졌음이 세계의 근대사·현대사의 전개 그것이다.

⑬-3. A. 쇼펜하우어-'육체(Body)는 의지(Will)가 있는 장소이다.'

G. W. F. 헤겔이 '절대 이성(理性)' '절대 자유'로 G. 라이프니츠의 '신정론(神正論)'을 더욱 '현실화'시킨 '절대주의' '전체주의' '독재 원리'로 '일방주의'를 강요하고 있을 적에, A. 쇼펜하우어(A. Schopenhauer, 1788~1860)는 조용히 그의 '젊은 지성'을 동원, J. 로크(J. Locke)와 볼테르 경험주의에 입각하여, '육체(身體, body)'와 '의지(意志, will)'의 상호 관계를 정밀하게 짚어보았다.

ⓐ A. 쇼펜하우어는 1813년 '예나 대학(the University of Jena)'에 박사학위논문 〈이성 적합 원리의 네 가지 뿌리에 관하여(Ueber die Vierfache Wurzel des States von Zureibenden Grande)〉[31]를 제출하였는데, 쇼펜하우어는 거기에서 소위 그의

'이성 적합 원리(充足理由律, the principle of sufficient reason)'로, '동일성(同一性, homogeneity)'의 법칙과 '특이성(特異性, specification)'의 법칙을 전제하였다. 그리고 그 기존 철학들은 그 '특이성' 확장에 근본 문제가 있음을 지적하였다. 이것은 젊은 A. 쇼펜하우어가 라이프니츠의 '이성 적합 원리(充足理由律, the principle of sufficient reason)'에다가 J. 로크의 '의학적 생물학적 원리'를 대입하여 주체의 의지(의식)와 육체는 분리될 수 없다는 전제에서 출발한 것이다. I. 칸트가 〈순수이성비판〉에서 '경험론'을 단순히 '직관(直觀)'으로 전제했던 것을 쇼펜하우어는 그 '오성(의지)의 작동'이 근본적으로 그 '하나의 표상일 뿐인 자신의 육체'에서 독립 분리 운영될 수 없음을 구체적으로 증명을 해 보였다. 5년 뒤 〈의식과 표상으로서의 세계(The World as Will and Representation)〉(1818)에서도 그것이 거듭 강조되었다. 그 구체적인 그 대목은 다음과 같다.

ⓑ "그 인식을 행하는 주체(the knowing subject)와 '그 육체와 특별한 관계(this special relation to the one body)'를 무시하고 고찰을 할 경우, 그 육체(body)도 다른 표상(representation)과 동일한 하나의 표상일 뿐이다. 그렇지만 '인식 주체'는 바로 육체와 특별한 관계에 있기 때문에 '한 개인(an individual)'인 것이다. 그렇기에 '인식 주체'를 '개인'으로 만들고 있는 그 관계는, 바로 인식 주체와 그 주체의 모든 표상 중 '오직 하나인 표상'[자신의 육체] 사이에만 존재한다. 따라서 인식 주체는 이 유일한 표상을 '오직 하나의 표상'으로 의식하고 있을 뿐만 아니라 전혀 다른 방법, 즉 하나의 의지(a will)로 역시 인식하고 있다. 만일 인식 주체가 그러한 특별한 관계, 즉 동일한 육체라는 것을 이중(二重, heterogeneous)으로 인식하고 완전히 다르게 인식한다는 사실을 도외시한다면, 동일한 것, 즉 육체는 다른 모든 표상과 마찬가지로 단지 하나의 표상일 뿐이다. 이것을 확인하기 위해서 인식 개인(He)은 다음 중 어느 한 가지를 가정하지 않으면 안 된다. 즉 유일한 표상이 다른 표상과 다른 까닭은 개인의 인식이 유일한 표상에 대하여 이중(二重)의 관계에 있다는 사실이다. '이 유일한 직관적 객체(this one object of perception)'를 통찰하는 경우에는 개인에게 동시에 두 개의 길이 열려 있지만, 이것은 육체라는 유일한 객체가 다른 객체와 다르다고 하면 안 된다. 개인의 인식이 육체라고 하는 객체와는 다른 관계에 있다고 말해야 한다. 다른 하나는 이 유일한 객체가

---

31) A. Shopenhauer(F. C. White − Translated by), *On the Fourfold Root of the Principle of Sufficient Reason*, Avenbury, 1997, p. vii.

본질적으로 다른 객체와 다르며, 모든 객체 중에서 오직 그것만이 의지(意志)이고 동시에 표상(表象)이고, 다른 객체는 단지 표상, 즉 단순한 환영(幻影, phantoms)이다. 따라서 인식을 행하는 개인(個人)의 육체야말로 세계 안에서 단 하나의 현실적 개인이며, 주체의 오직 하나뿐인 직접 객체(his body is the only real individual in the world, i.s., the only phenomenon of will, and the only object of subject.)이다. 다른 객체들을 단순한 '표상'으로 본다면, 인식 주체의 육체와 똑같다. 다시 말해 육체와 마찬가지로 공간에서 작용한다. 이것은 원래 표상에 대해 선험적으로 확실한 그 인과성의 법칙으로 증명할 수 있다는 것이 명확하게 해 준다."

〈의지와 표상으로서의 세계〉32)

A. 쇼펜하우어가 위에서 행한 설명은 약간 복잡하게 되었다. 그렇지만 간단히 말해 '각 개인의 육체가 다른 사물과 결코 다를 수 없지만, 그 개인은 그 육체를 표준으로 만물을 알고 대처를 행한다.'는 당연한 사실을 확인한 것이다. 즉 어릴 때는 아무 것도 몰랐지만 자라면서 더욱 명확히 알게 된다는 경험론을 수용 인정한 말이다. 이 견해는 볼테르가 47년(〈무식한 철학자〉(1766)) 전에 이미 확인을 했던 사항이다. (참조, ※ ⑨-2. 막 태어나서는 아무 것도 모른다.)

그런데 A. 쇼펜하우어는, 개인(탐구자, 철학자, an individual)의 '육체(body)'는 '객체(表象, Representation)'이면서 동시에 '주체(意志, Will)'인 '이중(twofold heterogeneous) 관계'에 있음을 소위 '이성 적합 원리(理性適合原理, 充足理由律, the principle of sufficient reason)'로 명시하였다.

A. 쇼펜하우어의 이 지적은 플라톤의 '이념 철학'과 '기독교 신학'이 연합하여 맹위를 떨치고 있던 '경험 배제 철학(先驗哲學)'에 대항하여 J. 로크의 생물학적 의학적 원리를 바탕으로 그 오류를 증명하는 쾌거였다. 이에 F. 니체는 A. 쇼펜하우어에게 '초인(超人, Superman)' 칭호를 올렸다.33)

그렇지만 널리 알려져 있는 바와 같이 A. 쇼펜하우어는 이후 '철학적 글쓰기'를 계속하며 '실존(육체)'을 경멸하는 '염세주의(pessimism)' '허무주의(nihilism)' 철학의 대표 주자가 되어 세상 사람들이 참고할 만한 것이 없어졌다. 왜냐하면 '살고 있으면서 그 삶을 부정함'은 명백한 자기모순이기 때문이다. 한 마디로

---

32) 쇼펜하우어(권기철 역), <의지와 표상으로서의 세계>, 동화문화사, 1978, pp. 149~150 ; A. Schopenhauer(translated by J. F. J. Payne), *On The World as Will and Representation*, Ibid, pp. 103~104.

33) F. Nietzsche(translated by Oscar Levy), *My Sister and I*, AMOK Books, 1990, p. 176.

A. 쇼펜하우어는 젊은 시절의 패기를 잃고 기존의 '염세주의' '허무주의' 쪽에 함몰이 되었다. 그것은 두어 가지 다음 예로 충분할 것이다.

A. 쇼펜하우어는 '존재의 무의미에 대하여(On the Vanity of Existence)'에서 다음과 같이 말하였다.

ⓒ "한마디로 행복한 사람은 한 사람도 없고, 누구나 자기가 행복이라고 생각하고 있음을 향해 노력하지만, 그것이 이뤄지는 일은 좀처럼 없으며, 이뤄진다 해도 환멸을 맛볼 뿐이다. 대개는 모든 사람이 결국 난파하여 돛대도 꺾인 채 항구로 들어간다."

〈존재의 무의미에 대하여〉34)

A. 쇼펜하우어는 소위 그의 '패배주의(defeatism)'에 시적 수사를 아끼지 않았다. 이러한 글은 읽을 필요도 없고 더구나 가르쳐야 할 이유는 더욱 없다. 도대체 무얼 어떻게 하자는 이야기인가.

ⓓ "인간의 삶이 일종의 착오임이 틀림없다는 것은 다음과 같은 간단한 고찰에서 명백해진다. 인간은 '욕망 덩어리(a compound of needs)'지만 그 욕망을 만족시키기는 매우 어려운 일이다. 그 만족에 의해 주어지는 대가란 고작해야 '고통이 사라진 상태(a painless condition)'에 불과하며, 또한 고통이 사라졌다고 생각하는 순간 곧 '권태(boredom)'의 포로가 된다. 이 권태야말로 생존 그 자체에 아무런 가치도 없다는 것을 증명하는 것이다. '권태'란 '실존의 무의미(the emptiness of existence)' 그것이다."

〈존재의 무의미에 대하여〉35)

이런 말을 한 A. 쇼펜하우어를, F. 니체는 "나는 그(쇼펜하우어)의 본능이라는 것이, 새로운 불교, 유럽의 불교, 허무주의로 몰아가는 중임을 알게 되었다.(I realised that it was the route along which that civilisation slid on its way to―-a new Buddhism?―a European Buddhism?―Nihilism?36))"라고 비판하였다. F. 니체는

---

34) A. 쇼펜하우어(사순옥 역), <인생론>, 홍신문화사, 1987, p. 295 ; A. Schopenhauer, *Essays and Aphorisms*, Penguin Books, 2004, p. 52 'On the Vanity of Existence'.
35) A. 쇼펜하우어(사순옥 역), <인생론>, 같은 책, p. 298 ; A. Schopenhauer, *Essays and Aphorisms*, Ibid, p. 53 'On the Vanity of Existence'.

모든 '종교적 허무주의'를 근본적으로 거부하였던 '실존주의자'이다.

ⓒ A. 쇼펜하우어는 말하고 있다.

　"살려는 의지의 가장 완전한 현상, 그것은 인간의 유기체라는 극히 정교하고 복잡한 장치 속에 나타나지만, 그것도 티끌로 괴멸되지 않으면 아니 되고, 이 현상의 전존재와 노력 모든 것이 끝내는 무로 돌아가지 않으면 안 된다. 즉 이 의지의 노력 모든 것이 본질적으로 허무라는 것은 어느 때나 진실이고 솔직한 대자연의 소박한 확언이다."

<존재의 무의미에 대하여>[37]

　A. 쇼펜하우어의 <의식과 표상으로서의 세계>에 크게 공감했던 F. 니체는, 다음과 같을 말을 하였다.

　"나는 놀라운 지성과 독창적 인간이, 환경의 열악(劣惡)으로 옹졸하고 비겁한 전문가, 불평 많은 늙다리 괴짜가 된 사례를 목격했다."[38]

　F. 니체의 이 말은, '실존(實存)의 존재 증명'을 제대로 행했던 천재 A. 쇼펜하우어가 만년(晩年)에 '허무주의'에 빠졌던 것을 비통(悲痛)하게 여겼던 니체 자신의 심경 토로이다. F. 니체는 A. 쇼펜하우어의 '염세주의' '허무주의' 원인을 독일 '프랑크푸르트(Frankfurt)'의 '열악한 기후(氣候) 탓'으로 돌려 탄식을 하고 있다.

　한 마디로 A. 쇼펜하우어의 '염세주의' '허무주의'는 아무 소용이 없는 '공허한 탄식'일 뿐이다. 이런 '허무주의'를 볼테르나 F. 니체는 모두 조롱하고 미워했다. (참조, ※ ⑨-30. 자연(自然) 지배자의 지식-과학)

36) F. Nietzsche(translated by H. B. Samuel), *On the Genealogy of Morality*, T. N. Faulis, 1913, pp. 7~8.

37) A. 쇼펜하우어(사순옥 역), <인생론>, 같은 책, p. 299 ; A. Schopenhauer, *Essays and Aphorisms*, Ibid, p. 54 'On the Vanity of Existence'.

38) F. Nietzsche (translated by A. M. Ludovici), *ECCE HOMO-Nietzsche's Autobiography*, The Macmillan Company, 1911, p. 34.

⑬-4. C. 다윈-'진화론(進化論)'

볼테르는 1776년 〈무식한 철학자〉에서 "동물(動物)도 나처럼 어느 정도의 개념(概念)과 기억(記憶)을 동반한 정념(情念)을 가지고 그것을 전달하는 힘을 지니고 있는지를 나는 묻곤 한다."라고 전제하였고, 이어 "나는 약한 동물(動物)이다. 내가 태어날 때는, 힘도 지식도 본능(instinct)도 없었다. 어머니의 가슴을 향해 기어갈 수도 없었다. 개념도 힘도 없었다."라고 말하였다. (참조, ※ ⑨-1. 인간은, 자연의 노예다. ※ ⑨-2. 막 태어나서는 아무 것도 모른다.)

그런데 그 83년 후(1859)에 영국의 찰스 다윈(C. Darwin, 1809~1882)은 '생명은 공통조상에서 유래하여 자연에 적응 진화하였다.'는 '생물과학적 결과'를 발표하여 I. 뉴턴 J. 로크를 이어 새로운 인생관을 제시하였다. (참조, ※ ⑨-19. 육체(肉體) 속에도 있는, 그 '원인'과 '결과')

이것은 그동안 오직 〈성경〉에 의존했던 서양인의 지식 체계를 근본적으로 바꾸게 한 가장 강력한 일격(一擊)이었다. 다윈의 주장은 '야생 생물과 화석(化石, wildlife and fossils)'의 비교 분석을 통한 주장이니, 추상적 관념적인 주장과는 완전히 달랐다. 그것은 여하튼 기존 '종교적 관념'이 단순히 '공상(空想)'이었음을 그대로 입증했던 것이다. 단순히 시간적으로 '몇 천 년'이 아니라 '십만 백만 년'을 전제하였고, 단순히 '개와 소'와 비교가 아니라 땅 속에 사는 '지렁이'와의 비교 등이 그것이다.

다윈의 행적은 다음과 같이 요약이 되어 있다.

> C. 다윈(C. Darwin, 1809~1882)은 영국의 자연주의자, 지질학자, 진화(進化) 이론에의 기여로 유명하다. 다윈은 생명을 지닌 모든 종(species)이 공통의 조상에서 유래하였고, A. R. 월리스(Alfred Russel Wallace, 1823~1913)의 주장과 동일한 '자연 선택(自然 淘汰)'의 결과라는 그의 과학적 이론을 소개하였다. 그 '자연 선택(自然 淘汰)'에서 '생존 경쟁'은 번식 상의 인위 선택(雌雄 淘汰)과 유사한 것이다.
>
> 다윈은 이전의 종의 변이(變移) 개념을 과학적으로 극복 거부하고, 유력한 증거를 통해 자신의 진화론(進化論)을 주장하는 〈종(種)의 기원〉을 1859년에 간행하였다. 1870년대까지 과학계와 일반 대중 대부분은 진화(進化)를 사실로 받아들였다. 그러나 많은 경쟁적 해설들은 1930년대부터 1950년대에까지의 '자연 선택(自然 淘汰, natural selection)이 기본 구조'라는 발전된 폭넓은 공감을 얻은 '현대 진화론의

<종의 기원>을 집필 중인 다윈(1854)[39], 맏아들과 다윈(1842)[40], 46세의 다윈(1855)[41]

통합'이 출현할 때까지는, 신뢰를 하지 않고 있었다. 그 형태가 수정(修正)이 되면서, '다윈의 과학적 발견'은 생명을 발견 해설하는 생명과학의 통일론으로 자리를 잡고 있다.

다윈의 자연(自然)에 대한 흥미는 '에든버러 대학'에서 의학 공부를 포기하게 만들었다. 대신 다윈은 해양 무척추동물을 고찰하게 되었다. '캠브리지 대학'에서 다윈의 공부는 자연과학(natural science)에 대한 열정을 불러 일으켰다. 5년간의 '비글 호(HMS Beagle)' 여행(1831~1836)은 다윈의 관찰과 이론이 C. 라이엘(Charles Lyell, 1797~1875)의 '균일설(均一說, uniformitarian ideas)'을 지지하는 '탁월한 지질학 자'로 자리를 잡게 하였다. 그의 고찰이 항해 학술지로 발표되자 다윈은 인기 있는 작가가 되었다.

다윈은 비글 호 여행 항해(航海) 중에 수집한 야생 동물과 화석(化石)의 지질학적 분포의 문제에 빠졌다가 1838년 다윈은 '자연선택론(自然淘汰論, theory of natural selection)'을 생각해 내었다. 다윈은 몇몇 자연과학자들과 그의 생각을 토론하였지만, 폭 넓은 탐사와 자신의 지질학적 연구가 우선함에 고찰에 시간이 필요했다. 다윈은 1858년에 그의 이론 서술을 다 써 놓고 있을 무렵, 앨프리드 월리스(Alfred Russel Wallace, 1823~1913)는 다윈에게 그와 '동일한 생각을 서술한 논문'을 보냈는데, 그들의 이론을 함께 공동으로 출간을 서두르게 되었다. 다윈의 연구는 자연 속에 분화된 과학적 해설을 통해 개선을 향한 수정(修正)으로서의 진화론으로 확립이 되었다. 1871년 다윈은 저서 〈인간의 유래(由來)와 성 도태(性 淘汰, The

---

39) Wikipedia, 'C. Darwin' – 'Darwin, aged 45 in 1854, by then working towards publication of On the Origin of Species'.
40) Wikipedia, 'C. Darwin' – 'Darwin in 1842 with his eldest son'.
41) Wikipedia, 'C. Darwin' – 'Charles Darwin, aged 46 in 1855'.

마젤란 해협의 몬테 사르미엔토에 정박 중인 비글 호[42], 비글호의 항로(1831~1836)[43]

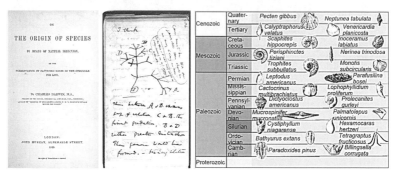

<종의 기원> 표지(1759)[44], 최초의 계통수 그림(1837. 7.)[45], 미국 동북부 지역의 생물 화석(化石)[46]>

Descent of Man)〉에서 인간의 진화와 자웅도태(雌雄淘汰, sexual selection)를 고찰했고, 〈인간과 동물의 감정 표현(The Expression of the Emotions in Man and Animals)〉이라는 저서를 추가하였다. 다윈의 식물 탐구에 대한 연이은 저술도 출간이 되었는데, 그 마지막 저서는 '지렁이의 토양과의 관계 고찰'이었다.

다윈은 국제적으로 유명하게 되어, 과학자로서 그의 탁월성은 웨스트민스터 성당(Westminster Abbey)에 안장(安葬)으로 마지막 평가가 되었다. 다윈은 인류의 역사상 가장 유력한 인물 중 한 사람으로 알려져 있다.

'과학적 사실의 발견'은 처음부터 '인간들의 칭찬 여부(與否)'와는 무관한

---

42) Wikipedia, 'The Voyage of the Beagle' – 'Reproduction of frontispiece by R. T. Pritchett from the first Murray illustrated edition, 1890: HMS Beagle in the Straits of Magellan at Monte Sarmiento'.

43) Wikipedia, 'C. Darwin' – 'The voyage of the Beagle, 1831~1836'.

44) Wikipedia, 'On the Origin of Species' – 'The title page of the 1859 edition of On the Origin of Species'.

45) Wikipedia, 'C. Darwin' – 'In mid-July 1837 Darwin started his "B" notebook on Transmutation of Species, and on page 36 wrote "I think: above his first evolutionary tree'.

46) Wikipedia, 'Fossil' – 'Common index fossils used to date rocks in North-East USA'.

스스로 존엄한 원리를 스스로 집행을 해 간다. 그렇기에 볼테르는 '자연법이 최고다.' '자연의 원리가 신이다.'라고 말할 수 있었다.

⑬-5. K. 마르크스－'물질(物質)'에 주목하라.

K. 마르크스(Karl Marx, 1818~1883)는 그의 철학 체계가 온전히 헤겔의 '도식주의(변증법)'를 그대로 적용하였으니, 한마디로 볼테르 '경제중시론'을 변용하여 '노동자 중심론' '노동자 중심국가'로 자신의 이상(공상)을 펼쳤다. 헤겔의 '여호와' 문제를 K. 마르크스는 '자본(유물론)' 문제로 대체(代替) 서술하였다.

K. 마르크스는 볼테르의 '실존(實存, 육체) 중심' '경제 중심'에 동조했으나, 거기에 '노동자 중심' '전체주의' '이상(공상)주의'로 헤겔처럼 자신을 그 '메시아' 입장에 두고 있었다.[47)]

ⓐ K. 마르크스는 H. 헤겔의 제자로 자신과 헤겔의 차이점을 "내가 보기엔 반대로 '관념인 것(the ideal)'이란 인간의 마음속에 반영되어 생각의 형태로 바뀐 '물질세계(the material world)'에 불과하다.(With me the reverse is true: the ideal is nothing but the material world reflected in the mind of man, and translated into forms of thought)"[48)]라고 헤겔의 '여호와' 문제를 '물질'로 바꿔 명시하였다.

대체적으로 K. 마르크스는 헤겔의 제자로 알려졌는데, 위의 말을 그 헤겔['여호와'－정신(Spirit, Mind) 중심]과 마르크스['자본' 중심]의 중요 분기점을 명시하고 있다.

K. 마르크스에 앞서 볼테르는 인간 '실존'과 '자본'의 중요성을 역설하였다. (참조, ※ ④-3. '돈'이 좌우하는 세상사, ※ ④-6. 분쟁의 뿌리에 경제 문제가

---

47) B. Russell, *History of Western Philosophy*, George Allen & Unwin Ltd, 1971, p. 360 '여호와(Yahweh)=변증법적 유물론(Dialectical Materialism)' '메시아(The Messiah)=마르크스(Marx)' '선민(The Elect)=프롤레타리아(The Proletariat)' ; -**그러나 이것은 마르크스에 앞서, 헤겔이 '여호와=자신의 개념=이성' '메시아=헤겔' '선민=게르만'의 공식으로 먼저 사용한 그 나머지였음**.[마르크스는 헤겔의 제자임]－B. 러셀의 '서양 철학사'는, '심리학-정신분석학' '과학'이 완전히 제외된 '관념주의 철학 논의' 책이다.

48) K. Marx, *Capital (A Critique of Political Economy)*, Penguin Books, 1976, p. 102.

있다.)

마르크스는 자신의 '변증법'과 헤겔의 그것의 차이를, "헤겔은 역사의 추진력을 관념(이념), 정신(여호와)으로 전제했음에 대해, 자신은 물질(Material)로 보는데 근본 차이가 있다"고 하였다. 그러므로 헤겔과 마르크스는 공통으로, '변증법적 도식주의' '국가주의' '전체주의'에 빠졌다. 그런데 볼테르는, '시민 중심' '개인 중심' '개인 생명 중심' '자연법'에 있었다.

ⓑ 마르크스는 그의 저서 〈자본론〉에서 소위 '노동(勞動, labor) 중심' '상품 생산'의 문제를 자세히 밝혔다. 그 기본 전제는 다음과 같다.

> "코트나 아마포 등의 물건, 즉 다시 말하여 '상품들'(the physical bodies of commodities)은 '자연에 의해 제공된 소재'(the material provided by nature)와 '인간의 노동력'(labour) 두 가지 요소의 결합이다. … 윌리암 페티가 말한 바와 같이 '노동'은 물질적 부의 아버지이고 '대지'는 어머니다."[49]

그런데 마르크스는 로크 이론으로 되돌아가 '소유권(所有權) 론'을 펼치었다. 마르크스의 '상품'에 대한 해석은 J. 로크의 〈통치론〉에 나오는 '소유권에 대하여(of property)'에 기초하였다.

> ⓒ "상수리 나무아래에서 상수리 열매를 주어먹고 사는 사람, 숲 속의 나무로부터 모은 사과를 먹고 사는 사람은 그것들(상수리 열매, 사과)을 모두 (자연으로부터)자신의 것으로 만들었다는 것은 명백하다. 아무도 그가 먹고 사는 것이 그의 것이 아니라고 말하지 아니 한다. 그렇다면 언제부터 그것들이 그의 것이 되었는지를 물을 수 있다. … 처음 그것들을 모았을 때가 아니면, 어떤 행위도 그것들이 그의 것이 되게 할 수 없다는 것은 명백하다. 그 (주워 모은) '노동'이 그것들을 공동소유로부터 구분을 지어주고 있다."[50]

이 같은 마르크스 이론은, 볼테르가 그의 〈캉디드〉 마지막 장에서 '아담의 밭 갈기' 자세로 돌아갔던 '상황'과 동일한 것이다. (참조, ＊ ⑧-23. 우리의

---

49) K. Marx, *Capital (A Critique of Political Economy)*, Ibid, pp. 133~134.
50) J. Locke, *Two Treatises of Government*, Hafner Publishing Company, 1947, pp. 134~135.

밭을 갈아야 한다.)

ⓓ 그런데 과학의 발달과 '자본주의 산업 사회'의 팽창으로 '일차적 농업 생산'은 그 기초를 이룰 뿐 생산구조는 더욱 다양해졌다. 이에 마르크스는 공격 목표를 '상업주의 자본가'에게 화살을 돌렸다. 이것도 '상업 권장' '자본축적'을 강조한 볼테르와는 근본적으로 차이가 나는 점이었다. (참조, ※ ⓓ-4. 노예 같은 장관(長官)보다 상인(商人)이 최고, ※ ⓓ-13. 황금을 향한 인간들의 의지, ※ ⓓ-3. 돈이 좌우하는 세상사)

K. 마르크스는 헤겔의 '절대주의(여호와주의)'와는 다른 쪽에서 볼테르의 '물질 존중'의 정신은 긍정했지만, '자본가 중심'이 아닌 '노동자 중심'에서 '산업자본가들'을 비판하였다. 마르크스는 '자본 축적(the accumulation of capital)'을 상품 생산의 '잉여 가치(surplus-value)' 착취로 전제하였다. 만약 〈캉디드〉의 제18장 '엘도라도의 다이아몬드' 문제의 경우, 마르크스는 그것을 채굴(採掘)했던 '노동자들에게 돌려주라.'라는 고집스런 주장이 된다. '흙'이나 '돌덩이'로 널려 있는 것을 '식별하고' '개발하여' '활용한' 것에도 모두 그 '(知的)노동력'이 분산(分散) 발동되게 되어 있으니, 그 '공정(公正)한 분배(分配) 문제'가 그렇게 간단하게 끝날 문제는 아니다. 그것(공정한 분배)을 무시하면 '무지한 독재'가 된다.

그러나 여하튼 마르크스는 그 '자본축적자' '산업자본가'에 공격 비판의 초점을 맞추었다. 모든 '상품(賞品)'은 여하튼 '그 노동자들 것'이라는 주장이었다. 마르크스는 이를 그대로 밀고가 결론을 다음과 같이 이끌었다.

ⓔ "경제학은 원리적으로 두 가지 상이한 개인적 소유, 즉 하나는 생산자 자신의 노동에 의존하고 있고 다른 하나는 다른 사람 노동의 착취에 의존하고 있다는 사실을 모르고 있다. 그리고 노동 착취자는 노동자의 적대적 위치에 있을 뿐만 아니라 노동자의 무덤위에 성장한다는 것을 망각하고 있다."[51]

위에서 '노동생산자'는 프롤레타리아이고 '노동착취(the exploitation of the labour)자'는 부르주아다. K. 마르크스는 부르주아가 프롤레타리아의 무덤 위에

---

51) K. Marx, *Capital (A Critique of Political Economy)*, Ibid, p. 931.

성장한다고 말하였다. 여기에서 노동생산자와 자본가의 대립은 불가피하게 되니, 노동생산자(프롤레타리아)는 단결하여 자본가(부르주아)를 타도하여 새 세계를 열어 가는 것이 역사의 필연이라는 것이다.[52] 헤겔의 '여호와의 권위'가 마르크스 경우 '자본(물질)'으로 바뀌어 그대로 '국가 사회 운영 중심 원리'로 주장되었다. 그러므로 '전체주의' '일방주의' '국가주의' '통치 이념'으로 주장되기는 헤겔과 동일하나, '관념(하늘, 여호와-정신) 중심'에서 '물질(大地) 중심'으로 바뀌어 있음이 근본적인 차이점이다.

K. 마르크스는 '물질이 인간의 생각을 지배한다.'는 주장을 계속 펼치었다.

ⓕ "사람들이 수행하는 사회적 생산 속에 사람들은 그들의 의지와는 다른 그러나 피할 수 없는 제한된 관계로 들어간다. 이들 생산관계는 그들의 물질적 생산의 발전단계에 상응한다. 이들 생산관계의 총화가 현실적 기초인 사회의 경제 구조이고, 이것 위에 법률적 정치적 상위 구조가 서고 그것에 대해 제한된 사회적 의식이 상응한다. 물질생활의 생산 양태가 전반적으로 사회적 정치적 지적 생활의 진행을 결정한다. 그들의 존재를 한정하는 것은 인간의 의식이 아니라 그들의 사회적 존재성이 그들의 의식을 한정한다."[53]

K. 마르크스의 최대 관심은, '물질생활의 생산 양태(the mode of production in material life)'에 있는데, 이것은 I. 칸트의 '체계적 방법(the systematic mode of procedure)' 존중과 유사하다.

그러나 볼테르는 '체계' '방법'이 문제가 아니고 '결과' '활용' '효과'를 가장 우선으로 생각하였다. 한 마디로 마르크스는 처음부터 '분배(分配)'에 온 신경을 모았으나, 볼테르는 '인류를 위한 풍요' '종족을 위한 풍요'를 위한 '과학의 탐구'에 온 인류가 마땅히 종사해야 한다는 입장이었다. 그러므로 이 점에서 볼테르는 헤겔-마르크스의 정확한 선배였으나, 오히려 그 사고에서는 그들을 추월하여 먼저 '현대 정신'에 멀리 앞서 와 있는 위대한 사상가였다.

즉 헤겔은 '절대 이성' '절대 자유'로 '여호와주의'에 있었음에 대해, 마르크스는 '물질 중심' '상품 생산' '노동 중심' '분배 방법론'의 이론에 젖어 있었다.

---

52) K. Marx & F. Engels(남상일 역), *The Communist Manifesto*, 백산서당, 1989, p. 155 '전 세계 노동자여 단결하라'.
53) K. Marx & F. Engels, *Literature and Art*, International Publishers, 1947, p. 1.

마르크스는 '전체적인 인류의 풍요'를 목표하는데 그 '체계중심' '일방주의' '전체주의' '이상주의(망상, 공상, 꿈)'에 빠져, 결국은 각 '개인 중심의 동력(動力)'이 그대로 인류 사회가 새로운 차원으로 발전해 간다는 평이(平易)한 사실을 볼테르처럼 확실히 인식하고 있지는 못했다.(G. 라이프니츠와 성 아우구스티누스의 '도식주의'는 역시 K. 마르크스에게도 영향을 미치고 있음 - 참조, B. 러셀의 '메시아' '선민' 분석 각주 항)

다시 말해 '미국의 독립 전쟁' '프랑스 혁명'은 한 개인이 수행했던 역사는 아니지만, '개인' '시민' '생명' '생활' '실존'에 바탕을 둔 혁명이라는 사실을 망각할 수 없다.('개인⇔전체'의 동시주의)

그 생각을 사회적으로 확산, 확신시킨 것도 '일부 선각자(先覺者)'라는 사실을 망각해서는 아니 된다. 쉬운 예로 종두법(種痘法)의 발명과 실현은 누가 했는지 어떻게 실현할 것인지, 체계 과정이 중요한 것이 아니라 '모든 인류의 건강 지키기'에 크게 공헌을 하였다. 볼테르가 그 '체계' '관념' '일방주의'를 무시 거부한 것은 '모양 갖추기' 문제는 처음부터 없었다. 과학은 '결과' '효과'로 말할 뿐, '이상' '공상'을 주장하는 것과는 거리가 멀다. 볼테르의 궁극의 목표는 '인류 공영'의 '구체적인 필요와 효과'에 있었다. (참조, ※ ⑨-30. 자연(自然) 지배자의 지식-과학)

헤겔이나 마르크스의 경우도 '사회 개선의 방법'으로 그들의 생각을 말한 것은 분명하나, 볼테르가 그 '독단론(Dogmatism)'들을 모두 거부했던 것은 그것은 플라톤 이래 '자기가 미처 몰랐던 부분까지 통째로 일방적으로 확신으로 강요'했던 그 '독재적 발상'이 근본적으로 문제이다. (참조, ※ ⑨-50. '자기들만 이 옳다는 사람들'을 어떻게 할까?)

⑬-6. E. 헤켈 - '발생반복설(發生反復說, recapitulation theory)'

독일의 생물학자 에른스트 헤켈(E. Haeckel, 1834~1919)은 찰스 다윈(C. Darwin, 1809~1882)의 '진화론'에 대한 더욱 구체화하고 포괄적인 탐구를 계속하였다. 특히 E. 헤켈은 '계통수(系統樹, genealogical tree, Pedigree of Man)'를 작성하였고, '발생반복설(發生反復說, recapitulation theory)'을 말하여 인간의 '과학적 사고'를 더욱 일반화하여 '과학 중심의 인생과 세계관'을 확실하게 열어 보였다.

　E. 헤켈(E. Haeckel, 1834~1919)은 독일의 생물학자 자연학자 철학자 의사 교수 예술가로서, 수천의 신종(新種)을 발견하여 이름을 부여했고, '인류발생학 (anthropogeny)' '생태학 분류학' '계통발생학' '줄기세포' '원생동물학'을 포괄한 생물학에 많은 용어를 만들어내고, 모든 생명과 관계된 '계통수(genealogical tree)'를 작성하였다. 헤켈은 독일에서 다윈의 연구를 추진 일반화하였고, '계체발생은 계통발생과 동일하다(반복한다).－ontogeny recapitulates phylogeny)'는 '발생반복설 (發生反復說, recapitulation theory)' 이론을 개발하였다.

　헤켈의 발행 화집(畫集)은 100종이 넘은 동물과 해양 생물의 상세 그림을 포함하고 있다.(참조, 〈자연의 예술들, Art Forms of Nature〉) 철학자로서 헤켈은 〈세계의 수수께끼(Die Welträtsel, 1895 - 99 ; The Riddle of the Universe)〉(1901)란 책을 썼는데, '세계의 수수께끼'라는 용어로 진화론과 '과학과 교육에서 진화론 지지 자유'를 말하였다.

　헤켈은 포츠담(당시 프러시아 소속)에서 1834년에 탄생하였다. 메르제부르크 고등학교를 마친 다음 베를린과 뷔르츠부르크 대학에서 의학을 공부하였다. 해부 생리학자 뮬러(J. P. Müller, 1801~1858)와도 연구를 하였다. …

　1866~1867년 사이에 헤켈은 '카나리아 제도(Canary Islands)'를 여행하였는데, 이 기간 동안에 C. 다윈을 만났다. … 1869년에 헤켈은 노르웨이를 탐사하였고, 1871년에는 크로아티아(Croatia), 1873년에는 이집트 터키 그리스를 탐사하였다. … 헤켈은 최초로 '제1차 세계대전(First World War)'이란 용어를 사용한 인물로 알려져 있다. 전쟁 발발 직후에, 헤켈은 "이 '가공할 유럽의 전쟁'은 그 경과와 특성상 말 그대로 '제1차 세계대전'이 될 것이라는 점은 의심할 것도 없다.(1914년 9월 20일 '인디아나폴리스 스타 誌')"라고 말하였다. …

　헤켈은 동물학자이고 성공한 예술가 해설가 비교 해부학 교수였다. … 헤켈은 '인류의 기원(the origin of humanity)'이 아시아에서 기원하였다고 주장했으며, 최초 인류의 진화를 남아시아 인도의 영장류(靈長類)와의 관련성을 말하였고, 다윈의 아프리카 가설을 부정하였다.

'헤켈(1850)', '헤켈(1860)'[54], '헤켈'[55], '세계의 수수께끼를 썼을 무렵의 헤켈(1885)'[56]

'카나리 제도에서의 헤켈(1866)'[57]

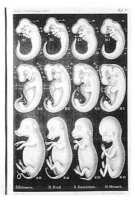

물고기 도롱뇽 거북 병아리 돼지
송아지 토끼 인간의 초기 발달도
(1787)[58]

54) Wikipedia, 'E. Haeckel' — 'Ernst Haeckel: Christmas of 1860(age 26)'.

55) Wikipedia, 'E. Haeckel' — 'Ernst Haeckel'.

56) Wikipedia, 'The Riddle of the Universe' — 'Ernst Haeckel wrote about the World Riddle in 1895'.

57) Wikipedia, 'E. Haeckel' — 'Haeckel (left) with Nicholai Miklukho-Maklai, his assistant, in the Canaries, 1866'.

58) Wikipedia, 'E. Haeckel' — '1874 illustration from Anthropogenie showing "very early", "somewhat later" and "still later" stages of embryos of fish (F), salamander (A), turtle (T), chick (H), pig (S), cow (R), rabbit (K), and human (M)'.

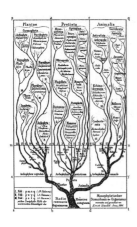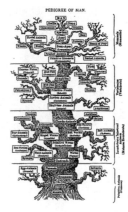

'식물 원생동물 동물의 계통수 (1866)'59), 헤켈의 '인간의 계보 (Pedigree of Man) 1'

오늘날 '과학적 사실'을 거슬러 말하는 사람은 아무도 신뢰하지 않는 시대가 되었다. 그것은 그 '과학적 사실의 토대' 위에 '지구촌'이 운영되고 있기 때문이다. 헤켈은 볼테르가 부모의 세포에서 분리된 '자기 존재' 증명을 확실히 읽었다. (참조, ❋ ⑨-14. '카오스'란 인간 머릿속에 있다. ❋ ⑨-19. 육체(肉體) 속에도 있는, 그 '원인'과 '결과')

E. 헤켈의 일생 중에 '제1차 세계대전'에 대한 '예감의 적중'은 바로 큰 충격이다. E. 헤켈은 볼테르보다 140년 후배로서 이미 독일어로 발행된 〈볼테르 전집〉을 다 읽고 그 토대 위에서 출발한 과학자이다. 당초에 C. 다윈이 그러했듯 이 '과학적 진리'에 대해서는 어느 누구에 소속도 없고, 그 '진리'가 밝혀지면 온 '인류가 그 은덕'을 입는 놀라운 혜택이라는 것을 확신했다.

그런데 E. 헤켈은 포츠담(프러시아 소속) 출신으로서 프리드리히 2세와 헤겔이 표준이 된 그 프러시아(독일)에서의 교육을 그대로 받았고, 당시의 영국 등과는 비교할 수 없을 정도로 폐쇄적이고 경직된 사회 상태에서 살고 있었던 사람이었다. E. 헤켈 당시의 프러시아의 폐쇄성을 가늠할 수 있는 것이 전기에서 확인할 수 있는 바, 1901년 '진화론 지지의 과학과 교육에서의 자유(Freedom in Science and Teaching to support teaching evolution)'를 주장했던 사실이 그것이다. 그것은 G. 라이프니츠와 헤겔의 '신정론(Theodicy)' '여호와 절대주의'가 지배했던 사회 속에 헤켈이 있었다는 점을 말한 것이다.

---

59) Wikipedia, 'E. Haeckel' — 'Monophyletischer Stambaum der Organismen from Generelle Morphologie der Organismen(1866) with the three branches Plantae, Protista, Animalia'.

당초에 볼테르가 '뉴턴의 천체 물리학적 사고'로 프랑스 사회 개혁을 촉구하였듯이, E. 헤겔은 '찰스 다윈의 진화론'으로 프러시아(독일) 사회에서 그 '자유'를 주장한 것이다. 그러므로 '전쟁'에 무관심한 G. 라이프니츠와 헤겔의 사고가 지배한 프러시아 사회에서, C. 다윈의 과학 사상을 수용 발전시킨 '선진 과학 사상의 헤겔'이 있었다. E. 헤겔의 세련된 촉수(觸手)로, 당시 '프러시아의 여호와주의 절대주의 정신 상황'을 전제해 보면, E. 헤겔의 '세계대전'에 대한 예감 표명은, 정확히 볼테르의 '전쟁 반대 의사'의 표현임을 몰라서는 안 된다. 그 '전쟁 반대의 위대한 볼테르 정신의 발동'이 이미 E. 헤겔의 '과학 정신'에 점화되어 있었다.

여기서 거듭 명시되어야 할 것은, '전쟁이란 분명히 인간의 자유 의지(Free Will, Wiil of Choice) 소관 사항이고, 절대신(神, 여호와)의 뜻이 아니다.'라는 사실이다. 그러한 측면에서 G. 라이프니츠, 헤겔 등은 근본적으로 잘못 생각한 것이다.

⑬-7. F. 니체-육체 긍정의 실존주의

F. 니체(F. Nietzsche, 1844~1900)는 그 동안 J. 로크, 볼테르의 '경험주의 과학사상'에 기초하고 헤겔이 제시한 '자신 개념(Self-concept)'에도 통달을 하였으나, 칸트-헤겔-마르크스의 '전체주의' '국가주의(플라톤주의)' '이상주의'가 기본적으로 사유 주체의 '신체(육체, 실존) 망각', '본능(instinct) 망각'을 통해 행한 공리공론(空理空論)임을 '차라투스트라'의 웅변으로 펼쳐 '세계인의 각성'을 촉구하였다. (참조, ※ ②-15. 장기(臟器)와 관련된 인간의 감정(感情))

F. 니체는 '육체 존중의 현실주의'를 그 '주인 정신(Mater Morality)'으로 옹호하고, '사후(死後) 세계'를 이상화하는 '모든 종교'를 '병든 데카당(퇴폐주의)' '노예근성'으로 매도(罵倒)하였다. 그리고 평생 그의 저서를 통해 '허무주의자들'과 전쟁을 선포하고 '모든 가치 재평가(Revaluation of all Values)' 운동을 전개하였다.

그런데 F. 니체가 전제했던 '모든 가치의 재평가' 운동은 1916년 이후 취리히 '다다 혁명 운동'으로 이어져, 볼테르의 '평화 운동'과 함께 오늘날 지구촌의 '바른 가치관'으로 자리매김이 되었다.

니체(1876)[60], 니체(1861)[61], 니체(1862)[62]

로데, 게르스도르프, 니체(1871)[63], 살로메·파울레·니체(1882)[64], 독일 바이마르 니체 기록보관소[65]

A. 쇼펜하우어를 통해 산발적으로 주장되었던 소위 '실존 철학(Existentialism)'을 온전히 통합하여 기존 '관념주의' '국가주의' '전체주의' '일방주의' 사상을 '실존(육체)주의' '개인주의' '동시주의' '다원주의'로 개방하여 '민주시민 사회'를 위한 사상을 '차라투스트라'라는 이름으로 선포하였다. '차라투스트라'는 바로 '니체 자신의 별명(別名)'이니, 당초 '프랑수아 마리 아루에(François-Marie Arouet)'가 '볼테르'로 개명을 하여 '개혁 운동'을 주도했던 것과 동일한

---

60) R. J. Benders und S. Oettermann, *Friedrich Nietzsche Chronik in Bildern und Texten,* Carl Hanser Verlag, 2000, p. 281.

61) R. J. Benders und S. Oettermann, *Friedrich Nietzsche Chronik in Bildern und Texten,* Ibid, p. 76.

62) R. J. Benders und S. Oettermann, *Friedrich Nietzsche Chronik in Bildern und Texten,* Ibid, p. 86.

63) R. J. Benders und S. Oettermann, *Friedrich Nietzsche Chronik in Bildern und Texten,* Ibid, p. 249.

64) R. J. Benders und S. Oettermann, *Friedrich Nietzsche Chronik in Bildern und Texten,* Ibid, p. 514.

65) Wikipedia 'F. Nietzsche' – 'The residence of Nietzsche's last three years, along with archive in Weimar, Germany, which holds many of Nietzsche's papers'.

정신구도이다. 단지 F. 니체는 헤겔처럼 '자신 개념(Self-concept)'을 명시하여 페르시아의 현인 '자일레쿠스(조로아스터)'와 그 명칭이 유사하게 되었을 뿐이다. ['조로아스터'와의 연관은 기독교도들의 분파주의에서 비롯된 훼언(毁言)이다.]

F. 니체가 특히 '헤겔 철학(여호와 정신 중심주의)'을 넘어 '실존(육체)주의'로 나갔던 사실은 명시될 필요가 있으니, 헤겔이 '절대 이성의 여호와' '절대주의 여호와' '프러시아 민족주의' '서양 중심주의' '전쟁 긍정' '전체주의' '독단론(Dogmatism)'에 머물렀던 것에 정면으로 반대하여, F. 니체는 '여호와, 제우스' 대(對) '디오니소스, 사티로스' 양극(兩極)의 '동시주의(同時主義, Simultaneism)'로 대응하였다. 이것은 헤겔-마르크스가 공통으로 빠진 '변증법'이란 사상의 도식주의(圖式主義) 독재에 반대한 F. 니체의 '실존주의' '개인주의' '자유주의' '동시주의(Simultaneism)'의 정면이다. [F. 니체는 생전에 이미 자기를 '人格神'으로 자칭하였음-'제우스' '여호와' '프로메테우스' '디오니소스'와의 동일시]

F. 니체는 헤겔의 '정신(Spirit)'을 그대로 '차라투스트라(니체 자신)' 이름으로 칭하고, 동시에 '사망하는 신(神)' '디오니소스'를 니체 자신으로 인식하여 인류를 위한 '실존주의'를 펼쳤다.

다음은 F. 니체가 구체적으로 여호와(Jehovah) 디오니소스(Dionysus)와 동일시를 밝혔던 대목이다.

"차라투스트라는 변장한 여호와다."66) "프로메테우스는 차라투스트라다."67) "하나님이 살아 계시면 교수 니체일 것이다."68) "니체는 디오니소스다."69) "차라투스트라는 생명 축복의 디오니소스다."70) "니체는, 철학자 디오니소스의 제자다."71)

이러한 용어상으로 '여호와' '프로메테우스' '디오니소스' '니체'가 중복되고 서로 섞여 있지만, 모두 F. 니체 '자신 개념(Self-concept)'으로 제시가 된

---

66) F. Nietzsche(translated by Oscar Levy), *My Sister and I*, A M O K Books, 1990, p. 11.
67) F. Nietzsche(Translated by T. Comman), *The Joyful Wisdom*, Ibid, p. 206.
68) F. Nietzsche(translated by Oscar Levy), *My Sister and I*, Ibid, p. 153.
69) F. Nietzsche(translated by Oscar Levy), *My Sister and I*, A M O K Books, 1990, pp. 173~174.
70) F. Nietzsche (translated by A. M. Ludovici), *ECCE HOMO-Nietzsche's Autobiography*, Ibid, pp. 106~109.
71) F. Nietzsche (translated by A. M. Ludovici), *ECCE HOMO-Nietzsche's Autobiography*, The Macmillan Company, 1911, pp. 1~2.

것이다.

그런데 F. 니체가 헤겔의 그 '자신 개념'과 구분되는 점은 헤겔이 그것을 '전체주의' '일방주의' '국가 민족주의'로 몰고 갔음에 대해, F. 니체는 '개인주의' '동시주의' '세계 보편주의'로 볼테르 사상과 정확하게 연동이 되어 있다는 사실이다.

ⓑ F. 니체는 '과학적 생명(신체)'을 그 '가치의 표준'으로 삼았다. 이것은 역시 볼테르의 '효과주의' '경험주의' '시민중심'의 실용주의와 동일한 점이다.

> "생명(生命)이 가치의 표준이다."72) "삶이 우리의 모든 것이다."73) "육체(동물)적 인간론"74) "자연주의는 건강하다."75) "인간론은 건강론이다."76) "쾌적한 날씨는 천재 출현 요건이다."77)

F. 니체의 이러한 발언은, 볼테르가 전적으로 수용했던 J. 로크의 '경험 의학' '실존주의'를 바탕으로 한 것이었다.

ⓒ F. 니체는 '동시주의(同時主義)' 방법으로 '개인주의(個人主義)'를 펼쳐 '최후의 판단(결정, 선택, 자유)'을 각 개인에게 돌려주었다.

> "절대적인 것은 병들었다."78) "인간 각자는, 가치의 최후 평가자다."79) "국가보

---

72) F. Nietzsche (W. Kaufmann & R. J. Hollingdale-Translated by), *The Will to Power*, Ibid, p. 23.
73) F. Nietzsche(Translated by T. Comman), *The Joyful Wisdom*, Ibid, p. 6.
74) F. Nietzsche (translated by A. M. Ludovici), *ECCE HOMO-Nietzsche's Autobiography*, Ibid, pp. 91~92.
75) F. Nietzsche(Translated by D. F. Ferrer), *Twilight of the Idols*, Daniel Fidel Ferrer, 2013, pp. 23~24.
76) F. Nietzsche (translated by A. M. Ludovici), *ECCE HOMO-Nietzsche's Autobiography*, Ibid, pp. 12~13.
77) F. Nietzsche (translated by A. M. Ludovici), *ECCE HOMO-Nietzsche's Autobiography*, Ibid, p. 43.
78) F. Nietzsche (translated by T. Common), *Beyond Good and Evil*, Ibid, p. 98.
79) F. Nietzsche (translated by R. J. Hollingdale), *Thus Spoke Zarathustra: A Book for All and For None*, Penguin Classics, 1961, p. 67.

다는 개인 각자가 우선이다."80) "비이기적(非利己的)이기란 불능이다."81) "최고의
믿음은 자신에 대한 신뢰다."82) "모든 것을 의심하라."83) "파괴자가 창조자다."84)
"모든 사람에게 주는 책, 그리고 아무에게도 주지 않는 책"85)

ⓓ F. 니체는 '허무주의'에 반대하고 '긍정의 삶'을 말하였다.

"염세주의는 허무주의의 선행(先行) 형식이다."86) "철학과 종교는 병들어 있
다."87) "생명 긍정이 즐거움의 원천이다."88) "니체는 데카당(퇴폐)의 반대다."89)
"강함의 추장(推奬)과 허약의 격퇴"90) "나는 즐거운 문화의 전조이고 희망이다."91)

ⓔ F. 니체는 '민족주의' '전쟁'에 반대하였다.

"우려할 만한 독일 국가 민족주의"92) "독일의 '국가 민족주의 노이로제"93)

---

80) F. Nietzsche (translated by R. J. Hollingdale), *Thus Spoke Zarathustra: A Book for All and For None*, Ibid, p. 54.
81) F. Nietzsche (W. Kaufmann & R. J. Hollingdale-Translated by), *The Will to Power*, Ibid, p. 11.
82) F. Nietzsche (W. Kaufmann & R. J. Hollingdale-Translated by), *The Will to Power*, Ibid, p. 94.
83) F. Nietzsche (translated by T. Common), *Beyond Good and Evil*, The Edinburgh Press, 1907, pp. 6~7.
84) F. Nietzsche (W. Kaufmann & R. J. Hollingdale-Translated by), *The Will to Power*, Ibid, p. 20.
85) F. Nietzsche (translated by R. J. Hollingdale), *Thus Spoke Zarathustra: A Book for All and For None*, Ibid.
86) F. Nietzsche (W. Kaufmann & R. J. Hollingdale-Translated by), *The Will to Power*, Ibid, p 11.
87) F. Nietzsche (W. Kaufmann & R. J. Hollingdale-Translated by), *The Will to Power*, Ibid, p. 26.
88) F. Nietzsche(Translated by D. F. Ferrer), *Twilight of the Idols*, Daniel Fidel Ferrer, 2013, p. 3.
89) F. Nietzsche (translated by A. M. Ludovici), *ECCE HOMO-Nietzsche's Autobiography*, Ibid, p. 12.
90) F. Nietzsche (W. Kaufmann & R. J. Hollingdale-Translated by), *The Will to Power*, Ibid, pp. 33~34.
91) F. Nietzsche (translated by A. M. Ludovici), *ECCE HOMO-Nietzsche's Autobiography*, Ibid, pp. 119~120.
92) F. Nietzsche (translated by T. Common), *Beyond Good and Evil*, The Edinburgh Press, 1907,

특히 프리드리히 2세와 그를 '성전(聖戰) 위인'으로 내세우며 '독일 민족주의' 교육을 이끈 G. W. F. 헤겔을 향하여 다음과 같은 '차라투스트라'의 웅변을 토하였다.

"나는 어디에선가 '훌륭한 투쟁(a good battle)'은 남성의 용기로 가치가 있다고 했지만, 진정한 영웅주의는 전혀 싸우지 않는 것이다. 나는 역시 최고로 위대한 사상은 최고로 위대한 사건이라고 말했다. 그러나 비스마르크가 수행한 전쟁이나 피를 흘리는 계획은 위대한 사건이 아니다. 이익과 약탈의 이름으로 전쟁이라는 해적(海賊)의 깃발을 든 프러시아인을 나는 항상 경멸하였고, 독일인보다 훌륭한 유대인을 향해 흡혈(吸血) 폭도(暴徒)를 채찍질하는 내 매부(妹夫, 푀르스터-Bernhard Foerster, 1843~1889) 같은 독일인은 내 경멸(輕蔑)의 바닥이다.

그렇다, 나는 반복하노라. 독일인은 내게 소화불량을 일으킨다. 더 이상 독일인이 나를 방문하면 나는 나의 성전(聖殿)에서 걷어차 낼 것이다."

〈누이와 나〉94)

이 F. 니체 말에서도 그 개인의 사적(私的) 감정이 온전히 배제된 것은 아니지만, 세계에 어떠한 명목으로 든 그 '살육(殺戮) 전쟁'을 감행 획책한 존재들은 위의 차라투스트라의 말씀을 명심해야 할 것이다. 즉 볼테르는 이 F. 니체 앞서 '7년 전쟁(the Seven Years War, 1757~1763)'을 바로 강도들의 행각이라 규정하였다. (참조, ※ ⑨-32. '정의(正義)'란 이름으로 행해진 강도(强盜)짓 : 전쟁, ※ ⑩-27. 로마는 원래 강도(强盜) 집단이었다.)

ⓕ F. 니체는 볼테르와 더불어 1916년 '다다 혁명 운동'의 비조(鼻祖)이다.

F. 니체 이후 언어학 영역에 F. 소쉬르, F. 마우드너, L. 비트겐쉬타인, 정신분석 영역에 S. 프로이트, C. G. 융, J. 라캉, E. 노이만, 문화인류학 분야에 J. G. 프레이저, 문학 분야에 버나드 쇼, F. T. 마리네티, F. 카프카, 제임스 조이스, 후고 발, R. 휠젠벡, T. 짜라, A. 브르통, 예술 영역에 E. 뭉크, W. 칸딘스키, F. 피카비아, P. 피카소, M. 뒤샹, M. 에른스트, R. 마그리트, S. 달리는 그

---

93) F. Nietzsche (translated by A. M. Ludovici), *ECCE HOMO-Nietzsche's Autobiography*, Ibid, pp. 123~126.
94) F. Nietzsche(translated by Oscar Levy), *My Sister and I*, Ibid, p. 154.

볼테르와 F. 니체의 영향력 하에 있었다는 사실을 그들 자신과 세상이 인정하고 있는 확실한 사실이다.

특히 정신분석에 종사한 사람들이 모두 '과학자(로크 추종자)'임을 스스로 전제하고, '추상적 관념주의'를 오히려 포괄하고 '인류 공통의 정신세계'를 펼쳐 보인 것은 '관념 철학'을 '정신과학'으로 정확하게 대신한 것으로 오늘날 아무도 의심을 하지 않은 사항들이다. (참조, ※ ⑤-22. 속이지 않았던 현인(賢人), 공자(孔子), ※ ⑨-30. 자연(自然) 지배자의 지식-과학)

⑬-8. S. 프로이트-'무의식(본능)'의 대대적 탐구

S. 프로이트(S. Freud, 1856~1939)는 정신과 의사로서 구체적으로 환자들이 겪고 있는 '정신적 어려움'을 해소해 주기 위해 '무의식'을 탐구한 것이고 무슨 사상을 비판하고 이론을 세우기 위한 탐구였다는 점에서 J. 로크의 '경험주의'를 채택하지 않을 수 없었고, 대체로 환자의 어린 시절 '가족 관계'로 문제가 집중이 되어 분석 탐구가 시작되었다.

그리고 환자가 겪고 있는 '망상(delusion)' '공상(fantasy)'은 바로 '꿈' '신화'와 관련됨을 S. 프로이트는 먼저 알았고, 특히 희랍의 비극 시인 소포클레스의 작품 〈오이디푸스 왕〉의 근본 신화를 이룬 '오이디푸스 신화'에 주목하였다.

그는 대체로 아동시절 모든 어린이들이 '어머니'에 태생적으로 가깝고 '아버지'를 모르고 지내다가, 뒤에 아버지의 존재를 확인한다는 인간 전반의 심리적 변전 과정에 크게 주목하였다. 그런데 프로이트의 그것은 '인간 정신 분석 진원(震源)'을 바로 확인했던 것으로, 이전의 J. 로크의 '경험론'을 따른 방법론에, 볼테르의 '의심론'을 더욱 치밀하게 반복 획득해낸 '정신분석'이라는 신천지(新天地)였다.

S. 프로이트는 소위 '무의식(unconscious)'의 분석에 대대적으로 몰입하여 인류의 정신사에 새로운 기원을 마련하였고, 그것은 오늘날 모든 정신과 의사들이 종사하는 '기본 영역' 그 프로이트의 탐구로 거의 확인이 되었다.

그런데 희랍의 오이디푸스는, '오이디푸스 자신이 모르는 가운데 아버지를 살해하고 어머니를 아내로 맞았다가 뒤에 그 사실이 밝혀져 국외로 추방이 되었던 불행의 왕, 범죄의 왕'이었다. 프로이트는 그 '범죄(패륜)의 표본'이 억압되어 다른 형태로 변용이 되어 나타나는 것을 소위 '오이디푸스 환상 (Oedipus fantasy)'이라 규정하였다. S. 프로이트가 그 모습('오이디푸스 환상')을 더욱 구체적으로 확인을 해보니, 대부분의 사람들이 잠들어 있는 때 '알 수 없는 꿈'의 근본은 그 '환상을 달성하는 내용(소망성취, wish fulfillment)'으로 되었다는 그 '꿈의 분석의 결과 보고'가 세기적인 명저 〈꿈의 해석〉이다.

그리고 전 세계의 민속에 자리 잡은 '토템(동물, 식물, 등) 숭배'와 알 수 없는 금기(禁忌), 송구영신(送舊迎新) 풍속 등이 근본적으로 그 '오이디푸스 환상 (Oedipus fantasy)'에 관련되어 있다는 보고가 바로 〈토템과 타부〉이다.

그래서 S. 프로이트는 '토템(Totem)'이란 모든 법을 제정하고 운영하는 '아버지(왕)'에 관한 것이고, '어머니'는 그 지배하에 있는 '대지(大地)' 전제와 동일하여, '절대 하지 말라(禁止)'의 법을 내린 사람은 바로 아버지(왕)라는 소위 '자연법 (Natural Law)' 기본 구도가 바로 '타부(Taboo)' 이론이었다.

그러므로 프로이트는 볼테르의 '자연법' 문제를 더욱 구체적으로 꿈 신화 민속 인간의 개별 무의식에까지 그것이 어떻게 작동하는지를 명시하였다. 프로이트는 그 망상(妄想, delusion)에 빠지는 유형을 크게 나눠, '법 지키기' 뛰어넘기를 행하는 사람을 '미치광이' '과대망상(megalomania)자'라 분류하였고, 너무 법 지키기에 신경을 지나치게 쓰는 사람을 '노이로제(neurosis) 환자'로 규정하였다. 그래서 '하늘과 땅 사이에 내가 가장 높다(天上天下唯我獨尊)'를 가르치는 불교는 '과대망상'에 가깝고, '나는 죄인입니다.'를 말하게 하는 기독교는 '노이로제'에 가까운 경우이다.

프로이트는 '욕망(desire)의 발동' '그 억압(이성, Reason)'의 양면의 '동시주의 (同時主義)'를 명시하여 볼테르-니체의 정신을 이어 '실존주의' 대가(大家)로 자리잡고 있다.

즉 볼테르의 '지구촌 과학시대 선언'과 니체의 '의학적 실존주의'를 이어 인간 '무의식'을 파고들어 인간이 당초(어린아이 때)에 얼마나 터무니없는 생각에 빠져 있고, 자라서도 그 '어린 시절 영웅 의식'으로 돌아가고 싶어 하는지 낱낱이 분석해 보였으니, 인간은 사실 '그 아버지와 어머니를 어떻게 생각하고 어떻게 실천 대응했는가?' 문제로 평생의 '인생관' '세계관'이 요약될 수 있다. 그러므로 S. 프로이트의 경우는 물을 것도 없이 그 실존주의가 딛고 있는 대지(大地)만큼이나 확실하여 다시 반복할 필요도 없는 문제이다. 볼테르가 250년 전 강조했던 과학주의 실존주의는 현대인의 상식이 되었다.

S. 프로이트는 인간 각자의 '무의식(Unconscious)'에는 '흉악한 범죄 의식(욕
망)'이 자리를 잡고 있음을 명시하고, 그것을 '이성'으로 억압 통제하는 것이
인간의 '도리(道理)'요 '도덕과 법'의 근본이라고 자연법의 원리를 깨끗이 설명
해 내었다.

한 마디로 프로이트 '정신분석의 성공'은 모든 '신비주의' '미신' 불필요한
'강박관념(obsessional idea)'을 척결하고, 볼테르의 '인류 평등' '세계 평화의
원리'를 가장 확실하게 제시하여 '과학적 인생관 확립'에 그의 탁월한 지성을
과시한 것이다.

'프로이트(1921)'[95], '모라비안(Moravian) 마을의 프로이트 출생 장소'[96], '어머니 아말리아와 16세의 프로이트(1872)'[97]

프로이트는 자신의 평생 학문을, 코페르니쿠스와 다윈을 이은 '과학자의
행적'으로 설명을 하였는데[98] 이것은 볼테르가 앞서 뉴턴과 로크를 앞세워
자신의 '과학적 사고'를 주지시켰던 방법의 변용(變容)으로 주목된다.

프로이트는 정신병 치료 의사였다. '한 개인의 생활과 행동'이 '자유로운가?'
'불편함은 없는가?'라는 문제가 그 근본 기준일 뿐이다. '효과 중시' '결과
중시'라는 측면에서, 볼테르의 경험주의 과학 정신을 그대로 계승했던 존재였
다. 프로이트는 볼테르, 니체의 '본능⟺이성' 동시주의 속에 그 분석을 행하였고,
볼테르와 니체의 '본능(무의식) 절대 우선'이라는 측면에서 '반(反) 헤겔'의
입장에 가장 명백히 섰던 위대한 '정신분석학의 아버지'이다. (참조, ＊ ⑤-22.
속이지 않았던 현인(賢人), 공자(孔子), ＊ ⑨-30. 자연(自然) 지배자의 지식-과학)

95) Wikipedia, 'S. Freud' – 'Freud by Max Halberstadt, 1921'.

96) Wikipedia, 'S. Freud' – 'Freud's birthplace, a rented room in a locksmith's house'.

97) Wikipedia, 'S. Freud' – 'Freud (aged 16) and his beloved mother, Amalia, in 1872'.

98) S. Freud, *On Creativity and the Unconscious*, Harper Colophon Books, 1985, pp. 5~6.

⑬-9. B. 러셀-'영국의 다다이스트'

버트런드 러셀(Bertrand Russell, 1872~1970)은 영국의 '철학자' '수학자'로 알려져 있으나, 사실은 볼테르의 '전쟁 반대'와 F. 니체의 '실존주의'를 제대로 체득해 펼쳐 보인, 영국이 낳은 '세계적 다다 혁명 운동가'였다.
B. 러셀의 일생은 다음과 같다.

B. 러셀(1872~1970)은 영국의 철학자 논리학자 수학자 역사가 작가 사회비평가 정치적 행동가였다. 러셀의 인생은 자유주의자 사회주의자 파시스트로 생각할 수 있으나 러셀은 그 어느 사상에도 깊이 개입한 것은 아니라는 점을 역시 인정했다. 러셀은 영국의 일급 귀족 중의 하나인 몬머스셔 가(家)에서 태어났다.

20세기 초 러셀은 영국의 '반 관념주의 혁명'을 주도했다. 러셀은 '분석철학 (analytic philosophy)'의 창시자, 20세기 논리학의 수장(首長)으로 알려져 있다. 또 화이트헤드(A. N. Whitehead)와 〈수학의 원리(Principia Mathematica)〉를 써서 수학을 위한 논리적 근거를 마련하려 하였다. 러셀의 철학에세이 〈표지(標識)에 대하여(On Denoting)〉는 철학의 모범으로 간주되고 있다. 러셀의 저작은 논리학 수학 집합이론 언어학 인공지능 인지과학 철학 특히 언어철학 인식론 형이상학에 심대한 영향을 주었다.

러셀은 유명한 반전(反戰) 운동가였다. '제국주의 반대'의 대장이고 제1차 세계대전 중에 파시스트로 수감이 되기도 했다. 그 후 러셀은 반(反)히틀러 운동을 펼쳤고, 그 다음은 스탈린의 '전체주의'를 비판했고, 미국의 베트남전 개입을 공격하였고, 핵무장해제의 공개적 제안자였다. 1950년 러셀은 '그가 인도주의 이념과 사상의 자유 수호에 다양하고 중요한 저술을 행했음이 인정되어' 노벨문학상이 주어졌다.

'4세의 러셀'99), '펨브로그 롯지의, 러셀 아동 시절의 집'100), '35세의 러셀'101)

---

99) Wikipedia, 'Bertrand Russel'-Russell as a 4 year old.
100) Wikipedia, 'Bertrand Russel'-Childhood home, Pembroke Lodge.
101) Wikipedia, 'Bertrand Russel'-Russell in 1907.

'66세의 러셀(1938)'[102], '아
이들과 함께'[103], '반핵 운동
을 이끄는 아내 에디스와 함
께(1961. 2. 18. 런던)'[104]

ⓐ B. 러셀의 저작 중에도 〈서양철학사(*History of Western Philosophy*)〉(1945)는
중요한 저서이고, 특히 러셀이 G. W. F. 헤겔을 요약한 부분은 탁월하여 러셀의
'사고의 정치(精緻)함'을 과시하고 있다. 러셀은, 헤겔의 전반적인 생각을 다음과
같이 요약하였다.

"헤겔의 생애에는 몇 가지 중요한 사건이 있다. 젊어서 그는 신비주의(神秘主義,
mysticism)에 대단히 끌리었다. 그러므로 그 이후의 견해는 처음에 헤겔의 신비적
통찰로 나타났던 것을 지적(知的)으로 변용한 것에 불과한 것이라고 말할 수 있을
것이다. …
헤겔의 철학은 대단히 어렵다. 그는 모든 위대한 철학자들 가운데서 제일
이해하기 곤란한 철학자라고 말할 수 있을 것이다. 자세한 데로 들어가기 전에

---

102) Wikipedia, 'Bertrand Russel' — Russell in 1938.
103) Wikipedia, 'Bertrand Russel' — With his children.
104) Wikipedia, 'Bertrand Russel' — Russell (centre) alongside his wife Edith, leading a CND anti-nuclear
march in London, 18 February 1961.

일반적인 특성을 기술하는 것이 도움이 될 것이다.

헤겔은 일찍이 신비주의에 관심을 가졌고, 분리라는 것은 존재하지 않는다고 믿게 되었다. 헤겔의 견해에 의하면 세계라는 것은 원자이든 혹은 영혼이든 완전히 존재적인 어떤 경질(硬質)의 집합은 아니다.(The world was not a collection of hards units or souls, each completely self-subsistent.) 유한한 사물의 외견상(外見上)의 존재는 헤겔에게 한 환각에 지나지 않는다. 그는 다음과 같이 주장하였다. "어떤 것도 전체(the whole – 여호와)가 없이는 궁극적으로 또 완전히 실재하는 것은 없다.(Nothing is ultimately and completely real except the whole)" 그러나 헤겔이 파르메니데스(Parmenides, 546 B.C.~501 B.C.)나 스피노자(Spinoza, 1632~1677)와 다른 점은, 전체라는 것을 이해하는 데 단순한 실체로서 보는 것이 아니고, 일종의 조직체(organism)로 보지 않으면 안 될 복잡한 체계로 보았던 데 있다. 세계는 외견상 분리되어 있는 사물들로 되었다고 보여지지만 그 사물들은 단순한 환각은 아니다. 그 각각은 높은 정도나 낮은 정도의 현실성(reality)을 가지는 것이다. 그리고 그 현실성이란 것은 전체의 한 양상으로 성립되는 것인데, 그 전체의 양상은 사물을 참답게 관찰될 때에 볼 수 있는 것이다. 이러한 관점에서는 자연히 시간과 공간을 그 자체로서 실존한다고 믿지 않게 될 것이다. 왜냐하면 가령 그것들이 온전히 실존한 것이라고 하여도 그것들은 분리(separateness)와 다양(multiplicity)을 내포하기 때문이다. 이 모든 것은 처음에는 신비적 '통찰(insight)'로서 헤겔에게 나타났고, 그의 저서에 주어진 지적 노력은 뒤에 제공되었다."

〈서양철학사, '헤겔(Hegel)'〉[105]

헤겔의 이러한 '괴상한 공상'이 어디에서 비롯되었는지를 자세히 따져 볼 필요가 있다. 헤겔은 우선 인간(人間)의 오감(五感)의 작용을 믿지 않고 '전체(the whole – 여호와)'만을 인정하였는데, 그것은 플라톤의 '감각 불신'의 소위 '이념 철학'에다가 기독교 '교부철학(敎父哲學)'을 통합한 것이다.

러셀은 위에서 헤겔의 그것이 그의 '신비주의(mysticism)'의 연장이라고 명백히 밝히고 있다. (참조, ＊ ⑤-33. 미신(迷信)을 버리자.)

ⓑ B. 러셀은, 헤겔의 '현실(the real)' '이성(the rational)' '절대(the absolute)'를

---

105) B. Russell, *History of Western Philosophy*, George Allen & Unwin Ltd, 1971 pp. 701~702 ; 러셀(한철하 역), <서양철학사>, 대한교과서주식회사, 1958, pp. 1003~1004.

다음과 같이 설명하였다.

"헤겔은 현실적인 것(the real)은 이성적이고 이성적인 것은 현실적이라고 주장한다. 헤겔이 그와 같이 말할 때에 그 '현실인 것(the real)'이란 것은 경험론자가 의미하는 것과는 다르다. 헤겔은 경험론자가 보통 '사실(facts)'이라고 부르고 있는 것을 비합리적인 것이라 주장한다. 이 사실들이 합리적인 것으로 보이는 것은 그것들의 외견상의 성질이 전체의 양상들로 보임으로 변화된 후에야 비로소 그런 것이다. 그러나 이러한 현실과 이성의 동일시는 불가피하게 '존재하는 것은 다 옳다.(whatever is, is right)'라는 믿음과 떨어질 수 없는 일종의 안주(安住, complacency)에 이르게 한다.

그 복합성에 있어서의 '전체'를 헤겔은 '절대(絶對, the absolute)'라고 부른다. '절대'는 정신적이다. 그러므로 절대는 연장의 속성과 동시에 사유의 속성을 가진다는 스피노자의 견해는 거절되는 것이다."

〈서양철학사, '헤겔(Hegel)'〉106)

B. 러셀은 위에서 헤겔 '관념 철학'의 가장 중요한 특징을 요약 제시하였다. '현실'과 '이성'을 헤겔도 J. 로크 볼테르처럼 강조했으나, 헤겔과 경험주의자의 기준이 다르다는 지적이 그것이다.

한 마디로 경험주의자의 표준은 '인간 생명'인데. 헤겔의 표준은 '전체(여호와)'이다. 즉 경험주의자는 '오감(五感)'의 수용을 포함한 '이성'의 종합 결정인데, 헤겔은 '오감의 현상'을 초월한 그 '이성들'의 통합한 '전체(the whole)' 속에서 '현실'이 '이성'과 일치하는 것이라는 이야기이다.

헤겔이 '존재하는 하는 것은 다 옳다.(whatever is, is right)'는 전제를 수용한 것은 G. 라이프니츠의 '신정론(神正論, Theodicy)', 더 멀리는 성 아우구스티누스의 '국가주의'를 수용한 것으로 유념해야 한다. [여기에 '전쟁도 바르다'는 전제도 포함이 된다.]

헤겔의 '절대'는 '연장의 속성과 동시에 사유의 속성을 가진다'는 스피노자의 견해와 다르다는 것은 스피노자 '신(神)'을 '인격신(人格神)'으로 동일시했음을 거부한 것이나, 헤겔이 앞서 확인했던 바 이미 '자신의 개념(Self-conception)'을

---

106) B. Russell, *History of Western Philosophy*, George Allen & Unwin Ltd, 1971, p. 702 ; 러셀(한철하 역), <서양철학사>, 대한교과서주식회사, 1958, pp. 1004~1005.

전제하였으니, '변증법적 통일'이라는 과정을 두었을 뿐 결국은 '성부' '성자' '성신'이 하나이듯이 단지 유보하고 있으나 궁극의 논점은 '인격신'에 합치함을 망각해서는 아니 된다. (참조, ＊ ⑨-24. 과학이 없는 스피노자)

헤겔이 '자신의 개념'을 두었으나, 스피노자의 '인격신'을 선뜻 수용하지 못한 것은 볼테르의 '스피노자'를 향한 조롱을 충분히 감안한 헤겔의 '현실'과 '지성'을 어느 정도 고려한 처사였다.

그러나 헤겔은 '여호와'='절대'='전체'='이성'='현실(실재)'='자신의 개념'이란 전제를 벗을 수 없으니, 헤겔의 변용은 '여호와주의'를 '경험 과학주의 자'를 포괄하기 위한 '다단계 모색'일 뿐이니, 그것의 표준은 역시 '여호와 신'일 뿐이다.

ⓒ B. 러셀은 헤겔의 '현실 전체(the whole of Reality)' 문제가 '일상적 세계'가 아님을 다음과 같이 논하였다.

"헤겔은 '논리학'을 형이상학과 같은 것이라고 말하고 있다. 헤겔의 '논리학'은 보통으로 논리학이라고 말하는 것과 전연 다르다. 헤겔은 생각하기를 '보통의 서술어(ordinary predicate)'가 어떤 것이라도 '현실(reality)'의 전체를 수식한다고 생각하면 자기모순에 빠지게 될 것이라고 한다. 소박하지만 한 예로서 파르메니데 스의 설, 유일한 현실인 '일자(一者, the one)'는 구형(球形)이라는 설을 생각해 보면, 어떠한 것도 한계를 가져야만 구형이 될 수 있고, 또한 한계를 가지려면 그밖에 어떠한 것이 있어야 한다. 그러므로 우주 전체를 구형으로 생각하는 것은 자기모순 이다. (이 논의는 비 유클리드 기하학에 있어서는 의문이 될지도 모르나 헤겔의 생각을 설명하고 있다고 볼 수 있다.) 이제 또 다른 한 설명을 들어보자. 'A는 아저씨다.'라고 하여도 표면상의 모순은 없다. 그러나 만일 '우리들이 우주(宇宙)는 아저씨다.'라고 말을 하면 이상한 결과에 빠지게 될 것이다. 아저씨는 조카를 가진 사람이다. 그리고 조카는 아저씨와는 분리된 한 사람이다. 그러므로 아저씨는 현실의 전체가 될 수 없다."

〈서양철학사, '헤겔(Hegel)'〉[107]

107) B. Russell, *History of Western Philosophy*, George Allen & Unwin Ltd, 1971 pp. 702~703 ; 러셀(한 철하 역), <서양철학사>, 대한교과서주식회사, 1958, pp. 1005~1006.

헤겔의 모든 '관념철학'의 어려움은 '모든 경험론' '다양성' '각자의 논리'를 넘어서 '전체' '절대' '자신의 개념(여호와주의)'에 종속시키는 '방안의 강조'에 서 온 어쩔 수 없는 결과이다.

'인간의 언어'는 지극히 제한되어 있고, 불완전한 것이지만, 그것을 빼놓고는 '인간의 의사(意思)'를 소통할 방법은 없다. 그런데 헤겔은 (당시에까지 제기된) 모든 인간 세상사의 다양한 논리를 통합하여 '전체' '유일' '절대'로 나가기에 온 힘을 모았으니, 그것이 바로 헤겔의 특징이자 '보수 관념주의자'의 최후 모습이었다.

그러나 '주관' '관념'의 한계에 더 이상 머무를 수 없는 것은 '통쾌한 볼테르의 일격'이 곳곳에 작렬한 나머지, 헤겔의 몸부림이 '관념철학의 최후 요동' 그 이상의 의미는 없다. 볼테르의 〈무식한 철학자〉는 '관념철학'에의 거부와 '과학적 탐구'로의 방향 선회로서 '현대 과학 시대로의 확실한 방향 잡기'이다.

그러므로 볼테르에게 벌써 논리(언어)가 문제가 아니고 '생명 현실'에의 '실존주의' 천체 우주 속에 지구로 인간의 사고가 나가 있어 단순히 말장난 말다툼의 논의에서 확실히 벗어나 있었다. (참조, ＊ ⑨-49. '미문(美文, Belles Lettres)'을 어디에 쓸 것인가!)

ⓓ B. 러셀이 헤겔의 '변증법'을 말하였다.

"이 설명은 또한 변증법을 설명하는 데도 사용될 수 있다. '변증법(辨證法, dialectic)'은 '정(正, thesis)' '반(反, antithesis)' '합(合, synthesis)'으로 되어 있다. 우선 우리는 말한다. '현실은 아저씨이다.'가 정립(定立)이다. 그러나 아저씨의 실재는 조카의 존재를 의미한다. 그래서 절대(the absolute) 없이는 사실 어떠한 것도 있을 수가 없으므로 우리는 조카의 존재를 인정하게 되니, '절대는 조카다.'고 하지 않을 수 없다. 이것이 반정립(反定立)이다. 그런데 이것과 대립 관계에 있는 꼭 마찬가지 한 관점, 즉 '절대는 아저씨이다.'라는 것이 있다. 그러므로 우리는 '절대는 아저씨와 조카로 되어 있는 전체이다.'라는 관점에 이르게 된다. 이것이 합립(合立)이다. 그러나 이 '합립(合立)'도 아직 불충분하다. 왜냐하면 어떤 사람이 아저씨가 되는 것은 그 사람에게 그 조카의 부모가 되는 형제나 자매가 있어야 한다. 이와 같이 행진하여 우리들의 우주는 넓어져서 아저씨의 형제나 자매들과 또 그들의 아내나 남편이 포함되는 것이다. 이러한 방법으로 우리들은 오로지 이론의 힘만으로 절대에 대하여 암시된 어떤 용어에서 출발하여 '절대이념(the absolute idea)'이라고 하는 변증법의 최후 결론에로 진행한다고 주장한다. 그런데 이 전 과정을 통해 밑바닥에 놓여 있는 가정이 있는데, 그것은 어떤 것도 '전체로서 현실(Reality as a whole)'에 관한 것이 아니면 정말로 진리일 수 없다는 것이다."

〈서양철학사, '헤겔(Hegel)'〉[108]

위에서 거듭 확인할 수 있듯이 헤겔의 '변증법'은 중론(衆論)을 초월한 '여호와 신'을 주지시키기 위한 방편(方便)이다. 그러나 그것은 결국 '배타주의' '특권의 식'을 전제로 하고 있다는 점에 문제가 있다.

헤겔의 관심은 '전체로서 현실(Reality as a whole)'에 대한 것뿐이니, 이것 역시 헤겔의 '일방주의' '관념주의' 그것이다. 러셀은 헤겔을 말할 때에는 '헤겔 자신이 메시아' 입장에 섰다는 말을 하지 않았다. 그러나 헤겔은 '광신적 개신교도'로서 자신의 저서를 통해 자신이 바로 그 '메시아' 입장에 있음을 거듭 밝히고 있다. '전체로서 현실(Reality as a whole)'을 알게 하기 위한 것이니, 그것은 더욱 적절하게 표현하여 '여호와'이고 역시 헤겔 '자신의 개념 (Self-conception)'이다.

ⓒ B. 러셀은 헤겔의 '절대 이념(The Absolute Idea)'이 그의 '주관적 관념주의'임 을 다음과 같이 말하였다.

"헤겔 〈논리학〉의 목적인 '절대 이념(The Absolute Idea)'은 아리스토텔레스의 '신'과 같은 것이다. '절대 이념(The Absolute Idea)'은 관념에 대한 사상이다. '절대'란 그 자체를 떠나 있을 수 없으니, 현실 인식에 있어서 부분적이거나 오류의 방법에는 있을 수 없기 때문이다. '정신'이 유일한 현실이라 말을 하고, 그 사상은 자기 인식을 말한다고들 한다. '절대 이념'의 정의(定義)는 사실상 애매모호(曖昧模糊)하 다. 월레이스(Wallace)는 그것을 다음과 같이 번역하였다.

'절대 이념(絶對 理念), 그것은 주체 이념과 객체 이념을 통일한 것이다. 즉 개념 대상이 그 이념 자체가 되는 것이고 개념에 대한 객체가 그 이념자체인 그러한 개념이다. 즉 통일에 있어서 모든 객체를 다 포함한 객체인 것이다.'

---

108) B. Russell, *History of Western Philosophy*, George Allen & Unwin Ltd, 1971, p. 703 ; 러셀(한철하 역), <서양철학사>, 대한교과서주식회사, 1958, p. 1006.

독일어 원문은 더욱 어렵다. 그러나 문제의 본질은 헤겔이 설명한 것처럼 복잡한 것이 아니다. '절대 이념'은 순수사상에 대한 순수 사고이다.(The Absolute Idea is pure thought thinking about pure thought.) 그것은 신(神)이 사실은 한 교수의 신(神)이 모든 시대를 통해서 행하는 모든 것이다. 헤겔은 계속하여 다음과 같이 말하고 있다. '그러므로 그 통일은 절대의 것이요, 참 자체요, 그 자체를 생각하는 이념이다.(This unity is consequently the absolute and all truth, the Idea which thinks itself)'"

〈서양철학사, '헤겔(Hegel)'〉109)

* 헤겔은 '여호와주의'를 '절대이념'으로 전제했음을 아는 것은 헤겔 이해에 첩경(捷徑)을 가는 것이다.

헤겔은 '개신교도'로서 자신의 '여호와주의' '논리학' '변증법' '역사철학 강의'를 통해 반복 강론을 행했다.

헤겔의 설명이 왜 이렇게 한정 없이 복잡하고 길어지고 복잡해졌는가? 그것은 볼테르가 '천체물리학적 우주관' '의학 인생관' '자연법적 사회 국가관'으로 〈신구약〉의 기독교 사상 전반에 '근본적 회의(懷疑)'를 제기하였기 때문이다.

헤겔 이후 후배 '실존주의자'들은, '헤겔의 여호와주의'보다는 볼테르의 '경험주의' '과학 사상'에 더욱 편을 들었는데, 헤겔이 강조한 '절대' '전체' 문제는 사실상 '자연법(自然法)'의 존재로 충분하고 더욱 '관심'과 '주의'를 모아야 할 중요한 사상이 '공존' '평화' '개인의 자유' 문제임을 강조하지 않을 수 없었다.

'헤겔 철학'의 해설에 B. 러셀처럼 확실하게 설명한 사람은 없었으니, 그것은 J. 로크의 '경험주의(볼테르의 자유 의지)' 정신에 스스로 서서 헤겔을 냉정하게 볼 수 있었기 때문이다.

특히 위에서 B. 러셀이 지적하고 있는 헤겔의 '절대 이념'이, '그것은 신(神)이 사실은 한 교수의 신(神)이 모든 시대를 통해서 행하는 모든 것이다.(This is all that God does throughout the ages—truly a Professor's God.)'라고 지적한 것은, '개신교도 헤겔의 여호와주의'를 다 살피고 행한 발언이다.

---

109) B. Russell, *History of Western Philosophy*, George Allen & Unwin Ltd, 1971, p. 705 ; 러셀(한철하 역), <서양철학사>, 대한교과서주식회사, 1958, p. 1010.

ⓕ B. 러셀은 '헤겔의 자유'란 바로 '법에 복종할 수 있는 권리'라고 조롱을 하였다.

"'정신'의 역사적 발전에서 세 가지 주로 되는 국면(局面)이 있었다. 동양(東洋) 사람과 희랍과 로마 사람과 독일 사람이다. 세계의 역사는 '통제되지 않은 자연의지의 훈련(the discipline of the uncontrolled natural will)'이다. 세계의 역사는 그 자연적 의지를 보편적 원리에 대한 복종에 이르게 하여 그 의지에게 주체적 자유를 부여하는 것이다. 동양 사람은 한 사람이 자유를 알고 있었고, 현재도 그렇다. 희랍 사람, 로마 사람은 세계에서는 몇 사람이 자유를 알고 있었고, 독일 사람의 경우에서는 모든 사람이 자유를 알고 있다. 민주주의는 모든 사람이 자유일 수 있는 적절한 정부(政府)의 형태라고 생각할지 모르나 그렇지는 않다. 민주주의나 귀족정치는 다 같이 몇 사람이 자유의 단계에 속한다. 전제정치는 한 사람이 자유의 단계에, 그리고 '군주정치(monarchy)'는 모든 사람이 자유의 단계에 속하는 것이다. 이것은 헤겔이 '자유(freedom)'라는 단어를 쓸 때 매우 독특한 의미로 사용한 것이다. 헤겔의 경우 법(law)이 없으면 자유가 없으니, 헤겔은 이것을 뒤집어 '법이 있는 곳에 언제나 자유는 있다.'라고 주장했다. 그래서 헤겔의 '자유(freedom)'란 법에 복종할 권리 이상의 의미는 없다."

〈서양철학사, '헤겔(Hegel)'110)〉

헤겔은 정신적으로 '개신교 광신주의'에 있었다. 한 마디로 '법에의 복종'을 '자유'라고 규정하였다. 헤겔은 볼테르의 저서를 확인하였으나, '실존(existence)의 자유' '욕망(desire)의 자유' '선택의 의지(Will of Choice)'는 철저히 무시하고, 그것을 '훈련하는 과정'을 세계사의 진행 방향으로 상정(想定)하였다.

동양의 '일인의 자유(天子, 종교적 司祭)' 희랍 로마의 '몇 사람의 자유(기독교 司祭)', 독일의 '전 게르만의 자유(全국민의 司祭化)'를 〈세계 역사철학 강의〉에서 주장하였다. 이것이 '괴상한 헤겔 철학'의 전모이다. ['전 세계인의 사제(司祭)화가 목표'라는 측면에서 '독재 망상(妄想)의 표본'임]

ⓖ B. 러셀은 헤겔이 '독일 정신이 세계정신이다.'라고 말했다고 폭로하였다.

---

110) B. Russell, *History of Western Philosophy*, George Allen & Unwin Ltd, 1971, p. 707 ; 러셀(한철하 역), <서양철학사>, 대한교과서주식회사, 1958, p. 1013.

"예측되는 바와 같이 헤겔은 이 세계에서 정신 발전의 최고 역할을 독일 사람에게 부여하고 있다. '독일 정신은 새 세계의 정신이다.(The German spirit is the spirit of the new world.) 그 게르만 정신의 목적은, 자유의 궁극적 자기결정으로서의 절대 진리의 실현인데, 그 자유는 그것의 의미로서 그 자체가 절대적인 형식을 갖고 있다.'

이것이 최상급의 자유이다. 그 자유는 우리들이 집합(集合)하고 있는 야영(野營)에서 마음대로 떨어져 나올 수 있게 되어 있는 것을 의미하는 것은 아니다. 그것은 민주주의나 혹은 출판의 자유 혹은 헤겔이 경멸로 배척하고 있는 보통 자유주의자들의 표어의 어느 하나도 의미하지 않는다. '<u>정신(Spirit)</u>'이 그 자신에게 법률을 줄 때에는 그것은 자유로 주는 것이다. 우리들의 현세적 눈에는 법을 주는 '정신'은 군주로서 나타나는 것같이 생각되고 법이 주어지는 정신은 신하로서 나타나는 것같이 생각되나, '절대'의 관점에서 볼 때에는 군주와 신하 사이의 구별은 다른 모든 구별과도 같이 환각에 지나지 못한다. 그리고 군주가 자유로운 마음을 가진 신하를 투옥할지라도 역시 자유로 자신을 결정하는 '정신(Spirit)'이 그렇게 한 것임은 물론이다.

헤겔은 말하기를 출판의 자유는 원하는 바를 쓰는 것이 용인된다는 것에서 성립하는 것은 아니다. 이러한 견해는 소박한 표현이다. 예컨대 출판은 정부나 국가를 경멸하는 것은 용인이 될 수 없다.

헤겔은 루소가 일반의지(general will)와 모든 사람의 의지(the will of all)를 구별하는 것을 찬미하고 있다. 의회의 과반수는 모든 사람의 의지를 나타내고 있는데 대해 군주는 일반의지를 나타내고 있는 것을 볼 수 있다. 대단히 편리한 학설이다."

〈서양철학사, '헤겔(Hegel)'〉[111]

위에서 무엇보다 먼저 주목해야 할 어휘가 '자유(freedom)'와 '정신(Spirit)'이란 용어이다. 헤겔의 자유(freedom)란 '법(law, 도덕)'에 복종하는 자유이니, 경험주의자 '실존주의'자의 자유와는 반대편에 있다. 그리고 헤겔의 '정신(Spirit)'이란 기독교의 '성령(Holy Spirit)'과 동일한 개념이니, 헤겔의 철학은 '게르만 개신교도 포교 철학'이다.

B. 러셀은 헤겔의 그러한 '보수 관념주의'를 다 보고 시종(始終) 비판적인

---

111) B. Russell, *History of Western Philosophy*, George Allen & Unwin Ltd, 1971 pp. 707~708 ; 러셀(한 철하 역), <서양철학사>, 대한교과서주식회사, 1958, pp. 1013~1004.

자세를 견지하였다. 위에서 러셀은 헤겔의 '자유' 개념을 거듭 드러내고 '출판의 자유(표현의 자유)' 문제와 '군주가 자유로운 마음을 가진 신하를 투옥'하는 문제와 '일반의지(general will)와 모든 사람의 의지(the will of all)' 문제를 제기하며 '헤겔 철학'의 독단주의(dogmatism)를 조롱하고 있다.

러셀은, J. S. 밀(J. S. Mill, 1806~1873)이 '영국의 경험주의' '공리주의 (Utilitarianism)'에 바탕을 둔 현대적인 〈자유론(On Liberty, 1859)〉에서, 국가 사회의 '윤리 도덕'에 선행하여 "개인의 자유가 (인류)본래의 자유다."[112]고 명시(明示)한 바를 물론 다 알고 있었다. <u>모두 부정할 수 없는 뚜렷한 그 '볼테르 정신'의 계승자들</u>이다.

ⓗ B. 러셀은, 헤겔이 사실상 '전쟁 불고(不顧, 無視)의 여호와주의'에 있음을 다음과 같이 지적하였다.

"헤겔은 독일의 역사를 3기로 나누었다. 첫째 샤를마뉴(Charlemagne, 프랑크 국왕 재위 768~814)에 이르기까지, 둘째 샤를마뉴에서 종교개혁까지, 셋째 종교개혁 이후. 이 세 시기는 각각 '성부의 나라(the Kingdom of Father)' '성자의 나라(the Kingdom of the Son)' '성신의 나라(the Kingdom of the Holy Ghost)'로 구별이 되었다. 그런데 그 '성신의 나라'가 농민전쟁을 진압하기 위하여 범한 피비린내 나는 그 무서운 포학으로 시작하지 않으면 안 되었다는 것은 좀 이상하게 생각된다. 그러나 헤겔은 그와 같은 조그마한 사건에 대해서는 말하지 않는다. 그 대신 헤겔은 예기(豫期)되는 바와 같이 마키아벨리(Machiavelli, 1469~1527)의 찬양으로 도망을 치고 있다.

로마 제국 몰락 이후 역사에 관한 헤겔의 해설은 독일 학교에서 세계사 교육의 결론과 동기도 된 것이다. 이탈리아 프랑스에 있어서는 타키투스(Tacitus, 55~120) 나 마키아벨리(Machiavelli)와 같은 몇 사람을 숭배한 나머지 사람 전체를 낭만적으로 숭배했으나, 일반적으로는 독일 사람을 '야만인' '침략의 장본인'으로 보았고, 처음에는 대황제 통치 속의 독일, 나중에는 종교개혁의 주도자들로서 (가톨릭)교회의 원수로 생각하였다.

19세기까지 라틴 민족은 독일 민족을 자기들보다 문명에서 후진(後進) 종족으로 생각하였다. 독일의 개신교도들은 달리 생각하였다. 독일의 개신교도들은 후기

---

112) J. S. Mill, *On Liberty and Other Essays*, Oxford University Press, 1991, p. 17.

로마인들을 병들었다고 보고 독일 사람의 서구 제국에 대한 정복을 병에서 소생하기 위한 필수적인 한 단계라고 보고 있다. 중세기에 있어서 제국과 법왕청 사이의 갈등에 관해 독일 개신교들은 '황제당의 견해(a Ghibelline view)'를 취하였다. 오늘날에 이르기까지 독일의 학생들은 샤를마뉴 대제(Charlemagne, 800~814 재위)와 바르바로사(Barbarossa, 1122~1190)에 대해 말할 수 없는 숭배를 배우고 있다. 종교개혁 후에 때때로 일어나는 독일의 비약과 불통일이 탄식되었고, 프러시아가 점점 일어나는 것은 가톨릭 밑에서가 아니라, 그리고 보잘 것 없는 오스트리아 지도 밑에서가 아니라, 개신교의 인도 하에서 독일을 강하게 하는 것이라고 환영하였다. 헤겔은 역사를 철학화 하는 데 있어서, 테오도릭(Theodoric, 454~526) 샤를마뉴(Charlemagne) 바르바로사(Barbarossa) 루터(Luther, 1483~1546) 프리드리히 대왕(Frederick the Great, 1712~1786) 같은 이를 마음에 둔 것이다. 헤겔은 그들의 위업의 빛남 속에 해설을 하였고, 그 다음에는 나폴레옹(Napoleon, 1769~1821)에 의한 독일의 최근 굴욕을 말해야 했다."

〈서양철학사, '헤겔(Hegel)'〉[113]

테오도릭(Theodoric, 454~526), 샤를마뉴 대제(Charlemagne, 800 ~814 재위), 바르바로사 (Barbarossa, 1112~1190)

루터(Luther, 1483~1546), 프리드 리히 대왕(Frederick the Great, 1712~1786), 나폴레옹(Napoleon, 1769~1821)

'볼테르의 정신'이 위대함은 세계 최초로 '종족주의' '국가' '사상'의 경계를 초월하여 '인류 공영' '세계 평화'의 대원칙을 가장 먼저 가장 확실하게 밝혔다는

113) B. Russell, *History of Western Philosophy*, George Allen & Unwin Ltd, 1971, p. 708 ; 러셀(한철하 역), <서양철학사>, 대한교과서주식회사, 1958, pp. 1014~1015.

점이다. 볼테르는 칸트, 헤겔, 마르크스에 앞서 1916년 '다다 혁명 운동'을 통해 세계화된 '생명 존중' '전쟁 반대' 인류의 공도(公道)를 제대로 펼쳐 보였다.

그런데 조잡한 칸트, 헤겔, 마르크스는 '변증법'이라는 '억지 논리'로 '전체주의' '일방주의'에 집착하였으니, 그들의 약점과 허점은 오히려 '볼테르의 평명한 지성'에 돌이켜져야 제대로 밝혀질 수가 있다. 즉 볼테르에 의해 가장 명백히 된 것은 '자연과학주의' '실존주의' 그것뿐이다. 여타의 의견은 있어도 되고 없으면 더욱 시원한 '잔소리'들이다.

B. 러셀은 '볼테르의 비판 정신'에 가장 근접한 지점에서 '헤겔 논의'에 우스꽝스러운 지점을 낱낱이 공개하였다. 특히 위에서 B. 러셀이 확인했던 바, 소위 일국(一國)의 역사의 시대 구분이 '성부의 나라(the Kingdom of Father), 성자의 나라(the Kingdom of the Son), 성신의 나라(the Kingdom of the Holy Ghost)로 구별'된다는 전제는 바로 헤겔의 '광신주의'를 제대로 드러내고 있는 대목이다.

그리고 B. 러셀은 '피비린내 나는 전쟁'을 '조그마한 사건(so trivial an incident)'으로 무시하는 헤겔의 태도를, 제대로 드러낼 수 있었던 것은 오직 '볼테르의 독서'를 통해 가능했다는 점을 간과해서는 안 된다. [이것이 '여호와주의'의 極惡한 지점이다.]

한 마디로 헤겔은 자신이 바로 '개신교 게르만 광신도'라는 사실을 긍정할(수용할) 능력도 없는 지독한 중증(重症)의 환자이다. 무엇이 그것을 증명하는가? '개신교 논리'로 전 독일을 이끌고 있을 뿐만 아니라 '배타주의' '전쟁 옹호' '여호와주의'를 '절대 이성' '절대 의지' '전체주의'로 세계를 향해 강조하고 하고 있기 때문이다. (참조, ＊ ⑨-25. '상식'으로 납득 불능은 소용이 없다.)

① B. 러셀은 헤겔이 '전쟁'에 최고의 의미를 부여한 광신주의자임을 그대로 말하였다.

"사람들은 독일에게 많은 영광을 주어서, 독일을 절대이념의 최후의 나타남이라고까지 보았고, 그것을 넘어서는 어떠한 발전도 불가능하다고까지 보았다. 그것은 헤겔의 의견이 아니다. 헤겔은 도리어 미국이 장래의 땅이라고 하여 말하기를 '우리 앞에 놓여 있는 시대에 이르러서 세계역사의 무거운 짐을 그 땅에서 자기 자신을 나타내게 될 것이다.ー아마도(헤겔은 부언한다.) 북미와 남미 사이의 싸움에 있어서'. 헤겔은 모든 중요한 것은 전쟁의 형식을 밟는다고 생각한 듯하다. 만일 세계 역사에 대한 미국의 공헌이 극빈층이 없는 한 사회의 발전이라는 것이 헤겔에게 암시되었다고 하여도 헤겔은 흥미를 느끼지 않았을 것이다. 헤겔은 반대로 말하기를 아직도 미국에는 참 국가가 있을 수 없다. 왜냐하면 참된 국가는 부자와 가난의 계급으로 분열을 요구하기 때문이라고 한다. 헤겔에 있어서 민족은 마르크스에 있어서 계급이 담당하고 있는 부분을 담당하고 있다. 헤겔은 말하기를 역사적 발전의 요소는 국민적 특질이라고 한다. 어느 시대에 있어서든지, 어느 한 민족이 세계가 도달한 변증법의 단계를 지나서 세계를 운반할 운명을 띠고 있는 것이다. 물론 우리들의 시대에 있어서는 그것이 독일 민족이다. 그러나 민족 외에도 세계사적 개인도 또한 중시하지 않으면 안 된다. 한 시대에 연출될 변증법적 발전은 이 사람들의 목적으로 나타난다. 이러한 사람들이 영웅인데, 그들은 보통의 도덕적 법칙을 위반하고도 정당성을 가질 수 있는 있는 것이다. 알렉산더(Alexander), 카이사르(Caesar), 나폴레옹(Napoleon) 등의 예를 들고 있다. 헤겔의 의견에 의하면 군사적 정복자가 되지 않고서도 '영웅'이 될 수 있는가는 의문이다."

〈서양철학사, '헤겔(Hegel)'〉114)

헤겔은 볼테르의 '과학주의' '실존주의' 사상을 확인하고도 오히려 그것을 무시하고 '여호와주의' '배타주의' '신비주의' '전쟁 옹호'를 자신의 '엉터리 변증법'론으로 우기고 나갔으니, 그것은 G. 라이프니츠의 신정론(神正論)을 되풀이함에 '변증법'이라는 '말장난'을 첨가시킨 '개신교 광신주의' 논리였다.

그러므로 볼테르가 가장 중요하게 강조했던 '전쟁 반대' 문제를 헤겔은 '전쟁 주도자 중심'으로 세계사를 생각하는 '여호와주의' 광신도였다. (참조, ※ ⑩-25. 특권을 요구해 온 유대인들)

B. 러셀은 볼테르('다다 혁명 운동 사상')를 많이 수용한 사상가이다. B. 러셀은 온건한 말로 헤겔의 여러 모습을 간결하게 제시했으나, 위에서 전쟁 주도의 '정복자(a military conqueror)'와 헤겔이 '자신의 개념'을 주입한 '심판자(성부, 성자, 성신)' '영웅(a hero)'의 문제는 도대체 어떻게 된 것인가를 물었던 것은, '현실과 주관(정신)을 혼동하고, 전략가와 도덕적 성자를 통합(?)하며

---

114) B. Russell, *History of Western Philosophy*, George Allen & Unwin Ltd, 1971 pp. 708~709 ; 러셀(한 철하 역), <서양철학사>, 대한교과서주식회사, 1958, pp. 1015~1016.

천지를 구분 못하는 개신교도 헤겔의 광신주의(fanaticism)'에 '촌철살인(寸鐵殺人)'의 예기(銳氣)를 발동한 것이다.

ⓘ B. 러셀은 헤겔이 역시 '전쟁'을 '우울증해소 방법'으로 해석했던 대목을 소개하여 흥미롭다.

"헤겔이 말하고 있는 것은, 한 국민이 어떤 경우에도 전쟁을 피할 수 없다는 말이 아니다. 헤겔은 그 이상의 것을 의미한다. 헤겔은 전쟁이 일어나지 않도록 하기 위한 제도-세계 정부 같은 것-를 만드는데 반대한다. 헤겔은 전쟁이 때때로 일어나는 것은 좋은 일이라고 생각한다.(Hegel thinks it a good thing there should be wars from time to time) 헤겔은 말하기를 전쟁은 '우리들이 세속적 선(善)이나 사물의 허무함을 심각하게 느끼게 되는 상태(the condition in which we take seriously the vanity of temporal goods and things)'라 한다.(이러한 견해는 그 정반대의 학설인 '모든 전쟁은 경제적 원인을 가진다.(all wars have economic causes)'라는 견해와 대조되어 있다.) 헤겔의 전쟁은 적극적인 도덕적 가치를 가진다. '전쟁은 유한한 규정이 안정되는 데 무관심하여진 상태에 있는 사람들의 도덕적 건강이 그것을 통하여 유지될 수 있다는 점에서 일층 더 높은 의미를 가지는 것이다.(War has the higher significance that through it the moral health of peoples is preserved in their indifference towards the stabilizing of finite determinations)' 평화는 화석함을 의미하므로, '신성동맹(Holy Alliance)'이라든지 칸트의 '평화를 위한 맹약(League for Peace)'이라는 것은 다 그릇된 것이다. 왜냐하면 국가들이란 적(敵)들이 있어야 하기 때문이다. 그리고 국가들의 충돌은 전쟁으로 판결이 날 수 있을 것이다. 국가들은 서로서로에 자연의 상태에 있는 것이므로 저들의 관계가 합법적이라든가 도덕적일 수는 없다. 그들의 권리는 그들의 특수한 의지에 있어서만 현실성을 가진다. 그리하여 각 국가의 이익이 그 자신의 최고 율법이 되는 것이다. 도덕과 정치는 결코 대립되는 것이 아니다. 왜냐하면 국가는 보통 도덕법칙에 복종하지는 않기 때문이다.(States are not subjeect to ordinary moral laws)"

〈서양철학사, '헤겔(Hegel)'〉[115]

---

115) B. Russell, *History of Western Philosophy*, George Allen & Unwin Ltd, 1971, p. 711 ; 러셀(한철하 역), <서양철학사>, 대한교과서주식회사, 1958, p. 1019.

헤겔이 '전쟁'을 '우울증 해소 방법'으로 전제한 한 것은 가장 주목할 만하다. [헤겔의 '염세주의' '허무주의'는 그 변증법 전개의 기본 사항이다.] 헤겔은 위에서 볼 수 있듯이 전쟁의 조건이 '우리들이 세속적 선이나 사물의 허무함을 심각하게 느끼게 되는 상태(the condition in which we take seriously the vanity of temporal goods and things)'라고 하였는데, 이것은 볼테르가 전쟁을 '경제적 원인'으로 규정했음에 대해, 헤겔은 정신적인 것, '자살(suicide)' '파괴본능(a destructive instinct)의 발동'으로 해석했음이 그것이다.

그런데 이 두 가지가 모두 전쟁을 용납할 수 없는 그 근거인데, 헤겔이 전쟁의 원인을 '정신 현상'에서 규정했던 것은 특이한 점이다. 헤겔의 '자신의 개념(Self-conception)'은 '성부' '성자' '성신'과 직통하는 거기에 '절대'의미가 부여된 것이다. 그런데 거기에 문제된 '우울증'의 문제는 '국왕의 우울증'과도 바로 연계되어 감당할 수 없는 '공포의 인격'으로 돌변하게 된다. [비록 '절대 권력자'라도 '우울증' 여부는 일상인과 다를 수가 없음]

헤겔의 생각을 이해하는 방법은, 바로 그것이 바로 '개신교 게르만 여호와주의'임을 바로 볼 때 비로소 가능하게 된다. (참조, ※ ⑩-25. 특권을 요구해 온 유대인들)

⑬-10. C. G. 융의 만다라(Mandala)

C. G. 융(C. G. Jung, 1875~1961)의 정신분석 체계는 '만다라(Mandala, 원, 사각형)'가 그 중심에 자리를 잡아 F. 니체나 S. 프로이트의 분석을 (자기 주관적으로) 한 차원 높인 것으로 그 자신이 긍지에 차 있었다. 그러나 그것('도식주의'-만다라 중심주의)은 볼테르, 니체, 프로이트의 '실존주의' 철학에서 무시된 그 '관념 체계' '보수주의'로의 복귀도 있었다.

C. G. 융은 '만다라'를 인류 보편 정신으로 전제하여 특정 종족이나 지역에 구분을 두지 않아 '헤겔의 분파성(배타주의) 긍정'을 초월하였음이 그 원론(原論)이었다. [융의 '원형(Archetype)'론에서도 '종족주의'는 완전 배제되었음[116]]

---

116) S. F. Walker, *Jung and the Jungian on Myth*, Garland Publishing, 1995, p. 12면, "there are no strange[i.e., 'foreign'] archetypes."

ⓐ 앞서 확인했던 바와 같이 헤겔이 그의 〈세계 역사철학 강의〉에서 유대인의 여호와를 헤겔 '자신의 개념' '이성 개념'임을 공언하였는데, 그것은 '서양 기독교 문명권의 의식구조'를 고백한 사항이다. 그 '배타적 유일신(여호와)' 문제를, 볼테르-니체-프로이트는 '과학'이라는 이름으로 그것을 부정하였다. 그런데 C. G. 융은 그것을 '자신(自身) 신비 상징(Gnostic Symbols of the Self)'을 통해 '신비의 모세 등의 이야기'를 인간 보편의 '만다라(Mandala, 사각형)' 도표를 통해 포괄 설명하였다.

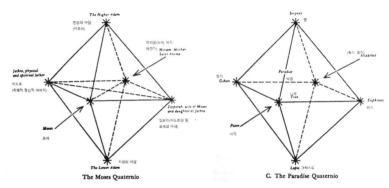

모세 사각형117), 낙원 사각형118)

다음은 C. G. 융이 그려 보인 '모세 사각형(The Moses Quaternio)'과 '낙원 사각형(The Paradise Quaternio)'이다.

앞서 볼테르는 〈구약〉을 '신비의 기록'으로 규정하고 모세의 신화는 '바커스 신화'와 동일함을 밝혔다. (참조, ※ ⑪-4. '바커스(Bacchus) 신화'를 본뜬 모세(Moses) 이야기) 그런데 헤겔은 사실 볼테르의 '자연(自然, 신-조물주)' 문제를 하나의 '정립(正)'으로 극복의 대상으로 전제하고 유대인의 '여호와(신비주의)'를 '하나의 혁명적 반정립(反定立)'으로 의미를 부여하였다.

C. G. 융은 위의 두 '만다라'로 '신비의 모세 이야기'를 설명하였다. 즉 C. G. 융에 의하면 '천상(天上)의 아담(The Higher Adam)'은 '여호와'이고 그것을 따르고 지향하는 '모세(Moses)' '지상의 아담(The Lower Adam)'은 C. G. 융이고 역시 헤겔도 되고 '교황' '대주교' '주교' '목사'이다.

그런데 볼테르, 니체처럼 '지상(地上)의 낙원(낙원 사각형)'을 긍정하는 사람

117) C. G. Jung, *Aion*, Routledge & Kegan Paul, 1974, p. 227 'The Moses Quaternio'.
118) C. G. Jung, *Aion*, Ibid, p. 236 'The Paradise Quaternio'.

에게는 '그리스도(랍비)'보다는 '지혜(과학, 쾌락)의 뱀(Serpent)'이 상석(上席－꼭대기)에 있기 마련이라는 C. G. 융의 '조롱'이 전제된 것이 '낙원 사각형' 만다라이다. ('실존의 감각'을 무시해야 하는 '실존주의' 비판 논리이다.) 그러나 위의 설명은 C. G. 융 자신이 '과학자'이기 전에 역시 자신이 그 '기독교도'임을 명시한 해설일 뿐이다. [앞서 밝혔듯이 C. G. 융은 헤겔 식 '종족주의' '선민의식' 은 拂拭되었음]

왜냐하면 니체 이후 '정신분석'은 '선택'의 '동시주의(同時主義, Simultaneism)' 속에 전개되었다. 그런데 C. G. 융이 위에 제시한 두 가지 만다라(모세 사각형, 낙원 사각형) 그 자체가 역시 항상 그 '동시주의'는 전제되어 있지만, 역시 하나의 '고정된 체계(관념적 전제)'로 제시되어 '현실 생명 자체'는 아니다. C. G. 융은 J. 로크의 경험주의 입장에 기본적으로 있었으나, 그 '자신의 개념' 제시에는 역시 크게 '도식주의' 쪽으로 기울어 있다.

ⓑ 다음은 역시 융이 제시한 '그리스도 사각형' '4원소(元素)'이다.

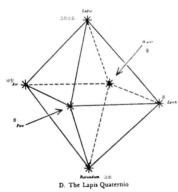

그리스도 사각형[119], 4원소(元素)[120]

'그리스도 사각형'은, 인자(人子, 그리스도)가 여호와의 자리에 앉아, 천지만물을 이루는 '지수화풍(地水火風)'을 관장하는 경우이다. 그 '그리스도'가 여호와이고, '자신의 이성적 개념'인 헤겔, 융이 그것을 대신(代身)하고 있는 경우이다. 이것이 바로 볼테르 F. 니체가 죽을 때까지 싫어하고 미워했던 바로 그 '독단

---

119) C. G. Jung, *Aion*, Ibid, p. 238 'The Lapis Quaternio'.
120) C. G. Jung, *Aion*, Ibid, p. 251 'The Four Elements'.

(Dogmatism)' '관념주의' '허무주의' '도식주의'이다. '4원소'로의 환원(還元) 이후 '영원을 생각'하는 것은 헤겔과 융을 포함한 개신교도 자신의 자유이다. 그러나 그와 달리 생각하는 사람을 상대로 '논쟁'과 '전쟁'을 일삼아서는 아니 될 일이다.

그러면 볼테르-니체로 대표되는 '실존주의' '동시주의'와 헤겔-융으로 요약되는 '관념주의'는 어떻게 다른가?

볼테르-니체는 '육체(욕망)'와 '이성(理性, 神)'이 항상 동시적으로 가동되고 거기에 '선택의 자유 의지'가 가동됨이 그 대표적 특징이다. 그런데 G. 라이프니츠-헤겔은 '이성 일방주의' '전체주의' '자신=이성=예수=여호와'의 공식에 있다.

그리고 G. 라이프니츠, 헤겔과 심리분석자 C. G. 융의 차이점은, 플라톤 라이프니츠 헤겔 등 '관념주의자'들이 온전히 무시해 버린 '육체(여성, 성모, 십보라, 미리암)'를 C. G. 융은 다른 맞은편에 엄연히 자리를 지정해 놓고 있다는 점이다. ['육체' '욕망'의 긍정]

ⓒ 그리고 C. G. 융은 다음과 같은 세계 보편의 '만다라'를 제시하여, 그것이 유독 '유대인의 전유물'이 아님을 분명히 하였다.

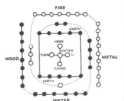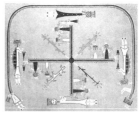

하도(河圖) 만다라121), 나바호 인디언이 그린 만다라122)

ⓓ 더구나 차라투스트라(F. 니체)는 일치감치 헤겔이 전제하고 있는 '여호와(Jehovah)'와 더불어 '의학적 욕망의 실존(육체)'을 그 동시주의로 제시하여, 수용자[차라투스트라

티베트인의 만다라123), 인도 연꽃124)

121) C. G. Jung, *Mandala Symbolism*, Princeton University Press, 1972, Figure 2.
122) C. G. Jung, *Mandala Symbolism*, Ibid, Figure 45.
123) A. Jaffe, *C. G. Jung Word and Image*, Princeton University Press, 1979, p. 86 'Tibetan mandala'.
124) C. G. Jung, *Mandala Symbolism*, Ibid, Picture 24.

의 제자들] 각자가 알아서 선택하도록 혁명적으로 각 개인 '최후의 판단자'에게 되돌려 주었다. [이것이 볼테르가 다 못 이루었던 바를, F. 니체가 이루었던 그 '위업'이다.]

'관념주의' '도식주의' 부정에 앞장을 섰던 볼테르도 시민의 '자유 의지'를 존중하여 '일방주의' '전체주의'를 근본적으로 부정하였다. (참조, ※ ⑨-13. '자유 의지'는 '선택 의지'다.)

C. G. 융은, 헤겔과는 달리 '육체' '본능' '감각'을 '악마(Shadow) 전제'로 필수적으로 끼워 넣고 있음도 주목할 점이다.125) 왜냐하면 '육체(실존)'는 지상(地上)의 교회(육체, 실존)처럼 그것이 없이는 '여호와(자신 개념)'도 있을 수 없다는 것은 명백하기 때문이다.

여기에 찰스 다윈(C. Darwin, 1809~1882)과 E. 헤켈(Ernst Haeckel, 1834~1917)의 '진화론(Evolution theory)' '개체 계통발생론(Ontogeny recapitulates Phylogeny)'의 과학주의 전개를 고려하면 기존의 '관념적 도식주의'를 완전 무효화(無效化)하고 '항상 새로운 전제' 속에 '인간 생명'이 옹호됨을 쉽게 인정할 수 있다. (참조, ※ ⑨-19. 육체(肉體) 속에도 있는, 그 '원인'과 '결과', ※ ⑨-20. '씨앗'에서 '씨앗'으로)

ⓒ 궁극의 문제는 '선(good)' '악(evil)'의 표준을 어디에 세우느냐가 결국 문제인데, 볼테르 경우 '자연법(Natural Law)'에 '인간 생명'에 표준을 두고 있다. 이것이 현대 지구촌의 '공법(公法)'이다.

헤겔은 '고대의 유대인'의 경우와 같이 '유일신' '여호와(神)'를 떠나 생각할 수 있는 존재가 아니다. 프러시아에도 법(法)이 있을 터이고, 헤겔이 평상(平常)의 '선악'을 구분 못할 까닭이 없다.

문제는 자잘한 국내 민사 형사 문제가 아니라 '전쟁' '세계 전쟁'의 문제이다. 볼테르는 자잘한 국내 문제도 소홀히 생각한 적이 없지만 '전쟁'을 '최고의 악'으로 지목하였다.

'배타주의(exclusivism)' '여호와(유일신) 존중'을 그 취향(趣向)으로 하는 사람은 그것이 '약점'임을 기억할 필요가 있다. 그러나 '여호와 신앙'을 토대로 '다른 종족' '다른 집단'에게 '개종(改宗)'을 강요하기란, '우스운 목사(헤겔)'의

---

125) C. G. Jung, *Symbols of Transformation*, Princeton University Press, 1973, p. 189.

'6세(1881)'[126], '28세(1903)'[127], '37세(1912)'[128]

'42세(1917)'[129], '74세(1949)'[130], '78세(1953)'[131]

한때의 '망상(妄想)'임은 명백한 사항이다. (참조, ✽ ⑪-17. 통치자가 바뀌면 '충성 대상'도 달라지는 법이다.)

C. G. 융도 역시 말하였다.

"인간의 삶에 서글픈 진실은 인생이 '무자비한 반대(inexorable opposites)'로 이루어졌다는 사실이다. 낮과 밤, 안녕과 고통, 출생과 사망, 선과 악 등이 그것이다. 우리는 하나가 다른 것보다 우세하다고 말할 수 없다. 선이 악을 이길 것이며 기쁨이 고통을 이길 것이라고 말할 수도 없다. 인생과 세계는 전쟁터이다. 일찍이 그러했었고, 항상 그러할 것이고 그렇지 않으면 인간 존재는 종말을 고할 것이다. 그러한 이유에서 기독교 같은 고급 종교는 이 세계의 종말을 일찍부터 예견했고, 불교는 실질적으로 모든 욕망으로부터 등을 돌리는 것으로 현실적으로 항상 종말을 전제하고 있는 형편이다. 그러나 기독교나 불교도가 두 종교의 실체를

126) K. Winston(translated by), *C. G. Jung and Image*, Princeton University Press, 1979, p. 6.
127) K. Winston(translated by), *C. G. Jung and Image*, Princeton University Press, 1979, p. 134.
128) K. Winston(translated by), *C. G. Jung and Image*, Princeton University Press, 1979, p. 56.
129) K. Winston(translated by), *C. G. Jung and Image*, Princeton University Press, 1979, p. 143.
130) K. Winston(translated by), *C. G. Jung and Image*, Princeton University Press, 1979, p. 114.
131) K. Winston(translated by), *C. G. Jung and Image*, Princeton University Press, 1979, p. 135.

이루고 있는 각별한 도덕적 이념이나 실천을 행하지 않으면 이러한 단정적 대답은 사실 자살에 해당될 것이다."[132]

그러므로 위대한 이치는 '인간 생명 그 자체'로서 그 밖에 '부조리(모순, 대립)'는 오히려 인간(成人)들이 '관용(寬容, 仁, 恕)'을 바탕으로 견뎌 나가는 길, '중용(中庸)'을 유지해 나가는 일뿐이다. (참조, ※ ⑤-22. 속이지 않았던 현인(賢人), 공자(孔子))

ⓕ C. G. 융은 '상징의 해석'에는 많은 도움을 주고 있으나, 그것은 사실 알아도 몰라도 별 실제 인생에 도움을 주지는 않는다.

그런데 '기독교의 여호와 중심주의' '일방주의' '전체주의' '배타주의' 전제는, '온 인류의 생명을 절단' 내고도 오히려 '형제 상쟁(相爭)'의 불신을 조장해 왔다는 사실이, 이미 볼테르의 탐구로 확실히 입증이 되어 있다. (참조, ※ ⑨-32. '정의(正義)'란 이름으로 행해진 강도(强盜)짓 : 전쟁) 정말 '배타주의(exclusivism)'는 '지구촌 경영'에 제일 가장 억압되어야 할 '죄악(罪惡)'임을 모두 알아야 한다.

⑬-11. 후고 발-'카바레 볼테르'

후고 발(Hugo Ball, 1886~1927)은 볼테르와 F. 니체 정신을 제대로 계승한 1916년 '다다 혁명 운동(Movement Dada)'을 주도한 세기(世紀)의 혁명가였다. (참조, ※ ⑨-30. 자연(自然) 지배자의 지식-과학)

후고 발의 일생은 대체로 다음과 같다.

후고 발은 1886년 독일의 피르마젠스(Pirmasens) 가톨릭 가정에서 탄생하였다. 1906년부터 1907년 사이에 뮌헨 대학, 하이델베르크 대학에서 사회학과 철학을 공부하였다. 1910년에는 배우(俳優)가 되려고 베를린으로 왔고, 막스 라인하르트(Max Reinhardt)와 연대하였다. 제1차 세계대전이 발발함에 지원병으로 입대하려 했으나, 신체적인 이유로 입대가 거부되었다. 후고 발은 독일의 벨기에 침공을 목격하고 완전히 실망하여 말하였다. "전쟁이란 명백히 잘못된 것이다. 인간을

---

132) C. G. Jung, *Miscellany*, Routledge & Kegan Paul, 1986. pp. 245~246.

기계로 잘못 생각한 거야."

　이후 독일에서 반역자로 지목이 되어, 부인과 함께 국경을 넘어 취리히로 갔다. 취리히에서 후고 발은 '무정부주의' '바쿠닌(Bakunin, 1814~1876)'에 관심을 보였다. 바쿠닌 저서의 번역도 하였다. 그러나 출판은 되지 못하였다. 후고 발은 '무정부주의(anarchist philosophy)'에 관심을 보였지만, 군사적 모습은 싫어했고, 그의 계몽주의 목표를 위한 수단으로 그것['무정부주의' '다다 혁명 운동']에 관심을 보였다.

　후고 발은 1916년에 과거 '절대주의(the ultimate Truth)'를 강요하는 철학[헤겔의 절대주의]을 혐오하는 가공할 사회에 반대를 하는 정치적 성명인 '다다 선언(Dada Manifesto)'을 작성하였다. 같은 해에 '무의미의 시(nonsensical words poem)' '카라바네(Karawane)'를 썼다. 그것은 주요 '다다의 원리'를 반영한 것이었다.

　후고 발은 역시 취리히에서 '카바레 볼테르'를 창설하였는데, 그는 취리히 '다다 혁명 운동(the Dada movement)'을 주도하였다. '다다'라는 이름은 회원 중 한 사람(휠젠벡)이 우연히 사전에서 찾아낸 것이다. 후고 발의 부인 '에미 헤닝스(Emmy Hennings, 1885~1948)'도 다다의 멤버였다.

　후고 발의 다다 참여 기간은 약 2년이었다. 그 후 후고 발은 베른(Bern)에서 '프라이에 자이퉁(Freie Zeitung)'사에서 저널리스트로 활약하였다. 1920년 7월 가톨릭으로 돌아온 이후 종교 생활을 한 스위스 티키노(Ticino) 지역으로 은퇴하였다. 후고 발은 잡지－'천국(Hochland)'에 기고(寄稿)도 하였고, 1927년에 사망하였다.

'후고 발'133), '무의미 시 카라바네 (1916)'134), '후고 발에 의해 1916년 5월에 간행된 <카바레 볼테르>지의 표지'135)

133) Wkipedia 'Hugo Ball'.
134) Wkipedia 'Hugo Ball'－'Hugo Ball's 1916 poem, "Karawane"'.
135) L. Dickerman, *DADA*, *The Museum of Modern Art*, 2006, p. 49.

'후고 발-Hugo Ball'과 카바레 볼테르-Cabaret Voltaire(1916)가 있던 장소 '마이에라이-Meierei 식당(1935)'과 1916년 2월 '예술가의 술집 볼테르'가 개점한다는 당시 광고 포스터(Marcel Slodki 제작)[136], '1918년 취리히의 후고 발(H. Ball)과 헨닝스(E. Hennings)'[137], '쟝코(M. Janco)가 그린 1916년 카바레 볼테르 공연 광경'[138]

1916년 '야간 흥행'이 열렸던 박크 홀-Waag Hall[139]과, 쟝코-Janco 디자인의 큐비스트 복장(服裝)의 후고 발[140], 발이 1916년 5월 제작한 '카바레 볼테르'지 일부[141]

'후고 발과 에미 헨닝스'[142] '폼페이에서 한스 아르프(H. Arp, 1887~1966)와 후고 발(1925. 4)'[143]

---

136) L. Dickerman, *DADA*, Ibid, pp. 21, 22.

137) M. Dachy, *Dada The Dada Movement 1915-1923*, Rizzoli International Publications Inc, 1990, p. 33.

138) M. Dachy, *Dada The Dada Movement 1915-1923*, Rizzoli Ibid, p. 42.

139) L. Dickerman, *DADA*, Ibid, p. 34.

140) M. Dachy, *Dada The Dada Movement 1915-1923*, Ibid, p. 43.

141) R. Motherwell(Edited by), *The Dada Painters and Poets: An Anthology*, Ibid, p. 30.

142) D. Ades(edited by), *The Dada Reader*, The University of Chicago Press, 2006, p. 18.

143) M. Dachy, *Dada The Dada Movement 1915-1923*, Rizzoli, 1990, p. 192 'Hans Arp and Hugo Ball at Pompeii April 1925'.

'뮌헨의 에미 헤닝스(1913)'144), '인형을 들고 있는 에미 헤닝스(1916)'145), '취리히의 에미 해닝스(1916~7)'146), '에미 해닝스(1917)'147)

⑬-12. M. 에른스트-'전쟁', '국가주의' 반대

막스 에른스트(Max Ernst, 1891~1976)는 그의 예술적 재능을 바탕으로 전 세계를 '다다 혁명 운동'으로 몰아간 거인(巨人)이었다. F. 니체 이후 독일이 낳은 세계적인 실존주의 예술가로 그는 예술로서 '다다 혁명 운동' '세계 평화 운동'을 성공적으로 펼쳐 보였으니, 그의 정신은 그 작품과 더불어 그 '혁명 운동'도 영원할 것이다. 다음은 막스 에른스트의 일생 소개이다.

> 막스 에른스트(Max Ernst, 1891~1976)는 독일 사람으로 화가, 조각가 시인이었다. 다작(多作)의 예술가로서 에른스트는 '다다 혁명 운동'과 '초현실주의'의 개척자였다.
>
> 막스 에른스트는 쾰른(Coeln)에서 가까운 브륄(Brühl)에서 아홉 자녀의 셋째로 중류 가톨릭 가정에서 태어났다. 에른스트 아버지 필립(Philipp)은 독실한 기독교 교리주의자로서 아마추어 화가이고 농아학교 교사였다. 필립은 막스 에른스트에게 '권위에 도전 정신(a penchant for defying authority)'을 불어넣었고, 아버지 '필립'의 자연 스케치와 그림 그리기는 막스 에른스트가 그림을 전공하는데 영향을 주었다.
>
> 1909년 막스 에른스트는 본 대학(the University of Bonn)에 등록을 하였고 철학,

144) Hugo Ball, *Flight of Time : A Dada Diary*, University of California Press, 1996, 'Emmy Hennings in Munich(1913)'.

145) L. Dickerman, *DADA*, *The Museum of Modern Art*, 2006, p. 17 'Emmy Hennings with a puppet she made(1916)'.

146) L. Dickerman, *DADA*, Ibid, p. 473 'Emmy Hennings in Zurich-1916~7'.

147) M. Dachy, *Dada The Dada Movement 1915-1923*, Rizzoli, 1990, p. 39 'Photograph of Emmy Hennings(1917)'.

예술사, 심리학, 정신의학을 공부하였다. 정신 요양소를 방문하여 환자들의 그림에 매료가 되었다. 에른스트는 그 해에 그림 그리기를 시작하여 '부륄' 성(城)의 정원을 스케치하고 '누이의 상'과 '자화상'을 그렸다.

1911년에 아우구스트 막케(August Macke, 1887~1914)와 친하게 되었고, 막케의 '라인강 표현주의 예술가 그룹(Die Rheinischen Expressionisten group of artists)'에 가입하여 화가가 되기로 결심을 하였다.

1912년에 에른스트는 쾰른의 '존데르분트(Sonderbund) 전시회'를 방문하였는데, 거기에서의 피카소 작품과 후기 인상파 고흐(Vincent van Gogh)와 고갱(Paul Gauguin) 의 작품들은 에른스트 예술 진전에게 커다란 영향을 주었다. 같은 해에 에른스트 자신의 작품도 쾰른의 '갈레리 펠트만(Galerie Feldman)'에서 '젊은 라인 그룹(Das Junge Rheinland group)'의 작품과 더불어 전시가 되었고 1913년까지 서너 번의 전시가 있었다.

1914년 에른스트는 쾰른에서 '한스 아르프(Hans Arp, 1887~1966)'와 만났다. 두 사람은 금방 친구가 되었고, 그들의 관계는 50년간 지속이 되었다. 에른스트가 그 해 여름에 학교 공부를 마친 다음 그의 인생은 '제1차 세계대전'의 영향을 받게 되었다. 에른스트는 징집(徵集)이 되어 서부(西部) 전선(戰線)과 동부 전선에 복무하였다. 화가 에른스트에 대한 전쟁의 무참한 영향을 에른스트는 그의 자서전 에서 당시를 다음과 같이 말하였다.

"1914년 8월 1일에 막스 에른스트 사망하다[징집되다]. 1918년 11월 9일 부활하 다.[제대하다]"

그러나 서부 전선에 잠깐 있는 동안에는, '지도(地圖) 그리기'에 배속되어 그림을 계속 그릴 수가 있었다. 몇 명의 독일 표현주의 화가들은 '제1차 세계대전'에서 목숨을 잃게 되었으니, 막케와 프란츠 마르크(Franz Marc, 1880~1916) 등이다.

1918년 에른스트는 제대(除隊)를 하여 쾰른으로 돌아왔다. 에른스트는 1914년에 만났던 예술사(藝術史)학도인 루이제 수트라우스(Luise Straus)와 결혼하였다.

1919년에 에른스트는 뮌헨의 클레(Paul Klee, 1870~1940)를 방문하였고, 키리코 (Giorgio de Chirico, 1888~1978) 그림을 탐구하여 큰 감명을 받았다. 그 해에 '통신 판매 제도 목록'과 '보조 안내 책자'를 생각해내어, 에른스트는 그의 미래 예술 탐구를 지배하게 되는 기술인 그의 '제1목록(석판 인쇄 작품집)'을 제작하였다. 그리고 <u>1919년 에른스트는, 사회운동가 바겔트(Johannes Theodor Baargeld, 1892~1927)와 그 동료들과 함께 '쾰른 다다(Cologne Dada)'를 창립하였다.</u>

1920년(6. 24.)에 루이제와의 사이에 아들 '지미 에른스트(Jimmy Ernst)'가 탄생하였다. 그는 화가로 활동하였다. 에른스트의 '루이제와의 결혼 생활'은 짧았다.

1921년 P. 엘뤼아르(Paul Éluard, 1895~1952)를 만나 평생 친구가 되었다. P. 엘뤼아르는 에른스트의 작품 두 개('셀레베스' '오이디푸스 왕')를 구입하였다. 그리고 6개의 목록을 선정하여 P. 엘뤼아르 시집 〈예행(豫行, Répétitions)〉에서 해설을 하였다. 그 이듬해(1922)에 두 사람은 '신(神)들의 불행(Les malheurs des imortals)' 제작에 협력하였고, 1921년 만난 A. 브르통(Andre Breton, 1896~1966)과도 잡지 '문학(Litterature)'에 협력하였다.

1922년에 에른스트는 '관련 서류(입국 체류를 위한 문건)'를 확보할 수 없어서, 파리 교외 셍브리(Saint-Brice)에 P. 엘뤼아르와 '삼각부부(Threesome)'로 정착을 하였고, 에른스트 자신의 아들과 부인과는 떨어져 있었다. 첫 2년간 에른스트는 온갖 일을 다 하였다. 1923년 P. 엘뤼아르는 파리 근처 '본느(Eaubonne)의 새집'으로 이사를 했고, 에른스트는 거기에 벽화를 그렸다. 같은 해에 에른스트 작품들은 '독립 살롱(Salon des Indépendants)'에 전시되었다.

당초에 P. 엘뤼아르는 에른스트와 '삼각부부'를 응낙하였으나, P. 엘뤼아르는 그 아내(갈라)와 에른스트 관계를 걱정하기 시작했고, 1924년에 P. 엘뤼아르는 갑자기 집을 나가 모나코(Monaco)로 떠났고, 그 다음에는 베트남 사이공(Saigon)으로 가버렸다.

P. 엘뤼아르는 사이공에서 아내 갈라와 M. 에른스트에게 그와 합칠 수 있느냐고 물었다. 갈라와 에른스트는 여행 경비 마련을 위해 에른스트의 많은 그림을 팔아야 했다. 에른스트는 독일 뒤셀도르프(Duesseldorf)로 돌아가, 평생 친구인 요한나 아이(Jahanna Ey, 1864~1947)에게 다수의 그림을 매각하였다. 그들 3인은 사이공에서 잠깐 회동 중에, 갈라와 엘뤼아르는 사이공에 남기로 했는데, P. 엘뤼아르는 그 해 9월 초에 본느(Eaubonne)로 귀환을 했고, 그 수개월 뒤에 에른스트는 동남아시아를 탐방을 마친 다음 파리로 돌아왔다. 에른스트는 1924년 후반에 파리로 돌아와 작크 비오(Jacques Viot)와 계약을 맺고, 1925년에는 뚤루주(Tourlaque)에 스튜디오를 만들었다.

1925년에 에른스트는 프로타주(frottage) 기법(技法)을 실험했는데, 이미지 소재를 연필로 문지르는 것이었다. 에른스트는 '그라타주(grattage)' 방법도 창안하였다. 에른스트는 이 방법으로 유명한 '숲과 비둘기(Forest and Dove)' 그림을 그렸다.

1926년에 호안 미로(Joan Miró, 1893~1983)와 세르게이 디아길레프(Sergei Diaghilev, 1872~1929) 디자인에 협력하였다. 에른스트는 '새'에 매혹이 되어 그것에 그의 작품에 널려 있다. 에른스트는 그림 속에 '또 다른 자아(alter ego)'를 '로플롭

(Loplop)'라 불렀는데 이 '또 다른 자아'는 '새'와 '인간'의 '동일시'에 근거를 둔 것이다.

1938년 미국의 미술 애호가 '페기 구겐하임(Peggy Guggenheim)'은 에른스트 작품을 다량 구매하여 그녀의 런던 새 미술관에 전시하였다. 에른스트와 페기 구겐하임은 뒤에 결혼을 하였다.(1942~1946)

1939년 9월에 '제2차 세계대전'이 터지자 에른스트는 '불순한 외국인(undesirable foreigner)'으로 엑상프로방스(Aix-en-Provence) 근처 '밀레 수용소(Camp des Milles)'에 다른 초현실주의자와 함께 억류되었다. 그 무렵에 파리로 이주한 벨머(Hans Bellmer, 1902~1975)도 같은 경우였다. 엘뤼아르(Paul Éluard), 프라이(Varian Fry) 등의 중재(中際)로 수주일 후에 에른스트는 석방이 되었다. 그 뒤 독일이 프랑스를 점령한 이후에 에른스트는 다시 '독일의 게슈타포(Gestapo-비밀경찰)'에게 체포를 당하였다. 그러나 구겐하임(Guggenheim)과 프라이(Fry)는 에른스트가 미국으로 망명할 수 있도록 손을 썼다. 에른스트는 사랑했던 '레오노라 캐링턴(Leonora Carrington, 1917~2011)'과는 헤어져야 했고 그녀는 심적 고통을 겪었다. 에른스트와 구겐하임 은 1941년 미국에 도착하여 이듬해(1942)에 결혼하였다. 전쟁을 피하여 뉴욕에 살고 있는 예술가 친구들(M. 뒤샹, M. 샤갈)을 따라 에른스트도 그곳의 추상 표현주의 발달을 고무시켰다.

에른스트의 구겐하임과의 결혼은 오래가지 못했다. 1946년 10월에는 캘리포니아 비벌리힐스(Beverly Hills)에서 도르시아 태닝(Dorothea Tanning, 1920~2012)과 결혼하였다. 부부는 처음 애리조나 세도나(Sedona, Arizona)에 집을 지었다.

1948년 에른스트는 '회화의 작품 초월(超越)(eyond Painting)'이라는 논문을 작성하였다. 그 결과 에른스트는 재정적으로도 성공을 거두어 1950년부터 주로 프랑스에 거주하게 되었다. 1954년에는 베니스 비엔날레(Venice Biennale) 회화 부분에 대상(大賞)을 획득했다.

1976년 4월(1일)에 84세의 나이로 파리에서 별세하여 '페르 라셰즈(Père Lachaise)' 묘지에 안장이 되었다.

원래 M. 에른스트가 평생 몸을 던져 펼쳤던 '다다 혁명 운동'은, 처음 1909년 이탈리아 F. T. 마리네티(F. T. Marinetti, 1898~1944)가 먼저 행했던 '미래주의 (Futurism) 선언'에 기초를 둔 것이었다.

그 미래주의란 '과거 문화를 전적으로 부정'하고 '새로운 과학 정신을 바탕으로 세계 공유의 문화 창조'라는 혁명적 전제를 두고 있었고, '과학의 산물'인

기계 공학적 사고를 바탕으로 시간 공간을 초월한 역동주의(dynamism)에 새로운 과학 정신을 바탕으로 세계 공유의 문화 창조를 목표로 했다는 점에서 '새로운 예술'로 각광을 받았다.

그런데 취리히 다다(R. 휠젠벡, T. 짜라)는 그 '마리네티' 사고를 존중하면서도 '전쟁 옹호'를 '전쟁 반대'로 '작품 중심'에서 '현실 생명 중심(작품 초월, 예술 초월)'으로 선회(旋回)를 하였다. 이것이 '다다 혁명 운동'의 기본 방향이었고, M. 에른스트도 역시 이에 동조하여 '쾰른 다다'를 이끌었다.(1948년에야 에른스트가 '회화 초월(Beyond Painting)' 글을 썼던 것을 특별한 것처럼 기술한 것은 '다다의 행적'을 故意로 無視하고 있는 처사임)

'브륄에서 18세의 M. 에른스트 (1909)'[148), '브륄에서 18세의 M. 에른스트(1909)'[149)

'1차 대전 중 참호(塹壕) 속의 M 에른스트-가장 좌측(1914~5)'[150), '부상을 당한 M. 에른스트(1915)'[151), '부상을 당한 M. 에른스트(1915)'[152)

148) W. Spies & S. Rewald, *Max Ernst : A Retrospective*, The Metropolitan Museum of Art, 2005, p. 285 'Max Ernst Brühl, Germany(1909)'.

149) G. Welten, *Max Ernst Die Sammulung Schneppenheim*, Dumont, 2003, p. 42.

150) W. Spies, *Max Ernst*, Prestel, 1991, p. 289 'Max Ernst(far left) in a dug-out during the First World War(1914~5)'.

151) L. Dickerman, *DADA*, The Museum of Modern Art, 2006 p. 6 'Max Ernst, a German artillery engineer during World War 1, after being wounded by the recoil of his own cannon(1915)'.

'29세(1920)'153), '갈라, 에른스트, 지미, 쉬트라우스, 엘뤼아르, 바겔트(1920)'154), '막스 에른스트 개막전(1921. 5-6.)'155)

'H. 아르프, T. 짜라, M. 에른스트(1921)'156), 'H. 아르프(1924)'157)

'에른스트, 엘뤼아르 가족 상봉(1921. 11.)'158), '엘뤼아르 갈라 브르통 에른스트(1923)'159)

152) G. Welten, *Max Ernst Die Sammulung Schneppenheim*, Dumont, 2003, p. 17.

153) M. Ernst, *Beyond Painting*, Solar Books, 2009, p. 1.

154) B. G. W. Gaehtgens etc, *Max Ernst*, Ibid, p. 132.

155) G. Durozoi, *History of the Surrealist Movement,* The University of Chicago Press, 2002, 'Opening of the Max Ernst exhibition at the Au Sans Pareil Bookstore, May-June 1921'.

156) W. Spies & S. Rewald, *Max Ernst : A Retrospective*, The Metropolitan Museum of Art, 2005, p. 286 '(1921)'.

157) W. Spies & S. Rewald, *Max Ernst : A Retrospective*, Ibid, p. 225 'Hans Arp(1924)'.

158) G. Durozoi, *History of the Surrealist Movement,* Ibid, p. 33 'Gala Eluard, Max Ernst, Johanes Theodor Baargeld, Louise Straues-Ernst and Jimmy Ernst in Cologne, November 1921'.

159) G. Durozoi, *History of the Surrealist Movement,* Ibid, p. 58 'Andre Breton...Paul Eluard, Max Ernst, Gala…1923'.

'37세(1928)'160), '39세(1930)'161), '44세(1935)'162), '44세(1935)'163), '46세(1937)'164)

47세(1938)165) 49세(1940)166), '50세(1941)'167), '회화의 초월(Beyond Painting)'168)

'55세(1946), 도르시아 태닝과 함께'169), '55세(1946) 애리조나 세도나에서'170), '56세(1947)'171), '59세(1950)'172)

'63세(1954)'173), '64세(1955)'174), '78세(1969)'175), '80세(1971)'176), '85(1976)'177)

160) W. Spies, *Max Ernst*, Prestel-Verlag Muenchen, 1979, p. 151.

161) M. Ernst, *Beyond Painting*, Solar Books, 2009, p. 29.

162) G. Durozoi, *History of the Surrealist Movement*, Ibid, p. 183 'Max Ernst circa 1935'.

163) M. Ernst, *Beyond Painting*, Solar Books, 2009, p. 33.

164) W. Spies, *Max Ernst*[1979], Ibid, p. 162.

165) W. Spies, *Max Ernst*[1979], Ibid, p. 164.

166) P. Waldberg, *Surrealism*, Ibid, Fig. 51 'Portrait of Max Ernst, 1940'.

167) W. Spies, *Max Ernst*[1979], Ibid, p. 168.

168) M. Ernst, *Beyond Painting*, Solar Books, 2009.

169) M. Ernst, *Beyond Painting*, Solar Books, 2009, p. 171.

170) W. Spies, *Max Ernst*[1979], Ibid, p. 174.

171) M. Ernst, *Beyond Painting*, Solar Books, 2009, p. 4.

172) W. Spies, *Max Ernst*[1979], Ibid, p. 170.

M. 에른스트는 '미래주의' '다다이즘' '초현실주의'를 관통한 현대 미술의 중추를 가장 강력하고 확실하게 하고 있는 증인(證人)으로서 그의 작품은 그대로 '개혁'과 '혁명'의 의지를 담고 있는 새로운 시대정신을 담고 있는 걸작들이다. 그리고 M. 에른스트의 사고는 볼테르와 니체의 그 '의지'의 구현이었으니, 요약하면 다음과 같다.

ⓐ 볼테르는 그 본래의 뜻과는 세상이 어긋나서 프랑스나 프러시아 어느 곳에서도 정착(定着)할 수가 없게 되어 스위스 제네바로 갔으나 거기에서도 역시 불안하여 '스위스 프랑스 국경'에 반반씩 걸터앉은 '페르네(Ferney) 마을'을 건설하는 '개혁과 혁명 운동'의 창시자였다. (참조, ＊ ④-20. 볼테르의 '페르네' 마을)

그런데 독일인 F. 니체는 스위스 바젤 대학에 근무하면서 '국가 민족 초월'의 '차라투스트라 정신'을 양성하였는데, 제1차 세계 전에 역시 스위스로 망명한 후고 발, R. 휠젠벡, T. 짜라가 그 볼테르, F. 니체 정신을 계승하여 '생명 존중' '전쟁 반대'의 '다다 혁명 운동'을 일으켰다. 이에 '쾰른 다다' M. 에른스트 는 그 '전쟁의 근본'인 '국가 민족주의'에 근거함을 직시하고 '폐쇄적 국가주의 반대'를 작품으로 거듭 명시했다.

M. 에른스트의 '숲(Forest) 로고(logogram)'는 '국가' '종족주의' 상징인 '국경 (國境)'의 의미이다.

모두 '새와 숲(장벽)'을 주제로 한 연작(連作)이지만, M. 에른스트의 '다다 혁명 운동'에 대한 열의는 평생 식을 수가 없었다. 그것은 M. 에른스트가 이미 1917년 '물고기들의 전쟁'이라는 그림으로 '약육강식(弱肉强食)' 제국주의 전쟁으로 1차 세계대전을 규정했는데, '생선뼈로 된 숲'이란 바로 그 '국가주의' '제국주의'로 배를 불린 후 더욱 견고한 '국가주의' '제국주의'를 지향하고 있다는 M. 에른스트의 모습을 건 절규가 그 그림 속에 있다.

ⓑ 볼테르는 원래 '인간의 육체'와 '동물의 신체'의 구분에 의심을 품었고,

173) G. Durozoi, *History of the Surrealist Movement*, Ibid, p. 558 'Max Ernst in 1954'.
174) W. Spies, *Max Ernst*[1979], Ibid, p. 183.
175) W. Spies, *Max Ernst*[1979], Ibid, p. 195.
176) W. Spies, *Max Ernst*[1979], Ibid, p. 191.
177) W. Spies, *Max Ernst*[1979], Ibid, p. 203.

그 '동물들'을 '선악(善惡)'로 심판했다는 〈구약〉의 기술('노아 홍수')을 의심했었다. (참조, ＊ ⑨-6. 어떻게 저 짐승들을, 선악(善惡)으로 심판을 할까?, ＊ ⑨-23. '부조리' – 선악(善惡)의 공존(共存))

그런데 에른스트는 선악(善惡)의 '동시주의(同時主義, simultaneism)'를 거듭 구현(具顯)하여 '자유 의지'와 '육체'의 공존 '실존주의(existentialism)' 철학을 일반화하였다.

M. 에른스트의 작품 '신체 신화의 홍적층적(洪積層的) 그림(1920)'은 '인간 부조리 형상화'이다. 즉 인간은 새가 아니므로 몸을 펴 보아도 하늘까지 닿을 수는 없다. 그리고 새는 어디까지나 '새'이므로 그것은 분명히 '인간'이 아니다. 그렇지만, 인간 속에 '새'가 있고, 인간의 머리(思考)는 바로 '(時空의 초월이 가능한)새'이다. 그래서 이 그림은 소위 '육체(욕망)⇔초월(정신)'의 다다의 동시주의를 명시한 작품으로, 바로 M. 에른스트가 다다의 몸통 화가로 등장하게 한 '승리의 다다 혁명 운동'의 첫 개가(凱歌)에 해당한 작품이다.

작품 '네오노러 캐링턴의 '타원형 숙녀' 해설에서(1939)'는 '말(여성)'과 '새'의 형상을 합친 형상이다. '지상(地上)의 말⇔천상(天上)의 까치'의 동시주의의 실현, M. 에른스트는 그의 탁월한 그림 솜씨를 통해 거부감 없이 관람자를 '다다 혁명 운동'에 가담하게 하게 만들고 있다.

작품 '이름을 지을 수 없는 동물(1973)'은 화가의 타고난 '다다 혁명 운동 기질'을 명시한 것이다. 즉 '이름 지을 수없는 동물'이란 둥근 원의 곁에 '물고기와 새'의 중간에, 인간의 다리[脚]를 하고 서 있는 어떤 짐승인지 알 수 없게 그린 존재를 말함이니, 이는 물론 M. 에른스트 자신의 대신이며 '부조리'를 안고 있는 모든 인간 성격의 명시이다.

ⓒ 볼테르는 원래의 이름 '프랑수아 마리 아루에(François-Marie Arouet)'를 버리고 '볼테르(Voltaire)'로 개명하여 혈연과 전통을 초월한 '과학의 새 문화 창달'의 시조(始祖)가 되었다. (참조, ＊ ⑭-2. 영국 유학기(英國 遊學期, 1716~1733), 1718년(24세) 항) 1881년 F. 니체는 '차라투스트라'라는 이름으로 '모든 가치의 재평가 운동'을 선도(先導)하였다.

그런데 M. 에른스트는 '로플롭(Loplop)'이라는 이름으로 자신의 '다다 혁명 운동'의 정신적 실체로 규정하였다. 그만큼 '로플롭'은 에른스트에게 절대적 의미를 지니고 있다.

M. 에른스트는 1927년경부터 '로플롭(Loplop)'이라는 다른 이름으로 '다다 혁명 운동가'로서의 자신의 면모를 구체화 하였다. M. 에른스트는 '로플롭'이, 어두운 파리를 밝히는 '등불'임을 전제하였다. 퀼른 다다 M. 에른스트는 새 시대의 '빛과 광명'인 '다다 초현실주의 운동가'임을 스스로 자부(自負)하고 있다.

그리고 '로플롭이 다른 새보다 낫다(1928)' '로플롭이 로플롭을 드러내다(1930)'란 작품은 거의 동시대에 제작된 작품들이다. M. 에른스트의 일생은 온통 그 '다다 초현실주의 운동'으로 전제되었음을 위의 작품으로 거듭 명백히 하고 있다.(겉도 속도 '로플롭'='다다 초현실주의 운동'이 全部인 M. 에른스트)

1931년 작품 '로플롭'과 '초현실주의 회원들에게 로플롭이 나타나다'이다. 머리는 새의 모습이고, 하체는 인간의 형상에 공중에 떠 있는 형상이다. '다다 초현실주의 운동'으로 떠돌이 신세인 M. 에른스트 자신의 제시이다. 그 형상이 복합적이란 측면에서 앞서 확인한 '부조리'의 이미지가 상통하고, '<u>새의 형상이</u> <u>강조된 인간'이란 측면에서 M. 에른스트의 '초월적 성격'이 강조된 이미지로</u> <u>그 '로플롭' '다다 초현실주의 운동가 에른스트'의 정면(正面)이다.</u>

ⓓ <u>볼테르의 '혁명 사상'의 기초는, '신(神) 중심 사고' '중세적 사고'에서</u> <u>'인간 중심' '생명중심'으로의 전환이다.</u> (참조, ❋ ⑪-12. 신(神)의 대행자(代行者)는 어디에도 없다. ❋ ⑤-34. 세상에 멸망해야 할 도시는 없다. ❋ ②-17. 인간 속에 있는 신(神), ❋ ②-18. 육체 속에 있는 영혼) F. 니체는 그것을 '차라투스트라' 이름으로 거듭 천명하였다.

막스 에른스트의 '실존주의'는 다음과 같이 펼쳐졌다. 에른스트는 처음부터 '실존주의'를 체질로 습득하여 '모래 벼룩들(1920)', '주인의 침실(1920)' 그림을 그렸다. 세상에 그림들이 많지만, '모래 벼룩들(The Sands Fleas)'을 그리고, '침실(Bedroom)'을 그리되 '곰'이나 '고래'를 곁에 두고 그들과 자리를 함께 하는 상황을 그린 화가는 M. 에른스트 이전에는 없었다.

에른스트의 대표적 '실존적 이미지'로는, '비둘기'가 활용되었다. 피카소도 '새'를 주제로 한 그림이 있지만, 피카소는 '새'를 '여성'과 동일시하였다. 비둘기는 모든 다다이스트들에게 '전쟁 반대'의 '로고'이고, 역시 에른스트 자신의 소위 '변형된 자아(alter-ego)'이다.

ⓒ 볼테르의 '관념주의' 타파는 '희랍 이념 철학'과 '기독교 신(神)'의 부정으로
요약된다. 볼테르는 그것을 영국의 '경험주의' '과학 사상'으로 대체하였고,
F. 니체 이후 모든 인문 사회 연구가는 그 '생명'과 '과학'을 표준으로 평가를
행하기에 이르렀다.

M. 에른스트도 그 '추상적 관념주의'에 반기(反旗)를 정확히 하였다.

1930년 파리에서 간행된 M. 에른스트의 '그림 소설' 〈수녀(修女)가 꿈인
소녀(*A Little Girl Dreams of Taking the Veil*)〉의 1부 '어둠'에서는 미모(美貌)의 여주인공
'마르셀리느-마리(Marceline-Marie)'가 주위의 주목을 받았으나, 결국 크게 싸움
판이 벌어진 '꿈(초현실주의)' 이야기다. 여주인공은 꿈속에서 자기 자신의
존재에 대한 의문을 계속 던진다. 그녀는 '유럽 제국주의 국가 사회'에 대한
비유(형상)이니, 관념적으로 '기독교'를 표방했지만 실제로는 '중상주의(重商主
義)' '제국주의(Imperialism)'를 감행하다가 제1차 세계대전을 치른 '유럽 국가
사회의 정체성(正體性, Identity)'에 관한 M. 에른스트 의심의 제기이다.

여주인공(마르셀리느-마리)의 '천상의 신랑'은, 사실상 '돈'임이 판명되어
그녀는 완전히 실망에 빠지게 된다. 여기에 M. 에른스트의 그 '양극적 동시주
의'('돈⇔천상의 신랑'의 동시주의)가 그대로 활용되어 결국 독자가 알아서
판단하게 하고 있다.

M. 에른스트는 '천국(天國)'을 이야기하는 종교(기독교)가 결국은 '물질(돈)'
에 종속되어 있고, '유럽의 기독교 국가(마르셀리느)'가 '신(神)'을 표방하고
있으나, 그 저변에는 '물질 문제'로 전쟁을 행한다고 비판한 것이 작품집
〈수녀(修女)가 꿈인 소녀(*A Little Girl Dreams of Taking the Veil*)〉의 주지(主旨)이다.

볼테르는 에른스트에 앞서, 더욱 간결하게 '⑨-32. '정의(正義)'란 이름으로
행해진 강도(強盜)짓 : 전쟁', '⑨-35. '정의(正義)' 이름으로 행해진 약탈 전쟁',
'⑨-36. 선악(善惡)의 분별은, 산수(算數)의 문제다.'라고 명시하였다.

복잡하게 떠드는 것은 '사기성(詐欺性)'을 내포하고 있다.

M. 에른스트는 '다다 혁명 운동'을 '초현실주의 운동'으로 연결시키는 데
가장 중요한 역할을 수행했던 '신념의 예술가'였다. M. 에른스트는 볼테르
F. 니체의 사상을 더욱 구체적으로 작품으로 형상화하여 '생명 존중' '세계
평화'에로의 길을 더욱 확실하게 했던 '위대한 다다 초현실주의 혁명가'였다.
(참조, ※ ⑨-30. 자연(自然) 지배자의 지식-과학)

⑬-13. R. 휠젠벡-'관념보다 입을 바지가 중요하다.'

'휠젠벡'

리하르트 휠젠벡(Richard Huelsenbeck, 1892~1974)은 독일 프란케나우(Frankenau, Hessen-Nassau) 출신의 시인이며 작가다. 휠젠벡은 제1차 세계대전 전에 의학도였다. 병으로 현역에서 면제되어 1916년 2월 스위스 취리히로 이민(移民)을 갔다. 휠젠벡은 '카바레 볼테르(Cabaret Voltaire)'와 투합하였다. 1917년 1월 베를린으로 돌아와 베를린 다다를 창설하였다. 1920년 휠젠벡은 '내 손에 총으로 문학을 창조하는 것이 나의 꿈이다.'라고 적었다.

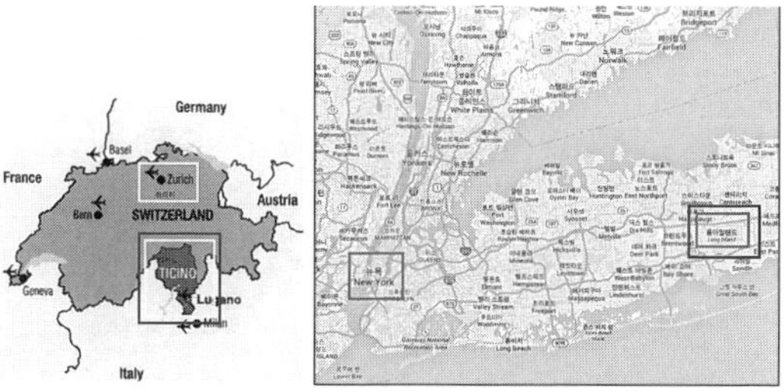

R. 휠젠벡의 이동 경로, '베를린' ⇒'취리히' ⇒'베를린' ⇒'롱아일렌드' ⇒'티키노'

휠젠벡의 생각은 당시 베를린 정치적 좌파(左派)에 부합하는 것이었다. 그러나 '다다는 독일의 볼셰비즘이다.'라고 하던 휠젠벡과 그의 친구들은, '국가 사회주의(나치)'가 모든 현대 예술을 '예술적 볼셰비즘'으로 탄압할 적에 모두 반발을 하였다.

1933년 초에 나치 당국은, 휠젠벡에게 사찰(査察)을 반복하였다. 휠젠벡은 글을 쓰지 못하게 되자 1936년 미국 이민(移民) 비자를 얻었다. 휠젠벡은 C. R. 훌벡으로 개명(改名)을 하고 뉴욕 롱아일렌드 캐렌 호니 요양소에 정신분석 의사(醫師)로 개업을 하였다. 1970년에 스위스 티키노(Ticino) 지방으로 돌아왔다.

휠젠벡은 '다다 연감(年鑑, Dada Almanach)'지 편집자였고, 〈다다는 승리한다(*Dada Sieght*)〉 〈전위 다다(*En Avant Dada*)〉 등의 저작을 남겼다.

휠젠벡은 〈다다의 북치기(*A Dada Drummer*)〉라는 그의 자서전에서 '다다 혁명 운동'의 주요 인물들의 관계를 상세히 서술하고 있다.

후고 발은 "휠젠벡이 도착했다. 휠젠벡은 강렬한 리듬(니그로 리듬)을 선호한다. 휠젠벡은 '북치는 문학'을 너무 좋아하였다."라고 기록하였다.

다른 다다 창립자들이 동의를 안 해도 휠젠벡은, 그의 만년(晩年)에까지 '다다는 아직도 살아있다.'고 주장하였다.

쟝코가 그린 '휠젠벡 드로잉(1916)'[178], 마이드너가 그린 '휠젠벡(1918)'[179], '휠젠벡(1918?)', 휠젠벡 하우스만 등이 편집한 '다다클럽 표지(1918)'[180]

'1919년, 공원에서 두 아들과 함께 한 휠젠벡'[181], '휠젠벡의 모습(1920)'[182], 휠젠벡 시집 '환상의 기도(1920)' 표지화[183], 휠젠벡의 '다다의 등장: 다다의 역사(1920)'의 표지[184]

178) R. Huelsenbeck, *Memoirs of a Dada Drummer*, University of California Press, 1969, 'Drawing of Huelsenbeck by Marcel Janco, 1916'.

179) R. Huelsenbeck, *Memoirs of a Dada Drummer*, Ibid, 'Drawing of Huelsenbeck by Ludwig Meidner, 1918'.

180) R. Huelsenbeck, *Memoirs of a Dada Drummer*, Ibid, 'Title page of a special issue of the Freistrasse, edited by Huelsenbeck, Franz Jung, and Hausmann 1918'.

181) R. Motherwell(Edited by), *The Dada Painters and Poets: An Anthology*, The Belknap Press of Harvard University Press, 1981, p. 278.

182) R. Huelsenbeck, *Memoirs of a Dada Drummer*, Ibid, 'Richard Huelsenbeck(1920)'.

183) L. Dickerman, *DADA*, Ibid, p. 111.

184) R. Motherwell(Edited by), *The Dada Painters and Poets: An Anthology*, Ibid, p. 22.

횔젠벡이 제작한 1920년 '다다 연감' 표지와 '베를린 다다 횔젠벡과 하우스만'185), '프라하에서 하우만과 함께
(1920)'186), '선상-船上 의사로서의 횔젠벡(1920년대)'187)

'횔젠벡(1930?)', '다다의 핵심 인물 : H. 아르프, H. 리히터, R. 횔젠벡'188), 리히터 제작 영화 한 장면 : '서 있는
탕기, 횔젠벡와 레비 : 앉아 있는 제클린 마티스와 뒤샹(1949?)'189)

'아르프의 스튜디오에서 횔젠벡과 아르프(1949)'190), '아르프의 스튜디오에서 횔젠벡과 아르프(1949)'191), '리히터,
횔젠벡, 뒤샹(1949)'192), '횔젠벡, 리히터, 아르프(1949)'193)

185) M. Dachy, *Dada The Dada Movement 1915-1923*, Rizzoli Ibid, p. 111 'Beethoven's death
mask overprinted by Otto Schalhausen' ; R. Motherwell(Edited by), *The Dada Painters and
Poets: An Anthology*, Ibid, p. 47.

186) 'Richard Huelsenbeck and Raoul Hausmann in Prague, 1920'.

187) R. Huelsenbeck, *Memoirs of a Dada Drummer*, Ibid, 'Huelsenbeck as a ship's doctor in the
1920s'.

188) R. Motherwell(Edited by), *The Dada Painters and Poets: An Anthology*, Ibid, p. 292 'The
Three Kerndadaists, Hans Arp, Hans Richter and Richard Huelsenbeck'.

189) R. Huelsenbeck, *Memoirs of a Dada Drummer*, Ibid, 'A csene from a film by Hans Richter.
From left to right. standing : Yves Tanguy, Huelsenbeck, Julian Levy ; seated : Jacqueline
Matisse and Marcel Duchamp'.

190) R. Huelsenbeck, *Memoirs of a Dada Drummer*, Ibid, 'Huelsenbeck and Arp in Arp's studio,
ca. 1949'.

191) R. Huelsenbeck, *Memoirs of a Dada Drummer*, Ibid, 'Huelsenbeck and Arp in Arp's studio,
ca. 1949'.

192) R. Huelsenbeck, *Memoirs of a Dada Drummer*, Ibid, 'Richer, Huelsenbeck, and Duchamp

'한스 리히터와 휠젠벡(1949?)', '취리히에서 아르프와 휠젠벡(1957)'[194], '휠젠벡(1960?)', '리하르트와 베아테 (1970)'[195]

볼테르 이후 서양(독일)철학이 모두 '볼테르 철학'의 계승과 반발로 행해졌다. 거기에는 3대(三大) 부류(部類)가 있었다. 그것은 ① 볼테르에 비판적인 '여호와주의의 주관적 관념적 전체주의의 고수(I. 칸트, 헤겔, C. G. 융)' 부류, ② 볼테르에 일부 동조 변용(變容)의 '경제적 전체주의자(K. 마르크스 공산주의)' 부류, ③ '개인적 실존주의자들(A. 쇼펜하우어, F. 니체, S. 프로이트) 부류'가 그것이다.

소위 '다다 혁명 운동가들(Movement Dadaists)'은 F. 니체 식 '개인주의'에 많이 기울어 있었는데, 독일의 R. 휠젠벡은 '경제적 전체주의(마르크시즘)'에 기울어 있었다. R. 휠젠벡은 〈다다의 등장, 다다의 역사(*En Avant Dada: A History of Dadaism*)〉(1920)[196]에서 소위 그 '다다 혁명 운동'의 출현의 사상적 배경과 구체적인 탄생 경과, 문학예술의 운동 방향 방법, 다다 회원들의 다양한 성격과 행보 이동 양상까지를 소상히 밝힌 최고(最高)의 '다다 혁명 운동 이론가'였다. R. 휠젠벡은 자신이 주도했던 '독일 다다 운동'과 T. 짜라(Tristan Tzara, 1896~1963)가 주도한 취리히에서의 '다다 혁명 운동' 그리고 이후 F. 피카비아와 파리로 가서 펼쳤던 '파리 다다 혁명 운동'까지를 상세히 짚었다. 이러한 측면에서 R. 휠젠벡의 역사적 의미는 확실하였다. 왜냐하면 R. 휠젠벡의 〈다다의 등장, 다다의 역사〉를 통해 '다다 혁명 운동'의 전모(全貌)가 세상에 공개되었고 그 '다다의 세계사적 의미'가 명백히 되었기 때문이다.

소위 '다다 혁명 운동'의 '세계사적 의미'란 당초 볼테르에서 시작했고, F. 니체의 '차라투스트라' 가치혁명으로 명시되었던, 인간 '생명 중심주의',

---

1949'.

193) R. Huelsenbeck, *Memoirs of a Dada Drummer*, Ibid, 'Huelsenbeck, Richter, and Arp in 1949'.

194) R. Huelsenbeck, *Memoirs of a Dada Drummer*, Ibid, 'Arp and Huelsenbeck in Zurich, 1957'.

195) R. Huelsenbeck, *Memoirs of a Dada Drummer*, Ibid, 'Richard and beate Huelsenbeck, ca. 1970'.

196) R. Motherwell(Edited by), *The Dada Painters and Poets: An Anthology*, Ibid, pp. 23~47.

'전쟁 반대' '개인주의' '합리적 과학주의 정신'의 세계화 일반화 보편화 문제 그것이다.

R. 휠젠벡은 앞서 살폈던바와 같이 헤겔 식 '여호와(神) 중심주의 관념주의 전체주의'를, F. 니체 식 '디오니소스주의' '개인주의'로 전개한 '세기(世紀)의 혁명가'였다. 그러나 R. 휠젠벡이 '전체주의 마르크시즘'에 경도(傾倒)되었던 것은 그의 아픈 실수에 해당한다. [F. 니체 학습이 덜 된 경우임]

ⓐ R. 휠젠벡의 〈다다의 등장, 다다의 역사(*En Avant Dada: A History of Dadaism*)〉 (1920)는 1916년 2월 5일 취리히에서 후고발이 '카바레 볼테르'를 운영하게 된 경위를 상세히 밝혔다. R. 휠젠벡은 '다다(Dada)'의 사상적 예술적 의미부터 이후 1920년 자신이 〈다다의 등장, 다다의 역사〉를 쓰기까지 전체 다다 회원의 동향을 소상히 적어 놓았는데, 그것은 '다다 혁명 운동'의 전모를 파악하는데 절대적인 문헌으로, R. 휠젠벡의 치열한 혁명 정신의 면모를 드러낸 명저(名著)이다.

단지 R. 휠젠벡이 '마르크스 식 경제적 전체주의' 취향을 보였던 것은, 제1차 세계대전 패배에 대한 '독일 당대 현실에 대한 대안 마련'이라는 절박한 상황과 휠젠벡의 가정적 정신적 배경에서 발생한 했던 바다.

어떻든 R. 휠젠벡의 〈다다의 등장, 다다의 역사〉는 '생명 존중' '전쟁 반대' '동시주의 운동' '예술 속의 개혁 운동'을 명시하여 '세계 사상과 문예 사조'를 F. 니체 식 '모든 가치의 재평가 운동'으로 완전히 전환을 하는데 가장 확실한 이론적 터전을 제공하였다.

R. 휠젠벡은 우선 '다다(Dada)의 개념'부터 그 유래를 논하였다.

"'다다'라는 말은 후고 발과 내가 우리 카바레 여가수인 마담 르 로이(Madame le Roy)의 이름을 찾던 중 독불(獨佛)사전에서 우연히 찾아낸 어휘이다. 다다(Dada)는 프랑스말로 목마(a wooden horse, 木馬)이다. 그것은 간결하고 암시적이어서 인상적이었다. 다다란 명칭은 곧 우리가 카바레 볼테르에서 시작한 모든 예술에 대한 간판이 되었다."[197]

---

197) R. Motherwell(Edited by), *The Dada Painters and Poets: An Anthology*, Ibid, p. 24.

R. 휠젠벡의 자상함은 자신보다 더욱 유명한 '트리탄 짜라'의 행적도 휠젠벡의 진술만큼 정확한 증언이 없을 정도이다.

"여기에서 우리의 (다다)개념과 짜라의 그것은 명백하게 구분된다. 짜라는 '다다는 의미하지 않는다.'라고 함에 대해, 독일에서 다다는 제일 첫 운동에서 그 '예술을 위한 예술'의 성격을 제거했다. 다다는 예술 생산을 계속하는 대신에 추상예술에 대항하여, 나가 (다다의) 적을 찾아냈다. 운동(movement)과 투쟁(struggle)에 강세가 주어졌다. 그러나 우리에게는 행동 프로그램이 필요했고, 이후 다다는 무엇인지를 정확하게 말해야 했다. 그 프로그램은 하우스만(R. Hausmann, 1886~1971)과 내가 작성하였다. 우리는 의식적으로 정치적 자세를 수용했다."198)

여기에 조금 부연하면 T. 짜라가 1918년 7월 '선언'에서, "다다는 아무것도 의미하지 않는다.(DADA MEANS NOTHING.)"199)라고 했던 것은 앞서 F. 니체가 말한 "실존(實存-생명)은 목표와 목적이 없다.(Existence has no goal or end)"200)라고 했던 바로, '다다는 생명이다.'라는 T. 짜라의 규정이다.

그런데 R. 휠젠벡은 당시에까지 T. 짜라의 '차라투스트라 정신'을 제대로 다 보지 못하고 '짜라의 행적'을 단순히 '예술을 위한 예술(Art for Art's Sake)'로 규정한 것은 그 R. 휠젠벡의 '단견(短見)'의 노출이다. 즉 그것은 R. 휠젠벡이 '독일의 현실 타개'라는 그 목적에 너무 급급하여 그 '마르크스 대안'에 신중하지 못한 '졸속의 정신' 상태였다.

R. 휠젠벡은 자신의 유식(有識)을 바탕으로 '독일의 다다'가 칸딘스키(구성주의자) 식 '추상예술의 다다' '짜라의 다다' '파리 다다'와는 다른가를 반복 설명하였다. 그러므로 〈다다의 등장, 다다의 역사〉 대부분이 당초 1916년 취리히에서 칸딘스키 류의 '추상미술' '표현주의' 속성을 벗어던지고 '행동'과 '현실'을 존중한 '독일 다다' '코뮤니즘의 다다'가 될 수밖에 없었는지를 설명한 셈이다.

그리하여 R. 휠젠벡의 '독일 다다'는, '현실 생명 우선' '전쟁 반대'라는

198) R. Motherwell(Edited by), *The Dada Painters and Poets: An Anthology*, Ibid, p. 41.
199) R. Motherwell(Edited by), *The Dada Painters and Poets: An Anthology*, Ibid, p. 77.
200) F. Nietzsche (W. Kaufmann & R. J. Hollingdale-Translated by), *The Will to Power*, Ibid, p. 12.

점에서는 볼테르의 정신을 그대로 계승하였다. 그러나 G. 라이프니츠 식 '전체주의' '국가주의' '일방주의' '도식주의'에 함몰된 '마르크스 대안(代案)'이 갖고 있는 문제점[재산의 공유]을 자담(自擔)해야 했다. (F. 니체가 명시했던 '각 개인 판단'은 고려되지 못해, '차라투스트라의 후신(後身)' T. 짜라와는 그 지향에 있어서 벌써 상당한 거리감이 이미 생겨 있었다.)

ⓑ R. 휠젠벡은 역시 다음과 같이 말했다.

> "심리적 인간으로서 다다이스트는 먼 곳으로부터 시선을 돌려, 알맞은 신발과 빈틈없는 소송을 생각한다. 다다이스트는 본능적으로 무신론자(atheist)이다. 그는 더 이상 이론적 원리에 행동 규칙을 찾는 형이상학자가 아니다. 그에게는 더 이상 '그대는 하리라.'는 없다. 다다이스트에게는 담배꽁초나 우산이 '물 자체(物自體, thing in itself)'만큼이나 귀하고 영원하다. 결론적으로 다다이스트에게 선(the good)은 악(the bad)보다 나을 게 없고, 그 밖에 모든 사물에서 그러하듯이 오직 동시성(simultaneity)만 존재한다."201)

위의 말은 볼테르 신념을 그대로 명시한 것이다. 볼테르는 외적으로 '가톨릭'을 견지하는 듯했으나, 볼테르 같은 가톨릭은 이전에도 이후에도 없는 사실상의 무신론(無神論＝自然神論)이었다. 그리고 '물 자체'의 거부는 '관념철학의 거부'이다. (참조, ＊ ③-21. 몽상(夢想)의 플라톤, ＊ ⑥-28. 공리공론(空理空論)으로 만행(蠻行)을 일삼다.)

그런데 R. 휠젠벡은 '동시주의(同時主義)'를 '공산주의 공식'으로 활용했다. 그것은 독일 '전체주의 철학'과 (제1차 세계대전의)패전국 독일 현실 타개(打開)를 마르크스 대안으로 타개한다는 두 가지 문제가 바로 그 R. 휠젠벡의 '심리적 욕구의 표현'이니, '동시주의'의 (F. 니체 식)보편적 전제에는 턱도 없는 '제한된 견해'이다. (R. 휠젠벡의 머릿속에 전제된 동시주의는, '부르주아⇔프롤레타리아'만 있을 뿐, 궁극의 '판단' '선택'을 각 개인에게서 몰수된 '독재적 정신' 상황이었다.)

ⓒ 사실상 R. 휠젠벡도 볼테르를 이어 '추상(작품, 책)'보다는 '현실 생명'을

---

201) R. Motherwell(Edited by), *The Dada Painters and Poets: An Anthology*, Ibid, p. 42.

우선하였다.

"다다이스트는 예술을 박차고 나올 필요가 있다고 생각한다. 왜냐하면 그는 어떤 도덕적 안전판으로서의 예술적 사기성을 간파했기 때문이다. 아마 이 호전적 태도가 교육된 마지막 자세일 것이니, 그것은 아무것도 의미하지 않는다. 그러나 어떤 경우에서나 간에 예술(문화 정신 체육 클럽을 포괄하여)은 매우 심각한 관점에서 사기(詐欺)다. 내가 이미 앞서 암시했듯이 특히 독일에서 성행한 과도한 우상숭배가 아동 등에 주입되어 있으니, 세금을 낼 성인이 되면 국가의 이익이나 어떤 도둑 갱단의 이익에 '위대한 정신' 숭배를 위한 명령을 수용하여, 자동적으로 무릎을 꿇게 되어 있다. 나는 거듭 거듭 주장하는 바이다. 획일화 정책(whole spirit business)은 저속한 효능주의 사기다. 이번 전쟁(1차 세계대전)에서 독일인(특히 가장 수치스런 위선이 지배한 작센 지방에)은 자신과 함께 괴테 실러를 정당화하기 위해 투쟁했다. 문화는 민족정신의 형태로 완전 소박하게 디자인될 수 있다. 그러나 그것은 알 수 없는 판단에 복종하고 양심을 버린 보상적 형상으로 특징을 보인다. 독일인은 감추기 선수다. 그들은 (보드빌 쇼의 개념으로) 국가 민족 중에 의심할 바 없는, 그들 복부의 위협에 대한 방패로 순간 문화와 정신의 우월성을 꺼내드는 마법사들이다. 이것이 프랑스인에게 항상 이색적이고 이해할 수 없는 어떤 악마적 적의로 비치는 그 위선이다. 독일은 소박하지 못하고 위선적이다."202)

위와 같이 '엄청난 현대 사상'을 토로한 것이 R. 휠젠벡의 28세 때의 일이다. 그러나 R. 휠젠벡의 결정적 오류는 그 '마르크스 대안'에의 몰입이었다. 앞서 F. 니체는 독일의 칸트 헤겔의 '개신교도 여호와 철학'을, "목사가 철학의 아버지이고 개신교가 철학의 원죄(The Protestant clergyman is the grandfather of German philosophy, Protestantism itself is its *peccatum originale*.)"203)라고 조롱했는데, R. 휠젠벡의 경우는 K. 마르크스가 '독일 다다'의 아버지이고, 공산주의가 R. 휠젠벡 다다의 원죄라고 할 만하다. 왜냐하면 그것만 빼면 R. 휠젠벡의 위의 진술은 '생명 존중' '전쟁 반대'로 '세계 민주 사회의 공론(反획일화, 反종족주의)'이 될 만한데, R. 휠젠벡은 그것을 오로지 '마르크스 대안(Marxism Agenda)'으로 고집하였기 때문이다.

---

202) R. Motherwell(Edited by), *The Dada Painters and Poets: An Anthology*, Ibid, p. 43.
203) F. Nietzsche (translated by T. Common), *The Works of Friedrich Nietzsche*, V. III, *The Antichrist*, Ibid, p. 250.

ⓓ R. 휠젠벡은 위대한 '다다 혁명 사상가'였다.

"우리가 어떤 나라에만 세워놓은 선입견은 없다. 프랑스인은 '위대한 국민'으로 내세울 근거는 별로 없으나 이제 가능한 최대 높이로 우리 시대의 국수주의 (chauvinism)를 채용했다. 독일은 모든 이념주의 속성과 단점을 지니고 있다. 당신은 어떤 길이 좋을지를 알 수 있을 것이다. 당신은 관념주의를, 채식주의든 인권이든 군주제든 사물을 왜곡하여 어떤 절대적인 것(병사 훈련)으로 설명할 수 있고, 병적으로 변용하여 '영원으로의 다리' '인생의 목표'로 그것을 열광적으로 부를 수 있다. 표현주의자는 다분히 그러한 경향을 띠고 있다. 그러나 다다이스트는 본능적으로 이 모든 것에 반대한다. 다다이스트는 와인과 여자와 광고를 좋아하는 현실의 인간이고 그의 문화는 무엇보다 육체적이다. 본능적으로 다다이스트는 독일인의 문화적 이데올로기 분쇄를 사명(mission)으로 알고 있다."[204]

R. 휠젠벡의 위의 진술로만 보면 그것은 그대로 거듭 태어난 볼테르이다. '생명(육체) 중심주의' '실존주의'가 바로 그것이다.

ⓔ R. 휠젠벡을 위해서 R. 휠젠벡의 본상을 덮어둘 필요는 없다. 어떤 개인도 '변하고 있는 도중'에 있고, R. 휠젠벡도 그것을 명백히 하였기 때문이다. 그러나 1920년 R. 휠젠벡의 이상(理想)은 1917년 '러시아 볼셰비키 혁명' 그것이었다.

"다다는 독일의 볼셰비즘이다. 부르주아의 '자신 정당화를 위한 예술의 매수(買受, buy up art for his justification)'를 막아야 한다. 예술은 완전 타도되어야 하고 다다가 그 예술의 제한된 속성에 맹렬한 타도를 대신한다. 독일 문화에 대항하는 다다 운동의 기술적 양상은 광범위하다. 정신과 문화와 내면에 관련된 모든 것을 박살내는데 비용도 들 것 없이 최고의 도구인 시위(데모)를 쓰는 것이다. (그것의 현실적 성취를 부정할 수 없는)다다를 '오직 부정적 가치뿐'이라고 말하는 것은, 법률적 제한에 갇힌 우상(idiocy)의 한 지시(sign)로 우스운 것이다. 오늘날 당신은 긍정이나 부정의 그 낡은 톱을 가지고 최고급을 우롱할 수는 없을 것이다."[205]

---

204) R. Motherwell(Edited by), *The Dada Painters and Poets: An Anthology*, Ibid, pp. 43~44.
205) R. Motherwell(Edited by), *The Dada Painters and Poets: An Anthology*, Ibid, p. 44.

R. 휠젠벡이 모르는 것은 없다. '마르크스 대안'에 대한 지나친 과신(過信)에서 생긴 병통이다.

ⓕ R. 휠젠벡은 다른 다다이스트와 함께 '다다'를 위해 죽을 각오에 있었다.

"'건설적'이기를 요구하는 신사들은 파산을 해왔던 회의(懷疑) 계급의 유령에 속한다. 우리 시대에 법, 질서, 건설적인 것, '유기적 발전에 대한 이해'란, 살찐 엉덩이와 반역을 가린 커튼이거나 구실 핑계라는 것은 명백하게 되었다. 만약 다다주의자가 허무주의라면, 허무주의는 인생의 일부이고 동물원 사육사에 의해 확인된 진리이다. 상대주의, 다다이즘, 허무주의, 행동, 혁명, 죽음기. 이들을 한꺼번에 듣게 하면(이론으로 제시하면) 마음에 병이 나게 될 것이고, 그것은 미련하고 구식으로 보일 것이다. 다다는 독단적 자세를 취하지 않는다. 오늘날 다다가 낡았다고 해도 다다는 신경 쓰지 않는다. 나무도 역시 늙는다. 사람들은 특별한 역겨움 없이 날마다 저녁 식사를 한다. 위대한 언어학자 니체(F. Nietzsche)가 그러했듯이, 세상에 대한 심리적 자세는 사람들이 마른 식사를 하건 무른 식사를 하건 모두 약간의 소금을 먹는 것과 같다고 할 수 있다. 다다는 진실만큼 정확하고 반대로 멍청이처럼 바르다. 그러나 우리는 결국 인간이고 오늘의 커피와 내일의 차에 우리를 맡긴다. 다다는 그것의 종말과 비웃음을 예견하고 있다. 죽음은 철저한 다다이스트의 임무이고 거기에는 아무 의미도 없다. 다다는 자체를 분쇄할 권리가 있고, 때가 되면 그 권리를 행사할 것이다. 업무상의 자세로 새 바지를 입고 면도와 이발을 하고 타나토스 상갓집으로 향할 차비를 끝낸 후 무덤으로 갈 것이다. 그 때가 멀지 않다."206)

R. 휠젠벡이 '고정관념' '전체주의' '일방주의'를 버리고, 볼테르와 F. 니체의 '실존주의'에 접근한 만큼 '진실 되고 바르다.' 그것은 인간 천연(天然)의 모습이다.

ⓖ R. 휠젠벡은 '확신의 다다.'이다.

"우리는 예민한 손끝과 광택지 같은 발성기관을 갖고 있다. '미친 것들'을 찾는 평범한 신사들이 다다 정복을 계속하고 있다. 우리 친애하는 조국 독일 곳곳에서 문인들이 영웅적 산문을 쓰고 있다. 흥미롭고 즐겁게 타락을 시킬 만큼

---

206) R. Motherwell(Edited by), *The Dada Painters and Poets: An Anthology*, Ibid, pp. 44~45.

재능이 넉넉해 보인다. 결국 그것은 독일이 그것으로 문화적 바보짓을 유지할
지 알 수 없는 관념적인 것이다. 그들은 그것으로 불멸성을 이루게 하라. 그러나
만약 다다가 여기에서 죽는다면, 다른 행성에서 어느 날 딸랑이, 큰북, 항아리
덮개, 동시시를 가지고 나타나 세상의 바보스러움을 알리는 사람들이 아직도
있음을 늙은 신에게 알릴 것이다."[207]

R. 휠젠벡은 볼테르의 '경제 중심주의'를 '국가주의' '전체주의'로 비약한
'마르크시즘'에 경도된 〈다다의 등장, 다다의 역사〉를 서술하였다. 그러나
그 실천(실행, 홍보) 방법으로는 오히려 F. 니체 식 '디오니소스 축제(祝祭)'
방법을 이용하였다. 1920년 당시 독일과 휠젠벡 정신 상태는 역시 '마르크스주
의'가 그의 대안이라는 결론이다. (참조, ※ ⑨-30. 자연(自然) 지배자의 지식-과학)

그래도 R. 휠젠벡의 경우 유일한 희망은, 그 '동시주의(同時主義, Simultaneism)'
원리-'변화된 것에는 반대하고, 변화하고 있기를 지향함'이니, R. 휠젠벡이
〈다다의 등장, 다다의 역사〉(1920)를 지은 지 100년이 지났으므로, 만약 R.
휠젠벡이 살아 있다면 지금쯤 그의 생각도 많이 바뀌었을 것이다. '전쟁 반대'만
은 빼고.

⑬-14. T. 짜라-'다다는 생명이고, 생명은 다다다.'

트리스탄 짜라(Tristan Tzara, 1896~1963)는, 1916년 '취리히 다다 혁명 운동'
전개에 후고 발(Hugo Ball), R. 휠젠벡과 더불어 '다다 3대 혁명가' 중의 하나다.
<u>T. 짜라는, F. 니체의 '모든 가치의 재평가 운동'을 그대로 '다다 혁명 운동'에
접목을 시켰고, 그것을 파리 '초현실주의'로 전승되게 한 세기의 총아(寵兒)였다.</u>
트리스탄 짜라는 다음과 같이 소개되고 있다.

트리스탄 짜라(Tristan Tzara, 1896~1963)는 본명이 사무엘 로젠스톡(Samuel
Rosenstock)으로 루마니아 출신의 전위(前衛, avant-garde) 시인, 에세이스트, 공연
예술가이다. 역시 저널리스트, 극작가, 문학예술 비평, 작곡가, 영화감독으로 활동
하면서 '반(反)체제의 다다 혁명 운동(anti-establishment Dada movement)' 창시(創始)

---

207) R. Motherwell(Edited by), *The Dada Painters and Poets: An Anthology*, Ibid, p. 45.

의 핵심 인물로 알려져 있다.

A. 마니우(Adrian Maniu, 1891~1968)의 영향 하에, 청년 짜라는 상징주의에
관심을 가졌고, I. 비네아(Ion Vinea), 화가 M. 쟝코(Marcel Janco, 1895~1984)와
함께 잡지 '심볼룰(Simbolul)'을 만들었다. 제1차 세계대전 중에 잠깐 '비엔나 케마레
아(Vinea's Chemarea)'에 참여한 후에 짜라는 스위스에서 쟝코와 다시 만났다.
거기에서 '카바레 볼테르(Cabaret Voltaire)'와 '준프타우스 주르 바크(Zunfthaus
zur Waag)' 홀에서 쇼를 행하였고, T. 짜라는 그의 '시'와 '성명서(다다 聲明書)'로
초기 다다의 중심인물이 되었다. T. 짜라의 작품은 다다의 허무적 측면을 보였는데,
후고 발(Hugo Ball)의 것과는 대조(對照)를 이루었다.

1919년 짜라는 파리로 가서, '다다 대표자' 한 사람으로 잡지 '리테라투르
(Littérature)' 임원이 되었는데, 그것은 '초현실주의'로 가는 첫 발이었다. T. 짜라는
다다를 이끌었던 주요 논객으로서, 브르통(André Breton) 피카비아(Francis Picabia)나
비네아(Vinea) 쟝코(Janco)의 '절충주의 모더니즘(eclectic modernism)'을 비판하며
자신의 주장을 옹호하였다. T. 짜라의 생각은, 자신의 다다 연극 '가스 심장(The
Gas Heart, 1921)' '구름 손수건(Handkerchief of Clouds, 1924)'에 명시되었다. 자동
기술의 선구자로서 브르통의 초현실주의와 연합하였고, 초현실주의 경향 속에
유토피아 축시(祝詩) '유사한 인간(The Approximate Man)'을 썼다.

T. 짜라는 만년에 '인도주의 반(反)파시즘'과 연합하여 스페인 내전(內戰)과
제2차 세계대전 중에는 '공화파'와 연합하였고, '국민 의회(National Assembly)'에도
봉사(奉事)하였다. 1956년 혁명 직전에, 헝가리 민주 공화국(People's Republic of
Hungary) '자유화 환영 성명서'를 발표하여 T. 짜라는 당시에까지 그 회원이었던
'프랑스 공산당(French Communist Party)'과는 거리를 두게 되었다. 1960년에 T.
짜라는 프랑스의 '알제리 전쟁 개입'에 반대하는 인사 중에 한 사람이었다.

사실 인간은 원래 '무식하게 태어나' '독서(讀書)'를 통하지 않고는 뛰어난
'총기(聰氣)'를 지닌 천재도 최고의 영역에 바로 나가기는 불가능하다. 그래서
성인(聖人) 공자(孔子)도 '배우는 것이 제일이다.(不如學)'라고 못을 박았다.

앞서 확인했던 바와 같이 R. 휠젠벡, T. 짜라 같은 아직 30세이 되지 않은
젊은이들이 '세계 선진(先進) 사상(다다 혁명 운동)'을 주도했던 것은, 그들의
배후에 새 역사를 쓰도록 마련을 한 '볼테르'와 'F. 니체'가 있었기 때문이다.

앞서 확인했던 바와 같이, 볼테르는 칸트 헤겔 마르크스 쇼펜하우어 철학을
이루는 '위대한 선배'였는데, 니체는 어느 누구보다 '볼테르'를 바로 배워

'차라투스트라 웅변'으로 볼테르의 '과학주의' '실존주의'를 반석 위에 세워 세계사를 새로운 방향으로 이끌었다. 그런데 영민한 T. 짜라는 니체의 '동시주의(Simultaneism)' '실존주의(Existentialism)'를 무기로 '세계 제패(制覇)'를 단행하였다.

사실 모든 서구(西歐) 근 현대 사상은, 볼테르와 니체 사상 속에 다 용해(溶解)되어 있다. 그런데 그것은 이른바 '다다 혁명 운동'으로 '세계인 공유', '인류 공론(公論)'으로 정착되게 되었을 뿐이다.

'잡지 케마레아(1915.10)'208), '카바레 볼테르 명패(名牌)'209), '트리스탄 짜라'210), '1918년 7월 23일의 다다 선언 1918'

'안티피린 씨의 첫 번째 천국 여행(1916)'211), '다다 선언(1918.7.23)'을 행한 다다의 밤 광고 포스터-쟝코(M. Janco, 1895~1984) 제작212), '아르프, 짜라, 리히터(1918)'213), '취리히 볼프즈베르크 화랑에서 쟝코, 쉬텔링, 아르프(1918)'214)

208) Wikipedia, 'Tristan Tzara' – 'October 1915 issue of Chemarea, with Tzara credited as a contributor'.
209) Wikipedia, 'Tristan Tzara' – 'Cabaret Voltaire plaque commemorating the birth of Dada'.
210) M. Dachy, *Dada The Dada Movement 1915-1923*, Rizzoli International Publications Inc, 1990, pp. 34, 36.
211) M. Dachy, *Dada The Dada Movement 1915-1923*, Ibid, p. 37.
212) L. Dickerman, *DADA*, Ibid, p. 46.
213) L. Dickerman, *DADA*, Ibid, p. 39.
214) M. Dachy, *Dada The Dada Movement 1915-1923*, Ibid, p. 40 'Marcel janco, Dr Sterling, and Hans Arp at the Wolfsberg Gallery, Zurich, 1918'.

'쟝코 작 '다다가(Dadaga, 1920)'215), '짜라 가면(1919)'216), '쟝코(Marcel Janco, 1895~1984)', '짜라와 쟝코 형제들'217)

'베를린 장벽(부분)과 쟝코 다다 기념관'218), '트리스탄 짜라(1919)'219), 피카비아가 그린 '짜라 초상(1918)'220), '다다-木馬를 탄 피카비아(1919)'221)

'다다 1'과 '다다 2'222), '다다 3(1918)'223), '다다 4-5(1919)'224), '다다 6(1920)'225)

215) M. Dachy, *Dada The Dada Movement 1915-1923*, Ibid, p. 41 'Marcel Janco : Dadaga, 1920'.

216) L. Dickerman, *DADA*, The Museum of Modern Art, 2006, p. 51 Marcel Janco 'Portrait of Tzara(1919)'.

217) Wikipedia, 'Macell Janco' – 'dadaists Tristan Tzara, georges Janco, Marcel Janco, Jules Janco (three brothers)'.

218) Wikipedia, 'Macell Janco' – 'The Janco-Dada Museum, with residents' artwork and fragment of the Berlin Wall'.

219) R. Motherwell(Edited by), *The Dada Painters and Poets: An Anthology*, The Belknap Press of Harvard University Press, 1981, p. 98 'Tristan Tzara(1919)'.

220) R. Motherwell(Edited by), *The Dada Painters and Poets: An Anthology*, The Belknap Press of Harvard University Press, 1981, p. 249 Francis Picabia 'Portrait of Tristan Tzara(1918)'.

221) G. Durozoi, *History of the Surrealist Movement*, The University of Chicago Press, 2002, p. 7 'Francis Picabia on his dada'.

222) L. Dickerman, *DADA*, Ibid, pp. 34, 128.

223) L. Dickerman, *DADA*, Ibid, p. 52.

224) R. Motherwell(Edited by), *The Dada Painters and Poets: An Anthology*, Ibid, p. 128.

'피카비아(1920)'²²⁶⁾, 피카비아가 작 '트리스탄 짜라(1924)'²²⁷⁾, 'J. 리고 T. 짜라 A. 브르통(1920)'²²⁸⁾, '트리스탄 짜라와 앙드레 브르통(1920)'²²⁹⁾

'가보 홀에서 열린 다다 축제를 알리는 브르통(1920)'²³⁰⁾, '파리 가보 홀에서 열린 다다 축제(1920. 5. 26)²³¹⁾', '바레의 재판' 공연에 브르통과 짜라[좌로부터 3, 4번째](1921. 5. 14)'²³²⁾

'바레 복장과 함께, 브르통[좌측 끝]과 짜라[우측 끝](1921)'²³³⁾, 'H. 아르프, T. 짜라, M. 에른스트(1921)'²³⁴⁾

225) R. Motherwell(Edited by), *The Dada Painters and Poets: An Anthology*, Ibid, p. ⅹⅹ.

226) G. Durozoi, *History of the Surrealist Movement,* Ibid, p. 5 'Photograph of Francis Picabia, 1920'.

227) R. Motherwell(Edited by), *The Dada Painters and Poets: An Anthology*, Ibid, p. 325 'Tristan Tzara' quelques dessins de fracis picabia.

228) G. Durozoi, *History of the Surrealist Movement,* The University of Chicago Press, 2002, p. 'J. Regaut, T. Tzara and A. Breton, circa 1920'.

229) M. Dachy, *Dada The Dada Movement 1915-1923*, Ibid, p. 129 'Tristan Tzara and Andre Breton'.

230) R. Motherwell(Edited by), *The Dada Painters and Poets: An Anthology*, The Belknap Press of Harvard University Press, 1981, p. 198 'A. Breton carrying placard by Picabia at Dada Festival in Gaveau Hall, Paris(1920. 5.)'.

231) P. Hulten, *Futurism & Futurisms*, Ibid, p. 198 'A. Breton carrying placard by Picabia at Dada Festival in Gaveau Hall, Paris(1920. 5.)', p. 112 'Dada Festival in Gaveau Hall, Paris(1920.5.26.)'.

232) G. Durozoi, *History of the Surrealist Movement,* Ibid, p. 25 'The Barre's Trial at the hall of Societes Savantes May 14 1921. Louis Aragon, unidentified person, Andre Breton, Tristan Tzara, Philippe Soupault.'

233) G. Durozoi, *History of the Surrealist Movement,* Ibid, p. 25 'The Dada group around Barres dummy. On the left is Andre Breton and to the right is in the back is Tristan Tzara'.

'피카비아의 391 잡지에 파리의 협력자들(1921)'235), '잡지 391가담했던 사람들(1921) : 짜라 피카비아 브르통 등이 있다.'236)

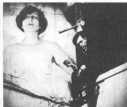

'트리스탄 짜라(1921. 10.)'237), '파리에서 엘뤼아르 리고. 짜라 수포 등과 함께(1921)'238)

ⓐ R. 휠젠벡은 앞서 확인했듯이, '다다' 명칭(名稱)에 집착하였다. 그런데 T. 짜라는 자신의 이름부터 '사무엘 로젠스톡(Samuel or Samy Rosenstock)'에서 '트리스탄 짜라(Tristan Tzara)'로 바꾸어버렸다. 이것은 우연한 사건처럼 보이나 결코 '우연'일 수 없는 필연적인 근거가 있다.

그것은 1718년 '프랑수아 마리 아루에(François-Marie Arouet)'가 '볼테르 (Voltaire)'로의 개명과 같은 것이고, F. 니체가 '차라투스트라(Zarathustra)'로 행세한 것과 동일한 '과거와 단절된 새 인생의 전개'라는 점에 큰 의미를 둔 것이다. 특히 T. 짜라의 '짜라(Tzara)'는 '차라투스트라(Zarathustra)'의 '차라 (Zara)'와 동일한 것임을 아는 것은 트리스탄 짜라의 행적과 사상을 꿰는데 첩경이다. (참조, ※ ⑭-2. 영국 유학기(英國 遊學期, 1716~1733) 1718년 조)

234) W. Spies & S. Rewald, *Max Ernst : A Retrospective*, The Metropolitan Museum of Art, 2005, p. 286 '(1921)'.
235) M. Dachy, *Dada The Dada Movement 1915-1923*, Ibid, p. 134 'Some of the contributors to 391, Paris, 1929'.
236) M. Dachy, *Dada The Dada Movement 1915-1923*, Ibid, p. 'Some of the contributions to 391, Paris, 1921. Tristan Tzara...Francis Picabia, Andre Breton....'
237) M. Dachy, *Dada The Dada Movement 1915-1923*, Ibid, p. 130 'Tristan Tzara, October 1921'.
238) M. Dachy, *Dada The Dada Movement 1915-1923*, Rizzoli International Publications Inc, 1990, p. 134 'P. Eluard, T. Riguat, ...T. Tzara, P. Soupaut...Pars, 1921'.

ⓑ 앞서 확인하였듯이 과거 서구의 모든 철학이 '교부(敎父)철학' '관념주의' '국왕중심' '통치자 중심' '획일주의'였다. 그리고 그것을 요약하고 있는 어구가 바로 '신정론(神正論, theodicy)'이다. 볼테르는 G. W. 라이프니 식 '관념철학' '신정론'을 부정하고 영국의 뉴턴, 로크의 '과학 사상' '경험주의'를 공개적으로 주장하였고, '현실 생명 중심', '효과 중심' '시민 중심' '자유 의지' '전쟁 반대'를 명시하였다. (참조, ※ ③-1. '자유 의지(free will)'란 무엇인가?)

그리고 F. 니체는 〈차라투스트라는 이렇게 말했다〉에서 그 '생명(본능) 중심' '육체 중심 사고'가 얼마나 중요한 것인지를 누구보다 확실히 알고 깨닫게 하였다.

이에 T. 짜라가 1918년 7월 23일에 행한 '다다 선언 1918(Dada Manifesto 1918)'239)은 사실상 F. 니체가 명시한 '모든 가치의 재평가 운동(The Revaluation of All Values)'240) 선언이었다. 그것은 이후 앙드레 브르통(Andre Breton) 등의 '초현실주의'로의 변용해 적용할 때까지를 아우르는 것으로 '호연(浩然) 광대한 생명 중심주의' '실존주의' 선언이었다.

위의 M. 쟝코 그림('다다가(Dadaga)')에서 확인할 수 있는바 '형상(具象)을 버린 추상'은 그대로 '다다는 아무 것도 의미하지 않는다.(DADA MEANS NOTHING.)'241)는 '다다(생명) 정신'으로, '생명은 아무 것도 의미하지 않는다.' 는 F. 니체의 본래 주장의 반복이다.242)

ⓒ 그러므로 T. 짜라와 휠젠벡의 근본적인 차이점은 휠젠벡이 비판하는 '예술을 위한 예술'과 '목적 문예'가 아니라, '전체주의(헤겔, 마르크스, 휠젠벡)⟺개인주의(볼테르, 니체, 짜라)'의 동시주의(同時主義) 속에 다 해명이 될 문제였다.

한 마디로 R. 휠젠벡은 마르크시즘, 레닌이즘에 기대 말하고 있으면서, '니체의 선택 의지' '자유 존중'에 기대 있는 T. 짜라를 '목적이 없다'고 욕을

239) R. Motherwell(Edited by), *The Dada Painters and Poets: An Anthology*, Ibid, pp. 76~82 'Dada Manifesto 1918'.

240) F. Nietzsche (W. Kaufmann & R. J. Hollingdale-Translated by), *The Will to Power*, Vintage Books, 1968, pp. 3~4.

241) R. Motherwell(Edited by), *The Dada Painters and Poets: An Anthology*, Ibid, p. 77.

242) F. Nietzsche (W. Kaufmann & R. J. Hollingdale-Translated by), *The Will to Power*, Ibid, p. 12 [1887년 11월~1888년 3월 기록] '실존(實存-생명)은 목표나 목적이 없다.(Existence has no goal or end)'.

해도 T. 짜라는 이미 니체로 무장(武裝)을 했으므로 T. 짜라의 귀에 먹힐 이유가 없었다. ['실존(생명)은 목표와 목적이 없다.'243)-F. 니체]

그러한 점은 이후 A. 브르통 등의 '초현실주의(작품 중심주의)'에 짜라가 자신의 신념을 굽히고 들어간 것이라고 이해하면 오해(誤解)를 한 것이다. 오히려 브르통 등이 본래 '본능(무의식) 긍정'을 행한 원조 니체의 정신을 '새로운 실존주의' '초현실주의'로 풀었던 것에 짜라가 '동참(同參)한 것'으로 이해가 되어야 할 일이다. 브르통이 당초에 짜라를 모범으로 삼았다는 사실이 그것을 움직일 수 없는 사실로 입증하고 있다.('1918년 7월 23일 성명'에서 브르통의 동조 참조)

ⓓ T. 짜라의 '시(진술)'는, F. 니체('아포리즘')보다 더욱 축약(縮約)을 행하여, 결국은 '언어의 자의적(무의도적) 연결'에 맡기었다.244) 그것은 볼테르가 문제 삼은 G. 라이프니츠의 '신정론(神正論, 필연론)'에 대한 정확한 '우연'(F. 니체의 '우연'245))으로의 대응이었고 차라투스트라(F. 니체)의 '선택 의지 존중(동시주의)'을 위한 그 구체적인 '다다 운동(생명의 시위)'이었다.

ⓔ T. 짜라의 '관념주의 부정'은, 한 마디로 "교회를 내버리는 것(to divest one's church)"246)이 다다(Dada)라고 하였다. '플라톤 철학'과 '기독교 교부(敎父) 철학'이 연동된 것이 그 '관념주의'의 실체이다. 볼테르와 F. 니체를 읽으면 T. 짜라를 '개혁 의지'를 쉽게 수용하게 된다. 그것은 칸트 헤겔을 거치면서 구체화된 헤겔의 '여호와주의' '절대주의' 부정(否定)이니, 당초 볼테르 정신은 F. 니체를 통과해 '다다 혁명 운동'에 이르렀음은 T. 짜라의 '1918년 7월 23일

---

243) F. Nietzsche (W. Kaufmann & R. J. Hollingdale-Translated by), *The Will to Power*, Ibid, p. 12 'Existence has no goal or end'.

244) R. Motherwell(Edited by), *The Dada Painters and Poets: An Anthology*, Ibid, p. 92 'To make a dadaist poem'.

245) F. Nietzsche(Translated by H. B. Samuel), *On the Genealogy of Morality*, T. N. Faulis, 1913, pp. 38~39 '귀족적 인간은 자신에서 '선(좋음)'을 **우연히** 바로 생각해내고 그 사실로부터 '나쁘다'는 생각을 한다.(the aristocratic man, who conceives the root idea 'good' spontaneously and straight away, that is to say, out of himself, and from that material then creates for himself a concept of 'bad'!)'

246) R. Motherwell(Edited by), *The Dada Painters and Poets: An Anthology*, Ibid, p. 81 'DADAIST DISGUST'.

다다 성명' 가장 명백하게 되었다. 즉 '볼테르'='차라투스트라(F. 니체)'='짜라'가 1918년 7월 23일에 그 '(時空無視의) 동시주의'로 회동(會同)했던 셈이다.

ⓕ T. 짜라도 "나는 제국주의자가 아니다.(I am not an imperialist.)"[247]라고 자신의 태도를 확실히 밝혔다. 그것은 '살상 전쟁의 반대' 그것의 명시로 의미를 지니고 있다. (참조, ※ ⑦-5. '전쟁 불가피론 자'가, 가장 흉악한 사람이다. ※ ⑨-32. '정의(正義)'란 이름으로 행해진 강도(强盜)짓 : 전쟁)

ⓖ F. 니체 이후 가장 확실한 차라투스트라(T. 짜라)는 원조(元祖) 차라투스트라보다 더욱 친절하게, 그 F. 니체의 자세, '각자 **선택**을 운명적 **강요로**' 뒤집어, '어떤 사람도 다다로부터 도망할 수 없다.(No one can escape from DADA)'[248]라고, '생명(육체)=다다' 공식을 거듭 명시하였다. ('F. 니체의 지적(知的) 귀족주의'를 T. 짜라의 '사해동포주의(四海同胞主義)'로) (참조, ※ ⑤-34. 세상에 멸망해야 할 도시는 없다.)

T. 짜라는 차라투스트라(F. 니체)의 '가치 정신 혁명의 적자(嫡子)'로서, '다다 혁명 운동'을 세계만방에 알리는 열혈 운동가였다. 다다의 '생명 존중' '제국주의 전쟁 반대'의 다다 정신 선양(宣揚)에 초점이니, 그것이 바로 F. 니체의 후신(後身) 트리스탄 짜라의 정신이 있었다. 그 사실은 무엇보다 우선적으로 기억이 되어야 할 점이고, 그것이 바로 오늘날 '인간 생명 존중'의 '지구촌' 정신 그것이다. (참조, ※ ⑨-30. 자연(自然) 지배자의 지식-과학)

⑬-15. A. 브르통-'생명'과 '자유'가 으뜸이다.

소위 '다다 초현실주의 혁명 운동' 이론가이며 실천가인 앙드레 브르통(Andre Breton, 1896~1966)의 평생 행적은 무엇이 다다와 초현실주의의 궁극의 목표인가를 거듭 명시하고 있다. 그것은 '아무 간섭도 없는(무정부주의, Anarchist)

---

247) R. Motherwell(Edited by), *The Dada Painters and Poets: An Anthology*, Ibid, p. 97 'Supplement'.
248) R. Motherwell(Edited by), *The Dada Painters and Poets: An Anthology*, Ibid, p. 98 'Colonial syllogism'.

상태'에서 '생명' '자유' 누리며 온 인류가 생활하는 것이다.

그러므로 그것은 일찍이 볼테르가 지향했던 지점이고, F. 니체는 그것을 '모든 가치의 재평가'로 명시했던 바이고, A. 브르통 등의 다다 초현실주의 운동가들은 다시 '제약이 없는 생명 자유의 꿈'을 현실에 세우는 것으로 그 목표를 잡았다.

이러한 명백한 A. 브르통의 지향을 모르면 그에게 무엇을 다시 말해 줄 수 있는 것인가. 그것은 브르통의 고유의 표준이 아니라, '인간 생명 자체'가 그렇게 생겼다는 것을 브르통은 '사회 운동'을 통해 사람들에게 알려주려고 애를 썼을 뿐이다.

다음은 혁신주의자(progressist) A. 브르통의 일생을, 보수주의(conservatism)적 시각으로 정리해 놓은 것이다. ('Wikipedia' 'Andre Breton' 항의 작성자는 '보수주의 偏向의 視覺'이다.)

앙드레 브르통(Andre Breton, 1896~1966)은 프랑스 작가이자 시인이었다. 브르통 은 '초현실주의 창시자'로 유명하다. 그는 글쓰기를 '순전히 정신적 자동기술(pure psychic automatism)'로 초현실주의를 정의(定義)하였는데, 1924년 '초현실주의 제1 차 선언(the first Surrealist Manifesto, Manifeste du surréalisme)'에 그 '자동 기술 방법'이 포함되어 있다.

브르통은 노르망디 탱슈브레(Tinchebray in Normandy)의 평범한 가정에서 태어나 의학과 심리학을 공부하였다. 제1차 세계대전 중에 낭트(Nantes)의 신경의학 병동 (病棟)에서 근무를 하였고, 거기에서 반사회적이고 기존 예술 전통 무시에 열광적인 '알프레드 자리(Alfred Jarry, 1873~1909)' '자크 바셰(Jacques Vaché, 1895~1919)'를 만났다. 그들은 브르통에게 크게 영향을 주었다. J. 바셰는 24세에 자살했다. 브르통 은 전쟁 중에 J. 바셰가 브르통에 보낸 편지를 '전장에서 온 편지(Lettres de guerre, 1919)'라는 제목으로 자신이 4개의 서문을 붙여 간행하였다.

1921년 5월 15일에 브르통은 첫 부인(Simone Kahn)과 결혼하였다. 부부는 1922년 1월 1일에 파리 라퐁텐가(街) 42에 정착하였다. 피갈 지구(地區)의 라퐁텐가 브르통의 아파트에는 현대화, 드로잉, 조각 작품, 사진, 서적, 예술 목록, 잡지, 원고, 민속 작품, 해양 예술 등 5300점이 브르통의 수집(收集)으로 수장(收藏)이 되어 있다.

1919년에 브르통은 L. 아라공(Louis Aragon, 1897~1982), P. 수포(Philippe Soupault, 1897~1990)와 함께 '문학(Littérature)' 지(誌)의 편집 일을 시작하였다. 브르통은

다다이스트 T. 짜라와도 연대하였다.

1924년에 브르통은 '초현실주의 탐구 협회(Bureau of Surrealist Research)' 창립에 중요한 역할을 하였다. 수포와 함께 '자기장(磁氣場, Les Champs Magnétiques)'을 간행할 때에, 브르통은 '자동 기술 이론(the principle of automatic writing)'을 시행하였다. 1924년에는 '초현실주의 선언'을 하였고 잡지 '초현실주의 혁명(La Révolution surréaliste)'의 편집인이었다. 수포(Philippe Soupault), 아라공(Louis Aragon), 엘뤼아르(Paul Éluard, 1895~1952), 크르벨(René Crevel, 1900~1935), 레리스(Michel Leiris, 1901~1990), 페레(Benjamin Péret, 1899~1959), 아르토(Antonin Artaud, 1896~1948), 데스노스(Robert Desnos, 1900~1945)가 브르통에 합세(合勢)를 하였다.

마르크스 정치학과 랭보(Arthur Rimbaud, 1854~1891)에게서 찾아낸 개인적 변전에 흥미를 느껴 1927년 브르통은 프랑스 공산당에 가입을 하였고, 1933년에는 공산당에서 추방을 당하였다. 그 동안 브르통은 그의 화랑(畵廊)에서 그림들을 팔며 생계를 유지하였다.

1935년 6월 파리에서 개최된 제1회 '문화옹호 국제작가회의(International Congress of Writers for the Defense of Culture)'에서 소비에트 작가이며 저널리스트인 에렌브르그(Ilya Ehrenburg, 1891~1967)와 싸움을 하였다. 에렌브르그는 미리 준비한 팸플릿 등을 통해 브르통 등 초현실주의자들을 '남색가(男色家, pederasts)들'이라 욕을 하였다. 브르통은 거리에서 에렌브르그의 뺨을 때렸다. 그 사건으로 초현실주의자들은 회의장에서 추방을 당하게 되었다. S. 달리(Salvador Dalí, 1904~1989)에 의하면 크르벨이 "초현실주의자 중에서는 유일하게 진지한 공산주의자"였다. S. 달리는 브르통과 초현실주의자들에게 외면을 당했고, 크르벨과 함께 공산주의자로서 괴로움을 겪었다.

1938년에 브르통은, '프랑스 정부 문화 사절단'으로 멕시코 여행을 수락하였다. '멕시코 국립 자치 대학(National Autonomous University of Mexico)'에서 회의를 마친 다음 멕시코 시에서 길을 헤매고 나서(공항에서 브르통을 안내하는 사람은 없었음) 브르통은 말했다. "내가 왜 여기를 왔는지 모르겠네. 멕시코는 세계에서 가장 초현실적인 나라로군."

그러나 멕시코는 브르통이 트로츠키(Leon Trotsky, 1879~1941)와 만날 기회를 제공하였다. 브르통과 초현주의자들은 긴 보트를 타고, 파츠쿠아로(Patzcuaro)에서 에론가리쿠아로(Erongaricuaro) 마을까지 여행을 하였다. 은닉의 공산주의자 리베라(Diego Rivera, 1886~1957), 칼로(Frida Kahlo, 1907~1954)도 그 여행단에 포함되어 있었다. 브르통과 트로츠키는 당시 세계정세가 점점 어렵게 변하고 있는 상황에서,

'온전한 예술의 자유(complete freedom of art, Pour un art révolutionnaire indépendent) 선언'을 작성하였다.('브르통'과 '리베라' 이름으로 간행이 되었음)

1942년 브르통은 화가 위프레도 램(Wifredo Lam, 1902~1982)과 공동으로 브르통의 시 '운명의 모르강(Fata Morgana)'을 출판하였는데, 거기에는 램의 해설이 달려 있다.

제2차 세계대전 때 브르통은 프랑스군 의무대(醫務隊)에 배치되었다. 프랑스 '비시 정부(Vichy government)'에서는 '민족 혁명 부정(否定)'이라는 규정으로 브르통의 글쓰기를 막으니, 브르통은 1941년에 미국인 프라이(Varian Fry)와 빙햄(Harry Bingham)의 도움으로 미국과 카리브 해(海)로 망명하였다. 브르통은 카리브 해 '마르티니크' 공화국의 작가 에메 세제르(Aimé Césaire, 1913~2008)와 알게 되었다. 1947년 브르통은 세제르의 저작에 서문을 써 주었다. 브르통은 뉴욕 망명 중에 칠레 여인 엘리사(Elisa)를 만나, 그녀와 세 번째로 결혼하였다.

1944년에 브르통과 엘리사는 북미(北美) 퀘벡(Québec)의 가스페 반도로 여행을 하여, 브르통은 거기에서 작품 '비밀(Arcane 17)'을 썼는데, 그 작품 속에서 '제2차 세계대전'에의 공포감과 페르세 록 섬(Rocher Percé)과 북아메리카 동북부를 그려내고, 자신의 엘리사와의 로맨스를 축복하였다.

브르통은 1946년에 파리로 귀환하였다. 이후 프랑스 제국주의(French colonialism)에 반대하였다.('알제리 전쟁 반대 121선언'에 브르통의 서명이 그 예임) 브르통은 죽을 때까지 해설과 평론으로 '제2 초현실주의자 모임'을 육성하였다. 1959년에는 파리에서 전시회를 열었다.

제2차 세계대전이 종료될 무렵에 브르통은 '무정부주의[Dada]'를 포용하기로 작정하였다. 1952년에 브르통은 말했다. "내가 초현실주의를 처음 알아낸 것은 무정부주의[다다] 검은 거울 속에서였다." 브르통은 불어(佛語)권의 '무정부주의 연맹(Anarchist Federation)'을 지지하였고 폰테니스(Fontenis) 주변에 무정부주의자들이 '공산주의 절대자유주의 연맹(Federation Communiste Libertaire)'으로 바뀌어도 유기적인 연대를 지속하였다.

브르통은 'FCL(공산주의 절대자유주의 연맹)'이 혹독하게 탄압을 받아 지하화(地下化)했던 알제리 전쟁 중에도, FCL을 지원했던 사람이다. 브르통이 숨을 때에는 폰테니스(Fontenis)로 피신했다. 브르통은 '프랑스 무정부주의자 분쇄에 참여'를 거부하였고, 브르통과 페레(Peret)는 통합 무정부주의자에 의해 세워진 신(新) FA(무정부주의 연맹)와 유기적인 연대를 표명하고 60년대의 무정부주의 연맹에도 작용하였다.

브르통은 나이 70(1966)에 사망하였고, 파리 바티뇰 묘지(Cimetière des Batignolles)에 안장되었다.

'아기 앙드레 브르통'[249], '말할 무렵'[250], '16세 때, 가족과 함께(1912. 9.)'[251]

'19세 낭트 병영-兵營에서의 [좌측둘째]브르통(1915)'[252], '21세의 [우측 셋째 백색복장]브르통(1917)'[253], '22세의 군복을 입은 A. 브르통(1918)'[254]

'24세 가보 홀에서 개최된 다다 축제를 알리는 브르통(1920)'[255], '파리 가보 홀에서 개최된 다다 축제(1920. 5. 26)[256]', 파리 다다 축제(祝祭)에서, '당신은 나를 잊을 것이다.'를 공연 중인 엘뤼아르 수포 프랑켈 브르통(1920)'[257]

249) H. Behar, *Andre Breton*, Calmann-Levy, 1990, 'Andre Breton bebe'.

250) H. Behar, *Andre Breton*, Ibid, 'A onze ons, premiere communion'.

251) H. Behar, *Andre Breton*, Ibid, 'septembre 1912'.

252) H. Behar, *Andre Breton*, Ibid, 'Andre Breton....Nantes, 1915'.

253) H. Behar, *Andre Breton*, Ibid, 'Andre Breton...1917'.

254) H. Behar, *Andre Breton*, Ibid, p. 138 'Andre Breton in uniform, 1918'.

255) R. Motherwell(Edited by), *The Dada Painters and Poets: An Anthology*, The Belknap Press of Harvard University Press, 1981, p. 198 'A. Breton carrying placard by Picabia at Dada Festival in Gaveau Hall, Paris(1920. 5.)'.

256) R. Motherwell(Edited by), *The Dada Painters and Poets: An Anthology*, Ibid, p. 112 'Dada

'리고, 짜라, 브르통(1920)'258), '시몬 캉과의 데이트(1920. 9.)'259), '시몬 캉'260), '리고 브르통 시몬 (1921)'261)

'줄리앙 교회를 방문한 다다 그룹(1921)'262), '파리 다다 선언(1921.4.14.)'263), '에른스트 전시회 개막에 수포(자전거 들고 있음), 리고(거꾸로 매달려 있음), 브르통(1921.5~6)'264)

'파리 오사파레 서점에서 에른스트 작품 전시 개막전에 참가한 브르통 수포 리고 등(1921)'265), "바레의 재판' 공연에 브르통과 짜라(1921. 5. 14)'266), '바레 공연자들과 함께 한 브르통과 짜라(1921)'267)

Festival in Gaveau Hall, Paris(1920.5.26.)'.

257) M. Dachy, *Dada The Dada Movement 1915-1923*, Ibid, p. 136 'Eluard, Soupault, Breton and Fraenkel during a performance of You Will Forget Me....at the Dada Festival, paris, 1920'.

258) 'Tristan Tzara and Andre Breton about 1920'.

259) H. Behar, *Andre Breton*, Ibid, 'Andre Breton avec Simone Kahn.....septembre 1920'.

260) H. Behar, *Andre Breton*, Ibid, 'Simone Kahn'.

261) *Alexandrian Breton*, Mecrivains de toujours, 1971, p. 7 'Jacques Rigaut, Andre Breton et ra femine Simone en 1921'.

262) G. Durozoi, *History of the Surrealist Movement,* Ibid, p. 16 'Dada group's visit to church of Saint-Julien-le-Paure in 1921'.

263) H. Behar, *Andre Breton*, Ibid, 'Manifestation Dada.....14 avril 1921'.

264) G. Durozoi, *History of the Surrealist Movement,* The University of Chicago Press, 2002, 'P. Soupault(top with bycycle), J. Rigaut and A. Breton during Max Ernst Exhibition May June 1921'.

265) M. Dachy, *Dada The Dada Movement 1915-1923*, p. 144 'Andre Breton, Philippe Soupault, Jacques Rigaut, Benjamin Peret and Serge Charchoune outsde Au Sans Pareil bookshop Paris, during the Max Ernst exhibition, May-June 1921'.

'브르통, 엘뤼아르, 짜라, 페레 (1922)'[268], '문학 1호 표지(1922. 3.)'[269], '브르통(1923)[270], '갈라 브르통 엘뤼아르 (1923)'[271]

'엘뤼아르 갈라 브르통 에른스트(1923)'[272], '초현실주의 연구 회원들(1924. 12)'[273], '초현실주의 연구소의 꿈의 학습(1924)'[274]

A. 브르통은 시대적으로는 제1차, 제2차 세계대전을 다 체험한 격동의 시대를 살았고, 사상과 이념적으로는 세계의 사상이 거의 혼재(混在)하는 프랑스 파리에 거주하였고, 전통적으로는 가톨릭이 지배했으나, '미국의 독립 전쟁'을 지원하

266) G. Durozoi, *History of the Surrealist Movement,* Ibid, p. 25 'The Barre's Trial at the hall of Societes Savantes May 14 1921. Louis Aragon, unidentified person, Andre Breton, Tristan Tzara, Philippe Soupault....'

267) G. Durozoi, *History of the Surrealist Movement,* Ibid, p. 25 'The Dada group around Barres dummy. On the left is Andre Breton and to the right is in the back is Tristan Tzara'.

268) *Alexandrian Breton,* Mecrivains de toujours, 1971, p. 12 'Andre Breton, Paul Eluared, Tristan Tzara et Benjamin Peret, 1922'.

269) G. Durozoi, *History of the Surrealist Movement,* Ibid, p. 167 'Cover,(From *Litterature,* no 1, edited by Andre Breton)'.

270) G. Durozoi, *History of the Surrealist Movement,* Ibid, p. 33 'Andre Breton in 1921'.

271) G. Durozoi, *History of the Surrealist Movement,* Ibid, p. 58 'Andre Breton....Paul Eluard...Gala...1923'.

272) G. Durozoi, *History of the Surrealist Movement,* Ibid, p. 58 'Andre Breton...Paul Eluard, Max Ernst, Gala....1923'.

273) G. Durozoi, *History of the Surrealist Movement,* Ibid, p. 64 'The member of the Bureau of Surrealist Research at the rue de Genelle location in December 1924'.

274) G. Durozoi, *History of the Surrealist Movement,* Ibid, p. 72 'A dream session at the Bureau for Surrealist Research circa 1924'.

고 '프랑스 혁명'을 겪었던 프랑스인의 정신과 체질 속에 거주하였다.

그러므로 A. 브르통은 자신의 구체적인 취향에 정착(定着)하기 이전에, 환경적으로 전통 가톨릭의 '중세 교권(敎權)주의'와 볼테르로 대표되는 '프랑스 혁명'의 정신이 그대로 남아 있는 그 파리를 중심으로 활동하였다.

그런데 앞서 살폈듯이 가장 지리적으로 인접해 있는 독일(프러시아)에서는 종교적으로 가톨릭(舊敎)에 대응한 프로테스탄트(新敎)를 지지한 칸트 헤겔의 '여호와주의' '절대주의'가 엄연히 자리 잡고 있었다.

프랑스는 지리적으로 독일(프러시아)과 인접해 있는 관계로 루이 15세의 7년 전쟁(1756~1763) 패배 이후에는, 항상 독일(프러시아) 침공의 악몽(惡夢)이 수시로 반복될 수밖에 없었다. 그리하여 프랑스는 유럽의 최강국 영국 프러시아(독일)의 현실적 위협을 제1차 제2차 세계대전 이후까지 계속 견뎌내야 하였다.

그러한 '민감한 지역'에서 '민감한 세계 정서(예술 정서)'를 주도했던 사람이 A. 브르통이었다. 그리하여 A. 브르통은 이미 프랑스인의 체질화로 익숙한 볼테르의 '생명 존중' '전쟁 반대' 그 위에 프랑스와 브르통 자신의 기호에 맞은 문예사조를 수용해야 했으니, F. 니체의 '실존주의' '본능 긍정' '자유 의지' '전쟁 반대' 이외에는 남은 것이 없었다.

A. 브르통의 '초현실주의 선언(1924, 佛·獨·英文版)'[275]

A. 브르통의 생애에 있어서, 가장 큰 사건은 1924년 '초현실주의 선언'이다. 그것은 사실상 당초 프랑스 '볼테르의 정신'이었던 것이 프러시아(독일)의 A. 쇼펜하우어, F. 니체, S. 프로이트를 거쳐서 다시 프랑스인 A. 브르통에 도착한 것이다. 그러므로 그 동안 당초 '볼테르 정신'과 달리진 내용은, 볼테르

275) A. Breton, *Les Manifestes Les Surrealisme*, Le sagittaire, 1955 ; A. Breton, *Die Maniefeste des Surrealismus*, rowohlts enzyklopaedie, 1993 ; A. Breton, *Manifestoes of Surrealism*, The University of Michigan Press, 1977.

경우 아직 적극적으로 펼쳐지지 못했던 '본능(Instinct, 실존) 문제'가, A. 쇼펜하우어의 '육체' 문제, F. 니체의 '본능' 문제, S. 프로이트의 '무의식(unconscious-꿈)' 문제로 더욱 구체적으로 명시가 되었던 사항이다. 그런데 그것을 A. 브르통은 마지막 S. 프로이트의 '무의식(unconscious)-꿈' 긍정 문제로, '예술 창조'의 정면(주체)으로 적극 수용했던 선언이 이른바 '초현실주의 선언'이다.

그러므로 A. 브르통의 '초현실주의 선언'은 예술 창조 문제로 논의 국한하고 있지만, 사실은 '실존주의' '본능 긍정' '생명 존중' '전쟁 반대' 문제를 그 속에 모두 담고 있는 '실존주의' 실현의 요핵(要核)이었다.

단지 A. 브르통의 '작품 중심주의'는, 좋게 말하여 '정치적 보신술(保身術)'이며, 바르게 말하면 '생명 긍정(우선)' '전쟁 반대'를 독하게는 주장을 못하는, '물렁한 프랑스인 기질'의 보호막이다.

A. 브르통의 '작품 중심론'을 묵인하고 그 브르통과 표면적 관계를 유지했던 화가 M. 에른스트, R. 마그리트, S. 달리가 모두 '작품 중심주의'를 비판했던('예술 초월' 정신 강조) 것은, 사실상 볼테르 F. 니체 사상에의 동조이다. 그리고 시인으로 R. 휠젠벡, T. 짜라와 소설가 도스토예프스키, 카프카, 제임스조이스, 사르트르, 인류학자 프레이저는 그대로 '현실 생명 우선'의 볼테르 F. 니체의 정신 속에 있다.

그렇지만 한편 A. 브르통은, 그 '무의식(본능, 생명, 꿈)의 우선'이라는 문제 하나를 견지하며 온갖 정치적 사회적 종교적 갈등의 문제를 초월해 나갔으니, A. 브르통은 오히려 '자유의 진원지(震源池)-무의식(꿈)'을 우선적으로 선점해 놓고, 그 다음에 여타 사회적 국가적 사상적 문제를 해결하려 했던 '정신의 혁명가'였다고 해야 할 것이다.

ⓐ A. 브르통은 여러 가지 글쓰기가 있었으나, 그 핵심 정신은 '초현실주의 1차선언(Premier Manifeste, 1924)'으로 충분히 확인할 수 있다. 한 마디로 초현실주의 1차선언은 S. 프로이트의 〈꿈의 해석〉에 대한 공개적 '지지(支持) 표명'이었다.

"우리는 역시 논리(logic)의 영역에 살고 있으나, 우리 시대의 논리란, 제2차적 관심의 문제 해결에만 적용이 되고 있다. 아직도 성행하고 있는 절대 합리주의(the absolute rationalism)는 우리 경험의 좁은 몇 가지 사실에만 허용될 뿐이다. 다른 한편, 우리는 논리적 결론을 피하고 있다. 말할 것도 없이 경험에는 한계가 있다. 경험은 어떤 장(檻, a cage) 속을 선회해 보지만, 그것으로부터 해방된다는 것은 점점 어려워진다. 경험은 역시 직접적 효용성에 의존하고, 상식(common sense)의 감시를 받는다. 문명이라는 허울 아래, 진보라는 핑계 아래, 옳든 그르든 미신 (superstition)이나 신화로 인정될 수 있는 것을 우리의 마음으로부터 빼앗겼다. 그리고 인습에 맞지 않은 진리를 추구의 모든 방법은 상실되어 왔다. 순전히 우연으로 보이지만, 아무도 상상하지 못했던 지적 생활의 한 측면이(-내 생각으로는 정말 중요한) 최근 세상에 알려졌다. 그에 대한 영광은, 프로이트(S. Freud, 1856~1939)에게 주어져야 할 것이다. 프로이트의 발견에 힘입어 심리학자들이 결국 프로이트의 탐구로까지 확장되게 되었으니, 그는 단순히 현실의 요약을 넘어 더욱 힘 있게 현실에 대처할 것이기 때문이다. 아마 상상력은 그 권리의 회복에 직면해 있는 것 같다. 만약 우리의 심층 심리(the depths of our minds)가 표면 심리를 증대하고 지배하는 이상한 힘을 감추고 있다면, 그것들은 우리들의 최고 관심사다. 먼저 그를 파악하여 경우에 따라서는 이성(reason)의 지배 아래 그들을 복종시키는 것이다. 분석자들은 이것을 얻기 위한 것일 뿐이다. 그러나 이 기획의 실행에는 어떠한 고정된 선험적 방법도 없다는 것, 새 질서가 나올 때까지는 시인 학자들의 영역으로 고려할 수 있다는 것, 그것의 성공은 그에 수반되는 다소간 변덕스러운 경로에 의존한 것은 아니라는 것을 아는 점은 소중하다."

〈1924 초현실주의 선언〉[276]

A. 브르통이 위에서 먼저 문제를 삼고 있는 것은 헤겔 식(변증법적) 논리 '절대 이성' '절대 의지' '절대주의' '여호와주의' '윤리(moral)' '정의(justice)' 문제를 떠나, 볼테르-니체 식 '일상적(日常的)'이고 '육체적(의학적)'인 브르통 자신의 '실존주의'를 명시하고 있다. ['모든 醫師'의 전공 영역은 그대로 '과학적 실존주의'이다.]

A. 브르통은 물론 '신(神, 여호와) 중심' 사고가 아니라 '시민 중심' '실존 중심'의 볼테르 식 사고방식이다. (참조, ※ ⑨-27. 사람들은 사상(思想)의 결론으로 행동하지는 않는다.)

276) P. Waldberg, *Surrealism*, Thames and Hudson, 1978, p. 66 ; A. Breton, *Manifestoes of Surrealism*, The University of Michigan Press, 1977, pp. 9~10.

그러나 그 다음에 이어지고 있는 브르통의 발언은, 볼테르가 동조(同調)했던 '경험적 합리주의'에 대한 비판이다. 볼테르 당대에는 물론 '정신분석 영역', '무의식의 영역'은 제대로 논의되지 못했다. 이에 A. 브르통의 관심은 '미신(superstition)이나 신화(寓話)' '꿈'에 대한 관심으로 직행을 하였다.

여기에 우리는 주의를 기울여야 하니, 볼테르는 그 '미신이나 신화'를 철저히 부정했던 사람이다. 그런데 A. 브르통은 '상식' '이성'을 버리고 오히려 '미신이나 신화' '꿈'의 영역을 옹호하고 거기에서 자신의 주장을 펼치려 하고 있다는 점이다.

결론부터 말하면 A. 브르통은, '볼테르-니체-프로이트'의 '실존주의 역사적 전개 경과'를 생략하고 오지 '프로이트'에 매달리고 있는 경우이다.

즉 볼테르는 모든 중세풍 '여호와주의'가 그 주류를 이루고 있는 '미신이나 신화'를 철저히 부정하고, '과학주의' '생명 중심' '실존주의'를 강조하였다. 그런데 F. 니체는 볼테르가 주장했던 '생명(본능) 중심주의' '실존주의'에 더욱 집중을 하였고, 그것에 추가하여 "실존(생명)은 목표와 목적이 없다."277)까지 확인하였다.

그런데 그 '꿈'의 문제를, 볼테르는 그것을 '미신' '신탁'과 연결하며 무시하였으나 (참조, ※ ⑩-5. 선악(善惡)은 인류 공통의 문제다.) 역시 그 '꿈'은 인간 '욕망의 발동' '억압'의 구조임을 (프로이트에) 앞서 명시하였다. (참조, ※ ⑧-24. '꿈' 속에 명시된 '흑(욕망)⇔백(理性)' 동시주의)

이러한 상황에서 S. 프로이트는, '불합리=우화(신화)=꿈=무의식'의 문제를 하나로 묶어 대대적인 탐구를 개시하였다.

그러므로 볼테르 F. 니체 S. 프로이트의 공통점은 '과학 중심주의' '생명(실존) 중심주의'이고, 차이점은 신화 꿈을 볼테르는 무시했음에 대해, F. 니체는 신화 속의 '신(디오니소스, 제우스, 여호와, 프로메테우스)'과 '자신(차라투스트라)'을 동일하게 생각하였고, S. 프로이트는 '꿈'에 대한 '분석과 탐구'를 계속한 결과, '꿈'은 인간의 '소망 성취(Wish-fulfillment)'로서, '인간 생명'은 '본성(본능, instinct, 욕망, desire)'과 그 '억압(도덕, moral)'이 '상호 길항(拮抗) 관계'에 있음을 밝혔다. (참조, ※ ⑬-8. S. 프로이트-'무의식(본능)'의 대대적 탐구)

처음 볼테르의 '생명 존중'에서 출발한 실존주의는 F. 니체의 '본능 중심'으로

---

277) F. Nietzsche (W. Kaufmann & R. J. Hollingdale-Translated by), *The Will to Power*, Ibid, p. 12 'Existence has no goal or end'.

구체화했고, S. 프로이트는 그것을 더욱 구체화하여 '생명=무의식(생명)현상=꿈'이라는 결론까지 나와 있었다. 그런데 A. 브르통은 그 S. 프로이트의 '꿈'(〈꿈의 해석〉)이라는 전제에서 자신의 '문학예술의 모든 문제', '세계의 모든 문제'를 풀려고 작정을 하고 '초현실주의 선언'을 하였다.

이러한 사상적 맥락이, 바로 현대 서양 철학의 주류가 된 그 '실존주의(Existentialism) 전개 역사'이자 인류 '자유 추구의 역사', '가장 위대하고 명백한 자유 쟁취 확보의 역사'이다.

과거 플라톤 칸트 헤겔로 대표되는 '관념 철학 상의 자유(自由)'란, '도덕' '정의' 실천 속의 '절대자유', '거꾸로 된 자유'('의무-책임'을 '자유-욕망'과 混同한 것)이었고, '신(神) 중심 사고' '절대 독재 옹호' '전체주의' '국가주의 독재' '일방주의' 사고 일색이었다. (참조, ＊ ③-17. 도덕은 의무(義務)이다.)

그런데 '위대한 볼테르 생명 중심의 혁명'을 기점(起點)으로, '과학 중심' '생명 중심' '개인(시민) 중심' 사회가 주장 전개되었고, 그것을 다시 차라투스트라(F. 니체)가 '본능(욕망)⇔이성(억압)'의 동시주의(동시주의, Simultaneism)로 명시하여 최후의 판단을 각 개인에게 돌려주었다. 이에 S. 프로이트는 다시 거기에서 '욕망(본능, 무의식, 꿈)'의 문제를 대대적으로 탐구하여 그 '욕망의 실체(種族 保存)'를 니체에 이어 거듭 명시(明示)하였다.

이에 A. 브르통이 S. 프로이트의 탐구(〈꿈의 해석〉)를 바탕으로 '예술 혁명' '자유 혁명'을 달성하겠다는 의지를 명시한 것이 '초현실주의 선언'이다. 그러므로 더 부연하면 '초현실주의 선언'은 '욕망 자유(Freedom of desire) 의지의 선언(공개)'이다.

ⓑ S. 프로이트의 〈꿈의 해석〉은 관심 있는 사람들은 그 '엄청난 위력(威力)'에 놀라게 마련이지만, 처음에는 당시 학자들의 조롱과 폄하(貶下)의 대상이었다. 그러나 볼테르-니체-프로이트를 관통한 그 실존주의 과학주의가 현대 세계 철학과 과학의 주류라는 사실은 이제 기초 중의 기초가 되었다. ['다다 혁명 운동' 이후의 현대 思潮]

"프로이트가 '꿈을 분석해 보았던 것'은 옳았다. 심리 활동의 중요한 부분이 그렇게 관심을 끌지 못했다는 것은 사실 믿기 어렵다. (왜냐하면 최소한 사람이 나서 죽을 때까지 생각의 연속에 단절은 없는 법이고, 꿈꾸는 시간의 총화 즉 순전히 꿈꾸는 시간 즉 잠에 든 시간의 총합은 깨어 있는 현실적 시간에 비해 짧은 기간이 아니다.) 일상적인 관찰자가 잠을 잘 때보다 깨어 있는 시간에 그 중요성과 심각성을 부여하는 그 엄청난 불균형이 나를 항상 놀라게 하였다. 인간은 잠에서 깨어나면 기억의 지배를 받게 되고, 기억은 보통 꿈의 희미한 상황을 추적하는 것만 즐기고, 몇 시간 전의 (꿈속에서의) 그 부단한 희망과 걱정은 이미 버렸다고 생각하며 그 유일한 '결정 요소(determinant)'를 지워 버리고 꿈에서 모든 현실성을 박탈한다. 인간은 어떤 가치 있는 것을 지속한다고 공상(空想)을 한다. 꿈은 밤처럼 괄호 속에 넣어진다. 그래서 보통의 경우, 꿈은 고려의 대상이 되지 못한다. 이 신기한 일은 나에게 몇 가지 생각을 떠 올리게 한다."

〈1924 초현실주의 선언〉278)

A. 브르통의 '꿈의 긍정'은 '욕망의 긍정' '무의식의 긍정' '생명력의 긍정'이다. 위에서 A. 브르통은 '결정 요소(determinant, 理性 現實)⟷꿈(무의식)'을 대비하여 꿈의 중요성을 강조하였다.

F. 니체는 '이성(理性)도 본능(本能)에 종속된다.'279)고 하였다. A. 브르통의 진술이 다소 얽혀 있지만, '꿈의 긍정' '본능 긍정' '생명 긍정'이라는 큰 틀에 있음은 무엇보다 확실하게 되어야 한다.

ⓒ A. 브르통은 이어 '논리학자 철학자(logicians, philosophers)'도 잠은 자야 한다는 점을 들어 '꿈'의 '무시'나 '이성에의 종속'을 거부하였다. 그리고 A. 브르통은 '꿈의 적극적 활용'에 관심을 보였다.

즉 S. 프로이트는 '꿈'을 해석하여 그 '망상(妄想, delusion)'을 이성(理性)에 되돌리는 것을 자기(醫師)의 임무로 알았는데, A. 브르통은 '꿈 자체의 긍정'을 전제하여 '차라투스트라(디오니소스)의 광기(狂氣)'를 긍정한 것이다. 이것이 A. 브르통이 T. 짜라 등 '다다 혁명 운동'과 일치하고 있는 사항이며 궁극에는 '볼테르의 시민 중심 사상'과 통하는 대목이다.

"1. 꿈은, 그것의 수행이 제한된 경우(일단 꾸어진 것) 내에서는, 표면적으로 지속성을 지니고 있고, 유기적 자취를 지니고 있다. 기억(memory)은, 그것에 대한

278) P. Waldberg, *Surrealism*, Ibid, p. 67 ; A. Breton, *Manifestoes of Surrealism*, Ibid, pp. 10~11.
279) F. Nietzsche(Translated by T. Comman), *The Joyful Wisdom*, Ibid, pp. 37~38.

편집권을 요구하고 '그 꿈(the dream)' 자체보다는 변이(變移)를 압박하여 꿈의 연속을 우리에게 제공한다. 이와 비슷하게 뚜렷한 어떤 현실이라는 것도 그 합성은 의지(will)가 만들어 낸 것이다. 의지나 기억보다 꿈의 일관된 요소를 흩트리는 것이 없다는 사실을 아는 것이 소중하다. 내가 꿈을 배제하는 어떤 공식에 따라 논하고 있는 것을 나는 유감스럽게 생각한다. 논리학자 철학자는 얼마나 오래도록 잠을 자 왔는가? 이 자료에 넘쳐있는 내 생각의 의식적 리듬의 정지를 위해, 눈을 뜨고서 나를 읽는 이들에게 내가 복종하듯이, 잠자는 이에게도 항복하여 잠들고 싶다. 어제저녁 밤 꿈은 그제저녁 밤 꿈의 연속일 수 있고, 오늘 밤에도 놀라울 정도로 선명하게 이어질 수 있다. 그럴 수 있다는 것이다. 그럴 경우 그것을 증명은 못해도, 나의 관심 있는 '현실'이 꿈의 사태로 나타거나 망각 속으로 가라안지 않을 경우, 때때로 현실에서는 거부된 꿈을 왜 우리가 부인을 해야 하며, 나에게 긍정된 자기 나름의 자기 확신의 중량이 있다는 것을 왜 인정하지 못할 것인가? 매일 증가하는 의식의 정도로 꿈의 암시에 기대를 말아야 한다는 것인가? 인생의 근본 문제 해결에 꿈을 적용할 수는 없다는 것인가? 어떤 경우와 다른 경우에서 동일한 그 문제가, 꿈속에서도 역시 존재하지 않는가? 꿈은 다른 것보다 검열(檢閱, oppressed by sanctions)이 덜한 것인가? 나는 늙어가고 있고, 나를 구속하고 있다고 내가 믿는 현실보다 더욱 늙어 있고, 내가 빚지고 있는 꿈과 그 분리(the detachment)가 나를 늙게 하고 있다."

<1924 초현실주의 선언>280)

A. 브르통은 '꿈'을 '망상'으로 전제하여 해석하여 '이성(理性)'에 종속시키는 것을 거부하고 '그 자체 세계의 긍정'이니, 그것이 '초현실주의 예술 작품'이고, 그것의 사회적 주장이 '표현의 자유' '사상의 자유'가 당연시되는 '브르통의 자유' 고유 영역이었다.

위의 진술을 한 마디로 요약하면 '꿈은 주목할 현상이다.' '생명과 불가분의 현상이다.'라는 말이다. 이 말을 바꾸어 '미신(superstition)' '신화(fable)'에 적용해보면 '미신' '신화'도 '심리적 정신적 현상이다.'라는 이야기다. 그러므로 볼테르가 '미신' '신화'를 '사실' '역사'가 아니라는 것을 이미 긍정하고, A. 브르통은 S. 프로이트와 그 '심리적' '정서적 효과'에 관심을 보인 경우다.

---

280) P. Waldberg, *Surrealism*, Ibid, pp. 67~68 ; A. Breton, *Manifestoes of Surrealism*, Ibid, pp. 11~12.

볼테르는 '점쟁이(선지자)의 예언이 빗나갈 경우에 비유(比喩)로 바뀐다.'고 지적했다. (참조, ※ ⑪-7. '점치기[神託]'을 좋아하는 어리석음) 그런데 S. 프로이트 경우 '미신' '신화' '꿈'은 (현실이 아님은 물론이고) 그것을 '말하는 주체의 정신 상태의 보고(報告)'로 수용되었다. 즉 꿈은 절대 현실과 혼동될 수 없다. 그러나 꿈은 그것을 꾸었던 이의 소망과 관련된 것이라는 전제가 그것이니, A. 브르통도 그 S. 프로이트 입장에서 출발한 경우이다. 그러므로 '신화'로 가득한 〈성경〉을 '사실' '현실' '역사'로 우기는 사람은 볼테르 시대에는 엄연히 사회의 주도권을 잡고 있는 사람들이었다. 그러나 '과학의 시대' '실존주의 시대'에는 A. 브르통과 같은 '욕망 자유 선언자' '생명 존중 사회운동가' '예술가'의 영역에 비유로 활용되고 있다. 이제 지구촌의 가장 큰 적(敵)으로는, '전쟁 옹호자' '전쟁 필연론'자가 남아 있을 뿐이다. (참조, ※ ⑦-5. '전쟁 불가피론자'가, 가장 흉악한 사람이다.) 초현실주의자 M. 에른스트, R. 마그리트, S. 달리는 모두 '세계적인 전쟁 반대론' 자이다.

ⓓ A. 브르통은 다음으로 '여성(女性, woman)'과 '미망(迷妄, disorientation)'과 '신성(神聖, divinity)'을 문제 삼았다. 이것은 프로이트가 '어머니 환상(콤플렉스)'으로 문제 삼았던 대목이고 E. 노이만은 '대모(大母, The Great Mother)'로 해명했던 그 문제이다. (전통 사회에서는, '성모 마리아' 문제)

"2. 나는 깨어 있는 상태로 돌아와 '간섭의 현상(a phenomenon of interference)'으로 그것(꿈)을 생각하지 않을 수 없다. '마음(the mind)'은 이들 조건하에 이상한 혼미(이것은 온갖 실언과 실수의 원인으로 그 비밀이 밝혀지고 있음)의 경향을 보일 뿐만 아니라, 정상적으로 작동할 때에도 깊은 밤 내게 명령한 그들 암시에 마음은 복종하고 있는 것으로 보인다. ['꿈'은 주체의 '의지'와 무관하다.] 어떻든 그 균형은 상대적이다. '마음'은 좀처럼 자체를 드러내지 않지만, 드러낼 경우는 이 생각 그 여성이 '마음에 영향을 줍니다.'고 말하는 것이 명백하게 된다. 무슨 영향인가 마음은 말할 수 없다. 마음은 그 주관주의 척도를 보이며 더 이상은 없다. 그 생각, 그 여자는 그 마음을 흔들어 그 마음이 보다 덜한 준엄성에 있게 만든다. 그들의 기능은 [마음의] 주의(注意)가 사라진 순간에 그것을 떼내어 마음이 행할 수 있는 영광스런 상승으로 승천하게 만드는 일이다. 그 다음 한 마지막 유흥지로, 마음은 자신의 일탈(its aberration)을 항상 그의 탓으로 돌리는 어떤 다른 것보다 더욱 모호한 신성함(a more obscure divinity)에서 기회를 찾는다. [꿈속에 자기 합리화] 그 생각이 그 마음에 영향을 주어 나타났던 것과, 마음이 그 여성의 눈에 사랑을 느낀 것의 각도가 그 꿈으로 그 마음을 끌어들이고 그 마음의 실수로 잃어버린 자료를 다시 연합한 것이 아니라고 누가 정확하게 말을 할 것인가? 그리고 만약 일이 그렇지 않다면 그 마음으로 못할 것이 무엇이 있단 말인가? 나는 이 통로에 열쇠를 제공하고 싶다."

〈1924 초현실주의 선언〉281)

브르통은 위에서 '꿈'이 '고압적'으로 진행됨을 말하고 있는데, 그것은 니체의 '이성(理性)도 본능(本能)에 종속된다.'282)라는 진술과 동일한 전제이다.

프로이트는 '의식(Conscious)'보다 '무의식(Unconscious)'에 압도적 의미를 부여 하였는데, 그 점이 로크와 볼테르, E. 헤켈의 '경험주의' '생물과학'의 수용을 명시하고 있는 점이다. 프로이트는 코페르니쿠스와 다윈의 계승의 위치에 자신을 두었는데,283) 브르통의 프로이트 〈꿈의 해석〉 수용은 그러한 과학적 전제 속에 '초현실주의 선언' '욕망 자유 선언'속에 '예술의 자유'가 문제되었음은 무엇보다 먼저 확실하게 될 필요가 있다.

볼테르의 '과학주의' '실존주의' 위에 '전위(前衛) 예술 창조'가 없다면 그들은 과연 '아까운 인생'을 어디에 무엇으로 보낸다는 알고 있는가?

'생명(실존) 지키기' '전쟁 반대'는 현대 정신의 기본 중 기본이다.

ⓒ A. 브르통은 S. 프로이트의 '꿈은 소망 충족(Wish-fulfillment)'이라는 기본 전제를 다음과 같이 추인(追認)하였다.

"3. 꿈꾸는 사람은 그가 무엇을 꿈꾸었든 그것에 대해 충분히 만족을 하는 법이다. (꿈속에서는)가능한 고통스러운 질문은 제기되지 않는 법이다. 빨리 죽이고 약탈하라. 네가 원하는 대로 사랑하라. 그리고 네가 죽는다고 해도 죽음에서 깨어난다는 확신이 없는가? 되가는 대로 맡기어라. 일들은 연채(延滯, deferment)를 참지 못 할 것이다. 너는 이름도 없다. 모든 것은 더할 수 없이 편리하다.

무슨 힘이, 내가 말한 그런 일이 생기면 그 괴상스러움에 나도 압도될 잡다한

281) P. Waldberg, *Surrealism*, Ibid, p. 68 ; A. Breton, *Manifestoes of Surrealism*, Ibid, pp. 12~13.

282) F. Nietzsche(Translated by T. Comman), *The Joyful Wisdom*, Ibid, pp. 37~38.

283) S. Freud, *On Creativity and the Unconscious*, Harper Colophon Books, 1985, pp. 5~6

이야기를 내가 기탄없이 환영하고, 꿈에 대한 자연스런 모습에 무엇보다 관대하게 되는지 나도 알 수가 없다. 그렇지만 나는 나의 귀와 눈으로 그것을 믿을 수 있다.

그 위대한 날이 오면 짐승도 말을 한다.

깨어남에 기분이 나쁘고, 그 주문(呪文, spell)을 무시함은 '가여운 속죄(the poor idea of expiation)'라는 생각에서 그러한 것이다."

〈1924 초현실주의 선언〉[284]

* A. 브르통은 '꿈의 상태'를 이상화한 것이다. '살인' '약탈' '사랑'은 현실(대낮)에는 모두 '금기(禁忌, Taboo)'로 묶여 있는 사항이다. 그러나 '꿈' 속에서는 그것이 행해짐을 막을 수 없다.

여기에서 '전쟁' '살인' '약탈'을 근본적으로 반대한 볼테르와 1916년 '다다이스트'를 짚지 않을 수 없다. 사실 전쟁 살인 약탈은 제국주의자의 기본 속성으로 인간 공유의 약점이다. 그것에 처음 명백한 반대를 명시했던 사람이 볼테르였고, 이어 F. 니체, 다다이스트의 '생명 존중 사상'으로 계승되었다.

그런데 다른 한편으로 헤겔은 '절대신' '절대자유' '여호와주의'로 '전쟁'을 정당화하였다. 그것이 '살인과 약탈의 욕심'으로 행한다는 것을 아는 취리히 다다는 볼테르 정신으로 돌아가 '살인 전쟁 반대'를 그 최고 주장으로 삼았다.

그런데 A. 브르통은 도리어 그것을 '자행한 제국주의 정신'을 꿈을 통해 용인하였다. 한마디로 '제국주의(영웅주의)'를 '꿈' 속에 펼치기를 권장 시도하였으니, '꿈'이라는 '체계 속'에 갇힌 '올림픽 게임'의 긍정이다. A. 브르통의 목적은 '생명의 발양(發揚)' '생명의 성취감'을 '꿈(작품)' 속에 펼치기를 기대한 것이었다. 그러므로 A. 브르통은 당초 '현실 존중'의 F. 니체보다 더욱 '환상 존중'의 입장이 되었고, '차라투스트라(F. 니체) 계승자' T. 짜라보다 더욱 '제국주의자 모습'으로 변한 모습이다.

그러나 그들의 확실히 공유한 바는 현실 생명 존중의 '실존주의'에 있다는 사실이다.(이 점은 '무정부주의자'와의 A. 브르통의 지속적 연대가 입증한 바임)

ⓕ A. 브르통은 이어 '현실⇔꿈'의 동시주의를 '어떤 절대적 현실(a sort

---

284) P. Waldberg, *Surrealism*, Ibid, p. 68 ; A. Breton, *Manifestoes of Surrealism*, Ibid, p. 13.

of absolute reality)'이라는 것으로 헤겔 식 '합(合)'을 상정해 보았다. 그것은 어디까지나 A. 브르통의 '가정(假定)'으로 실현될 수 없다는 측면에서, 어디까지나 F. 니체 식 '동시주의' 전제일 뿐이다.

> "4. 우리가 꿈을 어떤 방법적으로 점검을 하여 그것에 적응할 때가 오면, (즉) 꿈을 완전하게 인식하는데 성공하여 방법적으로 결정할 때가 오면(그것은 세대를 초월한 어떤 기억의 원리를 포괄한 것이지만, 기록된 현저한 사실로 시작할 수 있다.), 꿈의 곡선 그래프가 부등한 폭과 규칙성으로 그려지기만 하면, 실제는 미스터리가 그 미스터리를 통해 더 큰 미스터리로 통하는 길을 마련할 수 있을 것이다. 나는 겉보기로 그렇게 대립하고 있는 꿈(dream)과 현실(reality)이라는 두 상태가, '어떤 절대적 현실(a sort of absolute reality)' 어떤 '초현실(surreality)'로 미래에 해결이 날 것으로 믿는다. 나는 그것의 달성을 목표로 하고, 설령 그것을 내가 획득할 수 없다고 해도, 그 소유의 기쁨을 생각하면 나의 죽음 따위는 문제도 아니다."

〈1924 초현실주의 선언〉[285]

볼테르는 F. 프로이트에 앞서 '본능' '이성' '힘에의 의지'를 거론하였다. (참조, ＊ ⑪-18. 본능, 이성(理性), 힘, 자유 의지) '꿈(욕망)⇐현실(억압)'의 동시주의는 '개인'과 '집단'을 이끄는 영원한 두 개의 축(軸)이다. 어떤 '통합'이 불가능한 것이고 어쩌다가 '통합'이 된 듯이 보일 수 있지만, 그것은 단순한 환상이다.

A. 브르통은 위의 끝부분에서, '그 소유의 기쁨을 생각하면 … 나의 죽음 따위는 문제도 아니다.(I am aiming for its conquest … but too indifferent to my death not to calculate the joys of such possession.)'라고 하였다. 이 진술은 [현실이 아니므로] 짜라는 긍정할 수 없는 부분이며, A. 브르통의 '차라투스트라와의 독자적 회동(會同)'에 해당한다. F. 니체는 '나의 전쟁이란 의미(the full significance of war and victory)를 알아야 한다.'[286]고 했다. 한 마디로 A. 브르통은 '열락의 디오니소스이기'를 희망한 것이다. 사실 A. 브르통은 '자유'를 위해 목숨을 버릴 만한 배짱을 지니고 있었다.

---

285) P. Waldberg, *Surrealism*, Ibid, pp. 68, 70 ; A. Breton, *Manifestoes of Surrealism*, Ibid, pp. 13~14.
286) F. Nietzsche(Translated by T. Comman), *The Joyful Wisdom*, Ibid, p. 250.

ⓖ 다음은 '꿈(작품)속의 디오니소스'로서 A. 브르통의 본 모습이다. 이 지점이 T. 짜라와 A. 브르통이 연합했던 공통점이고, 이후에 브르통이 독자적으로 '초현실주의 선언'을 하게 된 그 지점이다.

"전하는 바에 의하면, 성 폴 루(Saint-Pol-Roux, 1861~1940)는 취침하기 전, 카마레(Camaret)의 그 집 문에다가 '시인 작업 중(THE POET WORKS)'이라는 게시물을 두었다고 한다.

말해야 할 것이 많다. 그러나 지나가면서 각별한 간결함으로 매우 긴 설명을 요하는 주제를 가볍게 말하고 싶다. 나는 그 문제로 돌아갈 것이다. '경이로운 것을 혐오함(hatred of the marvelous)'에 나는 그것에 정당성을 부여함이 의도인데, '경이로운 것을 혐오함'은 어떤 사람을 분노케 하여, 그것을 부셔버리기 일수이지만, 화해를 합시다. 경이로운 것은 항상 아름답고, 모든 경이로운 것은 아름답습니다. 경이롭지 않으면 아름답지 않습니다."

〈1924 초현실주의 선언〉[287]

A. 브르통의 주장은 간결하다. "성직자 철학자도 욕망 긍정의 취침을 행한다. 더 이상 쓸데없는 사상(도덕, 선악) 논쟁일랑은 그만 두고 '작자의 생명 성취' '무의식의 발양(發揚) 재능들' '예술 창작(생명 찬양) 기량'을 뽐내보기로 합시다." 그 요지이다.

그러므로 T. 짜라의 주장도 브르통의 주장을 거절할 이유는 없다.

ⓗ A. 브르통은 앞서 '여성(모성)'에 대한 '상상'을 토로했는데, 이번에는 '살인' '살상(殺傷)의 꿈'이다.

"… 어느날 밤 내가 잠들기 전 나는 한 괴상한 문장(a most bizarre sentence)을 얻었는데, 그것의 한 단어도 바꿀 수 없는 명백히 발음된 것이나 어떤 사람의 목소리로 들은 것은 아니다. 최소한 나의 의식으로, 그 순간 내가 관련된 사건의 자취로 인해 내게 온 것이 아니었다. 그것은 아주 고집스런 문장(a highly insistent sentence)으로 "창문을 두들겼던" 문장이라고 말할 수 있을 것이다. 나는 그것을 바로 알았고, 그 말의 특징이 나를 방해하려 할 때 그것을 버릴 준비를 하고

---

287) P. Waldberg, *Surrealism*, Ibid, p. 70 ; A. Breton, *Manifestoes of Surrealism*, Ibid, p. 14.

있었다. 그 문장은 정말 나를 놀라게 하였다. 불행하게도 나는 그날의 정확한 말들을 기억할 수 없다. 그러나 그것은 다음과 같은 것이었다. '한 사람이 창문으로 반씩 잘린다.(Il y a un homme coupe en deux par la fenetre : A man is cut in half by the window)' 그러나 그 신체의 축으로 수직인 창문에 의해 반으로 잘린 어떤 걷는 사람의 희미한 시각적 상상을 동반한 모호함에 시달리게 되었다. 그것은 한 남자가 창문에 기대었다가 다음 바로 섰던 단순한 문제였을 것이다. 그러나 그 창은 그 남자의 움직임을 뒤따랐고, 나는 아주 색다른 유형의 이미지를 다루는 것이었음을 알았다. 나는 그것을 바로 시적 소제로 삼으려 했다. 그러나 그것을 시의 형식으로 바꾸려 하자, 그것은 처음보다 더한 놀라움으로 희한하게 문장을 절단내며, 내가 내 자신에게 행사했던 통제력을 환상으로 만드는 어떤 자유의 속성(a free gift) 같은 것을 느끼었고, 나는 내 안에 자리 잡은 끝이 없는 분쟁을 종식시킬 방법 이외에는 다른 생각을 할 수 없었다."

〈1924 초현실주의 선언〉[288]

S. 프로이트는 '부조(父祖) 살해(Patricide)'를 크게 문제 삼았다. F. 니체가 거론한 전쟁 문제도 심리적으로 '부조 살해'와 무관하지 않다. 인간 의식에 상존(尙存)하는 그 문제를 A. 브르통은 그의 방식대로 제시를 해 보인 것이다. '꿈속의 살인'은 모두 '부조(父祖)의 살해'로 결론이 나 있다. ('모든 살해된 것은 아버지가 되고 만다.'[289])

① 다음은 A. 브르통이 직접 시행해 본 '자동 기술(自動 記述)' 시도 결과 보고이다.

"그 때 내가 전쟁 중 환자에게 적용해 본 것은 프로이트의 방법이었고, 다른 사람들은 환자에게서 얻어내려는 것을 나는 내 자신으로부터 얻어내려 결심하였다. 즉 주제에 대한 비판에 통제가 없고 조심이나 방해됨도 없이 가능한 '토해 낸 생각(spoken thought)' 가능한 한 급히 '토해낸 독백(a spoken monologue)'이라는 것이 그것이다. 그 둘로 잘린 사람에 관한 문장이 나에게 증명해 주듯이, 생각의 속도는 말의 속도보다 빠르지 않고, 생각은 말과 펜의 움직임을 무시하지는 않는다.

---

288) P. Waldberg, *Surrealism*, Ibid, p. 70 ; A. Breton, *Manifestoes of Surrealism*, Ibid, pp. 21~22.
289) J. Campbell, *The Hero with a Thousand Faces*, Princeton University Press, 1973, p. 171.

나와 필립 수포(Philippe Soupault, 나는 그와 처음 이 결론을 이야기 했다.)는 문학적 결과야 어떻든 그것은 무시하고 종이 위에 적어보자고 약속했다. 실행만 남았다. 실시 첫째 날을 보내고, 우리는 그 방법으로 얻어진 50페이지 분량을 서로 읽어보며 그 결과를 비교하기 시작했다. 수포의 것과 내 것은 놀라운 동일성을 보였으니, 구성의 오류까지 똑 같았다. 즉 어떤 비상한 열정에의 환상, 과도한 감정, 일상적 기술에서는 결코 달성할 수 없는 이미지들의 주목할 만한 구색(具色, assortment), 아주 뚜렷이 그린 듯한 속성, 여기 저기 날카로운 희극적 어구가 다 그러했다. 우리 텍스트의 유일한 차이점은, 우리 각자의 기질에 연유한 것으로 보였는데(수포의 것은 내 것보다 덜 안정적이었음), 조금 비판의 위험을 무릅쓰면, 수포는 신비화(mystification)의 정신에 어떤 페이지 상단에 한 두 개의 단어로 제목을 붙인 잘못을 범했다. 반면에 내게는 별로 좋지 않았던 구절의 흐름에 대한 최소한의 변경에도 그는 완강히 반대했는데 그 점은 그를 믿어야 했다."

〈1924 초현실주의 선언〉290)

사실 어떤 예술가가 어떻게 자신의 예술을 창조하고 이해하는가는 그 고유의 취향이며 자유이다. A. 브르통이 '예술가(시인)'로서 어떤 시도를 행하건 그의 자유이다. 그러나 탁월한 예술가는 최소한 2천 년 전부터 그 '무의식'에 의해 작품을 제작하였고, 그럴 수밖에 없음을 F. 니체는 가장 명백하게 입증을 하였다.

그러므로 A. 브르통이 행해 보인 '작품 중심주의', '자동 기술 방법'은 T. 짜라 등 '다다 운동가들 외면하기' '따돌리기'에 불과하다. A. 브르통은 T. 짜라를 "취리히로부터 온 운동의 선동자(the promoter of 'movement' that comes from Zurich)"라고 비판하기도 했다.291)

그러나 A. 브르통의 '초현실주의 선언', '욕망 의지 자유 선언'은 모든 예술가의 공동관심을 가장 먼저 가장 구체적으로 행했다는 점에서 역시 그의 공적이 작지 않은 것이다.

ⓛ A. 브르통은 충분히 '겸손' '겸허'를 유지하였다. '겸손' '겸허'를 생리적으로 관리를 못한 사람은 '어떤 운동'을 더불어 전개할 수가 없다.

---

290) P. Waldberg, *Surrealism*, Ibid, p. 70 ; A. Breton, *Manifestoes of Surrealism*, Ibid, pp. 21~22.
291) L. Dickerman, *DADA*, Ibid, Artists' Biographies, Andre Breton (A. L. Hockensmith's writings).

"사실 우리가 마주친 갖가지 요소들의 충분한 가치를 평가하기는 어려운 일이다. 한 번 읽은 것으로 그것을 평가하기는 불가능하다고 말해야 할 정도이다. 이러한 요소들은 표면적으로 '어느 누구에 대해 써진 것도 당신의 경우에서처럼 이상한 것(as strange to you who have written them as to anyone else)'이니, 당신이 그것을 불신하는 것은 당연한 것이다. 시적(詩的)으로 말하면, 고도의 '직접 부조리(不條理, immediate absurdity)'를 특별히 채용한 것이다. 자세히 살펴보면 이 부조리의 특별성은 세상에 불법성과 합법성, 일반적으로 다른 것만큼 객관적인 많은 전제와 사실의 폭로로 유발된 모든 것에 대한 항복(capitulation to everything)에 연유하고 있다."

〈1924 초현실주의 선언〉292)

A. 브르통은 '부조리'까지 짚었다. F. 니체는 그것을 '동시주의(同時主義, simultaneism)'로 전제했는데, 그것이 '다다 초현실주의 전개'에 최고 쟁점이다. 그것을 안고 가는 것이 '생명(욕망과 억압의 공존)'으로 전제된 것이다.

ⓚ A. 브르통은 '초현실주의' 용어를 거론하였다.

"사실 일반적 문학적 수단을 희생시키지 않고 우리와 유사한 충동을 지속적으로 존중하였던, 최근 사망한 아폴리네르(G. Apollinaire)에게 존경을 표하며, 수포와 나는, 우리 친구들에게도 도움을 주도록 신경을 쓰며, 우리가 우리 마음대로 행해 보인 순수한 표현의 새로운 양식을 지정해 '초현실주의(SERREALISM)'란 명칭을 썼다. 지금 나는 그 말에 대해 더 말할 필요를 느끼지 않는다. 우리가 그 말에 부여한 의미는 전반적으로 당초 아폴리네르의 의미를 능가한다. 더욱 우리의 정당화를 위하여 르네발(G. Nerval, 1808~1855)이 그의 '불의 처녀' 헌사에 썼던 '초자연주의(Supernaturalism)'라는 명칭을 썼다고도 할 수 있다. 사실 르네발은 우리가 유의한 그 '정신'에 어떤 놀라울 정도의 집착을 가졌던 것으로 보인다. 다른 한편, 아폴리네르는 초현실주의라는 문자(그것 역시 불안전함)에 집착하였으나, 그는 우리가 개입한 원리적 통찰의 제공에는 무력하였다. 이런 점에서 가장 의미 있는 네르발의 두 구절을 살펴보기로 한다.

'친애하는 뒤마(A. Dumas, 1802~1870)여! 나는 당신에게 당신이 위에서 말한 현상에 대해 설명하려 합니다. 당신은 그들의 상상력으로부터 등장인물들과 자신들을 동일시하지 않고는 말할 수 없는 이야기꾼들이 있다는 것을 아시지요? 당신은

---

292) P. Waldberg, *Surrealism*, Ibid, p. 71 ; A. Breton, *Manifestoes of Surrealism*, Ibid, p. 24.

대혁명 시에 우리의 옛 친구 노디에(C. Nodier, 1780~1844)가 무슨 생각을 했고, 단두대에서 목이 잘린 그 불행을 어떻게 말해야 했는지 아시지요. 사람들은 어떻게 그가 그 머리를 다시 붙일지 의심해야 할 정도로, 그는 확신에 차 있었습니다.'

'… 독일인들이 말하듯이 당신은 경솔하게 초자연주의자(Supernaturalist) 몽상 상태에서 제작된 소네트 중 하나를 인용하였으므로 그 모두를 들어야 합니다. 당신은 그 책의 끝에 가서야 그것을 알게 될 것입니다. 그것들은 헤겔의 형이상학이나 쉬베덴보르크(Swedenborg, 1688~1772)의 〈회상록〉보다 어렵지 않고, 설명을 하자면 매력이 없어지고, 사정이 그렇다면 그 표현의 장점은 제게 양보를 해야 합니다.'"

〈1924 초현실주의 선언〉293)

A. 브르통은 용어(용어, 초현실주의) 하나에도 신경을 쓰고 있다. 당초에 볼테르가 그러했듯이 A. 브르통의 소망도 '사유(私有)'가 아닌 '공유(共有)'가 미덕이 될 수밖에 없지만, 유독 A. 브르통 자신의 '견해(무의식의 有用化)'에 집착하지 않을 수 없었다.

① A. 브르통은 더욱 '초현실주의' 개념을 거듭 명시하였다.

"우리가 의도하고 있는 매우 특별한 그 의미로 '초현실주의'란 단어를 우리가 사용하고 있는 그 권리에 대해 이의를 제기한다는 것은 양심적인 일이 못될 것이다. 우리가 동의하기 이전에 그 말은 아무 것도 이룩해 놓은 바가 없다는 것은 명백하기 때문이다. 그래서 나는 그 어휘를 여기에 정의한다.

초현실주의 : 남성명사. 순수한 심리적 자동주의(Pure psychic automatism). 생각의 진정한 기능을 기록이나 구두로 표현한 것을 의도한 것임. 이성(理性, reason)에 의해 행사된 모든 통제를 생략하고 미학적 도덕적 편견(all aesthetic or moral preoccupation)을 제거한 상태에서 받아 적은 생각.

백과사전, 철학, 초현실주의는 이제까지 거부된 꿈의 전능성(omnipotence), 그리고 생각의 무관심(無關心)적 유희(the disinterested play of thought) 등, 어떤 연합의 현실 초월의 신념에 기초한 것이다. 초현실주의는 그 밖의 다른 모든 기계주의를 영원히 파괴해 버리고, 그 대신해 생명의 원리적 문제의 해결(the solution of the

293) P. Waldberg, *Surrealism*, Ibid, pp. 71~72 ; A. Breton, *Manifestoes of Surrealism*, Ibid, pp. 24~25.

principal problems of life)로 진출할 것이다."

〈1924 초현실주의 선언〉294)

위에서 A. 브르통은 '이성(理性)⟷욕망(무의식)' 동시주의를 거듭 명시하였다. 이것이 A. 브르통이 더욱 확실하게 세운 '실존주의' '생명 중심주의' 구체적인 그 지점이다.

앞서 밝혔듯이, A. 브르통의 '초현실주의 선언'은, '욕망 의지 자유 선언'이고, '초현실주의 운동'은 '생명(본능, 무의식)의 공개 긍정 운동', '생명의 정체성 알리기 운동'이다.
A. 브르통은 '차라투스트라(F. 니체)'를 그대로 계승한 S. 프로이트의 '정밀성'을 프랑스 방식으로 펼쳐 보인 세계적 '생명 자유 의지 존중의 혁명가'였다.
아쉬운 점은 A. 브르통이 '자동 기술' '작품 중심주의'를 고집했던 점이나, 그것도 그의 생리이고 그의 '선택의 자유' 내에서의 문제이다.
기본적으로 '인간 자유에의 지향'은, 개인인 A. 브르통이 전담할 사항은 전혀 아니고 인류 각자가 알아서 나가야 하고 나갈 수밖에 없는 공리(公理)임을 그 '차라투스트라'는 130년 전에 명시하였다.
A. 브르통의 '초현실주의' 깃발 아래 있던 거장(巨匠) M. 에른스트, R. 마그리트, S. 달리가 모두 A. 브르통의 명령을 기다리는 '졸개'가 결코 아니라는 점은 역시 상식 중의 상식이다.
'생명'은 거기에 어떤 '규정' 어떤 '방향'을 정하는 것부터가 '반 생명'이니, 그런 '명령 규정'이란 '망상'은 '초현실주의' '욕망 자유주의'와는 처음부터 모순(矛盾)이 되는 사항이다. 그러므로 '생명'에 유일한 주장은, '반 생명(전쟁 살인) 반대'가 있을 뿐이다.
'초현실주의'에 '가담자 자신들'이 바로 그 '생명 욕망 의지의 자유 선언'에 공감하여 동참한 것이므로, 그 A. 브르통의 '선언'이 기준이 아니라 각자의 '생명 욕망 의지의 자유' 실행이 우선이고 기본이다. 그것은 '차라투스트라'가 그 제자(후예, 예술가들)에게 가장 확실하게 말했던바 그것이다.

---

294) P. Waldberg, *Surrealism*, Ibid, p. 72 ; A. Breton, *Manifestoes of Surrealism*, Ibid, pp. 25~26.

⑬-16. R. 마그리트 - '관념주의보다 빵'이 중요하다.

르네 마그리트(Rene Magritte, 1898~1967)는 '초현실주의 운동'의 대가로서 '헤겔식 관념주의 반대' '전쟁 반대' '제국주의 반대'의 깃발을 높이 든 세기의 혁명가였다.

마그리트 전기(傳記) 소개자(Wikipedia, 'Rene Magritte' 항 서술자)마저 마그리트를 바르게 알리지 못한 불행을 지금까지 겪고 있지만, 마그리트가 밝힌 '전쟁 반대' '생명 존중' 대경대법(大經大法)은 아무도 막을 수 없는 '지구촌'의 대세(大勢)를 이루고 있다.

르네 마그리트(Rene Magritte, 1898~1967)는 벨기에의 초현실주의 화가다. 마그리트는 초현실주의 속의 기지에 넘치고 생각을 도발하는 작품으로 유명하다. 마그리트의 작품은 수용자(관람자)의 '현실 인식 편견에 도전'한 것으로 널리 알려져 있다. ['리얼리즘' 초월]

르네 마그리트는 1898년 에노(Hainault) 벨기에령 레센(Lessines)에서 탄생하였다. 마그리트는 '직물(織物) 상인이며 재단사'인 아버지 레오폴 마그리트(Leopold Magritte)와 어머니 아들린(Adeline nee Bertinchamps)의 장남으로 태어났다. 마그리트의 어린 시절은 별로 알려진 것이 없다. 1910년 그림 공부를 시작하였다.

1912년 3월 12일 마그리트의 어머니는 '상브르 강(the River Sambre)'에 투신자살하였다. 자살기도는 그녀 인생에서 처음이 아니었다. 그녀는 여러 번 그런 일을 시도하여 남편 레오폴은 그녀를 침실에 가두어 두었다. 어느 날 그녀는 도망을 해서 실종된 후 여러 날이 지나고 그녀의 시체는 1마일 가량 떨어진 강에서 발견되었다.

1915년경까지 마그리트의 초기 작품 스타일은 '인상주의'였다. 1916~1918년 사이에 브뤼셀에 있는 '왕립 미술 아카데미'(Académie Royale des Beaux-Arts)에서 C. 몬탈드(Constant Montald, 1862~1944) 지도로 공부했으나 재미가 없었다.

1918년부터 1924년 사이에 제작한 그림은 '미래파'와 '큐비즘' 영향을 받고 있다.

1922년 마그리트는 조르제트 베제(Georgette Berger)와 결혼을 했는데, 마그리트는 그녀와 1913년부터 알고 지낸 사이었다.

1920년 12월부터 1921년 9월까지 마그리트는 레오폴스부르크(Leopoldsburg)에서 가까운 플레미시 마을의 '벨기에 보병대원'으로 복무(服務)하였다.

1922~23년에 마그리트는 벽지(壁紙) 공장에 '제도사'로 일을 하였고, 1926년까지는 '포스터 광고 디자이너'였다. 브뤼셀의 '르상토르 화랑(Galerie Le Centaure)'과 계약을 맺은 후에야 하루 종일 그림을 그릴 수 있었다.

1926년에 마그리트는 그의 첫 초현실주의 작품 '사라진 기수(The Lost Jockey)'를 제작했고, 1927년에 브뤼셀에서 첫 전시회를 열었다. 비평가들의 모욕이 쏟아졌다. 실패로 의기소침한 마그리트는 파리로 이사를 하여 앙드레 브르통과 친구가 되었고, 초현실주의 그룹에 가담하였다. 환상적 몽상적 속성은 마그리트가 그 초현실주의로 엮어낸 개성이었다. 마그리트가 벨기에를 떠나 파리에 1927년부터 3년간 머무르는 동안, 그는 초현실주의를 이끄는 리더가 되었다.

1929년 말에 '르상토르 화랑'이 문을 닫아 마그리트도 수입이 끊겼다. 마그리트는 파리에 거의 영향력을 발휘를 못하고 1930년 브뤼셀로 돌아왔고, 광고업을 재개하였다. 마그리트와 아우 폴(Paul)이 대리점을 내어 생활비를 벌었다.

영국의 초현실주의 후원자 에드워드 제임스(Edward James)는 런던의 자기 집에 마그리트가 머물도록 허락하였다. 마그리트는 에드워드 제임스 상을 두 작품으로 남겼는데 '쾌락의 원리(The Pleasure Principle)'와 '재생 불가(Not to be Reproduced)'라는 작품이 그것이다.

제2차 세계대전 중에 독일이 벨기에를 점령했던 동안, 마그리트는 브뤼셀에 남아 있었고, 그래서 브르통과는 단절이 되었다. 1943~44년에 마그리트는 개성적이고 화려한 색채를 써서 그 기간은 '르누아르 기간(Renoir Period)'으로 알려졌고, 독일의 벨기에 점령기간 동안의 마그리트 생활의 소외(疏外)와 자포자기 감정에 대한 반발 시기로 알려져 있다.

1946년에 마그리트는 초기 작품의 '폭력과 염세주의'를 포기하고 '온전한 태양 아래 초현실주의 선언'을 구가(謳歌)하는 벨기에 다른 화가들에게 동참을 하였다.

1947년부터 1948년은 마그리트의 '바슈 기(期 Vache Period)'로 도발적이고 거친 야수파 스타일이었다. 이 기간 동안 마그리트는 피카소 브라크 키리코를 모방하며 버티었고, 거짓 작품을 찍어내고 있었다. ['초현실주의'를 모르는 惡談임] 사업은 아우 폴이 맡아 초현실주의자를 추종하였고, 양아들(surrogate son) '마르셀(Marcel Mariën)'이 작품 판매를 맡았다.

1948년 말에 마그리트는 대전 전의 초현실주의 테마로 복귀하였다.295)

---

295) 이 Wikipedia 'Magritte' 항 서술자는, '영국계의 지독한 보수주의자'로 마그리트 예술 세계에는 무식한 사람이다. [이유 없는 악감정을 거침없이 쏟아 놓고 있다.(참조, <다다 혁명 운동과 예술의 원시주의>, 마그리트 항)

르네 마그리트(Rene Magritte, 1898~1967)는 독일의 막스 에른스트(Max Ernst), 스페인의 살바도르 달리(Salvadore Dali)와 더불어 '다다 초현실주 운동'의 3대 거장(巨匠)이다. R. 마그리트는 특히 B. W. F. 헤겔의 '여호와주의' '도식주의'에 반대를 하고, F. 니체의 '현실 생명 옹호' '전쟁 반대' '제국주의 반대'에 평생을 바치었다.

마그리트가 처음부터 끝까지 고수하였던 '예술의 작품 초월(Beyond Art)'의 문제는, 볼테르와 니체가 '생명 현실 중심'의 '사회 개혁 운동' '가치의 재평가 운동(a Revaluation of All Values)'296)을 가장 정확하게 그의 '작품'으로 펼친 위대한 사상의 기발(奇拔)한 실현이었다.

마그리트의 '예술의 작품 초월(Beyond Art)' 문제는 그대로 '관념주의 척결운 동'이며 '현재 생명 존중' 사상 그것이니, 그것은 특정 누구의 사상일 수도 없고, 생명을 지니고 살고 있는 인류의 기본 정신이다.

그러므로 마그리트의 정신은 주로 '식민지 건설의 (영국)제국주의 비판' '(기독교 철학)관념주의'에 집중되어 있으나, 당초 볼테르나 니체보다는 '개인 의 생존 체험(가난 체험)'에 기초를 둔 것이어서 더욱 구체적이고 치열한 호소를 담았다.

그러나 마그리트는 '국가주의' '(침략)제국주의' '욕망의 물질주의'를 비판하 면서도 그 속성이 마그리트 자신 내부에도 있음을 명시하여 그것이 '지구촌의 평화'를 위해 자제(自制)되고 '재교육' 되어야 할 사항으로 명시가 되었으니, 이 점이 볼테르, 니체 정신의 계승 속에 있지만, 볼테르-니체가 아직 확인하지 못한 '정신분석의 초현실주의자' 마그리트가 확보한 '자기 인식'의 고지(高地)이다.

마그리트의 제국주의자 비판과 조롱은 그와 비교할 사람이 없을 정도로 출중(出衆)하였다. R. 마그리트 자신을 포함한 모든 사람이 그 '제국주의'로부터 자유롭지 못한데 그것은 '교육' '훈련' '거듭나기'로 개선해 가야 한다는 신념을 자신의 그림 속에 담았다. 이것이 마그리트 '초현실주의 운동'의 요점이었다.

ⓐ R. 마그리트는 우선 모든 '미인(美人) 여성'은 제국주의 의식으로부터 자유롭지 못함을 그의 작품 '무식한 요정(The Ignorant Fairy)'으로 제시해 보였다.

---

296) F. Nietzsche (W. Kaufmann & R. J. Hollingdale-Translated by), *The Will to Power*, Vintage Books, 1968, pp. 3~4.

마그리트 '양친', '어머니와 마그리트(1899)' '마그리트 양친과 두 아우'[297] '레이몽, 폴과 르네(1907)'[298]

'조르제트', '르네 마그리트'[299], '마그리트의 군 복무(1921)'[300]

'조르제트와 마그리트 22세(1920)'[301], '마그리트 24세(1922)'[302], '마그리트 32세(1930)'[303], '마그리트 39세(1937)'[304]

297) H. Torczyner, *Magritte*, Abradale Press, 1985, p. 13 'R. Magritte with parents and two younger brothers'.

298) J. Meuris, *Rene Magritte*, Taschen, 2004, pp. 210~213 'Rene Magritte 1898~1967 Life and Works'.

299) J. Meuris, *Rene Magritte*, Ibid, pp. 34 'Georgette Berger', 37 'Magritte at the Academie des Beaux-Arts'.

300) J. Meuris, *Rene Magritte*, Ibid, p. 49 'Magritte with a dedication to Pierre Flouquet'.

301) D. Sylvester, *Magritte*, Mercatorfonds, 2009, p. 52 'Magritte and Georgette'.

302) H. Torczyner, *Magritte*, Ibid , p. 14.

303) D. Sylvester, *Magritte,* Ibid(1992), p. 52 'Magritte and Georgette'.

304) J. Meuris, *Rene Magritte,* Ibid, pp. 210~213.

'작품 불가능의 시도 앞에서(1928)'305), '초현실주의 혁명 12호에 실린 마그리트 작 사진 몽타주(1929. 12)'306), 39세 신문을 들고 있는 마그리트(1937)'307)

'벨기에 초현실주의 그룹, 조르제트와 마그리트가 있다.(1953)'308), '62세 마그리트(1960)'309), '62세의 마그리트, 뒤샹, 에른스트, 만 레이(1960)와 함께, 파리에서'310)

    전기(傳記)에 의하면, 마그리트는 1957년에 벽화 '무식한 요정(The Ignorant Fairy, 1957)'을 완성했다고 한다. 그런데 이 마그리트의 작품은 현대 아방가르드 예술을 종합한 것으로 가장 먼저 자세히 살펴야 할 대작(大作)이다. 이 작품은 마그리트의 평생 주장(제국주의 반대)을 종합한 것으로, 마그리트 '다다 초현실주의 운동'의 종합이고 역시 새로운 사고의 출발점이다. 벽화 중앙에 자리한 '무식한 요정'은 1956년에 작성된 것이다.

    마그리트는 또 비너스 형상을 대신한 얼굴에 최고로 치장한 여인을 내세워

305) G. Durozoi, *History of the Surrealist Movement*, Ibid, p. 158 'Rene Magritte in front of the Attempt at the impossible, 1928'.

306) G. Durozoi, *History of the Surrealist Movement*, Ibid, p. 160 'Photo montage by Rene Magritte.....published in La Revolution surrealiste number 12, December 15. 1929'.

307) P. Allmer, *Rene Magritte Beyond Painting*, Ibid, p. 76 'Self-portrait holding a newspaper, 1937'.

308) G. Durozoi, *History of the Surrealist Movement*, Ibid, p. 563 'The Belgian group in 1953....Georgette Magritte... Rene Magritte'.

309) P. Waldberg, *Surrealism*, Thames and Hudson, 1978, Fig. 41 'Rene Magritte, 1960'.

310) J. Meuris, *Rene Magritte*, Ibid, pp. 210~213 'Rene Magritte 1898~1967 Life and Works'.

'제국주의 (英國)문화'를 대신하였다. 그런데 마그리트는 그 '무식한 요정'의 의미를 아내 '조르제트의 상(1926, 1957)'에도 그대로 적용하였다.

1926년 '조르제트의 상'에는 '돌기둥(우상 숭배)' '커튼(귀족주의)' 로고를 첨가하여 '우상 숭배' '귀족주의'로부터 자유롭지 못한 존재임을 폭로하였다. 그리고 1957년 '조르제트' 상에서는 '촛불' '와인 잔(제국주의 이익 분배)' '알(생명)' '열쇠(재산 형성)' '나뭇잎(족벌주의)' 로고를 동시에 제시하였다. 그리하여 마그리트와 자신의 아내 조르제트도 그 '제국주의' '족벌주의' '욕망'의 문제에 자유로운 존재가 아님을 명백히 하였다.

ⓑ R. 마그리트는 역시 자신의 어머니도 '제국주의자' 형상(形相)에서 멀리 있는 존재가 못됨을 그림으로 명시하였다. 앞서 '전기'에 일부 언급되었던 바와 같이, 마그리트의 어머니 아들린(Adeline nee Bertinchamps)은 마그리트가 14세(1912)였을 때 상브르 강에 투신자살을 하였다. 이 사건은 마그리트의 인생에 가장 충격적 사건이었다. 그런데 16년 후에 '보자기'를 쓴 이미지가 작품에 등장하였다. 그것은 쉽게 '어머니의 자살'과 연관지을 수 있으나, 세밀한 분석을 요한다. 왜냐하면 이 '보자기' 이미지는 제국주의자 행한 '정보차단'이란 중요한 독재자들의 행동과 완전동일한 것이기 때문이다.

마그리트는 1928년 '인생의 발견', '대칭적 교란'에서 '보자기' 로고를 사용하였다. 간단히 말하여 작품 '인생의 발견'에서 보자기를 뒤집어 쓴 남자는 마그리트의 아버지(레오폴 마그리트)이고 곁에 서 있는 여인은 마그리트 어머니(아들린)이다.

'R. 마그리트 약력' 소개자[Wikipedia 서술자]는 마그리트 어머니의 자살을 습관성으로 '정신적 원인'으로 돌렸다. 그런데 마그리트의 아버지는 아내의 사후(死後)에도 세 아들을 잘 길렀고, 16년 후(1928)에 사망하였다. 전후(前後)의 정황으로 보아 그녀의 자살은 '경제적 궁핍'이 그 객관적 원인이다. 마그리트 어머니는 남편도 모르게 '극단의 자살'로 결행을 하였다. 그것을 마그리트는 성장하여 30세가 되어 알게 된 것이고, 그 결과로 그려놓은 작품이 '인생의 발견'이란 작품이다. 사실 '극한의 심경'을 남편에게 호소할 것도 없이 먼저 극단의 선택 자살을 감행한 처사는 그대로 '제국주의 독재자'의 모습이다.

작품 '대칭적 교란'도 비슷한 전제가 있다. 즉 '먹고 배설을 행하는 신체 하부'는 서로 드러내놓고 사는 마당에 '머리를 맞대고 의논해 행할 중요한 머리는 그 보자기로 가리었다.(정보차단)' 놀라운 '제국주의자'들의 기본 맹점을 신랄하게 비판한 것이다.

원칙적으로 '정보 공개와 교환을 통한 건전한 논의'를 통한 '민주 시민 국가 사회의 운영'이 기본이 되어야 하는데, 그것을 근본적으로 차단하는 것이 제국주의자들의 소행이라는 R. 마그리트의 비판이다.

작품 '사랑하는 사람들(1928)'에서는 역시 '보자기'를 뒤집어 쓴 두 사람을 등장시켰다. 남성은 마그리트 아버지 '레오폴'이고 여성은 어머니 '아들린'이다. 그들은 사랑했으면서도(자식을 낳고 살았으면서도) 서로가 서로를 모르고 지내다가 한쪽이 '자살'을 행하는 '불행'을 겪어야 했다.

그것은 유럽의 대표적인 제국주의 국가 '영국' '독일'의 경우도 동일하다. 서로 '의사소통'으로 풀기보다는 비밀의 '무기 개발'을 감행하여 '살육 살상'을 낳았다(제1차 세계대전)는 비유가 더 크게 전제되어 있다.

'무제(1926)' '물질의 심장(1928)' '여성의 전차-戰車(1965)'는 그 사실을 더욱 구체적으로 입증하고 있다.

작품 '무제(1926)'에서는 여인이 자신의 머리털로 자신의 얼굴을 모두 차단함을 제시하였다. '정보차단'을 스스로 감행하는 '제국주의자'의 모습이다.

작품 '물질의 심장(1928)'은 어머니 아들린의 자살 결심의 자세이자 제국주의자의 '전쟁 개시'의 순간이다. 여성 곁에 그려진 '튜바(군대 소집 훈련)' 로고의 명시가 그것이다. 화가는 그것을 '물질의 심장'이라 하였으니, 그것은 R. 휠젠벡이 "물질주의가 전쟁의 원인"[311]이라고 했던 전쟁 원인의 규명과 동일한 전제이다.

작품 '여성의 전차-戰車(1965)'란 마그리트 아내(조르제트)의 체험에 기초한 그림일 것이다. 여성이 화가나 집을 박차고 나갈 때의 챙기는 도구('여행가방' '거울')를 놓고 '여성(제국주의자)의 전차'라고 했다.(여기에서는 '튜바'라는 강력 로고가 있어 개인적 체험을 거의 부정하고 있음)

ⓒ R. 마그리트는 자신의 아들 역시 제국주의자임을 말하였다.

마그리트의 작품 '내 아들(1942)'은, 그의 중요한 '신념'이 제시된 작품이다. 마그리트 전기를 통해 볼 수 있는 바는 그에게 아들은 없다. 그런데 의자에 앉아 '와인 병(제국주의 所得 分配 支分)'을 곁에 두고 '코 수염을 기른 남자(제국주

---

311) R. Motherwell(Edited by), *The Dada Painters and Poets: An Anthology*, Ibid, p. 23 '총체적인 추악한 물질주의가 원인'

의자'를 제시했다. 여기에서 마그리트가 명시하고 있는 바는 '사람은 누구나 제국주의자로 태어난다.'는 전제를 확인하고 있다는 사실이다.

ⓓ 마지막으로 R. 마그리트는 그 자신이 바로 '제국주의자'임을 명시하였다. 작품 '국가의 비밀(1950)'은 불타는 '볼링 모' 위에 아기가 몸부림치는 그림이다. 마그리트는 작품 '불의 단계(The Ladder of Fire, 1939)'에서는 '알'이 불에 타는 것으로 제국주의 전쟁에 '생명'이 죽음을 나타내었는데, 위 경우는 더욱 직접적이고 정확한 고발을 행하고 있다. 소위 '국가의 비밀'이라는 것이 '무기 개발' '군대 양성'의 문제이니, 그것은 '제국주의 식 머리를 발동(볼링 모를 태움)하여 생명을 죽이는 일(아기를 굽는 일)'을 행하는 것이라는 무서운 고발이다.

정말 마그리트는 '확신의 다다 초현실주의 혁명 운동가'였다. 그것은 '사진(1961)'으로 종국에는 마그리트 자신이 바로 가장 싫어하는 '제국주의자'임을 사진으로 입증해 보였던 사실이다.

ⓔ 그리하여 그 '제국주의자들'은 '겨울비(골콘드)'로 쏟아져 내리고 있다.

ⓕ 그러면 도대체 어떻게 하라는 건가? R. 마그리트는 한 마디로 '그런 줄을 알아야 한다.'는 것이 그의 대답이다.

마그리트는 '귀 모양의 조개껍질(1956)'에서 바다위에 '큰 소라껍질'을 그렸다. 세계(해외)의 모든 정보를 우선 '들어야 한다.' 입장이다. 그리고 '알아야 한다.(1965)'에서는 '귀' 아래 '종'을 그렸다. 배워야 한다는 것이다.

마그리트는 약소국에서 태어나 현재에도 오해와 중상모략에 벗어나지 못하고 제대로 평가 받지 못하고 있다.(2015년, 1월 30일 'Wikipedia-Maritte' 항을 그 證據로 잡고 말한 것임) 그러나 마그리트는 '가난'과 '불우'를 이기고 '실존주의' '정신분석'에 '초현실주의 예술 방법(동시주의)'를 온전히 터득하여 자신의 작품 속에 그대로 장전하였으니, 현재까지 지구촌에 마그리트가 확보한 고지(高地)를 아무도 덮을 수 없다.

즉 마그리트는 '궁극적으로 극복해야 나가야 할 침략의 제국주의 정신─지구촌 최고의 적(敵)'이 바로 자신의 주변과 자기 자신 속에 엄연히 있음을 알아, 모두 각자 신중하고 계속 자제해야 함을 그 천재적 솜씨로 창조한 수많은 작품들에서 표현하여 그 이름을 불멸화하였다. 이것이 '초현실주의의 모든 것'이고 '인간 정신 분석'의 결론이다.

R. 마그리트는 29세(1927년 8월)에 아내 조르제트와 브뤼셀을 떠나 파리 근처 페레 쉬르 마른(Perreux-sur-Marne)에 정착하였다. 마그리트는 거기에 거주하며 브뤼셀을 왕래하였다. 마그리트는 파리에서 초현실주의 그룹인 브르통(A. Breton, 1886~1970), 엘뤼아르(P. Eluard, 1895~1952), 아르프(H. Arp, 1887~1966), 미로(J. Miro, 1893~1983), 에른스트(M. Ernst, 1891~1976), 달리(S. Dali, 1904~1987)와 친구가 되었다. 1934년 A. 브르통이 자기 글을 발행할 적에 마그리트의 '강탈(Rape, 1934)'을 표지화로 삼았다.

작품 '강탈(Rape, 1934)'을 R. 마그리트 전 작품을 종합한 시각에서 말하면, '여성 토르소로 된 머리(Head with Female Torso)'에서 확인할 수 있는바, '머리(思考)'와 '몸통(욕망)'이 그 위치를 서로 바꾸었다. R. 마그리트의 '제국주의들의 정신 상태'에 '경멸과 조롱'을 거듭 명시한 작품이다.

마그리트가 작성한 1942년의 '강탈'에서는 '쇠공(폭탄)' 로고가 추가되어 그 '강탈'의 의미가 '식민지 확보(욕망의 토르소)에 정신 나간 미치광이 제국주의자의 얼굴'이라는 마그리트의 '조롱'이 명시된 것이다. 이것이 바로 마그리트의 '작품 초월(Beyond Art)' 정신 그것이다. 그러면 당초 T. 짜라를 '취리히에서 온 선동자'로 규정하고 1924년 '작품 중심' '자동기술'을 강조한 '초현실주의자' A. 브르통은 과연 어디로 갔는가?

마그리트는 작품 '강탈'로 브르통이 자신도 모르는 사이에 제국주의자로 둔갑한 '초현실주의자(변모한 다다 혁명 운동가)'임을 조롱하였다. 그런데 '무의식을 존중한' 브르통은 오히려 그 작품 '강탈'이 자기 맘에 들어 자신의 책 표지화로 삼았다. 그렇다면, 브르통의 '작품 중심, 초현실주의 선언'은, 브르통이 단행한 일종의 '지적(知的) 힘의 과시(힘에의 의지 표현)'로서, '다다 혁명 운동'의 명패(名牌)를 '초현실주의'로 바꿔단 것 그 이상의 의미가 있을 수 없다. (참조, ※ ⑨-30. 자연(自然) 지배자의 지식-과학)

⑬-17. S. 달리-'핵전쟁 문제'를 생각해보라.

살바도르 달리(Salvador Dali, 1904~1989)는, 볼테르, F. 니체를 계승한 '생명 존중' '전쟁 반대' '반독재'의 '다다 초현실주의' 혁명가였다.

다음은 S. 달리의 (오해 비판이 섞인) '전기(傳記)'이다.

살바도르 달리(Salvador Dali, 1904~1989)는 초현실주의 화가로서 스페인 카탈로니아 피게레스(Figueres)에서 탄생하였다.

달리는 능숙한 제도가(製圖家)로서 그 초현실주의 작품에 충격적이고 기묘한 이미지로 잘 알려져 있다. 달리 특유의 기법은 '르네상스 거장(巨匠)들'의 솜씨라고 한다. 달리의 최고 명작 '기억의 고집(The Persistence of Memory)'은 1931년 10월에 완성되었다. 달리의 폭 넓은 예술 세계는 영화 조각 사진 모든 매체의 다양성과 연대(連帶)가 되어 있다.

1910년 달리 가족은 아버지, 어머니, 큰 고모, 작은 고모, 달리, 달리의 여동생, 할머니로 되어 있었다. 달리는 스페인 피게레스 마을에서 1904년 5월에 태어났다. 달리의 형(1901년 10월 12일 생)은 '위장염'으로 1903년 10월에 죽었다. 아버지 쿠시 달리(Dali Cusi)는 중류층 법률가 공증인으로서 아들의 예술적 노력을 돕는 아내 펠리파(Felipa)를 엄격하게 대하였다.

달리가 5세 때에 부모들을 따라 형의 무덤엘 갔는데, 부모들은 형이 달리가 된 것이라고 말했다. 그것을 달리는 믿었다. 달리는 말했다. "우리는 물방울처럼 서로 닮았다. 그러나 서로 다른 생각을 했다." "형은 나의 제1의 모습이었을 것이다. 너무 '절대주의(the absolute)'에 있었을 것이다." 죽은 형에 대한 인상은 오래도록 남아 작품 '나의 죽은 형의 모습(Portrait of My Dead Brother (1963)'까지 이어졌다.

달리는 누이동생(Anna Maria)도 있었다. 세 살이 어렸다. 1949년 누이동생 안나는 〈누이가 본 화가 달리(Dali As Seen By His Sister)〉를 출간하였다. 달리의 어린 시절 친구로는 바르셀로나(Barcelona) 사기바르바(Sagibarba) 사미티르(Josep Samitier)가 있었다. 휴일에는 카타케스 카탈로니아 휴양지에서 세 사람은 '공차기'를 하였다.

달리는 드로잉 학교로 진학을 했다. 1916년 달리는 여름휴가를 지역화가 피코트(Ramon Pichot, 1871~1925) 가족과 카다케스(Cadaqués)로 여행을 갔는데, 거기에서 '현대 미술'이라는 것을 알게 되었다. R. 피코트는 파리로 정기적으로 여행을 하고 있었다. 1917년에 달리 아버지는 집에서 달리의 '목탄(木炭)화 전시회'를 열어 주었다.

1919년에 달리는 '피게레스(Figueres) 지역 극장'에서 첫 전시회를 열었는데 달리는 수십 년 뒤에 그곳으로 돌아와 보곤 하였다.

1921년 2월 달리의 어머니가 유방암으로 별세했다. 달리는 16세였다. 달리는 뒤에 어머니 사망을 회고하였다. "어머니의 사망은 나의 일생에 가장 큰 타격이었다. 나는 어머니를 숭배하였다. … 내 영혼에 피할 수 없는 상처를 안겨 준 존재상실을 그냥 방치해 둘 수는 없었다." 어머니 사망 후 아버지는 달리의 고모(姑母)와 결혼을 하였다. 달리는 분개해 하지 않았다. 달리는 역시 고모에 대한 큰 사랑과 존경심을 가지고 있었다.

1922년 달리는 '산페르난도 왕립 미술 아카데미(Real Academia de Bellas Artes de San Fernando)'에 공부를 하러, 마드리드 학생 기숙사로 이사를 하였다. 키가 172cm로 자란 달리는 이미 괴짜로 알려졌다. 장발에 구레나룻에 코트를 걸치고 목양말을 신어 19세기 후반의 영국의 탐미주의자 풍모였다.

1929년 달리는 초현주의 영화감독 루이스 부뉴엘(Luis Buñuel, 1900~1983)의 영화 '안달루시안의 개(An Andalusian Dog)' 제작에 협력하였다. 달리의 일은 그 부뉴엘의 영화에 쓸 원고를 써주는 일이었다. 1929년 8월 달리는 '엘레나 이바노브나 디아코노바(Elena Ivanovna Diakonova)'란 이름을 가졌던 뮤즈이며 미래의 부인인 갈라(Gala, 1894~1982)와 만났다. 갈라는 러시아에서 이민(移民) 온 여인이었다. 갈라는 달리보다 10세 연상으로 당시로는 초현실주의 시인 엘뤼아르(Paul Éluard, 1895~1952)와 결혼해 있는 상태였다.

1926년 달리는 아카데미아 학교에서 추방이 되었다. 그 해에 달리는 파리를 방문하였고, 피카소와 만났는데, 피카소는 달리를 존중해 주었다. 피카소는 이미 호안 미로(Joan Miró, 1893~1983)를 통해 달리를 알고 있었는데, 미로는 피카소에게 자신의 '초현실주의' 친구를 소개했었다. 이듬해부터 달리는 많은 작품을 만들었는 데 피카소와 미로에 영향을 받은 것이다.

1929년에 달리는 '파리 몽파르나스 초현실주의자 그룹(the Surrealist group in the Montparnasse quarter of Paris)'에 정식 가입을 하였다. 달리의 작품은 이미 2년간 초현실주의 영향 하에 있었다. 초현실주의자들은, 달리의 작품들이 잠재의식 을 불러일으키는 '환상적 비판적 방법'을 쓴 특별한 것으로 받아들였다.

그런데 달리의 '아버지와의 관계'는 파경의 지경에 이르렀다. 아버지 '돈 쿠시 (Don Salvador Cusi)'는 아들의 '갈라'와의 관계를 못마땅하게 생각했고, '초현주의자 와의 관계'가 아들을 망쳤다고 생각했다. 결정타는 달리 아버지가 아들이 파리에서 '예수의 심장(the Sacred Heart of Jesus Christ)'을 그렸다는 것을 바르셀로나 신문 보도로 알게 된 것이었다. [현전의 '예수의 심장'은 1962년 작이고, 달리는 '1942년에 아버지와 화해'를 하여 그 사실 與否는 더욱 살펴져야 한다.]

1929년 이래 갈라와 달리는 함께 지냈고 1934년 세속적 혼례를 하였다. 그 후 1958년에 가톨릭 의례로 결혼을 하였다. …

1989년 1월 달리는 피게레스에서 그가 좋아했던 '트리스탄과 이졸데(Tristan and Isolde)' 기록 공연 중에 84세 나이로 사망하였다.

'S. 달리(1908~1989)'312), 'S. 달리(1909)'313), '집 앞 바위에서 모인 전 가족(1910)'314), 'S. 달리(1929)'315), '부뉴엘과 달리(1929)'316)

'달리, 사랑과 기억'317), '좌로부터 갈라, P. 엘뤼아르, S. 달리, 발렌타인 위고, 르네 크르벨(1931)'318), 브르통, 달리, 크르벨, 엘뤼아르(1935)'319)

'런던에서 초현실주의자와 회동한 S. 달리(뒷줄 왼쪽에서 세 번째, P. 엘뤼아르-네 번째-1936)'320), 'S. 달리와 갈라(1937)'321), '갈라와 S. 달리가 뉴욕에 도착해 찍은 사진(1940)'322)

312) R. Descharnes & G. Neret, *Salvador Dali*, Taschen, 2001, p. 729 'S. Dali(1908~9)'.

313) R. Descharnes, *Salvador Dali ; The Work The Man*, Harry N Abrams, 1989, p. 11, 'S. Dali(1909)'.

314) R. Descharnes, *Salvador Dali ; The Work The Man*, Ibid, p. 13, 'The whole Dali family on the rocks of the beach of Llaner in front of the family house(1910)'.

315) P. Waldberg, *Surrealism*, Thames and Hudson, 1978, Fig. 40 'Salvador Dali, 1929'.

316) G. Durozoi, *History of the Surrealist Movement,* Ibid, p. 215 'Luis Bunnuel and Salvador Dali in Cadeques, Summer 1929'.

317) G. Durozoi, *History of the Surrealist Movement,* The University of Chicago Press, 2002, p. 215 'Salvador Dali....Love and memory, 1931'.

318) G. Durozoi, *History of the Surrealist Movement,* Ibid, p. 88 'Gala, Eluard, Dali, Valentine Hugo, and Rene Crevel(1931)'.

319) G. Durozoi, *History of the Surrealist Movement,* Ibid, p. 194 'Andre Breton, Salvador Dali, Rene Crevel and Paul Eluard, ca. 1935'.

320) J. Mundy, *Surrealism desire unbound*, Tate Publishing, 2001, p. 15 'The Surrealist Group in London(1936)'-Back row, left to right : Ruprt Lee, Unidentified, Salvadore Dali, Paul Eluard.

S. 달리는 A. 브르통 등이 주도한 '초현실주의' 주요 멤버로 알려져 있으나, 그 실상은 당초 '볼테르 정신'을 이상화한 취리히 '다다 혁명 운동'을 지지한 M. 에른스트, R. 마그리트와 더불어 '다다 초현실주의 운동'의 3대 거장 중의 한 사람이다.

달리는 체질적으로 '전체주의' '공산주의'에 처음에는 동조하다가 뒤에 '반공주의자'로 변하였으며, 평생 '전쟁 반대'를 명시하며 '목적 문학(예술)'을 강조한 볼테르 정신을 자신의 작품으로 보여주었다. (참조, ※ ⑦-1. '전쟁'이 가장 큰 문제이다. ※ ⑦-5. '전쟁 불가피론 자'가, 가장 흉악한 사람이다.)

ⓐ 볼테르 이후 '전쟁 반대 운동'을 S. 달리처럼 지속적으로 적극적으로 행한 화가는 없었다. 달리는 '전쟁 반대'를 자신의 '평생 사명'으로 알고 있었다. 1940~1941년 달리의 작품 '전쟁의 얼굴'에서는 '전쟁 반대'의 화가의 뜻이 명시되었고, '카페 광경'에서는 해골이 눈물을 흘리는 형상으로, 피할 수 없는 전쟁의 아픔을 형상화 하였다.

1940년 '전쟁의 얼굴'에서는 중첩된 해골에 해골의 그림에 흉측한 뱀의 그림을 첨가하여 '전쟁'은 '모두의 죽음일 뿐'이라는 경고를 담았고, 1941년 그림에서는 해골의 골통까지 부서져 나간 그림을 그렸다.

1941년 '카페 광경'은 두 소녀가 테이블에 음료수 잔을 마주하고 앉은 그림이 '눈물을 흘리고 있는 해골' 그림을 이루었다. 전쟁을 만류(挽留)하는 화가의 간절한 소망의 표현이다. 나중의 '빨리 움직이는 정물(1956)', '빨리 움직이는 정물의 과일 접시에 관한 연구(1956)' 두 작품은 '핵전쟁 반대' 그림이다.

ⓑ S. 달리는 '볼테르 존중'을 누구보다 확실히 행하였다.

이 '다다 혁명 운동'에 전적으로 동조했던 화가가 M. 뒤샹, M. 에른스트였는데, 17년, 13년 후배인 살바도르 달리도 역시 그 볼테르에 사상에 동조하여 많은 작품을 남겼다.

'아프리카 흑인 노예'를 가장 크게 본격적으로 문제 삼은 사람은 볼테르로 〈캉디드〉를 저술하였고(참조, ※ ⑧-22. '흑인(黑人)의 노예'가 된 백인(白人) 이야기), 1776년 미국의 '독립선언'이 있었고, 1863년에야 A. 링컨(A. Lincoln)

---

321) R. Descharnes, *Salvador Dali ; The Work The Man*, Ibid, p. 156 'Dali and Gala(1937)'.

322) R. Descharnes, *Salvador Dali ; The Work The Man*, Ibid, p. 231 'Gala and Dali photographed on their arrival in New York, August 1940'.

대통령에 의해 '노예 해방 선언'이 있었는데, 달리는 1941년에 작품 '볼테르 흉상이 사라진 노예 시장(Slave Market with the Disappearing Bust of Voltaire)' 등을 제작하였다. 달리의 전기에서 보듯이 달리−갈라 부부는 1939년에 전쟁을 피해 미국으로 망명하였다. 달리의 그림은 '노예 해방'이 되었다고 해도 미국 현지에서 확인한 '흑인들의 인권 상황'은 여전히 탄식할 만한 비참한 상황이라는 것을 그 '볼테르 정신'으로 비판한 것이다.

ⓒ S. 달리는 볼테르의 〈캉디드〉 등을 읽었고, '관념주의'를 확실히 거부하는 입장이었다. 달리는 역시 그 '볼테르 상'을 삼각 탑 위에 세운 '육체의 부활', '석양과 달빛에 비친 철학자(1939)' '다다 초현실주의 천사(1971)'이라는 그림을 그렸다.

'육체의 부활'에서 '육체(Flesh)'는 '영혼', '관념'과 대립되는 어휘이다. 볼테르에 의해 명시된 '시민중심' '육체 중심' '경험주의' '과학 정신'을 달리가 모두 수용하고 있다는 사실을 이 작품들은 명시하고 있다. (참조, ✻ ③-13. '감각(感覺)'의 소중한 역할, ✻ ③-14. '실존'과 '쾌락'의 의미, ✻ ③-15. '쾌락'은 신(神)의 선물이다.)

달리는 '석양과 달빛에 비친 철학자 (1939)', '다다 초현실주의 천사(1971)'라는 그림도 그렸다. 그동안 국가주의, 전체주의, 일방주의를 말한 플라톤(Platon) 헤겔(Hegel) 유의 '국가(전체)주의' '관념주의' 철학이 이미 사양길에 들었음을 풍자한 그림이다.

'다다 초현실주의 운동'의 기본 취지는 '전쟁 반대', '제국주의 반대', '교조적 일방주의 반대'인데, 그 '운동의 천사(Angel)'는 바로 S. 달리 자신임을 말하고 있으니, '전쟁 반대', '제국주의 반대', '교조적 일방주의 반대' 문제는 그대로 달리는 평생 자기의 소임으로 알고 있었다. 이것은 당초에 볼테르 사상임을 달리는 당시 누구보다도 잘 알고 있었다.

ⓓ S. 달리는 1968년 '미치고, 미치고, 미친 관념적 해설-초현실주의 기억(Mad Mad Mad Minerva-Illustration for Memories of Surrealism)'이라는 작품을 제작하였다.

이 작품은 A. 브르통 등이 '꿈'의 강조와 '표현의 자유' 주장으로 '작품 중심주의' '관념주의' 쪽으로 기운 것을 조롱한 것이다. S. 달리는 작품에서,

얼굴은 '비너스 얼굴'의 미남 남성을 제시하고 그 몸에는 비단 장식의 화려한 치장을 하고, 이마에는 천사의 '나비' 로고를 붙이고, 머리에는 '미네르바의 부엉이를 새긴 황금 관'을 씌웠다.

이 작품은 A. 브르통 등이, '생명 존중' '전쟁 반대' '세계주의' '평등주의'를 편 볼테르 정신인 '다다 혁명 운동 정신'을 '무정부주의(anarchism)'로 매도(罵倒)하는 현실에 눈을 감고 터무니없는 '초현실주의 귀족 취미'에 빠진 것을 당초 '관념주의' '국가주의' '일방주의' '귀족주의'라고 달리가 비판한 것을 명시하고 있는 작품이다. [브르통이 헤겔식 '관념주의' '귀족주의'에 빠졌음을 조롱한 그림이다.]

F. 니체도 '절대적인 것[여호와적인 것]은 병들었다.'[323]라고 했다.

S. 달리는 '초현실주의 화가'라고 불리고 있으나, 그의 정신이 A. 브르통 정신에 처음부터 구속될 이유는 없었다. 달리는 예술 창조에서 오히려 '무한의 자유' '다다이스트(무정부주의자) 자유' 속에 나가 있었다. 브르통은 초현실주의로 성공했으나, S. 달리는 '성공' '실패'가 처음부터 브르통이 문제('작품 중심주의' '자동기술')가 되지 않는 차원, '볼테르 식 다다 혁명 운동', '예술 작품 초월' '현실 생명 존중'의 F. 니체의 경지로 완전히 나가 있었다. 누가 '호연(浩然)'한 S. 달리 기상(氣相)을 다 알 것인가.

ⓒ 볼테르는 불가피한 전제로서 '자연과학(Natural Science)주의' 입장을 명시하고 있었는데, 그것은 결코 볼테르 자신의 독특한 '주장'을 관철하기 위해서 그런 것은 아니라 '인류 세계사의 거스를 수 없는 대세'가 그러함을 명시하였던 것이다.

볼테르와 마찬가지로 S. 달리의 '기독교 비판'도, 기독교에 무슨 특별한 '반감'이 있어서 그러했던 것은 아니고, 달리는 오히려 '그리스도의 희생정신'에서 '전쟁 반대' '다다 초현실주의 운동'을 파악하고 있음을 작품으로 명시하였다.

다음으로 '초 입방체 자료집(1954)' 그림은 S. 달리의 전체적인 그림 성향으로 미루어, 전쟁 반대(다다 초현실주의 운동)에 달리의 사회적 사명(목표와 임무)을 걸고 그것에 목숨을 건다는 의지를 명시한 작품'이다. 기타 달리의 작품들이

---

323) F. Nietzsche (translated by T. Common), *Beyond Good and Evil*, Ibid, p. 98.

그 점을 입증을 하고 있다.

'바람의 궁전(1972)' '갈라의 그리스도(1978)' 작품은 달리의 인생 전반을 반추한 것으로 달리의 인생은 명백히 '갈라(Gala Dali)와의 행복 추구 인생'이 되었으나, '전쟁 반대' '생명 존중' '다다 혁명 운동' '초현실주의 운동'도 함께 (희생적으로) 행해졌다는 이야기이다.

ⓕ 볼테르는 '전체주의' '국가주의' '관념주의'에 반대하고 '시민중심' '경제 중심' '자유사상'을 펼치었다. 당초 볼테르의 '경제 중심 사고'가 G. W. F. 헤겔 식의 '도식주의'로 변모된 K. 마르크스의 '물질적 전체주의' '공산주의 (Communism)'가 되었는데, S. 달리는 마르크스의 '전체주의' '공산주의'에 반대 하였다.

1944년 달리는 '음악, 붉은 오케스트라'와 '감상적 대화 연구(1944)'라는 작품을 제작하였다. 달리는 앞서 '부분적 환상(1931)'[324] '마르크스 형제에 대한 경배(1937)'[325] 등의 작품에서 '피아노, 하프 로고'를 사용하여 레닌의 볼셰비키 혁명을 일부 긍정하였다.

그런데 1944년부터 S. 달리는 대대적인 '공산주의 비판'으로 돌아섰다. 위의 '음악, 붉은 오케스트라'에서 '피아노 덮개'는 깨어져 물이 새어나오고 그 물은 피아노 안을 가득 채웠다. 그리고 그 물은 바닥으로 흘러나오고 있는데, 건반 앞에 노인과 그 앞에 다른 사람은 첼로를 연주하는 형상이다. 한 마디로 '혁명의 꿈'이 깨지고 절단이 난 형국을 제시한 작품이다.

작품 '감상적 대화 연구(1944)'에서는 문제의 '피아노'에는 연주자도 없고 깨진 틈에 나무가 자라고 물이 가득 고인 상황에서 사람들만 텅 빈 광장을 즐비하게 달리고 있다. '(실제적인 복지와 혜택이 없이)껍데기 구호만 요란하게 남았음'을 비판한 작품이다.

작품 '감상적 대화(1948)'에서는 앞서 1944년의 현장을 뒤로 숨기고 그 전면에 아름다운 두 여인을 좌우로 배치하고 중앙에는 '발레'를 연출하는 두 남녀를 배치하고, 좌측 전면에 그 '자전거 타는 사람'을 모범적으로 제시해 보였고,

---

324) R. Descharnes, *Salvador Dali ; The Work The Man*, Ibid, p. 115 'Partial Hallucination. Six Apparitions of Lenin on a Grand Piano(1931)'.
325) R. Descharnes, *Salvador Dali ; The Work The Man*, Ibid, p. 210 'Homage to the Marx Brothers(1937)'.

위로 걷힌 장막(帳幕)의 중앙 천정에는 '큰 나비(나비 로고)'가 달려 있다. '가식적(假飾的) 선전과 광고'가 앞장을 섰으나, 실제는 모두 극히 '감상적 대화(Sentimental Colloquy)'일 뿐이라는 달리의 확신을 담은 작품이다.

작품 '적색의 심포니(1954)'에서 달리는 화면을 상하(上下)로 완전 둘로 나눈 다음, 위쪽은 '무인지경(無人之境)의 붉은 건물'을 그렸고, 아래쪽은 창과 방패를 들고 서로 싸우는 형국을 이루었다.

위쪽 그림은 '공산주의 혁명이 이미 달성된 국가의 상황'이고, 아래쪽은 소위 '프롤레타리아 혁명 투쟁'이 계속되는 나라의 상황이다. '사회주의 자체'가 안고 있는 모순과 한계를 그대로 폭로하였다.

볼테르의 경제 중심주는 '물질적 전체주의' '공산주의'로 가자는 운동은 절대 아니었다. 그것은 볼테르의 〈영국 편지〉에서 '퀘이커교도 옹호'로 명시된 바다. (참조, ※ ④-18. '윌리엄 펜'의 등장, ※ ④-19. 자유의 펜실베이니아, ※ ④-20. 볼테르의 '페르네' 마을)

⑬-18. E. 노이만-'인간'이 관장하는 지구촌의 구도(構圖)

에리히 노이만(Erich Neumann, 1905~1960)은 그의 취향 상(또는 형편 상) 'C. G. 융의 제자임'를 공언하고 있지만, 사실상은 '인류학'과 심리학을 통합한 S. 프로이트(〈토템과 타부〉)와 C. G. 융을 통합한 사람으로 F. 니체 이후 '분석 심리학'을 통합한 거인(巨人)이다.

> E. 노이만은 철학자 작가로서, C. G. 융의 제자이다.[326]
> 노이만은 베를린 유대인 가정에서 태어났다. 노이만은 1927년 뉘른베르크 대학교(University of Erlangen-Nuremberg)에서 철학 박사 학위를 받고 베를린 대학에서 의학을 공부하였다.
> 1934년 노이만과 아내 줄리아(Julia)는 지중해 해안 도시 [현재 '이스라엘'의]

---

326) 서술자가 E. 노이만을 C. G. 융에 종속시키고 있는 점은 평소 E. 노이만의 행적에 표준을 두고 있는 것이지만, 사상적으로 C. G. 융은 '헤겔의 여호와 중심주의'를 포괄했고, E. 노이만은 F. 니체, J. G. 프레이저, S. 프로이트의 분석심리까지 모두 포괄하고 있는 '볼테르 정신의 계승자(E. 헤켈 정신의 활용자)'임을 알 필요가 있다.

취리히 '융 연구소(C. G. Jung Institute)', '텔아비브(Tel Aviv)'

'텔아비브(Tel Aviv)'로 이사를 하였다. 여러 해 동안 정기적으로 스위스 취리히 (Zürich) 융 연구소(C. G. Jung Institute)로 가서 강연을 하였다. E. 노이만은 영어 불어 네덜란드어로 강연을 하였고, '분석 심리 국제 연맹' 회원이었고, '분석 심리학 이스라엘 협회' 회장이었다. E. 노이만은 1960년 신장암으로 사망할 때까지 텔아비브에서 분석 심리 치료를 실행하였다.

E. 노이만의 가장 큰 기여는, 저서 〈의식의 기원 발달사(The Origins and History of Consciousness)〉(1949)와 〈대모(The Great Mother)〉(1955)이다.

E. 노이만(Erich Neumann, 1905~1960)의 주요 저술은 〈의식의 기원 발달사(The Origins and History of Consciousness)〉(1949)와 〈대모(The Great Mother)〉(1955)이다. E. 노이만에 앞서 독일인 E. 헤켈(E. Haekel, 1834~1919)은 그의 저서에서, "개체 발생은 계통 발생을 반복한다.(an individual organism's biological development, or ontogeny, parallels and summarises its species' evolutionary development, or phylogeny.)"는 생물학적 이론을 전개하였는데, E. 노이만은 그것을 바로 인간 심리 신화 분석에 활용하여, 〈의식의 기원 발달사〉에 적용하였다.

E. 노이만은 인류가 소유하고 있는 신화 민속 인류학적 모든 자산(資産)을 '인간 개인의 평생 심리적 전개'로 그대로 활용하였다. 이것은 바로 볼테르가 전제했던 '경험적 과학적 탐구'를 그대로 '인간 정신분석 활용'하여 대성한 경우였다. 이로써 막연한 '전체주의 사고', '일방주의 사고'의 횡행을 막고 각 개인이 그의 일생을 어떻게 전개하고 해 나가는지를 E. 노이만을 통해 온전히 해명되었다.

즉 E. 노이만의 이 설명은 G. W. F. 헤겔 등이 주장했던 그 '여호와주의' '전체주의' '절대주의' '관념주의'가 어떻게 한 개인의 '공상(空想)' 속에 전제(前

提)된 허망한 '도식주의'인지를 입증했고, C. 다윈과 E. 헤켈의 '진화론적인' 보편적인 '과학(생물학, 의학)의 승리'를 역시 '정신 분석의 영역'에서도 제대로 입증을 해 보였다.

E. 노이만은, 인간의 '의도적' '이성(理性)적' 추구 지향 이전에, '자연(自然)으로서의 분화 발달'을 그대로 수용한 것이니, 볼테르의 '자연주의' 사상을 신화 분석을 통해 거듭 증명해 보였다. (참조, ＊ ⑨-19. 육체(肉體) 속에도 있는, 그 '원인'과 '결과', ＊ ⑨-20. '씨앗'에서 '씨앗'으로)

ⓐ E. 노이만은 C. G. 융의 '만다라'를 인간의 '모태(母胎)' 속의 상황으로 해석하였다.(이집트 등에서는 一年의 순환으로 전제된 것임) 그것은 생물학으로 가장 편안하고 걱정이 없었던 상황이다. 소위 '우로보스(The Uroboros, 자기 꼬리를 물고 있는 뱀)'은 다양한 의미를 부여할 수 있지만, '자급자족(自給自足)'의 낙원상태로 노이만은 설명하였다. 한 마디로 '알(Egg)'로 형상화된 상태다.

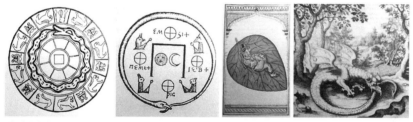

뱀 디자인의 방패327), 뱀이 감고 있는 세계의 사방(四方)328), 비스누 신의 탄생329), 마법의 우로보스330)

ⓑ 그 다음은 출생하여 전적으로 '어머니'에 종속이 된 경우이다. 이럴 경우, 그 '어머니'가 없을 경우는 그 생존(生存)이 불가능하게 되는 경우이다. 다음은 신화적으로 '양육(養育)의 어머니'들이다.

그림 중 '에베소 다이에나' 그림에서 네 마리 짐승은 '어머니(大母)'의 아들이

327) E. Neumann, *The Origins and History of Consciousness*, Princeton University Press, 1973 'List of Illustrations 6' – 'Serpent design on a brass shield'.

328) E. Neumann, *The Origins and History of Consciousness*, Ibid, 'List of Illustrations 4' – 'The four corners of the world, with encircling serpent'.

329) E. Neumann, *The Origins and History of Consciousness*, Ibid, 'List of Illustrations 1' – 'The Birth of Vishnu'.

330) E. Neumann, *The Origins and History of Consciousness*, Ibid, 'List of Illustrations 9' – 'Alchemical uroboros'.

마투타 모신(母神)331), 에베소 다이에나332), 낮과 밤을 가르는 신333)

며 신화적으로 남편에 해당하는
존재들이다. 심리적으로 '성모(聖
母)', '어머니 콤플렉스' 표현이다.
그리하여 아동은 '낮과 밤'을 구
분하게 되는데 그것은 '무의식
(밤)' 속에 '의식(낮)의 출현'으로
의미를 뜻한다. 아침에 해가 떠오
르듯이 무의식에서 의식이 생겨
난 것이다.

고래 뱃속의 요나334), 고래가 삼킨 영웅335)

헤르메스와 함께 고르곤을 살해한 페르세우스336), 페르세우스와
안드로메다337)

ⓒ 인간은 성장하면서 정신적으로 크게 '성장할 계기(거듭날 계기)' '재탄생

---

331) E. Neumann, *The Origins and History of Consciousness*, Ibid, 'List of Illustrations 13' – 'Mater Matuta'.

332) E. Neumann, *The Origins and History of Consciousness*, Ibid, 'List of Illustrations 12' – 'Diana of Ephesus'.

333) E. Neumann, *The Origins and History of Consciousness*, Ibid, 'List of Illustrations 20' – 'God Dividing Light and Darkness'.

334) E. Neumann, *The Origins and History of Consciousness*, Ibid, 'List of Illustrations 25' – 'Jonah in the whale'.

335) E. Neumann, *The Origins and History of Consciousness*, Ibid, 'List of Illustrations 26' – 'The hero Raven in the whale'.

336) E. Neumann, *The Origins and History of Consciousness*, Ibid, 'List of Illustrations 25' – 'Perseus slaying the Gorgon, with Hermes'.

337) E. Neumann, *The Origins and History of Consciousness*, Ibid, 'List of Illustrations 26' – 'Perseus and Andromeda'.

의 계기(Rebirth Archetype)'를 맞
게 되고 그것을 원만히 수행함으
로서 '성인(成人)'이 된다.(日月 神
話 개입) 〈구약〉의 '요나 이야기'
는 역사가 아니라 심리적 '재탄생
신화'로 해석이 되고 있다.

암각화(岩刻畵)338)

　　그것은 역시 '악마(惡魔) 퇴치'
'악마 살해'의 영웅담과 관련되고 있는 '메두사' '고르곤'을 살해한 헤라클레스
—페르세우스 신화가 특별한 '영웅 이야기'로 의미를 지니며, 역시 심리적
정신적 어려움을 극복한 개인의 '거듭남 원형(Rebirth Archetype)'의 의미도
있다.(모든 개인은 '자기도취' '영웅주의'에 쉽게 빠지므로)

　　그런데 E. 노이만은 그 '악마(devil)'를 '여성적 존재'로 신화(神話) 상 구현되었
음을 입증하였다.

　　원시 시대부터 '남성의 사냥(노동)'은 '여성(모성)'의 존재와 연결되어 있는
데, 다음 '암각화(岩刻畵)'는 그러한 유구한 '신화적 기록'이다.

　　ⓓ '여성(모성)'은 역시 긍정적 '수호신'이면서 부정적 '악마'로도 상정이
되었다.(동시주의)

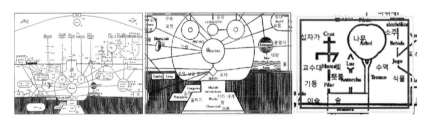

E. 노이만의 여성(모성) 상징339)

---

338) E. Neumann, *The Great Mother,* Princeton University Press, 1974, p. 114 'Stone Drawing'.
339) E. Neumann, *The Great Mother,* Ibid, 'Schema 2' : 이 도표는 이제까지 세상을 살고
　　 간 차라투스트라(디오니소스, 영웅, 천재)들이 그 속에 '힘에의 의지'를 발동해 보인
　　 소망의 장소 목표의 상징이고 그것의 종합일 뿐만 아니라 그것을 반복 체험하게
　　 되는 그 '영원회귀(Eternal Recerrence)'의 목표요 현장(現場)의 공개로 의미를 지니고
　　 있다.

타우르트 물소 수호 여신[340], 악마 랑다[341], E. 노이만의 대모(大母, The Great Mother) 도표[342]

네크타네보 2세와 응신(鷹神) 호루스[343], 날개를 펼친 이시스 벽화(Isis depicted with outstretched wings)[344], 호루스를 기르는 이시스[345], 이시스[346]

ⓒ 한편 성인이 된 남성을 가정을 꾸리고 자녀를 기르며 가장으로서의 역할은 역시 국가 통치의 경우와 유사하게 되지만 그 경우도 역시 '여성(母性)'은 절대적인 영향력을 보임을 E. 노이만은 다음 그림으로 입증하고 있다.

누트 여신[347]

340) E. Neumann, *The Origins and History of Consciousness*, Ibid, 'List of Illustrations 17' – 'The hippopotamus goddess Ta-turt'.

341) E. Neumann, *The Origins and History of Consciousness*, Ibid, 'List of Illustrations 19' – 'Rangda, female demon'.

342) E. Neumann, *The Great Mother*, Princeton University Press, 1974, 'Schema 3' : '모든 신화 속에 전제된 여신'이 사실상 지상(地上)에 실제 여성(모성)상의 대표적 형상들이라는 노이만의 해석이다.

343) E. Neumann, *The Origins and History of Consciousness*, Ibid, 'List of Illustrations 27' – 'The hawk god Horus with King Nectanebo Ⅱ'.

344) Wikipedia 'Egyptian Isis' – 'Isis depicted with outstretched wings (wall painting, c. 1360 BCE)'.

345) Wikipedia 'Egyptian Isis' – 'Isis nursing Horus'.

346) Wikipedia 'Egyptian Isis' – 'Isis nursing Horus'.

347) E. Neumann, *The Great Mother*, Princeton University Press, 1974, PLATE p. 36 'The Goddess Nut'.

남성은 자라 '왕 가장(王, 家長)'이 된 다음에도 오히려 자기를 지키는 '모신(母神, goddess)'을 전제로 하고 있음을 보여주고 있다.

E. 노이만의 이 해설은, 볼테르가 행했던 '이시스(Isis)' 해설과 공통됨은 물론이다. (참조, ✻ ⑪-1. '여호와(Jehovah)'는 이집트에서 유래하였다. ✻ ⑪-2. 유일신, 영혼불멸, 사후상벌(死後賞罰)은 모두 고대 이집트인 유품이다.)

ⓕ E. 노이만의 분석 성공은 '인간 사망 장소'를 역시 그 '모성(여성)'으로 전제했던 점이다. 노이만은 다양한 '여성(모성)' 상징을 제시하였으나, 출생과 더불어 '사망의 장소'를 '모성(여성)'으로 해석한 것은 그가 기존 S. 프로이트, C. G. 융의 계승적 위치에 있었지만, 그 '이상(異常) 심리 분석'을 넘어 '일상적' '보편적 정신 구조'까지 아울러 분석해 보인 의미를 지니고 있다.

노이만의 경우 S. 프로이트나 C. G. 융의 이론을 넘어 특별한 주장을 펼친 경우는 없다고 할 수 있다. 그러나 인간의 보편적 생활 속에서 그 '신화적 의미'가 개재한다는 사실을 '평범한 한 개인의 의식의 전개 속'에 확인하게 했던 것은, 볼테르에서 시작하여 F. 니체, S. 프로이트, C. G. 융을 거친 '인간 정신 분석'을 '개인의 발달사'로 요약했던 점이다.

즉 그동안의 '인류 보편의 개인 정신의 해명'을 노이만은 '한 개인의 정신 발달'로 통일했던 점은 역시 '막연한 전체주의' '절대주의' '절대 이성'의 G. W. F. 헤겔 식 '관념주의'를, 과학적 실증주의로 '개인⇔전체' 동시주의로 온전히 설명했던 점이 노이만의 '위대한 공적'이다.

인면(人面) 옹기348), 수목(樹木) 장례(葬禮)349), 마법의 나무350), 포도송이 그리스도351)

---

348) E. Neumann, *The Great Mother,* Princeton University Press, 1974, p. 121 ' Face Urn'.

349) E. Neumann, *The Great Mother,* Princeton University Press, 1974, PLATE p. 105 'Primitive Tree Burial'.

350) E. Neumann, *The Great Mother,* Ibid, PLATE p. 110 'Alchemical Tree'.

위와 같은 의례(儀禮)는, 지역적 관습적 종족적 특수성을 지니는 것이지만, 그것이 '사망과 부활' '풍요'를 위한 F. 니체의 '디오니소스의 죽음'에 공통적으로 관련이 되고 있다. (참조, ※ ⑪-4. '바커스(Bacchus) 신화'를 본뜬 모세 (Moses) 이야기)

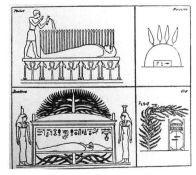

여러 가지 형태의 오시리스 무덤들[352]

⑧ 이집트 신 오시리스 무덤의 다양한 형태는 그대로 '부활'을 기대하는 무덤의 제작이라는 점에서 공통성을 띠고 있다. (참조, ※ ⑩-20. 독재, 허영, 미신(迷信)의 피라미드)

E. 노이만은 실질적으로 S. 프로이트, C. G. 융 심리학을 통합한 능력 있는 계승자였다. 과거의 '영웅주의' '전체주의' 사고를 탈피하여 '개인 중심' '시민 중심' '(E. 헤켈 類의)과학 중심' 사고는 그대로 볼테르 정신의 정확한 계승과 발전이다.

⑬-19. 'DNA' 분석을 통한, 인류 진화 분포도(人類 進化 分包圖)

C. 다윈(C. Darwin, 1809~1882)과 에른스트 헤켈(E. Haeckel, 1834~1919)로 대표되는 생태학적 진화론은 수많은 연구자들의 노력의 총화(總和)로 더욱 구체적이고 확실한 '인간 진화사'를 작성할 수 있었다. 2015년 현재 밝혀져 있는 '인간 진화에 대한 정보'는 다음과 같이 요약이 되어 있다.

인간의 진화(Human evolution) : 인간의 진화(進化) 문제는, 자동적으로 현대인의 모습으로 진전된 인류 진화의 과정이다. 이 문제는 보통 영장류(靈長類)까지의 진화 역사 탐구보다는, 유인원(類人猿, 원숭이)과 구분된 '영장류(靈長類, 사람)로의 진화 탐구'를 지칭하고 있다. 인간 진화의 탐구는 신체 인류학, 영장류(靈長類)학,

351) E. Neumann, *The Great Mother*, Ibid, PLATE p. 114 'Christ as a Cluster of Grapes'.
352) E. Neumann, *The Originals and History of Consciousness*, Ibid, 'List of Illustrations 31' – 'Various representations of the burial and tomb of Osiris'.

고고학, 화석학, 인성학, 언어학, 발달 심리학, 발생학, 유전학 등의 영역을 포괄하고 있다.

'유전학(DNA)적 연구'는 영장류가 8천 5백만 년 전 후기 백악질 후기(白堊質 後期, the Late Cretaceous period)에 나타났다고 보고 있다. 최초의 화석(化石)은 5천 5백만 년 전 백악질 지층 속에서 나타났다. 1천 5백, 2천만 년 전에 '긴팔원숭이 (Gibbon)'에서 사람과(사람科, Hominidae) 가족은 분할되었고, 1천 4백만 년경에 우랑우탄(Ponginae)은 사람과(Hominidae)에서 떨어져 나갔다. 직립보행(直立步行, Bipedalism)은 사람과(科)의 기초 양태(樣態)이다. 최초의 이각보행(二脚步行) 인간은 '사헬란트로푸스 차덴시스(Sahelanthropus)'나 '오로린 투게넨시스(Orrorin)'였고, 완전한 이각보행의 '아르디피테쿠스 (Ardipithecus)' 출현은 그보다 약간 늦은 시기였다. '사헬란트로푸스 차덴시스(Sahelanthropus)'나 '오로린 투게넨시스 (Orrorin)'로 인간과 침팬지가 나뉘었다. 초기 이각보행 영장류가 '오스트랄로피테쿠스 속(屬)의 원인 (猿人, australopithecines)'이 되었고, 후에 '사람과(사람科)'로 진화하였다.

도구를 만든 최초의 인류(Homo habilis)는 2백 80만년 전에 출현하였다. 석기(石器) 를 사용했던 것이 그것이다. 초기 인류 두뇌는 침팬지와 거의 크기가 비슷하나, 전뇌피질(前腦皮質)의 초 급속 배선(配線)을 야기(惹起)시키는 인류의 '스르가프 2(SRGAP2) 유전자'가 이 시기에 침팬지보다 두 배가 되었다는 것을 암시한다. 이후 수백만 년 동안, 인간의 대뇌화(大腦化)는 계속이 되어, 화석상 '호모 에렉투스, 직립 원인(猿人, Homo erectus)'의 경우에는 850입방센티미터(850cm3)로 뇌기능은 두 배가 되었다. 인간 두뇌의 용량의 증가는 그들 부모보다 매(每) 세대마다 12만 5천의 신경세포가 증가한 꼴이다. 이 '호모 에렉투스(Homo erectus)'가 최초로 불[火]과 도구[석기]를 사용하였다고 알려져 있다. 그 '호모 에렉투스(Homo erectus)' 가 아프리카를 떠난 최초의 '사람아족(亞族, hominina)'이었다. 이 '호모 에렉투스 (Homo erectus)'는 130만년에서 180만년 전에 아프리카, 아시아, 유럽에 퍼진 것으로 알려져 있다. 최근 아프리카 혈통 이론에 따르면, 5만 내지 10만 년 전에 현대인은, 아프리카 토박이 '호모 에렉투스(Homo erectus)' '호모 데니소바(Homo denisova)' '호모 플로레시엔시스(Homo floresiensis)' '호모 네안데르탈레시스(Homo neanderthalensis)'에서 진화(進化)하여 그것들을 대체(代替)하였고, 각 대륙으로 이동 (移動)을 행하였다는 것이다.

4만~2만 5천 년 전에 현대인의 선조(先祖) '고대 인류(Archaic Homo sapiens)'가 나타났다. 최근 '유전자 핵산(DNA, –deoxyribo nucleic acid)'으로 살펴보면, 네안데르탈 기원(Neanderthal origin)의 몇 개의 단상(單相)형이, 아프리카 인종에게는 없고,

네안데르탈인과 데니소바인(Denisova hominin) 같은 인종이 현대인 유전자의 6%에
달한다는 것은 이들 인종 간에 한정된 변이(變異)로 매우 암시적이다.

해부학적으로 현대인은 약 20만년 전 '구석기 중기(the Middle Paleolithic)'에
고대 인류로부터 진화를 하였다. 이견(異見)이 있기는 하지만, 많은 인류학자들은
'인류의 행동상의 현대화로의 변전은 상징 문화 언어 문자의 사용'으로 약 5만년
전부터 활동을 했다고 말한다.

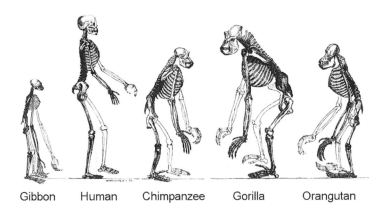

Gibbon   Human   Chimpanzee   Gorilla   Orangutan

긴팔원숭이, 인간, 침팬지, 고릴라, 우랑우탄353)

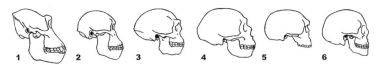

1. 고릴라 2. 오스트랄로피테쿠스(australopithecines) 3. 호모 에렉투스 4. 네안데르탈 5. 슈타인 하임(間氷期人)
6. 현대인354)

오스트랄로피테쿠스인355), 도구 사용인간356), 하이델베르크인357), 네안데르탈인358), 플로레시아인359)

---

353) 'Human evolution'－'The hominoids are descendants of a common ancestor'.
354) 'Human evolution'－'Skulls of 1. Gorilla 2. Australopithecus 3. Homo erectus 4. Neanderthal
     (La Chapelle aux Saints) 5. Steinheim Skull 6. modern Homo sapiens'.
355) 'Human evolution'－'A reconstruction of a female Australopithecus afarensis'.
356) 'Human evolution'－'A reconstruction of Homo habilis'.
357) 'Human evolution'－'Reconstruction of Homo heidelbergensis which may be the direct ancestor

다음 그림은 'DNA' 분석으로 얻어진 인류의 생성과 이동 경로 분포를 나타내는 세계지도이다.

앞으로 'DNA'의 탐구가 더욱 확대 심화되면, 인간의 '질병 원인'과 '치료 방법'은 물론이고 '결합' '생성' '변이' '원인' '결과'에까 탐구와 활용이 확

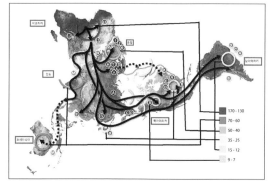

미토콘드리아 유전자 분할에 기초한 인류의 이동 경로(A model of human migration, based from divergence of the mitochondrial DNA)와 족보-단위(1천 년)360)

산될 것이니, 그 '무궁한 인류 과학의 전개 지평'을 볼테르는 250년 앞서 꿈꾸고 예견하였다. 이제 더 이상의 불필요한 '공리공론(空理空論)'은 없어야 한다. 이제 쓸모없는 '관념주의' '배타주의' '여호와주의' '이념 분쟁'을 고집할 까닭이 없다. 그것들은 각 개인의 하나의 '취향(취미)'으로 충분하다.

250년 전에 볼테르가 확신했던 대로, 인류는 '과학적 지식을 개발 교류 통합'하여 과거에는 불가능했던 사실을 남김없이 밝혀내고 있다. 그리하여 그것을 실제에 활용하여 인류 사회는 날마다 변하고 발전하고 있다. 이것이 바로 인간 '이성'으로 행한 것으로, 인간의 '자유 의지' '선택 의지'를 확장해 온 결과이다. '자연' '과학' '인간 상호 신뢰' '평화 존중' '전쟁 반대' 등 인류의 '공존' '공영'을 앞서 주장한 '볼테르 정신'이 지금 인류의 눈앞에 전개되고 진행 중이다.

이것이 바로 볼테르가 250년 전에 예상을 한 '과학주의' '실존주의'의 역사적 진행의 현장이다.

---

of both Homo neanderthalensis and Homo sapiens'.

358) 'Human evolution' – 'Dermoplastic reconstruction of a Neanderthal'.

359) 'Human evolution' – 'Restoration model of Homo floresiensis'.

360) 'Human evolution' – 'A model of human migration, based from divergence of the mitochondrial DNA (which indicates the matrilineage)'.

제14장

볼테르 연보(年譜)

인간의 일생은 그 타고난 자기 개성을 바탕으로, 환경 속에 성숙하고 국가 사회적 상황에 대처해 가며 자기의 인생을 운영 성취하게 마련이다. 볼테르는 영민(英敏)한 자질로 세계 인류를 위해 자신의 '원대한 선진(先進) 사상'을 펼쳐 보였으니, 문자 그대로 '볼테르의 사상'은 모든 인류의 귀감(龜鑑)이고 현대인과 미래 인류의 사표(師表)이다.

볼테르의 평생은 '미신' '거짓' '광신주의' 부정이었고, 그의 평생소원은, 인간 이성과 신뢰를 바탕으로 한 '자유로운 인류의 교류'와 '인간 중심의 공정한 사회 건설'이었다.

이 거대한 목표를 앞에 놓고 볼테르는 한 평생을 불태웠다. 그리하여 볼테르는 세계의 '현대사로의 진입점'인 1774년 '미국의 독립 선언'과 1789년 '프랑스 혁명'이란 역사적 전환점을 구체적으로 예견하고 그에 상응한 운동을 펼쳤던 인물이다. '미국의 독립 선언'과 '프랑스 혁명'은 사실 그 이름만큼이나 거대하고 역시 막연한 문제이다. 그러나 그 세계사적 의미는, '인간 중심, 자유 중심의 새 역사 전개'라 요약될 수 있다.

그런데 볼테르는 그 '과학주의' '실존주의' '인간 생명 중심주의'에 전 인생을 바쳤다. 이 장(章)에서는 볼테르의 '인간 중심' '자유 중심' '평화 중심'의 운동이 그 구체적인 인생 속에 어떻게 펼쳐졌는지 그 생애를 편의상 다음 여섯 기(期)로 나누어 살펴보기로 한다.

제1기 소년 학창기(少年 學窓期, 1694~1715)

제2기 영국 유학기(英國 遊學期, 1716~1733)

제3기 도피 은둔기(逃避 隱遁期, 1734~1738)

제4기 국가 경영기(國家 經營期, 1739~1752)

제5기 사회 운동기(社會 運動期, 1753~1777)

제6기 혁명 실현기(革命 實現期, 1778~1791)

볼테르의 '과학주의' '실존주의'는, 이후 A. 쇼펜하우어를 거쳐 F. 니체의 '차라투스트라(1883)'로 이어졌고, 1916년 취리히 '다다 혁명 운동(Movement Dada)'으로 전개되었다.[1]

⑭-1. 소년 학창기(少年 學窓期, 1694~1715)

1694년(0세) - [한국-숙종 20년]
-루이 14세(Louis XIV, 1638~1715, 56세)-

11월 21일, 프랑수아 마리 아루에 볼테르(François-Marie Arouet Voltaire, 1694~1778)는, 아버지 프랑수아 아루에(François Arouet, 1650~1722)와 어머니 마리 마르그리트 도마르

볼테르 생가, 아버지-프랑수아 아루에(François Arouet, 1650~1722)[2], 어머니-마리 마르그리트(Marie Marguerite, 1660~1701)

(Marie Marguerite Daumrd, 1660~1701) 사이에, 5명의 자녀(Armand-François, Armand, Marguerite-Catherine, Robert, François-Marie) 중 막내로 파리에서 출생했다.

둘째 형 아르망(Armand)과 누이 마르그리트 카트린(Marguerite-Catherine)을 제외한 나머지 형제는 모두 어릴 때 사망하였다.

---

1) 이 연보(年譜) 작성은, Wikipedia, '볼테르(Voltire)' 항과, '샤틀레 에밀리(Émilie du Châtelet)', '퐁파두르 부인(Mme de Pompadour)' 조 서술을 그 일차 표준 근간(根幹)으로 삼았다. 그리고 거기에 R. 피어슨(R. Pearson)의 서술도 거의 참조 반영하였다. 그리고 국내의 '정순철(1982)', '이봉지(2009)', '고원(2013)'의 '볼테르 연보'도 도움이 되었다.

2) 'François Arouet, the father of Voltaire'.

1701년(7세)−[한국-숙종 27년]

-루이 14세(63세)-

7월 13일, 볼테르 어머니−마리 마르그리트 도마르(Marie Marguerite Daumrd)가 사망하였다. 샤토뇌프(Chateauneuf) 신부(神父)가 볼테르의 양육을 맡았다.

1704년(10세)−[한국-숙종 30년]

-루이 14세(66세)-

"볼테르는 '루이 르 그랑(the Collège Louis-le-Grand, 1704 - 1711)' 학교에서 공부하였고, 거기서 라틴어, 희랍어를 학습하였다. 그 이후에 이태리어 스페인어 영어에도 유창하였다."3)

파리, 루이 르 그랑 학교(the Collège Louis-le-Grand)

볼테르의 탁월한 학습 능력은 탁월한 어학(語學) 능력에, 수학(數學)과 물리학(物學)의 이해를 겸전하였으니, 이것이 바로 뒷날 코페르니쿠스, 갈릴레이, 케플러, 뉴턴을 있는 천체물리학을 그대로 수용한 '과학적 세계관'의 토대를 이룬 바였다. 볼테르는 이 '천체 물리학적 세계관'을 바탕으로, 소위 '18세기 계몽주의 시대의 시민 혁명 운동'을 개시하여, 현대 사회 운동의 시조(始祖)가 되었음은 무엇보다 명시될 필요가 있는 사항이다. 계몽주의 시대 어느 누구도 볼테르 확신을 넘을 수 없었다.

1706년(12세)−[한국-숙종 32년]

-루이 14세(68세)-

볼테르가 샤토뇌프(Chateauneuf) 신부로부터, '교회(敎會) 사회'를 소개 받았다.

프랑스는 철저한 로마 가톨릭 신앙을 존숭한 국가로서, 볼테르는 처음부터 그에 반항해서, 태양 중심의 갈릴레이(G. Galileo, 1564~1642) 편을 들고 있는 상황이었다. 그것이 볼테르 사상의 기초 중의 기초임을 그의 소설 〈쟈디그〉에서 거듭 명시하고 있는 바다.

---

3) Wikipedia, 'Voltaire'.

1708년(14세) – [한국-숙종 34년]

   -루이 14세(70세)-

샤토뇌프(Chateauneuf) 신부가 사망하였다.

1710년(16세) – [한국-숙종 36년]

   -루이 14세(72세)-

처녀작, '성녀(聖女) 주노비에브(Sainte Genevieve)에 관한 르재(R. P. Lejay)의 서정시 모방'[4]이 간행되어, '볼테르'로 개명(改名) 이전의, '프랑수아 아루에 (François Arouet)'라고 서명이 되었다.

볼테르의 방향이 천체 '물리학'이나 '법학' 쪽보다는 '문학예술' 쪽이고, 그것은 '전통 기법(技法)'의 모방으로 단순히 대중의 인기(人氣)를 모으는 것이 아니라, '사해동포주의(四海同胞主義)'를 바탕으로 '생명과 인권 존중의 평등 사회 운동'이라는 점은 이후 공자(孔子)의 자연법(自然法) 사상과 연동하여 볼테르의 '3대 사상'의 하나로 자리 잡고 있다. (참조, ＊ ⑤-22. 속이지 않았던 현인(賢人), 공자(孔子), ＊ ⑨-41. 공자(孔子)는 현대인이다.)

1711년(17세) – [한국-숙종 37년]

   -루이 14세(73세)-

8월, 볼테르가 '루이 르 그랑 학교'를 졸업했다.

   "학교를 졸업할 무렵에, 볼테르는 법학도(法學徒)가 되길 바라는 아버지 소망을 저버리고 작가(作家)가 되기로 마음을 먹었었다. 볼테르는 파리에서 한 공증인(公證 人)의 보조로 일 하는 척하면서 시 쓰기에 대부분의 시간을 보냈다. 아버지가 그것을 알고 프랑스 서북부 노르망디 캉(Caen)으로 법 공부를 하라고 보냈다. 그러했음에도 불구하고 볼테르는 논문을 쓰고 역사 연구 글쓰기를 계속하였다."[5]

1712년(18세) – [한국-숙종 38년]

   -루이 14세(74세)-

---

4) Voltaire(Translated by R. Pearson), *Candide and Other Stories*, Everyman's Library, 1991, p. x l '*Imitation de l'ode du R. p. Lejay sur Sainte Genevieve*' ; -Timeline of François-Marie Arouet Voltaire.

5) Wikipedia, 'Voltaire'.

볼테르가 법학(法學) 공부를 완전 포기하다.

1713년(19세)-[한국-숙종 39년]
-루이 14세(75세)-

볼테르가 프랑스 서북 도시 캉(Caen)과
네덜란드 헤이그(Hague)에서 공부했다.

9월, 볼테르는 네덜란드 주재 프랑스
대사 샤토뇌프(Marquis of Chateauneuf)에
보내졌으나, 개신교도(改新敎徒, 프로테
스탄트) 노이어(Olympe Du Noyer, 다른
이름-팽페트 Pimpette, 올림프 Olympe)와

개신교도 노이어, 팽페트(Olympe Du Noyer, Pimpette)
양

첫사랑이 시작되자 12월에 파리로 급히 소환되었다. 아버지는 볼테르가 미국으
로 가기를 바랐다.6)

볼테르가 평생 지속한 '사해동포주의(四海同胞主義)'를 바탕으로 한 생명과
인권 존중의 자유 평등의 사회 운동'이 오직 개신교도 노이어(Olympe Du
Noyer, 다른 이름-팽페트 Pimpette)양과의 일에 관련인 듯한 해석은 '볼테르의
계몽주의 운동'을 부정하는 보수주의(conservatism) 사고에 기초를 둔 것이다.
그 보수주의'는 프랑스가, '영·불·독' 중 제일 강하게 남아 있었다.

1714년(20세)-[한국-숙종 40년]
-루이 14세(76세)-

볼테르가 최초로 행정부 비판의 '풍자
시(satirical publication)'를 발표하여 성(聖)
천사(Chateau de St Ange) 성(城)으로 친구
들과 도망을 가야 했다.

성(聖) 천사(Chateau de St Ange) 성

---

6) Voltaire(Translated by R. Pearson), *Candide and Other Stories*, Everyman's Library, 1991, pp.
x l ii 'Chronology'.

1715년(21세) – [한국-숙종 41년]

-루이 14세(77세)-

9월 1일, 루이 14세가 죽고 그의 증손자인 루이 15세(나이 5세)가 어린 나이로 왕위를 계승하게 되어, 필리프 2세 드 오를레앙 공작(the Regent, Philippe d'Orleans, 섭정 1715~1723)이 섭정(攝政)으로 선정(善政)되었다.

볼테르가 작품 〈오이디푸스(Oedipe)〉와 〈앙리아드(La Henriade)〉 집필을 시작하였다.[7]

⑭-2. 영국 유학기(英國 遊學期, 1716~1733)

1716년(22세) – [한국-숙종 42년]

-루이 15세(Louis XV, 1710~1774, 6세)-

볼테르가 파리로 돌아왔다.

5월, 볼테르는 '섭정(攝政) 공작(公爵) 반대 운동'에 가담을 하여, 쉴리-쉬르-루아르(Sully-sur-Loire) 성(城)으로 다시 도망을 가야 했다.

쉴리-쉬르-루아르(Sully-sur-Loire) 성, 오를레앙 공작(the Regent, Philippe d'Orleans)

1717년(23세) – [한국-숙종 43년]

-루이 15세(7세)-

볼테르가 역시 파리로 돌아왔다.

5월, 볼테르는 '필리프 2세 드 오를레앙 공'을 풍자한 '나도 보았다.(J'aivu)' 시 등 새로운 시를 제작한

바스티유(Bastille) 감옥, 감옥에 갇힌 볼테르[8]

---

7) Voltaire(Translated by R. Pearson), *Candide and Other Stories*, Everyman's Library, 1991, pp. x ⅼⅱ 'Chronology'.

8) J. Goldzink, *Voltaire*, Hachette, 1994, p. 6 'Voltaire la Bastille(1717~1718)'.

혐의로 체포되어, 바스티유(Bastille) 감옥에 11개월간 수감되었다. 옥중에서 장편 시 〈앙리아드(la Heriade)〉를 지었다.[9]

"볼테르의 젊은 시절 대부분은 파리 주변의 생활이었다. 볼테르는 처음부터 행정부와 종교적 옹졸함에 대한 부드러운 비판으로 마찰을 빚었다. 이들 행동들은 여러 번의 투옥(投獄)과 추방(追放)으로 이어졌다. 섭정(Régent)공에 대한 풍자시가 11개월 바스티유 감옥에 갇히게 하였고, 감옥에서 데뷔 작 〈오이디푸스〉 연극을 섰는데, 그것이 그의 명성(名聲)을 정착(定着)하게 하였다."[10]

1718년(24세) - [한국-숙종 44년]
-루이 15세(8세)-

4월, 볼테르가 바스티유 감옥에서 풀려나왔다. 비극 〈오이디푸스〉 발표(11월 상연) 크게 성공하였다.

6월, '볼테르(Arouet de Voltaire)'라는 필명(筆名) 사용하기 시작하다.

"'볼테르'란 이름은, 1718년 '아루에(Arouet)'를 라틴어로 '젊은이'[AROVET LI] 로 철자 바꾸기를 행한 별명(別名)이다. '볼테르'란 이름은 푸아투 가(家)의 이름 '에르볼트(Airvault)'를 철자를 뒤집은 것과도 상통(相通)한다. 바스티유 투옥(投獄)에 이은 '볼테르' 이름의 사용은, 볼테르의 행한 '과거 가문(家門)'과의 공식적 결별(訣 別)을 보인 것이다."[11]

이것은 역시, F. 니체(1744~1900)의 '차라투스트라'라는 별명, M. 에른스트 (M. Ernst, 1891~1976)의 '로플롭(Loplop)', 사무엘 로젠스톡(S. Rosenstock, 1896~1963)의 '트리스탄 짜라(T. Tzara)'로의 개명, 한국의 김해경(金海卿, 1910~ 1937)의 '이상(李箱)'으로의 개명과 동일한 그 '전통 부정'의 혁명적 의미를 전제한 것이다.

---

9) Voltaire(Translated by R. Pearson), *Candide and Other Stories*, Everyman's Library, 1991, pp. x l ii 'Chronology'.
10) Wikipedia, 'Voltaire'.
11) Wikipedia, 'Voltaire'.
12) J. Goldzink, *Voltaire*, Hachette, 1994, p. 36.
13) 'Voltaire at age 24, by Nicolas de Largillière'.

11월, 섭정(攝政) 오를레앙 공작이, 볼테르의 〈오이디푸스〉 작품(11월 18일부터 상연)을 크게 칭찬하고, 볼테르에게 연금(年金, pension) 지급을 허락하였다.

화가 라르질리에르(Nicolas de Largillière, 1656~1746)가 볼테르 초상화를 그렸다.

24세의 볼테르12), 화가 라르질리에르(Nicolas de Largillière, 1656~1746)13)

1719년(25세) - [한국-숙종 45년]
-루이 15세(9세)-

이후 3년 동안 볼테르는 재정적 투자, 사회적 명망과 문학 창조에서 성공을 거두었다.

볼테르는 말했다. '나는 내 인생을, 한 성곽에서 다음 성곽으로 이동해 가는데 쓰고 있다.(I spend my life going one castle to another.)'14)

1720년(26세) - [한국-숙종 46년]
-루이 15세(10세)-

볼테르가 리슐리외(Duc de Richelieu, 1696~1788)와 함께 라수스(La Source)로 망명(亡命)해 있는 토리당(Tories)의 볼링부룩 자작(Lord Bolingbroke, 1678~1751) 집에 머물다.15)

볼테르는 정치가이자 철학자인 볼링부룩을 존경하여, 볼링부룩의 권유로 존 로크(John Locke, 1632~1704)를 읽기 위해 영어를 공부하였다.

리슐리외(Duc de Richelieu, 1696~1788), 볼링부룩 자작(Lord Bolingbroke, 1678~1751)

1721년(27세) - [한국-경종 1년]
-루이 15세(11세)-

---

14) Voltaire(Translated by R. Pearson), *Candide and Other Stories*, Everyman's Library, 1991, pp. x ﺍ 'Chronology'.

15) Wikipedia, 'Voltaire' - Timeline of François-Marie Arouet Voltaire.

1722년(28세) - [한국-경종 2년]
-루이 15세(12세)-

1월, 아버지 **프랑수아 아루에**(François Arouet, 1650~1722)가 사망하였다.
볼테르는 〈우라니아 천사에 주는 편지(*Epitre a Uranie*)〉를 간행하였다.

1723년(29세) - [한국-경종 3년, 중국-옹정 1년]
-루이 15세(13세)-

2월 15일까지 필리프 2세 드 오를레앙 공 섭정(攝政) 마감되었다.
루이 15세의 친정(親政)이 시작되었다.
3월, '가톨릭 동맹에 관한 시(Poeme de la Ligue)'를 발표하였다.
11월, 볼테르가 천연두(smallpox)에 감염(感染)되어 거의 죽을 지경에 이르다.
레몬수 2백 파인트(0.473리터×200)를 마시고 회복이 되었다.16)
이 사건은 역시, 볼테르의 J. 로크 등의 '경험철학(經驗哲學, Empirical
Philosophy)'에의 확신을 굳힌 사건으로, 작품 〈캉디드〉에 보인 바 G. 라이프니츠
(G. Leibniz, 1646~1716)로 대표된 '선험철학(先驗哲學, Transcendental Philosophy)'
에 비판적인 자세를 보인 구체적인 체험이었다. 이것이 역시 '실존철학
(Existentialism)'의 시발(始發)로, 이후 A. 쇼펜하우어의 '자유 의지(Free Will)',
F. 니체의 '힘에의 의지(Will to Power)' 사상의 전조(前兆)가 된 볼테르의 '실존체
험(Existential Experance)' 그것이었다. - '종두'에 대한 볼테르 관심에 유념할
필요가 있다. (참조, ※ ⑬-3. A. 쇼펜하우어 - '육체(Body)는 의지(Will)가 있는
장소이다.' ※ ⑬-5. F. 니체 - 육체 긍정의 실존주의)

1724년(30세) - [한국-경종 4년, 중국-옹정 2년]
-루이 15세(14세)-

볼테르의 〈마리안느 흉상(Mariamne)〉을 초연(初演)하였다.

1725년(31세) - [한국-영조 1년, 중국-옹정 3년]
-루이 15세(나이 15세)-

---

16) Voltaire(Translated by R. Pearson), *Candide and Other Stories*, Everyman's Library, 1991, p.
x l iv 'Chronology' - 'Nearly dies fromm smallpox and is saved, he claims, by drinking
two hundred pints of lemonade'.

볼테르가 루이 15세 결혼식에 참석하였다.

볼테르는 작가이며 역사가인 A. 데폰테누(Abbe Desfontaines, 1685~1745)의 유형(流刑)에 반대를 하였다.

데폰테누(Abbe Desfontaines, 1685~1745)

1726년(32세) - [한국-영조 2년, 중국-옹정 4년]
    -루이 15세(16세)-

6월, 루이 15세가, 자신의 가정교사 플뢰리(André-Hercule de Fleury, 1653~1743)를 재상으로 등용하였다.

1월, 볼테르는 프랑스의 명문 귀족 슈발리에 드 로앙(de Rohan)과 말다툼이 있었고, 마차에서 로앙이 지켜보는 가운데, 볼테르는 그 하인들에게 폭행을 당하였다.

4월, 볼테르는 마침내 로앙에게 결투를 신청하였으나, 로앙의 가족은 오히려 볼테르를 체포하게 하여 '바스티유'에 다시 수감시켜 버렸다(18일).[17]

5월, 볼테르는 이에 자신의 생명에 위기를 느꼈고, 해외 망명 조건으로 풀려났다. 볼테르는 칼레를 거쳐 영국 런던으로 건너갔다. 볼테르는 영국에 가서 볼링부룩 자작(Lord Bolingbroke, 1678~1751)과 함께 지내었다. 볼테르는 조너선 스위프트(Jonathan Swift, 1667~1745), 알렉산더 포프(Alexander Pope, 1688~1744)와 만났고, 존 로크(John Locke, 1632~1704), 에드워드 영(Edward Young, 1683~1765), 조지 버클리(George Berkeley, 1685~1753)의 저서도 읽었다. 그리고 셰익스피어(Shakespeare) 연극을 보고 감탄을 했다.

조너선 스위프트(Jonathan Swift, 1667~1745), 알렉산더 포프(Alexander Pope, 1688~1744), 로크(John Locke, 1632~1704), 영(Edward Young, 1683~1765), 버클리(George Berkeley, 1685~1753)

---

17) Voltaire(Translated by R. Pearson), *Candide and Other Stories*, Everyman's Library, 1991.

9월, 볼테르의 누이, 마르그리트 카트린(Marguerite Catherine)이 사망하였다.

1726년 볼테르는, 프랑스 젊은 귀족 슈발리에 드 로앙(Chevalier de Rohan)을 모욕했다는 이유로 며칠 뒤 그의 하인들은 볼테르를 구타하였다. 그래서 볼테르는 배상을 요구하고 그에게 결투를 요청하였다. 이에 귀족 로앙 가족은 국왕으로부터 볼테르 체포 영장을 얻어내었다. 그 조처는, '부자 귀족들을 못마땅하게 생각하는 존재들'의 제거를 위해, 프랑스 왕(루이 15세 볼테르 시대에)이 행한 자의적(恣意的) 처벌 칙령(勅令)이었다.

이 영장에 의해 볼테르는 사건 심리(審理)나 방어 기회도 없이 바스티유 감옥에 갇히게 되었다. 무기징역을 우려한 볼테르는, 대체(代替) 복역(服役)으로 영국 추방(追放)을 제시하였고 그것이 프랑스 정부에서 수용이 되었다. 이 사건은 이후 볼테르가 행한, 프랑스 사법(司法) 체계 개혁 운동에 단초(端初)가 되었다.[18]

1727년(33세) - [한국-영조 3년, 중국-옹정 5년]
-루이 15세(17세)-

1726년에서 1728년 사이에 볼테르는, 런던 코벤트 가든 메이든 레인에 살았는데, 메이든 레인 10 번지에는 볼테르 명패(名牌)가 지금도 있다. 볼테르의 영국에의 추방은 거의 3년간 이어졌고, 영국은 볼테르의 생각에 크게 영향을 끼쳤다. 볼테르는 '프랑스 절대 왕정'에 대한 '영국의 입헌(立憲) 군주제, 언론과 종교의 자유에 대한 국가의 대대적 지지'에 강한 흥미를 느꼈다. 볼테르는 당시 몇 명의 신고전주의 작가들에게 영향을 받았고, 초기 영문학 특히 셰익스피어의 작품, 상대적으로 대륙에 덜 알려진 셰익스피어의 작품에 관심을 가졌다. 볼테르는 신고전주의 관점에서 셰익스피어의 일탈(逸脫)을 지적하였지만, 프랑스 작가가 모방할 만한 본보기로 생각했고, 프랑스 연극은 광(光)을 내고 있지만 무대 위에 행동이 결핍되었다고 생각했다. 그러나 후에 프랑스에서 셰익스피어 영향이 고조되니, 볼테르는 셰익스피어의 야만성을 매도하는 그 자신의 반대 연극을 제작하려 했다. 볼테르는 뉴턴의 장례식에 참여하였는데, 종교적 이단(異端)인 과학자를 웨스트민스터 사원에 안장(安葬)하며 공경하는 영국인을 칭송하였다.[19]

이 기록자(Wikipedia)는, 볼테르의 기본 문학 정신, '현실 생명 절대 존중-작품

---

18) Wikipedia, 'Voltaire'.
19) Wikipedia, 'Voltaire'.

속에 살인 반대', '아리스토텔레스식 기법론에 대한 볼테르의 경멸'을 다 이해하지 못하고 있다. 볼테르에게, 셰익스피어는 '경탄과 비판'의 대상이었다.. (참조, ※ ⑧-3. 도살(屠殺)의 셰익스피어 극, ※ ⑧-13. '작품 이론'을 떠나, 현실 생명으로)

1728년(34세)－[한국-영조 4년, 중국-옹정 6년]

-루이 15세(18세)-

볼테르는 영국 런던에 거주하며, 알렉산더 포프, 조너선 스위프트, 윌리엄 콩그리브, 조지 버클리와 교유하였다.

궁정(宮庭)에 들어가 조지 2세(George II of Great Britain)의 부인 캐롤라인(Caroline of Ansbach, 1683～1753) 왕비에게, 1598년 4월 13일 소위 '낭트칙령(Édit de Nantes, Edicts of Nantes)'을 내린 앙리 Ⅳ세(1553～1610)황제 관용을 칭송한 걸작 서사시 〈앙리아드(La Henriade)〉를 헌정하였다. (참조, ※ ⑤-15. 상속권(相續權)과 왕권(王權) 세습)

이것은 볼테르의 '모권(母權, Mother Right) 지향'의 문학적 성향으로 그 문학의 성향을 드러낸 것이다. 이것 역시 1916년 이후 '다다 초현실주의 혁명 운동'가들의 일반적 성향과 동일한 그 '원시주의' 성향과 상통하고 있는 것이다.(참조, ※ ⑬-15. E. 노이만－'인간'이 관장하는 지구촌의 구도(構圖))

캐롤라인(Caroline of Ansbach, 1683～1753) 왕비, 1598년 4월 13일 낭트칙령을 내린 앙리 Ⅳ세(1553～1610), 앙리 4세와 볼테르 조우(遭遇) 상상도[20]

볼테르는 이 해 말(末)에 영국을 출발하였다.

볼테르가 〈영국 편지(*Lettres Anglaises*)〉, 스웨덴 왕 〈카를 12세 역사(*Histoire de Charles XII*)〉를 이즈음에 완성하였다.

20) R. Pomeau, *Voltaire*, Seuil, 1994, p. 68 'Henri Ⅳ. Voltaire(1780)'.

1729년(35세) ─ [한국-영조 5년, 중국-옹정 7년]

-루이 15세(19세)-

볼테르가 파리로 돌아왔다.

볼테르는 이해 암스테르담을 배경으로, 〈중국인과의 대화(*A Conversation with a Chinese*)〉를 저술하고 있다. (참조, ※ ⑤-20. 조물주(造物主, 天, Supreme Being)를 믿은 중국인(中國人))

1730년(36세) ─ [한국-영조 6년, 중국-옹정 8년]

-루이 15세(20세)-

5월, 여배우 아드리엔 르쿠브뢰르 (Adrienne Lecouvreur, 1692~1730)의 임종 (臨終)에 참여하였다. 매장이 거부되어 볼테르가 밤에 몰래 매장했다는 기록이 있다.[22]

볼테르는 작품 〈캉디드, 22장〉에서, 당시 파리 사람들은 여배우를 생전에 '여왕'처럼 받들다가 죽으면 쓰레기처

30세의 볼테르[21], 아드리엔 르쿠브뢰르(Adrienne Lecouvreur, 1692~1730)

럼 버리는 것을, '무례한 짓(That was very impolite.)'이라 규탄했는데, 이는 르쿠브뢰르 양의 사망과 장례 체험 등을 바탕으로 한 서술이다. 이처럼 볼테르가 '당시 사회 현실의 개혁 개선 문제', 즉 '목적 문학'을 지향했던 것은 그의 문학의 가장 큰 특징이며, 역시 '다다 초현실주의 운동'의 기본 방향이었다. (참조, ※ ⑧-1. '사회 속에 선(善)'이 진정한 선이다.)

11월, 비극 〈브루투스(Brutus)〉가 상연되어 크게 성공하다.

볼테르의 고전의 인물의 선택은, 역사적 배경 속에 명시된 인물 '브루투스(M. J. Brutus, 85 B.C.~42 B.C.)' 성격을 통해 볼테르 당대 프랑스의 '절대 왕권(absolute royal authority)'을 비판한 것이다. 그렇지 못한 작가는 스스로나 대중의 환영을

---

21) 'Voltaire at the age of thirty. '
22) Voltaire(translated by H. M. Block), *Candide and Other Writing*, The Modern Library, 1956, p. 571 'Notes 26'.

받을 수 없다.

1731년(37세)－[한국-영조 7년, 중국-
옹정 9년]
　-루이 15세(21세)-
루앙(Rouen)에 은둔하다.

브루투스(M. J. Brutus)

볼테르의 최초 역사서인 〈카를 12세
의 역사(*Histoire de Charles XII*)〉를 편집하다.
〈시저의 죽음(*La Mort de Cesar*)〉을 출간하
다.

〈카를 12세의 역사〉는 볼테르가 '영국
체류 기간 스웨덴 국왕 카를 12세와 친구
였다는 자와 사귀어 제작하게 된 역사
소설'이다.

모든 역사가는 우선 그 역사의 중심에
선 통치자 선 '통치자(왕)'나 '장군'의 입
장에 자연적으로 서게 마련이다. 그렇게
해서 그 어떤 편에서 기울거나 애써 중앙
을 견지하는 것으로 최선을 삼았다.

루앙(Rouen)

그런데 볼테르는 처음부터 '국왕 중심' '통치자 중심'에서 완전히 이탈하여
'시민 중심'으로 서술되었던 점은 무엇보다 관심을 기울여야 할 사항이다.
즉 볼테르는 국왕을 친구나 제자처럼 대하는 놀라운 시민 정신을 보이고
있다. 이것은 역시 영국 윌리엄 펜(William Penn, 1644~1718) 등의 '퀘이커
교도의 평등 정신'으로 명시된 바, 그 '평등 정신'의 구현이니, 볼테르 문학에
역시 가장 중요한 관점의 하나이다. (참조, ＊ ④-18. '윌리엄 펜'의 등장, ＊
⑤-1. 신념(信念)의 자유, 생득(生得)의 자유, ＊ ⑤-4. 인류가 신(神) 안에 있다.)

1732년(38세)－[한국-영조 8년, 중국-옹정 10년]
　-루이 15세(22세)-
볼테르가 파리로 돌아왔다.

3월, '햄릿'을 모방해 유령이 등장한 〈에리필레(Eriphyle)〉를 공연하였다.
8월, '이슬람 국가 군주 오로스마네가 모호한 편지에 속아, 독실한 기독교도를 살해한 내용'의 비극 〈자이르(Zaire)〉를 상연하여 성공하였다.

1733년(39세) - [한국-영조 9년, 중국-옹정 11년]
-루이 15세(23세)-

재상(宰相) 플뢰리(André-Hercule de Fleury, 1653~1743, 80세)가 주전파(主戰派)의 주장에 밀려, '폴란드 왕위 계승 전쟁(1733~1738)'을 시작하였다.

1월, 코르네유(P. Coreille, 1606~1684), 라신(J. B. Racine, 1639~1699) 등 선배 문인을 비판한 장시 〈취향의 사원(Le Temple du Gout)〉을 제작하여 문인들 사이에 분노를 불렀다.

기존 문단의 보수적 경향은 볼테르의 취향일 수가 없었다. 무엇보다 '프랑스 사회의 개혁'이라는 목적이 명시된 볼테르의 경우, 영국에서 익힌 과학적 '인생관 세계관'에 비추어 현실에 눈들을 감고 있는 기존 작가 작품들이 절대 곱게 보일 수가 없었다.

6월, 샤틀레 에밀리(Emilie du Chatelet, 1706~1749) 여사[24]와 만났다.

에밀리 여사(Émilie du Châtelet, 1706~1749)[23]

---

23) R. Pomeau, *Voltaire*, Seuil, 1994, p. 21 '모리스 켕탱(Maurice Quentin de La Tour, 1704~1788) 작'.

24) Wikipedia, 'Émilie du Châtelet' – 'Portrait by Maurice Quentin de La Tour' : 에밀리 여사는 1706년 파리 출생, 1725년 6월 샤틀레 후작(Marquis Florent-Claude du Chastellet)과 결혼하여 샤틀레(Marquis Florent-Claude du Chastellet)가 수뮈르 앙 오주아(Semur-en-Auxois) 영주가 되어 그해 9월에 수뮈르 앙 오주아(Semur-en-Auxois)로 이사하였고, 그 후 3명(1726, 1727, 1733년 생)의 자녀를 두었다. 에밀리 여사는 그녀의 어린 시절부터 수재(秀才)인 볼테르를 알고 있었으나, 1729년에 볼테르가 영국에서 귀국 후에야 그녀에게 데이트를 신청했고, 그녀는 당시 셋째 아이를 낳은 후 1733년 5월 열렬한 관계가 되었다. 에밀리는 프랑스 동북쪽에 있는 시레(Cirey-sur-Blaise)의 시골집으로 볼테르를 초대하였다. 남편의 관용(寬容) 하에, 오랜 우정을 지속하였다. 시레에서, 그녀는 볼테르와 물리학 수학을 공동으로 탐구하여 저서를 냈다. 1748년 5월, 에밀리 여사는 시인(詩人) 랑베르(Jean François de Saint-Lambert, 1716~1803)와 사랑이 시작되었다. 에밀리 여사는 임신하게 되었고, 뤼네빌(Lunéville)에

뤼네빌 성(城)[25], 에밀리 여사의 '열과 빛'에 대한 탐구서(1744)[26], 에밀리 여사 생전의 관련 장소들 —파리(Paris) 수뮈르(Semur) 시레(Cirey) 뤼네빌(Luneville)[27]

⑭-3. 도피 은둔기(逃避 隱遁期, 1734~1738)

1734년(40세)—[한국-영조 10년, 중국-옹정 12년]

-루이 15세(24세)-

1월, 〈아델라이드 뒤 게클랭(Adelaide du Guesclin)〉을 상연하였다.

리슐리외 공작(The Duc de Rchelieu, 1715~1788) 결혼식에 참가하였다.

4월, 볼테르의 〈철학적 서간(*Lettres philosophiques sur les Anglais, Philosophical Letters on the English*)—영국 편지〉가 출간되었다.

6월 10일, 파리 고등법원의 결정으로, 볼테르의 〈철학적 서간—영국 편지〉를 금서(禁書)로 규정, 불태우게 했다.[28]

7월, 볼테르는 파리를 떠나 에밀리 여사의 초청을 받아, 시레(Cirey) 성(城)에 숨었다.

시레(Cirey) 성(城)[29], 시레(Cirey) 성(城)[30], 볼테르의 책 '뉴턴 철학' 내면지에 그려진 뉴턴, 에밀리, 볼테르[31]

서 1749년 9월 딸 아이를 낳았고, 1주일 후에 사망하고 말았다.

25) Wikipedia, 'Émilie du Châtelet' — 'The chateau of Lunéville'.

26) Wikipedia, 'Émilie du Châtelet' — 'Dissertation Sur La Nature et La Propagation du feu, 1744'.

27) Wikipedia, 'Émilie du Châtelet' — 'Significant places in the life of Emilie du Châtelet'.

28) Voltaire(translated by H. M. Block), *Candide and Other Writing*, The Modern Library, 1956, p. 574 'Notes 74'.

29) J. Goldzink, *Voltaire*, Hachette, 1994, p. 52 ; Wikipedia, 'Émilie du Châtelet' — 'The chateau of Cirey'.

30) R. Pomeau, *Voltaire*, Seuil, 1994, p. 20.

볼테르는 영국에 3년 유배(流配) 후, 〈영국 편지〉라는 에세이집으로 영국의 정부와 문학과 종교에 대한 태도에 대한 자신의 견해를 간행하였다. 1734년에 프랑스어로 〈철학적 서간〉으로 루앙(Rouen)에서 출간되었다. 1778년 영어로 개정판이 〈영국 철학 편지〉로 출간되었다. 가장 근대 영문본은 1734년 본을 기초로 삼고 있고, 〈철학적 서간(書簡)〉으로 직역한 것이다.

출판사는 프랑스 국왕의 검인이 없이 출판하였고, 볼테르는 영국의 입헌 군주제가 프랑스의 그것보다 인권(특히 종교적 관용)을 존중하고 더욱 진보된 것으로 생각했다는 불어판 〈철학적 서간〉은, 거대한 스캔들을 야기(惹起)하여, 책은 불태워졌다. 그 책은 금서(禁書)가 되었고, 볼테르는 다시 도망을 가야했다.32)

〈철학적 편지〉는 부제가 '영국에서 부친 편지'(Letters concerning the English nation (London, 1733) (French version entitled Lettres philosophiques sur les Anglais, Rouen, 1734), revised as Letters on the English (circa 1778))이다.

4월, 〈철학 서간〉 프랑스어판 간행이 되니, 교부(敎父)들이 볼테르를 비난하고 나섰다.

5월, 볼테르에 체포 영장이 발부되었다.

볼테르의 뉴턴 철학에 대한 책의 삽화를 통해, 볼테르에게 뉴턴의 천상(天上)의 영감을 내린 것을 그린 그의 뮤즈로서 에밀리(Émilie du Châtelet)여사가 그려져 있다. 볼테르의 목적지는 샹파뉴와 로렌 경계에 있는 시래 성이었다. 볼테르는 자신의 비용을 부담하여 그 건물을 새로 수리하였고, 에밀리 여사와 동거(同居)를 하기 시작하였다. 시레는 에밀리 여사 남편의 소유로 그는 가끔 그 저택을 방문하였다. 15년 동안 유지된 그들의 관계는 중요한 지적 의미를 지니고 있었다. 볼테르와 에밀리 여사는 공동(公同)으로 시레 성 실험실에서 실험을 행하고 책들을 탐구하였다. 당시 볼테르의 실험은, 불[火]의 요인(要因)을 결정하는 실험도 포함되어 있었다.33)

볼테르는 자신이 이전에 이미 당국(當局)과 충돌을 했었기에, 개인적 모해(謀害)를 피하고 거북한 책임을 부정하는 습관이 생겼다. 〈Mérope〉 같은 극작(劇作)도 계속을

---

31) Wikipedia, 'Émilie du Châtelet' – 'In the frontispiece to Voltaire's book on Newton's philosophy, du Châtelet appears as Voltaire's muse, reflecting Newton's heavenly insights down to Voltaire'.

32) Wikipedia, 'Voltaire'.

33) Wikipedia, 'Voltaire'.

하고 과학과 역사로의 긴 탐구를 시작하였다. 볼테르에게 영감의 주요 원천은 영국에로의 망명이었고, 그동안에 뉴턴 경의 저작이 가장 강한 영향력을 그에게 발휘하였다. 볼테르는 뉴턴의 이론을 확신하였고, 특히 '광학'(백색이 모든 색채를 이룬다는 뉴턴의 발견은 시레 성에서 많이 실험되었다.)과 '중력론'이 그것이었다.[34)]

볼테르와 에밀리 여사가 함께, I. 뉴턴과 라이벌인 동시대의 G. 라이프니츠(G. Leibniz, 1646~1716) 철학에 관심이 있었고 에밀리 여사는 뉴턴에 반대하는 라이프니츠 주장을 수용하고 있었지만, 그들은 절대적으로 뉴턴주의자(Newtonians)였다. 에밀리 여사는 뉴턴의 라틴어로 된 〈프린키피아(Principia)〉를 불어로 완역하였고, 그것은 약간의 오류를 교정하여 20세기까지 결정본으로 남아있게 되었다. 볼테르의 〈뉴턴 철학의 요소〉는 에밀리 여사와 공동 저술로 추측되는데, 그것을 통해 뉴턴을 대중이 더 많이 알게 되었다. 에밀리 여사는 석학(碩學) 저널에 기념 평을 쓰기도 하였다. 이것이 최종적으로 뉴턴의 광학과 중력 이론이 전반적으로 수용된 저작으로 알려져 있다.

볼테르와 에밀리 여사는 역시 문명에 기여한 사람들을 탐구하는 역사(歷史) 연구도 하였다. 볼테르의 영국 체류 시 두 번째 에세이는, '프랑스 시민전쟁에 관하여'이다. 이것은 '낭트 칙령'으로 가톨릭과 신교의 대량 살상 금지를 시도한 영광스런 프랑스 앙리 4세에 대한 서사시 〈앙리아드(La Henriade)〉로 이어졌고, 스웨덴 왕 찰스 12세의 역사 소설로 이어졌다. 이들은 볼테르의 〈영국 편지〉를 이은 기존 종교의 옹졸함을 공개적으로 비판한 것이다. 볼테르와 에밀리 여사는 역시 철학도 탐구하였다.[35)]

1735년(41세)—[한국-영조 11년, 중국-옹정 13년]

-루이 15세(25세)-

이해부터 볼테르의 주목할 만한 철학적 문학적 저작이 나오기 시작했다.
3월, 볼테르의 파리 입성(入城)이 허락되었다.
9월 비극 〈카이사르의 죽음(Mort de Cesar)〉이 상연되었다.

1735년 가을에 볼테르는 뉴턴에 관한 책을 준비하며 알가로티(F. Algarotti, 1712~1764)의 방문을 받았다.[36)]

---

34) Wikipedia, 'Voltaire'.
35) Wikipedia, 'Voltaire'.

1736년(42세) - [한국-영조 12년]

-루이 15세(26세)-

1월, 에스파냐 정복 당시 페루 리마를 무대로 한 '알지르 혹은 아메리카인들(Alzire ou les Americans)'을 상연했다.

8월 8일, 볼테르가 프러시아 프리드리히 2세(Friedrich II, 1712~1786) 왕세자로부터 처음 편지를 받았다.

12월, 쾌락주의 시 '세속인(Le Dongdin)'이 유포되어

알가로티(F. Algarotti, 1712~1764)

다시 신변의 위협을 느끼 었다. 볼테르가 체포를 피 해 네덜란드와 브뤼셀 (Brussels)로 망명했다가, 시레(Grey)에 거주하였다.

이 무렵에 화가 '모리 스 켕탱(Maurice Quentin de La Tour, 1704~1788)'은 볼테르 상을 다음과 같이 그렸다.

볼테르(1736)[37], 볼테르(1736)[38], 화가 모리스 켕탱(Maurice Quentin de La Tour, 1704~1788)작

1737년(43세) - [한국-영조 13년]

-루이 15세(27세)-

1~2월, 볼테르가 암스테르담과 리드에 체류했다.

〈뉴턴 철학의 개요(Elements de la philosophie de Newton)〉를 출간했다.

10월, 볼테르의 형 아르망(Armond Arouet)이, 장세이스트(신교도)로 활동한다는 혐의로 체포를 당하다.

1738년(44세) - [한국-영조 14년]

-루이 15세(28세)-

5월, 볼테르와 에밀리 여사가 아카데미 과학 경연대회(Academie science

---

36) Wikipedia, 'Voltaire'.

37) R. Pomeau, *Voltaire*, Seuil, 1994, p. 2 'Voltaire(1736) - Copper engr. by Nicolas J.B. Poilly (born 1712) aft. painting, 1736, by Maurice Quentin de Latour(1704~1788)'.

38) 'Detail of portrait by Maurice Quentin de La Tour(1704~1788)'.

competition)에 참가했다.

⑭-4. 국가 경영기(國家 經營期, 1739~1752)

1739년(45세)−[한국-영조 15년]
-루이 15세(29세)-

오스트리아 왕위전쟁에 프리드리히 2세를 프랑스 편으로 만들려는 루이 15세 행정부의 의도적 조처로, 볼테르는 랑베르 궁(Palais Lambert)으로 이사를 했다.[39]

파리 랑베르 궁(Palais Lambert)

5월, 볼테르와 에밀리 여사가 시레, 파리, 벨기에 사이를 왕래하다. 저서 〈루이 14세 시대(le Siecle de Louis XIV)〉 첫 장이 압수를 당하다.

1740년(46세)−[한국-영조 16년]
-루이 15세(30세)-

오스트리아 왕위 계승 전쟁(1740~1748[40])에 돌입했다. 프랑스는 프로이센과 동맹을 맺고 오스트리아와 왕위 계승 전쟁 시작하다.

9월 11일, 볼테르는 프리드리히 대왕을 처음 만나다. 베를린에도 여행을 하였다.

---

39) 이 기록은 'Wikipedia' 기록인데, 피어슨(R. Pearson)의 '볼테르 연보(Voltaire Chronology)'에는 '볼테르와 에밀리는, 이 해(1739)를 온통 시레와 파리와 벨기에 간 여행을 계속하였다.(Throughout the year, constant journeys with Mme du Chartelet between Cirey, Paris and Belgium.)'라고 기록하고 있다.

40) 신성로마 황제 카를 6세는, 장녀인 마리아 테레지아에게 전 영토를 물려주려고 하였다. 이에 따라 마리아 테레지아의 즉위에 반대하여, 왕위 계승을 주장한 바이에른, 에스파냐, 작센과 반(反)오스트리아 세력인 프로이센, 프랑스가 동맹을 맺고 이에 맞서 영국과 손잡은 오스트리아가 벌인 전쟁으로, 1748년에 아헨의 화약(和約)이 성립됨으로써 전쟁이 종결되었다.

1736년 프리드리히 대왕이 볼테르에게 편지 쓰기를 시작하였다. 2년 후 볼테르는 네덜란드에 거주하였고, 헤르만 브르하베(H. Boerhaave, 1688~1738)과 그라브산드(W. J. Gravesande, 1688~1742)와 알게 되었다. 1740년 초에 볼테르는 브뤼셀에 살았고, 체스터필드 경(Lord Chesterfield, 1694~1773)

혼셀라르 저택(House Honselaar's Dike, Huis Honselaarsdijk)

브르하베(H. Boerhaave, 1688~1738), 그라브산드(W. J. Gravesande, 1688~1742), 체스터필드 경(Lord Chesterfield, 1694~1773)

과 만났다. 볼테르는 황태자가 쓴 '반 마키아벨리'를 되돌려받기 위해 헤이그로 가 출판사 사장 듀렝(Jan van Duuren)을 만났다. 볼테르는 그의 찬미자 소유 '혼셀라르 저택(House Honselaar's Dike, Huis Honselaarsdijk)'에 거주하였다. 9월에 볼테르와 프리드리히 대왕은 클레베(Cleve)에서 가까운 모이렌드 성(Moyland Castle)에서 처음 만났다. 11월에 볼테르는 2주일 동안 라이스베르크 성(Rheinsberg Castle)으로 가 있었고, 1742년 8월 볼테르와 프리드리히 대왕(Frederick the Great, 1712~1786)은 엑스라샤펠(Aix-la-Chapelle)에서 만났다. 제1차 실레지아 전쟁(Silesian War)

볼테르와 프리드리히 2세의 첫 회견[41], 산수시(Sans-souci) 궁 정원에서, 프리드리히 대왕에게 책을 읽어주는 볼테르[42], 볼테르와 프리드리히 대왕[43]

이후 프리드리히 대왕의 계획을 알기 위한 염탐 대사로 프랑스 정부는 볼테르를 독일 포츠담에 있는 산수시 궁(Sanssouci)으로 파견하였다.[44]

---

41) Wikipedia, 'Frederick the Great' — 'Frederick's first interview with the philosopher Voltaire'.

42) Voltaire(Translated by D. Gordon), *Candide*, Beford/St.Martin's, 1999, p. 36 'Woodcut showing Voltaire reading to Frederick the Great of Prussia in the garden of Sans-Souci' — 'Holzstich, 1857, nach Zeichnung von Wilhelm Camphausen (1818~1885)'.

43) R. Pomeau, *Voltaire*, Seuil, 1994, p. 153 'Votaire et Frederic de Prusse'.

44) Wikipedia, 'Voltaire'.

1741년(47세) - [한국-영조 17년]

-루이 15세(31세)-

4월, 프랑스 북부 릴(Lille)에서 〈마호메트(Mahomet)〉 부제 '광신주의' (비극)를 공연 크게 성공하다.

1742년(48세) - [한국-영조 18년]

-루이 15세(32세)-

8월 19일, 〈마호메트(Mahomet)〉 파리 공연했다.

9월 8일, 프리드리히 대왕을 엑스라샤펠(Aix-la-Chapelle)에서 만났고, '프리드리히 2세를 프랑스 편으로 묶어두기 위해 비공식적인 자격으로 1년여 베를린에 체류하였다.

1743년(49세) - [한국-영조 19년]

-루이 XV세(33세)-

1월 29일 플뢰리(André-Hercule de Fleury, 1653~1743) 수상이 사망했다.

볼테르가 퐁파두르 부인(Mme de Pompadour, 1721~1764)의 지원으로 궁중 생활을 하게 되었다.[46]

루이 15세, 플뢰리 수상, 플뢰리 수상[45]

사실은 '플뢰리 수상'의 후임이었음을 알 수 있다.(참조, ※ ②-8. 현자(賢者) 쟈디그-'천문학에의 긍지(肯志)')

---

45) R. Pomeau, *Voltaire*, Seuil, 1994, p. 18.

46) Wikipedia, 'Mme de Pompadour' - '퐁파두르 부인(Mme de Pompadour, 1721~1764)은 지적이고, 아름답고 세련되었다. 그녀는 어린 시절을 그가 교육을 받은 푸아시(Poissy)에 있는 성우르술라(Ursuline) 수녀학교에서 보냈다. 성년이 되어서는 그녀의 어머니는 가정교사를 채용하여 클라비코드 연주법, 춤추기, 노래하기, 그림과 조각을 교육했다. 그녀는 여배우, 가수로서 '파리 클럽(Paris's Club de l'Entresol)'에 참가하였다. 19세에, 퐁파두르(Jeanne Antoinette)는 샤를 기욤에게 시집갔다. 그녀는 남편과의 사이에 두 아이를 두었다. 젊은 남편은 그녀에게 넋이나가 있었고, 그녀는 파리 패션 계를 주름잡고 있었다. **그녀는 자신의 경영 살롱을 가지고 있었고, 많은 철학자들과도 어울렸는데, 그중에는 볼테르도 있었다.**'

2월, 비극 〈메로페
(Merope)〉를 상연했다.
영국 왕립 학술원 회원(a
Fellow of the Royal Society in
London)에 선임이 되었다.
10월, 외교적 임무로 베
를린으로 갔다. 프리드리

J. M. 나티레르 작 '퐁파두르 부인(Mme de Pompadour, 1721~1764)[47]

히 2세는 볼테르에게 프러시아에 정착할 것을 권유했다.[48] 그러나 에밀리
여사는 볼테르의 프러시아 거주를 반대했다.

'에밀리 여사의 반대'는, 사실상 볼테르의 외교적 수사(修辭)였으니, 볼테르는
평생 프랑스를 떠나 생각하고 행동한 적이 없었다.

1744년(50세) - [한국-영조 20년]

   -루이 15세(34세)-

11월, 볼테르의 '루이 르 그랑 학교' 동창생, 다르장송
(d'Argenson, 1694~1757)이 외무장관으로 발탁되었다.

1745년(51세) - [한국-영조 21년]

   -루이 15세(35세)-

다르장송(d'Argenson, 1694~1757)

2월 26일 밤 베르사유 궁정 무도회에 티올 부인(Mme d'Étiolles, 퐁파두르
부인)이 초대되었다. 퐁파두르 부인(Mme de Pompadour, 1721~1764)이 베르사유
궁으로 입궐(入闕)하였다.

2월, 왕세자의 결혼식 기념을 위해 볼테르 작, '나바라 공주(Princesse de
Navarre)'를 베르사유 궁정 극장에서 상연했다.

3월, 볼테르가 베르사유 왕실 사료편찬관에 임명이 되었다.

5월 7일, 퐁파두르 부인의 남편 C. G. 티올(C. G. d'Étiolles, 1717~1799)과
공식 이혼(離婚)이 선언되었다.

---

47) Wikipedia, 'Mme de Pompadour', 'Madame de Pompadour as Diana the Huntress, portrait
    by Jean-Marc Nattier(1685~1766)'.
48) Voltaire(Translated by R. Pearson), *Candide and Other Stories*, Everyman's Library, 1991, p.
    x l viii 'Chronology'−'Frederck Ⅱ tries to persuade him to settle down in Prussia'.
49) J. Goldzink, *Voltaire*, Hachette, 1994, p. 189.

5월, 프랑스 군의 퐁트누아 전투 승리를 기념한 시, '퐁트누아에 대한 시(Poeme sur Fontenoy)'를 썼다.

11월, 볼테르가 가사를 쓰고, 라모(J. P. Rameau, 1694~1757)가 곡을 붙인 '영광의 사원(Temple de la Gloire)'을 베르사유 궁정 극장에서 상연했다.

베르사유 궁정 극장에서 '나바라 공주(Princesse de Navarre)'[49] 공연

'퐁파두르 부인'은, 1745년부터 죽을 때(1764년)까지 루이 15세의 공식 왕비였다. 그녀는 어린 시절부터 잘 교육이 되어 있었다. 퐁파두르 부인은 그녀의 허약한 체질과 많은 정적들이 있었음에도 불구하고 루이 15세가 빼놓을 수 없었던 조언자요 충고자로서 왕의 일정을 주관했던 사람이었다. 퐁파두르 부인은 자신과 친척을 위해서 귀족의 신분을 지켰고, 고객과 지지자들의 망(網)을 구축하였다. 퐁파두르 부인은 여왕 마리(Marie Leszczyńska)가 소외되지 않도록 세심한 주의를 기우렸다. 그녀는 건축가와 도공(陶工) 같은 이의 후원자였고 볼테르를 포함한 계몽주의 철학자들의 후원자였다. 당시에 험악한 평론가들은 그녀가 7년 전쟁에 책임이 있고(사실이 아님), 악마적인 정치적 영향력으로 그녀를

라모(J. P. Rameau, 1694~1757)

먹칠했다고 말하고 있다. 역사가들은 그녀가 예술가들의 후원자였고, 프랑스의 자존심을 높이 챔피언으로 칭송하고 있다.

1745년, 퐁파두르 부인이 유명해지면서, 루이 15세의 귀에도 들어

F. 부셰 작 '퐁파두르 부인(Mme d'Étiolles)'[50], 모리스 켕탱 작 '퐁파두르 부인(Mme d'Étiolles)'[51]

---

50) Wikipedia, 'Mme de Pompadour', 'Portrait by François Boucher(1703~1770)'.

51) Wikipedia, 'Mme de Pompadour', 'Madame de Pompadour, pastel by Maurice Quentin de La Tour(1704~1788), shown at the Paris Salon, 1755 (Louvre Museum)'.

갔다. 시아버지도 포함된 궁정 모임에서 제 3비의 죽음을 슬퍼하고 있던 왕에게 그녀의 지인(知人)이 왕에게 그녀를 추천하였다.

1745년 2월 26일 밤 베르사유 궁정 무도회에 초대되었다. 3월까지 왕의 정부(情婦)였고, 5월 7일에는 그녀의 남편과 공식 이혼이 선언되었다.

궁에 머무르게 되니, 그녀는 왕에게 지위를 요구했다. 왕은 6월 24일 퐁파두르 영지를 구입하고 그녀에게 후작부인 지위를 부여하였다. 9월 14일, 베르사유 궁정 사람들에게 소개되었다. 그녀는 금방 궁중 예법을 소화하였다.

루이 15세와 퐁파두르 부인, 볼테르52)

퐁파두르 부인은 프랑스에 정치적 영향력은 거의 없었다. 그러나 그녀는 사건 배후에서 상당한 권력을 휘둘렀다.

퐁파두르 부인은, 왕 자신까지도 보통사람과 타협하는 망신(亡身)감을 느끼게 한다고 욕을 하는 궁중 속의 적(敵)들을 가지고 있었다.53)))

1746년(52세) - [한국-영조 22년]
-루이 15세(36세)-

4월 25일, 볼테르가 아카데미 프랑세즈 회원으로 선임되었다, 궁정에서 왕의 시종(侍從)이 허락되었다.

1747년(53세) - [한국-영조 23년]
-루이 XV세(37세)-

6월, 바빌론의 현인 쟈디그가 박해를 받고 신의 섭리를 의심했다는 〈쟈디그(Zadig)〉가 〈멤논(Memnon)〉이라는 이름으로 프린트 본으로 네덜란드에서 나오다. (참조, ※ ③-19. 육체와 정신, ※ ②-8. 현자(賢者) 쟈디그-'천문학에의 긍지(肯志)', ※ ③-12. '애꾸'로 사는 것은 천국(天國)도 싫다.)

《작품 〈쟈디그(Zadig)〉는, 볼테르의 '여성 혐오감'을 구현한 것이고, 아울러 왕비 '퐁파두르 부인'을 이상화하는 '모권 지향'의 볼테르의 동시주의 성향[여

52) 'Louis XV et Mme. de Pompadour-by Nicolas Eustache Maurin (1799~1850)'.

53) Wikipedia, 'Mme de Pompadour'.

성 혐오⇔모권지향]을 명시한 특징을 보이고 있다. 그리고 이 작품에 이미 에밀리 여사의 볼테르로부터의 심리적 이탈이 명시되어 있다. (참조, ※ ⑤-20. 중국(中國), 5천년 동안 조물주(造物主, 天, Supreme Being)를 믿어 온 왕국, '※ ⑧-20. 분별없는 여인')》

10월, 왕비 퐁파두르 부인이 주도하는 '카드놀이'에서 그녀와 상대가 된 에밀리 여사는 많은 돈을 잃고 있었다. 보다 못한 볼테르가 영어로 에밀리 여사에게 '꾼이신 걸 모릅니까?(Don't you know the gambler?)'라고 말했다. 그런데 그것을 퐁파두르 부인이 그 말을 알아차려 볼테르와 에밀리 여사는 다음날 서둘러서 짐을 챙겨 궁에서 도망을 나가야 했다.

> 루이 15세는 다른 여자와는 달리 왕의 사냥, 카드놀이, 부동산 순방에도 항상 퐁파두르 부인을 대동하였다. 그녀는 왕을 위해 저녁 식사 파티를 열었고, 왕을 즐겁게 하기 위해 연극에도 참여했다.[54]

F. 부셰 작 '왕비 퐁파두르 부인'[55], '왕비 퐁파두르 부인'[56], F. H. 두루에 작 '왕비 퐁파두르 부인'[57]

젊은 시절부터 사교계에 단련된 퐁파두르 부인과 단순히 책상물림의 어수룩배기 에밀리 여사는 처음부터 서로 경쟁 상대가 아니었다. 그러한 상황에서, 볼테르가 '노름꾼'이란 말은 단순한 농담으로 넘길 수도 있는 말이었다('실력'

---

54) Wikipedia, 'Mme de Pompadour'.
55) Wikipedia, 'Mme de Pompadour', 'Madame de Pompadour (circa 1750), portrait by François Boucher (1703 - 1770'
56) Wikipedia, 'Mme de Pompadour', 'Madame de Pompadour, portrait by François Boucher.'
57) Wikipedia, 'Mme de Pompadour', 'Her memorial portrait finished in 1764 after her death, but begun while she was alive, by her favourite portraitist, François-Hubert Drouais(1727~1775)'

의 칭송, 그러나 '실례'도 엄연히 있음). 그러나 문제는 수용자의 마음 상태였다. 태생(胎生)부터 '승부'와 '돈'에 민감한 퐁파두르 부인은, 루이 15세와 그리고 볼테르 앞에 '이제는 과거 단순한 사교계 스타가 아닌 엄연한 왕비'라는 자신의 달라진 지위를 거듭 확인시킨 처사가 퐁파두르 부인의 '불쾌감 표시'로 나타난 것이다.

1748년(54세) - [한국-영조 24년]

-루이 15세(38세)-

2월, 볼테르가 피신하여, 뤼네빌의 스타니스와프(Stanislaw) 궁에 체류했다.

에밀리 여사가 시인 생랑베르(Saint-Lambert, 1716~1803)에게 반하였다.

8월, '세미라미스(Semiramis)'를 상연했다.

10월, 오스트리아 왕위 계승 전쟁 종료되었다.

볼테르(1748)[58], 시인 생랑베르(Saint-Lambert[59])

이해에 소설 〈세상 돌아가는 대로(바부크 환상, *The Way the World Goes*)〉가 출판되었다. (참조, ※ ⑤-34. 세상에 멸망을 당해야 할 도시는 없다. ※ ⑦-18. 서로 똑 같아서 '전쟁'을 한다.)

〈쟈디그(*Zadig*)〉를 출간하여 조금 성공을 거두었다.

〈멤논(*Memnon*)〉도 발표되었다. (참조 ※ ③-12. 행동 주체로서의 실존(實存))

1749년(55세) - [한국-영조 25년]

-루이 15세(39세)-

9월 10일, 에밀리 여사가 생랑베르(Saint-Lambert)의 아기를 낳았고, 그 난산(難産)으로 사망하였다.

1750년(56세) - [한국-영조 26년]

-루이 15세(40세)-

---

58) J. Goldzink, *Voltaire*, Hachette, 1994, p. 100 'Voltaire(1748)'

59) Wikipedia, 'Jean François de Saint-Lambert(1716~1803)'

1월, 볼테르는 연극 '오레스트(Oreste)'를 상연하였다.

6월 28일, 볼테르가 프리드리히 2세 초대를 받고 베를린으로 갔다. - 연봉 2만 프랑을 받기로 했다.

산수시 궁(1788)60)

프리드리히 2세(Friedrich II)61), 프러시아 왕과 볼테르62), 산수시 궁중 식탁63)

1751년(57세) - [한국-영조 27년]

-루이 15세(41세)-

9월, 완본(完本) 〈루이 14세의 시대(*The Age of Louis XIV*)〉가 출간되었다.

R. 바르트뮐러(1859~1895) 작 '포르메라니아에서의 볼테르'64)

60) R. Pomeau, *Voltaire*, Seuil, 1994, p. 24 'Le Chateau de Sans-Souci a Potsdom(1788)' F. S. Knuepfer.
61) R. Pomeau, *Voltaire*, Seuil, 1994, p. 23.
62) Wikipedia, 'Voltire' : 'Voltaire with Frederick the Great of Prussia' 'Voltaire at Frederick the Great's Sanssouci, by Pierre Charles Baquoy(1741~1828)'.
63) Wikipedia, 'Voltire' : 'Die Tafelrunde by Adolph von Menzel. Guests of Frederick the Great at Sanssouci, including members of the Prussian Academy of Sciences and Voltaire (third from left)'.
64) 'Voltaire in Pomerania(1950/52) - Woodcut after drawing by Robert Warthmüller (1859~5)'.

1752년(58세)-[한국-숙종 28년]

-루이 15세(42세)-

〈미크로메가스(*Micromegas*)〉가 출간
되다. (참조, ※ ②-5. 천체 물리학-과학
적 세계관(世界觀)의 기초)

〈철학사전(*Dictionnaire Philosophique*)〉
을 구상하였다.

12월, 프리드리히 왕은, 볼테르의
〈아카키아 박사의 독설(*Diatribe du docteur*

원장 모페르튀이(Maupertuis, 1698~1759), J. S. 쾨니히
(J. S. König, 1712~1757)

Akakia)〉이 프러시아 아카데미 원장 모페르튀이(Maupertuis, 1698~1759)를 조롱
했다는 이유로 그 책들을 베를린 거리에서 불태우게 했다.

⑭-5. 사회 운동기(社會 運動期, 1753~1777)

1753년(59세)-[한국-영조 29년]

-루이 15세(43세)-

3월, 볼테르가 라이프치히로 도망가다.

6월, 귀국길에 오른 볼테르는 프랑크푸르트(Frankfurt)에서 프리드리히 2세
부하들에게 저지를 당했다가 12일 뒤에 석방되었다.

볼테르가 프랑스 귀국길에 프리드리히 2세의 명령으로 저지를 당하다[65], G. C. 자캉(G. C. Jacquand, 1804~1878)
작 '프랑크푸르트에서의 볼테르'(1753.3.)[66]

---

65) I. Davidson, *Voltaire in Exile*, Grove Press, 2004, 'Illustrations No. 1'-Voltaire is arrested
   on the orders of Frederick. a painting by Jules Giradet(1856~1946).

66) 'Die Verhaftung Voltaires in Frankfurt auf Befehl Friedrichs-"Die Verhaftung Voltaires in
   Frankfurt auf Befehl Friedrichs des Großen". (März 1753 ; der preuß. Resident Freytag durchsucht

1749년 9월 에밀리 여사가 사망한 다음, 볼테르는 잠시 파리로 돌아왔다가 1750년 포츠담으로 가서 다섯 번째 프리드리히 대왕을 만났다. 대왕은 연봉 2만 프랑을 볼테르에게 제공하기로 하였다. 처음에는 서로 잘 나갔지만, 1752년에 볼테르는 서로 다른 별에서 인간의 약점을 증언하는 대사들을 포함한 첫 과학 소설, 〈미크로메가스〉를 써서 프리드리히 대왕과의 관계가 손상되었다. 그리고 볼테르는 다른 난관에도 봉착하였다. 볼테르의 〈아카키아 박사의 독설(*Diatribe of Doctor Akakia*)〉은, 베를린 아카데미 원장 모페르튀이(Maupertuis, 1698~1759 - 프랑스 수학자)가 자신의 직권과 이론을 남용하여 지인(知人) J. S. 쾨니히(Johann Samuel König, 1712~1757)를 박해했음을 풍자한 것으로, 그 과학 원장과의 논쟁이 그것이었다. 프리드리히 대왕은 마침내 격노하여, 볼테르의 모든 문서를 불태우게 하였고, 볼테르는 귀국하려는 그 숙소에서 체포 당하였다.[67)]

볼테르는 당시 초국가적 그의 '자유 의지' 발동 속에 프랑스 '루이 15세의 처신'에 반발하고 프러시아 프리드리히 2세의 초청에 응했으나, 볼테르는 당시 그 '프리드리히 2세의 프랑스에 대한 적대(敵對) 의식 발동까지 예견하고 계약서'를 작성했던 것을 확인할 수 있다. 볼테르의 〈무식한 철학자〉에는 다음과 같은 구절이 있다.

예를 들어 모든 사람은 우리가 빌린 것은 갚는 것에 동의(同意)를 하고 있다. 그러나 내가 2만을 그에게 빚을 지고 있는데 그가 우리나라를 노예로 삼으려 할 경우, 내가 내 팔을 그의 손아귀에 맡겨 놓고 있겠는가? 여기에 분할된 감정이 있다. 그러나 일반적으로 어떤 악이 그것으로부터 생기는 것은 아닌지, 나의 언약을 살펴보아야 했다. 이것이 아무도 의심해 본 적이 없는 그것이다.(참조, ※ ⑨-32. '정의(正義)'란 이름으로 행해진 강도(强盜)짓 : 전쟁)

볼테르의 위의 말은 '프리드리히 2세의 프랑스에 대한 적대 의식'을 확실하게 확인했다는 점을 명시하고 있다. 즉 '2만 프랑'의 거금을 준다고 하여도 그것으로 자기의 조국(祖國)을 노예로 만드는 사업을 도울 사람이 없는 것이 인간 이성의 공통점이라는 볼테르의 고백이다. 위에서 '나의 언약'이란 '프리드리히

das Reisegepäck Voltaires). Gemälde von Claude Jacquand(1804~1878)'.
67) Wikipedia, 'Voltaire'.

2세와 볼테르의 처음 계약'으로 볼테르는 12일 간 연금 중에도 그 '언약(계약) 이행'을 촉구했을 것이다. (참조, ✳ ⑤ -28. 평등권과 인간의 '자유 의지')

루이 15세는 '볼테르의 파리 입성'을 거부하였다.

10월, 볼테르는 콜마르(Colmar)에 임시 숙소를 잡았다.[68] 이듬해 11월까지 콜마르에서 지냈다.

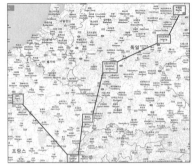

볼테르 이동 경로 : 베를린(1750.7.) ⇒ 라이프치히 (1753.3.)⇒ 프랑크푸르트(1753.6.) ⇒ 콜마르(1753.10.) ⇒ 제네바(1754.12) ⇒ 파리(1778.2.)

1754년(60세) -[한국-영조 30년]
-루이 15세(44세)-
12월, 볼테르가 스위스 제네바에 도착하였다.

1755년(61세) -[한국-영조 31년]
-루이 15세(45세)-
3월 25일 제네바(Geneva) 교외(郊外) 레 델리스(Les Delices)에 정착을 하다.

제네바의 '레 델리스 볼테르 박물관'[69], '델리스(1758)'

11월 1일 리스본(Lisbon) 대지진 발생하다.
11월 24일 희생자 3만 소식을 볼테르가 듣다.
11월 24일에 친구 의사(醫師) 트론친(T. Tronchin, 1707~1781)에게 '자연 재앙의 참혹함을 탄식한 편지'를 보내다.[71]

---

68) Wikipedia, 'Voltaire', -'Voltaire left the court of Frederick the Great of Prussia in 1753. He wanted to return to Paris, but was informed that Louis XV did not want him in Paris'.
69) Wikipedia, 'Geneva Les Delices' -'Voltaire Institute and Museum, Les Délices'
70) R. Pomeau, *Voltaire*, Seuil, 1994, p. 33.

12월 4일 볼테르는 〈리스본 지진 재앙시(Poeme le desastre de Libonne, Poem on the Lisbon Earthquake)〉를 지었다.

성 아우구스티누스(Saint Augustine, 354~430)는, "죄를 짓지 않으면, 정의신(神) 안에 불행한 자는 없다."[72]라고 말했다. 이를 그대로 계승한 라이프니츠의 사이비 합리주의 철학(the fashionable and pseudo-rational philosophy of Leibniz),[73] 소위 '낙천주의'이고 그에 대한 거듭된 회의 제기가 볼테르의 대작 〈캉디드〉 등, 후기 사상론의 주조(主潮)를 이루고 있다.

볼테르와 절친했던 의사 트론친(T. Tronchin, 1707~1781)[70]

리스본 지진 재앙(the Lisbon Earthquake)

12월 9일, 〈백과사전(Encyclopedie)〉 공동작업을 시작하다.

1756년(62세)−[한국-영조 32년]
-루이 15세(46세)-

1월 16일, 영국, 프러시아 '웨스트민스터 협정(The Treaty of Westminster)'이 체결되다.[74]

5월 1일, 프랑스와 오스트리아 사이에, '베르사유 협정(The Treaty of Versailles)'이 체결되었다.

왕비 퐁파두르 부인의 중요성은, 1755년 탁월한 오스트리아 외교관 코니츠(Wenzel Anton Graf Kaunitz, 1711~1794)가 베르사유 조약을 이끌 중재자로 퐁파두

---

71) 'Letters from Voltaire, 24 November 1755'.
72) Voltaire(translated by H. M. Block), *Candide and Other Writing*, The Modern Library, 1956, p. 572 'Notes 34'.
73) I. Davidson, *Voltaire in Exile*, Grove Press, 2004, p. 39.
74) Wikipedia, 'The Treaty of Westminster'−The Treaty of Westminster was a treaty of neutrality signed on 16 January 1756 between Frederick the Great of Prussia and King George II of the British Empire.
75) Wikipedia, 'Wenzel Anton Graf Kaunitz'.

르 부인의 참석을 요청할 정도였다. 그
것은 프랑스가 그 원수(怨讐)였던 오스트
리아와 동맹을 하는, '외교 혁명의 시작
(the beginning of the Diplomatic
Revolution)'이었다.[76]

W. A. G. 코니츠(Wenzel Anton Graf Kaunitz)[75]

5월 17일, 프랑스에 대해 '영국이 선전
포고'를 행하였다. -7년 전쟁(1756~1763) 시작되었다.

영국-프랑스 간 소위 '7년 전쟁'은, 프랑스의 식민지에 욕심을 내왔던 영국의
치밀한 계획에 의해 진행된 것이다. 즉 전쟁 결과를 놓고 볼 때, 실질적으로
프랑스를 상대로 치열한 전투를 치른 나라는 프러시아인데('로스바흐 전투(the
Battle of Rossbach)' 사실상의 막대한 이득(거대 식민지 확보)을 성취한 나라는
영국이었다는 사실이 그것을 말한다. 이점에서도 영국은 아직 '국민감정'을
앞세운 유럽의 구시대 전통에 벗어나, 오직 국익(國益)을 위한 전쟁 수행이라는
점에서 영국은 프랑스, 프러시아 등 유럽 국가들의 구시대 사고를 능가했다는
점이 그것이다.

고집스런 헤겔은, '철지난 그 관념주의'로 '로스바흐 전투'를 '종교 성전(聖戰)'
으로 미화(美化)하였고, '프리드리히 2세의 전쟁 승리'를 표준으로 삼아 '게르만
족'을 '우월성과 세계사적 사명감'으로 들뜨게 만들었으니, 이 어처구니없는
'종족 우월주의 교육'의 결과, 독일은 제1차 제2차 세계대전을 피해 갈 수가
없었고, 결국 '공허한 긍지'는 '무참한 패배'로 그 값을 치러야 했다. (참조,
※ ⑦-19. 헤겔과 프리드리히 2세-〈세계 역사철학 강의〉)

그러나 1916년 취리히 '다다 혁명 운동'은 '이익 추구의 전쟁' '제국주의
전쟁'을 말자는 것이 기본 취지였으니, 제1차 세계대전이라는 엄청난 전쟁에
대한 당연한 '생명 평화 옹호 운동'이었다.

8월 계몽주의 실증주의자 달랑베르(d'Alembert, 1717~1783)를 제네바 볼테르
의 레 델리스(Les Delices)에 수용하였다.

9월 17일, 볼테르가 '루이 프랑수아 알라만에게 보낸 편지'에서 말했다.

---

76) Wikipedia, 'Mme de Pompadour'.

제네바 근처 볼테르의 집—낙원 저택(1758)[77] 볼테르[78], 계몽주의 실증주자 달랑베르(d'Alembert, 1717~1783), 볼테르가 캉디드를 구상한 낙원 저택[79]

"모든 것이 선합니다. 모든 것이 참으로 유례없이 선합니다. 그리하여 2~30만의 두 발 짐승이 하루 5수를 받고 서로를 죽이는 것입니다."—G. 라이프니츠의 '신정론 (神正論, Theodicy)'에 대한 지속적 조롱이다. (참조, ※ ③-1. '자유 의지(free will)'란 무엇인가?)

12월, 앞서 5월의 미노르카 해전(The Battle of Minorca)에서 프랑스에 패배한 영국의 빙 제독 (Admiral J. Byng, 1704~ 1757. 3. 14)의 구명 운동을 전개하였다.

빙 제독(J. Byng, 1704~1757. 3. 14), 빙 제독 처형 장면

볼테르는 영국의 지인(知人)과 정부에 편지를 발송하여 '처형(處刑)의 부당성' 을 주장하였으나, '빙 장군 구명 운동'에 실패하였다.

볼테르의 최초 세계사 공식 자료집, 〈종족들의 풍속과 정신에 관한 에세이-역사철학(*Essay on the Manners and Spirit of Nations, Essai sur les Moeurs —The Philosophy of History*)〉의 집필이 시작되다.

소설 〈스카르멘타도 여행기(*History of Scarmentado's Travels*)〉가 간행되다. (참조, ※ ⑧-22. '흑인(黑人)의 노예'가 된 백인(白人) 이야기)

---

77) G. R. Haven, *Voltaire Candide, Ou L'Otimisme,* Henry Holt and Company, 1954, 'Voltaire's Home, Les Delices(1758)'.

78) G. R. Haven, *Voltaire Candide, Ou L'Otimisme,* Ibid, p. ii 'Voltaire Drawing by Jean Huber(1721~1786)'.

79) J. Goldzink, *Voltaire,* Hachette, 1994, p. 111 'Les Delices ou Voltaire concut Candide'.

〈플라톤의 몽상(*Plato's Dream*)〉이 간행되었다. (참조, ❋ ③-21. 몽상(夢想)의 플라톤)

1757년(63세) - [한국-영조 33년]
-루이 15세(47세)-

11월 5일, 프랑스(러시아, 오스트리아) 연합군은, '로스바흐 전투(the Battle of Rossbach)'에서 프러시아에게 패배를 당하였다.

'볼테르 이동 경로(파리⟹베를린⟹프랑크푸르트⟹제네바⟹파리)와, 로스바흐 전장(戰場)', '로스바흐 전투(the Battle of Rossbach)'[80]

11월, 달랑베르(d'Alembert, 1717~1783)가 쓴 〈백과전서〉의 '제네바' 항은, 볼테르가 달랑베르를 시켜 그렇게 적은 것이라는 비난을 받았다.

1758년(64세) - [한국-영조 34년]
-루이 15세(48세)-

10월, 볼테르가 또 다시 제네바 근처에 '페르네 (the Chateau de Ferney)' 영지(領地)를 구입하였다.[82]

〈캉디드 - '낙천주의'〉(소설)를 쓰기를 시작하다.

국경(國境) 지역의 대규모 '페르네 (Ferney, 1758)'[81]

전년도에 간행된 달랑베르(d'Alembert)의 선동 적인 '제네바' 글은, 볼테르가 시킨 것이라는 비난을 당하다.

---

80) Wikipedia, 'the Battle of Rossbach' - 'Contemporary painting of the battle'.
81) 볼테르가 '델리스(Delices)'에서 다시 '페르네(Ferney)'로의 이동은, '온전한 국적 초월(國籍 超越) 의지', 볼테르의 '자유의지(Free Will)'를 명시하고 있는 바로서 1916년 '취리히 다다이스트와 공통 思考'이었다.
82) 'Voltaire purchased a home near Geneva that he called Les Délices and in 1758 purchased the Chateau Ferney'.

1759년(65세) － [한국-영조 35년]

-루이 15세(49세)-

파리 고등법원은 볼테르의 〈백과사전(Encyclopedie)〉과 엘베시우스(C. A. Helvetius, 1715~1771)의 〈정신(L'Esprit)〉을 금서(禁書)로 지정하였다.

엘베시우스(C. A. Helvetius, 1715~1771), 영역본 〈정신〉(1759)[83]

1월, 볼테르가 명작 〈캉디드(*Candide*)〉를 출간하였다. (참조, ※ ③-1. '자유 의지(free will)'란 무엇인가?)

영역본 〈캉디드〉(1762)[84], 프레임 역, 〈캉디드〉(1961)[85], 애덤스 역, 〈캉디드〉(1966)[86], 고든 역, 〈캉디드〉(1999)[87]

볼테르의 회심의 역작 〈캉디드〉는, G. 라이프니츠의 '신(神) 중심' '전체 중심' '도덕 중심'의 '신정론(神正論, Theodicy)'으로 요약되는 암흑의 중세 봉건

83) Wikipedia, 'Claude Adrien Helvétius' － 'Cover page of a 1759 English translation of De l'Esprit'.

84) Wikipedia, 'Voltire' : 'Frontispiece and first page of an early English translation by T. Smollett et al. of Voltaire's Candide, 1762'.

85) Voltaire(Translated by D. M. Frame), *Candide, Zadig and Selected Stories*, The New American Library, 1961.

86) Voltaire(Translated by R. M. Adams), *Candide or Optimism*, W. W. Norton & Company, 1966.

87) Voltaire(Translated by D. Gordon), *Candide*, Beford/St.Martin's, 1999.

사회의 지속 속에서, 볼테르는 '인간 생명 중심' '개인 중심' '실존(육체) 중심' '자유 의지(Free Will, 선택 의지)'를 강조하여 유럽 전체에 혁명의 봉화를 올린 영원한 명작이다. (참조, ※ ③-1. '자유 의지(free will)'란 무엇인가?)

이 볼테르의 사상을 바탕으로 이후 A. 쇼펜하우어, F. 니체, 다다 혁명 운동가들이 실존주의 운동을 전개하였다.

(파리 입성이 거부된) 볼테르는, 스위스 제네바로 가서, 1755년 그 근교에 대 저택 레 델리스(Les Delices)를 구입하였다. 제네바 법은 처음 볼테르를 공개적으로 수용하였지만, 연극 공연

'페르네의 볼테르'88), '페르네 완성도(1784)'89)

을 금지하였고, '오를레앙의 마님' 출간을 막아 1758년 말(末)에는 프랑스 국경을 넘어 페르네(Ferney)에서 더 큰 저택을 구입하게 되었다. 거기에서 볼테르는 1759년 캉디드(Candide, or Optimism)를 쓰게 되었다. 라이프니츠의 낙천적 결정론을 풍자한 것으로 볼테르의 작품 중에서 가장 널리 알려져 있다. 볼테르는 페르네(Ferney)에 20년을 머물며 보스웰, 애덤 스미스, 기아코모 카사노바, 에드워드 깁번 같은 저명인사 회동하며 즐겼다. 1764년에 볼테르는 잘 알려진 〈철학사전(Dictionnaire Philosophique)〉을 간행하였는데, 기독교 역사와 교리를 항목으로 한 것으로 일부는 베를린에서 작성된 것이다.90)

당시 스위스의 탁월한 화가 장 위베르(Jean Huber, 1721~1786)는, 볼테르의 페르네(Ferney) 시대의 일상을, 다음과 같은 그림으로 제시하고 있다.

---

88) 'La collection des Mémoires et Documents sur Voltaire'.

89) R. Pomeau, *Voltaire*, Seuil, 1994, pp. 28~29 'Fion de Ferney Voltaire'.

90) Wikipedia, 'Voltaire'.

J. 위베르(Jean Huber)작 '볼테르의 기상(起床)'91), '볼테르의 아침 식사'92), 화가 '위베르(Jean Huber, 1721~1786) 자화상'93)

J. 위베르(Jean Huber)작 '말을 길들이는 볼테르'94), '승마(乘馬)하는 볼테르'95), '마차(馬車)를 모는 볼테르'96)

J. 위베르(Jean Huber)작 '나무 심는 볼테르'97), '연기(演技)를 하는 볼테르'98), 화가 '위베르 자화상'99)

---

91) 'Voltaire's Morning'.
92) 'Voltaires Breakfast'.
93) 'Autoportrait'.
94) 'Voltaire Taming a Horse'.
95) 'Voltaire Riding a Horse'.
96) 'Voltaire in a Cabriolet'.
97) 'Voltaire Planting Trees'.
98) 'Voltaire on the Theatre Scene'.
99) 'Jean Huber (1721‐1786) Switzerland "Autoportrait avec Voltaire" vers 1770'.

J. 위베르(Jean Huber)작 '장기(將棋) 두는 볼테르'[100], '농부와 대화하는 볼테르'[101]

J. 위베르(Jean Huber)작 '시민들과의 대화'[102], '이야기를 들려주는 볼테르'[103], '볼테르에게 (장 칼라스 사건 등)호소하는 시민들'[104]

I. 쿠베르도(Isidore Queverdo, 1748~1797) 작 '알프스 농노들과 볼테르'[105], J. 위베르(Jean Huber)작 '농부들과 얘기하는 볼테르'[106], '손님을 맞는 볼테르'[107]

---

100) 'Voltaire at a Chess Table'.

101) 'Voltaire Conversing with the Peasants in Ferney'.

102) 'Voltaire en conversation avec un groupe de paysans à Ferney'.

103) 'Voltaire Narrating a Fable'.

104) J. Goldzink, *Voltaire*, Hachette, 1994, p. 233.

105) '"Voltaire et le serf du Mont Jura" (Voltaire und der Leibeigene aus dem Jura). Kupferstich von Joseph de Longueil (1730 - 1792) nach Zeichnung von François Marie Isidore Quéverdo (1748 - 1797). Aus einer Serie: Bienfaits de Voltaire'.

106) 'HUBER Jean, Voltaire en conversation avec un groupe de paysans, Cornette de Saint-Cyr, Paris'.

107) 'Voltaire Welcoming his Guests'.

J. 위베르(Jean Huber)작 '담화하는 볼테르', '유럽의 여관 주인, 철학자들의 저녁 식사'108), '까페에서 디드로와 볼테르'109)

J. 위베르(Jean Huber)작 '철학자들의 식사'110), '작업실에서의 볼테르'111)

'볼테르의 침실(寢室)', '볼테르 두상(頭相)'112)

J. 위베르(Jean Huber)작 '볼테르 상(像)' '볼테르(1769)'113)

---

108) 'Un dîner de philosophes!' ; 'Voltaire often stated that he was the innkeeper of Europe. There was no inn at Ferney and visitors were invited for dinner and stayed overnight. There were often as many as 40 guests at the chateau'.

109) 'Voltaire and Diderot at the Café'.

110) J. Goldzink, *Voltaire*, Hachette, 1994, p. 130 'Le souper des philosophes, The Philosophers at Supper' : 1. Voltaire, 2. Le pere Adam, 3. L'abbe Maury, 4. D'Alembert, 5. Condorcet, 6. Diderot, 7. Laharpe.

111) 'Voltaire at his work table' – 'Huber, Voltaire'.

112) R. Pomeau, *Voltaire*, Seuil, 1994, p. 133 'Tetes de Voltaire par M. Huber'.

113) 'Voltaire 1769'.

1760년(66세) - [한국-영조 36년]

-루이 15세(50세)-

오스트리아 러시아 군대가 베를린을 점령하고, 영국 군대가 몬트리올 (Montreal)을 점령하다. 영국에서는 조지 3세(George 3)가 조지 2세(George 2)를 계승하다.

6월, 루소(J. J. Rousseau, 1712~1778)가 볼테르와 관계를 파기하다.

1761년(67세) - [한국-영조 37년]

-루이 15세(51세)-

러시아 캐서린 2세(Catherine 2)가 즉위하다.

2년 전에 제작된 소설 〈어느 착한 바라문 이야기(*The Story of a Good Brahmin*)〉가 간행되었다.

1762년(68세) - [한국-영조 38년]

-루이 15세(52세)-

3월 9일, 툴루즈(Toulouse) 시의 재판정 이 장 칼라스에게 사형을 선고했다.

3월 10일, 볼테르가 '장 칼라스 사건 (Calas affair)'에 개입을 하였다.

프랑스 툴루즈(Toulouse)에서 개신교 도 장 칼라스가 자신의 아들을 살해하였 다고 잘못 차형(車刑) 당한 것에 항의하 여, 볼테르가 '장 칼라스 재활 운동(무죄 운동)'을 시작하였다.

'장 칼라스(J. Calas, 1698~1762. 3. 10)', '툴루즈 대법원 판결로 차형(車刑)이 집행되는 칼라스'114)

볼테르가 러시아 캐서린 II세(Catherine II, 1729~1796)와 통신을 시작했다.

1763년(69세) - [한국-영조 39년]

-루이 15세(53세)-

---

114) Voltaire(translated by B. Masters), The Calas Affair *A Treatise on Tolerance*, The Folio Society, 1994, p. ii 'Mr. John Calas a French Protestant Merchant Broke on the Wheel by order of Parliament of Thoulouse'.

2월, '7년 전쟁(the Seven Years War)' 종료되다.—파리 조약, 프랑스는 식민지를 잃고 영국은 주요 식민지를 확보하다. 부갱빌(L. A. Bougainville, 1729~1811)이 세계 일주 항해를 하다.(1763~1765)

베르댕(H. Bertin, 1720~1792)[115]

이 변동된 동맹 체제 하에서, 유럽 열강은 7년 전쟁에 돌입했으니, 프랑스 오스트리아 러시아가 영국, 프러시아와 싸우는 전쟁이었다. 프랑스는 1757년(11월, 5일) '로스바흐 전투(the Battle of Rossbach)'에서 프러시아에게 패배를 당하였고, 신대륙의 식민지 대부분을 영국에 내줘야 했다. '로스바흐 전투(the Battle of Rossbach)' 뒤에 퐁파두르 부인은 왕(루이 15세)에게 '홍수는 항상 있고, 뒤에도 계속 발생합니다.' 프랑스는 그 전쟁으로 왜소하게 되었고, 사실상 파산(破産)을 당했다.

영국의 전쟁 승리는 프랑스의 식민지 지배권을 억압하여, 퐁파두르 부인을 탓하는 비판도 있었다. 그러나 퐁파두르 부인은, 재정과 경제 개혁(무역, 기반 시설, 관세)을 소개한 베르댕(H. Bertin, 1720~1792)과 마쇼(Machaut) 같은 장관들을 지원하여 프랑스를 세계에서 가장 부국(富國)이 되게 하였다.[116]

12월 볼테르의 〈관용론-칼라스 사건(Trite sur la tolerance-Treatise on Tolerance)〉이 출간되었다. (참조, ※ ⑥-1. 광신(狂信)의 현장(現場))

그 〈관용론-칼라스 사건〉에는 '신에 올리는 기도(A Prayer to God, 제23장)'가 있는데, 거기에서 볼테르는 다음과 같이 기도를 하고 있다.

"이 세상 사람들이 모두가 형제라는 사실을 잊지 않게 해주소서! 사람들로 하여금, 노동과 정직한 생업의 결실을 강탈해가는 강도(强盜)들을 증오하듯이, 그들의 영혼에 가해지는 폭압을 증오하게 해 주소서.(May all men remember they are brother! may they abhor the tyranny which would imprison the soul just as much as they execrate that highway robbery which makes off with the fruit of honest work and application.)"

볼테르의 기도(祈禱)를 받을 신(God)은 '자연의 신' '이치의 신'이므로 결국은

---

115) Wikipedia, 'H. Bertin'.
116) Wikipedia, 'Mme de Pompadour'.

전 인류의 이성(理性)들을 향한 기도이고, 볼테르 자신의 필생(畢生)의 다짐이었다. (참조, ※ ⑤-13. 각자의 '이성(理性, Reason)'을 존중하자. ※ ⑤-14. 볼테르의 기도(祈禱), ※ ⑪-12. 신(神)의 대행자(代行者)는 어디에도 없다.)

이 해에 〈에페메로스 대화록(*The Dialogues of Ephemeral* −*Dialogues et Entretiens Philosophiques*)〉 중에, '중국인의 교리문답(The Chinese Catechism)'을 제작하였다. (참조, ※ ⑪-10. 무한 공간에 '모래알 같은 지구')

1764년(70세) − [한국-영조 40년]
-루이 15세(54세)-
4월 15일, 왕비 퐁파두르 부인이 사망하였다.

왕비 퐁파두르 부인은 문학에도 날카로운 감각을 지니고 있었고, 베르사유 입궁(入宮) 이전부터 볼테르를 알고 있었다. 그리고 볼테르는 퐁파두르 부인의 궁정 역할을 그녀에게 충고를 주고 있었다.

왕비의 사망 소식을 접한 볼테르는, 다음과 같이 적고 있다. "나에게 퐁파두르 부인의 사망은 너무도 슬프다. 나는 그녀에게 빚을 졌고, 감사를 넘어 그녀

C. A. 반로 작 '1747년, 터키 식으로 분장한 왕비 퐁파두르 부인'[117]

를 슬퍼한다. 걸을 수도 없는 옛날 글쟁이는 아직 살아 있는데도, 찬란한 경력 속에 빛나는 미모의 여인이 42세에 죽어야 하다니 부조리(absurd)로다."[118]

6월, 〈철학사전(*The Philosophical Dictionary, Dictionnaire Philosophique*)〉이 처음 간행되었다. (참조, ※ ②-14. 인류 '종족(種族) 보존'의 중요성)

(볼테르 학문을 전체적으로 요약하고 명저로, 죽을 때까지 거듭 수정 보완이 행해졌다.)

---

117) Wikipedia, 'Mme de Pompadour', − 'Madame de Pompadour portrayed as a Turkish lady in 1747 by Charles André van Loo, an example of Orientalism in early modern France'.
118) Wikipedia, 'Mme de Pompadour'.

〈흑과 백(*The Balck and The White*)〉이 간행되다. (참조, ※ ⑧-24. '꿈' 속에 명시된 '흑(欲望)⇔백(理性)' 동시주의)

〈시민의 감상(*Le Sentiment des Cytoyens*, 1764)〉에서 자식을 버린 루소 공격하다.

〈바빌론의 공주(*Princess of Babylon*)〉가 간행되다. (참조, ※ ③-14. '실존'과 '쾌락' 의 의미)

J. 위베르(Jean Huber) 작 '70세의 볼테르'[119]

전기 작가 보스웰(James Boswell, 1740 ~1995)이 볼테르를 방문하다.

보스웰(James Boswell, 1740~1995), 볼테르의 <철학 사전(Dictionnaire Philosophique)>

1765년(71세) – [한국-영조 41년]

-루이 15세(55세)-

3월, 칼라스에 무죄 판결이 내리다.

1762년부터 볼테르는 부당하게 박해 된 사람들의 선두에 서서, 장 칼라스의 경우가 가장 칭송이 되고 있다. 위그노 상인 칼라스가 그의 아들이 가톨릭으로

칼라스의 처형 후에, 그의 무죄를 선언한 루이15세의 칙령[120]

---

119) Wikipedia, 'Voltire' : 'Voltaire at 70 ; engraving from 1843 edition of his Philosophical Dictionary'.

120) Voltaire(translated by B. Masters), *The Calas Affair A Treatise on Tolerance*, The Folio Society, 1994, p. 140-2, 'Louis ⅩⅤ's decree posthumously acquitting Jean Calas of the murder of his son.'

개종하려 하니 살해했다는 혐의로 1762년 고통스럽게 처형되었다. 칼라스의 재산은 몰수되고 그의 남은 아이들은 어머니에게서 분리 수도원에 강제 편입되었다. 명백한 종교적 박해를 목격한 볼테르는 1765년 그 유죄 판결을 뒤집게 하였다.[121]

네덜란드에서 〈역사철학(*The Philosophy of History - Philosophe de l'histoire*)〉이 간행되다. (참조, ※ ⑩-1. 역사(歷史) 서술의 초점은, 종족(種族)의 번성(蕃盛) 여부이다.)

1766년(72세) - [한국-영조 42년]
-루이 15세(56세)-

1월 19일(음력), 한국의 홍대용(洪大容, 1731~1783), 북경(北京) 천주당(天主堂)에서, 독일인 신부 A. 할레르슈타인(A. Hallerstein, 劉松齡, 1703~1783)[125]에게서 태양 중심의 지구 자전(自轉)의 천문학 일반을 소개 받다.

홍대용(洪大容, 1731~1783), <을병연행록>[122]

7월 1일, 프랑스 북부 도시 아베빌(Abbeville)에서에서, 슈발리에 드 라바르(Chevalier de La Barre, 1745~1766)라는 청년이 '십자가상을 훼손하고 종교적 행진 중에 불경한 노래를 불렀다.(having mutilated a crucifix and sung disrespectful songs a during a religious procession)'는 이유로, 화형(火刑)에 처해지고 볼테르의 〈철

슈발리에 드 라바르(Chevalier de La Barre, 1745~1766) 제1동상[123], 제2동상[124]

---

121) Wikipedia, 'Voltaire'.
122) 홍대용, <을병연행록>, 태학사, 1997.
123) Wikipedia, 'Chevalier de La Barre' - 'First statute of the Chevalier de la Barre at the gates of the Sacré-Cœur de Montmartre'.
124) Wikipedia, 'Chevalier de La Barre' - 'Second statue of the Chevalier de La Barre, on Montmartre'.
125) Wikipedia, 'Ferdinand Augustin Haller von Hallerstein' - '유송령(劉松齡, A. Hallerstein, 1703~1774) 유고 서북부 카르니올라(Carniola) 출신, 예수회 선교사로 중국에서 살았고, 중국 천문학자다. 건륭제 때, 왕립 천문국 수학부 장관이었다. 돌리는 고리를 지닌 혼천의(渾天儀)를 만들었고, 중국 최초의 인구-(198,214,553)를 확인한 통계학자이다. 중국 지도 제작에 참여하였고, 문화 대사, 고위 공무원(1739~1774)이었다.'

학사전〉도 불태워졌다.126)

12월 〈무식한 철학자(*The Ignorant philosopher —Le Philosophe Ignorant*)〉가 간행되다. (참조, ✻ ⑨-1. 인간은, 자연의 노예다.)

1767년(73세) -[한국-영조 43년]

-루이 15세(나이 57세)-

7월, 소설 〈랭제뉘(*L'Ingenu*, 自然兒)〉를 간행하였다. (참조, ✻ ②-10. 있는 그대로 보아야 한다.)

1768년(74세) -[한국-영조 44년]

-루이 15세(58세)-

3월, 볼테르의 〈바빌론의 공주(*Princess of Babylon —La Princesse de Babylone*)〉가 출간되었다. (참조, ✻ ⑤-30. 옹정제(雍正帝)의 관용 2)

(볼테르가 〈바빌론 공주〉에 중국의 옹정제(雍正帝, 1678~1735)를 칭송하고 있으나, 그것은 자신이 소속된 프랑스 사회 '가톨릭의 편협성' '교조의' '미신의 횡행'을 바로잡으려는 의도에서 그러했던 것이다. 볼테르는 '천체 물리학적 세계관'을 통해, 사해일가(四海一家), 사해동포주의(四海同胞主義)의 '지구촌(The Global Village)' 개념을 앞장서서 실천하였으니, 이것은 1916년 취리히 '다다 혁명 운동'의 귀감(龜鑑)이 된 사고이다.)

〈A.B.C. 3인의 대화(The Dialogue Between A, B and C)〉를 간행하였다.127)

1769년(75세) -[한국-영조 45년]

-루이 15세(59세)-

볼테르가 〈국가들의 풍속 정신에 관한 에세이(*Essay on the Manners and Spirit of Nations*)〉를 간행하였다.

(볼테르의 '세계사(a universal history)'에 대한 관심은 1740년부터 발동되었는데, 이는 현대 인문학의 가장 중요한 특징인 '지역적 인종적 편견을 초월'하여, 세계 보편의 인류 공통의 생명 존중의 가치 추구를 모색하는 위대한 발걸음의

---

126) Voltaire(translated by H. M. Block), *Candide and Other Writing*, The Modern Library, 1956, p. 576 'Notes 101'.

127) Voltaire(translated by H. M. Block), *Candide and Other Writing*, The Modern Library, 1956, p. 574 'Notes 62'.

시작이었고 1916년 '다다 혁명 운동'의 시원(始源)을 마련한 발상의 기점이다.)

1770년(76세) - [한국-영조 46년]
-루이 15세(60세)-
1월, 볼테르는 〈백과사전에 대한 질문(Questions sur l'Encyclopedie)〉 제작을 시작하였다. (1772년에 종료하다.)

1771년(77세) - [한국-영조 47년]
-루이 15세(61세)-

1772년(78세) - [한국-영조 48년]
-루이 15세(62세)-
비극 〈미노스 법(Lois de Minos)〉을 쓰다.

1773년(79세) - [한국-영조 49년]
-루이 15세(63세)-
볼테르가 크게 앓아 몸이 극도로 허약
해졌다. 볼테르는 파리로 가서 〈미노스
법(Lois de Minos)〉의 성공에 감사하고 싶
었으나, 건강의 약화로 무대에 설 수 없는
상태였다.
〈흰 수소(le Taureau blac, The White Bul
l)〉, 〈자연 탐구(The Study of Nature, 체스
터휠드 백작의 귀(소설)〉를 썼다. (참조,
※ ⑪-19. 자연(自然)의 원리(原理)가 신(神)이다.)

'볼테르(1773)'[128]

1774년(80세) - [한국-영조 50년]
-루이 15세(64세)-
5월 10일, 루이 15세 사망하고, 루이 16세(Louis XVI, 1754~1793)가 즉위하였다.
〈백과사전에 대하여(Of the Encyclopedia)〉를 발행하였다.[130]

---

128) R. Pomeau, *Voltaire*, Seuil, 1994, p. 133 'Voltaire(1773)'.
129) Wikipedia, 'Louis ⅩⅥ' ; 'Louis XVI at the age of 20'.

〈흰 수소(*le Taureau blac, The White Bull*)〉를 발행하다.

20세의 루이 16세(Louis XVI, 1754~1793)[129]

1775년(81세) - [한국-영조 51년]
  -루이 16세(21)-

〈제니의 이야기〉(소설) - 미국의 '독립 전쟁'(1775)이 시작되다.

크라메르(Cramer)사가 〈볼테르 전집〉을 간행하였다.

7월 화가 드농(Vivant Denon, 1747~1825)이 볼테르를 방문하다.

'페르네의 볼테르(1775. 7. 4.)'[131], 드농(Vivant Denon) 작 '볼테르', '노인 볼테르(Voltaire as old man)', '드농(Vivant Denon, 1747~1825)'

1776년(82세) - [한국-영조 52년]
  -루이 16세(22)-

〈철학 비평, 마침내 설명된 성경 (Philosophic Criticisms - La Bible enfin expliquee)〉이 출간되다. (참조, ※ ⑪-1. '여호와(Jehovah)'는 이집트에서 유래하였다.)

J. B. 피갈(J. B. Pigalle, 1714~1786 작, <나체의 볼테르>(1776)[132], 피갈

130) Voltaire(translated by H. M. Block), *Candide and Other Writing*, The Modern Library, 1956, p. 574 'Notes 63'.
131) J. Goldzink, *Voltaire*, Hachette, 1994, p. 'Voltaire(4 juillet 1775)'.
132) J. Goldzink, *Voltaire*, Hachette, 1994, p. 157 'Jean Baptiste Pigalle(1714~1786)'

1777년(83세)—[한국-정조 1년]

-루이 16세(23)-

볼테르가 〈에페메로스의 대화록(The Dialogues of Ephemeral)〉을 출간하였다.[133] (참조, ※ ⑪-10. 무한 공간에 '모래알 같은 지구')

(에페메로스(Ephemerus, B.C. 4세기 희랍철학자)는 고대 신들의 존재를 의심하고, 신격화된 '우수한 인간들(superior men)'로 생각하였다.[135] 특히 〈에페메로스 대화록〉 중에, '중국인의 교리문답(The Chinese Catechism)'은, 볼테르가 이미 젊은 시절에 읽었던 공자(孔子)의 반신비주의(反神秘主義, Anti-mysticism)와 자연법(自然法, Natural Law) 사상을 칭송한 것으로 볼테르의 인류를 향한 자신의 이상(理想)을 명시하고 있다.)

J. 위베르(Jean Huber)작 '9월, 페르네의 볼테르'[134], 혁명 실현기(革命 實現期, 1778~1791)

1778년(84세)—[한국-정조 2년]

-루이 16세(24)-

2월 11일 볼테르의 마지막 비극 〈이렌(Irene)〉을 보려고 파리로 귀환하다.

2월 21일 볼테르가 벤저민 프랭클린(Benjamin Franklin, 1706~1790)[136]에게

133) Voltaire(translated by H. M. Block), *Candide and Other Writing*, The Modern Library, 1956, p. 574 'Notes 64'

134) R. Pomeau, *Voltaire*, Seuil, 1994, p. 32 'Voltaire(1777)'

135) Voltaire(translated by H. M. Block), *Candide and Other Writing*, The Modern Library, 1956, p. 574 'Notes 64'

136) Wikipedia, 'Benjamin Franklin'—'1776~1785 프랑스 대사 시절(Ambassador to France: 1776 - 1785)' '1776년 12월 프랭클린은 프랑스에 미국 고등 판무관(判務官)으로 파견되었다. 프랭클린은 16세 손자-윌리엄 템플 프랭클린-을 비서로 대동하였다. 그들은 파리 교외 파시에 1785년까지 거주하였다. **프랭클린은 1778년의 중요한 군사협정**, 1783년의 파리 협정을 포함한 미국과 프랑스 간 외교 업무를 주도하였다. (In December 1776, Franklin was dispatched to France as commissioner for the United States. He took with him as secretary his 16-year-old grandson, William Temple Franklin. They lived in a home in the Parisian suburb of Passy, donated by Jacques-Donatien Le Ray de Chaumont,

편지를 쓰다. (참조, ※ ④-19. 자유의 펜실베이니아)

"그의 나이 84세가 되
는 1778년에 볼테르는
친구들의 만류에도 불
구하고 '페르네 마을'을
떠나 파리 방문을 결행
하였다. 볼테르는 파리
시민의 환호와 관심에
압도당하였다. 하루에
300명의 인사를 접견해
야 했다. 2월 15일 일요
일에는 너무 앓아 집을
나갈 수도 없었다. 그날
이 편지에 적힌 바와 같
이, 미국의 정치가이며
철학자 외교가인 프랭

A. 데바리아(Achille Devaria) 작 '프랭클린과 그의 손자를 맞은 볼테르'[137],
P. 아메리코(Pedro Américo, 1843~1905) 작 '프랭클린의 손자를 축원하는
볼테르'[138]

'프랑스 판무관 시절(1776~1785)의 프랭클린', '미국 최초 프랭클린 우표
(1847)'[139], '화가 A. 데바리아(Achille Devaria, 1800~1857)', '화가 P. 아메리코
(Pedro Américo, 1843~1905)'

클린을 접견한 것이다. 프랭클린은 당시 72세로 영국과 치르고 있던 독립전쟁에
외교 업무로 파리에 머무르며 대주교 축성(祝聖)을 받으러 두 살짜리 손자(16세의
孫子-W. T. Franklin오류임)를 대동하고 있었다.(프랭클린의 노력으로, 1778년 2월
6일 볼테르의 편지가 작성하기 전에 루이 16세는 '미불 동맹(美佛 同盟)'에 이미
서명을 마친 상태였다.) 볼테르와 프랭클린은 미국 통치체제에 대한 논의를 했던
것으로 전해지고 있다.

볼테르는 프랭클린에게 말했다. '내가 40세만 되었더라면, 귀하의 행복한 조국
(미국)으로 건너가서 정착을 했을 겁니다.'

1778년 2월 21일 파리에서(프랭클린에게 준 볼테르 편지)

---

who supported the United States. Franklin remained in France until 1785. He conducted
the affairs of his country toward the French nation with great success, which included securing
a critical military alliance in 1778 and negotiating the Treaty of Paris (1783).'

137) 'A depiction by Achille Devaria of Voltaire greeting Ben Franklin and his nephew as they
visit France'.

138) 'Voltaire blessing Franklin's grandson, in the name of God and Liberty, by Pedro Américo'.

139) Wikpedia, 'Benjamin Franklin'-'Benjamin Franklin, First US postage stamp, Issue of 1847'.

-귀하의 편지는 귀하가 순수한 분으로 제게 느끼게 하였습니다. 귀하는 영광스럽게도 저를 방문을 하셔서, 유용한 시간이 되셨다니 무엇을 더 바라겠습니까. 현명하고 유명한 프랭클린 할아버지를 둔 손자와 자랑스런 미국 시민들께도 제가 축하의 말씀을 전하더라고 꼭 말해주시기 바랍니다. '신(神 God)과 자유(自由 liberty)' 그것이 있을 뿐입니다. 모든 사람들은 크게 달라졌습니다. 그들의 열망과 함께 하는 귀하에게 저의 경복(敬服)을 올립니다.

저의 나이는 84세입니다. 우주 만물의 창조자 신(神)을 뵈올 것입니다. 내 비록 고통(苦痛)이 저를 엄습한다고 해도, 귀하가 제게 할 말이 있다면 우선적으로 당신부터 만나는 것이 저의 의무이자 권리일 것입니다. 저는 영광스럽습니다.
…-볼테르-

(In 1778, Voltaire, being now in his eighty-fourth year, decided, against the advice of his best friends, to leave Ferney on a visit to Paris. He was overwhelmed with homage and attentions--in one day alone he received three hundred visitors. By Sunday, February 15th, he was too ill to leave the house. On that day, as recorded in this letter, Benjamin Franklin--the American statesman, philosopher, diplomatist, now seventy-two years old, and in Paris on a diplomatic mission to secure foreign assistance for America in the war she was then waging with Great Britain--brought his grandson to receive the patriarch's blessing. (Franklin's efforts had been so far successful that on February 6, 1778,--a week or two before this letter was written,--Louis XVI had signed a treaty of alliance with the United States.) It is said that Voltaire and Franklin talked of the government and constitution of that free country. "If I were forty," said Voltaire, "I should go and settle in your happy fatherland." …

Paris, February 21, 1778.

Your letter, sir, seems to me to be that of an honest man: that is sufficient to determine me to receive the honour of a visit from you on the day and at the hour most convenient to you. I shall say to you exactly what I said when I gave my blessing to the grandson of the wise and famous Franklin, the most honoured of American citizens: I spoke only these words, "God and liberty." All present were greatly moved. I flatter myself that you share these aspirations.

I am eighty-four years of age: I am about to appear before God, the Creator of all the universe. If you have anything to say to me, it will be my duty and privilege to receive you, despite the sufferings which overwhelm me.

I have the honour to be, etc.,-Voltaire)"[140]

2월 22일 크게 앓았다.

2월 28일 볼테르는 유언장에, '나는
신을 찬양하고, 친구들을 사랑하며, 적들
을 미워않고, 미신(迷信)을 싫어하며 죽는
다.(I die adoring God, loving my friends,
not hating my enemies, and detesting
superstition.)'라고 썼다.

볼테르 유언장[141]

볼테르는 평생 '미신 3대첩(迷信 3大捷, The Three Great Victories Over Mysticism)'
을 달성했으니, '인도 대첩' '이집트 대첩' '희랍 대첩'이 그것이다. (참조,
※ ⑩-16. 인도(印度)가 서구(西歐) 문화의 원천(源泉)이다. ※ ⑪-2. 유일신, 영혼불
멸, 사후상벌(死後賞罰)은 모두 고대 이집트인 유품이다. ※ ⑪-8. 희랍 주술사(呪術
師, Sibyls) 방식의 '묵시록(Apocalypse)' 서술)

3월 2일 '면죄(absolu-
tion)'가 행해지고, '성찬배
(聖餐盃, communion)'를 거
부하였다.

3월 30일 조금 회복이
되어 아카데미에 참석하
였다.

모로 르 쥔(Moreau le Jeune, 1741~1814)[142]작 '프랑스 극장(Theatre Francais)
에서 '이렌-Irene' 6회 공연 후에, 볼테르 흉상에 왕관을 올리다.'[143] '1778년
3월 30일의 볼테르'[144]

4월 7일 프랑스 아카데미에 새로운 사전 편찬 계획을 추천하였다.

---

140) 'Letters from Voltaire, 21 February 1778'
141) Voltaire(Translated by D. Gordon), *Candide*, Beford/St.Martin's, 1999, p. 38 'I die worshiping God loving my friends, not hating my enemies, detesting superstition'.
142) 'Moreau le Jeune(1741~1814)'.
143) Voltaire(Translated by D. Gordon), *Candide*, Beford/St.Martin's, 1999, p. 38 'A bust of Voltaire being crowned at Theatre Francais March 30, 1778'.
144) R. Pomeau, *Voltaire*, Seuil, 1994, p. 27 (J M Moreau le Jeune).
145) 'Volaire, Poet Laureate(1778.3.30.)'
146) J. Goldzink, *Voltaire*, Hachette, 1994, p. 316 'Voltaire Crowned by Mademoiselle Clairon(1723~1803)' by Claude Louis Desrais(1756~1816)

5월 30일 볼테르가 사망하였다.

볼테르는, 샹파뉴의 셀리에르(Scellieres in Champagne) 수도원에 안장되었다.

'월계관을 쓰는 시인 볼테르(1778. 3. 30)'[145], C. 데레 작 'M. 클레롱이 올리는 왕관을 쓰는 볼테르(1778)'[146]

1778년 2월 볼테르는 20년 만에 처음으로 파리로 왔는데, 다른 이유도 있었지만, 그의 최후 비극 작품 'Irene' 개막식을 관람하기 위해서였

'볼테르 데스마스크'[147], 볼테르가 사망했던 집(파리)[148]

다. 83세의 노령에 5일간의 여정은 중노동이었다. 볼테르는 자신이 죽을 것을 알았다. 2월 28일에 "신을 찬미하고, 친구들을 사람하고, 적들도 미워하지 않고, 미신을 싫어하며 나는 죽노라."라고 썼다. 그러나 볼테르는 회복이 되어 3월에 'Irene' 공연을 보았고, 거기에서 관객들에게 귀환한 영웅으로 대접을 받았다.

볼테르는 다시 앓게 되어 1778년 5월 30일에 사망하였다. 볼테르의 임종 계정은 다양하고 수가 많았다. 정확하게 상세한 것을 다 확인할 수 없을 정도였다. 볼테르 지지자들은 볼테르가 죽을 때 굉장히 저항적이었다고 함에 대해, 참회와 마지막 의전을 맡은 가톨릭 사제들은 볼테르가 고통 속에 운명했다고 말했다. 한 가지 전하는 이야기에 의하면 볼테르는 죽으며 "새로운 적(敵)들을 만들 때는 아니다."라고 했다고 한다. 그것은 볼테르의 임종에 한 사제가 그가 사탄임을 인정하라는 요구에 대한 대답이었다.

볼테르의 교회 비판은 유명하였기에 볼테르는 죽음에 임하여 참회를 거부하고 기독교 장례를 거부하였다. 그러나 친구들이 볼테르 몰래 그 거절이 있기 전에 그를 샴페인에 있는 '셸리에르(Scellières)' 수도원에 안장하기로 조처하였다. 그의 심장과 뇌는 분리 방부 처리되었다.[149]

---

147) 'Voltaire's death mask'.
148) Wikipedia, 'Voltire' : 'Paris house where Voltaire died'.
149) Wikipedia, 'Voltaire'.

1779년(사망 후 1년) - [한국-정조 3년]

-루이 16세(25)-

1780년(사망 후 2년) - [한국-정조 4년]

-루이 16세(26)-

'노년의 볼테르(1780)'150), '볼테르 흉상'151), '조각가 우동(Jean-Antoine Houdon, 1741~1828)' 작품, 우동(J. A. Houdon, 1741~1828) 작 '볼테르 좌상(坐像)'152), C. 보르프(C. Beaupre, 1758~1823) 작 '볼테르 흉상'153)

1781년(사망 후 3년) - [한국-정조 5년]

-루이 16세(26)-

1789년(사망 후 11년) - [한국-정조 13년]

-루이 16세(34)-

7월 14~28일 프랑스 혁명이 나다.

J. P. 우엘 작 '바스티유 점령'(1789)154), E. 들라크루아 작 '시민을 이끄는 자유신'(1830)155)

---

150) Voltaire(Translated by D. Gordon), *Candide*, Beford/St.Martin's, 1999, p. 36 'A sculpture of elderly Voltaire(1780)' by Jean-Antoine Houdon(1741~1828).

151) Wikipedia, 'Voltire' : 'Voltaire, by Jean-Antoine Houdon(1741~1828), 1778. National Gallery of Art'.

152) 'Voltaire Seated by Jean Antoine Houdon, 1781'.

153) R. Pomeau, *Voltaire*, Seuil, 1994, p. 151 'Buste de Voltaire par Cadet Beaupre'.

154) Wikipedia, 'Jean-Pierre Houël'-'Prise de la Bastille, 1789' : '바스티유'는 혁명가 볼테르가 두 번 수감되었던 곳이다.

155) Wikipedia, 'Eugène Delacroix'-'Liberty Leading the People(1830)' : E. 들라크루아(Eugene Delacroix, 1798~1863)가 이 그림 '자유여신(Liberty)' 상(像)은 볼테르에 훈육된 '왕비 퐁파두르 부인(Mme de Pompadour, 1721~1764, J. M. 나티레르 작, 참조)' 이미지 그대로다. 볼테르 '사회 개혁 의지'와, 왕비의 '평등 정신', '예술 문화 옹호' 정신이 구현되었다.

화가 J. P. 우엘(Jean- Pierre Houël, 1735~1813)은 '바스티유 점령(Prise de la Bastille, 1789)'을 그렸고, E. 들라크루아(Eugene Delacroix, 1798~1863)는 '시민을 이끄는 자유신(Liberty Leading the People, 1830)'을 그려 프랑스 혁명을 찬양하였다.

1790년(사망 후 12년) - [한국-정조 14년]

피에르 보마르셰(P.
Beaumarchais, 1732~1799)
가 독일의 켈(Kehl)시에서
의해 〈볼테르 전집〉(70권)
을 완간하였다.

피에르 보마르셰(P. Beaumarchais, 1732~1799), 독일의 켈(Kehl)시

볼테르 사망 직후에,
피에르 보마르셰(P. Beaumarchais, 1732~1799)는 프랑스에서는 반대가 있었던 〈볼테르 전집(Voltaire's complete works)〉 출간에 착수를 했다. 1779년 2월 출판업자 C. J. 팬코우크(Panckouck)로부터 볼테르 문서 대부분의 출판권을 구매하였다. 보마르셰는 프랑스 정부의 감시를 피하기 위해, 독일의 켈(Kehl)에서 출판을 개시하였다. 보마르셰는 유명한 영국인 타입의 디자이너 J. 바스케르빌(John Baskerville, 1706~1775)의 미망인으로부터 온전한 주물(鑄物)공장을 구입하였고, 세 개의 제지(製紙)공장도 구입하였다. 볼테르 전집 70권은, 1783년부터 1790년 사이에 출간이 되었다. 보마르셰는 사업상으로는 실패를 하였으나, 자칫 망실(亡失)될 뻔했던 볼테르의 많은 후기 저작을 보존하는데 막대한 역할을 하였다.156))

1791년(사망 후 13년)

7월 12일, 볼테르의 유해(遺骸)가 60만 인파 속에 팡테옹(Pantheon, 프랑스 국가유공자의 무덤)으로 이장(移葬)되었다.

1791년 7월 11일, 프랑스 국회는 볼테르를 프랑스 혁명의 선구자로 인정하고, 볼테르의 유물들을 파리로 옮겨 오고 볼테르를 팡테옹에 모시기로 의결하였다.

---

156) Wikipedia, 'Pierre Beaumarchais'
157) 'The Translation of the Mortal Remains of Voltaire (1694-1778) to the Pantheon in Paris

거기에는 줄잡아 1백만 명의 행진이 이었고, 전 파리로 확산되었다. 앙드레 그레트리(André Grétry, 1723~1813)가 그 행사를 위해 작곡한 음악과 '튜바 쿠르바(tuba curva)'를 포함한 오케스트라 음악을 포함한 공을 들인 행사가 열렸다.[160]

라그레네(L. J. F. Lagrenee, 1725~1805) 작 '1791년 7월 10일 볼테르 유해(遺骸)를 파리 팡테옹으로 옮기다.'[157], 베르톨(L. M. Berthault, 1770~1823) 작 '1791.7.11. 볼테르 유해(移葬) 팡테옹으로의 이장(移葬)'[158], '팡테옹', '팡테옹(Pantheon)의 볼테르 묘지'[159]

1812년 (사망 후 34년)

프랑스 혁명 이후에도 '볼테르 정신'은 그대로 '사회 개혁의 동력'으로 작용하고 있었음을 확인할 수 있으니, 화가 G 르모니에르(G. Lemonnier, 1723~1824)는 볼테르 작 '중국(中國)의 고아(孤兒)' 읽기 낭송회(朗誦會)를 작품으

G. 르모니에르(G. Lemonnier, 1723~1824) 작 '제오프랭 마레 살롱에서 가진 볼테르의 '중국 고아(징기스칸)' 읽기(1812)'[161]

on 10th July 1791.' — by Louis Jean Francois I Lagrenee(1725~1805) — '"Voltaire's Triumph on 11 July 1791" — (Voltaire's body is transferred from Sellieres into the Pantheon). — Etching, c. 1815, aft. contemporary drawing by Jean-Louis Prieur th. Y. (1759~1795)'.

158) I. Davidson, *Voltaire in Exile*, Grove Press, 2004, 'Illustrations No.18' — 'The transfer Voltaire's ashes to the Pantheon 11 July 1791. Engraving by Berthault'.

159) Wikipedia, 'Voltire' : 'Voltaire's tomb in Paris' Pantheon'.

160) Wikipedia, 'Voltaire'

161) 'Reading of Voltaire's tragedy of the Orphan of China in the salon of Marie Thérèse Rodet Geoffrin, by Lemonnier — Lemonnier, Lecture de la tragédie de l'orphelin de la Chine de Voltaire dans le salon de madame Geoffrin, 1812.'

162) 'Celebration of the Voltaire Centenary at the Gaite Theatre, Paris Victor Hugo Addressing

로 제시하였다.

1878년 (사망 후 100년)
5월 30일, 파리에서 '볼
테르 백주년 기념행사'가
열리다.

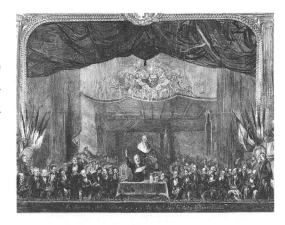

'파리 거테 극장(Gaite Theatre)에서 개최된 볼테르 백주년 기념식(1878.
5. 30)에서 연설하는 빅토르 위고(Victor Hugo, 1802~1885)'[162]

1916년 (사망 후 138년)
2월 5일, 스위스 취리히
(Zurich)에 후고 발(Hugo
Ball, 1886~1927)이 '카바
레 볼테르(Cabaret Voltaire)'
를 개점하다.

'카바레 볼테르 자리', '후고 발(Hugo Ball, 1886~1927)', '에미 헤닝스(Emmy
Hennings, 1885~1948)와 후고 발'

---

the Meeting, France'.

제15장

한국의 '볼테르' 수용사(受容史)

볼테르는 서구(西歐) 사상가 중에서도 유독 '동양(中國)을 이상화(理想化)한 철학자였다.'는 측면에서 특별하다. 즉 볼테르 중심 사상의 일부(自然法 사상)가, 이미 기존 '유학(儒學, 性理學)'을 숭상해 온 한국인(韓國人, 朝鮮朝人)의 그 '국가 사회관(社會觀)'과 크게 상통(相通)하고 있다.

그러나 기존 '한국인'과 '볼테르'의 차이점은, 기존 한국인이 거의 '유교적 봉건사상' '노예적 종속(從屬)의식'에서 탈피를 하지 못하고 있었음에 대해, 볼테르는 뉴턴의 '천체물리학적 세계관'의 과학적 토대 위에, '과학주의' '실존주의'를 선도한 세계적 혁명가였다는 점이다. 그 '두 가지 사상(과학주의, 실존주의)'은 볼테르 사망 230여 년이 지난 지금에도 한국인은 다 못 배우고 있는 형편이다.

볼테르의 사상(〈역사철학〉 등에 명시된바)의 대극점(對極點)에 자리를 잡고 있는 것은 G. 라이프니츠 철학(이후, 헤겔의 〈세계 역사철학 강의〉로 변용되었음)이었다. 라이프니츠 철학의 요점은 '절대신 중심' '절대 복종주의' '전쟁 옹호'가 그 주류를 이루었다.

그에 대해 볼테르는, '인간 생명 중심' '자유 의지' '전쟁 반대'가 그 사상의 골격이다. 이 볼테르의 정신은 그대로 F. 니체의 '차라투스트라'의 '개인주의' '실존주의'로 이어졌고, 1916년 '다다 혁명 운동'의 요점으로 오늘날 '지구촌의 공론(公論)'이 되었다.

⑮-1. 염기용(1973) : 〈깡디드〉, 범우사

    염기용(廉基瑢)은 한국에서 최초로 볼테르의 A급 저서 〈캉디드〉를 번역하고 볼테르의 '연보(年譜)'를 제시한 사람으로 지울 수 없는 '선구적(先驅的) 위치'를 차지하고 있다.

    단지 '최초의 소개자들'이 자주 빠질 수 있는 허점들이 있었으니, '볼테르 연보'에는 다음과 같은 몇 가지 오류(誤謬)가 눈에 띈다.

염기용 역, <깡디드>

> ⓐ 1725년 <u>11월 슈발리에 에 드 루앙</u>과 결투에서 그를 척살(刺殺, 찔러 죽임)하므로 바스티유 감옥에 갇혔다.
> ⓑ 1749년 1월 샤틀레 <u>부인이 그(볼테르)의 아기를 분만하다 死別.</u>
> ⓒ 1750년 6월 프레드릭 2세의 대단한 환영과 <u>그를 文友로 접견</u> ….
> ⓓ 1752년 9월 프레드릭 2세와의 사이를 시기(猜忌)한 폴렌드 관리들이 <u>그곳에서의 저술을 베를린 광장에서 소각함.</u>
> ⓔ 1778년 … <u>스위스 국경지방 세르에르에 묻힘.</u>

    염기용 책 ⓐ에서 볼테르가 '살인(殺人)'을 행했다는 서술은 크게 잘못된 것이다('가해자'와 '피해자'의 구분이 안 된 것이다.). ⓑ에서 '샤틀레' 부인이 분만한 '아이'는, 볼테르의 아기가 아니다. ⓒ에서 '프레드릭 2세'와 볼테르 관계를 '文友'로 소개한 것은 잘못된 것이다. ⓓ에서 '볼테르 저술 소각의 주체는 바로 프리드리히 대왕'이었다. ⓔ에서 프랑스 동부(東部) '스위스 국경지방'이 아니라 북부(北部) '샹파뉴의 셀리에르'가 볼테르의 처음 장지(葬地)였다.

    무엇보다 '볼테르와 프리드리히 대왕'의 관계는, '세계사적인 중대한 사건'이다. ('전쟁 반대'의 볼테르 주장과 '전쟁 옹호'의 헤겔 주장이 맞물린 '문제의 프리드리히 2세'이다.)

    모든 '연보(역사)'의 작성은, 결국 하나의 전제(前提)일 뿐이고 누구나 (정보에)

완벽할 수 없고 처음부터 누구에게 그 '완벽'은 기대해서도 안 된다.

그러나 <u>틀린 가설(假說)일망정 없는 것보다 훨씬 낫다.</u> 볼테르가 태어나 사망하고, 염기용 당대에 이르기까지 200년이 지나도록 '척박한 한국'에서는 그 '볼테르 주요 사상(저술)'은 구경할 수도 없었다. 그런데 그 중대한 '처음 볼테르 이야기'를 염기용이 1973년에 시작했다는 것은, 무엇보다 염기용의 '선구적 안목(眼目)'을 확실히 입증해 주고 있는 사항이다.

⑮-2. 박영혜(1978) : 〈철학 서한〉, 삼성문화재단

<u>박영혜는 1978년, 볼테르의 〈영국 편지(철학서한)〉를 최초로 한국인에게 소개하는 영광을 안았다.</u> 박영혜는 볼테르의 〈영국 편지(철학서한)〉 제작과정과 당시 프랑스 정부의 조처와 볼테르의 주변적 상황을 구체적으로 이해할 수 있게 하였다.

그리고 박영혜는 그 볼테르에 관해 다음과 같이 말하였다.

박영혜 역, 〈영국편지(철학서한)〉

"볼테르의 비평은 날카롭고 타당성이 있었다. 어떠한 작가 작품에 던지는 비난이 감정이고 치사하다고 할지라도 결코 근거가 없는 것이라고 반박할 수는 없다."(p. 198)

"볼테르는 그가 찾고 있었던 (사회적)진실을 영국에서 찾은 셈이었다. 그의 〈철학서한〉은 볼테르 사상에 새로운 단계를 열어준다 하겠으며 따라서 프랑스 전체의 사상에 새로운 시대가 왔다고 하겠다."(p. 198)

"볼테르는 젊었을 때부터 광신(狂信)을 싫어하였다. 뉴턴은 (볼테르에게) 광신이란 인간애에 위배되는 만큼 신(神)의 준엄함과도 양립할 수 없다는 것을 느끼게 해 주었으며, 어쨌든 인간이 서로를 죽인다는 것이 무서울 뿐 아니라, 더욱 가증스러운 것은 그들의 가학적 광분(加虐的 狂奔) 속에 신(神)을 끌어넣는다는 점이다."(p. 199)

⑮-3. 정순철(1982) : 〈철학서한〉〈철학사전〉, 한국출판사

1982년에 정순철(鄭淳喆)이 번역한 〈철학서한(영국편지)〉, 〈철학사전〉, 〈캉디드〉는 한국의 '볼테르 관심자들'에게 가장 성실한 안내 역할을 하였다.

특히 정순철은 '볼테르 사상의 핵심'인 〈철학사전〉을 최초로 한국어로 번역 소개하였고, 볼테르 '전기(傳記)'를 차분한 시각으로 정리하여 볼테르를 향한 독자들에게 안정된 거점을 제공하였다.

볼테르는 그 '사상의 혁명성'과 함께 다양한 인간관계에 얽혀 있었다. 그것은 더욱 본질적인 볼테르의 '선진(先進) 혁명 사상'에로의 '비난'과 '훼방'의 근거가 되기도 했다.

정순철 역, <철학서한, 철학사전>

그런데 정순철은, 그 볼테르의 전(全)생애를 그 '업적 중심의 객관적 시각'을 견지하여 볼테르의 저작을 해설하는 든든함을 유지하였다. 즉 정순철의 볼테르 소개부터 그 건강성을 먼저 확보하여 '전통 보수주의(保守主義)' 낡은 시각을 극복하는데 크게 기여를 하였다.

정순철은 기존 〈캉디드(염기용)〉〈철학서한(박영혜)〉보다 더욱 상세한 주석을 행하여 독자의 정확한 볼테르 이해를 도왔고, 새로 〈철학사전〉을 번역 추가하여 볼테르 이해에 큰 길을 마련해 주었다. 그리고 정순철은 볼테르의 〈역사철학〉〈카라스 사건(관용론)〉에도 약간의 해설을 첨가하여 볼테르의 '사상 이해'에 폭넓은 자료를 소개하였다.

무엇보다 정순철의 시각에서 돋보인 점은 프러시아 프리드리히 2세에 대한 볼테르의 관심을 "이 '무우(無憂)의 철인(哲人)'이라고 자칭(自稱)하는 계몽군주에게 어떤 종류의 기대를 걸고 있었다. 볼테르가 포츠담 궁에서 같이 생활한 현실의 프리드리히는 역시 하나의 전제 군주에 지나지 않았다. … 1753년에 쫓기듯 베를린을 떠난 볼테르는 … 1754년 12월에 제네바에 도착하였다."(p. 14)라고 했던 점이다. <u>정순철이 확보했던 '프리드리히 2세에 대한 볼테르의 (비판적)관점의 확보'</u>는 중요한 그의 투시력을 과시하고 있는 부분이다.

그런데 정순철의 경우 하나 아쉬운 점은, '볼테르 사상의 해설'에서 더욱 거시적(巨視的) 포괄적(包括的) 안목으로 향하지 못하고, 그 '해설'이 볼테르 당대의 '대인(對人) 관계' '서간문' 등 각주(脚註) 정도의 일담(逸談) 정도에 국한되어 있다는 점이다.('프랑스 國內'의 視覺)

볼테르가 그의 '저작'을 통해 과시했던 바는, 'G. 라이프니츠 철학'으로 대표되는 기존 '신(神) 중심의 도식주의 관념철학'을 완전히 폐기하고, '인간 생명 중심의 과학 사상'을 제대로 펼쳐 보인 문자 그대로 현대 '과학주의' '실존철학'의 시조라는 점이다.

한 마디로 '볼테르 사상' 문제는 기존 유럽 전체, 지구촌이 안고 있는 '관념주의' '전체주의' '국가주의' 사고를 '과학적' '현실적' '개인주의' '실존주의'로 바꾼 혁명이었다. 그 사실은 1916년 취리히 다다가 그 첫모임 장소를 '볼테르 술집(카바레 볼테르)'으로 명명했던 점이 입증하고 있다.

정순철은, 그가 〈철학사전〉을 번역하여 상세히 주석까지 펼쳐 놓고도, 볼테르의 최고 관심사가 '전쟁 반대'라는 가장 큰 쟁점('철학사전'에 가장 명백하게 되어 있음)은 해설에서 완전히 제외하였다.

그러므로 정순철은 G. 라이프니츠와 G. W. F. 헤겔의 '여호와주의' '엉터리 변증법 사고' '파스칼(Pascal) 식의 광신주의(fanaticism)'를 거론하는 것 자체가 불가능하였다. (참조, ※ ⑦-19. 헤겔과 프리드리히 2세-〈세계 역사철학 강의〉, ※ ③-26. 인간 본성(本性)을 부정한 파스칼)

볼테르의 최고 논점 '생명 존중 전쟁 반대라는 고지(高地)'를 먼저 확보하지 못한 볼테르 논의는, '벼리를 잃은 그물' '엎질러진 물'이 될 수밖에 없다.

⑮-4. 학원사(1985) : '볼테르'항 〈세계문학대사전〉, 학원출판공사

거듭 말하거니와 볼테르는 기존의 '전체주의' '관념주의' '신(神)중심의 사고(思考)'에 누구보다 확실하게 반기(反旗)를 들고, '시민중심' '과학 중심' '인간 중심'의 사고로 세계 혁명을 주도했던 사람이다.

학원사, 〈세계문학대사전〉의 볼테르 조항

그러하기에 그 접근(독서)자 자신이 이미 '전체주의' '관념주의' '신(神)중심

(도덕주의)'에 깊이 개입해 있는 사람의 경우에 볼테르는 '갈데없는 망나니'로 비칠 수밖에 없게 되어 있다.

그런데 그러한 '보수주의 시각'을 지니고 있는 사람이 '학원사'의 〈세계문학대사전〉 '볼테르' 항을 기술하였다. (외국의 '旣刊 事典'을 번역한 경우도 그 경우가 유사함)

다음은 1985년 '학원사'판 기록(左측)과, '교정(矯正)이 될 수 있는 어구(語句)'의 대조이다.(右측)

ⓐ '이에즈스 회의 학교인 루이 르 그랑' ⇒'예수회학교 루이 르 그랑'

ⓑ '섭정시대(1815~23)에 살롱에 출입' ⇒섭정시대(1715~1723) 볼테르의 젊은 시절'

ⓒ '에데이프' ⇒'오이디푸스'

ⓓ '평소에 지니고 있는 불손과 풍자벽(諷刺癖)이 심하여 前後 2회나 파스티유 감옥에 들어갔다.' ⇒'당시 프랑스의 불합리한 법(法) 운용(運用)으로 바스티유 감옥에 수감되었다.'

ⓔ '프랑스 궁전에 용서를 받지 못하고' ⇒'루이 15세와 볼테르 사이가 나빠져'

ⓕ '이 프리드리히와도 불화가 일어나' ⇒ '프리드리히 2세를(전쟁을 못하도록) 회유(懷柔)하지 못하고'

ⓖ '곳곳에서 安住의 땅을 얻어 살다가 61년에는 후에르네에 거주 …' ⇒'스위스에서 적당한 거처를 모색하다가 페르네 마을을 일구어 …'

우리가 '어떤 인물'을 (일을 삼아)논할 경우, 우선 그 인물의 '사회적 역사적 존재 의미'를 먼저 챙기는 것이 그 기본일 것이다. 그리고 '어떤 사람의 논의'가 논의 주체인 자기의 인생관 세계관과 차이를 보일 경우는, 그 '논의'를 일단 다른 사람에게 일임하는 것이 옳을 것이다. '학원사'의 '볼테르' 항 집필자는 그러할 기회를 모두 상실하고 있는 경우이다.

그런데 1985년 당시 한국에서는 그 '학원사의 볼테르 소개' 정도의 조망(眺望)도 행해진 예가 없었다.

더구나 '보수(保守, conservatism)' '진보(進步, progressivism)' 논의는 가장 먼저 볼테르 출현으로 등장한 용어다. 그런데 그러한 '사조(思潮)적 성찰'도 2000년대 이후에야 한국 사회의 '불가피한 두 축'으로 등장되었다.

그것은 단순한 '병통(病痛)'이 아니라 명백히 한 개인과 사회의 운영 발전에 불가피한 '동시주의(同時主義, Simultaneism)', '생성(生成)' 기본 원리로 볼테르는 그것을 선구적으로 명시를 하였다. (참조 ✳ ⑪-1. '여호와(Jehovah)'는 이집트에서 유래하였다.)

⑮-5. 윤미기(1991) : 〈캉디드〉, 한울

윤미기의 〈캉드디〉에의 접근은, 우선 '전체적인 볼테르에 대한 긍정적(肯定的) 시각'에서 출발한 강점(强點)을 지니고 있다.

윤미기 역, 〈캉디드〉

　"볼테르는 18세기 다른 계몽주의 철학자들과 마찬가지로 인류의 진보(進步)를 믿었으며, 인권의 존중과 자유로운 사고, 종교의 자유, 조세(租稅)의 평등에 이르기까지 여러 가지의 진보적 원칙을 주장하였는데, 이러한 비판 정신은 시대를 앞지른 것이었고, 인류가 영원히 추구해야 할 이상(理想)으로 남아 있다 할 것이다."(p. 148)

⑮-6. 김미선(1994) : 〈캉디드〉, 을유문화사

김미선은 한 마디로 이제(2015)까지 간행된 〈캉디드〉 작품해설들 중에 어느 누구보다 더욱 구체적인 해설을 제공하였다.

김미선은 우선 다음과 같이 볼테르의 '혁명적 위상(位相)'을 개괄적으로 명시하였다.

김미선 역, 〈캉디드〉

"봉건 사회에서 민주 사회로 넘어오는 데 있어서 계몽의 기수(旗手)역을 했던 볼테르의 공로(功勞)는 지대하다고 아니할 수 없다. 프랑스 사상가 중 프랑스 헌법에 직접적 영향을 끼친 철학자들로는 몽테스키외, 루소, 볼테르가 꼽히는데, 그들 중 가장 강력하게 모순된 제도의 개혁을 부르짖었던 사람이 볼테르였다."(p. 6)

이전에 볼 수 없는 '볼테르 사상'의 긍정적 평가로 의미를 지니고 있다. 이어 김미선은 작품 〈캉디드〉에서 다음과 같은 해설을 가하였다.

"이 소설(캉디드)이 써질 당시의 유럽은, 대 지진을 겪은 데다 전쟁 중이었고, 낙천주의 사상의 남용, 화형, 백과전서파 철학자들의 박해 등 각종 모순이 난무하고 있던 터라, 1755년부터 제네바에 정착하고 있던 볼테르는 이 세상이 소치니 학설을 신봉하는 제네바의 목사들이 보는 것처럼 그렇게 낙천적으로 가고 있지 않다고 확신하게 되었다. 라이프니츠의 이론 역시 '낙천주의'를 신봉하고 있었다. 볼테르는 〈캉디드〉에 등장하는, 세상이 악으로 가득 차 있다고 생각하는 마니교도 마르틴을 승리하게 함으로써 낙천주의를 패배시키고 싶었다. 그 낙천주의 패배가 〈캉디드〉의 창작 동기라고 스스로 말하기도 했다. 세상이 혼란스럽고 인간이 비참한데도 낙천주의자들은 원죄(原罪)를 믿지 않고 있었다. <u>이에 대해 볼테르는 반격을 가한다. 인간이 죄를 지어 그토록 고통을 당하는 것이니, 에덴동산에서 쫓겨난 아담처럼 인간은 땀 흘려 밭을 갈며 살아야 하는 것이라고.</u> 성경의 창세기의 구절을 빌어 말하면서 낙천주의자들의 반원죄론을 공격한다."(pp. 10~11)

김미선은 '낙천주의'에 대해 '염세주의' '비관주의'를 그 맞은편에 전제하여 작품 〈캉디드〉내에서 '주제'를 찾아야 한다는 생각에 있었다. [작품 중심주의]

그러나 더욱 '거시적(巨視的)인 볼테르의 안목'으로 돌아가 작품 〈캉디드〉를 보아야 할 것이니, 〈캉디드〉는 ('기독교의 원죄' 논의가 아니라) 근본적으로 '전쟁 반대' G. 라이프니츠식 '낙천주의(神正論) 반대' 소설이다.

김미선의 해설에서도 볼테르의 '생명 긍정(낙천주의), 전쟁 반대'가 명시되지 못하여 작품 해설에 그 '중핵'이 확보되지를 못하였다.

쉽게 말하여 '아담이 애를 써서 농사를 지어 먹게 하는 것이' 하나님 뜻이다. 그런데 만약 '강도(强盜)'가 나타나 다 빼앗아 가는 상황이 와도 G. 라이프니츠

('팡글로스 박사')는 '하나님의 최고의 통치 운운'할 것이니, 과연 '착한 농부'로 세상천지에서 잘 살 수가 있느냐의 문제가 '캉디드'의 가장 큰 고민이다.

그러므로 볼테르가 〈캉디드〉에서 한 가장 큰 주장은, 인간의 '자유 의지, 선택 의지(Free Will, Will of Choie)' '자연법(Natural Law)' 문제로, '인간 중심 사고'의 강조이다. (참조, ※ ③-1. '자유 의지(free will)'란 무엇인가? ※ ⑨-13. '자유 의지'는 '선택 의지'다. ※ ⑧-23. 우리의 밭을 갈아야 한다.)

그러므로 볼테르(캉디드)의 '낙천주의'는, 라이프니츠 식 '전능신 여호와'의 믿음에서 오는 '낙천주의'와는 반대로, '인간 보편 이성(理性)의 신뢰[자연법]'를 통해 확보된 인간 '긍정(낙천)주의' '실존의 희망' 속에서 '낙천주의'임은 명백히 될 필요가 있다. (참조, ※ ⑨-31. 정의(正義)를 아는 이성(理性)은 인류의 통성(通性)이다. ※ ③-15. '쾌락'은 신(神)의 선물이다.)

⑮-7. 송기영·임미영(2001) : 〈관용론(칼라스 사건)〉, 한길사

송기영 등은 〈관용론(칼라스 사건)〉 해설에서, 볼테르 등 계몽주의자들이 "옛 체제 권위를 타파하기 위해 앞세운 무기는, 보편적 이성과 합리주의였다. 이러한 지적 투쟁을 통해 마침내 인간의 자유와 존엄을 억압해 온 낡은 가치 체계가 무너지고 개인의 행복이라는 새로운 가치에 기초를 둔 근대사회가 수립되었던 것"이라고 규정하였다.(p. 13)

송기영·임미영 역, 〈관용론(칼라스 사건)〉

그리고 송기영 등은 볼테르의 "생애와 작품을 요약하면 빛의 시대인 18세기 그 자체"라고 말했다.(p. 14)

명저(名著)에 대한 적절한 해설이었다.

⑮-8. 최복현(2003) : 〈낙천주의자, 캉디드〉, 아테네

2003년 최복현은 볼테르의 〈캉디드〉
를 "철학적인 의도가 개입된 치밀한 목
적소설"로 규정하였다.(p. 277)

최복현은 논의 시작부터, G. 라이프니
츠의 '낙천주의'와 A. 쇼펜하우어와 F.
니체의 '비관주의 염세주의'[사실은 '실
존주의'가 옳음]를 대립시키며 논의를
전개하였다. 그리고 이어 볼테르의 '종

최복현 역, <캉디드>

교관', '과학적 사고', '빈정거림(냉소주의)', '역사관'을 거론하였다.

최복현은 특히 볼테르의 '빈정거림'에 대해 다음과 같은 해설을 가했다.

"수학자(팡글로스)가 우리 눈앞에 그의 식을 늘어놓고 항상 명료한 정리를
차례로 사용하여 결론은 도달한 데 반(反)하여, 볼테르(캉디드)는 중간 과정을
생략한다. 즉 그는 갑자기, 아직 증명되지 않은 정리 대신에 그 속에 감춰져
있는 불합리성을 갖다 놓는다. 이렇게 갑작스런 대치, 명증(팡글로스)과 불합리성
(캉디드)에의 뜻밖의 환원은 독자의 정신에 그만큼 충격을 준다."(p. 284)

최복현은 〈캉디드〉의 주요 '쟁점(爭點)'과 '전개(構成) 방식'을 가지고 논의하
려 하였다. 그러나 볼테르는 항상 '목적' '사상'이 문제였고, 구체적인 전개
방식 등에는 거의 초월적 입장에 있던 점은, '볼테르 읽기'에 가장 유념해야
할 사항 중의 하나이다. (참조, ※ ⑨-49. '미문(美文, Belles Lettres)'을 어디에
쓸 것인가! ※ ⑧-13. '작품 이론'을 떠나, 현실 생명으로)

⑮-9. 이형식(2008) : 〈미크로메가스 외〉, 지만지

2008년 이형식은 그 동안 볼테르의 논의가 거의 소설 〈캉디드〉에 집중되어
있던 것을 거기에 다시 〈미크로메가스〉〈세상 돌아가는 대로〉〈백과 흑〉
〈체스터휠드 백작의 귀(자연의 탐구)〉〈스카르멘타도 유랑기〉 등 새 번역을
추가하여 더욱 온전한 볼테르 이해를 위한 길을 넓혔다.

볼테르는 작품 〈캉디드〉를 통해서는 아직 덜 명시된, 볼테르의 '사해동포주

의(四海同胞主義, 미크로메가스)' '광신주
의 배격(〈세상 돌아가는 대로〉)' '동시주
의(同時主義, 〈백과 흑〉)' '자연과학 우선
주의(〈체스터휠드 백작의 귀〉)' '자연법
정신(Natural Law, 〈스카르멘타도 유랑
기〉)'를 통해 더욱 확실히 알게 하였다.
(참조, ※ ⑤-34. 세상에 멸망해야 할 도시
는 없다. ※ ⑧-24. '백인(이성, 억압)⇔흑

이형식 역, <미크로메가스 외>

인(욕망)'의 동시주의 명시, ※ ⑧-22. '흑인(黑人)의 노예'가 된 백인(白人) 이야기,
※ ⑪-19. 자연(自然)의 원리(原理)가 신(神)이다.)

⑮-10. 이효숙(2009) : 〈랭제뉘〉, 지만지

2009년 이효숙이 번역한 〈랭제뉘(自然
兒)〉는, 볼테르가 73세(1767)에 간행한 목
적 소설로서, 볼테르 자신이 나이 32세
(1726)까지 세상모르고 행동하다가 '바
스티유에 수감되었던 기억'을 바탕한 작
품이다. 볼테르는 〈랭제뉘(自然兒)〉로써
자신의 '경험주의'와 '자연법(自然法) 사

이효숙 역, <랭제뉘>

상'을 거듭 명시했던 명저(名著)이다. (참조, ※ ②-10. 있는 그대로 보아야 한다.)

⑮-11. 이봉지(2009) : 〈캉디드〉, 열린책들

이봉지는 '볼테르 인생'에다가 작품 〈캉디드〉를 대대적으로 대입(代入)을
하여 설득력 있는 해설을 전개하였다.
이봉지의 해설은, 모든 '철학가' '종교가' '작가' '예술가'가 피할 수 없는
가장 보편적 전제로서 F. 니체 식으로 말하면 '모든 저술은 그 저자(힘에의
의지) 표현'이라는 방식으로의 설명이다. 옳은 방법, 옳은 해석이었다.

사실 볼테르의 모든 저술은, '볼테르
자신'을 드러내고 있는 자기의 표현이라
고 할 수 있다. 이봉지는 바로 그 점에
착안(着眼)하여 볼테르 전기를 바탕으로
작품 〈캉디드〉의 해설에 남다른 안목(眼
目)을 과시하였다.

이봉지 역, 〈캉디드 혹은 낙관주의〉

"먼저 제2장과 제3장에 묘사된 군대의 부조리와 전쟁의 참상은, 주로 오스트리아
왕위 계승 전쟁(1740~1748)과 7년 전쟁(1756~1763)의 경험에 의거한다." (p. 207)
"제5장과 제6장의 리스본 대지진과 종교 재판에 대한 묘사는 종교에 대한
공격이다. 볼테르는 평생 동안 종교적 편협성과 광신(狂信)에 맞서 투쟁하였다."
(p. 207)
"실제로 '이 세계가 최선의 세계'라고 굳게 믿는 순진한 청년 캉디드는 어떤
의미에서 젊은 시절 볼테르 자화상이기도 하다." (p. 209)

이와 같은 볼테르의 기본적이고 당연한 입지의 확인을 이봉지는 먼저 확인하
였다.
그러나 이러한 이봉지의 해설에, 앞서 2003년 최복현이 꺼내들었던 문제,
'빈정거림(냉소주의)'은 과연 누구를 향한 볼테르의 '빈정거림(냉소주의)'이며,
볼테르는 무슨 다른 생각으로 그 '모순된 전제(불행, 재난⇔낙천주의)'를 제시했
는지까지 대답(答)을 내야 그 〈캉디드〉의 독자들은 비로소 안심(安心)하게 될
것이다.
즉 이봉지의 해설에 '이 세계가 최선의 세계'라고 굳게 믿는 순진한 청년
캉디드는 어떤 의미에서 '젊은 시절 볼테르 자화상'이란 해설은, '신정론
(Theodicy)'의 G. 라이프니츠(팡글로스)와 '자유 의지(Free Will, Will of Choice)'의
볼테르(캉디드)가 서로 혼합이 되어, 그 볼테르의 '현대 과학주의' '실존주의'가
아직 명시되지 못한 그 이봉지의 '미흡함'을 그대로 보여주고 있는 바다.
[신 중심의 낙천주의(라이프니츠)와 생명 긍정의 낙천주의(볼테르)의 확실한
구분]

⑮-12. 이병애(2010) : 〈미크로메가스〉〈캉디드〉, 문학동네

역자 이병애는, 이미 번역 해설되어 있는 볼테르 작품으로 최선(最善)의 결론을 도출하려는 의욕적 해설을 보였다. 그러나 그 문제점도 아울러 짚지 않을 수 없다. 해설자는 말했다.

이병애 역, <미크로메가디스, 캉디드 혹은 낙관주의>

"어느 시대에서나 공통되는 지식인
의 요건이 권력(權力)에 대한 비판적 시선과 사회적 약자(弱者)를 보호하려는 의지, 정당한 권리와 자유를 향한 투쟁이라 한다면 볼테르야말로 삶 속에 행동하는 지식인의 모습을 보여주었다고 할 수 있다." (p. 209)

이병애는, '작은 입으로 엄청난 큰 소리'를 쳤다. 위의 말은 볼테르를 칭송하는 전제(前提)일 것이나, '어느 시대나 약자의 편인 지식인'이라는 말은 통할 수 없는 말이다. 한마디로 플라톤부터 헤겔까지 철학자는 모두 '최강자(왕, 통치자)' 입장에서 글을 쓴 사상가였다. 그들이 만약 '지식인'이 아니라면 소가 웃을 일이다. 그렇다면 위의 진술은 '허풍' 이상의 말이 아니다. 해설자는 역시 말하였다.

"볼테르는 여타(餘他) 철학자들처럼 인간의 본성이나 세계 현상을 설명할 수 있는 새로운 개념이나 체계를 제시하지는 않았지만 철학자의 새로운 태도를 제시하였다." (p. 210)

'해설자'는 볼테르가 싫어했던 그 '추상적인 어구'로, '항상 구체적이고자 했던 볼테르'를 설명하려 했다. 과연 볼테르에게 그 '새로운 태도'란 도대체 무엇인가?

"언제나 불경함은 그의 죄목이었고 권위에 겁내지 않은 불온(不穩)하고 신랄한 태도는 그만의 개성이었으며 날렵하게 치고 빠지는 재치와 빈정거림은 그의 문체의 뼈대를 이루었다." (p. 210)

이러한 '추상적은 해설'은 볼테르 자신도 절대 수용하지 않을 것이다. 볼테르는 체질적으로 '관념주의자(文人 포함)'를 싫어했고, '과학'으로 '현실'로 '생명론'으로 직행을 하였던 혁명가이다. 해설자는 그런 볼테르의 본질은 짐작도 못하고, '목숨을 건 혁명 운동'을 단순 '문체(文體) 문제' 따위로 얕잡아 태평스럽게 말하고 있다.

더구나 '불온(不穩)'이란 '지독한 보수주의(保守主義)' 용어이다. 해설자의 말은 언뜻 듣기 편한 말 같지만, 그 '현실의 심각성' '지배와 피지배' '이성과 욕망' '전쟁과 평화' '독점과 분배'가 얼마나 심각한 현실이고 얼마나 볼테르가 그 피맺힌 '현실'에 고민을 했는지 그리고 볼테르의 모든 고민이 지금도 '동일'하게 행할 수밖에 없는 현실인지를 전혀 짚지 못한 경우이다.

지고(至高)한 볼테르의 명제 '전쟁 반대'라는 절대 절명의 명제가, '날렵하게 치고 빠지는 재치와 빈정거리는 그의 문체(文體)'와 도대체 무슨 상관이 있다는 말인가.

⑮-13. 이효숙(2011) : 〈미크로메가스〉, 바다출판사 ; 〈자디그 또는 운명〉, 연세대 출판부

2011년 이효숙은, 볼테르의 〈멤논 혹은 인간의 지혜〉〈위로 받은 두 사람〉〈스카르멘타도 여행기〉〈미크로메가스〉〈흑과 백〉〈바빌론 공주〉를 번역 출간하였다.

이 중에 〈멤논 혹은 인간의 지혜〉〈위로 받은 두 사람〉〈바빌론 공주〉는 이효숙이 처음으로 한국에 소개한 작품들이다.

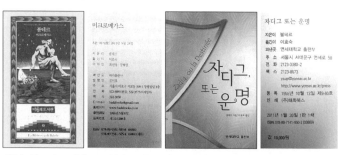

이효숙 역, <미크로메가스>, <자디그 또는 운명>

⑮-14. 이형식(2011) : 〈쟈디그〉〈깡디드〉, 웅진씽크빅

2011년 이형식은, 볼테르의 〈쟈디그〉
를 번역 소개하여 '볼테르 독자들' 눈높
이를 다시 한 번 고양(高揚)하였다.

작품 〈쟈디그〉는 볼테르가 평소에 지
니고 있던 자신의 '지혜(지식)에 관한 자
기도취', '야망(욕망)' '여성에 대한 경멸
과 선망'을 담은 작품이다. 볼테르는 그

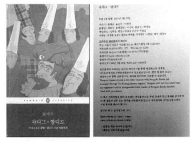

이형식 역, 〈쟈디그 캉디드〉

〈쟈디그〉의 근본(根本)을, 중국(中國)에 기존한 서사 작품에서 구했다는 특징을
보이고 있다. (참조, ※ ②-8. 현자(賢者) 쟈디그-'천문학에의 긍지(肯志)', ※
④-16. 무력(武力)으로 성주(城主)가 된 이야기, ※ ⑧-20. 분별없는 여인, ※
⑧-21. 볼테르의 꿈-'제갈공명')

⑮-15. 고원(2013) : 〈캉디드, 철학 콩트〉, 동서문화사

고원은 기존한 번역된 작품 말고도,
볼테르의 〈코시 생크터〉〈접속곡〉〈이
성에 바치는 역사적 헌사〉를 번역 제시
하였고, 볼테르에 대한 비교적 상세한
'일대기(一代記)'를 엮어 '볼테르 이해'에
길을 넓혔다.

그러나 현재 세계에는 '자료'가 부족

고원 역, 〈캉디드/철학 콩트〉

하여 '이해'에 도달하지 못하는 경우보다, 해설자가 자신의 해설 '무게 중심을
어디에 두는가?'가 독자에게는 더욱 소중할 경우가 많다.

특히 볼테르의 경우는 많은 '연극'을 공연하였고 '콩트'집을 발간했으나,
과연 무엇이 볼테르에게서 가장 내세울 만한 '특장(特長)'인가를 먼저 반드시
짚어야 할 것이다.

볼테르의 여러 장점은 궁극적으로 이전의 G. 라이프니츠로 대표되는 소위
'절대신 여호와중심주의 관념철학'을 거부하고, '시민 중심의 실존철학'으로의

전환이 소위 '계몽주의' 그 자체로서의 의미일 것이다.

이 중대한 '볼테르의 고지(高地)'를 확보하지 못하면, 모두 '격화소양(隔靴搔癢)'의 아쉬움을 남기게 마련이다. 고원은 볼테르 〈캉디드〉에 다음과 같은 해설을 붙였다.

> "1758년에 볼테르는 그의 가장 유명한 작품이 된 〈캉디드(*Candide*)〉를 썼다. 라이프니츠의 철학적 낙관주의를 신봉하는 판그로스의 젊은 제자 캉디드는 온갖 불운을 겪으면서, 이것이 '가장 좋은 세계'라는 믿음을 더 이상 가질 수 없게 되었다. 친구들과 함께 프로폰티스 해안으로 은퇴한 그는 행복의 비결이 '자신의 정원을 가꾸는 것' 즉 극단적인 이상주의와 막연한 형이상학을 배제한 실제적인 철학에 있음을 발견했다." (pp. 430~431)

〈캉디드〉를 이렇게 결론을 낼 경우, 독자들은 앞서 김미선(1994)의 '계몽의 기수(旗手)로서의 볼테르 논의', 이봉지(2009)의 '볼테르 자신의 표현'으로서의 논의보다 더욱 허약하다는 느낌을 지울 수 없다.

즉 그렇게 땀 흘려 수확한 소중한 결과를 '강도들이 다 빼앗아가도 계속 그 낙천주의(Optimism)인가?'에 대한 큰 질문이 '고원의 해설'에도 역시 아직 남아 있다. (참조, ※ ⑧-23. 우리의 밭을 갈아야 한다.)

고원의 해설은 계속되었다. 작품 〈캉디드〉를 "캉디드는 '순진한' '소박한'이란 이름의 주인공이 등장하는 이 소설은 … 유럽에서는 대단한 문제작이자 훌륭한 작품으로 평가받아 최근에도 많이 연구되고 있다.(p. 435)"

생명이 죽고 사는 현실 문제는, 전 인류 공통의 지대한 관심사로, 단순한 '어떤 예술 작품 기법(技法)이나 명칭의 해설 그 공연 성공(成功) 여부'로 판가름이 날 사항은 결코 아니라는 사실을 볼테르는 체질적으로 알았다. (참조, ※ ⑨-32. '정의(正義)'란 이름으로 행해진 강도(强盜)짓 : 전쟁)

그리고 '예술 작품 초월'은, '전쟁 반대' '실존주의' 운동의 본류는 볼테르에서 발원(發源)하여 F. 니체를 거치고, 1916년 다다 혁명 운동 '아방가르드' 예술론으로 계승이 되어, 짜라, 에른스트, 마그리트, 달리 등의 문예관에 상통하고 있다는 사실도 거듭 확실하게 되어야 할 사항이다.

⑮-16. 이병애(2014) : 〈철학 편지〉, 동문선

2014년 이병애는, 1978년 박영혜, 1983
년 정순철에 의해 번역된 〈철학서한〉을
거듭 번역하여 자신의 볼테르에 대한
관심과 열정을 보였다.

이병애 역, <철학 편지>

⑮-17. 추수자(秋水子, 2015) : 〈역사철학〉 〈무식한 철학자〉 〈철학적 비평〉 〈에페메로스 대화록〉 〈플라톤의 몽상〉 〈중국인과의 대화〉

2015년 추수자(秋水子, 필자)는, 볼테르의 〈역사철학〉 (참조, ※ ⑩-1. 역사(歷
史) 서술의 초점은, 종족(種族)의 번성(蕃盛) 여부이다.), 〈무식한 철학자〉 (참조,
※ ⑨-1. 인간은, 자연의 노예다.), 〈철학적 비평('마침내 설명된 성경')〉 (참조,
※ ⑪-1. 끊임없이 변(變)하는 시대와 인간 정신), 〈에페메로스 대화록(The
Dialogues of Ephemeral)〉 중에 〈중국인 교리 문답〉 (참조, ※ ⑪-10. 무한 공간에
'모래알 같은 지구'), 〈플라톤의 몽상〉 (참조, ※ ③-21. 몽상(夢想)의 플라톤),
〈중국인과의 대화〉 (참조, ※ ⑤-20. 조물주(造物主, 天, Supreme Being)를 믿은
중국인(中國人)를 번역하고 거기에 해설을 첨부하여, '위대한 볼테르의 숭고한
정신'에 더욱 쉽게 접근할 수 있도록 마련을 하였다.

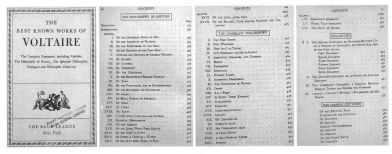

추수자(秋水子) 역 대본(臺本), 뉴욕 북 리그사 출판 '볼테르의 명작(名作, The Best Known Works of Voltaire,
1940)' 속 표지-〈역사철학〉 〈무식한 철학자〉 〈대화록〉 〈철학 비평〉 목차

참고문헌

볼테르(염기용 역), <깡디드>, 범우사, 1973.

볼테르(박영혜 역), <철학 서한>, 삼성문화재단, 1978.

볼테르(정순철 역), <철학서한, 철학사전>, 한국출판사, 1982.

볼테르(윤미기 역), <캉디드>, 한울, 1991.

볼테르(김미선 역), <캉디드>, 을유문화사, 1994.

볼테르(송기영·임미영 역), <관용론(칼라스 사건)>, 한길사, 2001.

볼테르(최복현 역), <낙천주의자, 캉디드>, 아테네, 2003.

볼테르(이형식 역), <미크로메가스 외>, 지만지, 2008.

볼테르(이효숙 역), <랭제뉘>, 지만지, 2009.

볼테르(이봉지 역), <캉디드>, 열린책들, 2009.

볼테르(이병애 역), <미크로메가스, 캉디드>, 문학동네, 2010.

볼테르(이효숙 역), <미크로메가스>, 바다출판사, 2011.

볼테르(이효숙 역), <자디그 또는 운명>, 연세대 출판부, 2011.

볼테르(이형식 역), <쟈디그, 깡디드>, 웅진씽크빅, 2011.

볼테르(고원 역), <캉디드, 철학 콩트>, 동서문화사, 2013.

권기철 역, <쇼펜하우어, 의지와 표상으로서의 세계>, 동화문화사, 1978.

권오돈 역, <禮記>, 홍신문화사, 1982.

김동성 역, <莊子>, 을유문화사, 1964.

김병옥 역, 헤겔, <역사철학>, 대양서적, 1975.

김종건 역, <새로 읽는 율리시스>, 생각의나무, 2007.

羅(本)貫中, <增像全圖三國演義>, 上海 錦章書局.

남상일 역, 마르크스 엥겔스, <전 세계 노동자여 단결하라>, 백산서당, 1989.

박재연 등(교주), <금고기관>, 선문대학교 중한번역문헌연구소, 2004.

司馬遷, <史記>, 東華書局, 1968.

사순옥 역, A. 쇼펜하우어, <인생론>, 홍신문화사, 1987.

<세계문학대사전>, 학원출판공사, 1985.

윤성범 역, 이마누엘 칸트, <순수이성비판>, 을유문화사, 1969.

李敦化, <천도교창건사>, 천도교중앙종리원, 1933.

이상옥 역, <管子>, 명문당, 1985.

임석진 역, 헤겔, <역사 속의 이성>, 지식산업사, 1992.

程光裕 徐聖謨 編, <中國歷史地圖> 上冊, 中國文化大學 出版部, 民國69年(1980).

정민경 등(교주), <삼국지>, 학고방, 2007.

朱誠如 編, <淸史圖典>, 紫禁城出版社, 2002.

조영암 역, <금고기관>, 정음사, 1963.

최동희 역, <東經大全>, 삼성문화사, 1977.

최재희 역, I. 칸트, <실천이성비판>, 박영사, 1973.

A. J. 토인비, <역사 연구(11권)>, 홍은출판사, 1973.

抱甕老人, <今古奇觀>, 人民文學出版社, 1988.

<한국의 古板畵>, 한국정신문화연구원, 1979.

한철하 역, B. 러셀, <서양철학사>, 대한교과서주식회사, 1958.

홍대용, <을병연행록>, 태학사, 1997.

Voltaire, *The Best Known Works of Voltaire*, The Book League, 1940.

Voltaire(translated by D. Gordon), *Candide*, Beford/St.Martin's, 1999.

Voltaire(translated by L. Tancock), *Letters on England*, Penguin Books, 1980.

Voltaire(translated by R. Pearson), *Candide and Other Stories*, Everyman's Library, 1991.

Voltaire(translated by T. Besterman), *The Philosophical Dictionary*, Penguin Books, 2004.

Voltaire(translated by H. M. Block), *Candide and Other Writing*, The Modern Library, 1956.

Voltaire(translated by D. M. Frame), *Candide, Zadig and Selected Stories*, The New American Library, 1961.

Voltaire(translated by R. Clay), *Candide and Other Tales*, London : J. M. Dent & Sons L T D, 1948.

Voltaire(translated by B. Masters), The Calas Affair *A Treatise on Tolerance*, The Folio Society, 1994.

D. Ades(edited by), *The Dada Reader*, The University of Chicago Press, 2006.

Alexandrian Breton, Mecrivains de toujours, 1971.

T. Alden, *The Essential Rene Magritte*, Harry N. Abrams, 1999.

P. Allmer, *Rene Magritte Beyond Painting*, Manchester University Press, 2009.

Hugo Ball, *Flight of Time : A Dada Diary*, University of California Press, 1996.

S. Barren & M. Draguet, *Magritte and Contemporary Art,* Los Angeles County Museum of Art, 2006.

H. Behar, *Andre Breton*, Calmann-Levy, 1990.

R. J. Benders und S. Oettermann, *Friedrich Nietzsche Chronik in Bildern und Texten,* Carl Hanser Verlag, 2000.

H. Bergius, *Crisis and The Arts :The History of Dada*(Dada Berlin, 1917-1923), G. K. Hall & Co. 2003.

M. L. Borras, *Picabia*, Rizzoli, 1985.

A. Breton, *Les Manifestes Les Surrealisme*, Le sagittaire, 1955.

A. Breton, *Die Maniefeste des Surrealismus*, rowohlts enzyklopaedie, 1993.

A. Breton, *Manifestoes of Surrealism*, The University of Michigan Press, 1977.

W. A. Camfield, *Max Ernst : Dada and the Dawn of Surrealism*, Prestel-Verlag, 1993.

M. Dachy, *Dada The Dada Movement 1915-1923*, Rizzoli International Publications Inc, 1990.

Salvador Dali-Retrospective 1920-1980, Prestel-Verlag München 1980.

I. Davidson, *Voltaire in Exile*, Grove Press, 2004.

R. Descharnes, *Salvador Dali ; The Work The Man*, Harry N Abrams, 1989.

R. Descharnes & G. Neret, *Salvador Dali*, Taschen, 2001.

L. Dickerman, DADA, The Museum of Modern Art, 2006.

G. Durozoi, *History of the Surrealist Movement*, The University of Chicago Press, 2002.

M. Ernst, *Une semaine de bonte*, Dover Publication, 1976.

M. Ernst, *The Hundred Headless Woman*, George Braziller, 1981.

M. Ernst, *A Little Girl Dreams of Taking the Veil*, George Braziller, 1982.

M. Ernst, *Beyond Painting*, Solar Books, 2009.

S. Freud, *The Standard Edition of the Complete Psychological Works of Sigmund Freud*, The Hogarth
    Press, 1953.

S. Freud, *On Creativity and the Unconscious*, Harper Colophon Books, 1985.

H. W. Gabler(edited by), *James Joyce Ulysses*, Vintage Books, 1986.

P. Gimferrer, *Max Ernst*, Rizzoli, 1983.

P. Gimferrer, *Magritte*, Academy Edition, 1987.

S. Gohr, *Marette : Attempting the Impossible*, d. a. p., 2009.

J. Goldzink, *Voltaire*, Hachette, 1994.

The Harper Atlas of World History, Harper Collins, 1992.

G. R. Haven, *Voltaire Candide, Ou L'Otimisme*, Henry Holt and Company, 1954.

A. M. Hammacher, *Rene Magritte*, Abradale Press, 1995.

G. W. F. Hegel(translated by J. B. Baillie), *The Phenomenology of Mind*, The Macmillan Company,
    1949.

G. W. F. Hegel(translated by M. J. Petry), *Philosophy of Nature*, Humanities Press, 1970.

G. W. F. Hegel(translated by W. H. Johnston & L. G. Struthers), *Science of Logic*, George Allen
    & Unwin LTD, 1951.

G. W. F. Hegel(translated by H. B. Nisbet), *Elements of the Philosophy of Right*, Cambridge University
    Press, 1975.

G. W. F. Hegel(translated by E. B. Speirs & T. B. Sanderson), *Lectures on the Philosophy of Religion*,
    Routledge & Kegan Paul, 1968.

G. W. F. Hegel(Edited by P. C. Hodgon), *Lecture on the Philosophy of Religion*, University of

California Press, 1984.

G. W. F. Hegel(translated by T. M. Knox), *Aesthetics(Lecture on Fine Art)*, Clarendon Press, 1975.

G. W. F. Hegel(translated by E. S. Haldane & F. H. Simson), *Lecture on The History of Philosophy*, Routledge and Kegan Paul, 1968.

G. W. F. Hegel, *Lectures on the Philosophy of World History*, Cambridge University Press, 1975.

G. W. F. Hegel(translated by J. Sibree), *The Philosophy of History*, Dover Publications, 1956.

C. Y. Hsu, *The Rise of Modern China*, Oxford University Press, 2000.

R. Huelsenbeck, *Memoirs of a Dada Drummer*, University of California Press, 1969.

P. Hulten, *Futurism & Futurisms*, Gruppo Edtoriale, 1986.

A. Jaffe, *C. G. Jung Word and Image*, Princeton University Press, 1979.

C. G. Jung, *Symbols of Transformation*, Princeton University Press, 1973.

C. G. Jung, *Aion*, Routledge & Kegan Paul, 1974.

C. G. Jung, *Mandala Symbolism*, Princeton University Press, 1972.

C. G. Jung, *Miscellany*, Routledge & Kegan Paul, 1986.

I. Kant, *The Critique of Pure Reason,* William Benton, 1980.

I. Kant, *The Critique of Practical Reason*, William Benton, 1980.

I. Kant(translated by M. Campbell Smith), *Perpetual Peace*, Thoemmes Press, 1992.

I. Kant, *The Science of Right*, William Benton, 1980.

J. Locke, *Two Treatises of Government*, Hafner Publishing Company, 1947.

K. Marx, *Capital (A Critique of Political Economy)*, Penguin Books, 1976.

K. Marx & F. Engels, *Literature and Art*, International Publishers, 1947.

J. Meuris, *Rene Magritte*, Taschen, 2004.

R. Michler & W. Loepsinger(edited by), *Salvador Dali : Catalogue Raisonne of Etchings*, Prints, Prestel, 1994.

R. Michler & W. Loepsinger(edited by), *Salvador Dali : Catalogue Raisonne of Etchings*, Prints Ⅱ, Prestel, 1995.

J. S. Mill, *On Liberty and Other Essays*, Oxford University Press, 1991.

R. Motherwell(Edited by), *The Dada Painters and Poets: An Anthology*, The Belknap Press of Harvard University Press, 1981.

J. Mundy, *Surrealism desire unbound*, Tate Publishing, 2001.

T. A. R. Neff(edited by), *In the Mind's Eye Dada and Surrealism*, Museum of Contemporary Art, 1985.

E. Neumann, *The Origins and History of Consciousness*, Princeton University Press, 1973.

E. Neumann, *The Great Mother,* Princeton University Press, 1974.

F. Nietzsche(translated by W. M. A. Haussmann), *The Birth of Tragedy*, The Macmillan Company, 1909.

F. Nietzsche(translated by H. B. Samuel), *On the Genealogy of Morality*, T. N. Faulis, 1913.

F. Nietzsche(translated by A. M. Ludovici), *ECCE HOMO-Nietzsche's Autobiography*, The Macmillan Company, 1911.

F. Nietzsche(translated by T. Comman), *The Joyful Wisdom*, The Macmillan Company, 1924.

F. Nietzsche(translated by T. Common), *Beyond Good and Evil*, The Edinburgh Press, 1907.

F. Nietzsche(translated by T. Comman), *The Joyful Wisdom*, The Macmillan Company, 1924.

F. Nietzsche(translated by Oscar Levy), *My Sister and I*, A M O K Books, 1990.

F. Nietzsche(translated by D. F. Ferrer), *Twilight of the Idols*, Daniel Fidel Ferrer, 2013.

F. Nietzsche(translated by J. M. Kennedy), *The Dawn Of Day*, The Macmillan Company, 1911.

F. Nietzsche(translated by T. Common), *The Works of Friedrich Nietzsche*, V. III, The Antichrist, T. Fisher Unwin, 1899.

F. Nietzsche(translated by R. J. Hollingdale), *Thus Spoke Zarathustra: A Book for All and For None*, Penguin Classics, 1961.

F. Nietzsche(W. Kaufmann & R. J. Hollingdale-Translated by), *The Will to Power*, Vintage Books, 1968.

P. C. Perdue, *China Marches West*, The Belknap Press of Havard University Press, 2005.

R. Pomeau, *Voltaire*, Seuil, 1994.

P. Roazen, *Meeting Freud's Family*, University of Massachusetts Press, 1993.

B. Russell, *History of Western Philosophy*, George Allen & Unwin Ltd, 1971.

J. Russell, *Max Ernst Life and Work*, Harry N. Abrms, 1960.

R. Safranski(translated by Frisch), *Nietzsche : A Philosophical Biography*, W. W. Norton & Company, 2002.

A. Shopenhauer(F. C. White — Translated by), *On the Fourfold Root of the Principle of Sufficient Reason (Shopenhauer's Early Four Root)*, Avenbury, 1997.

A. Schopenhauer(translated by J. F. J. Payne), *The World as Will and Representation*, Dover Publications, 1969.

A. Schopenhauer, *Essays and Aphorisms*, Penguin Books, 2004.

J. D. Spence, *The Search for Modern China*, W. W. Norton & Company, 1991.

W. Spies, *Max Ernst*, Prestel-Verlag Muenchen, 1979.

W. Spies, *Max Ernst*, Prestel, 1991.

W. Spies, *Max Ernst Collages, The Invention of the Surrealist Universe*, Harry N. Abrams, 1988.

W. Spies & S. Rewald, *Max Ernst : A Retrospective*, The Metropolitan Museum of Art, 2005.

D. Sylvester, *Magritte*, Menil Foundation, 1992.

D. Sylvester, *Rene Magritte*, Manil Foundation, 1994.

D. Sylvester, *Magritte*, Mercatorfonds, 2009.

H. Torczyner, *Magritte*, Abradale Press, 1985.

A. J. Toynbee, *A Study of History*, Oxford University Press, 1973.

P. Waldberg, *Surrealism*, Thames and Hudson, 1978.

S. F. Walker, *Jung and the Jungian on Myth*, Garland Publishing, 1995.

G. Welten, *Max Ernst Die Sammulung Schneppenheim*, Dumont, 2003.

K. Winston(translated by), *C. G. Jung and Image*, Princeton University Press, 1979.

지은이 후기

한국인(동양인)으로서 '서양철학'의 이해와 극복은 필요하고도 요긴한 숙제였다. 그런데 저자는 우연히 시간(時間)을 얻어, F. 니체의 저서를 자세히 검토한 결과 그 결론은 '과학적 실존주의(實存主義, Scientific Existentialism)'였다.

그런데 한 가지, '바보가 아닌 서구인들'이 왜 그토록 '엉뚱한 전체주의 신비주의(神秘主義) 전쟁 옹호에 죽기 살기로 매달렸는가?'란 의문(疑問)이 남아 있었다.

볼테르는 그의 〈철학적 비평(Philosophic Criticisms)〉에서 그러한 남은 의심을 깨끗이 해소(解消)해 주었다. 그리하여 볼테르는 그 '위대한 차라투스트라(F. 니체)의 웅변'을 가능하게 했던 '장대(壯大)한 선배의 지성(知性)'의 모습을 제대로 보여 주었다.

이에 I. 칸트, G. W. F. 헤겔, K. 마르크스의 '공허한 허풍(虛風)들[夢想의 帝國主義]'과 '억지 논리(변증법)들'은 안개처럼 걷히어 사라지게 되었다.

한마디로 헤겔의 생각은 '강도 전쟁에 선악(善惡) 분별이 없는 그 살상(殺傷)의 여호와주의(관념주의)'에의 과도한 집착이고 마르크스의 생각은 그 '여호와주의 변태(變態)'이다.

그동안 한국의 칸트 헤겔 등 서양철학 전공자들이 칸트와 헤겔의 '여호와 중심주의'를 못 본 사람은 없었을 것이다. 그러나 한결같이 그들의 오류(誤謬)를 확실히 지적하지 못하였으니, 그 이유는 볼테르와 F. 니체의 '자연과학주의' '실존주의(Existentialism)'에의 확신들이 없었기 때문이다.

2천년 중국 성리학(性理學)이 퇴계(退溪) 율곡(栗谷) 선생을 통해 극복이 되었지만, 2천년 '서양철학'이 이제 이 추수자(秋水子)의 '볼테르와 니체의 독서'로 그 대로(大路)가 열리게 되었다.

2015년 7월 15일 추수자(秋水子)

지은이 **정상균** Jeong Sang-gyun

약력 문학박사(1984. 2. 서울대학교), 조선대학교, 서울시립대학교 교수 역임

논저『다다 혁명 운동과 니체의 디오니소스주의』,『다다 혁명 운동과 예술의 원시주의』,
『다다 혁명 운동과 문학의 동시주의』(2013년 대한민국학술원 우수학술도서),『다다 혁명 운동과
이상의 오감도』,『한국문예비평사상사』,『한국문예비평사상사 2』,『추상미술의 미학』,『문예미
학』,『비극론』,『한국최근시문학사』,『한국현대시문학사』,『한국현대서사문학사연구』,『한국
고대서사문학사』,『한국최근서사문학사연구』

논문「태종 이방원(李芳遠)의 참성단(參星壇) 재궁(齋宮)시 고찰」,「수성궁몽유록 연구」,「한국고
전문학교육의 반성」,「시조가사의 율성 연구」,「한국 한문학의 국문학으로서의 가능성과 한계성」

역서『澤宙先生風雅錄』,『Aesthetics of Nonobjective Art』

다다 혁명 운동과 볼테르의 역사철학

정 상 균 지음

초판 1쇄 발행 2016년 2월 28일

펴낸이 오일주
펴낸곳 도서출판 혜안

등록번호 제22-471호
등록일자 1993년 7월 30일

주소 (우) 04052 서울시 마포구 와우산로 35길 3(서교동) 102호
전화 3141-3711~2
팩스 3141-3710
이메일 hyeanpub@hanmail.net

ISBN 978-89-8494-549-4 93900

값 50,000 원